DAS BUCH

Dies ist die erste vollständige deutsche Kulturgeschichte, der Bundesrepublik und der DDR, vom ungewissen Neubeginn nach 1945, über vierzig Jahre der Teilung bis in unsere Gegenwart. Kulturgeschichte ist nicht nur Geschichte von Literatur und Philosophie, von Malerei und Musik, sie ist auch die Geschichte unseres Alltags, der Medien, der Moden, des Designs. Niemand kann diese Geschichte besser erzählen als Hermann Glaser, der seit Jahrzehnten ein ausgewiesener Kenner der deutschen Nachkriegskultur ist. Dieses Buch ist Geschichtsbuch, Bilderbuch und Nachschlagewerk zugleich. Glasers Darstellung verbindet sich mit Abbildungen, Zitaten und Glossen zu einem plastischen Bild der deutschen Kultur in der zweiten Hälfte unseres Jahrhunderts.
Nach der Wiedervereinigung hat sich die kulturelle Landschaft der Bundesrepublik gründlich verändert. Das kulturelle Leben in Deutschland steht vor der historisch einmaligen Herausforderung, aus höchst gegensätzlichen Erfahrungen und Erwartungen ein neues Selbstverständnis zu entwickeln. Wer in solch spannenden, aber auch verwirrenden Zeiten Bescheid wissen will, findet in Glasers Buch kompetente Information und Orientierung.

DER AUTOR

Hermann Glaser, geboren 1928 in Nürnberg, studierte Germanistik, Anglistik, Geschichte und Philosophie in Erlangen und Bristol. Von 1964 bis 1990 war er Kulturdezernent in Nürnberg. Seine innovativen Konzepte zur kommunalen Kulturpolitik erregten bundesweit Aufmerksamkeit. Er ist Mitglied des PEN, Honorarprofessor an der Technischen Universität Berlin sowie Gastprofessor an in- und ausländischen Universitäten.
Zusammen mit Jakob Lehmann und Arno Lubos verfaßte er das zweibändige Standardwerk *Wege der deutschen Literatur* (Propyläen Taschenbuch). Weitere Veröffentlichungen: *Kulturgeschichte der Bundesrepublik Deutschland 1945–1989* (3 Bde. 1989) und *Kleine Kulturgeschichte der Bundesrepublik Deutschland 1945–1989* (1991).

HERMANN GLASER

DEUTSCHE KULTUR

1945–2000

ULLSTEIN

Ullstein Buchverlage GmbH & Co. KG, Berlin
Taschenbuchnummer: 26562
Aktualisierte Ausgabe
September 1999

Umschlaggestaltung: Theodor Bayer-Eynck
Umschlagabbildung: Ernst Ludwig Kirchner:
»Potzdamer Platz«, 1914, Öl auf Leinwand
Photo: AKG, Berlin
© by Dr. Wolfgang & Ingeborg Henze
Ketterer, Wittrach, Bern

Satz: MPM, Wasserburg
Druck und Bindung: Ebner Ulm
ISBN 3 548 26562 6

Gedruckt auf alterungsbeständigem Papier mit
chlorfrei gebleichtem Zellstoff

Die Deutsche Bibliothek – CIP-Einheitsaufnahme

Glaser, Hermann:
Deutsche Kultur: 1945–2000 / Hermann Glaser. –
Aktualisierte Ausg. – Berlin: Ullstein, 1999
(Ullstein-Buch; Nr. 26562)
ISBN 3-548-26561-6

INHALT

Zweiter Teil: Das geteilte Deutschland 227

VORWORT

Am Ende dieses Jahrhunderts - und dieses Jahrtausends - besteht, wenn man die wichtige Trümmerzeit als Inkubationsphase einbezieht, die Bundesrepublik Deutschland fünfundfünfzig Jahre.

Nach der ersten Hälfte des 20. Jahrhunderts als einer Zeit furchtbarster Kriege und Verbrechen, wirtschaftlicher und sozialer Verwerfungen und Zusammenbrüche, ungeheurer Menschenopfer und unfaßbarer Massenmorde haben die Deutschen, die so viel Unglück über Europa und die Welt brachten, eine lange Epoche des friedlichen Aufbruchs und Aufbaus erlebt - wobei freilich im östlichen Teil des dann bald geteilten Landes die Willkür und Ideologie eines autoritär-totalitären kommunistischen Regimes tiefe Wunden geschlagen und schmerzende Narben hinterlassen hat.

War der Nationalsozialismus vom überwältigenden Teil des deutschen Volkes in seinen menschenverachtenden rassistischen Wahnideen begeistert begrüßt und fanatisch unterstützt worden[1] - was eine tiefgreifende, nicht durch Historisierung zu ersetzende Trauerarbeit notwendig macht -, so bedeutete der dogmatische Sozialismus der Deutschen Demokratischen Republik aufgrund seines programmatischen Humanismus, auch im Kontrast zum zunehmend kapitalistische Strukturen zeigenden Westen, zunächst eine »Verführung« weiter Teile der Bevölkerung; die Verlogenheit des SED-Regimes wurde freilich bald von vielen durchschaut und führte schließlich, nach vierzig Jahren DDR, zu einem friedlichen Aufstand, der die Vereinigung Deutschlands im Rahmen eines freien Staatswesens ermöglichte.

Drei Republiken gilt es also zu reflektieren, um ihre Erfahrungen für kommende Entwicklungen zu nutzen: die westdeutsche Bundesrepublik 1949 bis 1989; die im gleichen Zeitraum bestehende und sich seit 1989 auflösende DDR; schließlich die am 3. Oktober 1990 verfassungsmäßig konstituierte neue Bundesrepublik, die, unter Einbezug der Turbulenzen der die Vereinigung Deutschlands vorbereitenden Verhandlungen, 1999 ebenfalls ein Jahrzehnt hinter sich haben wird.

Eine Kulturgeschichte »dreier Republiken« wird mit diesem Buch gewagt, bestimmt von der Überzeugung, daß das vereinte Deutschland weder als Fortführung des Weststaates in erweiterter Form noch als Auslöschung des ostdeutschen Staatsgebildes, sondern als etwas Neues begriffen werden sollte.

Da sagt der Sohn zum Vater: »In einem Brief an die *Frankfurter Allgemeine Zeitung* hat ein Leser vorgeschlagen, wir sollten den 8. Mai zum Nationalfeiertag machen.« Der Vater antwortet: »Also den Tag, an dem wir 1945 von der Hitler-Regierung befreit wurden. Eine vernünftige Idee.« Der Sohn: »Aber begreifst du denn nicht? Das ist der Tag der bedingungslosen Kapitulation.« Der Einwand läßt den Vater stutzen. »Was macht dich nachdenklich?« – »Daß du das Ende von etwas Schlechtem und den Anfang von etwas Besserem nicht feiern willst.« Ein solcher Dialog über Deutschland (von Richard Matthias Müller aus dem Jahr 1965)[2] ließe sich genauso für den 9. November 1989 führen, wobei es freilich weder soziologisch noch politisch berechtigt ist, die Stimme der Vernunft allein dem Vater zuzuordnen. Gerade die Mütter, Söhne und Töchter haben 1945 wie 1989 tatkräftig dafür gesorgt, daß die fatale, furchtbare Hinterlassenschaft der vorangegangenen Generationen nicht mehr das Geschehen bestimmte. Zugleich haben die Älteren und Alten einen wesentlichen Beitrag dazu geleistet, daß die Jüngeren und Jungen in eine Zeit und Gesellschaft hineingeboren wurden und hineinwachsen konnten, die durch die Achtung vor der Würde des Menschen bestimmt ist, auch wenn die Grundwerte des Grundgesetzes immer wieder neu gefährdet sind und deshalb immer wieder neu erkämpft werden müssen.

Die Kulturgeschichte der Nachkriegszeit macht somit an zwei historischen Daten, 1945 und 1989, deutlich, was das Ende von etwas Schlechtem und der Anfang von etwas Besserem bedeutet: nämlich die Möglichkeit, der totalitären Massenexistenz zu entfliehen und zu kultureller Selbstachtung zurückzufinden, sich als denkendes, fühlendes, kreatives Individuum endlich verwirklichen zu können. Dieser prinzipielle Fortschritt, der immer wieder von restaurativen und reaktionären Kräften geleugnet, relativiert oder bekämpft wird, ermutigt dazu, mit verfassungspatriotischem Enthusiasmus die »Mühen der Ebenen« (Bertolt Brecht) auf sich zu nehmen, um mit Zivilcourage die Verfassungsgrundsätze in die Wirklichkeit von Staat und Gesellschaft umzusetzen. Die bestehende Wirklichkeit, mit dem Mangel an individueller und kollektiver Vernunft, Solidarität und real-utopischer Phantasie, entmutigt aber auch und läßt Nachtgedanken um sich greifen, zu deren Überwindung es des »Mythos Aufklärung«, des Glaubens an Aufklärung, bedarf.

Den Mäandern der deutschen Kulturgeschichte nach 1945 nachzuspüren führt in raschem Wechsel durch Zonen der Eintrübung und Aufhellung. »Es ist erreicht!« wird nur derjenige behaupten können, der sich im anästhetisierten Zustand der Saturiertheit eingerichtet hat und in seinem postmodernen bewußtlosen Glück alle Fragwürdigkeiten verdrängt. Die Dominanz eines (häufig larmoyanten) unglücklichen Bewußtseins vergällt wiederum die Freude am Dasein, das immer auch ein Dasein für den anderen, mit Freude am anderen, bedeuten müßte. »Sonntagsworte« eines moralischen und kulturellen Optimismus desavouieren sich dabei nicht als solche; der Vorwurf ihrer Unverbindlichkeit ist an diejenigen zu richten, die sie am Werktag nicht zu beachten bereit sind. In seinem Roman *Der Mann ohne Eigenschaften* spricht Robert Musil davon – seine Gedanken sind für die Gesellschaft und Politik, Wirtschaft und Kultur des vereinten Deutschlands besonders aktuell –, daß, wenn es einen Wirklichkeitssinn gibt, es auch etwas geben müsse, das man Möglichkeitssinn nennen könne. Dieser ließe sich als »die Fähigkeit definieren, alles, was ebensogut sein könnte, zu denken und das, was ist, nicht wichtiger zu nehmen als das, was nicht ist«. Solche Möglichkeitsmenschen lebten in einem feineren Gespinst, in einem Gespinst von Dunst, Einbildung, Träumerei und Konjunktiven. »Das Mögliche umfaßt jedoch nicht nur die Träume nervenschwacher Personen, sondern auch die noch nicht erwachten Absichten Gottes.« Jemand, der auf »mögliche Wahrheiten« sehe, habe in den Augen anderer oft »ein Feuer, einen Flug, einen Bauwillen …, der die Wirklichkeit nicht scheut, wohl aber als Aufgabe und Erfindung behandelt«. Da seine Ideen nichts als noch nicht geborene Wirklichkeiten seien, habe natürlich auch er Wirklichkeitssinn; »aber es ist ein Sinn für die mögliche Wirklichkeit«.[3]

Gerade eine Kulturgeschichte ist, bei einem weitgefaßten Kulturbegriff, in der Lage, mit Hilfe historischen Materials die Möglichkeiten des Wirklichkeitssinns und die Wirklichkeit des Möglichkeitssinns, die

Chancen des Träumens und das Erträumen von Chancen, also – in einer inzwischen denunzierten Terminologie – die Wechselbeziehungen von Unter- und Überbau aufzuzeigen.

In dieser Kulturgeschichte soll den Entwicklungssträngen des geistigen Geschehens analysierend und erzählend nachgegangen werden; dabei geht es, bei aller Materialfülle, die ausgebreitet wird – die Quellen werden soweit wie möglich in Zitaten vorgestellt –, nicht um die Vollständigkeit der Fakten, sondern um erhellende Begründungszusammenhänge, verdichtet in Knotenpunkten, von denen aus die kulturelle Vielfalt der Zeit aufgerollt wird. Einerseits bündeln diese Knotenpunkte auf übergreifende Weise, also unabhängig von Spartenzugehörigkeit, die Phänomene einzelner Kulturbereiche; auch beim Kunstwerk ist solche Zuordnung, die sich über ästhetische Kategorien hinwegsetzt, legitim. Andererseits wird das künstlerische Werk wie das kulturelle Phänomen bereichsimmanent, also in seinem Stellenwert innerhalb des jeweiligen Genres bzw. der jeweiligen Gattung, dargestellt. Solche Konvergenz begreift das Kunstwerk als Aussage für einen gesellschaftlichen Zustand und würdigt es, andeutungsweise, in seiner Autonomie innerhalb des ästhetischen Kontextes. Ein gesellschaftlicher Tatbestand ist nicht nur in soziologische Linearität einzuordnen, sondern wichtiger Schlüssel für den Geistes- und Seelenraum eines Kunstwerks.

Eine Kulturgeschichte dieser Art kann natürlich, da sie nicht als Sammelband vieler Fachleute, sondern als Zusammenschau eines einzelnen Autors konzipiert ist, nicht den Anspruch auf enzyklopädische Vollständigkeit erheben; es geht um ausgewählte, hoffentlich exemplarische Beispiele. Um Mißverständnissen vorzubeugen, sei nachdrücklich betont, daß es sich also nicht um eine Wirtschafts-, Ideologie-, Gesellschafts- und Politikgeschichte, auch nicht um eine Kunst-, Literatur- oder Musikgeschichte handeln kann; Entwicklungs*tendenzen* stehen im Mittelpunkt. Der Blick der Darstellung ist auf kulturelle »Landschaftsformationen«, nicht auf einzelne Berge, Wälder, Täler gerichtet. Aber selbst bei einer solchen, viele Phänomene vernachlässigenden Tour d'horizon konnten – vorwiegend aus Platzmangel – wichtige Gebiete nicht »kartiert« werden. Allerdings erfuhr die »Welt in Trümmern« (1945–1949) besondere Aufmerksamkeit, da hier die deutsche Gemeinsamkeit in den Fragen und Antworten noch besonders ausgeprägt gewesen ist und vieles von dem fundiert, freilich auch zementiert wurde, was dann die nachfolgenden Entwicklungsstufen bestimmte.

Eine weitere Schwierigkeit dieses Überblicks über ein halbes Jahrhundert deutsch-deutscher Entwicklung liegt auf der Hand: Wer vom Standpunkt einer westlichen Biographie aus den Blick auf die gesamtdeutsche Landschaft richtet, wird in den ihm ferner liegenden östlichen Bereichen Wichtiges übersehen oder falsch bewerten, also bereit sein müssen, sich des Vorwurfes einer gewissen Einseitigkeit auszusetzen. Das gleiche Problem hätte der in Ostdeutschland positionierte Betrachter, wenn er sich mit der »Westernization« des für ihn lange Zeit »anderen Deutschland« beschäftigte. Doch hat der Autor seit Jahren sich bemüht, durch »verkehrten Blick« und durch Empathie für die Leistungen in der DDR das Ausmaß seiner Objektivität zu erweitern. Dabei dankt er vor allem den Menschen und kulturellen Institutionen in den neuen Bundesländern, mit denen zusammenzuarbeiten er die Chance und Freude hatte;[4] unter Leidensdruck wie in Revision eigener Fehler und Irrtümer haben diese ihrerseits mit großem Einfühlungsvermögen dem Westen gegenüber »plurale Identität« entwickelt.

Mit dem Betrachtungsstandpunkt hat es freilich nichts zu tun – sondern mit der »Sache« (dem Ablauf der deutschen Kulturgeschichte nach 1945) –, daß den Phänomenen des Westens mehr Raum als denen des Ostens eingeräumt wird. Die totalitäre Fixierung der DDR auf das als richtig und »normsetzend« Erkannte und die Abwehr eines frei wehenden Geistes bewirkte über weite Strecken graue Monotonie – Wiederholungen des Eindimensionalen und deprimierende Stagnation. Um so mehr ist zu bewundern, wie trotz solcher Ödnis an den Rändern und in den Schlupfwinkeln der Staatskultur künstlerische Eigenkraft, Selbständigkeit und Selbsttätigkeit sich entfaltete.

Das durch die Mauer getrennte Deutschland entwickelte sich auch kulturell weit auseinander; den oft lebensgefährlichen, zumindest existenzgefährdenden Versuchen im Osten, westliche Entwicklungen aufzunehmen, entsprach in der BRD kein besonderes Interesse an der DDR. Die Entwicklungen – so man solche im SED-Staat als Erziehungsdiktatur überhaupt konstatieren kann – liefen weit auseinander; oder aber das Gemeinsame wurde in der Zeit, da es relevant war, nicht wahrgenommen. Der denkbare Vorwurf, der Autor würde in den einzelnen Kapiteln die beiden Kulturen zu wenig »integrativ« sehen, ist an die Wirklichkeit weiterzugeben; erst nach 1989 war es möglich, die deutsch-deutsche Kulturlandschaft ganzheitlicher ins Auge zu fassen. Methodisch bedeutet dies, daß DDR-Kultur vor allem im Kapitel über die deutsche Vereinigung behandelt wird: und dies ohne die in der Zeit der Spaltung oft erkennbare westdeutsche herablassende Benevolenz; aber auch ohne jene Häme, mit der nach dem Zusammenschluß die DDR-Kultur als SED-Produkt abgekanzelt wurde. Gleichermaßen wird man sich hüten müssen, den Weißwäschern zu folgen, die nun umgekehrt einen aus ihrer Sicht nachwirkenden westlichen rigorosen Antikommunismus zum Anlaß nehmen, das Faktum eines weitgehend korrumpierten DDR-Kulturbetriebs zu leugnen. Geschichtliche Wahrheit ist freilich, je mehr man sich der aktuellen Situation nähert, ein »Versuch«; so wird es dieser Darstellung deutscher Kultur von 1945 bis 2000 an Widerspruch nicht mangeln.

Diese Kulturgeschichte war nur möglich, weil die Fülle der Einzelstudien, die Quantität wie Qualität der Quellensammlungen und der Sekundärliteratur, der sich der Verfasser mit großer Dankbarkeit verpflichtet fühlt, eine verläßliche Grundlage für einen solchen Versuch bieten. Das Zitat, das Walter Benjamin als »Denkbruchstück« bezeichnete, ist somit konstitutives Element dieses Versuchs. Dementsprechend umfangreich ist der Anmerkungsteil – erweitert auch um Buchhinweise, die zu vertiefender Lektüre anregen wollen.

Umfangreich, dann freilich nicht gekennzeichnet, sind auch die Selbstzitate. Der Verfasser dieser Kulturgeschichte hat sowohl das Schicksalsjahr 1945 als auch – und zwar in drei Bänden – die Kulturgeschichte der Bundesrepublik Deutschland von 1945 bis 1989 ausführlich beschrieben und dafür viel Zustimmung und Anerkennung gefunden.[5] Was damals erkannt wurde und auch seine Gültigkeit bewiesen hat, ist in diesem Band mit aufgehoben, d. h. bewahrt, aber auch angesichts des nun schon längeren deutsch-deutschen Dialogs weiterentwickelt worden und in *einem,* wenn auch voluminösen Band konzentriert worden.

Die Dinge genau betrachten, heißt Abschied nehmen. Ein solches Wort von Günter Grass sei – bei aller individuellen wie kollektiven, historischen wie anthropologischen Berechtigung – in Zweifel gezogen: Die Phasen der deutsch-deutschen Kulturgeschichte nach Kriegsende sind zwar zur historisch fixierten Epoche geworden; zugleich aber wird, wenn man sich einfühlend und kritisch um den Wurzelgrund deutschen Daseins und Soseins bemüht, bedrängend wie bewegend, deutlich, daß wir gerade von dieser Zeit und Welt nicht Abschied nehmen dürfen, sondern uns ihrer kulturellen Leistungen, Irrtümer, Errungenschaften, Fehlentwicklungen, Fortschritte, Versäumnisse, Erfolge, Rückschläge vergewissern sollten – um inmitten der gegenwärtigen Orientierungskrise fundiert nach- und damit vorausdenken zu können.

Die Erforschung der Nachkriegskultur sollte in Erwartung des 21. Jahrhunderts aktuelle Antworten auf alte Sinnfragen finden helfen: Woher kommen wir? Was sind wir? Wohin gehen wir?

ERSTER TEIL

Die Trümmerzeit

Ruine in Berlin., 1945.

DIE LETZTEN TAGE DES DRITTEN REICHES

Das Inferno

Das Verhandlungszimmer, in dem der furchtbarste Krieg der Menschheitsgeschichte mit der bedingungslosen Kapitulation des Deutschen Reiches am 7. Mai 1945, früh um 2.41 Uhr, für Europa zu Ende ging – das japanische Kaiserreich kapitulierte nach den Atombomben-Abwürfen auf Hiroshima und Nagasaki am 14. August bedingungslos –, befand sich in einem Schulhaus zu Reims, wo der Oberbefehlshaber der westalliierten Streitkräfte, General Dwight D. Eisenhower, sein Hauptquartier aufgeschlagen hatte. Alle vier Siegermächte, die Amerikaner, Briten, Russen und Franzosen waren vertreten. Nachdem das Kapitulationsdokument unterzeichnet war, erhob sich Alfred Jodl (Chef des Wehrmachtsführungsstabes und einer von Hitlers engsten militärischen Ratgebern) und bat ums Wort: In dem über fünf Jahre andauernden Krieg hätten das deutsche Volk und die deutsche Wehrmacht mehr geleistet und mehr gelitten als vielleicht irgendein anderes Volk der Welt. »In dieser Stunde bleibt mir nichts anderes übrig, als auf den Großmut des Siegers zu hoffen.« Er erhielt keine Antwort und verließ mit seiner Delegation den Raum.[6]

Im letzten Wehrmachtsbericht vom 9. Mai 1945 hieß es, daß seit Mitternacht nun an allen Fronten die Waffen schwiegen; die Wehrmacht habe den aussichtslos gewordenen Kampf eingestellt. »Damit ist das fast sechsjährige heldenhafte Ringen zu Ende. Es hat uns große Siege, aber auch schwere Niederlagen gebracht. Die deutsche Wehrmacht ist am Ende einer gewaltigen Übermacht ehrenvoll unterlegen.«[7] Die Rede von der »ehrenvollen Niederlage« war die letzte Lüge der nationalsozialistischen Heeresführung. Seit Ausbruch des Krieges hatte die deutsche Wehrmacht jeden moralischen Anspruch verspielt, indem sie sich in den Dienst des nationalsozialistischen

Verkohlte Leiche in einem Luftschutzkeller der Dresdner Johannisstraße.

Vernichtungsfeldzugs gegen die Juden, die polnische und russische Zivilbevölkerung sowie die anderen europäischen Völker gestellt hatte und durch die verantwortungslose Verlängerung des Krieges die Verluste weiter ansteigen ließ. Die deutschen Generäle trieben ihre Truppen bis zuletzt in ein sinnloses Sterben hinein, während sie selbst in den allermeisten Fällen sich absetzten und überlebten, und verwandelten, soweit sie noch Macht dazu hatten, im Auftrag Hitlers das Land zur verbrannten Erde.

Die vom Reichspropagandaminister Dr. Joseph Goebbels im Berliner Sportpalast am 18. Februar 1943 ausgegebene Losung – »Ich frage euch: Wollt ihr den totalen Krieg? Wollt ihr ihn, wenn nötig, totaler und radikaler, als wir ihn uns heute überhaupt noch vorstellen können?«[8] – sollte sich im Schicksalsjahr 1945, freilich gegenteilig, voll erfüllen: Für Deutschland und die Deutschen waren »letzte Tage« angebrochen. »Das Dritte Reich bringt sich um, doch die Leiche heißt Deutschland«, notierte am 27. Februar 1945 Erich Kästner in sein Tagebuch.[9]

In seinem Aufruf an das deutsche Volk zum Jahreswechsel 1944/45 hatte Hitler drohend verkündet - denn viele sehnten sich nach Frieden, auch wenn die Identifikation mit dem Regime immer noch stark ausgeprägt war -, daß eine deutsche Kapitulation nie kommen werde.

Dafür kam das Inferno - zunächst aus der Luft.[10] Die alliierten Flugzeugangriffe steigerten sich; manchmal genügte eine Bombardierung, um die betreffende Stadt - etwa Nürnberg, Würzburg oder Dresden - fast völlig auszulöschen. Als die vereinigten alliierten Staatschefs am 16. April 1945 die strategische Luftoffensive gegen Deutschland für grundsätzlich als abgeschlossen erklärten - es waren 1,35 Millionen Tonnen Bomben abgeworfen worden -, zeigte sich, daß rund 3,6 Millionen Wohnungen zerstört, 7,5 Millionen Menschen obdachlos geworden und etwa 600 000 Menschen umgekommen waren. Noch in den letzten drei Kriegsmonaten fanden 120 000 Deutsche durch Luftangriffe den Tod.[11]

Enorm hoch war die Zahl der Opfer beim Bombenangriff auf Dresden am 13. Februar 1945; mindestens 35 000 Menschen dürften in der mit Flüchtlingen überfüllten Stadt umgekommen sein, als sie durch zwei Nachtangriffe (773 Bomber) und einen Tagesangriff (311 Bomber) zerstört wurde. (Andere Schätzungen sprechen von 40 000 bis 60 000 oder noch mehr Todesopfern.) Es handelte sich um den furchtbarsten Schlag des ganzen Krieges gegen die Zivilbevölkerung. In ihrem Tagebuch notiert Ursula von Kardorff (12. März 1945): »Man hört grausige Schilderungen aus Dresden. Zehntausende von Toten, da die Stadt mit Flüchtlingen aus dem Osten überfüllt war. Die Lebenden nur noch damit beschäftigt, aus den Trümmern Leichen zu bergen. Die Engländer rühmten sich speziell, so viele Flüchtlinge getroffen zu haben. Eine Barbarei, die sich nicht mehr sonderlich von der unseren unterscheidet. Flüchtlinge, Alte, Mütter und Kinder mit Sprengbomben und Phosphorregen zu überschütten, sie zu verbrennen, zu verstümmeln und zu ersticken – das ist unmenschlich.«[12]

Heinrich Himmler, Reichsführer der SS und Oberbefehlshaber des Ersatzheeres, hatte den Befehl gegeben, die Konzentrationslager bei Feindannäherung zu räumen und die Häftlinge in noch bestehende rückwärtige Lager zu überführen. »Wohl mindestens ein Drittel der über 700 000 im Januar 1945 registrierten Häftlinge kam auf den Todesmärschen, in den wochenlang umherirrenden Transportzügen und in den völlig überfüllten Auffanglagern ums Leben.«[13]

Als die hysterischen Endsieg- und Durchhalteparolen bei der bislang straff disziplinierten Wehrmacht nicht mehr genügend Resonanz fanden, verstärkten die Nationalsozialisten den Terror gegen die eigenen Soldaten. Durch die Wehrmachtsjustiz wurden während des Zweiten Weltkrieges insgesamt etwa 30 000 Todesurteile gefällt; demgegenüber fand in der US-Armee eine Hinrichtung statt.[14]

Als Hartmut von Hentig, der 1945 an Hitlers Geburtstag (20. April) zum Leutnant befördert und dem Oberkommando des Heeres als Führerreserve unterstellt wurde, nach Berlin kommt, sieht er, daß in der Frankfurter Allee an jedem zweiten Laternenmast ein desertierter deutscher Soldat baumelt. Die Abschreckung wirkte aber nicht besonders, denn als die Truppe wieder nach Süddeutschland verlegt wurde, dem ausgewichenen OKH folgend, setzten sich vom Transportzug jeweils »einige Kameraden im Dunkeln ab, wenn wir in der Nähe ihres Heimatortes waren«.[15]

Von der nationalsozialistischen Propaganda geschürt, aber auch durch die »Kunde« von schrecklichen Grausamkeiten bestätigt, verbreitete sich in den Ostgebieten eine panische Angst vor den Russen. Riesige Trecks von Flüchtlingen, die sich von der auf den Rückzug befindlichen deutschen Armee noch einigermaßen abgeschirmt fühlten, versuchten, in den Westen Deutschlands zu gelangen. Das Ende des nationalsozialistischen Wahns vom Ostimperium war längst gekommen. Was Hitler in den Tagen des Überfalls auf die Sowjetunion seinem Propagandaminister Joseph Goebbels erklärt hatte – »und haben wir gesiegt, wer fragt uns nach der Methode; wir haben soviel auf dem Kerbholz, daß wir siegen müssen, weil sonst unser ganzes Volk, wir an der Spitze, mit allem, was uns lieb ist, ausradiert würde«[16] –, diese düstere Vision begann sich zu bewahrheiten. Nach drei Jahren mit äußerster Brutalität geführter Kämpfe ließen die geschlagenen Verbände der Wehrmacht Rußland als ein verbranntes, ausgeplündertes Land zurück. Für die Russen war nun mit Erreichen der deutschen Grenze die Stunde der Vergeltung gekommen.

Nach dem Einmarsch der Sowjets in Ostpreußen konnten aus der Danziger Bucht bis Mai 1945 noch rund 2 bis 3 Millionen Menschen (Flüchtlinge und Soldaten) evakuiert werden; 20 000 bis 25 000 kamen dabei ums Leben. Eine besonders schlimme Katastrophe ereignete sich, als der ehemalige Linienkreuzer der Parteiorganisation »Kraft durch Freude« »Wilhelm Gustloff« mit rund 6600 Flüchtenden an Bord nach der Abfahrt aus dem Ostseehafen Gotenhafen (Gdingen) von einem sowjetischen U-Boot torpediert wurde; nur 1252 Personen konnten gerettet werden. Eine Überlebende meinte später: »Menschen in der Masse sind schlechte Menschen. Die werden zum Vieh.« Mütter, Alte und Greise, die nicht vorwärtskamen, seien einfach totgetrampelt worden.[17]
Der Weg über das Land war meist noch gefährlicher als über die See; er wurde von vorstoßenden russischen Panzern immer wieder versperrt. »Über vereiste Straßen und durch heftige Schneestürme behindert, zogen die Trecks dahin. Pferde glitten immer wieder aus, Wagen brachen zusammen. Viele zogen nur einen Handwagen mit ihrer letzten Habe hinter sich her. Es war ein unvorstellbarer Kampf gegen die Verzweiflung. Nahrungsmittel, vor allem Milch für die Kleinkinder, gab es kaum. Dazu immer wieder Tiefflieger und die Angst, von feindlichen Panzern überrollt zu werden. Nicht wenige, insbesondere Alte und Kranke, gaben auf und fanden den Tod.«[18]

Um das Ende des Dritten Reiches aufzuschieben, mobilisierte das NS-Regime ein letztes Aufgebot: Kinder, Jugendliche, Frauen und alte Menschen. Nach der geglückten Invasion in Frankreich und dem Vormarsch der Alliierten in West und Ost hatte Hitler am 25. September 1944 »zum totalen Einsatz aller deutschen Menschen« aufgerufen und den Erlaß über die Bildung des Deutschen Volkssturms unterzeichnet. Mit fanatischem Pathos verkündete Joseph Goebbels die von Theodor Körner stammende Losung: »Nun Volk steh auf, Sturm brich los!« [19] Der militärische Zusammenbruch aber ließ sich nicht aufhalten.

Hitler hatte zwar noch einmal größere Truppenverbände, unter Schwächung der Ostfront, mobilisieren können. Nach gewissen Überraschungs-, also Anfangserfolgen blieb jedoch die Ardennen-Offensive schon nach vier Tagen stecken; im Januar war sie endgültig gescheitert. Sie hätte die totale Niederlage des Deutschen Reiches ohnehin nicht verhindern, sondern lediglich verzögern können.

Am 12. Januar 1945 begann im Osten der neue sowjetische Generalangriff; die russischen Truppenbereitstellungen hatte Hitler als »Riesenbluff« bezeichnet. Eine gewaltige Kriegsmaschinerie überrollte das ausgeblutete deutsche Ostheer zwischen der Memel und den Karpaten und drang in drei Wochen bis an die Oder vor.[20] Die Rote Armee begann ihren Marsch nach Berlin, wohin Hitler sein Führerhauptquartier am 16. Januar verlegt hatte; am 19. Januar erreichte sie die schlesische Grenze, nicht viel später besetzten die Russen das Industriegebiet Oberschlesien.[21] Die westlichen Alliierten setzten knapp vier Wochen nach den Sowjets zum Sturm auf das Deutsche Reich an; nach wenigen Tagen schon mußten sich die deutschen Truppen hinter den Rhein zurückziehen, Köln wurde am 6. März erobert; einen Tag später fiel den Amerikanern die unzerstörte Eisenbahnbrücke bei Remagen in die Hand.

»Sagt den Boys, sie sollen einfach immer weiter vormarschieren. Ich glaube, dieser Krieg ist jetzt zu Ende. Ich möchte, daß meine Männer vorn sind und der Ruhm mit auf sie fällt.« (George Smith Patton, General der 3. US-Armee).[22]

Doch die deutschen Truppen leisteten in allen Teilen des bald in einzelne »Kessel« aufgespalteten Deutschlands immer noch Widerstand, so daß das sinnlose Blutvergießen weiterging. Kassel wurde am 3. April, Nürnberg am 19. April, München am 29. April besetzt. Am 25. April 1945 waren bei Torgau an der Elbe Truppen der 69. US-Infanterie-Division und der 58. Sowjetischen Gardedivision zusammengetroffen; am selben Tag wurde der Belagerungsring um Berlin geschlossen.

Das Ende der niederen Dämonen

Als das Ende des Dritten Reiches gekommen war, geriet die nationalsozialistische Bewegung erneut in Bewegung – nun nach dem Motto: Rette sich, wer da kann! Diejenigen, die als kleine oder große Parteigänger des Regimes, als dessen Funktionäre und Exekutoren den »heroischen Opfergang des Volkes« weiter propagierten, die als Führer in Politik, Militär, Verwaltung schließlich die Strategien für die Selbstvernichtung des deutschen Volkes entwarfen, bereiteten klammheimlich ihren Ausstieg aus der Apokalypse vor. Die Erbärmlichkeit, mit der die schlimmsten Staatsverbrecher und Massenmörder sich der »Verantwortung« (was immer das in einem Staat ohne ethische Prinzipien hieß) zu entziehen suchten, hat geschichtlich keine Parallele.

Die emphatische Beschreibung des Dritten Reiches als eines »Reichs der niederen Dämonen« durch Ernst Niekisch[23] erwies ihre Richtigkeit vor allem in Hinblick auf die letzte Phase des Nationalsozialismus. Dessen Personage lasse sich auf den Grundtyp des Gangsters zurückführen. Der Gangster sei das selbstherrliche Individuum, das ohne Ideologie mit zynischer Offenheit nur seine Interessen wahre.

Hitler, infolge ständiger Krämpfe, Wutausbrüche und zahlreicher Anfälle ungehemmten Schluchzens kaum mehr seiner Sinne mächtig, verstieß Göring und Himmler, also zwei seiner engsten Mordgesellen; sie hätten ohne sein Wissen und gegen seinen Willen Verhandlungen mit dem Feind geführt und versucht, die Macht im Staate an sich zu reißen.

Als kitschiges Rührstück ging das Leben des Diktators, der wie kein anderer das Glück und Leben von Abermillionen zerstört hatte, zu Ende; der Entschluß zum Selbstmord fiel in die Nacht vom 28. zum 29. April. Vorher ließ er sich noch mit seiner Geliebten Eva Braun trauen; Goebbels und Bormann waren die Trauzeugen; ein Gauamtsleiter namens Walter Wagner, der in einer nahe stationierten Volkssturmeinheit diente, wurde herbeigeholt. Diesem gegenüber erklärte das Paar, daß sie rein arischer Abstammung sowie frei von Erbkrankheiten seien. In seiner Hitler-Biographie bemerkt Joachim Fest, daß offensichtlich von diesem Zeitpunkt an dem »Führer« das Geschehen und dessen Steuerung endgültig entglitten war; die Vermutung liege nahe, daß er den Schlußakt gern grandioser, katastrophaler, mit einem größeren Aufwand an Pathos, Stil und Schrecken inszeniert hätte. »Aber was immer sich noch mit seinem Namen verband: Es war ein entmythologisierendes Ende.«[24]

In seinem politischen Testament vom 29. April 1945 hatte Hitler den Großadmiral Karl Dönitz als Reichspräsident eingesetzt und Goebbels, der kurz darauf Selbstmord beging, zum Reichskanzler ernannt; Graf Schwerin von Krosigk, seit 1932 Reichsfinanzminister, wurde von Dönitz zum Chef der Geschäftsführenden Reichsregierung bestellt. Die neue Reichsregierung, die sich nach Flensburg zurückgezogen hatte, suchte eine gemeinsame Front mit den Westmächten gegen die Sowjetunion zu bilden, um so der bedingungslosen Kapitulation zu entgehen – ein absurder Illusionismus. Schließlich erklärte Dönitz sich mit der bedingungslosen Gesamtkapitulation einverstanden.[25] Die Kriegsmaschinerie war zum Stehen gekommen.

2. Mai 1945. Petra S., Hamburg, notiert in ihrem Tagebuch, die Stimmungslage vieler nun ernüchterter Deutscher widerspiegelnd. »War das eine herrliche Nacht!! Ich schlief so selig, daß ich immer nur dachte: ›Hitler tot, Nazis tot! Hitler und die Nazis tot!‹ Und heute morgen dann ging es zur Schule. Auf dem Weg zum Borgweg hielt ich Ausschau, ob man noch Parteiabzeichen erblicken kann. Keines, wohin das Auge auch sah. Seltsam, kein Mensch weinte oder sah auch nur traurig aus, obwohl doch der geliebte, verehrte Führer, in dem die Vollidioten fast einen Gott sahen, nicht mehr lebte und die Knute aus der Hand legen mußte.«[26]

Unendliches Leid hatte die Menschen und Familien heimgesucht. Bei einer Gesamtbilanz des Zweiten Weltkrieges muß man davon ausgehen, daß weltweit ungefähr 55 Millionen Menschen ihr Leben verloren hatten – allein in der Sowjetunion rund 20,6 Millionen (davon 7 Millionen Zivilisten); von den 5,7 Millionen Sowjetsoldaten in deutscher Gefangenschaft waren über 3 Millionen gestorben oder umgebracht worden. 7,35 Millionen Deutsche, darunter über 600 000 Zivilisten, waren umgekommen. In Polen betrugen die Verluste etwa 6 Millionen, in Jugoslawien 485 000, in Frankreich 537 000. 5 bis 6 Millionen Juden waren ermordet worden. Bei Kriegsende befanden sich 8 bis 10 Millionen sogenannter Displaced Persons (DPs) auf deutschem Boden; das waren vorwiegend durch die Nationalsozialisten in den besetzten Gebieten rekrutierte Zwangsarbeiter und politische Flüchtlinge, darunter rund 70 000 Juden (vornehmlich aus Ostmitteleuropa). Auch mehrere Millionen Deutsche, meist aus den westlichen Reichsgebieten, waren entwurzelt, da sie aus den vom alliierten Bombenkrieg besonders betroffenen Gebieten evakuiert worden waren. Der größte Teil der überlebenden deutschen Soldaten (etwa 11–12 Millionen) wurde in Gefangenenlagern festgehalten; von den über 3 Millionen Soldaten in sowjetischer Hand überlebte mehr als 1 Million die Leiden der Gefangenschaft nicht.[27]

Noch einmal davongekommen

Schön müßte es sein, auch einmal einen Frühling der Geschichte zu erleben, hatte Erich Kästner am 27. Februar 1945 in sein Tagebuch notiert; er stünde jedoch nicht in unserem Kalender. »Die historischen Jahreszeiten dauern Jahrhunderte und unsere Generation lebt und stirbt im ›November der Neuzeit‹.«[28]

Der Kalender der Nachkriegsgeschichte zeigte jedoch einen hoffnungsvolleren Ablauf. Es traf zu, was Thornton Wilder in seinem Stück *Wir sind noch einmal davongekommen,* das während des Krieges entstanden war, als anthropologisches Grundmuster beschrieben hatte: Die Überlebenden gaben nicht auf.

»Das ist alles, was wir tun können – immer wieder von neuem anfangen. Immer wieder und wieder. Immer wieder von neuem anfangen. Woher wissen wir, daß es diesmal besser sein wird als vorher? Warum tun wir immer so als ob?«[29]

Der Mai war gekommen; er war so sonnig und warm, daß man sich wie im Sommer fühlte. Viele Menschen empfanden dies als »panisches Idyll«. Das schönste Geschenk: die Stille, erinnerte sich Arnulf Baring. Wenn er an den frühen Mai 1945 denke, dann zunächst an diese Lautlosigkeit, diese Ruhe, Tag für Tag unter einem blauen Himmel. In der warmen Sonne sitzen und kaum noch Angst haben. Als ob es keine Abgründe mehr gäbe. Und neues Leben blühte aus den Ruinen.[30]

Die große historische Stunde – die Niederwerfung des nationalsozialistischen Regimes – könne trotz tiefster Demütigung des eigenen Landes in der Rückkehr Deutschlands zur Menschlichkeit bestehen, so wandte sich Thomas Mann aus dem amerikanischen Exil am 10. Mai 1945 an seine deutschen Rundfunkhörer. Diese Stunde sei hart und traurig, weil Deutschland sie nicht aus eigener Kraft herbeiführen konnte. Furchtbarer, schwer zu tilgender Schaden sei dem deutschen Namen zugefügt und die Macht verspielt worden. »Aber Macht ist nicht alles, sie ist nicht einmal die Hauptsache, und nie war deutsche Würde eine bloße Sache der Macht. Deutsch war es einmal und mag es wieder werden, der Macht Achtung, Bewunderung abzugewinnen durch den menschlichen Beitrag, den freien Geist.«[31]

Und auch in der Situation eines äußerst reduzierten Lebens (»Dies ist meine Mütze,/dies ist mein Mantel,/hier mein Rasierzeug/im Beutel aus

Leinen«), im Kriegsgefangenenlager nämlich, erwachte wieder die Hoffnung auf die leise Stimme der Vernunft. Die Bleistiftmine erweist sich in Günter Eichs *Inventur,* dem wohl wichtigsten Gedicht der Trümmerzeit (da es zum ersten Mal die Lage blank und schmucklos, tapfer und schutzlos beschrieb), als Gegenstand kultureller Zuversicht: »Tags schreibt sie mir Verse,/die nachts ich erdacht.«[32]

Der Ungeist hatte der Humanität ein Ende bereiten wollen, aber dann brach nicht etwa alles zusammen, sondern es brach vielmehr etwas auf. (Joachim Kaiser)[33] Wie Phönix aus der Asche – solche Metaphern waren beliebt – erstand ein Kulturbewußtsein, das sich seinen Standort zwischen Gestern und Morgen, Überlieferung und Neuanfang, Provinzialismus und Urbanität erst suchen mußte. Es rührt die Beflissenheit, mit der man daranging, Kultur nach einer barbarischen Zeit wieder zu etablieren; ein Nachholbedürfnis, das dann zunächst gar nicht viel Neues, wohl aber das Alte, gelöst von Ideologie, neu entdeckte. Ungleichzeitigkeit des Gleichzeitigen: das Nebeneinander von verwüsteter innerer wie äußerer Welt und enthusiasmiertem Glauben an die Strahlkraft des Humanismus.

Der Historiker Friedrich Meinecke schließt seine Schrift *Die deutsche Katastrophe* (1946, doch schon 1945 konzipiert)[34], die das Geschichtsbewußtsein der Nachkriegszeit aufwühlte, mit einem Wunschbild, das ihm in den furchtbaren Wochen nach dem Zusammenbruch in den Sinn gekommen sei. Künftig sollten in jeder deutschen Stadt und größeren Ortschaft »Goethegemeinden« entstehen. Diesen würde die Aufgabe zufallen, »die lebendigsten Zeugnisse des großen deutschen Geistes durch den Klang der Stimme den Hörern ins Herz zu tragen – edelste deutsche Musik und Poesie zugleich ihnen immer zu bieten«. Solche zu organisierenden festlichen Stunden sollten am Anfang und Schluß immer durch große deutsche Musik, durch Bach, Mozart, Beethoven, Schubert, Brahms »emporgehoben« werden. Wer sich etwa in klassische Lyrik versenke, werde »in allem Unglück unseres Vaterlandes und inmitten der Zerstörung etwas Unzerstörbares, einen deutschen ›character indelebilis‹ spüren«.

Dom, Tempel, Kirche, Heiligtum waren die Topoi, die das Gute, Schöne und Wahre bezeichneten. Das Interesse an Goethes *Iphigenie* war bezeichnend; viele Bühnen eröffneten mit diesem Drama ihre erste Spielzeit nach dem Krieg oder begriffen das Stück als Kern ihres Trümmerzeit-

Straße in Nürnberg nach Kriegsende 1945.

Spielplans. Die Toten, die Trümmer, das Elend im Nacken – man war beflügelt von einer alles versöhnenden Menschlichkeit. Deren Stimme höre jeder, »geboren unter jedem Himmel, dem/Des Lebens Quelle durch den Busen rein/Und ungehindert fließt«.

Selbst die Emigranten, zumindest in ihrer Mehrzahl, überwölbten den Kahlschlag, den sie antrafen, mit einem Ideenhimmel deutscher Geist- und Gemüthaftigkeit. Wolfgang Langhoff, einer der ersten Schauspieler, die wieder nach Deutschland zurückkehrten, schrieb am 18. Februar 1946 in einem Brief an die in Zürich verbliebenen Freunde und Kollegen: »Aber es ist herrlich, wieder in der Heimat zu sein.«[35]

»Wir wollen den Humanismus der besten deutschen Geister wieder zu dem unseren machen – den Geist der Gerechtigkeit, der Wahrheitsliebe, des Bekennermutes.«[36] Der von Friedrich Wolf auf einer Kundgebung des »Kulturbundes zur demokratischen Erneuerung Deutschlands« am 25. November 1945 artikulierte »Geist des Ostens« motivierte sozialistisch engagierte Schriftsteller und Künstler, wie Johannes R. Becher, Anna Seghers, Ludwig Renn, Alfred Kantorowicz, Stephan Hermlin, Bert Brecht, Ernst

Bloch, Stefan Heym, in die Sowjetische Besatzungszone (SBZ) zu gehen; Heinrich Mann starb kurz vor der geplanten Übersiedlung.

De facto hatte das Deutsche Reich seine politische Handlungsfähigkeit mit der bedingungslosen militärischen Gesamtkapitulation vom 8. Mai 1945 verloren. De jure verlor es sie durch die »Erklärung in Anbetracht der Niederlage Deutschlands und der Übernahme der obersten Regierungsgewalt hinsichtlich Deutschlands durch die Regierungen des Vereinigten Königreichs, der Vereinigten Staaten von Amerika und der Union der sozialistischen Sowjet-Republiken und durch die provisorische Regierung der französischen Republik« vom 5. Juni 1945. Dort hieß es, daß es in Deutschland keine zentrale Regierung oder Behörde mehr gäbe, die fähig wäre, die Verantwortung für die Aufrechterhaltung der Ordnung, für die Verwaltung des Landes und für die Ausführung der Forderungen der siegreichen Mächte zu übernehmen. Die oberste Gewalt in Deutschland wurde so aufgrund einseitiger Willenserklärung durch die Alliierten ausgeübt (»einschließlich aller Befugnisse der deutschen Regierung, des Oberkommandos der Wehrmacht und der Regierungen, Verwaltungen oder Behörden der Länder, Städte und Gemeinden«).[37]

Mit der Juni-Deklaration, angeschlagen an den Mauern der zerstörten Reichshauptstadt, wurde übrigens – darauf hat Friedrich Dieckmann hingewiesen – für den deutschen Staat, dessen Organe suspendiert waren, ein neuer, noch nicht dagewesener Name eingeführt, nämlich »Deutschland«. Die von Bismarck kreierte Bezeichnung »Deutsches Reich« für den Ende 1870 um vier deutsche Staaten erweiterten Norddeutschen Bund hatten die Nationalsozialisten in »Großdeutsches Reich«, das »kurzlebigste und verderblichste Konstrukt der deutschen Geschichte«, geändert. »Blutrot war es in die Landkarten seiner kurzen Dauer eingedruckt.« Das alliierte Dokument statuierte einen neuen, aus fremden Sprachen (Germany, Allemagne, Germanija) übersetzten Staatsnamen, allein dadurch schon seine Fragwürdigkeit bekundend.[38]

Eine Annektierung Deutschlands war freilich von den Alliierten nicht beabsichtigt. Dementsprechend hieß es im Kommuniqué der Potsdamer Konferenz (17. 7.–2. 8. 1945), daß die Alliierten nicht gewillt seien, das deutsche Volk zu vernichten oder in die Sklaverei zu stürzen; sie hätten vor, dem deutschen Volk eine Möglichkeit zu geben, sich für die Wiederherstellung seines Lebens auf einer demokratischen und friedlichen

Grundlage vorzubereiten. »Wenn die eigenen Anstrengungen des deutschen Volkes unablässig auf die Erreichung dieses Ziels gerichtet sein werden, wird es ihm möglich sein, zu gegebener Zeit einen Platz unter den freien und friedlichen Völkern der Welt einzunehmen.«[39]

Die Ausschaltung des nationalsozialistischen Regimes ließ die Hoffnung auf einen Neubeginn in Europa erstehen, wie ihn zum Beispiel Winston Churchill in einer Rede im September 1946 in der Zürcher Universität mit Rückgriff auf die politische Ideengeschichte forderte. Dieser »edle Kontinent«, der letzten Endes die schönsten und kultiviertesten Gebiete der Erde umschließe und sich eines gemäßigten und ausgeglichenen Klimas erfreue, sei die Heimat aller großen Stammvölker der Welt.[40]

Als Atemholen für die Stunde Eins hatte die Stunde Null auch für die Deutschen große Bedeutung. Hier lebe unverändert ein arbeitsames, ordentliches Volk, notierte der aus dem Exil zurückgekehrte Schriftsteller Alfred Döblin, nun französischer Kulturoffizier. Wie Ameisen in einem zerstörten Haufen würden die Menschen zwischen den Ruinen erregt hin- und herrennen, und ihr ehrlicher Kummer sei, daß sie nicht sofort mangels Material und klarer Direktiven zugreifen könnten.[41] – Die Rekonstituierung der kapitalistischen Macht- und Eigentumsverhältnisse in Westdeutschland[42] und der in Ostdeutschland etablierte, forciert auf Fortschritt ausgerichtete Staatssozialismus ließen die Bereitschaft zu innerer Einkehr und Trauerarbeit verkümmern. Es schien, als würden die Menschen in der Stunde Null die unsägliche Barbarei des Nationalsozialismus und die mit ihr verknüpfte eigene Schuld gar nicht erst wahrnehmen.

Das eigene Leiden blockierte die Bereitschaft, für die deutschen Verbrechen einzustehen und eine moralische Erneuerung in Reue über die eigene Täterschaft anzustreben. Eugen Kogon stellte in seiner Betrachtung »Das deutsche Volk und die Konzentrationslager«, die er 1948 seinem Buch *Der SS-Staat* einer gründlichen Analyse des nationalsozialistischen Terrorsystems, unmittelbar verfaßt nach der Befreiung aus dem Konzentrationslager Buchenwald – hinzufügte, fest, daß die Aufklärung über die Verbrechen des Dritten Reiches bislang wenig dazu beigetragen hätte, einen tiefgründigen Gesinnungswandel des deutschen Volkes einzuleiten – weil sich erwiesen habe, daß Hitlers Geist auch in den anderen lebe, nicht bloß in den Deutschen; weil die Anfälligkeit der Welt für totalitäre Methoden offensichtlich geworden sei; weil Hunderttausende, ja Millionen von Deutschen selbst Opfer geworden seien;

weil das vergangene Abschreckende unter wirren gegenwärtigen Schrecken seine Wirkung verliere; weil Predigten immer schwächer seien als Taten, besonders wenn die Taten den Predigten nachhaltig widersprächen. Kogon verwies dann auf das Schicksal der Kriegsgefangenen, vor allem nach der Kapitulation; viele von ihnen müßten in der Sowjetunion Verhältnisse ertragen, die in manchem und zuweilen im Schlimmsten denen der nazistischen Konzentrationslager ähnelten. 12 bis 14 Millionen Vertriebene, die in den osteuropäischen Ländern auf die barbarischste Weise ausgesiedelt und in plombierten Waggons, in Elendszügen, einzeln, gruppen- und herdenweise nach Westdeutschland getrieben würden, seien ein anderer Beweis für die weiter grassierende Unmenschlichkeit.[43]

Ethisch begründeter Gestaltungswille war bei denjenigen am Werk, die aus nationalsozialistischen Gefängnissen und Konzentrationslagern befreit worden waren bzw. aus der äußeren Emigration in ihre frühere Heimat zurückkehrten oder, aus der inneren Emigration kommend, sich zu demokratischem Engagement entschlossen. Dies wurde deutlich im Schwur der 21 000 Überlebenden aus 35 Nationen am 19. April 1945 auf dem Appellplatz des Konzentrationslagers Buchenwald, anläßlich der Trauerkundgebung zu Ehren der 56 000 in Buchenwald durch die SS und ihre Helfer ermordeten Häftlinge: »Der Aufbau einer neuen Welt des Friedens und der Freiheit ist unser Ziel. Das sind wir unseren gemordeten Kameraden, ihren Angehörigen schuldig. Im Zeichen Eurer Bereitschaft für diesen Kampf erhebt die Hand zum Schwur und sprecht mir nach: Wir schwören!«[44]

Das Zwiespältige der »Stunde Null« hat Theodor Heuss frühzeitig angesprochen. »Im Grunde genommen«, so meinte er kurz vor seiner Wahl zum ersten Bundespräsidenten der Bundesrepublik Deutschland 1949, »bleibt dieser 8. Mai 1945 die tragischste und fragwürdigste Paradoxie der Geschichte für jeden von uns. Warum denn? Weil wir erlöst und vernichtet in einem gewesen sind.«[45] »Ihr werdet«, schrieb Heinrich Böll in einem (fiktiven) »Brief an meine Söhne«, »die Deutschen immer wieder daran erkennen können, ob sie den 8. Mai als Tag der Niederlage oder Befreiung bezeichnen. Wir warteten auf unsere ›Feinde‹ als unsere Befreier.«[46]

Der Interpretation des Kriegsendes als »Stunde Null« (als einer klar umrissenen Zäsur) widersprechen die sozialgeschichtlichen Forschungsergebnisse. Nach neueren Untersuchungen habe sich ein Umbruch von revolutionärer Dimension bereits ab Stalingrad, Anfang 1943, und dann bis zur Währungsreform, Juni 1948, vollzogen – nicht allein durch die Zerschlagung des Deutschen Reiches, den Verlust der Ostgebiete und die Entmachtung der alten aristokratischen Oberschicht, sondern auch durch die schon in den letzten Kriegsjahren beginnenden Evakuierungen und die gewaltige Völkerwanderung im Zuge von Flucht und Vertreibung. Die deutsche Gesellschaft sei durch die Beseitigung alter konfessioneller, sozialer und kultureller Segregation intensiv »durcheinandergeschüttelt« worden. Rückblickend hätten sich in der stark nivellierten »Notgesellschaft« dieser Zeit schon die Umrisse der Mittelstandsgesellschaft der späteren Bundesrepublik zu erkennen gegeben. Als einen revolutionären Bruch werde man auch die radikale Veränderung qualifizieren können, die sich im Bereich der politischen Institutionen und des Normensystems unter dem maßgeblichen Einfluß der Besatzungsmächte sowie unter dem Einfluß derjenigen politischen und sozialen Kräfte Deutschlands vollzogen hätten, die sich in der NS-Zeit resistent verhalten hatten oder wenigstens bis zu einem gewissen Grad unempfänglich gegenüber den Verführungen und Beeinflussungen des NS-Regimes geblieben waren.[47]

Gegenüber jahrzehntelanger Unsicherheit der Bonner Politik bei der Einschätzung der »Stunde Null« bewies Bundespräsident Richard von Weizsäcker 1985 seine herausragende Souveränität, als er in einer Ansprache anläßlich des 40. Jahrestages der Beendigung des Krieges in Europa und der nationalsozialistischen Gewaltherrschaft sowohl der Historisierung des Nationalsozialismus als auch der damit verbundenen Schuldminderung, Schuldabwälzung oder gar Schuldverdrängung entgegentrat.[48] Diese Rede, die in kurzer Zeit in 1,2 Millionen Exemplaren und 60 000 Schallplatten bzw. Tonbandkassetten verbreitet wurde und große Zustimmung fand, stellte einen »politischen Befreiungsschlag« dar; sie enthielt drei unbequeme Wahrheiten, die in den nachfolgenden Jahren, vor allem nach der Vereinigung Deutschlands, wieder in Frage gestellt wurden: die Priorität des Befreiungsmotivs, die ungeteilte Reverenz gegenüber allen Opfern des Nationalsozialismus und die kritische Bewertung des Mitläufertums.

»Wir haben allen Grund, den 8. Mai 1945 als das Ende eines Irrweges deutscher Geschichte zu erkennen, das den Keim der Hoffnung auf eine bessere Zukunft barg.«[49]

DIE ALLIIERTE BESETZUNG DEUTSCHLANDS

Zoneneinteilung und Westorientierung

Die Deutschlandpolitik der Alliierten (der »Big Three«: USA, Großbritannien, UdSSR) für die Zeit nach dem gewonnenen Krieg hatte ihren Ursprung in der Atlantik-Charta, die am 14. August 1941, also noch vor dem Kriegseintritt der USA, zwischen Roosevelt und Churchill vereinbart worden war und der die Sowjetunion im September des gleichen Jahres zustimmte. Ihr Inhalt waren allgemeine Grundsätze nationaler Politik: Verzicht auf territoriale Vergrößerungen bzw. Veränderungen, soweit sie nicht mit dem Wunsch der betroffenen Volksteile übereinstimmten; das Recht aller Völker auf freie Wahl ihrer Regierungsform; engste wirtschaftliche Kooperation der Nationen und Sicherung des Friedens nach der endgültigen Vernichtung der Nazi-Tyrannei.

Die Konferenzen von Jalta (Februar 1945) und, nach Kriegsende, von Potsdam (17. Juli bis 2. August 1945) legten die Kooperation der Alliierten, in deren Kreis dann auch Frankreich aufgenommen wurde, fest; unterschiedliche Vorstellungen in durchaus wichtigen Fragen wurden zunächst durch den Willen zur Zusammenarbeit zurückgedrängt. Die Formulierungen des Potsdamer Protokolls, veröffentlicht im Amtsblatt des Kontrollrates, deren Mitglieder als Vertreter der vier siegreichen Staaten die oberste Regierungsgewalt in Deutschland übernommen hatten, hielten somit in wesentlichen Punkten am Prinzip einer gemeinsamen Deutschlandpolitik fest; doch hatte der Kontrollrat keine Möglichkeit, in den einzelnen Besatzungszonen selbst gemeinsam beschlossene Gesetze und Richtlinien durchzusetzen, da dort die jeweils für die Zone zuständige Militärregierung die Macht ausübte. Die in vielen Fällen wegen divergierender Ansichten unbestimmten und vagen Aussagen

Das sowjetische Staatsoberhaupt Jossif W. Stalin, der amerikanische Präsident Harry S. Truman und der britische Premierminister Winston Churchill bei der Potsdamer Konferenz.

deuteten bereits an, daß die Spannungen zwischen Ost und West zunahmen.[50]

Die Deutschlandpolitik der westlichen Besatzungsmächte[51] wurde in entscheidendem Maße von den USA bestimmt. Dort hatte sich seit 1941 eine umfängliche und kontroverse Diskussion zwischen den Verfechtern der Forderung auf eine harte Bestrafung der Deutschen und den Befürwortern nachsichtiger Umgewöhnung entwickelt. Der amerikanische Finanzminister Henry Morgenthau war der Urheber eines nach ihm benannten Konzepts - einen eigentlichen Morgenthau-Plan hat es nicht gegeben -, das drakonische Maßnahmen zur Niederhaltung Deutschlands empfahl; Deutschland habe ein Land von wesentlich landwirtschaftlichem und Weide-Charakter zu werden. Der amerikanische Präsident Franklin D. Roosevelt schwankte, rückte aber dann von Morgenthaus Vorschlägen ab.[52]

Bei ihrem Bemühen, Deutschland zu demilitarisieren, denazifizieren, dezentralisieren, demokratisieren und dekartellisieren - die großen Ds, die in der Potsdamer Konferenz als allgemeine Prinzipien Konsens fanden[53] -, spielte neben handfestem Pragmatismus pädagogischer Idealismus eine große Rolle.

Die Amerikaner setzten besonders stark auf die Umerziehung der Deutschen, wollten den Charakter jedes einzelnen und die Leitbilder der Nation von Grund auf ändern. Ein entsprechender Beraterkreis umfaßte nicht nur prominente amerikanische Psychologen, Anthropologen, Psychoanalytiker und Soziologen, sondern auch deutsche Emigranten wie Erich Fromm und Kurt Levin. Eine andere Gruppe von Wissenschaftlern, vor allem der Politologe Franz L. Neumann[54], der Staatsrechtler Otto Kirchheimer und der Philosoph Herbert Marcuse, die an dem von Frankfurt nach New York verlegten Institut für Sozialforschung des emigrierten Max Horkheimer gearbeitet hatten, erstellten für das Office of Strategic Services Analysen der NS-Diktatur und formulierten Vorschläge, wie nach dem militärischen Sieg der Alliierten in Deutschland wieder demokratische Verhältnisse eingeführt und Wirtschaft, Gesellschaft, Parteien, der Staat schlechthin strukturiert werden könnten, um einen abermaligen Rückfall in die Barbarei auszuschließen und eine Sozialordnung zu errichten, die das Bewußtsein der Bevölkerung gegenüber autoritären Tendenzen schärfe.[55]

Das Reedukations-Konzept irritierte bisweilen auch im eigenen Lager; so nannte der deutsch-amerikanische Politologe Karl Loewenstein die »nichtssagende Allgemeinheit«, daß eine besiegte Nation oder irgendein Volk von außerhalb erzogen werden könne, einen »arroganten Trugschluß«, der noch dazu vergiftet sei »mit dem anmaßenden Anspruch des intellektuellen Imperialismus«, daß das Gesetz einem minderwertigen Volk von Erziehern, die selbst Erziehung dringend nötig hätten, gelehrt werden könne.[56] Aber der bald mit rigoroser Strenge, bald mit einfühlender Milde eingeleitete »Reinigungsprozeß« erwies sich als durchaus erfolgreich, zumal die Deutschen (und zwar nicht nur in der amerikanischen Zone) ihrem als Präzeptor auftretenden Vormund gegenüber sich als folgsame, beflissene, fleißige, auch unterwürfige und opportunistische Mündel verhielten. So hatten die Alliierten z. B. auch kaum Schwierigkeiten mit dem deutschen Verwaltungssystem, das deren Befehle sofort widerstandslos befolgte. Als sich nach drei Monaten Besatzung, am 6. August 1945, der amerikanische Oberbefehlshaber Eisenhower an das deutsche Volk wandte – die Erfolge bei der Bekämpfung des Nationalsozialismus und Militarismus und die bereits erzielten »positiven Ergebnisse des Aufbaus« hervorhebend –, entsprach seine Botschaft ganz dem für die amerikanische Deutschlandpolitik charakteristischen hegemonialpädagogischen Reformismus.

Die Besatzungszonen in Deutschland und die neuen polnischen Grenzen.

»Wir werden euch helfen, Euer Leben ›auf demokratischer Grundlage‹ wieder aufzubauen. Sobald Eure Gerichte und Schulen von Nazi-Einflüssen gereinigt sind, werden sie wieder geöffnet werden. Rechtspflege und Erziehungswesen, die auf echten demokratischen Grundsätzen beruhen, werden kräftigste Unterstützung finden. Bereits heute veröffentlicht Ihr eine Anzahl eigener Zeitungen, wählt Vertrauensmänner, die Euch in Euren Betrieben vertreten, und arbeitet in Ausschüssen als Berater der Militärregierung. Diese und ähnliche Maßnahmen werden in immer stärkerem Maße durchgeführt werden. Es wird Euch gestattet werden, ›örtliche Gewerkschaften‹ zu bilden und Euch örtlich ›politisch zu betätigen‹. Versammlungen zu diesen Zwecken dürfen mit Genehmigung der örtlichen Militärregierung abgehalten werden.

Zu den dringlichsten Aufgaben von Gewerkschaften und politischen Parteien gehört die Mitwirkung an solchen Maßnahmen, wie sie jetzt zur Vorbereitung auf den kommenden Winter notwendig sind. Volle Freiheit zur Bildung von Gewerkschaften und zur Ausübung politischer Tätigkeit im demokratischen Sinne werdet Ihr am schnellsten dort erlangen, wo Ihr zeigt, daß Ihr bereit seid, solche Vorrechte ›verständig‹ zu benutzen. Es hängt von Euren eigenen Handlungen ab, wann die noch bestehenden Beschränkungen von uns aufgehoben werden können.« (Dwight D. Eisenhower, amerikanischer Oberbefehlshaber, am 6. 8. 1945)[57]

Die Grenzen zwischen den einzelnen Zonen wurden verhältnismäßig bald dicht abgeschottet und streng kontrolliert. Wie lange noch, fragte die von der amerikanischen Militärregierung herausgegebene illustrierte Zeitschrift *Heute* in ihrer März-Nummer 1947, werde es noch dauern, bis man wieder durch Deutschland fahren könne, ohne von den uniformierten Zonenbeamten der verschiedenen Alliierten kontrolliert zu werden? »Oder noch deutlicher: Wann werden die Zonengrenzen fallen?«[58]

Die einseitigen Aktionen der Russen, die im Gegensatz zum Geist des Potsdamer Abkommens standen, besonders die Reparationen und Warenentnahmen, ließen eine tiefe Kluft zwischen West und Ost entstehen. Die »Zonengrenze« isolierte die SBZ vom übrigen Deutschland effektiver als eine Staatsgrenze, »wenngleich die Isolierung bereits früh auch darin zum Ausdruck kam, daß die westliche Grenze der Zone sowohl von den sowjetischen Besatzungsbehörden wie von ihren deutschen Organen in der Tat als Staatsgrenze behandelt wurde, und zwar als nur schwer überschreitbare Grenze eines Staates mit feindlichen Nachbarn«.[59]

Dementsprechend nahmen Reisen von West nach Ost und von Ost nach West deutlich die Züge eines besonderen Abenteuers an. »Die Gespräche im Wagen versickern; Spannung wird fühlbar, die erst bricht, als der russische Kontrollposten, jetzt nach der Umgruppierung der alliierten Armeen schon vor Eisenach, passiert ist«, notiert Stefan Heym, amerikanischer Presse-Offizier, von seiner ersten Fahrt durch die »Zone«.[60] Da die erbärmlichen Lebensverhältnisse einander glichen, ähnelten die Gespräche in den Zügen des Ostens noch denen in den Zügen des Westens; aber aufgrund der innenpolitischen Entwicklung und der besonderen Mentalität der russischen Besatzer zeigten sich im deutschen Psychogramm erste Unterschiede.

»Die Russen? Sie erzählte Verschiedenes. Darunter etwa die Geschichte von der Frau, die so jämmerlich schlecht ausgeschaut habe und die ein Russe nach dem Grunde fragte; und als sie nur Hunger antwortete, sei dieser sehr verwundert gewesen und äußerst traurig und sei verschwunden; dann aber war er wieder erschienen, mit einer großen Kuh an der Leine und den Worten: ›Da, Frau ...‹ Um die Ecke aber habe man bereits ein Bäuerlein mit zum Himmel emporgeworfenen Armen biegen sehen ... Ach, das ging; außerdem seien sie eben die Sieger. Aber die eigenen Leute, die seien weitaus die schlimmsten. ›Jawoll‹, fiel der Arbeiter ein und blickte recht grimmig, ›die SED ist ein Saupack, das sage ich; ich, Paule Krause von der KPD. Was die nicht alles lügen und versprechen; der Prolet ist zuerst dran bei denen. Zu den Frauen gehen sie und halten ihnen Brot vor die Nase und sagen: Wählt SED. Tretet in die SED ein, und wir schaffen euch eure Söhne heim. Bist du in der SED? fragen sie die Bauern, und wenn dann nicht, gehen die Maschinen flöten, und abliefern müssen sie, daß kein Häufchen Mist zurückbleibt. Und sie spitzeln und horchen wie die Nazis; überall laufen die Scheißkerle rum. Bei der Wahl aber sind diese Demokraten so frei, den anderen die Plakate abzureißen, die Schaufenster zuzuschmieren, die Versammlungen zu sprengen, das Licht abzusperren. Jetzt fahre ich nach Dresden und bring den Kumpels den *Telegraf* und den *Tagesspiegel;* die sind nämlich da verboten. Wenn ich komme, stehen die schon am Fabriktor und fragen: ›Paule, haste was für uns ...?‹« (Ernst Brücher)[61]

Hans Werner Richter, der eindrucksvoll über seine Reisen durch und zwischen den beiden Deutschland berichtete, meinte, am freiesten lebe man in der englischen Zone, am besten in der amerikanischen, am gefährlichsten in der russischen.[62]

USA: DER FREUNDLICHE FEIND

Der besondere Erfolg der amerikanischen Besatzungspolitik war auch darin begründet, daß diese nach der Eroberung und Besetzung deutscher Gebiete zivilisatorischen Fortschritt demonstrierte. Die Amis kommen! – war zunächst ein Ausruf der Angstlust gewesen; bald trat die Angst zurück, und die Lust überwog. Die amerikanischen Soldaten seien freundlich, schreibt Ursula von Kardorff am 28. April 1945 in ihr Tagebuch. »Ab und zu lugen einige bei uns über den Zaun. Wir unterhalten uns gern mit ihnen ... Sie bringen Schokolade mit, und wir sprechen - in sagenhaft schlechtem Englisch - so sachlich wie möglich über Politik.« Fürs Waschen der Uniformjacke eines Sergeanten bekommt man ein Paket »herrlichen Tees und Seife«.[63] Ein Kölner Zeitzeuge berichtet: »Die Amis haben keinem was getan. Sie haben nach Eiern gefragt. Die jungen Mädchen haben sich direkt mit ihnen angefreundet. Sie haben nachher auf einem Dürpel gesessen und haben Akkordeon gespielt. Dann kriegten wir Nescafé, das war für uns so was Neues, der Pulverkaffee. Wir hatten so lange keinen Kaffee gesehen ...«[64]

Die Deutschen hatten mit den Westalliierten großes Glück. Klaus Dietmar Henke, der die amerikanische Besetzung Deutschlands untersucht hat, stellt fest, daß es sich im Westen um einen sehr freundlichen Feind gehandelt habe. Angesichts der von den Deutschen bewirkten Menschheitskatastrophe sei die amerikanische Besetzung Deutschlands bei aller Entschlossenheit des Siegers zur Ausrottung des Nationalsozialismus geradezu beschämend fair und unverdient konstruktiv gewesen – ein Triumph an Augenmaß, Menschlichkeit und politischer Weitsichtigkeit. »Es wäre zu viel gesagt, die Art der amerikanischen Besetzung Deutschlands 1944/45 habe die deutsch-amerikanische Annäherung erst ermöglicht. Ganz gewiß aber sind durch sie – in scharfem Kontrast zur Okkupation Ostdeutschlands – keine unübersteigbaren Barrieren errichtet worden und keine unüberwindlichen Traumata entstanden, die eine rasche Annäherung beider Nationen unmöglich gemacht hätten.«[65]

Die Deutschen waren besonders beeindruckt vom äußeren Erscheinungsbild der Amerikaner und ihrem gepflegten Habitus, von der Effizienz ihrer Ausrüstung, ihrem Good-life-flair: Chewinggum, Lucky Strikes, After Shave, Life Magazin ...; solche Accessoires ließen eine ferne Welt des luxuriösen Konsums, der in der dumpf-heroisch-provinziellen Welt des Dritten Reiches unterdrückt worden war, erahnen. Vor allem das Care-Paket mit seinem üppigen Inhalt, aber auch mit der perfekten, warenästhetisch eindrucksvollen Verpackung, verbreitete den Mythos der »schönen neuen Welt«. Es erwies sich in einer Zeit des totalen Mangels als kleines irdisches Paradies - von insgesamt 40 000 Kalorien Nährwert.[66]

»Care« war im November 1945 in New York als Zusammenfassung der Aktivitäten von 22 amerikanischen Wohlfahrtsorganisationen gegründet worden (Cooperative for American Remittances to Europe); es koordinierte viele private Initiativen und regte eine Welle neuer und andauernder Hilfsbereitschaft an. Zwischen 1946 und 1949 gelangten allein nach Deutschland 5 Millionen Care-Pakete – für jeden Empfänger ein »Lichtstrahl in der Finsternis«.[67]

In den USA hatten viele Kriegsgefangene, obwohl sie sich teilweise nur sehr zögerlich von den nationalsozialistischen Wahnideen lösen konnten, den hohen Lebensstandard der amerikanischen Gesellschaft kennenlernen können. Dazu kamen die ersten Erfahrungen mit einer Popularkultur, die nichts mit dem deutschen autoritären Drill gemein hatte. Der Swing und Drive des Jazz - eine nicht unerhebliche Zahl ehemaliger Kriegsgefangener spielte dann in den Jazzkellern der Besatzungsarmee - stand für einen Lebensstil, der sich Ritualen und Tabus, starren Reglements und autoritären Hierarchien verweigerte. Symptomatisch, daß ein Drittel von 60 000 Hörerwünschen, die in den ersten zwei Jahren nach Kriegsende die Sendeleitung von »Mitternacht in München« (Radio München) erreichten - einer der heißesten Jazz-Sendungen Europas -, einem einzigen Lied galt: *Don't Fence Me In (Sperr mich nicht ein).*[68]

Die bereits 1945 einsetzende, auch trivialkulturelle Amerikanisierung der vor allem jugendlichen Bevölkerungsschicht ebnete den Weg für die allgemeine Westorientierung (»westernization«), die den alten deutschen Sonderweg aufgab und Schlüsselbegriffe wie Freiheit, Demokratie, Selbstbestimmung als Herausforderung für den Fortschritt begriff.[69] Solche Westorientierung wurde bald auch für den Kampf gegen den Kommunismus in Dienst genommen, was ihre Bedeutung, allerdings einseitig-ideologisch, verstärkte. Die Unterdrückung der Freiheit in der SBZ machte ex contrario deutlich, was man vorher nur wenig wahrgenommen hatte: daß nämlich die westliche Besatzung den Aufbruch in ein menschenwürdiges Leben verhieß. Als dann angesichts der Großblockade Berlins durch die Sowjetunion vom 26. 6. 1948 bis zum 30. 9. 1949 mit Hilfe der englisch-amerikanischen Luftbrücke Westberlin mit Lebensmitteln und Waren versorgt und so der Zustand eines freien Stadtwesens erhalten wurde, erreichte die Identifikation mit der durch die Vereinigten Staaten und Großbritannien verkörperten Staatsform eine besondere Intensität.

Amerikanische Soldaten im Gespräch mit deutschen Mädchen.

Die Amerikaner waren es auch, die ein Abrücken von der bislang praktizierten Reparations- und Demontagepolitik forderten; zudem verkündete US-Außenminister George Marshall am 5. Juni 1947 ein europäisches Hilfs- und Wiederaufbauprogramm, an dem Deutschland teilhaben sollte. Im Sinne dieses European Recovery Program (ERP), genannt »Marshallplan«, übermittelte die amerikanische Regierung im Juli 1947 General Lucius D. Clay, dem seit diesem Jahr amtierenden Militärgouverneur der amerikanischen Besatzungszone, neue Richtlinien für ein geordnetes und blühendes Europa, in dem die wirtschaftlichen Beiträge eines stabilen und produktiven Deutschlands ebenso notwendig seien, wie die Beschränkungen der deutschen Macht dafür sorgen sollten, daß der destruktive deutsche Militarismus nicht wieder auflebe.[70] Damit war im sozioökonomischen Unterbau abgesichert, was am 6. September 1946 der amerikanische Außenminister James Francis Byrnes, der Vorgänger George C. Marshalls, angekündigt hatte, daß nämlich die USA den

Aufbau eines nichtkommunistischen Westens Europas politisch fördern und militärisch schützen wollten.[71]

Nachdem die vom 23. Februar bis 6. März 1948 in London tagende Sechs-Mächte-Konferenz den Westmächten und den Benelux-Staaten empfohlen hatte, ein föderatives Regierungssystem in Westdeutschland zu errichten und es an Marshallplan und Ruhrkontrolle zu beteiligen, sprengte der sowjetische Militärgouverneur den Kontrollrat; dieser stellte am 20. März 1948 seine Tätigkeit ein. Das Kondominium Deutschland hatte keine gemeinsame »Regierung« mehr; es begannen die Vorbereitungen zur Konstituierung zweier deutscher Staaten.

Die SBZ

Als die Rote Armee Ostdeutschland und Berlin eroberte,[72] kam es zu einer ungezügelten Abreaktion des Aggressionsstaus, der sich bei den Soldaten der Roten Armee angesammelt hatte. Eine Welle von Vergewaltigungen, die von manchen Opfern verschwiegen und von der späteren DDR ignoriert wurde, versetzte die Bevölkerung in Angst und Schrecken. Flüchtlinge berichten, so Ernst Jünger in seinem Tagebuch (Kirchhorst, 10. 5. 1945), daß alle Schrecken der Hölle losgebrochen seien.[73] Demgegenüber stellte Thomas Mann (Chicago, 26. 5. 1945) fest - und diese persönliche Einschätzung entsprach der partiellen Blindheit bei den vor allem an der Niederwerfung des Nationalsozialismus interessierten Westmächten: »Die Russen sollen sich in Berlin sehr beliebt machen, Lebensmittel beschaffen, mit den Mädchen ausgehen. Werden noch die Beliebtesten sein.«[74]

In einem gewissen Sinne stimmte beides: Im Unterschied zu der kalten, bürokratisierten und industrialisierten, befehlsblinden deutschen Kriegs- und Mordmaschinerie zeigten die russischen Soldaten eine gespaltene Verhaltensweise. »Ja, und dann sind die Russen auf den Hof gekommen und haben Schokolade an die Kinder verteilt. Damit hatte ich nicht gerechnet. Die waren richtig freundlich zu den Kindern. Nach allem, was man uns vorher erzählt hatte ... Geplündert haben sie natürlich, das war ja klar. Sie haben den Hof von oben nach unten auf den Kopf gestellt und alles mitgenommen, was sie kriegen konnten. Wir

Frauen hatten nichts zu lachen. Die Tochter von der Bauersfrau, die war gerade in anderen Umständen. Die ist ihnen zuerst in die Hände gefallen. Die wurde von den Russen furchtbar mitgenommen. Und ihre alte Mutter wollte ihr zu Hilfe kommen. Da haben die Russen die auch gleich … Den alten Bauern, der einzige Mann, der noch auf dem Hof war, den haben die Russen festgehalten und ihn mit der Pistole bedroht. Der mußte zusehen, wie seine Frau und seine Tochter vergewaltigt wurden.«[75]

Die führenden deutschen Kommunisten, die kurz nach Kriegsende zur Übernahme der Macht aus Moskau nach Berlin in die sowjetisch besetzte Zone eingeflogen worden waren, schlossen weitgehend ihre Augen vor den Ausschreitungen. Wolfgang Leonhard, der in der Jugendzeit nach der Verhaftung seiner in die UdSSR emigrierten Mutter in einem Kinderheim in Moskau aufgewachsen und eine Kominternschule besucht hatte (um für politische Aufgaben in Deutschland geschult zu werden), berichtet in seinem Erinnerungsbuch *Die Revolution entläßt ihre Kinder,* wie konsterniert er gewesen sei, als er in einem Gespräch mit einer deutschen Frau hörte, daß man in den letzten Wochen sehr viel Schreckliches durchgemacht habe – und diese Bemerkung sich nicht auf die Nazis, sondern auf die Russen bezog.[76]

Etwa 80 Prozent der Vergewaltigungen im Gebiet von Groß-Berlin – so Erich Kuby[77] – hätten sich zwischen dem 24. April und dem 3. Mai 1945 ereignet, als unmittelbare Folge der »Kampfeserregung«. »Die Rotarmisten waren berauscht vom Sieg, waren berauscht vom Erlebnis der westlichen Zivilisation – und sie waren im buchstäblichen Sinne berauscht.« Nach den Recherchen von Helga Sander und Barbara Johr wurden zwischen Frühjahr und Herbst 1945 mindestens 110 000 der in Berlin lebenden 1,4 Millionen Mädchen und Frauen von Rotarmisten vergewaltigt; die meisten Vergewaltigungen (mindestens 100 000) geschahen im April, Mai und Juni 1945; über 40 Prozent der Frauen wurden mehrfach vergewaltigt. Mehr als 11 000 der Frauen wurden schwanger, etwa 1100 Kinder zur Welt gebracht; es erfolgten viele Abtreibungen und Selbstmorde. Insgesamt dürften 1,9 Millionen deutsche Frauen und Mädchen von Soldaten der Roten Armee vergewaltigt worden sein, davon 1,4 Millionen in den ehemaligen deutschen Ostgebieten und während der Flucht und Vertreibung, 500 000 in der späteren sowjetischen Besatzungszone; Schätzungen sprechen von insgesamt 292 000 geborenen Kindern.[78] Was

Sowjetische Fahne auf dem Berliner Reichstag, 2. Mai 1945.

die russische Armeeleitung betraf, so versuchte sie, nachdem sie bis Anfang 1945 intensiv zu Racheaktionen angestachelt hatte (»... die unstillbaren Tränen der Mutter rufen euch zu schonungsloser Rache auf«), in zunehmendem Maße die Disziplin in der Armee wiederherzustellen. »Unsere Rache ist nicht blind, unser Zorn nicht unvernünftig«, hieß es am 9. Februar 1945 in der Armeezeitung. Am 26. März beschwor das Parteiorgan *Prawda* unter der Überschrift »Der Sowjetmensch außerhalb der Grenzen seines Heimatlandes« die besondere Verantwortung des Rotarmisten als Repräsentant der Sowjetkultur, auf den die Augen der Welt blickten. Damit war auch die Mission von Ilja Ehrenburg, der nach einem Molotow zugeschriebenen Wort mit seinen Parolen mindestens die Kampfkraft von zwei Dutzend Divisionen aufbieten könne, beendet.

Die nach Deutschland gebrachten Funktionäre der Exil-KPD – es handelte sich um drei Gruppen, die nach ihren Leitern benannt wurden (die Gruppe Ulbricht, die Gruppe Ackermann, die Gruppe Sobotka) – wirkten, wie die entsprechende Direktive festlegte, in dem besetzten deutschen Gebiet in vollem Einvernehmen mit der Besatzungsbehörde. Sie sollten durch ihre Arbeit unter der Bevölkerung dafür sorgen, daß die Befehle und Anweisungen der Besatzungsbehörden, als im Interesse des deutschen Volkes liegend, unbedingt durchgeführt würden.[79]

Die sowjetische Militär-Administration unter Marschall Georgi Shukow bildete als erste Besatzungsmacht in ihrer Zone Verwaltungsstrukturen; sie setzte fünf deutsche Länder- oder Provinzregierungen ein, die aus Parteilosen und Vertretern der vier zugelassenen Parteien (Kommunistische Partei, Sozialdemokratische Partei, Liberal-Demokratische Partei, Christlich-Demokratische Union) zusammengesetzt waren. Befehl Nr. 2 der sowjetischen Militärverwaltung hatte früher als im Westen politische Zusammenschlüsse ermöglicht. Die KPD erhielt besondere Förderung, wobei sie die Auffassung vertrat, daß der Weg, Deutschland das Sowjetsystem aufzuzwingen, falsch wäre. »Mit der Vernichtung des Hitlerismus gilt es gleichzeitig, die Sache der Demokratisierung Deutschlands, die Sache der bürgerlich-demokratischen Umbildung, die 1848 begonnen wurde, zu Ende zu führen.«[80]

Seit dem Herbst 1945 forderte das Zentralkomitee der KPD den beschleunigten Aufbau einer »einheitlichen Arbeiterpartei« in der sowjetischen Zone und im Westen. »Dabei wurde die Entwicklung in der Sowjetzone als vorbildlich hingestellt und der Initiative wie dem entscheidenden Einfluß der KPD zugeschrieben. Die Entwicklungen in den Westzonen sei hingegen ›äußerst negativ‹, da sich seit Ende des Krieges nichts verändert habe.«[81] Die zwangsweise Vereinigung von KPD und SPD zur SED erfolgte im April 1946; Otto Grotewohl und Wilhelm Pieck wurden zu gleichberechtigten Vorsitzenden gewählt.

Schon vor der Zwangsvereinigung von KPD und SPD hatten sich die KPD, SPD, CDU und LDP zu einem »antifaschistischen Block« zusammengeschlossen. In der entsprechenden Deklaration vom 14. Juli 1945 hieß es, daß sie mit vereinter Kraft die gestellten großen Aufgaben zu lösen gedachten. »Damit ist ein neues Blatt in der Geschichte Deutschlands aufgeschlagen.« Als Hauptaufgaben wurden herausgestellt: »der Kampf zur Säuberung Deutschlands von den Überresten des Hitlerismus; gemeinsame Anstrengungen zum möglichst raschen Wiederaufbau der Wirtschaft, um Arbeit, Brot, Kleidung und Wohnung für die Bevölkerung zu schaffen; die Herstellung voller Rechtssicherheit auf der Grundlage eines demokratischen Rechtsstaates; die Sicherung der Freiheit des Geistes und des Gewissens sowie die Achtung vor jeder religiösen Überzeugung und sittlicher Weltanschauung; die Wiedergewinnung des Vertrauens und Herbeiführung eines auf gegenseitiger Achtung beruhenden Verhältnisses zu allen Völkern.«[82]

DIE ABRECHNUNG MIT DEM NATIONALSOZIALISMUS

Kriegsverbrecherprozesse und Entnazifizierung im Westen

Die durch das Potsdamer Protokoll bekräftigte alliierte Absicht, den deutschen Militarismus und Nazismus auszurotten, wurde in den Westzonen von der amerikanischen Militärverwaltung am intensivsten verwirklicht – darin den russischen Intentionen vergleichbar (zögerlicher die britischen und französischen Behörden).[83] Der Einblick in den nationalsozialistischen Terror bei der Befreiung der Konzentrationslager, wodurch die Eroberung Deutschlands immer mehr den Charakter eines Kreuzzuges annahm, bestärkte die westlichen Alliierten in der Absicht, sofort ordentliche Militärgerichtsverfahren gegen das Bewachungspersonal der KZs einzuleiten.

Der erste Großprozeß gegen Kriegsverbrecher, den Kommandanten des Lagers Belsen, Josef Kramer, und 47 seiner Untergebenen, wurde am 17. September 1945 vor einem britischen Militärgericht eröffnet. Kramer wurde mit zehn weiteren Angeklagten zum Tode verurteilt. In der amerikanischen Zone begann der Dachauer Prozeß am 15. November. Insgesamt haben amerikanische Militärgerichte Prozesse gegen 1941 Personen geführt. Bei 1517 Verurteilungen erhielten 324 die Todesstrafe; 247 wurden zu lebenslanger Haft, 946 zu Freiheitsstrafen verurteilt, 367 Angeklagte freigesprochen, 57 außer Verfolgung gesetzt. Die britischen Militärgerichte sprachen 240, die französischen 104 Todesurteile aus.[84]

Was die Entnazifizierung der Bevölkerung betraf, so war das Jahr 1945 durch häufige und rigorose, die »restlose Beseitigung« des Nationalsozialismus fordernde Anweisungen, Befehle und Beschlüsse der Militärverwaltungen bestimmt. In Bayern werde aufgeräumt, stellte Generalleutnant Smith, der Stabschef General Eisenhowers, in einer Pressekonferenz

Ende September 1945 fest. Das Programm der Ausschaltung aller Nationalsozialisten werde restlos durchgeführt; doch gebe die ultrakonservative Haltung des größten Teiles der Bevölkerung Bayerns zu Besorgnis Anlaß.[85]

Die überwältigende Mehrheit der Deutschen hatte sich mit dem Nationalsozialismus identifiziert; man konnte also nicht annehmen, daß sich rasch ein Gesinnungswandel vollzöge, auch wenn die »Untertanengesinnung« der Deutschen dazu führte, daß man sich äußerlich den neuen Machthabern anpaßte und bei jeder Gelegenheit lautstark seinen Antifaschismus bekundete.

Bestimmt von amerikanischen Vorstellungen, die gewaltsame Aktionen ausschlossen, erfolgte eine »Revolution durch Papier« - eine geradezu gigantische weltanschauliche Bestandsaufnahme der Bevölkerung mit Hilfe eines 131 Fragen umfassenden Fragebogens. Dem bürokratischen Vorgehen lag moralisch der Versuch zugrunde, den einzelnen zu einer sozusagen puritanischen Selbstprüfung und zur Einsicht in die eigenen Verfehlungen zu veranlassen - die Bejahung von Bestrafung eingeschlossen. Nach Volker Dotterweich nahmen jedoch die Verfahren immer mehr den Charakter einer politischen Inquisition an.[86]

Den »Fragebogen« bezeichnete Ernst von Salomon – an sich ein dubioser Zeitzeuge (der 1902 geborene Schriftsteller wurde in der Weimarer Republik wegen Beihilfe zum Mord an Walther Rathenau zu Zuchthaus verurteilt) – in seinem gleichnamigen autobiographischen Bestseller mit einem gewissen Recht als einen am katholischen Prinzip orientierten Versuch, den Menschen zu einer Gewissenserforschung zu bewegen. Doch nicht die katholische Kirche sei es, die in Fragen der Erforschung seines Gewissens an ihn herangetreten sei, sondern eine Institution, weitaus weniger bewunderungswürdig: die Alliierte Militärregierung.[87]

Die Ausfüllung des Fragebogens, der mit persönlichen Angaben begann und mit Punkt 131 »Kenntnis fremder Sprachen und Grad der Vollkommenheit« endete, war die Voraussetzung für jede Tätigkeit, Beschäftigung oder Arbeit. Als Ursula von Kardorff sich Ende Juli bei der *Augsburger Zeitung* bewirbt, muß sie zunächst zu einem amerikanischen Major, um »einen grotesken Fragebogen mit 148 Fragen« auszufüllen (bei der Zahl täuschte sie sich). »Unter anderem, wieviel man wiegt, was für Narben man hat, die Farbe der Augen und der Haare, ob und welchen Adelstitel die Vorfahren geführt haben,

welcher Religion man angehört, ob man aus der Kirche ausgetreten ist, wieviel man verdient hat, ob man in einem der besetzten Gebiete eine Funktion gehabt hat, ob man verhaftet war. Besonders absurd fand ich die Frage, was man 1933 gewählt hatte. Erstens, weil man bei ihrer Beantwortung mühelos lügen kann, und zweitens, weil ich mir bisher eingebildet hatte, das Wahlgeheimnis gehöre zu den grundlegenden Gesetzen der Demokratie.
Überhaupt erschien uns das Ganze so lächerlich, daß wir in eine übermütige Laune gerieten, als wir den Bogen ausfüllten. Früher war es die jüdische, nun ist es offenbar die adlige Großmutter, die einem schaden kann.«[88]

Bis zum 15. März 1946 wurden in der US-Zone ca. 1,4 Millionen Fragebogen eingereicht, etwa 742 000 (bis Juni 1946 dann 1 613 000) bearbeitet. »Die Notwendigkeit, ›einwandfreie Gutachten‹ als Leumundszeugnis bei den Entnazifizierungsstellen vorzulegen, führte alsbald zu einer Überflutung der Ausschüsse mit sogenannten Persilscheinen, die unbelastete Deutsche ihren Landsleuten, oft auch aus Mitleid und Gefälligkeit, ausstellten. Vielfach waren ideelle Beziehungen persönlicher Art oder materielle Korruption in Form von Bestechung mit im Spiel.«[89]

Im Bereich der amerikanischen Besatzungsbehörde erfolgte Anklage gegen ein gutes Viertel der 13 Millionen Fragebogenpflichtigen; 600 000 Personen wurden bestraft, davon 500 000 mit einer Geldstrafe. Hauptschuldige der Gruppe I (politisch schwer oder kriminell Belastete) gab es 1549, weniger Belastete (Gruppe II) 21 600.

Die Entnazifizierung, so Lutz Niethammer, habe das deutsche antifaschistische, Selbstorganisation anstrebende Säuberungskonzept im Keim erstickt. Denn die Ausschaltung deutscher Antifaschisten und die Heranziehung konservativer Kreise zum Wiederaufbau einer funktionsfähigen und unpolitischen Verwaltung habe im Trend der Entstehungsgeschichte des »Befreiungsgesetzes« gelegen. In seiner endgültigen Fassung, entpolitisiert und allein auf administrative Umsetzung der Entnazifizierung zugeschnitten, wurde es, wie der bayerische Ministerpräsident Hoegner voraussah, zum entscheidenden Instrumentarium der Massenrehabilitation ehemaliger NS-Mitglieder.[90]
Im August 1947 wies die amerikanische Regierung – da man ja nun Westdeutschland in ein antisowjetisches Bündnissystem einbeziehen wollte – General Clay an, die Entnazifizierung bis zum 31. März 1948 zu beenden. Dagegen wehrten sich die inzwischen zuständigen deutschen Stellen (in der

US-Zone 545 Spruchkammern, denen die Abwicklung von 3,5 Millionen Verfahren auferlegt war); denn sie hatten bislang erst die leichteren Fälle abgeurteilt und die schwierigen zurückgestellt. »Die Kleinen hängt man, die Großen läßt man laufen.« In einem Brief an den amerikanischen Historiker Walter Dorn, der als Zivilbeamter bei der Militärregierung arbeitete, schrieb der bayerische Ministerpräsident Hoegner, der das »Befreiungsgesetz« befürwortet hatte, daß der Wechsel in der Entnazifizierungspolitik zur Folge habe, daß die wahren Schuldigen, die jetzt erst an die Reihe kämen, in den Genuß der milderen Praxis gelangten. »In wenigen Jahren werden die ehemaligen Nationalsozialisten die deutsche Verwaltung wieder beherrschen, das ist keine Übertreibung.«[91]

Nürnberger Tribunal und Doppelmoral

Auch wenn das dezidiert antifaschistisch orientierte Bündnis der Alliierten gegen Ende des Jahres 1945 bereits erhebliche Brüche zeigte, so gelang ihnen doch die gemeinsame Durchführung des Nürnberger Prozesses, der aus dem Sieg über Hitler moralische Folgerungen für die völkerrechtliche Zukunft zu ziehen versuchte.[92]

Im Rahmen des Potsdamer Abkommens unterzeichneten die Vereinigten Staaten, Großbritannien, die Sowjetunion und Frankreich das Abkommen über die Verfolgung und Bestrafung der Hauptkriegsverbrecher der europäischen Achse und das Statut für den Internationalen Militärgerichtshof. Die Täter folgender Verbrechen sollten in persönlicher Verantwortung belangt werden: »Verbrechen gegen die Menschlichkeit. Nämlich: Mord, Ausrottung, Versklavung, Deportation oder andere unmenschliche Handlungen.« Der Gerichtshof bestand aus je vier Mitgliedern und vier Stellvertretern, ernannt von den vier Signatarstaaten; er trat am 28. Oktober 1945 in Berlin zur Eröffnungssitzung zusammen; die Verhandlungen begannen am 20. November 1945 in Nürnberg.[93]

In seiner Anklagerede stellte Oberrichter Robert H. Jackson fest, daß seine Aufgabe eine schwere Verantwortung beinhalte. Die Untaten, die hier Sühne finden müßten, wären so ausgeklügelt und so bösartig gewesen,

daß die menschliche Zivilisation es sich nicht gestatten könne, sie ungeahndet zu lassen. Ihre Wiederholung würde das Ende der ganzen Kultur bedeuten. »Hier auf der Anklagebank sitzen zwanzig zerbrochene Gestalten. Ihr persönliches Schicksal ist ohne Belang. Aber bedeutsam ist die Tatsache, daß diese Angeklagten Vertreter jener Mächte des Bösen sind, die noch lange Teile der Struktur unseres Planeten sein werden, wenn der Leib dieser Männer zu Staub zerfallen ist.«[94]

Am 30. September und am 1. Oktober 1946 fiel nach achtmonatiger Verhandlungsdauer das Urteil über die 22 Angeklagten, die sich alle für nicht-schuldig erklärt hatten. Zum Tod durch den Strang wurden Göring, Ribbentrop, Keitel, Kaltenbrunner, Rosenberg, Frank, Frick, Streicher, Sauckel, Jodl, Seyß-Inquart und Bormann (in Abwesenheit) verurteilt; Heß, Funk, Raeder erhielten lebenslängliches Gefängnis, Schirach und Speer zwanzig Jahre, Dönitz zehn Jahre; Schacht, von Papen und Fritzsche wurden freigesprochen. Vier der angeklagten Organisationen, die SS, der Sicherheitsdienst, die Gestapo und gewisse Gruppen des Korps der politischen Leiter, wurden vom Gericht als verbrecherische Organisationen im Sinne des Statuts des Gerichtshofes verurteilt.

»Nürnberg muß verewigt, muß in Permanenz erklärt werden - ein Lichtblick, eine Oase wirklichen Fortschritts inmitten der makabren Einöde einer vom technischen Wahn beherrschten Pseudozivilisation, weil dort, wenn auch nicht die Verhältnisse, so doch wenigstens endlich einmal ihre Urheber gefaßt worden sind, die letztlich Verantwortlichen, die unmittelbaren Teufel.« (Erik Reger)[95]

Dem Nürnberger Hauptkriegsverbrecher-Prozeß folgten weitere zwölf Verfahren u. a. gegen Ärzte, Repräsentanten der Wehrmacht und der SS, gegen hohe Nazi-Juristen, gegen Friedrich Flick und Alfried Krupp, gegen führende Männer der IG Farben, gegen General Ohlendorf und andere Führer von Einsatzgruppen und gegen Beamte des Auswärtigen Amtes. In Nürnberg wurden von insgesamt 206 angeklagten Personen 38 freigesprochen, 102 zu Freiheitsstrafen zwischen 18 Monaten und 20 Jahren, 23 zu lebenslangen Freiheitsstrafen und 36 zum Tode verurteilt. Von den Todesurteilen wurden 24 vollstreckt.[96]

Ein Haupteinwand gegen die Nürnberger Verfahren bestand in dem juristischen Grundsatz: Nulla poena sina lege: Niemand dürfe bestraft werden aufgrund von Gesetzen, die erst später nach der Tat erlassen

Nürnberger Tribunal: Die Anklagebank.

worden seien (so auch Artikel 103, Absatz 2 des späteren Grundgesetzes der Bundesrepublik Deutschland). Da die Angeklagten aber wegen millionenfachen Mordes sich zu verantworten hatten, gab an sich schon das normale deutsche Strafrecht – bezog man sich auf das deutsche Strafgesetzbuch von 1871 – den Grund für die Verfahren und Aburteilungen. Neue Rechtsnormen setzte der Nürnberger Prozeß, indem er das Völkerrecht zum Völkerstrafrecht erweiterte: Zum ersten Mal hatten Einzelpersonen sich wegen ihrer Verstöße gegen das Völkerrecht vor einem internationalen Gericht zu verantworten.[97]

Ein weiterer Grund für die Ablehnung der sogenannten Siegerjustiz bestand darin, daß die Gewinner des Krieges Handlungen verurteilten, die sie selbst begangen hätten – aber ihre eigenen Leute dafür nicht bestraften. In der Tat hatte Stalin noch vor Prozeßbeginn durchgesetzt, daß bestimmte Themen nicht zur Sprache kommen dürften – darunter die deutsch-sowjetischen Geheimverhandlungen von 1939/40 und der von den Sowjets begangene, aber abgeleugnete Massenmord an rund 25 700 polnischen Offizieren bei Katyn.[98]

Etwa 250 Zeitungs- und Rundfunkberichterstatter, Photographen und Filmoperateure aus allen Teilen der Welt nahmen an den Verhandlungen ständig teil. Unter anderem berichtete John Dos Passos für *Life*, Erika Mann für den Londoner *Evening Standard*, Peter de Mendelssohn für den *New Statesman*. Willy Brandt war von Bremen über Frankfurt nach Nürnberg gereist: »Ich schrieb unermüdlich, aber mehr als einmal war ich nahe daran, zu berichten, wie jener amerikanische Kollege, der nach Hause telegraphierte: ›Ich kann nicht mehr, habe keine Worte mehr.‹«[99]

Auch die deutschen Medien widmeten sich engagiert dem Prozeßgeschehen und veröffentlichten umfangreiche Dokumentationen und Hintergrundberichte. Damit wurde die deutsche Bevölkerung zum ersten Mal umfassend über den Terror des NS-Staates unterrichtet. Sie stand dem Gerichtsgeschehen allerdings ziemlich gleichgültig gegenüber.

In indirektem Gegensatz zu den moralischen Prinzipien des Nürnberger Tribunals stand die moralische Zwielichtigkeit, mit der man bis in höchste Kreise der US-Militär- und Zivilverwaltung die nationalsozialistischen Verbrechen und Verbrecher bzw. deren Handlanger beurteilte. So zeigte z. B. noch während des Krieges die sogenannte Appeasement-Gruppe im amerikanischen Außenministerium Sympathie für die nationalsozialistische Wirtschaftselite, mit der während der Friedenszeit teilweise enge Verbindungen bestanden hatten. Dies hatte übrigens für die europäischen Juden tragische Konsequenzen. Die Gruppe im Außenministerium, die sich einer raschen Wiederbelebung der deutschen Wirtschaft verschrieben hatte, war gleichzeitig während des Krieges für die Politik der amerikanischen Regierung gegenüber jüdischen Flüchtlingen zuständig. Diese Appeasement-Fraktion plädierte dafür, »keine Rettungsaktionen für die Flüchtlinge zu unternehmen und die Nachrichten über den Völkermord, wann immer möglich, herunterzuspielen ... Als die nationalsozialistischen Massenmordprogramme voll in Gang waren, verhinderte die Appeasement-Fraktion alle US-Aktionen zur Rettung der Flüchtlinge, auch wenn relativ einfache Maßnahmen Zehntausende von Menschenleben hätten retten können.«[100]

Die Gelder des Marshallplans ermöglichten es später, die Reintegration kompromittierter Mitglieder der deutschen Wirtschaftselite, die als Regierungsmitglieder auf öffentliche Ablehnung gestoßen wären, in den halbstaatlichen wirtschaftlichen Sektor zu betreiben – mit Hermann Abs als wichtigster Figur.[101]

Die Doppelmoral der Alliierten zeigte sich auch bei den westalliierten wie russischen Bemühungen, deutsche Wissenschaftler, unabhängig von ihrer politischen Belastung, für das eigene Lager zu gewinnen – es handelte sich allein in der amerikanischen Zone um etwa 1000 Personen.[102] Dazu kam im Westen die Nachlässigkeit, mit der man die Flucht von Nazis zuließ bzw. nicht unterband; auf der »Rattenlinie« bzw. »Vatikan-« oder »Klosterlinie« (mit katholischen Kreisen als Fluchthelfer) gelangten Tausende von NS-Funktionären in alle Teile der Welt.[103] Mit Beginn des Kalten Krieges verhalfen zudem die westlichen Siegermächte zahlreichen schwer belasteten Nazis, vorwiegend Militärs und Geheimdienstlern, zu neuer Karriere und damit zur Freiheit, weil sie deren Kenntnisse in Anspruch nehmen wollten.

Schuld und Sühne

In Max Frischs erstem, 1945 im Zürcher Schauspielhaus aufgeführten Theaterstück *Nun singen sie wieder* wird die Welt der Toten (einundzwanzig durch die Deutschen hingerichtete Geiseln, die während ihrer Exekution sangen) mit der Welt der um die Bewältigung ihrer Schuld ringenden Lebenden konfrontiert. »Wissen Sie, was die Leute sagen? Nun singen sie wieder! sagen sie: Immer wenn sie schießen hören oder sonst wenn ein Unrecht geschieht, nun singen sie wieder!« Bleibt die Erinnerung an den Gesang der Leidenden vergeblich, oder wird der darin liegende Aufruf zur Mitmenschlichkeit Beachtung finden? Als das Stück in Deutschland aufgeführt wurde, reagierte das betroffene deutsche Publikum, vor die Schuldfrage gestellt, heftig; Frisch hatte den Nerv der Zeit, da der Krieg zu Ende war, getroffen: »Kümmere sich jeder um seine eigene Schuld.«[104]

Daß dies, also Trauerarbeit, geschehe, war in den Augen der norwegischen Romanschriftstellerin und Nobelpreisträgerin Sigrid Undset, die während des Krieges in die USA geflohen war, unwahrscheinlich. In der *Neuen Zeitung* vom 25. Oktober 1945 bemerkte sie, daß in einem Volk von 70 Millionen natürlich anständige wie grausame Männer und Frauen, intelligente wie abgestumpfte Geister existierten; doch müsse man bei den Deutschen auch eine schlimme nationale, kollektive Geisteshaltung feststellen.[105]

Ihr antwortete Karl Jaspers, der »die Empörung der Norwegerin uneingeschränkt berechtigt« fand, daß, wer hoffnungslos verurteilt sei, nicht mehr antworten könne. »Er hätte in völliger Ohnmacht nur gehorsam zu sein und zu dulden, sofern er noch weiterleben will. So nun ist unsere Lage nicht. Von Siegermächten, deren Völker die Menschenrechte anerkennen und auch dem Schuldigen gegenüber achten, ist uns gesagt worden: Das deutsche Volk solle nicht vernichtet werden, das heißt, uns wird eine Lebenschance gegeben. Und das deutsche Volk solle erzogen werden, das heißt, wir dürfen unsere eigentliche, gute geistige Welt wieder aufbauen und weiterentwickeln.«[106]

1948, ein Jahr nach der Veröffentlichung seines Buches *Die Schuldfrage,* in dem er sich noch einmal sehr intensiv mit dem Nationalsozialismus auseinandergesetzt hatte, folgte Karl Jaspers einem Ruf an die Universität Basel. Eine gewisse Resignation war unverkennbar, auch wenn der Philosoph in der Erklärung zu seinem Weggang feststellte, daß weder sein Hierbleiben noch sein Fortgang ein Bekenntnis darstelle.[107] Eine moralische Instanz verließ in einem Augenblick Deutschland, als die geistige Bereitschaft zur Auseinandersetzung mit der Vergangenheit bereits zu erlahmen begann.

Ein anderer großer Moralist war erst gar nicht nach Deutschland zurückgekehrt. Thomas Mann hatte es abgelehnt, seinen Wohnsitz wieder in der alten Heimat zu nehmen. Walter von Molo, vor 1933 Präsident der Preußischen Dichterakademie, hatte ihn im August 1945 dazu aufgefordert: »Bitte, kommen Sie bald und zeigen Sie, daß der Mensch die Pflicht hat, an die Mitmenschheit zu glauben, immer wieder zu glauben, weil sonst die Menschlichkeit aus der Welt verschwinden müßte.«[108]

Molos Brief, der nach seiner Veröffentlichung großes Aufsehen erregte, wurde von Frank Thieß in einem Beitrag aufgegriffen, in dem er für die Einheit von innerer und äußerer Emigration plädierte: »Wir erwarten dafür keine Belohnung, daß wir Deutschland nicht verließen. Es war für uns natürlich, daß wir bei ihm blieben. Aber es würde uns sehr unnatürlich erscheinen, wenn die Söhne, welche um es so ehrlich und tief gelitten haben wie ein Thomas Mann, heute nicht den Weg zu ihm fänden und erst einmal abwarten wollten, ob sein Elend zum Tode oder zu neuem Leben führt.«[109] In seiner Antwort konstatierte Mann mit einer gewissen Ironie, daß es ihn natürlich freue, wenn Deutschland ihn als Mensch und Person, und nicht nur seine Bücher, wiederhaben wolle.

Massengrab in Bergen-Belsen, April 1945.

»Ich vergesse nicht, daß Sie später viel Schlimmeres durchgemacht haben, dem ich entging, aber das haben Sie nicht gekannt: das Herzasthma des Exils, die Entwurzelung, die nervösen Schrecken der Heimatlosigkeit.«[110]

Hermann Hesse, der freilich schon seit 1919 in der Schweiz lebte, lehnte es ebenfalls ab, nach Deutschland zu kommen, um an der Umerziehung mitzuwirken. Hesse beklagte den Opportunismus, der sich in Deutschland ausbreite.[111]

Zusammen mit Thomas Mann und Hermann Hesse konstatierten viele

Deutschlandbesucher, daß man der inneren Wandlung nicht trauen dürfe. Man träfe überall Verwandlungskünstler, die sich nun im Büßergewand darstellten; an der Ehrlichkeit ihrer Reue aber müsse man zweifeln.

Im August 1949 kam die Philosophin und Soziologin Hannah Arendt nach ihrer Flucht aus Deutschland 1933 erstmals wieder in ihre frühere Heimat zurück; als Studentin war sie mit Martin Heidegger liiert gewesen, der 1933, als neugewählter Rektor der Universität Freiburg, von der Größe und Herrlichkeit des nationalsozialistischen Aufbruchs schwärmte und auf infame Weise einen jüdischen Kollegen der Münchner Universität mit rassistischen Argumenten zu erledigen versuchte[112], sich dann aber nach Kriegsende als großer Schweiger ohne jede Demutsgebärde erwies. Arendt notiert, daß die Wirklichkeit der Naziverbrechen, des Krieges und der Niederlage, ob wahrgenommen oder verdrängt, noch das ganze Leben in Deutschland beherrsche. Die Deutschen hätten sich verschiedene Tricks einfallen lassen, um den schockierenden Auswirkungen aus dem Weg zu gehen. Aus der Wirklichkeit der Todesfabriken werde eine bloße Möglichkeit; die Deutschen hätten nur das getan, wozu andere auch fähig seien oder künftig in der Lage wären. Den Alliierten unterstelle man einen ausgeklügelten Racheplan; dieser diene als beruhigendes Argument für den Beweis, daß alle Menschen gleichermaßen Sünder seien.[113]

Auf der pragmatisch-politischen Ebene plädierte Eugen Kogon bereits 1947 für das Recht auf politischen Irrtum. Die Form, wie man das deutsche Volk seit nunmehr zwei Jahren vom Nationalsozialismus und Militarismus zu befreien versuche, habe zu dem reichlich chaotischen Zustand, in dem man sich befände, viel beigetragen. Das Ergebnis sei vorerst weniger Denazifizierung als Renazifizierung; das böse Wort laufe um: Seitdem uns die demokratische Sonne bescheine, würden wir immer brauner.

»Deutsche Mängel und alliierte Fehler haben einander mit verhängnisvoller Sicherheit, als ob sie aufeinander abgestimmt gewesen wären, ergänzt und die Anstrengungen der Einsichtigen bisher beinahe um jeden Erfolg gebracht.«

Kogon befürchtete auch eine Neuauflage des deutschen Nationalismus – so in der Zeitschrift *Monat,* die im Juni 1949 eine Debatte über die Frage eröffnete, ob Deutschland wieder »erwache«.[114]

Antifaschismus als Mythos

In der SBZ (und später in der DDR) war Antifaschismus eine magische Formel, mit deren Hilfe die Gesellschaft auf solidarisches Verhalten und den Kampf gegen den Klassenfeind eingeschworen werden sollte. Die Redeweise, die über den Antifaschismus gepflegt wurde, trug die Merkmale des Mythos. »Der antifaschistische Mythos errichtet metasprachlich ein eigenes System: Aussagen zur Politik der SPD und KPD vor 1933, zum Widerstand gegen den Nationalsozialismus, zu den ›Lebens‹verhältnissen in den Konzentrationslagern … gerinnen im Mythos zur bloßen Form, die von einem Begriff, eben dem des ›Antifaschismus‹, regiert wird. Dieser Begriff kann mit Roland Barthes als eine ›unstabile, nebulöse Kondensation‹ beschrieben werden, deren ›Einheitlichkeit‹ und Kohärenz mit ihrer ›Funktion‹, eben der Stiftung eines Mythos, zusammenhängen.« (Michael Zimmermann)[115]

Der reale Entstehungshintergrund des SBZ- und DDR-Antifaschismus war die von der sowjetischen Militärverwaltung gemeinsam mit der KPD und später mit der SED bekundete Entschlossenheit, in Einklang der Beschlüsse von Potsdam die Bestrafung und Beseitigung des Nationalsozialismus zu vollziehen.[116]

Dem diente eine sofortige Boden-, Wirtschafts-, Bildungs- und Justizreform, einschließlich der Enteignung von Rüstungsbetrieben sowie des Besitzes von Kriegs- und Naziverbrechern. Das faszinierte vor allem diejenigen – zum Beispiel Sozialisten, Künstler und Intellektuelle –, die ein Wiedererstarken der restaurativen und reaktionären Kräfte, die die Weimarer Republik ruiniert hatten, verhindern wollten.

Rund 520 000 Nationalsozialisten, Militärs und Kriegsverbrecher wurden zur Verantwortung gezogen, etwa 85 Prozent der Richter und Staatsanwälte ausgeschaltet und durch Volksrichter und Volksstaatsanwälte ersetzt. Im Schuldienst entließ man 28 000 von rund 40 000 Lehrern wegen Mitgliedschaft in der NSDAP; Neulehrer mit Kurzausbildung übernahmen deren Stellen. Die Bildungsprivilegien schaffte man durch Einführung der Einheitsschule sowie durch die Trennung von Kirche und Schule ab, die Universitätsausbildung sollte vor allem Bauernkindern und Arbeiterkindern zugute kommen. Bereits seit September 1945 gab es in der SBZ kein Berufsbeamtentum mehr. Im Zuge der Bodenreform wurde aller Besitz über 100 ha und der gesamte Besitz aktiver NS-Mitglieder entschädigungslos enteignet; mehr als eine halbe Million Landarbeiter, landlose Bauern und Vertriebene aus den Ostgebieten erhielten durchschnittlich 4 ha Land. Bis 1950 entstanden so 210 000 Neubauernstellen. 2,1 Millionen ha von insgesamt 3,1 Millionen ha wurden verteilt; der Rest entfiel auf später so genannte volkseigene Güter und Gemeindeflächen. In der Industrie wurden analog Beschlagnahmungen und Verstaatlichungen (also Überführung in Volkseigentum) vorgenommen.[117]

Im Westen fand die Energie, mit der in der SBZ die Überwindung faschistischer Strukturen betrieben wurde, in linken bzw. linksliberalen Kreisen Anerkennung, zumal die bürgerlichen Parteien der SBZ den antifaschistischen Kurs mit großem Elan zu unterstützen schienen. Der Ost-CDU-Politiker Ernst Lemmer notierte, daß sich unter den vier antifaschistisch-demokratischen Parteien eine Solidarität entwickelt habe, ohne die der Aufbau eines neuen Deutschlands nicht möglich sei.[118]

Sozialistisch, aber mit gleichem Nachdruck demokratisch engagierten Kräften wurde jedoch bald klar, daß der Antifaschismus der SBZ den Weg der Rechtsstaatlichkeit verließ und die Methoden stalinistischer Säuberungen übernahm.

Auch die unmittelbar nach Kriegsende »von unten« sich bildenden Volkskomitees und Antifa-Ausschüsse verfielen der Ächtung. Schon am 17. Mai 1945 hatte sich Walter Ulbricht bei Wilhelm Pieck über deren »Spontaneität« und über die »revolutionäre Einstellung« der KPD-Genossen aus dem Widerstand beschwert. Er stellte fest, daß »alle möglichen ›Komitees‹, ›Kommissare‹ usw. auftauchten« und »daß die Mehrheit unserer Genossen sektiererisch eingestellt ist«. Bei den Antifas könnte es sich sogar um Nazi-Tarnorganisationen handeln, deren Ziel es sei, die demokratische Entwicklung zu stören. »Wir müssen alles daran setzen, sie aufzulösen.«[119]

»Faschismus« wurde als Sammelbegriff verwendet: als Grund für die Ausschaltung bzw. Verfolgung Oppositioneller und Abweichler in den eigenen Reihen oder für die Beseitigung von »Klassenfeinden«. Die Behauptung, es handle sich dabei stets um ehemalige Funktionäre der nationalsozialistischen Organisationen, entsprach nicht den Tatsachen; von Anfang an wurden systematisch Staatsbeamte und Verwaltungsangestellte, Richter, Staatsanwälte, Polizeiangehörige, Rechtsanwälte, Lehrer, Journalisten, Ärzte, Wissenschaftler, Intellektuelle, Unternehmer, Fabrikanten und »Junker«, also die als potentieller Feind empfundene bürgerliche Elite, isoliert und »dezimiert«.[120]

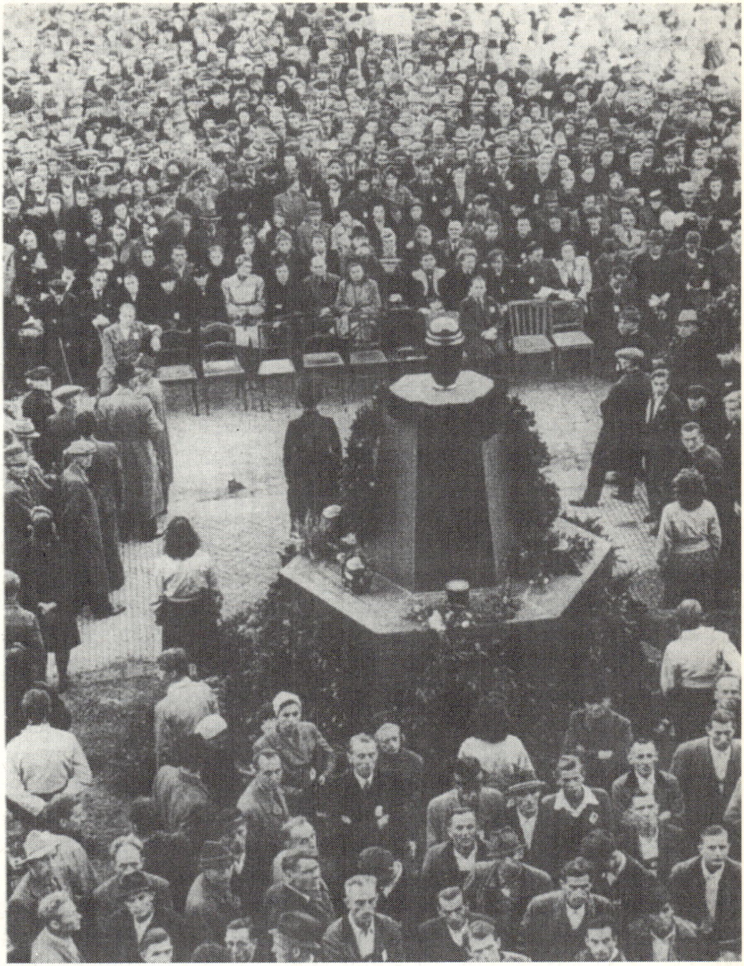

Tag der Opfer des Faschismus, Kundgebung in Dresden, September 1945.

Die unter Anleitung der sowjetischen Geheimpolizei (NKWD) eingerichteten Lager zeigten wenig Unterschiede zu den frühen nationalsozialistischen Konzentrationslagern. »Die ersten KZs in Deutschland 1933 und die elf sowjetischen Speziallager, die es in der Zeit von 1945 bis 1950 mit ungefähr 240 000 ›Klassenfeinden‹ gegeben hat, von denen schätzungsweise 95 000 während der Haft umgekommen sind, waren Institutionen einer vergleichbaren totalitären Mentalität. Je mehr über die sowjetischen Speziallager bekannt wird, um so brüchiger wird das kommunistische Erbe des Antifaschismus.« (Manfred Henningsen)[121] Einerseits wurde Buchenwald als Ort heroischen Leidens und Widerstandes gefeiert (wobei die Rolle der »roten Kapos«, die nach Meinung der das Lager befreienden Amerikaner direkt für einen großen Teil der Brutalitäten als verlängerter Arm der KZ-Leitung verantwortlich gewesen waren, ins Positive umgeschrieben wurde); andererseits nutzte man das Lager bis 1950 für die neuen Staatsfeinde (13 000 Tote).[122]

Als es opportun erschien – bei den ersten noch einigermaßen freien Wahlen befürchtete man die Überlegenheit der bürgerlichen Parteien –, begann man in der SBZ zwischen »aktiven und nominellen Mitgliedern der NSDAP« zu unterscheiden und letzteren bei loyalem Verhalten Integration und Unterstützung zuzusichern. Mit Befehl Nr. 201 der sowjetischen Militäradministration für Deutschland vom 16. August 1947 wurden Mitgliedern der NSDAP, die kein Verbrechen begangen hatten, das aktive und passive Wahlrecht verliehen; allerdings erging auch die Weisung an die deutschen Gerichte, gegen Nationalsozialisten, denen Verbrechen vorgeworfen wurden, beschleunigt vorzugehen. Eine Verhaftung ohne richterliche Genehmigung war möglich; die Besetzung der Gerichte wurde gesteuert, die Schöffen waren »richtig« zu instruieren. Erich Mielke, damals Vizepräsident der Deutschen Zentralverwaltung für Inneres, betonte die politische Bedeutung des Befehls (»... eine Teilfrage der weiteren Festigung unserer Macht ...«) und stellte gegenüber Beschwerden, es würden Gestapo-Methoden bei der Untersuchung angewandt, fest, daß dies zwar nicht zulässig sei, daß man aber die Untersuchungen nicht ohne die »notwendige Härte« führen könne. Auch seien die Betroffenen so anzupacken, daß der Betreffende nicht ahne, daß sein Fall zur Verhandlung komme.[123] Waren schon vorher rund 30 000 Deutsche in dubiosen Schnellverfahren von sowjetischen Gerichten abgeurteilt worden, so waren auch die neuen Verfahren äußerst fragwürdig.

»Höhepunkt des Justizterrors waren die ›Waldheimer Prozesse‹ des Landgerichts Chemnitz im Frühjahr 1950. SED-Instruktionen wiesen die ausgesuchten Richter und Staatsanwälte an, daß die Schuld der Angeklagten bereits erwiesen sei und deshalb auf Zeugen, Beweiserhebungen und Verteidiger verzichtet werden könne. Die Öffentlichkeit war ausgeschlossen, die Urteile standen nach halbstündigen Verhandlungen fest. 26 Häftlinge wurden hingerichtet. Danach erlahmte der Verfolgungseifer der DDR-Behörden. Bis zum Jahre 1957 gab es nur noch zwei NS-Verfahren. Beim ›Aufbau des Sozialismus‹ präsentierte sich die DDR als vergangenheitsbereinigter Staat, der sich von der Verantwortung für die deutschen Verbrechen exkulpiert hatte.«[124]
Dazu gehörte auch die Verdrängung und Vertuschung von NS-Verbrechen; so wurde in 40 Jahren DDR-Geschichte nur ein Prozeß wegen Euthanasie-Verbrechen geführt. Brauchte man nationalsozialistische Experten für den Wiederaufbau, so wurden sie rasch rehabilitiert. Ein Schuldeingeständnis gegenüber den Juden erfolgte von den SED-Herrschern bis zuletzt nicht; die SED machte sich statt dessen zum Nutznießer der nationalsozialistischen Arisierungen, indem sie den Überlebenden der Vernichtung die Rückgabe ihres konfiszierten Eigentums verweigerte; nur in Thüringen existierte ein Wiedergutmachungsgesetz – und auch dieses nicht lange. Zwar erhielten die NS-Opfer höhere Renten, bessere Wohnungen und besondere Stipendien für die Ausbildung der Kinder; doch wurde nur versorgt, wer sich der Einheitspartei fügte.[125]

In der DDR spielten von den fünfziger Jahren an Begriffe wie Vergangenheitsbewältigung und Aufarbeitung von Vergangenheit - zumindest im öffentlichen Sprachgebrauch - keine Rolle mehr. Die Bundesrepublik wurde als Hort des weiterwirkenden oder neuauflebenden Nationalsozialismus (Faschismus) und damit als Gegenmodell zur sozialistischen, fortschrittlichen Gesellschaft Ostdeutschlands denunziert.

IM DUNKLEN DEUTSCHLAND

Unterwegs

Als die Kriegsmaschinerie zum Stillstand kam, begann eine große »Wanderschaft«: »vor lauter Schrecken auf der Flucht«. Menschen unterwegs: auf den Straßen, entlang der Schienen, querfeldein – zu Fuß, per Fahrrad, auf Lastwagen, in überfüllten Zügen. Die Straßen waren vom Elend einer unvorstellbaren Völkerwanderung erfüllt. In Europa dürften damals 20–30 Millionen Menschen ohne Bleibe gewesen sein.

»Die Züge, Fähren, Obdachlosenheime/Die Straßen kreuz und quer, landein, landaus/Sind voll davon. Und überall das Eine:/Von Etwas fort, zu Etwas hin./Nach Haus,/Und mag auch das Zuhause mehr nicht meinen,/Als den verkohlten Rest von Holz und Steinen,/Ein Menschenantlitz, zitternd und bewegt/Ein Feld im Winterlicht. Ein Bündel Dinge …« (Marie Luise Kaschnitz)[126]

Hans Werner Richter nannte in einer Reportage die Schienenstränge, die kreuz und quer durchs Land verliefen, die Lebensadern eines Volkes: Es wandere vom Norden nach dem Süden, vom Osten zum Westen und vom Westen nach dem Osten. Es sei zum Teil heimatlos und bevölkere die Bahnhöfe und Züge. Es führe ein Leben am Schienenstrang. »In tausend Gesprächen versucht es, seine Existenzberechtigung zu beweisen, in tausend Unterhaltungen irrt es auf den Wegen der Vergangenheit und sucht die Hoffnung von morgen.«[127]

Unterwegs waren, neben den in die Gefangenschaft marschierenden oder aus dieser schon wieder entlassenen deutschen Soldaten, Millionen von DPs (Displaced Persons). Aus allen besetzten Ländern hatten die Nationalsozialisten Zwangsarbeiter und Zwangsarbeiterinnen rekrutiert; von diesen fast 10 Millionen Deportierten stellten Franzosen, Polen und

Russen etwa die Hälfte. Soweit sie sich nicht selbständig auf den Weg in ihre Heimat machten, organisierte die UNRRA (United Nations Relieve and Rehabilitation Administration) die Rückführung, wobei zunächst Auffanglager für die Verschleppten gebildet werden mußten. Aus Furcht vor dem Kommunismus lehnten etwa eine Million DPs osteuropäischer Herkunft die Rückkehr in die Heimat ab; sie wollten ins westliche Ausland emigrieren (was zu politischen Spannungen zwischen den Russen und den Amerikanern führte, die zur Zwangsrepatriierung nicht bereit waren).[128] Zu den DPs gehörten auch die jüdischen Überlebenden der Konzentrations- und Vernichtungslager; da diese in einem ganz besonderen Maße heimatlos waren, ergab sich oft als tragische Konsequenz eine erneute Unterbringung in Lagern.[129] Dazu kam bald eine massive jüdische Einwanderung aus Polen. München und Umgebung wurden zu einem bevorzugten Zufluchtsort der Überlebenden des Holocaust.[130]

Unterwegs waren große Teile der Zivilbevölkerung: Vor dem Bombenkrieg Evakuierte, darunter viele Kinder aus den KLV (Kinderlandverschickungs-Lagern[131]), strebten zurück in die Städte; Stadtbewohner wiederum begaben sich auf Hamsterfahrt; andere versuchten, Kontakte mit Bekannten und Verwandten wieder aufzunehmen. Wer hat meinen Sohn, wer hat meinen Mann gesehen? Ständig fragten Mütter, Väter, Ehefrauen, Kinder die dahinziehenden Menschen; man zeigte Photos und hoffte auf Information.

Vertreibung

Nachdem vor Kriegsende ungefähr eine Million Deutsche vor der heranrückenden Roten Armee geflohen waren, setzte nach der bedingungslosen Kapitulation ein zweiter Exodus aus dem Osten ein.

Die Alliierten hatten die Westverschiebung Polens zugunsten der Sowjetunion beschlossen. Der Gebietsverlust sollte dadurch ausgeglichen werden, daß die deutsch-polnische Grenze zur Oder-Neiße-Linie verlegt wurde; die in den nun polnischen Gebieten verbliebenen Deutschen waren auszuweisen.[132] Im Potsdamer Abkommen wurde dekretiert, daß die Überführung der deutschen

Bevölkerung, die in Polen, der Tschechoslowakei und Ungarn zurückgeblieben war, nach Deutschland vorzusehen sei. Diese Überführung müsse jedoch in ordnungsgemäßer und humaner Weise erfolgen. Am 20. November 1945 bestätigte der Kontrollrat den Plan.[133]

Von 1945 bis 1950 wurden aus den Ostgebieten des früheren Deutschen Reiches, aus der Tschechoslowakei und den übrigen Ländern ungefähr 1173 0000 Menschen vertrieben; es verblieben etwa 2 645 000. Die Verluste bei der Vertreibung beliefen sich auf etwa 2 111 000 Tote.[134] »Der Haß, der sich jetzt entlädt, hat alte Ursprünge in der mangelnden Bereitschaft deutscher Volksgruppen, sich in das Leben von Ländern wie der Tschechoslowakei einzufügen. Diese Länder wiederum hatten deutschen Minderheiten nicht das erstrebte Maß an Eigenständigkeit gewährt. Hitler hatte den Zwist geschürt, hatte dafür gesorgt, daß die Nationalsozialisten unter den Volksdeutschen die Regierungen in Prag und Warschau provozierten, daß Situationen entstanden, die ihm den Vorwand für den Einmarsch boten. Auch alteingesessene Volksdeutsche hatten sich auf die Seite der nationalsozialistischen Unterdrücker gestellt und die Regeln des Zusammenlebens mißachtet. Die Vertreibung großer Menschenmassen war von den Deutschen eingeleitet worden. 1939 begann die Vertreibung Hunderttausender von Polen aus Oberschlesien und Westpreußen nach Osten. Hier wurden einige hunderttausend Volksdeutsche angesiedelt, die aus dem Baltikum, Wolhynien, Galizien, Bessarabien, der Bukowina und anderer Siedlungsgebiete ›heim ins Reich‹ geholt worden waren.«[135]

Alte Rechnungen wurden beglichen, neue Schuld entstand. Nicht nur die Ausweisung erfolgte meist unter unmenschlichen Bedingungen; es kam auch zu Ausschreitungen und Pogromen, bei denen auswärtige Scharfmacher herbeitransportiert wurden (da die einheimische Bevölkerung sich nicht oder nur zu einem geringeren Teil an der Lynchjustiz beteiligen wollte – so bei dem Massaker von Aussig am 31. Juli 1945[136]). Der Aussiedlung gingen oft Zwangsarbeit oder Internierungslager voraus. Die Ausweisungsbescheide erfolgten kurzfristig; sie waren mit Enteignung verbunden.

Ein Vertriebener aus Brünn erinnert sich: »Ohne Rücksicht auf die Ermüdung der alten Leute durch eine schlaflose Nacht wurden wir auf der Landstraße

Flüchtlinge auf dem Durchzug in Dresden, September 1945.

weitergetrieben. Kaum eine kurze Essenspause wurde uns gewährt. Mit den Zurufen ›Ihr deutschen Schweine, weiter!‹ wurde hinterrücks immer geschossen, wobei wir mittags bei glühender Sonne in Raigern ankamen. Dahier wurden uns abermals die Rucksäcke durchgewühlt und alles halbwegs Brauchbare weggenommen. Nachher ging es weiter gegen Pohrlitz. Viele Kinder und kranke Leute konnten nicht mehr weiter und wurden mit Fußtritten und Gewehrkolben zum Weitergehen gezwungen, bis sie entkräftet im Straßengraben zusammenbrachen. Auch da gab es keinen Pardon ... Grausamkeiten über Grausamkeiten begleiteten uns. Immer schütterer wurden unsere Reihen. Bei der Gluthitze wurde uns nicht einmal erlaubt, uns mit Wasser zu laben. Nicht einmal die Säuglinge durften von ihren Müttern gestillt werden. Eben deshalb sind auch unterwegs so viele Säuglinge gestorben.«[137]

Waren die Vertriebenen in Deutschland angekommen und damit einigermaßen in Sicherheit, so ergaben sich neue Probleme. Hausrat, Kleidung und Wäsche waren Mangelware; es bereitete große Schwierigkeiten, Wohnraum zu beschaffen. Notquartiere waren die Regel. Dazu kam die Ablehnung der Flüchtlinge durch die einheimische Bevölkerung und das mangelnde Engagement der örtlichen Behörden.

Die Lage der Vertriebenen in der neuen Heimat verbesserte sich nur langsam; in Bayern zum Beispiel wohnten im Oktober 1946 noch 146 000 Flüchtlinge in Massenunterkünften unter oft menschenunwürdigen Bedingungen. »Darüber hinaus wurden Einquartierungen in private Wohnungen und Häuser vorgenommen, oft mit dem Mittel der Zwangseinweisung. Dadurch wurde das Verhältnis zwischen Einheimischen und Flüchtlingen gespannter. Die Versorgung der einheimischen Bevölkerung selber war nicht sichergestellt. Auf dem Land kam erschwerend hinzu, daß sich aus Gewerbe- und Industrieregionen kommende Flüchtlinge nur wenig an der Landarbeit beteiligten, wo Arbeitskräfte dringend benötigt wurden. Die deklassierten und besitzlosen Heimatvertriebenen standen häufig einem geschlossenen, eher fremdenfeindlichen Sozialmilieu gegenüber. Trotz gelegentlicher Heiraten dauerte es deshalb lange Zeit bis zu einer vollständigen Integration. Ein Hinderungsgrund lag auch in den Konfessionsunterschieden: Mit dem Überwiegen der Katholiken bei den Sudetendeutschen und der Protestanten bei den Schlesiern veränderte sich die bayerische Konfessionsstruktur zwar statistisch kaum, doch wurde die konfessionelle Geschlossenheit innerhalb der Gemeinden aufgebrochen: 1939 gab es in Bayern 1424 konfessionell einheitliche Gemeinden; 1946 waren es noch ganze neun.«[138]

Angesichts des verlorenen Krieges und der damit verknüpften allgemeinen Erschöpfung wurde der Verlust der Ostgebiete zunächst mit großer Passivität hingenommen. In der SBZ und dann in der DDR wurde im Rahmen der offiziellen Sprachregelung die Oder-Neiße-Grenze als Friedensgrenze propagiert. Im Westen verweigerte die Bundesregierung bis 1970 jede formale Bestätigung der Grenze, ohne jedoch den entsprechenden Verlautbarungen konkret-politischen Nachdruck zu verleihen.

Erstaunlich war die Zurückhaltung der Opfer. »Sie hatten Flucht, Umsiedlung oder Vertreibung erduldet, hatten Angehörige, allen Besitz und ihre Heimat verloren. Viele mußten bis weit in die fünfziger Jahre in Lagern leben. Es waren acht bis zehn Millionen, doch sie machten keine Revolution, keine soziale und keine nationale. Sie bildeten keine OAS wie die Algerien-Franzosen, keine PLO wie die Palästinenser, sie wurden keine Terroristen, sie verweigerten die Eingliederung in die westdeutsche Gesellschaft nicht, sondern betrieben sie mit großer Energie. Sie warteten nicht auf den Tag der Heimkehr, sondern feierten den Tag der Heimat – mit Wiedersehenstreffen und politischen Reden, die nichts bedeuteten, aber ihrer verletzten Seele wohl taten.«[139]

Behelfsheim in Nürnberg.

1950 verzichteten die Vertriebenen-Verbände auf »Rache und Vergeltung« und konzentrierten sich auf die Bildung einer riesigen Lobby, die berechtigte materielle Ansprüche für ihre Anhänger durchsetzte. Zwar behinderten sie die Ostpolitik aller Bundesregierungen, gewannen aber keinen gefährlichen Einfluß. Bonn hat nie die Rückgabe der Ostgebiete gefordert, sondern sich nur geweigert, deren Verlust anzuerkennen.

Die tägliche Not

Alle Besatzungsmächte bemühten sich im Rahmen ihrer Fürsorgepflicht, die sie mit der Übernahme der deutschen Regierungsgewalt auch juristisch übernommen hatten, der alltäglichen Not einigermaßen gerecht zu werden – in einem Europa, das durch Hitlers Krieg und Terror über weite Strecken zur verbrannten Erde gemacht und in den wirtschaftlichen Ruin hineingetrieben worden war.

Nach einer Fahrt von vielen tausend Kilometern durch Deutschland schrieb der aus der englischen Emigration zurückgekehrte kommunistische Wirtschaftshistoriker Jürgen Kuczynski in einem Brief an die ebenfalls aus der Emigration in den Osten heimgekehrte Dichterin Anna Seghers, was ihm als das Wichtigste, Entscheidendste, Grundlegendste hinsichtlich der deutschen Situation klargeworden sei: »Wann immer du in den Gedanken zu den Menschen sprichst, mit ihnen argumentierst, ihnen die Aufgaben erklären willst, tröstliche und harte Worte gebrauchst, mit ihnen gehst, still in Gedanken oder ihnen tätig helfend, die Trümmer, die der Faschismus hinterlassen, wegzuräumen, denk immer daran ..., daß sie hungrig sind und müde und oft arbeitslos.«[140]

In Nummer 2 von *Heute* wurde die europäische Ernährungskrise mit Recht auf die Tatsache zurückgeführt, daß die Nationalsozialisten nicht nur die Vorratskammern der von ihnen besetzten Länder ausgeplündert, sondern auch zu einem gewissen Teil die Voraussetzungen für eine angemessene Nahrungsmittelproduktion zerstört hatten. Noch mehr wirkten sich als Folge des Krieges die Schwierigkeiten bei der Verteilung der Lebensmittel angesichts des Mangels an Transportmitteln aus. Die Folge sei, daß in den großen Städten Hunger herrsche, während die Überschüsse auf dem Land, in Gärten und Feldern verfaulten. Nach fünf Jahren eingeschränkten Fischfangs enthielten die Meere Nordeuropas mehr Fische denn je; aber durch die Zerstörung zahlloser Fischereifahrzeuge und Dockeinrichtungen könne nur ein kleiner Teil des Reichtums, der sonst die besten Fänge seit Jahren erbringen würde, auf die europäischen Märkte gelangen.[141]

»Kalorien« wurden zu einem magischen Begriff. Gegenüber der in Friedenszeiten üblichen Normalmenge von 3000–4000 wurden jetzt 1550 Kalorien als lebensnotwendige Grenze angesehen; zunächst konnte dieses Niveau jedoch nicht erreicht werden; in Dortmund zum Beispiel, wo man während des Krieges Tagessätze von 2000–2400 Kalorien erreicht hatte, sanken diese im Mai und Juni auf 891[142]; im Saarland ging man von rund 1000 Kalorien pro Tag aus (die Bergleute bekamen Sonderzulagen). Auf der Konferenz von Potsdam hatten die Alliierten festgelegt, daß der Lebensstandard in Deutschland nicht höher sein dürfe als der Durchschnitt aller europäischen Länder, ausschließlich Großbritanniens und der Sowjetunion. In seinem Buch Die *Rationen-Gesellschaft* stellt Rainer

Gries fest, daß die Kalorienhöhe auch ein Politikum allerersten Ranges gewesen sei. Bei der zunehmenden Spannung zwischen Ost und West erwies sie sich als ein wichtiges Instrument der »Sympathiewerbung« bei den Deutschen, was die westalliierten Hilfslieferungen mitbestimmt haben mag. Mit wieviel Kalorien wurde man kommunistisch, mit wieviel blieb man demokratisch?[143]

Aus der Sicht des SBZ-Bewohners erinnert sich Walter Kempowski an den täglichen Hunger 1945 und die Lebensmittelkarten, die in allen Zonen in unterschiedliche Kategorien aufgeteilt waren. »Mutter und Großvater bekamen die ›Hungerkarte‹, Nr. V. ›Da ist ja so ungefähr nur Kaffee-Ersatz drauf.‹ Die Butterschälchen aus dem Krieg konnte man wegstellen. Die Nazis hätten alle Lebensmittelvorräte vernichtet, hieß es. Aber die große Sowjet-Union werde bald Lebensmitteltransporte anrollen lassen. Sonnenblumenöl und was sie sonst so hatten. (›Da luer up.‹) Frau Kröhl erzählte, der neue Bürgermeister habe den Kommandanten gefragt, was er machen soll, die Leute verhungerten! Den Friedhof erweitern, sei die Antwort gewesen. Ich kriegte Karte IV. ›Zum Leben zu wenig, zum Sterben zu viel.‹ Aber hungern brauchten wir nicht: noch immer waren Kartoffeln im Keller, vom letzten Herbst. Auf dem Dachboden lagerten 3 Kisten Schweinefleisch in Dosen (erst 3 Büchsen waren verbraucht), 4 Kanister Speiseöl, die Essigsäure und der Zucker. Die großen Käseräder mußten alle Wochen mit Salzwasser abgerieben werden, sonst trockneten sie ein. Jeden Abend gab es davon eine Scheibe.«[144]
Einen Normaltag in Hamburg schildert der Schriftsteller Hans Erich Nossack – in *Der Untergang* beschrieb er die Zerstörung der Stadt im Bombenhagel – als Abfolge verzweifelter Bemühungen ums Überleben. Von 8 bis 3 Uhr halte er es im Geschäft aus, sei dann aber so erfroren, zumal er nur zwei Scheiben trockenen Brotes sich leisten könne, daß er kaum mehr zu gehen vermöge. Seine Frau habe indessen unter Zurücklegung eines Weges von einer Stunde das Essen aus der Volksküche geholt, da man mangels Gas, Elektrizität und Kochgelegenheit darauf angewiesen sei. Die meisten Lebensmittelmarken gingen dabei drauf. »Gegen 3 Uhr macht sie auf der Brennhexe unser Essen warm, dadurch wird das Zimmer ein wenig überschlagen. Nach dem Essen gibt es für mich immer zu handwerken oder Holz zu verkleinern etc. Zwischen 5 und 6 Uhr versuche ich zu schlafen, um einen Vorhang vor den bisherigen Tag zu ziehen und die fehlenden Kalorien gleichzeitig zu ersetzen. Später nehmen wir noch etwas Teeartiges und einen kleinen Imbiß zu uns und sitzen

uns dann, wenn nicht gerade Besuch verabredet ist, arbeitend bei 15-Watt-Kerze gegenüber. Um 10 Uhr heult die Sirene 3mal, um 10¼ zweimal und 10½ einmal; dann ist, wie es hier heißt, ›curfew‹, also Ausgehverbot. Ich selber sitze meist in Decken gehüllt noch bis 1 Uhr auf, um dann erfroren ins Bett zu kriechen.«[145]

Da die Deutsche Reichsmark nach dem Zusammenbruch der nationalsozialistischen Wirtschaft und Kriegspolitik kaum noch von Wert war, konnte man außerhalb des Bezugscheinsystems nur auf dem Schwarzmarkt, der vornehmlich ein Tauschmarkt war, zusätzliche Nahrungsmittel und Versorgungsgüter »frei« erwerben; Pelze, Schmuck und Silber, Teppiche, Möbel und Kunstgegenstände wurden gegen Schuhwerk, warme Kleidung und Lebensmittel eingetauscht.

»In den Akten des amerikanischen Kongresses findet sich der Fall eines Bergarbeiters, der in der Woche 60 Reichsmark verdiente. Gleichzeitig besaß er ein Huhn, das in der Woche durchschnittlich fünf Eier legte. Eins davon aß der Bergmann gewöhnlich selbst, die vier übrigen tauschte er gegen 20 Zigaretten ein. Diese stellten auf dem Schwarzen Markt bei einem Tagespreis von 8 RM einen Gegenwert von 160 RM dar. Das Huhn verdiente also mit seiner Leistung nahezu dreimal so viel wie sein Besitzer.« (Theodor Eschenburg)[146]

Dominant war die Zigarettenwährung, zumal die Soldaten der Westalliierten, vor allem die Amerikaner, für steten Nachschub sorgten; Deutsche, die bei alliierten Dienststellen arbeiteten oder mit Angehörigen der Besatzungskräfte bekannt waren (nicht zuletzt die »Fräuleins«), verkauften Zigaretten und andere Waren, die sie erhalten hatten, auf dem Schwarzen Markt weiter oder tauschten sie. Der Schwarzhandel reichte bis in die höchsten Kreise der Militär- und Zivilverwaltung; ein Unrechtsbewußtsein war kaum vorhanden, obwohl zumindest im Großschwarzhandel (z. B. mit Medikamenten wie Penicillin) übelste Geschäfte gemacht wurden.

Angesichts des alltäglichen Lebenskampfes glaubte man mit einer gewissen Berechtigung, sich das Notwendige auch auf illegale Weise beschaffen zu dürfen. Als alliierte Kohle-Transporte durch solche »Selbsthilfe« bestohlen wurden, bedachte dies der Kölner Erzbischof Kardinal

Frings mit kirchlichem Wohlwollen – weshalb der Volksmund dann solche Aktionen »Fringsen« nannte.[147]

Die Hungerzeit brachte den Bauern, soweit sie nicht durch Vertreibung oder Kriegsgeschehen ihr Hab und Gut verloren hatten, große Vorteile. »Sie hatten das, was alle brauchten, in Überfluß und ließen es sich im Tauschhandel teuer bezahlen. Der aus der Stadt angeschleppte Perserteppich für den Kuhstall war übertrieben, aber sprichwörtlich.«[148]

Hinsichtlich der Verteilung von Lebensmitteln in Deutschland spielte natürlich auch die landwirtschaftliche Struktur der einzelnen Gebiete eine Rolle. Die Lage war im Ruhrgebiet schwieriger als in Bayern oder Mecklenburg. In einem Bericht über eine Reise durch Mecklenburg im Mai 1946 (2,8 Millionen Einwohner, etwa doppelt so viele wie 1939) stellte ein amerikanischer Journalist fest, daß die Lebensmittellage dort wohl besser als in Teilen der amerikanischen und britischen Zone sei – weil das Land eine vorwiegend landwirtschaftliche Struktur habe und die Bodenreform inzwischen Wirkungen zeitige. Das Quotenablieferungssystem der russischen Militärregierung mache den deutschen Bauern freilich Sorgen; von der Kartoffelernte des letzten Jahres (insgesamt 913 000 Tonnen) habe man 610 000 Tonnen abliefern müssen. »Die russischen Behörden sind der Meinung, daß sowohl die Ernährung der Bauern als auch das Ablieferungssoll durch den für die Bauern zur Verfügung gestellten Samen garantiert sind. Auf die Bauern, die durch Tradition an eine andere Methode gewöhnt sind, wirkt die Festlegung einer Quote zweifellos ungünstig.«[149]

Hunger, Schwarzmarkt und Zerstörung bildeten – nach Christoph Kleßmann – die mit der frühen Nachkriegszeit assoziativ am engsten verbundenen Vorstellungen. »Die zeitgenössischen Quellen belegen, daß dies nicht nur die in der späteren Erinnerung dominanten Momente sind, sondern daß sich darin am unmittelbarsten die tatsächlichen Erfahrungen nach dem militärischen und politischen Zusammenbruch spiegelten.«[150]

Als Willy Brandt aus der norwegisch-schwedischen Emigration 1945 zum ersten Mal nach dem Krieg wieder nach Bremen kam, erlebt er »eine Stadt am Rande des Lebens«. »›Ein ausgebranntes Kraterfeld‹, nannte ihr Bürgermeister sie, mit einem Hafen, der keiner mehr war. Wie hätte sich einer das Ausmaß der Zerstörung vorstellen können, die Beispiellosigkeit des Zusammenbruchs, der nun bald ein halbes Jahr zurücklag und dessen Ausmaß ich in der amerikanischen Enklave an der Weser zu erfassen suchte.« Brandt stellte aber auch fest, daß die Menschen, die er getroffen habe, abgerissen und unterernährt, nicht so wirkten, als sei ihr Zukunftswille gebrochen. »Bremen war eine Stadt am Rande des Lebens, in der sich Leben wieder regte, auch Lust am Leben. In jenen Septembertagen habe ich erfahren, wie eng menschliches Elend und menschliche Größe beisammenliegen und daß das Vergessen Fluch und Segen umfaßt.«[151]

»Totenstille liegt über solchen Ruinengegenden. Auf manchem Trümmerhaufen erinnert ein Kreuz oder ein kleines Schild an Verschüttete. Trampelpfade bilden sich quer durch die Schuttlandschaft. Einige Leute suchen in den Trümmern ihrer Häuser herum. Auf einer Straße in Magdeburg stehen jeden Tag 100 bis 200 Menschen mit Eimern Schlange vor einer Handpumpe, aus der – oh Wunder – Wasser kommt. Es sind die Bewohner halbzerstörter oder zerstörter Gebäude, Bewohner von Kellern oder einzelnen Räumen, die mit Trümmerholz und Trümmerblech zwischen den Ruinenmauern hergerichtet worden sind.«[152]

Zerstörung - das bedeutete statistisch, daß die Menge des Schutts, in den viele deutsche Städte zerfallen war, über 400 Millionen Kubikmeter umfaßte, etwa 10 Millionen Eisenbahnwaggons entsprechend. In Westdeutschland waren 2,25 Millionen Wohnungen unbewohnbar.[153]

Auch wenn Luftaufnahmen zerstörter Städte kaum vermuten lassen, daß in den Kraterlandschaften und ausgebrannten Häuserzeilen noch Menschen lebten - sie lebten dort, lebten wieder dort (aus Krieg oder Evakuierung zurückgekehrt, soweit Zuzugsbeschränkungen sie nicht abhielten).

Oft blieb zum Wohnen nur der Keller übrig: Die Kellerwohnung gehörte wie die Behelfsheime, Wohnbaracken, Nissenhütten, Bunker, Wohnlauben, Wellblechbaracken, Bretterbuden, Wohnwagen zu der Kategorie der »Notwohnungen«; ferner gab es »Unterkünfte« in Lagern, Fremdenheimen, Gasthäusern, Turnhallen etc.; die »Normalwohnung« fehlte in den zerbombten Städten weitgehend. War dennoch die eigene Wohnung einigermaßen unversehrt erhalten geblieben, so konnte es leicht vorkommen, daß man, wenn man evakuiert gewesen oder geflohen war, die Räume bei der Rückkehr bereits von fremden Leuten belegt vorfand.

Das Wohnungsamt versuchte, den vorhandenen Wohnraum gerecht zu verteilen; das ging jedoch nur mit Zwangsmaßnahmen; wo ausreichender Wohnraum vorhanden war, kam es zu Beschlagnahmungen und Einweisungen.

»Großäugig und sorgenvoll bitten Flüchtlinge um Aufnahme. Wir dürfen nicht. Verzweifelte Gesichter, Tränen. Man möchte gern helfen. Wenigstens für ein paar Tage Brot wollen sie haben. (Ohne die Zustimmung des Wohnungsamtes darf die Kartenstelle keine Marken ausgeben.) Sie sind bei Verwandten oder Bekannten, in einer leeren Baracke oder einem Keller untergekrochen zu kurzer Rast. Aber gerade dies soll vermieden werden. Seuchen und Hunger drohen, wenn Berlins Verwaltung den Überblick verliert, das Herz vor dem Verstand sprechen läßt ... Flüchtlinge werden zu den Sammelstellen geschickt, wo vorübergehende Betreuung und ärztliche Überwachung sicher ist. Rückkehrer kommen und wollen wieder in ihre alte Wohnung einziehen. Die Wohnung ist von neuen Mietern besetzt. Aufregung und Empörung. Es muß ein Weg gefunden werden, beiden Teilen gerecht zu werden. Wer aus seiner Wohnung fortging, um das Leben zu retten, durfte nicht ohne weiteres erwarten, etwas von seinem Eigentum wiederzufinden. Die Fremden, die es vor den Kriegseinwirkungen bewahrten, haben sich gewiß ein Anrecht zur Benutzung erworben. Daß das Mobiliar Eigentum bleibt, ist selbstverständlich. Dennoch werden die Rückkehrer versuchen müssen, mit den jetzigen Mietern die Wohnung zu teilen. Für beide Teile ein erheblicher Verzicht – aber Wohnraum ist knapp.«[154]

DIE WIEDERGEWINNUNG DER DEMOKRATIE

Staatsstruktur und Parteigründungen

Bei der Übernahme der Regierungsgewalt in Deutschland durch die Alliierten setzten diese, unter Beibehaltung der deutschen Verwaltungsorganisation, auf allen Ebenen neue Führungskräfte ein, so etwa Reinhold Maier als Ministerpräsidenten von Württemberg, Wilhelm Kaisen als Bürgermeister in Bremen, Fritz Schäffer, ihm folgend Wilhelm Hoegner als Ministerpräsidenten von Bayern, Karl Scharnagl als Oberbürgermeister von München. Viele spätere prominente Bundespolitiker wie etwa Konrad Adenauer, Fritz Erler, Gustav Heinemann, Franz Josef Strauß, begannen ihre Nachkriegskarriere als Oberbürgermeister oder Landräte.

Die Besatzungsmächte verfügten über insgesamt gute Informationen über die für die neuen demokratischen Aufgaben in Frage kommenden Personen. Die Amerikaner hatten Anfang 1942 die Aufstellung »weißer Listen« in Angriff genommen und diese im wesentlichen bis Dezember 1944 fertiggestellt; sie beruhten vornehmlich auf den Aussagen von Emigranten – eine Reihe von ihnen arbeitete in amerikanischen Regierungs- und Verwaltungsstellen –, auf »geheimen Quellen« (Informationen der diplomatischen Vertretung der USA in Deutschland bis 1941, als Hitler den USA den Krieg erklärte), Aussagen amerikanischer Geschäftsleute und Recherchen des Geheimdienstes. Ferner nutzte man die Aussagen »gutgesinnter« Kriegsgefangener und holte bei der Besetzung vor Ort Auskünfte bei Geistlichen, Vertretern früherer demokratischer Parteien, Gewerkschaften sowie »Honoratioren« der inneren Emigration ein. Beamte, die entweder von den Nationalsozialisten entlassen worden waren oder zu Beginn des Dritten Reiches in den Ruhestand getreten waren, wurden zurückgeholt. Die von den Alliierten eingesetzten deutschen Verwaltungskräfte erfuhren »Beförderung« im doppelten Wortsinne: Sie erhielten ohne lange Ausleseverfahren einflußreiche Positionen – mußten aber damit rechnen, daß sie, wenn sie sich z. B. nicht bewährten oder Widerspenstigkeit erkennen ließen, gleich wieder »gefeuert« wurden; und sie wurden in ihr Amt meist dadurch gebracht, daß ein Militärfahrzeug (Jeep) vor der Wohnung vorfuhr und sie für die neue Aufgabe »abholte«; Bedenkzeit gab es da kaum.

Als im Westen nach verhältnismäßig kurzer Zeit die Alliierten die Verwaltung in die Hände der Deutschen zurückgaben, zeigte sich, daß die »Erstausrüstung« der Verwaltung weitgehend aus dem politischen und administrativen Personalreservoir der Weimarer Republik erfolgt war. »Das traditionelle deutsche Verwaltungssystem war wunderbar geeignet für die Notlage der Alliierten ... Es war gegenüber höchster staatlicher Autorität ... immer zugänglich, aber andererseits gegenüber gesellschaftlichen Bewegungen, denen jetzt die Militärregierung argwöhnisch gegenüberstand, unzugänglich gewesen.« (Theodor Eschenburg)[155]

Im Osten führte die rigorose Entnazifizierung zusammen mit dem kommunistischen Herrschaftsanspruch zu einem radikalen Elitenwechsel, zumal auch das Berufsbeamtentum abgeschafft wurde. Bereits im Juli 1945 setzte die sowjetische Militäradministration die Verwaltungen und ihre Präsidenten in den Ländern Sachsen, Mecklenburg-Vorpommern, Thüringen, Sachsen-Anhalt sowie in den Provinzen Brandenburg und Sachsen-Anhalt ein; es wurden elf deutsche Zentralverwaltungen aufgebaut: Verkehr, Post- und Fernmeldewesen, Handel und Versorgung, Industrie, Brennstoffindustrie, Land- und Forstwirtschaft, Finanzen, Arbeit- und Sozialfürsorge, Gesundheitswesen, Volksbildung, Justiz; fünf weitere folgten: für deutsche Umsiedler, Statistik, Beschlagnahmungen, Innere Angelegenheiten und Interzonen- wie Außenhandel. Man war an einem demokratisch-pluralen Erscheinungsbild interessiert; die Schlüsselpositionen wurden zwar von Kommunisten übernommen, doch zog man auch Sozialdemokraten, bürgerliche Demokraten und Parteilose mit heran. Als im Oktober 1946 Wahlen zu den Landtagen, den Kreistagen sowie zu der Stadtverordnetenversammlung von Großberlin stattfanden, bei denen die aus der Zwangsvereinigung von KPD und SPD hervorgegangene SED (Sozialistische Einheitspartei Deutschlands) nirgends die absolute Mehrheit erreichen konnte, wurden überall Allparteien-Regierungen gebildet. Besondere Bedeutung erlangte der thüringische Ministerpräsident Rudolf Paul, weil er eine eigenständige, von den anderen sowjetischen Besatzungsregionen abweichende Politik anstrebte; sein Ziel waren möglichst unabhängige und stabile Länder innerhalb einer deutschen Föderation. Kurz nach der Konferenz der Ministerpräsidenten aller deutschen Länder vom 5. bis 7. Juni 1947, zu der der bayerische Ministerpräsident Hans Ehard eingeladen hatte – diese blieb für 23 Jahre die letzte Zusammenkunft ost- und westdeutscher Regierungschefs (sie scheiterte bereits an der Tagesordnungsfrage) –, floh Paul in die amerikanische Besatzungszone, wo er sich zunächst zwei Monate im verborgenen aufhielt.[156]

Im Westen begannen zunächst die Amerikaner im September 1945 zusammenfassende Verwaltungsgebiete, die nun die Bezeichnung »Staaten« trugen, zu bilden: Großhessen, Württemberg, Baden und Bayern (Anfang 1947 kam Bremen dazu). Die Engländer folgten 1946 mit den Ländern Schleswig-Holstein, Niedersachsen, Nordrhein-Westfalen. Die Franzosen bildeten in ihrer Zone das Land Rheinland-Pfalz.

In der ersten Phase der die Zusammenbruch-Gesellschaft ablösenden Aufbau-Gesellschaft waren die Gemeinden die zunächst einzigen funktionsfähigen Verwaltungseinheiten. Dies entsprach der politischen Zielsetzung der (westlichen) Alliierten, die im Rahmen ihres Reedukation-Programms eine Demokratisierung »von unten« (grassroot-democracy) beabsichtigten. Die Stadtverwaltungen begriffen sehr rasch, daß ein solches Konzept von Selbstverwaltung ihnen einen großen Einfluß bei einer späteren Staatsbildung einräumen könnte – vor allem dann, wenn sie sich, zur Stärkung der kommunalen Position, zusammenschließen würden; schon im August 1945 begannen die Vorbereitungen für einen Zusammenschluß der deutschen Städte[157] – auf Anregung von Konrad Adenauer. Das Mißtrauen der Westalliierten, aber auch führender deutscher Politiker, hinsichtlich der Befähigung der Deutschen zur Demokratie führte dazu, daß man erst 1946 Wahlen in den Großstädten und Ländern zuließ (nachdem man Erfahrungen in den kleineren und mittleren Gemeinden gemacht hatte); Voraussetzung dafür war die Zulassung und Bildung demokratischer Parteien.

Am 28. Oktober 1945 brachte die *Neue Zeitung*, die als Organ der amerikanischen Militärregierung journalistisch den besten Überblick über die deutsche Situation hatte, einen Bericht über den Aufschwung des

Konrad Adenauer in Westberlin, zusammen mit dem Berliner Oberbürgermeister Ernst Reuter und dem Stadtverordnetenvorsteher Otto Suhr, 1946.

deutschen Parteienlebens. Zunächst habe es so ausgesehen, daß nach Zulassung der Parteien auf örtlicher Basis das deutsche Volk, der politischen Freiheit entwöhnt, nur langsam zu selbständigem Denken und politischem Handeln zurückfinden würde; immer deutlicher zeige sich aber, daß es sich hier nur um ein Übergangsstadium gehandelt habe – aus allen Zonen würde jetzt lebhafte Parteitätigkeit gemeldet. Die Linksparteien seien besonders rege, wobei die Gründung örtlicher und regionaler Einheitsfronten der Sozialdemokraten und Kommunisten im Mittelpunkt der Diskussionen stünden. Die Sozialdemokraten hätten auch die erste große Zusammenkunft ihrer Partei (in der Nähe von Hannover) durchgeführt, wo Delegierte aus allen Bezirken der britischen Zone und Vertreter aus London zusammengetroffen seien, um Fragen sozialdemokratischer Gegenwartspolitik zu erörtern. »Aus der Rede des aus London eingetroffenen Parteivorstandsmitglieds Erich Ollenhauer ergab sich, daß zwölf

Jahre des Getrenntseins keine Kluft zwischen den Anhängern der Sozialdemokratischen Partei zu Hause und im Ausland gerissen habe.«[158] Erich Ollenhauer wurde dann auf dem Parteitag im Mai 1946 in Hannover zum stellvertretenden Vorsitzenden und Kurt Schumacher (von 1930 bis 1933 Reichstagsabgeordneter der SPD, von 1933 bis 1944 im Konzentrationslager) zum Vorsitzenden gewählt.[159]

Die Organisationsgeschichte der CDU – Konrad Adenauer war im Februar 1946 zum Vorsitzenden der CDU der britischen Zone gewählt worden – spiegelt deren Herkunft aus unterschiedlichen ideologischen und regionalen Parteitraditionen; programmatisch habe sie, so Christoph Kleßmann, den Charakter einer breiten bürgerlichen Sammlungsbewegung angenommen, die schnell zum Hauptkonkurrenten der zunächst als potentieller Block wahrgenommenen Linksparteien aufstieg. In dem Begriff »Union« sei dieser Sieg der Sammlungsbewegung zum Ausdruck gekommen. Der hohe, zwischen 50 und 60 Jahren liegende Altersdurchschnitt der Gründungsmitglieder verweise jedoch auch auf eine starke personelle Kontinuität von Weimar. So waren an den lokalen Gründungen vielfach ehemalige Zentrums-, DDP- und christliche Gewerkschaftsmitglieder beteiligt. Die stark divergierenden Tendenzen in der CDU faßte eine französische Zeitung so zusammen: Die Partei sei sozialistisch und radikal in Berlin, klerikal und konservativ in Köln, kapitalistisch und reaktionär in Hamburg sowie gegenrevolutionär und partikularistisch in München.[160]

Bei der Neubildung der CSU in Bayern habe es, so Franz Josef Strauß in seinen *Erinnerungen,* zwei Strömungen gegeben: Die einen wollten die Wiedergründung der Bayerischen Volkspartei unter einem anderen Namen (Bayerische Volksunion zum Beispiel); Männer, die hierfür eintraten, Alois Hundhammer und Fritz Schäffer, seien von der Mehrheit der katholischen Geistlichkeit unterstützt worden. Die anderen hätten sich um Josef Müller (im Dritten Reich mehrfach verhaftet) und den christlichen Arbeiterführer Adam Stegerwald gruppiert; sie wollten zwar eine eigenständige bayerische, aber an den christlich-demokratischen Gesamtgedanken angelehnte Partei. »In meiner Grundanalyse stimmte ich – obwohl er mir damals noch völlig unbekannt war – mit Konrad Adenauer überein, der ebenfalls die Meinung vertrat, daß das Parteiensystem der Weimarer Republik gescheitert war und nicht neu belebt oder wiederhergestellt werden könne.«[161]

Der Schwerpunkt der liberalen Parteien - LDPD (Liberal-Demokratische Partei Deutschlands), DVP (Demokratische Volkspartei) - lag in den Westzonen in Württemberg, wo im September 1945 Theodor Heuss, Reinhold Maier und andere die DVP gegründet hatten. »Die DVP wollte Mitglieder und Wähler der beiden liberalen Parteien der Weimarer Republik, der Deutschen Volkspartei und der Deutschen Demokratischen Partei, aber auch der konservativen Deutsch-Nationalen Volkspartei vereinen. In den übrigen Ländern entstanden liberale Parteien zunächst unter verschiedenen Namen. In der britischen Besatzungszone vereinigten sich im Januar 1946 die verschiedenen Parteigruppierungen zur Freien Demokratischen Partei (FDP). Diesen Namen gab sich auch die Bundespartei, zu der sich im Dezember 1948 die verschiedenen Länder- bzw. Zonenparteien der Westzonen in Heppenheim zusammenschlossen. Theodor Heuss, der spätere Bundespräsident, wurde erster Bundesvorsitzender der FDP.«[162]

In Westdeutschland trat die Kommunistische Partei zunächst »nicht als radikale, revolutionäre Klassenpartei auf, sondern als antifaschistische demokratische Partei des ›Kampfes für die nationale Einheit Deutschlands und einen gerechten Frieden‹ und als Partei, die einen besonderen deutschen Weg zum Sozialismus beschreiten wollte«.[163] (Mit dieser Taktik erzielte sie bei den ersten Landtagswahlen 1946/47 beachtliche Erfolge.)

In der sowjetisch besetzten Zone erfuhr die KPD verständlicherweise besondere Förderung; sie verstand sich als Avantgarde des antifaschistischen Kampfes und damit auch als Anwalt der erstrebten und dann realisierten antifaschistischen Einheitsfront.

Seit dem Herbst 1945 forderte das Zentralkomitee der KPD den beschleunigten Aufbau einer »einheitlichen Arbeiterpartei« in der sowjetischen Zone und im Westen. Dabei wurde die Entwicklung in der Sowjetzone als Vorbild dargestellt und der Initiative wie dem entscheidenden Einfluß der KPD zugeschrieben. Die Entwicklungen in den Westzonen sei hingegen »äußerst negativ«, da sich seit Ende des Krieges nichts verändert habe. Die Schuld daran wurde pauschal den »reaktionären Kräften« oder den Sabotageversuchen Schumachers zugeschoben.[164]

Otto Grotewohl, einer der Vorsitzenden des Zentralausschusses der SPD in Berlin, hatte Anfang Oktober 1945 an der ersten zentralen Konferenz der SPD in Wennigsen bei Hannover teilgenommen und war mit der strikt antikommunistischen Haltung von Kurt Schumacher konfrontiert worden. Die Tendenzen in Richtung Einheitspartei stellten, so Schumacher, den Versuch dar, der Sozialdemokratie eine kommunistische Führung aufzuzwingen; eine sozialdemokratische Partei unter kommunistischer Führung aber wäre eine kommunistische Partei.[165] In der SBZ vollzog sich dann die zwangsweise Vereinigung von KPD und SPD zur SED im April 1946;[166] Otto Grotewohl und Wilhelm Pieck[167] wurden zu gleichberechtigten Vorsitzenden gewählt.

Wirtschaftsleben

Noch ehe die westlichen Besatzungsbehörden eine generelle Genehmigung zur Bildung politischer Parteien gaben, erklärten sie, daß sie den Zusammenschluß der Arbeitnehmer zu Gewerkschaften nicht nur genehmigen, sondern begrüßen und fördern würden. Auch hier galt als Richtlinie, daß die Gewerkschaftsbewegung von unten nach oben aufzubauen sei, also aus den Betrieben erwachsen solle; die örtlichen Organisationen, die sich daraufhin bildeten, äußerten freilich von vornherein den Wunsch, sich im Laufe der Zeit zu einer Einheitsgewerkschaft zusammenschließen zu dürfen; die Zersplitterung, wie sie in der Weimarer Republik durch parteipolitisch orientierte Richtungsgewerkschaften und Berufsorganisationen hervorgerufen worden war, sollte vermieden werden. Dem entsprachen die amerikanische und britische Militärregierung nur zögerlich; der Aufbau solle, so die Engländer im August 1945, »langsam und gut« erfolgen.[168] Die Westalliierten bekundeten zwar, daß sie nicht die Absicht hätten, »die Form vorzuschreiben, unter der sich die Gewerkschaften in Deutschland bilden sollten«,[169] mißtrauten aber deutschen überregionalen Organisationen; sie fürchteten auch, daß die Kommunisten zunehmend einen Vorteil daraus ziehen könnten.

Der herausragende Verfechter der Einheitsgewerkschaft war der siebzigjährige Hans Böckler, der seit 1903 in der Gewerkschaftsbewegung tätig war (im Dritten Reich illegal und deshalb zeitweise in Haft); er hatte in Köln die Gewerkschaft wieder gegründet. »Die Kölner Gewerkschaftsgründung wurde auf der Basis eines von Böckler entworfenen Fünf-Punkte-Programms am 2. August 1945 von der britischen Militärregierung genehmigt, am gleichen Tag, als die Potsdamer Konferenz zu Ende ging, auf der die offizielle Zulassung von Gewerkschaften und Parteien durch die Besatzungsmächte vereinbart wurde.«[170]

Die Demokratisierung (West-)Deutschlands schloß »Wirtschaftsdemokratie« ein. Da sich jedoch die deutsche Wirtschaft als Steigbügelhalter Hitlers erwiesen hatte, aber die Gewerkschaften und die Sozialdemokratische Partei von Anfang an bei den Alliierten eine gewichtige Rolle spielten, und auch die anderen Parteien durch ein starkes soziales Engagement geprägt waren, nahm die Entwicklung in den Westzonen zwischen US-Kapitalismus und dem sowjetischen Staatssozialismus einen eigenen Weg. Die spätere »soziale Marktwirtschaft« reicht in ihren Wurzeln in das Jahr 1945 zurück.[171]

Alfred Müller-Armack definierte in seinem Buch *Wirtschaftslenkung und Marktwirtschaft* 1946 zum ersten Mal den Begriff »Soziale Marktwirtschaft«[172] Er gehörte zusammen mit Ludwig Erhard, Walter Eucken, Franz Böhm, Alexander Rüstow, Wilhelm Röpke zu einer Gruppe von deutschen Nationalökonomen, die sich seit Anfang der vierziger Jahre Gedanken über eine neue Wirtschaftsordnung nach dem für sie unvermeidlichen Zusammenbruch der NS-Diktatur machten. Den ökonomischen Kräften sollte nicht allein das Feld überlassen werden; der Staat dürfe keine Nachtwächterrolle spielen; seine Aufgabe sei es, die sozialen Hindernisse, die Ungleichheit bewirkten, zu beseitigen; die Freiheit des einzelnen könne sich nur in den Grenzen entfalten, die die Freiheit aller anderen setze.

Die in Antizipation des Kriegsendes und unmittelbar danach ausgearbeiteten Entwürfe, Konzepte, Utopien wirkten wie ein Ferment bei der Heranbildung eines Wirtschaftsdenkens, das in Erinnerung an die Weltwirtschaftskrise und die damit verknüpfte Massenarbeitslosigkeit wie nach den Erfahrungen mit der nationalsozialistischen Wirtschaftslenkung und ihrem streng geregelten Zuteilungssystem, auch angesichts der in der SBZ immer stärker werdenden kommunistischen Zwangswirtschaft, eine am Gemeinwohl orientierte, durchs Gemeinwohl kontrollierte Wettbewerbswirtschaft anstrebte. Es galt, die freie Initiative mit einem gerade durch die marktwirtschaftliche Leistung gesicherten sozialen Fortschritt zu verbinden.

Analog zur Besatzungspolitik, die in allen Bereichen, damit auch in der Wirtschaft, den Deutschen zunächst einmal ein »richtiges« demokratisches Verhalten verordnen wollte, waren die auf das Jahr 1945 zurückgehenden oder bereits früher entwickelten wirtschaftstheoretischen Überlegungen zunächst sehr stark von der Idee der »Planung« bestimmt. Einerseits handelte es sich um »negative«, die falschen nationalsozialistischen Strukturen (z. B. das deutsche Kartellwesen) beseitigende Maßnahmen, die auch mit wirtschaftlichen Sanktionen und Strafmaßnahmen verbunden waren (Demontage, Reparationen); andererseits sollte, wiederum mit Hilfe von Planung, der Weg zur freien Marktwirtschaft, z. B. durch die Sanierung der Währungsverhältnisse, die in der Währungsreform von 1948 gipfelte, vorbereitet werden.

Die Verschiedenheit der Anschauungen zwischen West und Ost trat bald bei den Reparationen und der damit verbundenen Demontage deutlich zutage. Die Konferenz von Potsdam, Juli/August 1945, hatte festgelegt, daß Deutschland gezwungen werden solle, in größtmöglichem Ausmaß für die Verluste und Leiden, die es den vereinten Nationen verursacht hatte, Ausgleich zu schaffen. Die Reparationsansprüche der Russen müßten durch Entnahmen aus der von der UdSSR besetzten Zone in Deutschland und unter Verwendung deutscher Auslandsguthaben, die Reparationsansprüche der Vereinigten Staaten, des Vereinigten Königreiches und der anderen zu Reparationsforderungen berechtigten Länder durch Einnahmen aus den westlichen Zonen (einschließlich deutscher Auslandsguthaben) befriedigt werden. Die deutschen Reparationen sollten nicht, wie nach dem Ersten Weltkrieg, in Geld geleistet werden, sondern in Form von Sachlieferungen erfolgen und zwar – wie bereits die Konferenz von Jalta Anfang 1945 festgelegt hatte – durch Demontagen, Warenlieferungen und die Verwendung deutscher Arbeitskräfte. Den Engländern lag mehr an einer Schwächung der deutschen Konkurrenz auf dem Weltmarkt als an der Eigenverwendung demontierter Ausrüstungen. Den Franzosen ging es in erster Linie um die Maschinen; wie in der sowjetischen Zone erfolgten bei ihnen massive Demontagen in Branchen reiner Friedensindustrien (was im Widerspruch zum Potsdamer Abkommen stand).[173]

Ein Wandel der Reparations- und Demontagepolitik ging von den Amerikanern aus.[174] Die drückende Last der Besatzungskosten und das Interesse an einer schnellen Ingangsetzung der deutschen Industrieproduktion (insbesondere der Energiewirtschaft) als Voraussetzung auch für die ökonomische Gesundung Europas ließ die Westalliierten im Zuge des sich abzeichnenden Kalten Krieges von ihren ursprünglichen Plänen abrücken. Allerdings war dies ein relativ langsamer Prozeß: die Demonta-

Werbung für den Marshall-Plan, 1948.

gen gingen selbst dann noch weiter, als bereits die Marshallplan-Hilfe in Aussicht stand.[175]

Insgesamt wurden die Westdeutschen durch die Reparationspolitik der Westalliierten so stark begünstigt, die Ostdeutschen dagegen so benachteiligt, daß man von heute aus zweifeln mag, ob beide denselben Krieg verloren hatten.

»Daß die Reparationspolitik der Westmächte die klügere war, weil sie die besiegten Feinde schonte und zu Verbündeten machte, ist gewiß richtig – aber die USA konnten sich eine solche Politik auch leisten, die zerstörte Sowjetunion hingegen nicht. Insofern haben die Westdeutschen einfach Glück gehabt. Das soll man nicht beklagen; aber man darf sich in Westdeutschland dieses Glück auch nicht als eigenes Verdienst anrechnen lassen.«[176]

Umerziehung

Bei der Ausübung der von den Alliierten übernommenen Regierungsgewalt über das Kondominium Deutschland waren die politischen, wirtschaftlichen, gesellschaftlichen und kulturellen Prinzipien und Maßnahmen überwölbt von der Überzeugung, daß das deutsche Volk umerzogen werden müßte und könnte. Zunächst galt Bestrafung (einschließlich Fraternisierungsverbot) als wichtigstes Mittel, die moralische Umkehr zu bewirken. Erst wenn die Deutschen ihre Schuld erkannt und bekannt hätten, könnten sie zu menschlicher Anständigkeit zurückfinden. Reedukation, im Westen vor allem von den Amerikanern bestimmt, war das positive Pendant zu den Strafverfahren der Entnazifizierung. Den seit dem 19. Jahrhundert durch eine »schwarze Pädagogik« geformten Deutschen kam das praktizierte Wechselspiel verhältnismäßig vertraut vor: Das zu bessernde Volk mußte zunächst einmal »geschunden« und sollte dann belohnt werden. Trotz der viele Familien belastenden Entnazifizierung verlief somit die Umerziehung, die für die Jüngeren und Jungen eine Neuerziehung war, relativ erfolgreich.

Für John Gimbel beruhte der Glaube der Amerikaner an die Kraft der Umerziehung nicht auf einer naiven und eitlen Hoffnung, sondern auf einer tief verwurzelten und allgemein akzeptierten Ansicht, daß die demokratischen Institutionen und demokratischen Gepflogenheiten Amerikas sich auf natürlichem Wege aus dem Erlebnis der »frontier«, der Grenze, entwickelt hätten. Als die Besiedlungsgrenze auf dem nordamerikanischen Kontinent sich im 19. Jahrhundert allmählich nach Westen vorschob, legten die neuen Gemeinwesen die politischen, sozialen und wirtschaftlichen Gewohnheiten der Vergangenheit ab, um in der neuen Umwelt einen neuen Anfang zu machen – einen Anfang frei von den Torheiten und Fehlern der Vergangenheit. Der amerikanische Grenzer sei vermutlich Rousseaus Ideal des Menschen, der zurück zur Natur finde, näher als irgend jemand vor ihm gekommen.[177]

Die amerikanischen Anstrengungen, Deutschland zu demokratisieren, spiegelten deutlich dieses vorgegebene Bild von den Ursprüngen der amerikanischen Demokratie wider. Entnazifizierung, Demontage, Entmilitarisierung, Bodenreform, Reform des Beamtentums – das negative oder destruktive Programm der Militärregierung – würden einen ähnlichen Effekt haben wie der Entschluß der amerikanischen Pioniere, den Ballast einer alten Kultur abzuwerfen.

Auch die Briten, ansonsten der amerikanischen engagiert-systematischen Besatzungspolitik ferner stehend, hatten die Umerziehung des deutschen Volkes als wichtigen Teil ihrer Deutschlandplanung betrachtet und schon seit 1943 vorbereitet. In einer Erklärung des Foreign Office vom 8. August 1943 heißt es, daß die einzige Politik, die vor der Zukunft bestehen könne, diejenige sei, die - unter Beachtung aller Vorsicht - letztlich auf die Wiederzulassung eines reformierten Deutschlands zum Leben Europas abziele. »Diesen Satz wählte John Troutbeck von der German Advisory Section im Foreign Office am 3. Dezember 1943 als Motto einer Niederschrift über die ›Regeneration of Germany‹. Er bezog sich zudem ausdrücklich auf die Äußerungen Edens aus dem Jahre 1941, an deren Formulierung Troutbeck möglicherweise beteiligt war. Er befürwortete wegen der Notwendigkeit, Deutschland im Interesse seiner Nachbarn vor dem Bankrott zu bewahren, daß der Nachdruck auf die ›Umerziehung‹ des deutschen Volkes - eine Aufgabe von Jahrzehnten - gelegt werden müsse.« (Kurt Koszyk)[178]

Pflanzstätten des Geistes

Der politisch-ideologischen Instrumentalisierung der Erziehung durch den Nationalsozialismus stellte man nach Kriegsende ein Bildungskonzept entgegen, dem die formende, prägende Kraft einer humanistischen Kultur zugrunde lag. »In der Schule sollte auf der Grundlage des christlichen, abendländischen Kulturgutes und des deutschen Bildungserbes wie in stetem Bezug mit der westeuropäischen Kulturgemeinschaft die Erziehung zum Bürger eines demokratischen und sozialen Rechtsstaates geschehen.«[179]

Die politische Auseinandersetzung um die Organisationsformen des Schulwesens - Amerikanisierung in der US-Besatzungszone (mit besonderer Berücksichtigung der Gesamtschule), weitgehende Zurückhaltung und frühzeitige Einschaltung deutscher Behörden in der englischen und französischen Zone[180] - war begleitet von einer mit hochgemutem Pathos durchsetzten Werte-Diskussion, wie sie zum Beispiel in der weit über den Kreis der Pädagogen hinaus beachteten Zeitschrift *Die Sammlung* stattfand.

Die Technische Hochschule Darmstadt ist wieder geöffnet; Studenten bestimmen das Straßenbild.

»Unser Kompaß ist die einfache Sittlichkeit, ein standhafter Glaube an die Ewigkeit der geistigen Welt ... Wurde bisher sehr laut gesprochen, so wollen wir still und sachlich werden, und wurden Phantasie und Gedanken unseres Volkes zu lange einseitig nach außen gewiesen, so wollen wir sie wieder nach innen lenken und zur Sammlung führen.« (Herman Nohl)[181]

Tiefen Eindruck auf die Kriegsheimkehrer-Generation machte Hermann Hesses Roman *Das Glasperlenspiel*, der im Dezember 1946 von dem von Peter Suhrkamp geleiteten S. Fischer Verlag dem deutschen Publikum zugänglich gemacht wurde. Im Bilde der hierarchisch gegliederten Provinz Kastalien – meinte Siegfried Unseld, der später den Suhrkamp Verlag übernahm, in den Tübinger *Studentischen Blättern* (Oktober 1948) – habe sich die seit dem Bewußtwerden des menschlichen Geistes wirkende Sehnsucht erfüllt: die Sehnsucht nach einem reinen und höheren Dasein. Die Worte Hesses seien für unsere Zeit gesprochen, vor allem auch an die akademische Jugend gerichtet: »Es können Zeiten des Schreckens und tiefsten Elends kommen. Wenn aber beim Elend noch ein Glück sein soll, so kann es nur ein geistiges sein, rückwärts gewandt zur Rettung der Bildung früherer Zeit, vorwärts gewandt zur heiteren und unverdrossenen Vertretung des Geistes in einer Zeit, die sonst gänzlich dem Stoff anheimfallen könnte.« Man solle sich nicht nach einer vollkommenen Lehre sehnen, sondern nach einer Vervollkommnung seiner selbst.[182]

Die mit philosophischem Elan geführten Reformdiskussionen[183] waren überschattet von dem Problem der real existierenden materiellen Not; zugleich wurde Praxis für viele zum Alibi, einem grundsätzlichen Nachdenken über die Bildungssituation aus dem Weg zu gehen. Die vielen völlig zerstörten oder nur noch teilweise brauchbaren Schulhäuser waren wieder aufzubauen. Viele Schulgebäude wurden zudem als Flüchtlingslager, Notunterkünfte für Ausgebombte und für die Zwecke der Besatzungsmächte genutzt. In Hamburg waren von 400 Schulen nur noch 60 brauchbar. In Kiel gab es vor Ausbruch des Zweiten Weltkrieges 1134 Unterrichtsräume; am 1. September 1945 waren von diesen gerade noch 100 erhalten und benutzbar.

Die geburtenstarken Jahrgänge der Vorkriegszeit wuchsen ins Schulalter hinein; dazu kamen die Flüchtlingskinder. Weil Lehrer fehlten, konnte nur in großen Klassen unterrichtet werden. Klassenstärken bis zu 70 und 80 Schülern waren der Regelfall.[184] Eilig wurde versucht, möglichst viele unbelastete Autoren für neue Schulbücher zu gewinnen.

Wie beim allgemeinbildenden Schulsystem dominierte auch bei der Wiedereröffnung der Universitäten affirmatives Pathos; daß die »Pflanzstätten des Geistes« im Dritten Reich einen Kahlschlag erlitten hatten, trat wenig ins Bewußtsein. Am 6. November 1945 nahm die Hamburger Universität den Lehrbetrieb wieder auf; Senator Heinrich Landahl rief in seiner Rede dazu auf, »zum Besten des schwer geprüften Volkes«, »zum Ruhme der ewig jungen Hansestadt Hamburg«, »den deutschen Anteil an der abendländischen Kultur zur Ehre des unsterblichen deutschen Geistes« zur Geltung zu bringen.[185]

Das war euphemistisch formuliert; denn die auch bei den alliierten Behörden häufig verbreitete Meinung, daß sich die deutschen Universitäten relativ heil über die NS-Zeit hinübergerettet hätten, war personell und inhaltlich irrig.[186]

1933 hatte man viele der besten Gelehrten vertrieben; der größte Teil der verbleibenden Professoren paßte sich an, wobei diese vielfach mit korrumpierter Beflissenheit weit über das Maß des ihnen abverlangten »Wissenschaftsdienstes« hinausgingen. Das Ordinarien- wurde zum Führerprinzip; der Philosoph Martin Heidegger zum Beispiel feierte in seiner Antrittsrede als Freiburger Rektor 1933 die »Größe dieses Aufbruchs«, der den »Wissensdienst« mit dem »Arbeitsdienst« und dem »Wehrdienst« verbände. Selbst der Pädagoge Eduard Spranger, der gegen Gewalttaten nationalsozialistischer Studentenfunktionäre protestiert hatte, pries die wiederentdeckte Einheit von »Wissenschaft und Wehrmacht«.[187]
Im Rahmen der allgemeinen Entnazifizierungsmaßnahmen gab es natürlich auch an den Universitäten Veränderungen, doch überwog eine fatale Kontinuität, wobei die Germanistik ideologisch besonders belastet war.[188] Walter Dorn, der Berater Lucius D. Clays, stellte in einer Denkschrift (Mai 1946) fest: »Nach meiner unmaßgeblichen Meinung hat die Militärregierung einen nahezu nicht wiedergutzumachenden Fehler begangen, indem sie die alte Universität München und andere Hochschulen wiederbelebte. Anstatt eine Gruppe politisch verläßlicher und energischer Professoren mit dem Aufbau einer wirklich demokratischen Universität zu beauftragen, hat die Militärregierung versucht, die alte Universität München wiederherzustellen, ohne Nazis natürlich. Was war das Ergebnis? Es werden keine Lehrstühle besetzt, solange auch nur die geringste Möglichkeit besteht, daß dieser oder jener Nazi-Professor doch noch entlastet werden könnte. Das hat sich bisher als unübersteigbare Hürde für die Schaffung einer demokratischen und antimilitaristischen Universität erwiesen.«[189]

Die Zahl der jungen Deutschen, die studieren wollten, war viel zu groß, als daß sie bei den damals gegebenen schwierigen Bedingungen hätten berücksichtigt werden können. Die Medizinische Fakultät der Universität Heidelberg konnte z. B. im Herbst 1945 von 5000 Bewerbern lediglich 1000 zum Studium annehmen. Vom Studium waren von vornherein ausgeschlossen: nationalsozialistische Aktivisten; Studenten und Studentinnen, die Ämter in der Hitlerjugend oder im Bund Deutscher Mädel innegehabt hatten; Freiwillige, die in der SS gewesen waren; ferner Schüler von Ordensburgen. Bei der Aufnahme wurden bevorzugt: politische Geschädigte; Kriegsinvaliden; Studenten, die ihr Studium lange hatten unterbrechen müssen; Nichtparteigenossen; Heidelberger und Flüchtlinge aus dem Osten.

In Göttingen kamen von 10 000 Anwärtern nur 4830 zum Studium; man sah dort »in der strengen Auslese nach Begabung und Vorbildung den besten Weg, das Niveau der Hochschule zu heben«. In Gießen erwartete man 3000 Studierende (früher zählte die Universität nur 1250 Studenten). Die Universität Marburg begann zunächst mit der medizinischen Fakultät; um aus der großen Anzahl von Studienanwärtern die 1200 Fähigsten herauszufinden, durften nur diejenigen, die das Physikum mit der Mindestnote »gut« bestanden hatten, weiterstudieren. In Jena, um ein Beispiel aus der russischen Besatzungszone anzuführen, wurden – das sozialistische Fortschrittsbewußtsein demonstrierend – Studenten ohne Unterschied des Alters, des Geschlechts oder des Glaubensbekenntnisses angenommen; außer der üblichen Zulassung nach Ablegung der Reifeprüfung konnten nun auch Volks- und Berufsschüler studieren.[190]

Auf der Suche nach einem Studienplatz war C. K. nach Erlangen gelangt, wo er – da er keine andere Bleibe fand – die ersten Nächte auf einer Bank im Schloßgarten schlief; dann erhielt er einen Platz in einem Raum, den ein Pfarrer für »Heimatlose« mit ein paar Doppelstock- bzw. Dreifachbetten eingerichtet hatte. »Von hier aus focht ich meinen Kampf mit der Bürokratie und mit dem Hunger. Als ich bei der Uni-Verwaltung am Schloßplatz vorsprach, um mich einzuschreiben, wurde ich gefragt, ob ich denn einen Zimmernachweis hätte: ›Angesichts der Überfüllung von Stadt und Universität können wir nur Abiturienten inskribieren, die auch wirklich hier wohnen.‹« Beim Wohnungsamt aber bekam man die Aufenthaltserlaubnis erst, wenn man bei der Universität eingeschrieben war. Mit Hilfe eines Päckchens amerikanischer Zigaretten gelang es C. K. dann, beim Flüchtlingsamt eine Aufenthaltsgenehmigung, daraufhin eine Zimmerzuweisung und schließlich einen Studienplatz zugewiesen zu erhalten.[191]
Die Studenten unterlagen vor der Immatrikulation einer politischen Überprüfung, die in der amerikanischen Zone rigoroser gehandhabt wurde als in der englischen und französischen. Eine Nachprüfung der »großen Fragebogen« in Erlangen durch die Militärregierung gegen Ende des Wintersemesters 1947/48 ergab, daß 726 von ihnen ihre Parteizugehörigkeit verschwiegen hatten.[192]

Politischer als die Universität, die sich mit ihrem elitären Wissenschafts- und Bildungsbegriff im Westen von »Volksbildung« abgrenzte, erwies sich die Volkshochschule bzw. Erwachsenenbildung, die sich vor allem mit den neugegründeten Evangelischen Akademien der Demokratisierung von Bildung verschrieb und besonderes Gewicht auf »brennende Zeitfragen« legte. Doch erfuhren auch die idealistischen, vorwiegend schöngeistigen Tendenzen der Erwachsenenbildungsbewegung der Weimarer Republik im Rahmen des allgemeinen Rückzugs auf Innerlichkeit eine ungebrochene Fortsetzung. Die Forderung auf »Schöngutheit« stand jedoch insofern in einem politisch-gesellschaftlichen Kontext, als die Bemühung um »Wandlung« wie »Besinnung«, vorgetragen mit dem Pathos »radikaler Humanität«, sich gegen den deutschen geschichtlichen Irrweg (»den Schatten der Vergangenheit«)[193] wandte, somit auch keine ästhetische Fluchtbewegung darstellte – aber freilich daran festhielt, daß der zeitweilige Niedergang der deutschen Kultur die »Unsterblichkeit des deutschen Geistes« nicht in Frage gestellt habe. Es galt, nach innen wiederzugewinnen, was nach außen verlorengegangen war. Die evangelische Kirche habe, so Heinz Flügel, mit den Akademien Stätten der Begegnung geschaffen, in denen fortlaufend ein systematischer »dialogus christianus« zwischen Kirche und Welt geführt werde. Es gehe um den Versuch eines offenen Dialogs mit der Welt, deren Kritik sich die evangelische Kirche mit derselben Ehrlichkeit aussetze, mit der sie dem Laien die Antwort auf den Ruf Gottes »Adam, wo bist du?« abverlange.[194]

Der für die Evangelischen Akademien und dann auch für die (weltlichen) Volkshochschulen in der zweiten Hälfte des Jahres 1945 entwickelte »neue Bildungsweg« war in den meisten Fällen von Erwachsenenbildnern aus der Weimarer Republik initiiert worden und daher »jugendbewegter« Motivation zu danken. Verfolgte des Nationalsozialismus wie Angehörige der inneren Emigration wollten nach der totalen Niederlage wieder den Versuch machen, »das deutsche Geschick durch eine erzieherische Volksbewegung zu beeinflussen« (so Eduard Brenner auf dem 1. Bayerischen Volksbildungskongreß im September 1946).[195] Im Gegensatz zu den Schulen und Hochschulen wurden nach Kriegsende die Gründung der Volkshochschulen nicht von zentralen Instanzen vorgegeben; diese blieben stärker an lokale Träger gebunden.

Klassenkämpferischer Humanismus

In seinem Aufsatz »Die deutsche Katastrophe« *(Aufbau,* Heft 1/1947) empfahl der 1946 aus der mexikanischen Emigration in die SBZ zurückgekehrte Kommunist Alexander Abusch – er übernahm dort wichtige publizistische und politische Funktionen – der tiefen historischen, soziologischen und philosophischen Auseinandersetzung über die bedrängendsten Fragen des deutschen Daseins von gestern und heute nicht durch eine Flucht in eine zeitlose Innerlichkeit mit ihren »ewigen Fragen« auszuweichen. In Auseinandersetzung mit Friedrich Meineckes Buch *Die deutsche Katastrophe* forderte er die Deutschen auf, die Flucht in ein neues Luftreich der Träume zu vermeiden und statt dessen um konkrete Klärungen in der Realität unserer gesellschaftlichen Welt zu ringen. »Wir würden damit die verhängnisvoll überentwickelte, spekulative Seite im Erbe unserer idealistischen Philosophie überwinden, noch mehr aber die Verfälschung und Verwirrung der Begriffe aus der Nazi-Zeit.«[196]

Was Abusch in einem allgemeinen Sinne ansprach, charakterisierte im besonderen die Erziehungspolitik in der SBZ bzw. späteren DDR. Neuerziehung, das hieß sowohl politische Erziehung zur Demokratie als auch zum Sozialismus – die geistig-sittliche Vervollkommnung im Geiste eines klassenkämpferischen Humanismus. Heinrich Deiters, 1945 Mitbegründer der Gewerkschaft der Lehrer und Erzieher in Berlin, dann Leiter des Ressorts Lehrerbildung in der ostdeutschen Zentralverwaltung für Volksbildung, ordnete das Erziehungswerk in das Verhältnis der beiden großen Erneuerungsprozesse ein, den moralischen und den politischen, die sich aus ihren eigenen Kräften zu entwickeln hätten, aber aufeinander angewiesen seien. Ein solches Verständnis fand dann in den Jahren 1945 bis 1947 eine praktische Entsprechung in der Bildung von Schülerausschüssen, Jugendausschüssen und Elternausschüssen an Schulen und von Studentenräten.

»[Die Schule] wird, ausgehend von den gesellschaftlichen Bedürfnissen, jedem Kind und Jugendlichen ohne Unterschied des Besitzes, des Glaubens oder seiner Abstammung die seinen Neigungen und Fähigkeiten entsprechende vollwertige Ausbildung geben.«[197]

Mit dem Gesetz zur Demokratisierung der deutschen Schule (22. Mai 1946) wurde dieser zunächst als Ziel und Aufgabe ein Menschenbild abgefordert, wie es durchaus, im Sinne des Potsdamer Protokolls, zum Forderungskatalog der Alliierten gehörte. Die Jugend solle zu selbständig denkenden und verantwortungsbewußt handelnden Menschen erzogen werden, die fähig und bereit seien, sich in den Dienst der Gemeinschaft des Volkes zu stellen. Als Mittlerin der Kultur habe die Schule die Aufgabe, die Jugend frei von nationalsozialistischen und militaristischen Auffassungen im Geiste des friedlichen und freundschaftlichen Zusammenlebens der Völker und einer echten Demokratie zu wahrer Humanität zu erziehen.

Die führenden kommunistischen Funktionäre (darunter die aus der sowjetischen Emigration nach Deutschland zurückgekehrten Anton Ackermann, Paul Wandel, Otto Winzer) sorgten, zusammen mit den Volksbildungsministern der fünf SBZ-Länder, die alle der SED angehörten, dafür, daß die von den Reformkräften bejahten bildungspolitischen Zielsetzungen zur Fassade wurden, hinter der die ideologische Ausrichtung der Lehrerschaft und der Lehrstoffe systematisch erfolgte.

Das – im Gegensatz zum Westen – durch starkes gesellschaftspolitisches Engagement geprägte Erziehungskonzept der SBZ/DDR wurde als »klassenbezogene Erziehung« interpretiert und als Kampf der Arbeiterklasse und ihrer fortschrittlichen Verbündeten zum Sturz der Bourgeoisie wie zum Aufbau des Sozialismus begriffen. In den schulpolitischen Richtlinien für die deutsche demokratische Schule des Parteivorstandes der SED vom 24. August 1949 – weitgehend identisch mit der Resolution der schulpolitischen Kommission des 4. Pädagogischen Kongresses vom 25. August 1949 – hieß es (unter inflationärem Gebrauch des Wortes »demokratisch«), daß die Kinder und Jugendlichen der breiten Massen der Werktätigen, insbesondere der Arbeiter, der Bauern und der fortschrittlichen Intelligenz so gebildet und erzogen werden müßten, daß sie willens und fähig seien, die neue demokratische Wirtschaft zu meistern, den neuen demokratischen Staat zu gestalten und zu beherrschen und damit zu erbauen, um Aktivisten der demokratischen Gesellschaft eines neuen Wohlstandes und des Friedens zu werden. »Als Schule der demokratischen Ordnung dient die demokratische Schule den Interessen aller fortschrittlichen Menschen, verbessert ihr Wissen und fördert ihre Bildung. Durch ihre Stellung in der demokratischen Gesellschaft hat sie sich über die fortschrittliche bürgerliche Schule hinaus entwickelt.«[198]

Für die Hochschulpolitik der SED hatten die in einer Reihe größerer Städte gebildeten Vorstudienanstalten eine große Bedeutung; sie waren ab Herbst 1945, kurz nach der Wiedereröffnung der Universitäten, als Teil der Volkshochschulen eingerichtet worden und sollten junge Arbeiter und Bauern bzw. Kinder aus Arbeiter- oder Bauernfamilien sowie von politisch und rassisch Verfolgten zur Hochschulreife führen (vor 1945 nur 4 Prozent). Ähnliche Einrichtungen gab es in den ersten Nachkriegsjahren für Kriegsteilnehmer und politisch Verfolgte auch in den Westzonen. Ab 1947 entwickelten sich daraus allmählich Einrichtungen der Kaderausbildung für die Bedürfnisse der SED. Bei der Zulassung war die politische Zuverlässigkeit ausschlaggebend. Im Dezember 1947 gliederte man die Vorstudienanstalten als Vorstudienabteilungen in die Universitäten und Hochschulen ein; 1949 erhielten sie als Arbeiter- und Bauern-Fakultäten den Status von Fakultäten der Universitäten und wurden so diesen gleichgestellt. »›Auch in dieser wie in jeder anderen Situation trifft zu, was der Genosse Stalin sagt: Die Kader entscheiden alles, wenn die richtige politische Linie gegeben ist ...‹ Diese Worte legte Hermann Kant in seinem Roman *Die Aula* dem Leiter einer Prüfungskommission für die Zulassung zur Arbeiter- und Bauern-Fakultät (ABF) in den Mund, vor der der Held des Romans, Robert Iswall, Rede und Antwort stehen muß. Damit hat Kant recht treffend die Intentionen der SED-Führung wiedergegeben, die bei der Gründung der ABF durch die Verordnung der Deutschen Wirtschaftskommission vom 31. März 1949 ›über die Erhaltung und die Entwicklung der deutschen Wirtschaft und Kultur‹ bestimmend waren. Es ging um die Heranbildung von jederzeit loyalen, einsatzbereiten und wissenschaftlich qualifizierten Kadern, die die SED zur Machtausübung und Durchsetzung ihres Konzepts der ›sozialistischen Umgestaltung‹ in großer Zahl benötigte. Es mußte eine zur Hochschulreife führende Institution geschaffen werden, die für ältere, oft schon im Berufsleben stehende Interessenten an einem Hochschulstudium geeignet war und die nicht zuletzt zuverlässige politische Kader schnell einer wissenschaftlichen Ausbildung zuführen konnte.« (Thomas Ammer)[199]

DIE AUFBAUWILLIGEN

Kleiderwechsel und Heimkehrerschicksal

Der Übergang von der Untergangs- in die Aufbaugesellschaft, unter der strengen Anleitung der Alliierten (und mit deren ideeller wie materieller Unterstützung), wäre nicht insgesamt so erfolgreich verlaufen, wenn nicht einige wichtige gesellschaftliche Gruppen sich besonders für ein neues, besseres, anderes Deutschland engagiert hätten. Auch wenn sie das essentielle moralische Problem, die Schuldfrage, weitgehend mit Indifferenz übergingen oder verdrängten, mit dem »Kleiderwechsel« legten sie auch den »alten Adam« ab; die nationalsozialistische Indoktrination fiel bei diesen Gruppen – gemeint sind vor allem die Angehörigen der Flakhelfergeneration, die Trümmerfrauen, die Intellektuellen und Künstler – augenblicklich oder nach einer relativ kurzen »Aufarbeitungsphase« weg. Das Mentalitätsmuster glich einer Tabula rasa, auf der sich der die augenblickliche Not transzendierende Überlebenswille und das Glücksgefühl, noch einmal davongekommen zu sein, einprägten. »Nichts Schönres unter der Sonne als unter der Sonne zu sein«[200] – dieser spätere Vers der Ingeborg Bachmann kann die Maienzeit des Aufbruchs und Aufbaus charakterisieren.

Selbst die Trümmermode als Oberflächenphänomen trug die neue Offenheit »zur Schau«; durch sie wurden die Grauwelten des Alltags, in Abkehr vom monoton tristen Grauflanell und Militärdrillich, farbig aufgehellt: Kopftücher in allen Schattierungen, Mäntel mit eckig ausgestopften Schultern, lange Hosen, Pumphosen, Restbestände aus Theatergarderoben, Trainingsanzüge, Faltenröcke, dicke Wadenstrümpfe, Skistiefel, Ballschule, Pelzmäntel (Felle aller Tierarten), Schlapphüte, Baskenmützen, Schirmmützen (entmilitarisiert), schlotternde Hemdkragen, Krawatten aller Farben, graue Leder- und schmalschultrige umgearbeitete Militärmäntel, Doppelreiher-Sakkos, Knickerbocker. Einer der ersten florierenden Gewerbezweige bestand in kleinen Schneidereien, die aus Bettüchern »Staubmäntel« fabrizierten; denn diese verbreiteten das Flair frühlingshafter Urbanität; konnte man dazu eine Sonnenbrille organisieren und sich eine amerikanische Zigarette in den Mund stecken, erfaßte Otto Normalverbraucher der Hauch der großen weiten Welt. Gute Kleidung verhalf über die Schwerkraft des mühevollen Alltags hinweg. Inmitten der Trümmerlandschaft bewegten sich Menschen, die ordentlich und bald auch fesch und schick gekleidet waren.

Als der Journalist Josef Müller-Marein als abgemusterter Soldat, einen Tag bevor die Engländer kommen, im Stadttheater zu Lübeck Unterschlupf findet, zieht er seinen Waffenrock aus und besorgt sich aus dem Fundus etwas Lustiges, Friedliches – eine symptomatische Szene. »Es hatte alles seine Richtigkeit. Etwas ging weg, ein anderes kam hinzu, Krieg verschwand, Frieden nahte. Tausche Krieg gegen Frieden ... Hose beige, Jackett zartbraun. Beides von elegantem Schnitt. Und ganz merkwürdige Knöpfe. Auf der Innenseite des Kragens ein eingenähter Zettel unter Cellophan: *Hochzeitsnacht im Paradies*. Buffo Walter Müller. So fein gekleidet ging ich vormittags aus, und ich sah, was die Engländer mit mir gemacht hätten, wenn der Tausch der Kostüme nicht gelungen wäre. Sie trieben meine Kameraden zusammen. ›Schnell, schnell!‹, stießen sie, traten sie mit Stiefeln, pferchten sie für die Nacht in Parks und auf Rasenstücken ein, zogen einen Zaun herum und ließen sie am anderen Tage nach Schleswig-Holstein marschieren, ohne sie für den langen Marsch erst verpflegt zu haben. Das Gewand der *Hochzeitsnacht* trug ich noch, als wir die *Zeit* gründeten, ich hatte keine andere Zivilkleidung und trug sie noch jahrelang.«[201]

Vor allem auf junge Menschen übte die mit der neuen Freiheit einhergehende Amerikanisierung großen Einfluß aus. In HJ, Arbeitsdienst und Wehrmacht eingegliedert, war der einzelne dazu verurteilt gewesen, ständig ein Rädchen im Getriebe der Staatsmaschinerie zu sein. Die Öffnung aufs Private hin verschaffte nun große Befriedigung. Solches Glück genießen zu können schloß aber auch Sorge um seinen Erhalt ein; die gesellschaftlichen und politischen Voraussetzungen für Freiheit mußten gesichert werden. So schuf Privatismus Überzeugungsdemokraten:

Möglichst wenig Staat wollten die Vorläufer der skeptischen Generation haben – aber doch so viel, daß der ersehnte Individualismus und Eudämonismus geschützt blieb.[202]

Die »weißen Jahrgänge« blieben von Entnazifizierungs- und Spruchkammerverfahren verschont; sie wandelten sich zur »skeptischen Generation« – aktiv, zugleich »nüchtern, ideologiefern und propagandaresistent«. (Helmut Schelsky)[203] Die gegen Ende des Krieges von der nationalsozialistischen Führung als Flakhelfer eingezogenen Jugendlichen, in deren Mittelpunkt der Jahrgang 1928 stand, stellten nach Martin Greiffenhagen eine wichtige soziologische und sozialpsychologische Kohorte dar – die Geschichte der späteren Bundesrepublik wesentlich beeinflussend.[204]

Die Flakhelfer-Generation stand zwischen den Altersgruppen, die als Kinder und Heranwachsende das Dritte Reich und den Krieg erlebt, aber keinen »Dienst« mehr hatten leisten müssen, und den Älteren, den über Zwanzigjährigen, die als Soldaten oft jahrelang im Krieg gewesen und dann noch vielfach in Gefangenschaft geraten waren – eine »mißbrauchte, verlorene, verratene Generation«. Der an den Folgen nationalsozialistischer Verfolgung früh verstorbene Wolfgang Borchert hat mit seiner Dichtung der Stimme der Verzweifelten Ausdruck verliehen.

»Ein Mann kommt nach Deutschland. Er war lange weg, der Mann. Sehr lange. Vielleicht zu lange. Und er kommt ganz anders wieder, als er wegging. Äußerlich ist er ein naher Verwandter jener Gebilde, die auf den Feldern stehen, um Vögel (und abends manchmal auch die Menschen) zu erschrecken. Innerlich auch. Er hat tausend Tage draußen in der Kälte gewartet. Und als Eintrittsgeld mußte er mit seiner Kniescheibe bezahlen. Und nachdem er nun tausend Nächte draußen in der Kälte gewartet hat, kommt er endlich doch noch nach Hause. Ein Mann kommt nach Deutschland.«[205]

Im literarischen Kabarett »Die Schaubude« erklang 1947 Erich Kästners *Deutsches Ringelspiel* als Resümee der »Enterbten«: »Das ist die Heimkehr dritter Klasse,/ganz ohne Lorbeer und Hurra./Die Luft ist still. Der Tod macht Kasse./Du suchst dein Haus. Dein Haus ist nicht mehr da./Du suchst dein Kind. Man hat's begraben./Du suchst die Frau. Die Frau ist fort./Du kommst, und niemand will dich haben./Du stehst im Nichts. Das Nirgends ist dein Ort.«[206]

Die Westalliierten, die mit großen Massen von Gefangenen umzugehen hatten (1945 waren den Amerikanern 3 107 000, den Engländern

2 319 900 deutsche Soldaten in die Hände gefallen), begannen rasch mit großen Entlassungsaktionen. Am 16. Juni 1945 meldete der *Bayerische Tag*, daß alle deutschen Kriegsgefangenen im Gewahrsam der amerikanischen Streitkräfte in Europa, mit Ausnahme von 660 000 Mann (u. a. Angehörige der früheren Waffen-SS), freigelassen würden. In der britischen Besatzungszone waren es zunächst 300 000 Kriegsgefangene, die für landwirtschaftliche Arbeiten die Lager verlassen durften.

Die früheren Soldaten hatten vielfach mit der Armee ihre Identität verloren.[207] Sie mußten feststellen, daß sie, bei aller persönlichen »Ehrenhaftigkeit«, für eine höchst »unehrenhafte« Sache gekämpft hatten. Die Not und das Leid im Krieg, dann in den Kriegsgefangenenlagern hatten sie zermürbt. Nun erlebten sie die Misere des Nachkriegsalltags mit Hunger, zerstörten Wohnungen, einem insgesamt zusammengebrochenen Gesellschaftssystem. Vor allem die große Anzahl der Berufssoldaten fand die Zukunft versperrt. Obwohl man die ehemaligen Kriegsgefangenen bevorzugte, gab es große Probleme bei der Zulassung zum Studium; die anlaufende Entnazifizierung verstärkte die allgemeine Unsicherheit. Es gab viele familiäre Krisen; nach langer Trennung hatten sich Ehepaare auseinandergelebt.

Besonders schlimm war das Schicksal der in russische Kriegsgefangenschaft geratenen Soldaten. Der 1908 geborene Helmut Gollwitzer - Mitglied der Bekennenden Kirche, 1940 zur Wehrmacht eingezogen - gehörte 1945 zu den Resten der Armee des Generals Ferdinand Schörner, der in Hitlers politischem Testament innerhalb des Kabinetts Dönitz zum Oberbefehlshaber des Heeres eingesetzt worden war. (Er hatte bei Kriegsende seine Truppe verlassen und war in den amerikanisch besetzten Teil Österreichs geflohen, von wo er, gefaßt, jedoch Ende Mai an die Russen ausgeliefert wurde.) Halb verdurstet, ohne Schuhe, die ihm Rotarmisten ausgezogen hatten, wird Gollwitzer in ein Lager, das in einer Kaserne eingerichtet ist, eingeliefert. Eine Leidens-Odyssee beginnt - und vielen erging es so wie ihm: Sie waren jahrelang, unter schlimmen Bedingungen, interniert; ein großer Teil überlebte nicht.[208]

Für die Kriegsgefangenen war es entscheidend, wann sie nach Deutschland zurück bzw. in Deutschland die Lager verlassen durften – und in welcher physischen und psychischen Verfassung sie sich befanden.[209] Besonders bevorzugt waren die Kriegsgefangenen, die sich in anglo-amerikanischen

Händen befanden; sie wurden nicht nur gut behandelt, sondern konnten sich im Rahmen von Reedukation-Maßnahmen aufs »andere Deutschland« vorbereiten – eine Chance, die freilich zunächst viele, durch die nationalsozialistische Ideologie verblendet, nicht nutzten. Ein herausragendes Beispiel für die Umerziehungserfolge in den USA-Camps war die von ehemaligen deutschen Korrespondenten und Redakteuren im Sommer 1945 gegründete Zeitung *Der Ruf;* sie wurde in New York gedruckt und erschien unter Zensur und Kontrolle der US-Army.[210] Die Redaktion, zu der Hans Werner Richter, Walter Kolbenhoff und Alfred Andersch gehörten – als Herausgeber fungierten Gustav René Hocke und der Verlagsbuchhändler Curt Vinz (der später in München die Nymphenburger Verlagsbuchhandlung gründete) –, schuf ein Blatt der »gutgesinnten Deutschen«, mit einem Nachrichtenteil von »aufreizender« Sachlichkeit, das auch die deutsche Schuldfrage (allerdings zur Empörung der Mehrheit der »Kameraden«) aufwarf.[211]
Besonders intensiv war das Reedukation-Programm für deutsche Kriegsgefangene in England (September 1944 vom britischen Kabinett beschlossen), an dem der deutsche Sozialdemokrat Waldemar von Knoeringen, der sich 1933 in letzter Minute vor den Nazis hatte retten können (über Österreich, die Tschechoslowakei und Frankreich war er schließlich nach Großbritannien gelangt), herausragend beteiligt war. In Ascot entstand ein Elite-Lager für antifaschistische Kriegsgefangene, die dann in den Westzonen führend am Aufbau des demokratischen Staates mitwirken sollten. Von Knoeringen arbeitete auch an der Schaffung einer Prisoner-of-War-Universität, die eine umfassende politisch-historische Bildung vermitteln sollte; daraus entstand das Lager Wilton Park, ein Ort der deutsch-britischen Diskussion über die »Kriegsgefangenen-Zeit« hinaus.[212]

Jugend im Wandel

Von den Trümmerkindern waren viele in den letzten Jahren des Krieges vor den Bombenangriffen durch Kinderlandverschickung (KLV) in Sicherheit gebracht worden; meist kehrten sie noch vor Kriegsende in ihre Heimatstädte zurück, wo sie vielfach in beschädigten Wohnungen und in Notquartieren hausen mußten. Wie diejenigen, die nach furchtbaren Fluchterfahrungen wieder untergekommen waren, entwickelten sie eine

Berliner Familie 1946.

schutzschildartige Mentalität, die offensichtlich eine tiefgreifende Schädigung des Lebenswillens nach der Stunde Null verhinderte. Diesen Eindruck vermitteln z. B. Zehntausende von Schulaufsätzen, die in der Nachkriegszeit zum Thema »Kriegserleben« angefertigt wurden.[213]

»Ich bin am 10. Juli 1932 in Nürnberg geboren. Als ich sieben Jahre alt war, brach der Krieg aus. Ihm folgten Hunger, Entbehrungen, Angst, Not, Tränen und furchtbare Fliegerangriffe. Wir verbrachten Wochen im Bunker. In und um unsere Stadt wurde viel und schwer gekämpft. Wir sehen mit Grauen dem Winter entgegen. Vor einigen Wochen erhielt ich dann die Nachricht, daß mein Papa kurz vor Kriegsende gefallen ist. Dieser Schlag war sehr hart für uns, insbesondere, da ich noch mehr Geschwister habe. Aber es ist besser zu wissen, er ist tot, als daß er irgendwo in Rußland oder Sibirien verhungert oder erfriert. Nun bin ich vierzehn Jahre alt, und ich muß daran denken, eine Arbeit anzunehmen. Ich will Korrespondentin werden, und ich muß noch sehr viel lernen, bis ich diesen Beruf voll und ganz erfüllen kann. Aber es wird schon gehen, und mit der Zeit werden auch die Wunden, die der Krieg uns schlug, vernarben.«[214]

Im Gebiet der Westzonen gab es nach dem Zweiten Weltkrieg etwa 1 250 000 Kinder und Jugendliche, die ihre Väter durch den Krieg verloren hatten. 250 000 von ihnen waren wegen des Todes der Mütter Vollwaisen. Die Halbwaisen blieben wegen Berufstätigkeit der Mütter meist den ganzen Tag sich selbst überlassen (»Schlüsselkinder«). Die Älteren unter ihnen mußten neben ihrer Arbeit für die Schule oder am Ausbildungsplatz frühzeitig die Verantwortung für die Aufsicht über die jüngeren Geschwister und erhebliche Mitarbeit im Haushalt übernehmen. Vergleichbar hart, wenn nicht noch härter, war das Schicksal der im Bundesgebiet lebenden jugendlichen Heimatvertriebenen im Alter von 14 bis 24 Jahren (1949: 1 555 000). Der durch die Bombenangriffe dezimierte Wohnraum war zu dieser Zeit selbst für die im Gebiet der Bundesrepublik traditionell ansässige Bevölkerung zu knapp. So waren 730 000 dieser jugendlichen Flüchtlinge in provisorischen Lagern und Notunterkünften auf dem Land untergebracht. Allein in Bayern lebten Ende 1949 27 000 Jugendliche in 496 sogenannten Massenlagern. In Schleswig-Holstein war die Enge noch drangvoller, dort hatte man 61 034 Jugendliche in 491 großen Lagern zusammengepfercht. Noch im Mai 1950 waren in Westdeutschland 472 121 Jugendliche im Alter unter 25 Jahren arbeitslos gemeldet; nahm man die arbeitslosen Schulabgänger hinzu, so kam man auf eine geschätzte Zahl von 700 000. Das waren 20 bis 25 Prozent der Gesamtzahl an Arbeitslosen.[215]

In der Trümmerzeit nahm angesichts der wirtschaftlichen Misere die Jugendkriminalität zu. »Verwahrlosung der Jugend« wurde zu einem Schlüsselbegriff; man beklagte sie, man empörte sich, man versuchte, ihr notdürftig entgegenzutreten. Ende 1947 ergab eine Umfrage Einblick in das Milieu, in dem die Jugendlichen heranwachsen mußten. In Fürth zum Beispiel hatten von 11 000 Schulkindern 60 Prozent keine festen Schuhe, 35 Prozent schliefen zu zweit und dritt in einem Bett, 40 Prozent hatten keine Winterkleidung. In Kassel waren 7,5 Prozent überhaupt ohne Schuhe. In Berlin wurden 125 000 Kinder gezählt, die kein einziges Paar brauchbarer Schuhe hatten. In München lebten 20 000 Kinder von den Eltern getrennt, 17 000 schliefen nicht im eigenen Bett, 14 000 hatten keine Zahnbürste. In Mannheim gaben 70 Prozent an, daß die Eltern nichts zum Heizen hätten; nur die Hälfte hatte einen zweiten Anzug, 12 Prozent litten an Hungerödemen. In Frankfurt übernachteten täglich bis zu 100 Jugendliche im Hauptbahnhofbunker; von ihnen hatten durchschnittlich 60 Prozent als einziges Ausweispapier den Entlassungsschein einer Strafanstalt.[216]

Neben Apathie, Enttäuschung, Aggressivität und Ausbrüchen von Verzweiflung überwog in der Jugend jedoch der Aufbauwille und die Sehnsucht nach »Führung und Geleit«.

»Wir stehen nun in einer neuen Welt. Die alten Götzen haben wir zum Teufel gejagt. Wir möchten arbeiten, schaffen, um das Versäumte nachzuholen, unsere Schuld zu tilgen. Doch zu verschieden sind die neuen Pole, die uns machtvoll an sich reißen wollen. Noch ist Gut und Böse nicht in uns gefestigt, noch sind wir nicht fähig, klar unser Ziel zu sehen. Hilflos schauen wir auf die Älteren, Reifen, Erfahrenen. Wir brauchen Führer, nein, besser, Erzieher, die das Edle in uns fördern und festigen, bis wir dann selbst so weit sind, auf eigenen Füßen zu stehen.« (Heinz Piontek)[217]

Nach der Unterdrückung durch die Nationalsozialisten wurden die Verbände der evangelischen und katholischen Kirche, der bündischen, sozialistischen und gewerkschaftlichen Jugend rasch wieder zugelassen – zunächst auf lokaler Ebene. In der amerikanischen Zone entwickelte sich, in Sorge vor zunehmender Jugendkriminalität, die Jugendarbeit in eine doppelte Richtung: Sie wurde einerseits in deutsche Verantwortlichkeit gegeben, wobei die Besatzungsmächte lediglich beratende und kontrollierende Funktionen ausübten; andererseits entwickelten diese auch ein eigenständiges Umerziehungsprogramm für die Jugend, das sich (natürlich auch aus materialistischen Gründen) als besonders attraktiv erwies – etwa die von der amerikanischen Armee initiierten »German Youth Activities«.[218]

Bei den politischen Jugendverbänden gewann die FDJ (Freie Deutsche Jugend) insofern besondere Bedeutung, als sie ein ideologisch bestimmtes Bindeglied zwischen Ost und West darstellte und auch das Bemühen der Arbeiterjugendbewegung um Einheit widerspiegelte. Die FDJ, die sich dann im Rahmen der Sowjetisierung zu einer militanten kommunistischen Kaderorganisation entwickelte, war von der Kommunistischen Partei Deutschlands zunächst als »Volksfrontjugend« gedacht, wobei vor allem dem Antifaschismus (der auch anderen Jugendgruppierungen den weltanschaulichen Überbau lieferte) eine besonders integrierende Kraft zugemessen wurde. Als man 1945 wieder anfing, politisch zu arbeiten, so erinnert sich ein Frankfurter Zeitzeuge, sei dies zunächst spontan und ohne zentrale Bindungen erfolgt. In der Illegalität habe man die Einheit der Arbeiterschaft schätzen gelernt; eine Spaltung der Arbeiterklasse sollte es nicht mehr geben. Bald jedoch kam es zu Spannungen zwischen SPD und FDJ.[219]

Von den Ausgangsbedingungen und Lebensverhältnissen her unterschied sich die Situation der Jugendlichen in der SBZ nicht wesentlich von derjenigen in den Westzonen, doch versuchten die Kommunisten und dann die SED, die Heranwachsenden durch Anreiz und Repression für die sozialistische Bewegung zu gewinnen, also politisch zu instrumentalisieren (von den bürgerlichen Kultur- und Gesellschaftsvorstellungen abzubringen). Dementsprechend wurde das pluralistische Nebeneinander von Jugendkulturen unterbunden und auch der für eine freie Gesellschaft unvermeidliche Generationenkonflikt pseudoidealistisch bzw. mit Hilfe von Gemeinschaftsromantik hinwegprojiziert. Zwar stand die Jugenderziehung in der SBZ und der DDR unter antifaschistischem Vorzeichen, aber die FDJ (1946: 300 000 Mitglieder) war bis in die Embleme wie Rituale und autoritären Organisationsformen hinein der nationalsozialistischen Jugendorganisation sehr ähnlich. Die in der SBZ verwirklichte Idee einer einheitlichen Jugendorganisation führte zu vielerlei Frustrationen; 1949 waren schon 200 000 Jugendliche illegal aus der »progressiven« SBZ in den als kapitalistisch denunzierten Westen abgewandert.

Trümmerfrauen

Ob freiwillig oder arbeitsverpflichtet – ohne die unermüdliche, aufopferungsvolle Tätigkeit der Trümmerfrauen im Jahr 1945 und danach wären die Städte lange Zeit Schutthalden geblieben.

In seiner Rede anläßlich der ersten Delegierten-Konferenz der Frauenausschüsse aus allen Zonen am 13. und 14. Juli 1946 stellte der Berliner Oberbürgermeister Dr. Arthur Werner fest, daß das Schicksal Deutschlands zum großen Teil in den Händen der Frauen liege. Es entsprach deutscher Kontinuität bei der Beurteilung und Einordnung der Geschlechterrollen, wenn er davon sprach, daß eine Frau schon ihrem natürlichen Wesen nach, anders als der Mann, niemals nur »kurzlebige Verheißung, sondern verheißungsvolle Trägerin der Zukunft« sei.

Anerkennung für die geleistete »Überlebensarbeit« wurde den Frauen der Trümmerzeit weder im Osten noch im Westen zuteil. (Erst im nachhinein erfolgte ihre Mythisierung.) Deshalb konnten Frauen aus ihrer Aufbauarbeit auch keine Machtansprüche ableiten. Hamstern, Schwarzmarktgeschäfte, Gemüseanbau in den öffentlichen Parks, Kleider flicken, Schuhe reparieren, notdürftige Reparaturen an Wohnungen usw., selbst die aufgezwungene Erwerbstätigkeit als Trümmerfrau wurden in ihrer enormen Bedeutung damals kaum wahrgenommen. Statt dessen feierten die ersten Illustrierten den Ingenieur, der die Stromversorgung wieder in Gang gebracht und den Mechaniker, der die erste Straßenbahn auf die Geleise gesetzt hatte, und nicht die Mutter von drei Kindern, der es gelungen war, den letzten Teppich gegen einen Sack Kartoffeln einzutauschen.

»Ameisengleich wimmelte es in den zerstörten Städten von Menschen, die den Schutt aufräumen; fast alle sind Frauen, ein paar alte Männer dazwischen, denn nicht viele Männer sind bis jetzt heimgekehrt. Die ›Trümmerfrau‹ – vor allem die in Berlin – wird berühmt werden als Beispiel für die Leistung der Frau in dieser schweren Zeit.«[220]

Freilich orientierte man sich in der SBZ mit größerem theoretischen, auch propagandistischen Elan an der Tradition des seit dem 19. Jahrhundert um die Emanzipation der Frau kämpfenden Sozialismus (August Bebel: Die *Frau und der Sozialismus,* 1883) und an der sozialistischen Frauenbewegung mit herausragenden Kämpferinnen für Frauenrechte (wie Clara Zetkin und Rosa Luxemburg). Dabei wurde die Frauenpolitik der KPD bzw. SED eingebunden in den alle gesellschaftspolitischen Maßnahmen überwölbenden Antifaschismus, der dementsprechend bei der Gründung der Frauenausschüsse 1945 und des Demokratischen Frauenbundes Deutschlands 1947 eine große Rolle spielte.[221]

In den Westzonen traten zwar Politikerinnen und Juristinnen der Frauenbewegung der Weimarer Republik ebenfalls in Erscheinung – so etwa Elisabeth Selbert, Helene Weber, Helene Wessel, Louise Schroeder (1946 Bürgermeisterin, 1947 amtierende Oberbürgermeisterin von Berlin); doch konnten diese, wie die Frauenbewegung insgesamt, trotz zahlreicher Neuansätze, keinen bedeutsamen Einfluß gewinnen, zumal die Parteien patriarchalisch bestimmt blieben.

Als es 1949 zur Gründung der beiden deutschen Staaten kam, wurde sowohl in der Bundesrepublik wie in der DDR die Gleichberechtigung der Frau verfassungsrechtlich verankert, freilich in der Rechtsentwicklung der DDR früher als in der Bundesrepublik durchgesetzt.[222] Über die Gleichberechtigung hinaus erkannte das Verfassungsrecht der DDR das Gebot der Förderung der Frau besonders in der beruflichen Qualifizierung als eine gesellschaftliche und staatliche Aufgabe an. Während im Ehe- und Familienrecht der Bundesrepublik von der freien Entscheidung der Ehepartner hinsichtlich der Ausgestaltung der Aufgabenverteilung und des Rollenverständnisses ausgegangen wurde, basierte das Recht in der DDR als Ausdruck des gesellschaftlich-sozialistischen Ideals auf einem Bild der allseitig entwickelten Persönlichkeit der Frau.[223] Dies wirkte sich in vielfältiger Weise aus: Es führte zu einem hohen Prozentsatz von berufstätigen Frauen, einem höheren Anteil von Frauen im politischen Leben, zu wesentlichen Verbesserungen bei den Bildungsmöglichkeiten wie der Kinderbetreuung und verstärkter Selbstbestimmung der Frau (etwa im Hinblick auf den Schwangerschaftsabbruch).

Die Gleichberechtigung der Frau galt als eine der größten Errungenschaften der DDR. Geschlechterverhältnisse und Familienstruktur wurden als Aushängeschild sozialistischer Politik propagiert und als Beweis für die Überlegenheit des Sozialismus im Gegensatz zum Kapitalismus empfunden. Doch war das zweifellos gesteigerte Selbstwertgefühl der Frauen und ihre wachsende gesellschaftliche Bedeutung vor allem Folge einer Zwangsemanzipation und damit letztlich Emanzipationsunterdrükkung (was die individuell-personale Freiheit betraf). So erhebt sich die Frage, ob es der sozialistischen Gesellschaft wirklich gelungen ist, die Geschlechterverhältnisse grundlegend zu verändern, oder ob der Emanzipationsanspruch nur Teil eines ideologischen Überbaus gewesen ist, dem die Wirklichkeit im Unterbau, bei den sozioökonomischen und kulturellen Verhältnissen, widersprach.

Die »bürgerliche Moral«, die auch in der Zeit des Nationalsozialismus das Familienleben bestimmt hatte – die sozial- und sexualpathologischen Perversionen waren gewissermaßen nationalisiert und auf Rassismus umgeleitet worden –, war durch den Zusammenbruch des Regimes erschüttert worden. Die Vergewaltigungen im Osten wie die Verführungen im Westen, die Aufdeckung ungeheurer Kriegsverbrechen wie der brutale Kampf ums Dasein hatten den Glauben an ein allgemeingültiges, den Wechselfällen des Lebens standhaltendes Wertesystem erschüttert. Das

Trümmerfrauen im Bezirk Kreuzberg, Berlin, 1949.

Gefühl der Sinnlosigkeit wurde verstärkt durch die Erkenntnis, daß viele Bindungen, die man überstürzt und teilweise im Gefühl einer gewissen Endzeitstimmung im Krieg eingegangen war, in der »Zeit danach« nicht hielten. »Die ›Scheidungsziffer‹ stieg auf das Doppelte derjenigen der Vorkriegszeit und erreichte ihren Höhepunkt 1948.«[224]

Eine der frühesten Familienuntersuchungen nach dem Kriege (Hilde Thurnwalds *Gegenwartsprobleme Berliner Familien,* 1948) zeigt beispielhaft, wie stark das Spannungsfeld von emanzipatorischem Erfahrungshunger und regressiver patriarchalischer Struktur war - ein Konflikt, der im ersten Nachkriegsdezennium in Politik und Medien immer neu ausgetragen wurde.

Die Frau als Hüterin des Hauses und liebendes, pflegendes, heilendes Aktionszentrum der Familie sollte wirtschaften, Nachwuchs gebären und im Sinne der dargestellten Moral sozialisieren; der Mann dadurch physisch, psychisch und moralisch zugunsten des außerhäuslichen Erwerbslebens entlastet werden. Als Haushaltsvorstand wurde ihm wieder jene

Autorität zuerkannt, die ihm die Gesellschaft durch Industrialisierung, Technisierung, Krieg, Zerstörung von Besitz, Macht und Einfluß jenseits der Familie genommen hatte. »Die so genormte Geschlechterhierarchie, strukturelles Merkmal der bürgerlichen Familie überhaupt, erscheint in der damals anerkannten Wahrnehmung und der dazugehörigen Sprachregelung als ›Gleichwertigkeit in der Verschiedenheit‹ ... Damit waren für lange Zeit die ideologischen und strukturellen Familienweichen gestellt. Die Chancen wurden vertan, Form und Struktur intimen Zusammenlebens von Erwachsenen und Kindern als Frage des Freiheitsanspruchs und der Selbstverwirklichung zu diskutieren.« (Angela Vogel)[225]

Die Geschlechterspannungen macht auch der Film dieser Zeit anschaulich deutlich, wenn man etwa den zeitkritisch-satirischen, erotisch-despektierlichen, »heilige Gefühle« verletzenden Film *Der Apfel ist ab* von Helmut Käutner (1948) mit der *Berliner Ballade* (ebenfalls 1948, Buch Günter Neumann, Regie R. A. Stemmle), in der das kleinbürgerliche private Familienglück als einzig sinnvoller Lebensinhalt beschworen wird, kontrastiert. Schon während der Dreharbeiten von *Der Apfel ist ab* gab es massive Proteste des Erzbischöflichen Ordinariats München, das sich gegen die kabarettistische Behandlung des Sündenfalls wandte. Durch Vermittlung der Militärregierung von Bayern kam es zu einem Burgfrieden in Form eines Kommuniqués, in dem der Regisseur Helmut Käutner erklärte, daß ihm bei der Herstellung des Films jegliche Absicht einer Verletzung des religiösen und sittlichen Empfindens fernliege und seine Weiterarbeit an diesem Film auch künftig von diesem Gedanken getragen werde. Katholische und evangelische Kirche ihrerseits erklärten, daß sie bis zur Fertigstellung dieses Films von einer Beeinflussung der Öffentlichkeit absehen würden.

DIE RÜCKKEHR DER KULTUR

Ringen ums Wesentliche

Bei den Umerziehungsbemühungen der Alliierten spielte Kultur (im engeren Sinne) eine zentrale Rolle. Die maßgeblichen Offiziere der Besatzungsbehörden für die verschiedenen Kunstsparten waren vielfach deutsche Emigranten oder vom Studium wie Beruf her mit der deutschen Mentalität und Geschichte eng vertraut; sie waren, zusammen mit Teilen des Bildungsbürgertums, das in innerer Emigration die Zeit der Barbarei durchstanden hatte, davon überzeugt, daß der Nationalsozialismus letztlich dem »deutschen Geist« nichts habe anhaben können; dieser erweise sich als »Überlebensmittel« in der allgemeinen Misere, ermögliche einen Brückenschlag über Abgründe, wirke als »Kompaß« inmitten von Orientierungslosigkeit.

Kultur, das Gute im Menschen bekräftigend, bedeutete im Westen vor allem auch »Rückkehr zu Gott«, von dem man abgefallen war, und Bekenntnis zum Abendland, dessen Werte man mißachtet hatte. Schriften wie *Geist der Mitte. Das andere Deutschland* (1946) von August Blume und *Der geistige Wiederaufbau Deutschlands* (1946) von Johannes Hessen machten die Ausbreitung des Atheismus für die »deutsche Katastrophe«, wie sie Friedrich Meinecke (1946) beschrieb, verantwortlich. Reinhold Schneider hoffte auf die *Heimkehr des deutschen Geistes* (1946), der sich durch Philosophen wie Lessing, Kant, Fichte und Nietzsche vom »Wesentlichen« habe abbringen lassen. Alfred Müller-Armack bezichtigte in seinem Buch *Das Jahrhundert ohne Gott* (1948) in erster Linie die Politiker und Wissenschaftler des 19. Jahrhunderts, die bisherigen Glaubensgewißheiten durch nihilistische Ideologien und Ismen ersetzt zu haben. Für eine christlich-universale Ordnung kämpfte die Zeitschrift *Neues Abend-*

land. »Philipp Lersch schrieb 1946 im ersten Heft der Zeitschrift *Geistige Welt,* daß sich der Untergang der alten christlichen Ordnung nur durch die fortschreitende Industrialisierung erklären lasse, und empfahl – wie alle seine christlichen Glaubensgenossen – als die einzige Rettung aus der dadurch entstandenen Krise die ›Rückkehr zu Gott‹ und den ›Urwerten des menschlichen Seins‹.« (Jost Hermand)[226]

Tiefen Eindruck hinterließen die 1945 publizierten *Moabiter Sonette* von Albrecht Haushofer, die dieser in politischer Haft geschrieben hatte; (er war kurz vor dem Fall Berlins von der Gestapo ermordet worden): Reflexionen über die Zeit der Finsternis, in die Deutschland geraten war. Postum (1946) erschienen auch die *Gedichte aus Tegel. Auf dem Weg zur Freiheit* des von den Nationalsozialisten umgebrachten Theologen Dietrich Bonhoeffer und die Gedichte *Dies irae* des zur inneren Emigration gehörenden Werner Bergengruen. Ähnliche Tendenzen charakterisieren die zwischen 1939 und 1945 niedergeschriebenen *Tag- und Nachtbücher* von Theodor Haecker, in denen er sein inneres Leiden am nationalsozialistischen gottlosen Unrechtsstaat festgehalten hatte. In der *Rede an die deutsche Jugend,* die Ernst Wiechert im Herbst 1945 hielt, charakterisierte dieser den NS-Staat als »ein Reich des Antichristen«, in dem eine Herde hybrider Übermenschen gegen Gott aufgestanden sei. Die Schrift *Der unsterbliche Mensch* (1946) des zum Katholizismus konvertierten früheren linken Expressionisten Alfred Döblin bemühte sich um die Wiederentdeckung der Sakramente; im belletristischen Bereich stellten die Romane der Elisabeth Langgässer der nationalsozialistischen Barbarei die »Beglaubigung« des Heilsgeschehens als existentielle Notwendigkeit entgegen.

Verdrängt wurden – mit Hilfe einer oft verquollenen, mythisch-metaphorisch überladenen Sprache – religiöse Zweifel oder auch persönliche Schuldgefühle. So hatte Elisabeth Langgässer, selbst halbjüdisch, ihre aus einer Verbindung mit einem Juden stammende uneheliche Tochter Cordelia nicht mutig genug vor dem Zugriff der Nationalsozialisten und dem Transport nach Auschwitz zu bewahren versucht (was aller Wahrscheinlichkeit nach möglich gewesen wäre). Solcher »Verrat« – erst nach Jahrzehnten sah sich die gerettete Tochter in der Lage, über ihr Schicksal zu berichten[227] –, bestimmte zumindest vom Unterbewußtsein her die Erlösungssehnsucht der Dichterin, etwa im Roman *Das unauslöschliche Siegel* (1946).

Selbst ein ironischer Mythenbewahrer wie Thomas Mann, der stets Distanz zum entleerten Innerlichkeits-Pathos hielt (aber von »echtem« Pathos durchglüht sein konnte), war mit seinem großen, 1947 erschienenen Zeitroman *Dr. Faustus. Das Leben des deutschen Tonsetzers Adrian Leverkühn, erzählt von einem Freunde* um eine metaphysische Deutung des Phänomens Nationalsozialismus bemüht – was indirekt alle diejenigen, die Hitler verfallen gewesen waren, als eine gewisse Aufwertung (da eben von teuflischen Kräften verführt) empfinden konnten. Die in der Gestalt Leverkühns gezeigte Gefährdung des Künstlers symbolisierte die Gefährdung der deutschen Seele, ihre Vergewaltigung und endgültige Vernichtung durch den Nationalsozialismus. Die »Höllenfahrt« der deutschen Entwicklung wurde von Thomas Mann freilich auch analytisch benannt: Sie war identisch mit dem Ende des bürgerlichen Künstlers und des Bürgertums, dem Ende der bisherigen Kunst und Philosophie, dem Ende des traditionellen Humanismus und Vernunfts- wie Wissenschaftsbegriffs, dem Ende des liberalen Staates und der kapitalistischen Gesellschaft.[228]

Theologisch-philosophische Umbesinnung

Der Homo religiosus war, soweit er sich nicht opportunistisch verhalten hatte, im Dritten Reich von den Kirchen enttäuscht worden; als Institutionen hatten sie sich dem Unrechtsstaat weitgehend angepaßt. Die bereits im Wilhelminischen Kaiserreich und in der Weimarer Republik stark nationale bzw. nationalistische Komponente des deutschen Protestantismus kulminierte in einer arisch-nordisch-rassistischen Theologie (im Gegensatz zur Bekennenden Kirche, mit Pastor Martin Niemöller als herausragendem Repräsentanten).

Solche Verblendung, verbunden mit traditionell antisemitischen Prägungen, führte dazu, daß die evangelisch-lutherische Kirche – abgesehen von den wenigen, die Widerstand leisteten – gegenüber dem nationalsozialistischen Massenmord am jüdischen Volk versagte. Dies traf gleichermaßen für den Katholizismus zu, dessen Obrigkeit mit Papst Pius XII. an der Spitze sich dem Dritten Reich gegenüber »peinlichster« (im doppelten Wortsinn) Neutralität befleißigte; so konnte sich der Papst zu keinem öffentlichen Eintreten für die Juden entschließen. Widerstand wagten die Kirchen vor allem dann, wenn eigene Interessen berührt waren, auch –

was positiv hervorzuheben ist – bei der von den Nationalsozialisten angeordneten Euthanasie, der Vernichtung »unwerten Lebens«.

Die Kirchen hatten nach Kriegsende allen Grund, Reue des Herzens (contritio cordis) zu zeigen, diese auch zu bekennen (confessio oris) und durch »Werke« das Versagen wiedergutzumachen (satisfactio operis). Anders als die katholische Kirche, die, was ihre eigene Rolle im Dritten Reich betraf, weitgehend schwieg, formulierte immerhin der Rat der Evangelischen Kirche in Deutschland (EKD) auf seiner 2. Tagung vom 18. bis 19. Oktober 1945 in Stuttgart eine »Schulderklärung«.

»Mit großem Schmerz sagen wir: Durch uns ist unendliches Leid über viele Völker und Länder gebracht worden. Was wir unseren Gemeinden oft bezeugt haben, das sprechen wir jetzt im Namen der ganzen Kirche aus: Wohl haben wir lange Jahre hindurch im Namen Jesu Christi gegen den Geist gekämpft, der im nationalsozialistischen Gewaltregiment seinen furchtbaren Ausdruck gefunden hat; aber wir klagen uns an, daß wir nicht mutiger bekannt, nicht treuer gebetet, nicht fröhlicher geglaubt und nicht brennender geliebt haben. Nun soll in unseren Kirchen ein neuer Anfang gemacht werden.«[229]

In ihrem Buch *Christen und Nationalsozialisten* kommen Georg Denzler und Volker Fabricius zu dem deprimierenden Ergebnis, daß das Stuttgarter »Schuldbekenntnis«, das wohl vor allem auch in Hinblick auf die bei dieser Tagung anwesenden Vertreter des Ökumenischen Rates der Kirchen entstanden und an die Adresse der Christen in aller Welt gerichtet war, von den Gemeinden nicht angenommen wurde. »Der Kirche gelang es nicht, die Notwendigkeit eines Schuldeingeständnisses zu vermitteln; eine Tatsache, die nicht in einer vermuteten Radikalität der Stuttgarter Erklärung eine angemessene Deutung erfährt, sondern darin begründet liegt, daß auf dem Hintergrund der ... allgemeinen Entwicklung in Deutschland diese Erklärung weithin nur als eine unzumutbare Provokation aufgenommen wurde. An solchen Reaktionen war dieses Schuldbekenntnis selbst nicht ganz unbeteiligt, weil die verbreitete Schuldverdrängung zwischen die Zeilen der Erklärung Eingang fand. Zwar bekannte man sich in Stuttgart dazu, nicht alles getan zu haben, was die Situation jeweils erfordert hätte. Gleichzeitig jedoch wurde mit vier negierten Komparativen (›nicht mutiger bekannt, nicht treuer gebetet, nicht fröhlicher geglaubt und nicht brennender geliebt‹) der Eindruck erweckt, das Geleistete sei mutig und tapfer gewesen.«[230]

Von katholischer Seite hatte Papst Pius XII. am 2. Juli 1945 den deutschen Katholiken ein »ehrenhaftes Zeugnis« für die »ungebrochene Opposition der Kirche gegen den Nationalsozialismus« ausgestellt. Am 23. August 1945 »freuten« sich die deutschen Bischöfe in einem Hirtenbrief, daß das »katholische Volk« sich »in so weitem Ausmaße von dem Götzendienst der brutalen Macht freigehalten« habe. »Wir freuen uns, daß so viele unseres Glaubens nie und nimmer ihre Knie vor Baal gebeugt haben. Wir freuen uns, daß diese gottlosen und unmenschlichen Lehren auch weit über den Kreis unserer katholischen Glaubensbürger hinaus abgelehnt wurden.«[231] Das war im nachhinein eine Beschönigung des Verhaltens, das der überwiegende Teil des Klerus im Dritten Reich an den Tag gelegt hatte.

Die »Offenen Briefe«, die der Theologe Karl Barth - 1935 seines Lehramtes an der Universität Bonn enthoben, am Widerstand gegen Hitler beteiligt - ab 1945 aus der Schweiz absandte, waren nicht zuletzt gegen die Heuchelei gerichtet, mit der die beiden Kirchen alle Schuld unter dem pastoral-dekorativen Mantel brüderlicher Nächstenliebe zu verbergen trachteten.[232] (So hatte der württembergische Landesbischof Theophil Wurm bereits einen Tag nach der bedingungslosen Kapitulation als Gebot der Stunde die Parole ausgegeben, nicht zu klagen und anzuklagen, sondern zu vergeben und zu helfen.)

Neben die theologische Radikalität in einer Welt ohne Transzendenz (credo, quia absurdum) trat der atheistische Existentialismus, der die Transzendenz der Immanenz entdeckte. Erst die Existenz setze die eigentliche Essenz; die Existenz gehe der Essenz voraus. Tradition, Glaube, Sitte seien keine vorgegebenen verläßlichen Strukturen, in denen man sich geborgen fühlen könne. Man war in diese Welt »geworfen«, auch in ihr »verworfen«; mußte sich dadurch zurechtfinden, daß man Verantwortung durch Entscheidung übernahm. Der Mensch - so Jean-Paul Sartre, der in der Trümmerzeit zunehmend Einfluß auf das deutsche Geistesleben ausübte - unterliege als handelndes Wesen in seinen Entschlüssen keinen bestimmten Notwendigkeiten. Was er ist, wird er erst durch die Art, wie er handelt.

Die Kunde von Sartre und seiner Philosophie blieb zunächst vage; noch im Juli 1947 stellte Julius Ebbinghaus, Professor der Philosophie in Marburg, fest, daß er Sartres Romane nicht habe auftreiben können. »Aber vielleicht gelingt es, die Besatzungsbehörden zu einer Lockerung der Büchersperre zu veranlassen, wenn wir ihnen vorstellen, wie gern wir wüßten, was für eine aufregende Literatur die Franzosen dadurch zuwege gebracht haben, daß sie einer in Dänemark erfundenen, in Deutschland systematisierten Philosophie den allzu tiefsinnigen Kopf abschlugen.« (Gemeint waren damit Kierkegaard, Jaspers und Heidegger.)[233]

Der von den Russen gegründete Berliner Theaterclub »Möwe« – die arrivierte Kunstwelt traf sich dort bei Bier, Wodka, Würstchen, Borschtsch – brachte Sartres 1942 entstandene existentialistische Orestie *Die Fliegen* heraus. Zur Premiere war der Dichter mit seiner Lebensgefährtin Simone de Beauvoir angereist.[234] In den Westzonen war das Stück zunächst wegen seinres aufrührerischen und »amoralischen« Gehalts verboten – bis Gustaf Gründgens es dann im September 1947 in Düsseldorf inszenieren konnte.
Orest hat den Mord an Stiefvater und Mutter vollzogen; während Elektra, der Mitwisserin, das Gewissen schlägt, steht Orest ganz zu seiner Tat. »Ich habe meine Tat getan, Elektra, und diese Tat war gut. Ich werde sie auf meinen Schultern tragen, wie ein Fährmann die Reisenden durchs Wasser trägt. Ich werde sie ans andere Ufer bringen und darüber Rechenschaft geben. Und je schwerer sie zu tragen ist, um so mehr werde ich mich freuen, denn meine Freiheit, das ist diese Tat.«
Die Erinnyen, einst dunkle Mahner an göttliche Gerechtigkeit, gelten Sartre als Schar widerlicher Schmeißfliegen, welche die Stadt bedecken und zu einem Ort des Ekels machen.[235]

Karl Jaspers war, im Gegensatz zum französischen Philosophen, mit seiner Existenzphilosophie in der Trümmerwelt von Anfang an präsent. Daß man im Scheitern das eigentliche Sein ergreife, war Balsam für die Wunden derjenigen, die in der Stunde Null zunächst keine Hoffnung mehr gefaßt hatten. Er hatte aufgezeigt, daß die Menschen zwar beständig im Namen gewisser angeblich absoluter Forderungen zu handeln und zu denken vorgäben, daß aber das, was sie wirklich täten, dazu im krassen Widerspruch stünde. Sie redeten von Sittlichkeit und Recht, aber gerade in diesen Forderungen verberge sich die Unsittlichkeit und die Gewalt; sie verdammten wechselseitig ihre Meinungen im Namen irgendeiner Wahrheit, aber diese unerfüllbare Prätention von Wahrheit sei es, die alle zu Lügnern mache. Was sich unter dem Deckmantel der Objektivität breitmache, sei in Wirklichkeit die sich widerrechtlich aufblähende

Subjektivität selber, die eben dadurch die Subjektivität der anderen wie die eigene verletze. Demgegenüber hielt sich der existentielle Dialektiker an das Paradoxon, daß der Mensch nur im Verzicht auf jegliche Normativität seines Tuns die Norm für seine Existenz setze, in der er den Weg zu sich selbst und den anderen finden könne.

Auch die Philosophie Martin Heideggers wurde wiederentdeckt; sie begriff das Dasein des Menschen als Sorge; der Mensch verliere sich in den mannigfaltigen weltlichen Besorgungen und Besorgnissen. Die Angst erscheine als Grundbefindlichkeit, die die Verlorenheit in einer »unheimlichen« Welt offenbare. In seinem Buch *Holzwege* (erschienen 1949) gab Heidegger eine »Stimmung« wieder, die seit Nietzsche den deutschen Geist bestimmte, die Stimmung des Untergangs nämlich.[236]

Teile der akademischen Jugend empfanden Albert Camus' *Mythos von Sisyphos* als der eigenen Situation besonders entsprechend. Auch wenn der Text des Werkes (1943) nur in Auszügen verfügbar war, sein »absurdes Denken« war gewissermaßen osmotisch ins Trümmerjahrbewußtsein eingeflossen. Man war fasziniert von der Idee, daß Handeln zugleich sinnlos wie sinnvoll sein konnte. Es galt den Stein zu wälzen, ohne Chance, ihn nach oben zu bringen – und doch Glück zu empfinden. Wer sich zu aktivem Tun entschloß, gab seiner Existenz den Sinn, den ihr die Realität vorzuenthalten schien. *Der Mythos von Sisyphos* wurde zum Brevier einer Generation, die dem Druck des anonymen Schicksals dadurch zu entfliehen suchte, daß sie dieses als »eigenes« annahm. Denn darin bestehe die ganze verschwiegene Freude des Sisyphos: Sein Schicksal gehöre ihm, sein Fels sei seine Sache. Der absurde Mensch sage ja, und seine Mühsal habe kein Ende mehr.

»Ich verlasse Sisyphos am Fuße des Berges! Seine Last findet man immer wieder. Nur lehrt Sisyphos uns die größere Treue, die die Götter leugnet und die Steine wälzt. Auch er findet, daß alles gut ist. Der Kampf gegen Gipfel vermag ein Menschenherz auszufüllen. Wir müssen uns Sisyphos als einen glücklichen Menschen vorstellen.«[237]

Der philosophische Radikalismus wurde bald durch den von den westlichen Alliierten in Gang gebrachten deutschen Materialismus verdrängt. Der Mut zum Absurden wurde ersetzt durch einen geschärften Wirklichkeitssinn, der für das Praktisch-Handfeste sich entschied. An die Stelle von Existentialismus trat Konkretismus; die geistige Ernüchterung setzte Kräfte frei für die Entfaltung ungewöhnlicher Lebenstüchtigkeit. Die Vertikale der Innerlichkeit schlug um in die Horizontale eines expansiven Erfolgsstrebens, das sich mehr für die Preise als für die Werte interessierte. Als die vierziger Jahre zu Ende gingen, als die westdeutsche Gesellschaft mehr und mehr durch Wiederaufbauprozesse, Restauration und Konsolidierung wie Steigerung des Lebensstandards bestimmt war, fand sich eine Jugend ein, die eine tiefgreifende Sehnsucht nach Sicherheit bewegte; sie sah ihre wesentliche Aufgabe darin, die persönliche und private Welt des Alltags vom Materiellen her zu stabilisieren und in ihrer Lebensqualität auszubauen. Der Existentialismus, wie er in aufwühlender Weise die Sensibilisierten der Trümmergeneration bestimmt hatte, verkam zur Mode. Die Essenz wurde freilich weiterhin durch Existenz gesetzt: als Freiheit zum Konsumzwang, der das Sozialprestige bestimmte. Das Absurde, vom Kopf auf die Füße gestellt, lernte gehen, bewegte sich aus dem Gefilde der Sinnfragen in die Bezirke des Zweckhaften. Im Verdinglichten fanden die armen Seelen Ruh'.

Die Stimme des Exils

Aus politischer Sicht bedeutete Umerziehung zunächst einmal Rehabilitierung des verdrängten, verfemten, exilierten deutschen Geistes. Die vor allem linkssozialistischen, oft kommunistischen bzw. mit dem Kommunismus sympathisierenden Protagonisten der antifaschistischen Aufklärung standen im Gegensatz zum weitverbreiteten, im Innerlichkeitskult befangenen religiösen Mystizismus. Gesellschaftskritische Bücher wie die *Humanistische Front* (1946) von Walter A. Berendsohn, *Verboten und verbrannt* (1947) von Richard Drews und Alfred Kantorowicz, *Unter fremdem Himmel* (1948) von E. C. Weiskopf; die Aufsätze *Literatur der deutschen Emigranten* (1947) von Hans Mayer und *Deutsche Schriftsteller im Exil* (1948) von Kantorowicz sowie die Radiovorträge von Stephan Hermlin und die Redaktionsprogramme politisch-literarischer Zeitschriften wie *Der Ruf, Ost und West, Die Wandlung* und *Frankfurter Hefte* vertraten antirestaurative Programme der Neuordnung.[238]

Im Exil, so Alfred Döblin[239], wurde der deutschen Zustände unaufhörlich gedacht. »Die Auseinandersetzung riß nicht ab. In Romanen, Lyrik und Dramen, auch in Biographien wurden die Dinge drüben scharf reflektiert. Man schilderte sie teils direkt und kritisierte sie, teils in durchsichtigen historischen Parallelen. Wie gesagt: Nur wenige schlüpften abseits und flüchteten in mythische Wolken. Es starben und verkamen viele. Aber ich habe nicht den Eindruck, daß die Emigration die Autoren schwach und defätistisch machte.«[240] Die Außenliteratur habe ihre Autoren im allgemeinen frisch und kämpferisch-rüstig erhalten.

Wichtige Autoren der deutschen Exilliteratur waren:

Günther Anders
Johannes R. Becher
Bertolt Brecht
Hermann Broch
Max Brod
Ferdinand Bruckner
Martin Buber
Elias Canetti
Alfred Döblin
Albert Ehrenstein
Lion Feuchtwanger
Bruno Frank
Leonhard Frank
Stefan George
Oskar Maria Graf
Stephan Hermlin
Max Herrmann-Neiße
Stefan Heym
Fritz Hochwälder
Ödön von Horváth
Hans Henny Jahnn
Georg Kaiser
Alfred Kantorowicz
Hermann Kesten
Annette Kolb
Else Lasker-Schüler
Emil Ludwig
Heinrich Mann
Klaus Mann
Thomas Mann
Ludwig Marcuse
Peter de Mendelssohn
Robert Musil
Robert Neumann
Theodor Plivier
Alfred Polgar
Erich Maria Remarque
Joseph Roth
Nelly Sachs
René Schickele
Anna Seghers
Manès Sperber
Max Tau
Ernst Toller
Fritz von Unruh
Johannes Urzidil
Peter Weiss
Franz Werfel
Karl Wolfskehl
Carl Zuckmayer
Arnold Zweig
Stefan Zweig.[241]

Im Bereich des Theaters hatte sich während des Dritten Reiches das Zürcher Schauspielhaus als Bastion des freien Geistes, als Refugium der Schauspieler, Schauspielerinnen und Regisseure erwiesen, die Deutschland verlassen mußten. 1933 war die Arbeit dort noch ziemlich provinziell gewesen; man war hauptsächlich auf kassenfüllende Unterhaltung aus. Doch dann begriff man – unter der Leitung von Oskar Wälterlin (seit 1938) – die neue Aufgabe: nämlich dem Angriff der Barbarei auf Humanität und Kunst standzuhalten und geistigen Widerstand zu leisten.

Als der Krieg zu Ende war, erwies das Zürcher Schauspielhaus erneut seine zentrale Bedeutung. Nicht zu unterschätzen war zunächst die materielle Hilfe; am Tag, als die Kapitulation der deutschen Wehrmacht in Kraft trat, am 9. Mai 1945, organisierte Wolfgang Langhoff eine »Hilfsaktion für Deutschland«. Mitglieder des Ensembles schrieben für ihre deutschen Kollegen Dramen von Jean Giraudoux, Jean-Paul Sartre, Friedrich Wolf, Thornton Wilder, Ferdinand Bruckner ab; das Schauspielhaus wurde zur Auskunftei; man sammelte Kleider und Lebensmittel sowie Requisiten, Vorhangstoffe und Textbücher. Schon am 6. Mai hatte sich Leonhard Steckel »Notizen zum ideellen Neuaufbau des Theaterwesens im freien Deutschland« gemacht. Steckel hoffte, daß Verwaltung und Zensur der Besatzungsmächte erkennen würden, daß das Theater eine »gewichtige Stimme für den demokratischen Staatsgedanken zu sein vermag; dann wird sich in nicht ferner Zeit irgendwo zwischen den Trümmern der deutschen Städte der Vorhang heben, und ein Festspiel wird eine neue, freiheitliche Spielzeit eröffnen«.[242] Da half es sehr, daß Zürich einen umfangreichen Einblick in die zeitgenössische Dramenliteratur bot; auch war eine ganze Reihe in Deutschland verbotener Autoren wie Kaiser, Bruckner, Wolf, Brecht, Werfel, Hasenclever, Bruno Frank, Horváth in Zürich gezeigt worden; dort fand schließlich die für die Weiterentwicklung des Dramas so wichtige Berührung zwischen Max Frisch, Friedrich Dürrenmatt und dem epischen Theater Brechts sowie dem Parabelstil Thornton Wilders und John Steinbecks statt. Eine andere Entwicklungslinie zog sich von Zürich zum späteren Berliner Ensemble Brechts und zum *Deutschen Theater* in Ost-Berlin.

Bert Brecht, Jean Giraudoux, Carl Zuckmayer, Thornton Wilder, Ferdinand Bruckner wurden am Zürcher Schauspielhaus uraufgeführt oder zum ersten Mal in deutscher Sprache gegeben. Kurt Hirschfeld, Dramaturg und Regis-

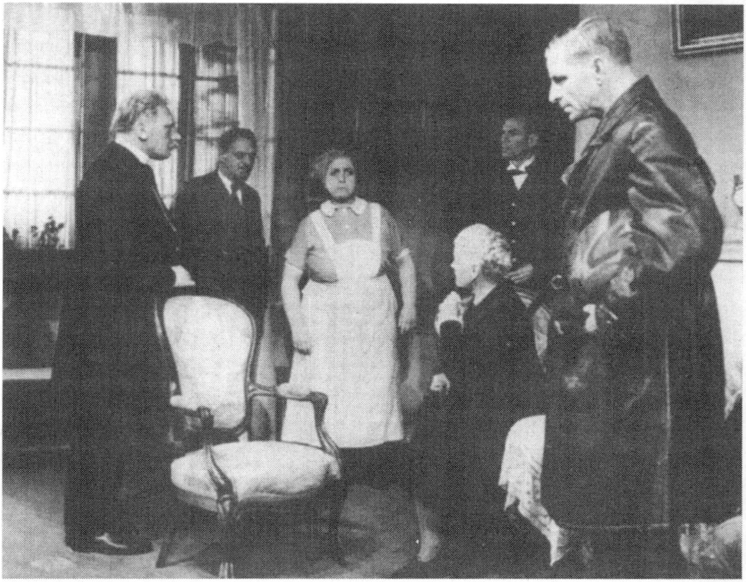

John Steinbeck: *Der Mond ging unter.* Aufführung am Schauspielhaus Zürich mit Therese Giehse (3. v. l) und Wolfgang Langhoff (ganz rechts).

seur, ließ einen besonderen Spürsinn für brennende Tagesfragen und moderne Autoren erkennen. Es entstand ein Ensemble von hohem schauspielerischen Niveau; ihm gehörten u. a. an: Maria Becker, Therese Giehse, Ernst Ginsberg, Emil Stöhr, Wolfgang Heinz, Kurt Horwitz, Wolfgang Langhoff, Karl Paryla. Neben Wälterlins eigenen Inszenierungen waren es vor allem Leonhard Steckel und Leopold Lindtberg, die – unterstützt durch den Bühnenbildner Theo Otto – den besonderen Stil des Hauses prägten; im Mittelpunkt stand der Mensch der Zeit in seinen zahllosen Verwandlungen, Nöten, Anfechtungen, in seinem falschen Glanz und dem verdienten Elend.
Max Frisch war von Kurt Hirschfeld ermuntert worden, für das Theater zu schreiben. Der »Versuch eines Requiems« *Nun singen sie wieder* wurde Ostern 1945, die Romanze *Santa Cruz* 1946 aufgeführt; im gleichen Jahr entstand nach einer Reise durchs zerstörte Deutschland *Die chinesische Mauer* als

Warnung vor dem kollektiven Selbstmord (»die Sintflut ist herstellbar«). Drei Jahre danach folgte das Schauspiel *Als der Krieg zu Ende war.* Von Dürrenmatt war das Wiedertäufer-Drama *Es steht geschrieben* in der Inszenierung von Kurt Horwitz 1947 gespielt worden, 1949 kam die »historische Komödie« *Romulus der Große* heraus (insgesamt jedoch mußte sich Dürrenmatt außerhalb seines Landes durchsetzen).[243]

Die Repräsentanten deutscher Kultur, die im Ausland die nationalsozialistische Barbarei überstanden hatten, vermochten freilich oft nur indirekt – zum Beispiel über Zeitschriften und Zeitungen (vor allem über die von den Amerikanern herausgegebene *Neue Zeitung* und die ebenfalls von ihnen inspirierte und subventionierte Zeitschrift Der *Monat)* – auf den geistigen Wiederaufbau Einfluß zu nehmen. Zudem war bei einer größeren Anzahl der Verfemten die Rehabilitierung schwierig: »Eine Reihe von ihnen war inzwischen gestorben, andere galten als verschollen. Ja selbst ihre Werke, welche die Kunstbeauftragten des Dritten Reichs systematisch ›ausgesäubert‹ hatten, ließen sich nur in Ausnahmefällen erneut zugänglich machen.« (Jost Hermand)[244] Dazu kam, daß die an sich exilfreundliche Kulturpolitik der Westalliierten keineswegs die »leibhaftige« Rückkehr der Künstler nach Deutschland zu fördern bereit war; man befürchtete wohl, daß diese, mit der Autorität der Emigration ausgestattet, die strikt angelegte Reedukation-Politik stören könnten. Nach Deutschland hätten viele der Emigranten gern zurückkommen wollen, bemerkt Hans Albert Walter, der wohl beste Kenner der Exilliteratur; sie durften aber nicht, weil die westlichen Siegermächte zunächst kein Interesse daran hatten. Zudem gab es innere und äußere Vorbehalte, nach Deutschland zurückzukehren: Einige der Exilierten zögerten, bei fortgeschrittenem Alter sich wieder eine neue Existenz in einem zerstörten Europa aufbauen zu müssen. Andere Exilierte hatten familiäre Bindungen im Ausland entwickelt; ihre Kinder wuchsen in England, in den USA oder wo auch immer auf, waren dort integriert. Eine Rückkehr nach Europa hätte bedeutet, diese Kinder und Jugendlichen ein zweites Mal zu entwurzeln und sie in eine ungewisse Zukunft zu führen. Ganz wesentlich und quantitativ viel wichtiger als solche privaten Motive war das politische Zögern, in ein Land zurückzukehren, dessen Bevölkerung entgegen der Hoffnungen der Exilierten mehrheitlich auf der Naziseite gestanden hatte.[245]

Der Exodus im Dritten Reich betraf alle Bereiche der Kultur, so z. B.

Verleger
G. B. Fischer
Jakob Hegner
Rudolf Ullstein

Maler, darunter
Josef Albers
Max Beckmann
Lyonel Feininger
George Grosz
Paul Klee
Oskar Kokoschka
Wassily Kandinsky
Hans Purrmann
Kurt Schwitters

Architekten, darunter
Walter Gropius
Ernst May
Erich Mendelsohn
Ludwig Mies van der Rohe
Bruno Taut

Komponisten, darunter
Hanns Eisler
Paul Hindemith
Arnold Schönberg
Kurt Weill

Dirigenten, darunter
Erich Kleiber
Otto Klemperer
Bruno Walter

Unter den Emigranten im Bereich der **darstellenden Kunst** befand sich der größte Teil der Protagonisten, die dem deutschsprachigen Theater der zwanziger Jahre Weltruf eingetragen hatten:

Regisseure, darunter
Leopold Jessner
Fritz Kortner
Fritz Lang
Leopold Lindtberg
Erwin Piscator
Max Reinhardt
Leonhard Steckel
George Tabori
Berthold Viertel

Schauspielerinnen und Schauspieler, darunter

Albert Bassermann
Elisabeth Bergner
Ernst Busch
Marlene Dietrich
Ernst Deutsch
Tilla Durieux
Lotte Lenya
Peter Lorre
Grete Mosheim
Carola Neher
Max Pallenberg

Unter den über 6000 ausgewanderten **Naturwissenschaftlern, Mathematikern und Medizinern** waren einige der berühmtesten des 20. Jahrhunderts und allein 24 Nobelpreisträger, etwa

Max Born
Albert Einstein
Fritz Haber
Lise Meitner
Erwin Schrödinger
Richard Willstätter

dazu die **Juristen** und **Staatsrechtler,** wie etwa
Ernst Fraenkel
Robert M. Kempner
Otto Kirchheimer
Gerhard Leipold
Werner von Simson
Hugo Sinzheimer
Hans Kelsen

Sozialökonomen wie
Fritz Baade
Franz Oppenheimer
Wilhelm Röpke
Joseph Schumpeter

Sozialwissenschaftler wie
Norbert Elias
Theodor Geiger
René König
Siegfried Kracauer
Karl Mannheim
Helmut Plessner
Friedrich Pollock
Alfons Silbermann

die **Psychologen** und **Psychiater**
Bruno Bettelheim
Erik Erikson
Erich Fromm
Karin Horney
Otto Rank
Wilhelm Reich
Theodor Reick

die **Pädagogen**
Fritz Borinski
Kurt Hahn
Heinrich Rodenstein
Saul P. Robinsohn

außerdem zahlreiche **Philosophen,** darunter
Theodor W. Adorno
Günther Anders
Hannah Arendt
Ernst Bloch
Hans Cassirer
Max Horkheimer
Hans Jonas
Rudolf Carnap
Helmut Kuhn
Theodor Lessing
Karl Löwith
Herbert Marcuse
Ludwig Marcuse
Karl R. Popper
Ulrich Sonnemann[246]

Die Russen verhielten sich, soweit es sich um kommunistische oder linkssozialistische Autoren handelte, anders; diese wurden von Anfang an für den Wiederaufbau der Besatzungszone herangezogen. Gern gesehen waren auch die in den Osten kommenden Westemigranten, selbst wenn man ihnen ein Stück weit mißtraute; zum Teil wurden ehemalige Westemigranten, die leitende Funktionen in allen öffentlichen Bereichen übernommen hatten, im Zuge der stalinistischen Säuberungen 1950 bis 1951 als imperialistische Spione denunziert und verfolgt.[247]

Schwarze, graue und weisse Listen

Die alliierten Militärbehörden stützten sich bei ihren kulturellen Umerziehungsbemühungen - gesteuert bei den Amerikanern von der Information Control Division, bei den Engländern von der Theatre and Music Section, bei den Franzosen von der Section Théatre et Musique und bei den Russen von den Kulturabteilungen der Sowjetischen Militäradministration - auf »Kulturimporte«, die, in »vorsichtiger« Auswahl, für die Deutschen das Fenster zur Welt wieder öffnen sollten; dem dienten auch die jeweiligen Kulturhäuser: Amerika-Haus (im Januar 1947 bereits 127 Einrichtungen und 136 Reading Rooms[248]); British Centre (»Die Brücke«); Centre Culturel; Haus der Kultur der Sowjetunion; vermittelt wurde der Geist des Antifaschismus, Humanismus, der Demokratie - mit unterschiedlicher Akzentuierung, vor allem durch Veranstaltungen, Seminare und die Bereitstellung von Informationsmaterial (Bücher, Zeitschriften, Broschüren).

Die Alliierten kamen mit eigenen Reformprogrammen, bauten aber auch auf die Mitwirkung der deutschen kulturellen Szene, die in der Tat sehr rasch wieder »dabei« sein wollte - entsprechende »Umorientierung« vornahm und darauf drängte (in Anknüpfung an das Kulturleben der Weimarer Republik), unter dem Protektorat der Alliierten tätig zu werden. Die Besatzungsbehörden brauchten sich also über Mangel an Zulauf nicht zu beklagen.

Erich Kästner berichtete aus München – er war mit einem amerikanischen Jeep aus seinem Refugium in Mayrhofen/Tirol abgeholt, in die bayerische

Landeshauptstadt transportiert und dort als Feuilletonchef der *Neuen Zeitung* eingesetzt worden –, daß es hier nur so von deutschen Schauspielern, Regisseuren, Journalisten und Filmleuten wimmle. »Man will Auskunft. Man sucht Anschluß. Man hat Pläne. Man fällt alten Kollegen vor Wiedersehensfreude um den Hals. Man wohnt noch auf dem Lande. Man will nach München ziehen. Wer erteilt die Genehmigung? Wird Falckenberg die Kammerspiele behalten? Womit wird er eröffnen? Mit Thornton Wilders *Our Town*? Wann? Erst im September?« Kästner trifft Wolfgang Koeppen und später, im Hof der Kammerspiele, Rudi Schündler und Arthur Maria Rabenalt. Die beiden wollen hier am Theater, mit Genehmigung der Stadt, ein Kabarettprogramm starten. Sie probieren schon; sind Feuer und Flamme. Vorgesehen sind Texte von Villon, Ringelnatz und Baudelaire, Blackouts, Tanzszenen, hübsche Mädchen (hübsche Mädchen seien weniger rar als gute Texte, und Chansons fehlten ihnen völlig). »Mich schicke der Himmel. Ich müsse mitmachen. Daß ich nichts Neues geschrieben hätte, sei bedauerlich, aber reparabel. Sie würden mir ein paar Tage Zeit lassen.«[249]

Die Prüfung politischer Zuverlässigkeit erfolgte mit Hilfe von Listen bzw. aufgrund von Prüfungsverfahren (unter Konsultation verläßlicher, manchmal auch zwielichtiger Vertreter der inneren Emigration). Im Oktober 1945 gab die Leitung des amerikanischen Nachrichtenkontrollamtes bekannt, daß sie eine Liste mit den Namen von 1440 Deutschen zusammengestellt habe, die die Möglichkeit ihrer Betätigung auf irgendeinem Gebiet des Kulturwesens im amerikanischen Gebiet festlege. Die »schwarzen«, »grauen« und »weißen Listen« würden eine Beurteilungsgrundlage bilden, nach der Deutsche, die eine Stellung bei der Presse, beim Film, Theater oder Konzertwesen suchten, zugelassen werden könnten.[250] Unter den Prominenten der »schwarzen Liste« befanden sich der Pianist Prof. Gieseking, die Dirigenten Hans Knappertsbusch und Wilhelm Furtwängler, der Filmstar Emil Jannings, die Schriftsteller Ernst Jünger und Friedrich Sieburg.

Gustaf Gründgens, dem die Nationalsozialisten als Intendant des Berliner Staatstheaters den Titel »Staatsrat« verliehen hatten und der nach 1945 mehrfach verhaftet wurde, schrieb 1946 in einem Aufsatz zur »Soziologie des deutschen Schauspielers«, daß dieser in seiner Gesamtheit politisch uninteressiert gewesen sei. »Im Vordergrund hat für den Schauspieler die Kunst gestanden oder besser gesagt, die gute Rolle, die interessante schauspielerische Aufgabe. Diesen Mangel an politischer Erziehung teilt der deutsche Schauspieler mit dem gesamten deutschen Volk ... Der Nationalsozialismus, der eine Lehre der Oberfläche war und nur mit Massenpsychose gearbeitet hat, ging ja nicht – wenigstens für die meisten Menschen bewußt nicht – in die Tiefe, und so kommt das für den Betrachter von außen verwunderliche Bild zustande, daß sich die Schauspieler, die in den letzten 12 Jahren Theater gespielt haben, zum großen Teil nie vom Nationalsozialismus getroffen fühlten und sich auch mit seinen Schandtaten nicht identifiziert haben. Folglich erkennen sie zwar das, was man Kollektivschuld der Deutschen nennt, resigniert auch für sich an, ohne sich einer Einzelschuld bewußt zu sein.«[251]

Wie in den politischen und gesellschaftlichen Bereichen standen bei den Alliierten nach der Niederringung des Nazi-Regimes auf kulturpolitischem Gebiet zwei Aufgaben an vorderster Stelle: die Liquidierung der bestehenden nationalsozialistischen Organisation und der Neuaufbau einer demokratischen Ordnung, die sowohl Freiheit als auch Gerechtigkeit garantiere. In dem Willen, einen Rückfall der Deutschen in den Faschismus ein für allemal unmöglich zu machen, waren die Alliierten sich zu Anfang weitgehend darin einig, nur zuverlässige Personen mit Führungsaufgaben und aktiver Mitwirkung in den Kultureinrichtungen zu betrauen. »Als man jedoch zum Aufbau einer neuen Kultur überging und die höchst verschiedenartigen Kulturvorstellungen der jeweiligen Besatzungsmächte deutlich wurden, begannen die ersten Schwierigkeiten. Doch selbst diese Differenzen ließen sich anfangs kaschieren, da sich das Potsdamer Abkommen gegen alle zentralistischen Tendenzen ausgesprochen hatte und eine föderalistische Struktur Deutschlands begünstigte. Kulturpolitisch wohl am aktivsten traten in den ersten Jahren die USA und die UdSSR auf, während sich die Engländer und Franzosen eher zurückhielten, ja im Zuge der Zusammenlegung der westlichen Besatzungszonen auch auf diesem Gebiet die Führungsrolle zusehends den US-Amerikanern überließen.« (Jost Hermand)[252]

Kulturbund

Die insgesamt sehr genauen sowjetischen Vorstellungen von der künftigen Ordnung in Deutschland, unter besonderer Betonung eines deutschnationalen Kommunismus, bedeutete in Hinblick auf die Kulturpolitik in der SBZ, daß vorrangig deutsche Künstler an der Überwindung der nationalsozialistischen Ideologie mitwirken sollten, um den Eindruck einer Sowjetisierung deutscher Kultur zu vermeiden. Während in den Westzonen Künstler durch Entnazifizierungskommissionen streng geprüft wurden, boten die Sowjets jedem, der Rang und Namen hatte, weitgehend ohne Rücksicht auf seine Karriere im Dritten Reich, Engagement, Nahrungspakete, Wohnung, also ideelle und materielle Hilfe an (das traf z. B. für Paul Wegener, Horst Caspar, Gustaf Gründgens, Erich Ponto, Wilhelm Furtwängler, den die Amerikaner auf die »schwarze Liste« gesetzt hatten, und Aribert Wäscher zu).

»Die Besatzungsmacht und deutsche Kommunisten bemühten sich um einen breiten antifaschistisch-demokratischen Konsens auf der Grundlage des klassischen deutschen Humanismus.«[253]

Verwirklicht wurde die sowjetrussische Kulturpolitik mit Hilfe von Kulturoffizieren – tätig in der Abteilung »Informationsverwaltung der sowjetischen Militäradministration in Deutschland«, anfänglich »Abteilung für Propaganda« genannt; diese, der deutschen Kultur sehr nahestehenden und höchst kompetenten Persönlichkeiten (man nannte sie die »Leningrader Fraktion« – in Hinblick auf Leningrad als Rußlands herausragender westlichen Stadt) dachten weniger an eine sozialistische Gesellschaftsform in Deutschland als an eine universale geistige Erneuerung. Auf kulturellem Gebiet, so formulierte es Sergej Tulpanow, der Leiter der Kulturabteilung, »sehe ich unser Verdienst darin, daß wir dem deutschen Volk sowohl eine eigene progressive Kultur als auch die der ganzen Welt wieder zu erschließen oder – was die bürgerlich-humanistische und vor allem die sozialistische Literatur der Zeit zwischen 1930 und 1945 angeht – überhaupt kennenzulernen halfen.«[254]

In ganz besonderer Weise förderte die humanistische Erneuerung Deutschlands der Ende Juni auf Antrag des Dichters Johannes R. Becher von der sowjetischen Militärkommandantur in Berlin genehmigte »Kulturbund zur demokratischen Erneuerung Deutschlands«; (Becher hatte

1933 Deutschland verlassen und in der Tschechoslowakei, Frankreich und von 1935 bis 1945 in der Sowjetunion gelebt).

Diese »Vereinigung der deutschen Intelligenz« in allen Zonen war von der Überzeugung geleitet, daß die deutsche Kultur nicht erschüttert worden sei und jeden bei seiner Arbeit zu stützen vermöge. Das Manifest des Kulturbundes sei, so Heinrich Mann, erfüllt von einem Geist, der an der alten Größe Deutschlands niemals gezweifelt, niemals nachgelassen habe, sie zu grüßen. Becher als erstem Präsidenten gelang es - in Absprache mit den sowjetischen Kulturoffizieren -, »die wohldurchdachte Konzeption für den Umgang mit den bürgerlichen deutschen Künstlern und Gelehrten in eine zunächst recht erfolgreiche Praxis umzusetzen«.[255] Das Schild »Überparteilichkeit« sei, so Manfred Jäger, den traditionellen deutschen Vorstellungen vom Wesen der Kultur entgegengekommen; der Schlüsselbegriff »Erneuerung« meinte zum einen die Wiedergewinnung bewährter Traditionen, also die Wiederherstellung einer humanistischen Grundsubstanz; zum anderen zielte er auf Neues, etwa auf die Überwindung des Widerspruchs zwischen Geist und Macht.[256]

Bei der ersten öffentlichen Kundgebung des Kulturbundes am 3. Juli 1945 im großen Sendesaal des Berliner Rundfunkhauses waren etwa 1500 Berliner und Berlinerinnen (vor allem Bewohner aus den westlichen Bezirken) gekommen; die Berliner Philharmoniker spielten Beethovens Egmont-Ouvertüre; das verabschiedete Manifest sprach von der »großen deutschen Kultur«, die als »Stolz unseres Vaterlandes« wiedererweckt werden solle. Dazu müsse das deutsche Volk von allem reaktionären Unrat seiner Geschichte befreit und ihm die Möglichkeit gegeben werden, in die Gemeinschaft der Völker zurückzukehren. Es gälte, die besten Deutschen aller Berufe und Schichten in dieser schweren Notzeit deutscher Geschichte zu sammeln, um eine deutsche Erneuerungsbewegung zu schaffen und auch auf geistig-kulturellem Gebiet ein neues, sauberes, anständiges Leben aufzubauen. Ein kritischer Tenor – expressiv formuliert – bestimmte lediglich die Rede des Schriftstellers Bernhard Kellermann: Der Kulturbund werde alle, die für die deutsche Fehlentwicklung verantwortlich seien, zu finden wissen, Dichter, Publizisten, Beamte, hohe Offiziere, Generäle, Bankiers oder allmächtige Industrielle. »Er wird euch an der Brust packen und die fürchterliche Frage ins Gesicht schreien: Warum habt ihr Deutschlands Ehre in den Schmutz getreten? Warum? Warum?

Antwortet. Und seid verflucht.« Demgegenüber forderte Paul Wegener dazu auf, den »Geist Goethes wiederzubringen«.[257]

Hans Mayer (von 1935 bis 1945 im Exil in Frankreich und in der Schweiz, dann bei Radio Frankfurt, von 1958 bis 1963 Professor für Literaturgeschichte in Leipzig) hat in seinem Buch *Die umerzogene Literatur* darauf hingewiesen, daß vor allem zwei deutsche Schriftsteller – in München und in dem vorerst noch allein von den Russen besetzten Berlin – »inmitten eines terminologischen Kauderwelschs von Reedukation und Demokratischer Erneuerung Deutschlands die Arbeitsgrundlagen geliefert haben für ein literarisches Leben in Deutschland«: und zwar Erich Kästner und Johannes R. Becher. Diese beiden hätten dafür gesorgt, daß das literarische Leben in den ersten Jahren nach 1945, also bis in die Zeit des Kalten Krieges hinein, gemeinsam für die Deutschen in den vier Besatzungszonen geblieben sei. »Kästners Feuilleton in der *Neuen Zeitung* wurde allenthalben gelesen und reflektiert: von Schwerin bis Lörrach. Der von Johannes R. Becher begründete ›Kulturbund zur demokratischen Erneuerung Deutschlands‹ konnte in jeder Ortschaft aller vier Besatzungszonen eine Dependence unterhalten. Das Prinzip der Sammlung aller ›aufbauwilligen Kräfte‹, wie man damals formulierte, hatte Priorität.«[258]

War der Kulturbund auch insofern konservativ-gesamtdeutsch, als er sich nicht vom pathetisch-affirmativen Sprachmuster und Kulturritual lösen wollte, so stellte er sich doch inhaltlich wie keine andere kulturelle Institution auf die Seite engagierter Kunst. Echtes Kulturleben, so das Gründungsmitglied Hans-Georg Gadamer (damals Rektor der Universität Leipzig) bedeute, daß man sich nicht mit der Kultur als einer bloßen Welt der Bildung zufriedengeben dürfe, daß Kunst, Wissenschaft, alle Gestaltung unseres sozialen Selbstbewußtseins nicht mehr gedacht werden dürfe in der Form der Erlösung von dem Druck der Wirklichkeit, »sondern als Ausdruck und Erhöhung dieser Wirklichkeit selbst«.[259]

»Bei den Vorbereitungen des Kulturbundes in Frankfurt am Main beteiligten sich neben den Herausgebern der *Frankfurter Rundschau* der damalige Kommunist und spätere Sozialdemokrat Leo Bauer, der Germanist Ernst Beutler und der katholische Publizist und nunmehrige Mitherausgeber der *Frankfurter Hefte,* Walter Dirks. Johannes R. Becher reiste in Deutschland umher. Er war glücklich, seine Vaterstadt München wiedersehen zu können. In Oberbayern besuchte er Ernst Wiechert auf dessen Bauernhof. Der von Becher gleichfalls gegründete Aufbau-Verlag in Berlin publizierte bald darauf Wiecherts Buchenwald-Erzählung *Der Totenwald*. Bei der Gründung des Kulturbundes in Stuttgart hielt Becher das einleitende Referat. Leiter der Veranstaltung war Theodor Heuss, der spätere erste Präsident der Bundesrepublik Deutschland.«[260]

Unter den Bedingungen des Kalten Krieges sei der Kulturbund im Westen vor allem von den Amerikanern abgewürgt worden – so Frank Trommler.[261] Das übersieht freilich – die Öffnung der sowjetrussischen Archive ermöglicht diese neuere Einsicht –, daß der Kulturbund von den führenden Kommunisten von vornherein als »trojanisches Pferd« gedacht war. Walter Ulbricht hatte mit Stalin selbst dessen Gründung besprochen; die beabsichtigte Camouflage sollte kritische Einwände mit Hilfe einer Solidarisierungsstrategie ausschalten. »Dieser Kulturbund soll eine breite Massenorganisation sein, die nicht parteipolitisch abgestempelt ist. Wir haben also kein Interesse daran, wenn irgendwo ein solcher Kulturbund sich unter einem klar kommunistischen Firmenschild aufmacht. Damit ist uns gar nicht gedient … Der Kulturbund hat offiziell direkt mit der kommunistischen Partei nichts gemeinsam …«[262]

Kommunistische Kulturpolitik

Die erste zentrale Kulturtagung veranstaltete die Kommunistische Partei Deutschlands vom 3. bis 5. Februar 1946. Die Reden von Wilhelm Pieck, Vorsitzender der KPD, und Anton Ackermann, Mitglied des Zentralkomitees der KPD, betonten im Geiste des Kulturbundes, also unter Anwendung eines sehr weiten Kulturbegriffs, die Notwendigkeit der freien Entfaltung wissenschaftlicher Forschung und künstlerischen Schaffens im Interesse des Volkes, die Unterstützung aller, die zur demokratischen Erneuerung beizutragen gewillt seien, Brechung des Bildungsmonopols der besitzenden Klassen, Erschließung aller Bildungsmöglichkeiten für das gesamte Volk und Veränderung der Bildungsinhalte im Rahmen einer demokratischen Schulreform. Doch konnte man den »Nebentönen« der

Der Dichter Jewgeni Dolmatowski spricht zu russischen Soldaten, Berlin, 2. Mai 1945.

Reden bereits entnehmen, daß die KPD eine hegemoniale Kultur anstrebte.[263] Dies wurde dann bei der ersten Kulturtagung der SED im Mai 1948 deutlich; sie ging von der Verschärfung der Klassenauseinandersetzung aus und setzte sich dezidiert mit der »bürgerlichen Ideologie« auseinander.

»Otto Grotewohl hielt das Hauptreferat ›Die geistige Situation der Gegenwart und der Marxismus‹. Er ging auf die wirtschaftlichen Grundlagen und die geistigen Wurzeln der faschistischen Ideologie ein, insbesondere auf die Rassenlehre, Nietzsches Herrenmoral und Spenglers *Untergang des Abendlandes*. Als Kriterium für den Wert einer Geisteshaltung bezeichnete er ihre Beziehung zu der geschichtlichen Wirklichkeit und damit zu den realen Kräften, die das Leben des Volkes gestalten. Otto Grotewohl wandte sich gegen den Existentialismus, weil dieser jede soziale Bindung ablehne und damit gewollt oder ungewollt zu Nietzsche zurückführe. Auf dem Kulturtag ging es also nicht mehr nur um eine Abrechnung mit der faschistischen Ideologie, sondern auch und vor allem um die nun dominierend gewordenen Strömungen der bürgerlichen Ideologie.«[264]

Auch die Kulturpolitik der sowjetischen Militäradministration bekannte zunehmend (rote) Farbe; vor allem der Oberst Tulpanow unterstellte Leiter der Kulturabteilung, Major Dymschitz, forcierte die von Andrej Shdanow schon seit 1946 in der Sowjetunion in Gang gesetzte Kampagne gegen Formalismus, Modernismus und Dekadenz. Walter Ulbrichts Losung aus dem Jahre 1945 bedurfte nun keiner besonderen Verschleierung mehr: »Es ist doch ganz klar. Es muß demokratisch aussehen, aber wir müssen alles in der Hand haben.«[265]

Die alliierte kulturelle Umerziehungspolitik hatte in den Großstädten, obwohl diese häufig zerstört waren, ihren besonderen Resonanzboden. Die eingesetzten Verwaltungen räumten ihr - bestimmt durch alliierte Weisungen - einen hohen Stellenwert ein; das entsprach auch dem Bedürfnis weiter Bevölkerungskreise, denen Kultur »Lebenssinn« vermittelte. Freilich gingen die Entwicklungen in Ost und West, was die Bedeutung der Kommunen für das Kulturleben wie überhaupt betraf, bald auseinander, da in der SBZ der SED-Dirigismus den Gemeinden keine größere Selbständigkeit zubilligte und sie so von zentralen Weisungen, Programmen und Subventionen abhängig machte. Im Westen jedoch wurde Kulturpolitik zu einem wesentlichen Bestandteil kommunaler Zuständigkeit wie Eigenständigkeit - mit profilierten Kulturbeauftragten bzw. Kulturstadträten.

In Dresden – herausragendes Beispiel für die erste Phase des kommunalen kulturellen Wiederaufbaus in der SBZ, als die Gemeinden noch über größeren Spielraum für Eigeninitiativen verfügen konnten – gab der zuständige Kulturoffizier der sowjetischen Militäradministration gegenüber der KPD-Zentrale die Losung aus, daß Hunger und Zerstörung nur zu überwinden seien, wenn man genügend Wissen habe und die moralische Kraft besitze, nach eigenen Erkenntnissen zu handeln.

Im Juli 1945 stand Joseph Keilbert bereits wieder am Dirigentenpult der Staatsoper Dresden; im August trat der »Kreuzchor« zum ersten Mal nach Kriegsende auf. Das Schauspiel eröffnete im Juli mit Lessings *Nathan der Weise;* Erich Ponto spielte die Titelrolle; gepriesen wurde die »wahrhaft geniale Einfachheit der Bühnenbilder«.

Als freilich (am 27. Januar 1950) die als außergewöhnlich eingestufte deutsche Erstaufführung von Carl Orffs *Antigone* stattfand, entfachte die SED im Sinne Shdanows eine Kampagne gegen den hier erkennbaren »Formalismus«; Ensemble und Leitungsteam brachen auseinander. Es zeigte sich, daß die Zerstörung Dresdens die ruhmreiche Dresdner Staatsoper weitaus weniger belastet hatte als die Kulturdogmen des neuen Staates samt ihren Folgen.[266]

Auf Goethe hoffend

Ob zentrale oder lokale Kultur, ob Kultur in der sowjetisch besetzten Zone oder in den Westzonen: Die kulturelle Umerziehung orientierte sich in ganz besonderem Maße am »Erbe« und hier wiederum an den deutschen Klassikern (allen voran am »Humanisten Goethe« – den Frankfurter Goethepreis erhielt 1946 Hermann Hesse).

»Nie, auch in den dunkelsten Jahren nicht, haben die Stimmen der Weisheit und der Güte, die Stimmen der Liebe und der Geduld aufgehört zu rufen. Goethe – wir hören es wohl – ist eine der Hauptstimmen in diesem Bereich ... Wen ruft diese Stimme? Die Menschheit. Ihr Volk. Das Volk ihrer Sprache.« (Albrecht Goes)[267]

Das Jahr 1949 bot mit der zweihundertsten Wiederkehr von Goethes Geburtstag die Chance, der Welt das »eigentliche«, das andere, das eigentlich ganz andere innere Deutschland zu präsentieren. Zum ersten Male nach dem Krieg wurden in großem Maßstab kulturpolitische Möglichkeiten auch kulturtouristisch genutzt, Klassik und Kommerz amalgiert: »Goethe's Germany invites you!« Goethe sollte mithelfen, Deutschland in die friedliche Gemeinschaft der Kulturnationen zurückzuführen.

Nach sechzehn Jahren betrat Thomas Mann wieder deutschen Boden. Seine Ansprache im Goethe-Jahr hielt er in Frankfurt, wo er auch mit dem Frankfurter Goethe-Preis geehrt wurde, und in Weimar – um das Verbindende zwischen beiden deutschen Staaten zu unterstreichen. »Das ›gute Deutschland‹, das ist die Kraft, gesegnet durchs Musische, gesittete Größe. So konnte ein Deutscher musterhaft werden, Vorbild und Vollender seines Volkes nicht nur, sondern der Menschheit, zu deren Selbst er sein Selbst erweiterte.«[268]

Thomas Manns Bereitschaft, in West und Ost Goethes zu gedenken – den Zustand weit fortgeschrittener Entfremdung zwischen den beiden Deutschen

Goethe-Zeichnung von Max Pechstein. 1949.

Staaten dadurch zu überwinden –, rief scharfe Kritik hervor. Der konservative Publizist Friedrich Sieburg meinte z. B., daß der Weg von Frankfurt nach Weimar zwar kurz sei, aber für den Dichter des *Doktor Faustus* zum Kreuzweg werde. »Thomas Mann hat kein Glück mit Deutschland, aber wer hätte das!«[269] Thomas Mann antwortete auf solche Proteste mit der Feststellung, daß der Besuch des alten Vaterlandes als Ganzem das Entscheidende sei – es ihm »unschön schiene, mich von der Bevölkerung der Ostzone fern zu halten, sie gewissermaßen links liegen zu lassen«.[270] Daraufhin forderte Eugen Kogon – in Hinblick auf die politische Unterdrückung in der sowjetisch besetzten Zone – den Dichter auf, sich zu realer Humanität zu bekennen und nicht nur an einer Humanität in abstracto festzuhalten.[271]

In der ostzonalen *Täglichen Rundschau* schrieb Wolfgang Harich: »Freche Mißbilligung und ›wohlgemeinte Ratschläge‹ seitens der Spalter Deutschlands haben Thomas Mann nicht in dem Entschluß beirren können, auch nach Weimar zu kommen. Er hat den von der Reaktion aus Lügen und Verleumdungen fabrizierten ›Eisernen Vorhang‹ durchbrochen, um durch seine Anwesenheit hier zu dokumentieren, daß er die Zonen und Zonengrenzen nicht anerkennen kann und will. Was aber findet Thomas Mann nun hier, in der neuen antifaschistisch-demokratischen Ordnung der Ostzone vor? Er findet ein in völliger Wandlung begriffenes, neues Deutschland, in dem der Faschismus mit der Wurzel ausgerottet ist. Er findet eine soziale Ordnung, deren

Struktur die reale Garantie gibt, daß – wenigstens in diesem Teil seines Heimatlandes – nie wieder die Mächte der Reaktion und des Krieges ihr Haupt erheben werden.«[272]

Trotz aller offiziellen Bemühungen, den Glanz der Goethe-Feierlichkeiten nicht zu trüben, wurde im Jubiläumsjahr in der Gelehrtenwelt um das rechte Goethe-Verständnis - unabhängig vom West-Ost-Problem - heftig gestritten. Karl Jaspers, der dabei ein »Stein des Anstoßes« wurde, hatte 1947, als er den Frankfurter Goethe-Preis erhielt, für eine *kritische* Aneignung Goethes plädiert; dieser sei nicht Vorbild zur Nachahmung; von Goethe gingen Gefahren aus, auch wenn er diesen selbst nicht erlegen sei.[273]

Ein Kulturbewußtsein, das vor und nach 1945 - einmal zur Fundierung des Rückzugs aus der Politik, dann zur ideellen Ausstaffierung demokratischen Engagements - sich mit Goethe und den Klassikern schmückte, war dadurch zutiefst getroffen. Ernst Robert Curtius, engagierter Verfechter einer abendländischen Identität, polemisierte gegen Karl Jaspers in der Schweizer Zeitung *Die Tat*; der Aufsatz des Bonner Romanisten wurde dann von der *Zeit* (28. April 1949) übernommen. »Wir stehen im Goethejahr. Wir beklagen im Namen aller, denen Goethe Höchstes bedeutet, daß ein Philosoph von internationaler Geltung das Ansehen des deutschen Geistes und der deutschen Philosophie durch eine zugleich subalterne und arrogante Zurechtweisung Goethes kompromittiert.«[274]

Das Goethe-Jahr sei endlich überstanden, kommentierte Jochen G. Leithäuser im *Monat* (Dezember-Heft 1949)[275]; es sei im ganzen genommen ein ungoethisch streiterfülltes Festjahr gewesen, in dem sich die großen Heerlager der politischen Weltanschauung gegenüber gestanden hätten. Als das wohl erfreulichste Zeichen einer wirklich echten Verbundenheit mit Goethe sei die Begeisterung zu werten, mit der die geplagte und geschundene Bevölkerung von Berlin zu den einzelnen Vorträgen eines Goethe-Zyklus geströmt sei; die Säle seien stets zu klein gewesen und wahre Schlachten wären um den Einlaß entbrannt.

Topos Berlin

Berlin war 1945 die Stadt gewesen, in der die alliierten kulturellen Umerziehungsbemühungen in ganz besonderer Weise, auch in gegenseitiger Konkurrenz, »Fuß gefaßt« und in Gang gesetzt worden waren.

So wie die Rote Armee der Eroberung Berlins einen hohen Symbolwert zugemessen hatte - sie erschien als die »Höhle des faschistischen Ungeheuers«[276] -, so wurde die frühere deutsche Hauptstadt nun nach Kriegsende zum Schwerpunkt der Kulturpolitik der sowjetrussischen Militärverwaltung, die zunächst, bis die Westalliierten Anfang Juli 1945 die ihnen zugeteilten Zonen übernahmen, für ganz Berlin zuständig war.

Am 14. Mai 1945 trafen sich auf Einladung des Generalobersten Nikolai Bersarin, der mit Befehl Nr. 1 vom 28. April den Betrieb von Kinos, Theater, Gaststätten und Restaurants bis 21 Uhr gestattet und sofort ein Büro für kulturelle Angelegenheiten eingerichtet hatte, Künstler und Intellektuelle Berlins unter der Leitung des Beauftragten des sowjetischen Militärkommandanten für das Kunstschaffen, Klemens Herzberg, in Friedrichsfelde, um den Wiederaufbau des Kulturlebens zu besprechen und eigene Vorstellungen vorzutragen. *Berlin kommt wieder* (Ein Schlager von Heino Gaze), Mittelpunkt des ersten Kabarett-Programms von Willi Schaeffer, dessen »Kabarett der Komiker« in der Nazi-Zeit hatte überstehen können, war ein Hit.

Am 6. Juni konstituierte sich die Kammer der Kunstschaffenden; zu ihrem Präsidenten wurde der 70jährige Schauspieler Paul Wegener und zum Sekretär der 24jährige Wolfgang Harich, der als eigentlich »graue Eminenz« die politische Kontrolle ausübte und das uneingeschränkte Vertrauen der Sowjets besaß, gewählt. Der zum Direktor der Hochschule für Bildende Künste ernannte Karl Hofer, der gemeinsam mit seinem Stellvertreter Heinrich Ehmsen daranging, dieses Institut zu (re)organisieren, wurde nachträglich in den Präsidialrat aufgenommen. Die von der Kammer organisierte erste große Kunstausstellung fand am 25. Juli statt: mit über 180 Werken von 52 in der Nazi-Zeit verfemten Künstlern; ab dem 21. Oktober 1945 konnte man eine Käthe-Kollwitz-Gedächtnisausstellung und ab dem 29. Dezember 1945 eine Ausstellung von Berliner Künstlern sehen. »Nach 12 Jahren« lautete der Titel einer Ausstellung, die der Bildhauer Hans Uhlmann als Leiter des Amtes für Volksbildung in Steglitz – ein Großteil der kulturellen Verantwortung war sehr bald von der Kammer an das Hauptamt Kunst des Magistrats an die in den Stadtbezirken gegründeten Kunstämter übergegangen – zusammengestellt hatte.[277]

Wer Berlin 1945 erlebte, meint Wolfgang Schivelbusch in seiner umfangreichen und gründlichen Rekonstruktion des geistigen Berlins 1945 bis 1948 *(Vor dem Vorhang)*, müsse sich wundern, wie schnell die Kultur dieser so schwer angeschlagenen Stadt ihre Sprache wiederfand. »Berlin ist nicht tot. In mancher Hinsicht ist es sogar lebendiger als Paris«, notierte im Juli 1945 der gerade mit der amerikanischen Armee eingetroffene ehemalige Berliner Literat Peter de Mendelssohn; er fühlte sich »durch die Atmosphäre künstlichen Amüsements und hektischer Fröhlichkeit inmitten von Tod und Trümmern sehr an die Inflationszeit« erinnert. Die Intellektuellen in den Kulturabteilungen der westlichen Militärverwaltungen hätten neben den materiellen Vorteilen, die sie genossen, genügend Grund gehabt, die Berliner Besatzungszeit als die »reichste, vielfältigste, spannendste« Phase ihres Lebens zu betrachten. Junge Männer, seltener Frauen, die am Anfang ihrer zivilen beruflichen Laufbahn standen und vielleicht nie über eine mittlere Position hinausgelangt wären, fanden sich nun in Leitungspositionen, von denen sie früher nur hätten träumen können. Statt als Redakteure waren sie als Zeitungsgründer tätig. Statt Buchmanuskripte zu lektorieren, vergaben sie Verlags-Lizenzen. 25jährige, die kaum Theatererfahrung besaßen, entschieden, ob Jürgen Fehling eine Theaterlizenz erhalten sollte.[278]

Dazu kam die Gruppe der nun mit den westlichen alliierten Streitkräften zurückkehrenden Emigranten. Viele von ihnen waren in Berlin geboren und aufgewachsen; im täglichen Umgang mit antifaschistischen deutschen Intellektuellen und aufgrund wiederangeknüpfter Kontakte zu Jugendfreunden und früheren Kollegen entwickelten sie Verständnis für die Überlebenden des Nationalsozialismus und Behutsamkeit bei deren Be- und Verurteilung. Zudem trugen der Berliner Geist (»Herz mit Schnauze«) und die in der ehemaligen Reichshauptstadt besonders ausgeprägte kulturelle Offenheit wie Neugier dazu bei, die Kreuzzugs-Mentalität abzubauen. Doch erlebten die Vertreter der weichen Linie, wie etwa der Film-Offizier Henry C. Alter – die »Falken« befanden sich vor allem in der von General Robert McClure geleiteten US-Information-Control-Section – manche Enttäuschung; so blieben die Kinos, von denen bis Anfang

1949 allein in der amerikanischen Zone Berlins 76 zugelassen worden waren, bei der Vorführung des KZ-Films *Todesmühlen* fast leer, während ansonsten die Bevölkerung sich um Kinoplätze bei der Vorführung der neuesten amerikanischen Produktionen geradezu riß. Hollywood, die geleisteten ideellen und materiellen Hilfen, vor allem aber die bei der sowjetischen Blockade Berlins (Juni 1948 bis Mai 1949) von den Amerikanern initiierte und zusammen mit den Briten eingerichtete Luftbrücke (277 264 Flüge mit 1,83 Millionen Tonnen Gütern) vollendeten die »Amerikanisierung« der westlichen Stadthälfte.

Kultureller Frühling erblühte gerade auch im russischen Sektor Berlins.[279] Die noch lange nachwirkende Panik, verursacht durch die russischen Plünderungen und Vergewaltigungen – sie zittere noch nach drei Jahren unter den Arbeitern, notierte Bert Brecht im Oktober 1948[280] –, wurde durch kulturelle Aufbruchstimmung überspielt. Orientiert an Stalins Leitspruch: »Die Hitler kommen und gehen, das deutsche Volk wird bleiben«, bekam die sowjetische Besatzungspolitik unerwartet freundliche, fast deutschfreundliche Akzente.[281]

Im Wetteifer um den kulturellen Wiederaufbau, vor allem in den Bereichen der bildenden Kunst, des Theaters, des Rundfunks, des Films, dominierten bis zur Teilung der Stadt die Russen, zumal sie in den zwei Monaten ihrer Alleinherrschaft die Fundamente gelegt und die Weichen für das künftige Geschehen gestellt hatten. Ein wichtiger Grund für den Erfolg ihrer Kulturpolitik waren die Liberalität und der Pragmatismus, mit denen sie vorgingen. Von ihrer Strategie des »opening up instead of restricting« sprach Peter de Mendelssohn; zudem legten sie großen Wert auf eine enge Zusammenarbeit mit der kommunistischen Intelligenz, sowohl auf der Ebene des Parteiapparats als auch was einzelne Persönlichkeiten betraf. »Da der aktivste Teil der Intelligenz in Berlin wie in ganz Westeuropa 1945 dem Kommunismus aufgeschlossen gegenüberstand, verfügten die Russen über einen Kreis hochqualifizierter Kollaborateure wie keine der anderen Besatzungsmächte.«[282]

Die Kulturpolitik der KPD und der ostzonalen SPD, später der SED, berücksichtigte mit Erfolg das weite Spektrum zwischen konservativ-bürgerlicher Hochkultur und revolutionär-proletarischer Agitation, mit dem gemeinsamen Nenner des Antifaschismus. »Von den Nazis zum Sterben verurteilt, wurde uns Kultur zur größten Lebenshilfe«, erinnert sich der 1929 geborene Manfred

Wekwerth, später Regieassistent und Regisseur in Bert Brechts Berliner Ensemble (das er dann von 1977 bis 1991 leitete). »Es war eine zweite Menschwerdung, die viele meiner Generation 1945 durchmachten. Dieses Erlebnis von der veränderten Macht der Kultur, wenn es um Überleben und mehr noch, wenn es um Leben geht, hat mich in meinem Glauben an die Vernunft sicherer gemacht.«[283]

Auch wenn die ursprüngliche pluralistische Offenheit ab 1946 zunehmend dogmatischer Enge geopfert wurde, konnte sich das in der unmittelbaren Nachkriegszeit etablierte Kulturleben halten – und zwar nicht nur, was die Nischen des diktatorischen Sozialismus betraf, sondern auch in seinen reformorientierten, Opposition wagenden »Kernbereichen«. Was damals geschah und besonders junge Menschen bewegte, meinte der Dichter Franz Fühmann (Jahrgang 1922, nach nationalsozialistischer Jugend und sowjetischer Gefangenschaft zunächst mit der SED sympathisierend), sei heute sicherlich schwer zu fassen.

»Ein Wiedergewinnen politischer Werte durch den Dennoch-Gebrauch des bis ins Verbrauchtsein Mißbrauchten, im Namen revolutionärer Erneuerung: ›Volk‹, ›Vaterland‹, ›Zukunft‹, ›Sinn des Lebens‹, ›Gemeinnutz‹, ›Opfermut‹, ›Glauben‹, ›Einsatz‹, ›Kampf‹, ›Hingabe‹ … Ihre Auferstehung geschah im Zeichen des Wahren … ›Wahr‹ – es wurde das wichtigste Wort jener Zeit.«[284] (Franz Fühmann)

Die kulturpolitische Situation in Berlin wie in der SBZ/DDR war in den ersten Jahren der Trümmerzeit ambivalent. »Während Hans Mayer in seinem Buch *Der Turm von Babel* davor warnt, die Anfänge der DDR von ihrem Ende her zu denunzieren – er schrieb von den Spuren des Prinzips Hoffnung, von einer deutschen Möglichkeit und Alternative zum Go West der anderen deutschen Hälfte, von einer Zeit, in der nichts entschieden war und die Geschichte offen schien –«, nannte Manfred Riedel, damals Schüler von Ernst Bloch in Leipzig, dies sei die »Sage vom guten Anfang«. Von vornherein sei der Antifaschismus eine Illusion und das propagierte humanistische Ideal fragwürdig gewesen.[285]

Insgesamt versuchten alle vier Alliierten, mit ihrer Kulturpolitik (»Schaufenster Berlin«) die eigene Bedeutung herauszustellen – in Kooperation mit den Deutschen. Diese wiederum konnten auf solche Weise – und das stärkte ihre Identität in schwieriger Zeit – erfahren, daß sie, wenn auch nicht mehr als Staatsnation, so doch als eine Kulturnation anerkannt wurden. Berlin erwies sich weiterhin, in Erinnerung an die Goldenen Jahre der Weimarer Republik, als Topos kultureller Strahlkraft, selbst wenn ihm zunehmend mit und in der »Provinz« ein starkes Gegengewicht erwuchs.

Kultur in der Provinz

Man wünsche nicht mehr, so formulierte es der Schriftsteller und Dichter Otto Flake, von der französischen Kulturverwaltung als Redakteur am *Badener Tagblatt* eingesetzt, im April 1946, daß das, was außer Berlin übrigbleibe, »abgefertigt« werde: Das Deutschland von morgen baue sich unter dem Gesetz der Aufteilung in Zonen, nicht mehr vom Zentrum, sondern vom Rande, von den das bisherige Zentrum umlagernden Ländern auf; eine föderalistische Bewegung liege vor. »Die Berliner mögen ihre Anstrengungen machen, wir machen die unseren. In München, Tübingen, Freiburg, Baden-Baden, Mainz, Frankfurt, Wiesbaden, Koblenz, Hamburg entstanden seit dem Sommer des vorigen Jahres geradezu automatisch Ansatzpunkte eines neuen Lebens - in Stuttgart, Augsburg, Kassel und anderswo ... Keine künstlichen Programme waren nötig, keine Anrufe des gefährlichen Totalismus, dieses hitlerischen Erbes. Totale Lenkung durch die Berliner - nein. Sie übernehmen sich, ihre Stadt liegt in Trümmern ... Wir sind föderalistisch; die Wiederherstellung kann nur ausgehen ... von der Region.«[286]

Befreit vom dominanten Anspruch Berlins, widmeten sich – in polyzentrischer Struktur – viele Städte und kleinere Gemeinden der lokalen und regionalen Kultur, entwickelten aber auch weit ins Land hinausstrahlende Bedeutung. Mit einem gewissen Pessimismus wurde dies in Berlin selbst beobachtet. Unter dem Titel »Kultur ohne Metropole« meinte Ludwig Eberlein in der Berliner Zeitung *Der Tagesspiegel* vom 25. November 1948, daß das, was Berlin in drei Menschenaltern an geistiger Kraft akkumuliert habe, in drei Jahren an Hamburg, Düsseldorf, Frankfurt und München verlorengegangen sei. In Geiselgasteig filmten Regisseure, deren Ateliers einmal in Babelsberg gestanden hätten, in der Stuttgarter Königstraße träfe man Modeschöpfer, deren Firmenschilder unter dem Trümmerschutt des Hausvogteiplatzes lägen; ohne die Schauspieler, die am Gendarmenmarkt zur Schule gegangen seien, könnte das Rheinische Theater sowenig von sich reden machen wie der Nordwestdeutsche Rundfunk; ohne den am Kurfürstendamm geborenen Witz hätten die Besucher des Hamburger Kabaretts wenig zu lachen. Und selbst die Zeitungskommentare, die dem westlichen Kulturleben gewidmet seien, würden zum größten Teil von ehemaligen Berliner Journalisten geschrieben.[287]

Vom Tübingen der Nachkriegszeit, um ein herausragendes Beispiel für die kulturbewußte Provinz jener Tage zu geben, berichtet Thaddäus Troll (eigentlich Hans Bayer; 1938 eingezogen und 1945 nach kurzer englischer Gefangenschaft wieder in seine Heimatstadt zurückgekehrt), daß die französische Besatzungsverwaltung zwar den Brotkorb höher als die Amerikaner gehängt, aber dafür ein geistiges Dorado ermöglicht hätte – mit zahlreichen Studenten, »Skeptikern, die zu den Krücken des Glaubens griffen, um sich in den Trümmern der geistigen Welt bewegen zu können«. Die Stadt habe damals eines der besten deutschen Theater besessen; zum Ensemble gehörten Elisabeth Flickenschildt, Hanne Wieder und Theodor Loos, Otto Wernicke, Angela Salocker und Werner Krauss (wegen seiner Mitwirkung in *Jud Süß* dann boykottiert). »Carlo Schmid übersetzte Calderóns *Morgen kommt ein neuer Tag,* schrieb für Hanne Wieder großartige Kabarettsongs. Heuss sprach zu den Studenten: ›Flucht in die Romantik der Illusionen ist Feigheit‹.«[288]

Tübingen war damals auch eine Hochburg der Germanistik (mit Hugo Moser, Paul Kluckhohn, Hermann Schneider, Wolfgang Binder, Friedrich Sengle); juristische Vorlesungen hielten Theodor Eschenburg und Carlo Schmid, der im besonderen mit jungen Leuten, die durch die Nazis verführt waren, intensiv diskutierte, um in ihnen ein neues Demokratieverständnis zu wecken. Der Philosoph Wilhelm Weischedel lud jede Woche Doktoranden und Freunde zur Diskussion über ein bestimmtes Thema, das in der Luft lag, ein; beliebt und berühmt waren seine philosophischen Klausurtagungen, die sich über zehn Tage erstreckten (z. B. sich intensiv mit Martin Heideggers *Holzwegen* auseinandersetzten).

Theater als moralische Anstalt

Dem Theater räumten die Alliierten bei ihren Plänen für die deutsche Umerziehung einen hohen Stellenwert ein. Das entsprach dem bildungsbürgerlichen Bewußtsein, dem das Theater (neben dem Museum) als wohl wichtigster Kulturort erschien. Die Gebäude waren vielfach zerstört; von den 179 Staats-, Landes- und Stadttheatern im alten Reichsgebiet von 1937 waren 98, also über die Hälfte, zerbombt oder ausgebrannt, viele andere beschädigt und nicht bespielbar.[289] Die Ensembles hatten sich zerstreut oder vielfach aufgelöst – seit dem 1. September 1944, da der Reichspropagandaminister Joseph Goebbels mit einem Erlaß den Spielbetrieb der deutschen Bühnen eingestellt hatte. Aber die »theatralische Sendung« (das neuentfachte Spielverlangen der Theaterleute und die große Lust des Publikums am Theaterbesuch) war ungebrochen.

An vielen Orten, auch in kleinen (wie zum Beispiel in Weilburg an der Lahn, 6000 Einwohner), wurde die Theatertradition rasch wieder aufgenommen oder neubegründet, sehr unterstützt von den alliierten Theateroffizieren. Im Herbst 1947 standen erneut 133 Staats-, Landes- und Stadttheater mitsamt 84 Behelfsbühnen, 125 gewerblich betriebene Privattheater und 20 Behelfsbühnen, dazu 57 Wanderbühnen, Bauerntheater, Gastspielbühnen, also insgesamt 419 Bühnen zur Verfügung – so viel wie nie zuvor.

Gespielt wurde vielfach in provisorischen Räumen, Konzert- und Vortragssälen, Kinos, auch in Turn- und Stadthallen, Gemeinde- oder Rathaussälen. In den Ausweichquartieren waren Technik, Ausstattung und Bestuhlung von improvisatorischer Kargheit. Die Not wurde zur Tugend erklärt; man spielte in Alltagskleidung (was als Aktualisierung verstanden wurde) oder nur dann in Kostümen, wenn solche vorhanden waren. Als im November 1946 das Staatstheater Kassel auf der Behelfsbühne des »Blauen Saales« in der Stadthalle *Aida,* »Verdis prunkvollste Oper«, aufführte, bestand das Bühnenbild nur aus drei Säulen, einigen Podesten und Vorhängen, alles in Dunkelblau.[290]

Was ein Frankfurter Brief *(Neue Zeitung,* 1. November 1945) über das wieder spielende Theater der Stadt feststellte, galt generell: daß nämlich die große Chance für die Zukunft und der Reiz aller und besonders der hiesigen Theaterarbeit nicht in der Wiederaufnahme einer Tradition, sondern in einem Von-vorn-Anfangen liegen könne. »Vielleicht wird … gera-

Uraufführung von Wolfgang Borcherts *Draußen vor der Tür* im Hamburger Schauspielhaus 1947 (mit Hans Quest als Beckmann und Hermann Lenschau als »Der Andere«).

de aus dem Zwang zum primitivsten Neubeginn eine Rückkehr zu den Elementen des Theaters zustande kommen, eine neue Form, ein neuer Stil entstehen, den das Publikum nicht mehr, wie heute, schlechtweg als ›Ruinenstil‹ bezeichnen kann ... Not zwingt zum Wesentlichen.«[291]

Den »Theaterrausch« in der SBZ – bis Ende 1945 waren dort, von der sowjetischen Militärregierung sehr gefördert, bereits 74 Theater gegründet worden – quantifizierte Lutz Besch (Chefdramaturg der Städtischen Bühnen in Erfurt) dahingehend, daß die monatlichen Aufführungsziffern meist zwischen 40 und 50 Vorstellungen, ja sogar bis zu 55 und noch mehr lägen; es werde meist nachmittags und abends gespielt.[292]

Die große Theaterfreude in den Trümmerjahren (eine Reihe von Bühnen bedurfte nicht nur keiner Subventionen, sondern erzielte sogar Überschüsse) hatte verschiedene Ursachen: Zum einen gab es nicht sehr viele Ablenkungs- und Vergnügungsmöglichkeiten; zum anderen erwies sich – neben Radio und Kino – das Theater als Ziel ästhetischer Fluchtbewegung: Erhebung vom grauen Alltag in den schwerelosen Ideenhimmel. »Über das Theater«, so Günther Rühle, »fanden die Zuschauer in der Not der Nachkriegsjahre wieder Zugang zur Lebensfreude, zur Lebensbetrachtung, zum Kunsterlebnis als einer gesteigerten Lebensempfindung. Der Satz ging um: Die Kunst hat das Volk gerettet.«[293] Das Theater bot Trost an für den materiellen Verlust, den man erlitten hatte, und kompensierte den Rückgang an Sozialprestige, der damit verknüpft war – als deklassiert fühlte sich mehr oder weniger jeder, sei es als Flüchtling, Bombengeschädigter, Entnazifizierter, Heimkehrer, Arbeitsloser. Der Theaterbesuch galt als ein Zeichen für wiedererlangtes gesellschaftliches Ansehen, war ein Abglanz besserer bürgerlicher Zeiten.

Während die großen Bühnen alle Anstrengung daransetzten, die Notlage zu überwinden, und die ersten Vorbereitungen für den Wiederaufbau bzw. Neubau der Häuser getroffen wurden, machten freie Gruppen aus der Not eine Tugend: Mit dem Zimmertheater, einem Theater ohne Vorhang und Rampe, wurde auch eine neue Dramaturgie geschaffen, die in Helmuth Gmelin als Leiter des Hamburger »Theaters im Zimmer«[294] einen ihrer hervorragendsten Vertreter fand.

Trotz des neuen kulturellen Polyzentrismus lag bei der Wiederbelebung des Theaterlebens die ehemalige Reichshauptstadt vorne.[295] Nach der Eröffnung des Renaissance-Theaters am 27. Mai 1945 wurde das mitten in den Trümmern des Stadtzentrums erhalten gebliebene Deutsche Theater am 26. Juni mit Friedrich Schillers *Der Parasit,* Übernahme einer Inszenierung aus der Staatstheater-Spielzeit 1943/44, wiedereröffnet. Kurz darauf verboten die Sowjets allerdings das Stück, weil der Schluß mißfiel (»das Gespinst der Lüge umstrickt den Besten; der Redliche kann nicht durchdringen; die kriechende Mittelmäßigkeit kommt weiter als das geflügelte Talent; der Schein regiert die Welt, und die Gerechtigkeit ist nur auf der Bühne«); die Beteiligten wurden mit je 500 Reichsmark und einem »Freßpaket« abgefunden. Der nächste Versuch war Thornton Wilders *Unsere kleine Stadt,* inszeniert von Bruno Hübner. Der Text war greifbar, weil Gustaf Gründgens ihn sich nach der Züricher

Premiere 1939 auf Umwegen hatte besorgen können. Auch dieses Stück wurde, unmittelbar nach der Premiere, abgesetzt; man könne der deutschen Bevölkerung, so argumentierte der zuständige russische Kulturoffizier, in so schwieriger Zeit kein Stück zumuten, das zu einem wesentlichen Teil auf einem Friedhof spiele. Die Premiere von Lessings *Nathan der Weise* im September mit Paul Wegener (das Theater hieß nun »Max Reinhardts Deutsches Theater«) fand keine Einwände. Bald folgte auch die Eröffnung des Schloßpark-Theaters (Boleslaw Barlog).

»Man wollte Theater trotz des Hungers und der Zerstörung, man wollte es mit einer Inbrunst und einem Idealismus, der heute nicht mehr vorstellbar ist.« (Friedrich Luft)[296]

Friedrich Luft verkörperte eine junge Kritikergeneration, die kompetent und geistreich das künstlerische Geschehen kommentierte – beeinflußt von den Theaterkritikern der Weimarer Republik, von denen die wichtigsten freilich nach dem Krieg nicht mehr in Deutschland arbeiteten. (Alfred Polgar und Julius Bab, die 1955 starben, waren in die Vereinigten Staaten emigriert; Alfred Kerr, der 1948 starb, war nach England ausgewandert.)
Die neue Theaterkritik, die rasch an Ansehen gewann und auch viel Staub aufwirbelte, grenzte sich allerdings vom früheren Feuilletonismus ab und betonte ihre pädagogische, gesellschaftspolitische Aufgabe.[297] Die später wichtigste Theaterzeitschrift der DDR, *Theater der Zeit,* erschien erstmals im Mai 1946; sie blieb trotz zunehmender ideologischer Einengung eines der wichtigen Foren für die darstellende Kunst.

Ein besonderer Theaterort in dieser Zeit war Recklinghausen mit seinen Ruhrfestspielen, deren Entstehung der erste Bundespräsident Heuss auf die Formel brachte: »Kohle gab ich für Kunst – Kunst gab ich für Kohle.« Dabei war die wirkliche Geschichte der Ruhrfestspiele viel nüchterner.[298] Im Nachkriegswinter 1946/47 fuhr der damalige Verwaltungsdirektor des Hamburger Deutschen Schauspielhauses, Otto Burrmeister, zusammen mit einigen seiner Mitarbeiter und Betriebsräten mit Lastwagen ins Ruhrgebiet, um Kohle zu beschaffen; in den Theatern fror man so, daß die Künstler streikten.

Burrmeister stammte aus einfachen Verhältnissen und hatte nur die Volksschule besucht; er war Sozialdemokrat und Gewerkschaftler, im Dritten Reich hatte er im Gefängnis gesessen. Seine Bildung hatte er sich autodidaktisch erworben; Ideale waren ihm die deutsche Klassik, Goethe, Schiller und Herder; er träumte von einem neuen, demokratischen Deutschland, in dem die »bürgerliche« Kunst und Kultur auch den Arbeitern vermittelt würde. Bei ihrer Fahrt durch das Ruhrgebiet kam die Gruppe zu einem Seiteneingang der Zeche König Ludwig 4/5 in Recklinghausen-Suderwich. Der dortige Wachposten war früher Seemann gewesen und schwärmte für Hamburg, im besonderen für St. Pauli; er überredete den Betriebsrat der Schachtanlage, den »armen Leuten aus Hamburg« zu helfen. »Die Kohle war die, um die wir die Engländer vorher beschissen hatten« (denn die Zeche mußte die Kohle an die Engländer abliefern). Als Dank für diese »unter persönlichen Opfern« erbrachte, in Wirklichkeit aber illegale Kohlelieferung kamen die Hamburger Theater zu einem Gastspiel nach Recklinghausen. Die Stadt und die Zeche organisierten die Aufführungen; die eine Hälfte der Karten wurde an die Bevölkerung, die andere an die Zechenangehörigen verkauft; die Künstler wurden in Recklinghauser Privatquartieren untergebracht und auf der Zeche mit Eintopfessen verpflegt. Aus einem solchen improvisierten Anfang entstanden die Ruhrfestspiele – dank der Bemühungen Burrmeisters, der deren erster Leiter wurde.

Stücke-Import

Was das moderne Drama betraf, so sorgten die Alliierten für rasche Einfuhr von Stücken aus dem eigenen Sprachbereich. Der offizielle Dramenkanon der USA umfaßte 60 übersetzte Stücke, von denen 45 tatsächlich aufgeführt wurden; die Liste der übersetzten französischen Dramen enthielt 98 Werke, die der Briten 15 (allerdings nur zeitgenössische) Stücke. Da die Reichsmark nicht konvertibel und so im Ausland praktisch wertlos war, erwarben die Militärregierungen die Übersetzungs- und Aufführungsrechte für eine gewisse Zeit und fungierten als Vermittlungsagentur; sie schätzten das Theater »vor allem als Instrument der Kulturpropaganda und der Umerziehung. Außerdem wollten sie sich nicht nachsagen lassen, sie seien kunstfeindlich. Darüber hinaus gerieten sie bald untereinander in Wettbewerb. Sie wollten einander imponieren, vor allem die Westalliierten den Sowjets und umgekehrt. Es dauerte nicht lange, da wollten die Eroberer auch den Eroberten imponieren, weil sie sie als Fußvolk im Wettkampf der Systeme brauchten. Darum beeilten sie sich, Brot und Spiel zu bieten, vor allen Dingen in den beiden vierfach regierten Hauptstädten Berlin und Wien.« (Hans Daiber)[299]

Im Gegensatz zur Wirklichkeit des amerikanischen Theaters, bei dem die Broadway-Vergnügungen, gerade auch in dieser Zeit, eine große Rolle spielten, zielte das Kulturprogramm der US-Militärregierung auf geistige Umerziehung - jenseits des Unterhaltungs- und Amüsierbetriebes. Ins Übersetzungsprogramm wurden dabei vorwiegend Stücke aufgenommen, die die USA positiv darstellten oder »zum abendländischen Diskurs beitrugen«. Dennoch waren über die Hälfte aller aufgeführten Stücke Broadway-Komödien, Lustspiele, Boulevardstücke, Farcen, Possen und Kriminalreißer.

Aus dem offiziellen britischen Dramenkanon waren die gesellschaftskritischen Familienstücke *Ein Inspektor kommt* und *Die Zeit und die Conways,* beide von John Boynton Priestley, besonders erfolgreich. Bald kam auch T. S. Eliot ins deutsche Theater - und zwar über Zürich, wo im Juni 1947 *Mord im Dom* aufgeführt wurde. Anläßlich der drei westdeutschen Aufführungen im Herbst 1947 (in Köln, Göttingen und München) sprach Bruno E. Werner davon, daß Eliot, der geborene Amerikaner, der sich in England hatte naturalisieren lassen und der katholischen Kirche beigetreten war, zu jenen europäischen Persönlichkeiten gehöre, die das Christentum als den lebendigen Erben der antiken Welt empfänden; sein christliches Schauspiel zeige eine Weltaufgeschlossenheit, die provinzielle Enge und kleinbürgerliche Moral weit hinter sich lasse.[300]

Aus dem französischen Repertoire wurden besonders oft Anouilhs *Antigone,* Sartres *Die Fliegen,* Camus' *Caligula* und Giraudoux' *Der Trojanische Krieg findet nicht statt* gespielt. Bei der *Antigone* war man tief beeindruckt von der »Gerechtigkeit«, die der Autor beiden Positionen zuteil werden ließ: dem die Staatsräson verkörpernden Kreon wie der aufbegehrenden jugendlichen Antigone. In den Dialogen der beiden glaubte man die Zwiespältigkeit der eigenen Situation wiederzufinden - hatten doch auch diejenigen, die sich im inneren Gegensatz zum Nationalsozialismus befanden, immer wieder »vernünftige« Argumente für Anpassung und Mitmachen (um des Staates, um der Nation, um der Ordnung willen ...) gesucht und gefunden.

Was die deutsche Dramatik betraf, so stammten Werke von Bedeutung nur von Autoren, die dem Widerstand oder der äußeren wie inneren Emigration angehört hatten. Die Bühne wurde selten zum Tribunal. Immerhin erlebte Friedrich Wolf (geboren 1888, im Ersten Weltkrieg Militärarzt, dann wegen Kriegsdienstverweigerung in eine Heilanstalt verbracht, USPD-Mitglied, 1933 über die Schweiz und Frankreich in die Sowjetunion emigriert, von wo aus er nach 1941 publizistisch gegen den Faschismus wirkte) ein Comeback. Im April 1947 schrieb der Autor aus Pankow – inzwischen zurückgekehrt und maßgeblich am Wiederaufbau des Rundfunk- und Theaterwesens in der Sowjetzone beteiligt – an Erwin Piscator in New York, daß er zur Zeit wie eine ägyptische Mumie von Archäologen ausgegraben werde: Es laufe in Berlin *Cyankali* (1929) am Hebbel-Theater, *Die Matrosen von Cattaro* (1930) am Theater am Schiffbauerdamm und in München *Mamlock* an den Kammerspielen.[301]

Neben Friedrich Wolf und Georg Kaiser, der mit seinem 1939/40 geschriebenen Drama *Der Soldat Tanaka* einen direkten, auf die damalige Militärachse Berlin–Tokio zielenden Zeitbezug herstellte und mit seinem Stück *Das Floß der Medusa* (1945) die allgemeine Conditio humana beschrieb, war Günther Weisenborn mit *Die Illegalen* (1945) erfolgreich.

Von den Heimkehrer-Stücken (darunter Fred Dengers *Wir heißen Euch hoffen)* gelang lediglich Borcherts *Draußen vor der Tür* ein Durchbruch. Außerhalb der vorherrschenden Trends, im Rückgriff auf expressionistische Ausdrucksformen, erschütterte das Drama vor allem deshalb, weil hier, so in einer Besprechung der Uraufführung in den Hamburger Kammerspielen November 1947 (inszeniert von Wolfgang Liebeneiner, der später den Film *Liebe 47* nach dem Stück drehte), der Autor einen entscheidenden Schritt weitergegangen sei als die meisten Dichter seiner Zeit – nämlich an den Rand des Abgrundes, an dem man lebe.[302]

Die Resonanz auf Borcherts Drama war in West wie Ost keineswegs durchgehend positiv, auch wenn es in den Westzonen 1948 zu 28 Inszenierungen kam (die erste in einem DDR-Theater, im Volkstheater Rostock, fand erst 1956 statt). Das Stück bekunde eine ungeheure geistige Leere, selbst in der berechtigten Klage breche noch eine völlig menschliche Inhaltslosigkeit durch, meinte Emil Belzner in der *Rhein-Neckar-Zeitung*.[303] Die Aufführung im Hebbel-Theater (April 1948) sei eine der deprimierendsten Erfahrungen gewesen, die er seit 1945 in Deutschland erlebt habe, kommentierte Fritz

Erpenbeck, KPD-Schriftsteller und Theaterkritiker (er war mit der Gruppe Ulbricht aus der UdSSR nach Berlin zurückgekommen): »ein grauenvolles Absinken in den Abgrund des Pessimismus, der Rat- und Hilflosigkeit, der Gedankenwirrnis«. Die positiven Stimmen lobten die unerbittliche Wahrheitssuche des Autors (Friedrich Wolf im Ostberliner *Sonntag).*[304] Es sei ein »Zeit«-Stück schlechthin, mit all seinen Tugenden und Mängeln – ein Stück, nach dem die Feuilletonisten schreien und das nur Dichter schreiben könnten (Hans Weigel in *Die Komödie).*[305]

Den größten Bühnenerfolg der Trümmerzeit wie Nachkriegszeit überhaupt (3238 Aufführungen zwischen 1947 und 1950) errang ein Theaterroutinier der Weimarer Republik, Carl Zuckmayer, mit seinem Drama *Des Teufels General.* Mit sicherem Gefühl für plakative Charaktere und gleichzeitig großem Einfühlungsvermögen in die Zeitsituation bot sich hier moderne deutsche Dramatik voll »blühender Vitalität« dar - gespeist aus der »unmittelbaren Anschauung der menschlichen Existenzen in ihrer ganzen Lebensfülle«.[306] Die Beifallsstürme, die vor allem dem General Harras zuteil wurden, galten einem Idol, mit dem sich auch der kleine Mitläufer gern identifizierte: einer tragischen unpolitischen Person, die - nicht zuletzt, weil sie einer »Sache« (dem Fliegen) leidenschaftlich verfallen ist - von dämonischen Mächten verführt wird und dafür mit Tapferkeit büßt.

Vor allem mit dem Brecht-Ensemble (ab 1948) wurde Ost-Berlin zum Schauplatz eines politisch und sozial engagierten Sprech- und Musiktheaters, das sich über Jahrzehnte hinweg, trotz ideologischer Gängelung, seinen innovatorischen Charakter erhielt. Die in der SBZ dezidiert vertretene antifaschistische Kunstkonzeption holte den Schauspieler und Regisseur Wolfgang Langhoff wieder in seine Heimatstadt zurück (nach einem einjährigen Aufenthalt in einem KZ hatte er 1934 in die Schweiz emigrieren können - seine Erlebnisse stellte er in *Die Moorsoldaten* dar; bis 1945 war er am Schauspielhaus Zürich engagiert gewesen und dann als Generalintendant der Städtischen Theater Düsseldorfs berufen worden. 1946 übernahm er in Berlin die Intendanz des Deutschen Theaters).

Im Gegensatz zu der experimentierfreudigen und schöpferischen Theaterarbeit, zu der sich bürgerliche, sozialdemokratische und kommunistische Kräfte, erfahrene Theaterleute und junge Talente mit zurückgekehrten Emigranten in der SBZ zusammenfanden, war die Theaterszene des

Westens, trotz ebenfalls hervorragender Regisseure und Protagonisten, viel beliebiger und unverbindlicher; »man spielte, was gefiel«.

Zu den hartnäckigsten Geschichtslegenden, so Werner Schulze-Reimpell über das Theater im Rheinland, gehöre die Mär von der Stunde Null. *Daß* wieder Theater gespielt werden konnte, sei allen Beteiligten das Wichtigste, den Künstlern ebenso wie den Stadtvätern und dem Publikum, aber auch den alliierten Kulturoffizieren gewesen. Zwischen »vorher« und »nachher« spannten sich viele Brücken. Der Wiederbeginn im Theater spiegelte überall das gesellschaftliche Selbstverständnis. Es zielte nicht auf moralische Erneuerung im radikalen Bruch mit der unseligen Vergangenheit. Kaum einer fühlte sich schuldig an der Katastrophe – Besiegte, nicht Befreite, beklagten sich als Opfer, orientierten sich an humanistischen Werten zur eigenen Rechtfertigung. Vor allem die Liebe zur Kunst diente als Alibi, sie verbürgte zudem die Identität mit der älteren Vergangenheit, den großen Zeiten der Nation.[307]

Was an gesellschaftspolitischem Engagement fehlte, wurde durch Rhetorik ersetzt. Als der Schriftsteller, Regisseur und Übersetzer Berthold Viertel 1948 aus den USA nach Westdeutschland reiste, stellte er mit Befremden fest, daß offensichtlich das hohle Pathos früherer Klassiker-Inszenierungen weiterwirke. »Reichskanzleistil« nannte er diesen alt-neuen Stil, den er bei Vorstellungen in Berlin, Düsseldorf und Wien beobachtete – »eine wurzellose Ekstase oder eine kalt prunkende Rhetorik, die das Offizielle, Repräsentative der Darstellung betonte und überbetonte, in jäher Abwechslung mit einer sich ins allzu Leise, Private und Unterprivate flüchtenden Diskretion«.[308]

Der größte Unruhestifter in der insgesamt traditionalistisch ausgerichteten westdeutschen Theaterlandschaft war Fritz Kortner, der 1947 aus der Emigration nach Berlin zurückkehrte. Mit ihm trat ein Regisseur in Erscheinung, der nichts so sehr haßte als leere Phrasen, prätentiöse Gesten, Kopien, Klischees. Er vermenschlichte die heroischen Charaktere. »Als Kortner darüber sprach, wie die deutsche Sprache unter den Nazis korrumpiert worden war, wie sie pompös und hohl geworden war vor Schall und Rauch, aber inhaltsleer – da verstand ich, was Kortner gegen Helden hat.« (Peter Zadek) Kortner wollte einen »Zersetzungsprozeß« vornehmen, »einen notwendigen und wohlüberlegten Prozeß des Auseinandernehmens und Freilegens dessen, was fast zwanzig Jahre lang durch falsche Werte und Verdummung unglaubwürdig geworden war«.[309] Als ein vom Theater Besessener, der in den dreißiger Jahren fast alle großen Rollen selbst gespielt hatte, widerlegten seine eigenwilligen Inszenierungen (darunter *Minna von Barnhelm, Faust, Hamlet, Die Räuber, Dantons Tod),* daß dem bundesrepublikanischen Theater die Vitalität ausgegangen sei; es mußte einer nur wieder die künstlerische Kompetenz und den Mut zum »Gegenentwurf« aufbringen und den Kampf gegen Mediokrität und Saturiertheit eröffnen.

Kortners Inszenierung von Schillers *Don Carlos* im Hebbel-Theater Berlin 1950 entfesselte den heftigsten Theaterskandal der ersten Nachkriegszeit. Man empörte sich über das Bühnenbild, das hinter die Kulissen des spanischen Palastes versetzte und so die Intrigenhandlung kraß herausstellte; über die Kostüme mit ihren aktuellen Bezügen (Carlos im Overall, »vielleicht ein Autoschlosser«; Alba im Lederanzug, »wie ein verfrühter Panzerkommandant«); über die Interpretation der Rollen: der König kein König mehr, der Inquisitor ein grotesker Über-Herrscher, Prosa fern vom Heldenjüngling; vor allem aber vermißte man den pathetisch-idealistischen Schiller: Es fehlte der »Schiller-Schwung«, der »Feuer-Atem«. Publikum und Kritik begriffen nicht – und das war symptomatisch für den restaurativen Charakter der Epoche –, daß Kortner mit seiner diskursiven, radikal fragenden, jede Fragwürdigkeit erspürenden Intellektualität eine längst fällige Entmythologisierung der durch »deutsche Ideologie« fehlinterpretierten Klassik vornahm, sie begriffen nicht, daß Kortner »rücksichtslos und kühn der menschlichen Substanz jeder Rolle nachgespürt hatte und, sobald er sie aufgespürt zu haben vermeinte, die Figur konsequent von da aus anlegte«.[310]

Musikalische Entrückung

Das Musiktheater nahm in der nationalsozialistischen Ideologie einen hohen kulturellen Rang ein, wobei besonders Richard Wagner die Vorstellung vom germanischen Gesamtkunstwerk zu erfüllen schien. Hitler war regelmäßiger Gast bei den Festspielen in Bayreuth, deren »Gralshüterin« Winifred Wagner (die Schwiegertochter Richard Wagners) eine gleichermaßen glühende wie bornierte Verehrerin des »Führers« war. Hitler ging zudem regelmäßig in die Oper und goutierte dabei auch mäßig »Neutönendes«, etwa Werner Egks *Peer Gynt,* von dem er, wie Joseph Goebbels, sehr begeistert war (Egk wurde sogar bei einer Aufführung in die Führerloge gebeten).[311]

Die Tatsache, daß die Oper als Gattung, vor allem im traditionellen Inszenierungsstil, wenig Anstößiges bot, ließ sie auch nach der Stunde Null verhältnismäßig unbekümmert und konventionell wiedererstehen. Als Heinrich Strobel, von der französischen Militärregierung im November 1945 beauftragt, die Musikabteilung für einen Sender in Baden-Baden (Südwestfunk) aufzubauen – er war aus Paris, wohin er 1935 emigriert war, zurückgekehrt –, seine ersten Informationsfahrten durch den Südwesten machte, war er enttäuscht, was sich da als »Neuanfang« auf dem Musiktheater tat. Dazu kam der »Run auf die Operette«.

»Ich sah entweder den alten Illusionsplunder, der um so peinlicher wirkte, als die Not aus jeder Falte der mager bestrichenen Kulissen lugte – oder die alte Spielästetik, deren ›bewährte‹ Effekte Sinn und Geist jeglicher Musik abtöten. Ich las Opern-Spielpläne, die sich kaum von den Spielplänen des ›tausendjährigen Reiches‹ unterschieden.«[312]

Unter den modernen Opern erreichte die Erstaufführung von Paul Hindemiths Werk *Mathis der Maler* im Dezember 1946 im Württembergischen Staatstheater eine relativ hohe Zustimmung. Abgesehen davon, daß vor allem das »Deutsche« an dieser Oper über das Leben des Malers Grünewald gefeiert wurde, hatte dies mit der großen Popularität Hindemiths in der Zeit vor seiner Emigration (1938) zu tun. Als der Komponist im Frühsommer 1947 nach Frankfurt kam – die dauernde Rückkehr aus Amerika nach Deutschland lehnte er ab –, begrüßte man ihn nicht nur als einen »wunderbaren Musiker«, sondern auch als ein Familienmitglied, das jetzt zu Besuch zurückgekehrt sei (in Hanau geboren, war er Konzertmeister an der Frankfurter Oper gewesen).

Gegenüber radikaler Atonalität stellte Paul Hindemiths Schaffen einen »Kompromiß« in Form »gemäßigter Modernität« dar; er stand für Kontinuität. Dies wurde auch in der Zeitschrift *Aufbau* nachdrücklich gewürdigt. Die neue Musik danke es dem Komponisten, daß er sie aus dem Fragmentarischen, aus der chaotischen Urkraft wieder zur Gestalt erlöst habe, daß er aus ihren stammelnden Wortbrocken eine Sprache bilden half. Hindemith wurde einerseits als ein Repräsentant des Antifaschismus empfunden und andererseits als ein Künstler, der das nationale Erbe verkörperte; die Kunst sei unauflöslich mit

dem Leben verbunden, ja sie sei in ihrer organischen Entwicklung bedingt durch die fortschrittliche Entwicklung des gesamten Volkes zu einer freien und verantwortungsbewußten Menschlichkeit.[313]
Der Mangel an aufrechter Gesinnung machte Richard Strauß zum Gegenbeispiel: ein zwar hochbegabter, aber charakterlich dubioser Künstler, der mit seinem Opportunismus die Zwielichtigkeit von Künstlertum unter dem Nationalsozialismus verkörperte. »Ein Talent von solcher Originalität und Kraft, ein Genie beinahe, und weiß nicht, wozu seine *Gaben* ihn verpflichten! Ein großer Mann – so völlig ohne Größe! Ich kann nicht umhin, dies Phänomen erschreckend und auch ein wenig degoutant zu finden.« (Klaus Mann)[314]

In der Trümmerzeit rangierte ernste klassische Musik auf der Wunsch- und Werteskala weit oben. »Man wollte sie – nach der Kulturdemontage des ›totalen Krieges‹ – einfach wieder hören können, gerade als Trost und Abschirmung gegen Gewesenes, als Ausgleich und Mutmacher in der Gegenwart.«[315] Bald gab es auch wieder, nicht nur in den großen Städten, hervorragende Orchester und Ensembles, zumal mit den Flüchtlingen hochqualifizierte Musiker in die Westzonen gekommen waren und Beschäftigung suchten; ihnen verdankte man z. B. die Neugründung der Bamberger Symphoniker.

Musik bedeutete für die Menschen in »jenen Tagen« Entrückung, Hingabe an eine andere Welt – Versenkung ohne Innerlichkeitskoketterie, Feierlichkeit ohne Pathos. Es bestätigte sich, was Ernst Bloch der Musik zuschrieb: Kraft ihrer so unmittelbar-menschlichen Ausdrucksfähigkeit habe sie mehr als andere Künste die Eigenschaft, das zahlreiche Leid, die Wünsche und die Lichtpunkte der unterdrückten Klasse aufzunehmen (unterdrückt mußten sich in dieser Zeit fast alle fühlen).[316]

Das Repertoire unterschied sich von früheren Programmen häufig nur insoweit vom Üblichen und Vertrauten, als nun die Werke der von den Nationalsozialisten verbotenen Komponisten wieder aufgeführt wurden, manchmal mit Vorrang. »Derartige Akte einer nachdrücklichen künstlerischen Wiedergutmachung an Mendelssohn oder Mahler, Franzosen oder Russen, Engländern oder Amerikanern, fanden eine vorsichtige Ergänzung, indem man nun auch die musikalischen Aufrührer der zwanziger Jahre wie Hindemith, Krenek, Weill, Milhaud, Honegger, Prokofjew, Strawinsky akzeptierte.«[317]

Die »Musica nova« fand wichtige Förderung durch den neuentstande-

Konzert der Münchner Philharmoniker in der Aula der Universität;
Neunte Symphonie von Ludwig van Beethoven, 1945.

nen Rundfunk, wobei sich der Südwestfunk in Baden-Baden mit Heinrich Strobel als engagiertem und couragiertem Initiator besonders hervortat. In der ersten Nachkriegsnummer der von ihm herausgegebenen Zeitschrift *Melos* (November 1946) beklagte Strobel freilich, daß der größte Teil der deutschen Musikfreunde so gut wie keine Kenntnis von der künstlerischen Entwicklung der letzten dreißig Jahre habe.

Carl Orff, 1885 in München geboren, im Dritten Reich »Mitläufer« *(Der Mond,* 1939; *Die Kluge,* 1943), glückte nach dem Zweiten Weltkrieg mit den bereits 1937 entstandenen *Carmina burana* der internationale Durchbruch; von diesem Erfolg ermutigt, entwickelte er sein musikalisch-dramatisches und musikpädagogisches Werk konsequent weiter *(Die Bernauerin,* 1947; *Antigone,* 1949).[318] Sein Schaffen bezog die Kraft aus der konsequenten Reduktion der musikalischen Mittel, der starken Betonung des Rhythmus und der Unterordnung der Musik unter das Theatralische. Seine elementare Volkstümlichkeit war von den Nationalsozialisten aus ideologischen Gründen bald abgelehnt, bald vereinnahmt worden (was seine Anerkennung im Ausland nicht schmälerte); er galt als der einzig interessante Vertreter der jungen deutschen Musik, der unter dem Nazi-Regime weiterarbeiten konnte.

Karl Amadeus Hartmann, geboren 1905, hatte es in den Jahren des Nationalsozialismus abgelehnt, mit Kompositionen an die Öffentlichkeit zu treten – und nur für die Schublade gearbeitet. Nach Kriegsende vollendete er sein zweites Streichquartett und revidierte seine ersten vier Symphonien, die nun ebenso wie das szenische Oratorium *Simplicius Simplicissimus* uraufgeführt wurden.

Auch von Boris Blacher, Jahrgang 1903, wurden wichtige Werke, die in den Kriegsjahren entstanden waren, erst nach 1945 bekannt. 1948 erhielt er eine Berufung an die Berliner Musikhochschule. Aus seinen in der Trümmerzeit entstandenen Werken ragen hervor die Kammeropern *Die Flut* (1947) und *Die Nachtschwalbe* (1948).

Die Avantgarde der älteren und jüngeren Künstler (neben den Erwähnten sind vor allem noch Bernd Alois Zimmermann und Gieselher Klebe zu nennen) orientierte sich, was deutsche Komponisten anging, in starkem Maße an Arnold Schönberg, Anton von Webern und Paul Hindemith. Die Zwölf-Ton-Technik Schönbergs faszinierte als ein Prinzip, das Konstruktivität und subjektiven Ausdruck zugleich versprach. Daß sich Thomas Mann mit ihr in seinem Roman *Doktor Faustus. Das Leben des deutschen Tonsetzers Adrian Leverkühn, erzählt von einem Freunde* (1947) auseinandersetzte, verlieh ihr zusätzlich (dämonischen) Glanz. Aus der Geschichte der Musik sei Schönberg nicht wegzudenken (»Verfall und Niedergang des Bürgertums: Gewiß. Aber welch eine Abendröte«), meinte Hanns Eisler, Schönberg-Schüler, der aus Amerika, wo er als deutscher Kommunist »unamerikanischer Umtriebe« verdächtigt wurde, nach Ost-Berlin zurückgekehrt war.[319]

Schönberg widmete sich in seinen letzten Jahren vor allem metaphysischen und religiösen Fragen – die Position eines utopischen musikalischen Konstruktivismus gewissermaßen transzendierend; er starb 1951 in Los Angeles, wohin er 1934 emigriert war.

Anton von Webern war 1945 umgekommen. Als er in dem salzburgischen Städtchen Mittersill (in dem er, aus Wien geflohen, bei seiner Tochter wohnte) vor die Tür ging, um frische Luft zu schöpfen, schoß ihn ein amerikanischer Posten nieder – er hatte die Ausgangssperre nicht beachtet. Die musikalischen Avantgardisten der zweiten Generation sahen in ihm, über Schönberg hinaus, das höchste Vorbild. Um seinen Namen kristallisierte sich die serielle Musik; bereits 1949 hatte Olivier Messiaen beim Kranichsteiner Ferienkurs das erste gänzlich durchstrukturierte Musikstück komponiert, bei dem die Reihenordnung für die zwölf verfügbaren Tonhöhen auch auf andere kompositorische Bestimmungsgrößen (Rhythmik, Lautstärke, Klangfarbe) ausgedehnt wurde.[320]

Das Musikverständnis der Zeit war zwiespältig. Die Restauration der Oper zeigte, daß nach wie vor, vielleicht sogar mehr denn je, in ihr der Bürger zum Menschen zu transzendieren hoffte (Theodor W. Adorno). Daneben aber vollzog sich die Wiederentdeckung der antiromantischen Generation und der Aufstieg ihrer variantenreichen Nachfolger (auch Überläufer) – der Schönberg, Berg, Webern, Hindemith, Egk, Jarnach, Reutter, Hartmann, Fortner, Blacher, Zimmermann, Klebe, Henze. Deren »Liebe zur Geometrie« war eine Herausforderung für den konventionellen Geschmack; in vielen, allerdings kleinen Kreisen, wurden leidenschaftliche Diskussionen um die neue Musik geführt. Man erkannte, daß hier Künstler am Werk waren, die Vergangenheit nicht nur als zu bewahrendes Erbe, sondern auch als wegzuräumendes Hindernis begriffen. In Ghettos und Geheimbünden sollte die neue Musik in Zukunft nicht mehr eingesperrt sein; zu ihrer Pflege wurden eigene Konzertreihen geschaffen; bereits im Oktober 1945 hatte Karl Amadeus Hartmann in

München »Musica viva« gegründet – ein Modell für ähnliche Versuche im In- und Ausland. In besonderen Kursen wurden Komponisten, Musikstudenten und interessierte Laien mit moderner Musik vertraut gemacht.
Die Internationalen Ferienkurse für Neue Musik im Jagdschloß Kranichstein bei Darmstadt waren zunächst nur als Erweiterung des Lehrangebotes der Konservatorien und Musikhochschulen gedacht, sie entwickelten sich zu einem internationalen Forum der Moderne, von dem wesentliche Impulse ausgingen.[321]

Ehe der sogenannte Formalismusstreit ausbrach, zeigte man in der SBZ für die moderne Musik große Sympathie; noch sei freilich die Kluft zwischen der neuzeitlichen Musik und den Musikfreunden unserer Zeit zu überbrücken; wenn dies nicht gelinge, werde ein Verfall des Musiklebens nicht aufzuhalten sein. Zwar erweise sich auch die Pflege des großen musikalischen Erbes als eine bedeutende Aufgabe, aber auf die Dauer könne keine Kunst nur von den Schätzen der Vergangenheit leben; wenn sie sich nicht weiterrankend ergänze, sterbe sie unweigerlich ab. (Friedrich Herzfeld)[322] Der damals noch im Osten lebende Musikkritiker Hans Heinz Stuckenschmidt konstatierte, daß Schönberg nicht verstehen könne, wer in der Kunst eine dekorative Verschönerung des Lebens sähe. Moderne Musik galt noch nicht als dekadentes westliches Phänomen, sondern als Medium engagierter Kunst; sie wolle nicht einlullen und beschönigen in einer Welt, die aus Dissonanzen bestehe; sie wolle beunruhigen und so zu Nachdenken und Klärung beitragen. »Dieses Ziel verfolgt Schönberg mit der Konsequenz des Genies.«[323]

Im Westen gipfelte das latente Unbehagen an der modernen Musik im *Abraxas*-Skandal (1948), der Bayern als Vorreiter einer restaurativ-katholischen Kulturpolitik erscheinen ließ. Werner Egk hatte mit seinem Faust-Ballett *Abraxas,* das sich an Heinrich Heines Faust-Fragment hielt, die »teuflische« elementare Triebhaftigkeit in den Mittelpunkt gestellt. Die Konzertfassung führte der Südwestfunk auf, Werner Egk selbst dirigierte.[324] Die szenische Uraufführung fand dann im Juni 1948 in der Bayerischen Staatsoper statt – eines »jener seltenen, erregenden Ereignisse, die zur Anteilnahme und zur Auseinandersetzung verlocken«.[325] Der »sinnliche Bewegungsreiz«, vor allem die »Schwarze Messe« im dritten Bild, irritierte jedoch den damals amtierenden bayerischen Kultusminister Alois Hundhammer so, daß er – auch auf Wunsch des Erzbischöflichen Ordinariats – das Ballett nach fünf Vorstellungen absetzen ließ.[326]

Mut zum Lachen

In der wiedererstandenen Theaterstadt Berlin, so Friedrich Luft in einem Rückblick auf Günter Neumanns »Revue der Stunde Null« *Schwarzer Jahrmarkt,* sei an ziemlich allen Ecken und Enden, in Bühnenhäusern, in Gemeindehäusern, in Parks, in Kinos, Kirchen, Scheunen oder Schuppen »emsig gespielt und gebumfidelt« worden.[327] Die saloppe Bemerkung bezog sich vor allem auf die im Frühling der Befreiung von nationalsozialistischer Unterdrückung aufsprießende Kabarett-Kunst, wobei das Improvisatorische der Örtlichkeiten, etwa Kellerräume, dem Genre der Brettl-Kunst (franz. cabaret = Kneipe) entgegenkam. Die weitverbreitete Leidenschaft fürs Kabarett war dem Theaterenthusiasmus ähnlich. Zu der Zeit, da in Berlin 400 Gesuche auf die Eröffnung von Theatern vorlagen, gab es 1000 Anträge auf die Einrichtung von Kabaretts. »Wenn sich alle Pläne dieser Wochen verwirklichten«, notierte Erich Kästner im August 1945 in München, »gäbe es bald mehr Kabaretts als unzerstörte Häuser.«[328]

Da Lächerlichkeit tötet, hatten die Nationalsozialisten einen erbitterten Kampf gegen die großstädtische Kleinkunst geführt; die urbane Freigeistigkeit des Weimarer Kabaretts war ihrem bombastischen Provinzialismus gefährlich, so wurden die »Tucholskys und Konsorten« vertrieben, verfolgt, verboten, umgebracht. In den Hauptorten des Exils gediehen jedoch Satire und Kabarett – wichtige Waffen im antifaschistischen Kampf –, von dort drang »spöttischer Geist« auch immer wieder über Funkwellen ins deutsche Nationalzuchthaus ein. Die innerhalb des deutschsprachigen Dienstes der BBC gesendeten *Briefe des Gefreiten Adolf Hirnschal* (verfaßt von dem emigrierten Wiener Chemiker und Kabarettisten Robert Ehrenzweig, der sich Robert Lucas nannte) dürften allein im letzten Kriegsjahr 10 Millionen regelmäßige Hörerinnen und Hörer erreicht haben.[329]

Nach der Befreiung vom Nationalsozialismus war aufbegehrendes, kesses Mund-Werk wieder sehr geschätzt. Die Verwirklichung vieler Kabarett-Projekte war der Toleranz der westlichen Siegermächte zu danken; sie sahen darin, zumindest solange sie nicht selbst in den Mittelpunkt der Attacken gerieten, ein praktikables Instrument der Aufklärung. Das Kabarett wurde zu einem wichtigen Forum politischer Umerziehung, es sollte die Rückstände des Nationalsozialismus bekämpfen und zur Demokratisierung des politischen Lebens beitragen.

Kästner war der wichtigste Autor des bereits im August 1945 in den Kammerspielen zum ersten Mal in Erscheinung tretenden Kabaretts »Schaubude«; seine »linke Melancholie« prägte die Programme. Die beherrschende Figur im Ensemble war Ursula Herking, die in Werner Fincks Berliner »Katakombe«, die noch bis 1935 hatte bestehen können, groß geworden war. Nach »leidvollen winterlichen Umbauerlebnissen« konnte sich die »Schaubude« im Frühjahr 1946 einen eigenen Saal leisten. Beim Eröffnungsprogramm im neuen Haus, *Bilderbogen für Erwachsene,* hinterließ Ursula Herking mit dem *Marschlied 1945* den tiefsten Eindruck. »Als ich den letzten Ton gesungen hatte«, erinnert sich die Sängerin, »sprangen die Menschen von den Sitzen auf, umarmten sich, schrien, manche weinten, eine kaum glaubliche Erlösung hatte da stattgefunden. Das lag nur zum kleinen Teil an mir, es war einfach das richtige Lied, richtig formuliert, richtig gebracht, im richtigen Moment.«[330]

Bedeutende Satiriker und Kabarettisten hatten die Verfolgung oder Verfemung überlebt oder in der inneren Emigration »überwintern« können. Der kommunistische Graphiker und Karikaturist Herbert Sandberg, in den zwanziger Jahren Mitglied der Assoziation Revolutionärer Bildender Künstler Deutschlands (ASSO), von 1934 bis 1945 in Zuchthaus und KZ, hatte sich vorgenommen, im Falle seiner Befreiung ein Nachfolgeblatt des *Simplicissimus* herauszugeben. 1945 erhielt er zusammen mit Paul Rilla, Horst Lommer und Günther Weisenborn in Berlin die Lizenz für den *Ulenspiegel. Zeitschrift für Literatur, Kunst und Satire.* Die Beiträger waren bedeutende Zeichner und Schriftsteller, darunter Karl Schnog, der auch an der 1946 wieder gegründeten, von den Russen lizenzierten Zeitschrift *Die Weltbühne* mitwirkte.

Ulenspiegel war zudem der Name eines der bekanntesten Berliner Kabaretts, das von dem Konzertagenten Friedrich Pasche ins Leben gerufen wurde. Ein Glücksfall für ihn wurde die Heimkehr des damals 33jährigen Autors und Komponisten Günter Neumann aus der Kriegsgefangenschaft. »Der steuerte zu zwei Programmen Texte und Musiken bei und brachte als gleich starkem Element seine Frau, die Diseuse Tatjana Sais, ein. Nach einer eher unverbindlichen, am Berliner Theaterleben aufgehängten Revue *Alles Theater* in der Inszenierung von Gustav Gründgens (der ›nebenher‹ am Deutschen Theater in Ostberlin den *König Ödipus* spielte), machte er mit einer ebenfalls autonom durchge-

Der Wagen der Münchner »Schaubude« bei einem Werbe-Blumen-Korso durch die Stadt, August 1948 (vordere Reihe: Helmut Krüger, Ursula Herking, Bum Krüger).

schriebenen und -komponierten Revue Kabarettgeschichte: mit dem *Schwarzen Jahrmarkt,* der am 15. Dezember 1947 Premiere hatte.« (Klaus Budzinski)[331]

1948 gründete Günter Neumann dann die satirische Zeitschrift *Die Insulaner;* da diese sich nach der Währungsreform nur noch mäßig verkaufte, bot er dem Sender RIAS an, als (Schleich-) Werbemaßnahme Texte daraus zusammenzustellen; eine einzige Sendung sollte es sein; sie fand jedoch so viel Resonanz, daß fast 150 Folgen daraus wurden – vielfach mit antikommunistischer Tendenz, aber auch, orientiert an der sozialdemokratischen Opposition, in Konfrontation mit der Regierung Adenauer.

»Das Leben ist ein Rummelplatz,/Rummelplatz./Und auf diesem Bummelplatz,/Schummelplatz,/sausen wir voll Stimmung,/mit Humor und lust'gem Schrein,/Huiii –/mit der Rutschbahn in den Abgrund rein!«

Neben der Berliner Szene, die sich als besonders fruchtbar erwies – die Illustrierte *Heute* sprach im April 1947 davon, daß dort nach Kriegsende die Kabaretts wie die Pilze aus der Erde geschossen seien (»genießbare und ungenießbare«)[332] –, war München, und hier wiederum im besonderen die »Schaubude«, ein Zentrum für die amüsante Respektlosigkeit, mit der man die »Grundirrtümer einer ganzen Epoche aufzeigte und anprangerte«.[333]

Sein Solokabarett verstand Werner Finck – als »Eulenspiegel des Dritten Reiches« ins KZ verschleppt, mit Berufsverbot bedacht, im zweiten Krieg Soldat und bald aus amerikanischer Kriegsgefangenschaft entlassen – als »humorige Zukunftskunst des Großstadtmenschen«, gerichtet gegen Bürokratie, Verplanung, Arbeitsstreß und politische Unbeweglichkeit. In seiner *Silvesterrede 1945* meinte Finck, der im Sommer bereits mit einem »Schmunzelkolleg« in München begonnen und dann in Stuttgart das Kabarett »Die Mausefalle« gegründet hatte, daß man dem vergangenen Jahr keine Träne nachzuweinen brauche. »Am Anfang dieses Jahres waren wir noch Reich. Ich buchstabiere jenes Reich: R wie Ruhmsucht. E wie Eitelkeit. I wie Irrtum. C wie Cäsarenwahn. H wie Heroeninflation.«[334]

Wie Finck betrieben viele andere Kabarettisten und Satiriker die »Kritik der reinen Unvernunft« – eine »Gesellschaft der fröhlichen Hoffnungslosen«. Neben dem Studenten-Kabarett »Die Amnestierten«, das vor allem den weiterwesenden deutschen Nationalismus, etwa mit einer

Parodie des Deutschlandliedes, angriff, erwiesen sich »Die Hinterbliebenen« als wichtigstes Reise-Kabarett (»Wir sind die Hinterbliebenen,/die hin und her Getriebenen,/die nach den ungeschriebenen/Gesetzen freier Kunst sich trau'n/den Deckel auf den Sarg zu hau'n.«)[335]

In Düsseldorf gründeten Lore und Kay Lorentz, beide »berufsfremd«, 1947 das Kabarett »Kom(m)ödchen«, das als »eines der wenigen Kabaretts die Währungsreform des Jahres 1948 überlebte«.[336] Als »kleine Literaten-, Maler- und Schauspielerbühne« wollte man mit »frechen Liedern« seinem Unbehagen über das, »was sich so ereignet auf der Welt«, Ausdruck verleihen; »ohne Hemmung« oder »innere Beklemmung« sollten, so der Eingangssong des ersten Programms, die Ereignisse »zwischen Honolulu und Berlin« durch den »Wochenschaukakao« gezogen werden.[337]

Den Blick auf die große weite Welt versagten sich die Kabaretts freilich meist; sie konzentrierten sich auf Alltagsthemen, die sich in West und Ost ähnelten: die Misere bei der Beschaffung von Nahrungsmitteln, die Wohnungsnot, das Karten- und Bezugscheinsystem, Ersatzstoffe, Stromsperre. Kritisch blickte man auf die NS-Zeit zurück, doch war da der Bedarf bald gedeckt. Fragebogen und Spruchkammerverfahren kritisierte man wegen ihrer Bürokratie und prangerte den weit verbreiteten politischen Opportunismus an.

Für den Osten ergaben sich bald kabarettistische Sonderthemen, die mit dem »Aufbau des Sozialismus« zu tun hatten; angesichts der Repressionen der SED wurde der mit dem Titel einer satirischen Ost-Zeitschrift angekündigte »frische Wind« der Kabarett- und Brettl-Kunst zunehmend lau. Aber auch im Westen drohte den Aufmüpfigen Gefahr, selbst wenn ihre Programme immer wieder »amnestiert« wurden und die Einrichtungen weiterbestehen konnten. Die amerikanische Militärverwaltung beklagte sich über zunehmenden Antiamerikanismus; im September 1947 wurden den Lizenzträgern verschärfte Kontrollmaßnahmen angekündigt: »Die nächste Stichprobe, die wir bei einer Ihrer Schaus machen, wird, falls sie negativ ausfällt, Ihnen teuer zu stehen kommen. Der Lizenzträger ist verantwortlich für jedes Wort, das in seiner Schau gesprochen wird, auch wenn der betreffende Künstler gerade nur an diesem Abend improvisiert hat.«[338]

Literatur in der Dürre

»Die ungeheure, oft mühselige Anstrengung der Nachkriegsliteratur hat ja darin bestanden, Ort und Nachbarschaft wieder zu finden.«[339] So erinnert sich Heinrich Böll an die schwierige Situation des Schriftstellers nach der Stunde Null. Der Anblick der Kulturlandschaft in »jenen Tagen« zeigt Dürre, Abgründe, Kahlschlag, altbekannte Gegenden, blühende Schrebergärten und die Ahnung ferner Horizonte. Der Nationalsozialismus führte zum Bruch mit allen Traditionen; nach seinem Zusammenbruch habe man vor leeren Schubladen gestanden und vor Künstlerateliers, worin nichts zu entdecken war. (Hans Mayer)[340]

In seiner ersten Radio-Literaturkritik über den Sender RIAS am 17. Februar 1946 bemerkte Friedrich Luft, daß der Krieg die Deutschen geschlagen in einer geistigen Dürre zurückgelassen habe - aber auch voll Hungers nach guten und füllenden Gedanken, voller Neugier in die Welt hinaus, voll Aufhorchens nach dem neuen Ton der Güte, der »unerbittlichen Liebe zum Nächsten, nach dem neuen Ton einer Menschlichkeit, die nun endlich laut werden müsse, nachdem die Luft verzerrt gewesen sei von Haßgesängen, zwölf lange Jahre hindurch«.[341]

Gegen einen gesellschaftlichen und politisch abstinenten Ästhetizismus, wie er seit dem 19. Jahrhundert immer wieder die deutsche Literatur bestimmt hatte, versuchten die Vertreter engagierter Literatur beim Blick in den Abgrund sich und den Lesern Hoffnung zuzusprechen. Wolfgang Borchert, der in *Draußen vor der Tür* seinen Kriegsheimkehrer Beckmann in Ausweglosigkeit enden ließ – er geht nach verschiedenen Versuchen, wieder Fuß zu fassen, in die Elbe –, schlug in seiner Prosa auch optimistischere Töne an. Die Generation ohne Heimkehr trage die Möglichkeit in sich, eine Generation der Ankunft zu sein. »Wir sind eine Generation ohne Abschied, aber wir wissen, daß alle Ankunft uns gehört.« Für den Mann an der Maschine und in der Werkstatt, den Forscher im Laboratorium, den Pfarrer auf der Kanzel, die Mütter in der Welt gäbe es nur eins, wenn wieder Krieg vorbereitet würde. »Sagt nein!«[342]
In West wie Ost fühlten sich die Schriftsteller und Dichter einig im Kampf gegen Militarismus und Faschismus. Die Verbrechen der Nationalsozialisten, Krieg, Zerstörung, Schuld und Sühne (und die Erwartung, daß man aus der schlimmen Vergangenheit lernen könne) waren wichtige Themen etwa in Anna Seghers Exilroman *Das siebte Kreuz,* der die Flucht von sieben KZ-Häftlingen

behandelte. »Das Volk mag gelegentlich schwach sein und ängstlich, es ist aber unbeirrbar in seiner Ablehnung eines erzwungenen Regimes.«[343]

Johannes R. Bechers bereits 1940 in Moskau veröffentlichter proletarischer Bildungsroman *Abschied* (dann in Deutschland 1945 als eines der ersten Bücher im neugegründeten Aufbau-Verlag erschienen) war Modell vieler Wandlungsromane, die den Glauben an die Macht des humanistischen Sozialismus, den Abschied vom falschen und die Ankunft beim »richtigen« Klassenstandpunkt zum Thema hatten.[344]

Topoi wie Volk, Heimat, Befreiung verwandte Becher nahezu naiv, ungebrochen; »ja, er benützte sogar christlich-religiöse Motive und Vokabeln (Gebet, Kreuz, Gericht, Erlösung, heilig, ewig), weil sie ihm geeignet erschienen, unter bürgerlichen Lesern Interesse, Hoffnung, Mut zu wekken«.[345] Der wesentlich kritischere Stephan Hermlin, aus der Schweizer Emigration über den Westen 1947 in die SBZ zurückgekehrt, von Anfang an einer der sensibelsten Künstler und gebildetsten Intellektuellen der DDR[346], sprach von der neoklassizistischen Glätte und konventionellen Verseschmiederei seines Kollegen Becher – die bei dessen Stalin-Gedichten besonders penetrant in Erscheinung traten.[347] Becher (1954–1958 Kulturminister der DDR) erwies sich als Repräsentant einer Politik, die den Autor als Erzieher, den Leser als Mündel, die Literatur als Medium für Ideologievermittlung begriff – damit das prekäre Verhältnis von Geist und Macht in einer sozialistischen Diktatur personifizierend.[348]

Die Autorinnen und Autoren, die sich »im Blick zurück« dem Zusammenbruch deutschen Geistes und deutscher Kultur mit radikaler Offenheit stellten – wie etwa Wolfgang Borchert, Wolfdietrich Schnurre, Hans Erich Nossack, Peter Huchel, Theodor Plivier, Stephan Hermlin, Paul Celan, Max Frisch, Nelly Sachs, Friedrich Dürrenmatt, Walter Kolbenhoff, Hans Werner Richter, Erich Fried, Elisabeth Langgässer, Wolfgang Koeppen, Luise Rinser, Friedrich Wolf, Ernst Schnabel, Heinrich Böll –, stammten aus unterschiedlichen Generationen, waren von unterschiedlichen Gesellschaftsvisionen bewegt und hatten den Nationalsozialismus in unterschiedlichen Situationen (in äußerer oder innerer Emigration) erlebt. Bald waren sie niedergedrückt von der Trostlosigkeit der Trümmerlandschaft, die sie als äußeres Abbild innerer Orientierungslosigkeit empfanden; bald glaubten sie an die regenerierende Kraft des Fortschritts, der als Phönix aus der Asche den Brüdern und Schwestern den Aufstieg zur

Freiheit verhieß. Pessimismus - im Gegensatz zu der aus den Weimarer Jahren weiterwirkenden expressiv-optimistischen »O-Mensch«-Gesinnung - war zunächst keineswegs nur eine besondere Eigenart der westdeutschen Literatur; was der 1929 geborene und bis 1979 in Ostberlin lebende Günter Kunert 1949 aphoristisch aussprach: »Als der Mensch/unter den Trümmern/seines bombardierten Hauses/hervorgezogen wurde,/schüttelte er sich/und sagte:/›Nie wieder,/jedenfalls nicht gleich‹«, stand freilich mit seinem impliziten Zweifel an der sozialistischen Fortschrittsidee in Widerspruch zu dem parteiideologisch geforderten Melancholieverzicht. Schließlich wirkte seit 1948 in der DDR auch Bertolt Brecht, dessen anthropologischer wie historischer Skeptizismus (»Der Schoß ist fruchtbar noch, aus dem das kroch«) sich nicht ohne weiteres auf die von den kommunistischen Präzeptoren verkündete Linie des unaufhaltsamen Aufstiegs des neuen Menschen einschwören ließ.[349] Der in Brechts Stükken vorherrschende Konflikt: daß diejenigen, die, vom Mitleid getrieben, darangehen, die Welt zu verbessern, es sich nicht leisten können, gut zu sein - also die der kommunistischen dogmatisch verkündeten Theodizee entgegenstehende Paradoxie von Wirklichkeit -, war freilich leichter im pluralistischen Westen als im aufbaubewußten Osten zu vermitteln.

War schon die Bildung des Berliner Ensembles bei den ostzonalen »Falken« auf Mißtrauen gestoßen - Oberbürgermeister Ebert und die anderen Vertreter von Partei und Regierung ließen Brecht den »stinkenden Atem der Provinz hier« spüren -, so gab es auch weiterhin reichlich Reibungsflächen mit dem Dichter, der zwar Wilhelm Pieck schätzte, aber Abneigung gegenüber Walter Ulbricht und dem SED-Regime empfand. »Das wenig kämpferische Klima, der Mief, das Duckmäusertum verstörten Brecht, aber wenn es sich darum handelte, die sozialistischen Errungenschaften der DDR zu verteidigen und für die Sache der Kommunisten Partei zu ergreifen, war er dabei.«[350]

Zwei Schriftstellerkongresse der Trümmerjahre spiegelten den zunehmenden Konflikt innerhalb der deutschen Literaturszene bzw. zwischen den sie »beratenden«, auch in bestimmte weltanschauliche Positionen hineindrängenden Alliierten. Der 1947 in Berlin stattfindende Deutsche Schriftstellerkongreß – mit Ricarda Huch als Ehrenpräsidentin – war von der sowjetischen Verwaltung und ihren kommunistischen deutschen Mitarbeitern programmiert worden, sollte aber noch die Einheit der »Schutzmächte«, die vor allem Vertreter der

äußeren und inneren Emigration eingeladen hatten, demonstrieren; er tagte dementsprechend in östlichen wie westlichen Teil Berlins. Bei einer Rede in den Kammerspielen im sowjetischen Sektor griff der Journalist und Historiker Melvin I. Lasky (später Begründer der Zeitschrift *Der Monat)* das Thema der Unfreiheit der Schriftsteller in der UdSSR vehement auf. »Von nun ab gab es auch unter den deutschen Schriftstellern den Dualismus zwischen realen oder scheinbaren Parteigängern des Ostens und des Westens.«[351]
Bei dem sechs Monate später in der Frankfurter Paulskirche veranstalteten Kongreß hatte sich das politische Klima weiter verschlechtert; die Autoren aus der SBZ kamen gar nicht mehr. Thema waren die Einreise- bzw. Ausreiseverbote und die Verhinderung des freien Druckschriftenaustauschs zwischen den Zonen. Im Mittelpunkt aber stand die Erörterung des Verhältnisses von »reiner« und »engagierter« Literatur.
Als im Dezember 1950 auf der Jahresversammlung des 1948 wiedergegründeten deutschen PEN-Zentrums Johannes R. Becher in das Präsidium gewählt wurde (er hatte sich um dessen Zustandekommen verdient gemacht), löste dies in der westdeutschen Öffentlichkeit lebhafte Proteste aus. Stefan Andres, Autor von *Wir sind Utopia* (1943) und der ab 1949 erscheinenden Roman-Trilogie *Die Sintflut,* sprach von einem »Staatssklaven-Bildner«: »Ich nenne ihren Namen nicht, weil er mir nichts bedeutet. Ich rede sie darum auch nicht als Person an, sondern nur als Vertreter eines Menschentyps, der in jeder Diktatur hochkommt.«[352]

Zwischen Affirmation und Kahlschlag

Nach Auschwitz ein Gedicht zu schreiben, sei barbarisch, lautete 1949 ein bitteres, später freilich revidiertes Diktum von Theodor W. Adorno (1949) – in Anbetracht der furchtbaren Erfahrung, daß deutsche Kultur den Massenmord an den Juden nicht hatte verhindern können und damit eingetreten war, was Franz Grillparzer in einem Epigramm 1848 vorausgesehen hatte: daß nämlich der Weg der neueren Bildung von der Humanität durch Nationalität zur Bestialität führe.

Der blühende Schrebergarten deutscher Innerlichkeit, gehegt und gepflegt von den Hütern schöner Wortkunst, schien jedoch weder durch den Terror der Nationalsozialisten noch durch den totalen Zusammenbruch des Dritten Reiches gefährdet zu sein. Das von Christoph Meckel entschlüsselte *Suchbild* seines Vaters Eberhard – eines erfolgreichen Schriftstellers der dreißiger Jahre – zeigt nicht nur einen familiären, sondern exemplarisch einen zugleich deutschen Fall; der Literat als Kalligraph inmitten des Infernos. »Seine Ansichten von der Kunst waren klassizistisch und kulminierten in Ehrfurchtsformeln wie ›Würde des Geistes‹ und ›Ewige Werte‹. An der bürgerlich-romantischen Grundhaltung schien sich auch nach dem Ende des Dritten Reichs nicht viel zu ändern.«[353]

Die dichterische Verklärung der Natur konnte Trost spenden und vermittelte Überlebenskraft; aber das »Grüne« lenkte auch vom Grauen ab, begriff sich als »Zeichen« eines ewigen Kreislaufes – »Unsterblich duften die Linden –/was bangst du nur?« (Ina Seidel)[354]; darüber konnte leicht die Sensibilität für das Gegenwärtige-Entsetzliche verlorengehen. Der ästhetische Glanz »ergriffenen Daseins« – Titel einer von Hans Egon Holthusen und Friedhelm Kemp 1953 herausgegebenen Anthologie – anästhetisierte zudem den Realitäts- wie Möglichkeitssinn bzw. das Bewußtsein für die Notwendigkeit gesellschaftlichen Engagements.

In der Dichtergeneration der »abgedankten Soldaten« fanden sich viele, die ihre moralische Erschütterung über Krieg und NS-Verbrechen in schöner Wortkunst artikulierten; so der 1912 geborene Rudolf Hagelstange, den Hans Mayer bei seiner Rückkehr nach Frankfurt im Oktober 1945 bei einer der ersten Dichterlesungen in der Stadt erlebte. »Sonette. Ein umfangreicher Zyklus. Nichts wurde ausgelassen, weil ein jedes Sonett, das merkte man bald, zur Komposition gehörte. Es hatte mit dem Krieg zu tun, und mit Italien, und mit dem abstrusen Gegensatz zwischen beidem: Krieg und Italien. Hier las ein begabter Lyriker, das war unverkennbar.«[355] Mit strenger Form hoffte man dem Chaos am ehesten begegnen zu können. Die Übermacht der in zwölf Jahren Naziherrschaft keineswegs fortentwickelten, sondern verkümmerten literarischen Traditionen sei gewaltig gewesen, so Heinrich Vormweg[356]; es habe der Drang dominiert, geistig aus der Zeit zu fliehen, heile Welt zu imaginieren, in Romantik und Metaphysik (in der »Silberdistelklause«[357]) Zuflucht zu finden.

Während die Einbürgerung des Exils in den Westzonen zunächst weitgehend scheiterte, die Werke Hermann Brochs, Robert Musils, Ödön von Horváths, Ernst Tollers, Lion Feuchtwangers, Oskar Maria Grafs, Heinrich Manns und der im Jahr 1945 Gestorbenen (Georg Kaiser, Else

Lasker-Schüler und Franz Werfel) weithin unbekannt und ohne literarischen Einfluß blieben, setzten die im Dritten Reich zur »Inneren Emigration« sich rechnenden Dichter - darunter Hans Carossa, Werner Bergengruen, Rudolf Alexander Schröder, Ernst Jünger, Ina Seidel, Oskar Loerke, Wilhelm Lehmann, Georg Britting, Karl Krolow, Elisabeth Langgässer - die eigentlichen Orientierungsmarken, gerade weil ihre Werke »vernebelnde Entrückungsliteratur« (Jürgen Manthey)[358] darstellten, mehr fatale Kontinuität denn »bewegenden« Neubeginn signalisierend.

Jenseits des lyrischen Schrebergartens - Topos des »anakreontischen Tändelns mit Blumen und Blümchen über dem scheußlichen, weit geöffneten, aber eben mit diesen Blümchen überdeckten Abgrund der Massengräber« (Elisabeth Langgässer)[359] - richteten sich manche Dichter jedoch auch in einem Territorium des Kahlschlags ein. Wolfgang Weyrauch, der in seiner 1949 erschienenen Anthologie *Tausend Gramm* den Begriff »Kahlschlagliteratur« prägte, beschrieb dieses »Gelände« anhand der »außerordentlichen Verse Günter Eichs, die er *Inventur* überschrieben hat, und die zuerst in der Sammlung von Gedichten deutscher Kriegsgefangener *Deine Söhne, Europa* erschienen sind«. Eich sei der Protagonist von Autoren, die in Sprache, Substanz und Konzeption von vorne anfangen würden. Signifikant für die Absage an »unzeitgemäße« Metaphorik sei auch sein Gedicht *Latrine:* »... In mir im Ohre schallen/Verse von Hölderlin./In schneeiger Reinheit spiegeln/Wolken sich im Urin ...« Sie setzten sich dem Spott der Snobs und dem Verdacht der Nihilisten und Optimisten aus.[360]

Der formal-lyrische Neubeginn hatte freilich eine biographische Kontinuität. Vermutlich aus dem Gefühl der Schuld heraus, haben die nach Kriegsende durch einen »modernen« Stil reüssierenden Autoren ihre Veröffentlichungen im Dritten Reich verschleiert oder die damaligen Zensurschwierigkeiten übertrieben. Joachim Günther gehörte zu den wenigen, die der Wahrheit entsprechend erklärten: »Aufs Ganze gesehen, haben wir jedoch im Inneren weit weniger unter Atemmangel gelitten, als es von heute aus den Anschein hat.«

Hans Dieter Schäfer bringt in seinem Buch *Das gespaltene Bewußtsein* wichtige Beispiele für »literarische Verdrängungen«: »Mehr als ein Drittel von Günter Eichs Nachkriegsgedichtband *Abgelegene Gehöfte* (1948) wurde bereits während des Dritten Reiches geschrieben und zum Teil in Zeitschriften und Zeitungen gedruckt. Konflikte Eichs mit der Zensur sind unbekannt. Ähnliches gilt für Peter Huchel, der wie fast alle seiner Generationsgefährten keineswegs ›während der Hitlerzeit geschwiegen‹ hat. Bis einschließlich 1939 sind von ihm vierzehn Hörspieltitel bekannt.«[361] Im Dritten Reich veröffentlichten außerdem Autoren wie Emil Barth, Johannes Bobrowski, Horst Lange, Wolf von Niebelschütz, Ernst Schnabel, Eugen Gottlob Winkler und Karl Krolow.

In der Zeit des Nationalsozialismus publizierte auch Gottfried Benn; da aber sein rhapsodischer Irrationalismus, der ihn zunächst 1933 mit der NS-Weltanschauung hatte sympathisieren lassen, mit skeptischem Rationalismus verbunden war, seine Weltflucht (»O so möchte ich wieder werden: Wiese, Sand, blumendurchwachsen, eine weite Flur«)[362] mit Weltsucht kontrastierte, er sich auf »Bahnhofstraßen und Rueen,/Boulevards, Lidos, Laan –/selbst auf den Fifth Avenuen«[363] nicht nur durch Leere, sondern auch durch Urbanität »anfallen« ließ, nahm er eine Position ein, die weit außerhalb der »Elfenbeinturmruine« lag, in die sich konservatives Wertebewußtsein verschanzt hatte. Im thematischen und rhetorischen Rückgriff auf die goldenen Jahre der Weimarer Republik wies er gerade den Jüngeren den Weg ins »gelobte Land« literarischer Freiheit. »Dranbleiben« hieß die Parole.

»Der Lyriker ... muß Nüstern haben – mein Genie sitzt in meinen Nüstern, sagte Nietzsche –, Nüstern auf allen Start- und Sattelplätzen, auf den intellektuellen, da wo die materielle und die ideelle Dialektik sich voneinander fortbewegen wie zwei Seeungeheuer, sich bespeiend mit Geist und Gift, mit Büchern und Streiks – und da, wo die neueste Schöpfung von Schiaparelli einen Kurswechsel in der Mode andeutet mit dem Modell aus aschgrauem Leinen und mit ananasgelbem Organdy. Aus allem kommen die Farben, die unwägbaren Nuancen, die Valeurs – aus allem kommt das Gedicht.«[364]

Als Erwiderung auf einen Beitrag von Walter Kolbenhoff, der 1948 unter dem Titel »Stimmen aus der jungen Schriftstellergeneration« erschien (der Autor war damals bereits vierzig Jahre alt, hatte als Kriegsgefangener an der Lagerzeitung *Der Ruf* mitgearbeitet und war Redakteur bei der *Neuen Zeitung)*, beklagte Hellmuth von Cube, daß dieser offensichtlich die alte Sprache für neue Inhalte verwende: das gleiche tragische Pathos, die gleiche Mischung von Larmoyanz und Arroganz, die gleiche Frontsoldaten-Mentalität, der gleiche Appell ans Herz und Gewissen. »Jedenfalls liegt ihm am Geist der Zeit wesentlich mehr als an einer Zeit des Geistes.«[365]

Bei solchen Auseinandersetzungen - wobei dann der metaphernreiche Kolbenhoff mit einigem Recht den Spieß umdrehte und seinerseits Cubes Kritik als »Metaphernpolemik« abkanzelte - ging es letztlich um die »alte« und die »neue« Sprache. Die Sprache der Dialektik war im Dritten Reich verfolgt und verfemt gewesen; sie hatte auch vorher (angesichts einer deutschtümelnden Sprachwissenschaft und Germanistik) nie so recht Einfluß gewinnen können. Die nationalsozialistische Nomenklatur hinterließ Worthülsen schrecklicher Barbarei: Aufnordung, Herrenrasse, Judenvernichtung, Menschenversuche, Vergasen, Endlösung ... Nun kam der Sprachschatz der Umerziehungsbürokratie hinzu (Spruchkammer, Mitläufer, Persilschein ...) und ein menschliche Verkehrsformen burschikos demokratisierender Jargon (Boß, Babysitter, Teenager, Fan ...).[366]

Die politisch-offizielle Sprache war, über Jahrzehnte, weitgehend geprägt gewesen durch affirmative Sprachmuster, die nun für die »Heeressiege der Demokratie eingesetzt« wurden. Im November 1945 begann Dolf Sternberger in Heft 1 der Zeitschrift *Die Wandlung* mit seiner Rubrik »Aus dem Wörterbuch des Unmenschen«. Sprachanalyse sollte die Verwahrlosung der Worte und Begriffe in der Zeit des Nationalsozialismus aufzeigen und aufarbeiten; gewalttätiger Satzbau, verkümmerte Grammatik, monströser und zugleich krüppelhafter Wortschatz als Ausdruck von Gewaltherrschafft sollten von einer demokratischen Sprache, als Artikulation humaner Gesinnung und Gesittung, abgelöst werden. Angeprangert wurden u. a. Wörter wie Anliegen, Ausrichtung, Betreuung, charakterlich, durchführen, Einsatz, Frauenarbeit, Gestaltung, Kulturschaffende, Lager, leistungsmäßig, Mädel, Menschenbehandlung, organisieren, Propaganda, Schulung, Vertreter, Zeitgeschehen. »Der Verderb der Sprache ist der Verderb des Menschen. Seien wir auf der Hut! Worte und Sätze können ebensowohl Gärten wie Kerker sein, in die wir, redend, uns selbst einsperren.«[367]

Nur wenige deutsche Publizisten, stellte Hans Habe, der Chefredakteur der *Neuen Zeitung*, fest, seien jedoch von dem Bazillus der Hitler-Sprache unberührt geblieben. »Einer der besten deutschen Journalisten brachte mir einen trefflichen Aufsatz, in dem die Sprache des Unmenschen angeprangert, die Rückkehr zur deutschen Sprache gefordert wurde. Es war der treffliche Aufsatz eines Mannes voll guten Willens, und wenn wir ihn nicht drucken konnten, dann nur deshalb nicht, weil er in Hitler-Deutsch geschrieben war.«[368]

Für alle diejenigen, die sich zu einer zeitgemäßen Sprache bekennen und eine realitätsnahe Literatur des politischen Engagements und der radikalen Wahrheit anstrebten, sollte der *Skorpion,* so kündigte Hans Werner Richter im November 1947 eine neue Zeitschrift an, die geeignete Publikation sein.[369]
Zur Vorbereitung trafen sich junge Autoren im Hause der Schriftstellerin Ilse Schneider-Lengyel im Allgäu[370]; unter anderen waren anwesend Walter Kolbenhoff, Alfred Andersch, Wolfdietrich Schnurre, Heinz Friedrich, Ernst Kreuder, Walter A. Guggenheimer, Wolfgang Bächler, Friedrich Minssen, Nicolaus Sombart, Günter Eich, Walter Hilsbecher, Walter Heist. Vielfach handelte es sich um ehemalige Mitarbeiter der verbotenen Zeitschrift *Ruf.* Im Mittelpunkt der ersten Tagung stand eine Lesung; sie erwies sich als Modell für die weiteren Zusammenkünfte, zu denen Hans Werner Richter einlud und aus denen sich schließlich die »Gruppe 47« entwickelte. »Jeder unnötige Schnörkel wird gerügt. Verworfen werden die großen Worte, die nichts besagen und nach Ansicht der Kritisierenden ihren Inhalt verloren haben: Herz, Schmerz, Lust, Leid. Was Bestand hat vor den Ohren der Teilnehmer, sind die knappen Aussagesätze. Gertrude Stein und Ernest Hemingway sind gleichsam unbemerkt im Raum.«[371]

Der »Literaturbetrieb« wie die (meist konservative) Germanistik erwiesen sich gegenüber der kargen neuen Sprache, die von der amerikanischen Short story stark beeinflußt war, als ausgesprochen rückständig, oft auch ideologisch »besetzt«. Als wichtiger Hinweis auf die Abkapselungstendenzen gegenüber dem »Neuen« können die wiederbegründeten Literaturpreise nach 1945 gelten (u. a. Lessing-, Georg-Büchner-, Immermann-, Wilhelm-Raabe-Preis). Friedhelm Kröll bezeichnet sie mit Recht als Wegweiser in die Restauration.[372]
Daß 1950 Günter Eich den Preis der *Gruppe 47* erhielt, stand nur scheinbar im Gegensatz zum konservativen Trend bei der Vergabe der Literaturpreise. Er hatte zwar, als Mitinitiator der Kahlschlagliteratur, das »Wortkunstgeklingel« der inneren Emigration mit Hilfe seiner lapidar-realistischen Sprache erheblich irritiert; zur Zeit der Preisverleihung befand er sich jedoch schon auf dem Rückzug in eine chiffrenhafte Esoterik. Ausgezeichnet wurde er unter anderem für das Gedicht »Fränkisch-tibetanischer Kirschgarten«. ». . . und hör aus solchen Zonen/vervielfachtes Gebet,/wenn auf den Kirschbaumkronen/sich fremd die Mühle dreht.«[373]

Die »Kahlschlagliteratur« war zu Ende, kaum daß sie begonnen hatte. Diente die Reduktion vorher der Konkretisierung und der Fixierung einer realen, geschichtlichen Welt, so zielt sie nun auf überzeitliche Allgemeingültigkeit. Das

»reine Gedicht« kennzeichnet die Wende, die nun einsetzt. Die Zeit einer »magischen Poetik«, in der das Materielle »verhaucht«, kehrt mit diesem spirituellen Verklärungsstil sprachlich zurück. »In diesem Zusammenhang ist trotz der politischen Motivation auch die Wirkung der ›hermetischen‹ Dichtungssprache Paul Celans zu sehen. Entgegen dem Willen des Autors bleiben dem Leser – der zudem seine früher erworbenen Lese- und Interpretationsgewohnheiten mitbringt – zahlreiche politische und autobiographische Informationen so stark verschlüsselt, daß die Gedichte auch rein formal-ästhetischen und erbaulichen Interpretationen offenstehen und ihr aufklärerischer Zug verschwindet.«[374]

Verlagswesen

Schon wenige Monate nach der Kapitulation beschäftigte man sich intensiv mit der Frage, wie es im Verlagswesen und im Buchhandel weitergehen könne und solle. Die ersten Lizenzen wurden vergeben. Es erfolgte »eine langsame Anreicherung des Büchermarktes mit Neudrucken und Neuerscheinungen aus allen Literaturgebieten«. Ende 1946 gab es bereits wieder über 2000 Buchhandlungen in den drei westlichen Besatzungszonen; durchschnittlich erhielt jeder Buchhändler zwei bis drei Exemplare eines neuen Werkes.

Lizenzen wurden von den Alliierten nur an ausgewählte, politisch sorgsam geprüfte Verleger vergeben. In Bayern gab es im September 1947 rund 90 Buch- und Zeitschriftenverlagslizenzen, gegenüber mehr als 200 bayerischen Verlagen vor 1933. Die ICD (Information Control Division) hielt sich angesichts der Produktionsschwierigkeiten mit weiteren Lizenzen äußerst zurück; der deutsche Ausschuß trat für wenigstens formelle Zulassung aller »unbescholtenen Verleger« ein.

Innerhalb von zwei Jahren (1945–1947) waren in Deutschland rund 5000 Bücher neu erschienen oder neu aufgelegt worden; (der anläßlich der Berliner Deutschen Buchausstellung, Juni 1947, herausgegebene Katalog führte 4913 Titel an, bemerkte jedoch, daß er keinen Anspruch auf Vollständigkeit erhebe). Das ergab bei der üblichen Standardauflage von 5000 die Zahl von rund 25 Millionen Exemplaren. Allerdings handelte es sich bei diesen Titeln häufig um Hefte, die nur wenige Seiten umfaßten. Zudem waren die Fachbücher eingeschlossen; schließlich gab es Parallel-Editionen. Die »Fragwürdigkeiten der deutschen Buchproduktion« analysierte Manuel Gasser im August 1947[375]: Die meisten Verleger begnügten sich damit, das Phänomen des Mangels zur Kenntnis zu nehmen und lediglich auf einen größeren Anteil am »Papierkuchen« zu hoffen; anders bei dem phantasiereichen Ernst Rowohlt, der es fertigbringe, Rotationsromane in einer Auflagenhöhe von je 100 000 zu drucken. Vor allem diese Titel, deren Kürzel »rororo« dann ab 1950 zum Signet der ersten Taschenbücher wurde, machten ein Massenpublikum mit wichtigen deutschen, vor allem aber fremdsprachigen Autoren bekannt, z. B. mit Ernest Hemingway, Thomas Wolfe, Sinclair Lewis, André Gide, Antoine de Saint-Exupéry, Ignazio Silone. Trotz der hohen Auflage konnte (wegen des Papiermangels) der Bedarf nicht gedeckt werden; der Verlag bat deshalb seine Leser ausdrücklich darum, nicht grundsätzlich jeden Rotationsroman zu kaufen; sie sollten nur in die Hände von Käufern gelangen, die wirklich interessiert seien.[376]

Für die Verlage war es schwer, von ausländischen Autoren Copyrights zu bekommen; man war weitgehend auf die treuhänderische Unterstützung durch die alliierten Behörden angewiesen. Mit Spannung erwartete das Lesepublikum daher das Erscheinen der bisher in den USA und Schweden herausgekommenen Bücher des bedeutenden Bermann Fischer Verlages; er war Mittelpunkt der literarischen Emigration gewesen und besaß die Verlagsrechte wichtiger Bücher des Auslandes.

Der jüdische Arzt Gottfried Bermann aus Gleiwitz, Assistent an einer Berliner chirurgischen Klinik, hatte 1925 die Tochter des Verlegers Samuel Fischer geheiratet und war in den S. Fischer Verlag eingetreten; er übernahm dessen Leitung 1932. Nach der Machtübernahme durch die Nationalsozialisten emigrierte er mit dem in Deutschland verfemten Teil des Verlags nach Wien, wo er sich 1938 mit knapper Not vor der SS retten konnte; zwei Jahre nach der Neueröffnung des Verlages in Stockholm wanderte er mit seiner Familie in die USA aus und leitete das Stockholmer Haus von dort aus. (Peter Suhrkamp führte den in Deutschland verbliebenen Teil des Verlags weiter.)[377]
Im Mai 1947 übertrug Bermann Fischer die Publikationslizenz einiger seiner wichtigen Bücher auf die amerikanische Armee, die sich ihrerseits verpflichtete, die Rechte ausschließlich an den deutschen Teil des Verlages weiterzugeben;

er erreichte auch, daß man diesem das notwendige Papier für den Druck der Bücher zur Verfügung stellte. Das erste Programm bestand somit hauptsächlich aus den im Exil veröffentlichten Büchern des S. Fischer Verlages. Von 1948 an erschienen in dieser Reihe in einer jeweiligen Erstauflage von 50 000 Exemplaren Ernest Hemingway, *Wem die Stunde schlägt,* Hermann Hesse, *Narziß und Goldmund,* Thomas Mann, *Ausgewählte Erzählungen,* es folgten Ernst Penzoldt, *Die Powenzbande,* William Saroyan, *Menschliche Komödie,* Stefan Zweig, *Sternstunden der Menschheit* und *Amok,* Carl Zuckmayer, *Salwàre,* Hugo von Hofmannsthal, *Deutsches Lesebuch,* Stefan Zweig, *Die Welt von Gestern.* Weitere Lizenzausgaben folgten, u. a. Thomas Manns *Doktor Faustus* und *Joseph der Ernährer* (der vierte Band der Joseph-Tetralogie), Franz Werfels *Das Lied von Bernadette,* Thornton Wilders *Die Iden des März* und die Bühnenrechte für Wilders Dramen, Franz Werfels Erfolgsstück *Jakobowsky und der Oberst* sowie Carl Zuckmayers *Des Teufels General.*
Da Bermann Fischer angesichts des zunehmenden Ost-West-Gegensatzes der Verlagsort Berlin zu gefährlich schien, veranlaßte er Suhrkamp, 1947 in Frankfurt den Suhrkamp Verlag, vorm. S. Fischer zu gründen, der schon 1948 mit seiner Tätigkeit das Berliner Haus fast völlig ablöste. Die Differenzen mit Suhrkamp, der den Frankfurter und Berliner Verlag leitete, zeigten sich seit Anfang des Jahres 1949. Über divergierende Auffassungen hinsichtlich der Aufgabe und Zukunftsperspektive des Verlages kam es schließlich zum Zerwürfnis zwischen den beiden Verlegern und zur Trennung der Verlage.

Eine »grenzenlos kommunikative« Literaturgesellschaft wollte Johannes R. Becher in der SBZ verwirklichen; solche Vision war bei der Gründung des Aufbau-Verlages durch den »Kulturbund zur demokratischen Erneuerung« im August 1945 ausschlaggebend. Vielen sei es als Wahnwitz erschienen, inmitten der Ruinen Bücher zu produzieren, wo es am Unentbehrlichsten zur Linderung der allgemeinen Not fehlte, berichtete Erich Wendt in einem Verlags-Almanach. Es habe der hingebungsvollen Arbeit opferbereiter Menschen bedurft, um dieses Unternehmen zu schaffen, vor allem sei es der verständnisvollen und großmütigen Hilfe der sowjetischen Besatzungsbehörde zu danken gewesen.[378]

Was Becher im Geleitwort der vom Kulturbund herausgegebenen Zeitschrift *Aufbau* schrieb – damit die propagierte literarische Offenheit wieder relativierend: »Wir können nicht aufbauen ohne eine grundsätzliche Bereinigung alles dessen, was weltanschaulich-moralisch die Vernich-

Im Antiquariat Rosen am Kurfürstendamm Berlin werden wieder Bücher ausgestellt (1947).

tung begünstigt und angebahnt hat«[379] –, kennzeichnete die beim Aufbau-Verlag von Anfang an gegebene Einengung des Verlagsprogramms. Die von Becher für das kulturelle Reformationswerk geforderte »Strenge und Zucht« bedeutete bald »Zensur« und ein Verlagswesen, das weitgehend staatlich betrieben wurde oder sich in der Hand der SED bzw. ihrer Massenorganisationen befand, also relativ einfach »dirigiert« werden konnte.

»Die Literatur der DDR war ›Planungsliteratur‹ par excellence. Das heißt, daß ausnahmslos alle Etappen im Leben eines Literaturwerkes gelenkt und kontrolliert wurden (oder werden sollten): Entstehung, Drucklegung und Veröffentlichung, Vertrieb und Literaturkritik, endlich Lektüre und also Wirkung. Für diesen Zweck wurde eine lückenlose Kette von Institutionen geschaffen, deren Kernstück zweifellos das sogenannte ›Druckgenehmigungsverfahren‹ war.«[380]

Im »Leseland DDR« war der Blick auf westliche Horizonte weitgehend verstellt; allerdings wurden bis zum Ende der fünfziger Jahre in der

Zeitschrift *Neue deutsche Literatur* alle wichtigen Neuerscheinungen der Bundesrepublik regelmäßig rezensiert. Man ging dort noch vom Bestand *einer* deutschen Literatur aus, was bereits damals eine Fiktion war. Vielfach bedeutete das westliche Buch Schmuggelware. Ursula Heukenkamp spricht in ihrer Untersuchung über die Wirkung der bundesrepublikanischen Literatur in der DDR von einer »Rezeption im Halbdunkel«. Als gesamtdeutsches Phänomen ergab sich dabei, daß – vor allem in der Trümmerzeit – der Lyriker Gottfried Benn sehr geschätzt wurde; selbst Becher habe seine Bewunderung nie ganz verbergen können. »Denn die Unterwerfung der Poesie unter die Politik war sein Konflikt. Dagegen kam Benn, nachdem er einmal seine Integrität dem Drang nach Anerkennung geopfert hatte, ohne den Beifall aus, der mit dem Drang nach offiziellen Ämtern und Auszeichnungen im literarischen Feld verbunden war.«[381]

Benn wurde in beiden Deutschlands als Vertreter eines »positiven Destruktivismus« empfunden – in Gegenposition zum Phänotyp des Ja-Sagers, der im Osten staatspädagogisches Erziehungsziel war und im Westen als real existierender Kapitalist bestens reüssierte.

Wieder »on the air«

Am 29. April 1945 notiert Erich Kästner in sein Tagebuch: »Heute über Tag war der Münchner Sender stundenlang still. Es war, als sende er Schweigen. Abends zehn Uhr, wir saßen im Waldcafé, rührte er sich plötzlich wieder. Und was brachte er? ›Heiße‹ Musik! Erst unkommentierte Funkstille, dann undeutschen Jazz ohne Worte, was ist geschehen? Liegt der Münchner Sender im Niemandsland? Liebt der Nachtportier amerikanische Platten?«[382] Amerikanische Truppen besetzten erst am 30. April die Anlagen Ismaning und die Funkhausruine in München; offensichtlich hatte ein Techniker für ein paar Stunden das Interregnum überbrückt. Am 12. Mai meldete sich dann der Münchner Rundfunk offiziell wieder – mit einem täglich eineinhalbstündigen Programm, das auf Nachrichten, Anweisungen der örtlichen Militärverwaltung und Suchmeldungen beschränkt war. Am 21. Mai konnte ein provisorisch installiertes kleines Studio im Keller des Münchner Funkhauses in Betrieb genommen werden. Bei Einstellungen ging man sehr unkonventionell vor. Der erste innenpolitische Kommentator Herbert Gessner hatte sich über das Programm beschwert und wurde daraufhin von den Amerikanern eingeladen, es besser zu machen. Das war auch der Grund, warum man auf Jimmy Jungermann aufmerksam wurde. Zusammen mit Werner Götze übernahm er vom amerikanischen Soldatensender AFN das Programm *Midnight in Munich* und machte es als *Mitternacht in München* zu einer der erfolgreichsten Jazz-Sendungen Europas.[383]

Die über die Rundfunksender insgesamt verbreitete Tanz- und Unterhaltungsmusik gab einen »gepflegten Ton« an, der den regressiven Sehnsüchten des Publikums entsprach: der Rückorientierung an die »Five-o'-clock-tea-Kultur«. Symptomatisch, daß 1948 die Platte *Capri-Fischer* bei Polydor (»hergestellt unter der Zulassung Nr. B 510 der Nachrichtenkontrolle der Militärregierung«), deren Urheberrecht aus dem Jahre 1943 datierte, mit großem Erfolg produziert wurde.

Die deutsche Unterhaltungsmusik der NS-Zeit, vor allem aus salon-musikalisch aufbereiteten Filmsongs, Stimmungs- und Trinkliedern, Operettenmelodien bestehend, blieb zu einem großen Teil auch nach dem Zusammenbruch von 1945 präsent (ebenso wie ihre Interpreten, die Publikumslieblinge mehrerer Jahrzehnte – von Hans Albers über Johannes Heesters, Evelyn Künneke bis zu Marika Rökk). Fast eineinhalb Jahrzehnte staatlich verordneter Pflege deutschen Liedgutes und Abwehr »artfremder« musikalischer Entwicklungen hatten die Folge, daß sich selbst in den Westzonen eine eigenständige Variante der international populären Musikkultur nur sehr zögerlich herausbilden konnte. »Die hierzulande nach 1945 mit dem Anspruch kultureller Eigenständigkeit auftretenden ›deutschen‹ Schlager waren – in Text und Melodie – in der großen Mehrzahl nur eingedeutschte, auf hiesige Hör- und Klanggewohnheiten zurechtgestutzte amerikanische Vorlagen ... Die vielfältigen und schleichenden Formen der Amerikanisierung westdeutscher Alltagskultur waren zugleich Zugeständnis an ein Publikum, dessen nationale Identität durch die traumatische Erfahrung des Zweiten Weltkriegs zwar empfindlich gestört, dessen Bewußtsein aber immer noch von der Angst vor ›Überfremdung‹ geprägt war.« (Hanna Brunhöber)[384]

In Anbetracht der Hervorhebung des nationalen Erbes spielte in der SBZ und später in der DDR die Diskussion über die Alternative Schlager oder

Volkslied eine zunehmend ideologische Rolle. Noch verwarf man nicht grundsätzlich die westlichen Schlager, denn gerade die jungen Menschen fühlten sich von ihnen angezogen; »dutzendweise wissen sie sie auswendig, tagaus, tagein trällern sie ihre Melodien«. Die »Oberlehrerkultur« der SBZ ließ jedoch keinen Zweifel, daß bedeutsame Kultur nur im Volkslied zu finden sei, denn der Hauptunterschied zwischen den beiden Genres liege in der geistigen Haltung. Das Volkslied offenbare in edler Form die besten Eigenschaften des Volkstums; seine Innerlichkeit komme aus der Tiefe des Gemüts, seine Reinheit ergreife uns unmittelbar; es gehe nicht auf Erfolg aus, benütze keine äußeren Mittel und Tricks, um seine Anziehungskraft zu erhöhen; es sei eine der schönsten Schöpfungen menschlichen Geistes - ein Geschenk. »Der Schlager dagegen ist hemmungslos in der Jagd nach dem Erfolg. Er scheut keine Mittel, ihn zu erringen, er vermeidet nicht das Gewöhnliche in der richtigen Erkenntnis, daß ein gewisser Hang zum Ordinären eine weitverbreitete menschliche Schwäche ist.«[385]

Gegenüber derart hochtrabender, ganz in der Sorge um den edlen Menschen aufgehender Kulturpädagogik - man konnte sie bis ins affirmative Sprachmuster hinein genauso bei den westlichen »Abendlandhütern« antreffen - war es erfrischend, daß das eigentliche, nicht nur die Zonen verbindende, sondern vorher sogar (in der Kriegszeit) die Fronten überbrückende Schlagerereignis der Trümmerzeit ein sehr triviales Lied war: *Lili Marleen,* Text von Hans Leip, Musik von Norbert Schulze (1940). Verbreitet war es in über fünfzig Sprachen, dargeboten von einer Vielzahl bekannter und unbekannter Interpretinnen, die sich aber fast alle an der Deutschen Lale Andersen, geborene Bunnenberg, verheiratete Wilke, orientierten. Nach dem Mai 1945 wurde die Insel Langeoog, wohin die Sängerin bei Kriegsende aus Berlin geflüchtet war - die Nationalsozialisten hatten ihre künstlerische Tätigkeit behindert (ihr auch einmal ein Auftrittsverbot erteilt) -, zum Wallfahrtsort vor allem auch alliierter Soldaten, die darauf brannten, die Andersen sehen und hören zu können. »Vor der Kaserne/vor dem großen Tor/stand eine Laterne ...« erwies sich bis in die fünfziger und sechziger Jahre hinein als mythischer Topos einer Popularkultur, die weder durch erzieherisches Sendungsbewußtsein noch ideologische Abwertung in ihrer Strahlkraft beeinträchtigt werden konnte.

Die Jeunesse dorée der Trümmerzeit verhalf freilich auch dem Jazz zu seinem ersten Durchbruch - trotz der nach wie vor vorhandenen Ressentiments der Mehrheit der Bevölkerung: »Warum zwingt man uns unartikulierte, atonale und an Urwaldtöne erinnernde Geräusche auf?«[386]

Der Jazz war 1935 für den NS-Rundfunk verboten worden; 1937 folgte die »Anordnung über unerwünschte und schädliche Musik« und die »Anordnung zum Schutz des musikalischen Kulturgutes«. Doch konnte er sich in privaten Nischen, vor allem bei oppositionell bzw. regimekritisch eingestellten Jugendlichen halten. Sein Bruder Robert, ein Jazzfan, habe während des Krieges so viele Schellackplatten besessen, daß er zehn eng beschriebene Schreibmaschinenseiten brauchte, um die rund 250 Titel, von Ambrose und Armstrong bis Fats Waller und Benny de Weille aufzuzeichnen, erzählt Walter Kempowski.[387] »Swing-Heinis« nannte man diese Jugendlichen; Swing war eine Musik von Zivilisten für Zivilisten, die im Zweiten Weltkrieg besonders auch von alliierten Soldatensendern, als Ableger der BBC an der französischen Küste installiert, verbreitet wurde. Die Musik von Benny Goodman, Tommy Dorsey, Artie Shaw und vor allem Glenn Miller begeisterte die Landser, die dann als Kriegsgefangene noch mehr in den Sog dieser Melodien gerieten. Viele deutsche Berufs- und Amateurmusiker spielten schließlich, nach Hause zurückgekehrt, in amerikanischen Clubs. Nach der Todesdroge zynisch-flotter Märsche führte die Musik der Unterdrückten die Menschen wieder zusammen. »Mit dem Zwei-Viertel-Rhythmus des Marsches schüchtert Staatsgewalt zum Gehorsam ein, beim Vier-Viertel-Rhythmus, in den man aus dem Zwei-Viertel-Rhythmus nahezu unbemerkt hinübergleiten kann, verpufft jeder Kampfgeist, entkrampft sich der Mensch und schwingt brüderlich mit allen andern im Kollektiv.« Vor allem über den Rundfunk wurde Jazz vermittelt und verbreitet. »Wir jungen und nicht mehr ganz jungen Jugendnachholer saßen nachts vor dem Radio, um zu hören, was wir endlich ungestraft hören durften: Swing von AFN, dem American Forces Network, wie der alliierte Soldatensender hieß. Wenn Mark White, der kleine, zierliche Discjockey mit der sonoren Stimme, im Programm ›Midnight in Munich‹ die Platten ankündigte und abspielte, schwelgten wir in unserem Lebensgefühl. Schon mittags hatten wir Swing getankt. Bei ›Luncheon in Munchen‹, einer täglichen Sendung aus dem ehemaligen Palais des Malers Friedrich August Kaulbach.« (O. Hassencamp)[388]

In der SBZ beurteilte man die Renaissance des Jazz – die erste deutsche Jazzschallplatte war im Osten produziert worden[389] – mit gemischten

Gefühlen; bald brach dort wieder die Zeit der Märsche und eines Massen formierenden Liedguts an. Zunächst jedoch demonstrierte man Toleranz, zumal die Unterdrückung des Jazz ein faschistisches Phänomen gewesen war. Die rote bildungsbürgerliche Kulturpolitik, die sich zunehmend auf das nationale Erbe berief, konnte sich mit den »chaotischen Klängen« dieser Musik nicht wirklich befreunden; man dürfe den Jazz nicht als Kunst begreifen (er habe mit Kunst so wenig zu tun wie ein Kriminalroman mit Goethes *Wahlverwandtschaften).* Die Musik als *Kunst* unterscheide sich von der Jazzmusik dadurch, daß sie auf einer anderen geistigen Ebene stehe; sie sei Teil unseres gesamten Geisteslebens; die Jazzmusik jedoch nicht. »Die Jazzmusik kann nur eins: durch ihre suggestive rhythmische Kraft unsern Körper in rhythmische Schwingungen versetzen.«[390](Übrigens unterschied sich eine solche Abwertung zwar sprachlich-stilistisch, aber inhaltlich kaum von der Art und Weise, wie Theodor W. Adorno im Westen den Jazz abkanzelte.)

Die zunehmend repressive Haltung gegenüber dem Jazz in der SBZ zeigte sich auch darin, daß das 1947 vom Sender Leipzig engagierte Orchester K. Henkels für lange Zeit das einzige Ensemble blieb, das der Jazztradition verpflichtet war. »Nach der Staatsgründung 1949 lösten sich die in der DDR noch erhaltenen Jazzclubs auf. Anfang der fünfziger Jahre geriet der Jazz in der DDR zunehmend unter ideologischen Druck des auf die Kanonik des ›Sozialistischen Realismus‹ verpflichteten Verbandes Deutscher Komponisten und Musikwissenschaftler, in dessen Veröffentlichungen der ›dekadente‹, ›westliche‹, ›spätimperialistische‹ Charakter des Jazz unterstrichen wurde. Viele bedeutende Jazz-Musiker, die sich in der DDR niedergelassen hatten, verließen das Land.«[391]

Am 4. Mai 1945, 10 Uhr, hatten die Engländer das unzerstörte Funkhaus an der Rothenbaumchaussee in Hamburg übernommen; um 19 Uhr erklang die englische Nationalhymne, gefolgt von der Ansage: »Hallo, hallo, this is Radio Hamburg, a Station of the Allied Military Government«.[392] Die dort eingezogene Information Control Unit stand vor der Frage: »Wie sollen wir ohne deutsche Mitarbeiter und mit sehr wenig Gerät Sendungen machen? Reporter, Redakteure, Sprecher waren in alle Winde zerstoben. Wären sie zur Stelle gewesen, hätte man sie nicht ans Mikrophon gelassen. Aber die Techniker waren da. Sie standen am 4. Mai aufgereiht, als die drei englischen Offiziere vorfuhren. Nun sollten sie etwas in Gang setzen, was der Militärregierung erlaubte, Anweisungen und Verlautbarungen durchzugeben. Die deutsche Zivilbevölkerung sollte unterrichtet werden über das, was ihr bevorstand. Es galt, die durcheinanderlaufenden Flüchtlingsströme zu ordnen und die zum Stillstand gekommene Wirtschaft in Gang zu setzen. Das alles erforderte eine verläßliche Informationsquelle. Es wurden zunächst Sendungen eingespeist, die aus Luxemburg kamen. In Luxemburg saß eine amerikanisch-englisch-französische Militärrundfunk-Organisation, die den intakten Sender 1944 vorgefunden hatte. Dort wurde an Nachrichten, Kommentaren, Features und Musik produziert, was in Hamburg ausgestrahlt werden konnte. Außerdem wurde der deutsche Dienst der BBC übernommen.« So Peter von Zahn, der zu den deutschen Mitarbeitern der »ersten Stunde« gehörte.[393] Zur Hamburger Rundfunkmannschaft stieß bald Axel Eggebrecht, den die Nazis 1933 verhaftet, dann wieder freigelassen hatten und der als Drehbuchautor für unpolitische Filme einen Unterschlupf gefunden hatte.[394]

Die französische Besatzungsmacht konnte in ihrem Zonengebiet nicht an vorhandene Sendeeinrichtungen anknüpfen; nach Radio Koblenz, das seit dem 14. Oktober 1945 ein mehrstündiges Programm sendete, wurde erst ab 31. März 1946 aus Baden-Baden, dem Sitz der französischen Zonenverwaltung, das Programm des Südwestfunks ausgestrahlt: Eine Rundfunkstation, die, wie es in General de Gaulles Anordnung hieß, »französische Sendungen in deutscher Sprache zum Gebrauch der deutschen Bevölkerung« brachte. Französische Radiokontrolleure sahen im Rundfunk eines der mächtigsten Instrumente der Propaganda, kultureller Durchdringung und politischer Orientierung; eine »lang andauernde Bevormundung« des Publikums war vorgesehen, doch wich der anfängliche Umerziehungseifer bald der Einsicht, daß eine allzu offensichtliche Propaganda auf die deutschen Hörer abschreckend wirke. Die deutschen Rundfunkmitarbeiter, an der Spitze Intendant Friedrich Bischoff, der auf seine Rundfunkerfahrungen vor 1933 zurückgreifen konnte, und Alfred Döblin mit seiner Kommentar-Reihe *Kritik der Zeit* (gegen die Autoritätsgläubigkeit der Deutschen gerichtet) konnten wesentlichen Einfluß nehmen, so daß der Sender sich bald durch ein tolerantes Profil auszeichnete.[395]

Am 4. Mai machten die Sowjets in Berlin die ersten Rundfunk-Durchsagen aus einem Übertragungswagen über den Sender Tegel; die Stadt war seit dem 2. Mai vollständig in russischer Hand. Am 18. Mai wurde das erste öffentliche Symphoniekonzert aus dem Funkhaus an der Masurenallee übertragen, gespielt vom Orchester der städtischen Oper Berlin. Das Gebäude hatte den Krieg völlig unversehrt überstanden. Da das technische und ein größerer Teil des Sprecher-Personals im Haus geblieben war – es galt als besonders sicher (zudem hatte die Belegschaft den Befehl zur Selbstzerstörung sabotiert) –, konnte der Sendebetrieb rasch aufgenommen werden. Die Russen beschränkten sich auf die äußere Kontrolle der nun für die Arbeit verantwortlichen deutschen antifaschistischen Kräfte: das waren Hans Mahle, damals 34 Jahre alt – wie Wolfgang Leonhard kein Funktionärstyp und somit von Walter Ulbricht skeptisch beurteilt –, sowie Matthäus Klein, früher Pfarrer, der als Soldat in russische Kriegsgefangenschaft geraten und Mitglied des Nationalkomitees Freies Deutschland geworden war. Da innerhalb der gemeinsamen Alliierten Kommandantur – trotz mehrerer Anläufe – keinerlei Absprache zustande kam, schufen die amerikanische und später die britische Militärregierung ihrerseits Rundfunkeinrichtungen; und zwar DIAS (Drahtfunk im amerikanischen Sektor, ab September 1945 RIAS) und im Juni 1946 eine Zweigstelle des Nordwestdeutschen Rundfunks. Der Sender Berlin blieb zunächst formal eine gesamtalliierte Einrichtung; zu seiner Eröffnung wurden die Nationalhymnen aller vier Besatzungsmächte gespielt.

In einer Bilanz der ersten Phase des Rundfunk-Aufbaus spricht Hans Bausch, der spätere Intendant des Süddeutschen Rundfunks, davon, daß unter der Anleitung der Rundfunkoffiziere die erste Generation der Mitarbeiterinnen und Mitarbeiter ihre Chancen in den Funkhäusern voll genutzt hätte. Die Rundfunkjournalisten der ersten Stunde hätten sich als Ratgeber in allen Lebenslagen, als Anwälte in Not und Bedrängnis, als Ankläger gegen Mißstände, als Anreger zu kritischem Nachdenken über die Vergangenheit betätigt. In einer Zeit, in der Zeitungen nur einmal oder zweimal wöchentlich erschienen, die zerstörten Konzertsäle und Theater noch nicht wieder aufgebaut waren, habe das Radio den Alltag des verunsicherten Bürgers intensiver als in den späteren Jahren des aufblühenden Wohlstands begleitet.

»In diesen Jahren eroberte sich der Rundfunk in Deutschland seine Glaubwürdigkeit, obwohl er im Bewußtsein der Hörer nur allmählich die Rolle des offiziellen Sprachrohrs verlor, an die sich die Bevölkerung in den Jahren der nationalsozialistischen Diktatur gewöhnt hatte.«[396]

Die Rundfunkhoheit in Deutschland war auf die Besatzungsmächte übergegangen; die Rundfunkstationen fungierten als Sender der jeweiligen Militärregierung. Die Amerikaner übernahmen die drei ehemaligen Reichssender Frankfurt, Stuttgart, München und favorisierten ein dezentrales Modell. Mit der Zunahme der Sendezeit erweiterte sich der deutsche Mitarbeiterstab, im April/Mai 1946 zählte Radio München bei einer wöchentlichen Sendezeit von 86 Stunden 7 amerikanische und 370 deutsche Mitarbeiter; nach der Ernennung von Felix Buttersack zum Chefredakteur am 11. Juli 1946 lag die Programmgestaltung wieder in deutschen Händen. Die juristische Übertragung der Funkhoheit machten die Amerikaner von der Verabschiedung eines bayerischen Rundfunkgesetzes abhängig; nach dessen Verabschiedung erhielt Radio München am 10. Oktober 1948 als erster Sender der amerikanischen Besatzungszone eine deutsche Verwaltung.[397]

Die Briten bevorzugten nach dem Vorbild der British Broadcasting Corporation (BBC) eine zentrale Rundfunkanstalt und hielten auch nach der Wiederinbetriebnahme des Kölner Funkhauses im August/September 1945 sowie der Etablierung der Länder Nordrhein-Westfalen, Niedersachsen und Schleswig-Holstein daran fest.[398] Der Nordwestdeutsche Rundfunk wurde am 1. Oktober 1946 gegründet; 1951 umfaßte er 5,1 Millionen Hörer und damit die Hälfte aller Hörer in der westlichen Besatzungszone. Daß dieser Sender für die Struktur und Qualität des Westzonen-Rundfunks von größter Bedeutsamkeit wurde, lag aber weniger an seiner Größe als an der Tatsache, daß an seiner Spitze Hugh Carleton Greene (von 1934–1939 Berliner Korrespondent des Daily Telegraph, seit 1940 Leiter der Deutschen Abteilung der BBC) stand – »ein sehr liberal denkender Mann mit viel Verständnis für die Deutschen, was nicht immer Zuneigung zu ihnen bedeutete. Er ließ häufig freimütige Kommentare zu, die die Amerikaner verärgerten und den Protest von Franzosen und Russen hervorriefen.«[399] Sein Ziel als »Chief-Controller« war eine Rundfunkorganisation: unabhängig, staatsfern, finanziert durch Gebühren, kontrolliert von Aufsichtsgremien, in die alle gesellschaftlich bedeutsamen Gruppen Vertreter entsandten.

Im Gegensatz zum freiheitlichen Polyzentrismus in den westlichen Zonen entstand für die SBZ mit dem Berliner Rundfunk ein zentralgelenkter Sender, dem weitere Landessender mit teilweise eigenen Programmen angeschlossen waren. »Inhaltlich und organisatorisch knüpften die Verantwortlichen in der SBZ beim Aufbau des neuen Rundfunks an Traditionen der Weimarer Republik und des sowjetischen Rundfunks an. So sollte der Rundfunk primär die

Schaffung einer antifaschistisch-demokratischen Ordnung, wie sie die KPD/SED propagierte, unterstützen. Infolgedessen dominierten in den literarischen und musikalischen Sendungen zunächst Texte und Stücke jener Autoren, die während der faschistischen Diktatur verboten waren. Den Inhalt vieler Informationssendungen bestimmte zunächst die Abrechnung mit der nationalsozialistischen Vergangenheit.« Am 15. August 1946 wurde die Generalintendanz des Demokratischen Rundfunks geschaffen und Hans Mahle zum Generalintendanten berufen. Der Berliner Sender wurde dem Zentralsekretariat der SED unterstellt; die Landessender hatten ab diesem Zeitpunkt nach Weisung und unter Aufsicht der deutschen Verwaltung für Volksbildung zu arbeiten. »Damit war eineinhalb Jahre nach Kriegsende in der SBZ ein weitgehend zentral gelenkter Rundfunk geschaffen worden, in dem KPD-Mitglieder bzw. in sowjetischen Antifa-Lagern geschulte Funktionäre alle entscheidenden Positionen besetzten.«[400]

Die Lizenzpresse

Für den Wiederaufbau der Medien in Deutschland hatten Experten der Alliierten schon ein Jahr vor Ende des Zweiten Weltkrieges umfangreiche Pläne ausgearbeitet; dieser sollte nach einem Dreistufenplan erfolgen: Zunächst hatte die Bevölkerung kurzfristig auf Zeitungen und den Rundfunk zu verzichten; danach würden alliierte Mitteilungsblätter erscheinen und Rundfunkstationen der Alliierten den Betrieb wiederaufnehmen; erst am Schluß sollten Lizenzen für Zeitungen vergeben werden, die auch Deutsche wieder zu publizistischer Betätigung befugten. Die westlichen Alliierten kannten aufgrund ihrer eigenen Geschichte die große Bedeutung der Publizistik für eine demokratische Gesellschaft. Es standen ihnen hervorragende Experten zur Seite, die zum einen über lange Erfahrungen mit der Pressefreiheit in England und Amerika verfügten, zum anderen sich aber auch der Fehlentwicklungen des westlichen Pressewesens bewußt waren; die Tabula rasa der Stunde Null verschaffte ihnen die Chance, idealtypische Konstruktionen im besetzten Land zu versuchen. In der deutschen Bevölkerung wiederum bestand ein großer Hunger nach Information, verstärkt durch die Einsicht, die selbst bei ehemaligen Nationalsozialisten um sich griff, daß man durch die nationalsozialistische Propaganda in unglaublicher Weise belogen worden war.[401]

Seit dem Zeitpunkt, da die Westalliierten die deutsche Grenze erreicht hatten, gaben sie jeweils in den eroberten Gebieten Armeegruppenzeitungen in deutscher Sprache heraus. Diese - insgesamt 16 amerikanische Publikationen, die dann im Herbst 1945 eingestellt wurden, und 21 britische Blätter, die bis zum Frühjahr 1946 weitergeführt wurden - waren weitgehend das Werk des Leiters des Publicity and Psychological Warfare Detachments (PWD) der 12. Armeegruppe, Hans Habe. Ihm stand der 1913 in Chemnitz geborene Schriftsteller Stefan Heym - er war 1933 in die Tschechoslowakei, dann in die USA emigriert - zur Seite (später wurde er als Angehöriger der Besatzungstruppe wegen prokommunistischer Einstellung in die USA zurückversetzt und aus der Armee entlassen, worauf er Offizierspatent und Kriegsauszeichnungen zurückgab und 1952 nach Ostberlin übersiedelte).[402]

Die Habe-Gruppe, die den vorrückenden Armeen unmittelbar folgte, vertrat den Standpunkt, daß man gerade mit Hilfe einer freien Presse den Deutschen die Fenster zur Welt wieder öffnen könne; damit stand sie im Gegensatz zum Chef der PWD, General McClure, der verlangte: »Die Deutschen sollen sich keine eigene Meinung bilden – the Germans have to be told.« Nach einigen Rückschlägen konnte sich die Habe-Richtung durchsetzen: daß nämlich »die geistige Entwicklung in Deutschland wieder in Kontakt mit den kulturellen Strömungen des Auslandes« treten müsse, um so die »Voraussetzung für den gegenseitigen Austausch von Impulsen« zu schaffen. Das war im besonderen Maße auch der Tatsache zuzuschreiben, daß die Amerikaner ab Oktober 1945 eine große überregionale Zeitung herausgaben, in der die Erfahrungen der Heeresgruppenzeitungen, die eine Auflage bis zu 4,6 Millionen Exemplaren erreicht hatten, aber auch der noch zusätzlich herausgegebenen »Organe der Militärregierungen« einflossen. Die Qualität der in der ehemaligen Druckerei des *Völkischen Beobachters* in München gedruckten *Neuen Zeitung* – mit den Chefredakteuren Hans Habe und ab Januar 1946 Hans Wallenberg (einem gebürtigen Berliner mit US-Staatsbürgerschaft, der zuvor in seiner Geburtsstadt die als amerikanische Konkurrenz zur sowjetischen *Täglichen Rundschau* entstandene *Allgemeine Zeitung* geleitet hatte) sowie mit Erich Kästner als Feuilletonchef – war so herausragend, daß sie zum Orientierungsmuster und Vorbild für die spätere deutsche Lizenzpresse werden konnte.

Die *Neue Zeitung* mit ihrem Berlin-Ableger war auch in Hinblick auf das West-Ost-Verhältnis der damaligen Zeit charakteristisch; in ihr schrieben zunächst viele Linkssozialisten und Kommunisten wie z. B. Johannes R. Becher, Anna Seghers, Stephan Hermlin, F. C. Weiskopf. Dies brachte der Redaktion freilich heftige Attacken ein, vor allem, als sich die Beziehungen zwischen den USA und der UdSSR verschlechterten. Das Blatt wurde der Linkslastigkeit bezichtigt, obwohl Wallenberg die sowjetische Politik in der Ostzone und im Ostsektor Berlins zunehmend kritisch kommentierte; (in Ostberlin wurde die *Neue Zeitung* erstmals im August 1946 beschlagnahmt); er trat im September 1947 zurück; als er ein Jahr später in die USA zurückkehrte, wurde seine Anstellung als Rundfunkredakteur bei der *Stimme Amerikas* von Protagonisten des Kalten Krieges bekämpft, allerdings ohne Auswirkung.
Viel weniger erfolgreich war das britische Pendant zur *Neuen Zeitung: Die Welt*. Die Gründung der *Welt* – nach Vorbereitungsmonaten im ersten Nachkriegswinter erschien das Blatt zum ersten Mal am 2. April 1946 – erfolgte nach keinem besonderen Konzept.
Die Briten nahmen die Aufgabe der Umerziehung sowieso eher lässig. Dennoch (oder gerade deshalb, auch aufgrund der bevorzugten Papierzuteilung) stieg die Auflage rasch auf eine Million. Die Zeitung blieb in den Augen der Öffentlichkeit ein Zwittergebilde, ohne klare Kontur. Der erste Chefredakteur Hans Zehrer scheiterte daran – und an den Einwänden der Hamburger Sozialdemokraten, die ihn als einen Mann aus dem *Tat*-Kreis vor 1933 für untragbar hielten; er wurde im Frühjahr 1946 von Rudolf Küstenmeier abgelöst.[403]

Bereits am 28. Juli 1945 hatte die Direktive Nr. 3 der PWD das Ende der westalliierten »Austerity-Politik«, also der Härte und Strenge gegenüber den Deutschen, gebracht; (in der Direktive Nr. 1 vom 22. Mai 1945 hatte es geheißen, daß der tiefe Graben, der die Besatzungsarmeen von den besiegten Deutschen trenne, ausdrücklich zu betonen sei; eine Politik der »austerity« habe an die Stelle aller Schmeicheleien, die von der psychologischen Kriegsführung als erforderlich angesehen worden waren, zu treten). Nun war der Weg frei für die Lizenzierung deutscher Zeitungen. In Fragen der Organisationsform und der detaillierteren Gestaltung der Presselandschaft sowie des Zeitpunktes für die Zulassung deutscher Zeitungen bestanden zwischen den Alliierten Unterschiede: In den Westzonen entschlossen sich als erste die Amerikaner, Lizenzzeitungen zu genehmigen; dies sollte nur Herausgeberkollegien von mindestens drei Männern unterschiedlicher politischer und weltanschaulicher Orientierung, die gemeinsam Verantwortung übernehmen mußten, ermöglicht werden (Panel-Modell); sie hatten sich zudem an laufend erteilte Direktiven zu halten, die ihnen die Tendenz von Kommentaren vorschrieb oder auch den Schwerpunkt der Berichterstattung (ein weitverzweigter Kontrollapparat wachte über die Journalisten und ihre Zeitungen). Doch wurde der neuen deutschen Presse auch der Rücken gegen die deutsche Bürokratie und ihren Hang, Informationsbegehren restriktiv zu handhaben, gestärkt.

In der englischen und französischen Zone wurden die Parteien an der Zeitungsherausgabe beteiligt, was aber nicht bedeutete, daß nur parteilich gebundene Zeitungen zugelassen wurden (Parteizeitungen hatte übrigens schon 1942 die Londoner Exil-SPD gefordert, als sie Vorstellungen für ihre Rückkehr auf den deutschen Zeitungsmarkt entwickelte). Doch kam es auch in der britischen Zone zur Gründung unabhängiger Zeitungen, zumal die parteipolitisch orientierte Tagespublizistik an ihre Grenzen stieß und der Einfluß der SED auf die Presse der Ostzone die Skepsis gegenüber »parteilicher« Journalistik verstärkte.

In der Sowjetzone erhielten bald nach der Besetzung die genehmigten Parteien Lizenzen zur Herausgabe von Tageszeitungen: vorrangig die KPD; aber auch SPD, CDU und LDPD kamen zum Zuge, wenngleich mit jeweils nur einem Blatt der Parteizentrale und je einem für die fünf Länder. »Bis 1948 lizenzierten die Sowjets insgesamt 21 Zeitungen. Die Manipulation zugunsten der Kommunisten erfolgte via Papierzuteilung: den Organen der KPD, dann (nach deren Zwangsvereinigung mit der SPD) der SED-Presse, stellte man weitaus das meiste zur Verfügung, so daß es ihr möglich war, auch publikumswirksame Lokalausgaben aufzubauen. Die inhaltliche Gleichschaltung der ›bürgerlichen‹ Blätter begann jedoch erst Ende 1947.« (Norbert Frei)

Schon am 15. Mai 1945 war das Pressevakuum – verursacht durch das Verbot jeglicher deutscher Zeitungen – von den Sowjets behoben worden: An diesem Tag erschien erstmals die *Tägliche Rundschau,* zunächst in einer kleinen Druckerei im Bezirk Neukölln, dann auf den Rotationsmaschinen des nationalsozialistischen Franz-Eher-Verlags im alten Berliner Zeitungsviertel hergestellt (dementsprechend glich, wie bei der *Neuen Zeitung* in München, die Typographie und das Format dem Zentralorgan

Verkauf der *Süddeutschen Zeitung* in München, 1946.

der früheren NSDAP, dem *Völkischen Beobachter).* Die »sowjetische Zeitung, herausgegeben in deutscher Sprache für die deutsche Bevölkerung« wurde anfangs vom Kommando der Roten Armee und nach dessen Auflösung von der sowjetischen Militäradministration (in Karlshorst) herausgegeben. Die Redakteure arbeiteten unter der persönlichen Leitung des Informationschefs der SMAD, Oberst Sergej Tulpanow, der in Heidelberg studiert hatte und an der Leningrader Universität Wirtschaftswissenschaft lehrte. »Die sowjetischen Herausgeber der *Täglichen Rundschau* bedienten sich von Anfang an der Hilfe deutscher Mitarbeiter, vor allem der ›Antifaschisten‹. Das waren ehemalige Wehrmachts-Offiziere, die – zumeist in Stalingrad – in Gefangenschaft geraten waren und in den Lagern des Nationalkomitees Freies Deutschland zu Propagandisten eines sofortigen Kriegsendes durch entsprechende Parolen an den Frontabschnitten umerzogen worden waren. Unter den deutschen Mitarbeitern befanden sich aber auch bürgerliche Journalisten, die bereit waren und geeignet erschienen, am Aufbau eines antifaschistischen Deutschlands mitzuwirken. Die verantwortlichen Ressortleiter waren Russen, ihre Stellvertreter sehr bald Deutsche. Das anfängliche Verhältnis von 120 Sowjetbürgern zu 40 Deutschen änderte sich im Laufe der kommenden Jahre bis zum Verbleib von nur 12 Sowjets am Schluß 1955.« (R. Reinhardt)[404]

Zeitungen, die bis Sommer 1947 eine Auflage von 150 000 und mehr Exemplaren erreichten, gab es in der sowjetischen Zone außerhalb Berlins nur zwei: *Die Freiheit* in Halle und die *Märkische Volksstimme* in Potsdam. In Dresden, wo die letzte Zeitung des Dritten Reiches am letzten Tag des Zweiten Weltkrieges hergestellt wurde (Nr. 105 des *Freiheitskampfes*, sie wurde freilich nicht mehr ausgeliefert), gab es zunächst ein schlichtweg *Tageszeitung* genanntes Blatt (am 22. Mai 1945 zum ersten Mal gedruckt); es ging am 1. August in der *Täglichen Rundschau* auf, die sich vor allem wegen ihres ausgezeichneten Feuilletons, ähnlich wie die *Neue Zeitung*, großen Ansehens erfreute.

Ab 21. Mai erschien die *Berliner Zeitung* (herausgegeben im Auftrag des Magistrats der Stadt Berlin unter Chefredakteur Rudolf Herrnstadt); am 12. Juni gab es die erste Ausgabe einer *Deutschen Volkszeitung*, Organ der neugegründeten Kommunistischen Partei Deutschlands (KPD), ihr folgten bald Parteizeitungen der Sozialdemokraten *(Das Volk)* und Organe der späteren Blockparteien (CDU: *Die neue Zeit;* LDP: *Der Morgen)*. Zum wichtigsten SED-Blatt entwickelte sich dann das *Neue Deutschland*, erstmals erschienen am 23. April 1946. »Tags zuvor hatten sich in Berlin KPD und SPD zur SED zusammengeschlossen. Natürlich berichtete das ND darüber in seiner ersten Ausgabe ausführlich. Ein *Manifest an das Deutsche Volk* verkündete auf der Titelseite den Aufbruch in eine bessere Zeit. Auf Seite sechs freute sich der Schauspieler Hans Albers, nach langer Abwesenheit wieder in Berlin zu sein und grüßte freundlich die ND-Leser. Die Anfangsjahre waren wahrscheinlich die besten in der 50jährigen ND-Geschichte. Es gab streitbare Artikel und kontroverse Debatten. Zwischen SED-Führung und Redaktion kam es zu Meinungsverschiedenheiten. Die Chefredakteure Lex Ende und Rudolf Herrnstadt wurden entfernt, als sie Kritik am Kurs von Walter Ulbricht übten. Nach dem 17. Juni 1953 verkam das Blatt immer mehr zum Verlautbarungsorgan.«[405]

Pioniergeist, Aufbaustimmung und alliierte Protegierung bestimmten den Aufschwung der ersten Wochenzeitungen; unter diesen erwies sich *Die Zeit* - mit der ersten Nummer am 21. 2. 1946 - als die bedeutendste Neugründung (Lizenzträger waren Lovis H. Lorenz, bis 1944 Chefredakteur der Illustrierten *Die Woche;* Richard Tüngel, von Hause aus Architekt, der sich nach 1933 als Schriftsteller durchgeschlagen hatte; Ewald Schmidt di Simoni, u. a. Vertriebschef der früheren *Frankfurter Zeitung;* Gerd Bucerius, Rechtsanwalt, Mitglied der ersten von der Militärregierung ernannten Hamburger Bürgerschaft, im Senat dann zuständig für das Bauwesen).

Für Kontinuität innerhalb der wechselvollen *Zeit*-Geschichte (mit manch interner Streitigkeit) sorgte Gerd Bucerius, später einer der großen Pressezaren der Bundesrepublik: Im November 1949 kaufte er (zusammen mit Ewald Schmidt di Simoni) treuhänderisch für *Die Zeit* fünfzig Prozent der Anteile des Verlages, der die Illustrierte *Stern* unter Henri Nannen herausgab, was sein Presse-Imperium begründete. 1946 war er 30 Jahre alt; er gehörte der CDU an, war mit einer Jüdin verheiratet und hatte sich in der Zeit des Nationalsozialismus als aktiver Verteidiger und schützender Helfer der vom Regime Verfolgten erwiesen. Als erster Schriftleiter fungierte Ernst Samhaber, der wegen zu scharfer Kritik an den Besatzungsmächten bald ausscheiden mußte.[406]
Den politisch liberal-konservativen Kurs des Blattes bestimmte in der ersten Phase maßgebend Ernst Friedlaender, Sohn eines jüdischen Arztes aus Breslau, Kriegsfreiwilliger 1914, der den größten Teil der Nazi-Zeit im Ausland verbracht hatte. 1946 zog er mit seiner Familie aus Vaduz nach Hamburg, um dort inmitten von Zerstörung und Hunger sein Brot zu verdienen. »Der ›Unbelastete‹, Unverdächtige hatte allerdings Dinge zu sagen, die keiner von uns anderen Herausgebern der *Zeit* hätte sagen können.« (Gerd Bucerius)[407]
Der Kampf der *Zeit* gegen das Nürnberger Tribunal, vor allem was die zwölf Folgeprozesse betraf – Richard Tüngel empfand geradezu Haß gegenüber dem Chefankläger Robert M. Kempner –, zeigte, daß in der Redaktion eine reaktionäre Tendenz einsetzte, freilich konterkariert durch das Eintreten der Zeitung für die Männer des 20. Juli 1944, deren Vermächtnis besonders durch die Zeitzeugin Marion Gräfin Dönhoff weitergegeben wurde; sie prägte dann auch zunehmend das liberale Profil der Wochenzeitung. (Marion Gräfin Dönhoff, 1909 auf Gut Friedrichstein in Ostpreußen geboren; Studium der Volkswirtschaft in Frankfurt am Main und in Basel, wo sie 1935 zum Dr. rer.

pol. promovierte; sie hatte 1945 zu Pferd Ostpreußen vor den anrückenden sowjetischen Truppen verlassen.)[408]

Am 4. Januar 1947 erschien die erste Nummer des *Spiegel* als Nachfolgepublikation von *Diese Woche* (die nur sechs Wochen bestanden hatte); »die für die Herausgabe zuständigen britischen Behörden haben entschieden, daß die Zeitschrift nun unter unabhängiger deutscher Leitung herauskommen kann«. Unter den Redakteuren fungierte an erster Stelle Rudolf Augstein, damals 24 Jahre alt – wenige Jahre später alleiniger Herausgeber. Die Entstehungsgeschichte des *Spiegel*, der erfolgreichsten Wochenzeitschrift der Bundesrepublik, ging auf den Einfall des Major John Chaloner, stellvertretender Presseoffizier der britischen Militärregierung in Hannover, zurück; er meinte Anfang 1946, daß den Deutschen ein Nachrichtenmagazin guttäte; er dachte dabei aber weniger an amerikanische Vorbilder wie *Times*, sondern mehr an das britische Magazin *News Review*, in dem abstrakte politische Vorgänge durch handelnde Personen als Alltagsmenschen vorgestellt wurden. Chaloner entwarf ein deutsches Pendant dazu; die erste Probenummer trug das Datum vom 29. März 1946; diese inspirierte sowohl den britischen Stabsfeldwebel Harry Bohrer, der aus Prag stammte und in Hannover Zeitungen zu kontrollieren hatte, wie auch den Stabsfeldwebel Henry Ormond, einen nach England emigrierten deutschen Juristen, der etwas von Betriebswirtschaft verstand und Geld, Papier, Räume, den Drucker, Transportmittel, Fernschreiber beschaffte (er zog dann auch den Vertrieb und die Anzeigenabteilung auf), zum Mitmachen. Deutsches Personal wurde gesucht – Augstein eingestellt, ausgestattet mit dem Wissensstoff, den ein hannoversches Gymnasium ihm bis zum Kriegsabitur vermittelt hatte, und versehen mit den Erfahrungen von drei Jahren Artillerie. *Diese Woche*, mit einem Leserbrief von Victor Gollancz (»Hunger an der Ruhr«) – »die Schamlosigkeit der (britischen) Regierung wird immer größer« – an der Spitze, war mit ihren 15 000 Exemplaren für je eine Reichsmark im Nu vergriffen. Britische Stellen äußerten ihr Befremden; weitere Artikel riefen Beschwerden der Sowjets und Franzosen hervor. Die Briten bei der Kontrollkommission in Berlin ordneten an, daß die Engländer sich aus dem Blatt zurückzuziehen hätten; Major Chaloner konnte jedoch erreichen, daß dem Magazin erlaubt wurde, unter anderem Namen, als deutsche Zeitschrift mit britischer Lizenz, weiterzubestehen. Augstein ersann den neuen Titel: *Der Spiegel.* »Wenn ich Verdienste an dieser Zeitung habe, dann war dies das größte Verdienst. Der Titel ist einfach gut.«[409]

1946 erschien erstmals die *Allgemeine Wochenzeitung der Juden in Deutschland,* ein Organ der nach Deutschland zurückgekehrten Juden. Ab 1. 1. 1947 wurde der *Rheinische Merkur,* unter der Leitung von Franz Albert Kramer, der acht Jahre in der Emigration verbracht hatte und nun nach Koblenz gekommen war, als Wochenblatt herausgebracht; gedacht war an einen »Meldegänger christlich-katholischer Botschaft«. Vorbild war der alte *Rheinische Merkur* der Jahre 1815 bis 1816, herausgegeben von Joseph Görres. Im Februar 1948 entstand das *Deutsche Allgemeine Sonntagsblatt* als »Unabhängige Wochenzeitung für Politik, Wirtschaft und Kultur«, herausgegeben von dem damaligen Landesbischof Dr. Hanns Lilje, Hannover. Hinter der Namengebung stand der Gedanke, durch »überregionale, mit hohem politischen, wirtschaftlichen und kulturellen Anspruch geleistete Arbeit einen oft mißverstandenen Gattungsbegriff aufwerten zu helfen«.[410] Die Lizenzierung von *Christ und Welt* erfolgte wenige Tage vor der Währungsreform, im Juni 1948; Eugen Gerstenmeier, der Leiter des Hilfswerks der Evangelischen Kirche, zeichnete verantwortlich für dieses zunächst als »Informationsblatt« bezeichnete Organ. Klaus Mehnert, aus Ostasien heimgekehrt, wurde Chefredakteur; weitere konservative Journalisten wurden für die Mitarbeit gewonnen, darunter auch solche, deren Haltung im Dritten Reich keineswegs unumstritten war.

Der Aufstieg des Pressewesens war eng verknüpft mit einem Neubeginn bei den Nachrichtenagenturen. Bis Ende 1945 war von zentraler Bedeutung der *Allied Press Service* (APS), London, an dessen Gründung der ehemalige Ullstein-Journalist Peter de Mendelssohn mitgewirkt hatte. Ab Juni 1945 gab es sowohl für die amerikanische wie die englische Zone einen *German News Service* (GNS). Das Unternehmen wurde dann umgetauft und belieferte als *Deutsche Allgemeine Nachrichtenagentur* (Dana, ab 1947 Dena) die amerikanisch lizenzierten Blätter. Im Oktober 1946 entstand der *Allgemeine Deutsche Nachrichtendienst* (ADN); der von den Engländern in Hamburg betriebene GNS hieß ab Dezember 1945 *Deutscher Presse Dienst* (dpd). Die Franzosen gründeten in Baden-Baden die *Rhenia,* später *Süddena.* Erheblich länger als im Zeitungs- und Zeitschriftenbereich behielten sich die Alliierten bei den Agenturen die unmittelbare Leitung vor; bis 1947 blieben die Wirkungsmöglichkeiten für Deutsche auf redaktionelle Mitarbeit beschränkt. Nachdem Dena und dpd im Juli 1947 Lizenzverlegern übertragen worden waren, fusionierten sie 1949 zur *Deutschen Presse-Agentur,* dpa. Chefredakteur Fritz Sänger, SPD-Mitglied, dessen Berufung der eben gewählte Bundeskanzler Konrad Adenauer hatte verhindern wollen, veranlaßte als erste Meldung folgenden Text: »Die Pflege der objektiven Nachricht und die Unabhängigkeit von jeder staatlichen, parteipolitischen und wirtschaftlichen Interessengruppe werden das Merkmal der neuen Agentur sein.«

Flucht in die Zeitschrift

Unter Eintrag vom 7. September 1945 berichtet Ursula von Kardorff, die von 1939 bis 1945 Feuilleton-Redakteurin bei der *Deutschen Allgemeinen Zeitung* in Berlin gewesen war und dann 1948 Redaktionsmitglied der *Süddeutschen Zeitung* wurde, daß ihr nun in Hamburg lebender Kollege Jürgen Schüddekopf mitgeteilt habe, daß man »dort oben« viele Pläne habe: Zahlreiche Projekte von Zeitschriften und Zeitungen seien im Entstehen; allein für Hamburg plane man über 300 Zeitungen und über 100 Zeitschriften.[411]

Eine Zeitschrifteneuphorie war nicht nur in Hamburg, sondern allerorten ausgebrochen. Trotz der Papierknappheit, trotz technischer wie organisatorischer Hemmnisse und Behinderungen stieg die Zahl der neugegründeten Zeitschriften in erstaunlichem Tempo: »Politik, Wirtschaft, Technik, Recht, Bildung, Wissenschaften, Kunst und Literatur, Theologie und Philosophie in verwirrender Vielfalt und Fülle. Darunter waren nicht wenige Zeitschriften von hohem Niveau. Etwa 150–250 kulturpolitische Zeitschriften, strengste Maßstäbe vorausgesetzt, gab es damals in Millionen Exemplaren. Deutschland war das Zeitschriftenparadies für ein paar Jahre. Nach dem Stau von zwölf Jahren ergoß sich mit Vehemenz, was in Schubladen versteckt, in Köpfen verborgen gewesen war. Zum ersten Mal erreichten Emigranten wieder ein deutsches Publikum. Bei dem Elend war es eine Lust, in Freiheit zu schreiben und zu lesen.«[412] Im Rückblick sprach Hartmann Goertz von einer »Flucht in die Zeitschrift«.[413]

Realiter hatte ein Volk, das den totalen Krieg, den totalen Sieg gewollt hatte und nun die totale Niederlage durchleiden mußte, nichts mehr zu sagen; geistig aber identifizierte es sich mit denjenigen, die den Mut und die Fähigkeit aufbrachten, sich mit eigener Stimme zu melden. Die Zeitschriftengründer und Zeitschriftenautoren waren in ihrer überwältigenden Mehrheit zu solcher Selbständigkeit dadurch legitimiert, daß sie entweder im Dritten Reich Widerstand geleistet hatten und entsprechend verfolgt gewesen waren oder sich zur inneren Emigration gehörig fühlen konnten; sie waren nicht auf eine Umerziehung von außen angewiesen, sondern forderten dazu auf, diese aus eigener Kraft zu vollziehen. Der Reedukation-Politik der westlichen Alliierten standen sie insgesamt positiv gegenüber; doch versuchte man, auch hier eine eigenständige Position zu beziehen.

Mit bewegten und bewegenden Worten wird der Wille zur geistigen Konzentration aufs Wesentliche bekundet; dieses Wesentliche war Überlieferung, Besinnung, Erneuerung, Wandlung, Aufbau. Die Namen der Zeitschriften, die entweder mit ihrer ersten Nummer 1945 erschienen oder deren Herausgabe für 1946 vorbereitet wurde, bekundeten idealistisches Engagement: *Aufbau, Aussaat, Das neue Wort, Die Sammlung, Die Pforte, Die Kommenden, Begegnung, Besinnung, Bogen, Einheit, Ende und Anfang, Die Fähre, Frischer Wind, Gegenwart, Geist und Tat, Das Goldene Tor, Horizont, Merkur, Neubau, Neues Abendland, Neues Europa, Neue Ordnung, Prisma, Standpunkt, Umschau, Weltstimmen, Zeitwende, Die Wandlung.*

Rudolf Pechel schrieb in Nr. 3/1945 des *Aufbau,* herausgegeben vom »Kulturbund zur demokratischen Erneuerung Deutschlands« – der bedeutendsten Publikation unter den in der SBZ entstandenen Zeitschriften –, daß man jetzt wieder ganz einfach reden und schreiben lernen müsse, voll Mißtrauen gegen große Worte und tönende Phrasen; die innere Sauberkeit müsse auch in der Sprache zum Ausdruck kommen und die seelische Entgiftung dürfe gerade vor der Sprache nicht Halt machen. Dazu gehöre ein hohes Maß von Selbstkontrolle.[414] Ähnlich wie der *Aufbau* war die von Alfred Kantorowicz herausgegebene Zeitschrift *Ost und West* (von allen vier Besatzungsmächten lizenziert) darauf ausgerichtet, das Gemeinsame der neuen kulturellen Bemühungen in allen Zonen herauszustellen; angesichts des zunehmenden Kalten Krieges scheiterte die Zeitschrift jedoch 1949, während *Sinn und Form* – 1949 bis 1962 unter Peter Huchels Leitung – sich ihren internationalen Rang erhalten konnte, doch geriet Huchel als Parteiloser von Anfang an in Konflikte, die er bis zu seinem Ausscheiden durch »bewegliche Standfestigkeit« meisterte.[415]

Zum größten Zeitschriftenkrach im Westen kam es, als im April 1947 Nr. 17 des erstmals am 15. August 1946 erschienenen *Ruf* nicht mehr genehmigt wurde; dort war ein Artikel mit scharfer, unabhängiger Linkstendenz veröffentlicht worden. Der Herausgeber Alfred Andersch und der Chefredakteur Hans Werner Richter, die 1945 in amerikanischer Kriegsgefangenschaft an der Zeitung gleichen Namens für die deutschen Kriegsgefangenen in der USA mitgewirkt hatten, mußten gehen; die Lizenz ging auf Erich Kuby, der in der Publikationsabteilung der amerikanischen Militärregierung arbeitete, über (bis 1948).

Man sei aggressiv, überheblich, arrogant gewesen, gestand Hans Werner Richter im nachhinein ein. Peter de Mendelssohn, englischer Presseoffizier, äußerte, man habe den Mund damals doch sehr voll genommen. Doch war gerade die erste Phase des *Ruf* deshalb so erfolgreich, weil dieser ein ungestümes junges Deutschland vertrat, das sich der Jugend Europas verpflichtet fühlte (»Humanistisch sei Europas Jugend in ihrem unerschöpflichen Hunger nach Freiheit«), die Kollektivschuld ablehnte und die Maßnahmen der amerikanischen Militärregierung kritisierte. Mit der vierten Nummer erreichte *Der Ruf* bereits die Grenze von 100 000 verkauften Exemplaren; er wurde vor allem von Kriegsheimkehrern gelesen.

Bei fast allen Zeitschriften spielten literarische oder kunstbezogene Themen eine große Rolle. Literatur sei dabei Asyl gewesen, meinte Heinrich Vormweg.[416] Sicherlich entsprach dies der herkömmlichen deutschen Werte-Hierarchie (von den Höhen der Kultur zu den Niederungen der Politik); doch war man auch bereit, die negativen Erfahrungen mit bildungsbürgerlichem Bewußtsein anzugehen: nämlich die Trennung zwischen Denken und Handeln aufzuheben, sich um eine politische Kultur und eine kulturelle Politik zu bemühen.[417] So wies eine große Zahl dieser Zeitschriften auf die Verbindung von Kultur und Politik im Untertitel hin: »Zeitschrift für Kultur und Politik« *(Frankfurter Hefte)*; »Kulturpolitische Monatsschrift« *(Aufbau)*; »Halbmonatsschrift für Völkerverständigung, Kultur, Politik, Wissenschaft« *(Neues Europa)*; »Beiträge zu kulturellen und politischen Fragen der Zeit« *(Ost und West)*; »Zeitschrift für Politik, Kultur und Geschichte« *(Neues Abendland)*; »Zeitschrift für politische, soziale und kulturelle Neugestaltung« *(Das neue Wort)*. Die Editorials bestätigen den Eindruck, daß der Kombination beider Begriffe ein programmatischer Stellenwert zukam. Zusammenfassend wurde dieser Bereich oft als das »Geistige« umschrieben. Aber im Verständnis vieler Autoren umfaßte »Kultur« doch mehr. In Zusammenhang mit ihr ist in Leitartikeln die Rede von »öffentlichem Geist«, vom »Anfang einer neuen Kultur«, dem »Wiedererwachen des geistigen Lebens«.

Die politische Kultur im Nachkriegsdeutschland wurde durch die vielen Zeitschriften auf sehr positive Weise beeinflußt: die Bildung demokratischer und republikanischer Identität befördert, der geistige Horizont wesentlich ausgeweitet. In einer Stunde äußersten physischen und geistigen Elends, der Unfähigkeit zu kritischem Denken, der Anfälligkeit für die geringsten Tröstungen (Heinrich Vormweg)[418] trugen die Zeitschriften dazu bei, daß das materielle Elend sublimiert, der ideologische Wahn abgebaut, kritisches Denken erneuert und Kultur als Lebenshilfe empfunden werden konnte.

Ein gewisser Provinzialismus war dennoch bei den deutschen Zeitschriften dieser Zeit unübersehbar, zumal ein Großteil der Autoren im Dritten Reich von der geistigen Entwicklung in der Welt abgeschnitten gewesen war. Hier schloß *Der Monat*, im Oktober 1948 erstmals erschienen – »Forum einer offenen Aussprache und Auseinandersetzung auf Grundlage freier Meinungsäußerung« mit dem Ziel, »einer möglichst großen Zahl verschiedener Stimmen aus Deutschland und allen Teilen der Welt Gehör zu verschaffen« –, nicht nur eine Lücke; er wurde, unterstützt von amerikanischem Geld (auch durch Zuwendungen des amerikanischen Geheimdienstes), zu einem führenden Forum westlichen, dezidiert antikommunistischen freien Geistes. Melvin J. Lasky, geboren 1920, 1942 bis 1943 Literaturredakteur des *New Leader*, 1944 bis 1945 Kriegsberichterstatter, 1946 bis 1948 Auslandskorrespondent, unterstützt von dem deutschen Journalisten Hellmut Jaesrich (dem literarischen Gewissen der Redaktion), war ein Chefredakteur, der mit großem Gespür für Aktualität und Qualität bedeutende Autoren des Westens (darunter Bertrand Russell, Arnold J. Toynbee, James Burnham, Aldous Huxley, Benedetto Croce, Wilhelm Röpke, Paul Tillich, Joseph Schumpeter, T. S. Eliot, Thomas Mann, George Orwell, Ernst Robert Curtius, W. H. Auden) zu einer Auseinandersetzung zusammenführte, die abendländisches Bewußtsein gleichermaßen tradierte wie problematisierte. Junge deutsche Autoren wurden entdeckt und so in die internationale Szene eingeführt. Im Vorspann des ersten Heftes hieß es, daß noch nie zuvor die Schatten des Krieges und der brutalen Gewalt so schwarz und drohend über jedem einzelnen Bürger fast jeden Landes hingen. Es sei deshalb nicht genug damit getan, nur zu begreifen – so notwendig diese erste Voraussetzung auch sei. »Man muß über sie hinaus zum Protest, zur Tat fortschreiten, wenn es nötig ist. Denn nur wenn man nach der erworbenen Erkenntnis handelt, ist man ganz der Devise des größten deutschen Philosophen würdig: ›Die höchste Aufgabe des Menschen ist zu wissen, was einer sein muß, um ein Mensch zu sein.‹ (Immanuel Kant)«[419]

Kinoboom und filmische Fastenzeit

Die nationalsozialistische Filmindustrie – vor allem die seit 1942 im UFA-Konzern (UFA-Film GmbH) zusammengefaßten reichseigenen Betriebe – produzierte bis in die letzten Tage des Zweiten Weltkrieges; doch gab es nur noch wenige unzerstörte Kinos.[420] Bis Ende 1945 waren jedoch schon 1150 Kinos im Gebiet der westlichen Besatzungszonen wiedereröffnet worden (von 6484 Lichtspieltheatern im Jahre 1944); die Zahl verdoppelte sich fast bis 1946 (2125) und stieg dann bis Ende 1947 auf 2850, Ende 1948 auf 2950 und Ende 1949 auf 3360 Kinos an.

Das Kino war in West wie Ost neben dem Rundfunk eine der wenigen Möglichkeiten, sich unterhalten und informieren zu können; es bildete in der Stadt wie auf dem Lande einen Mittelpunkt des gesellschaftlichen und kulturellen Lebens: Da saß man also wieder »in den verdunkelten Räumen, vor jener magischen weißen Wand, auf der eine photographische Scheinwirklichkeit ihren alten Zauber entfaltete«. Hermann Kadow, der im August 1946 in den *Frankfurter Heften* »Kino von innen und außen« betrachtete, stellte fest, daß vor allem in den ländlichen Gebieten, wo die kleinen Filmtheater und Kinohäuser überwiegend erhalten geblieben waren, das Publikum (durch die Kriegsevakuierung neu gemischt) sich zwar wieder mit dem alten Vergnügen »füttern« ließ, aber nicht mehr mit jener unbedingten Begeisterung, die vor der Zerstörung der alten Welt so natürlich gewesen sei. »Die Urteile und Meinungen sind merklich kritischer geworden.«[421]

Die erste Filmaufführung nach Kriegsende in Berlin, 1945.

Ein wichtiges Instrument der alliierten Filmarbeit in den ersten Nachkriegsjahren stellte die Wochenschau dar; die von den Engländern und Amerikanern produzierte *Welt im Film* wurde in ihrer ersten Ausgabe bereits am 18. Mai 1945 in deutsche Kinos gebracht. Im Mittelpunkt stand die Präsentation der Besatzungsmächte als Garanten der Gerechtigkeit und als Helfer beim demokratischen politischen Wiederaufbau. Zunächst wurde ausführlich über die Abrechnung mit den Verbrechen der NS-Zeit berichtet, ab Sommer 1946 jedoch von jeder Schuldzuweisung an die deutsche Bevölkerung abgerückt. Die Unterhaltung nahm nun bei der *Wochenschau* mit einem Drittel der Stories einen starken Teil ein; übrigens gab es während der ersten Jahre kaum Berichte aus der sowjetisch bzw. französisch besetzten Zone.

Was die neue deutsche Filmproduktion betraf, so wurde das wenig zerstörte Filmgelände Berlin-Babelsberg zum Sitz der DEFA, die in enger

Zusammenarbeit mit der sowjetischen Militäradministration am 15. Oktober 1946 mit Wolfgang Staudtes *Die Mörder sind unter uns* den ersten deutschen Spielfilm nach dem Krieg herausbrachte. »Das Thema kann als programmatisch für die Entwicklung des DEFA-Films gelten; dessen engagierte Auseinandersetzung mit deutscher Vergangenheit blieb ein wesentlicher Bestandteil der DEFA-Produktion.« (Als paradigmatisch können hier drei Kurt-Maetzig-Filme: *Ehe im Schatten,* 1947, *Die Buntkarierten,* 1949, und *Rat der Götter,* 1950, gelten.) Neben solchen politischen Sujets erfreuten sich Historienfilme, Literaturverfilmungen und Biographien größter Beliebtheit.[422]

In den westlichen Besatzungszonen war der erste Film (mit britischer Lizenz), *Sag die Wahrheit,* ein belangloses Lustspiel. Im Juli 1947 brachte die Hamburger Camera-Film GmbH, mit Helmut Käutner als künstlerischem Leiter, der auch Regie führte, den Film *In jenen Tagen* heraus. In sieben Episoden erzählt ein altes Auto, das unmittelbar nach dem Krieg von zwei Mechanikern ausgeschlachtet wird, seine wechselvolle Geschichte: Berichtet wird von Menschen, die im Nationalsozialismus politische und rassische Verfolgung erleiden mußten, die Widerstand leisteten und ermordet wurden, die im Krieg umkamen oder aus dem Osten noch flüchten konnten.

Der erste Film, der mit amerikanischer Lizenz uraufgeführt wurde, war der in Berlin-West hergestellte, im Dezember 1947 gezeigte Film *Und über uns der Himmel* mit Hans Albers in der Hauptrolle (Regie: Josef von Baky). In diesem Film kehrt ein Mann aus dem Krieg heim; er gerät in das Neuberliner Leben, pendelnd zwischen Hunger, Not und Hochstapelei, und in die Klauen des Schwarzhandels; sein Sohn kommt ebenfalls aus dem Krieg heim, erblindet; doch findet er das Augenlicht wieder und sieht nun seinen Vater auf dem Wege der zeitgemäßen Untugend wandeln. »Er rebelliert, trennt sich vom väterlichen Hause, arbeitet und führt am Ende den lieben Erzeuger in die Armut und in den Anstand zurück. Sie wollen es auf redliche Weise versuchen.«[423]

An die Filmpause, wie sie der Zusammenbruch mit sich gebracht hatte, waren mancherlei Hoffnungen geknüpft. 1945 meinte der Filmregisseur Harald Braun, daß sie in einem tieferen Sinne notwendig sein könne. Es sei eine alte diätetische Erfahrung, daß es nach Zeiten eines besonders konzentrierten und angespannten Lebens kaum ein besseres Mittel der Regeneration gebe als eine verhängte Fastenzeit, so schwer sie dem einzelnen auch falle. Der deutsche Film der letzten dreizehn Jahre habe den fragwürdigen Vorzug gehabt, sich der besonderen Aufmerksamkeit und »Betreuung« der diktatorischen Stellen zu erfreuen; die propagandistischen Möglichkeiten des Films seien zum absolut beherrschenden Gesichtspunkt geworden. Das zukünftige Filmschaffen sei ideell auszurichten: die Ordnung des freien künstlerischen Spiels wolle erarbeitet, der Humor neu erfahren und erlebt sein. Wenn es einen gemeinsamen Nenner für all diese, so fremd gewordenen und neu zu bewältigenden Aufgaben gebe, so könne dies nur die Forderung sein, »daß die Filme, an denen wir arbeiten wollen, den Menschen helfen möchten, mit dem schweren Leben leichter fertig zu werden«.

»Ob wir es erfreulich finden oder nicht, niemand kann heute so tun, im Leben nicht, auf dem Theater nicht, im Film nicht, als habe es die Schuld, die Wirrnis, den Tod und die Angst der letzten Jahre überhaupt nicht gegeben. Wir wollen gewiß nicht nur ›Zeitfilme‹ produzieren, aber Filme, die - mögen sie noch so heiter und zeitlos und kostümiert sein - gespeist sind aus dem dunklen Brunnen unseres Schicksals, und die uns helfen, uns mit diesem Schicksal zu behaupten.«[424] (Harald Braun)

Was nach der »filmischen Fastenzeit« in den darauffolgenden Jahren entstand, war von unterschiedlicher, jedoch - von wenigen Ausnahmen abgesehen (neben den erwähnten Filmen auch *Ehe im Schatten* und *Zwischen gestern und morgen)* - kaum herausragender Qualität. So blickte man mit Bewunderung und Neid auf den italienischen Film, der mit seinem Neorealismus eine neue Phase der Filmgeschichte einleitete. Roberto Rossellinis Meisterwerk *Rom - offene Stadt* (1944/45) und dann *Paisà* (1947), *Deutschland im Jahre Null* (1947) schilderten den Zusammenbruch des Faschismus im eher dokumentarischen Stil einer Chronik, während Vittorio de Sica, meist zusammen mit dem Autor Cesare Zavattini, von Anfang an auf die dramaturgisch durchkomponierte Handlung setzte *(Schuhputzer,* 1946, *Fahrraddiebe,* 1948).[425] Als Erich Kästner sich im November 1947 in Zürich aufhält und den Film *Schuhputzer* sieht, ist er tief beeindruckt: »Der von de Sica gedrehte Film *Sciuscia* - er schildert das Schicksal der vom Schwarzen Markt ins Jugendgefängnis geratenen und dort seelisch und körperlich zugrunde gehenden Kinder - ist einer der erschütterndsten sozialen Filme, die seit dem *Panzerkreuzer Potemkin* entstanden sind.«[426]

Mit der Währungsreform waren selbst Wagnisse der »kleineren Art«

nicht mehr gefragt. Regisseure und Produzenten interpretierten und antizipierten den Massengeschmack als Sehnsucht nach parfümierter Idyllik. Es gab zwar noch Trümmer, aber Trümmerfilme wollte man nicht mehr sehen; die Woge der Heimatfilme brach über das Kino herein – und die Kasse stimmte. Der UFA-Stil war unverwüstlich; der erste deutsche Nachkriegs-Heimatfilm, der wieder voll (noch dazu in Farbe) in Operettenseligkeit schwelgte, hieß *Schwarzwaldmädel* (1950).

Die Kunst verlässt die Katakombe

Die Unterdrückung eines freien und pluralistischen Kulturlebens durch die Nationalsozialisten erreichte im Sommer 1937 mit der Ausstellung »Entartete Kunst« in München einen Höhepunkt (täglich etwa 20 000, meist zustimmende Besucher).

Im Mai 1938 wurde ein Gesetz über die Einziehung von Erzeugnissen entarteter Kunst erlassen, das auch die entschädigungslose Enteignung von privaten Sammlungen moderner Kunst vorsah; zahlreiche Kunstwerke wurden zur Devisenbeschaffung ins Ausland verkauft, 4000 Bilder 1939 in Berlin öffentlich verbrannt. Viele Künstler flohen, wurden mit Arbeitsverbot belegt oder versuchten, im Untergrund bzw. in der inneren Emigration zu überleben.

»Kunst in der Katakombe« – mit diesem Topos beschrieb Bruno E. Werner die Situation all derjenigen im Dritten Reich, die nach einer neuen Aussage, einer neuen Ausdruckskraft und nach Formen strebten, wie sie ihrem Erlebnis der Zeit entsprochen hätten. Keiner dieser Künstler, die meist zwischen 55 und 70 Jahre alt waren, durfte nach 1937 in Deutschland mehr ausstellen. Die einen, wie Karl Hofer, Ernst Barlach, Emil Nolde, Karl Schmidt-Rottluff, Max Pechstein, Erich Heckel, Otto Dix, waren im Lande geblieben und arbeiteten im verborgenen; andere, wie Max Beckmann, Max Ernst, Oskar Kokoschka, Josef Scharl, hatten Deutschland verlassen, um sich, oft mit großen Schwierigkeiten, eine neue Existenz aufzubauen. Das gleiche galt für junge Künstler, soweit sie ihren »entarteten« Lehrern folgten; sie arbeiteten im Untergrund und waren oft noch einsamer. Oder sie gingen ins Ausland; viele wurden vergessen.[427] Dann gab es die Künstler, die im Dritten Reich Zugeständnisse gemacht hatten; vor allem die figürlichen Bildhauer, wie etwa der 1947 verstorbene Georg Kolbe, waren den Nationalsozialisten durchaus genehm gewesen. An dem Beispiel des Landschaftsmalers Emil Nolde, dessen Schicksal im Dritten Reich Siegfried Lenz in seinem Roman *Deutschstunde* (1968) aufgriff, wurde das ambivalente Verhalten vieler Künstler (aller Sparten) besonders deutlich. Schon vor 1933 hatte er Memoiren geschrieben, in denen er deutsch-völkische Kunst, das, was man später »Blut-und-Boden-Kunst« nannte, propagierte und gegen Cézanne und die französische Kunst polemisierte. 1928 war er in die NSDAP eingetreten.[428]

Mit der Befreiung vom Nationalsozialismus erfolgte der Aufbruch und Ausbruch aus der Katakombe. Das war ein mühseliger Weg. Man reiste durchs Land; Aquarelle, Gemälde, auch Kleinplastik im Rucksack; machte Besuche in Museen, von denen man hoffte, daß sie neues Interesse zeigen würden, auch wenn von Ankäufen noch keine Rede sein konnte; man setzte auf Privatgalerien, die oft in abenteuerlicher Umgebung hausten (in das im ersten Stock eines Hauses am Roßmarkt gelegene Frankfurter Kunstkabinett von Hanna Bekker vom Rath gelangte man anfangs nur über eine außen am Haus angebrachte provisorische Holztreppe).[429]

Gerd Rosen, Heinz Trökes und Max Leon Flemming eröffneten im August 1945 die erste private deutsche Galerie für moderne Kunst nach der Stunde Null in den verwüsteten Räumen eines ehemaligen Textilien- und Militäreffektenladens am Kurfürstendamm – mit viel Improvisationsgeist (ein Galeriebesucher, der als Fernfahrer tätig war, offerierte für zwei Autoreifen 17 Bilder, die bei ihm auf dem Speicher lagen: Es waren Werke der Brücke-Künstler, wie Pechstein und Kirchner). Mit Hilfe vieler Zigaretten als Zahlungsmittel und dem Wohlwollen der an Reedukation interessierten Alliierten gelangen bedeutsame Ausstellungen, Veröffentlichungen, Vorträge und Diskussionen. Zur Eröffnung zeigte man junge Kunst, nämlich Arbeiten Berliner Künstler, die um Werke der klassischen Moderne von Archipenko bis Schmidt-Rottluff ergänzt wurden.[430]
In München faßte die Galerie Günther Franke im Frühjahr 1946 wieder Fuß und bezog den großen Atelierraum in der Stuck-Villa; sie begann ihre Ausstellungstätigkeit mit einer Präsentation von Xaver Fuhr; es folgten fünf Beckmann-Ausstellungen aller Arbeitsperioden, eine große Franz-Marc-Gedächtnisausstellung und ein Überblick über das Werk von Oskar Schlemmer.

Wenige Tage nach Kriegsende hatte Franke, der ein Refugium am Starnberger See gefunden hatte, einen Brief von dem 1902 geborenen Maler Ernst Wilhelm Nay bekommen (den Brief nahm ein in diese Gegend entlassener Kriegskamerad mit): »Was wird nun weiter werden? Sicher kann man wohl damit rechnen, daß sich für die Kunst einiges tun wird ... Hoffentlich gewinnt die Kunst jetzt ihre Freiheit wieder – nach diesen dreizehn bösen Jahren.«[431]

Die erste größere deutsche Kunstausstellung nach Kriegsende fand in Berlin statt; im Frühsommer 1945 wurde sie in den Räumen des Hauses Kamillenstraße 4 in Berlin-Lichterfelde eröffnet. Sie war zusammengetragen worden von dem Berliner Bildhauer Hans Uhlmann, der während der nationalsozialistischen Herrschaft zur völligen künstlerischen Isolation verurteilt gewesen war. Mit dem Rad war er in Berlin herumgefahren und hatte seine alten Kollegen aufgesucht, die während der Zeit des Dritten Reiches ebenfalls mit Ausstellungs- und Berufsverbot bedacht worden waren.[432]

Unter den vielen Ausstellungen der Trümmerzeit - die Kestner-Gesellschaft, Hannover, wurde 1948 mit einer Nolde-Präsentation eröffnet - waren zwei, die das Kunstverständnis der Nachkriegszeit besonders entscheidend prägten. Im Februar des Jahres 1947 wurde im Augsburger Schäzler-Palais »Extreme Kunst« vorgestellt. Man zeigte ausschließlich Werke von Künstlern, die während des Dritten Reiches mit ihren Bildern nicht an die Öffentlichkeit hatten treten können, das heißt im Exil oder heimlich in der inneren Emigration ihren Weg weitergegangen waren. Vertreten waren unter anderem die Maler Josef Scharl, Günther Strupp, Georg Rohde, Richard Ott, Ernst Geitlinger, Werner Gilles, Max Ackermann, Willi Baumeister, Conrad Westphal, Fritz Winter, Karl Kunz, Rupprecht Geiger.

Waren in Augsburg nur vierzehn, vorwiegend abstrakte Maler vorgestellt worden, wobei die Provokation in der Stilrichtung lag, so galt die 1949 (vier Jahre nach Kriegsende, ein Jahr nach der Währungsreform) vom Kölnischen Kunstverein und der Stadt Köln durchgeführte Ausstellung, initiiert von dem damaligen Leiter des Kölnischen Kunstvereins Toni Feldkirchen, einer Sichtung des gesamten deutschen zeitgenössischen Schaffens. Gezeigt wurden 496 Werke von 131 Künstlern, darunter von Nolde, Heckel, Hofer, Dix, Beckmann, Nay, Pankok, Pechstein, Schmidt-Rottluff, Baumeister, Meistermann, Trier, Winter.

Die ersten Kunstausstellungen zeigen Bilder, die als »entartete Kunst« im Dritten Reich verboten waren.

Konnte man erwarten, so fragten sich viele Künstler, die in äußerer oder innerer Emigration das Ende des Dritten Reiches erhofft hatten, daß nun die große Katharsis stattfinde, oder drohte die Gefahr, daß die Mitläufer, die Opportunisten, die Angepaßten, die Wandlungsfähigen sich wieder durchsetzten?

Die Amerikaner würden zwar ihr Bestes tun, um das deutsche Haus zu säubern, meinte Ernst Wiechert 1946 in einer Rede über Kunst und Künstler, aber es sei auch irritierend, daß sie die künstlerischen Repräsentanten des Dritten Reiches wie Josef Thorak oder Arnold Breker nach ein paar Wochen Haft schon wieder entließen, damit diese die Büsten amerikanischer Generale anfertigten.[433] Es gab auch kuriose Manipulationen. So gelang es einer »Kulturmeute«, Hermann Kaspar, der Hitlers Reichskanzlei ausgestattet und den Fackelzug zur Einweihung des Hauses der Deutschen Kunst entworfen und organisiert hatte, als den vertriebenen Carl Caspar, der zu rehabilitieren gewesen wäre, den Alliierten unterzuschieben.

Als Theodor Heuss 1949 eine Notgemeinschaft der Kunst ins Leben rief, umfaßte die Liste der einzuladenden Künstler zuerst ausschließlich Namen der im Hitler-Deutschland prominenten Maler und Bildhauer. Georg Meistermann, im Dritten Reich mit Ausstellungsverbot bedacht, gelang es dann, mit Hilfe einer Alternativliste die Namen derer, die verfemt gewesen und »entartet« genannt worden waren, die man mit Polizeigewalt an künstlerischer Arbeit gehindert hatte, denen man Farbe und Leinwand weggenommen hatte, deren Werke in den dreißiger Jahren zu Tausenden aus den deutschen Museen entfernt, verbrannt oder ins Ausland verkauft worden waren, ins Bewußtsein zu rücken. Fatal wirkte sich auch aus, daß häufig die Kulturberichterstattung von allzu konservativem Standpunkt aus erfolgte und damit ästhetisch-restaurative oder gar reaktionäre Wirkungen zeitigte.

Auch die Museen und Kunsthallen, die im Dritten Reich gleichgeschaltet worden waren oder sich im vorauseilenden Gehorsam dem Regime angepaßt hatten – damit ihre herausragende Stellung in der Zeit vor 1933 selbst desavouierten –, blieben als Tempel einer affirmativen Kultur »unbefragt«, so als ob die Ästhetisierung der Barbarei nicht ihre »heiligen Hallen« befleckt hätte. Das Germanische Nationalmuseum in Nürnberg nannte der erste Vorsitzende des neugebildeten Verwaltungsrates, Theodor Heuss, eine »Fluchtburg der deutschen Seele«.

Vor allem an den Universitäten formierte sich konservativer Widerstand gegenüber moderner Kunst. Die Seismographen machte man für das Erdbeben verantwortlich; man befürchtete ein durch die Autonomie der Künste entfesseltes Chaos. 1948 publizierte Hans Sedlmayr – von 1936 bis 1945 an der Universität Wien, dann ab 1951 an der Universität München als Kunsthistoriker tätig – sein Buch *Verlust der Mitte – Die bildende Kunst des 19. und 20. Jahrhunderts als Symptom und Symbol der Zeit* (mit einem Pascal-Wort als Motto: »Die Mitte verlassen, heißt die Menschlichkeit verlassen«); der Antimodernismus fand hier seine Begründung. »Die Malerei ist in der modernen Zeit die hemmungsloseste aller Künste.« Das Menschliche sei nicht festzuhalten ohne den Glauben, daß der Mensch – potentiell – Ebenbild Gottes sei, eingebunden in eine, wenn auch gestörte Weltordnung.[434]

Sedlmayrs Buch wurde ein Bestseller und löste heftige Kritik aus. Beim 2. Deutschen Kunsthistorikertag 1949 stellte Werner Haftmann in einer glänzenden Polemik fest, daß alle sogenannten Verluste in der neueren Kunst vor allem positive Zeugnisse der Freiheit seien. Beim Darmstädter Gespräch »Das Menschenbild unserer Zeit« (1950) attackierte Willi Baumeister Sedlmayr, indem er zum einen dessen NS-Vergangenheit beschwor und zum anderen die angewandten methodischen Tricks dekuvrierte: nämlich die kunsthistorischen und kunstästhetischen Kriterien »gut« und »schlecht« durch moralische Kriterien wie »gut« und »böse« ersetzen zu wollen. »Sedlmayr ist kaum Demokrat, noch erweist er der Kirche einen rechten Dienst. Seine Theorie ist so einspurig wie die Rassentheorie von Rosenberg ... Sedlmayr sieht keinen Unterschied zwischen Humanität und Entartung. Er sieht nur Entartung in der Humanität. Ich protestiere gegen die Behauptung, die moderne Kunst sei ohne ethische Werte und hätte keine Rückverbindung – religio.«[435]

Stil-Fragen

Die Trümmerzeit war bestimmt durch Auseinandersetzungen um die Frage, welche Ausdrucksformen der Zeit angemessen seien - Expressionismus, Surrealismus, Realismus, Abstraktion, absolute Kunst. Zwar hatte der maßgebende Kunsthistoriker Franz Roh in einem Vortrag im Frühjahr 1946 (in dem er unter anderem auch für eine starke Gewerkschaft plädierte, deren Aufgabe die Lösung der materiellen Probleme der bildenden Künstler und die Sicherung des politischen und wirtschaftlichen Einflusses der Künstlerschaft sein solle) ein friedlich-gelassenes Plädoyer für die Koexistenz der Stile gehalten: »Ob sie, liebe Kollegen, Barrikaden oder eine Wiese mit scheuen Veilchen malen, ist uns völlig gleichgültig, wenn nur beides ein Kunstwerk darstellt.«[436]

Das entsprach aber nicht dem geistigen Bewußtsein der aufgeregten Zeit. Bei aller Achtung vor der historischen Leistung des Expressionismus wurde dieser doch auch relativiert; die Entwicklung sei weitergegangen. Der Kunstschriftsteller Friedrich Adama von Scheltema stellte z. B. in Heft 2 der ab November 1946 von Hans Eberhard Friedrich herausgegebenen Zeitschrift *Prisma* fest, daß der Expressionismus bis zu den extremen Formen Picassos und Kandinskys schon vor dem Ersten Weltkrieg eine vollendete Tatsache gewesen sei und heute nach allen umwälzenden Ereignissen kaum noch als modern bezeichnet werden könne. Außerdem warnte er davor, den Expressionismus, der seiner Ansicht nach dem gleichen geistigen Nährboden entstammte, der schließlich auch die schlimmsten Blüten des Nazitums hervorgebracht habe, wieder aufzunehmen. Auch Karl Scheffler sah in seinem Buch *Die fetten und die mageren Jahre* (1946) eine Verbindung zum Nationalsozialismus und lehnte deshalb den Expressionismus ab. Schließlich warf H. Lüdecke 1949 dem Expressionismus vor, er sei eine »Kunst der Disharmonie, des Nicht-in-Einklang-Seins, des Unbehagens und der Verneinung«. Diese »scheinrevolutionäre Kunst mit gefühlsmäßig echten rebellischen Antrieben« habe als Stil des Kleinbürgertums versagt und solle deshalb gemieden werden.[437]

Neben dem Expressionismus fand in den Trümmerjahren der Surrealismus besondere Beachtung: Er stelle eine spirituelle Bewegung dar, »keine materialistische, was nicht ausschließt, daß die meisten Surrealisten extreme Marxisten sind … Es besteht ein betontes Internationalitätsbedürfnis und eine wohl ebenso deutliche antinationalstaatliche Gesinnung«. Der Maler Heinz Trökes konstatierte dies 1947 im *Kunstwerk*, einer vom Woldemar-Klein-Verlag, Baden-Baden, gegründeten Zeitschrift, dem wohl wichtigsten publizistischen Forum für moderne Kunst in dieser Zeit.[438]

Die Landschaft, die der Krieg hinterlassen hatte – die reale wie geistig-seelische: die Großstädte als Trümmerhalden, das Nebeneinander von Hoffnung und Verzweiflung, Aufbauleistung und Verwahrlosung, das allenthalben anzutreffende panische Idyll –, glich selbst, so hat es Barbara Klie formuliert, einem riesigen »Musterbuch der surrealen Malerei«. Und die Bilder zeichneten es nach: Diese Kunst wollte nicht den mangelnden Wohlstand kompensieren; weder die Sicherheit der fünfziger noch die Langeweile der sechziger Jahre lagerte über den Quartieren, in denen man nicht wohnte, sondern hauste. Wenn eines aus jener Epoche als ganz gewiß feststehe, dann die Erinnerung, daß die Kontrastbeziehung zwischen Kunst und Leben, zwischen einem beruhigten Leben und einer uferlos beunruhigten Kunst damals nicht gegolten hat. Die unbeholfenen Warnzeichen, die der Bildhauer Hans Uhlmann aus Eisen schmiedete, die wie aus Urgeröll herausgegrabenen Kolosse Karl Hartungs, Alexander Camaros dünne Drahtseillinien und die glimmenden Kraterlandschaften

Der Titel der Ausstellung spiegelt die Unsicherheit gegenüber moderner Kunst.

von Trökes, Max Zimmermann und anderen Surrealisten »gaben das böse Unreale, das gauklerhaft Verlorene wieder, das jedermann in seinem Alltag an der nächsten Straßenecke und am nächsten Kalendertag wiederfinden konnte. Damals wanderte Werner Heldt zwischen seinem östlichen Pankow und den westlichen Sektoren hin und her und fand in den Dünen aus Schutt, die sich in den schwarzen Kanälen spiegelten, jenes ›Berlin am Meer‹, das ihm als Vision vorgeschwebt hatte und das nun Wirklichkeit war.«[439]

Werner Heldt, der im Dritten Reich eine schwere Zeit erlebt hatte, in der ständigen Angst, verhaftet zu werden, gab einigen seiner Bilder nach 1946 den Titel »Berlin am Meer«. Der pessimistische Fatalismus des Künstlers, der wie Max Beckmann die Bedrohung durch den Kollektivismus, den »Aufstand der Nullen« fürchtete, erfuhr durch »Natur« eine gewisse Beruhigung.
Surreale »Schiffbruchstimmung« durchzieht die Bilder von Karl Hofer. Der 1878 geborene, seit 1920 an der Hochschule der Bildenden Künste in Berlin lehrende und 1933 von den Nationalsozialisten entlassene Künstler fand

eindringliche Metaphern für das heraufziehende Unheil: Larven, Masken, Hungrige, Blinde, Wahnsinnige, Totentänzer, Trümmerfelder, Ruinennächte – das waren Variationen zum »beschädigten Menschen«. »Der Gefangene« (1933) nimmt die Konzentrationslager vorweg, »Der Turmbläser« (1935) gibt eine Ahnung von Bombenalarm, »Die Wächter« (1936) erweisen sich als Voraussage einer langen Nachtzeit. 1937 malt Hofer einen »Mann in Ruinen«, die Stadtzerstörung antizipierend. Zwischen 1938 und 1943 gingen über sechshundert seiner Werke verloren: die eine Hälfte im faschistischen Bildersturm, die andere durch einen Bombenangriff, der das Atelier zerstörte. Hofers Nachkriegsbilder bringen der Neubesinnungs- und Wandlungseuphorie einen tiefen Pessimismus und große Skepsis entgegen. Bilder wie »Totentanz«, »Im Neubau«, »Atomserenade«, »Die Blinden« machen deutlich, daß das Tun des Menschen töricht und vergeblich, rettungslos verloren und von jedem Heil ausgeschlossen ist. Auf dem Bild »Die Blinden« sind vier Menschen zu sehen, die, sich festhaltend, orientierungslos durch einen Wald tapsen, der aus abgestorbenen, morschen Bäumen besteht. »Wir kommen zu der Erkenntnis: Die erbärmlichste, die verbrecherischste menschliche Tätigkeit ist die Politik«, so beschließt Karl Hofer um die Jahreswende 1948/49 einen Brief an Hermann Hesse.[440]

Die abstrakte Kunst, wie die anderen modernen Kunstrichtungen im Dritten Reich verfemt, fand in der Trümmerzeit eine neue bedeutsame Resonanz, weil sie die aktuelle triste Wirklichkeit transzendierte – nach ihrer Überzeugung auf das Eigentliche, Wesentliche hin. 1946 stellte Wilhelm Uhde fest: »Der Surrealismus ließ es sich auf eine ebenso originelle wie überraschende Weise angelegen sein, das menschliche Gefühl mit Gegenständen zu verquicken; man braucht sich also nicht zu wundern, wenn man jetzt einem abstrakten Kunstschaffen begegnet, das mit allem Gefühl und mit aller Gegenständlichkeit aufräumt.«[441]

So wie die erste Welle der abstrakten Kunst vor dem Ersten Weltkrieg eine Antwort auf die Plüschwelt der wilhelminischen Kultur darstellte, wird nach 1945 die Abstraktion zum Ausweg aus dem Konkretismus der Trümmerlandschaft. Das Abstrakte war nicht nur geistiger als das Konkrete, es war letztlich eben »wirklicher«, wenn man – wie Willi Baumeister, die zentrale Figur der abstrakten Malerei – Kunst als Vorstoß in ein noch nicht erforschtes Gelände begriff. Die 1947 erschienene Schrift *Das Unbekannte in der Kunst* hatte Baumeister (geboren 1889) noch während des Krieges, da er Unterschlupf als Mitarbeiter am Technischen Institut in Wuppertal gefunden hatte, verfaßt. Die Wirklichkeit erweise sich nur als Anstoß zum Bild; der Gegenstand sei ein Fenster, das in unbekannte Formwelten führe. Das Totale werde zum Kühnen, es zerreiße jegliche Konvention, zugleich werde es zum Selbstverständlichen, zum Einfachsten, zum »Natürlichen«, zum Beispielhaften. »Sein Ziel war nie das isolierte ›schöne Bild‹, sondern immer die Chance neuer Werkgruppen. Nicht der Einzelfund war ihm wichtig, sondern das Aufspüren ›fündigen‹ Bodens, und mehr: Es ging ihm um die Methode des Schöpferischen.«[442]

Ein bedeutendes Zentrum der neuen Abstraktion entstand in München, einmündend in die 1949 gegründete ZEN-Gruppe, der u. a. Willi Baumeister, Rupprecht Geiger und Fritz Winter angehörten. In Frankfurt begann Ernst Wilhelm Nay seine Nachkriegskarriere. Ehrenmitglied der Gruppe wurde die Deutsch-Amerikanerin Hilla von Rebay, die nach dem Studium in Düsseldorf, München und Paris in den zwanziger Jahren Kandinsky, Chagall, Léger und Delaunay kennengelernt und 1929 in Berlin ein privates Museum für ungegenständliche Kunst eingerichtet sowie eine Zeitschrift mit dem Titel *Das Geistreich* herausgegeben hatte. Sie begeisterte Solomon R. Guggenheim für gegenstandslose Kunst und initiierte damit die Guggenheim-Sammlung, deren erste Direktorin sie wurde. Als sie in den Nachkriegsjahren München besuchte, war sie erschüttert von der dort herrschenden Not, aber auch begeistert vom Neubeginn abstrakter Malerei. Sie versorgte nicht nur die Maler Münchens mit Care-Paketen, sondern stellte 1948 auch eine Auswahl von 50 Werken abstrakter Kunst aus den Beständen des Guggenheim-Museums zusammen für eine Ausstellung, die in Paris, Zürich, Stuttgart, München, Hamburg, Düsseldorf, Braunschweig, Amsterdam und London zu sehen war.

Fritz Winter, der nach seiner Rückkehr aus der Kriegsgefangenschaft als Kopf der jungen Avantgarde in München galt, hatte sich bereits vor dem Krieg mit dem Thema Natur beschäftigt. Die Bilder und Zeichnungen der dreißiger Jahre hatten Titel wie »Waldgrund«, »In den Zweigen« oder »Pflanzliches«. »Die abstrakte Form wird für Winter Ausdruck des psychischen Zustandes. Im Jahre 1949 haben sich diese Formen beruhigt, sind kompakter und setzen sich als Einzelformen voneinander ab, ohne die starken Verflechtungen der Formen früherer Zeichnungen aufzuweisen.«[443]

Ernst Wilhelm Nay, in dessen Kunst Ernst Jünger bereits 1943 einen »Stempel sowohl von Primitivität als auch von Bewußtheit« entdeckt hatte, war mit seiner abstrakten Farbkunst ein vitaler Vertreter der euphoristischen Wiederaufbauphase. Sein hymnisch bewegtes Schaffen (Nay spricht gelegentlich selbst von »rasendem Malen«) stand im Gegensatz zur Trauerarbeit, wie sie zum Beispiel Max Beckmann mit seinen rückwärtsgewandten Visionen leistete. Es ging um das »Magische«: das sinnliche Bild einer geistigen Welt. Der Ruinenwelt war man dadurch enthoben; statt Katharsis »ästhetische Fluchtbewegung«. Der Wechsel von »Grauwelten« in »Farbzonen«, vom verhangenen Norden in die Klarheit des Südens, aus dem tristen Alltag der Trümmerzeit in die Heiterkeit südländischer Landschaft (wie bei Werner Gilles) wurde dabei als Überlebensmittel empfunden.

Eine gewisse Fließstruktur kennzeichnet solche »eskapistische« Kunst, wobei sich realistische und surrealistische, expressionistische und abstrakte Formen überlappen. Auch das Walten der »freien Natur« wurde zur erlösenden Metapher; über alles wuchs Gras. Von »Ruinenschönheit« spricht Eberhard Hempel in der *Zeitschrift für Kunst* 1948: »Nicht nur wir Deutsche, auch viele andere Völker Europas werden sich daran gewöhnen müssen, zwischen Ruinen zu leben. Das niederdrückende Gefühl des unersetzlich Verlorenen muß zunächst die Gemüter beherrschen. Aber ein für künstlerische Eindrücke offenes Auge entdeckt bald, daß die größere Einheit, wie sie sich durch das Hervortreten des Kernbaues ergibt, den Bauten oft eine Schönheit verleiht, die sie früher bei meist mannigfach dekoriertem Bewurf von vielen unwesentlichen Einzelheiten nicht besessen haben. Diese Wirkung steigert sich noch mit der Zeit, sobald die zerfallenen Mauern dem Walten der freien Natur anheimfallen.«[444]

Gerade »aufbaustarke«, von der »Magie des Zukünftigen« bestimmte Naturen waren von der abstrakten Kunst begeistert. Die Tristesse der Trümmerjahre versank vor einem neuen Formen- und Farbenreichtum, der dann auch pragmatisch »verwertet« werden konnte. Vergangenheitsbestimmte Melancholie (etwa eines Karl Hofer, der in heftiger Fehde mit der abstrakten Kunst, besonders auch mit Willi Baumeister lag) wurde durch einen Futurismus abgelöst, der sich später, im Design der Wirtschaftswunderwelt, zum spielerisch-heiteren Frischwärts wandelte. Hatte die abstrakte Kunst der Trümmerjahre den Umschlag in einen auf neue Essenz zielenden Progressivismus bedeutet (eben in dem Sinne, daß das Abstrakte geistiger sei als das Konkrete), so brachte es die Dialektik der abstrakten Kunst mit sich, daß in den fünfziger Jahren das Geistig-Abstrakte aufs Formal-Abstrakte regredierte und sich als »Formgestaltung« beliebig und unverbindlich verdinglichte. So wurde gerade eine Kunstrichtung, die sich von dem Verhaftetsein an die Realität lösen wollte, in Umkehr ihrer eigentlichen Botschaft zur Verpackung – zur Verpackung eines Materialismus, der dadurch freilich den Schein enthebender Formalität erhielt.

Beginnender Bilderstreit

Der Widerstreit der Kräfte und Stile bestimmte zunächst auch das Kunstleben in der SBZ mit den Hauptzentren Berlin und Dresden. »Eine recht liberale Kulturpolitik und eine relativ rasch funktionierende, unbürokratische Organisationsstrategie der Sowjetischen Besatzungsmacht zogen« - so Karin Thomas - »in der frühen Nachkriegsphase eine Reihe namhafter Künstler, und nicht nur ehemalige Mitglieder oder Sympathisanten der KPD, in diese Städte der SBZ, weil man hier zunächst die berechtigte Hoffnung hegen konnte, mit Hilfe der sowjetischen Kulturfunktionäre wären die lange Zeit eingefrorenen, individuell gehegten Vorstellungen eines freiheitlich-sozialistischen neuen Deutschland endlich und schnell zu verwirklichen. Auch die in Berlin und Dresden noch latent vorhandenen Resttraditionen der Neuen Sachlichkeit, der ASSO (Assoziation revolutionärer bildender Künstler Deutschlands, ab 1928) und des expressiven sozialen Realismus im Anschluß an Käthe Kollwitz und die *Novembergruppe 1919–22* veranlaßten so manchen Bildenden Künstler, darunter Karl Hofer und Conrad Felixmüller, zur Unterstützung der anfänglich betont antifaschistisch argumentierenden Kulturpolitik in der SBZ beizutragen.«[445]

Die »Allgemeine deutsche Kunstausstellung« vom 25. 8.–29. 10. 1946 in Dresden empfanden die gesellschaftlich engagierten Künstler als Bestätigung und Auftakt einer antifaschistisch-demokratischen Kulturpolitik. Entsprechend groß war der Enthusiasmus der aus dem Exil und der inneren Emigration zurückgekehrten Künstler über den Neubeginn. Will Grohmann, damals Leiter der Kulturabteilung im Magistrat Dresden und Rektor der Hochschule für

Werkkunst (bis zu seiner Übersiedlung nach Westberlin Ende 1947), »bereiste zusammen mit dem Maler Hans Grundig die amerikanische und französische Zone, um Bilder z. B. von Max Ackermann und Willi Baumeister direkt aus den Ateliers zu holen. Mit Gemälden und Skulpturen von Ernst Ludwig Kirchner, Oskar Kokoschka wurden auf eindrucksvolle Weise die von den Nazis als ›entartet‹ diffamierten deutschen Künstler der Moderne rehabilitiert.« Aber schon zum Jahreswechsel 1947/48 zeichnete sich das Ende dieser klassen- und parteiübergreifenden Kulturpolitik der SED ab.[446]

Immer mehr jedoch verdichteten sich Tendenzen, die Freiheit und Offenheit aus taktischen Gründen propagierten, aber Lenkung im Sinne der SED zum Ziel hatten. In der Zeitschrift *Aufbau* meinte Hermann Henselmann, 1945–1949 Direktor der Staatlichen Hochschule für Baukunst und bildende Kunst Weimar, später Chef-Architekt der DDR, daß Kunstausstellungen in jedem Falle Enthüllungen eines kulturpolitischen Zieles seien; Absichtslosigkeit bedeute Ziellosigkeit; das neue demokratische Deutschland lege in diesem Augenblick seine Fundamente und verkünde damit seine Ziele, auch in der bildenden Kunst. Die künftigen Kunstausstellungen müßten besondere Aktualität erhalten, denn sie seien das gute Gewissen des Volkes und verlangten Bekenntnis.[447]

Der »Bekenntnischarakter« sozialistischer Kunst sollte vor allem Aufbauoptimismus und Fortschrittsbewußtsein bekunden; die Federzeichnungen und Holzschnitt-Zyklen aus dem zerstörten Dresden von Wilhelm Rudolph, in denen er das unbeschreibliche Inferno des Bombenangriffs vom 13./14. Februar 1945 dokumentiert hatte, oder Wilhelm Lachnits dem gleichen Thema gewidmetes Symbolbild »Der Tod von Dresden« widersprachen jedoch dem Melancholieverbot der SED-Doktrin, dessen staatlich gewünschte und dann oktroyierte Kunstform der sozialistische Realismus wurde. (Lachnit wurde 1954 als Professor an der Kunstakademie in Dresden entlassen.) Andere Künstler ließen sich durch staatliche Auftragskunst demoralisieren bzw. korrumpieren.

Eine Veränderung des Wohnsitzes – symbolisch von A. R. Penck (eigentlich Ralph Winkler) in einem Bild 1974 festgehalten: »Ost zieht nach West« – wurde schon 1949 von denjenigen Künstlern überlegt, die sich der verordneten Dummheit und dem kleinbürgerlichen Mief der SED-Machthaber nicht unterordnen wollten.[448]

So wie im Westen das Bekenntnis zur westlichen Modernität verhinderte, daß die Vielfalt realistischer Stile erkannt, gepflegt und gefördert wurde, so verbaute der sozialistisch-ideologisch fundierte Vorbehalt gegenüber der »formalistischen Kunst« des Westens – in Leipzig besonders penetrant ausgeprägt – das Verständnis für die so vielfältigen Formen des Realismus. Der sozialistische Realismus konnte kein Realismus sein, weil der Realismus so umfassend ist, daß er kein Adjektiv verträgt, oder viele: Romantischer Realismus, Magischer Realismus, Fantastischer Realismus, Expressiver Realismus, Foto-Realismus, Neuer Realismus, Visueller Realismus, Konzeptioneller Realismus, Kapitalistischer Realismus.

Während im Westen neben Opportunismus auch Geschäftssinn dafür sorgte, daß realistische Traditionen (wie sie etwa Karl Rössing, Franz Radziwill oder Grethe Jürgens vertraten) verdrängt wurden, erfolgte im Osten die Vertreibung von Konstruktivisten wie etwa Hermann Glöckner oder des zu abstrakter Emblematik neigenden Oskar Nerlinger durch parteiorientierte Doktrin in die innere Emigration. »Ohne die fundamental unterschiedlichen Ursachen für das Entstehen der Einheitlichkeit der modischen Tendenz im Westen und der von Staats wegen herbeigeführten Uniformität im Osten Deutschlands gleichzusetzen, kommt man an der Feststellung nicht vorbei, daß die Auswirkungen auf den einzelnen Künstler sehr ähnlich sein mußten. Sie erzwangen eine weitere Zurückhaltung gegenüber der offiziellen Kunst und damit die Fortdauer der schon lange geübten Außenseiterrolle.«[449]

Mit dem zunehmenden Ost-West-Gegensatz verschärften sich Bilderstreit und Lagerbildung. Zunächst war es in allen Besatzungszonen ein Bedürfnis der vorwiegend gewerkschaftlich organisierenden Künstlerschaft, eine neue Gesellschaftsordnung zu schaffen; politisches Engagement, die Schaffung eines neuen Geschichtsbildes und die Beseitigung der Nazi-Ideologie galten als vorrangige Ziele. Die Trümmerlandschaft und die durch sie verdinglichte Zerstörung deutscher Kultur und Moral forderten dazu auf, politisches und soziales Engagement einzugehen. So verstanden z. B. in Nordrhein-Westfalen (Düsseldorf) Künstler wie Otto Pankok und Karl Schwesig, die sich mit ihrer Graphik sozialkritisch engagierten, Kunst »als eine Beschwörung des Menschen, das Dasein als ein Geschenk zu sehen und sich dieses Geschenkes würdig zu erweisen durch Menschlichkeit«.[450]

Als bei einer Kunstausstellung im Winter 1945 in Bremen der alte Worpsweder Stil (»zurück zur Natur«) überwog, fragte im *Weser-Kurier* die Kritikerin angesichts »flüssig gemalter Stilleben und Landschaften«, ob man denn im zweiten Nachkriegsdeutschland so tun könne, als wäre nie das Blut unserer Besten sinnlos geflossen, als stünden unsere herrlichen Städte noch, als irrten zwischen den Trümmern oder fern ihrer Heimaterde nicht große Teile unseres Volkes umher, denen allein die Kunst den ersten Trost zu geben berufen wäre.[451]

Stadt-Planung

Das Ausmaß der Zerstörung deutscher Städte bei Kriegsende legte die Befürchtung nahe, daß Wiederaufbau eine möglicherweise überhaupt nicht zu verwirklichende oder sehr fern liegende Utopie sei. Man erwartete, daß dies eine Aufgabe mehrerer Generationen, zumindest mehrerer Jahrzehnte sein werde. Einhundert Jahre werde es dauern, bis Deutschland wieder aufgebaut sei, meinte Walter Gropius.[452]

Es galt zunächst, unter dem Eindruck des materiellen Zusammenbruchs und des intellektuellen Vakuums, das Gefühl, daß alle Zukunftsplanung im Nirgendwo angesiedelt sei, zu überwinden und die Hoffnung zu stärken, daß ein neuer Anfang im »Hier und Nun« durchaus denkbar wäre. Dieser schien allein dann möglich, wenn man sich auf Wesentliches beschränke.

Angesichts der Kriegszerstörungen (im Anblick des Justizpalastes einer zerbombten Stadt, der sich wie ein »zerklüftetes steinernes Gerippe« darbot) zweifelte der 1883 geborene Architekt Otto Bartning, in den 20er Jahren als Kirchenbauer bekannt, überhaupt an den Möglichkeiten eines Wiederaufbaus.

»Wiederaufbau? Technisch, geldlich nicht möglich, sage ich Ihnen; was sage ich? – seelisch unmöglich! Aber schlichte Räume lassen sich auf den bestehenden Grundmauern und aus den brauchbaren Trümmerstoffen errichten, schlichte, helle Räume, in denen ein schlichtes, für jedermann gleiches und durchsichtiges Recht verhandelt und entschieden wird, ohne Hinterklauseln und ohne Stuckornamente.« (Otto Bartning)[453]

Solche »ketzerischen Gedanken am Rande des Trümmerhaufens« charakterisierten die Grundstimmung derjenigen Architekten und Stadtplaner, die nach der totalen Niederlage eine radikale, d. h. bis zu den

Blick auf Dresden, 1945.

Wurzeln des nationalsozialistischen Übels reichende Bestandsaufnahme versuchten. Nichts werde erreicht sein, meinte der Architekt Hans Schwippert, »wenn wir mit jeder Ruine, die wir aufräumen, mit jeder Straße, die wir ebnen, mit jeder Notbehausung, die wir zustande bringen«, nicht gleichzeitig den inneren Schutt beseitigten, die seelischen und geistigen Wege bahnten und die Wohnungen der Tugenden und des Verstandes wieder errichteten.[454] Der Geist, der eine Erneuerung der Stadtlandschaft bedeuten könne – darin waren sich die Architekten, die sich nun nach Jahren innerer Emigration wieder zu Wort meldeten (wie Otto Bartning, Hans Scharoun, Rudolf Schwarz, Max Taut, Heinrich

Tessenow) einig –, mußte zugleich auch eine sittliche Erneuerung anstreben. Ähnliche Hoffnungen hegte der Werkbund, der nach seiner Unterdrückung im Dritten Reich die Vorbereitungen für eine Neugründung (als Dachverband ab 1950) traf. Werkbundgesinnung und -gesittung hätten nach Kriegsende einen »Hoffnungsschub« erfahren; doch könne man nun schon wieder einen Mangel an Konsequenz feststellen.

Die Forderung nach schlichter, einfacher Architektur entsprang einerseits ethischen Gründen – es erfolgte die Absage an die gigantomanische, durch totalitäres Imponiergehabe geprägte NS-Architektur, der es »demokratische Ehrlichkeit« entgegenzusetzen galt; andererseits konvergierten unter pragmatischem Aspekt die Nachkriegspläne mit denen der Kriegszeit: Die im Dritten Reich unter Führung des NS-Chefarchitekten und -Stadtplaners Albert Speer (ab 1943 Reichsminister für Rüstungs- und Kriegsproduktion) eingesetzte Arbeitsgruppe für den Wiederaufbau nach dem Krieg hatte sich ebenfalls auf Einfachheit, als das einzig Machbare, umgestellt (eine Reihe der im »Arbeitsstab Wiederaufbauplanung zerstörter Städte« zusammengefaßten Architekten und Stadtplaner nahm dann nach dem Krieg wichtige Positionen ein).

Die Vorstellungen der Architekten und Stadtplaner vom Neubeginn nach dem Zusammenbruch waren unterschiedlich und widersprüchlich; welches Konzept jeweils umgesetzt werden sollte, hing zu einem großen Teil von den örtlichen Wiederaufbauplänen ab, zumal die kommunale Demokratie am raschesten wieder funktionierte.

In einem Aufruf des Deutschen Werkbundes 1947, u. a. unterzeichnet von Otto Bartning, Willi Baumeister, Gerhard Marcus, Ewald Mataré, Fritz Schumacher, Gustav Hassenpflug, Otto Haupt, Hans Leistikow, Hans Schwippert, hieß es: »Der Zusammenbruch hat die sichtbare Welt unseres Lebens und unserer Arbeit zerstört. Mit einem Gefühl der Befreiung glaubten wir damals, wieder ans Werk gehen zu können. Heute, nach zwei Jahren, erkennen wir, wie sehr der sichtbare Einsturz nur Ausdruck der geistigen Zerrüttung ist, und könnten in Verzweiflung verharren. Wir sind auf den Grund der Dinge verwiesen, und von da aus muß die Aufgabe in aller Einfalt neu begriffen werden. Alle Völker der Erde sind vor diese Aufgabe gestellt, für unser Volk entscheidet sich daran Sein oder Nicht-Sein. Uns aber, den Schaffenden, ist es auf das Gewissen gelegt, die neue sichtbare Welt unseres Lebens und unserer Arbeit zu bauen.«[455]

Die Idee eines »Neuaufbaus vom Boden her« stützte sich auf die Annahme, daß die Alliierten, nicht zuletzt im Verbund mit rigoroser Demontagepolitik, Deutschland als hochentwickeltem Industriestaat keine besonderen Sympathien mehr entgegenbrächten. Dazu kamen die Millionen von Flüchtlingen, die man wieder seßhaft machen müßte; schließlich eine lange Tradition antiurbaner, antizivilisatorischer Ressentiments, die nun ins Fortschrittliche gewendet wurden. »Wer für die Siedlung eintritt, will ein besonderes Bild des Volkes verwirklichen. Es wird ihm eine neue geistige Richtung gewiesen. Siedlungen, aus finanziellen und erzieherischen Gründen auf dem Wege der Selbsthilfe entstanden, ermöglichen es, auf neuem Boden mit demokratischem Geist und Spielregeln zu beginnen.«[456]

Das Interesse für die »Gartenstadtbewegung«, aber auch die Tendenz, die Schutthalden der Großstädte zu verlassen und im Grünen Fuß zu fassen, wurden bestärkt durch die Erkenntnis, daß der moderne Mensch, wolle er neuer Mensch werden, sich von technischer und zivilisatorischer Perfektion, zu der man nun in Deutschland sowieso nicht mehr fähig sei, abzuwenden und das einfache Leben wieder mehr wertzuschätzen habe. Auch in den Städten selbst wollte man in diesem Sinne aus der Not eine Tugend machen.

Für Magdeburg und Dessau legte 1945 der Architekt Hubert Hoffmann in Erwartung einer sowjetischen Demontagepolitik »Schrumpfungspläne« vor, die anstelle von Industriegebieten Grünzonen als Erholungsflächen aufwiesen. In Kiel begann man, die durch Bombenkrieg, Abbruch und Demontage entstandenen Lücken im Stadtbild durch Bepflanzungen zu schließen. Dabei versprachen sich Politiker und Planer viel von der versöhnenden Wirkung der Natur: »Die leeren Flächen, die den Beschauer anstarrten, sollten mit Bäumen bepflanzt werden. Die Trümmer sollten aufhören, ihre Hypnose der Furcht und der Verzweiflung über die Menschen auszuüben. Diese Schonungen und Pflanzungen brachten in der Tat nach den Jahren des Grauens wieder die ersten freundlichen Züge ins Stadtbild.« Die Pflanzaktionen würden die Schrecklähmung der Menschen lösen. »Die Stadt wollte durch das Pflanzen von Bäumen den Menschen auch eine unmittelbare Aufgabe und Verantwortung geben. Für den Geist des Wiederaufbaus, der die Stadt bestimmte, war es ja wesentlich, daß überall kleine überschaubare Gemeinschaften von Menschen entstanden, die in lebendiger Verbundenheit eine Verantwortung für ein greifbares und sichtbares Stück der Stadt trugen.«[457]

Demgegenüber stand das Bekenntnis zur klaren, funktionalistischen Bauweise – nicht bewirkt durch Armutsdruck, der allerdings zunächst behelfsmäßige Bauweise hätte erzwingen können, sondern als Folge der Botschaft, die von amerikanischer Seite bzw. deutschen Emigranten (wie Walter Gropius und Ludwig Mies van der Rohe) den Deutschen mit Nachdruck übermittelt wurde. Gerade im Westen, in den USA, hätte man moderne Bautechnik kennengelernt; diese sei im besonderen geeignet, den Wiederaufbau zu gestalten. Wo man bisher baumstarke Balken, zolldicke Fußböden und schweres Dachverbundholz verbraucht habe, schrieb in Heft 9/1946 des *Aufbau* der aus Deutschland in die USA emigrierte frühere Stadtbaurat von Berlin, Martin Wagner, müsse man in Zukunft zu dünnstäbigen Skelettkonstruktionen und holzsparendem Sperrholz greifen. Und wo man bisher gewichtige Ziegel, Kalk und Mörtel verwandt habe, solle man zu leichten Isolierstoffen wie zum Beispiel Glaswolle, Schlackenwolle oder Knitterfolie greifen und diese Materialien aus den Händen von Patentinhabern und Monopolfabrikanten befreien, um sie zu den niedrigsten Preisen auf den Baumarkt zu bringen.[458]

Funktionale Gesichtspunkte gingen in politisch-gesellschaftliche über; modernes Bauen wurde als Ausdruck eines demokratischen Gesellschaftsverständnisses empfunden. Die meisten Städtebauerwägungen, schrieb der Architekt Alfons Leitl in den *Frankfurter Heften* (Juli 1946), die Modernisten unterstützend, zeigten eine kompromißlerische Halbheit, die geradezu erschreckend sei. Noch von kaum einer Stadt – Hannover sei da ausgenommen – habe man gehört, daß sie einen grundlegenden neuen Gedanken erwäge; nur Erhaltung, Wiederherstellung, bestenfalls vorsichtige Korrektur. Es gehe aber im Grundsätzlichen keineswegs um Straßen- und Stadtbilder, um Fluchtlinien, um Platzgestaltungen, sondern um den geistigen und tatsächlichen Vollzug veränderter Lebens- und Wirtschaftszustände. Es könne geschehen, daß einem gewissenhaften Städtebauer, einem erfahrenen und klugen Lehrer der Stadtbaukunst, eine Welle der Empörung entgegenschlage, weil er den konsequenten Vorschlag mache, den alten, völlig vernichteten Kern einer Stadt nicht mehr aufzubauen, sondern an günstigerer Stelle eine neue Stadt zu errichten.[459]

Der für die Architekturgeschichte Nachkriegsdeutschlands wichtige, die Diskussion um Stadtentwicklung intensiv entfachende Strukturplan des Raumes Berlin (»Kollektivplan«), der unter der Leitung von Hans Scharoun, dem ersten dortigen Stadtbaurat nach dem Krieg, erarbeitet wurde, ließ vom geschichtlichen Berlin kaum noch etwas übrig. Schnellstraßen standen im Mittelpunkt; lediglich das alte Zentrum der Stadt und die Museumsinsel wurden als eine Art Erinnerungsstück von der Radikalkur ausgenommen. Scharoun schrieb dazu: »Was blieb, nachdem Bombenangriffe und Endkampf eine mechanische Auflockerung vollzogen, gibt uns die Möglichkeit, eine Stadtlandschaft zu gestalten.«[460] Das bedeutete neuartige Anordnung der Straßen, welche die weiträumigen und gleichgewichtigen Wirtschafts- und Wohnflächen der modernen Großstadt ausgeglichen bedienen sollten.

Die Charta von Athen, 1928 maßgebend von Le Corbusier bestimmt, erlebte ihr Comeback. Die Zertrümmerung der Stadt durch den Krieg schien die Chancen zu bieten, die Geometrieträume von Architekten, die dem organischen Modell abschworen, zu verwirklichen. 1947, dem Jahr, da als Teil der antikommunistischen Truman-Doktrin der Marshallplan verabschiedet und damit für Deutschland auch umfassende Aufbauhilfe zu erwarten war, veranstaltete die amerikanische Militärregierung eine Vortragsreise von Walter Gropius nach Deutschland, auf der er aufs neue die Ideen des Bauhauses vertrat und Scharoun als den »besten Planer und Architekten« des Landes pries. Die aus Deutschland vertriebene sozialreformerische Architektur kehrte als Symbol von Freiheit in einem ihrer prominentesten Vertreter in das verunsicherte Deutschland zurück. Die moderne Architektur sollte mit ihrer »Ehrlichkeit«, »Durchsichtigkeit«, »Offenheit« den jungen Staat repräsentieren und spiegeln. Im Zeichen eines leichten, beschwingten, liberalen internationalen Stiles, der ganz auf technischen und zivilisatorischen Fortschritt ausgerichtet war und die sozialutopischen Vorstellungen von der Gleichheit im Wohnen transportierte, wandte man sich gegen Provinzialismus, Folklorismus, Monumentalismus, Historismus, zumal gerade diese Bauformen vom Nationalsozialismus bevorzugt worden waren. Gropius forderte jedoch auch eine ausgeprägte Binnendifferenzierung, d. h. die Aufteilung der Großstädte in Nachbarschaftseinheiten, damit die Wichtigkeit der Einzelperson wieder zur Geltung kommen könne. Die Bilanz der Reise durch Deutschland fiel für Gropius freilich insgesamt düster aus. Die Eindrücke seien vernichtend gewesen; angesichts der tiefgreifenden geistigen und physischen Zerstörung könne er kaum Ermutigendes und Positives sagen.[461]

Eine dem Funktionalismus entgegenstehende Richtung betonte die

Notwendigkeit, das Vergangene zu bewahren und zu erhalten; mit besonderem Engagement wurde die Wiederherstellung alter Stadtkerne gefordert. In dem Gutachten, das Heinrich Tessenow 1947 über vier Entwürfe zum Aufbau der Lübecker Innenstadt abgab, vertrat er die Ansicht, daß der »hygienischste Anspruch«, jedermann solle Licht, Sonne und Garten haben, nicht ohne weiteres an alte Wohnungen gestellt werden könne, genauso wie die historischen Stadtzentren nicht auf moderne Verkehrsanforderungen hin umgeplant werden dürften. Er kritisierte die fast ausschließlich im Interesse des Automobilverkehrs konzipierten Lösungen und empfahl, alle bestehenden Häuser, Baufluchten und Straßenbreiten zu erhalten, etliche zerstörte Gebäude innerhalb der alten Baufluchtlinie wieder aufzubauen und einige neue Freiflächen zu schaffen.

Welches Lager sich jeweils durchsetzte, war für den Wiederaufbau der einzelnen Stadt dann maßgebend. In München, Nürnberg, Freiburg, Mainz, Würzburg kam es zu einem behutsamen, historisierenden Wiederaufbau, orientiert am geschichtlichen Stadtgrundriß. Besonders exemplarisch in diesem Sinne die Wiederaufbaukonzeption von Freudenstadt. In Berlin, Hannover, Frankfurt, Köln setzte sich der »Neubau« durch, der die Straßenstruktur, den Anforderungen des Fahrverkehrs folgend, grundsätzlich veränderte. In Frankfurt dagegen versuchte man Kompromisse zu schließen, indem man auf der einen Seite die Wiederherstellung nach historischem Vorbild ablehnte, zugleich aber der neuen Sachlichkeit ihre Radikalität zu nehmen versuchte.

Der Streit um die Gestaltung des Goethehauses in Frankfurt am Main (Goethes Elternhaus am Hirschgraben) wirkte wie ein Brennspiegel, in dem die gegensätzlichen Gestaltungsvorstellungen der Modernisten und Traditionalisten gebündelt in Erscheinung traten – und nicht nur auf die Architekten bezogen. Romantik oder Wirklichkeit?[462] Ernst Beutler, Leiter des Goethemuseums und des Freien Deutschen Hochstifts, wollte eine naturgetreue Wiederherstellung des alten Baus, wobei das Fehlende imitiert werden sollte. Karl Jaspers, Ernst Robert Curtius, Max Planck stimmten dem Plan sofort zu; andere, wie Reinhold Schneider, Leopold Ziegler, Karl Scheffler, wandten sich gegen einen solchen Wiederaufbau. »Ist es nicht, als ob wir mit einer Lüge uns über unsere Verluste, unsere Schmerzen, das Unheil unserer Geschichte hinweghelfen wollten?« fragte Schneider. Und Otto Bartning äußerte: In der

Entwurf zum Wiederaufbau einer Großstadt, 1945 (Otto Kohtz).

Diskussion gebe es ein Sowohl-als-Auch; für den Architekten oder für den Bauhandwerker gebe es aber nur ein Entweder-Oder. Zum Beispiel: Sollte man bei der Wiederherstellung des Goethehauses alles lot- und waagerecht bauen oder etwas altersschief? Er schlug vor, auf dem Fundament des Goethehauses schlichte Räume herzustellen, die den früheren Proportionen und Lichtverhältnissen entsprechen und so in einer würdigen, neutralen Form die geretteten Möbel, Bilder und Geräte aufnehmen könnten.

Wie in den Westzonen wurde auch in der SBZ die stadtplanerische Auseinandersetzung um modernen Neubau oder traditionsverpflichteten Wiederaufbau intensiv geführt, wobei in Berlin bei zunehmenden Auseinandersetzungen zwischen den Alliierten auch der bislang gemeinsame Diskurs ein Ende fand. Von besonderem Einfluß erwies sich Kurt Liebknecht, der in den 20er Jahren bei Hans Poelzig studiert und ab 1931 in der Sowjetunion gearbeitet hatte – zusammen mit dem Architekten Hermann Henselmann, der (als maßgebender Planer der Stalin-Allee) zur Identifikationsfigur des architektonischen Ordnungsanspruchs der neuen Gesellschaft wurde. Gemäß den Direktiven sowjetischer Kulturpolitik wird seit 1949 das Konzept einer eigenständigen, von angloamerikanischen Einflüssen und westlichen Planungskonzepten »freien« deutschen Baukultur entwickelt, wobei der Rückzug auf die nationalen Traditionen der Baukunst des deutschen Klassizismus zu Beginn des 19. Jahrhunderts dazu dienen soll, den in der DDR lebenden Menschen als »deutschen Patrioten« neue Hoffnung und Selbstachtung zu geben.[463]

Die Offenheit der Auseinandersetzung um das bestmögliche Stadtentwicklungskonzept findet damit ein Ende. In den »Sechzehn Grundsätzen des Städtebaus«, die von der Regierung der Deutschen Demokratischen Republik am 27. Juli 1950 beschlossen wurden, heißt es u. a., daß das Zentrum der Stadt den politischen Mittelpunkt für das Leben seiner Bevölkerung darstelle; hier lägen die wichtigsten politischen, administrativen und kulturellen Stätten. Auf den Plätzen im Stadtzentrum fänden die politischen Demonstrationen, die Aufmärsche und die Volksfeiern an Festtagen statt.[464]

Die Stalin-Allee, geprägt durch Entwürfe von Hermann Henselmann, wurde zum Leitbild des neuen sozialistischen Bauens: leblose Gigantomanie zum höheren Ruhme eines die individuellen Rechte wie die Lebensqualität insgesamt verachtenden Totalitarismus. Die westliche »Kunstauffassung« dagegen, so Liebknecht, verspotte die aus dem Volke gewachsene nationale Kultur und Kunst, die nationalen Traditionen und versuche, eine »Weltkunst« zu schaffen, um die Völker ihres nationalen Bewußtseins zu berauben und sie so den Weltherrschaftsplänen des amerikanischen Imperialismus gefügig zu machen.

Der sozialistische Futurismus wiederum forderte die »fortschrittliche Stadt«, die als »schöne Stadt« etikettiert wurde. Nicht die aufgelockerte oder gar frei in den Raum hineinkomponierte Stadt war gefragt; man wollte Plätze und breite Straßen, die den Festen des Volkes einen würdigen Rahmen verliehen. Zwar wagen die Blockparteien noch abweichende Meinungen; doch werden deren Vertreter, da sie u. a. auch die rechtliche Lösung der Eigentumsfrage kritisieren, als reaktionäre Elemente stigmatisiert. Einen Vertreter der Architektenschaft, der die Forderung vorbringt, daß man sich der Struktur der Stadt anpassen solle, bezeichnete man als irregeleitet.

Ab Sommer 1952 wurden zumindest alle Entscheidungen und Planungsschritte für die »Aufbaustädte« Dresden, Rostock, Magdeburg und Leipzig nach einem mehr oder weniger identisch festgelegten Schema getroffen. Regionalen Einfluß sollte lediglich die architektonische Formensprache für den Demonstrationsplatz und die Magistrale zeigen. Richtungsweisend für den Ausdruckswillen in der Kunst sei der »Kampf gegen den Formalismus als Verfallserscheinung des Imperialismus durch

Anwendung realistischer Ausdrucksformen in Anknüpfung an unsere wertvollen Bautraditionen, die den wahren Interessen des Volkes dienen«.[465]

Am Beispiel Dresdens[466] läßt sich der Weg von der »neuen« zur »schönen« Stadt, von der Offenheit des Diskurses zur ideologischen Fixierung exemplarisch aufzeigen. Unter dem Eindruck der Bombenangriffe vom 13./14. Februar 1945 gab es viele Stimmen, die ein zweckmäßigeres Dresden als das alte, also die Abkehr vom Historischen forderten. In dem städtebaulichen Wettbewerb vom Frühjahr 1946 zeigten sich Tendenzen, wie sie überall im damals noch ungeteilten Deutschland feststellbar waren: nämlich Rückbesinnung auf die topographischen Gegebenheiten der Städte, die neu zum Ausdruck gebracht werden sollten. Der Zerstörung hätte eine »Sanierung« zu folgen. Die Stadt der Zukunft galt uneingeschränkt als erstrebenswert. »Damit kamen Erwartungen zum Ausdruck, die bereits in den zwanziger Jahren gehegt worden waren und die im Zuge der ›Neugestaltungsplanungen‹ der Nationalsozialisten einen ungeahnten Auftrieb erhalten hatten.«
Demgegenüber standen Forderungen, die für das zukünftige Dresden eine »barocke Haltung« einforderten. Der seit März 1945 amtierende Stadtbaurat Herbert Conert legte einen Neuaufbauplan vor, in dem sich organisch und maßvoll das Ererbte, das wert war, erhalten zu werden, mit den Bedürfnissen, besonders des Verkehrs, vereinigte. »Mit diesem Appell an die ›Dresdner Seele‹ vollzieht sich eine Wende, die auch in anderen Städten – so in Münster oder Nürnberg – zu beobachten ist. Schon nach einem Jahr ist die Erfahrung des Luftkrieges und des einst beklagten ›Zusammenbruchs‹ am Verblassen. Die Zukunft scheint in weiter Ferne zu liegen; man richtet sich ein und beschwört nur noch das ›Ererbte‹, in dem die Seele verborgen zu sein scheint.«[467]

ZWEITER TEIL

Das geteilte Deutschland

DDR-Sperrmauer zum Bezirk Kreuzberg, Berlin, 1963.

DIE ENTSTEHUNG ZWEIER STAATEN

Währungsreform und Grundgesetz

In einem Gespräch über die deutsche Teilung hat Günter Grass die beiden Hauptantagonisten Konrad Adenauer und Walter Ulbricht als zwei Politiker charakterisiert, die, wenn auch mit umgekehrten Vorzeichen, eine ähnliche politische Absicht verfolgten: der eine die West-, der andere die Ostbindung der neu entstehenden deutschen Staaten anstrebend - ein rheinischer und ein sächsischer Separatist. »Die beiden haben sich, ich will nicht sagen, ›gesucht‹, aber gefunden haben sie sich auf jeden Fall; sie paßten in das Konzept der Siegermächte hinein. Das waren Leute, die gelegentlich am Sonntag über Deutschland als Ganzes sprachen, ihre Sonntagsreden hielten, doch den Prozeß der Teilung von vornherein akzeptierten, bei ihm mitmachten und ihn verstärkten; diesem Willen hat sich alles andere untergeordnet.«[1]

Doch waren es zunächst weniger die Personen als die Umstände, die den Prozeß der Bildung zweier deutscher Staaten und damit die Teilung Deutschlands bewirkten. Die zunehmenden Spannungen zwischen den westlichen Alliierten und der UdSSR führten vor allem in den USA zu einer Veränderung der Deutschlandpolitik.

Nach der Rede des amerikanischen Außenministers James Byrnes am 6. 9. 1946 in Stuttgart, in der er einen für Westdeutschland positiven Wandel der amerikanischen Außenpolitik ankündigte, erwies sich als eigentliches Schicksalsjahr der deutschen Nachkriegsgeschichte das Jahr 1948. Die Londoner Außenministerkonferenz der vier Sieger war im Dezember 1947 - seit September 1945 hatten sich die Außenminister mit der deutschen Frage erfolglos beschäftigt - gescheitert; nun kam eine äußerst dynamische Entwicklung in Gang. Der Wirtschaftsrat der Bizone wurde reorganisiert und von 52 auf 104 Abgeordnete verdoppelt; zusätzlich wurde ein Länderrat als zweite Kammer (mit 24 Vertretern der Landesregierungen) geschaffen.

Die wichtigste Entscheidung fiel am 20. 6.: An diesem Tag fand in den von den Westmächten besetzten Zonen die Währungsreform statt; ihr Ziel war es, die im Krieg völlig zerrüttete deutsche Finanzwirtschaft zu sanieren; der Geldüberhang aufgrund der Rüstungsfinanzierung stand in einem grotesken Mißverhältnis zum Warenangebot. Die zwangswirtschaftliche Verwaltung mit Preiskontrolle hatte zwar bislang eine inflationäre Entwicklung verhindert, doch war zu den staatlich fixierten Preisen so gut wie nichts zu beziehen. Die tatsächlichen Preise regelte der Schwarzmarkt. Durch die Währungsreform wurde die drastische Verminderung des Geldumlaufs und eine radikale Entschuldung des Staates erreicht. Jeder Einwohner erhielt am Stichtag 40 Deutsche Mark und zwei Monate später nochmals 20 Deutsche Mark ausgezahlt. Alle Bargeldrückstände wurden auf ein Zehntel ihres ursprünglichen Wertes zusammengestrichen; für 100 Reichsmark auf einem Bankkonto gab es nur 6,50 Mark. Gleiches passierte mit allen Schuldverhältnissen – mit Ausnahme von Hypotheken, die im Verhältnis 1 : 1 umgestellt wurden, weil man die Eigentümer von Sachwerten nicht über Gebühr begünstigen wollte.

»Das Wunder geschah: Die Menschen vertrauten dem neuen Geld; lange zurückgehaltene Güter waren plötzlich auf dem Markt; die Schaufenster zeigten von einem Tag auf den anderen ein Warenangebot, das zuvor niemand für möglich gehalten hatte. Ludwig Erhard, 1948 bis 1949 Direktor der Verwaltung für Wirtschaft des Vereinigten Wirtschaftsgebietes und in dieser Funktion maßgeblich an der Währungsreform beteiligt, behielt recht mit der Auffassung, daß die Sanierung der Währung und die Etablierung freier Marktwirtschaft untrennbar zusammenhingen; das eine hätte ohne das andere nicht gelingen können.«[2]

In der Mai-Nummer 1948 des *Ulenspiegel* hatte Karl Schnog ein Gedicht veröffentlicht, das die Frage, wann Frieden sein werde, mit »Alltagsträumen« beantwortete: »... Wenn die Mütter froh die Kinder schwenken,/Wenn die Onkels Neffen Uhren schenken,/Wenn man Wohnung wechselt ohne Schein;/Wenn, wer's Auto kauft, auch selber steuert,/Wenn man Hausrat, der nicht paßt, erneuert,/Wenn man Fleisch hat und lädt Freunde ein./Aber, Enkelchen, wann wird das sein?«[3]

Doch nicht erst in der Generation der Enkel, sondern schon einen Monat nach der Veröffentlichung der Verse begann mit der Währungsreform für die Menschen der Westzonen der Aufstieg ins Konsumparadies. Karl Korlow, geb. 1915, damals als freier Schriftsteller in Göttingen lebend, berichtet, daß er nur langsam und zögernd begriff, daß dies vielleicht der »konkreteste Tag« der westdeutschen Nachkriegsgeschichte gewesen sei (»Ware, die tatsächlich käuflich war, auf dem offenen Markt angeboten, noch keine Fülle, aber viele Angebote«).

In der SBZ wurde vom 23. bis 28. Juni 1948 eine Währungsreform vollzogen (Einführung der Mark-Ost), die aber den Lebensstandard nicht wesentlich verbesserte. Die Lebensmittelrationierungen blieben bestehen; auch der schwarze Markt florierte weiter. Zur Verbesserung der Versorgungslage wurde im Oktober die staatliche Handelsorganisation (HO) geschaffen; in deren Einzelhandelsbetrieben konnten Waren und Produkte zu erhöhten Preisen ohne Bezugsschein oder Lebensmittelkarte gekauft werden. Der Versuch der Sowjetunion, die Währungsreform auf ganz Berlin auszudehnen, scheiterte am Widerstand der Westmächte, die in den Westsektoren die neue DM einführten. Nach der darauffolgenden Blockade Berlins, welche die alliierte Luftbrücke zunichte machte, brach die Vier-Mächte-Verwaltung endgültig zusammen. Im November kam es zur Teilung der Stadtverordnetenversammlung und des Magistrats. Im Westen wurde Ernst Reuter (SPD) zum Regierenden Bürgermeister und im Osten Friedrich Ebert (SED) zum Oberbürgermeister gewählt.

Die Wirtschaft hatte große Warenbestände gehortet; mit »weichem Geld« produziert und nun in »harter Währung« verkauft, stellten sich bald große Gewinne ein. Die öffentliche Moral wurde jedoch durch etwas ganz anderes erregt: nämlich durch die Vorderseite der ersten Banknote (ein Fünfmarkschein), die nach der Währungsreform von der Bank deutscher Länder in Umlauf gebracht wurde. Dort ritt eine halbnackte »Europa« auf dem Rücken eines stilisierten Stiers, die Sonne in der rechten Hand, das Knie leicht verschleiert, den Busen unverhüllt, der Zukunft entgegen. Kritik übte man auch am »Liniengewirr« in Picasso-Manier. Der verantwortliche Graphiker mußte seine Arbeit rechtfertigen. Auch die 50- und 100-Mark-Noten schockierten als »Gipfel der Ahnungslosigkeit und der Abgeschmacktheit« die Öffentlichkeit, was aber ihrer Zirkulation im Dienste von Produktion und Konsumtion nichts antat.[4]

Weihnachtsgänse wieder im Angebot.

Kultur war durch die Währungsreform zunächst zum »Ladenhüter« geworden. Die konkrete Ästhetik des neuen Warenangebots faszinierte viel mehr als die Produkte der Kunst. Die Theater mußten sich dem Publikumsgeschmack anpassen, wollten sie nicht vor leerem Haus spielen. Tourneen wurden abgesagt, Gastspiele konnten mangels Reisegeld und Honorar nicht mehr stattfinden. Auch die Konzertsäle blieben leer; die meisten Veranstaltungen wurden abgesagt.

Bei Zeitungen und Zeitschriften wurden die Abonnements gekündigt, kurz darauf setzte das große Zeitschriftensterben ein. Der Verleger Lambert Schneider erinnert sich, wie tief deprimiert er angesichts der schlagartig einsetzenden Interesselosigkeit seiner Zeitschriftenleser war, die nun in harter DM ihre geistige Anteilnahme hätten bekunden müssen.[5] Unter den vielen Zeitschriften, die in diesen Monaten ihr Erscheinen einstellten, waren auch der (neue) *Ruf* und *Die Wandlung.*

Nachdem im August 1948 ein vorbereitender Verfassungskonvent auf

Schloß Herrenchiemsee Richtlinien für das Grundgesetz aller bundesdeutschen Länder auf föderalistischer und liberaler Grundlage entwickelt hatte und ab 1. September ein Parlamentarischer Rat (65 aus 11 deutschen Landtagen gewählte Abgeordnete) die Verhandlungen in Bonn, auch mit den Westalliierten[6], weiterführte, wurde schließlich am 8. Mai 1949 in dritter Lesung das Grundgesetz der Bundesrepublik Deutschland mit 53 gegen 12 Stimmen verabschiedet. Es trat am 23. Mai 1949 in Kraft.[7]

»Bewegt von der Hoffnung aller Deutschen« - diese Formulierung, die der Grundsatzausschuß im Parlamentarischen Rat für die Präambel des Verfassungswerkes vorgeschlagen hatte, war in der endgültigen Fassung zwar nicht mehr anzutreffen,[8] doch spiegelte das Grundgesetz den festen Willen der demokratischen Kräfte, das staatliche Schicksal vereint zu meistern. Der deklamatorische Charakter des »Vorspruchs« verstand sich als Option auf einen nationalen Zustand politischer Sittlichkeit, der endgültig, zumindest im Ideenhimmel derjenigen, die die innere Erneuerung anstrebten, den Unrechtsstaat des Nationalsozialismus überwinden sollte: »Im Bewußtsein seiner Verantwortung vor Gott und den Menschen, von dem Willen beseelt, seine nationale und staatliche Einheit zu wahren und als gleichberechtigtes Glied in einem vereinten Europa dem Frieden der Welt zu dienen ...«

Die Festlegung der Grundrechte im Grundgesetz der Bundesrepublik Deutschland als im natürlichen Recht wurzelnde, vom positiven Recht nicht geschaffene, sondern dem positiven Recht vorgegebene Menschenrechte machte deutlich, daß hier ein Staat und eine Gesellschaft geschaffen werden sollten, die auf einem ethischen Fundament basierten. »Die Würde des Menschen ist unantastbar«, hieß es in Artikel 1 des Grundgesetzes; sie zu achten und zu schützen sei Verpflichtung aller staatlichen Gewalt. »Das deutsche Volk bekennt sich darum zu unverletzlichen und unveräußerlichen Menschenrechten als Grundlage jeder menschlichen Gemeinschaft, des Friedens und der Gerechtigkeit in der Welt. Die nachfolgenden Grundrechte binden Gesetzgebung, Verwaltung und Rechtsprechung als unmittelbar geltendes Recht.«

Gerechtigkeit als überwölbendes Prinzip schloß Sozialstaatlichkeit (die Sozialpflicht des Staates, vor allem von der SPD vertreten[9]) ein. Freiheit und Gleichheit wurden vielfältig aufgefächert – als Recht auf freie Entfaltung der

Persönlichkeit, als Recht auf Leben und körperliche Unversehrtheit, als Gleichheit vor dem Gesetz, als Gleichberechtigung von Mann und Frau, als Freiheit des Glaubens und des Gewissens, als Recht auf Kriegsdienstverweigerung aus Gewissensgründen, als Meinungsfreiheit, als Freiheit von Kunst, Wissenschaft, Forschung und Lehre, als Organisations- und Versammlungsfreiheit, als Recht auf Freizügigkeit, Berufswahl und Wahl der Ausbildungsstätte; das Eigentum sollte verpflichten, sein Gebrauch dem Wohle der Allgemeinheit dienen.

Die bewegende Kraft einer freiheitlichen, demokratischen Grundordnung sollte die »deutsche Erstarrung« als Folge einer immer mehr sich entwickelnden Ost-West-Spannung beseitigen helfen. »Das ganze deutsche Volk bleibt aufgefordert, in freier Selbstbestimmung die Einheit und Freiheit Deutschlands zu vollenden.« In einem Kommentar der Zeitschrift *Die Gegenwart* hieß es, daß wohl kein Deutscher sich gegen das Notdach erheben werde, das nun für Deutschland gebaut sei;[10] doch empfand man das Verfassungswerk weniger als Provisorium denn als stabiles Fundament für den nun einsetzenden Wiederaufbau. Die rechts- und sozialstaatlichen Grundlagen der Bundesrepublik wurden bald vom praktizierten Materialismus überlagert.

Adenauer, der Patriarch – Heuss, Homme de lettres

Am 15. September 1949 war der 73jährige Konrad Adenauer mit 202 gegen 142 Stimmen bei 44 Enthaltungen und einer ungültigen Stimme (bei 402 Abgeordneten), das hieß mit einer Mehrheit von einer, seiner eigenen Stimme zum Bundeskanzler gewählt worden. Oppositionsführer wurde Kurt Schumacher (SPD). Vorausgegangen war am 14. August 1949 die Wahl zum Ersten Bundestag, bei der CDU/CSU 139 Mandate (31%), SPD 131 Mandate (29,2%), FDP 52 Mandate (11,9%) erhielten. Adenauer bildete sein erstes Kabinett als Koalitionsregierung mit Ministern von CDU/CSU, FDP und DP (Deutsche Partei).

Die politische Tätigkeit, so Adenauer am 23. April 1946 an einen nahen Freund, die er auf sich nehmen müsse, weil schlechthin kein anderer da sei, erweise sich als sehr aufreibend, körperlich anstrengend und als sehr undankbar. »Ich suche ihr zu entgehen, sobald ich es irgendwie verantworten kann. Das ist ja überhaupt das Verhängnis für Deutschland, daß die alte Generation überall an die Spitze muß. Die mittlere Generation fällt nahezu vollständig aus, weil sie in der Partei war. Die junge Generation ist nicht urteilsfähig, weder in politischer noch einer sonstigen Hinsicht. Sie muß völlig umerzogen werden ...«[11]

Ein Patriarch war an die Spitze des Staates getreten, der, wie seine erste Regierungserklärung deutlich machte, die soziale Marktwirtschaft in Frontstellung gegen die Planwirtschaft bringen wollte. Außenpolitisch bestand Adenauer darauf, daß man sich unter keinen Umständen mit einer von Sowjetrußland und Polen festgelegten Oder-Neiße-Linie als Grenze und der damit vorgenommenen Abtrennung deutscher Gebiete abfinden werde. Der deutsch-französische Gegensatz, der Hunderte von Jahren die europäische Politik beherrscht habe, müsse endgültig aus der Welt geschafft werden. Er gedachte mit besonderem Dank der Vereinigten Staaten von Amerika und leitete damit die Westintegration ein (die für ihn Vorrang vor der nationalen Wiedervereinigung hatte).[12]

Adenauers konservativer, katholischer Lebenszuschnitt, sein anti-preußisches, dem Nationalstaat skeptisch gegenüberstehendes Geschichtsverständnis, seine paternalistisch geprägten Sozial- und Gesellschaftsvorstellungen machten ihn zur Leitfigur einer Mehrheit der Bevölkerung, die mehr an wirtschaftlichem Aufstieg denn an kultureller Vielfalt interessiert war. Materielle Konsolidierung und Solidität waren wichtiger als geistig-kulturelle Dialektik und Vielfalt.

In enger Zusammenarbeit mit dem französischen Außenminister Robert Schuman (dem Architekten des »neuen Europa«)[13] betrieb Adenauer die Aussöhnung mit dem »Erbfeind Frankreich«, die in der Freundschaft mit dem französischen Staatspräsidenten Charles de Gaulle gipfelte.

Daß die Verständigung mit Frankreich sehr tragfähig war, zeigte sich 1956, als im »Luxemburger Saarvertrag« die Eingliederung des Saarlandes in die Bundesrepublik in zwei Etappen beschlossen wurde (1959 beendet) - die dauerhafte Lösung eines Konflikts, der die deutsch-französischen Beziehungen seit dem Ersten Weltkrieg belastet hatte. Das »Wunder an der Saar« bestand vor allem darin, daß die Franzosen, die das Saarland nach 1945 praktisch annektiert und bislang eine einseitige Saarpolitik betrieben hatten, den gegenläufigen Volkswillen akzeptierten, sich als gute Verlierer erwiesen. Dieser hatte sich in der Abstimmung über das »Saarstatut« (1955) bekundet; (im Rahmen der »Pariser Verträge«, die 1954 der Bundesrepublik ihre Souveränität weitgehend zurückgaben, war eine »Europäisierung« des Saarlandes bei fortdauernder Währungs- und Zollunion mit Frankreich vorgesehen gewesen). Adenauer befürchtete bei einer Nichtannahme des Statuts eine Gefährdung der guten Beziehungen zu Frankreich; doch triumphierten die im »Heimatbund« zusammengeschlossenen, für eine Rückgliederung an Deutschland eintretenden Parteien (DPS/FDP, SPD und CDU) - wobei sich auch gefährliche nationalistische Töne zeigten.

Ein enges Verhältnis verband Adenauer im Rahmen der von ihm betriebenen »Westernization« mit John Foster Dulles, dem amerikanischen Außenminister (1953-1959); zusammen wollten beide Deutschland zu einem Bollwerk gegenüber dem Kommunismus ausbauen. Aus Antibolschewismus und Bruttosozialprodukt habe Adenauer, so Peter Koch in seiner ansonsten wohlwollenden Biographie, jenen Schaumteppich zusammengerührt, mit dem jede Diskussion über gesellschaftliche Reformen im Keim erstickt werden sollte.[14] Vom Sozialismus grenzte sich Adenauer dezidiert ab, wobei ihm jede Geschichtsklitterung recht war (so wenn er etwa in seinen *Erinnerungen* feststellt, daß der Nationalsozialismus den stärksten geistigen Widerstand in denjenigen katholischen und evangelischen Teilen Deutschlands gefunden hätte, die am wenigsten der Lehre von Karl Marx, also dem Sozialismus, verfallen gewesen wären - ungeachtet der Tatsache, daß sich das katholische Bayern Hitler zuerst und das rote Preußen ihm zuletzt geöffnet hatte[15]). Kurt Schumacher nannte Adenauer eine »plumpe Siegesfeier der alliierten klerikalen Koalition über das deutsche Volk« und, dessen Westorientierung denunzierend, einen »Kanzler der Alliierten«.

Adenauers tiefe, religiös wie politisch begründete Abneigung gegenüber der Sowjetunion stand seinem Pragmatismus nicht im Wege. 1955 fuhr er nach Moskau; mit der »knöchernen Bedachtsamkeit des Juristen und dem Charme eines Weltmannes« führte er die Verhandlungen, die zu einem seiner größten Erfolge führten. Rund 10 000 Kriegsgefangene und 20 000 Zivilinternierte konnten aus russischer Gefangenschaft in die Heimat zurückkehren. Das Grenzdurchgangslager Friedland, von Kriegsende bis 1955 erste Anlaufstelle für über 1,8 Millionen Menschen, wurde zu einem Symbol für Adenauers Hartnäckigkeit.[16]

Plakat zum Bundestagswahlkampf 1957.

Mit großer Zähigkeit, List und Härte setzte Adenauer seine Vorstellungen in politisches Handeln um. 1950 zum Vorsitzenden der CDU gewählt, erhielten er und die von ihm repräsentierten Parteien der CDU/CSU 1953 bei der Wahl zum Zweiten Bundestag 45,2% der Stimmen, bei der Wahl zum Dritten Bundestag 1957 50,2%. Charakteristischerweise führte er den Wahlkampf 1957 mit dem Slogan »Keine Experimente«. Der amerikanische Journalist und Publizist William S. Schlamm bezeichnete es 1959 als einen Glücksfall für Deutschland und den ganzen Westen, daß das erste Jahrzehnt der deutschen nachnazistischen Rekonvaleszenz von der ruhigen Männlichkeit Dr. Konrad Adenauers bestimmt worden sei.

Geschickt überzeugte er die westalliierte »Oberaufsicht«, die im Juni 1949 eingesetzte »Hohe Kommission« (der Brite Brian Robertson, der Franzose André François-Ponçet und, als primus inter pares, der Amerikaner John McCloy[17]) von der Notwendigkeit voller deutscher Souveränität.

Im politischen Kampf war Adenauer bei seinen Attacken auf den politischen Gegner nie »pingelig«; sein trockener, von Zynismus durchsetzter Humor gehörte zu seiner strengen Amtsführung, bei der er, die Rolle des »älteren Herrn« souverän spielend wie stilisierend, Distanz zum Parlament hielt. (Die Koalitionsfraktionen hätten der Regierung das ohnehin schwere Geschäft zu erleichtern ... Anträge, an denen man im Bundeskabinett nicht interessiert sei, sollten tunlichst gar nicht gestellt werden ...) In den Kabinettssitzungen verteilte er gern Zensuren über die Sonntagsreden seiner Minister. Lange Diskussionen faßte er so zusammen, wie es seinen Intentionen entsprach.[18] Seine Diktion, die schriftliche wie mündliche, war äußerst knapp; er mied Vagheiten und Floskeln; sein Wortschatz schien bescheiden, die Redeweise einfach.[19]

Auf der einen Seite war dieser »erzpraktische Politiker« ein rauher Wahlkämpfer, der geschickt Wahlgeschenke verteilte, dazu ein Menschenverächter (der Mitarbeiter am Zügel hielt, verbrauchte, schnöde beiseite schob), ein lauernder, dreister Unterhändler, ein Konstrukteur der breit und tief gesicherten eigenen Machtfestung. Die andere Seite zeigte ihn im Innersten von Anfechtungen geplagt, als Skeptiker, Sensiblen, Zögerlichen. Er sei - so Golo Mann - eine ambivalente Persönlichkeit gewesen, ein »geriebener Idealist«, zäh und schlau, aber auch schöpferisch und der Idee verpflichtet.[20]

Obwohl Adenauer nie mit den Nationalsozialisten sympathisiert hatte, war seine Haltung gegenüber früheren Nationalsozialisten recht lax.[21] Theodor Oberländer, Bundesvertriebenenminister von 1953 bis 1960, galt als »tief braun«. Die »Fähigkeit zu trauern« war bei Adenauer, der das Land wirtschaftlich wiederaufbauen und dann auch die Wiederbewaffnung durchsetzen wollte, wenig entwickelt. Anstelle einer Katharsis kam es zu einem Amnestiefieber; die Masse der Mitläufer und Belasteten hatte allen Grund, dem Kanzler, der keine »moralische Wehleidigkeit« zeigte und Verdrängung wie Vergeßlichkeit förderte, dankbar zu sein. Hans Maria Globke, Kommentator der Nürnberger Rassengesetze - er war damals Oberregierungsrat im Innenministerium gewesen - wurde Konrad Adenauers engster Mitarbeiter.[22]

Als typisch für das restaurative kulturelle Klima der Adenauer-Zeit wurde der »Fall Harlan« empfunden. Der NS-Filmregisseur (u. a. des Hetzfilmes *Jud Süß* und des Durchhaltefilms *Kolberg)* war bei einer Reihe von Prozessen freigesprochen worden und begann wieder mit Filmarbeiten. Mit politischer Moral hatte die neue deutsche Rechtsstaatlichkeit wenig im Sinn; statt dessen ahndete sie einen Boykottaufruf gegenüber Harlans neuer Produktion *Unsterbliche Geliebte* (nach einer Novelle Theodor Storms), wie er vor allem vom Leiter der Hamburger staatlichen Pressestelle, Erich Lüth, vertreten worden war. Von Harlan hätte man wenigstens Schweigen erwarten können. »Da ihm diese Einsicht völlig fehlt, bringt er erneut das Ansehen des deutschen Volkes in Gefahr und zwingt uns, vor der Welt zu bezeugen, daß es Millionen Deutsche gibt, die wohl bereit sind, sich mit allen auszusöhnen, die ihre Irrtümer erkannten, die aber das wirklich Böse und Teuflische nicht vergessen haben.«[23]

»Gegen Mitte der fünfziger Jahre mußte in der Bundesrepublik fast niemand mehr befürchten, ob seiner NS-Vergangenheit von Staat und Justiz behelligt zu werden. Angeheizt von den ebenso profilierten wie populären Forderungen der rechten Kleinparteien, hatte eine Allparteienkoalition des Bundestages die den Deutschen nach der Kapitulation aufgezwungene individuelle Rechenschaftslegung beendet; fast alle waren jetzt entlastet und entschuldigt. Denn nicht nur unter die Vergangenheit von 3,6 Milionen Entnazifizierten und Zehntausenden von Amnestierten war ein Strich gezogen, sondern es waren inzwischen auch die meisten derer wieder frei, die in den Nürnberger Nachfolgeprozessen oder von den Militärgerichten der Alliierten zwischen 1945 und 1949 als Kriegsverbrecher verurteilt worden waren.« (Norbert Frei)[24]

Die restaurative Erstarrung, die den Geist der Adenauer-Ära ausmachte, wurde in Bonn »ansässig« - einer Hauptstadt, die den »gefährlichen und zweideutigen Trost der Geborgenheit im Provinziellen« (Th. W. Adorno) fand.[25] In seinen *Erinnerungen* deutet Konrad Adenauer den Streit, der unter den Mitgliedern des Parlamentarischen Rates (vornehmlich zwischen CDU/CSU und SPD) ausgebrochen war, ob Bonn oder Frankfurt vorläufige Bundeshauptstadt werden solle, politisch. Frankfurt lag im sozialdemokratisch regierten Hessen; von dort habe man sich eine entsprechende Ausstrahlung der SPD auf das gesamte Bundesgebiet versprochen. Für Bonn hatten die Engländer eine Erklärung abgegeben, daß sie bereit seien, das Gebiet von Bonn aus der britischen Zone und Militärverwaltung freizugeben; für Frankfurt konnten die Amerikaner eine solche Erklärung nicht abgeben, weil die Stadt eine große Anzahl von amerikanischen Organisationen und sehr wichtigen Verwaltungsstellen beherbergte, für die in einer anderen Stadt nur schwer hätte Raum geschaffen werden können.[26] Tiefenpsychologisch gesehen, ging es jedoch um etwas anderes: Dem ehemaligen Kölner Oberbürgermeister und Bürger von Rhöndorf erschien es zu gefährlich, einen Staat, den er nach seinem Bilde zu formen gedachte, dem Spiel der Kräfte auf einem so geschichtsträchtigen Boden wie Frankfurt zu überlassen.[27]

Von seinem 1953 erschienenen Roman *Das Treibhaus*, der in Bonn spielt, meinte Wolfgang Koeppen, daß dieser jenseits der Bezüge von Menschen, Organisationen und Geschehnissen der Gegenwart seine eigene poetische Wahrheit habe. Das Werk spiegelte jedoch vor allem die politische Wahrheit: Der Provinzialismus als der Geist des platten Landes schickte sich an, Vielschichtigkeit und Komplexität zu verleugnen. »Ein Treibhausklima gedieh im Kessel zwischen den Bergen; die Luft staute sich über dem Strom und seinen Ufern. Villen standen am Wasser, Rosen wurden gezüchtet, die Wohlhabenheit schritt mit der Heckenschere durch den Park, knirschenden Kies unter dem leichten Altersschuh ... Deutschland war ein großes öffentliches Treibhaus ...«[28]

Adenauer, der Patriarch, hatte einen sanften Gegenspieler: Theodor Heuss war ein geistreicher Homme de lettres, ein Mann republikanischer Bonhomie.[29] In seinem Gesicht, meinte Carl Zuckmayer, fänden sich Erbe und Alter seines Volkes ganz und zu gleichen Teilen vermischt mit frischer, lebendiger Gegenwärtigkeit.[30] Am 12. September 1949 wurde Heuss im zweiten Wahlgang mit 416 Stimmen zum Bundespräsidenten gewählt. Nicht die Haltung der SPD, die Kurt Schumacher nominierte (er erhielt 312 Stimmen), hatte die Besetzung des Bundespräsidentenamtes schwierig gestaltet, sondern die heftige Ablehnung, die Heuss als FDP-Vorsitzender in weiten Kreisen der Union hervorrief. Seine politischen Auffassungen erschienen der CDU/CSU als zu liberal; zudem wurde sein distanziertes Verhältnis zum Christentum moniert.

Als Theodor Heuss ins höchste Staatsamt berufen wurde, war er relativ unbekannt; bei seiner Wiederwahl 1954 erreichte er 871 von 987 abgegebenen Stimmen. Eine demoskopische Umfrage ein Jahr zuvor hatte ergeben, daß 63 Prozent der Bevölkerung eine Wiederwahl wünschten. 14 000 Glückwunschschreiben trafen allein in der Villa Hammerschmidt, seinem großbürgerlich eingerichteten Amtssitz, ein. Heuss war zur bekanntesten Symbol- und Identifikationsfigur der neuen Republik geworden. Bei seinem Tod am 12. Dezember 1963 schrieb die *New York Times:*

»Er war das passende Symbol des neuen Deutschlands, und er war der Hauptarchitekt der demokratischen Formen dieses Staates.«[31] Die Liebe und Verehrung, die ihm entgegengebracht wurden, antworteten auf die Wärme, die von ihm ausging. Theodor Heuss verkörperte, neben Adenauer als Realpolitiker, die Wünsche und Sehnsüchte, die man auch im eigenen Haus wie im Gehäuse des Staates erfüllt bzw. befriedigt sehen wollte: Gemüthaftigkeit und Gemütlichkeit, lebensnahe Geistigkeit und integre Lebensführung, repräsentative Würde und großväterliche Leutseligkeit. Theodor Heuss galt als Praeceptor Germaniae: milde zwar, aber bestimmt; verbindlich, aber geistig stringent. »Wenn ich für unsere Generation oder unsere Richtung eine pädagogische Aufgabe sehe, so ist es die, den Menschen die Nüchternheit zur Pflicht zu machen.«

Dies schrieb Heuss an Thomas Dehler, dessen politische Leidenschaft er kritisierte und den er davor warnte, mit dem Hammer zu politisieren.[32] Ein solcher Gegensatz bezog sich freilich mehr auf das Temperament als auf grundlegende Fragen. Beide waren in ihrer Gesinnung republikanische Liberale; damit jedoch keineswegs repräsentativ für ihre Partei, die FDP; weil diese 1955 in Niedersachsen den Verleger rechtsradikaler Schriften, Leonhard Schlüter, zum Kultusminister gemacht hatte, wollte Heuss sogar aus der Partei austreten. Aber auch Erich Mende, seit 1946 Landesgeschäftsführer der FPD in Nordrhein-Westfalen und ab 1949 im Bundesvorstand der FDP, ab 1960 (bis 1968) ihr Bundesvorsitzender, unterschied sich in seiner Auffassung politischer Kultur von Heuss; er hätte besser an die Spitze eines Kriegervereins gepaßt.[33]

Theodor Heuss war universal gebildet. Auch wenn die vielen Reden, die er als Repräsentant des geistigen Deutschlands nicht nur halten mußte, sondern auch halten wollte, manchmal in eine gewisse generalistische Weitschweifigkeit ausuferten, so stimmt insgesamt das Diktum, mit dem Hans Bott, Freund und persönlicher Referent, ihn als »bekennenden liberalen Schriftsteller« charakterisierte: »Dem Pathos und der großen Dimension für Banalitäten setzte er die schlichte Präzisheit, die Sachlichkeit, den Sinn für Tatsachen entgegen.«[34] Heuss sah seine Aufgabe darin, der neuen Republik wieder zu geistiger Tradition zu verhelfen – im Sinne des Hegelschen »Aufhebens«: Deutscher Geist sollte, soweit er sich als ein solcher erwiesen hatte, »bewahrt« bleiben, deutscher Geist sollte »überwunden«, kritisch »weggeräumt« werden, wenn er der Affirmation verfallen und republikanischer Sittlichkeit entgegengesetzt war, wahrer deutscher Geist sollte »Erhöhung«, Sublimierung erfahren und damit ein Hort für kulturelle Kraft und Stärkung sein. Heuss wußte aus eigener politischer Erfahrung – obwohl er Hitler skeptisch gegenübergestanden war, hatte er mit den vier anderen Abgeordneten der Deutschen Staatspartei im März 1933 dem Ermächtigungsgesetz zugestimmt –, daß die Grundrechte nicht Abstraktionen bleiben durften, sondern das konkrete Handeln leiten sollten.[35]

Heuss machte einer breiten Öffentlichkeit deutlich, daß Hochverrat in einem totalitären Staat ehrenvoll sei; indem er den deutschen Widerstand rehabilitierte, stellte er sich Tendenzen entgegen, die auf die Verdrängung des Nationalsozialismus ausgerichtet waren.[36] In einem Streit mit Adenauer (1950 bis 1952), bei dem er unterlag, wollte er das von den Nationalsozialisten mißbrauchte Deutschlandlied nicht mehr als Nationalhymne eingeführt wissen.[37]

Ulbricht, der Satrap

Mit progressiven Tönen – in einer von Johannes R. Becher gedichteten und von Hanns Eisler komponierten Nationalhymne – intonierte der neue ostdeutsche Staat, die Deutsche Demokratische Republik (DDR), seine Gründung, als ob nun dort die erstarrten deutschen Verhältnisse zum Tanzen gebracht würden: »Laßt uns pflügen, laßt uns bauen/lernt und schafft wie nie zuvor,/und der eigen Kraft vertrauend/steigt ein frei' Geschlecht empor./Deutsche Jugend, bestes Streben/unsres Volks in dir vereint,/wirst du Deutschland neues Leben,/und die Sonne schön wie nie/über Deutschland scheint.«[38]

Die erste Verfassung der DDR, von der provisorischen Volkskammer am 7. Oktober 1949 in Kraft gesetzt, konstituierte eine »antifaschistisch-radikaldemokratische Republik«; sie hielt an Deutschland als einer »unteilbaren demokratischen Republik« fest; es gebe nur *eine* deutsche Staatsangehörigkeit.

»Auferstanden aus Ruinen/und der Zukunft zugewandt/laß uns dir zum Guten dienen,/Deutschland, einig Vaterland./Alte Not gilt es zu zwingen/Und wir zwingen sie vereint ...«

Alle Staatsgewalt gehe vom Volke aus; jeder Bürger habe das Recht und die Pflicht zur Mitgestaltung. »Inhalt und Grenzen der Staatsgewalt«

bestimmten die Bürgerrechte im Rahmen allgemeiner Gesetzesvorbehalte. Neben persönlichen Freiheits- und Schutzrechten traten kollektive soziale Rechte wie etwa das Recht auf Arbeit. Einrichtungsgarantien galten für die Wirtschaftsordnung, für das Eigentum und seine Vergesellschaftung, für Familie und Mutterschaft, Erziehung und Bildung, Religion und Religionsgemeinschaften. Die Wirtschaftsordnung, ein Mischsystem aus Privat- und Staatswirtschaft, schloß »sozialistische« Umgestaltung, z. B. durch Wirtschaftsplanung, Enteignung und Vergesellschaftung, ein. Äußerlich wurde so das Bild einer bürgerlich-parlamentarischen Verfassung (an Weimar orientiert) geboten. »Werteinbußen für die in der Verfassung formulierten Grundrechte waren jedoch durch den Mangel an Rechtsstaatlichkeit schon vorprogrammiert, insbesondere durch das Fehlen eines richterlichen Prüfungsrechts sowie einer Verfassungsgerichtsbarkeit. Der als Ersatz konzipierte Verfassungsausschuß der Volkskammer, der die Verfassungsmäßigkeit von Gesetzen prüfen sollte, hat diese Aufgabe nicht wahrgenommen.« (Friedrich Thomas)[39] Wie unverbindlich die Verfassung war, zeigte sich allein schon darin, daß das Ideologem »Aufbau des Sozialismus« mit Hilfe der verstärkten Verfolgung politisch Andersdenkender sowie Unbequemer aus den eigenen Reihen und der oft willkürlichen Kriminalisierung von Mitgliedern der bürgerlichen Mittelschicht in die Wirklichkeit umgesetzt wurde.

Auf dem dritten Parteitag der SED im Juli 1950 charakterisierte sich die Partei als bewußter und organisierter Vortrupp der deutschen Arbeiterklasse, geleitet vom Marxismus-Leninismus. Das Zentralkomitee der Partei wählte Walter Ulbricht in das neugeschaffene Amt des Generalsekretärs. Dieser propagierte eine Verschärfung des Klassenkampfes. Bei einer ersten »Parteisäuberung« wurden vor allem ehemalige Westemigranten entmachtet, so Paul Merker (bisher Politbüro-Mitglied), Leo Bauer (Chefredakteur des Deutschlandsenders), Willy Kreikemeier (Generaldirektor der Reichsbahn, im Gefängnis zu Tode gefoltert), Lex Ende (Chefredakteur des *Neuen Deutschland*, als Häftling im Uran-Bergbau gestorben); sie hätten mit dem US-Agenten Noel H. Field kollaboriert; ähnliche Vorwürfe waren bereits gegen osteuropäische KP-Führer erhoben worden.[40]

Die Anfänge des 1893 als Sohn eines Schneiders in Leipzig geborenen, nach dem Kriegsdienst 1919 als Mitbegründer der KPD in Leipzig hervorgetretenen

Kommunisten Walter Ulbricht waren durch eine offene Bildungswelt bestimmt. Carola Stern schildert in ihrer Biographie, daß er sich intensiv mit dem Marxismus, der Geschichte des Altertums, des Mittelalters und der Neuzeit sowie mit verschiedenen Kulturbereichen und dem »klassischen Erbe« (Schiller und Goethe als Schrittmacher des Sozialismus) beschäftigt habe; dabei zeigte sich freilich bereits damals eine dem bourgeoisen affirmativen Kulturverständnis durchaus ähnliche Eindimensionalität des (Roten-Plüsch-)Denkens. »In diese Vorstellungswelt gehören der ›Kampf gegen Nikotin und Alkohol‹ und das Sporttreiben, gehören Abneigung gegenüber neuen Erkenntnissen, gegenüber undogmatischem Weiterdenken. Hierher gehört der Trugschluß, daß man mit Hilfe marxistischer Formeln Kunst und Wissenschaft nicht nur verstehen, sondern auch ›anleiten‹ könne. In dieser erschreckend unkomplizierten und mit wenigen Formeln völlig erklärten Welt haben die Individualisten, die Nichtsportgestählten, die Lebenslustigen, die Nachdenklichen, die Christen, die Zweifler, die Bürger, die Träumer, die Künstler nichts zu suchen.«[41]
Ulbrichts Hauptstärke war von Anfang an sein Ordnungsbewußtsein, sein Fleiß, sein organisatorisches Talent, sein phänomenales Namensgedächtnis, seine unermüdliche Arbeitskraft – alles Sekundärtugenden, die einem jeweiligen Kurswechsel nicht im Wege standen.
Der UdSSR, mit »Gott Stalin« an der Spitze, dankte es der gelernte Tischler, daß er in die kommunistische Führungselite aufstieg, wobei die Skrupellosigkeit, mit der er über die eigenen Genossen und Mitkämpfer hinwegschritt, zum Qualifikationsverfahren des Stalinismus gehörte. Die Vermutung, daß Ulbricht aus persönlicher Rivalität 1934 den Versuch, den kommunistischen früheren Reichstagsabgeordneten Ernst Thälmann aus nationalsozialistischer Haft zu befreien, verhindert habe, ist zwar hinsichtlich seiner Alleinschuld nicht erhärtet, doch war er hier wie dann vor allem bei den gerade die deutschen Emigranten betreffenden Moskauer Säuberungen der Jahre 1936/37 maßgeblich beteiligt. Dabei muß man allerdings einräumen, daß er – nach illegaler Tätigkeit in Berlin in Paris lebend (um dort eine deutsche Volksfront aufzubauen) – nicht nur Täter, sondern auch Opfer war. Wie die Sowjetbürger lebten die Emigranten, in ihrem Hauptunterkunftsort, dem Hotel »Lux«, in Angst und Schrecken, denunzierten sich gegenseitig, um dem Bannstrahl, mit dem Stalin wahllos frühere Gefolgsleute verschwinden, verhaften, hinrichten, ermorden ließ, zu entgehen; es handelte sich um 2546 Opfer. Der Terror raste. Wer eben noch höchster Repräsentant der Sowjetmacht war, wie etwa der sowjetische Politiker und Wirtschaftstheoretiker Nikolai Iwanowitsch Bu-

Walter Ulbricht bei einer Rede in der DDR-Volkskammer, Juni 1966.

charin (einst enger Kampfgenosse Lenins), der Trotzki nahestehende Gregori Jessejewitsch Sinowjew oder das lange Zeit in Berlin lebende Komintern-Mitglied Karl Radek, konnte am nächsten Tag angeklagt und umgebracht sein. Ulbricht gelang es, ungeschoren zu überleben, was er nicht nur seinem Geschick, sondern auch dem Zufall verdankte.

Der DDR-Staat und die SED-Staatspartei huldigten dem Stalin-Kult. »Gedenke, Deutschland, deines Freunds, des besten./O danke Stalin, keiner war wie er/so tief verwandt dir. Osten ist und Westen/in ihm vereint.« (Johannes R. Becher, 1953)[42]

Die Ära Ulbrichts sollte bis zu seiner Entmachtung im Juni 1971 dauern. Den »Baumeister der zweiten deutschen Diktatur«, zunächst in völliger Abhängigkeit von der UdSSR – er selbst sprach freilich stets davon, daß es um die Entwicklung eines selbständigen deutschen Staates in Kooperation mit der Sowjetunion ginge – nannte Sebastian Haffner in den sechziger Jahren den erfolgreichsten deutschen Staatsmann seit Bismarck und führte den martialisch-dogmatischen Charakter des SED-Regimes auf die Repressionen und Verfolgungen zurück, die den deutschen Kommunisten seit dem Beginn ihrer politischen Existenz entgegengeschlagen wären.[43]

Im Gegensatz zu dem ingeniösen, bei allen autoritativen Zügen die westliche Ideenwelt der Demokratie, des Liberalismus und Humanismus verkörpernden Adenauer handelte es sich bei Ulbricht um den Triumph der farblos-nichtssagenden Mittelmäßigkeit, den zunächst unaufhaltsamen Aufstieg eines bornierten und zugleich eiskalten Apparatschiks.

Kurz nach der bedingungslosen Kapitulation war Ulbricht aus Moskau nach Berlin zurückgekehrt, um das ostdeutsche kommunistische Gesellschaftssystem und Staatswesen aufzubauen – als Statthalter freilich, was er angesichts seiner Ambitionen wohl als Demütigung empfand. Eine Haßliebe verband ihn mit dem Land, aus dem er fortgegangen war und in das er nun als entscheidende Führungspersönlichkeit wieder zurückkehrte. Und er war geprägt durch den »sublimierten Masochismus«, wie er als rätselhaftes Mentalitätsmuster für die sowjethörigen Kommunisten zwischen den beiden Kriegen typisch war; sie starben nicht nur für ihren Glauben im Kampf gegen den Nationalsozialismus, sie opferten sich auch willig, unschuldig-schuldbewußt, dem Moloch der eigenen Partei, die sie verriet, folterte und umbrachte. Stalin und seine Mitverbrecher suchten sich in ihrem Sadismus, der zugleich der Verbreitung von Angst und Schrecken dienen sollte, gerade unter den Treuesten ihre Opfer. Der »wütende Gott« – *Der Gott, der versagte* war nach dem Zweiten Weltkrieg dann Titel einer Anthologie, in der abtrünnige ehemals kommunistische Intellektuelle Rechenschaft über ihren Irrweg ablegten[44] – konnte sich meist auf seine Sendboten verlassen; Ulbricht war einer der verläßlichsten von ihnen.

Die Vereinigung der KPD mit der SPD zur SED bedeutete für Ulbricht auch die Kompensation seines Bruchs mit der SPD in der Novemberrevolution von 1919; die Kommunisten erwiesen sich nun als die echten Marxisten und Revolutionäre, die Deutschland den richtigen Weg eröffneten. Der ideologisch-utopische Verblendungszusammenhang vertuschte, daß die Bildung der neuen »demokratischen deutschen Arbeiterpartei« auf der Basis von Zwang und Betrug erfolgte – was man daran erkennen konnte, daß dort, wo die Entscheidung in Freiheit erfolgte, die Ablehnung weit überwog: In West-Berlin stimmten 82 Prozent der Sozialdemokraten gegen die Vereinigung. Doch gab es auch bei den Sozialdemokraten Zustimmung - motiviert durch eine Mischung von Idealismus und Opportunismus. Otto Grotewohl, 1945 Vorsitzender des Zentralausschusses der SPD, war von 1946 bis 1954 zusammen mit dem Kommunisten Wilhelm Pieck Vorsitzender der SED und ab Oktober 1949 Ministerpräsident bzw. Vorsitzender des Ministerrates der DDR.

Die »fixe Idee« einer Einheitspartei verwirklichten Ulbricht und seine Genossen mit rücksichtsloser Energie. Etwa 20 000 ehemalige Sozialdemokraten verloren in der Sowjetzone bzw. in der DDR ihren Arbeitsplatz; 100 000 Sozialdemokraten mußten in den Westen fliehen; 5000 Sozialdemokraten wurden von ostdeutschen oder sowjetischen Gerichten verurteilt – von ihnen sind 400 in der Haft verstorben. »Insgesamt hat sich Kurt Schumachers Voraussage vom ›Blutspender SPD‹ innerhalb der SED bewahrheitet. Selbst die These von der ›freiwilligen‹ Vereinigung, die den Druck auf die Sozialdemokraten verschleiern sollte, konnte nicht darüber hinwegtäuschen, daß mit der Wandlung der SED zur stalinistischen ›Partei neuen Typus‹ bereits 1948 jeder sozialdemokratische Einfluß verschwand, ja der ›Sozialdemokratismus‹ zum Hauptfeind der nunmehr offen kommunistischen SED erklärt wurde.« (Hermann Weber)[45]

Das »Vaterland der Werktätigen« war ein solches nur für diejenigen, deren »soziale Arbeiterinteressen« sich mit denen der Staatsideologie deckten. Zunächst hatte die sowjetische Militäradministration die nationalsozialistischen Lohnregelungen weitgehend übernommen; sie wurden durch Steuerungssysteme ersetzt, die am sowjetischen Gesellschaftsmodell orientiert waren - also eine staatlich gelenkte Planwirtschaft mit dem Ziel der Erhöhung der Produktivität durch gesteigerte Arbeitsleistung und eine Verbesserung der Arbeitsdisziplin zum Ziel hatten. Der »egoistische« Anspruch der Menschen auf ein besseres Leben war unvereinbar mit dem »beschleunigten Aufbau des Sozialismus«.

»Komm - Wilhelm Pieck, und sei unser Gast,/und gib, was du uns versprochen hast./Doch nicht nur Rüben und auch Kohl,/sondern was du ißt und auch Grotewohl.«[46]

Nach Wilhelm Piecks Tod 1960 wurde das Amt des Staatspräsidenten abgeschafft und ein Staatsrat installiert, dessen Vorsitz Ulbricht übernahm. Durch die Vereinigung parteilicher Macht mit der nominell höchsten staatlichen Autorität befand er sich nun auf dem Zenit seiner Karriere. Im Wechselspiel von Zuckerbrot und Peitsche wurde die Disziplinierung der Bevölkerung weiter vorangetrieben. Auf der einen Seite stand das »Neue ökonomische System der Planung und Leitung« (NÖSPL), seit 1963, das die Arbeitsproduktivität steigern und mittels »ökonomischer Hebel« wie Selbstkosten, Preisen, Gewinn, Kredit, Löhnen und Prämien die Effektivität der Planungsökonomie erhöhen wollte; auf der anderen erfolgte die Verstärkung der Kontroll- und Repressionsinstrumente, vor allem durch einen sich immer mehr ausdehnenden Spitzeldienst. Mit der Roten Armee im Rücken wurde jeder Arbeitskonflikt unterbunden; Streik war zudem auch ideologisch ausgeschlossen; denn angesichts der Unfähigkeit, den wirklichen Zustand einer Gesellschaft zu erfassen, galt die Doktrin, daß Arbeiter gegen sich selbst nicht vorgehen könnten.

Walter Ulbrichts politisches Ende kam, als Erich Honecker, der nach einem langen Zuchthausaufenthalt im Dritten Reich als Jugendsekretär des Zentralkomitees der KPD 1945 seine Parteikarriere fortgesetzt hatte, in Abstimmung mit Leonid Breshnew, dem Generalsekretär der KPDSU und Staatsoberhaupt der UdSSR, diesen Anfang 1971 zum »freiwilligen Rücktritt« bewegte. Der »Unersetzliche« - vor dem Politbüro bezeichnete er sich als »unwiederholbar« (in zunehmendem Maße verstand er zudem die DDR als »Lehrmeister des Ostens«) - hatte seine Rolle ausgespielt; er paßte auch nicht zu dem Entspannungskurs, der nun das Verhältnis zwischen Ost und West und damit die neue Ostpolitik der deutschen Regierung unter Willy Brandt und Walter Scheel bestimmte; schließlich gab es auch eine wahnhafte Vorstellung des sowjetischen Parteichefs, daß Ulbricht plötzlich gemeinsame Sache mit Brandt gegen die Interessen der Sowjetunion machen könnte.[47] Wie bei den stalinistischen Säuberungen, freilich nun auf menschlichere Weise (ohne Mord bzw. Hinrichtung, sondern durch Versetzung in den »Ruhestand«, was bedeutete, daß man zur Unperson wurde), mußte derjenige, der von dem Gefühl durchdrungen war, er habe dem Sozialismus auf deutschem Boden zum überragenden Sieg verholfen und damit den Sowjetsozialismus überboten, »schlagartig« abtreten.

Um seine Hybris auch architektonisch zu demonstrieren, hatte sich Walter Ulbricht darauf verlegt, »die größeren Städte des Landes mit riesigen Turmbauten zu versehen. In Leipzig, Jena und Berlin wird der

Plan ausgeführt. Zugleich ist dies eine Zeit der Sprengfrevel; nicht nur Leipzigs Paulinerkirche fällt 1968 den Dynamitkommandos des Staatschefs (und der Planung des Architekten Henselmann) zum Opfer, sondern auch die Ruinen des Potsdamer Stadtschlosses und der Garnisonskirche.« Der angestrebte Triumphalismus zeigte sich als ebenso gigantomanisch wie destruktiv; aber die ökonomischen Kräfte reichten dafür nicht aus, jedenfalls nicht ohne eine übermäßige Belastung der Bevölkerung, die, gerade angesichts der Entspannungspolitik, zu sozialpolitischen Konflikten führen mußte.[48]

»Adenauer und Ulbricht versuchten zu überbrücken, was nicht zuletzt durch ihre Politik zerbrochen war. Beide scheiterten dabei nicht nur an den Klippen der Weltpolitik, sondern auch an sich selbst. Sie hatten sich so stark und so sichtbar für die Sonderexistenz ihres Teilstaats engagiert, daß sie zu Symbolen der Teilungspolitik wurden. Adenauer galt als der Spalter Deutschlands auch bei vielen Ostdeutschen, die der SED fernstanden; er tut es teilweise heute noch. Ulbricht war für die meisten Westdeutschen zur abschreckenden Verkörperung all dessen geworden, was man im Westen vom Kommunismus fürchtete. Auch ein vernünftiger Vorschlag wurde indiskutabel, wenn er von ihm kam. Adenauer und Ulbricht waren erfolgreich, soweit sie in ihrem Teil Deutschlands agierten. Jeder wurde zum Vater seines Staates, zog ihn auf, bis er auf eigenen Füßen stand. Aber dabei fanden beide ihre Grenzen. Sie vermochten die Bundesrepublik und die DDR gegeneinander aufzubauen, nicht aber, sie miteinander zu versöhnen.«[49]

In Monika Marons Roman *Stille Zeile sechs* diktiert Herbert Beerenbaum, ein ehemals mächtiger Funktionär, der Historikerin Rosalind Polkowski seine Memoiren. An einer Stelle erinnert sich der Funktionär an seine Rückkehr nach Deutschland. »Der Augenblick, in dem unser Zug über die Grenze nach Deutschland fuhr, gehörte zu den glücklichsten meines Lebens. Heim ins befreite Deutschland, befreit durch die Sowjetarmee. Weinend lagen alle Genossen im Zug sich in den Armen. In dieser Stunde wußten wir: Es würde unser Deutschland werden, auf ewig befreit von kriegslüsternen Imperialisten und mordgierigen Faschisten. Wir ahnten, welch schwerer Weg, benetzt von Schweiß und Tränen, vor uns lag.« Inzwischen ist die Rhetorik des ehemals mächtigen Stalinisten »wie die Schleimhaut seiner Kehle« vertrocknet und »seine Unnachgiebigkeit mit der Verkalkung des Rückgrats brüchig geworden«.[50] Die ideologische Macht, so Polkowski (damit auch das Urteil Monika Marons über Ulbricht und die SED-Nomenklatura artikulierend), habe alles verdorben. Was viel Anfang versprach, war ein solcher nicht, da auf stalinistischen Verbrechen beruhend; und dann wurde dieser trügerische Anfang, als eigener Weg zum Sozialismus zunächst viele in seinen Bann schlagend, nochmals pervertiert.

Herbert Beerenbaums Identität gründet im Antifaschismus; dieser gehörte in der Tat zum Fundament der DDR, war – so Peter Bender – gleichermaßen Attraktion und Instrument. Die DDR legitimierte sich dadurch – wie die Bundesrepublik durch ihre demokratische Verfassung; sie verkündete, allein die Lehren aus der deutschen Geschichte gezogen zu haben; innen- wie außenpolitisch bildete der Antifaschismus die einzige unangreifbare existentielle Legitimation der DDR. Zum SED-Sozialismus habe es demokratisch-sozialistische Alternativen gegeben, zum Antifaschismus nicht. »Da dies in voller Glaubensgewißheit geschah, entstand eine schreckliche Selbstgewißheit. Die deutschen Kommunisten fühlten sich nicht verantwortlich für Hitler, und als Personen hatten die meisten dazu alles Recht.[51] Warum sollten sie die Verbrechen eines Mannes büßen, den sie bis zur Gefahr für ihr Leben bekämpft hatten. Da sie, sobald sie die Macht erhielten, Nazis und Nazismus zum Verschwinden gebracht hatten, glaubten sie, nicht nur sie selbst, sondern auch die DDR sei frei davon.«[52]

DAS LAND DER GROSSEN MITTE

Parlamentarismus ohne Reizklima

Das Wagnis der Schaffung einer demokratisch legitimierten Bundesrepublik fand - trotz alliierter »Supervision« - viele latente, oft auch offene Gegenkräfte, die entweder die autoritären NS-Strukturen noch nicht überwunden hatten oder das parlamentarische Machtinstrumentarium lediglich »mechanistisch« handhabten.

Das parlamentarische Regierungssystem, so der Politologe Wilhelm Hennis 1966, werde hingenommen, nicht bekämpft; es sei jedoch nicht genügend Gegenstand der Identifikation, so daß seine eventuelle Gefährdung, seine zunehmenden Mängel keine besondere Sorge, nicht einmal wirklich anteilnehmendes Interesse hervorriefen.[53] Inhaltlich, von den großen Materien der Nachkriegspolitik aus gesehen, könne man dem Bundestag nicht bestreiten, daß er, wenigstens bis in die Mitte der fünfziger Jahre hinein, in den großen Fragen der außenpolitischen Richtungsbestimmung (Wiedervereinigung, dann Wiederbewaffnung, auch Wiedergutmachung) sehr wohl ein großes Forum der öffentlichen Debatte gewesen sei. Dann aber wurden die großen Fragen tabuisiert. Der Bundestag habe als Institution bis heute kein besonderes Profil gewonnen; oder vielmehr: er habe dieses Profil wieder verloren. Politische Leidenschaft sei ausgelaugt, das politisch Kantige abgeschliffen worden.

Die großen parlamentarischen Persönlichkeiten, die die neue Republik inaugurierten, liefen sich in der trägen Masse der Funktionäre, Lobbyisten und Bürokraten fest; an die Stelle weitgreifender inspirierender politischer Ideen traten die Einflüsse der Verbände; die Expertokratie gewann an Macht. Die Zahl der Abgeordneten, die sich vor allem an den Interessengruppen, die sie in den Bundestag gebracht hatten, orientierten, also nicht risikoreich für die Politik, sondern saturiert von der Politik lebten, nahm zu.

Theodor Eschenburg, Professor für politische Wissenschaft, 1961–1963 Rektor der Universität Tübingen, hatte von Anfang an den Weg der neuen Demokratie kommentiert. Seine 1955 erschienene Schrift *Herrschaft der Verbände?* stellt einen Markstein der Parlamentarismus-Kritik dar. Anhand vieler Beispiele machte er deutlich, daß das monokratische System der Verwaltung, das im Grundgesetz und im Beamtenrecht des Bonner Staats verankert ist, durch die Dynamik, die das Mitwirkungsrecht der Gruppen auslöse, durchbrochen werde. Der Beamte, der die anonyme Macht der »Verbandsherzogtümer« kenne, scheue sich, mit ihnen in Konflikt zu geraten. Diese Scheu gehe manchmal bis hinauf zu den Ministern, die in ihren Amtssesseln »Wanderpreise der Wahlen« sehen und damit der Werbung den Vorrang vor den Amtsbelangen geben. So bilde sich allmählich – nicht aus bösem Willen, sondern aus Sekuritätsbedürfnis – der »Gefälligkeitsstaat« heraus. »Es entstehe ein negativer Kampf um Zuständigkeit, denn keiner will die Last der Verantwortung tragen.«[54]

In strenger Zucht wurde die CDU von Konrad Adenauer »rückwärts« geführt. Hatte das Ahlener Programm (Februar 1947) die Partei noch als wirtschaftspolitische Reformpartei dargestellt, so rückte nun das Kalkül des Machterhalts immer stärker in den Vordergrund. Konflikte wurden mit staatserhaltender Attitüde übergangen.

Mit dem frühen Tod Kurt Schumachers (August 1952) war auch die SPD, als führende Oppositionspartei im besonderen aufgerufen, für die Entwicklung eines republikanischen Reizklimas zu sorgen, in politische Beschaulichkeit abgedriftet. Der 1895 geborene Schumacher, der große Gegenspieler Adenauers, im Weltkrieg schwer verwundet, Abgeordneter des Deutschen Reichstags, während des Nationalsozialismus fast ständig in Gefängnissen und Konzentrationslagern, war wohl der leidenschaftlichste Politiker der Nachkriegszeit; intransigent stand er zu seinen politischen Überzeugungen.[55] Ohne seinen Kampf im Parlamentarischen Rat wäre wohl kein Bundesstaat, sondern ein Staatenbund entstanden; sein Engagement für ein wiedervereinigtes Deutschland als politisches Nahziel – in rigoroser Ablehnung des Kommunismus – konnte sich freilich angesichts der von Adenauer forcierten Westbindung nicht durch-

3. Lesung der Notstandsgesetze, Mai 1968; Regierungsbank (v. r. nach l.: Bundeskanzler Kurt Georg Kiesinger, Außenminister Willy Brandt, Innenminister Ernst Benda, Justizminister Gustav Heinemann).

setzen; doch hat er gerade auch in dieser so wichtigen »Schicksalsfrage« das gesamtdeutsche Gewissen verkörpert. Mit verletzender Schärfe attackierte er seine Gegner, was selbst die eigene Fraktion befremdete; zudem störte seine »nationale Arroganz«. Wilhelm Kaisen (Bürgermeister und Senatspräsident von Bremen) warnte Schumacher 1949 vor dem verhängnisvollen Bestreben, den Patriotismus für die SPD zu monopolisieren, verkannte dabei freilich, daß dieser von der historisch begründeten Angst bewegt war, die Deutschen könnten wieder einmal die SPD der Vaterlandslosigkeit bezichtigen. Mit großer Leidensfähigkeit erlebte Schumacher die neue Republik als ein physisch gebrochener, aber geistig unanfechtbarer Kämpfer, der eine neue politische Kultur und Moral forderte. »Wir bejahen die Demokratie als große tragende Idee unserer Vergangenheit und der Zukunft. Wir sind demokratische Sozialisten, das heißt, wir kämpfen für den Sozialismus mit den Mitteln der Demokratie.«[56]

Erich Ollenhauer, seit 1949 Mitglied des Bundestages, von 1952–1963

Partei- und Fraktionsvorsitzender der SPD, war der Nachfolge Schumachers nicht gewachsen. Er verkörperte den Gegentyp, den Funktionär, der ganz in Organisationstreue, Organisationsdisziplin und Solidarität aufging. »Ollenhauer statt Adenauer« blieb da ein frommer Wunsch; der »Biedermann und Patriot« Ollenhauer war dem raffinierten Adenauer nicht gewachsen.[57]

Die SPD müsse Ballast abwerfen, forderte Carlo Schmid (seit 1949 im Bundestag, von 1957–1966 stellvertretender SPD-Fraktionsvorsitzender, aber auch Literat, der 1967 den Goethepreis der Stadt Frankfurt erhielt)[58], sonst könne man nicht aufsteigen. Bei der Bundestagswahl 1949 hatten die Sozialdemokraten 29,2 Prozent der Stimmen, 1953 28,8 Prozent, also 0,4 Prozent weniger erhalten. Die Stagnation führte zu einer weitverbreiteten Unruhe; intensive Diskussionen forderten die Verwandlung der Funktionärs- in eine Volkspartei. Die Weichen dafür und für ein neues Programm der SPD, das pragmatisch ausgerichtet sein sollte, wurden von Herbert Wehner, Fritz Erler und Carlo Schmid gestellt.

Vom 13. bis 15. November 1959 tagten in Bad Godesberg 340 Delegierte der SPD. Mit dem dort verabschiedeten »Godesberger Programm« verzichtete die SPD auf jede weltanschauliche oder geschichtstheoretische Festlegung; sie bekannte sich zu Grundwerten und Grundforderungen, die im Rahmen eines pluralistischen Staates auf unterschiedliche Weise begründet werden könnten. Im Wirtschaftsteil fehlte der Terminus »Sozialisierung«; das Gemeineigentum sei jedoch als eine legitime Form der öffentlichen Kontrolle dort zweckmäßig und notwendig, wo mit anderen Mitteln eine gesunde Ordnung der wirtschaftlichen Machtverhältnisse nicht geleistet werden könne. Die in einigen Industrien bestehende Mitbestimmung erweise sich als ein Anfang zur Neuordnung der Wirtschaft, doch wurde auch die Bedeutung des Wettbewerbs betont. Die Bejahung der Landesverteidigung war verbunden mit der Forderung nach internationaler Entspannung, Abrüstung, Ächtung von Massenvernichtungsmitteln und Einbeziehung ganz Deutschlands in eine europäische Entspannungszone.[59]

Auf dem langen Marsch der SPD zur Macht war die langwierigste und schwierigste Strecke überwunden. Der Bart ist ab, meinten die Karikaturisten mit ironischem Blick auf die Physiognomie von Karl Marx. Das letzte Rundschreiben des Parteivorstandes vor Godesberg war mit »sozialistischem Gruß«, das erste nach Godesberg mit »freundlichen Grüßen« unterzeichnet.

1966 fand die politische Atmosphäre bundesrepublikanischer »Beschwichtigung« - von den einen ob der fehlenden Turbulenzen begrüßt (der Schweizer Journalist F. R. Allemann stellte befriedigt fest: »Bonn ist nicht Weimar!«[60]), von den anderen als Stagnation und Stillstand empfunden - in der Bildung der »Großen Koalition« ihre parlamentarische »Vollendung«. Ludwig Erhard trat zurück, Kurt Georg Kiesinger wurde neuer Bundeskanzler, Willy Brandt sein Stellvertreter und Außenminister; Franz Josef Strauß übernahm das Finanzressort, Karl Schiller war für Wirtschaft zuständig. Das Motto der beiden großen Parteien, deren Programme und Methoden einander sehr ähnlich geworden waren, hieß: Konsens statt Konflikt.[61] Nach der Ära Adenauer war nun auch die seines Nachfolgers und (was die Bundeskanzlerschaft betraf) Epigonen Erhard »klanglos« zu Ende gegangen.

Der gute Mensch vom Tegernsee

Der Heldendarsteller der neudeutschen »Statuarik« war ein wohlbeleibter, aber doch beweglicher Mann der CDU, der seine freien Tage nicht so gern im »Treibhaus Bonn«, sondern lieber im südbayerischen Voralpenland verbrachte. Ludwig Erhard (1945-1946 bayerischer Wirtschaftsminister, 1948-1949 Direktor der Verwaltung für Wirtschaft des Vereinigten Wirtschaftsgebietes, 1949-1963 Bundeswirtschaftsminister, 1963-1966 Bundeskanzler[62]) wurde zur großen Symbolfigur des deutschen Wirtschaftswunders.

Er garantierte die Solidität und Stabilität des deutschen Aufbaus und damit der deutschen Demokratie, die als »formierte Gesellschaft« - Leitvokabel seiner späten Jahre - dem Adenauerschen Prinzip »Keine Experimente!« sich verpflichtet fühlte. Und doch war Erhard auch, als Inaugurator des aus dem Schutt der Trümmerjahre üppig und glitzernd sich erhebenden Staatsgebildes, ein Mann revolutionärer Gesinnung. Der einzige wirkliche Systemveränderer in der Nachkriegszeit sei eigentlich Erhard gewesen, meinte der Politologe Hans Maier: Damals nämlich, als er die versteinerten Verhältnisse zum Tanzen brachte, als Lebensmittelkarten und Zwangsbewirtschaftung wegfielen und ein freier Markt sich entwickelte.[63] Ralf Dahrendorf war der gleichen Meinung:

»Mit dem Namen Erhard verbindet sich für mich die radikalste Veränderung der deutschen Gesellschaft in diesem Jahrhundert, radikaler als alles, was vorher erfolgt ist – wenn man an die Gesellschaft denkt und nicht etwa nur an politische Strukturen.«[64]

A. J. Nicholls bemerkt, daß das Programm, für das Erhard einstand, in seiner bahnbrechenden Bedeutung oft nicht erkannt, statt dessen idyllisiert worden sei. Nicht der Neoliberalismus kehrte zurück; etwas völlig Neues entstand. Die soziale Marktwirtschaft beruhte auf der Erkenntnis, die gleichzeitig ein hohes Maß antizipatorischer Vernunft bekundete, daß Freiheit *und* Bindung zusammenfinden müßten, wenn man gleichermaßen die dogmatische und die menschlichen Bedürfnisse mißachtende Sterilität der Planwirtschaft wie den sozial-rücksichtslosen »Laisser-faire-laisser-aller-Kapitalismus« vermeiden wollte.[65]

In seinem weitverbreiteten Buch *Wohlstand für alle* (1957) hat Ludwig Erhard die Entwicklungsgeschichte und die Struktur der sozialen Marktwirtschaft aufgezeigt. Noch nie, so der Nobelpreisträger Friedrich von Hayek, sei er einem Ökonomen begegnet, der einen solchen Instinkt für das Richtige gehabt habe.[66] »Mit der wirtschaftspolitischen Wendung von der Zwangswirtschaft hin zur Marktwirtschaft haben wir mehr getan als nur im engeren Sinne wirtschaftliche Maßnahmen getroffen. Wir haben vielmehr unser gesellschaftlich wirtschaftliches und soziales Leben auf eine neue Grundlage und vor einen neuen Anfang gestellt. Wir mußten abschwören der Intoleranz, die über die geistige Unfreiheit zur Tyrannei und zum Totalitarismus führt. Wir mußten hin zu einer Ordnung, die durch freiwillige Einordnung, durch Verantwortungsbewußtsein in einer sinnvoll organischen Weise zum Ganzen strebt.«[67]

Im Gegensatz zur Sozialdemokratie und den Gewerkschaften, die erst langsam ihre planwirtschaftliche Fixierung aufgaben und zögerlich die humanen Möglichkeiten der sozialen Marktwirtschaft begriffen, gelang es Erhard, mit der ihm eigenen, in mancher Hinsicht naiven Dynamik, politische Moral und ökonomischen Erfolg miteinander zu verbinden. Fleiß, Redlichkeit und Freiheitlichkeit gingen mit materieller Unabhängigkeit und persönlichem Wohlstand Hand in Hand. Die sozialdarwinistischen Gesetze des Dschungels sollten aufgehoben sein; doch konnte sich fast jeder eine gute Beute sichern.

Der Geist eines »realistischen Humanismus« prägte auch das von Erhard forcierte Lastenausgleichsgesetz (August 1952). Im Rahmen volks-

Der Stellvertreter des Bundeskanzlers und Wirtschaftsminister (1949–1963) Ludwig Erhard, bei einer Kabarettvorstellung in Berlin 1958.

wirtschaftlicher Möglichkeiten sollten Schäden und Verluste reguliert werden, die durch Zerstörungen und Vertreibungen in der Kriegs-/Nachkriegszeit entstanden. Nichtgeschädigte mit nennenswertem Vermögen mußten zur Finanzierung des Gesetzes jährlich Vermögens-, Hypothekengewinn- oder Kreditgewinnabgaben an den Ausgleichsfonds abführen, den das Bundesausgleichsamt in Bad Homburg als Sondervermögen des Bundes verwaltete. Damit sollten die finanziellen Folgen des verlorenen Krieges auf die Gesamtbevölkerung verteilt werden. Ausgleichsleistungen mit Rechtsanspruch waren konsumtive Hilfen: Hauptentschädigung (gestaffelt nach der Höhe des erlittenen Verlustes), Kriegsschadensrente (Unterhaltshilfe für den Lebensunterhalt und die Altersversorgung; Entschädigungsrente nach der Höhe des Verlustes und nach Familieneinkommen), Hausratsentschädigung, Entschädigung für Sparguthaben;

ohne Rechtsanspruch: Eingliederungs-/Aufbaudarlehen, Wohnraumhilfen, Härtefondsleistungen, Ausbildungshilfen u. a.[68]

Freilich entwickelte Erhard im Laufe seiner politischen Tätigkeit, vor allem in seiner Zeit als Bundeskanzler, eine Mentalität, die das gesellschaftlich-politische Um- und Weiterdenken zunehmend erschwerte; im Schaumteppich des Gutgemeinten erstickte das »Gutgemachte«. Den »guten Menschen vom Tegernsee« beschrieb *Spiegel*-Reporter Hermann Schreiber 1965 als einen Mann mit einem an sich unpolitischen, aber gefühlsechten Image.[69]
Wenn einer der »zersetzenden Intellektuellen« Absicht und Leistung der sozialen Marktwirtschaft kritisierte, so empörte das den Volkskanzler. Als Rolf Hochhuth im *Spiegel* – Vorabdruck eines Beitrags des Dichters in dem von Hans Werner Richter herausgegebenen Band *Plädoyer für eine neue Regierung oder »keine Alternative«* – Erhard als einen Protagonisten des Klassenkampfes von oben hinstellte, konterte dieser mit der Bemerkung, daß es einen gewissen Intellektualismus gäbe, der in Idiotie umschlage. »Da hört bei mir der Dichter auf, und es fängt der ganz kleine Pinscher an, der in dümmster Weise kläfft.«[70] Das Schlimmste seien der Pessimismus und der Skeptizismus gegenüber einer Gegenwart, die gerade den jungen Leuten sozusagen den Marschallstab in den Tornister gelegt habe. Deswegen sei zu unterscheiden zwischen verantwortungsbewußter und blutleerer (substanz- und gesinnungsloser) Geistigkeit. Ludwig Erhard denke und rede so, ironisierte der *Spiegel*, als wäre die Frage, wo denn das Positive bleibe, nicht dem Herrn Kästner, sondern ihm gestellt. »Was ihm dabei von den Lippen kommt, ist nicht eigentlich Sprache, sondern geronnene Gesinnung.« Demgegenüber meinte Johannes Gross (1964), Erhard sei kein »Gummilöwe«. »Die hohe Meinung, die Erhard von der Sittlichkeit der Deutschen hat, wird von diesen geteilt. Er ist der erste Grund der tiefen Übereinstimmung zwischen der Gesellschaft und ihrem Kanzler.«[71]

Wohlstand in stampfender, rollender Zeit

Am 29. Januar 1956 wurde im Schauspielhaus Zürich unter der Regie von Oskar Wälterlin, mit Therese Giese und Gustav Knuth in den Hauptrollen, Friedrich Dürrenmatts »tragische Komödie« *Der Besuch der alten Dame* uraufgeführt; die deutsche Erstaufführung erfolgte im Mai 1956 in den Münchner Kammerspielen unter der Regie von Hans Schweikart, wiederum mit Therese Giese als »alter Dame«. Der Erfolg war sehr groß; in den nachfolgenden zwei Jahrzehnten wurde das Stück rund 115mal inszeniert; im Ausland erwies es sich als das erfolgreichste deutschsprachige Bühnenstück seit dem Kriege. In kritischer Brechung zog Dürrenmatt eine Bilanz (auch) des deutschen Wirtschaftswunders - in Form eines »sozialkritischen Höllenspuks«.

»DIE FRAUEN: Ziemende Kleidung umschließt den zierlichen Leib nun
DER SOHN: Es steuert der Bursch den sportlichen Wagen
DIE MÄNNER: Die Limousine der Kaufmann
DIE TOCHTER: Das Mädchen jagt nach dem Ball auf roter Fläche
DER ARZT: Im neuen, grüngekachelten Operationssaal operiert freudig der Arzt
ALLE: Das Abendessen Dampft im Haus. Zufrieden wohlbeschuht schmaucht ein jeglicher besseres Kraut
DER LEHRER: Lernbegierig lernen die Lernbegierigen
DER ZWEITE: Schätze auf Schätze türmt der emsige Industrielle
ALLE: Rembrandt auf Rubens
DER MALER: Die Kunst ernähret den Künstler vollauf
DER PFARRER: Es berstet an Weihnachten, Ostern und Pfingsten vom Andrang der Christen das Münster
ALLE: Und die Züge, die blitzenden hehren eilend auf eisernen Gleisen von Nachbarstadt zu Nachbarstadt, völkerverbindend, halten wieder.«

Im Rückblick auf die Epoche des Wirtschaftswunders haben Alexander und Margarete Mitscherlich in ihrem Buch *Die Unfähigkeit zu trauern. Grundlagen kollektiven Verhaltens* (1967) davon gesprochen, daß die Bundesdeutschen, indem sie sich der Auseinandersetzung mit der eigenen, nationalsozialistischen Vergangenheit entzogen, zur materialistischen Expansion fähig wurden. Der Verlust des historischen Gewissens entband von der melancholischen Selbstanklage (der Selbstzerfleischung wie dem Selbsthaß der Melancholie). Unbekümmert von der Notwendigkeit der »Bewältigung« von Vergangenheit im Sinne des Freudschen Erinnerns, Wiederholens, Durcharbeitens, empfand die große Majorität der Deutschen die Periode der nationalsozialistischen Herrschaft retrospektiv wie die Dazwischenkunft einer Infektionskrankheit in Kinderjahren. Hatte

Vorbereitung für eine Modeaufnahme, Berlin 1950.

man die kollektive Regression unter der Obhut des »Führers« lustvoll erlebt – es war herrlich, ein Volk der Auserwählten zu sein –, mit der Stunde Null, vor allem aber nach der Währungsreform und der Gründung der Bundesrepublik, ging man rasch, mit großer Verdrängungsenergie, zur Normalität über; als habe sich Auschwitz nicht ereignet. Alle Energie sei vielmehr, so Alexander und Margarete Mitscherlich, mit einem Bewunderung und Neid erweckenden Unternehmungsgeist auf die Wiederherstellung des Zerstörten, auf Ausbau und Modernisierung des industriellen Potentials bis zur Kücheneinrichtung hin konzentriert worden.[73]

La Dolce Vita, ein Film von Federico Fellini, der Anfang der sechziger Jahre die Öffentlichkeit erregte, wurde als Dekuvrierung auch des bundesrepublikanischen »süßen Lebens« empfunden. Die Ermordung der Edelprostituierten Rosemarie Nitribitt in Frankfurt (1957) hatte das Thema des italienischen Filmes vorweggenommen: daß sich nämlich gewisse Schichten der oberen Zehntausend in Lebensstil und Unmoral aufs engste mit den untersten Schichten, den Kriminellen, berührten. Die Nitribitt war unter geheimnisvollen Umständen umgebracht worden; ihr Kundenkreis bestand vorwiegend aus vermögenden und einflußreichen Männern. Als der Fellini-Film anlief, fand der Indizienprozeß gegen einen Bekannten der Nitribitt statt; er mußte mangels Beweisen freigesprochen werden und avancierte zum Star der Regenbogenpresse. (Rolf Thiele schuf einen als Sensation empfundenen gesellschaftskritischen Film: *Das Mädchen Rosemarie,* 1958, mit Nadja Tiller in der Hauptrolle.)

In dem 1958 erschienenen Roman *Schlußball* von Gerd Gaiser ist über Neu-Spuhl, eine mittlere Industriestadt, das Wirtschaftswunder gekommen. Der Krieg ist überwunden, die Wunden sind vernarbt; das Menetekel war umsonst: Die Menschen sind gleich oberflächlich, gleich egoistisch, gleich brutal geblieben. »In Neu-Spuhl sprach man unaufhörlich davon, was die Sachen kosten.« Aber nur noch wenige wissen um den Wert der menschlichen Beziehungen.[74]

Über Martin Walsers 1957 erschienenen ersten Roman *Ehen in Philippsburg* schrieb Werner Helwig in einer Besprechung der *Süddeutschen Zeitung,* daß hier die tiefe Verlogenheit, die heute alle menschlichen Dinge zersetze und spürbar in der Welt des Westens, besonders in der Bundesrepublik, grassiere, deutlich werde. In diesem »Reigen« von Eheschicksalen und Managerbildnissen zeige sich unsere Unfähigkeit, das wundervolle Gut der persönlichen Freiheit im Tun und Lassen fruchtbar zu machen.[75]

Die Kehrseite des süssen Lebens

Die Illustrierte *Quick* brachte in Nr. 1 ihres 3. Jahrgangs (1. Januar 1950) ein Titelbild, das den Aufbruch in die fünfziger Jahre und darüber hinaus signalisierte: Eine junge Mutter, adrett gekleidet, hebt ihren nackten Säugling hoch; hinter ihr, mit gepflegtem Haarschnitt, freilich etwas salopp gebundener Krawatte, ihr Mann; links und rechts Großmutter und Großvater (er noch mit »Vatermörder«); mit dem Sektglas in der Hand blicken alle, glücklich und strahlend lächelnd, auf das Kind, das freilich sein Gesicht zum Weinen verzieht. »Prost den zweiten 50! Du sollst das Jahr 2000 erleben!«

Die Mehrzahl der Menschen blickte hoffnungsvoll vorwärts, hatte aber kaum Anteil am »süßen Leben« derjenigen, die über Kriegs- und Nachkriegszeit hinweg ihr Schäfchen ins Trockene gebracht hatten. Von zehn jungen Menschen hatte einer den Vater oder die Mutter oder beide Elternteile verloren. Nach einer Erklärung der Bundesregierung vom 20. Oktober 1953 bezog jeder dritte Einwohner der Bundesrepublik Unterstützung von einer Sozial- oder Fürsorgeversicherung. Noch eineinhalb Millionen Deutsche wurden in sowjetischer Gefangenschaft vermutet, als Moskau im Mai 1950 mitteilte, die Entlassung der Kriegsgefangenen sei abgeschlossen. Dazu kam die Massenflucht aus der DDR, die bis zum Bau der Mauer 1961 anhielt und die Arbeitslosigkeit verschlimmerte. Mangel- und Infektionskrankheiten waren weit verbreitet; die Antibiotika aus den USA kamen freilich zunehmend zur Anwendung; die erste Massenimpfung mit dem neuen Salk-Serum gegen die Kinderlähmung wurde allerdings erstmals im April 1957, in Oberhausen, durchgeführt. Zu den schlimmsten Kriegsfolgen gehörte das Schicksal der Schwerkriegsbeschädigten, der Kriegerwitwen, der Angehörigen der 3,5 Millionen Vermißten, die in den meisten Fällen immer noch auf ein »Wunder« (nämlich die glückliche Rückkehr des Mannes, Sohnes, Bruders, Verwandten) hofften.

Um 1950 arbeiteten in der Landwirtschaft 23,2 Prozent, 1960 14,1, 1970 8,5 der Erwerbstätigen; in der Industrie 1950 42,3, 1960 47,8, 1970 48,8; im Dienstleistungssektor und öffentlichen Dienst 1950 32,3, 1960 37,1, 1970 42,7. Fast die Hälfte aller Lohn- und Gehaltsempfänger brachte im Monat nur 250 DM netto nach Hause.[76] Die Industriearbeit Anfang der fünfziger Jahre galt – angesichts unvollkommener Betriebsorganisation und eines Modernisierungsrückstandes – als »physisches Drama«. Die Herausforderung, mit der sich der Arbeiter, vor allem auch der Facharbeiter, konfrontiert sah, führte zu einer starken Identifikation mit der jeweiligen Tätigkeit; man fühlte sich »für das Ganze« im Rahmen des insgesamt akzeptierten Konzepts der sozialen Marktwirtschaft verantwortlich. »Haltet die Setzmaschinen in allen Teilen sauber und trocken!« heißt es zum Beispiel in Nr. 23 (1. Dezember 1950) von *Druck und Papier*, dem Zentralorgan der IG Druck und Papier; »wie das Blei das Blut, so ist das Magazin das Herz der Maschine. Wenn die trockenen Matrizen hellschlagend durch die verschiedenen Herzkammern jagen, dann ist es eine Freude, die Maschine zu bedienen. Also Mahnung und Forderung: Pflegt und hegt das Herz der Maschine!«[77]

In einer für die damalige Soziologie bahnbrechenden Untersuchung der Münsteraner Wissenschaftler Hans-Paul Bahrdt und Heinrich Popitz, basierend auf einer Befragung in einem großen Industriewerk Westdeutschlands, ergaben sich als Gesellschaftsbild des Arbeiters fünf typische Vorstellungen: Nur ein Prozent reagierte klassenkämpferisch im Sinne der marxistischen Ideologie; über ein Drittel hatte sich mit seiner vermeintlichen Ohnmacht im Wirtschaftsgefüge abgefunden und sich auf die private Sphäre zurückgezogen; etwa 25 Prozent glaubten, daß die Gewerkschaften noch nicht alles Erreichbare erreicht hätten, waren aber mit ihrer ganzen Energie an der produktiven Entwicklung des Betriebes engagiert; ein Achtel rechnete im Sinne altsozialdemokratischer Weltanschauung mit einer zwar allmählichen, aber unwiderstehlichen (»naturgesetzlichen«) Entwicklung zu einer neuen, nicht mehr in oben und unten gegliederten Wirtschafts- und Sozialordnung; eine verschwindend kleine Gruppe war mit dem damaligen Stand der Arbeitsteilung und der gesellschaftlichen Situation im großen und ganzen einverstanden.[78]

Patriarchalische Familienstrukturen verstärkten sich. Nach der Währungsreform verloren viele Frauen ihren Arbeitsplatz; die Kriegsheimkehrer wurden bevorzugt; 1951 waren 57 Prozent der Erwerbslosen Frauen, im Vergleich zu knapp 43 Prozent Männern. Damit wurden die Frauen wieder vom Einkommen des Mannes abhängig; die Männer übernahmen erneut die Rolle des Ernährers und dominanten »Haushaltsvorstands«. »Als mein Mann wieder den Haushaltsvorstand übernahm, kam ich mir richtig überflüssig vor. Er hat es mich auch irgendwie spüren lassen, daß er meinte, ich hätte das auch alles nicht so gut hingekriegt ohne ihn.«[79]

Große Sorgen bereiteten die Kinder, die in den letzten Kriegsjahren geboren waren und als Säuglinge und Kleinkinder die Kriegswirren und Notjahre erlebt hatten, was sich nun im besonderen als Schwierigkeiten in der Schule auswirkte. Soweit die Mütter arbeiteten, kam das Problem der Schlüsselkinder hinzu. Die materiellen Unterschiede zwischen den einzelnen Familien verstärkten sich: In den Trümmerjahren waren die meisten arm gewesen, das führte zu einem Gefühl der Gemeinsamkeit;

Konsumdruck und Sozialprestige bewirkten physische und psychische Belastungen; die einen erreichten verhältnismäßig rasch einen höheren Lebensstandard, die anderen nicht - trotz intensiver Anstrengungen; das förderte Frustration und Neidgefühle. Die Beziehungen innerhalb der Familie litten darunter; diese wurde vielfach nur als »Arbeitsgemeinschaft zur Hebung des Wohlstand« verstanden. Die Frage nach Vater und Mutter, nach der Rolle der Eltern und der Familie in der technisierten Konsumgesellschaft stellte Jochim Bodamer (Publizist und Facharzt für Nerven- und Gemütskrankheiten). Vater bedeute Mittelpunkt, Autorität - Autorität als »Urheberschaft«, aber nicht die der Zeugung allein, sondern im Sinne der Verantwortlichkeit für das seelische Werden des Kindes. Solche Vaterschaft verliere sich; der Vater mit seinem Berufspathos und Leistungswillen glaube, seine alleinige Aufgabe bestünde darin, die Familie ökonomisch sicherzustellen. In Wirklichkeit sei er familienflüchtig geworden. Die Frau wiederum stürze sich im Sinne einer falsch verstandenen Gleichberechtigung (vom ausgesprochenen Männerberuf bis zu den Extremen des Sports und des Genußmittelkonsums) in den Strudel der Welt, verlasse Heim und Herd. In Bodamers Buch *Der Mann von heute. Seine Gestalt und Psychologie* (1956) heißt es, daß die »Frau ohne Schatten« dem »Mann ohne Eigenschaften« begegne.[80]

Heinrich Bölls Roman *Haus ohne Hüter* erschien 1954.[81] Das Thema war die »heillose Welt der vernachlässigten Kinder«, die zu Opfern des Lebensstils der Erwachsenen werden. Das »Personal« von Böll, so hat es Siegfried Lenz einmal formuliert, verpflichte den Leser in unnachgiebiger Weise zur Zeitgenossenschaft. »Sein Personal macht uns wieder zu dem, was wir zwar seit langem sind, was wir uns jedoch aus Gleichgültigkeit oder Zaghaftigkeit nicht einzugestehen wagen: zu Mitwissern.«[82] Der Leser erfährt seine eigene Not. Wo immer diesen Personen etwas zustößt, ihre Not läßt sie durch und durch vertrauenswürdig erscheinen. Genau dies aber machte den »guten Menschen von Köln« verdächtig: Er zeigte nämlich überzeugend auf, daß die glitzernde Fassade des Neon-Biedermeier düstere Hinterhöfe kaschierte, daß das Land der großen Mitte armselige Randzonen hatte, die bis ins Zentrum reichten. Die nervöse Energie der Prosperität hatte zur Kehrseite moralische Indifferenz.

Politischem Konformismus und Opportunismus, in seiner Harmonie-Ideologie von der Warenästhetik flankiert, gelang es zwar, über zwei Jahrzehnte die sozialen Deformationen der Wirtschaftswunderwelt zu kaschieren; der Eisberg, der sich im Kältestrom der Dialektik der Aufklärung (einer sich zunehmend rationalisierenden Gesellschaft) einstellte, wurde nicht wahrgenommen - zumal die emotionalen Defizite der familiären »Verwahrlosung« unterhalb des Pegels der öffentlichen Aufmerksamkeit lagen. Doch ereigneten sich in der Wirtschaftswunderzeit neben Halbstarken-Krawallen, mit denen Teile der in ihren affektiven Bedürfnissen vernachlässigten Jugend um Beachtung kämpften, eine Reihe spektakulärer Verbrechen, die die »Aggressivität des Milieus« aufzeigten und damit als Verifikation der Thesen von Alexander Mitscherlich gelten konnten.

Jürgen Bartsch brachte zwischen 1962 und 1966 vier Jungen bestialisch um (und unternahm mehr als hundert weitere erfolglose Mordversuche). Das Mentalitätsmuster, das einen Täter wie Bartsch kennzeichnete (weitgehend identisch mit dem Syndrom der autoritären Persönlichkeit) war Produkt einer provinziellen Erziehungsweise und eines provinziellen Milieus. Die Eltern, die ihn adoptiert hatten, verkörperten das kleinbürgerliche Sekundärtugendsystem (Ehrlichkeit, Pünktlichkeit, Sauberkeit, Zuverlässigkeit, Fleiß); sie hatten kein Verständnis für jugendliche Eigenständigkeit. Den Vater nannte Bartsch ein »Arbeitstier« und einen »Feldwebeltyp«, der »hart im Leben stand«, »kein gutes Wort für sein Kind oder auch für sonst einen Menschen übrig hatte.«[83]
Im Januar 1960 ermordeten drei Männer aus Landau in der Pfalz (eine gemütliche Stadt, von Weinbergen umgeben, alte Nußbäume, viele Gärten; zur Kirchweih ein Blumenkorso) drei Soldaten. Dominanter Zug im Psychogramm der Täter war ihre Einsamkeit, verstärkt durch die gesellschaftliche Ächtung, die ihre Homosexualität mit sich gebracht hatte. Als bezeichnend für den geistig-seelischen Zustand des Haupttäters erwies sich das Interieur seines Zimmers: schwarz gestrichenes Mobiliar, ein marokkanischer Rauchtisch; die eine Wand mit einem selbstgemalten wandgroßen Bild: in dunklem Blau und Grün, halb Südsee, halb Urweltlandschaft, in der Mitte eine weibliche und eine männliche Gestalt, in bräunlicher Hautfarbe à la Gauguin: Sehnsucht nach dem unbeschwerten Dasein in einem irdischen Paradies.[84]

Nivellierte Mittelstandsgesellschaft

Aber nicht nur in Hinblick auf die mentalen »Lagen« ergab sich in der »nivellierten Mittelstandsgesellschaft« der Bundesrepublik ein Gefälle; auch die soziale Situation zeigte weiterhin eine vertikale Struktur. Die unterste Schicht bildeten die ausländischen Arbeitnehmer; offiziell begann ihre Anwerbung mit dem Abschluß eines deutsch-italienischen Abkommens über die Vermittlung italienischer Arbeitskräfte für die deutsche Wirtschaft 1955. Ähnliche bilaterale Vereinbarungen folgten 1960 mit Spanien und Griechenland, 1961 mit der Türkei, 1963 mit Marokko, 1964 mit Portugal, 1965 mit Tunesien, 1968 mit Jugoslawien. 1955 betrug die Zahl der ausländischen Arbeitnehmer 79 697, das waren 0,4 Prozent von der Gesamtzahl der beschäftigten Arbeitnehmer; 1960 waren es 329 356 = 1,5 Prozent, 1970 1 948 951 = 9 Prozent. Das Anwachsen des Bruttosozialprodukts, das von 1951 bis 1956 im Jahresdurchschnitt real um 9,4 Prozent, von 1956 bis 1960 um 6,6 Prozent stieg, löste einen steigenden Bedarf an Arbeitskräften aus; dem stand eine Verringerung des Angebotes gegenüber – bewirkt durch die Verlängerung der Ausbildungsdauer, die Verkürzung der Arbeitszeit (zwischen 1957 und 1967 wurde die tarifliche Arbeitszeit von durchschnittlich 46,1 auf 41,6 Wochenstunden verringert), den Eintritt der geburtenschwachen Nachkriegsjahrgänge ins Erwerbsleben, den Aufbau der Bundeswehr 1955 (der zunächst eine halbe Million Wehrpflichtige und Zivilbedienstete dem Arbeitsprozeß entzog) und durch das Versiegen des Flüchtlingsstroms aus der DDR mit dem Bau der Berliner Mauer 1961 (bis dahin waren etwa 14 Millionen Menschen, darunter eine Vielzahl qualifizierter Facharbeiter, in die Bundesrepublik gekommen).[85]

»Wir haben uns an die ausländischen Arbeiter gewöhnt«, schrieb Valentin Siebrecht, Präsident des Arbeitsamtes Südbayern, 1964 in den *Frankfurter Heften* – im selben Jahr war der millionste Gastarbeiter, der Portugiese Hernando Rodrigues de Sá in Köln mit »großem Bahnhof« von Unternehmern feierlich empfangen worden. »Wir begegnen ihnen in unserem Alltag allenthalben, auf Baustellen und in Fabriken, in Krankenhäusern und Hotels, als Personal in Gaststätten, beim Besuch des Friseurs, und selbst in den Familien, wenn man das seltene Glück hat, eine ausländische Hausgehilfin zu bekommen – und zu behalten.« Freilich gäbe es eine Distanz zwischen Deutschen

und Ausländern, sogar eine deutlich spürbare, weil der Durchschnittsdeutsche zwar auf Auslandsreisen das Fremdartige und Pittoreske gern bewundere und sympathisch finde, zu Hause aber dann auf Menschen dieser Herkunft ein wenig herabschaue. Das war zurückhaltend formuliert; Günter Wallraff beschrieb 1969 die gängigsten Vorurteile gegen Ausländer dahingehend, daß man sie für »feige, dreckig und geil« halte. »Sie pöbeln blonde Mädchen an und machen Jagd auf unsere Ehefrauen. Wer sich mit ihnen anlegt, bekommt ein Messer zwischen die Rippen. Sie haben nur Weiber, Vino und Spaghetti im Kopf.«[86]
Auf soziokulturellem Gebiet ergaben sich dennoch osmotische Verbindungen, die den bundesrepublikanischen Provinzialismus auflockerten. Als besonders attraktiv wurden die von Ausländern betriebenen Restaurants empfunden; sie ließen etwas von den kulinarischen Genüssen der großen weiten Welt erahnen. Der Kavalier mit guten Manieren führte seine Angebetete – um eine zeitgenössische Werbeanzeige zu zitieren – nach dem Theater in den neueröffneten Chianti-Keller, um mit ihr eine Flasche erlesenen italienischen Rotwein zu trinken und dabei einige südländische Köstlichkeiten zu verzehren.[87]

Mitte der fünfziger Jahre stellte die Soziologie fest, daß sich das Sozialbewußtsein der Arbeiter - um auf die umfassendste Gruppe der nivellierten Mittelstandsgesellschaft einzugehen - entscheidend verändert hatte. Klassenspezifische Identität konnte man kaum mehr antreffen; Begriffe wie »Proletarier, Proletariat und Prolet« waren weitgehend ausgestorben.[88] Ihrem Bewußtsein nach war die Arbeiterschaft von der Forderung nach gesellschaftlichem Neubau, wie sie Kurt Schumacher seit 1945 vertreten hatte, abgerückt; man begnügte sich mit dem Wiederaufbau, zumal sich der Lebensstandard erheblich verbesserte. Hatte das monatliche Durchschnittseinkommen der Arbeitnehmer 1950 noch 243 DM betragen, was etwa dem Realeinkommen der Vorkriegszeit entsprach, so belief es sich 1960 auf 512 DM; das war ein nominaler Anstieg um 111 Prozent beziehungsweise ein realer Anstieg, nach Berücksichtigung der gestiegenen Lebenshaltungskosten, um 76 Prozent. »Das wirtschaftliche Wachstum schlug sich nieder in besserer Ernährung, besserer Kleidung und besseren Wohnungen, in den Anfängen einer Motorisierungswelle und einer Reisewelle, im Wiederaufbau und Neubau der Städte.«[89] Die soziale Marktwirtschaft erfuhr breite Zustimmung; das sozialistische Engagement ging zurück.

Der antikapitalistische Kurs der beiden großen Parteien in den Jahren 1945 bis 1948 und die entsprechenden, mit eindeutigen Streikdrohungen versehenen Forderungen der Gewerkschaften hatten die Mitwirkungs-, Mitbestimmungs-, Informations- und Einwirkungsrechte der Arbeitnehmer wesentlich verstärkt. Vor allem das »Gesetz über die Mitbestimmung der Arbeitnehmer in der Montanindustrie« (Eisen, Stahl, Bergbau) 1951 wurde überschwenglich als ein großer Sieg gefeiert; es habe das Tor zu einer neuen Sozialordnung aufgestoßen. »Aber der Kampf um ihre Verwirklichung wird erst dann beendet sein, wenn die Sozialverfassung in ganz Deutschland aus den Fesseln der Herrschaft des Kapitals über die Arbeit befreit sein wird.«[90] Doch was wie das »Ende des Kapitalismus« aussah, führte zur »Zähmung der Gewerkschaften« (deren linker Cheftheoretiker Viktor Agartz wurde 1955 entlassen[91]). Nach Theo Pirker waren die Mißerfolge der Gewerkschaften in ihrem Kampf um die Sozialisierung der Grundstoff-Industrien und um das allgemeine Mitbestimmungsrecht eine Folge des Versagens ihrer Führung; so wurde diese Massenorganisation zu einer »blinden Macht«.[92]

Nach dem großen Sieg der CDU/CSU bei den Bundestagswahlen 1953 konnte sich der starke christ-demokratische Gewerkschaftsflügel durchsetzen (wobei die Forderung auf »Überparteilichkeit« mit der Spaltungsdrohung verbunden war). Die christliche Soziallehre, die »sozialen Frieden« im Sinne der Gleichberechtigung von Kapital und Arbeit vertrat – maßgebend beeinflußt von dem Jesuiten Oswald von Nell-Breuning, Professor für Theologie –, trat in den Vordergrund. Zwar meinte Walter Dirks nach einem Streik der Metallarbeiter in Schleswig-Holstein 1957, daß die vorherrschende Meinung, das »Klassenbewußtsein« der Arbeiter sei in der konsumorientierten Massengesellschaft mit ihren genormten Kleinbürgeridealen untergegangen, offensichtlich nicht bestätigt worden sei; die streikenden Arbeiter hätten vielmehr Züge des gegenwärtigen »mittelständischen« Bewußtseins, etwa den Willen zur Urlaubsreise, mit einem ausgesprochenen Klassenbewußtsein verbunden.[93] Insgesamt schwenkten jedoch die Gewerkschaften in den fünfziger Jahren, nach den Forderungen auf Sozialisierung in der Trümmerzeit, allmählich auf eine Partizipation am kapitalistischen Wirtschaftswachstum ein. An die Stelle der alten Klassengesellschaft trat als Leitbild die Mittelstandsgesellschaft, die man nun für alle verwirklichen zu können glaubte. Bestehende Ungleichheiten und Ungerechtigkeiten wurden übersehen zugunsten der

Party mit Telefunken-Großraumtruhe, 1961.

Möglichkeit, an der Konsumgesellschaft teilzuhaben. Fühlte man sich in der eigenen Wohlfahrt befördert, nahm man die Herrschaft der Mächtigen (der Industriellenfamilien wie der Verbände) weitgehend kritiklos hin. Da man nun nicht mehr »drunten in der Tiefe« vegetieren mußte, ließ man die »da droben« schalten und walten. Solcher proletarische Bewußtseinsverlust wurde auch durch den weiteren Aufstieg der Angestelltenschaft gefördert, mit der sich Teile der Arbeiterschaft amalgierten; 1953 kamen vier Millionen Angestellte auf 12 Millionen Arbeiter.

Im Zuge der Industrialisierung war der eigentliche Mittelstand zurückgedrängt worden. Ökonomisch war er aufgrund seines Besitzes zureichend selbständig und in der Arbeitsweise weitgehend autonom; soziologisch gesehen erkannte die Gesellschaft den Angehörigen des Mittelstandes mannigfache Privilegien zu; sie galten als die wahren Stützen der

Gesellschaft, wobei ihr Wertesystem sich zunehmend ins Spießbürgerliche verzerrte. Die neue Mittelschicht der Wirtschaftswunderzeit war nicht auf Besitz ausgerichtet, der autonome Arbeitsweisen ermöglichte, sondern auf Einkommen, das Konsum ermöglichte. »Schöner leben« hieß die Devise fürs Mittelstandsglück. Die Stützen der Gesellschaft (der mittelständischen Konsumgesellschaft nämlich) erwiesen sich als vorbildliche Verbraucher, die den Trivialmythen der Werbung begierig folgten.[94]

Wirtschaftliche Prominenz

1957 verdienten die »oberen Zehntausend« zusammen etwa ebensoviel wie die »unteren« 2 Millionen; die 500 Menschen mit dem höchsten versteuerten Einkommen verdienten ebensoviel wie 500 000 mit den niedrigsten versteuerten Einkommen. 459 Personen hatten ein Jahreseinkommen von mehr als 1 Million Mark; 1960 schätzte man den gleichen Kreis auf 10 000 Personen. Zum alten gesellte sich neues Kapital; die Altreichen reüssierten Hand in Hand mit den Neureichen. Als Walter Matern, einer der drei fiktiven Erzähler in dem Roman *Hundejahre* von Günter Grass, Freunde und Feinde im Westen besucht, stellt er fest, daß die bundesrepublikanische Konjunktur auf Hochtouren läuft. Sein Vater, der Müller aus Nickelswalde in der Nähe der Weichselmündung, hat ein Säckchen mit Mehlwürmern in die Bundesrepublik hinübergerettet – kostbarster Besitz, denn diese weissagen die Zukunft. Viele kommen und erhalten die Tips, die ihnen Erfolg bringen: die Presseleute, die Finanzexperten, die Kapitalisten, die Politiker; die Würmer haben nicht Rast und nicht Ruh. In Deutschlands Aufstieg ist der Wurm drin – »im Wurm sitzt der Wurm«.[95]

Von Deutschlands wunderbarer Wiedergeburt kündete die Liste der hundert größten Unternehmen (bezogen auf ein Grundkapital von zehn Millionen DM als Basis), die von der *Frankfurter Allgemeinen Zeitung* 1959 erstmals veröffentlicht wurde.[96] Vergleicht man die Aufstellung mit dem Stand von 1936, so standen damals die IG-Farbenindustrie und die Vereinigten Stahlwerke an der Spitze, zwei Konzerne, die nach dem Krieg »entflochten« wurden. Die großen Nachfolgegesellschaften der IG-Farbenindustrie blieben jedoch, gemessen

am Grundkapital, führende Unternehmen; sie belegten die Plätze eins, zwei und fünf der Nachkriegsliste. Von den Nachfolgern des Stahlvereins gehörte die Gelsenkirchener Bergwerks-AG der Spitzengruppe an (Platz vier); die August-Thyssen-Hütte belegte den Platz vierzehn. Auf den dritten Platz, nach den Farbenfabriken Bayer und der Badischen Anilin, war die Firma Mannesmann gerückt, die damals an siebter Stelle gestanden hatte. Die Farbwerke Hoechst rangieren auf Platz fünf. Weit oben standen weitere »gute Bekannte«: Krupp, Siemens, Daimler. Alfried Krupp von Bohlen und Halbach, der im Nürnberger Prozeß 1948 anstelle seines Vaters Gustav, Leiter des größten deutschen Rüstungsunternehmens bis Kriegsende (wegen schwerer Krankheit außer Verfolgung gesetzt), zu zwölf Jahren Gefängnis verurteilt worden war, wurde schon 1951 aus der Haft entlassen; seit 1953 war er wieder Leiter des Unternehmens. Während des Krupp-Prozesses hatte Joseph Kardinal Frings, seit 1942 Erzbischof von Köln, 1945–1965 Vorsitzender der Fuldaer (später Deutschen) Bischofskonferenz, in Hinblick auf die Sozialleistungen der Firma erklärt: Wenn es jemand gäbe, der das Recht darauf hätte, ein Ehrenbürger von Essen zu sein, dann wäre es sicher das Oberhaupt dieses Hauses.[97]
Auch Friedrich Flick, zu sieben Jahren Haft verurteilt, durfte 1950 zusammen mit Fritz ter Meer von den IG-Farben und dem Vorstandsmitglied der Dresdner Bank Karl Rasche vorzeitig die Haftanstalt von Landsberg verlassen. Auf die Kontinuität kapitalistischer Industriepolitik nach Ende des Nationalsozialismus hatte man sich seit 1943 im »Kleinen Arbeitskreis der Reichsgruppe Industrie« und im »Arbeitskreis für außenwirtschaftliche Fragen« vorbereitet (mit Wissen und oft auch im Beisein hoher SS- und SD-Führer).[98]

Für die Neureichen bedeutete vor allem die Währungsreform den Beginn des Aufstiegs. Neben Tüchtigkeit und Initiative halfen gehortete Waren und Rohstoffe sowie geschickte Spekulationen innerhalb der Preisbewegung, die durch das neue Geld ausgelöst wurde. Zu den erfolgreichsten Vertretern dieser Gründergeneration gehörten der Autofabrikant Carl F. W. Borgward, der Strumpffabrikant Hans Thierfelder, der Radiofabrikant Max Grundig und der Gastronom Friedrich Jahn.

Borgward hatte 1928 die Goliath-Werke gegründet (Dreiradautos) und bald darauf die Aktienmehrheit bei Hansa Lloyd übernommen. 1948 entwickelte der damals schon 58jährige Unternehmer und Konstrukteur mit dem »Hansa 1500« den ersten deutschen Nachkriegswagen, der mit seiner Karosserie in moderner Pontonform den Sehnsüchten nach dem modernen (»amerikanischen«) Auto entsprach; weitere erfolgreiche Modelle folgten. Das Unternehmen fallierte freilich 1960.[99]

Hans Thierfelder war 1946 aus der SBZ mit einem einzigen Koffer über die »grüne Grenze« gekommen. 1951 rief er die bundesdeutsche Weiblichkeit »zum Wettkampf um die Krone einer Beinkönigin« auf. Hunderttausende von Frauen und Mädchen maßen Länge und Umfang ihrer Schenkel, Waden, Fesseln und Füße; eine Holsteinerin gewann. Thierfelders Meßaktion war die größte bis dahin durchgeführte Marktanalyse; er verarbeitete die Antworten mit Hilfe von Hollerithmaschinen und »erhielt so das vollendete Marktbild ›eines Drittels des Frauenkörpers‹, den er als erster mit den in Deutschland erzeugten Nylon- und Perlonfeinstrümpfen bekleidete«.[100] In den fünfziger Jahren kosteten Perlonstrümpfe noch fast 200 Mark; Laufmaschen waren genauso gefürchtet wie Verfärbungen oder Elastizitätsverlust (daß man kein Strumpfband beziehungsweise keinen Straps mehr tragen mußte, gehörte zum späteren »Strumpfhosenmythos«).

»Eine Frau, die sich über eine Laufmasche ärgert, regt sich nicht nur über das verlorene Geld auf, sie fühlt sich ertappt. Außerdem wird durch den Riß, den ein Mißgeschick hervorrief, die fantastische Erotik, die sich um das real existierende Nichts rankt, mit einem Schlag zerstört.«[101]

Max Grundig begann 1947; mit einem Trick setzte er sich über die Zwangswirtschaft hinweg: Die Produktion und der Verkauf von Radios waren verboten; er vertrieb deshalb Baukästen, aus dem jedes Kind ein Radio basteln konnte. Bis zur Währungsreform hatte er 100 000 von diesen »Heinzelmann«-Kästen verkauft und über 20 Millionen Reichsmark verdient. In den fünfziger Jahren reüssierte er als Preisvorkämpfer: 1955 bot er erstmals ein Tonbandgerät unter 500 DM an; 1956 folgte der erste Fernseher für weniger als 1000 Mark.[102]

Der Aufstieg von Friedrich Jahn, österreichischer Oberkellner in einem Schwabinger Lokal, begann 1955: mit 8000 Mark Startkapital eröffnete er das »Linzer Stüberl« in München, wo billige »Brathendln« in Wiener Atmosphäre angeboten wurden. Sieben Jahre danach verfügte er über weit mehr als hundert Gaststätten, vor allem in der Bundesrepublik und in Österreich.[103]

Gott erhält die Mächtigen. Rückblick und Rundblick auf den deutschen Wohlstand nannte Kurt Pritzkoleit eines seiner Bücher, die seit 1955 in regelmäßiger Folge bis zum Tod des Autors (1965) erschienen.

Als Wirtschaftspublizist hatte er eine wichtige Marktlücke entdeckt: nämlich das ambivalente Interesse von Lesermassen, »die da droben« dekuvriert zu sehen, aber auch von einer Lebens- und Arbeitsweise zu erfahren, die zu einer »Woge von Gold« geführt hatten und denen man fürs eigene Fortschreiten eventuell Handlungsanweisungen abgucken konnte. Mit seinem Werk bot er ein Vademekum durch die deutsche Wirtschaft an, die durch Männer, Mächte, Monopole charakterisiert war.[104]

Sowohl bei altreichen wie bei neureichen Firmen gewann in den fünfziger Jahren ein neuer Typ von Führungskräften erheblichen Einfluß: die »leitenden Angestellten«; sie lösten immer mehr die seit Jahrzehnten amtierenden »Industriebarone« ab. Angesichts neuer Methoden wissenschaftlicher Unternehmensführung fühlten sich die »Eigentumsberechtigten« vielfach überfordert; sie stellten versierte Direktoren oder Organisatoren ein, die sich zu einer eigenen Kaste entwickelten.

James Burnhams Buch *Die Revolution der Manager,* 1941 in Amerika veröffentlicht, deutete in seiner deutschen Übersetzung (1949) auch die westdeutsche wirtschaftliche Wirklichkeit, die sich zunehmend amerikanisierte. Für den Manager steht nicht freie Initiative im Mittelpunkt, sondern Planung; verschiedene Aufgaben innerhalb des Produktionsprozesses müssen organisiert und koordiniert werden. Die Manager heißen entsprechend Produktionsleiter, Geschäftsführer, technische Leiter, Verwaltungsdirektor; im Staatsdienst werden sie Administratoren, Kommissare, Bürodirektoren genannt. Die Managerwirtschaft könne man als ein System kooperativer Ausbeutung, im Gegensatz zur Einzelausbeutung des Kapitalismus, bezeichnen.[105]

Unter »Managerkrankheit« verstand man die in den fünfziger Jahren sich häufenden Todesfälle im Alter von 40 bis 60 Jahren bei besonders belasteten »verantwortlichen Persönlichkeiten«. Meist handelte es sich um Persönlichkeiten, »die ihr ganzes Leben lang ein geradezu zwangsartiges Streben und einen Drang haben, durch angestrengte Arbeit voranzukommen ... Sie geben oft an, daß sie sich geradezu nicht wohl fühlten, wenn sie nicht auf ein bestimmtes Ziel hin (Vorankommen im Geschäft, Geld- oder Machtgewinn) arbeiteten und machen den Eindruck eines fast ununterbrochenen Getriebenseins.«[106]

Der grosse Konsumverein

Im Land der großen Mitte, in den blühenden Gefilden der Prosperität, stellte man mit geschwellter Brust, in einen Ausruf Ludwig Erhards einstimmend, fest: »Wir sind wieder wer!« Man blickte um sich und sah ein Land, in dem Milch und Honig flossen. Das Recht auf Glück (pursuit of happiness, in der Verfassung der USA explizit verankert) wurde im Zuge der Amerikanisierung, die immer mehr das alltägliche Leben erfaßte, zu einem wichtigen Element des kollektiven wie individuellen gesellschaftspolitischen Bewußtseins. Die »Soziologie der Prosperität«[107] machte deutlich: Die neue zentrale Figur (»Figur der Mitte«) war der »kleine Mann«: Er hatte mehr Freizeit als jemals zuvor; der Tourismus machte ihn zum Weltbürger; er vertraute der Vollbeschäftigung auf Dauer; er hatte mehr Geld als früher und gab es leichter aus.[108] Entsprach auch die Wirklichkeit nicht solcher Euphorie – es ging aufwärts: 1950 mußte ein Industriearbeiter noch für 1 kg Bohnenkaffee 22 Stunden und 37 Minuten, für 1 kg Kotelett 4 Stunden und 35 Minuten, für 1 kg Zucker 1 Stunde arbeiten; 1959 hatte er mit 6,15 Stunden 1 kg Kaffee, mit 2 Stunden 25 Minuten 1 kg Kotelett und mit 26 Minuten 1 kg Zucker sich erarbeitet. 1950 kosteten gute Schuhe 2 Arbeitstage, ein Rundfunkgerät 15 Arbeitstage, ein Leichtmotorrad 56,5 Arbeitstage, ein Volkswagen 493 Arbeitstage; 1959 mußte man für Schuhe 10 Stunden 42 Minuten, für ein Rundfunkgerät 13,5 Arbeitstage, für ein Leichtmotorrad 21 Arbeitstage und für den Volkswagen 174 Arbeitstage aufwenden.[109]

Der »kleine Mann«, ein aufgeklärter, schlauer, selbstbewußter (freilich auch leicht beeinflußbarer) Typ, wollte mehr denn je bedient sein; als Kunde fühlte er sich inmitten der nivellierten Mittelstandsgesellschaft ich-stark. Das Warenhaus erwies sich dabei als zentraler Topos: feudale Üppigkeit zu kleinen Preisen. Den Katalog »des Versandhauses N.« in Frankfurt nannte Hans Magnus Enzensberger »einen Bestseller ohne Autor«.[110]

Der 1912 geborene Geschäftsmann Josef Neckermann (1938 Erwerb eines jüdischen Versandhauses; im Krieg stellvertretender »Reichsbeauftragter für Kleidung und verwandte Gebiete«, 1945 verhaftet) wurde mit seinem Versandhaus zum Synonym für wirtschaftlichen Erfolg. »Neckermann macht's möglich!« Es hieß, daß er sich in der Aufbauzeit nach dem Krieg nur vier

Carmela Künzel, »Miss Berlin« 1959.

Stunden Schlaf jede Nacht geleistet habe; morgens nach absolviertem Reittraining – als Dressurreiter errang er große sportliche Erfolge – war er einer der ersten, abends meist der letzte in der Firma; Ludwig Erhard bezeichnete er als Geistesverwandten. Luxusgüter wollte er zu Gebrauchsgütern machen: »Ich bin für den Abbau von Klassenunterschieden.« Dem dienten auch die Neckermann-Reisen, die den bundesrepublikanischen Massentourismus entscheidend beförderten.[111]

Die smarten Werbemanager, die aus den USA herüberkamen - herausragend die Deutschlandtournee des Verkaufspsychologen Ernest Dichter (1958)[112], verbreiteten den Eindruck gelassener, spielerischer Überlegenheit. Die »Sendlinge eines neuen, unblutigen Umsturzes, die Armee einer friedlichen Durchdringung des Lebensraumes mit den Versprechungen der Zivilisation«[113] – der Bestseller *Die geheimen Verführer. Der Griff nach dem Unterbewußtsein in Jedermann* von Vance Packard (1958) deckte ihre manipulatorischen Methoden auf – halfen mit ihren spielerischen Attitüden über langweiligen Provinzialismus hinweg. Lebte man auch selbst noch in dumpfen Verhältnissen – in der Werbung wenigstens kam zum Vorschein, was man eigentlich erstrebte: Aufbruch in die große weite Welt. Die Reklame ermöglichte die (Schein-)Befriedigung von Sehnsüchten, welche die Wirklichkeit dann doch widerlegte. Die Trivialmythen der Warenästhetik lenkten die Libido auf den Konsum. Vor der Unruhe der Welt regredierte man in die Boutique.

Reklame

Wohin aber gehen wir
ohne sorge sei ohne sorge
wenn es dunkel und wenn es kalt wird
sei ohne sorge
aber
mit musik
was sollen wir tun
heiter und mit musik
und denken
heiter
angesichts eines Endes
mit musik
und wohin tragen wir
am besten
unsre Fragen und den Schauer aller Jahre
in die Traumwäscherei ohne sorge sei ohne sorge
was aber geschieht
am besten
wenn Totenstille

eintritt

(Ingeborg Bachmann)[114]

Der Schönheitskult der Reklame fand seine besondere Ausprägung in der »Institution« der Schönheitskönigin. Zum einen verkörperte sie das deodorante Frischwärts der Warenästhetik (weshalb Verkaufsstrategien immer wieder auf Schönheitswettbewerbe rekurrierten), zum anderen repräsentierte und präsentierte sie das deutsche Mädchen- und Frauenwunder »leibhaftig« und damit auch die neudeutsche Sinnlichkeit.

Die heutige Praxis öffentlicher Schönbeitskonkurrenzen, meinte Hans Egon Holthusen 1955, scheine auf den ersten Blick eine reichlich vulgäre Abart der ewigen Huldigung des Menschengeschlechts an die Hoheit Helenas zu sein; »in Wahrheit ist sie eine Verkehrung ihres Sinnes in reinen Widersinn; denn wie sich die Leidenschaft einer Frau von Art hinter ihrer Scham verbirgt und ihre soziale Macht hinter den Vorhängen ihres Privatlebens, so gehört es zum Wesen einer integren Gesellschaft, daß ihre Königinnen ungekrönt bleiben«.[115]

Amerika führe vor, so die konservative Kulturkritik, was moderne Zivilisation an Auflösungserscheinungen mit sich bringe; die *Kinsey-Reports*, die das sexuelle Verhalten von Männern und Frauen offenlegten, wirkten als Schock; solchem »Sexismus«[116] setzte man die Tugenden der Keuschheit und Jungfräulichkeit entgegen. Zur Schutzbedürftigkeit der Frau korrespondierte die Ritterlichkeit des Mannes. »Sollten nicht die Tugend der Jungfräulichkeit, der Rang des Mädchens, das Geheimnis und die Wichtigkeit der ersten Hingabe auf dem Wissen der Frau von dieser ›Einmaligkeit‹ beruhen?« Erbauungsprosa solcher Art kritisierte nicht nur »Unmoral«; sie war tendenziell gegen die Emanzipation der Frau gerichtet – signalisierte doch das »Mädchen- und Frauenwunder« via äußerer Erscheinungsformen, daß das »zarte Geschlecht« nicht mehr bereit war, die Rolle des »Heimchens am Herd« beziehungsweise des verwöhnten »Singvogels« zu spielen, sich mit Kindern, Küche, Kirche zu begnügen. Demgegenüber sah Franz-Josef Wuermeling, der sich schon vor seiner Berufung zum Bundesminister für Familienfragen für das »höchste Wächteramt«, das der Mutterberuf darstelle, politisch engagiert hatte (unter anderem durch Gründung einer »Kampfgruppe für die Familie«), in der Ehe den Gegenpol zum »unbarmherzigen Konkurrenzkampf« – ein Gegengewicht zur »Inanspruchnahme der Menschen im Erwerbsleben, gegen Unrast, materialistische Interessengebundenheit und Vermassung«.[117]

1950 rief Willi Forsts Film *Die Sünderin,* mit Hildegard Knef in der Hauptrolle, wegen einer kurzen Nacktszene eine heftige Protestkampagne hervor – obwohl er von der Story her voll und ganz dem affirmativen Kulturverständnis der nivellierten Mittelstandsgesellschaft entsprach: Eine Animierdame, vor allem durch den Krieg aus der Bahn geraten, findet in der Liebe zu einem Künstler wieder »sich selbst« und damit »frauliche Erfüllung«. Pfarrer predigten von den Kanzeln gegen *Die Sünderin,* Kinos wurden von aufgebrachten Moralaposteln verbarrikadiert; der nordrhein-westfälische Landtagspräsident erklärte fordernd: »Ich warte auf weitere Demonstrationen«; Flugblätter stellten die »Ehre unserer Frauen und Mädchen« und »das gesunde Ehrbarkeitsgefühl unseres Volkes« wieder her, das Hildegard Knef »verhöhnt« hatte. Die war noch zwei Jahrzehnte später in ihrer Biographie *Der geschenkte Gaul* verblüfft über die nachkriegsdeutsche Reaktion.[118] »Ich begriff nichts«, schrieb die ›Sünderin‹ von einst, »hatte die Jahre der sittlichen Aufrichtung ... verpaßt, verstand nicht, daß mit Währungsreform, regelmäßiger Nahrung, geheiztem Schlafzimmer eine auf Keuschheit bedachte Betulichkeit Einzug gehalten und das Unfaßliche des Vorhergegangenen ignoriert, abgeschrieben und verdrängt hatte.«[119]

Die sexuelle Revolution

Ab Mitte der sechziger Jahre fielen die Hüllen, die bislang gesellschaftlich dominante Prüderie verkehrte sich ins Gegenteil: Laszivität wurde zur Mode – »vorbereitet« von einigen Filmen wie *Der Reigen* (Regie: Max Ophüls, 1950) und *Sie tanzte nur einen Sommer* (Regie: Arne Mattson, 1951), die trotz der von dem CDU-Politiker Adolf Süsterhenn initiierten »Aktion saubere Leinwand« erfolgreich waren.

Die moderne Reproduktionstechnik ermöglicht es, die Sexualität hautnah und frei Haus zu liefern; indem die Massenmedien vor allem ein Aphrodisiakum darstellen, erfüllen sie den ihnen von der Wohlstandsgesellschaft zugewiesenen Zweck. Die Illustrierten kämpften millimeterweise um die Entblößung bis hart an die Brustwarzen und den Venushügel, wo zunächst noch die Bundesprüfstelle für jugendgefährdende Schriften wachte. Von 52 Nummern des Jahres 1965 präsentierten 27 Titel von *Quick* und 28 von *Revue* die »weibliche Epidermis im Stadium fortgeschrittener Entblätterung«.[120] Ein manisches Interesse wandte sich Themen wie Zeugung, Geburt, Abtreibung, Prostitution, Eheschließung, Ehebruch, Impotenz, Eifersucht, Ehescheidung zu; Ausziehen wurde zur großen Mode; die Oben-ohne-Diskussion überdeckte politische Lebensfragen.

Auf wissenschaftlicher Ebene wirkte Helmut Schelskys Studie *Soziologie der Sexualität* (1950), die den Beziehungen von Geschlecht, Moral und Gesellschaft nachspürte, bahnbrechend. Der Sexualwissenschaftler Hans Giese, der Psychiater Hans Bürger-Prinz, der Anthropologe Karl Saller traten mit wichtigen Büchern über Fragen der Sexualität hervor. Ludwig Marcuse schrieb mit *Obszön* (1962) die »Geschichte einer Entrüstung«.[121] Ein umfangreiches Schrifttum, darunter viele Zeitschriften- und Zeitungs-Aufsätze[122], unterbreiteten Vorschläge für eine Revision des Sexualstrafrechts. Der hessische Generalstaatsanwalt Fritz Bauer, einer der republikanisch-engagiertesten Juristen, forderte dazu auf, die Pönalisierung der »einfachen Homosexualität« zwischen Erwachsenen aufzuheben.[123] Die Bestrafung des Ehebruchs sei überflüssig. Empfängnisverhütung – besser als Abtreibung, zumal auch bei jungen Mädchen – solle ermöglicht werden; die Aufklärung der Jugend müsse die Unterrichtung über empfängnisverhütende Mittel einschließen; die Kriminalisierung einer bloßen Ausstellung empfängnisverhütender Mittel, zum Beispiel in Automaten, erscheine daher überflüssig; das Verbot von Obszönitäten genüge. Freiwillige Sterilisierungen, sei es der Frau oder des Mannes, könnten in der pluralistischen Gesellschaft nicht als verwerflich und damit auch nicht als Körperverletzung angesehen werden. Es gehöre zu der zu respektierenden Intimsphäre des Menschen zu entscheiden, ob er sich Kinder wünsche und welchen Sinn er seinem Eros und Sexus beilegen wolle.

Populistisches Idol auf der Filmleinwand war Brigitte Bardot (BB), ein blutjunges, meist halbentblößtes Wesen ungewisser Herkunft, ein »süßes Biest ohne Parfüm-Mystik, den feuchten Schmollmund halb offen und, zumindest als fiktive Tochter einfacher Leute, in Sand, Meereswellen oder ungemachte Betten hingestreckt, ohne Bewußtsein, Sünde und Repressionen, das Inbild einer Generation, die zu gleicher Zeit James Dean, den immer Ruhelosen, in seinen Texas-Monster-Filmen bewunderte.« (Peter Demetz)[124]
Für die erotischen Feinschmecker der oberen Mittelstandsklasse wurde die »Lolita«-Figur, nach dem gleichnamigen Roman von Vladimir Nabokov (deut-

sche Übersetzung 1959), zum Idol.[125] »Die Volksschülerin mit nackten Schenkeln ist schon seit Jahren in der ganzen Welt der werbende Typ, der die echte Frau spielend aus dem Felde geschlagen hat. Von der Schulbank ins Bett – das ist die geheime und unerfüllbare Lustvorstellung, auf die heute mit allen Mitteln der Werbung spekuliert wird und nach der der weibliche Plakattyp sich zu richten beginnt.« (Friedrich Sieburg)[126]
Die Erregung der Konsumenten (im doppelten Wortsinne) gelang in ganz besonderem Maße Oswalt Kolle, der gar nicht so Unrecht hatte, wenn er meinte, er habe eigentlich die Sexwelle ausgelöst. Mit seinen Erfolgsserien in der *Quick* und in der *Neuen Revue* wurden Erkenntnisse der Psychologie, Pädagogik, Soziologie, Sexualwissenschaft in leicht faßbarer Aufbereitung und mit konkreten Beispielen für ihre Anwendung im Alltagsleben solchen Menschen vermittelt, »die ansonsten nicht auf die Idee kamen, zur Bewältigung ihrer familiären und sexuellen Schwierigkeiten Bücher zu Rate zu ziehen«. (Aus diesem Grunde wurden übrigens die aus den Illustrierten-Serien hervorgegangenen Bücher Kolles »trotz mancher Bedenken« von *Buch und Bildung* den städtischen Büchereien zur Anschaffung vorgeschlagen.)[127] Die Verfilmung von Kolles Serie *Das Wunder der Liebe* sahen innerhalb von vier Monaten fünf Millionen Bundesbürger.

Während die katholische Kirche dogmatisch fixiert blieb – 1968 wandte sich der Vatikan (Papst Paul VI.) erneut gegen die Geburtenkontrolle (die Anti-Baby-Pille hatte sich seit 1958, in der Bundesrepublik seit 1961, zunehmend durchgesetzt) –, zeigten sich beim Protestantismus Liberalisierungstendenzen. Der Theologe Helmut Thielicke, der selbst ein Buch mit dem Titel *Sex* herausgebracht hatte, erklärte in einem *Spiegel*-Gespräch, daß es einen tiefgreifenden Wandel des Eros-Verständnisses gäbe und daß diese Veränderung im besonderen voreheliche Beziehungen junger Leute beträfe.[128]

Eine Umfrage aus dem Jahre 1962, die von dem Soziologen und späteren hessischen Kultusminister Ludwig von Friedeburg geleitet wurde, zeigte, daß von den 16jährigen nur jede/jeder fünfzigste eine feste Freundin oder einen festen Freund hatte (1985 jeder/jede fünfte). Die Frage, ob man schon vor der Heirat zusammenleben wolle, hatte man überhaupt nicht zu stellen gewagt. (1985 erklärten 82 Prozent, daß sie erst zusammenleben und dann heiraten wollten.)[129]

In der Schrift *Sexuelle Konflikte in Gymnasien. Ergebnisse einer*

Oswalt Kolles populäre Aufklärungsbücher »Dein Mann, das unbekannte Wesen«, »Deine Frau, das unbekannte Wesen« erschienen 1967; der Film zog nach.

Umfrage stellte Otto Brüggemann, Oberschulrat bei der Schulbehörde der Freien und Hansestadt Hamburg, fest, daß die sexuellen Konflikte an Gymnasien fast immer Konflikte mit der repressiven Sexualmoral der bürgerlichen Gesellschaftsschicht seien.[130] Um diese zu revidieren bzw. die Sexualerziehung zu fördern, legte die Bundeszentrale für gesundheitliche Aufklärung 1969 einen *Sexualkunde-Atlas* für die Schulen vor.[131] Vorausgegangen war eine Debatte im Deutschen Bundestag über die Situation der Kinder, bei der die Bundesregierung erklärt hatte, daß die Erziehung der Kinder und Jugendlichen auf geschlechtlichem Gebiet seitens der Eltern in unbefriedigender Weise geschehe. In der *Frankfurter Allgemeinen Zeitung* meinte Helene Rahms, daß das Buch aus einer »Aufklärungsneurose« entstanden sei; in der *Bayerischen Staatszeitung* nannte man die Sprache der Aufklärungsschrift »barbarisch«: »Das ist die Sprache tiefgekühlter Pornographie.«[132]

1965 wurde Ulrich Schamonis Film *Es* uraufgeführt (er wurde als Auftakt des »jungen deutschen Films« empfunden). Manfred, Assistent eines Grundstücksmaklers (Bruno Dietrich) und Hilke, technische Zeichnerin (Sabine Sinjen), leben zusammen. »Ihre Gemeinsamkeit scheint ohne Probleme. Dann erwartet Hilke ein Kind. Weil sie zu wissen glaubt, daß Manfred ein Kind als Fessel empfinden würde, und weil sie auch nicht ›aus Pflichtgefühl‹ geheiratet werden möchte, will sie ›es‹ abtreiben lassen. Sie verheimlicht Manfred ihren Zustand und sucht verschiedene Ärzte auf, die aber alle mit mehr oder weniger aufdringlichen Platitüden den Eingriff ablehnen. Als Bruno schließlich durch eine Freundin Hilkes die Wahrheit erfährt, hat sie soeben einen ›Helfer‹ gefunden. Beide sitzen sich in ihrer Wohnung gegenüber – schweigend.«[133]

Ein warenästhetisch reizvoller Glanz, der über dem Wirtschaftswunderland lag – Erscheinungen wie die Schönheitskönigin, die Fernsehansagerin, das Covergirl auratisierend –, bewirkte einen rapiden Aufstieg der Kosmetikindustrie (die »deutsche Frau« schminkte sich nun und rauchte auch Zigaretten). Vor allem erfaßte Mädchen und Jüngling, die nun Teenager und Twen hießen, Frau und Mann, die sich als Dame und Herr fühlten, die Sehnsucht nach schöner Kleidung. Man liebte das Elegante wie das Sportliche, das Feierlich-Pompöse wie das Keß-Schicke, das Amerikanische wie das Französische, die Perlonwelt wie die Haute Couture, alles was in New York, Paris, Rom tonangebend war. Die Jungmädchenträume kreisten um Petticoats; aus Perlon wurden »empfindsame« Modelle für »junge gazellengleich gewachsene Mädchen« geschaffen; aber auch die Hausfrauen, denen die Freßwelle zu schaffen machte, die vollschlank waren, konnten Perlon genießen.[134]

»Die junge Frau braucht nicht mehr so viel zu flicken ... so viel zu bügeln, das Waschen wird leichter ... Der Kleiderwohlstand wächst. Man kann sich besser anziehen und gefällt einander.«[135]

Christian Dior, seit 1943 Modezeichner in Paris, entwarf 1947 den »New Look«; in Ablösung der farblosen Kleidung der Kriegszeit kreierte er die neue Frau mit Wespentaille, Stöckelschuhen, romantischen Volants und hellem Teint – zart, anlehnungsbedürftig, exklusiv, zerbrechlich. An die Stelle militärischer Plumpheit (die Frauen waren häufig dienstverpflichtet gewesen) trat urbane Eleganz. Mit dem Sieg des »New Look« erfolgte die eigentliche Proklamation des Kriegsendes. Er wurde bald von neuen »New Looks« abgelöst: 1951 Oval-Linie (auf die Betonung von Büste, Taille und Hüften wird verzichtet); 1952 Pfeillinie (die Röcke schwingen glockig weit); 1953 Tulpenlinie (die Taille schiebt sich nach oben, die Röcke sind eng); 1954 H-Linie (Büste flach, bleistiftenger Rock); 1955 A-Linie (die Jacken tief über die Hüften, die Röcke weit oder in plissierter Form); 1956 Bogen-Linie (herabfallende Schultern, lose geschnittene Kleider). 1966 verbreitete sich der Minirock, von England her, als Teil der Pop-Mode.[136]

Das *Buch der Etikette* von Karlheinz Graudenz und Erica Pappritz, Beamtin des Bonner Protokolls,[137] zeigte, was insgesamt »angesagt« war: Nach der Verwahrlosung im Dritten Reich, im Krieg und in der Trümmerzeit erfolgte die Restauration der »feinen« bürgerlichen Umgangsformen. Friedrich Sieburg stellte freilich mit FAZ-Dünkel fest, daß die vielen Leute, die bei uns mühelos über den erforderlichen »Benimm« verfügten, dennoch keine Gesellschaft bildeten; sie seien völlig außerstande, höhere Lebensformen zur Allgemeingeltung zu bringen. Die meiste Prominenz werde heute von den Werbeabteilungen geschaffen; ohne sie hätten wir vom gesellschaftlichen Stil nicht einmal den falschen Abglanz, der so tröstlich auf den Lebensweg des Normalverbrauchers falle.

Im Unterkleid steht sie vor dem dreiteiligen Toilettenspiegel, unter der Achsel nur wenige Haare; im Petticoat; mit Pferdeschwanz-Frisur. Auf der Glasplatte des Toilettentisches Kämme, Cremes und Puderdöschen, Parfüm; sie zieht die Nylonstrümpfe über. »Wie sehe ich aus?« Dann drehte sie sich mit einer raschen Bewegung einmal um die eigene Achse, daß die einzelnen Tüllagen des Petticoats luftig aufgebauscht werden; sie trägt einen weiten schwarzen Glockenrock und knöpft sich über den Brüsten die weiße Bluse zu. »Bin ich schön?« Dann tupft sie sich Rouge auf die Backenknochen, verreibt es in Kreiselbewegung mit den Fingerspitzen über die Haut, öffnet ihr Kästchen voll Wimperntusche, feuchtet mit spitzer Zunge den Augenbrauenstift an, legt Puder auf. Fertig zum Ausgang. »Wir gehen!« Der Vater sitzt im Wohnzimmer am nierenförmigen Schreibtisch. Angelika Mechtel beschreibt diese Szene in einem Roman, der den bezeichnenden Titel *Wir sind arm, wir sind reich* trägt.[138]

Aleatorik und Tristesse

»Die Jahre, die Ihr kennt« (und an die man sich als eine Phase jugendlichen Aufbruchs später wehmütig erinnerte) umspannten einen Zeitraum, in dem literarisch wie künstlerisch ein Oszillieren zwischen Tiefsinn und Unsinn, dunklem Charme und mokantem Spleen im Schwange war. Effizenz more geometrico wurde abgelöst durch planloses Farben- und Liniengewirr. In der Starre der nivellierten Mittelstandsgesellschaft blühte ein Rokoko auf, dessen Spielfreude das schwitzend-kleinbürgerliche Idyll auflockerte. Die neue Aleatorik war hinreißend schwermütig, rhapsodisch erotisch, arabesk leichtsinnig, raffiniert doppelbödig – prägte Romane wie *Der blaue Kammerherr* (Wolf von Niebelschütz), *Spielball der Götter* (Rudolf Hagelstange), die Malerei eines Werner Gilles, die verspielten Zeichnungen der Bele Bachem (die auch für Philipp Rosenthal Porzellanentwürfe anfertigte).

Herausragender »Start- und Sattelplatz« für intellektuelle, dann modisch-popularisierte Neugierde auf raffiniertes Leben war das »existentialistische Paris«. Dort residierte Jean-Paul Sartre, mit der Schriftstellerin Simone de Beauvoir in freier Liebe verbunden; deren Buch *Das andere Geschlecht* (1949) strahlte in den fünfziger und sechziger Jahren als »Leuchtfeuer für die in der Dunkelheit einer namenlosen Verzweiflung ganz und gar isolierten Frauen«. (Alice Schwarzer)[139]

Im gesellschaftlichen Bewußtsein wurde Sartres Überzeugung, daß Freiheit dem Wesen des Menschen vorausgehe und es erst ermögliche (»Ich *bin* meine Freiheit!«[140]), als eine Lebenshaltung empfunden, die den »Systemzwang« aufzuheben vermochte. Inmitten des Provinzialismus der nivellierten Mittelstandsgesellschaft (mit Gummibaum-Exotik und Capri-Tourismus) faszinierte die Revolte. Vom »Menschen in der Revolte« sprach Albert Camus; die Revolte schaffe Solidarität: »Ich revoltiere, also sind wir.« Zu seinem Tod im Jahre 1960 schrieb die Zeitschrift *Das Schönste:* »Eine Hoffnung ging verloren.«[141]

Der Existentialismus (im weitesten Sinn des Wortes verstanden) war vor allem bei der Jugend Mode, Attitüde und Kontrastfolie zum bundesrepublikanischen deodoranten Schönheitskult. Pièce noire. Die Bilder von der verlorenen Generation aus dem Zweiten Weltkrieg und der Nachkriegszeit verblaßten; an ihre Stelle trat die Koketterie mit der Verlorenheit. Die »leeren Menschen«, die Ernest Hemingway in *Fiesta* schildert –

das Buch wurde 1950 als einer der ersten Titel der rororo-Taschenbuchreihe wieder aufgelegt und erwies sich als stupender Erfolg –, stellen eine kragenlose, unrasierte Gesellschaft dar, eine Bande von desperaten und wurzellosen Intellektuellen, Exzentrikern und Berserkern. Die Öde des Daseins soll überwunden werden in exorbitanten Freß- und Saufgelagen und in langen Liebesnächten. Zwischen Whisky und Stierkampf spannt sich der Bogen eines süßen, wilden Lebens.

Die Haupthandlung von Audens Epos *Das Zeitalter der Angst* (deutsch 1958)[142] – für den konservativen Lyriker, Essayisten und Kritiker Hans Egon Holthusen *(Der unbehauste Mensch,* 1951) ein Beispiel der modernen Malaise – spielt in einer New Yorker Bar. »Wenn der Gang der Geschichte unterbrochen ist und Armeen die eintretende Öde, die sie nie wieder gutmachen können, mit ihren großartigen Reden organisieren, wenn Notwendigkeit sich mit Grauen und Freiheit sich mit Langeweile verbinden, dann hat das Bar-Geschäft seine gute Zeit.« Als Relikt des Krieges war die Bar geblieben; »aus dem Relikt ist eine Hydra geworden, zwischen Mondänität und Müllabfuhr just in der Mitte. Die Bar ist in der Wüste des demokratischen Alltags für viele Zeitgenossen die abendliche Oase.« Vor allem war die Bar zentraler Treffort der neuen »Existentialistengeneration« – die von den fleißigen, biederen Wohlstandsbürgern mit »schrägem Blick«, mißtrauisch wie bewundernd, beäugt wurde.[143]

In Françoise Sagan und Bernard Buffet personifizierte sich der dunkle Schönheitskult der fünfziger Jahre, der Jugend-Stil androgyner Melancholie und narzißhafter Koketterie. *Bonjour Tristesse:* Der Widerstand gegen das schwitzende Idyll blieb im wesentlichen auf eine ästhetische Revolte beschränkt. Françoise Quoirez, die sich Françoise Sagan nannte, publizierte mit neunzehn Jahren ihren Roman (1954), dem sie ein Gedicht von Paul Eluard voranstellte: »Adieu tristesse/Bonjour tristesse/Tu es inscrite dans les lignes du plafond … Verlaß mich, Traurigkeit/Kehr wieder, Traurigkeit/Du bist in das Gebälk meiner Träume geschrieben …«[144]

Die 17jährige Cécile erzählt von ihrem Liebesleben, von dem ihres Vaters und von der Traurigkeit, die sie »wie Seide, weich und ermattend« einhüllt. Sie verkörpert inmitten einer sterilen Luxuswelt das neue Schönheitsideal der Epoche: den Teenager mit dem Horror vor Wohlerzogenheit, Ordentlichkeit, pedantisch geregelter Lebensführung.

»Du schaust aus wie eine verwilderte Katze. Wie gern hätte ich eine schöne, blonde, vollschlanke Tochter mit sanften Porzellanaugen.«

Faire l'amour – straflos, angstfrei. Das faszinierte vor allem Mädchen zwischen Backfisch und junger Frau, deren Erziehung auf Anstand und gute Sitte »festgelegt« war und deren Sexualität unterdrückt wurde. Aus dem Kultbuch wurde ein Kultfilm (Regie: Otto Preminger, 1958); unzählige Mädchen schnitten sich wie Jean Seberg, die in der Verfilmung die Hauptrolle spielte, ihre Haare auf Streichholzlänge. Weitere Bücher der Françoise Sagan folgten in rascher Folge: *Ein gewisses Lächeln* (1956), *In einem Monat, in einem Jahr* (1957), *Lieben Sie Brahms?* (1959). »... Von atemberaubender Traurigkeit; hinter dem Zynismus: leise, süß und verzweifelt.« (Barbara Bondy)[145]

Herber in der Verzweiflung erschien das Werk von Bernard Buffet. Der 1928 in Paris geborene Künstler verkaufte 1947 sein erstes Bild; 1948 machte ihn die Verleihung des »Prix de la Critique« bekannt; im nachfolgenden Jahrzehnt schuf der Maler etwa 1500 Werke. Zusammen mit Françoise Sagan, für deren Ballett *Das verpaßte Rendezvous* er das Bühnenbild entwarf, und Roger Vadim, der als Journalist Brigitte Bardot entdeckt hatte und als Filmregisseur ihr (mit der er in erster Ehe verheiratet war) zum Durchbruch verhalf, gehörte Buffet zur französischen »frühreifen« Generation. Sein Markenzeichen war eine hochstilisierte Düsternis, die sich gut verkaufte. Seine Still-Leben waren »Stilltode«, »Natures mortes«. Wie eine Illustration von Sartres *Ekel* oder des *Fremden* von Camus strahlten sie verkrampfte, aber letztlich doch nur gespielte Lebensangst aus. »In ihrer strengen geometrischen Komposition wirken sie erstarrt, hohl, grinsend; der flächige Mensch selbst, in leeren Räumen verloren, ist in eine leblose Dinglichkeit eingegangen, mit seiner dreieckigen Maske, seinen Spinnengliedern.« (Werner Bökenkamp)[146]

Von ihrer »Jungmädchenzeit« in Hanau berichtet Ingrid Schmidt-Harzbach: »Man machte das erste Espresso in Hanau auf. Das war natürlich todschick ... Wir waren ständig in Pose – das rechte Bein etwas vorgestellt, die Hüfte leicht verschoben. Alles im Kino und in Zeitschriften abgeguckt, vorzugsweise von Brigitte Bardot. Deren offensiv zur Schau getragene Sinnlichkeit bewunderte ich sehr ... *Die Halbstarken* haben wir uns mehrmals angesehen, das war ein richtiger Kultfilm. Wichtig war für mich auch Marion Michael in *Liane. Das Mädchen aus dem Urwald.* Diese langen blonden offenen Haare. Damals saßen wir auch in Cliquen zusammen und verschlangen Heftchen – heute Comics genannt – wie *Akim, Sigurd und Tarzan* und haben uns als Jane gefühlt ... im starken Arm von Tarzan auch mal an einer Liane mitschwingen, das muß wohl eine Traumvorstellung gewesen sein ... Überhaupt waren einige Filme prägend für mich: die mit Marlon Brando und natürlich James Dean in ... *denn sie wissen nicht, was sie tun*. Das war auf einmal eine ganz andere Männerfigur. Der weinte und zeigte Gefühle. In Kleidung, Frisur und Gesten haben sich viele Jungen sehr an ihn angelehnt. Außerdem natürlich an Elvis – die Koteletten. Und was den Kamm betraf, hinten in der Hosentasche, ohne ihn ging man damals nicht aus dem Hause, auch die Mädchen nicht ... ›Zusammen schlafen‹ war tabu. ›Petting‹ hieß damals das Zauberwort, und dafür gab's ungeschriebene Regeln – grad noch bis zum Bauchnabel, dann hörte es aber auch auf, dann begann das ›Forbidden Territory‹, wie wir es nannten ... In die Rock-'n'-Roll-Bars ging ich zwar auch noch manchmal im Petticoat; aber meistens trug ich da schon enge Hosen, denn zum Rock 'n' Roll mit Überschlag, links und rechts, auf die Hüfte springen, waren die praktischer. Rock 'n' Roll war ja wie ein Ventil, durch das all die Energie, die wir in uns spürten, herausgelassen werden konnte. Das war Lebensfreude und Protest. ›Negermusik‹ hieß es dazu nur von den Erwachsenen. Bei uns ging das soweit, daß wir die Musik wie eine Droge konsumierten. Zwei Stunden ununterbrochen tanzen, daran kann ich mich genau erinnern. Rekordaufstellen, das gab's auch beim Küssen ... In dieser Zeit gastierte in der Hanauer Stadthalle Klaus Kinski mit Villon-Balladen ... Mein ›Philosoph‹, Peter hieß er, hat überhaupt nicht getanzt, und das fand ich toll. Der saß da im schwarzen Rollkragenpullover und mit interessanter Brille und war Existentialist, hat mir Gedichte geschrieben und gewidmet. Wir lagen stundenlang nebeneinander im Bett und die Grenzen waren schon fließender, aber weiter gingen wir nicht ... Ich trug jetzt nur noch schwarze Sachen und der Petticoat war abgemeldet ... Auf den Existentialisten-Festen wurde gesungen, Gitarre gespielt, rumphilosophiert und Juliette Greco gehört. Meine Freundin Benita und ich lasen Camus und Sartre. Wir haben uns gegenseitig bei Kerzenlicht einzelne Stellen vorgelesen und dem Sinn nachgespürt. Mit Benita bin ich dann auch im Sommer 1959 nach Paris getrampt. Unwahrscheinlich noch heute, daß meine Eltern das erlaubt haben, denn damals sind kaum Jungs getrampt ... An den Wänden hing Kunst: Modigliani, van Gogh, Toulouse-Lautrec, Manet, Monet ... Wir haben in Paris in der Rue Huchette von Ionesco *Die kahle Sängerin* gesehen, fühlten uns dort in den Jazzkellern heimisch – überhaupt so richtig im Zentrum des Lebens. Aber Sartre zu besuchen, das haben wir uns dann doch nicht getraut.«[147]

Der schräge Geschmack

»Häßlichkeit« - dies bewies der »Fall Buffet« - verkaufte sich durchaus gut, wenn sie ins modische Styling eingepaßt war. Noch mehr galt freilich der Satz: Häßlichkeit verkauft sich schlecht! (Titel eines Buches des amerikanischen Formgestalters Raymond Loewy, 1953, der zum geflügelten Wort wurde.[148]) Formgestaltung hieß die Devise. Es war ein Bedürfnis der Zeit, nicht nur zu kaufen und zu verkaufen, sondern die ökonomische Motorik, die den Fortschritt weitertrieb, mit der Aura des Schönen zu versehen, sie dadurch zugleich legitimierend. Die nivellierte Mittelstandsgesellschaft als Massengesellschaft nivellierte sich »nach oben«; Warenästhetik bedeutete nicht nur Manipulation, Verführung, sondern auch Erziehung. Die konkrete Umwelt machte deutlich: Jeder, wenn er nur strebsam genug war, konnte sich »guten Geschmack« leisten. Die Bundesrepublikaner ergriffen diese Chance und richteten sich schön ein, wobei die revolutionäre Verwendung des Kunststoffes für die Dinge des alltäglichen Bedarfs dafür sorgte, daß man sich dies auch leisten konnte. Die »leichte Gestaltung« der Kunststoffe war allerdings mit dem Verlust von »Materialechtheit« verknüpft und förderte die »Wegwerfmentalität«. Diolen, Krepp, Nylon, Perlon, PVC, Resopal, Trevira ... wurden Zauberworte. Die schöne Welt der fünfziger Jahre war weitgehend »Plastik-Welt«.[149]

Moderne Formgestaltung sah - im Gefolge des Bauhauses - Schönheit zwar vorwiegend unter funktionalistischem Aspekt; zugleich aber sollte auch der Wärmestrom, in dem der Mensch sich emotional wohl fühlen konnte, fließen. Nach Gert Selle übernahm das Design der fünfziger Jahre die Funktion einer historischen Klammer zwischen den Codes der Vor- und Nachkriegszeit.[150] Die vielen importierten Amerikanismen stellten zwar eine warenästhetische Differenzierung dar, rekurrierten aber auf »Früheres« (Fetisch »Sauberkeit«). Die sozialdarwinistisch interpretierte deutsche »Stromlinienform« wirkte weiter (etwa in den Autokarosserien von VW und Mercedes); ihr stand freilich der »verschlungene«, romantisch verspielte, »abwegige«, »schräge« Geschmack entgegen. Es dominierte das Bizarre, Kapriziöse, Asymmetrische; dazu kam die Farbe, die in greller und überschäumender Buntheit Verwendung fand. Die Vorurteile gegenüber moderner Kunst, Ergebnis nationalsozialistischer Indoktrination, wirkten sich zwar weiter aus; wurden jedoch Mondrian, Klee, Kandinsky, Miró in Dekor von Gebrauchsgegenständen umgesetzt, so

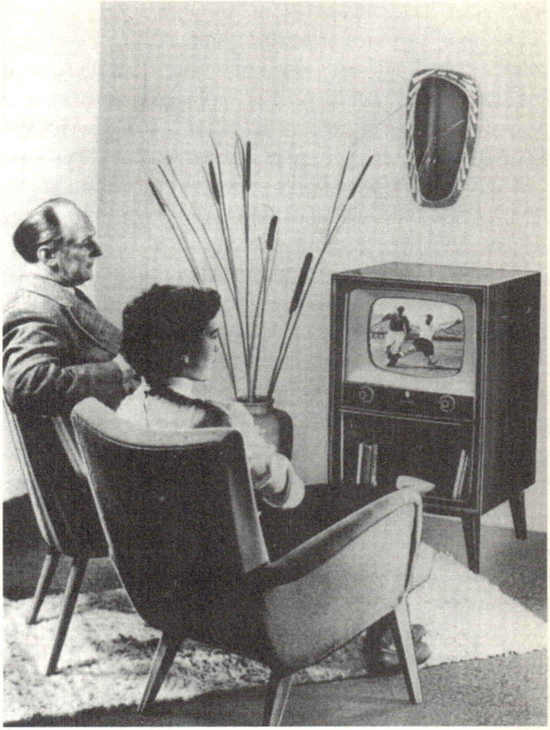

Gepflegtes Wohnen um 1955 – mit Fernseh-Standgerät der Firma Philips.

erfreuten sie sich großer Beliebtheit. Als 1952 die Weberei Pausa AG einen Wettbewerb für Dekorationsstoffe veranstaltete, waren von den 9000 eingereichten Vorlagen 70 Prozent in abstrakten Dessins gehalten. An Materialien waren beliebt: Holz gebogen, rund, oval gepreßt und verleimt; Glas, Drahtglas progressiv geschnitten und geschliffen; Metall gestanzt, gelocht, gebogen, gefärbt; Möbelstoff mit konkaven Noppen; plastischen Wollrippen; Teppiche mit »abstrakten« Mustern; Vorhänge und Kissen mit ornamental-asymmetrischen Kompositionen; bunte Plastikfolien für die verschiedensten Gegenstände, schrägbeinige Möbel, Sessel in Swing-Form, Tütenleuchten.[151]

Der Nierentisch charakterisierte exemplarisch die verdinglichte Bereitschaft zur Extravaganz – Ausbruch aus dem mit Bauern- und Jägerstil versetzten, im Dritten Reich aufgenordeten Plüsch. Nun wollte man sich so einrichten, wie es dem modernen Menschen entsprach. Dabei korrespondierte der Drang in die Ferne mit der Bereitschaft, Anschluß ans designerische Weltniveau, das hieß: an die Standards der führenden Industrienationen, zu finden. Zu den Hits der Interbau (1957) zählten die von den Skandinaviern eingerichteten Wohnungen und die Möbel der Firma Knoll International. In der Zeitschrift *Magnum*, in Typographie und Layout selbst ein Produkt des neuen Stils, schrieb der Herausgeber Karl Pawek: »Das kleine Volk der Dänen hat es fertiggebracht, daß von Neu-Delhi bis New York eine bestimmte Schicht sich dänisch möbliert. Die Skandinavier schaffen die neuen Leitbilder der Form. Die Schweizer die der Graphik. Die Italiener beleben die Konstruktion und den Dekor, die Franzosen haben ein paar geniale Bauvorstellungen ... Der Beitrag der Deutschen für internationale Formgebung ist jedenfalls ein gut gebauter Radioapparat.«[152]

Zum Wallfahrtsort des guten Geschmacks entwickelte sich in den fünfziger Jahren Mailand mit den dort stattfindenden Triennalen. In allen Bereichen – vom Eierbecher bis zum gedeckten Tisch, von der Tapete bis zum eingerichteten Wohnraum, vom Küchenporzellan bis zum wissenschaftlichen Gerät – »war die Schönheit im Kommen«. »Im Märchenwald der modernen Form« überschrieb die *Süddeutsche Zeitung* ihren Artikel über die Mailänder Triennale 1954.[153] Besonders die Schweden wurden als »Meister formaler Beschränkung« hervorgehoben; sie wirkten ohne jeden Effekt der Aufmachung; ihre Formen seien von äußerster Delikatesse: hauchdünn, ganz schlank und eben an der Grenze der Zerbrechlichkeit; sie bedienten sich »luftiger« Pastelltöne und zartester Übergänge vom Farblosen zum Getönten. Alles, was »fein«, verspielt, leicht-beschwingt, »durchsichtig«, grazil sich darbot, wurde von den deutschen Beobachtern besonders geschätzt – und wohl als sublimierende Gegensteuerung zur Schwerfälligkeit des deutschen Wirtschaftswunder-Materialismus empfunden.[154]

In einem Heft des Bayerischen Werkbundes – als Teil des Deutschen Werkbundes wie dieser um eine schöne (humane) Umweltgestaltung seit seiner Gründung 1907 besorgt – heißt es über »Gerät in der Wohnung«, daß der Kulturschutt, auch wenn er sich in den Warenhäusern breitmacht, nicht charakteristisch für die Gegenwart sei. Als »formschönes Gerät« wurden unter anderem, neben vielerlei Geschirr, präsentiert: eine Wanduhr der Firma Gebrüder Junghans, ein Siemens-Breitraumherd, ein Bosch-Gefrier-Kühlschrank, ein Vaillant-Geyser-Durchlauferhitzer, ein Fernsehgerät (»Mallorca«) der Firma Metz, eine Nähmaschine der Pfaff AG; von der Braun AG, Frankfurt am Main, waren gleich vier Geräte vertreten: der Stereo-Phonosuper SK61, der Tischlüfter HL1, der UKW-Transistor T52 und der Diaprojektor D40.[155] Dies entsprach der Bedeutung des Hauses Braun für das deutsche Design der fünfziger Jahre. Im Gegensatz zur Warenhaus-Talmi-Eleganz produzierte die Firma Geräte in hellen, klaren, einfachen Formen, die mit modernen Wohnelementen korrespondierten. »Wenn das Brauchen Sinn und Zweck hat, und wenn das Gestalten und Herstellen Sinn und Zweck vollkommen erfüllt, dann gelangen die Dinge nicht nur zu ihrer eigenen Form, sondern sie gewinnen auch diese überindividuelle gemeinsame Haltung, die wir Stil nennen«, schrieb Wend Fischer in dem Katalog *Form – nicht konform – 20 Jahre Braun-Design* (1976).[156] Hans Gugelot, Otl Aicher und Herbert Hirche, »das Dreigestirn des deutschen Design-Gewissens«, waren maßgebend an der Entwicklung des Braun-Stils (Phono- und Elektrogeräte, darunter auch der elektrische Trockenrasierapparat) beteiligt.

Otl Aicher baute zusammen mit dem Schweizer Max Bill (Bauhaus-Schüler, Architekt und Bildhauer) ab 1949 die Hochschule für Gestaltung in Ulm auf, die Institution begriff sich als eine Weiterentwicklung der Bauhaus-Ideen; sie setzte sich das Ziel (so Bill, ab 1951 Gründungsrektor), »eine mit unserem technischen Zeitalter übereinstimmende Lebensauffassung schaffen zu helfen«.[157] Die Geschwister-Scholl-Stiftung, die seit 1947 für die Einrichtung warb und um Geldgeber bemüht war, knüpfte an die moralische Integrität des deutschen Widerstandes an; Aicher war von früher Jugend an den Geschwistern Scholl und ihrem Kreis eng verbunden gewesen und hatte dem Nationalsozialismus ablehnend gegenübergestanden.[158] Bei der Einweihung der Hochschule (1955) sprach Walter Gropius vor siebenhundert Gästen, darunter vielen Bauhäuslern, von der »Notwendigkeit des Künstlers in der demokratischen Gesellschaft«; bald jedoch erhob sich Kritik am Pragmatismus des »neuen Bauhauses«. Theorie und Praxis seien zu sehr an der industriellen Fertigung orientiert. Max Bill, der die Anlage (»Design-Kloster«) entworfen hatte, schied aus. Die Frage: Bill oder Nicht-Bill bedeute, so Max Bense (dessen philosophische Arbeiten um eine moderne Ästhetik kreisten), die von Qualität oder Nichtqualität und die von »Hochschulniveau oder Werkschule«.

1968 strichen der Deutsche Bundestag seinen jährlichen Zuschuß von 200 000 DM sowie der württembergische Landtag den Zuschuß von 1,3 Millionen; der Betrieb wurde eingestellt. »Die HfG hat die Hoffnung auf eine demokratische Renaissance Westdeutschlands konkretisiert und starb mit ihr.« (Claude Schnaidt, Architekt und Dozent von 1959–1967)[159]

Eigenheim und Wohnmaschine

Gehäuse des Schönen, gepflegter Entspannung und gesitteter Gemeinsamkeit zu schaffen war höchstes Ziel reflektierender Architektur. Es ging um solides Glück, »erbauliches Wohnen« (die Ausstellung »Schöner Wohnen« fand erstmals 1950 in Hamburg statt). Licht und Luft waren bestimmend; die Mauern wurden weitgehend durch Glas ersetzt, damit der Sonnenhunger und die Südsehnsucht gestillt werden konnten. Solche Sehnsuchtsbilder wurden über unzählige Architekturreportagen einer Gesellschaft vermittelt, die nun, nach Notunterkunft und Untermieter-Dasein, die Chance fürs eigene Heim, auch fürs Eigenheim, gekommen sah.

Als höchstes Glück der Wohlstandskinder galt der Bungalow, bei dem sich die Kunst des Architekten im »Einfangen des wärmenden, heilenden und beglückenden Lichts« besonders gut entfalten konnte. »Ein ebenerdiger Bau, klar und weiträumig in den Ausdrucksformen unserer Zeit ...« In der Heimstatt »voll lichter Großzügigkeit« fühlte man sich schon »fast in Italien«.[160]

»Die Haustür ist aus Glas. Der Türknopf ist rot. Der Rahmen des Dielenspiegels ist rot. Die Garderobenhaken sind rot. Der Hut am Haken ist rot ... Die Böden sind mit hellen Teppichen belegt. Es geht ordentlich zu in diesem Haus. Es gibt Weißwein aus Weißweingläsern. Die Gläser stehen auf Untersätzen. Die Weinflasche liegt in einem Korb bereit. In die Dose mit Mackintosh' Quality Street Chocolats Toffees sind Schnuller und Colaflaschen aus Weingummi geraten, weil ein Kind im Hause ist. Es schläft im hinteren Teil des Hauses, ganz allein, ohne Lichtschlitz, ohne Kuscheltier oder Daumen im Mund ... Und wenn sie sich einen Swimming-pool bauen sollten, dann werden sie sich den dazu passenden Wasserball auch aus dem ›Bienenkorb‹ holen. Es würde so werden, wie es auf dem Titelbild von *Das Heim* Nr. 12

abgebildet ist: Auf einem weißgelb gestreiften Swimming-pool schwimmt ein weiß-gelb geachtelter Wasserball.«[161]

Der Bundeskanzler ging, wenn es galt, Stil zu demonstrieren, mit gutem Beispiel voran. Als Glücksfall wurde es empfunden, daß Ludwig Erhard sein Wohn- und Empfangsgebäude als Bungalow baute und dafür den Architekten Sep Ruf engagierte, dem man als maßgeblichem Vertreter der Moderne zutraute, ein »Gegengewicht zur stilistischen Mediokrität« zu schaffen.[162]

Am Leitbild der »blühenden Stadt« war der Zeilenbau (Eigenheime in Zeilen aufgereiht) ausgerichtet, auch wenn er aus ökonomischen Gründen sich nicht nur auf Flachbauten beschränken konnte. Er wurde als eine große und notwendige Befreiung von den »Schändlichkeiten und Scheußlichkeiten des ausbeutenden Wohnungsbaus im Früh- und Hochkapitalismus«, von der Pseudoromantik gutmeinender Reformer und vor allem von den »unerträglich gewordenen Korridorstraßen« empfunden. »Diesen Zeilenbau können wir nennen: exakt, klar, gesund und gerecht«, schrieb Erich Kühn 1957 in *Christ und Welt.*[163]

Es handelte sich dabei freilich um eine idealistische Stadtplanung, die ökonomischen Erfordernissen kaum entsprach. Wollte man Grundfläche sparen, mußte man die querliegenden »Flachbauschachteln« aufrichten. Amerika demonstrierte – für die damalige Zeit auf »überzeugende Weise« – sowohl die horizontale als auch die vertikale Expansion: Suburbia war flach- und weitgestreckt, lag allerdings dem Stadtzentum fern; downtown erhoben sich die Gebäude aus Beton und Glas wie »Schichttorten« und garantierten hohe Rendite.

Architektenträume galten mehr als bauliche Solidität; der Architekt faszinierte als kühner Gestalter, als einer, der souverän gewaltige Massen »ordnete« und modernes Leben zum Funktionieren brachte. Stadt und Haus wären Maschinen, die im Dienste zivilisatorischer Perfektion auf vollen Touren laufen müßten; Le Corbusier war Leitfigur; mit der 1950 bis 1954 errichteten Wallfahrtskirche Notre-Dame-du-Haut in Ronchamp (Elsaß) habe er zudem gezeigt, daß moderne Architektur das Gemüt keineswegs vernachlässige.[164] Die Moralisten am Reißbrett, die Pioniere der modernen Bewegung dürften nicht als Anhänger starrer mechanistischer Prinzipien mißverstanden werden; sie wollten keineswegs die Maschine verherrlichen, zeigten keine Gleichgültigkeit gegenüber feineren menschlichen Werten, sagte Walter Gropius, dem zu seinem 70. Geburtstag (1953) große Ovationen zuteil wurden. Im Vordergrund der Diskussion stünde das Problem der Humanisierung der Maschine und der Suche nach einer neuen Lebensform. In ähnlichem Sinne forderte Richard Neutra *(Wenn wir weiterleben wollen,* 1956), daß die Gestaltplanung sich von allen überkommenen Ordnungsschemata, von Geometrie wie Symmetrie und traditionellen Schönheitsmustern lösen und mit Hilfe von verschiedenen Wissenschaften den »physiologischen Raum« ermitteln müsse. Darunter verstand er den Raum, der den »nervlichen Reaktionen« völlig angepaßt war – einen Raum, bei dem Aufteilung, Anordnung der Möbel, Tastformen, optische und akustische Phänomene, Geruchsreize so kombiniert seien, daß den Menschen als überanstrengten Kindern der noch ungestalteten Zivilisation die größtmögliche Nervenschonung und die angenehmsten Sinneseindrücke gewährleistet würden.[165]

So wie bei moderner Wohnraumgestaltung Nierenform und rechter Winkel zusammenfanden, so sollte »organisches Bauen« den »Geometrismus« romantisieren, gewissermaßen Hygiene mit Religion verbinden. Bewältigung des Lebensraumes stand im Mittelpunkt des Darmstädter Gesprächs 1951 *(Mensch und Raum).* Rund tausend Menschen folgten der von Otto Bartning geleiteten Diskussion, zu der wichtige Architekten, darunter Richard Riemerschmid, Sep Ruf, O. E. Schweizer, Hans Schwippert, Hans Scharoun (freilich nicht Mies van der Rohe und Gropius) sowie bedeutende Philosophen und Soziologen (Martin Heidegger, Ortega y Gasset, Alfred Weber) gekommen waren. Während Heidegger, seinem Ruf getreu, ins »Wesentliche« transzendierte – die eigentliche Wohnungsnot bestünde nicht so sehr im Fehlen von Wohnungen, sondern weil die »Sterblichen« erst wieder das Wohnen lernen müßten –, sprach Hans Schwippert zeitaktuell davon, daß häufig das »Raumwollen« vorhanden wäre, man aber keine technischen Mittel hätte, es zu verwirklichen. Der Mensch, so Ortega, sei ein »Technical«; er gehöre zur Natur, von deren Standpunkt aus er freilich krank sei; er müsse sich eine technische Welt, einen technischen Apparat schaffen, um leben zu können.
Beim 9. Kongreß der 1928 gegründeten CIAM (Congrès International d'Architecture Moderne) 1954 in Aix-en-Provence wurde von Siegfried Gidion Schönheit als »Rhythmus« gedeutet.[166] Man könne sie einem Bau nicht zu guter letzt aufkleben wie ein Etikett; sie müsse aus dem Plan, aus der Konzeption erwachsen. Auf die Stadt angewandt, bedeutete Rhythmus Absage

an regelmäßige Aufteilung; dafür aleatorische Gliederung der Räume, Hauskörper, Wohnungen.

Beim 4. Kongreß der Internationalen Architekten-Union (UIA) in Scheveningen 1955 standen dann freilich - unter dem Druck von Wirtschaftlichkeit - Fragen der Normierung, Standardisierung, Rationalisierung im Vordergrund. Auf der ganzen Erde fehlte fast eine Milliarde Wohnungen; nur die »genormte Stadt« könne das Problem lösen helfen. Der »strahlenden Utopie der neuen Stadt« trat die »seelenlose« Stadt mit ihren zerlegbaren, beliebig austauschbaren, beliebig transportierbaren Massenwohnungen entgegen - ohne Dekor und »Schwünge«, alles einheitlich im Maß, rechtwinklig, beliebig am Bau verwendbar, genormte Grundrisse, Fassaden, Pläne. Das Haus, das dem Menschen mit seinem Widerspruch und der Natur mit ihren Wandlungen dienen solle, so Irene Zander, widerstrebe jedoch der Serie - es sei denn, man norme vorher den Menschen, das Leben, das Klima, die Sonne, den Regen, den Wind und die Erde. Sobald es um Geld und Zahlen gehe, würden die Rationalisten seltsam träumerisch; doch der Mensch wehre sich.[167]

Der Architekturhistoriker Vittorio Magnago Lampugnani spricht von einer »zweideutigen Kontinuität der Moderne«.

»Ganz gleich, ob es sich um sozialen Wohnungsbau handelte, um Fertighäuser, um Hochschulen, um Gesamtschulen oder um Krankenhäuser: Alles wurde größtenteils in provinzieller Manie als tumber, mit Haustechnik vollgestopfter und stets von Raumqualitäten unbeleckter Container produziert ... Die bornierte Rechnungshof- und DIN-Normen-Architektur, die unsoziale Unwirtlichkeit sozial legitimierte und allenfalls a priori verbrauchte ästhetische Metaphern einer ›Freiheit‹ schuf, die konkret keineswegs gemeint war, wurde zum gesichtlosen Symbol der deutschen Wirtschaftswunderzeit.«[168]

Die hoch aufragenden, schlanken Bauten seien nicht einem geistigen Gestaltungsprinzip entwachsen; sie symbolisierten lediglich das grenzenlose Vertrauen in ökonomisches Wachstum und technischen Fortschritt (was überzeugende architektonische Einzelleistungen, etwa von Hermann Mäckler, Friedrich Wilhelm Kraemer, Egon Eiermann, Sep Ruf, Hans Scharoun, Otto Bartning, nicht ausschloß). Als perfekte gläserne Gespenster, die wie Pilze aus dem Boden sprossen und die Stadtbilder von Frankfurt am Main, Hamburg und Hannover genauso zu bestimmen begannen wie jene von Chicago und New York (was dem Begriff des International Style einen negativen Beigeschmack verlieh), spiegelten sie die vorherrschenden wirtschaftlichen Verhältnisse. Gegen den Masseneinsatz einer Architektur des Kaufmanns und die Bevorzugung der normierten, vorfabrizierten »Architektur der Zelle« aus rein ökonomischen Gründen wandte sich Eberhard Schulz, einer der wenigen Journalisten, die zu dieser Zeit einigermaßen systematisch Architekturkritik betrieben. Im Rückblick meinte Schulz (1977): »Inzwischen leben wir in diesen neu gewordenen Städten, oder was ein Narr wie Le Corbusier uns davon beigebracht hat, in diesen aufgerichteten Haustafeln und ihrer verblichenen Identität, die eigentlich – wie jene Warenschachteln – dieses Prädikat einer Architektur nie verdient haben.«[169]

»Die in den Schlafstädten wohnen, arbeiten in den Vorstädten oder der Innenstadt. Am Morgen fahren die Wagen aus den Schlafstädten in die Vorstädte und die Innenstadt. Am Abend nehmen alle Wagen den umgekehrten Weg, aus der Innenstadt in die Vorstädte und Schlafstädte, aus den Vorstädten in andere Vorstädte, aus den Vorstädten in die Schlafstädte. Zur späteren Abendzeit sitzen die Leute, außerhalb der verödeten Innenstadt, in den Vorstädten und Schlafstädten an den Fernsehapparaten, und einige von ihnen fahren aus den Schlaf- und Vorstädten in die Theater, Kinos, Lokale der Innenstadt. Um Mitternacht und danach fahren sie wieder hinaus in die Vor- und Schlafstädte, und am Morgen wieder hinein, falls kein Sonn- oder Feiertag ist.« (Gerhard Zwerenz)[170]

»Wohnen in der Stadt von morgen« war das Motto, mit dem man in Ostberlin, vor allem unter der Regie des Architekten Hermann Henselmann, mit der »Organisierung des Raumes für eine neue Gesellschaft« begann. Das »Haus an der Weberwiese« von Henselmann, 1951, bildete den Auftakt zum Bau der Stalin-Allee, deren Gestaltungsprinzipien zwischen Bauhaus- und Zuckerbäckerstil oszillierten.[171]

Die Idee einer neuen deutschen, sozialistisch orientierten Architektur bzw. Stadt sollte eine Umsetzung finden, bei der die »Erfahrungen der Sowjetunion, die Erfahrungen des Aufbaus der ersten sozialistischen Straße der Hauptstadt Deutschlands, Berlin, der Stalin-Allee, und des Aufbaues der ersten sozialistischen Stadt, der Wohnstadt des Eisenhüttenkombinats Ost« zu berücksichtigen waren. Der Beschluß der DDR-Regierung am 3. 10. 1952 (bei der die städtebauliche Wiederaufbauplanung für

Heinz Löffler: Aufbau der Stalinallee, 1953.

Frankfurt an der Oder beschlossen wurde) eröffnete die 2. Phase der vorgesehenen Entwicklung: »Nach dem Beispiel der Planung der großen Städte der Deutschen Demokratischen Republik ist die Planung der mittleren Städte nach dem von der Volkskammer beschlossenen Aufbaugesetz und den Grundsätzen des Städtebaus vorgenommen worden.«

Die ersten, 1951 in der Wohnstadt Fürstenberg, später Stalinstadt, dann Eisenhüttenstadt, errichteten Wohnblöcke »waren schlichte, unscheinbare, in offener Reihen- und Zeilenbauweise angeordnete Bauten; einen Bezug zur neuen Doktrin der nationalen Traditionen gab es dort nicht. Nach eingehender Kritik Walter Ulbrichts lehnten sich denn auch die ab 1952 errichteten Gebäude eng an den Gestaltungskanon der Bauten der Berliner Stalin-Allee an.« Zu einer eigenständigen, den Bautraditionen der Region verpflichteten Architektur hat man in Stalinstadt und anderswo indes nicht gefunden.

»Tauwetter« ermöglichte es gelegentlich, an alte Stadtbilder anzuknüpfen, mit einer gewissen Einfühlung in »gewachsene Strukturen« dem ideologischen »Brutalismus« sich zu entziehen; doch führte die landesweite Umstellung des Wohnungsbaus von traditionellen auf industrielle Bauverfahren nach 1955 zu einer raschen Abwertung der Architekturkonzeption der »schönen deutschen Stadt«. »Von den geschlossenen und möglichst symmetrisch ausgebildeten Raum- und Baukörpergestaltungen unter Berücksichtigung nationaler Bautraditionen wandte man sich nun offeneren und aufgelockerten Bebauungsmustern zu, errichtet in Großblock- und Plattenbauweise.« Schließlich dominierten ökonomische und technische Zwänge bei der Ablösung der traditionellen stadträumlichen Konfigurationen durch einen landschaftlich aufgelockerten und nicht zuletzt »kranbahndiktierten« Wohnungsbau. Unter Berücksichtigung »allgemeiner Grundsätze, die auch sinngemäß für ähnliche Aufgaben in anderen Städten Gültigkeit haben dürften«, erarbeitete der Beirat für Bauwesen beim Ministerrat »entsprechend den Bedingungen des industriellen Bauens« neue Vorgaben. An erster Stelle stand eine größere räumliche Auflockerung, eine »freiere Stellung der Gebäude und weitgehende Funktionstrennung für Wohnen und Einkaufen«. Damit war der Bruch zu allen bisherigen Stadtvorstellungen vorgezeichnet. »Die uniformen Zeilenbauten, die fortan errichtet wurden, ignorierten die Feinstruktur des historischen Stadtgrundrisses ebenso wie regional charakteristische Gestaltungsmerkmale.« (Jörn Düwel)[172]

Mobile Freizeit

Das Auto ermöglichte der Wohlstandsgesellschaft »alltägliche Mobilität«. Vor allem aber war es Vehikel für Fernweh; es beförderte ins Traumland der Freizeit; schließlich war das Auto auch Statussymbol, Fetisch des Fortschritts, helfende und schützende Zauberkraft für wirtschaftlichen und gesellschaftlichen Aufstieg. Auf einer Werbeanzeige der fünfziger Jahre sieht man das neueste Modell eines Ford-Taunus mit aufgeklapptem Kofferraum am Straßenrand stehen. Der Familienvater im weißen Nyltest-Hemd mit Krawatte deponiert gerade das letzte Gepäckstück. Neben ihm die Ehefrau im Pepita-Kostüm, mit weißen Handschuhen und Dauerwelle, den Sohn an der Hand, der ein schwarzes Samtschleifchen trägt. Dahinter ein vierstöckiges Haus, ein schmuckloser Neubau. Aus den Fenstern recken die Nachbarn die Köpfe.

»Wir haben es geschafft. Das neue Auto steht vor der Tür. Alle Nachbarn liegen im Fenster und können sehen, wie wir für eine kleine Wochenendfahrt rüsten. Jawohl, wir leisten uns etwas, wir wollen etwas haben vom Leben; dafür arbeiten wir schließlich alle beide, mein Mann im Werk und ich als Sekretärin wieder in meiner alten Firma.«[173]

Der nationale Aufstieg zu einem schöneren Leben verwirklichte den lang gehegten Traum vom Jedermann-Auto (Volkswagen). Was in der Trümmerzeit noch unvorstellbar schien, brachte das Wirtschaftswunder zuwege. Der Vorkriegsbestand von 802 129 Personenkraftwagen, berechnet für das Gebiet der Bundesrepublik ohne Berlin und das Saarland, war 1946 auf 192 438 Pkws zurückgegangen. 1953 erreichte der Bestand an Personenkraftwagen wieder die Millionengrenze; er verfünffachte sich in den folgenden acht Jahren.

Das Volkswagenwerk in Wolfsburg gehörte zu den ersten Fabriken, die die Produktion wieder aufnahmen. Es war zwar im Krieg zu 85 Prozent zerstört worden, aber dennoch die einzige Anlage, die eine gewisse Funktionsfähigkeit aufwies. In dem zunächst von den Amerikanern besetzten, dann (am 26. Mai 1945) an die Engländer übergebenen Werk wurden bis Ende 1945 1293 Fahrzeuge, darunter 539 Kübelwagen, montiert, das entsprach der gesamten Pkw-Produktion der Westzone. Am 2. Januar 1948 legten die Engländer die Verantwortung für das Werk in deutsche Hände; das ehemalige Opel-Vorstandsmitglied Heinrich Nordhoff wurde sein Leiter. Mit knapp 9000 herge-

stellten Personenwagen war das Volkswagenwerk 1947 die größte Autofabrik auf deutschem Boden. Am 4. Dezember 1961 lief der fünfmillionste Volkswagen seit 1945 vom Montageband. Daimler-Benz hatte 1946, Opel 1947, Ford 1948, die im Westen neu gegründete Autounion 1950, BMW/München 1952 die Produktion wieder aufgenommen. In den meisten Fällen stellte man Vorkriegsmodelle her. Als erste deutsche Personenwagen-Neukonstruktion nach dem Krieg brachte Borgward den »Hansa 1500« heraus. Dieser wie weitere Modelle, darunter die »Isabella« mit fast 170 000 Exemplaren (ein in 130 Länder exportierter Welterfolg), entsprachen um die Mitte der fünfziger Jahre mit ihrer schnittigen Form, dem Chrom-Zierat und den weißwandigen Reifen dem Prestigebedürfnis der deutschen Käufer.[174]
Die Massenmotorisierung hatte mit Kleinst- und Kleinautos – gewissermaßen Motorrädern mit drei oder vier Rädern bzw. Autos mit Motorradeigenschaft – begonnen. Das Goggomobil, 1955 bis 1967 von der Hans Glas GmbH im niederbayerischen Dingolfing hergestellt, war der erfolgreichste deutsche Kleinstwagen nach dem Krieg; es wurden insgesamt 245 000 Stück hergestellt. Ein von Fritz Fendt entwickelter einsitziger dreirädriger Wagen (»Fendt-Flitzer«) wurde in veränderter Form von 1953 bis 1962 von den Regensburger Messerschmitt-Werken, die im Krieg vor allem durch ihre Flugzeugkonstruktionen bekannt geworden waren, produziert. Vom Messerschmitt-Kabinenroller wurden etwa 70 000 Stück abgesetzt. Die »Isetta 300«, ab 1955 von BMW produziert (als verbesserter Nachbau eines Kabinenrollers der Mailänder Iso-Werke), war ein sehr populäres Kleinstfahrzeug der fünfziger Jahre.[175]

Die Sehnsucht nach dem Süden rief eine besondere Fahrlust hervor. Der Autoreisende war weniger darauf aus, dieses oder jenes zu sehen bzw. zu erleben, da und dort zu sein; er wollte da und dort gewesen sein. Als Trophäe brachte der Tourist Photos, erst schwarzweiß, dann in Farbe, schließlich selbstgedrehte Filme mit nach Hause. Den Zugvögeln gleich (freilich vorwiegend im Frühjahr und Sommer) fuhren Millionen an die Mittelmeerstrände (»Teutonengrill«), um sich die Sonne auf den Bauch und ins Herz scheinen zu lassen. »Im engen und vollgestopften Wagen, Koffer und Taschen auf den Gepäckträger verstaut, quengelige Kinder auf dem Rücksitz, Vater am Steuer, Mutter daneben, die Straßenkarte auf dem Schoß, so fuhr man gegen Süden. ›Hinfahren, aussteigen, schön finden, einsteigen, weiterfahren‹.«[176] Jürgen von Mangers Kabarettfigur »Herr Tegtmeier« faßte so die Reisewirklichkeit seit den fünfziger Jahren

Werbeanzeige für Borgward »Isabella« aus den 50er Jahren.

kurz und bündig zusammen. Touristikwerbung, Illustrierten-Berichte, Filme, Schlager *(Capri-Fischer, Laß uns träumen am Lago Maggiore, Die Rose vom Wörthersee*[177] – statistisch gesehen rangierte Österreich als Urlaubsland noch vor Italien!) – verstärkten das Fernweh.

Während eine Umfrage aus dem Jahr 1952 zeigte, daß nur ein Viertel der erwachsenen Bevölkerung in den letzten Jahren eine Urlaubsreise gemacht hatte, gab 1955 schon die Hälfte aller Erwachsenen an, seit der Währungsreform eine Urlaubsreise oder mehrere Urlaubsreisen unternommen zu haben. (Zwischen 1953 und 1956 ging jährlich ein knappes Drittel der Bevölkerung auf Reisen.) Noch aber hatten nur 20 Prozent der Deutschen einen Reisepaß.[178] In der Trümmerzeit konnte man von der Fahrt ins Ausland nur träumen. Nun konnten diese sich viele leisten; selbstbewußt kehrte man als Gast in die Länder zurück, die ein paar Jahre zuvor von der deutschen Wehrmacht besetzt gewesen waren, nicht immer ohne neue Überheblichkeit. Der Deutsche aus dem Wirtschaftswunderland fühlte sich »weltläufig«. Gewaltig sei die Kraft, welche heute überall auf der Welt die Massen an den Strand ihres kleinen Urlaubsglücks werfe, so Hans Magnus Enzensberger in seiner *Theorie des Tourismus* 1958; es sei die Kraft einer blinden, unartikulierten Auflehnung, die in der Brandung ihrer eigenen Dialektik immerfort scheitere. Die Flut des Tourismus bedeute eine einzige Fluchtbewegung aus der Wirklichkeit, mit der unsere Gesellschaftsverfassung uns umstelle. Jede Flucht aber, wie töricht und ohnmächtig sie sein mag, kritisiere das, wovon sie sich abwendet.[179]

Die Wirklichkeit war gegenüber den Bildern des großen romantischen Glücks, vorgegaukelt von den Massenmedien, die die Südlandsehnsucht vermarkteten, recht bescheiden. Die Massen mußten fleißig arbeiten und intensiv sparen, wollten sie sich einen Urlaub in der Ferne leisten. Die neue Reiseform, die für Sehnsucht und Geldmangel einen gemeinsamen Nenner fand, hieß Camping: Zelten mit Motor.

Mit zunehmendem Reichtum konnte das Zelt durch den Wohnwagen ersetzt werden; mit kleinbürgerlichem Stolz reiste man mit den eigenen vier Wänden (aus Plastik und Blech) durch die weite schöne Welt. Die »Seßhaftigkeit auf Rädern« verband Nesthockeridyllik mit Fernwehbefriedigung. Auf dem Campingplatz war man losgelöst von der Schwerkraft des Alltags, aber doch unter sich; man genoß freiheitliches Leben, ohne die häuslichen Lebensgewohnheiten aufgeben zu müssen.[180]

Bei den sonstigen Vergnügungen stand Radiohören und später das Fernsehen obenan. Im Westen wie im Osten.

Von »Rundfunkfreuden« in der DDR erzählt Stephan Krawczyk: »Das erste Radio war schon immer da. Das zweite Radio, mit Tasten für Sprache, Jazz und Orchester, stand im Wohnzimmer neben der Bettcouch. Mutter schaltete es nur früh wegen der Zeit an. Sie lief zwischen Küche und Wohnzimmer hin und her, um eine Ansage zu erwischen, und ärgerte sich: ›Wieder verpaßt.‹ Bis Vater einen Lautsprecher auf dem Büfett angebracht hatte. Sie brauchte beim Anziehen im Wohnzimmer nur noch einzuschalten und wußte schon, während sie die Holzscheite in den Herd legte, alles, was sie wissen wollte. Sie favorisierte den Sender mit den meisten Ansagen. Das Gedudel ging ihr auf die Nerven. Wenn ich meine Musik nach dem Abendbrot hören wollte, zog ich den Lautsprecherstecker aus dem Radio und kappte die Verbindung. Mutter liebte Heimatlieder oder einen schönen Walzer.«[181]

Regelmäßig besuchte man das Kino; 1956 war mit 818 Millionen Besuchern das Glanzjahr der Filmindustrie. Am Wochenende ging man gern aus; der Stammtisch war ein wichtiger Ort der Geselligkeit; die zahlreichen Tanzcafés wurden vor allem von Jüngeren besucht. Das Spazierengehen jedoch wurde zunehmend (so klagte Erich Dombrowski in der *Frankfurter Allgemeinen Zeitung*, August 1957) zum prähistorischen Vorgang.[182] Beklagt wurde auch, daß bei Sport und verwandten Interessen – nach einer Umfrage Ende der fünfziger Jahre mit 22,5 Prozent die häufigste Freizeitbeschäftigung – der Schwerpunkt mehr auf passivem Konsum denn aktivem Tun lag. Trotz aller Bemühungen und der Mittel der Bundes-Jugendpläne sei es zum Beispiel nicht gelungen, mehr als ein Drittel der Jugendjahrgänge in irgendwelchen Jugendvereinen zusammenzuschließen. Und von diesen gehöre wiederum nur die Hälfte, etwa 1,5 Millionen, den Turn- und Sportvereinen als Mitglieder an. Insgesamt würden heute etwa 4 Millionen deutscher Jugendlicher und Erwachsener Sportvereinen angehören, von denen aber nur die Hälfte wirklich regelmäßig Sport trieben. Die anderen trügen nur die Nadel.[183] Mit »pädagogischem Eros« waren viele bemüht, die Sportidee gegenüber »technischem Perfektionismus« in ihrer »Reinheit« zu erhalten. Die Demokratie brauche den olympischen Agon – »eine in dieser Form einzigartige Verbindung zweier sonst schwer zu vereinigenden Forderungen: das Höchste aus sich herauszuholen, doch zugleich im Mitkämpfer das gleichberechtigte Du zu erkennen«. (Frank Thieß)[184]

Die Diskrepanz zwischen Idee und Wirklichkeit des Sports trat eklatant beim Fußball zutage.[185] Es gab 600 000–700 000 Fußballspieler, dafür aber allsonntäglich – im Durchschnitt – 5 Millionen Zuschauer. Jede Woche zahlten etwa 12 Millionen Menschen eine DM in die Toto-Kasse; pro Jahr wurde fast eine halbe Milliarde DM verwettet.

Einige Wochen nach der Währungsreform, am 8. August 1948, war es in Köln-Müngersdorf zum ersten Mal seit der Kapitulation wieder zu einem Meisterschaftsendspiel (in den Westzonen) gekommen. Im Stadion verfolgten 70 000, an den Radiolautsprechern Millionen in West und Ost das Treffen zwischen Nürnberg und Kaiserslautern; der FCN gewann mit 2 : 1 und damit seinen insgesamt siebten deutschen Meistertitel. Seit 1951 tat sich in der inzwischen aufgestellten deutschen Nationalmannschaft unter Bundestrainer Sepp Herberger als Nachwuchstalent Fritz Walter aus Kaiserslautern besonders hervor. 1954 war er 33 Jahre alt; in diesem Jahr kehrte er als siegreicher Spielführer der Fußballnationalmannschaft (Helmut Rahn, Jupp Posipal, Horst Eckel, Werner Liebrich, Ottmar Walter, Hans Schäfer, Max Morlock, Karl Mai, Toni Turek, Werner Kohlmeyer) aus Bern zurück; man hatte die hochfavorisierten Ungarn besiegt und war Fußballweltmeister geworden. »Das Unglaubliche ist wahr, das Unerwartete Wirklichkeit. Der Fußballweltmeister 1954 heißt Deutschland!« (Fritz Walter)[186] Die Mannschaft wurde triumphal empfangen[187]; für viele war nun bestätigt, was das Wirtschaftswunder auf materieller Ebene signalisiert hatte: »Wir sind wieder wer!«

Deutsches Selbstbewußtsein wurde auch durch Erfolge in anderen sportlichen Disziplinen gestärkt. Sepp Weiler trat seit 1950 als Skispringer hervor, 1951 stellte Wilhelm Herz auf NSU den Motorrad-Weltrekord ein. Bei den Olympischen Sommerspielen 1952 in Helsinki, den ersten, zu denen deutsche Sportler wieder zugelassen wurden, belegte Herbert Schade im 5000-m-Lauf hinter Emil Zátopek und Chris Chataway den dritten Platz. Bei den Olympischen Winterspielen in Oslo gewannen die deutschen »Skimädchen« Mirl Buchner und Ossi Reichert vier Medaillen, Ria und Paul Faul siegten überlegen im Paarlauf (die Kür liefen sie zu Musik von Ludwig van Beethoven und Carl Maria von Weber). Gold gab es auch für die Bob-Mannschaft mit Anderl Ostler am Steuer; die norwegische Presse schrieb: »Wenn die Deutschen statt der Zweieinhalb-Zentner-Männer Elefanten auf die Bobs gesetzt hatten, wären sie noch schneller gewesen.« Herbert Klein trat als Weltrekordschwimmer hervor. Der Boxer Bubi Scholz wurde 1958 Europameister im Mittelgewicht. Beim Turnierreiten gehörte Fritz Tiedemann zur Spitzenklasse.

Die von der Kulturkritik beklagte Kommerzialisierung des Sports hielt sich insgesamt noch in bescheidenen Grenzen. Der Weltmeistersieg von Bern brachte jedem Spieler der Fußballmannschaft 2500 Mark Prämie und eine Polstergarnitur; Angebote zwischen 165 000 und 250 000 Mark von Inter Mailand und Atletico Madrid lehnte Fritz Walter ab. Mehr als 320 Mark im Monat durfte man übrigens beim Fußballspielen nicht verdienen. Die Zeit der Profis war noch nicht gekommen.[188]

In zwei Wartesälen

Das »Land der großen Mitte« bot sich als topographische Paradoxie dar, denn *mitten* in Deutschland lag Niemandsland. Die zunächst durchlässige, dann hermetisch abgeriegelte Grenze zwischen Ost und West wurde zum »Ort« politischer Ratlosigkeit - traumatisch erlebt, mit Hilfe von Antikommunismus verdrängt, phraseologisch hinwegrationalisiert. Das »Land der großen Mitte« fand im Westen, in Bonn, den Topos seiner Stabilität; die Mitte Berlin erwies sich als Vakuum mit Sogwirkung für gefährliche Konfrontation; sie bot zudem genügend Raum für die Projektion politisch und kulturell motivierter idealistischer Freiheitshoffnungen. Im »Land der großen Mitte« reagierte man allergisch auf das, was in der eigentlichen Mitte - in Mitteldeutschland - geschah. Die doppelte Staatsgründung wurde bis in die Sprache hinein verleugnet - die »sogenannte DDR« - oder nur idiosynkratisch wahrgenommen. Mitteldeutschland wiederum kapselte sich von dem »Land der großen Mitte« ab; fasziniert und abgestoßen reagierte der nicht-real existierende Sozialismus auf den real existierenden sozial-gebändigten Kapitalismus; in der Mitte Deutschlands hatte der freiheitliche Geist keine große Chance; er wurde in den Westen abgedrängt, der so zum Zentrum kultureller Auferstehung wurde; der Exodus der Mittel- und Oberschicht machte aus der DDR ein »Staatsvolk der kleinen Leute«, »Kleinbürgertum pur«.[189]

Als Reaktion auf den Abschluß des Deutschlandvertrags (26. 5. 1952), der die zukünftigen Beziehungen zwischen den drei Westalliierten und der Bundesrepublik regelte, begannen die DDR-Behörden die bis dahin noch durchlässige innerdeutsche Grenze und West-Berlin abzuriegeln. Die Mehrheit des deutschen Volkes, ganz vom Wirtschaftswunder absorbiert, war davon nicht übermäßig irritiert. Jens Daniel (Rudolf Augstein) schrieb im *Spiegel*, daß den westlichen Partnern der Bundesrepublik weder etwas an den Gebieten östlich der Neiße noch an der deutschen Wiedervereinigung läge; Westdeutschland sei ihnen als Provinz bequemer als ein einiges, wenn auch waffenarmes Deutschland.

»Aber die 18 Millionen Deutschen jenseits der Elbe rechnen auf uns, sie sind ohne uns verurteilt, ihre Kinder in den Klauen eines unmenschlichen, lebenserstickenden Systems aufwachsen zu sehen, ihnen fremd und uns allen fremd. Was haben wir unter diesem christlichen Kanzler für sie getan? Was werden wir im Namen der abendländischen Kultur für sie tun?«[190]

»Das ist des Deutschen Vaterland: 70 Millionen in zwei Wartesälen.« In seinem gleichnamigen Buch (1957), das Friedrich Sieburg einen »Donnerkeil des Plauderers« nannte, konstatierte Erich Kuby – ausgehend von detaillierten Beschreibungen dessen, was er in den letzten zwölf Jahren westlich und östlich der Elbe beobachtet hatte –, daß die Teilung »festgeschrieben« sei, zumindest was die deutschen Regierungen beträfe.[191] Sie hätten stets gegen die Wiedervereinigung taktiert; dabei durfte sich die Regierung der Bundesrepublik weitgehend mit der Bevölkerung in Einklang fühlen, die SED jedoch nicht.

Die Mehrheit der Bewohner des Wartesaals I. Klasse verhalte sich äußerlich und innerlich nach dem Grundsatz: Wo es mir gut geht, da ist mein Vaterland. Diese Verhaltensweise könnten nur Menschen abscheulich finden, die den Nationalstolz zu den Sachen zählen, die man um ihrer selbst willen wollen muß.

Im »Land der großen Mitte« westlich der Mitte war das Neon-Biedermeier ausgebrochen. »Dem Westdeutschland bereisenden Berichterstatter fällt es schwer, seiner Gewohnheit gemäß lang in den Tag hinein zu schlafen; in aller Frühe weckt ihn Hämmern, Klopfen und anderer Lärm von nebenan, wo ein Haus fertiggestellt, von gegenüber, wo eine Ruine ausgebaut wird, bis er sich schließlich griesgrämig an sein Tagwerk macht und infolge deutschen Fleißes und deutschen Wiederaufbaus etwas unausgeschlafen – über ebendiese seine Notizen macht.« (Norbert Muhlen, als deutscher Emigrant durch seine frühere Heimat reisend)[192]

Im anderen Wartesaal, im Wartesaal IV. Klasse, lebten 17 Millionen, die sich äußerlich und innerlich nach dem Grundsatz verhielten: Wo es mir schlecht geht, da ist nicht mein Vaterland. Auch dieser Grundsatz sei höchst einleuchtend und vernünftig; er führe aber unter den gegebenen Verhältnissen geradewegs in den krassesten Nationalismus, insofern die Schuld daran, daß es schlecht gehe, einem a-nationalen Regime im Dienst einer fremden Macht zugeschrieben werde und nur in dem Gedanken an die Wiedervereinigung die Hoffnung auf Besserung aufleuchte. »Aber kann man sich vorstellen, daß in der Mitte Europas rund 70 Millionen Deutsche, zwischen Oder und Rhein eingeklemmt, von deutschen McCarthys aufgeputscht, von neuen Hugenbergs, die schon da sind, auf nationalen Vordermann gebracht, Ruhe geben?«

Die Flucht von vier Millionen Deutschen aus Ulbrichts Herrschaftsbereich wurde als geheime Wahl, als Absage an den Kommunismus und als Option für die Bundesrepublik gewertet. Der Vorgang durfte in der Tat als gewaltloser, resignierender Aufstand gegen das System der DDR gedeutet werden – aber nicht als unbedingtes Votum für die Bundesrepublik. »Wir Flüchtlinge aus einer Diktatur müssen uns fragen, wohin wir geflohen sind«, hieß es in dem Tagebuch von Gerhard Zwerenz, *Ärgernisse – Von der Maas bis an die Memel*, 1961.[193]

Nach seiner Entlassung aus russischer Kriegsgefangenschaft hatte Gerhard Zwerenz bei Ernst Bloch in Leipzig Philosophie studiert. Zusammen mit dem Schriftsteller Erich Loest und Günter Zehm, später Feuilleton-Chef der *Welt*, gehörte er der antistalinistischen Opposition um Wolfgang Harich an, weshalb er im Sommer 1957 nach Westberlin fliehen mußte. »Die Bundesrepublik imponierte uns, auch den Kommunisten, vorweg den jungen, kritisch eingestellten. Was imponierte uns am meisten? Daß die Bundesrepublik ohne Mitteldeutschland leben konnte. Der Gedanke daran war ärgerlich und böse, doch nichts weniger als falsch. Währenddessen vegetierten wir in Mitteldeutschland in einer elenden Diallele von Staatszwang, einer Mischung von Hochmut und Neid, Zorn und Enttäuschung, Ressentiment und Verzweifelung. Unser Stolz war verletzt, weil der Westdeutschen Stolz unverletzlich schien. Langsam wuchs in uns die Bösartigkeit unerwidert Liebender.«[194]

Mauerbau, bewacht von Soldaten der DDR-Volksarmee, Berlin 1961.

Exemplarisch für die Unterdrückung des freien Geistes in der DDR steht der Fall Robert Havemann; er weigerte sich allerdings, die DDR zu verlassen – ein utopischer Sozialist, der an das Humane im Kommunismus glaubte und dementsprechend auf freie Meinungsäußerung nicht verzichtete. Er war Chemiker, der sich 1943 an der Berliner Universität habilitiert hatte; im gleichen Jahr verurteilte ihn der Volksgerichtshof als Mitbegründer der antifaschistischen Widerstandsgruppe »Europäische Union« zum Tode; seine Hinrichtung wurde zweimal verschoben, da er wichtige Forschungsarbeiten ausführen mußte. Nach 1945 trat er in die SED ein und war für den von ihm mitgegründeten Kulturbund von 1950–1963 Abgeordneter der DDR-Volkskammer. Weil sie ihn für einen Spion hielten, hatten ihn die Amerikaner 1947 als Leiter des Kaiser-Wilhelm-Instituts abgesetzt; er wurde daraufhin Direktor des Physikalisch-Chemischen Instituts der Ostberliner Humboldt-Universität. Nach 14jähriger Tätigkeit erhielt er Berufsverbot; in seinem Haus wurde er streng bewacht.[195]

Die Schicksale verfolgter Oppositioneller in der DDR wurden in der Bundesrepublik nicht nur genau beobachtet, sondern auch als negativer Kontrast zur eigenen vermeintlich »weißen Weste« herangezogen: so etwa der Fall des Schülers Hermann J. Flade, der 1950 wegen Verbreitung von Flugblättern in der DDR zum Tode verurteilt wurde; nach der Begnadigung kam er 1960 in die Bundesrepublik. Eva Müthel, die als Studentin 1948 wegen antisowjetischer Propaganda und angeblicher Spionage zu 25 Jahren Zwangsarbeit verurteilt wurde (1954 amnestiert und nach West-Berlin entlassen), schrieb 1957 den stark biographisch eingefärbten Roman *Für dich blüht kein Baum*[196], ein wichtiger Beitrag zur politischen und gesellschaftlichen Situation im geteilten Deutschland. Erika von Hornstein veröffentlichte 1960 unter dem Titel *Die deutsche Not* dreiundvierzig Flüchtlingsberichte aus den frühen Jahren der DDR[197]; Walter Kempowski, 1948–1956 politischer Häftling im Zuchthaus Bautzen, schrieb nach seiner Übersiedlung in die Bundesrepublik den Haftbericht *Im Block*.[198] In immer neuen Wellen politischer und kultureller Gängelung trieb die DDR Menschen außer Landes, die dem Sozialismus aufgeschlossen gegenüberstanden. Es trat ein, was auf der ersten Seite der letzten Nummer von *Sinn und Form* (1961 wegen »Papierknappheit und Personalmangel« zeitweilig eingestellt) ein Gedicht Bertolt Brechts, aus anderem Zusammenhang (NS-Zeit) übernommen, konstatierte:

»Du sagst:/Es steht schlecht um unsere Sache./Die Finsternis nimmt zu. Die Kräfte nehmen ab./Jetzt, nachdem wir so viele Jahre gearbeitet haben/Sind wir in schwierigerer Lage als am Anfang./Der Feind aber steht stärker da denn jemals./Seine Kräfte scheinen gewachsen./Er hat ein unbesiegliches Aussehen angenommen./Wir aber haben Fehler gemacht Es ist nicht mehr zu leugnen/Unsere Zahl schwindet hin ...«[199]

Zwei Ereignisse prägten das politische und kulturelle Bewußtsein der Deutschen auf ganz besondere Weise: der Aufstand am 17. Juni 1953[200] und der Beginn des Mauerbaus am 13. August 1961 in Berlin.[201] Als die Arbeiter in der DDR auf die Straße gingen, um gegen ihre Ausbeutung zu demonstrieren (ausgelöst durch die von der Regierung verfügte Erhöhung der Normen um mindestens zehn Prozent) und dann der Aufstand mit Hilfe der sowjetischen Besatzungsmacht niedergeschlagen wurde, verharrte der Westen ohnmächtig in der Rolle des Beobachters. Der Bundestag in Bonn beschloß, den 17. Juni, paradoxerweise als »Tag der deutschen Einheit« (und nicht der deutschen Spaltung), zum gesetzlichen Feiertag zu machen.

1961 wurde die letzte offene Stelle der innerdeutschen Grenze geschlossen. Jens Daniel (Rudolf Augstein) sah im Mauerbau nicht nur die Konsequenz des Flüchtlingsstromes, der die DDR strukturell bis zur Anämie geschwächt habe, sondern auch eine Folge der Politik der westlichen Alliierten, mit Kanzler Adenauer an ihrem Rockschoß, die seit 1950 Wiedervereinigung aggressiv als »Befreiung« propagierten. Günter Grass und Wolfdietrich Schnurre schrieben einen »offenen Brief« an die Mitglieder des Schriftstellerverbandes der DDR, in dem sie die Tragweite der plötzlichen militärischen Aktion vom 13. August herausstellten.

Ernst Bloch, während des Mauerbaus auf einer Reise im Westen, kehrte nicht mehr in die DDR zurück; in seinem Schreiben an den Präsidenten der Ostberliner Akademie der Wissenschaften hieß es: »Nach den Ereignissen vom 13. August, die erwarten lassen, daß für selbständig Denkende überhaupt kein Lebens- und Wirkungsraum mehr bleibt, bin ich nicht mehr gewillt, meine Arbeit und mich selber unwürdigen Verhältnissen und der Bedrohung, die sie allein aufrechterhalten, auszusetzen. Mit meinen 76 Jahren habe ich mich entschieden, nicht nach Leipzig zurückzukehren.«[202]

Walter Jens, seit 1956 Professor für klassische Philologie, ab 1962 auch für Rhetorik in Tübingen, der als Schriftsteller mit Erzählungen, Romanen, Hörspielen und Übersetzungen sowie als Literaturkritiker hervorgetreten war, begrüßte Ernst Bloch begeistert; er sei als Demokrat aus der DDR weggegangen, als einer, der wisse, daß sich der Sozialismus nur in der Demokratie, dem »ersten humanen Wohnsitz«, verwirklichen könne. Er komme zu uns als ein Sozialist, der lehren werde, daß es keine Demokratie ohne jenen Sozialismus gibt, in dem sich allein, wie es Karl Marx formulierte, »der Reichtum der menschlichen Natur zu entfesseln« vermöge. »Wir möchten ihn nicht missen, ihn so wenig wie Karl Marx, Friedrich Engels, Rosa Luxemburg, Karl Liebknecht, Bertolt Brecht.«[203]

Wenige Tage nach dem Aufstand vom 17. Juni 1953 hatte Bert Brecht eine Solidaritätserklärung an Ulbricht gerichtet; zugleich aber übte er lebhafte Kritik an den Mißständen in der DDR. (Der Brief wurde verstümmelt veröffentlicht; er bestand nur noch aus der abschließenden Ergebenheitsformel.) Konservative politische Kräfte wollten um 1961 daufhin die Spielpläne der westdeutschen Theater von Brecht »säubern«. Harry Buckwitz, Intendant der Frankfurter Städtischen Bühnen, fand »die von der Frankfurter CDU aus politischen Gründen geforderten Repressalien gegen einen toten Dichter geradezu beschämend«. 66 Intendanten erklärten in einem Manifest, daß eine unerläßliche Voraussetzung für die künstlerische Arbeit an den deutschen Theatern die persönliche Verantwortung des Intendanten für den Spielplan sei. Künstlerischem Gewissen und politischer Einsicht müsse es überlassen bleiben, ob Brecht gespielt werde oder nicht. (Boleslaw Barlog vom Berliner Schiller-Theater verschob im August 1961 eine *Puntila*-Premiere - zwar »unbeirrt von unsachlichen und niveaulosen Attacken, aber in der selbstgewonnenen Überzeugung, daß zum gegenwärtigen Zeitpunkt ... Mißverständnisse und Ausschreitungen die Folgen sein könnten«.) Soll man Brecht im Westen spielen? fragte Friedrich Torberg in einem Vortrag der Sendereihe *Umstrittene Sachen* des Westdeutschen Rundfunks. Der Schriftsteller aus Wien (1938 in die Schweiz emigriert, 1940 von Frankreich über Spanien und Portugal in die USA geflohen, 1951 als Angestellter des amerikanischen Auswärtigen Dienstes in seine Heimatstadt zurückgekehrt) attackierte in seinem Beitrag die Brecht freundlich gegenüberstehenden bundesrepublikanischen Intendanten und Regisseure mit äußerster Schärfe.[204]

1951 war Bertolt Brechts von Paul Dessau komponierte pazifistische Oper *Das Verhör des Lukullus* an der Berliner Staatsoper uraufgeführt worden (mit Hermann Scherchen als Dirigent); trotz starker Ovationen bei der Premiere wurde sie anderentags vom Spielplan abgesetzt. Die SED kritisierte »formalistische Tendenzen«; Brecht nahm Änderungen vor; aus dem »Verhör« wurde eine »Verurteilung« – nun des Angriffskrieges; der Verteidigungskrieg wurde ausdrücklich gebilligt. Die Aufführung in Westdeutschland ein Jahr später (in Frankfurt, wo sie Harry Buckwitz herausbrachte) entsprach der ersten Fassung; ein Teil der Kritik beanstandete, daß der Dichter sich »äußerst zwielichtig« verhalte.

Im Mai 1955 erhielt Brecht im Kreml den Stalinpreis; nach Zeitungsmeldungen deponierte er den Geldbetrag auf einer Schweizer Bank. Dem sozialistischen Einheitsstaat blieb er treu; die heimliche Hoffnung vieler im Westen, »daß Brecht eines Tages mit seinem Köfferchen erscheint, die Freiheit wählend«, war illusorisch – »trotz wiederholter Maßregelungen, die Brecht sich gefallen ließ. Ist er ein Feigling, ist er ein Blinder, oder genügt ihm die Freiheit des Westens nicht, um auf das russische Geld zu verzichten?« (Max Frisch)[205]

Als Bertolt Brecht am 14. August 1956 starb, hatte er wieder viele Sympathien zurückgewonnen. Die Zeitschrift *Das Schönste* (»für alle Freunde der schönen

Künste«), die den »gehobenen Geschmack« weiter Kreise kompetent bediente, schrieb: »Das Große in seinen Werken, das geistig Erhabene, überstrahlte bis zuletzt die Befangenheit in politischen Dogmen – der Mensch und Dichter Brecht bedarf deshalb keiner Rechtfertigung und wird nie einer solchen bedürfen. Sein Werk hat säkulare Geltung, die deutsche Sprache hat aus seinem Geist neuen Gehalt empfangen. Das deutsche Theater verdankt ihm stärkste Impulse, unsere Dichtung wäre unendlich ärmer ohne ihn.«[206]

Zu heftigen Kontroversen über das geteilte Deutschland kam es 1961/62, als der 62jährige Hermann Kesten bei einem Vortrag in Mailand den 28jährigen Schriftsteller Uwe Johnson angriff, der 1959 aus der DDR nach Westberlin übergesiedelt war. Die Mauer setze eine Zäsur; die Verlogenheiten hüben und drüben müßten ein Ende haben; der Prozeß der moralischen und intellektuellen Gesundung sei durch den politischen Schock beschleunigt worden; hoffentlich würde Johnson seinen eigenen Weg zwischen den Fronten des Kommunismus, des Antikommunismus und des Nazismus finden. Uwe Johnson nahm demgegenüber die DDR-Behörden in Schutz: Der zwangsweise in Ostdeutschland eingeführte Sozialismus habe zwar dazu geführt, daß 4 Millionen über die damals noch offene Grenze gegangen seien; doch habe der Arbeitskräftemangel die ostdeutschen Kommunisten zur Notwehr greifen lassen. Hermann Kesten bezichtigte Johnson daraufhin kommunistischer Gedankengänge; Johnson replizierte, indem er Kesten einen »Lügner« nannte.

Uwe Johnson, 1934 in Pommern geboren, war 1945 mit seiner Familie nach Mecklenburg gekommen; in seinem ersten Roman *Ingrid Babendererde*[207] schildert er das Schicksal einer Schülerin und eines Schülers, die als Mitglieder der Jungen Gemeinde im Rahmen der Kirchenkampf-Kampagne der SED der »Inquisition« ausgesetzt sind und deshalb nach Westberlin fliehen. Johnson hat dabei eigene Erfahrungen mit der DDR-Staatsmacht verarbeitet; viele Elemente dieses Romans finden sich auch in späteren Werken wieder. Als Einheimischer in Westberlin, mit einem Paß der BRD und der Nationalität »deutsch« (wie er seinen Status definierte), veröffentlichte er 1959 den Roman *Mutmassungen über Jakob,* 1961 *Das dritte Buch über Achim,* 1965 *Zwei Ansichten.* Mit der ihm eigenen Akribie und Detailbesessenheit, verbunden mit großer Skepsis gegenüber der »Festschreibung« von Realität (»Wo die Realität nur ungenau bekannt ist, würde ich nicht versuchen, sie bekannter darzustellen«[208]), versuchte er, dem Sozio- und Psychogramm des geteilten Deutschland gerecht zu werden.

In *Mutmassungen über Jakob* geht der Eisenbahner Jakob Abs nach Westberlin, kehrt aber dann nach Dresden zurück - von westlicher Freiheit befremdet, in der östlichen Wirklichkeit nicht mehr zu Hause: Schicksal einer Person, die überall »überfahren« wird. Er stirbt, als er beim Überschreiten der Gleise von einer Lokomotive erfaßt wird. »Das Sichere ist nicht sicher, so wie es ist, bleibt es nicht, und aus Niemals wird Heute noch. Ich begreife es nicht. Als fühlte ich den Regen nicht. Jedoch sehe ich ihn.«[209]

Johnson hatte über Westberlin ein Stipendium für die Villa Massimo (Rom) erhalten, das man ihm wegen der Auseinandersetzung mit Kesten streitig machen wollte. Aus der »Ostzone« sei er weggegangen, da er dort keinen Verlag für sein Buch *Mutmassungen über Jakob* gefunden habe; wohl aber in Westdeutschland. Die ostdeutschen Behörden hätten offensichtlich für eine Anklage gehalten, was als reine Beschreibung gemeint war. Sein neuer Wohnsitz Berlin liege zwischen der Zone und der Bundesrepublik; diese Mitte sei relativ günstig; sie ermögliche einen klareren Einblick in die Alternative, die Ostdeutschland anbiete.[210]
Soweit man Johnson in der DDR zur Kenntnis nahm, wurden seine Beschreibungen des bourgeoisen Westens gelobt, sein Blick auf die DDR aber als unzureichend und verzerrt bezeichnet. Im Westen schätzte man ihn als genauen Kenner der DDR-Realität, kritisierte aber seine BRD-Schilderungen als einseitig. Vor allem die konservative Kritik sah in ihm einen politischen Schriftsteller, der zwar die Verhältnisse im Osten Deutschlands genau festhalte, aber nicht bereit sei, sie grundsätzlich zu kritisieren. In diesem Sinne wurde er nicht nur von Hermann Kesten, sondern auch von Außenminister Heinrich von Brentano angegriffen. Ein »Erzählen gegen den Strich«, eine Position, die sich weder diesseits noch jenseits der Mauer befand, sondern gewissermaßen beobachtend »auf der Mauer«, war in das offizielle antikommunistische Denkraster der Bundesrepublik schwer einzuordnen.

In seinem »Pamphlet« *Das gespaltene Wort* meinte Gerhard Zwerenz, daß durch die Spaltung der Sprache - entlang der Elbe »aufgeschnitten« - die Teilung Deutschlands in Dimensionen getrieben werde, aus denen es kein friedliches Zurück mehr gebe. »Aus dem geteilten Wort wachsen

Haß und Rache, die sichersten Elemente jedes Bürgerkriegs. Das geteilte Wort liefert die jeweilige Ideologie dazu.« Indem die Schriftsteller sich nicht widersetzten, würden sie schuldig. Mehr noch die Politiker, die mit dem Keil der Pragmatik (der Einbindung von Sprache in den gesellschaftlich-politischen Kontext) die Bevölkerung aufspalteten und mit Hilfe semantischer Manipulation die Worte für ihre Zwecke zu instrumentalisieren versuchten.[211]

Martin Ahrends, bis 1984 in der DDR lebend, spricht von vier, die deutsche Sprache aufspaltenden Entwicklungstendenzen: – Neue Worte für alte Sachverhalte (Plaste, Schnäppchen, Sättigungsbeilage); – neue Worte für Neues (Kombinat, Kader, Reisekader); – Ironisierungen von ideologischer Gängelung (Rotlichtbestrahlung für Schulung); – semantische Umdeutungen oder Vereinseitigungen (Kampfgruppen, Klassenbewußtsein).[212]

Die Sprachregelungen der DDR und der Bundesrepublik zeigten strukturell ähnliche Tendenzen, waren in ihrer Zielrichtung freilich gegeneinander gerichtet. Im Osten das ideologisch-belehrende, stereotyp-mechanistische, komplexe Sinngehalte auf eingängige Formeln reduzierende Sprechen; im Westen das in »Emotionalchiffren« ausufernde, ein Idyll auf dem Polster der Platitüde verheißende Sprechen. Der entscheidende Unterschied: Die offizielle Sprachregelung konnte sich in der DDR autoritär durchsetzen und alle anderen Bereiche, vor allem die der Publizistik und der Dichtung, bestimmen; in der Bundesrepublik entstand eine dem herrschenden Sprachgeschmack als dem Geschmack der Herrschenden widerstehende, in ihrer Sprachkritik wie Sprachphantasie unzensierte Gegenbewegung. Das Plansollerfüllungs- und Traktoristen-, das Antikapitalismus- und Antiimperialismus-Deutsch hatte zum Pendant ein Wiedervereinigungs-, Friede-und-Freiheit- und Selbstbestimmungsrechts-Deutsch, das die Politik der Stärke als Popanz vor sich hertrug. Die DDR entlarvte die demokratischen Führungskräfte der BRD als Revanchisten, Faschisten, Imperialisten, Kriegstreiber, Agenten, Provokateure; diese wiederum sahen die »Brüder und Schwestern« im Osten durch das Regime der »sogenannten DDR« versklavt, in größter Not und Verzweiflung, die dann – so Konrad Adenauer in einer Feierstunde im Bundestag, ein Jahr nach dem Aufstand (1954) – wie ein Orkan losbrechen werde: »nicht achtend Tod und Gefahr«.[213] In »brüderlicher Zusammenarbeit mit der Sowjetunion« kämpfte die Nationale Volksarmee für den Frieden, während drüben die Bundeswehr revanchistisch den Sozialismus bedrohte. Im Arbeiter- und Bauern-Staat erhöhten die Arbeiter freiwillig die Normen und begrüßten die Bauern die Kollektivierung, während auf der kapitalistischen Seite die Ausbeutung wütete. Der Westen wiederum geißelte die Versklavung der Menschen im Osten. Ähnlich sah die Bildsyntax und Bildsemantik der Spielfilme aus, die die Teilungsproblematik aufgriffen: *Der geteilte Himmel,* 1964; *Ich war neunzehn,* 1968 (DDR); *Weg ohne Umkehr,* 1953 (BRD). Eine rühmliche Ausnahme machte der von Helmut Käutner gedrehte Film *Himmel ohne Sterne* (1955), in dem das Leiden an Deutschland ambivalent, freilich in der pathetischen Filmsprache der fünfziger Jahre, gestaltet wurde.

Im März 1961 unternahm der Pädagoge Hartmut von Hentig, damals Lehrer der alten Sprachen an einem Humanistischen Gymnasium in Tübingen, eine Berlin-Reise. Als er darüber berichtete, war das Tor von Ost nach West inzwischen zu; wir müßten nun in die andere Richtung gehen. Aussichten für eine politische Wiedervereinigung der beiden Teile Deutschlands zeichneten sich nicht mehr ab; es ginge nun vor allem um menschliche Ansprüche; aber diesen stünden Verständigungsprobleme entgegen. »Wir klären ... die Positionen – mit aufzeigbaren Tatsachen: auf den Vorwurf des Militarismus bittet der Fahrtleiter seine Gesellschaft: ›Mal Hand hoch, wer von Ihnen schon einmal ein Gewehr in der Hand gehabt hat!‹ – Einer! und an die Funktionärin gewendet: ›Wie würde das bei Ihnen aussehen?‹ – Oder mit Definitionen: für euch in der DDR heißt ›Demokratie‹ Herrschaft *für* das Volk – alles, was seinem erdachten, kollektiven Wohl dient; und es gehört zu diesem Wohl, daß alle dazu gebracht werden, es anzuerkennen. Für uns ist Demokratie Minderheitenschutz, die Möglichkeit, daß ich Unrecht habe, das Aushalten ohne endgültiges Wissen davon, was unser aller Wohl ist, und ein Mechanismus, wie man sich ohne Gewaltanwendung darüber einigen könnte. Oder: für euch heißt ›Partei‹ ein Instrument, durch das die noch verschiedenen Interessen in das eine vorgefaßte Interesse eingeschmolzen werden; für uns die Möglichkeit, unsere Interessen nicht in der allgemeinen Notwendigkeit untergehen zu lassen. Oder: für euch heißt ›Freiheit‹ Erfüllung der Geschichte; für uns heißt sie Offenheit der Geschichte. Oder: für euch heißt ›Recht‹ die (gesetzliche) Ordnung, durch die der Staat (*dieser* Staat) sich vor seinen Feinden sichert; für uns heißt es der Konsensus, durch den die Gesetze entstehen, die vor dem

Staat da sind und aus denen er selbst erst hervorgeht. Alle diese Unterschiede bestehen, und es gibt keinen Satz, den wir hier über die Novemberrevolution oder die Weimarer Republik oder das Dritte Reich oder die Bundesrepublik und die DDR reden, der nicht von diesen Unterscheidungen durchsetzt ist. Wir sprechen eine sehr verschiedene Sprache – und nur, wenn wir das wahrnehmen, wir und der andere, werden wir uns belehren, widerlegen oder verständigen können.«[214]

GLANZ UND ELEND DER INTELLEKTUELLEN

Die Tuis – Narren und Mandarine

Seit den dreißiger Jahren hatte Bertolt Brecht den Plan, sich mit der Rolle der Intellektuellen auseinanderzusetzen; es entstand ein fragmentarischer Roman über die »Tuis«, der sich vor allem mit der Weimarer Republik beschäftigte – transponiert in einen chinesischen Parabelstoff. 1953 griff Brecht das Thema in dem Drama *Turandot oder Der Kongreß der Weißwäscher* auf. »Fünfzig Jahre habe ich davon geträumt, selbst zu der großen Bruderschaft zu gehören, die sich die der Tuis nennt – nach den Anfangsbuchstaben von Tellekt-Uell-In. Denn nach ihren großen Gedanken geht alles vor sich im Staat, sie leiten die Menschheit«, so der Bauer Sen, der sich einen solchen Klassenwechsel erhofft.[215] Im Stück wie im Roman sind die Tuis die »Intellektuellen dieser Zeit der Märkte und der Waren«, die sich als »Weißwäscher«, »Kopflanger«, »Vermieter des Intellekts«, »Formulierer« und »Ausredner« betätigen. Die Tuis sind in großer Anzahl über das Land verbreitet, und zwar als Beamte, Schriftsteller, Ärzte, Techniker und Lehrer vieler Fächer, auch als Priester und Schauspieler. In den großen Tui-Schulen erzogen, verfügen sie über das gesamte Wissen ihrer Epoche.[216]

Brechts Absicht, die Torheiten der Intellektuellen bloßzustellen, bezog sich zunächst auf den kapitalistischen Staat und die bürgerlich denkenden Intellektuellen in Hollywood, wo er diese mit ihrer idealistischen Gesinnung, aber zu vorsichtig und feige, einen politischen Standpunkt durchzusetzen, kennengelernt hatte. Er dachte auch an das nach Amerika emigrierte Frankfurter Institut für Sozialforschung, deren Mitglieder fast alle in Hollywood lebten: Max Horkheimer, Friedrich Pollock, Theodor W. Adorno, Leo Löwenthal, Herbert Marcuse und Günther Anders. »... Auf einer Gartenparty den Doppelclown Horkheimer und Pollock getroffen, die zwei Tuis vom Frankfurter Soziologischen Institut. Horkheimer ist Millionär, Pollock nur aus gutem Hause, so kann nur Horkheimer sich an seinem jeweiligen Aufenthaltsort eine Professur kaufen zur Deckung der revolutionären Tätigkeit des Instituts nach außen hin.«[217]

Aber dann wurde Brecht bewußt, daß das Phänomen des »Tuismus« mit der Installierung einer sozialistischen Gesellschaftsordnung in der DDR nicht verschwunden war: Da ist zum einen der Streit um den rechten Weg, der die Tuis immer wieder aufspaltet; zum anderen ihre prinzipienlose Anpassungsbereitschaft und ihre fatale Neigung, sich in Dienst nehmen zu lassen (jeden Schandfleck weißzuwaschen). Ein Obertui war Bert Brecht selbst, ohne daß er freilich, Egoist und Egomane zeitlebens, eine solche Selbsterkenntnis offen artikulierte. Die charakterlosen Weißwäscher waren immer die anderen.

Die Rolle des Obertui fiel im Westen Gottfried Benn zu. Die meisten Intellektuellen, bis weit ins konservative Lager hinein, bewunderten ihn (wobei den Linken seine Koketterie mit dem Irrationalismus der Nationalsozialisten bei Anbruch des Dritten Reiches anstößig war). Er schien der Inbegriff der Moderne zu sein. Der Bravheit und Borniertheit der durch warenästhetische Idole gesteuerten kleinbürgerlichen Wirtschaftswundergesellschaft setzte er das Bekenntnis zu einem, vom isolierten Individuum auszuhaltenden Nihilismus entgegen, der die »Seid-nett-zueinander«-Appelle der sozialen Marktwirtschaft zutiefst schockierte.

»Und die Einladungen und die Blumen auf dem Tisch und das Gemüt? Ich persönlich besitze nichts davon. Ich besitze Müdigkeiten, Melancholie, produktives Aufbrausen, Zögern, Zaudern, Zaubern – das kann ich eine Stunde durchhalten, aber Gemüt, was fange ich damit an?«[218]

Zu Benns Attitüde, meint Elisabeth Endres, gehörte das monologische Element, die Negation der Gemeinschaft, ebenso dazu, »wie jene fremden Städtenamen, die mit Blut und Boden so wenig zu tun haben wie mit Fahrten unter dem Motto ›Kraft durch Freude‹. Sie drückten viel von der Sehnsucht der ersten Jahre aus.«[219]

Benns Werke (*Fragmente*, 1951; *Frühe Lyrik und Dramen*, 1952; *Destillationen*, 1953; *Apréslude*, 1955; Prosaschriften: *Der Ptolemäer*, 1949, *Ausdruckswelt*, 1949, *Provoziertes Leben*, 1955, *Reden*, 1955) verwiesen angesichts lautstarker Fortschrittsbilanzen auf die »Bitterkeit dieser Welt«. Inmitten

Bertolt Brecht und Paul Dessau.

sentimentaler Vernebelung zeigte er sich als »Radardenker«, auf der Suche nach Nonkonformismus. An »Form« klammerte er sich als einzigen Halt: »Nichts, aber darüber Glassur.« Das »absolute Gedicht« war – inmitten einer Flut des Nihilismus – das »Gedicht ohne Glauben, das Gedicht ohne Hoffnung, das Gedicht an niemanden gerichtet, das Gedicht aus Worten, das Sie faszinierend montieren«. Ordnung hieß Geist; ihr Gesetz: Ausdruck, Prägung, Stil; alles andere bedeute Untergang. Der nivellierten Mittelstandsgesellschaft mit ihrer optimistischen Aufbaumentalität trat er mit der Attitüde eines lyrisch-feuilletonistischen Dandyismus entgegen, Dandyismus sei, so Baudelaire, die letzte Verwirklichung des Heroismus in Zeiten des Verfalls. Von Rainer Maria Rilke schrieb Benn: »Diese dürftige Gestalt und Born großer Lyrik, verschieden an Weißblütigkeit, gebettet zwischen die bronzenen Hügel des Rhonetals unter einer Erde, über die französische Laute wehn, schrieb den Vers, den meine Generation nie vergessen wird: ›Wer spricht von Siegen – Überstehn ist alles!‹«[220]

Dem »gemeinen Durchschnitt« zu entkommen war ein wichtiges Ziel des bundesrepublikanischen Intellektuellen. Zwar wurde deshalb der Gegenwart nicht das Interesse aufgekündigt; aber es blieb insofern esoterisch, als man hoffte, durch geistigen und geistreichen Diskurs, der vor allem auch literarisch orientiert war, das allgemeine sittliche Niveau heben zu können. Man wollte schreiben, debattieren, argumentieren; vom Überbau auf den Unterbau einwirken, von dessen Realität man ziemlich weit entfernt war. Der Intellektuelle begriff sich als Repräsentant kritischer Theorie und nicht als »Handlanger« für politische oder soziale Praxis. Die »Örtlichkeiten« seines Wirkens waren die Podiumsdiskussion, das Feuilleton, das Nachtstudio, das Buch, vor allem auch der verschiedene Stimmen vereinigende Sammelband, die Anthologie.

Der Oberflächenglanz des wieder erstandenen, neu entstehenden Intellektualismus (viele seiner Repräsentanten wie Gottfried Benn, Hermann Kesten, Erich Kästner, Alfred Polgar hatten schon im Kaiserreich und in der Weimarer Republik gewirkt) trat vor allem im »Kulturbetrieb« zutage. Tagungen, Kongresse, Wochenendseminare boten öffentlichkeitswirksame Auftrittsmöglichkeiten.

Die »Darmstädter Gespräche« waren 1950 gegründet worden. Im Mittelpunkt der ersten Veranstaltung *(Das Menschenbild in unserer Zeit)* stand eine Auseinandersetzung zwischen dem Kunsthistoriker Hans Sedlmayr, dem Autor des Buches *Verlust der Mitte* (1948), der einen Vortrag über die »Gefahren der modernen Kunst« hielt, und dem Maler Willi Baumeister, Verfasser des Buches *Das Unbekannte in der Kunst* (1947), der mit seinem geplanten Referat »Verteidigung der modernen Kunst gegen Sedlmayr und Hausenstein« – er hielt es dann nicht, da Sedlmayr den Saal verlassen hatte – nicht nur die Gegenposition zu dessen konservativ-katholischem Standpunkt einnahm, sondern auch dessen NS-Vergangenheit anprangerte.[221]
Eine wichtige Rolle bei allen »Darmstädter Gesprächen« spielte der Philosoph Max Bense (geb. 1910, Studium der Mathematik, Philosophie, Physik, 1946 Professor für Philosophie und Wissenschaftstheorie in Jena, seit 1949 Profes-

sor für dieselben Fächer an der Technischen Universität Stuttgart). »Bense war einer der wirksamsten Aufklärer und Moralisten der Nachkriegszeit, der durch sein rigoroses Denken, seine polemischen Ausfälle gegen die westdeutsche Restauration und den aufkommenden Konformismus – die baden-württembergische Regierung wollte ihm aus weltanschaulichem Ressentiment seinen Stuttgarter Lehrstuhl verweigern – viel kritisches Aufsehen erregt hat.« (Eduard Beaucamp)[222]

Erfolgreicher Sisyphos

Hans Magnus Enzensberger verband den »tuistischen« raschen Positionenwechsel mit der »steten Anstrengung des Begriffs« (»schwierige arbeit«). In seinem dritten Gedichtband *Blindenschrift* (1964) steht der Vers, der nicht nur in einem allgemeinen Sinne aufklärerische Bemühung spiegelt, sondern die besondere »pädagogische« Leistung der bundesrepublikanischen linken Intelligenz in den fünfziger und sechziger Jahren - auch wenn sie sich oft als »Papier-Truthahn« gebärdete - zu resümieren vermag: »geduldig/bloßstellen den rüstigen kollaps.«

»anweisung an sisyphos« hieß ein Gedicht in Hans Magnus Enzensbergers erstem Gedichtband 1957. »was du tust, ist aussichtslos. gut:/du hast es begriffen, gib es zu,/aber finde dich nicht damit ab,/mann mit dem stein. niemand/dankt dir ...«[223] Enzensberger selbst konnte man dagegen einen erfolgreichen Sisyphos nennen; gedankt hat man ihm auch: Er wurde zu einer national wie international renommierten literarischen und politischen Instanz.[224] Er hat nicht nur den Stein gerollt und ihn über verschiedene Berge gebracht; er jonglierte meist mit mehreren Steinen. Als er 1968 den Tod der Literatur verkündete und die Dichter von ihren Schreibtischen auf die Straßen verwies, schrieb er im gelegentlich aufgesuchten stillen Kämmerlein fleißig weiter: Während die Ideologiegläubigen aus ihrem poetischen Bewußtsein eine Tabula rasa machten, füllte er die »weißen Blätter« längst wieder mit den Emanationen eines neuen lyrischen Ich-Bewußtseins. Er erwies sich als Dandy und Ästhet, Moralist und Poeta doctus - immer als geistreicher Sprachkünstler. »... ich wünsche *saboteur!*/es behagt mir *feigling!*/mein leben sorgfältig auszulegen/wie eine sammlung von schönen kupferstichen/auf den kühlen fliesen im sommerhaus.«[225] Er fand viele Topoi für »Optionen« und war in vielen Ländern zu Hause – vor allem aber in Liebeszorn und Lustangst mit der Bundesrepublik verbunden, die ihm mit ihrer provinziellen Wirtschaftswundermentalität genügend Stoffe und Motive für zorniges wie spöttisches, attackierendes wie dekuvrierendes Eingreifen bot.[226]

Als der feuilletonistische Essay in Gefahr geriet, nur noch kulturkritische und kulturpessimistische Platitüden auszubreiten, las Enzensberger jenen die Leviten, die sich in ihrer Machtstellung sicher glaubten. Musterbeispiel hierfür der legendäre, am 8. Februar 1957 im Süddeutschen Rundfunk unter der redaktionellen Betreuung von Alfred Andersch gesendete Funkessay über den *Spiegel: Moral und Masche eines Magazins.* Wenige Wochen später erschien der Text im *Spiegel* selbst, was die Cleverneß sowohl des Kritisierenden als auch der Kritisierten bewies.[227]

Enzensberger war und ist Moralist, zugleich aber auch ein guter Showman, zu dessen Qualität es gehört, sich nicht durch allzu häufige Auftritte zu verschleißen. Als Lyriker, Essayist, politischer Publizist, aber auch als kenntnisreicher Herausgeber und Nachdichter wußte er genau, wann es jeweils »Zeit war«: wann es Zeit war, als Amerikareisender unterwegs zu sein, und wann es Schlagzeilen machte, sich aus den USA enttäuscht nach Kuba abzusetzen, wann es angebracht war, sich von Fidel Castros Sozialismus zu distanzieren, wann die Zeit gekommen war, die linke Zeitschrift *Kursbuch* zu gründen (1965), und wann es angebracht war, sich von der langweilig gewordenen Revolution mit ihrem erstarrten »Jargon der Dialektik« zu verabschieden. Eine Zeile aus der Ballade von T. R. M. (Thomas Robert Malthus) in *Siebenunddreißig Balladen aus der Geschichte des Fortschritts* kann auch als Charakterisierung Enzensbergers gelesen werden: »... unter den Propheten der Katastrophe der Muntersten einer.«[228]

Der kulturkritische Konservativismus (mit nationalsozialistischer Vergangenheit) fand in Arnold Gehlen, Ernst Jünger und Friedrich Sieburg herausragende Vertreter. Heroischer Pessimismus und rhapsodische Untergangsstimmung (wie sie im besonderen das Werk Oswald Spenglers geprägt hatten) waren bei ihnen durch analytische Verhaltenheit ersetzt. Den »geschichtlichen Triumph der Vernunft« empfand man jedoch als Schein-Sieg, als »Verlust der Mitte«, als Widerspruch zum Natürlichen. »Die Bewußtseinsform eines Zeitalters hat die Unwiderstehlichkeit des Fatums, des Verhängnisses, auch wenn sie Freiheit heißt.«[229]

Die »Seele im technischen Zeitalter« (Gehlens gleichnamiges Buch erschien 1957)[230] erleide in der neuen Industriekultur einen hohen Grad von Entsinnlichung. Die Dialektik der Aufklärung, die Umkehrung der Vernunft in ihr Gegenteil - These der linken Kulturkritik - wird als Vollendung der Magie interpretiert. Auf der einen Seite sei der Geist als Widersacher der Seele an der Verapparatung der Welt schuld; auf der anderen Seite wirke im »Automatismus« ein magisches Element weiter, also eine vorrationale Kraft, die den Rationalismus antreibe. Solche Ambivalenz spiegelte sich auch darin, daß konservative Intellektuelle die »durchgreifende Intellektualisierung in den eigentlich geistigen Bereichen der Künste und Wissenschaften« (den »Abbau an Anschaulichkeit, Unmittelbarkeit und unproblematischer Zudringlichkeit«) heftig kritisierten.[231]

Ernst Jünger war Leitfigur vor allem für diejenigen, die sich von der nivellierten Mittelstandsgesellschaft mit ihrer Demokratisierung und Amerikanisierung durch eine elitär-aristokratische Haltung distanzierten. Angesichts des grassierenden Konformismus wurde in Jünger der Einzelgänger, der »Unzeitgenosse« gefeiert. Die feuilletonistische Masche dieses »Meisters des kalten Blicks« bestand besonders darin, daß er sich zum großen Einsamen stilisierte. Während die »Eilfertigen« dem Zeitgeist nachjagten, zog sich Jünger in den Elfenbeinturm zurück, von dem aus er stolz und scheinbar unbeteiligt auf die sich abmühende Masse herunterblickte.

Friedrich Sieburg war seit 1956 Leiter des Literaturblattes der *Frankfurter Allgemeinen Zeitung* und damit von großem Einfluß auf das literarische Leben der Bundesrepublik. In seinem Buch *Die Lust am Untergang* (1954), ein Band, dem Thomas Mann »äußerst gescheite und stilistisch hochstehende Dinge« attestierte, goß Sieburg seinen Spott über die nivellierte Mittelstandsgesellschaft der Bundesrepublik aus (mit ihrer aufgeblasenen Autorität, kulturellen Betriebsamkeit, neureichen Geschmacklosigkeit). Ein literarisches Bewußtsein habe sich nicht herausgebildet, eine geistige Gesellschaft bestehe nicht; im Wirtschaftswunderland sei das Wunder spiritueller Erneuerung völlig ausgeblieben.[232]

Die Gruppe '47

Für Heinrich Böll ersetzte die von Hans Werner Richter initiierte Gruppe '47 Zentrum, Akademie und literarische Hauptstadt, die Deutschland nach 1945 verloren hatte. Lange bevor es Mode wurde, habe sie Pluralismus praktiziert.[233]

Nach der zweiten Tagung im April 1948 in Jugenheim an der Bergstraße – die Gruppe hatte sich hier zum ersten Mal der Öffentlichkeit vorgestellt – schrieb Gunter Groll in der *Süddeutschen Zeitung*, daß diese in Zukunft aus den öffentlichen und privaten Diskussionen um die junge Gegenwartsliteratur nicht mehr wegzudenken sein werde; Georg Hensel meinte im *Darmstädter Echo*, daß ihre Chance in der Verbindung zwischen »Freundschaft und kritischer Grausamkeit« läge, in ihrer lockeren Struktur, die die verschiedensten künstlerischen Temperamente vereinige. Bei der Tagung in Utting am Ammersee im Oktober 1949 waren Gäste aus dem Ausland (Frankreich, Holland) anwesend; man beschloß, jenseits »akademischer und blutleerer Europagespräche« den Kontakt zum »wirklichen jungen Europa« zu verstärken. Bei der Tagung in Inzigkofen im Mai 1950, als Günter Eich den erstmals verliehenen Preis der Gruppe erhielt, ehrte man mit dem »Altmeister« Hermann Kesten das »andere Deutschland«. Kesten erwies sich zudem als »gütiger, ja fast väterlicher Mentor«. Inmitten des zunehmenden bundesrepublikanischen Provinzialismus verkörperte er die »goldenen zwanziger Jahre«, den Geist und Witz des »Romanischen Cafés« und damit weltstädtische Kultur.[234]

Psychotopographisch spielten für die Gruppe '47 zwei »Örtlichkeiten« eine große Rolle, die in ihr wirkenden bzw. von ihr vertretenen, auch propagierten literarischen Tendenzen signalisierend: die klösterliche Abgeschieden- und Abgeschlossenheit (in Inzigkofen tagte man in einem ehemaligen Kloster und schlief in den Mönchszellen) und das literarische Café mit seinem intellektuellen Reizklima. Auf der einen Seite lyrisch-poetische Introversion – die Tagungsorte waren meist von »erlesener Innerlichkeit«[235] –, auf der anderen Seite feuilletonistische Extraversion und urbane Neugier.

Neben Günter Eich waren es vor allem zwei Frauen, Ilse Aichinger und Ingeborg Bachmann, die die »neue Innerlichkeit« verkörperten – eine Innerlichkeit, die nicht mehr durch sentimentale Rhetorik und geschwätzige Meta-

Günter Grass lud als SPD-Wahlkampfhelfer September 1965 zu einem Empfang; (vorne von links) Agnes Fink, Ingeborg Bachmann, Rut Brandt, (stehend von links) Bernhard Wicki, Fritz Kortner, Hans Werner Henze, Günter Grass, Willy Brandt, Karl Schiller.

phorik, sondern durch existentielle Wahrheit und unreflektierte Symbolik bestimmt war. Die 1921 in Wien geborene Aichinger (Studium der Medizin, Verlagslektorin, in Ulm am Aufbau der Hochschule für Gestaltung beteiligt und an der dortigen Volkshochschule tätig, »hübsch hintergründig«, seit 1953 mit Eich verheiratet) erhielt auf der Tagung in Niendorf an der Ostsee 1952 für ihre *Spiegelgeschichte* den Preis der Gruppe; ihr Roman *Die größere Hoffnung,* 1948, und die Erzählungen *Reden unter dem Galgen,* 1952, waren bis dahin nur einem kleinen literarischen Publikum bekannt.[236] »Ihre *Spiegelgeschichte,* der retrospektive Ablauf eines Mädchenlebens, in dessen Spiegelschau Tod und Geburt eins werden, ist vielleicht die seltsamste, zarteste deutsche Prosa der Nachkriegszeit, ein unheimlich vibrierendes Geheimnis, das sich keusch verhüllt. Hier räumte die oft vorwitzige Kritik das Feld einem sonst nicht üblichen Beifall.« (Hans Georg Brenner)[237]

Die 1926 in Klagenfurt geborene Ingeborg Bachmann (Studium der Philosophie in Innsbruck, Graz und Wien), die 1952 erstmals in der Gruppe gelesen hatte, erhielt auf der Frühjahrstagung in Mainz 1953 den Preis der Gruppe '47. Ihre Gedichte wurden als das »Zeugnis einer erstaunlichen Begabung« gewertet. »Zumeist reimlose Strophen, reich an sinnhaften Bildern und von einer Sprachgewalt, die bewegt.« Von ihrem Gedichtband *Die gestundete Zeit,* der im selben Jahr erschien, meinte der Kritiker Gunter Blöcker in der *Frankfurter Allgemeinen Zeitung:* »Seit Gottfried Benn hat es im deutschen Sprachraum kein lyrisches Talent gegeben, an dem sich diese Grundbedingung dichterischer Existenz überzeugender bewahrheitet hat als an Ingeborg Bachmann.« Ein solches Urteil war um so wichtiger, als Blöcker der Gruppe '47 ablehnend gegenüberstand. Die Esoterik der Bachmann lag außerhalb des Literaturbetriebs, zugleich aber zeigte die Dichterin einen kämpferischen Sprachgeist; sie war von einer gleichermaßen hintergründigen wie hintersinnigen, auch erotisch-vulkanischen wie todessüchtigen Mentalität.[238]

Brachten die Preise an Günter Eich, Ilse Aichinger, Ingeborg Bachmann (aber auch an Johannes Bobrowski 1962, Peter Bichsel 1965, Jürgen Becker 1967) die lyrisch-introspektive bzw. mythisch-essentielle, auch artistisch-hermetische Gestimmtheit der jungen, in Opposition zum grassierenden Materialismus sich befindlichen Literatur zum Ausdruck, so verwiesen die Preise an Heinrich Böll 1951, Martin Walser 1959, Günter Grass 1958 auf die zeitkritische und zeitengagierte Komponente des damaligen literarischen Schaffens.

Von Heinrich Böll waren die Erzählsammlungen *Der Zug war pünktlich,* 1949 und *Wanderer kommst du nach Spa,* 1950 erschienen. Es folgten die Romane *Wo warst du, Adam,* 1951, *Und sagte kein einziges Wort,* 1953, *Haus ohne Hüter,* 1954, *Billard um halb zehn,* 1959, und *Ansichten eines Clowns,* 1963. In seinen Aufsätzen, Kritiken und Reden kam Bölls feuilletonistisches Talent zur Geltung.[239] Ungeschützt und ungesichert stieß er in Bereiche vor, die zu betreten die Tabus der Gesellschaft den meisten verwehrten. Er nannte oft als erster oder als einer der ersten beim Namen, was andere bestenfalls hinter vorgehaltener Hand kommentierten. Er ordnete sich nicht ein, paßte sich nicht an, glättete nicht. Sprachlich fehlten seiner Prosa die Widerhaken und Stacheln, die ins schlaffe Fleisch der Platitüden einzudringen vermögen. »Ich behalte mir das Recht vor, Geschichte bildhaft zu sehen« – das machte nicht zuletzt seine große Popularität aus. Er reduzierte Komplexität auf handfeste Verständlichkeit. Auch wenn er – ironisch – behauptete, er meine seine Angriffe symbolisch, nicht persönlich, suchte er die persönliche Auseinandersetzung. Eine seiner härtesten Attacken richtete er gegen Adenauer, als dieser tot war – gegen Adenauers Begräbnis nämlich, das er als ein Schau- und Schauerstück personifizierter Machtüberheblichkeit empfand.

Die Welt meine es ganz offenbar besser mit Günter Grass, als er, »grimmig, raubtierhaft, voll böser Phantasie«, mit ihr, schrieb Joachim Kaiser in der *Süddeutschen Zeitung* 1958, nachdem der Dichter im Gasthof Adler in Großholzleute im Allgäu den Preis der Gruppe '47 erhalten hatte. Der Dichter hatte zwei Kapitel aus seinem fast vollendeten Roman *Die Blechtrommel* vorgetragen; sie verrieten eine »wilde Energie des Ausdrucks, eine unwiderstehliche Sicherheit der Gebärde und unheimliche Empfänglichkeit für die bizarr-groteske Verbindung. Wie man dergleichen – die bilderreiche Geschichte eines buckligen Trommlers, in der Irrenanstalt erzählt – über lange Distanzen vortragen soll, ob Menschen, die kein oder ein verkorkstes Bewußtsein haben, einen Roman zu bilden vermögen, ob dies großartige handgreifliche Ballett zwischen Polen und dem Ruhrgebiet ein Rechenschaftsbericht für uns und über uns sein kann: Das ist natürlich noch nicht zu entscheiden.« (Joachim Kaiser)[240]

Die *Blechtrommel* verstörte die bundesrepublikanische Betulichkeit; die literarische Kritik war hin- und hergerissen. Hans Magnus Enzensberger meinte, das Werk sei ein Brocken, an dem Rezensenten und Philologen mindestens ein Jahrzehnt lang zu würgen hätten, bis es reif zur Kanonisierung oder zum Vergessen sei. Die von ihm prophezeiten »Schreie der Freude« wurden konterkariert von Wutausbrüchen, die den makabren Humor, die »abstoßenden Obszönitäten«, die sprachliche Schaumschlägerei anprangerten.

Grass, 1927 in Danzig geboren, Soldat, nach dem Krieg in einem Kali-Bergwerk und als Steinmetz tätig, studierte an der Düsseldorfer Kunstakademie, war 1956 ziemlich mittellos nach Paris gezogen und hatte dort bis 1959 an seinem Roman gearbeitet. »Mich hat nicht edle Absicht getrieben, die deutsche Nachkriegsliteratur um ein robustes Vorzeigewerk zu bereichern, und auch der damals billigen Forderung nach ›Bewältigung deutscher Vergangenheit‹ wollte und konnte ich nicht genügen, denn mein Versuch, den eigenen (verlorenen) Ort zu vermessen und mit Vorzug die Ablagerungen der sogenannten Mittelschicht (proletarisch-kleinbürgerlicher Geschiebemergel) Schicht für Schicht abzutragen, blieb ohne Trost und Katharsis.«[241]

Mitte der fünfziger Jahre beobachtete Hans Werner Richter eine wesentliche Veränderung in der Zusammensetzung des Kreises: Die »neue Generation, die Kinder des Krieges«, machten sich geltend. Von der älteren Generation unterschieden sich die »Neulinge« vor allem durch ihre größere Artistik, ihre Sprachgewandtheit; zum Teil kamen sie von den Universitäten, wie Enzensberger, Walser, Walter Höllerer. Zwar hatte auf der Tagung in Niederpöcking (1957) der Versuch von Theo Pirker, mit soziologischen Argumenten zu kritisieren, noch zu einer harten Auseinandersetzung mit Enzensberger, Walser und Grass geführt, die nur ästhetische und formale Kriterien gelten lassen wollten, doch zeichnete sich insgesamt eine Politisierung der Gruppe ab – als Reaktion auf die Niederschlagung der ungarischen Revolution durch die Rote Armee (1956), wachsende neofaschistische Tendenzen und die vom Bundestag im März 1958 auf Antrag von Adenauer beschlossene atomare Aufrüstung der Bundeswehr im Rahmen der NATO.

Den CDU/CSU-Politikern war die Gruppe '47 weniger wegen ihrer (literatur-)marktbeherrschenden Stellung ein Dorn im Auge – sondern weil sie bei aller »Diffusion« und »Profillosigkeit« als »linkes Establishment«, vor allem über die Medien, zu irritieren und zu provozieren vermochte, und zwar mehr, als man es Hofnarren zugestehen wollte. Der literarische Rebell, so Hans Egon Holthusen in einem Artikel der *Süddeutschen Zeitung* im November 1960, der offiziösen Auffassung sich anschließend, gehöre zu den Stars der bundesdeutschen Öffentlichkeit; nicht wenige Nonkonformisten hielten Schlüsselstellungen in einer vollbeschäftigten Kulturindustrie besetzt und würden als glänzend besoldete Außenseiter allen Komfort jener Wohlstandsgesellschaft genießen, die das tägliche Objekt ihrer Angriffe sei.[242] Den Vogel solcher denunziatorischer Vereinfachungen schoß im Januar 1963 der geschäftsführende Vorsitzende der CDU, Hermann Josef Dufhues, ab, als er, in Sorge über den Einfluß der Gruppe '47 nicht nur im kulturellen, sondern auch im politischen Bereich, diese eine »geheime Reichsschrifttumskammer« nannte.[243]

Der äußere Druck konservativer Kräfte konnte die Stabilität der Gruppe '47 nicht erschüttern; er verstärkte eher noch die Solidarität. Probleme entstanden im eigenen Kreis. Bei der Tagung in Princeton, USA (1966), zu der sich etwa achtzig Repräsentanten der deutschen Nachkriegsliteratur eingefunden hatten, revoltierte im Namen der Jüngsten der Österreicher Peter Handke »mit hübscher Beatle-Frisur und unaustilgbarem Zorn gegen die alten Bonzen«. Die jungen Autoren machten es sich zu leicht, indem sie in leerem, endlosem Beschreiben verharrten; die verstaubten Kritiker seien damit höchst einverstanden, weil für einen so langweiligen Quatsch ihre Kategorien gerade noch ausreichten.[244]

Handke, 1942 in Kärnten geboren, veröffentlichte 1966 den Roman *Die Hornissen* und die drei Stücke *Publikumsbeschimpfung, Selbstbezichtigung* und *Weissagung.* »Ihr seid profilierte Darsteller, ihr Maulaffenfeilhalter, ihr vaterlosen Gesellen, ihr Revoluzzer, ihr Rückständler, ihr Beschützer des eigenen Nests, ihr inneren Emigranten, ihr Defätisten, ihr Revisionisten, ihr Revanchisten, ihr Militaristen, ihr Pazifisten, ihr Faschisten, ihr Intellektualisten, ihr Nihilisten, ihr Individualisten, ihr Kollektivisten, ihr politisch Unmündigen . . .«[245] Was sich hier noch theatralisch-wortspielerisch, also innerhalb der von der Gruppe '47 stets als entscheidend erachteten ästhetischen Kategorien artikulierte, schlug bei der Tagung 1967 in der Pulvermühle (Fränkische Schweiz) in politische Konfrontation um. Studenten demonstrierten gegen die literarischen »Saubermänner« und für die »konkrete Aktion«; sie wollten die Welt nicht mehr interpretiert, sondern verändert sehen. »Sie sind im hochfeudalen Wagen angereist. Ich weiß, die wenigsten sind Studenten. Ihre Hintermänner sitzen im Saal, Freunde von mir, die sich aus allzu harmlosen Formalisten in lautstarke Ideologen verwandelt haben und nun Revolutionär spielen.« (Hans Werner Richter)[246]

Presselandschaft

Das »Pressewunder« in der Bundesrepublik – daß nach dem Vorbild der westlichen Länder, trotz des verlorenen Krieges, eine freie und unabhängige, in demokratisch-politischem Sinne zuverlässige Presse entstehen konnte – war vor allem ein Ergebnis der Medienpolitik der westlichen Alliierten, die die öffentliche Diskussion institutionalisierten.[247] 1949, als die westlichen Alliierten dem Artikel 5 des Grundgesetzes Rechnung trugen und die Lizenzpflicht aufhoben, stieg die Zahl der Zeitungen von

150 auf fast 550, bis Ende 1950 nochmals um 80. Aber auch die »Altverleger-Presse« fühlte sich im wesentlichen den durch die Lizenzpresse gesetzten journalistischen Standards wie der ihr zugrunde liegenden politischen Moral (eine solche demokratisch-republikanischer Provenienz) verpflichtet; in der Provinz konnten sich freilich des öfteren restaurative und reaktionäre Tendenzen ausbreiten.

Neben der *Frankfurter Rundschau,* deren linksliberale Reputation vor allem unter der Chefredaktion von Karl-Hermann Flach (1964–1971) weiter anstieg, wurde die *Süddeutsche Zeitung* (1966 mit einer Auflage von täglich 220 000 verkauften Exemplaren), trotz ihrer Verankerung in München und Bayern, zu einem bedeutenden meinungsbildenden Faktor für die gesamte Bundesrepublik.[248]

In der »Mitte«, später rechts von der Mitte, lag der politische Standort der *Frankfurter Allgemeinen Zeitung,* die seit dem 1. 11. 1949 erschien (1966 250 000 verkaufte Exemplare). »Für die Denkfaulen möchten wir nicht schreiben. Aber sonst meinen wir, daß die Vereinigung von breiter Wirkung und geistigen Ansprüchen sehr wohl möglich sei«, hieß es im eröffnenden Kommentar der »Zeitung für Deutschland«.[249]

Hans Magnus Enzensberger bezeichnete nach einer gründlichen Durchsicht von neun Ausgaben (vom 7. bis 16. Dezember 1961) den FAZ-Journalismus als »Eiertanz« und bezichtigte ihn der Verfälschung bei der Vermittlung von Nachrichten. Mit doppelter Zunge rede die feine *Frankfurter;* sie spreche die Sprache der Herrschaft.[250] »Hans Magnus, ein böswilliger Leser«, replizierte der Mitherausgeber Benno Reifenberg und ließ ein ganzes Jahr später noch eine zweiundvierzigseitige Apologie folgen.[251]

Ein paar Jahre vorher (1957) hatte Enzensberger die Sprache des *Spiegel* kritisiert.[252] Zwar sei dieses seit 1946 erscheinende Wochenmagazin inzwischen mindestens achtmal verboten oder beschlagnahmt worden, doch könne man irgendwelche Überzeugungen bei diesem Blatt dennoch nicht feststellen; es habe keine Position. »Die Stellung, die es von Fall zu Fall zu beziehen scheint, richtet sich eher nach den Erfordernissen der Story, aus der sie zu erraten ist: als deren Pointe. Sie wird, oft wenige Wochen später, durch eine andere Geschichte dementiert, weil diese einen anderen ›Aufhänger‹ verlangt.« Die Ideologie des *Spiegel* bestehe in nichts weiter als in einer skeptischen Allwissenheit, die an allem zweifle außer an sich selbst. Der Spiegel vermöge Kritik nicht zu leisten, sondern nur deren Surrogat.

Die Auflage der Wochenzeitung *Die Zeit* war von ihrem Höchststand im Jahre 1950 (81 000) im Jahr 1953 auf 44 000 Exemplare gesunken. Zum einen war dies eine Folge der Konkurrenz durch liberale Tageszeitungen; zum anderen steuerte der Chefredakteur Richard Tüngel einen Kurs, der von der liberalen Richtung abwich. In Protest gegen eine solche Tendenz ließ sich Gräfin Marion von Dönhoff aus der politischen Redaktion beurlauben. Als Tüngel Josef Müller-Marein, den Chef vom Dienst, 1955 entließ, wurde er von Gerd Bucerius, dem über die Kapitalmehrheit verfügenden Mitverleger, abgesetzt. *Die Zeit* hatte damals eine Auflage von 61 000 Exemplaren. Gräfin Dönhoff kehrte zurück. Nun ging es mit der Zeit wieder aufwärts; 1965 machte sie zum ersten Mal keinen Verlust mehr.[253]

Bei den Wochenzeitungen erwies sich der Anteil der christlich orientierten Publizistik als verhältnismäßig stark. Der *Rheinische Merkur* war 1946 von Franz Albert Kramer, der acht Jahre in der Emigration verbracht hatte, gegründet worden; er erhielt sein Profil – ein katholisches, unorthodox-konservatives, föderalistisches, sozialliberales – vor allem durch Paul Wilhelm Wenger, der 1948 in die damals in Koblenz arbeitende Redaktion eintrat und fünfunddreißig Jahre, bis zu seinem Tod, bei der Zeitung blieb.[254]

Als dominante Figur von *Christ und Welt*, deren erste Ausgabe wenige Tage vor der Währungsreform im Juni 1948 erschien, erwies sich Klaus Mehnert. Er war von Eugen Gerstenmaier, damals als Leiter des Hilfswerkes der Evangelischen Kirche für die Zeitung verantwortlich (von 1949 bis 1969 Mitglied des Bundestags, ab 1954 Bundestagspräsident), zum Chefredakteur bestellt worden. Mehnert, 1906 als Sohn eines deutschen Fabrikanten in Moskau geboren, hatte ein Drittel seines Lebens außerhalb Deutschlands verbracht. Mit seinem Buch *Der Sowjetmensch* (1958) warb er um Sympathie für das russische Volk, was in der Zeit des Kalten Krieges eine Provokation darstellte.[255]

Die Fülle der Zeitschriften in der Trümmerzeit war durch die Währungsreform wesentlich reduziert worden. Doch konnten eine Reihe wichtiger Literatur- und Kulturzeitschriften überleben (darunter *Die deutsche Rundschau, Die neue Rundschau, Hochland, Die Gegenwart, Frankfurter Hefte, Universitas, Merkur, Der Monat)* und auch nach der durch Geldknappheit bewirkten Reduzierung ihrer Auflagen wieder an Terrain gewinnen. Dazu kamen Neugründungen wie *Die Literatur* (1952), *Perspektiven* (1952), *Antares* (1952), *Neue deutsche Literatur* (1953), *Akzente* (1954), *Neue Deutsche Hefte* (1954), *Sprache im technischen Zeitalter*

(1954), *Texte und Zeichen* (1955), *Die Horen* (1955), *Alternative* (1958), *Antaios (1959), Das Argument* (1959), *Theater heute* (1960), *Text und Kritik* (1963), *Kürbiskern* (1965), *Kursbuch* (1965), *Tintenfisch* (1968).[256]

Im Sinne seines Untertitels, *Deutsche Zeitschrift für europäisches Denken,* erwies sich *Der Merkur* unter Joachim Moras und Hans Paeschke als ein Diskussionsforum, auf dem philosophische, naturwissenschaftliche, politische und kulturkritische Themen auf hohem Niveau abgehandelt wurden. Der Spezialisierung zwischen den einzelnen Wissenschaften sollte entgegengewirkt und die Gefahr der geistigen Provinzialisierung gebannt werden.

Die *Frankfurter Hefte,* ab 1946 von Eugen Kogon und Walter Dirks (zunächst unter Mitarbeit von Clemens Münster) herausgegeben, bis zu seinem frühen Tod stark von dem in der Redaktion tätigen Walter Maria Guggenheimer geprägt, waren vor allem politisch und gesellschaftskritisch engagiert. Auch als ihre Auflage von 75 000 (1946) auf 20 000 (1950) zurückging, übte die Zeitschrift, die einen links-katholischen, sozialistisch wie gewerkschaftlich orientierten Standpunkt einnahm, einen höchst bedeutsamen Einfluß auf das geistige Leben der Bundesrepublik aus.

Von 1955 bis 1958 gab Alfred Andersch *Texte und Zeichen* heraus, eine »literarische Zeitschrift«, die aber auch viele Beiträge über Philosophie, Architektur, bildende Kunst, Film und Musik brachte. »Zu einer Zeit, da es in Deutschland bereits wieder Mode geworden war, die Bezeichnung ›Intellektueller‹ als Schimpfwort zu gebrauchen, gab Andersch, mit stoischem Selbstbewußtsein, eine Zeitschrift heraus, die sich ohne Einschränkung als Forum einer kritischen Intelligenz verstand«, stellte Hans Magnus Enzensberger, der von Andersch als Leiter des Radio-Essays des Süddeutschen Rundfunks als Autor entdeckt worden war, in einem Rückblick auf diese Publikation fest.[257]

Das rund ein Jahrzehnt später (1965) von Hans Magnus Enzensberger im Suhrkamp Verlag herausgegebene *Kursbuch* brachte politische und gesellschaftliche Themen, in internationalem Kontext, zur Diskussion – der zunehmenden Politisierung Rechnung tragend. »lies keine oden, mein sohn, lies die fahrpläne:/sie sind genauer. roll die seekarten auf,/eh es zu spät ist./sei wachsam, sing nicht./der tag kommt, wo sie wieder listen ans tor/schlagen und malen den neinsagern auf die brust/zinken …«, heißt es in Enzensbergers Gedicht »ins lesebuch für die oberstufe«.[258] Die »Fahrpläne«, auf die es ankam, wiesen in Richtung Aktualität.

Die Massenblätter (»Regenbogenpresse«) gaben sich ausgesprochen unpolitisch – was ein besonderes Politikum war. Sie bestärkten die materiellen Sehnsüchte der Wirtschaftswunderwelt und trösteten über die Frustrationen als Folge des oft erbarmungslosen Konkurrenzkampfes mit bilderreichen Trivialmythen hinweg. Die Kulturkritik sprach von »verzerrter Optik«, »unbekannten Schamgefühlen«, »Neigung zur exzessiven Flucht vor dem Alltag« und »Sexbesessenheit«.[259]

1964 konsumierten schätzungsweise dreißig Millionen Bundesbürger regelmäßig eine Illustrierte. Dazu kamen die Blätter für die Jugendlichen – besonders erfolgreich *Bravo* (seit 1956), in den sechziger Jahren Sprachrohr des Beat- und Rockmusikbooms wie der Sex- und Aufklärungswelle in der Jugend, für Vierzehn- bis Neunzehnjährige, 1965 885 000 Exemplare. Unter den Rundfunk- und Fernsehzeitschriften entwickelte sich *Hör zu* besonders erfolgreich; die erste Nummer erschien kurz nach der Währungsreform in einer Höhe von 100 000 Exemplaren; 1965 war die Vier-Millionen-Grenze erreicht. Auch Satire verkaufte sich gut; *Pardon* erlebte von 1961 bis 1969 eine Auflagensteigerung von 50 000 auf 360 000 Exemplare.[260]

Ein größerer Teil der »Illustrierten Blätter« und »Bunten Wochenzeitungen« (wegen der vielen romantisch-kitschigen Stories über die Kaiserin Soraya, die sich wegen Kinderlosigkeit 1958 von ihrem Mann, dem Schah von Persien, hatte trennen müssen, auch »Soraya-Presse« genannt) hatten Frauen zum Zielpublikum. Kleidung, Kosmetik, Komfort, Küche, Kinder und natürlich Liebe und Ehe bestimmten die Themen; der Politik ging man aus dem Weg. Eine Analyse von Frauenzeitschriften im Juli 1966 stellte fest, daß die Titelbilder fast ausschließlich das junge, smarte, gepflegte, sympathische namenlose Mädchen zeigten – teils Mode oder Kosmetik vorführend, teils nur Heiterkeit ausstrahlend.[261] Das große Geschäft teilten sich fünf bis sechs Illustriertenverlage; 1968 betrug der Marktanteil von Bauer 26,1, von Springer 13,3, von Burda 8,9, von Gruner & Jahr/Bertelsmann 8,4 Prozent.

Im April 1961 betrug die Auflage der wichtigsten Illustrierten, dem *Stern,* 1 333 641 Exemplare, *Quick* 1 242 202 Exemplare, *Revue* 1 046 915 Exemplare, *Neue Illustrierte* 810 238 Exemplare, *Bunte Illustrierte/Münchner Illustrierte* 868 882 Exemplare, *Frankfurter Illustrierte* 480 628 Exemplare. Von den sogenannten illustrierten Wochenblättern verkaufte *Das Neue Blatt* 993 273 Exemplare, *Heim und Welt* 822 844 Exemplare, *Neue Welt am*

Sonnabend 532 490 Exemplare, *Das grüne Blatt* 364 773 Exemplare, *Die neue Post* 317 006 Exemplare, *Wochenend* 295 981 Exemplare. Aus der Gruppe der vierzehntäglich erscheinenden Frauen- und Modezeitschriften brachte es *Constanze* auf 630 847 Exemplare, *Für Sie* auf 510 124 Exemplare, *Brigitte* auf 493 182 Exemplare, *Film und Frau* auf 382 750 Exemplare.[262]

Den unaufhaltsamen Aufstieg der *Bildzeitung* empfanden linke Kreise als Katastrophe der Pressefreiheit. Als »Monster aus dem Hause Springer« triumphierte sie über ihre Widersacher – ein Produkt, das, an der Grenze zum Analphabetismus angesiedelt, der Hoffnung auf steten Diskurs Hohn sprach.[263] 1964 wurden von dieser größten überregionalen deutschen »Tageszeitung« 4,05 Millionen Exemplare verkauft, von einem Verleger, der sich bis zu seinem Tod (1985) als politischer Missionar für die Wertvorstellungen der Adenauer-Ära fühlte.[264]

Die seit Oktober 1955 erscheinende Zeitschrift *Das Schönste* hatte zur Zielgruppe eine gutgelaunte Elite, die sich nicht nur schöner kleidete, schöner wohnte, schöner speiste, schöner reiste, sondern auch die Schönheiten der Kultur entdecken wollte und somit »allmonatlich das neue Heft mit Ungeduld« erwartete.

Was die Jeunesse dorée betraf, so war hier *Twen* von herausragender Bedeutung, gestaltet von Willy Fleckhaus (bis 1970 für die Optik verantwortlich). Wie bei *Das Schönste* war es auch hier nicht die Auflage (pro Monat kaum mehr als 100 000 Exemplare), die Epoche machte, sondern die »Lebenshaltung«, die »Message«, die das Blatt verbreitete – in Distanz zur Wohlanständigkeit der 50er und 60er Jahre: »Frisch, frech, sinnlich, von bestechender Optik, kompromißlos, modern gestaltet, provokant in den Themen, vergnüglich im Ton, optimistisch und voller Lust auf Leben.«[265]

Stützpunkte der Unbotmässigkeit

Der Rundfunk, seit der Trümmerzeit ein populäres Medium, bot der »heimatlosen Linken« die Möglichkeit, sich einer größeren Öffentlichkeit darzustellen. Vom konservativen Standpunkt aus beklagte Wolf Jobst Siedler, damals Feuilletonchef des Berliner *Tagesspiegel*, deren Dominanz.

»Die Abendstudios und Nachtprogramme der Rundfunkanstalten sind die pensionsberechtigten Stützpunkte der literarisch artikulierten Unbotmäßigkeit. Die sich da ihrer Schwachheit rühmen, sind die Mächtigen im Lande.«[266]

Es gab kaum einen Schriftsteller in den fünfziger und sechziger Jahren, der nicht für den Rundfunk arbeitete – was auch ökonomisch wichtig war, da auf diese Weise jenseits des Massengeschmacks selbständiges, nonkonformistisches Denken »honoriert« werden konnte. »Seid unbequem, seid Sand, nicht das Öl im Getriebe der Welt«, hieß es in Günter Eichs Hörspiel *Träume*.[267]

Das in den Rundfunkanstalten intensiv gepflegte Hörspiel vermittelte in einer gefährdeten Welt eine Vorstellung von dem, was Ernst Bloch das »Prinzip Hoffnung« nannte. Es suggerierte keine billigen Lösungen, beanspruchte aber doch, das Menschliche im Menschen zu erwecken. Seit Wolfgang Borcherts Hörspiel *Draußen vor der Tür* (1947), einem Markstein der neueren deutschen Rundfunkgeschichte, fand dieses literarische Genre wichtige Autorinnen und Autoren, darunter Günter Eich, Ilse Aichinger, Ingeborg Bachmann, Fred von Hoerschelmann, Max Frisch, Friedrich Dürrenmatt, Heinrich Böll, Gerd Oelschlegel, Leopold Ahlsen, Wolfgang Hildesheimer, Wolfgang Weyrauch.

Die Publikumsresonanz war beim Hörspiel groß. Inmitten »materieller Vordergründigkeit«, die die Entfaltung von Phantasie weitgehend unterband, liebte man die im »Hallraum« sich entfaltende Kunstart – »einerseits als Mischung von laut werdenden und zugleich verlöschenden Worten und Klängen durch das Mittel der technisch-elektrischen Produktion, andererseits als ganz unkörperliche, bloß spirituelle ›Anschauung‹ im Innern des Zuhörers« (Heinz Schwitzke im Vorwort zu der Hörspielsammlung *Sprich, damit ich dich sehe*).[268] Ein feinfühliges Publikum, des grob-realen Lärms überdrüssig, genoß die »Stille dieser inneren Bühne«. Zu »Szenen«, wie sie Ilse Aichinger entwickelte, meinte Ernst Schnabel – beim Nordwestdeutschen Rundfunk erst Abteilungsleiter Wort, dann (1951–1955) Intendant –, daß außerhalb der Finsternis eigentlich keine dieser Geschichten möglich und nötig wären; sie würden augenblicklich erlöschen wie ein Filmbild in der Dunkelkammer, fiele der schwächste Lichtstrahl ein. Die 1940 geborene Filmautorin Helma Sanders-Brahms schreibt in Erinnerung an die »Hörspielenklaven« im damaligen Wirtschaftswunderland: »Hörspiele sind das Schönste, was man zu Hause haben kann. Die Geschichten von den Termiten, die die Gebäude von innen annagen, bis sie zusammenfallen, von den Biedermännern und den Brandstiftern, vom Tiger Jussuf, von der Brandung von Setubal, die bis an das Bügelbrett rauscht, das ist die Wahrheit, so ist die Welt.«[269]

Der Rundfunk, so Ernst Schnabel, habe in den ersten Jahren nach Kriegsende mehr für die Demokratie geleistet als die Parteien.[270] Dem stand die Überzeugung Konrad Adenauers gegenüber, daß er ein »politisches Führungsmittel der jeweiligen Bundesregierung«[271] zu sein habe; (die vermeintliche Einflußlosigkeit des Bundes auf die Rundfunkprogramme empfand er geradezu als peinigend). Beim Fernsehen war angesichts des zu erwartenden großen Einflusses dieses Mediums eine solche Absicht noch viel gewichtiger – und gefährlicher. Der Bundeskanzler scheiterte jedoch mit dem Versuch, den Bund gegenüber den Ländern zum ausschlaggebenden Faktor der Medienpolitik zu machen.

Mit Urteil des Bundesverfassungsgerichts vom 28. Februar 1961 wurde den Ländern die volle Rundfunkkompetenz zugesprochen; der Rundfunk falle als »kulturelles Phänomen« unter die im Grundgesetz festgelegte Kulturhoheit der Länder. Ferner müsse bei jeder denkbaren Organisationsform Gewähr gegeben sein, daß in ihr, in ähnlicher Weise wie bei der öffentlich-rechtlichen Anstalt, alle gesellschaftlich relevanten Kräfte zu Wort kämen und die Freiheit der Berichterstattung unangetastet bliebe. Gestützt auf eine Umfrage, wonach 56 Prozent der Bevölkerung einen zweiten Kanal wünschten, beschlossen die Länder bereits im März 1961, unabhängig von den bestehenden Anstalten, eine zentrale gemeinnützige Fernsehanstalt des öffentlichen Rechts zu gründen. Der Staatsvertrag über das ZDF als zwölfter Rundfunkanstalt trat am 1. Januar 1962 in Kraft. Dem Fernsehrat gehörten elf Vertreter der Landesregierungen, drei der Bundesregierung, zwölf aus den Vorständen der im Bundestag vertretenen Parteien und vierzig der gesellschaftlich relevanten Gruppen an. Eine solche Zusammensetzung stellte nach Hans Bausch (seit 1958 Intendant des Süddeutschen Rundfunks und damals ARD-Vorsitzender) »das Musterbeispiel eines Kompromisses zwischen staatlichem Kontrolleinfluß, parteipolitischem Ausgleichsbemühen und Beachtung des verfassungsrechtlichen Gebots« dar.[272]

Rundfunk und Fernsehen seien ein »kulturelles Phänomen«, hatte das Bundesverfassungsgericht dekretiert. Daß solcher Anspruch erfüllt wur-

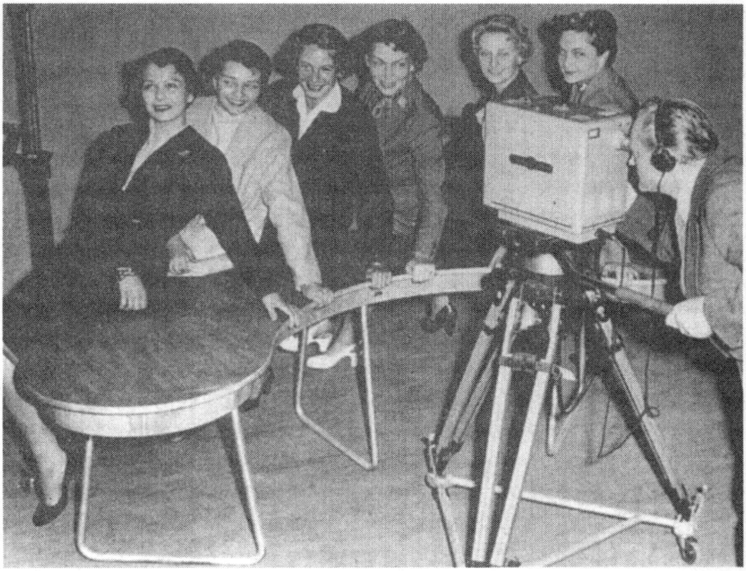

Fernsehansagerinnen, 1955 (von links nach rechts) Ursula von Manescoul, Irene Koss, Dagmar Bergmeister, Anette von Aretin, Ruth Breitag, Hilde Nocker.

de, hing zum einen von der kulturellen Kompetenz der Medien selbst ab, zum anderen von der geistigen Bereitschaft des Publikums, die audiovisuelle Informations- und Unterhaltungsmöglichkeit sinnvoll zu nutzen. »Fug und Unfug liegen beim Fernsehen so nahe beieinander wie bei jedem anderen Instrument, dessen ich mich bediene«, meinte Alexander Mitscherlich in seinem Buch *Auf dem Weg zur vaterlosen Gesellschaft;* Unfug entstehe aus der Benutzungsweise: Wie wir die Darbietungen nicht als Information, sondern als illusionäre Befriedigung erfahren werden, wie sich der einzelne zu Hause vom Zuhause ablenken lasse, das sei nicht dieser ingeniösen Erfindung, sondern sowohl den Abonnenten wie den Agenten in die Schuhe zu schieben. »Die Widerstandslosigkeit, mit der man sich abends befluten läßt, hängt mit den Anforderungen zusammen, denen man tagsüber ausgesetzt war.«[273]

Die »Beflutung« wurde von den Rundfunk- und Fernsehverantwortlichen, gemessen an der späteren Entwicklung, sehr restriktiv gehandhabt. Das Fernsehen sollte als Instrument zur Erziehung des Menschengeschlechts verstanden werden. Als Mitte der fünfziger Jahre die Deutsche Akademie für Sprache und Dichtung auf einer Tagung das Thema *Literatur – Rundfunk – Fernsehen* behandelte, schloß Werner Pleister, der Leiter der in Hamburg sitzenden Fernsehzentrale der westdeutschen Rundfunksender, sein Referat mit der auf das Fernsehen anzuwendenden Devise: »Mensch, werde wesentlich!« Friedrich Bischoff, Intendant des Südwestfunks, warnte vor den Gefahren, die mit dem Fernsehen kommen müßten, wenn es nicht rechtzeitig »künstlerisch« ausgeformt werde.[274] Als Intendant des Nordwestdeutschen Rundfunks hatte Pleister 1952 im Rahmen der damals laufenden Fernseh-Versuchssendungen davon gesprochen, daß es Werbung im deutschen Fernsehen niemals geben dürfe; dieses habe den Auftrag – so der Bundespostminister Hans Schuberth –, »zur Gesundung der deutschen Seele« beizutragen; man sei eben nicht in Amerika.

1955 wurden 100000 Fernsehteilnehmer registriert, im Oktober 1957 wurde die Einmillionengrenze, Ende 1958 die Zweimillionengrenze erreicht, Ende 1960 gab es vier Millionen Fernsehteilnehmer, im Oktober 1963 acht Millionen. Die Anschaffung eines Gerätes war am Anfang mit hohen Kosten verbunden. Auf der Zweiten Deutschen Industrieausstellung 1951 in Berlin zeigten sechzehn Firmen dreißig TV-Modelle, und zwar jeweils in zwei Ausführungen: als Tischgerät für 1200 bis 1500 Mark und als Fernsehtruhe oder Fernsehschrank mit entsprechendem Aufschlag – am Sozialprestige der Wohnzimmereinrichtung ausgerichtet, oft »abendländischer Tradition« verpflichtet; mit Namen wie »Tizian«, »Raffael«, »Leonardo«, »Leonardo Luxus«.
Zum »Mischgericht« des Fernsehens – »solch ein Ragout, es muß euch glücken« (die erste Sendung am 25. 12. 1952 des NWDR war mit Goethes *Vorspiel auf dem Theater* eröffnet worden) – gehörte von Anfang an die Tagesschau; in hoher Gunst standen Spielfilme, Sport, aktuelle und kabarettistische Sendungen. Unter der von Adolf Grimme, Generaldirektor des NWDR, bei der Eröffnung des ersten Nachkriegsstudios in Hamburg-Lokstedt, Oktober 1953, ausgegebenen Parole »Freude schenken!« erfolgte der Ausbau der Unterhaltung[275]; die wichtigsten Entertainer der Nation waren Hans-Joachim Kulenkampff mit der Quizsendung *Wer gegen wen?*, Peter Frankenfeld mit seiner an amerikanischen Beispielen orientierten Improvisations-Show

1 : 0 für Sie, Robert Lembke mit seinem *Heiteren Beruferaten* (seit 1955) und der Fernsehkoch Clemens Wilmenrod; Max Schmeling feierte ein Fernseh-Comeback. Höchsten Beliebtheitsgrad erreichten die ersten Familienserien.
Am 30. August 1953 wurde der *Internationale Frühschoppen* – von Werner Höfer moderiert – erstmals von den Düsseldorfer »Rheinterrassen« zu den damals noch recht wenigen Fernsehgeräten übertragen; er wurde zu einer der beliebtesten Informationssendungen.
Höchst erfolgreich waren auch die politischen »Magazin-Sendungen«; gerade an ihnen wurde jedoch deutlich, daß die grundgesetzliche Maxime »Eine Zensur findet nicht statt« bei einem Massenmedium, das unter starker politischer Beobachtung und auch politischem Druck stand, nicht einfach durchzuhalten war. Als zum Beispiel das Norddeutsche Fernsehen im Rahmen der Sendung *Panorama* im November 1964 einen Beitrag von Lutz Lehmann zeigte, der die Strafverfolgung politischer Vergehen in der Bundesrepublik kritisierte, mußte der Sender unter dem Druck der Behörden sich sechs Wochen später davon distanzieren. Eugen Kogon, angesehener Moderator der Sendung, legte die Leitung nieder, nachdem schon einige Zeit vorher der streitbare Chefredakteur Gert von Paczensky ausgeschieden war. In seiner Abschiedsansprache warnte Kogon vor der wachsenden »Autokratisierung« des öffentlichen Lebens in der Bundesrepublik.[276]

Die aufklärerischen Möglichkeiten des Rundfunks, dann des Fernsehens zeigten sich herausragend an einem inhaltlichen Phänomen, das freilich auch exemplarisch die »Narrenrolle« des Intellektuellen am Hofe der Restauration bekundete: Das Kabarett wurde zum großen Erfolg bei einem Millionen-Publikum (Einschaltquoten bis zu 90 Prozent).

In seiner Studie *Kritik durch Spott – Satirische Praxis und Wirkungsprobleme im westdeutschen Kabarett* (1945–1974) stellt freilich Jürgen Pelzer fest, daß das Problem der Kabaretts in den fünfziger und sechziger Jahren darin bestanden habe, daß man von einer bürgerlich-liberalen Position aus Kritik üben wollte und sich dabei ausgerechnet an ein zunehmend saturiertes, kaum noch an Veränderungen interessiertes Publikum wenden mußte. Da man auf die veränderte historische Situation und die ebenfalls gewandelten Wirkungsbedingungen nicht flexibel reagierte, bewegte man sich letzten Endes nur noch auf einem mehr oder minder gehobenen Unterhaltungsniveau. Man diente kaum noch der politischen Aufklärung, sondern nahm allenfalls eine Ventilfunktion wahr, die letztlich im Sinne des Bestehenden war. Die Opposition des politischen Kabaretts habe sich zunehmend als Scheinopposition erwiesen.[277]

Die 1956 von Dieter Hildebrandt und Sammy Drechsel gegründete »Lach- und Schießgesellschaft« galt als das politischste Kabarett-Ensemble, aktuelle Probleme wurden direkt angegangen, Skandale und das Fehlverhalten der Politiker konkret aufs Korn genommen. Adenauer, »dem siegreichen Pferd«, gegenüber empfand das »nüchtern zupackende, fröhlich Attacke reitende Quartett« (Dieter Hildebrandt, Klaus Havenstein, Hans J. Diedrich und Ursula Noack) »ein tiefes Gefühl der Dankbarkeit«, denn eine bessere aktuelle Zielscheibe könne man sich nicht vorstellen.
Die Westberliner »Stachelschweine«, die im Oktober 1949 zum ersten Mal auftraten, bemühten sich eher um unmittelbare Verständlichkeit und humorvolle Präsentation. »Tatsächlich stiegen sie auf diese Weise zu einem außerordentlich populären Kabarett auf, wobei erstmals das Phänomen auftrat, daß geradezu erdrückende Publikumsmehrheiten die Programme positiv beurteilten und sich offenbar kaum mehr schockiert, getroffen oder angegriffen fühlten.«
Bei dem 1947 von Kay und Lore Lorenz in Düsseldorf gegründeten »Kom(m)ödchen« verstärkte sich in der zweiten Hälfte der fünfziger Jahre – nach einer Phase der scharfen Auseinandersetzung mit wachsendem Opportunismus und befürchtetem Militarismus – die Tendenz zur indirekten »literarischen« Verklausulierung der Satire und damit zu einer gewissen Distanzhaltung.
Was im Land der großen Mitte verdrängt wurde, brachte auch der Kabarettist Wolfgang Neuss an den Tag. 1962 verriet er in einer Zeitungsannonce dreißig Stunden vor Schluß einer damals sehr populären Krimiserie im Fernsehen (*Das Halstuch* von Francis Durbrigde) den Mörder; die Fernsehnation war empört. Neuss galt als »Bundesdeutschlands Kabarett-Schnauze Nr. 1« (»Wenn man nicht haargenau wie die CDU denkt, fliegt man aus der SPD raus«). Man nannte ihn den »Mann mit der Pauke«, »Spötter der Nation«, »Till Eulenspiegel des Wirtschaftswunders«, »Berliner Hofnarr« und »Brunnenvergifter«.[278]

Das Kabarett in der DDR war von Anfang an zumeist Scheinopposition, »Ventilsitte« der Erziehungsdiktatur. »Unsere Funktion und unser Ziel ist es«, meinte der Direktor der »Distel«, neben der »Pfeffermühle« und der »Herkuleskeule« wichtigstes Kabarett der DDR, »mit dem spezifischen Mittel der Satire, des Humors, der Ironie usw. die sozialistischen Macht- und Eigentumsverhältnisse zu stärken und zu festigen.« Bei einer solchen ideologischen Ausrichtung – Kritik im Dienste von Partei und Staat – konnten die besonderen Qualitäten des Kabaretts nicht zur Geltung kommen, zumal die Texte in der Regel vor Beginn des jeweiligen Programms der zuständigen Bezirksleitung der SED vorgelegt werden mußten. Für viele Kabarettisten war das der Grund für Anpassung und Opportunismus. Doch empfanden es einige Autoren als besonderen Reiz, sich über die Grenze des »Zulässigen« hinaus zu bewegen. Dabei gelangen (etwa in der Leipziger »Pfeffermühle«) »brillante politisch-satirische Formulierungen, mehrdeutige Texte unter Nutzung vielfältigster Formen und vereinzelt ganze Programme mit einem hohen Maß an Spielfreude und Angriffslust«.[279]

Die 1976 vom Ministerium für Kultur beschlossene Konzeption zur Schaffung selbständiger Berufskabaretts in allen Bezirksstädten bis 1985, zusammen mit der starken Förderung der mehr als 600 Laienkabaretts, machte Satire zum kulturellen Planziel. Mit bewundernswertem Mut unterliefen trotzdem immer wieder einzelne die Zensur und brachten das ideologische Unisono aus dem Takt.

Die Irritation der Erziehungsdiktatur gelang jedoch mehr dem anonymen »Ostblockwitz«, der als Medium indirekten Widerstandes fungierte. Das befreiende Lachen konnte die mächtigen Funktionäre und Apparatschiks zwar nicht an ihrer brachialen Machtausübung hindern; vom »Untergrund« her wurden sie jedoch in ihrer Nichtigkeit bloßgestellt. Das »Gemeine«, so kann man in Abwandlung eines Verses von Friedrich Schiller sagen, ging »witzig in den Orkus hinab«. Im Witzepanoptikum der DDR und der osteuropäischen Völker traten die politischen Führer als »Massenmörder, Räuber, Lügner, Wahn- und Schwachsinnige, Säufer, Ignoranten, bestenfalls noch als Schlaumeier« auf. Je unerreichbarer, ja gottähnlicher die Diktatoren waren, desto schonungsloser wurden sie im Volksmund verachtet und verspottet. »Nie wurde ihren Handlungen ein edles Motiv zugeschrieben. Dabei reagierte der Volkshumor erstaunlich differenziert auf die stufenmäßigen Unterschiede zwischen den einzelnen Herrschern.« (György Dalos)[280]

Ostdeutsche Lebenslügen

In Heft 7/1946 der Zeitschrift *Aufbau* entwarf Victor Klemperer (der in seinen postum erschienen Tagebüchern die furchtbaren Erfahrungen eines überlebenden Juden im Dritten Reich festgehalten hat[281]) das idealtypische Bild eines Intellektuellen: wiederauferstanden zu gesellschaftlicher Bedeutung nach den Jahren nationalsozialistischer Diffamierung. Als notwendigste Grundforderung ergebe sich, daß aus den Reihen der Bevölkerung Menschen hervortreten, die nicht dem Instinkt versklavt seien, sondern deren geschulter Verstand allgemeine Zusammenhänge begreifen könne.

»Nehmen wir den Begriff des Intellektuellen in jenem reinen Sinn, der dem Begriff der Intelligenz als sozialer Schicht einigermaßen abgeht, so muß unsere jetzige ideale Forderung geradezu lauten: Wir müssen ein Volk von Intellektuellen werden.«[282]

Tatsächlich erwiesen sich die Intellektuellen der DDR - nicht gänzlich, aber in einem erschütternden Ausmaß - als Tuis, deren ideologische Lenkbarkeit und Bereitschaft, sich politisch instrumentieren zu lassen, es ausschloß, moralisch richtungweisend zu wirken. Am Typus des Intellektuellen zeigte sich, daß im System der DDR nur derjenige halbwegs unbehelligt leben und arbeiten konnte, der sich anpaßte, und das bedeutete: spontane Lebendigkeit, Offenheit und Ehrlichkeit sowie Kritikfähigkeit der öden und einengenden Untertanengesinnung zu opfern. Wer ehrgeizig war und zur Geltung kommen wollte, mußte mit den Wölfen heulen; der Preis für seinen Erfolg war unvermeidbar ein Verlust an moralischer Würde und persönlicher Integrität.

Als die DDR zusammengebrochen war, hat Jens Reich, der sich als Molekularbiologe dem ideologischen Druck weitgehend zu entziehen wußte, eine Abrechnung mit der ostdeutschen Intelligenz vollzogen; sie habe sich auf vielfältige Weise zu Komplizen eines doktrinären Sozialismus machen lassen und Verrat an ihrer und der Sache des Volkes begangen – indem sie sich mit der Nomenklatura gemein gemacht, mitgearbeitet, ihre »Pflicht erfüllt« habe. Dies müsse man illusionslos erkennen, also Abschied von den Lebenslügen nehmen. Intelligenz degeneriere, wenn sie Schalthebel der Macht übernehme; sie entarte zur Bürokratie und Technokratie, sie verliere die Bindung zur abstrakten

Realität, werde Machterhalter und -verwalter. In mehrere unterschiedlich starke Gruppen sei die Intelligenz aufgespalten gewesen: Ein erheblicher Teil erwies sich als überzeugter Anhänger des Systems; ein weiterer verhielt sich überzeugt, stand aber zur »Umkristallisation« (Rudolf Bahro) bereit; eine dritte, die wahrscheinlich größte Gruppe, verhielt sich angepaßt bis unpolitisch; die vierte (kleinste) Gruppe bestand aus aktiven »Dissidenten« und »Reformern«, die energisch Änderungen verlangten, während die anderen dagegen waren oder zumindest zu äußerster Vorsicht rieten.
Als Anti-Tui, voller irritierender Kraft, habe sich der »Narr« erwiesen; er transzendierte das System im Wort; er griff nicht zur Waffe, sondern riskierte, mit Fußtritten bedacht zu werden. Stets ausgelacht, sprach er unbeirrbar die Antithese aus, die er für die Wahrheit hielt. »Nur Narren haben die Chance, gehört zu werden. Nur Narren können Krusten durchbrechen.«[283]

Dem Pauschalverdacht des Westens, daß es in der DDR gar keine Intellektuellen gegeben habe, widerspricht der Kultursoziologe Wolfgang Engler. Die Kunst des Eskapismus habe darin bestanden, daß man sich nicht der Heimatlosigkeit überantwortete, sondern in Nischen der Gesellschaft überlebte. Der künstlerische Bereich bot zudem die Chance, mit Hilfe der Ambivalenz des Kunstwerkes die Eindeutigkeit des politisch-affirmativen Bekenntnisses zu vermeiden oder dieses in allgemeiner Vagheit (Sozialismus, Antifaschismus, Völkerfreundschaft) abzulegen.[284] Das konnte in den fünfziger Jahren bedeuten, daß herausragende künstlerische Leistungen trotz der gesamtgesellschaftlichen Rahmenbedingungen möglich wurden: z. B. Bertolt Brechts Berliner Ensemble und Walter Felsensteins »Komische Oper« als Orte moderner Ästhetik, der »Dresdner Kreuzchor« unter Rudolf Mauersberger und die »Leipziger Thomaner« unter Günther Ramin. Erwähnt werden muß auch die Dresdner Malerszene um Josef Hegenbarth und Hans Theo Richter. »Diese insularen Erscheinungen hatten freilich nicht den Charakter einer Gegenkultur; sie ließen sich, oft genug nicht ohne mehr oder weniger erkennbare öffentliche Auseinandersetzung (Dessaus und Brechts *Lukullus*), in das gesamtkulturelle Leben offiziöser oder offizieller Art einordnen. Solche Charakterisierung gilt auch für die beiden letzten Jahrzehnte der realsozialistischen DDR, wenn man, wieder ins Wissenschaftliche zurückkehrend, eine Arbeit wie

Willi Neubert: Parteidiskussion, 1962.

Engelbergs Bismarck-Biographie in Betracht zieht. Ja, selbst Jürgen Kuczynski, der Nestor der marxistischen Gesellschaftswissenschaftler, hat in einer seiner autobiographischen Arbeiten das ›Insulare‹ für sich beansprucht.« (Günter Wirth)[285] Dieses konnte, wie bei Heiner Müller, durch eine besondere Qualität des Zynismus geprägt sein: »Drama schreibt sich besser vor dem Hintergrund von Diktatur als von Demokratie, wie auch immer die beschaffen ist.«[286] Oder aber zum bukolischen Rückzug verführen: Sarah Kirschs Gedichte über die versponnen-anachronistische, zurückgebliebene, paradoxerweise bei so viel Politik unpolitische Landschaft der DDR lassen sich auf der Meta-Ebene auch als Seelenlandschaft einer Intelligenz deuten, die wieder einmal in die Innerlichkeit emigrierte.

»Dünnbesiedelt das Land.
Trotz riesigen Feldern und Maschinen
Liegen die Dörfer schläfrig
In Buchsbaumgärten; die Katzen
Trifft selten ein Steinwurf.

Im August fallen Sterne.
Im September bläst man die Jagd an.
Noch fliegt die Graugans, spaziert der Storch
Durch unvergiftete Wiesen. Ach, die Wolken
Wie Berge fliegen sie über die Wälder.

Wenn man hier keine Zeitung hält
Ist die Welt in Ordnung. In Pflaumenmuskesseln
Spiegelt sich schön das eigne Gesicht und
Feuerrot leuchten die Felder.«[287]

Ein großer Teil der ostdeutschen Intelligenz identifizierte sich zunächst mit der SBZ/DDR, weil sich der neue Staat eindeutig und nachdrücklich zum Antifaschismus bekannte und daraus seine besondere Legitimation zog; die »antifaschistische Urzeugung des deutschen sozialistischen Staates« nennt freilich Jens Reich eine Legende.[288] Den deutschen Irrweg einer unpolitischen Kultur wollte man nicht mehr beschreiten, sondern humanistisches Engagement zeigen. Worauf es zuallererst ankam, war – so erinnert sich der Dichter Günter Kunert (Mitglied der SED und Träger des Johannes-R.-Becher-Preises für Lyrik, 1979 Übersiedlung in die Bundesrepublik) –, den Zusammenbruch zu überwinden, wiederaufzubauen, und nicht nur die zerstörten Städte, »sondern vor allem eine bessere, nämlich freiere, gerechtere, friedlichere Gemeinschaft. Dazu fühlte man sich aufgerufen. Man empfand es als moralische Verpflichtung, sich dem Gemeinwohl zu unterwerfen ... Unpolitisch wollte man nie wieder sein, aber politisch sein: agitatorisch und aufklärerisch. Selbstverständlich machte ich keine Ausnahme.«[289] Dies war auch die Überzeugung bildungsbürgerlicher Kräfte, die gemeinsam mit zurückkehrenden Marxisten und Emigranten nach neuer Orientierung suchten.

Die zunächst vom Staat umworbene und auch materiell geförderte Intelligenz konnte ihre »bedeutungsvolle Rolle« in der DDR nur spielen, wenn sie Wohlverhalten und Anpassung an die Staatsdoktrin zeigte. Was den Funktionären als Formalismus und Dekadenz erschien – Hindernis für eine fortschrittliche deutsche Kultur – hatte keine Existenzberechtigung. »Die Grau-in-Grau-Malerei, die ein Ausdruck des kapitalistischen Niedergangs ist, steht in schroffstem Widerspruch zum neuen Leben in der Deutschen Demokratischen Republik«, erklärte zum Beispiel Walter Ulbricht bei der Vorlage des Gesetzes über den Fünfjahresplan vor der Volkskammer am 31. Oktober 1951; man bräuchte weder die Bilder von Mondlandschaften noch von faulen Fischen und ähnlichem. Mit faschistischem Jargon dekretierte der oberste Oberlehrer der Nation, daß eine Kunst, die sich Entartung und Zersetzung zum Vorbild nehme, pathologisch antiästhetisch sei.[290] Im Mittelpunkt des künstlerischen Schaffens, so ein Jahr später, auf der zweiten SED-Parteikonferenz im Juli 1952, müsse der neue Mensch, der für ein einheitliches, demokratisches Deutschland kämpfe, stehen – der Aktivist, der Held des sozialistischen Aufbaus. Indem der Künstler dieses Neue und Fortschrittliche in der Entwicklung der Menschen gestalte, hülfe er mit, Millionen zu fortschrittlichen Menschen zu erziehen. Wohin das führen konnte, demonstrierte Johannes R. Becher, als er auf der zweiten Parteikonferenz der SED »im Auftrag der Kulturschaffenden unserer Republik und im Auftrage zugleich der besten Teile der Intelligenz ganz Deutschlands« seine *Kantate 1950* als Dank an die Partei vortrug: »Du großes Wir, Du unser aller Willen:/Dir, Dir verdanken wir, was wir geworden sind!/Den Traum des Friedens kannst nur Du erfüllen./Dein Fahnenrot steigt im Jahrhundertwind./Es wird Dich rühmend einst ganz Deutschland nennen,/Denn nur durch Dich wird Deutschland eins und frei!/Laß Dich voll Stolz, voll Stolz laß Dich bekennen:/Dir alle Macht, der Sieg ist Dein, Partei.«[291]

Kaum jemand aus der DDR-Intelligenzija – abgesehen von Stefan Heym, auch von (sehr ambivalent) Stephan Hermlin und Bertolt Brecht – reagierte in offener Ablehnung auf die Niederwerfung des Juni-Aufstandes von 1953. »Die spontane Solidarisierung mit den Streikenden blieb aus. Mißtrauisch gegenüber dem Druck von unten, skeptisch gegenüber den Vorstellungen der Massen, die sich vom Faschismus einmal hatten verführen lassen, besorgt wegen der möglichen westlichen Reaktion, hielten sich auch die dem eigenen Apparat kritisch gegenüberstehenden kommunistischen Intellektuellen zurück. Trotz aller ideologischen und politischen Bedrückungen waren sie ja von Anfang an, vor allem ökonomisch, privilegiert worden – ihr Verhalten jetzt wurde auch dadurch bestimmt, daß sie mehr zu verlieren hatten als Ketten.«[292]

Die Verurteilung Stalins (gestorben 1953) durch Chruschtschow auf dem 20. Parteitag der KPdSU im Februar 1956 bot jedoch einigen aufmüpfigen Intellektuellen (etwa Manfred Bieler, Gerhard Zwerenz, Erich Loest) die Möglichkeit kritischer »Wortmeldung«. Auf dem zweiten Kongreß junger Künstler in Chemnitz, Juni 1956, forderte Heinz Kahlau: »Die Kunst braucht die geistige Freiheit, die Kunst braucht Toleranz.« Doch konnte nach der Niederschlagung des Aufstandes in Ungarn im November 1956 der harte Kern um Ulbricht sich wieder durchsetzen und zur Offensive übergehen; diese hatte fünf Stoßrichtungen – was deutlich macht, daß neben den Tuis das Lager der oppositionellen Intelligenz sich vergrößert hatte:

1. Wissenschaftliche Institutionen und deren Vertreter, z. B. Humboldt-Universität Berlin, Universitäten in Halle, Jena und Leipzig (etwa Hans Mayer, Ernst Bloch);
2. literarische Vertreter (z. B. Erich Loest, Gerhard Zwerenz);
3. publizistische Institutionen und deren Vertreter, z. B. *Zeitschrift für deutsche Philosophie:* Wolfgang Harich; Zeitschrift des Kulturbundes *Sonntag:* Gustav Just; Aufbau-Verlag: Walter Janka, Wolfgang Harich;
4. die satirische Zeitschrift *Eulenspiegel* und politische Kabaretts, z. B. das Leipziger Kabarett »Pfeffermühle«;
5. Opposition in der eigenen Führung, z. B. Karl Schirdewan (Mitglied des Politbüros und ZK-Sekretär für Kaderfragen), Ernst Wollweber (Minister für Staatssicherheit), Fred Oelßner (Mitglied des Politbüros und Chefideologe).[293]

Der Bloch-Schüler Gerhard Zwerenz konnte sich der Verhaftung durch die Flucht in die Bundesrepublik entziehen; ihm folgten Bloch selbst 1961 und Hans Mayer 1963. Harich, Janka, Just und andere wurden zu hohen Zuchthausstrafen verurteilt. Die Prozesse waren eine Farce; etwas anderes als »schuldig« war nicht zu erwarten; Rechtsbeugung gehöre zum System. Das Gericht, so Walter Janka in seinem Bericht über Verhaftung und Verurteilung, nahm von den Anträgen des Anwalts, der auf Freispruch plädiert hatte, keine Notiz. »So ist es eben. Wenn die Partei Weisung gibt, folgen die Richter. Das Gericht diktierte fünf Jahre Zuchthaus für Janka und bestätigte die Anträge des Generalanwalts gegen die Mitangeklagten.«

Der Prozeß gegen Janka wie andere Verfahren und Vorkommnisse machten die erbärmliche Tui-Mentalität ostdeutscher Intellektueller deutlich. Beim Janka-Tribunal war eine ganze Reihe von ihnen anwesend, u. a. Anna Seghers, Willi Bredel (damals Mitglied des Zentralkomitees der SED), Bodo Uhse (Sekretär der Sektion Dichtkunst und Sprachpflege in der Deutschen Akademie der Künste). Als es im Zuschauerraum zu Schreiereien gegen den Angeklagten kam, beteiligten sich Eduard von Schnitzler, Chefkommentator des Rundfunks und Fernsehens, Bernt von Kügelgen, Chefredakteur des *Sonntag*, Dr. Günter Kertzscher, stellvertretender Chefredakteur des SED-Zentralorgans *Neues Deutschland*. »Sie stießen sich gegenseitig an und trommelten mit den Fäusten auf die Tischplatten. Wie wildgewordene Studenten nach einer wohlgefälligen Vorlesung ... Daß sich keiner der hier vertretenen Freunde von Lukács dazu aufschwang, gegen die unwahren Behauptungen zu protestieren, war die schlimmste Enttäuschung für Janka während des ganzen Prozesses.«
Zum 1. Mai 1989 wurde Janka mit dem »Vaterländischen Verdienstorden in Gold« ausgezeichnet, »in Würdigung hervorragender Verdienste beim Aufbau und bei der Entwicklung der sozialistischen Gesellschaftsordnung in der Deutschen Demokratischen Republik«. Nach der Wende, in einer Rede im Deutschen Theater am 5. November 1989, beschloß er seine Ausführungen mit dem Ruf, der den deutschen Antifaschisten, den spanischen und internationalen Freiwilligen in den schwersten Jahren immer wieder Mut gemacht hatte: »Venceremos! Wir werden siegen!«[294]

Seit 1959 bewegte sich die DDR-Literatur und Kunst auf dem Bitterfelder Weg; zusammen mit der Arbeiterklasse sollten die »Höhen der Kultur erstürmt und von ihnen Besitz ergriffen werden«. Das hieß im Klartext: Die Kulturschaffenden sollten als »Ingenieure der Seele« das DDR-Bewußtsein »ohne Wenn und Aber« prägen, die bestehenden Machtverhältnisse bestätigen und ausbauen helfen. Im Vergleich zu der Entwicklung in den östlichen Ländern zeige die DDR, so formulierte es Hans Mayer in einem Gespräch mit François Bondy, die negativste, starrste und ungeschickteste Entwicklung; man mache sich vor, Kafka habe nie gelebt, der *Ulysses* von James Joyce sei niemals geschrieben worden.[295]

Die von Walter Ulbricht in einer Rede im Elektrochemischen Kombinat Bitterfeld 1959 verkündete neue Form der sozialistischen Nationalkultur bedeutete, daß Schriftsteller sich in den Betrieben auf Stoffsuche begeben, Arbeiter sich dagegen an den Schreibtisch setzen sollten. »Greift zur Feder, Kumpel!« Die SED verfolgte primär sechs Ziele mit dieser ins Leben gerufenen Bewegung: eine Mobilisierung der Massen, diesmal vorrangig über kulturpolitische Themen einzuleiten; über die Beseitigung von Bildungsdefiziten ein besseres politisches Bewußtsein bei den Arbeitern zu erreichen, da der bisherige Bewußtseinsstand immer noch als mangelhaft empfunden wurde; über Brigadetagebücher und Betriebswandzeitungen den Informationsfluß von unten nach oben zu fördern; Schreiben als Informationsquelle für die Partei zu nutzen. Gleichzeitig wurde die Volkskorrespondentenbewegung gefördert: Mitarbeiter in den Betrieben, die die Presse über Erfolge und Schwierigkeiten im Produktionsablauf informierten. So sollte der ideologische Regenerationsprozeß der etablierten Literatur gefördert werden; man hoffte, die etablierten Autoren besser unter ideologische Kuratel zu bekommen, wenn sie sich in Zirkeln schreibender Arbeiter oder im Betrieb künstlerisch und politisch zu erklären hatten. Der Apparat ging davon aus, daß seine Führungsrolle von jetzt an unangefochten bleiben würde.[296]

Man nehme zum Beispiel, forderte W. Lewin, Mitarbeiter im ZK der SED in einer politik-didaktischen Empfehlung, »das Gedicht aus *Neues Deutschland,* Beilage *Kunst und Literatur* vom 5. September 1959, des Wismutkumpels Reinhard Bernitzke, der schon lange literarisch schafft und Mitglied der Arbeitsgemeinschaft junger Autoren Karl-Marx-Stadt ist«, dann könne man die Natürlichkeit der neuen Volksdichtung, noch dazu am Beispiel von Uran (»Uran in des Volkes Hand, das dem Frieden dient«), erkennen: »Schlafe, Sohnatsch, Kumpelsohn!/Nach der Schicht wird dir dein Lohn,/Vater kommt nach Hause/Und die Wanne und die Brause/warten auf uns beide schon./Schlafe, Sohnatsch, Kumpelsohn!«[297]

Freilich stellte selbst Ulbricht auf der zweiten Bitterfelder Konferenz im April 1964 fest, daß das Ringen um eine höhere Qualität nicht immer erfolgreich gewesen sei. Zudem bot der Bitterfelder Weg Schriftstellern und Intellektuellen auch die Möglichkeit, »abwegige« Gefilde zu erkunden. Loyal bekundete man, beim Sozialismus mitzumarschieren, schlug sich dann aber seitwärts in die Büsche. Für Erwin Strittmatter, sein Roman *Ole Bienkopp* erzählt die Geschichte des Waldarbeitersohnes und Bienenzüchters Ole Hansen, bedeutete »Abweichung« die Beantwortung der Leitfrage: »Wie bringen wir in unserer Gesellschaft den Neuerer, den Vorwärtsdränger gut unter, so daß wir ihn nicht in seinem Tatendrang beschneiden, aber auch so, daß wir ihn nicht nach anarchischer Seite ausscheren lassen.« Recht anarchisch gebärdet sich der Held in Erik Neutschs Roman *Spur der Steine* (1964), der Zimmermannsbrigadier Hannes Balla (König der Baustelle, Einzelkämpfer, Glückssucher auf eigene Faust); doch wandelt er sich in einen verantwortungsbewußten, aufs Kollektiv hin orientierten Sozialisten. Christa Wolfs Roman *Der geteilte Himmel* (1963) handelt von der Liebe einer Pädagogik-Studentin (die ein Praktikum in der Brigade eines Waggonwerkes absolviert) zu einem Chemiker, der nach dem Mauerbau in Westberlin bleibt. Sie besucht ihren Freund, entscheidet sich jedoch gegen das westliche Gesellschaftssystem.[298]

Im Januar 1963 veröffentlichte Günter Kunert in der Zeitschrift *Weltbühne* ein Gedicht, das lapidar die kulturpolitische Situation der DDR unter Walter Ulbricht umriß: nämlich »Erhellungsverbot«.

»Als unnötigen Luxus/herzustellen verbot was die Leute/Lampen nennen/König Tarsos von Xantos der/von Geburt/Blinde.«[299]

Die Wahlfarce, so Hans-Joachim Maaz, sei unter Anleitung der Intellektuellen von 99 Prozent der Bevölkerung mitgemacht worden; Millionen von Menschen hätten sich regelmäßig an den großen Jubelaufmärschen beteiligt; eine überwiegende Mehrzahl von Menschen sei Mitglied der Jungen Pioniere, der FDJ oder des Freien Deutschen Gewerkschaftsbundes gewesen. Mehr als eine halbe Million Menschen soll sich an der entwürdigenden Schnüffelpraxis des Staatssicherheitsdienstes beteiligt haben. »Und es kann bestimmt keiner behaupten, er hätte die gnadenlose Vergiftung und Zerstörung unserer Umwelt, den Verfall unserer Städte und die zynische Verlogenheit in den Medien und öffentlichen Verlautbarungen, die albernen Losungen, den Verfall der Moral und die Zerstörung der Beziehungen durch Korruption, Bespitzelung, Denunziation, Speichelleckerei und Anbiederung an die Macht nicht gesehen, erlebt oder irgendwie mitgemacht.«[300]

Einen besonderen Grund, dem Falschen weiter anzuhängen, weil es vielleicht letztlich doch das Richtige sei, hätten die Tuis des Ostens in der Haltung eines beträchtlichen Teils der linken westdeutschen Intelligenz haben können; denn »prinzipiell« erwartete auch diese das Heil vom marxistischen System, was dann vor allem in der Protestbewegung der Endsechzigerjahre zum Ausdruck kam. So erklärt der Prager Lyriker Jan Faktor, der seit Mitte der siebziger Jahre oft und seit 1978 ganz in Ostberlin lebte, die trotz tiefer Enttäuschungen bei der ostdeutschen Intelligenz weiter vorhandenen »sozialistischen Loyalitäten« im besonderen aus dem Einfluß der westdeutschen Studentenbewegung und ihrer geistigen Mentoren; darin habe ein wesentlicher Unterschied zu den mehr »bürgerlich« orientierten Dissidenten der Tschechoslowakei und anderer Ostblockstaaten bestanden. Die Gläubigkeit sei nicht auf Bravheit oder Angepaßtheit zurückzuführen, nicht der Erfolg von Erziehung oder Propaganda gewesen, sie kam »wie die Musik oder die Parkas oder der wirklich klebende ›Tesafilm‹, wie ›Kennzeichen D‹, *Weltspiegel* und vieles mehr aus dem Westen. Sie kam aus den Diskussionszirkeln der westdeutschen Linken, aus der APO, aus dem geistigen Umfeld der RAF. Diese Gläubigkeit nährte sich von der Wut der West-Linken auf das West-System. Sie speiste sich aus der Wahrnehmung der Auch-Ohnmacht, des Auch-nicht-glücklich-Seins jener Leute, die man im Westen persönlich kannte. Zusätzlich gefüttert wurde sie durch die neomarxistische, konsumkritische oder linksalternative Literatur des Westens, die auf mancherlei Wegen in die DDR geschmuggelt wurde.«[301] Die marxistische Affinität war somit gesamtdeutsch und auf paradoxe Weise ein einigendes Band.

Die Frankfurter Schule

Das marxistische Deutungs- und Orientierungsmuster war für wesentliche Teile der westdeutschen Intelligenz deshalb so faszinierend, weil es die Möglichkeit bot, den praktizierten Materialismus der Wohlstandsgesellschaft als falsches Bewußtsein zu dekuvrieren und statt dessen das utopisch-idealistische Ziel einer totalen Gesellschaftsveränderung bot. Die Intellektuellen dieser Provenienz bekämpften bourgeoise Saturiertheit, partizipierten freilich gern persönlich am angenehmen bürgerlichen Leben im Wohlstand. »Rechts dinieren, links schreiben.« Die Tui-Fragwürdigkeit wurde auch dadurch bestätigt, daß vielfach die Wortführer einer rigorosen marxistischen Gesellschaftstheorie später, im Laufe ihrer Entwicklung, ins Gegenlager des Konservativismus übergingen, wo sie sich nun dezidiert gegen die frühere Position wandten.

Im »Hotel Abgrund« zu logieren, von der Wirklichkeit des Lebens in theoretische Systeme retirierend, Realität aber radikal analysierend, distanziert von jeder »Volksfront« - ein solcher Vorwurf eines komfortablen Eskapismus traf vor allem die Vertreter der Frankfurter Schule. Was auf vielfältige und oft genug unterhaltsam amüsante Weise in der feuilletonistischen Kulturkritik angelegt war, voll phänomenologischer Vielfalt, wurde durch deren »kritische Theorie« mit der Anstrengung des Begriffs systematisiert. Im Rückblick hat man den Eindruck, daß dadurch - auch wenn Handeln nicht zum Repertoire der Frankfurter Schule gehörte - die erstarrten Verhältnisse zum Tanzen gebracht wurden. Andererseits spricht auch vieles für eine Bilanz, die der Revolution des Denkens, die in der 68er-Protestbewegung gipfelte, weitgehende Wirkungslosigkeit bescheinigt.

»Das Verzweifelte, daß die Praxis, auf die es ankäme, verstellt ist, gewährt paradox die Atempause zum Denken, die nicht zu nutzen praktischer Frevel wäre.« (Theodor W. Adorno)[302]

Der Marxismus, der die avantgardistische Kulturszene seit den fünfziger Jahren bestimmte und im besonderen Maße die akademische Jugend prägte, war ein solcher der Wiederkehr. Das von Max Horkheimer, Theodor W. Adorno und Friedrich Pollock geleitete Institut für Sozialforschung - in der Weimarer Republik mit Hilfe des Millionärssohnes Felix Weil entstanden, durch die Mitarbeit von Franz Neumann, Herbert Marcuse, Leo Löwenthal und Walter Benjamin geprägt, dann in die USA emigriert - ließ sich erneut in Deutschland nieder. Im Oktober 1946 hatte der geschäftsführende Vorsitzende des Kuratoriums der Frankfurter Universität, Ministerialrat Klinkelhöfer, das Institut offiziell eingeladen, nach Frankfurt zurückzukommen. Dem hatte sich der Frankfurter Oberbürgermeister, der Sozialdemokrat Walter Kolb, angeschlossen. Max Horkheimer übernahm seinen alten Lehrstuhl, wurde zum Dekan der Philosophischen Fakultät und dann zum Rektor gewählt; in diesen Funktionen leistete er einen wesentlichen Beitrag zum Wiederaufbau der Frankfurter Universität. Er war »im Nu etabliert«. Adorno traf Anfang November 1949 in Frankfurt ein; er war damals 46 Jahre alt.[303]

Der plakative, dogmatisch verengte (eindimensionale) Marxismus der DDR - mit »Apparatschiks« als Protagonisten - fand in der Frankfurter Schule seine Gegenposition: Deren Marxismus war spätbürgerlich differenziert, zögerlich-vorsichtig, der Fragwürdigkeit systematischen Denkens sich bewußt - allerdings im Prinzipiellen seiner Kapitalismuskritik stringent-apodiktisch, was Teile der jüngeren Generation faszinierte. Horkheimer, Adorno und die anderen Institutsmitarbeiter hatten zudem negative Erfahrungen mit der westlichen Zivilisation einzubringen, was den Antiamerikanismus der sich formierenden Protestbewegung beeinflußte.[304]

Im allgemeinsten Sinne war »kritische Theorie« ein Ausdruck für den Mut zum geistigen Widerstand – »schwierige Arbeit.«

»... ungeduldig
im namen der zufriedenen
verzweifeln/geduldig
im namen der verzweifelten
an der verzweiflung zweifeln/ungeduldig geduldig
im namen der unbelehrbaren lehren«

(Hans Magnus Enzensberger: »schwierige arbeit«,
Theodor W. Adorno gewidmet)[305]

Die »negative Dialektik« erwies sich als Absage ans bestehende System, also Antisystem. Da aufklärendes Denken, nicht weniger als die konkreten historischen Vorgänge wie die Institutionen der Gesellschaft, in die es verflochten sei, den Keim zu jenem Rückschritt enthalte, der heute überall sich ereigne, müsse Aufklärung die Reflexion auf das regressive Moment von Aufklärung in sich aufnehmen. Solcher Meta-Kritik ging es darum, mit Hilfe der Vernunft der Vernunftherrschaft Einhalt zu gebieten, ohne deshalb von der Vernunft abzufallen. Wahrheit könne sich nicht auf vernünftiges Bewußtsein zurückziehen, sondern müsse dieses in der Wirklichkeit zur Gestaltung bringen. Dann aber drohe die Gefahr, daß die Reinheit des Gegenentwurfs in der Realität verlorengehe. »Es gehört zum heillosen Zustand, daß auch der ehrlichste Reformer, der in abgegriffener Sprache die Neuerung empfiehlt, durch Übernahme des eingeschliffenen Kategorienapparats und der dahinter stehenden schlechten Philosophie die Macht des Bestehenden verstärkt, die er brechen möchte.«[306]

Die »kritische Theorie« bestehe, so hat es Horkheimer einmal formuliert, in der Überzeugung, daß wir das absolut Gute nicht darzustellen, jedoch aufzuzeigen vermöchten, worunter wir leiden und was der Veränderung bedürfe. Die Wirtschaftswunderwelt bot viele Anlässe zu kritischen intellektuellen Eingriffen; war es auch schwer, die Utopie vollständiger Freiheit zu antizipieren, so war man doch frei genug, um zu erkennen,

Der Vater der »Kritischen Theorie« und seine Sprößlinge Herbert Marcuse, Theodor W. Adorno und Jürgen Habermas (Karikatur von Volker Kriegel).

wie Zwänge, unter denen man litt, abgeschafft werden könnten. In der *Dialektik der Aufklärung,* noch in Amerika verfaßt, steht im Mittelpunkt der Umschlag von Aufklärung in ihr Gegenteil (angesichts des Versäumnisses der Vernunft, sich selbst aufzuklären, d. h. selbstkritische Reflexion zu betreiben). Instrumentelle Vernunft, die sich dem Zweck überantworte, verlöre ihren Sinn, der eben nicht in Profitmaximierung, sondern in der Humanisierung der Gesellschaft zu sehen sei. Der Prozeß der Rationalisierung, dessen Ambivalenz Max Weber mit dem Begriff der »Entzauberung« charakterisiert hatte, bedeute einen Triumph des Unheils. »Der Fluch des unaufhaltsamen Fortschritts ist die unaufhaltsame Regression.«[307]

Die *Negative Dialektik* von Adorno, 1966 erschienen, sei, so Georg Picht, das letzte Buch der europäischen Philosophie, in dem deren klassische Themen, das Absolute, die Freiheit und Unsterblichkeit, Liebe und Tod, geschützt durch die Form der Negativität, in ihrer verschwiegenen Wahrheit sich entfalten können.[308] Negative Dialektik bedeutete ein »Gedenke des anderen!« Dahinter stünde die einfache Einsicht, daß die Welt zwar auch ohne Menschen, die Menschen aber nicht ohne Welt zu existieren vermöchten. Der einzige vernünftige Ausweg aus der modernen Misere sei Versöhnung, die Anerkennung des Objekts, des Fremden. Dialektik erweise sich als das konsequente Bewußtsein von Nichtidentität

– Widerspruch als das Nichtidentische unter dem Aspekt der Identität; der Primat des Widerspruchsprinzips in der Dialektik messe das Heterogene am Einheitsdenken.[309]

Tiefe Betroffenheit rief das Denken Max Horkheimers und Theodor W. Adornos in »linken Kreisen« hervor, wenn sie sich mit der Verlogenheit affirmativer Kultur auseinandersetzten und die Entstehungsprozesse bzw. Auswirkungen des modernen Massenwahns, im besonderen antisemitischer Ausprägung, ergründeten. Analytischer Aufrichtigkeit stand freilich oft die vor allem von Adorno praktizierte begriffliche Übersteigerung entgegen, die den Diskurs zum scholastischen Wortspiel machte. Die »Sachen« gingen verloren, wenn die Worte und Begriffe redundant überhand nahmen. Vor allem Karl R. Popper, ein Meister »einfacher« philosophischer Ableitungen, dekuvrierte die verkrampften Sprachattitüden der Frankfurter Schule. (»Die gesellschaftliche Totalität führt kein Eigenleben oberhalb des von ihr Zusammengefaßten, aus dem sie selbst besteht« sage lediglich, daß die Gesellschaft aus den gesellschaftlichen Beziehungen bestehe.[310]) Die behauptete Anstrengung des Begriffs erwies sich oft genug lediglich als verbale Akrobatik; was sich fern vom Boden der Wirklichkeit abspielte, faszinierte – als verbale Gaukelei. Freilich sollte man darüber nicht verkennen, daß die »kritische Theorie« mit ihrer Bemühung, komplexe Tatbestände nicht zu simplifizieren, sondern auf adäquater Ebene, nämlich sprachlich vielschichtig, zu präsentieren, der für die Wirtschaftswunderzeit charakteristischen Penetranz der Vereinfachung entgegentrat. »Weil ich der Sprache als einem Konstituens des Gedankens soviel Gewicht beilege, wie in der deutschen Tradition Wilhelm von Humboldt, dränge ich sprachlich, auch im eigenen Denken, auf eine Disziplin, der die eingeschliffene Rede nur allzugern entläuft.« (Th. W. Adorno)[311] Im geschliffenen Sprachgitter der Negation sollte vor allem der romantisch-hochstapelnde, in Irrationalismen schwelgende, bestehende Verhältnisse affirmierende Jargon (»Jargon der Eigentlichkeit«) eingefangen und bloßgestellt werden. War der Gedanke zur Ware und Sprache zu deren Reklame herabgewürdigt, so mußte der Versuch, solcher Depravation auf die Spur zu kommen, den »geltenden sprachlichen und gedanklichen Anforderungen Gefolgschaft versagen«.[312] Die begriffliche Strenge, mit der die kritische Theorie sich gegen eine Gesellschaft wandte, die in der Verpackung oft schon die Botschaft sah, faszinierte Alt- und Jungintellektuelle – abgestoßen von einer Politik, die unentwegt zum Verweilen auf dem Polster der Platitüde einlud.

DICHOTOMIEN DES KULTURLEBENS IM WESTEN

Film und Theater

Als sich das Fernsehen in der zweiten Hälfte der fünfziger Jahre zur beliebtesten Freizeitbeschäftigung entwickelte, sanken die Zuschauerzahlen der Kinos rapide ab. Nach der Gründung der Bundesrepublik hatte der Film einen großen Aufschwung genommen, wobei er sich ganz als Teil der affirmativen Kultur begriff – indem er gesellschaftliche Mängel beschönigte, ungestillte Sehnsüchte stillte und konservative Mentalitätsmuster bestätigte. Der Höhepunkt war 1956 mit 817,5 Millionen Kinobesuchern in 6438 Lichtspieltheatern erreicht.[313] Der Film der fünfziger Jahre, so Klaus Kreimeier, war der Film der Adenauer-Ära und des CDU-Staates. Der restaurative Charakter der Epoche trat im Film besonders stark zutage; abweichende Strömungen gab es – bis zum Entstehen des »neuen Films« in den sechziger Jahren – viel weniger als im Theater, in der Literatur, in der bildenden Kunst und in der Musik. Das schnelle Wachstum der deutschen Filmproduktion war durch die Unterstützung des Staates möglich geworden; es war jedoch mit einem erheblichen Verlust an Freiheit erkauft. Über eine eigens eingerichtete staatliche Bürgschaftsgesellschaft, die 1950/51 20 Millionen, 1953–1956 60 Millionen Mark (in der Regel für ganze »Filmstaffeln« = 8 Filme) übernahm, kontrollierte der Bund fünfzig Prozent der deutschen Filmproduktion bis zur Besetzungsliste.[314]

Die Fassadenwelt des nationalsozialistischen Films war keineswegs abgebaut; in den »unpolitischen« Enklaven, die er für »Herz und Gemüt« inmitten einer brutalen Wirklichkeit angeboten hatte, fühlte man sich nach wie vor wohl. Während die Trümmerfilme vor der Währungsreform sich um eine Auseinandersetzung mit Daseinsnot und unverarbeiteter

Filmplakat 1954.

Vergangenheit bemühten, dominierten nun Filme, die die Realität illusionistisch verzerrten oder traumbildartig auflösten, die über das Zeitgeschehen einen »verunklarenden Schleier« breiteten. Ob Kriegsereignis oder Flüchtlingsschicksal, Justizirrtum oder Liebesleidenschaft: Immer wurde eine Scheinwelt vorgetäuscht, die von ausländischen Einflüssen, etwa dem italienischen Neorealismus, völlig unberührt blieb.[315]

Die zahlreichen Musikfilme der fünfziger Jahre setzten die Tradition der Tonfilm-Revuen der Vorkriegszeit fort; dazu kam der Einfluß des amerikanischen Musicals. Film und Schlagergeschäft waren eng miteinander verknüpft. In der Saison 1958/59 zum Beispiel bestand die Hälfte der erfolgreichen Filme der Bundesrepublik aus Schlagerfilmen. Arthur Brauner, wichtiger Filmproduzent der Nachkriegszeit, Film-Tycoon der Wirtschaftswunderwelt, sagte, daß es nur drei Filmgattungen gäbe, die geschäftlich keine Enttäuschung bereiteten: den Monumentalfilm, den Film nach einem Bestseller oder erfolgreichen Illustriertenroman und den Schlagerfilm.
Häufig waren Schlagertitel identisch mit Filmtiteln und umgekehrt. Sängerinnen, Sängern und Melodien, die über Film, Fernsehen und Funk bekannt wurden, war der Schallplattenerfolg sicher. (1949 wurden sechs Millionen, 1958 bereits achtundfünfzig Millionen Schallplatten, vorwiegend mit Unterhaltungsmusik, verkauft.) 1959/60 wurden von zweiunddreißig Musikfilmen achtzehn ausschließlich von Schallplattenstars getragen – vier von Peter Kraus, je drei von Freddy Quinn, Conny Froboess und Fred Bertelmann, je zwei von Caterina Valente und Peter Alexander, einer von Zarah Leander.
Die von der Vergnügungsindustrie produzierte Musik war seit der Trümmerzeit weitgehend »amerikanisiert«; zunehmender Beliebtheit erfreuten sich südamerikanische Rhythmen. Die deutsche Gefühlsschnulze hatte weiterhin Hochkonjunktur – mit Rudi Schuricke, dem »Troubadour der Liebe«; im Schlagergeschäft reüssierten Evelyn Künneke, Lys Assia *(O mein Papa)*, Caterina Valente (die 1958 das Bundesverdienstkreuz als »Botschafterin des deutschen Show-Busineß« erhielt), Peter Alexander, Udo Jürgens (1966 Grand Prix Eurovision de la Chanson), Drafi Deutscher (1965 von dem Teenager-Blatt *Bravo* zum »Sänger des Jahres« gewählt), Freddy Quinn (1956 erster »Schallplattenmillionär« der Bundesrepublik; wie seine Schlager hießen auch meist seine Filme). Als Kinderstar trat Cornelia Froboess hervor *(Pack die Badehose ein)*, die 1950 im Berliner Titania-Palast ihren ersten Auftritt hatte; in den späten sechziger Jahren wurde Heintje als »frecher und intelligenter Lausbub«

zum großen Liebling der Mütter und Großmütter. (Dagegen wurde Rock 'n' Roll mit der charismatischen Figur des Elvis Presley als Aufruf zu Krach und Krawall verstanden, es kam zu Saalschlachten und Polizeieinsätzen.)[316]

Als 1964 Paul Sethe, Ferdinand Fried und Hans Schwab-Felisch eine politische, wirtschaftliche und kulturelle Bilanz der Ära Adenauer zogen, sprachen sie vom »großen Film-Fiasko«. Die Bilanz des deutschen Films sei trostlos. Hoffnungsvoll habe es in den ersten, armen Jahren nach dem Krieg begonnen; nach der Währungsreform stürzte sich die Filmindustrie jedoch »in das große Geschäft der Heimat- und Heidefilme, der anrüchigen Helden und einer verschmierten Moral, für die der Geschmack des vielzitierten Lieschen Müller als Alibi herhalten mußte«.[317]

Positive Beurteilung fanden *Die letzte Brücke,* 1953, von Helmut Käutner (mit Maria Schell und Bernhard Wicki), *Königliche Hoheit,* 1953, nach Thomas Manns Roman, von Harald Braun (mit Dieter Borsche, Ruth Leuwerik, Lil Dagover und Mathias Wiemann), *Des Teufels General,* 1954, nach Carl Zuckmayers Bühnenstück, von Helmut Käutner (mit Curd Jürgens und Viktor de Kowa), *Canaris,* 1954, von Alfred Weidenmann (mit O. E. Hasse).[318]

Als Reaktion auf die bundesrepublikanische Filmmisere erlebte der intelligente wie intellektuelle Film (auch der Film der Intellektuellen) Anfang der sechziger Jahre eine Wiedergeburt. 1962 unterzeichneten sechsundzwanzig Filmemacher, Kameraleute und Schauspieler in Oberhausen ein Manifest, das einen Weg aus der Trostlosigkeit weisen sollte (mit ihren internationalen Kurzfilmtagen war die Stadt zu einem kulturpolitisch wichtigen Gegenzentrum zum Filmestablishment geworden).[319]

»Der Zusammenbruch des konventionellen deutschen Films entzieht einer von uns abgelehnten Geisteshaltung endlich den wirtschaftlichen Boden. Dadurch hat der neue Film die Chance, lebendig zu werden ... Der alte Film ist tot. Wir glauben an den neuen.«[320]

Zu den Unterzeichnern gehörte eine ganze Reihe von »Nachwuchstalenten« – oft freilich schon »Dreißiger« –, die bald darauf, zusammen mit anderen, dem Geist des Manifests verpflichteten Debütanten, ihr Versprechen einlösten: Ulrich Schamoni *(Es,* 1965), Volker Schlöndorff *(Der junge Törless,* 1965), Peter Schamoni *(Schonzeit für Füchse,* 1966), Alexander Kluge *(Abschied von gestern,* 1966), Werner Herzog *(Lebenszeichen,* 1967), Johannes Schaaf *(Tätowierung,* 1967), Edgar Reitz *(Mahlzei-*

ten, 1967). Themen wie Abtreibung, Geburtenkontrolle, Vater-Sohn-Konflikt, gesellschaftliches Außenseitertum, Ehescheidung, spießbürgerliches Familienleben, junge Liebe, weibliche Emanzipation bezogen sich auf die unmittelbare Wirklichkeit der Bundesrepublik.

Als Filmtheoretiker wie Filmpraktiker, aber auch als Schriftsteller trat Alexander Kluge, geboren 1932 in Halberstadt, hervor. Nach dem Studium der Rechtswissenschaft, Geschichte und Kirchenmusik war er Produzent und Regisseur mehrerer Kurzfilme; 1962 baute er mit Edgar Reitz das Institut für Filmgestaltung in Ulm auf. Mit seinen »teils erfundenen, teils nicht erfundenen« *Lebensläufen* (1962)[321] schuf er eine neue Erzählform, die mit ihrer Montage von Wirklichkeitsfragmenten (Sezierungs-Befunden) eine Sozialpathologie vorwiegend der nationalsozialistischen Zeit und ihrer Auswirkungen gab. In dem Film *Abschied von gestern,* 1966, nach einer Erzählung aus dem Buch *Lebensläufe,* ist Anita G. »wie ein Seismograph, der durch unsere Gesellschaft geht, wie eine Sonde«: Als Kind jüdischer Eltern in Leipzig geboren, ist sie nach dem Krieg in die Bundesrepublik gekommen; sie gerät in Konflikt mit der Gesellschaft, wird wegen eines Diebstahls und kleinerer Betrügereien verurteilt und als Geliebte eines verheirateten Ministerialrats schwanger, sie stellt sich der Polizei. Deutlich wird das Versagen der Justiz, doch erscheint auch als positives Gegenbild der hessische Oberstaatsanwalt Fritz Bauer, engagierter Vertreter einer Humanisierung der Justiz. Der Film *Die Artisten in der Zirkuskuppel: ratlos* (1968) reflektiert in bild- und ton-assoziativer Form das Spannungsverhältnis von Utopie und Wirklichkeit wie die Situation des Künstlers, des Filmemachers. Variiert und exemplifiziert wurde, was für Alexander Kluge die »Utopie Film« ausmachte: Film ist auf Erkenntnis gerichtet. Der Film läßt eine radikale Erweiterung der literarischen Mittel zu. Der Film kennt das Wunschbild des »zweckfreien Films«, der »Kinogewohnheiten« nicht berücksichtigt. Filmbildung soll ein Verantwortungsgefühl entwickeln, das zwar darauf beruht, daß der Film eine Massenbasis hat. Doch muß er viel mehr die kritische Haltung des Zuschauers, den Anspruch des Zuschauers, als ein aufgeklärter Mensch behandelt zu werden, vorwegnehmen.[322]

In einer Bilanz des jungen deutschen Films, für den er das Jahr 1966 zum »Jahr Eins des praktischen Neubeginns« deklarierte, meinte Urs Jenny, daß junge Regisseure wie Pilze nach dem Regen hervorgeschossen seien. »Deutschlands ›Neue Welle‹ rollt also, das ist für die Beteiligten erst einmal wichtiger als die Qualität des einen oder anderen.« Doch werde die bundesrepublikanische Realität, auf die man sich nun stürze, oft nur als Kulisse behandelt. »Auf ihre Weise setzen die meisten der Jungen den Eskapismus der Älteren fort. Sie zeigen einer Generation, der es schon so selbstverständlich ist, daß an eine Alternative niemand mehr denkt: es geht in ihren Filmen um Privates, meist um das ›Leben zu zweit‹ mit meist bescheidenen Seligkeiten und bescheidenen Kümmernissen.«[323] Das führte 1967/68 zu einer neuen, nun vom Underground-Cinema beeinflußten Kinorebellion. Hellmuth Costard zeigte in *Besonders wertvoll* einen überdimensionalen großen Penis, dessen Glans-Öffnung als Mund die Sittenklauseln des Filmförderungsgesetzes und des Fördererlasses des Innenministeriums zitierte und anschließend, umgeben von konsumanreizenden Werbefotos, gegen eine Glasscheibe vor der Kamaralinse ejakulierte.[324]

Für den »offiziellen Geist« des neuen Staates erschien Theater als Bastion der Selbstbestätigung. In Musentempeln demonstrierte man »Festlichkeit«, im Osten sozialistische Bedeutsamkeit. Friedrich Luft charakterisierte freilich die prästabilierte theatralische Harmonie des Westens mit dem lapidaren Diktum: »Volle Häuser, geistige Leere«. In einer Diskussion über *Fug und Unfug des Theaters* (1955) sprach der bekannte Theaterkritiker der *Stuttgarter Zeitung*, Siegfried Melchinger, davon, daß es mit unserem Theater, wenn wir nach der Kunst fragten, keineswegs gut stehe. Bürokratisierung und Provinzialisierung drängten es in den schrecklichen Status des Kulturbetriebs, während gleichzeitig die Künstler von der Unrast und den Verlockungen der Zeit herumgewirbelt würden wie nie zuvor und der Mangel an neuen Stücken immer spürbarer werde.[325] Statt dessen fand das aus Frankreich kommende »absurde Theater« von Eugène Ionesco, Arthur Adamov, vor allem von Samuel Beckett, große Resonanz.

Die sensationelle Entmythologisierung des *Tasso* leitete 1969 eine neue Entwicklungsphase des Theaters ein. Peter Stein hob mit seiner Inszenierung den im Leiden redseligen Dichter Tasso vom Piedestal und artikulierte damit Zweifel am Sinn künstlerischer Arbeit schlechthin – die neueste bundesrepublikanische Stimmung der Ambivalenz und Skepsis gegenüber »Kopfarbeit«, die nicht zum Handeln komme, reflektierend. 1970 übernahm Stein die Leitung der vom Ensemble mitbestimmten »Schaubühne« am Halleschen Ufer in Berlin. Seine Inszenierungen wurden mit denen von Max Reinhardt verglichen.

Seit Anfang der sechziger Jahre entstand mit Rolf Hochhuths *Der Stellvertreter* (1963), *Soldaten* (1967), Peter Weiss' *Die Ermittlung* (1965) und Heinar Kipphardts *In der Sache J. Robert Oppenheimer* (1964) ein Dokumentartheater, das die Frage nach dem Zustand der politischen Moral nicht mehr in den Ideenhimmel verlegte, sondern an aktuellen geschichtlichen Vorgängen festmachte. Vorbereitet war diese Politisierung auch durch die Studententheater, die sich in ihrer ersten Phase (1946–1952) bereits gegen die neu entstehenden reaktionären Tendenzen gewandt hatten und nun, in Widerspruch zum etablierten Theaterbetrieb, der als hierarchisch-kommunikationslos angegriffen wurde, die Kritik an der Gesellschaft verstärkten.

Gustav Gründgens, Leiter des Düsseldorfer Schauspielhauses, wechselte 1955 ans Hamburger Deutsche Schauspielhaus; ihm folgte Karl Heinz Stroux. In Bochum wirkte von 1949 bis 1972 Hans Schalla. Dazu kamen Gustav Rudolf Sellner (nach ihm Gerhard F. Hering) in Darmstadt; Kurt Hübner in Ulm (ab 1962 in Bremen); Boleslaw Barlog in Berlin, Schloßpark- und Schiller-Theater (seit 1945 beziehungsweise 1951); Heinz Hilpert in Göttingen (seit 1950), Hans Schweikart in München, Kammerspiele (seit 1947); Kurt Horwitz, Münchner Staatsschauspiel (seit 1953).[326] Peter Palitzsch, aus der DDR zurückgekehrt, seit 1966 Schauspieldirektor in Stuttgart, bemühte sich, »Gegenwart und Geschichte nach Brechtschem Beispiel, aber nun ohne sozialistische Heilserwartung, auf die Bühne zu bringen«.[327]
Unter den Schauspielerinnen und Schauspielern traten in den fünfziger Jahren besonders hervor: Maria Becker, Ernst Deutsch, Walter Franck, Käthe Gold, Joana Maria Gorvin, Heidemarie Hatheyer, Hanns Ernst Jäger, Johanna von Koczian, Hilde Krahl, Werner Krauss, Hannes Messemer, Karl Paryla, Will Quadflieg, Erich Schellow, Hermann Schomberg, Antje Weisgerber, Oskar Werner, Paula Wessely, Maria Wimmer.

Das Reich der reinen Töne

Die Oper, so Theodor W. Adorno in seinem Aufsatz »Theater – Oper – Bürgertum« (1955) werde beherrscht vom Element des Scheins, wie Walter Benjamins Ästhetik es in Gegensatz zu dem des Spiels gerückt habe. Was auf der Opernbühne geschehe, sei meist wie ein Museum vergangener Bilder und Gesten, an die ein retrospektives Bedürfnis sich klammere.[328] Eine solche Feststellung - korrespondierend mit Adornos Wort, daß in der Oper der Bürger zum Menschen transzendiere - charakterisierte im besonderen die aktuelle Situation der fünfziger und sechziger Jahre. Der restaurative Charakter der Epoche spiegelte sich in einer konservativen, affirmativen Musikkultur; das Reich der reinen Töne lag jenseits der Niederungen von Gesellschaft und Politik.

In einer Bilanz des Musiklebens Ende der fünfziger Jahre schrieb der Kritiker Karl Schumann, daß das Wirtschaftswunder auch zum Kulturwunder geführt habe. In die neugeschaffenen repräsentativen Konzertsäle komme man nun auch nicht mehr im abgewetzten Straßenanzug oder im verknitterten Sportkleid, sondern fühle, daß der zum Kunstgenuß hochgestimmte innere Mensch seine äußere Entsprechung in Kleidung und Gehabe haben müsse. »Musikkultur« als »Vergoldung des Bestehenden« personifizierte auf herausragende Weise Herbert von Karajan, der im Dritten Reich junger Aufsteiger gewesen war (ein »Albert Speer der Musik«[329]). Das Publikum, äußerte er in einem Gespräch, sei durch »schöne Begehrlichkeit« bestimmt. Die große Prosperität, die heute schon den kleinen Mann zum Besitzer von Dingen mache, die er sich früher vergeblich erhoffte, habe auch seine Ansprüche im Theater gesteigert. Er wolle das Exzeptionelle:

»Das Publikum will heute an großen Häusern nicht nur gelegentlich einmal ein kurzes Gastspiel einer gefeierten Primadonna miterleben, es möchte den Stars möglichst permanent begegnen, deren Namen es überall liest und deren Stimme es sich mit einem Tastendruck in seine eigenen vier Wände holen kann.«[330]

Ein wichtiges Symptom für die »Konsolidierung« des Musiklebens wie für die repräsentative Theaterkultur waren die vielen Festspiele, die in den frühen fünfziger Jahren wieder gegründet oder, soweit ihr Ursprung in der Trümmerzeit lag, intensiv ausgebaut wurden – darunter die Wiesbadener Mai-Festspiele und die Münchner Opernfestspiele ab 1950, die Festspiele in der Bad Hersfelder Stiftsruine und die Berliner Festwochen ab 1951.

Die Bayreuther Festspiele fanden wieder ab 1951 statt. Winifred Wagner hatte im Januar 1949 zugunsten ihrer Söhne Wieland und Wolfgang auf jede Mitwirkung verzichtet; daraufhin hatten die Amerikaner das zur Truppen-

betreuung beschlagnahmte Haus freigegeben. Man begann mit *Parsifal;* die Inszenierung von Wieland Wagner, der unter dem Motto »Kein Denkmalschutz für Wagner« antrat, wirkte schockierend; das »Bühnenweihespiel« wurde, wie auch der *Ring,* von Hans Knappertsbusch dirigiert; dazu kamen die *Meistersinger;* es gab zweiundzwanzig Aufführungen. Wieland Wagner hatte sich um Entmythologisierung bemüht, Dekor und Pathetik zu beseitigen und die braunen Schwaden, die über dem Hügel lagen, durch kluge ästhetische Argumentation hinwegzuscheuchen versucht.[331] Das Wunschbild »unpolitischer Kunst« – nach einer Phase der ideologischen »Indienstnahme« Wagners durch die Nationalsozialisten, für die Winifred Wagner wesentlich verantwortlich war – spiegelte auch eine Verlautbarung, die 1951 bei der Wiedereröffnung im Festspielhaus angeschlagen war: »Im Interesse einer reibungslosen Durchführung der Festspiele bitten wir von Gesprächen und Debatten politischer Art auf dem Festspielhügel freundlichst absehen zu wollen. ›Hier gilt die Kunst.‹ Die Festspielleitung.«[332]
Der Versuch der Wagner-Enkel, das Werk ihres Großvaters zu »entrümpeln«, vor allem auch durch »magischen Realismus«, etwa mit Hilfe von Lichtregie, an die Stelle geistfeindlicher Mythen eine reflektierte und zur Reflexion auffordernde Symbolik zu setzen, suggerierte Modernität. Das konservative Publikum, das »treu an Minne und Brünne« hing, war entsetzt – so wie Winifred Wagner, die ihre Korrespondenz aus dem Fichtelgebirge mit dem Vermerk »im Exil« versah. Als äußerer Effekt griff im In- und Ausland die Meinung um sich, daß der »Fall Wagner« nun abgeschlossen sei; man entdeckte im unpolitischen Wagner den »wahren Wagner«. Künstler, Kritiker, frühere Volksgenossen, Staatsbürger, Liberale, Christlich-Soziale, Sozialdemokraten, Kapitalisten, Gewerkschaftler eilten beflissen ins Bayreuther Festspielhaus.

Von einer »Reise durch das deutsche Konzertleben« berichtete Horst Koegler 1957, daß das Repertoire der modernen Musik – die in manchen Städten schon bei Bruckner beginne – auf den größten Widerstand beim durchschnittlichen Konzertpublikum träfe. Private Veranstalter könnten sich Konzerte mit ausschließlich zeitgenössischen Programmen überhaupt nicht leisten; sie täten es liebend gern, versicherten sie alle, aber das Publikum ließe sie glatt in Stich; man schreibe böse Briefe oder drohe mit der Nichterneuerung eines Abonnements zur nächsten Saison, wenn ein Solist wage, zu dem ihm widerwillig zugestandenen modernen Stück noch ein oder gar zwei weitere zu spielen.[333] »Publikumslieblinge« konn-

Plakatentwurf von Helmut Jürgens, 1957.

ten jedoch »vermitteln«: dem Cellisten Ludwig Hoelscher zum Beispiel verdankten viele moderne Komponisten erfolgreiche Uraufführungen; Dietrich Fischer-Dieskau setzte sich für Hans Werner Henze und Aribert Reimann ein. Unter den Dirigenten war Hermann Scherchen ein Protagonist der »musica nova«, was sowohl die Vertreter der älteren Generation (Arnold Schönberg, Alban Berg, Anton Webern) als auch ihre jüngeren Nachfolger betraf.

Akzeptiert wurden musikalische Aufrührer der zwanziger Jahre wie Paul Hindemith, Ernst Krenek, Kurt Weill, Arthur Honegger. Hindemiths Oper *Mathis der Maler* wurde nach dem Erfolg der Erstaufführung (1946) ins Repertoire aufgenommen. Andere Werke des modernen Musiktheaters, wie Kreneks im Dritten Reich totgeschwiegene Oper *Karl V.* (Düsseldorf 1958), errangen Achtungserfolge.[334] Dezidiert wandten sich moderne Komponisten der Literaturoper zu, in Absage an die schwülstigen Libretti der traditionellen Oper. Beispiele dafür waren: Gottfried von Einems *Dantons Tod* (G. Büchner); Werner Egks *Irische Legende* (W. B. Yeats) und *Der Revisor* (N. Gogol); Wolfgang Fortners *Bluthochzeit* (G. Lorca); Hans

Werner Henzes *Der Prinz von Homburg* (Text von Ingeborg Bachmann) und *Elegie für junge Liebende* (W. H. Auden); Gieselher Klebes *Die Räuber;* Hermann Reutters *Don Juan und Faust* (Chr. D. Grabbe).[335]

Die Geschichte von Bernd Alois Zimmermanns einziger Oper *Die Soldaten* nach dem Schauspiel von Jakob Michael Reinhold Lenz zeigte, wie schwer es war, modernes Musiktheater innerhalb der Organisationsstrukturen eines Stadttheaters, aber auch in Hinblick auf die eingeschliffenen Seh- und Hörgewohnheiten des Publikums, zu verwirklichen. Zimmermann erhielt für diese Oper einen Kompositionsauftrag der Stadt Köln. Als 1959 die ersten beiden Akte vorlagen, erklärten der damalige Kölner Intendant Oskar Fritz Schuh und sein Generalmusikdirektor Wolfgang Sawallisch, die Oper sei unaufführbar. Zimmermann brach die Ausarbeitung des dritten Aktes ab, konnte aber den Westdeutschen Rundfunk für eine konzertante Fassung gewinnen, die 1963 öffentlich zur Uraufführung kam. Der neue Intendant des Kölner Theaters, Arno Assmann, erklärte sich bereit, die szenische Uraufführung nun vorzunehmen; die Oper ging, nach Fertigstellung des dritten Aktes, am 15. Februar 1965 zum ersten Mal über die Bühne und wurde daraufhin von acht weiteren Häusern übernommen.[336]
Nur einen kleinen Kreis erreichte die serielle Musik, vor allem repräsentiert von der tonangebenden Trias Luigi Nono (geb. 1924), Pierre Boulez (geb. 1925) und Karlheinz Stockhausen (geb. 1928) – anstelle von Schönberg nun Anton von Webern sich zur Leitfigur wählend.[337] Die Mathematisierung der Ordnung von Klangmaterialien führte 1951 zur Einrichtung des ersten »Elektronischen Studios« im Kölner Funkhaus.[338] Elektronische Musik sei, so Karlheinz Stockhausen, im wörtlichen Sinne unanschaulich: Sie entspreche deshalb dem Rundfunkhören, bei dem es eben nichts zu sehen gäbe. »Ich kann von mir selbst sagen, daß ich am besten solche Musik höre und meine Phantasie am freiesten ist, wenn ich allein bin, nur lausche, am besten die Augen schließe, um auch die Dinge um mich herum auszuschließen.«[339]

Im Dezember 1968, in der Zeit studentischer Unruhen und Protestaktionen, sollte Henzes Oratorium *Das Floß der Medusa* in Hamburg aufgeführt werden. Ein Che-Guevara-Poster und eine rote Fahne auf dem Podium führten zur Konfrontation zwischen dem Veranstalter (dem »Establishment des Rundfunks«) und SDS-Gruppen aus Berlin und Hamburg. Henze begeisterte sich für das neue junge, demokratische Bewußtsein; überall »artikulierten junge Leute ihre Wut, ihren Protest, ihren Abscheu gegen eine Gesellschaft, die all ihren Vorstellungen, Plänen, Utopien von wahrhaft menschlichen Lebensverhältnissen zynisch ins Gesicht lachte«.[340] Die Studio-Atmosphäre schien verlassen; man war wieder bei »etwas Lebendigem« angelangt. Rhythmische Ho-Chi-Minh-Rufe skandierten das Ende der Zeit der schönen Selbsttäuschungen. Seinen Wohnsitz aus Italien nach Deutschland zu verlegen, das Dorado ästhetischen Scheins mit dem Ort politischer Aktion zu vertauschen – daran dachte der Spieler und Lyriker, Eklektiker und Genießer Henze, der nun seine Zigarren aus Kuba bezog, freilich nicht.

»Verlust der Mitte« und »neue Unverbindlichkeit«

Abstrakte Kunst wurde in den Nachkriegsjahren als Ausdruck der neuen politischen Ordnung, als Manifestation demokratischen und republikanischen Geistes begriffen: e contrario, hatten doch die Nationalsozialisten sie in ganz besonderem Maße denunziert; zudem konnte ihre Gegenstandslosigkeit von der tristen Wirklichkeit ablenken; dazu habe die Identifikation mit abstrakter Kunst eine antikommunistische Spitze – wurde doch in der DDR der »sozialistische Realismus« als offizielle Kunstrichtung gegenüber westlich-kapitalistischer Dekadenz propagiert.

Die Künstlerbünde der ersten Nachkriegszeit, wie der »junge westen« in Recklinghausen, »Zen 49« in München, die »Gruppe 53« in Düsseldorf, vereinten in sich zwar Angehörige der älteren wie jüngeren Generation; ihr Schaffen war jedoch insgesamt konsequent gegenstandslos, geprägt von der Absicht, sich von der nationalsozialistischen Kunstdiktatur mit ihrem Blut-und-Boden-Realismus eindeutig abzugrenzen. In Gegensatz dazu befanden sich Künstler, die in den abstrakten Chiffren, Ornamenten und Strukturen eine große Ablenkung von den eigentlichen existentiellen und historischen Fragen der Zeit sahen. Die Wogen der Empörung schlugen dabei hoch; man unterstellte den Abstrakten Opportunismus, zumal der Bundesverband der deutschen Industrie schon bald nach dem Krieg zu einem der wenigen mäzenatischen Förderer gegenstandsloser Richtungen geworden war. (Karl Hofer ließ sich sogar dazu hinreißen, von einer »abstrakten SS« zu sprechen.[341]) Fatal war es in der Tat, daß die unmittelbar nach Kriegsende in vielen eindrucksvollen Werken präsente »apokalyptische Kunst« bald vergessen war oder nicht genügend beachtet wurde – eine Kunst, die von Vertretern der inneren Emigration (wie Richard Oelze, Franz Radziwill, Karl Hofer) entweder »in Erwartung des Unheils« oder, nach 1945, von denselben Künstlern und neu hinzugekommenen, »angesichts des Unheils« geschaffen worden war. An hohläugige Menschen, an Flüchtlinge, Krüppel und klagende Frauen inmitten anbrandenden Mauerschutts (wie in den Bildern von Rudolf Schlichter, Karl Hubbuch, Hannah Höch, Werner Heldt, Harald Duwe) wollte man im Wirtschaftswunderland nicht mehr gern erinnert werden.[342]

Gegenstandslosigkeit, Farbrhythmik und lyrische Abstraktion fanden in Willi Baumeister (1889–1955) einen besonders geschickten und populären Vertreter – und zwar als Theoretiker wie als Maler, neben Fritz Winter, Ernst Wilhelm Nay und Theodor Werner. Die jüngere Generation vollzog die endgültige Integration deutscher Avantgarde in den »internationalen Stil«. »Diesen Dreißig- bis Vierzigjährigen sollte es gelingen, die bereits von Baumeister, Werner und Julius Bissier in den dunklen Kriegsjahren erträumte kosmische Freiheit in eine emotional hemmungslose und vernunftunkontrollierte Bildartikulation umzusetzen. Heimat dieser als Informel und Tachismus bezeichneten abstrakt-expressiven Malerei war die ›École de Paris‹, wo auch die aus Deutschland stammenden ›Psychogrammatiker‹ Hans Hartung und Wols ihren gewichtigen Beitrag zu einer von Stimmungen motivierten, rhythmisch-spontanen Malweise geleistet hatten.«[343]

Insgesamt stellte in den sechziger Jahren die gegenstandslose Kunst kein Skandalon mehr da. Ob Monochromie (in der Nachfolge von Yves Klein) oder dynamischer, häufig mit Lichteffekten arbeitender zwei- bis dreidimensionaler »Strukturalismus« (wie beim Zero-Trio Heinz Mack, Otto Piene, Günther Uecker), ob serieller Reduktionismus oder farbengeometrischer Neokonkretismus (Günther Fruhtrunk, Thomas Lenk, Georg Pfahler, Otto Herbert Hajek) – die vielen abstrakten »Figurationen« der sechziger Jahre, einschließlich des »Happenings«, wirkten kaum noch als Provokation. Als »Reflexionskunst« meinte sie alles und jedes (oder auch nichts): »... Zero ist die Stille. Zero ist der Anfang. Zero ist rund. Zero ist Zero.«[344]

Die »neue Unverbindlichkeit« trat besonders im Ausstellungswesen zutage; die Künstlerbund-Ausstellungen und die alljährliche Große Münchner Ausstellung im Haus der Kunst zeigten kaum provokative Trends. Dies traf auch für die »documenta« in Kassel zu, die erstmals 1955 stattgefunden hatte und sich als wichtigste kunstpolitische Leistung der fünfziger und sechziger Jahre erwies – als der Versuch, auf breiter internationaler Basis mit großer Öffentlichkeitswirkung einen Ort bildnerischer Auseinandersetzung zu schaffen. Der Erfolg der »documenta« ließ diese immer mehr zur »etablierten« Einrichtung werden. »Mit den Jahren – nicht nur mit der Wandlung der Kunst – hat die ›documenta‹ ihren Charakter verändert und sich der allgemeinen Entwicklung entsprechend mehr und mehr zu einer Institution des Handels gewandelt. Die ›documenta 7‹ im Jahre 1982 glich auf weiten Strecken einem thematisierten internationalen Kunstmarkt.« (Doris Schmidt)[345]

Die »documenta 1« brachte Kunst des 20. Jahrhunderts; vor allem wurde der deutsche Expressionismus gezeigt und damit rehabilitiert. Die »documenta 2« (1959) stand ganz im Zeichen der Gegenstandslosen. Martin G. Buttig, der im *Monat* über das »große Treffen der Abstrakten« berichtete, konstatierte, daß es in diesem Bereich keinen unbestellten Winkel und schon gar keine unentdeckten mehr gebe.[346] Auf der dritten »documenta« im Jahr 1964 kündigte sich die Pop-art an, eine Kunstrichtung, die die Konsumwelt und ihre Misere aufgriff und – erfolgreich gemanagt – selbst zum Konsumprodukt wurde.[347]
Bei der Auswahl der deutschen »documenta«-Künstler ging es weniger um Revolution als um Evolution. Ernst Wilhelm Nay, Fritz Winter, Joseph Faßbender, Rolf Nesch, HAP Grieshaber, Hann Trier, Heinz Trökes waren ohne Unterbrechung über drei Ausstellungen hinweg vertreten. Bei den Bildhauern überwogen die Vertreter eines heilen Menschenbildes.
»Nicht Hans Uhlmann und Norbert Kricke, sondern Gerhard Marcks, Toni Stadler, Gustav Seitz, Hans Mettel, aus der nächsten Generation Bernhard Heiliger und Karl Hartung herrschten im documenta-Profil vor. Den Paradigmenwechsel vollzog erst die ›documenta 3‹. Damals hatten Thomas Lenk, Erich Hauser und Otto Herbert Hajek ihre breite Präsentation.« Mit der »documenta 4« (1968) trat die amerikanische Kunst in den Mittelpunkt; an die Stelle des bislang expressiven Grundtons traten widersprüchliche Attitüden und Antiformen (u. a. mit Günther Uecker, Georg Baselitz, A. R. Penck, Sigmar Polke, Gerhard Richter, Reiner Ruthenbeck, Franz Erhard Walther).[348]

Literarischer Eskapismus

Als 1959 Studenten nach ihren Lieblingsautoren befragt wurden, entschied sich jeder fünfte für Thomas Mann (bei den deutschen Autoren folgten Brecht, Goethe, Hesse, Musil, Bergengruen, Kafka, Zweig, Benn, Böll). Ernest Hemingway stand an zweiter Stelle. Die Wirkung der Literatur ins tätige Leben hinein sei beim intellektuellen Nachwuchs auf dem Nullpunkt angelangt, hieß es in einem Kommentar der Zeitschrift *Das Schönste.* Wirkung könne nämlich nur von den Zeitgenossen ausgehen. Durch das Dritte Reich sei der Faden der Kontinuität zerrissen worden; das Publikum habe sich verlaufen; die neuen Akteure hätten weder Tradition noch Routine. Lediglich Heinrich Böll gelänge es, mit den älteren Autoren ungefähr Schritt zu halten; obwohl er an manchen Problemen der Zeit nicht vorbeigehe, baue er jedoch immer eine Distanz ein; Gegenwart und Vergangenheit würden bei ihm fast grenzenlos verschwimmen. »Ein anderer der jüngeren Schriftsteller, der die Zeit wirklich scharf unter die Lupe nimmt, Wolfgang Koeppen, wurde von keinem einzigen der jungen Leser als ›LieblingsAutor‹ benannt. Von dem vielzitierten Avantgardismus der Jugend ist wenig zu spüren.«[349] Eine solche Momentaufnahme des literarischen Geschmacks in einer bestimmten Schicht zeigte, vor allem was die deutschen Autoren betraf, eine Vorliebe fürs Klassisch-Abgesicherte, für gemäßigte Modernität. Dem widersprach allerdings das breite Interesse an Franz Kafka, der in dieser Zeit zahlreiche Leser fand.

Der Georg-Büchner-Preis ging 1960 an Paul Celan. Gewürdigt wurde ein Dichter, der in Existenz und Werk den stärksten Gegenpol zur Mentalität des »schwitzenden Idylls« darstellte. Er wurde 1920 in Czernowitz geboren; die Eltern verschleppte man als Juden in ein Steinbruchlager in der Ukraine, wo sie umkamen. Celan, der während des Krieges in einem Arbeitslager in Rumänien bittere Erfahrungen machen mußte, emigrierte 1947 nach Wien; ab 1948 lebte er in Paris, wo er sich 1970 das Leben nahm. Seine Lyrik (*Der Sand aus den Urnen,* 1948, *Mohn und Gedächtnis,* 1952, *Sprachgitter,* 1959, *Die Niemandsrose,* 1963, *Fadensonnen,* 1968), darunter die *Todesfuge,* die den Massenmord an den Juden im Dritten Reich in dunkle Chiffren faßt, variiert den poetischen Grundsatz des Dichters. »Wahr spricht, wer Schatten spricht.«[350] Als Celan 1958 den Bremer Literaturpreis entgegennahm, sagte er von seiner Sprache: »Aber sie mußte nun hindurchgehen durch ihre eigenen Antwortlosigkeiten, hindurchgehen durch furchtbares Verstummen, hindurchgehen durch die tausend Finsternisse todbringender Rede. Sie ging ... hindurch und durfte wieder zutage treten, ›angereichert‹ von all dem.«[351] Hermetische Sprachträume bestimmten das Werk von Arno Schmidt, die ihren Kulminationspunkt in »Zettels Traum« (1970), einem viele Kilogramm schweren, großformartigen Superbuch, fanden – die Summa magna der literarästhetischen Theorie des Einsiedel-Schreibers. Schmidt, der mit zeitkritischen Erzählbänden begonnen hatte (u. a. *Leviathan,* 1949, *Brand's Haide,* 1951) verzichtete immer mehr auf überlieferte literarische Muster mit epischem Erzählfluß und bot in wuchernden Kompositionen verschlüsselte Extrakte, anregende Unklarheiten sowie ein extensiv zur Schau gestelltes alexandrinisches Wissen. Dazu kamen neue Wortbildungen, Versetzung von Textblöcken, merkwürdige Orthographie und Interpunktion. Der menschenscheue Außenseiter, der ein abgesperrtes Dasein am Schreibtisch führte (in leidenschaftlicher Hingabe an Bücher), war zwar dem »Normalleser« entfremdet, scharte jedoch ein engagierte »Dechiffrier-Gemeinde« um sich.

Demgegenüber schoß der Innerlichkeitskult üppig ins Kraut. Betont abendländisch, vor allem christlich, gaben sich Rudolf Alexander Schröder, Hans Carossa, Ina Seidel, Gertrud von Le Fort, Werner Bergengruen – politische Fragwürdigkeiten aus der Zeit des Nationalsozialismus geschickt überspielend. Bürger - Weltmann - Christ - Mittler - Dichter: Unter diesen bezeichnenden Begriffen stand eine Auswahl aus Schröders Werk, die unter dem Titel *Fülle des Daseins* (1958) herauskam. Hans Carossas Heile-Welt-Lyrik, darunter *Der alte Brunnen* (»... Viel Wandrer gehen fern im Sternenschimmer,/und mancher noch ist auf dem Weg zu dir«), war in den Lesebüchern weit verbreitet; auf dem Gang zu den Müttern und zur bergenden Natur befand sich Ina Seidel.

In einer Rede über »Literatur und Öffentlichkeit« stellte der Zürcher Literaturhistoriker Emil Staiger fest, daß er in der »littérature engagée« eine Entartung jenes Willens zur Gemeinschaft sehe, die die Dichter vergangener Zeiten beseelt habe. Gehe man die Gegenstände der neuen Romane und Bühnenstücke durch, so wimmelten sie von Psychopathen, von gemeingefährlichen Existenzen, von Scheußlichkeiten großen Stils und ausgeklügelten Perfidien. Wenn ein bekannter Dramatiker (gemeint war Peter Weiss mit der *Ermittlung)* Auschwitz auf die Bühne bringe, in einem früher verfaßten Stück mit dem Marquis de Sade *(Die Verfolgung und Ermordung Jean Paul Marats, dargestellt durch die Schauspielgruppe des Hospizes zu Charenton unter Anleitung des Herrn de Sade,* 1964), einen Welterfolg errungen habe, »so nehmen wir an, er habe hier wie dort die ungeheure Macht des Scheußlichen auf das heutige Publikum einkalkuliert und sich natürlich nicht verrechnet«. Es seien nicht ausnahmslos, aber meistens Zeiten des Wohlstandes und der Ruhe, in denen der démon ennui, die dämonische Langeweile, die Verzweiflung an allem Leben, gedeihe. »Der Nihilismus ist, in erstaunlich vielen Fällen, ein Luxusartikel.«[352]

Die Rede löste eine außergewöhnlich lebhafte Debatte aus, an der sich fast alle Autoren von Rang und Namen beteiligten. Sie stellte insofern einen Höhepunkt des für diese Zeit charakteristischen Eskapismus dar, als sie den bürgerlichen Wunsch nach zeitenthobener Kunst, die als schöner Schein das Bestehende verkläre, unverhüllt und imperativ zum Ausdruck brachte – und damit, von persönlich durchaus integrem Standpunkt aus, reaktionären Tendenzen Vorschub leistete.

Der Unmut über den restaurativen Charakter der Literatur veranlaßte den 1924 geborenen Karlheinz Deschner, der als Soldat in Frankreich, Holland, Italien, auf Sizilien und in der »Festung Breslau« gewesen war und eine ganz andere (nicht »heile«) Wirklichkeit kennengelernt hatte, zu einem polemischen Rundumschlag: Seine literarische Streitschrift *Kitsch, Konvention und Kunst* erschien 1957; sie wurde als Sensation empfunden, von den Konservativen abgelehnt, aber auch im »progressiven Lager« mit Skepsis betrachtet – hatte der Autor doch neben Hans Carossa, Ernst Jünger, Werner Bergengruen, Rudolf Georg Binding auch Hermann Hesse, Robert Musil, Hermann Broch, Hans Henny Jahnn, Gottfried Benn, Georg Trakl u. a. attackiert. Er prangerte, freilich an oft untauglichen Beispielen, die ideologische Befangenheit des Literaturbetriebs an.[353]

Das deutsche Schul-Lesebuch (wie der Lektüre-Kanon) erwies sich als Indikator für restaurative und reaktionäre Gesinnung. Die Lektionen, die man vom »anderen Deutschland«, vor allem vom deutschen Geist im Exil, hätte erhalten können, blieben ungelehrt und ungelernt. Verhältnismäßig spät wurde der faschistoide Wurzelgrund dieses Literaturverständnisses aufgedeckt. 1963 befand der Berliner Jurist Dr. Alfred Oberlack, die jungen Lesebuchleser würden für dumm verkauft: Anhand von 144 untersuchten bundesrepublikanischen Lesebüchern legte er dar, daß vom zeitgenössischen Leben so gut wie nichts berichtet, dafür aber der »Boden« romantisiert werde.[354]

Wozu noch Philosophie?

Angesichts der deutschen Philosophie des letzten halben Jahrhunderts, so Jürgen Habermas, dränge sich die erstaunliche Kontinuität der Schulen und der prinzipiellen Fragestellungen auf. In den zwanziger Jahren seien im deutschen Sprachraum bereits die theoretischen Ansätze entstanden, die die philosophische Diskussion noch in den fünfziger und sechziger Jahren beherrscht hätten. »Damals haben sich gegen die imperiale Stellung des Neukantianismus, dessen Einfluß weit über die deutschen Grenzen hinausreichte, im wesentlichen fünf philosophische Impulse durchgesetzt: mit Husserl und Heidegger eine teils transzendallogische, teils ontologisch gerichtete Phänomenologie; mit Jaspers, Litt und Spranger eine an Dilthey anknüpfende, teils existentialistische, teils neuhegelianisch eingefärbte Lebensphilosophie; mit Scheler und Plessner (und in gewisser Weise auch mit Cassirer) die philosophische Anthropologie; mit Lukács, Bloch, Benjamin, Krosch und Horkheimer eine auf Marx und Hegel zurückgreifende kritische Sozialpsychologie; und schließlich mit Wittgenstein, Carnap und Popper der im Wiener Kreis zentrierende logische Positivismus.« Neu hinzugekommen war der in den angelsächsischen Ländern prominente Neopositivismus.

Die Kontinuität der Entwicklung sei durch ein weiteres Moment noch verstärkt worden: durch die ungebrochen personalistische Erscheinungsform des philosophischen Denkens. Wahrscheinlich werde man in wenigen Jahren jenen Gestus, der in den vergangenen Jahrzehnten und dann wieder nach Kriegsende selbstverständlich gewesen ist, als altmodisch empfinden: »... ich meine den rhetorischen Gestus, mit dem eben Heidegger und Jaspers, Gehlen, Bloch und Adorno als akademische Lehrer vor ihren Studenten, in der literarischen Öffentlichkeit, in der politischen Publizistik, sogar in den Massenmedien ihre Gedanken vertreten, geradezu exerziert und verbreitet haben.«

An der philosophischen Entwicklung in Deutschland sei ferner die Fixierung an das zeitgeschichtliche Phänomen des Faschismus bemerkenswert. Ein neutralistisches Selbstverständnis war nach 1945 nicht möglich; die politische Lebensgeschichte trennte Exilierte (und Zurückkehrende) wie Bloch, Horkheimer, Adorno von den »inneren« Emigranten (vieler Schattierungen) wie Jaspers und Litt und von den intellektuellen Vorreitern oder temporären Nothelfern des Regimes wie Heidegger, Freyer und Gehlen. »Freilich hätte diese biographische Hypothek ihr Gewicht nicht über zwei Jahrzehnte behalten können, wenn nicht das Problem der mittelbaren intellektuellen Urheberschaft politischer Verbrechen, überhaupt der praktischen Folgen und Nebenfolgen des Philosophierens bestanden hätte und als systematische Frage doch zugleich unerledigt geblieben wäre.«[355]

Für Martin Heideggers Philosophieren gründet die Seinsfrage in der Endlichkeit, die als »Vorlaufen zum Tod«, als »Sein zum Ende«, als »Sein zum Tod« erfahren wird. Menschliches Dasein muß sein Sein erst »entwerfen«, wobei es die Möglichkeit hat, zur Selbstverwirklichung vorzustoßen oder aber in der Selbstentfremdung sich zu verlieren. Menschliches Dasein ist durch Seinsverständnis ausgezeichnet. Das Dasein ängstigt sich vor dem Nichts; das macht seine Grundbefindlichkeit aus; doch kann es in seinem Freisein für die Freiheit sich selbst wählen und damit neue Identität gewinnen. (Vor allem über den Existentialismus Sartres, seit Ende der vierziger Jahre von großem Einfluß, war Heideggers Denken in wesentlichen Elementen in der Nachkriegszeit präsent.)[356]

Der große Gegenpol zu Martin Heidegger war Karl Jaspers. In seinen 1978 postum erschienenen *Notizen zu Heidegger* heißt es, daß von den deutschen Philosophieprofessoren der Gegenwart nur dieser ihn wirklich interessiert habe. Heidegger habe freilich nicht gewußt, was Freiheit sei. Schön und verführerisch, kostbar gearbeitet und unwahr, versprechend und in nichts sich auflösend, erdnah und verderblich, angstvoll, ständig verfolgt, nie ruhend in einer Liebe, unwirsch und dann klagend, rührend, mitleiderweckend, Hilfe begehrend, im Machtgefühl sich überschlagend, im Kollaps ratlos und würdelos; immer bemüht, stets indirekt, mit berechnendem, aber sich selbst nicht durchschauendem Instinkt: Heidegger denke polemisch, aber nicht diskutierend; er denke beschwörend, nicht eigentlich begründend; er sage aus, vollziehe aber nicht Gedankenoperationen.[357]

Ausgehend von dem Satz, daß Zusehen kein Existieren sei, hat Jaspers sich stets in die Realität »eingemengt«. Seine Schrift *Die geistige Situation der Zeit* 1931 (1947 wieder aufgelegt) zeigte das Engagement, auch das Pathos, mit dem der Philosoph sich fürs »Selbstsein« des Menschen einsetzte – in großer Sorge vor dem Aufstand der Massen, ihren Mechanismen und Apparaturen. War die Geschichte der Menschheit ein vergeblicher Versuch, frei zu sein, oder war der Augenblick des Bewußtseins von Freiheit nur ein Zwischenspiel zwischen zwei unermeßlichen Schlafzuständen, von denen der erste als Naturdasein, der zweite als technisches Dasein zu definieren war?

Für nahezu ein Vierteljahrhundert sei Karl Jaspers das Gewissen Deutschlands gewesen (Hannah Arendt).[358] Leidenschaftlich wandte er sich gegen die atomare Aufrüstung: »Bisher konnte der Mensch als einzelner sich selbst das Leben nehmen. Er konnte in Kämpfen töten und getötet werden. Völker konnte man ausrotten. Jetzt aber kann die Menschheit im Ganzen durch Menschen vernichtet werden. Daß dies geschieht, ist nicht nur in den Bereich der Möglichkeiten getreten. Es ist für die rein rationale Erwägung wahrscheinlich, daß es geschehen wird.« – Neben seinem Buch *Die Atombombe und die Zukunft des Menschen. Politisches Bewußtsein in unserer Zeit* (1958) war vor allem der Band *Wohin treibt die Bundesrepublik?* (1966) von aufrüttelnder Wirkung. In drei Wochen erreichte er dreißigtausend Leser; nach weniger als einem Jahr waren fast hunderttausend Exemplare verkauft. »Ulbricht, noch im Glanze unbestrittener Alleinherrschaft, meinte in einem Brief, daß den Verfasser und ihn selbst bezüglich der Entwicklung der Bundesrepublik ›die gleiche Sorge bedrückt‹.«[359]

In seinem Essay *Wozu noch Philosophie?* (1963) meldete Adorno Zweifel an, ob Philosophie als Tätigkeit des begreifenden Geistes nicht zurückbleibe hinter dem, was sie zu begreifen hätte: den auf die Katastrophe zutreibenden Zustand der Welt; für Kontemplation scheine es zu spät. Die Protestbewegung Ende der sechziger Jahre jedenfalls meinte, daß Aktion wichtiger sei als Reflexion – selbst wenn sie in ihrer ersten Phase noch auf Philosophie, zum Beispiel auf das Werk Herbert Marcuses, rekurrierte. Auch im Bereich der Philosophie bewahrheitete sich, was Enzensberger hinsichtlich des (vorläufigen) Endes der bundesrepublikanischen liberalen Intelligenz vermerkt hatte: Die Zeit der schönen aufgeklärten Selbsttäuschungen hatte ein Ende. Freilich erfolgte nicht der Einzug der Revolutionäre. Die Vertreter der »zynischen Vernunft« und der neuen »Unübersichtlichkeit« standen vor der Tür des leer gefegten Denkraumes.

Protestantische Theologie und katholisches Milieu

Der Mensch, hieß es bei dem protestantischen Theologen Rudolf Bultmann, sei immer nur der, der er werde. Er selbst stehe sich noch bevor, sein wahres Jetzt liege vor ihm, und er könne es gewinnen, er könne es auch verlieren - im Leben wie im Sterben. »Auch im Tode wird Gott auf mich zukommen und mich herausfordern in seine Zukunft, in meine Freiheit. Wie er mir begegnen wird, weiß ich nicht zu sagen; aber ich weiß, daß er mich da trifft und mir die Freiheit eröffnet.«[360] Auf eine eigenartige Weise korrespondierte solche Metaphysik mit der Fortschrittsgläubigkeit der Wirtschaftswunderzeit, die Existenzanalyse - Bultmann war mit Martin Heidegger befreundet und arbeitete mit ihm zusammen - mit der theologisch fundierten Weltbezogenheit: Im Endlich-Konkreten sah man nun die Möglichkeit, sich auf ein Zukünftiges hin neu zu entwerfen. Mündigkeit bedeutete dann nicht nur die Hoffnung, sich auf Gott als den »ganz Anderen« zu verlassen, sondern sich mit Jesus von Nazareth - dem ersten Herrn der Welt, Urbild des mündigen Menschen - der Welt in ihrer Endlichkeit zuzuwenden, um *dort* Christ, also handelnder Christ, zu sein.

»Der Mensch zwischen Gott und Welt« war das Thema Friedrich Gogartens, der »Säkularisierung« bejahte.[361] Verantwortung dürfe nicht leer sein; gerade weil der Mensch erlöst sei, könne er Verantwortung tragen. Die Hoffnung des Glaubens ist auf das Heil der Welt ausgerichtet: »Alles ist Euer« (1. Korintherbrief). Die Bemühung der Vernunft, den Menschen heil zu machen, bringt noch nicht das Heil; habe man jedoch das von Gott »geschenkte Ganze« der Welt im Sinne, erweist sich Zweckhaftes als durchaus sinnvoll. »Wissenschaft ist glaubenslos, oder sie ist nicht Wissenschaft; aber nur wo Glaube ist, kann die Wissenschaft glaubenslos sein.« (Heinz Zahrndt)

Paul Tillich, der 1933 in die USA emigrierte und dort seine theologische Karriere begründete, wollte mit seinem Werk gleichermaßen die Kluft zwischen Religion und »profaner« Kultur, zwischen Glauben und Denken, auch zwischen dem Christentum und den anderen Hochreligionen schließen. In seinem System wird zwischen dem reinen Sein und dem Sein im Zustand der Entfremdung, das heißt der Existenz, unterschieden. Aber die Entfremdung des Menschen von Gott, den anderen Wesen und von sich selbst wird mit Wirklichkeitssinn im Geiste aktiver Theologie - des »Muts zum Sein« - angegangen.[362]

Als »Botschafter einer neuen Wirklichkeit« ging es Tillich, geprägt auch durch amerikanischen Wirklichkeitssinn, im besonderen darum, das Wort Gottes wieder verständlich zu machen. Sowohl auf dem Katheder wie auf der Kanzel sollte die sakrale Esoterik der Sprache aufgebrochen werden, bis hin zur Profanität der Aussage bzw. nichtreligösen Verkündigung, um so den säkularen Menschen wieder zu erreichen.

Mit »linker Eloquenz« propagierte die Theologin Dorothee Sölle die Auflösung des Zusammenhangs zwischen bürgerlicher und christlicher Kultur und das Gespräch zwischen Christentum und Marxismus. 1968 veröffentlichte sie die Aufsatzsammlung *Atheistisch an Gott glauben* und den Band *Phantasie und Gehorsam. Überlegungen zu einer künftigen christlichen Ethik.*[363] Der alte Gott sei tot; die neue christologische Hoffnung sehe in Jesus, dem Einen, die anderen immer schon mitgesetzt und mitgemeint. Das im Protestantismus tabuisierte »Wort« werde in seinem autoritären Charakter dekuvriert; an seine Stelle solle das »erhellende Wort« treten. Aufklärung ist jedoch nur möglich, wenn gesellschaftliche und politische Zusammenhänge mit bedacht werden.

In einer vieldiskutierten Streitschrift *Die Kapitulation oder Deutscher Katholizismus heute* beschrieb Carl Amery die »Herrschaft des Milieus im deutschen Katholizismus«. Seit dem 19. Jahrhundert habe ein kleinbürgerliches Tugendsystem die Kirche erstarren lassen. Die Primärtugenden wie Gläubigkeit, Demut, Caritas, asketische Kraftanstrengung waren durch »Sekundärtugenden« überlagert oder ersetzt. Die »säkularisierte Religiosität« des »sekundären Tugendsystems« sei eine »Schmücke-dein-Heim«-Religiosität gewesen, deren »Sittlichkeit« durch Egoismus bestimmt war. So habe das Milieuchristentum des Katholizismus wie des Protestantismus im Dritten Reich erst dann empfindlich reagiert und Widerstand geleistet, als die Nationalsozialisten das Milieu selbst bedrängten. Widerstand leistete man nicht, als Menschenwürde und

Menschlichkeit verletzt und zerstört wurden, sondern als die kirchlichen Machtpositionen gefährdet waren. Im Verlauf dieser lang andauernden Entwicklung entfernte sich die Denkweise und Moralität des katholischen Milieus immer mehr vom Christentum. »Aber erst heute in der CDU-Ära, glaubt es, das ›ideale‹ Verhältnis zur Kirche entdeckt zu haben – nämlich das Verhältnis eines Parasiten zu seinem Opfer.«[364]

Flucht und Vertreibung aus den ehemaligen Ostgebieten Deutschlands hatte den Anteil der Katholiken in der Bundesrepublik deutlich erhöht; er blieb nur noch wenig hinter dem der Protestanten zurück. Das ökumenische Denken blieb jedoch unterentwickelt; man grenzte sich strikt voneinander ab; die Intoleranz trieb groteske Blüten. 1953 weigerte sich der damalige Würzburger Bischof Julius Döpfner, eine Zuckerfabrik einzuweihen, bloß weil ein evangelischer Pfarrer im Talar anwesend war und ebenfalls eine Weihehandlung vornehmen sollte. Bayern war überhaupt ein Hort ultramontaner Engstirnigkeit. Mit Hilfe amerikanischer konservativ-katholischer Kreise wurde die frühere liberale Schulpolitik der US-Militärregierung revidiert (im Rahmen eines Revirements wurde George N. Shuster zum Staatskommissar in Bayern ernannt); dem von 1946 bis 1950 amtierenden bayerischen Staatsminister für Unterricht und Kultus, Alois Hundhammer, gelang es, die Konfessionsschule wieder einzuführen.[365] Besonders negativ wirkte sich die Ablehnung konfessionsverschiedener Ehen durch die katholische Kirche aus; in einem Hirtenwort erklärten die Bischöfe 1958: »Wer vor der Mischehe warnt, zerstört nicht den konfessionellen Frieden, sondern hilft, vor dem Leid des gespaltenen Glaubens und seelischen Konflikten zu bewahren.« Die Eltern wurden aufgefordert, ihre Kinder in katholischer Familienatmosphäre zu erziehen, um sie auf diese Weise gegenüber der Begegnung mit Andersgläubigen zu »immunisieren«.

Der Linkskatholizismus blieb schwach; er fand keine politische Heimat; die oppositionellen Strömungen waren isoliert. Immerhin stellten die von Walter Dirks und Eugen Kogon herausgegebenen *Frankfurter Hefte* ein wichtiges Diskussionsforum dar. Von Bedeutung waren auch die *Werkhefte;* zur Redaktion unter Gerd Hirschauer gehörten unter anderem Christian Geissler, der mit seinem Erstlingsroman *Die Anfrage* (1960) dem Nachwirken der jüngsten Vergangenheit in der unmittelbaren Gegenwart nachging und damit Entrüstung auslöste.[366] Einzelne Angehörige des Kreises um die katholische Jugendzeitschrift *Ende und Anfang* (1946 bis 1949) wirkten als Publizisten oder Mitarbeiter in der Gewerkschaftsbewegung weiter (wie Franz Josef Bautz und Theo Pirker).

Oswald von Nell-Breuning vertrat zwar eine progressive Position innerhalb der katholischen Soziallehre; doch gewann die durch den Nationalsozialismus erheblich geschwächte katholische Arbeitnehmerbewegung kein eigenständiges Gewicht mehr. Die von ihr 1955 initiierte christliche Gewerkschaftsbewegung, unterstützt von den katholischen Bischöfen Westdeutschlands, abgelehnt von der evangelischen Kirche, kam nur auf eine geringe Mitgliederschaft (Mitte der sechziger Jahre 250 000 – der DGB hatte 6,5 Millionen Mitglieder).[367]

Daß die Frage nach der Schuld des Vatikans (Papst Pius XII.) an der Ermordung der Juden durch die Nationalsozialisten überhaupt gestellt wurde, war dem Schauspiel *Der Stellvertreter* von Rolf Hochhuth zu danken. Nach der Berliner Uraufführung am 20. 2. 1963 brachten neunzehn Abgeordnete am 2. Mai 1963 im Bundestag eine Anfrage ein: »Muß es die Freunde unseres Volkes nicht befremden, wenn gerade von deutscher Seite in Papst Pius XII. eine Persönlichkeit angegriffen wird, die nicht nur den Juden während der Verfolgung durch das Naziregime tatkräftig geholfen, sondern auch während der gesamten Zeit ihres Wirkens dem deutschen Volk besonders nahegestanden hat?« Der damalige Bundesaußenminister Gerhard Schröder bedauerte zutiefst, daß Hochhuths Stück »Angriffe gegen den Papst Pius XII. gerichtet« habe. Das Zentralkomitee der deutschen Katholiken führte Klage, daß ausgerechnet im freien Westberlin ein solches Stück aufgeführt worden sei. Die Diskussion um das Stück stellte alle bisherigen Skandale der Nachkriegszeit in den Schatten. Als der Rowohlt Verlag, in dem die Textausgabe des Stücks erschienen war, sieben Monate nach der Uraufführung eine Dokumentation herausgab, konnte er aus ca. 3000 Kritiken, Berichten und Briefen auswählen. 1975 waren 7500 Publikationen zum *Stellvertreter* erschienen. Dazu kamen ungezählte öffentliche Diskussionsveranstaltungen, vor allem auch an den jeweiligen Aufführungsorten.[368]

Durch das Zweite Vatikanische Konzil und Theologen wie Karl Rahner, Hans Küng (Tübingen), Edward Schillebeeckx (Nijmwegen) sowie engagierte Laien wie Heinrich Böll, Luise Rinser, Walter Dirks geriet die Kirche von der Basis her in eine gewisse-Bewegung. »Mehr Demokratie wagen«: Das färbte auch auf die Kirche ab. Katholizismus schien nicht nur als konservative Lebenshaltung denkbar; der Theologe Johann Baptist Metz sprach von der Kirche als einer gesellschaftskritischen Institution. Den turbulenten Essener Katholikentag 1968 nannte die *Frankfurter Rundschau* »die gelungene Einübung des Ungehorsams«; es gab sogar ein katholisches Aktionskomitee, das den Rücktritt des Papstes verlangte. Die Zeit der »schönen Selbsttäuschung« (der Liberalisierung) hatte hier erst begonnen, während sie bei den »Alt-Jakobinern« zu Ende ging. Ein Jahrzehnt später war das Rollback (auch wenn der Papst seine Weltläufigkeit durch viele Reisen demonstrierte) voll im Gange: Die Herausforderung wie sie die Probleme der Dritten Welt darstellten, wurde negiert, die Theologie der Befreiung mißachtet und unterdrückt. Am 15. Dezember 1979 wurde dem Theologieprofessor Hans Küng die Lehrbefugnis entzogen.

Dem katholischen Theologen und Psychotherapeuten Eugen Drewermann wurde die Lehrbefugnis als Privatdozent für Dogmatik an der Theologischen Fakultät in Paderborn 1991 entzogen. Er war damals schon einer der bekanntesten Kirchenkritiker, der innerhalb von fünfzehn Jahren rund vierzig Bücher veröffentlicht hatte – mit besonderem Erfolg *Kleriker – Psychogramm eines Ideals* (1989). Fast kein Thema auslassend, wirkt er wie das personifizierte Gesamtprogramm einer evangelischen Akademie; denn Drewermann ist insofern engagierter Protestant, als er gegen die katholische Dogmenkirche genauso angeht wie er das pubertäre Innenleben dieser Kirche (etwa was Zölibat, Empfängnisverhütung, Abtreibung betrifft) als Heuchelei zu dekuvrieren sucht. Das Rebellentum dieses modernen Hutten findet vor allem deshalb so große Resonanz, da der Vatikan am Ende dieses Jahrhunderts auf einen Tiefstand inquisitorischer Engstirnigkeit regredierte. Doch können Ketzer nicht mehr verbrannt werden; »das Evangelium verkünde ich unabhängig von all Ihren Drohungen«, schrieb Drewermann an den Paderborner Erzbischof.

Die blockierte Schulreform

Mit der Gründung des Deutschen Bildungsrates 1965 wurde, in Nachfolge des mehr frei schwebenden Deutschen Ausschusses (der im selben Jahr seine Arbeit einstellte[369]), ein Gremium ins Leben gerufen, das eine Schulreform in Gang setzen sollte. Heftigen Widerspruch fand vor allem die Empfehlung »Zur Einrichtung von Schulversuchen mit Gesamtschulen«; sie wurde wegen ihrer »gleichmacherischen Tendenzen« bekämpft. Der »Strukturplan für das Bildungswesen« (1970) zielte auf einen Kompromiß bzw. auf eine Entschärfung des Gesamtschulkonflikts. Der Strukturplan legitimierte die Bildungsexpansion, die damals, unabhängig von den Entwicklungen des Beschäftigungssystems, in vollem Gange war. Er wollte eine einheitliche Grundbildung sichern, ohne die Dreiteiligkeit des Schulsystems endgültig zu beseitigen. Die Chancenungleichheit sollte durch Erweiterung des Elementarbereichs und durch die Einführung der Orientierungsstufe abgebaut werden.

1964 veröffentlichte Georg Picht in der Wochenzeitung *Christ und Welt* unter dem Titel »Die deutsche Bildungskatastrophe« eine Artikelfolge, die kurz darauf auch als Buch erschien.[370] Die Beiträge fanden beispielloses Echo; zweimal befaßte sich der Bundestag in stundenlangen Debatten mit Pichts Thesen; mit seinen Vorschlägen beschäftigten sich auch die Landtage in Stuttgart, München, Hamburg und Berlin sowie die Konferenz der Kultusminister, die auf ihrer hundertsten Plenarsitzung (»Berliner Erklärung«) die Notwendigkeit einer »aktiven Bildungspolitik« verkündete. Die Bundesrepublik war aufgewühlt, denn Picht hatte seine Katatrophenprognose an Bedarfskriterien orientiert. Bildungsnotstand bedeute wirtschaftlichen Notstand. Der bisherige wirtschaftliche Aufschwung werde ein rasches Ende nehmen, wenn die qualifizierten Nachwuchskräfte fehlten. In der vergleichenden Schulstatistik stehe die Bundesrepublik am untersten Ende der europäischen Länder, neben Jugoslawien, Irland und Portugal. Junge Wissenschaftler wanderten aus; noch Schlimmeres bereite sich auf den Schulen vor; in wenigen Jahren werde man, wenn nichts geschehe, die schulpflichtigen Kinder wieder nach Hause schicken müssen, weil es für sie weder Lehrer noch Klassenräume gebe.[371]

Was die Universitäten betraf, so forderte man Neugründungen, vor allem auch solche, die neue akademische Formen entwickeln würden.[372] Der Wissenschaftsrat, 1957 geschaffen, stellte fest, daß die Kapazität den Bedürfnissen in keiner Weise mehr gerecht werden könne. Außerdem sei die Universität immer noch Standesuniversität; von 100 Gymnasiasten stammten in England und Frankreich 25 aus Arbeiterfamilien, in Schweden 23, in der Bundesrepublik 8. Die fehlende Integration von Allgemein- und Universitätsbildung, etwa die geringe Zusammenarbeit der Hochschulen mit den Volksbildungs-Einrichtungen (die selbst unterentwickelt waren)[373] und den Höheren Schulen, und der unzureichende Ausbau des »Zweiten Bildungsweges« waren weitere Symptome des Mangels an demokratisierter Erziehung und Bildung.

Ermittlung

Auferstehung der Kultur in Deutschland? hatte Theodor W. Adorno im Mai 1950 in den *Frankfurter Heften* gefragt und von dem in der Bundesrepublik vorwaltenden gefährlichen und zweideutigen Trost der Geborgenheit im Provinziellen gesprochen. Doch lagen die Wurzeln des Übels tiefer. Das Versäumnis, das diese Zeit charakterisiert, betraf die Substanz der neuen Demokratie: Die Bundesrepublik war kaum bereit, Trauerarbeit zu leisten, sich in einem essentiellen Sinne mit dem Nationalsozialismus und seinen furchtbaren Verbrechen auseinanderzusetzen – in Form eines Selbstaufklärungs- und Reinigungsprozesses.

Als Horst Krüger den Auschwitz-Prozeß in Frankfurt (1963–1965) besuchte, notierte er: »Zweiundzwanzig Männer sind hier angeklagt, acht sind in Haft, vierzehn gegen Kaution in Freiheit, und alle sehen mit ganz wenigen Ausnchmen natürlich aus wie alle anderen, benehmen sich wie alle anderen, sind wohlgenährte, gutgekleidete Herren im gehobenen Alter. Akademiker, Ärzte, Kaufleute, Handwerker, Hausmeister, Bürger unserer neudeutschen Gesellschaft im Überfluß, freie Bundesbürger; die draußen wie ich ihr Auto vor dem Römer stehen haben und zur Verhandlung kommen wie ich. Da ist nichts zu unterscheiden. Und ich muß plötzlich an den Film denken, den ich bald nach Kriegsende sah. Er hieß: *Die Mörder sind unter uns*. Das war vor siebzehn Jahren.«[374]

Adenauer und seine Regierungen, unterstützt von den westlichen Alliierten, denen Antikommunismus bald wichtiger als Antifaschismus war, begünstigten aus realpolitischem Kalkül in unverantwortlicher Weise die Reinwaschung der Schuldigen, den Aufstieg der Belasteten, die Freisprechung der Hauptschuldigen. Den Rechtsparteien trat man nicht energisch entgegen; die weiten Rieselfelder nationalistischer und neofaschistischer Literatur wurden nicht ausgetrocknet; die Gerichte kümmerten sich nicht oder zu spät um die NS-Verbrechen. Standhafte und integre Juristen, wie etwa Richard Schmid, Fritz Bauer (als hessischer Generalstaatsanwalt Initiator des Auschwitz-Prozesses), Martin Hirsch, gab es nicht sehr viele; die meisten ehemaligen »Mörder im Talar« blieben im Amt oder genossen ihre Pension.[375]

Die 1958 von den Justizministern der Länder eingerichtete Zentrale Stelle der Landesjustizverwaltung zur Aufklärung nationalsozialistischer Verbrechen konnte zwar dank ihres couragierten Leiters, des früheren Staatsanwalts Adalbert Rückerl, umfangreiche Ermittlungen durchführen; für Sühne aber war es oft zu spät; vor allem fehlte der staatsmoralische Impetus, die notwendigen Gerichtsverfahren einzuleiten, um die furchtbare Schuld der vielen einzelnen (wie der Gesamtheit des deutschen Volkes) aufzudecken. Mit zunehmendem zeitlichen Abstand zum Dritten Reich wurde eine schlüssige Beweisführung schwer. Bei »Schreibtischtätern« war zudem das juristische Beurteilungsinstrumentarium inadäquat.

1984 zog die *Süddeutsche Zeitung* eine Bilanz, die ein Licht auf die erschreckende moralische Indolenz des neuen Staates warf: »Trotz des in Ludwigsburg auf mehr als 1,3 Millionen Karteikarten gespeicherten und systematisch aufgeschlüsselten Aktenstoffes, trotz 4802 Vorermittlungs- und ungefähr 13 000 Ermittlungsverfahren seit 1958 – unter dem Strich bleibt dennoch eine Bilanz, die unerträglich sein muß für Opfer, die Auschwitz oder Majdanek, Theresienstadt oder Treblinka überlebt haben. Von 88 587 Personen, die bis zum 1. Januar 1983 nationalsozialistischer Straftaten beschuldigt worden sind, wurden nur 6465 verurteilt, 12 zum Tode, 158 zu lebenslanger Freiheitsstrafe. 80 355 wurden freigesprochen und gegen 1767 Angeklagte sind die Verfahren noch anhängig; mit erheblichen Freiheitsstrafen ist jedoch kaum noch zu rechnen.«[376]

Armin Mohler hatte 1962 die Schließung der zeitgeschichtlichen Archive gefordert – man müsse erst Zeit gewinnen; die war längst gewonnen; den meisten Verbrechern kam man zwar auf die Spur, man belangte sie aber nicht. Mohler gehörte 1967 zu den ersten Preisträgern der Deutschlandstiftung, deren Stiftungsgesellschaft aus einer Stammtischrunde mediokrer Nationalkonservativer bestand, mit Konrad Adenauer als Ehrenpräsident. Die institutionalisierte Rechte, die politisch mit der NPD zeitweilig verhältnismäßig stark in Erscheinung trat, wurde damit auch »kulturell«

sichtbar, und noch dazu von hoher politischer Warte aus protegiert (neben Mohler wurden der Historiker Ludwig Freund, der nicht zur »politisierenden Schicht instinktloser Intellektueller« gehöre, und der Dichter Bernd von Heiseler, ein Kämpfer gegen die »ethische Herabwürdigung und Zerstörung ethischer Werte und Bindungen«, ausgezeichnet).[377] Bei der Preisverleihung in München waren die Spitzen und Stützen der Gesellschaft, darunter Kardinal Julius Döpfner, Erzbischof von München-Freising, und der bayerische Ministerpräsident Alfons Goppel, vertreten.

Am Ende des »Oratoriums in 11 Gesängen« *Die Ermittlung* von Peter Weiss (1965), das sein Material dem Auschwitz-Prozeß entnahm, sagt der »Angeklagte 1«: »Wir alle/das möchte ich nochmals betonen/haben nichts als unsere Schuldigkeit getan/selbst wenn es uns oft schwer fiel,/und wenn wir daran verzweifeln wollten/Heute/da unsere Nation sich wieder/zu einer führenden Stellung/emporgearbeitet hat/sollten wir uns mit anderen Dingen befassen/als mit Vorwürfen/die längst als verjährt angesehen werden müßten.«[378]

Denken nach Auschwitz

Das Hitler-Reich, so pessimistisch Jean Améry in seinem Buch *Jenseits von Schuld und Sühne. Bewältigungsversuche eines Überwältigten* 1966, werde für die revisionistisch-reaktionären Strömungen weiterhin als ein geschichtlicher Betriebsunfall gelten. Das Bild des Urgroßvaters in SS-Uniform werde eines Tages in der guten Stube hängen, und die Kinder in den Schulen würden weniger von den Selektionsrampen erfahren als von einem erstaunlichen Triumph über allgemeine Arbeitslosigkeit. Hitler, Himmler, Heydrich, Kaltenbrunner, das würden Namen sein wie Napoleon, Fouché, Robespierre und Saint-Just. »Schon heute lese ich ja in einem Buch, das sich *Über Deutschland* nennt und imaginäre Dialoge eines deutschen Vaters mit seinem sehr jungen Sohn enthält, daß in des Sohnes Auge kein Unterschied springt zwischen Bolschewismus und Nazismus. Was 1933 bis 1945 in Deutschland geschah, so wird man lehren und sagen, hätte sich unter ähnlichen Voraussetzungen überall ereignen können – und wird nicht weiter insistieren auf der Bagatelle, daß es sich eben gerade in Deutschland ereignet hat und nicht anderswo.«[379]

Ralph Giordano sprach 1987 von einer »zweiten Schuld«: der Verdrängung und Verleugnung der ersten nach 1945; sie habe die politische Kultur der Bundesrepublik bis auf den heutigen Tag wesentlich mitgeprägt, eine Hypothek, an der noch lange zu tragen sein werde. Die Hitler-Generation, also jene, die von ihrem Lebensalter her für das Dritte Reich verantwortlich oder mitverantwortlich waren, werden alle eines Tages ausgestorben sein. Der leugnenden und verdrängenden Mehrheit sei es aber gelungen, mit ihrer großen Lebenslüge einen Teil der nachgewachsenen bundesdeutschen Gesellschaft dahingehend zu beeinflussen, daß diese insgesamt so lebe, denke, fühle und handle, als habe sich Auschwitz nicht ereignet.[380]

Zygmunt Bauman spricht von der Dialektik der Ordnung, von der Einzigartigkeit *und* Normalität des Holocaust. Unabhängig davon, in welcher Weise der Lauf der Geschichte nach dem Holocaust sich verändert haben mag, die Faktoren selbst, die den Holocaust aller Wahrscheinlichkeit nach historisch erst ermöglichten, hatten sich nur wenig verändert, oder zumindest können wir uns dessen nicht sicher sein. »Nach allem, was wir wissen (oder besser: weil wir kaum etwas wissen), können diese Faktoren noch existieren. Die Frage erhebt sich, was geschähe, wenn die Bedingungen, die den Holocaust in einer bestimmten historischen Situation ermöglichten, nicht von Grund auf beseitigt wurden. Woher nehmen wir die Sicherheit, daß das, was den Holocaust im Jahre 1941 ermöglichte, seitdem wirklich aus dem gesellschaftlichen Gefüge entfernt werden konnte?«

Das Gefühl der Scham, so Bauman, mache frei, es sei die einzige Möglichkeit, die moralische Lektion aus dem Holocaust begreifen zu lernen und das Gespenst dieser furchtbaren historischen Erfahrung zu bannen, die uns bis zum heutigen Tage belastet und dazu führt, die Wachsamkeit zu vernachlässigen, um nur ja mit der Vergangenheit in Frieden leben zu können. »Die Alternative ist nicht Scham oder Stolz, die Alternative ist Stolz, moralisch läuternde Scham zu empfinden.«[381]

»›Ich denke an Auschwitz‹ muß alle meine Vorstellungen begleiten können«, so hat Theodor W. Adorno den kategorischen Imperativ neu formuliert. Daß Auschwitz sich nicht mehr ereignen darf, ist der verzweifelte Weckruf für eine politische Kultur, die mit der Anstrengung des Begriffs und moralischer Unbedingtheit Aufklärung weiterzuführen trachtet.[382]

DRITTER TEIL

Zeiten des Umbruchs

Demonstration gegen den US-Angriff auf Kambodscha, Mai 1970.

MODERNISIERUNG UND PROTEST

Westliche neue Gesellschaft – östliches Modernitätsdefizit

Lange Zeit hat man der Geisteslandkarte der Wirtschaftswunderzeit zwischen 1948–1965 zu wenig Aufmerksamkeit geschenkt; die Phase des Wiederaufbaus und der Normalisierung des Alltagslebens schien viel weniger spektakulär verlaufen zu sein als die Protestbewegung und ihre Vorgeschichte in der zweiten Hälfte der sechziger Jahre. Dazu kam, daß die intellektuellen Sinndeuter (aktiv oder reaktiv in die Protestbewegung involviert) die eigene geistige Biographie viel wichtiger nahmen als die Stimmung der Mehrheit der Bevölkerung, die durch die »goldenen« Jahre geprägt war; sie denunzierten, was der Mehrheit als glückhafter Zustand erschien. Mit der späteren Nostalgie nach der Nierentisch-Ära, die sich vor allem an Phänomenen der Alltagskultur (Konsum, Vergnügen, Wohnen, Mode) festmachte, wuchs auch das wissenschaftliche Interesse an dieser Epoche.

In der Zeit zwischen Währungsreform (1948) und Auschwitz-Prozeß (1963–65) vollzog sich im Westen ein gesellschaftspolitischer und kulturgeschichtlicher Umbruch – von weit größerer Bedeutung als die spätere Protestbewegung, die zwar tiefgründige Analysen erfuhr, aber das kollektive Mentalitätsmuster nicht nachdrücklich irritierte.

Die atemberaubend schnellen Veränderungen der städtischen und ländlichen Gesellschaft, der Lebensbedingungen und des individuellen wie kollektiven Daseinsgefühls bedeuteten Modernisierung – »Modernisierung im Wiederaufbau«; es bildeten sich die materiellen Voraussetzungen und geistigen Dispositionen heraus, »durch die in den darauffolgenden Jahren eine auch äußerlich sichtbar verwandelte Gesellschaft entstehen konnte – mithin ein Prozeß von hoher Dynamik und Veränderungsintensität beileibe nicht nur im wirtschaftlich-technischen Bereich; aber eine Latenzphase, im Verlauf derer eher Potentiale entwickelt wurden und Grundeinstellungen ins Wanken gerieten, als daß der Aufbruch zu einer sich neu formierenden Gesellschaft schon von außen sichtbar geworden wäre.«

Bereits 1982 hat Hans Peter Schwarz vorgeschlagen, die in jeder Hinsicht aufregenden und interessanten gesellschaftlichen Wandlungsvorgänge in den fünfziger Jahren unter dem Blickwinkel der Modernisierung zu betrachten; ein »neuer, tiefgreifender Modernisierungsschub« habe seit der Mitte jenes Jahrzehnts eine Periode des großen Abräumens jener vorindustriellen Reste, die das Dritte Reich und den Krieg noch überlebt hatten, eingeleitet. In diesem Sinne seien die fünfziger Jahre als Epochenzäsur zu entdecken, welche die Welt von gestern von unserer Gegenwart der Bundesrepublik als westeuropäisches Land unterscheide.[1]

In den fünfziger Jahren, so der Politologe Hans Maier, sei nicht einfach eine neue Gesellschaft aus einer alten entstanden, wie ressentimentgetrübte Urteile lauten; vielmehr hätten die Deutschen unter Adenauer endgültig und unwiderruflich Bekanntschaft mit den Formprinzipien einer modernen Gesellschaft gemacht, nachdem der konvulsivische Antimodernismus des Dritten Reiches zu Ende gegangen sei.[2] Lothar Gall sieht einen höchst faszinierenden Vorgang darin, wie eine scheinbar konservative, nach außen hin Bewahrung und Wiederherstellung proklamierende Regierung in den ersten Jahren der Bundesrepublik in Wahrheit auf Veränderung, auf den Wandel setzte und von ihm die Befestigung des Gemeinwesens und zugleich der eigenen Position erwartete. Horst Möller spricht in diesem Zusammenhang »von einen radikalen Neubeginn einleitenden Fundamentalentscheidungen«, gegen die »einzelne personelle Kontinuitäten« nicht ins Gewicht fielen; für Rudolf Morsey wird in den fünfziger Jahren die Bundesrepublik gar schlicht zur neuen Gesellschaft.

Das neue Forschungsparadigma hat Axel Schildt *(Moderne Zeiten. Freizeit, Massenmedien und ›Zeitgeist‹ in der Bundesrepublik der 50er Jahre)* minuziös in den Erscheinungsformen der damaligen Kultur aufgespürt.[3] Dabei erweist sich, daß das Projekt der Moderne, das sich – in Abweichung vom fatalen deutschen Sonderweg – als breit einladende Straße des Fortschritts anbot, reichlich genützt von den verschiedenen avantgardistischen Strömungen, auch durch Ungleichzeitigkeit bestimmt war: Unmoderne Menschen in einer modernen Welt, moderne Menschen in einer unmodernen Welt. Es gab starke Gegenkräfte zu dem, was Max Weber das »Universalwerden des modernen okzidentalen Rationalismus« nannte. Die »Modernisierung unter konservativen Auspizien« schloß die Bejahung der Moderne durch den damaligen deutschen Konservativismus ein, der sich viel fortschrittlicher als der Neokonservativismus der neunziger Jahre gab.

Die Modernisierungsströme der fünfziger Jahre waren von höchst unterschiedlicher Herkunft. Es wirkten sich aus: wilhelminisches Fortschrittsdenken, die urbane Weltoffenheit der Weimarer Republik, auch die von jeder Moral und Ethik gelösten Modernitätsstrukturen des Nationalsozialismus. Den eigentlichen Durchbruch schafften Westernization und Amerikanisierung, ausgelöst von der alliierten Reedukation, die politische Kultur und Demokratisierung zur (zunächst oktroyierten) »Selbstverständlichkeit« machte. Der glückliche Umstand, daß eine demokratische Gesellschaft ökonomisch florierte (mit Vollbeschäftigung und steigendem stabilen Wohlstand), war für das Gelingen der Modernisierung von ausschlaggebender Bedeutung.

Nach den Schrecknissen der Kriegs- und Nachkriegszeit verbreitete sich das Gefühl einer heilen Welt mit intakten Familien inmitten einer Wohnwelt, die mit ihrem lockeren, harmonisch farbigen Design das Glücksgefühl der schönen neuen Welt vermittelte. Man kann davon ausgehen, daß die Deutschen mit ihrem Land nie so einverstanden waren wie damals; nie wieder habe es ein derartiges Heimatgefühl gegeben.

»Überall Kurven, Bauchiges, Schwingendes. So als sollte die böse Zackigkeit von Hakenkreuz, Hitlergruß und SS-Rune durch die Gnade von Käfer, Muschel, Niere vergeben und vergessen werden. In diesen Formen fühlten wir uns versöhnt.« (Karl Markus Michel)[4]

Das »andere« Deutschland, die DDR, lag in exotischer Ferne; die Menschen bestaunten von dort, aus Distanz, ein Glück, das ihnen selbst versagt blieb und das sie psychologisch kompensieren mußten. Ehe noch die wirkliche Mauer gebaut wurde, gab es bereits eine Zeitbarriere: auf der westlichen Seite der Anbruch von »modern times«, auf der östlichen eine mit den Relikten der Vergangenheit pittoresk durchsetzte Malaise, die sich auch dinglich manifestierte. »›Der Sozialismus ist arm‹, sagte mir einmal ein Staatssekretär, der als Leiter eines wichtigen Festkomitees in einer für diese Sonderaufgabe mehr schlecht als recht hergerichteten

Baracke residierte. Daß die DDR, anders als die Bundesrepublik, die durch Kredite schnell den Anschluß an westliche Qualitätsstandards fand, noch bis heute unter Materialnot leidet, zeigt ein Blick auf kläglich gefertigte Plastik-Armaturen in Küchen und Bäder selbst in Vorzeige-Objekten wie den Wohnblocks in der Leipziger Straße in Ostberlin, in denen Diplomaten und westliche Korrespondenten wohnen. Dort wurden Wasserrohre aus rostendem Stahl verlegt, was den Wasserverbrauch in die Höhe treibt, denn oft genug war erst die vierte Badewannenfüllung nicht mehr tief rotbraun verfärbt. Und nicht selten habe ich mich bei einem Besuch in einem der neuen Hochhäuser über krumme Treppengeländer, schiefe Stufen oder miserabel verputzte Wände gewundert, Ergebnisse jener Kranideologie, nach der allein die hochgezogenen Kubikmeter umbauten Raums zählen. Über derlei Pfusch, erzählte mir der Bewohner eines Neubaus in Ostberlin, hätten sich zwei in seinem Haus eingezogene altgediente Genossen mehrmals beschwert. Als nach Monaten immer noch nichts geschah, gaben sie verärgert ihre Parteibücher zurück.« (Peter Merseburger, 1988)[5]

Die Modernitätsdefizite des Ostens, deren ganzes Ausmaß erst mit der Wende zutage traten, wurden im Westen mit zunehmender Gleichgültigkeit registriert; sie riefen aber auch – was den Oberflächenblick betraf – eine gewisse Nostalgie hervor. Der Unterschied von Zeit und Zeitgefühl zwischen beiden Staaten ließ den Osten, besonders deutlich abseits der Autobahnen, wie eine auf dem Stand der zwanziger und dreißiger Jahre verbliebene Vergangenheit erscheinen, die in selbsttäuschender Assoziation mit der guten alten Zeit verbunden wurde. Bei den älteren Westdeutschen wurden da Bilder aus der Jugendzeit lebendig. Mancher meinte, in der DDR ein Stück deutscher Identität zu finden, wie es sie im Westen nicht mehr gäbe, »eine Art lebendiges Geschichtsmuseum, das Deutschland zeigt, wie es vor der Amerikanisierung des westdeutschen Lebensstils auch in der heutigen Bundesrepublik einmal ausgesehen hat«.[6]

Die von J. F. Kennedy propagierte Strategie des Friedens beeinflußte die deutsche Innen- und Außenpolitik dahingehend, daß sie nicht mehr daran glaubte, die Mauer beseitigen zu können; wohl aber wollte man sie durchlässig machen. Dies war dann das besondere Anliegen der Berliner SPD unter Willy Brandt, unterstützt von Egon Bahr. Da die Mauer ein Zeichen der Angst und des Selbsterhaltungstriebes des kommunistischen Regimes sei, so Bahr

1963, »erhebe sich die Frage, ob es nicht Möglichkeiten gäbe, diese durchaus berechtigten Sorgen dem Regime graduell soweit zu nehmen, daß auch die Aufhebung der Grenzen und der Mauer praktikabel würden, weil das Risiko erträglich sei«. Das sei eine Politik, die man auf die Formel bringen könnte: »Wandel durch Annäherung.«[7] In der sozial-liberalen Ära machten dann Bundeskanzler Brandt und sein Außenminister Walter Scheel die Ratifizierung der Ostverträge, also des Moskauer Vertrages mit der Sowjetunion vom 12. August 1970 und des Warschauer Vertrages mit der Volksrepublik Polen vom 7. Dezember 1970, davon abhängig, daß die Existenz und Freiheit Westberlins völkerrechtlich abgesichert werde.

»Trotz unterschiedlicher Rechtsposition kam am 3. September 1971 das Vier-Mächte-Berlin-Abkommen zustande, das auf der Grundlage eines Gewaltverzichts ›praktische Verbesserungen der Lage‹ gewährleistete. Die Sowjetregierung garantierte darin erstmals den unbehinderten Zivilverkehr von und nach Berlin. Ergänzende innerdeutsche Vereinbarungen folgten. Das Transit-Abkommen zwischen beiden deutschen Staaten vom 17. Dezember 1971 regelte den zivilen Durchreiseverkehr zwischen der Bundesrepublik Deutschland und West-Berlin, und nach einer Vereinbarung des West-Berliner Senats mit der DDR-Führung vom 20. September 1971 konnten die West-Berliner wieder Ost-Berlin und die DDR besuchen. Das Vier-Mächte-Abkommen über Berlin trat zusammen mit den ergänzenden innerdeutschen Vereinbarungen sowie den Ostverträgen am 3. Juni 1972 völkerrechtlich in Kraft.« (Hans Georg Lehmann)[8]

Der libertären Westernization entsprach, als die DDR in die Jahre kam, kein mit Verve vertretenes ideologisches Gegenbild. Die Ideenwelt eines real existierenden Sozialismus verfiel der Erosion; wichtig waren die Privilegien, die man bei Konformität mit dem System »herausholen« konnte. Die Mauer band zusammen, was wenig gesellschaftliche und politische, kulturelle und wirtschaftliche Überzeugungskraft besaß. Dazu kam, daß sich der Westen, trotz aller Sonntagsreden, zunehmend mit der Existenz zweier Staaten abfand und, angesichts der Priorität der Entspannungspolitik, weitreichende Kompromisse mit der DDR-Staatsführung schloß – auch in Form finanzieller Hilfen, welche die wirtschaftliche Misere des heruntergewirtschafteten SED-Staates längere Zeit zu retuschieren halfen. Die Mauer als »antifaschistischer Schutzwall« ermöglichte es, fast drei Jahrzehnte lang eine politische Illusion aufrechtzuerhalten, die allein schon wegen des sich zersetzenden sozioökonomischen Unterbaus keine Überlebenschance hatte.

Die weitgehend erfolgreiche Abgrenzung der DDR vom Westen – gleichbedeutend mit der Abgrenzung von jeder Modernisierung – brachte die Mehrheit des Volkes zu der resignierenden Einsicht, daß sie ihr gesamtes Leben in der DDR verbringen müsse. Alle Ansprüche, alle Hoffnungen – Wirklichkeit könnten sie nur werden in der kommunistisch organisierten DDR. »Deshalb wurden die Leute nicht Kommunisten, aber sie richteten sich in der DDR ein. Sie hatten sich diesen Staat nicht ausgesucht, viele können sich einen bessern denken, aber es ist nun einmal ihr Staat. Seine Leistungen sind auch ihre Leistungen, seine Erfolge schmücken auch sie. Und es ist heute kaum mehr als ein Streit um Worte, ob man hier von Staatsbewußtsein spricht oder von einem Solidaritätsgefühl der 17 Millionen Deutschen, denen die Nachkriegsgeschichte ein besonderes Schicksal verordnete.«

Die Teilung Deutschlands verdankten wir im Ursprung Hitler und in der Ausführung den Großmächten. Die Mauer aber verdankten wir uns selbst. Sie sei das Ergebnis verfehlter deutscher Politik auf beiden Seiten.[9]

Drei Jahre nach dieser Einschätzung des DDR-Psychogramms durch Peter Bender fiel jedoch die Mauer; die Modernitätsdefizite, die man zunächst in resignativer Isolation ertragen, kompensiert und sublimiert hatte, trugen wesentlich zur friedlichen Revolution bei und wurden dann erneut – auf eine Weise, die man nicht erwartet hatte – schockartig zum Problem. Die Vereinigung der beiden Staaten führte auch zu einer Gemeinsamkeit in der Krise: Mit der ersehnten Anbindung an die westliche Ökonomie kam deren Rücksichtslosigkeit mit ins Land – zumal in der BRD die *soziale* Marktwirtschaft immer mehr zugunsten eines Ellbogen-Kapitalismus an Kraft verloren hatte.

Wider die affirmative Kultur

Die Protestbewegung in der BRD Ende der sechziger Jahre verneinte in radikaler, dogmatischer Einseitigkeit den Modernitätsfortschritt der fünfziger Jahre; dies sorgte freilich dafür, als Dialektik der Dialektik der Modernisierung, daß dieser nicht in saturiertem »Es-ist-erreicht«-Immobilismus festlief. Doch verdankte die Protestbewegung ihre Erfolge weitgehend den vorangegangenen progressiven Entwicklungen (die sie bekämpfte) - war sie doch »Reaktionismus« bzw. »Reaktivismus«. Die Modernitätskultur der fünfziger Jahre wie die Protestkultur der späten sechziger Jahre waren die zwei Seiten einer Medaille. Als »List der Idee« sorgten beide Strömungen dafür - die goldenen fünfziger Jahre in viel umfangreicherer Weise -, daß der Bundesrepublik, trotz mancher Rückfälle, die Loslösung von der deutschen autoritären und totalitären Vergangenheit glückte. Als Kulturrevolution bewirkte die Protestgeneration im »kurzen Sommer ihrer Anarchie« die Auflockerung starrer Strukturen - Veränderungen vor allem im künstlerischen Bereich, in den Apparaturen der Bürokratie, des Erziehungswesens (besonders der Hochschulen) sowie der Politik. Oft handelte es sich aber nur um das »Ankratzen« von Oberflächen, was von den Sinndeutern der linken Szene so lange überschätzt wurden, bis diese, in Revision ihrer »Jugendsünden«, in das Lager der Mitte und, rechts davon, des Neokonservativismus abwanderten.

Bei einem Treffen der SDS-Veteranen in Frankfurt am Main – Fortführung des Symposiums »Linksintellektueller Aufbruch zwischen ›Kulturrevolution‹ und ›kultureller Zerstörung‹« an der Freien Universität Berlin 1985 (unterstützt von der Volkswagenstiftung) – sagte Oskar Negt unter großem Beifall, daß man der Tragödie des SDS nicht die Farce seiner Wiederbelebung hinzufügen dürfe. (Er warnte allerdings auch davor, opportunistisch abzuwerten, wofür man sich einst geschlagen habe und geschlagen worden sei.) »›Ihr habt‹, rief eine Frau in den Saal, ›eure Spontaneität verloren‹; ein anderer: ›Alles ist weg. Die Revolution als Gewißheit ist weg.‹ ›Eure Bücher, Gedanken und Gesichter sind verschwunden‹, sagte mit trauriger Stimme ein Münchner. ›Mir reicht's jetzt, ich verschwinde auch‹, das verkündete, angewidert und böse, eine frühere SDS-Größe.« Jürgen Habermas kommentierte: Vom Protest der jungen Linken damals sei immerhin Rita Süssmuth als Frauenministerin übriggeblieben.[10]

Peter Schneiders Novelle *Lenz* (1973) zeichnet das Psycho- und Soziogramm der Protestbewegung als einer Generation, die sich im eigenen Lande, dem Wirtschaftswunderland und seiner zivilisatorischen Modernität, fremd fühlt. »An einem Nachmittag ging Lenz durch die Einkaufsstraßen der Stadt ... Er betrachtete die Auslagen in den Schaufenstern. Er wunderte sich, daß dort immer noch jeden Monat neue Autos, Pelzmäntel, Schuhe, Fernsehgeräte, Abendkleider und Anzüge ausgestellt waren. Es gab immer noch Salonlöwen, die wie vor drei Jahren aus roten Sportwagen stiegen, immer noch Verkäuferinnen, die bei Bally viel zu teure Schuhe kauften, immer noch James-Bond-Filme, immer noch Leute, die auf das neue VW-Modell mit derselben Ungeduld warteten wie er und seine Freunde auf politische Neuigkeiten.«[11]

Gegen das »vermaterialisierte« Kulturverständnis – Herbert Marcuses Begriff der »affirmativen Kultur« meinte die ästhetische Kaschierung des brutalen Egoismus[12] – entwickelte sich grollendes Unbehagen; es äußerte sich zunächst nicht gesellschaftskritisch-analytisch, sondern quasi psychosomatisch: als Subkultur bzw. »alternative culture«. Die amerikanische Szene war für die Mythen des neuen Jugend-Stils, der sich im Underground farbig und chaotisch, aggressiv und narzißtisch entfaltete, von besonderer Bedeutung. *Acid* nannten Rolf Dieter Brinkmann und Ralf-Rainer Rygulla ihre im März-Verlag erschienene Anthologie, die als Markstein solchen »Kulturtransfers« bezeichnet werden kann. Sie faßte 1969 zusammen, was in den Jahren zuvor als neue Botschaft mit synästhetischer Sprengkraft den Auflösungsprozeß affirmativer bundesrepublikanischer Kultur eingeleitet hatte.

Den editorisch kühl präsentierten Texten von *Acid* stand die tabu-umstellte bürgerliche Wohlanständigkeit der Wirtschaftswunderzeit fassungslos gegenüber. »OH FINSTERES LÄCHELN OH OH TRÜBES LOCH MACH PLATZ FÜR DIE LIEBE./So riesengroß wie ein Fick. Gefickter Arm,/gefickter Mund und Arsch. Laß mich salziges Wasser/von deinem Bauch lecken. Laß mich meinen steifen Schwanz/zwischen deine Brüste schieben, unter deinen Arm./Ich lutsche deine Titten und Ohren. Züngle/deine Klitoris. Träume und liege auf deinem Bauch, schiebe/meine Finger in dein Loch und fühle deinen Arsch,/und du leckst und lutscht meinen/weichen Schwanz, um ihn wieder hart zu machen ...«[13]

Exemplarisch verdeutlicht der Text die für den Underground wie die folgende Protestbewegung typische sexuelle Schrankenlosigkeit; eine Aggressionen ungeschützt auslebende »Peng«-Mentalität; orgastisch-orgiastisches Bekenntnis zur Emanzipation des Fleisches (»flesh«), die auch formal die ästhetischen Gattungsgrenzen durchbricht und dabei die Artikulationsformen der Pop-Kunst (etwa der Comics) nutzt.

Im Underground gediehen nicht nur die *Acid*-Mythen, sondern auch

Rudi Dutschke mit Megaphon bei einer Demonstration, 1967.

die Mythen floraler, vegetativer Provenienz. Drop out. Do your own thing. Leave society as you have known it. Wer »draußen« ist, ist drinnen; wer die Gesellschaft verläßt, ihren Ritualen und Lügen entflieht, ist »hip«, »in the know« – weiß Bescheid: daß es nämlich jenseits der Repression Hippieland gibt, beautiful and peaceful, ein künstliches Arkadien, das in anarchischer Ekstase und enthebendem Rausch exploriert wird. Nacktheit, oft zerfließend androgyn, wird der Verhüllungsideologie demonstrativ entgegengestellt; der Bürstenhaarschnitt des cleveren, effizienten Kapitalismus mit »Hair« (dekorativer Langhaarigkeit, die Freiheit des Dagegen und Draußenseins signalisierend) provokativ konfrontiert.

Woodstock wurde zum Topos der Gegenkultur. Mitte August 1969 versammelten sich für drei Tage mehr als eine halbe Million junger Menschen der Jeans- und Turnschuhgeneration auf dem 240 Hektar großen Weidegelände des Milchfarmers Max Yasgur nahe der Ortschaft

Bethel im amerikanischen Bundesstaat New York zum »größten Rockfestival und der friedlichsten Machtdemonstration der Jugendkultur, die es jemals gegeben hat«. 28 Stars der Rock- und Popkultur, darunter Janis Joplin, Santana, The Who und Jimi Hendrix, intonierten das Friedensfest der Blumenkinder.[14]

Der neue amerikanische »Protest-Mythos«, der vor allem von Kalifornien ausging (Universität Berkeley), korrespondierte mit dem Verblassen des Mythos Amerika als schöner, neuer Welt. Die »Erkundungsfahrten« in die USA als Land der unbegrenzten Möglichkeiten (in dem die Zukunft schon begonnen hatte) brachten in zunehmendem Maße die Widersprüche und Schattenseiten einer hochindustrialisierten Gesellschaft ans Licht.[15] Dazu kam der militante Antikommunismus der McCarthy-Ära in den fünfziger Jahren und seit 1964 der Eintritt in den Vietnam-Krieg. Der amerikanische Untergrund lieferte die Argumente und Verhaltensweisen, mit denen man sich gegen westlichen Imperialismus und Kapitalismus wandte.[16] Die Zeit, da John F. Kennedy mit seinem Charisma auch die deutsche Bevölkerung, vor allem junge Menschen, in seinen Bann schlug – mit dem Höhepunkt der Kundgebung auf dem Platz vor dem Schöneberger Rathaus in West-Berlin (»Ich bin ein Berliner«), 1963 –, lag weit zurück. Seine Ermordung kurz darauf und die Attentate auf den schwarzen Bürgerrechtskämpfer Martin Luther King hatten das Bild der amerikanischen Demokratie, das von einer beflissenen Pädagogik seit den Tagen der Reedukation-Politik dargeboten worden war, verdunkelt. Der tödliche Anschlag auf das Leben Robert (Bobby) Kennedys (1968) war gleichermaßen tiefgreifend, weil er unter jenen drei Männern, die eine Chance hatten, die Präsidentschaftswahl der USA zu gewinnen, glaubwürdig entschlossen war, sich für die vielen Millionen Unterprivilegierten, im besonderen in der schwarzen Bevölkerung, zu engagieren und den Krieg in Vietnam rasch zu beenden. »Wir konnten in keinem Politiker mehr einen Funken Hoffnung sehen ... Mit dem Tod von King und Kennedy war die Chance für eine Erneuerung der amerikanischen Politik dahin.« So Todd Gitlin, damals ein führender Vertreter im amerikanischen SDS (»Students for a Democratic Society«).[17]

In einer Analyse der Untergrund-Kultur konstatierte Dieter Baacke, daß man die Vertreter der »alternative culture« am besten als Rand-Siedler der Gesellschaft, die deren Regeln und Riten fliehen, bezeichnen könne. Zwischen Hippies, Yippies, Beatniks, der Neuen Linken, Lyrikern, verschiede-

nen Beatbands und Kommunen, Filmemachern und Agitprop-Theatralisten, zwischen jenen Jugendlichen, die einen Ausflug ins vorgestellte Land der Freiheit machten und den (meist älteren), die in ihm blieben und ihm den Stil verliehen, der es nach außen kennzeichne, ergebe sich eine große Bandbreite des Aufbegehrens gegen den Ordnungsfetischismus und die doppelte Moral der bürgerlichen Gesellschaft.[18]

Bernward Vesper – er war der Sohn des nationalistisch-nationalsozialistisch orientierten Schriftstellers Will Vesper und lebte mit der späteren Terroristin Gudrun Ensslin zusammen, mit der er einen Sohn hatte (1971 beging er in einer psychiatrischen Klinik Selbstmord) –, sagt in dem Romanessay *Die Reise* zu einem amerikanischen Freund: »Ich werde ein Buch schreiben. ›The title of the book will be hate.‹ Ich hasse Dubrovnic. Ich hasse Deutschland. Ich hasse dies herumrollende Gemüse. Ich hasse Autos. Ich hasse Straßen. Ich hasse Berlin. Ich hasse Kinder. Ich hasse meinen Vater. Ich hasse alle, die mich zur Sau gemacht haben. Ich hasse meine Lehrer und so weiter.«[19]

Unter den »Zerrissenen« erwies sich Rolf Dieter Brinkmann als herausragende Figur, die in der Sturm-und-Drang-Attitüde der Protestbewegung vollständig aufging, zugleich tragisch vereinsamt. Er fokussiert die Frustrations- und Aggressionsgefühle einer Generation, die sich vom Wirtschaftswunder mental depraviert fühlte – der Ichstärke beraubt, die aus der artistisch artikulierten Verzweiflung zu einer neuen Identität hätte herausführen können. *In der Grube* hieß die erste veröffentlichte Erzählung Brinkmanns (1962); sie schildert die äußere und innere Vereinsamung eines jungen Mannes, der seine Heimatstadt auf einer Durchreise besucht und dabei auf der Suche nach Reinheit und Unschuld das Scheitern seiner Sehnsucht erlebt. Wohin des Dichters Blick sich richtet: Zerstörung, Unrat, Müll; die Menschen mit ihren fetten Gesichtern: Fleischsäcke. Die Erkundungen führen immer wieder in Toiletten, die als »Urinhöhlen«, naß und schmutzig, die Gegenwelt zum deodoranten Frischwärts der Warenästhetik darstellen. Nichts hat Bestand; statt dessen Zerstörung, Zerfall, Verwesung. *Erkundungen für die Präzisierung des Gefühls für einen Aufstand: Träume/Aufstände/Gewalt/Morde* lautet der Titel einer Sammlung von Brinkmanns Tagebüchern und Notizen, die von versteinertem Leben, grenzenlosem Haß, stinkendem Himmel und verschimmeltem Abendland in expressiv aufgeladenen Texten (mit »Brüllstimme«) handeln.[20]

Die grosse Weigerung

Wohl »proporziониert« und mit den besten Vorsätzen hatte 1966 die Große Koalition mit Kurt Georg Kiesinger als Bundeskanzler und Willy Brandt als Außenminister begonnen, die erstarrten innen- und außenpolitischen Verhältnisse aufzulockern. Kaum ein Kabinett der Nachkriegszeit vereinte in sich so widersprüchliche, zugleich profilierte, politisch durchsetzungsstarke und in ihrem Sachgebiet kompetente Minister; darunter Hermann Höcherl, Käte Strobel, Georg Leber, Bruno Heck, Herbert Wehner, Carlo Schmid, Kai-Uwe von Hassel, Karl Schiller, Hans Katzer, Gerhard Schröder, Hans-Jürgen Wischnewski, Franz Josef Strauß, Gerhard Stoltenberg. Kiesinger selbst war das, »was man im herkömmlichen Sinne – in den sechziger Jahren allerdings zunehmend in Frage gestellt, ja verlacht – einen gebildeten Mann nannte. Stets wahrte er intellektuelles Maß und geistige Disziplin und war in diesem Zusammenhang auch niemals von phantastischer Exaltiertheit oder belangloser Schwärmerei gefährdet.« (Klaus Hildebrand)[21]

Gerade solche »Wohltemperiertheit«, die als routinierte Glätte empfunden wurde – vom vorherrschenden Harmoniestreben aus gesehen gewissermaßen »pflegeleicht« –, mußte die Abneigung einer zunehmend nach Konfrontation drängenden Protestkultur finden. So war es von symbolischer Bedeutung, als die deutsch-französische Journalistin Beate Klarsfeld am 8. November 1968 auf dem CDU-Parteitag in der Berliner Kongreßhalle Bundeskanzler Kiesinger unter Bezug auf dessen Mitgliedschaft in der NSDAP mit dem Ruf »Faschist« ohrfeigte; sie wurde noch am selben Tag zu einem Jahr Gefängnis ohne Bewährung verurteilt. »Die Härte dieses Urteils im Vergleich mit zum Teil geringen Strafen im Auschwitz-Prozeß und das gänzliche Ausbleiben wenigstens politisch-moralischer Reaktionen auf seiten prominenter Politiker mit einer wie immer zu beurteilenden NS-Vergangenheit verschärfte nur die Konflikte und bestärkte vor allem einen Teil der jüngeren Bevölkerung in der Auffassung, daß zumindest Teile der älteren Generation nichts dazugelernt hätten und trotz aller Lippenbekenntnisse nicht zu wirklichen Demokraten geworden waren.« (Hermann Korte)[22]

Mit der Bildung der Großen Koalition trug allein die FDP die Last der oppositionellen Kontrolle, der man diese Verantwortung weder quantitativ noch qualitativ zutraute. Das Konzept der »Außerparlamentarischen

Besuch des iranischen Herrscherpaares Schah Reza Pahlevi und Kaiserin Farah (Mitte) bei Bundespräsident Heinrich Lübke (rechts) und seiner Frau Wilhelmine (links) in Schloß Auustusburg (Brühl), Mai 1967. 2. Reihe: Rut Brandt und Außenminister Willy Brandt..

Opposition« (APO), wie es sich vor allem der »Sozialistische Deutsche Studentenbund« (SDS) zu eigen machte, fiel da auf fruchtbaren Boden.[23] Die Demonstrationen gegen die vom Parlament beschlossenen Notstandsgesetze[24] und den Deutschlandbesuch Reza Pahlevis, des Schahs von Persien (1967) – dabei wurde in Berlin der Soziologiestudent Benno Ohnesorg von einem Polizisten erschossen –, gegen die Springer-Presse und den Vietnam-Krieg der USA ließen die APO in den Augen vieler Radikaldemokraten als eigentliche Vorkämpferin der republikanischen Grundordnung erscheinen. Für die Mehrheit geriet freilich die Republik durch die Studentenrevolte in äußerste Gefahr – eine Einschätzung, die auf einen wesentlichen Verlust demokratischer Ichstärke schließen ließ.

Die Stimmungslage der politisch sensibilisierten Studenten spiegelte das Thesenpapier, das von dem Sinologiestudenten Erhard Neckermann dem hochschulpolitischen Arbeitskreis des Hamburger SDS im Sommer

1967 vorgelegt wurde und dem als Motto ein Zitat des Professors von der Gablentz vorangestellt war: »Die deutsche Universität ist nicht in einer Krise, sondern in einem völligen Zerfall. Das kann nur noch durch eine Revolution geändert werden.« Das Papier enthielt eine strategische Skizze, die eine »Politik der permanenten Universitätsrevolte« proklamierte, deren Hauptzweck die Herstellung einer neuen Öffentlichkeit mittels »Massenaktionen der Studentenschaft an der Universität Hamburg« sei. Den Beginn der offensiven Phase signalisierte die Störung der Hamburger Rektoratsfeier vom 9. November 1967; die Studenten Detlef Albers und Hinnerk Behlmer trugen das dann weltberühmt gewordene Transparent »Unter den Talaren Muff von tausend Jahren« den in das Auditorium maximum einziehenden Ordinarien voran.[25]

In den meisten Universitätsstädten kam es zu Unruhen. In Hannover, dem Begräbnisort Ohnesorgs, fand eine Woche nach dessen Tod ein »Widerstandskongreß« (»Bedingungen und Organisation des Widerstandes«) statt, der die rasche Ausbreitung der Bewegung und ihren explosiven Charakter auch für diejenigen deutlich machte, die noch an eine »große Beschwichtigung« glaubten.[26] Jürgen Habermas hielt die zentrale Rede, in der er unter anderem darauf hinwies, daß die studentischen Proteste oft genug erst zu Bewußtsein brächten, was die offiziellen Instanzen absichtslos oder auch vorsätzlich aus dem politischen Bewußtsein ihrer Bürger aussperrten und vielleicht sogar aus ihrem eigenen verdrängten. »Die Studentenproteste, das ist meine These, haben eine kompensatorische Funktion, weil die in einer Demokratie sonst eingebauten Kontrollmechanismen nicht oder nicht zureichend arbeiteten.« Die studentische Protestbewegung als außerparlamentarische Opposition habe ein Stück Wiederherstellung politischer Öffentlichkeit zu leisten; ihr komme eine demokratische Kontrollfunktion zu. »Die demonstrative Gewalt, welche die politische Aufklärung in unserer Situation als in einer nicht-revolutionären Lage allein in Anspruch nehmen darf, ist definiert durch das Ziel der Aufklärung.« Habermas war jedoch auch darüber beunruhigt, daß an die Stelle des demokratischen Diskurses Gewalt und Gegengewalt träten. Die Forderung von »Gewalt gegen Sachen« könne leicht zur Gewalt gegen Menschen ausufern; so warnte er vor linkem Faschismus, eine Formulierung, die ihn selbst zum Angriffsziel militanter SDS-Gruppen machte.[27]

Die »große Weigerung« gegenüber dem Establishment mit seinen Repressionen war verbunden mit großem Engagement für die Idee einer antiautoritären Gesellschaft, die, basisdemokratisch organisiert, irdisches, vor allem auch sinnliches Glück verhieß. Auf der Grundlage von Sigmund Freuds Triebtheorie entwickelte Herbert Marcuse *(Triebstruktur und Gesellschaft)* die »Vorstellung einer Kultur ohne Unterdrückung«, bestimmt durch »libidinöse Moral«. Unter Bezug auf Friedrich Schillers Überlegungen zur ästhetischen Erziehung des Menschen stellte er fest: »In einer wahrhaft menschlichen Kultur wird das Dasein viel mehr Spiel als Mühe sein, und der Mensch wird in der spielerischen Entfaltung statt im Mangel leben.«[28]

Die Kunst, so Marcuses Weggefährte Theodor W. Adorno, opponiere, seitdem es überhaupt eine entwickelte Tauschgesellschaft gebe, gegen die immer weiter fortschreitende institutionelle Umklammerung des Lebens und halte dieser ein Bild des Menschen als eines freien Subjekts entgegen. »Funktion der Kunst ist es nicht, ein Zahnrad im Getriebe abzugeben, sondern eines Zustands sich zu erwehren, in dem alles nur für irgend etwas ›funktioniert‹. Unter administrativer Kontrolle, dem Eingriff ranküneerfüllter Zensoren ausgeliefert, wird Kunst gerade durch ihre vollendete Zweckmäßigkeit zwecklos, durch ihre reibungslose Vergesellschaftung gesellschaftlich falsch.«[29]

In seinem Stück *Hölderlin* (1970) läßt Peter Weiss Schiller zu Hölderlin sagen: »Der Begriff des Schönen/geht der Freyheit voraus/ ... Eh die Structuren der Gesellschaft/sich verändern lassen/muß erst der Mensch/verändert werden.« Und im gleichen Stück sagt Marx zu Hölderlin: »Zwei Wege sind gangbar/zur Vorbereitung/grundlegender Veränderungen./Der eine Weg ist/die Analyse der konkreten/historischen Situation/Der andere Weg ist/die visionäre Formung/tiefster persönlicher Erfahrung.«[30]
Weiss hatte mit seinen Dramen, vor allem mit seinem *Viet Nam-Diskurs* (»Diskurs über die Vorgeschichte und den Verlauf des langandauernden Befreiungskrieges in Viet Nam als Beispiel für die Notwendigkeit des bewaffneten Kampfes der Unterdrückten gegen die Unterdrücker sowie über die Versuche der Vereinigten Staaten von Amerika, die Grundlagen der Revolution zu vernichten«, 1968) die Politisierung der Intelligenz in der Bundesrepublik maßgebend beeinflußt. Geschichtliche Erinnerungsarbeit, Auseinandersetzung mit dem Faschismus sowie Kapitalismus- und Imperialismuskritik bestimmten den Historie

und Mythen verschränkenden »Roman« *Die Ästhetik des Widerstands* (1975 ff.). »Erzählt wird, in Ausschnitten, die Geschichte des europäischen antifaschistischen Widerstands und seiner Opfer, vor allem des proletarischen antifaschistischen Widerstands, zu gutem Teil gelenkt oder unterstützt von der kommunistischen Parteizentrale in Moskau – dargestellt an einigen mithandelnden Personen, Frauen und Männern, an einigen historischen Ereignissen, vielen authentischen Namen, vielen authentischen Fakten, einige allerdings umbenannt, andere erzählend hinzuerfunden, räumlich abgesteckt etwa durch die Städte Berlin, Paris, Barcelona und die spanischen Kriegsschauplätze, Stockholm und wieder Berlin, aber historisch zurückgreifend durch Zitate und Anspielungen bis in die frühe antike Geschichte, andererseits zur miterzählten Vor- und Nachgeschichte der Oktoberrevolution.«[31]

Regelverletzung

Die gesellschaftliche Provokation zielte darauf, Normen, Regulationen, Attitüden, Tabus, Stereotypen »besinnungslos« gewordener etablierter Ordnungen in Denken und Handeln (repressive Strukturen) aufzubrechen, um auf diese Weise den Boden für die intentionale Aktion vorzubereiten. Unter dem Einfluß des zunächst im Bereich der Kunst entwickelten Happenings entwickelte sich ein umfangreiches Repertoire von Protestformen wie Go-ins, Teach-ins, Sit-ins, Love-ins – Ausdruck einer Ästhetik des Widerstands, die freilich nur deshalb möglich war, weil sich die demokratischen Institutionen als reichlich tolerant erwiesen. Bei der Auseinandersetzung wollte man sich nicht mehr mit Sonntagsworten begnügen, sondern forderte Erfolgsmeldungen. Für Jürgen Habermas drangen die neuen Techniken der begrenzten Regelverletzungen in die Nischen des bürokratisierten Herrschaftsapparates ein; sie erzielten mit relativ geringem Aufwand überproportionale Wirkungen, weil sie auf Störstellen komplexer und darum anfälliger Kommunikationsnetze gerichtet waren. Der »Trick« der Pop-Kultur, ins Halbbewußtsein abgeglittene Alltagsbilder in Größe, Farbe oder Kontur zu übertreiben, zu verdoppeln bzw. zu multiplizieren und sie damit ins volle Bewußtsein zurückzuholen, charakterisierte auch die Demonstrationstechniken, die auf diese Weise Statussymbole der Lächerlichkeit preisgaben.

Die wegen Hausfriedensbruch angeklagte Studentin Ursula Seppel und einige Kommilitoninnen provozieren das Gericht durch Striptease (Dezember 1968).

Eine solche Politisierung der Öffentlichkeit setzte allerdings noch keine Lernprozesse in Gang. Auf dem projektierten langen Marsch durch die Institutionen rasch enttäuschte revolutionäre Ungeduld schlug in Frustrationsaggressivitat um. Die Provokationstheorie der Jugend beruhe auf einer falschen Anthropologie, meinte Hartmut von Hentig auf dem Nürnberger Gespräch 1968, das dem Thema *Opposition in der Bundesrepublik* gewidmet war; es sei eben leider gar nichts damit gewonnen, wenn man, wie Horst Mahler es fordere, die »öffentliche Ordnung stört, um ihre Inhumanität zu beweisen«.

»Wir müssen froh sein über jedes bißchen Hemmung, das sich über unsere Natur legt, dankbar für die Umstände, die den wahren repressiven Charakter nicht hervor- und in Aktion treten lassen.«[32]

Fritz Teufels Kommune 1 – zusammen mit Dieter Kunzelmann und Rainer Langhans in der alsbald demolierten Berliner Dachwohnung des nach Amerika gereisten Schriftstellers Uwe Johnson gegründet – wurde zum Markenzeichen »einer bis dahin unvorstellbaren politischen Clownerie sowie eine die bürgerliche Phantasie stark anregenden sexuellen Enthemmung«.[33]

Die revolutionären Clowns praktizierten eine Lebensweise, die von der im Sekundärtugendsystem eingeschliffenen Gesellschaft (ausgerichtet auf Ordnung und Sauberkeit, Anpassung und Jasagertum) verabscheut, zugleich aber, tiefenpsychologisch gesehen, als Befreiung ersehnt wurde. Spott auf die Justiz – wenn es der Wahrheitsfindung diene, wolle er durchaus aufstehen, meinte Teufel bei einem Gerichtsverfahren –, Freude an der Unordnung, vor allem aber Gruppensex (wobei Rainer Langhans freilich mit seiner Freundin, dem Fotomodell Uschi Obermeier, bald wieder in die Monogamie eines traditionellen Liebespaares »zurückfiel«): Inmitten gravitätischer Ernsthaftigkeit verschafften die Revoluzzer der Gesellschaft erheblichen Lustgewinn. »Wer zweimal mit derselben pennt, gehört schon zum Establishment.« Als Berliner Studenten im August 1967 die Freilassung Fritz Teufels aus der Haft mit einem Happening auf dem Kurfürstendamm begrüßten, gaben sie das Motto aus. »Man muß den Teufel feiern, solange er los ist.« Mit dem romantischen Hang zur »Unsauberkeit«[34] und den in den revolutionären Redefluß eingelagerten pornographischen und fäkalischen Vokabeln versuchte man, sich dem Glamourglanz der Warenästhetik und dem »hygienischen Leistungsdruck« zu entziehen. Der Sauberkeitswahn der Bourgeoisie wurde mit revolutionären Brunftschreien bedacht; man wollte endlich »Mensch« (»allzumenschlich«) sein.[35]

Als am 31. Januar 1969 die Besetzung des Frankfurter Instituts für Sozialforschung drohte, ließen die drei Leiter, neben Adorno Ludwig von Friedeburg und Rudolf Gunzert, die Polizei kommen; diese nahm einige Studenten fest, darunter den Adorno-Doktorand und SDS-Führer Hans-Jürgen Krahl. Bald darauf wurden Adornos Vorlesungen gestört, u. a. von Studentinnen, die im Hörsaal einen Striptease veranstalteten. In einem *Spiegel*-Gespräch sagte Adorno, der gegenüber der außerparlamentarischen Opposition zwischen Sympathie und Abneigung schwankte, daß er in seinen Schriften niemals ein Modell für irgendwelche Handlungen und zu irgendwelchen Aktionen gegeben habe.[36] Er starb wenig später, verletzt von den studentischen Anfeindungen, die er als einen Rückfall ins Unaufgeklärte empfand, betroffen von den Angriffen einer breiten Öffentlichkeit, die ihn der geistigen Urheberschaft an der eskalierenden Gewalt bezichtigte.

Horkheimer zog sich ins Tessin zurück, immer mehr ergriffen von Schopenhauerschem Pessimismus, um eine Annäherung an die Theologie bemüht. In einer Notiz des konservativ gewordenen Philosophen, *Gegen den Linksradikalismus*, heißt es: »Die Attacke geben den Kapitalismus heute hat die Reflexion auf die Gefahr des Totalitären in doppeltem Sinn mit aufzunehmen. Ebenso wie der Tendenz zum Faschismus in kapitalistischen Staaten muß sie sich des Umschlags linksradikaler Opposition in terroristischen Totalitarismus bewußt sein.«[37]

Jargon der Dialektik

Die APO-Sprache - vor allem bestimmt vom »Sprachstil« der Frankfurter Schule, von der man sich freilich bald absetzte - erschloß einer Gesellschaft, die weitgehend durch den »Jargon der Eigentlichkeit«[38] geprägt war, neue Begriffs- und Denkdimensionen. Auch nach 1945 war die Spracherziehung, nicht zuletzt aufgrund der Dominanz des sprachideologisch ausgerichteten *Grimmschen Wörterbuchs*, in organizistischen Kategorien befangen geblieben. Durch Wörterbuch und Lesebuch, Singbuch und Geschichtsbuch wurden systemstabilisierende Schlüsselworte eingeübt, die die Gesellschaft zum pseudoidyllischen Asyl stilisierten. Im »Wurzeldeutsch« äußerte sich das Unheil, als wäre es das Heil. Dialektik fand innerhalb des Muttersprachgeraunes keine Möglichkeit zur Entfaltung. Der »Jargon der Eigentlichkeit« (»Wurlitzer-Orgel des Geistes … Verpackung als Botschaft … Tremolo der Ergriffenheit«) bestätigte sprachlich die bestehenden Verhältnisse, an denen zu rütteln der im affirmativen Wortschatz Erzogene nicht fähig war.

Die neuentdeckte Sprache der Dialektik wirkte da als Stoßkeil, mit dem die etablierten Klischees, Stereotypen und Ideologeme aufgebrochen werden konnten. Die Neuartigkeit der Formulierungen und die in diesen Formulierungen ausgedrückten neuen Gedanken verlebendigten den demokratischen Diskurs. Betulicher Oberflächendiktion wurde der Stuck abgeklopft. Die APO-Sprache entwickelte eine Methodik des Infragestellens, die den harmonisierenden Nebel unverbindlicher Floskeln brutal, aber ehrlich aufzuklären vermochte. In und mit der Negation, der Konstituante von Dialektik, wurden Wort- und Begriffsbereiche aktiviert, die lange dem deutschen Bewußtsein entzogen gewesen waren oder lediglich im esoterisch-wissenschaftlichen Bereich eine begrenzte Ausstrahlungskraft gehabt hatten: das Begriffsarsenal des marxistischen Sozialismus wie des Sozialismus überhaupt und der Psychoanalyse.

Als einer der ersten hatte der von den Nationalsozialisten verfolgte Philosoph und Essayist Jean Améry erkannt, daß die neue Sprache der Dialektik in einen »Jargon der Dialektik« – mit signalhaft einschnappenden Worten – zu pervertieren drohe und sich damit strukturell dem »Jargon der Eigentlichkeit« anzunähern begann. Die Notwendigkeit der Negation und des Infragestellens wurde nicht mehr reflexiv auch auf die eigene Position bezogen. Der »Jargon der Dialektik« sollte dem Freund-Feind-Schema dienen und nicht-genehme Argumente abwürgen. Linke Sprache hatte die faschistoiden Wesenszüge im anderen, im Establishment, zu entlarven und die eigene Gruppe als »verschworene Gemeinschaft« zu formieren. Améry wandte sich jedoch nicht nur gegen die Epigonen der kritischen Theorie; er fand zum Beispiel auch Theodor W. Adornos Opus magnum *Negative Dialektik* (1966) von Jargon durchzogen – von »Expressionen violenter Anti-Banalität, in denen sich schließlich Sprache und Denken so sehr auflösen, daß der Leser am Ende dasteht wie Peer Gynt mit der Zwiebel«. Der »Jargon der Dialektik«, sosehr er sich auch als fortschrittlich verstand, lief am Ende Gefahr, reaktionär zu werden. »Abgesehen von dem jedem authentischen Denken innewohnenden Element des Zweideutigen und Spielerischen; abgesehen auch von der anziehenden, weil mit Kontradiktionen jonglierenden und darum allerwegen amüsant auftretenden dialektischen Manier, die zur Manieriertheit auszuarten eine kongenitale Bereitschaft zeigt; abgesehen schließlich von allen logistischen Einwänden, die sich rechtens vorbringen lassen gegen dialektisches Verfahren – es droht der Dialektik, nachdem sie erst in den Jargon ihrer selbst abglitt, die Gefahr, zum Verständigungsmittel einer sich als Elite achtenden Schicht zu werden, die das, was zu verteidigen sie sich anschickt, hoffnungslos kompromittiert.«[39]

Daß die APO-Sprache eine besondere Durchschlagskraft erhielt, lag auch an einigen Protagonisten der Protestbewegung, die als rhetorische Naturtalente die »Vollziehung der Aktualität« betrieben – mit Hilfe des »Mund-Werks« die Idee einer besseren, wertvolleren Welt vom Kopf auf die Füße zu stellen trachteten. Unter den wortstarken jungen Linken erwies sich Rudi Dutschke als die größte Rednerbegabung.[40] Rudolf Augstein schrieb, in Deutschland sei

nach 1945 eine solche nur noch bei Franz Josef Strauß und Herbert Wehner anzutreffen gewesen.
Obwohl Rudi Dutschke bisweilen umständlich argumentierte, schlug er seine Zuhörerschaft in Bann. Dieses Wunder, meint Harald Wieser, müsse damit zusammenhängen, daß er nicht nur mit dem Mund sprach; vor den Mikrophonen schien er mit all seinen Sinnen, sogar mit seinen buschigen Augenbrauen unter der Baskenmütze, zu sprechen. Er habe einen neuen Ton in die vom glatten Politiker-Statement ruinierte Rhetorik gebracht. »Es war ein glaubwürdiger Ton, und er wäre glaubwürdig selbst noch gewesen, wenn Rudi die sofortige Revolution in Regensburg oder Paderborn gefordert hätte.«[41]
Die revolutionäre Karriere des Rudi Dutschke fand ein jähes Ende, als ihn am 11. April 1968 der Gelegenheitsarbeiter und gescheiterte Fremdenlegionär Josef Bachmann (ein Einzeltäter, aber beeinflußt von der Springer-Presse) bei einem Attentat schwer verletzte; Dutschke starb an den Spätfolgen des Kopfschusses Weihnachten 1979.

Terrorismus

Betrachtet man die Protestbewegung der späten sechziger Jahre von ihrer terroristischen Perversion her – was freilich einseitig ist (denn der Weg zu einem praktizierten Humanismus war genauso in ihr angelegt wie der in Gewalt endende Dogmatismus) –, dann wird der antimoderne Zug ihres Psychogramms, verhaftet in autoritären Persönlichkeitsstrukturen und antiwestlich eingestellt, besonders deutlich.

Die deutschen Terroristen der RAF (Rote Armee Fraktion) verglich Jillian Becker mit den Nationalsozialisten; sie seien »Hitler's children«. Die kriminell gewordenen westdeutschen Anarcho-Versprengten werden so mit dem gleichen Verdacht belegt, unter den sie die westdeutsche Gesellschaft zu stellen versuchten: nämlich faschistisch zu sein. »Abgesehen von verschiedenen Analogien, die hier zwischen der kriminellen Energie der Baader-Meinhof-Leute und der Nazi-Ideologie gezogen werden, wird zum wichtigsten Argument des Buches der geistig-kulturelle Hintergrund, der Ulrike Meinhof und Gudrun Ensslin geprägt hat. In einem Gespräch hat Jürgen Krahl, der neben Rudi Dutschke einflußreichste SDS-Redner der späten sechziger Jahre, kurz vor seinem tödlichen

Unfall einmal geäußert, daß eine Reihe von Leuten der Neuen Linken aus reaktionären, dumpf irrationalen oder nationalsozialistischen Elternhäusern stammten. Erst dieser Hintergrund habe ihnen die Augen geöffnet für die verkappt noch immer wirkenden faschistischen Elemente dieser Gesellschaft.« (Karl Heinz Bohrer)

Doch dies sei - so Becker - kein wirkliches »Augenöffnen« gewesen; mit Hilfe des »Kampfes gegen den Faschismus« rationalisierte man den eigenen Faschismus. Becker behauptet, daß beide Gruppen, die Nazis und die Terroristen der siebziger Jahre, in vielen grundlegenden Aspekten übereinstimmten. Auf beide Gruppen träfe zum Beispiel zu, daß die Mitglieder Gewalt und Terror benutzten, um anderen ihren Willen aufzuzwingen. Sie bekannten sich offen zu ihrem Haß und Zerstörungswillen gegenüber jenen, die sie als Feinde klassifizierten und damit zu geeigneten Objekten für Einschüchterung, Freiheitsberaubung und Ausrottung machten. Sie seien anti-parlamentarisch, antiliberal, anti-demokratisch, anti-gewerkschaftlich und intolerant gewesen. Sie beanspruchten für sich selbst, eine Elite zu sein, fähig, eine Revolution mit der Masse und für sie zu führen, da die Masse selbst nicht wüßte, was für sie gut sei. Sie zerstörten, verstümmelten und mordeten ohne Rücksicht auf die Rechte des einzelnen und die Gesetze.[42]

»Wir wollten wirklich herausfinden, was Leben ist. Die Bewegung ist nicht zusammengebrochen als utopische, sondern als sozialistische. Der Sozialismus, immer verfolgt, stellte für uns nur die Bilder bereit. Was wir wollten, war mehr. Wir haben das gedemütigte Subjekt immer draußen gesucht und hätten lernen müssen: Das gedemütigte Subjekt sind wir selber. Alles, alle Fehler haben mir weitergeholfen. Heute fühle ich mich viel radikaler als die anderen, die zu feige waren, bis zu sich selbst zu kommen. Halten Sie das für Flucht? Einfach ist es nicht. Was Fritz Teufel und Baader und Meinhof gemacht haben, ist viel eher Flucht.« (Rainer Langhans)[43]

Die Versuche zur Deutung des Terrorismus spürten immer wieder den Biographien der einzelnen Terroristen nach, um von dort aus Aufschlüsse über deren Beweggründe zu erhalten. Ein Ausspruch der 19jährigen Susanne Albrecht, einer Mittäterin bei der Ermordung von Jürgen Ponto (Vorstandsvorsitzender der Dresdner Bank, 1977), ihren Eltern gegenüber: »Ich habe die Kaviarfresserei satt!« verdeutlichte ein im Psycho-

Am 5. 9. 1977 wurde Hanns Martin Schleyer überfallen und entführt; am 19. 10. 1977 ermordet aufgefunden.

gramm der Terroristen häufig anzutreffendes Merkmal: nämlich den Ekel an der Wohlstandsgesellschaft, die nur an sich selbst denke und darüber die Not der anderen vergäße.[44] Daß dabei die »Töchter und Söhne aus gutem Hause«, die aufgrund der ihnen anerzogenen Sensibilität solches bemerkten und dagegen protestierten, selbst nicht in der Lage waren, narzißhaftes Verhalten zu überwinden, zeigte gerade der Terrorismus – als eine in die Aggressivität umgeschlagene Frustration. Man vermochte die Vereitelung humaner Lebensziele nicht selbstkritisch in soziales Handeln umzusetzen, sondern flüchtete in die Abreaktion durch Gewalt.

Der nachgewachsenen, zweiten Terroristengeneration – so Karl-Heinz Janßen – seien die seelischen Belastungen der Nachkriegsgeneration erspart geblieben. Diese entlaufenen Kinder unserer Wohlstandsgesellschaft seien entweder angeekelt vom Materialismus ihrer groß- und kleinbürgerlichen Familien oder (als Aufsteiger aus finanzschwachen Schichten) enttäuscht in ihren Zukunftserwartungen, die von der Rezession beschnitten wurden. Der liberale Innenminister Werner Maihofer habe eine plausible Begründung für das Verhalten dieser Jugendlichen:

Sie strebten nach einer besseren Welt, doch hätten sich ihre revolutionären Impulse nicht mehr rechtzeitig in ein reformerisches Engagement umsetzen lassen, weil ihnen die reale Politik zu schwerfällig erscheine. So endeten sie denn in einer Sackgasse von Mord, Totschlag und gemeinem Bankraub.[45]

Warum spielten Frauen eine so große Rolle innerhalb des Terrorismus? Mehr als 50 Prozent aller Straftaten auf dem Gebiet des Terrorismus gehen auf ihr Konto. Fast alle stammten aus wohlhabenden Verhältnissen. Aufgrund der Analyse von Lebensläufen Dutzender von Terroristinnen kommt Gustav Naß zu dem Ergebnis, daß der junge Mensch, der noch nicht zwischen Ideal und Wirklichkeit, Wunschbild und Machbarem zu unterscheiden gelernt habe, den Zwiespalt zwischen der Welt der Ideen bzw. Ideologien und der realen Welt der etablierten Gesellschaft, ihren Herrschaftsstrukturen und ihrer Unvollkommenheit als Schock erlebe. Die Reaktion darauf sei bei einigen die Flucht in die Anarchie. Zwar bleibe stets die Entscheidungsfreiheit, die Möglichkeit, auch anders zu reagieren. Die Überwindung von Gewissen, Gesetz, Tatfolgen, familiären und gesellschaftlichen Verbindungen falle einem gefühlsmäßigen Verhalten leichter; deshalb seien Frauen als Führer der Anarcho-Szene besonders geeignet. Emanzipierte Frauen wollten den Männern an Brutalität und Kaltblütigkeit nicht nachstehen, sie eher übertreffen und damit ihr Emanzipationsdefizit in einem extremen Maße kompensieren.[46]

Die Modernisierung bzw. »Westernization« der Bundesrepublik hatte so große Erfolgsaussichten, weil sie sich in einem gewaltfreien Raum vollzog (auch wenn sich dann herausstellte, daß die NS-Verbrecher in der nach außen friedlichen deutschen Gesellschaft weiterhin maßgebend präsent waren). In den siebziger und achtziger Jahren wurde nun der Terrorismus mit Recht als »Kränkung der Freiheit« empfunden, hervorgerufen von einer kleinen militanten Gruppe, die hinsichtlich der Zahl ihrer Mitglieder völlig bedeutungslos war, jedoch mit Hilfe skrupelloser Gewaltverbrechen dem Staats- und Gesellschaftssystem der Bundesrepublik wie deren kulturellen Befindlichkeit traumatische Verletzungen zuzufügen vermochte. Zudem verschlechterte die übersteigerte Reaktion darauf das Modernitätsklima weiter und führte zu erheblichen Regressionen. Sechs gegen sechzig Millionen, konstatierte Heinrich Böll, als die Baader-Meinhof-Gruppe in Erscheinung trat.[47]

Der »Bohemien« Andreas Baader versuchte – zusammen mit der Pfarrerstochter Gudrun Ensslin, der Journalistin Ulrike Meinhof[48] und dem Rechtsanwalt Horst Mahler –, den Zielen der zerfallenden Studentenbewegung mit Hilfe revolutionärer Gewalt einen neuen Impetus zu geben. Baader, Ensslin und andere Mittäter legten 1968 Brandsätze in zwei Frankfurter Kaufhäusern, offensichtlich »inspiriert« von einem Flugblatt der Kommunarden Rainer Langhans und Fritz Teufel, die nach einem Brüsseler Kaufhausbrand mit 300 Toten (1967) mit der Frage provoziert hatten: »Wann brennen die Berliner Kaufhäuser?« – »Ein brennendes Kaufhaus mit brennenden Menschen vermittelt zum erstenmal in einer europäischen Großstadt jenes knisternde Vietnam-Gefühl (dabeizusein und mitzubrennen), das wir in Berlin bislang noch missen mußten . . .«

Nachdem die Täter gefaßt, bis zur Entscheidung über einen Revisionsantrag aus dem Gefängnis entlassen, dann aber untergetaucht waren, wurde Baader in Berlin erkannt und verhaftet. Im Mai 1970 wurde er bei einem arrangierten Treffen mit Ulrike Meinhof in der Bibliothek des Zentralinstituts für soziale Fragen in Berlin-Dahlem befreit; es kam zu einem Feuergefecht, bei dem ein Instituts-Angestellter schwere Verletzungen erlitt. Die Eskalation der Gewalthandlungen, die bis Ende der achtziger Jahre immer neue Opfer forderten, begann. Besonders gravierend und geradezu eine Staatskrise bewirkend, war die Entführung des Präsidenten der Bundesvereinigung der Deutschen Arbeitgeberverbände, Hanns Martin Schleyer, in Köln am 5. 9. 1977; dabei wurden sein Chauffeur und drei ihn begleitende Polizeibeamte erschossen. Am 13. 10. wurde eine Maschine der Lufthansa auf dem Flug von Mallorca nach Frankfurt am Main von Palästinensern entführt, der Pilot von den Terroristen ermordet; deren Forderung auf Freilassung von Baader und Genossen wurde nicht erfüllt; nach der Befreiung der Insassen durch eine Sondereinheit (GSG 9) begingen Baader, Jan-Carl Raspe und Ensslin im Gefängnis Stammheim Selbstmord; Schleyers Leiche wurde am nächsten Tag im Elsaß aufgefunden. Bis zum »deutschen Herbst« des Jahres 1977 waren achtundzwanzig Menschen bei den Anschlägen oder Schußwechseln ums Leben gekommen.[49]

WESTLICHE KULTURREVOLUTION

Belesenheit vor Erfahrung

Die von Peter Weiss geforderte und für die Protestbewegung charakteristische »Belesenheit« – »Du mußt lesen, Du mußt Dich bilden, Du mußt Dich auseinandersetzen mit den Dingen, die auf Dich zukommen. Du mußt Stellung ergreifen!«[50] – führte zu einer Flut von theoretischen und gesellschaftskritischen Abhandlungen (herausragend die »edition suhrkamp«), an der die hektographierte (»graue«) Literatur einen großen Anteil hatte. Es entstanden viele Kleinverlage, besonders orientiert an den Erzeugnissen der subversiven amerikanischen »underground-press«; sie widmeten sich der Veröffentlichung experimenteller Literatur und Kunst, literarischer und wissenschaftlicher Raritäten (oft genug im Raubdruck) und politischer Theorie wie Polemik. Sie bezogen ihre Motivation aus einem alternativen Selbstverständnis, das im Gegensatz zum kapitalistischen Verlagswesen stand: Zwar wollten auch sie mit der Ware Buch Geld verdienen, doch stand bei ihnen der Gebrauchswert des Buches über seinem Tauschwert; ihre Arbeit diente »zuvörderst dem Bemühen, Ideen, Konzepte, Phantasien, Anregungen unter das lesende und denkende Volk zu bringen«.

Linke Autoren veranstalteten 1968 eine Gegen-Buchmesse; sie konstituierten sich als Literaturproduzenten, als »politische Vertretung aller sozialistischen Gruppen und berufsspezifische Sektion aus dem Bereich der Literaturproduktion«. Im Organisationsstatut (1970) wurde als Aufgabe der Literaturproduzenten die Analyse der gesamtgesellschaftlichen Entwicklung, deren Auswirkung auf den Bereich der Literaturproduktion und deren Stellenwert im System des Kapitalismus festgelegt. »Daraus ist eine sozialistische Strategie im Klassenkampf zu erarbeiten. Ziel ist die

Aufhebung der Branchen und sektionsspezifischen Organisationsformen.« Beim »Verlag der Autoren« waren die dort verlegten Schriftsteller zugleich die Gesellschafter.[51]

Belesenheit, viel mehr als persönliche Erfahrung, bestimmte die revolutionäre »Ahnengalerie«. Die aus dem Schrifttum abstrahierten Kunstfiguren wurden in geistigen Exerzitien verinnerlicht und ritualistisch bzw. liturgisch, auch modisch (Karl Marx' Bart, der Mao-Look, Che Gueveras Baskenmütze mit rotem Stern in der Mitte) vermittelt.

Marx war unumstrittener Vordenker; er bot das Begriffsarsenal für die Hoffnung, über die Negation der Negation und mit Hilfe der Aktivierung von Phantasie und Hoffnung die Utopie einer nicht-entfremdeten Gesellschaft verwirklichen zu können. Freiheit im Reich der Naturnotwendigkeit bestand für Marx darin, »daß der vergesellschaftete Mensch, die assoziierten Produzenten, diesen ihren Stoffwechsel mit der Natur rationell regeln, unter ihre gemeinschaftliche Kontrolle brächten, statt von ihm als von einer blinden Macht beherrscht zu werden«.[52] Mit Hilfe von selbstbestimmter Arbeit und Klassenkampf, bei dem die Expropriateure expropriiert würden, werde das »Paradies auf Erden« realisierbar. Dort arbeite man nicht mehr, dort sei man »tätig« in Überwindung der bislang zugewiesenen entfremdeten Arbeit. Im Kapitalismus jedoch werde der Mensch mit Hilfe von Arbeit unterjocht und ausgebeutet.

»Er ist Jäger, Fischer oder kritischer Kritiker und muß es bleiben, wenn er nicht die Mittel zum Leben verlieren will – während in der kommunistischen Gesellschaft, wo jeder nicht einen ausschließlichen Kreis der Tätigkeit hat, sondern sich in jedem beliebigen Zweig ausbilden kann, die Gesellschaft die allgemeine Produktion regelt und mir eben dadurch möglich macht, heute dies, morgen jenes zu tun, morgens zu jagen, nachmittags zu fischen, abends Viehzucht zu treiben, nach dem Essen zu kritisieren, wie ich gerade Lust habe; ohne je Jäger, Fischer, Hirt oder Kritiker zu werden.«[53]

Der argentinische Arzt Ernesto Che Guevera wurde zum revolutionären Vorbild, da er an der Seite Fidel Castros am kubanischen Befreiungskampf teilgenommen und dann, nach seinem Zerwürfnis mit den orthodoxen Kommunisten und auch Castro, ab 1965 in Bolivien den Guerillakampf gegen den Neokolonialismus der Industrienationen, vor allem der USA, organisiert hatte; dort wurde er 1967 nach der Festnahme von der Armee ermordet. »Che's ›Schaffen wir zwei, drei, viele Vietnam‹ wird von der

Studentenbewegung begeistert aufgegriffen, wird Anlaß zum Lernprozeß und steht – ebenso wie ›Che lebt‹ – an vielen Wänden geschrieben.«[54]

Die Verdammten dieser Erde hieß das von der Protestbewegung entdeckte antikoloniale Manifest des 1925 auf Martinique geborenen schwarzen Arztes Frantz Fanon, der sich der Algerischen Befreiungsfront gegen Frankreich angeschlossen hatte; er starb 1961 in den USA, wo ihn vor allem die Bewegung der »Schwarzen Panther« als einen der ihren reklamierte. In *Kursbuch* 2/1965 wurde erstmals in deutscher Übersetzung ein umfangreiches Kapitel veröffentlicht. Die unterentwickelten Völker sprengten ihre Ketten, und dies gelinge ihnen. Die Völker beschlössen, sich durch Gewalt auszudrücken.[55]

Im Maoismus sah die Protestbewegung eine kreativ-revolutionäre Überwindung kommunistischer Orthodoxie und Stereotypie am Werk. Die *Worte des Vorsitzenden Mao Tse-tung* waren gewissermaßen die »rote Bibel« der westdeutschen Linken. Der Vorspruch von Lin Biao: »Studiert die Werke des Vorsitzenden Mao Tse-tung, hört auf seine Worte und handelt nach seinen Weisungen« wurde als Verpflichtung empfunden. Im Sinne Maos begriff sich die protestierende Jugend als Garant einer besseren Zukunft: »Ihr jungen Menschen, frisch und aufstrebend, seid das erblühende Leben, gleichsam die Sonne um acht oder um neun Uhr morgens. Unsere Hoffnungen ruhen auf euch.«[56]

Im Zeichen von Rosa Luxemburg und deren Schriften formierten sich Studentinnen, um die Emanzipation der Frauen einzufordern; sie fanden freilich bald heraus, daß sich der theoretische Überbau, mit dem die Genossen ihren Orgasmuskult abdeckten, wenig vom bürgerlichen Männlichkeitswahn unterschied. Nach wie vor erwarte man, daß die Frauen das Maul nicht aufmachten, »wenn wir es doch aufmachen, kommt nichts raus. wenn wir es auflassen, wird es uns gestopft: mit kleinbürgerlichen schwänzen, sozialistischem bumszwang, sozialistischen kindern, liebe, sozialistischer geworfenheit, schwulst, sozialistischer potenter geilheit, sozialistischem intellektuellem pathos, sozialistischen lebenshilfen, revolutionärem gefummel, sexualrevolutionären argumenten, gesamtgesellschaftlichem orgasmus, sozialistischem emanzipationsgeseich, GELABER!« Das zitierte Flugblatt – symptomatisch für das erste Aufbegehren linker Frauen gegenüber linker Unterdrückung – schließt mit der Aufforderung, die dann in die APO-Spruchweisheiten einging: »Befreit die sozialistischen Eminenzen von ihren bürgerlichen Schwänzen!«[57]

Warenästhetik dekuvrieren

Ernst Schröder als »Faust« im Berliner Schiller-Theater; ein andächtiges Publikum, den geflügelten Worten lauschend; dann bricht bei einem bestimmten Stichwort der skandierte Sprechchor der anwesenden Studenten los: »Was geht uns Goethe an, was geht uns Johnson an!« Hunderte von Flugblättern flattern ins »abendgekleidete Parkett«. Die Vorstellung wird abgebrochen.

»Ihr seht seelenruhig zu, wie in Vietnam gemordet wird, und versichert euch hier noch eurer faustischen Großartigkeit. Schluß mit dieser Kulturheuchelei!«[58]

Die Szene ist symptomatisch für den mit der Protestbewegung einhergehenden Aufstand gegen bildungsbürgerlichen Kulturkonsum. Mit der ideologischen Auslieferung des Daseins an die Ökonomie des Kapitalismus, der via Kultur das Individuum auf einen Bereich verweist, wo schließlich alles gut sei oder gut werde, sollte Schluß gemacht werden. Der jugendliche Protest wandte sich gegen die »Krawattenkultur«, wobei Rollkragen-Pullover und Jeans bei Künstlern und Intellektuellen zur Gegenmode avancierten; gegen das Baedeker-Bewußtsein, den Festival-Snobismus, insgesamt gegen das in der Wirtschaftswunderwelt ritualisierte und vermarktete Kulturleben, für das Erbauung und Muße unverbindlich blieben. Das Karussell des kulturellen Jahrmarkts werde von Heuchlern betrieben, deren gesellschaftliches Engagement lediglich aufgesetzt sei. Wenn diese ein Stückchen Wegs mit einer Arbeiterdemonstration gehen, eine entrüstete Unterschrift leisten, eine Plauderei über hungernde Entwicklungsländer veranstalten, glauben sie bereits, ihr Scherflein für die Armen beigesteuert zu haben. Die Frage, was man denken solle, werde wie die Frage, was man anziehen solle, behandelt.

Für Jürgen Habermas hat die Entwicklung der bürgerlichen Gesellschaft der Massendemokratie einen Zerfall der literarischen Öffentlichkeit bewirkt, die durch den pseudo-öffentlichen oder schein-privaten Bereich des Kulturkonsums ersetzt wurde. Aus dem kulturräsonierenden Publikum sei ein kulturkonsumierendes geworden. Das liberal-kapitalistische Kommunikationssystem habe zwar dem Zugang zu den Kulturgütern nicht nur ökonomisch durch Verbilligung, sondern auch psychologisch erleichtert; doch erwerbe Massenkultur sich ihren zweifelhaften Namen eben dadurch, daß ihr erweiterter Umsatz durch Anpassung an die Entspannungs- und Unterhaltungsbedürfnisse von Verbrauchergruppen mit relativ niedrigem Bildungsstand erzielt werde, anstatt umgekehrt das erweiterte Publikum zu einer in ihrer Substanz unversehrten Kultur heranzubilden.[59]

Die Sensibilität für die Phänomene des Alltags – selbst an den Schulen begannen fortschrittliche Lehrer sich mit »Textsorten«, etwa Reklameanzeigen, kritisch auseinanderzusetzen –, vor allem aber die »marxistisch auf Kiel gelegte«, mit roten Segeln ausgestattete Hoffnung, durch Analyse die Verhältnisse ändern zu können, machten »Warenästhetik« zu einem heuristischen Schlüsselbegriff. Er systematisierte, was vorher in einer Reihe von Theorien, vor allem in den politischen Diskussionen unter Studenten und Schülern, im Begründungszusammenhang von Manipulation und Repression erörtert worden war.

Es war das Verdienst von Wolfgang Fritz Haug, den kritischen Jargon über Fragen der Warenästhetik zu einer Theorie der Warenästhetik weiterentwickelt zu haben, indem er den Zusammenhang der Produktion und Propagierung von Waren einerseits und von Bewußtsein und den Bedürfnissen der Menschen andererseits aufzeigte.[60] Die Warenästhetik fragt nicht nach dem Gebrauchswert und nicht nach der Personalität. Geweckt wird die Begehrlichkeit auf das neue Produkt, auf den hygienisierten Partner (der den »all-plastic-people« zugehört). Das Gefühl muß vorherrschen, daß man auf dem Markt das jeweils Neueste erhält. Dementsprechend werden die Sehnsüchte präsentiert: Reinheit als Persilweiß, Zärtlichkeit als Creme-Bad, Aufbruch als Porsche-Karosserie. Angesichts der synästhetischen Inszenierung stellt sich nicht die Frage nach der Wahrheit. Was »dahinter« steckt, interessiert nicht; die Accessoires sind schon das Eigentliche. Wie Karl Marx einmal bemerkt, werfen die Waren Liebesblicke nach den möglichen Käufern; die Reize der Warenästhetik sind Liebesreize.

Neodadaismus

Die Happening- und Fluxus-Bewegung – mit der Absicht, den Kulturbetrieb aufzusprengen – vertiefte und erweiterte Joseph Beuys, indem er seine künstlerische Tätigkeit in den Bereich der praktischen Politik verlängerte und das gesellschaftspolitische Ideenpotential von 1968 mit den anthroposophischen Vorstellungen Rudolf Steiners, aber auch mit der deutschen Klassik und Romantik im Leitmotiv einer »Sozialen Plastik, einer Kunst des sozialen Bauens« verschmolz. 1971 gründete er die »Organisation für direkte Demokratie durch Volksabstimmung«; ausgehend von der Gleichung »Kunst = Leben, Leben = Kunst« stellte er seine Professur an der Düsseldorfer Kunstakademie unter das Postulat des offenen Zugangs zur Akademie für alle und jedermann, wodurch er, unterstützt von studentischen Teach-ins, in Konflikt mit der Landesregierung unter Johannes Rau geriet. Beuys' Schüler Jörg Immendorff entwickelte die LIDL-Kunst als Persiflage des staatlichen Autoritätsgehabes. Am 21. Januar 1968 demonstrierte er vor dem Bonner Bundeshaus mit einem am linken Bein befestigten schwarzrotgold bemalten Holzklotz, um die ideenarme und unschöpferische Politik der damaligen Bundesregierung anzuprangern. Als er am Jahrestag der Klotzaktion (1969) erneut nach Bonn zog, um das LIDL-Jubiläum mit dem Anbau eines LIDL-Raumes an das Bundeshaus zu begehen, zerstörte die Polizei das Gebilde aus Papier und Holz innerhalb von drei Minuten.

An die Stelle des Happenings traten bald vielfältige Demonstrationsspektakel, wobei die Aktionskünstler sich gern »Macher« nannten; so z. B. HA Schult, der 1969 gemeinsam mit Günter Sarée die Münchner Schackstraße für einen Tag in ein riesiges Papierabfalldepot verwandelte. Ein Jahr später trat er mit »Biokinetischen Situationen«, wuchernden Algen- und Pilzkulturen, in Erscheinung, um auf diese Weise die Verschwendungswut des Massenkonsums kritisch zu manifestieren. Timm Ulrichs, »Totalkünstler«, gründete in der Schwitters-Stadt Hannover ein Verkaufsbüro für künstlerische Ideen und deklarierte sich selbst zur ästhetischen Ware, die er dem Kunsthandel anbot. »Mit kritischer Vehemenz und lautstarken Sprüchen aus dem Politjargon schossen sich allenthalben junge Rebellen, unterstützt von prominenten Künstlern wie Joseph Beuys, auf die breite Angriffsfläche ein, die eine hermetisch geschlossene, internationale Cliquenwirtschaft zu dieser Zeit im Kunsthandel bot. Junge Kunst scheute sich nicht, mit den 68er Studenten auf die Straße zu gehen und dabei die dadaistische Clownerie und Ironie ebenso wie das Blow-up der Pop-art zur Irritation des Wohlstandsbürgers zu nutzen. Es war eine Zeit, in der man ebenso selbstverständlich mit den grellbunten Spraydosenfarben der Reklameindustrie umzugehen verstand wie mit dem Seziermesser schneidender Gesellschaftskritik.« (Karin Thomas)[61]

Die Inflation der Bilder wie ihre Gleichzeitigkeit (etwa im Aushang eines Zeitungskiosks mit den Titelseiten der Illustrierten, die Katastrophen, Sex, Kunst, Sport und Mord gleichzeitig herausschreien), im Verbund mit dem Lärm der Reklame, war Material für das künstlerisch-synthetische Arrangement. Mit Übertreibung wurde die moderne Kitschwelt bloßgestellt; zugleich zeigte man sich von deren disparater Oberflächlichkeit fasziniert. »Roy Lichtensteins Comic-Adaptionen, Andy Warhols Superstars und Tom Wesselmanns Nudes boten sich als künstlerische Pendants zur neonüberstrahlten Konsumwelt eines Wohlstandsalltags eher an, als die still gewordenen Abstrakten zu Hause.« Diese versuchten ihre »strukturelle Strenge« zu popularisieren, indem sie eine plakative »Farbgeometrie« entwickelten (Günter Fruhtrunk, Thomas Lenk, Karl Georg Pfahler) oder wie etwa Otto Herbert Hajek mit seinen großräumigen Plastiken, die großstädtische Umwelt mit »Farbwegen« erschlossen.[62]

Auf der Suche nach neuen Figurationen wurden vorgeprägte Sichtweisen in Frage gesellt – z. B. durch Günther Ueckers »Benageltes Klavier« oder Joseph Beuys' nicht mehr »besitzbaren« Stuhl, beide 1963. »Das Alltägliche wird zum Alptraum. Deshalb wird es in der Zerstörung gebannt, seiner alltäglichen Funktion entfremdet – ironischer Fetisch, der denen, die sich die ›Ausdrucksformen unseres Lebens‹ bequem ersitzen wollen, das Ruhekissen verweigert. Eine Lehre für gutgläubige Politiker, die mit der Kunst zu Tüchtigkeit und Leistungsfähigkeit erziehen wollen. Die Zeit der Verweigerung beginnt.«[63] In diese Phase der Auflösung des affirmativen Menschenbildes fallen Horst Antes' gnomhafte Kopffüßlergestalten, Emil Schumachers archaische Figuren und Landschaften, Horst Janssens und Hans Bellmers zerrissene Gesichts- und Körperformen, Sigmar Polkes Rasterbilder, Bernard Schultzes neosurrealistische Objektkunst. So unterschiedlich die Artikulationsweisen waren, als gemeinsamer Nenner erwies sich die Unzufriedenheit mit künstlerischer Formalität, die ungeeignet schien, die amorphe, diffuse ambivalente Wirklichkeit zu spiegeln – eine Welt ohne Konsistenz. Bei der Münchner Gruppe »Spur« paarte sich der »existentielle Aufschrei gegen die Einengung des Individuums durch Konsumzwänge und Konventionen mit einer kritisch-satirischen Rebellion gegen die sozialen und politischen Mißstände der Wirtschaftswunderideologie sowie mit dem Entwurf einer zweckentbundenen gesellschaftlichen Freiheit.«[64]

Bei der ersten Einzelausstellung von Georg Baselitz (1963) konfiszierte die Staatsanwaltschaft das Gemälde »Der nackte Mann« und »Die große Nacht im Eimer« wegen Obszönität, was ein bezeichnendes Licht auf die Spießigkeit und Prüderie jener Jahre wirft. »Während man erste Sex-Shops einrichtete, belegte man gleichzeitig ein erotisches Gemälde wie ›Die große Nacht im Eimer‹ mit dem Bannstrahl des Pornographie-Verdikts, obwohl die Onaniedarstellung des Bildes sich als Metapher für Obsessionen der Einsamkeit, der Entfremdung und des Überdrusses an der Konsumgesellschaft auswies.«[65]
Die Stimmungslage der rebellierenden Kunst Ende der sechziger Jahre hatte bereits das erste »QUIBB-Manifest« (1963) auf extreme Weise vorweggenommen; es war u. a. verfaßt von Hans Peter Alvermann, der nach dem Vorbild der Tableaus von Edward Kienholz mit seinen Objekt-Collagen (z. B. »Sauber. Illustration zu einem Song von Wolf Biermann, der von einem netten, fetten Vater handelt«, 1966) auf mentale Deformationen und politische Mißstände hinzuweisen suchte, dann aber als überzeugter Marxist seine künstlerische Betätigung aufgab, um sich ganz der direkten politischen Aktion zu widmen; die herrschende Kunst sei die Kunst der Herrschenden und damit für die Mehrheit der Beherrschten ohne Interesse.

Auf dem langen Marsch durch die Institutionen wurden die revoltierenden Studenten und Künstler von der »Kunst als Kunst« bald wieder eingeholt. Unterschwelliges Pathos, geheime Romantik und neue metaphysische Sehnsucht ziehen wie gehabt durch die Hintertür ins Bewußtsein der Künstler ein. Im Rückblick konstatiert Karl Ruhrberg, daß der Sturm und Drang der sechziger Jahre bereits in den Siebzigern, von quälenden Gefühlen der Machtlosigkeit zersetzt, dahin sei. Die Kunst der achtziger Jahre sei, aller »Wildheit« der Neo-Expressionisten und Neo-Mystiker zum Trotz, erneut nostalgisch, retrospektiv und affirmativ geworden. »Wenn ein Großmaler wie Gerhard Richter, der 1963 mit ironischer Aggressivität gemeinsam mit Sigmar Polke den ›Kapitalistischen Realismus‹ kreierte, heute sagt, Günter Grass hätte lieber ein gutes Buch mehr schreiben sollen als sich politisch zu engagieren; wenn Georg Baselitz auf den Spuren von Ernst Ludwig Kirchner, der den moralischen Impuls seiner frühen Jahre später als ›Jugendeselei‹ bezeichnete, seine eindrucksvoll-aufmüpfigen Bilder aus den Jahren der beiden ›Pandämonium‹-Pamphlete als ›Pupertätsschlamm‹

abqualifiziert, so sehen wir, wohin der Abschied vom Jahrzehnt der schönen Täuschungen in gesellschaftlicher Hinsicht schließlich geführt hat.«[66]

Keine rosa Filme – emanzipiertes Theater

Der antizivilisatorische Affekt der Kulturrevolution führte im Bereich des Films zur radikalen Absage an technische Perfektion. Die Formel »Ein Film ist ein Film ist ein Film« wandte sich gegen die »falschen, glatten und geölten Filme«; »wir ziehen ihnen den rauhen und holprigen, dafür aber lebendigen vor. Wir wollen keine rosa Filme – wir wollen sie in der Farbe von Blut«, hieß es im *Ersten Mainfest* der »New American Cinema Group«, deren ästhetischer Aktionismus bald auf die Bundesrepublik übergriff. Der Film wurde begriffen als Lebensform, die »direkt« und auch mit obszöner Brutalität kulinarischen Filmkonsum verhindern sollte. Das Bekenntnis zur Kunstlosigkeit ermöglichte freilich auch extensiven künstlerischen Dilettantismus, der durch Überheblichkeit kaschiert wurde. »Sie freuen sich, daß es sich bewegt, daß man es schneller und langsamer machen kann, daß man die Welt aus den seltsamsten Winkeln anschauen kann. Ohne Logik und Notwendigkeit setzen sie hintereinander alle Mittel ein, die ihnen die moderne Technik zur Verfügung stellt. Einen Streifen über einen freundlichen Ausflug halten sie für ein Filmwerk, eine Kameraprobe für ein Experiment. Wenn sie ihre Freundinnen nackt filmen, glauben sie für die sexuelle Freiheit zu kämpfen, einen primitiv gefilmten primitiven Beischlaf halten sie für einen Beitrag zur Weltrevolution.« So Gabriel Laub in einem Bericht über die 15. Westdeutschen Kurzfilmtage in Oberhausen 1969 *(Siebzig Stunden Filmstrapazen).*[67]

Hatten die Oberhausener zu Beginn der sechziger Jahre ihre Aufgabe darin gesehen, dem inhaltlich verlogenen Kino der Wirtschaftswunderzeit realistische Inhalte entgegenzusetzen und die künstlerisch stagnierenden kapitalistischen Produktionsmethoden aufzulockern, so ging es dem APO-Film um Antiästhetik, der ein großes Mißtrauen gegenüber Komposition und Narration (die doch für das Gewinnen der Massen so wichtig gewesen wäre) zugrunde lag.

Hanna Schygulla, Ulli Lommel und Rainer Werner Fassbinder in dem Film
Liebe ist kälter als der Tod, 1969.

Bei den neuen Filmemachern, die jedem Kommerz abschworen (wegen ihrer 16-mm-Formate konnten sie gar nicht in die Kinos kommen) handelte es sich häufig um einen Aufguß amerikanischer Off- und Off-Off-Mixtur. Andy Warhol bestimmte die »scene«; in *Sleep* (1963) wird ein älterer Mann sechs Stunden lang aus ein und derselben Perspektive beim Schlafen abgefilmt; *Fuck* (1968) verarbeitet ironisch-pointierte pornographische Obsessionen. »Mit Ausnahmen von Hellmuth Costards *Besonders wertvoll* (1968) haben die Antifilme, etwa von Werner Nekes *(Kelek,* 1968), Peter Nestler *(Das Ruhrgebiet,* 1967), Thomas Struck *(Der warme Punkt,* 1968), Hannes Fuchs *(Film 68,* gedreht 1969) oder Adolf Winkelmann *(Selbstschüsse,* 1968), mit ihrer lakonischen Intensität zu ihrer Zeit kaum etwas bewegt.«[68] Der Erfolg des Films *Zur Sache Schätzchen,* 1968 (Regie: May Spils, mit Uschi Glas, Werner Enke und Henry van Lyck), macht deutlich, wie gering die Resonanz der Antiästhetik selbst bei einem künstlerisch sensiblen Publikum war. Die Absicht des Filmes, die Masse der biederen, braven Konformisten bloßzustellen, ist in eine zwar witzige, aber harmlose Story umgesetzt. In der Schwabinger Boheme gerät

Martin, der einen Einbruch beobachtet hat und diesen bei der Polizei meldet, selbst in Verdacht. Seine Freundin Barbara ermöglicht durch einen Striptease auf dem Polizeirevier die Flucht des Verhafteten. Als er schließlich doch verhaftet wird, verletzt er den Polizisten durch einen Streifschuß. »Die Regisseurin hat es verstanden, die skurrile Anomalität ihrer Protagonisten so stilsicher zum Prinzip zu machen, daß die scheinbar normale Welt sich davor immer wieder entlarvt.«[69]

Überzeugend entwickelte der junge Rainer Werner Fassbinder seine filmischen Sujets, wobei er die erzählenden Elemente stark in den Vordergrund schob. »Ich fand, daß eine einfache Handlung nötig ist, um das zu sagen, was ich sagen will.«[70]

Er wie fast alle seine Mitarbeiter und Darsteller (u. a. Hanna Schygulla, Ingrid Caven, Peer Raben, Kurt Raab) kamen vom »Münchner Action-Theater«, das Anfang 1968 zum »Antiteater« wurde. Dem ersten Spielfilm *Liebe ist kälter als der Tod* (1969) folgten in drei Jahren mehr als ein Dutzend Spiel- oder Fernsehfilme; sie handeln von Gelegenheitskriminellen und ärmlichem Vorstadtmilieu. In *Katzlmacher* (1969) geht es um die psychische Situation von Gastarbeitern in der Bundesrepublik, die unter dem faschistischen Fremdenhaß deutscher Kleinbürger leiden. *Warum läuft Herr R. Amok?* (1969) ist ein Film »über die Zwänge des Alltags, über das Versagen der Gesellschaft, über die Gleichgültigkeit der Mitmenschen – und über die schrecklichen Abgründe im Menschen«. (Ein technischer Zeichner erschlägt in Frustrationsaggressivität seine Frau, deren Freundin und sein Kind. Am nächsten Tag, pünktlich zum Dienst erschienen, erhängt er sich in der Toilette seines Büros.)[71]

Man hat Fassbinder einen »Anarchisten der Phantasie« genannt. Mit brutaler Direktheit und Intensität hat er seine Phantasien und Obsessionen formuliert. »Sichtbar wird eine Ästhetik des Engagements, die schnell und unmittelbar reagiert, ›radikale Empfindungen‹ nicht unterdrückt. Die Anarchie der Phantasie sollte sich frei entfalten, nicht erstickt werden in ideologischen Legitimationen oder ästhetischen Dogmen. Fassbinder hatte keine Hemmungen, Meinungen zu revidieren, früheren Äußerungen zu widersprechen, alte Fehler einzugestehen und neue zu machen. Solche Direktheit und Ehrlichkeit, die Weigerung, ständig auf der Hut zu sein und sich abzusichern, mußten in dieser Gesellschaft mißverstanden werden und Mißtrauen wecken. Die Proteste von Homosexuellen *(Faustrecht der Freiheit),* der Vorwurf des Antisemitismus *(Der Müll, die Stadt und der Tod)* erweisen sich bei nüchterner Prüfung als haltlos, belegen aber zugleich, daß Fassbinder in Tabuzonen einbrach.« (Michael Töteberg)[72] Als Autodidakt hat er, den »Regeln« der Filmkunst spottend, in verzehrender Leidenschaft, korrespondierend mit der Rücksichtslosigkeit seiner egozentrischen Lebensführung, das Genre Film aufgebrochen und das Kino mit einer Ästhetik der Antiästhetik bereichert.

Vom Aktionismus versprach man sich die Emanzipation des Theaters: Der Zuschauer sollte aus seiner Passivität erlöst und der Schauspieler aus den Machtstrukturen des Theaterbetriebes befreit werden. Das Theater sei in Routine erstarrt; von den Inszenierungen gehe kein wirklicher Anstoß aus, der Kontakt mit der politisch sensibilisierten Jugend sei verlorengegangen. In den Foyers der Musentempel (Freizeitkirchen, Seelenbadeanstalten) lustwandle die Leisure-class.

Als Gegenmodell wurde das Straßentheater propagiert. Inszenierungsstil und Stückauswahl sollten das Publikum politisch aktivieren. Schauspieler und Publikum wären in ein gegenseitiges Rückkoppelungsverhältnis zu bringen, das die Entfremdung, wie sie die Bühnenrampe bedinge, aufhebe.

Als durch Biographie und Habitus exzentrischer »Entblößungsdramatiker« par excellence wurde Fernando Arrabal gefeiert *(Der Architekt und der Kaiser von Assyrien,* 1967; *Garten der Lüste,* 1969; *Und sie legten den Blumen Handschellen an,* 1969). Zu dem Versuch, durch die Zurschaustellung von Wollust, Sadismus und Leiden – im Sinne von Antonin Artauds »Theater der Grausamkeit« – Katharsis (eine »Therapie der Seele«) zu bewirken, bemerkte der Kritiker Georg Hensel: »Arrabal hat die Schrecken seines Unterbewußtseins zu Schauerfiguren in einer öffentlichen Geisterbahn verarbeitet: Das Publikum wird auf eine verwirrende Fahrt durchs Dunkel gejagt, wo es in den Kurven bei aufblitzendem Licht von heulenden Ungetümen erschreckt wird.«[73]
Das »Living-Theatre«, 1951 von Julien Beck und Judith Malina in New York gegründet, entzog sich Repressionen in den USA und kam 1964 nach Berlin. In der Akademie der Künste wurde *The Brig* von Kenneth Brown, im Arrestbunker einer Einheit amerikanischer Marineinfanterie spielend, aufgeführt. Die Entwürdigung des Menschen – nach dem Straf-Reglement: nicht miteinander sprechen, sich immer im Laufschritt bewegen, sich nie hinsetzen, sich nie ohne Befehl rühren, nach Ausführung eines Befehls neben der Pritsche stehen, nie

die auf den Boden gezogenen weißen Linien ohne Erlaubnis überschreiten usw. – wurde in zweistündiger Hetzjagd und Tortur »direkt« vorgeführt. »Diese Inszenierung, die in viele Städte Westeuropas kam, gehört zum Härtesten, was jemals auf der Bühne zu sehen gewesen ist.« Anfang 1967 fand das »wilde Ensemble«, damals 32 Personen, nach langer Suche im In- und Ausland in Krefeld vorübergehend Unterkunft.[74]

Wie sehr das bürgerliche Theater auch die Arbeiterschaft korrumpiert habe, glaubte die protestierende Linke im besonderen am Beispiel der Ruhrfestspiele Recklinghausen erkennen zu können. Die Arbeiterschaft unterscheide sich hier nicht vom bürgerlichen Publikum bei Volksbühnenaufführungen mittlerer Stadttheater. Hier wie dort dominiere unverbindlicher Kulturkonsum. Die Frauen, aufgeputzt in silbrig glitzernden Kleidern, die Männer in dunklen Anzügen: Alle machen ernste Gesichter.[75]

»Nacktheit« als sinnlich vermittelte Entblößung affirmativer Kultur wurde zu einem dominanten Regieeinfall fortschrittlicher Theaterarbeit. »Nacktheit auf dem Theater – sittlich oder obszön?« fragte der polnische Theaterexperimentator Jerzy Grotowski, der mit seinen theoretischen Ausführungen (vor allem in dem 1969 erschienenen Buch *Armes Theater* und mit seiner praktischen Regiearbeit) großen Einfluß ausübte. Entblößung bedeute, alles, was zu unserer Verteidigung da sei, preiszugeben; auf alles zu verzichten, was uns verhülle; sei mithin das Gegenteil von Sich-Verbergen. Körperliche Nacktheit, als Element einer auf die Totalität von Offenheit zielenden Kunst, bekunde das Bestreben, alles Künstliche abzulegen, Vertrauen zu empfinden, rein zu sein: Ich bin so, wie ich bin. Grotowski fürchtete freilich auch – und die inflationäre Verwendung von Nacktheit beim Polit-Happening und auf der Bühne gab ihm recht –, daß daraus eine Masche werden könne, mit dem alleinigen Ziel des Épater-le-bourgeois. »Ich fühle mich wie jemand, der für eine Sache gekämpft hat und dann plötzlich erkennt, daß sie vollkommen entstellt wurde.«[76]

Bei der Protestbewegung verwischten sich die Grenzen zwischen Aktionstheater, Antitheater, Happening, Demonstration, Veranstaltungsstörung, Sitzstreik und Besetzung. Die Gestaltung von Teach-ins und Sit-ins in den Universitäten, aber auch die Dramaturgie von tumultuösen Podiumsgesprächen in überfüllten Arenen, näherten sich dem revolutionären Gesamtkunstwerk, »komponiert« nach den Regeln der Agitations-

Maxim Gorkis *Sommergäste* in der Inszenierung von Peter Stein an der Schaubühne in Berlin, 1974.

kunst. Unter Bezug auf die Mai-Unruhen in Paris 1968 meinte Judith Malina (einst Schülerin Erwin Piscators in dessen New Yorker Workshop): »Ich glaube, daß Piscators Idee vom politischen Theater sich in der Besetzung des Théâtre de l'Odéon durch Studenten während der Mai-Revolution vollendet hat.«[77]

1971 freilich trug das Juli-Heft von *Theater heute* mit dem Schwerpunkt »Straßentheater« bereits die Schlagzeile *Ende der Experimente 1971?* In einem Bericht über die vierte »Experimenta«, einem Forum progressiven Theaters in Frankfurt, meinte Ernst Wendt: »Wer gekommen war, zu schauen, kunstsüchtig, auf theatralische Offenbarungen hoffend, auf Entdeckungen von Autoren und Spielweisen aus, der mußte sich betrogen fühlen.« Abgesehen von Franz Xaver Kroetz und Konrad Bayer hätten sich Dramatiker präsentiert, die mit Theater gar nichts im Sinn hätten; oder solche, die so sehr verunsichert seien über die Möglichkeiten des Theaters, daß sie sich in monomanischen szenischen Theater- und Kinoreflexionen einspönnen; schließlich solche, die unterwegs seien, das Theater endgültig zu verlassen und das Theaterspielen nur noch als praktische Sozialarbeit begriffen.[78] Aber auch der Versuch, dem Theater ein neues »proletarisches« Publikum zu erschließen und sich damit vom bildungsbürgerlichen Publikum unabhängig zu machen, scheiterte.

Daß die wichtigsten Innovationen auf der Bühne in dieser Zeit nicht wirkungslos blieben, war nicht neuen Zuschauergruppen, sondern der Beweglichkeit, mit der das »bürgerliche Theater« die Krisen überstand, zu danken. Die Arbeit von Kurt Hübner und seiner Mannschaft (darunter Zadek, Minks, Hans Peter Doll, Burkhard Mauer) machte Bremen von 1962–1973 zum Topos einer epochalen »theatralischen Sendung«.

»Bremen wurde im Laufe der Jahre fast die einzige Bühne, auf der im großen Volumen nicht experimentiert, sondern neugierig auf Zukunft hin gearbeitet wurde. Das heißt: Hier wurde Riskantes nicht in ein Studio gesteckt, sondern mit dem vollen Risiko der Haupt-Arbeit betrieben und der persönliche Entfaltungsraum gesichert. Das gilt für Peter Zadek (›Ich bin damals in 17 Richtungen gleichzeitig losgerast‹), auch für Wilfried Minks, der vom Bühnenbildner zum ersten Regisseur wurde, auch für Regisseure wie Peter Stein, für Hans Hollmann, für Rainer Werner Fassbinder, für Klaus Michael Grüber.« (Günther Rühle)[79]

Mehr Demokratie wagen

»Mehr Demokratie wagen!« war das Motto, mit dem Willy Brandt als charismatische Persönlichkeit viele Vertreter der kritischen Linken an sich binden konnte. In seinen »Erinnerungen und Assoziationen« *Die Chance des Gewissens* nennt Horst-Eberhard Richter den früheren Bundeskanzler und Parteivorsitzenden einen Mann, der helfen konnte, die Vergangenheit zu tragen und die Zukunft zu bewältigen.[80]

Bei den Wahlen zum Sechsten Bundestag 1969 war zwar die CDU/CSU stärkste Partei geblieben; die SPD übersprang jedoch erstmals die 40-Prozent-Hürde. Mit Hilfe von Walter Scheel, der Erich Mende im Parteivorsitz der FDP, die bei den Wahlen verloren hatte, abgelöst und die Wende von der national- zur linksliberalen Orientierung eingeleitet hatte (was eine Koalition mit den Sozialdemokraten ermöglichte), wurde Willy Brandt am 21. Oktober vom Bundestag mit 251 von 249 erforderlichen Stimmen zum Bundeskanzler gewählt. Erstmals seit neununddreißig Jahren stand wieder ein Sozialdemokrat an der Regierungsspitze in Deutschland. Schon einige Monate vorher, am 5. März 1969, hatte die Bundesversammlung den Kandidaten der SPD, Justizminister Gustav Heinemann, mit FDP-Unterstützung (bei einem Stimmenverhältnis 512 : 506) zum Nachfolger des Bundespräsidenten Heinrich Lübke gewählt, wodurch der Machtwechsel vorbereitet wurde.[81]

In seiner Regierungserklärung vom 28. Oktober kündigte Brandt ein Programm der »inneren Reformen« im Zeichen von »Kontinuität und Erneuerung«, »mehr Demokratie« und der »Fähigkeit zum Wandel« an. Die Sicherheit der Bundesrepublik im Rahmen der NATO und EG, die Einheit der deutschen Nation und ihr Recht auf Selbstbestimmung seien zu wahren; eine völkerrechtliche Anerkennung der DDR komme nicht in Betracht; auch wenn zwei Staaten in Deutschland existierten, so seien sie jedoch füreinander nicht Ausland. Wirtschaftspolitisch werde die »Stabilität ohne Stagnation« erstrebt, also finanzpolitische Solidität. Innenpolitisch gebühre der Bildungs- und Wissenschaftspolitik Vorrang; das Wahlalter solle herabgesetzt, die Reformen des Ehe-, Straf- und Steuerrechts, der Verwaltung, der Bundeswehr und der Gesellschafts- bzw. Sozialpolitik vorangetrieben werden. »Wir stehen nicht am Ende unserer Demokratie, wir fangen erst richtig an.«

Die Regierungserklärung des neuen Bundeskanzlers war, so Wolfgang Jäger, ein Manifest des Neubeginns, des Aufbruchs zu neuen Ufern und »neuen Grenzen«, wie sie John F. Kennedy, den Brandt bewunderte, für Amerika Anfang der sechziger Jahre aufgezeigt hatte. »Es war die anspruchsvollste und hochfliegendste Regierungserklärung in der Geschichte der Bundesrepublik … Brandt erhob zum Regierungsprogramm, was er ein halbes Jahr zuvor in seinem vieldiskutierten Aufsatz ›Die Alternative‹ im Maiheft 1969 der ›Neuen Gesellschaft‹ formuliert hatte: ›Für die CDU/CSU bedeutet Demokratie eine Organisationsform des Staates. Für die SPD bedeutet Demokratie ein Prinzip, das alles gesellschaftliche Sein der Menschen beeinflussen und durchdringen muß.‹«[82]

Die Wahl Brandts zum Bundeskanzler signalisierte einen tiefgreifenden Bewußtseinswandel. Nicht nur ein Sozialdemokrat war in das wichtigste politische Amt aufgerückt; ein vaterloses, unehelich geborenes Arbeiterkind, ein durch Emigration standhaft dem NS-Regime widerstehender linker Sozialist hatte nach langen Jahren der Diffamierung die für die Stabilisierung und Weiterentwicklung republikanischen Bewußtseins so wichtige Anerkennung gefunden. »Was wäre uns erspart worden«, meinte Günter Grass bereits 1965, »wenn alle Neunzehn- bis Sechsundzwanzigjährigen im Jahre 1933 den politischen Scharfblick und die moralische Verantwortlichkeit eines Willy Brandt bewiesen hätten?«[83]

Brandts politische Leidenschaft, geprägt von großen Vorbildern, weitreichenden Visionen, hoffnungsvollen »Tagträumen«, aber auch von robustem Ehrgeiz und ausgeprägtem Machtinstinkt, führte zu innen- und außenpolitischen Erfolgen, die entsprechende Anerkennung fanden. Ohne ihn wäre die APO auf der Straße geblieben. Die nach einem mißglückten, von der CDU/CSU-Opposition unter Rainer Barzel erstmals in der Geschichte der Bundesrepublik beantragten »konstruktiven Mißtrauensvotum« vorgezogenen Wahlen zum Siebten Bundestag (1972) endeten für Brandt triumphal; die SPD wurde erstmals stärkste Partei. Wie nie zuvor hatten sich Künstler, Publizisten und Schriftsteller parteipolitisch engagiert; für sie wurde er zur Symbolfigur politischer Erneuerung, die Einheit von Macht und Geist, Pragmatik und Moral, Aufklärung und Fortschritt verkörpernd. Eine große Rolle spielte bei Brandts Ansehen die von ihm zusammen mit Walter Scheel als Außenminister betriebene Öffnung nach dem Osten.

Bei einem Besuch in Polen im Dezember 1970 hatte sich Brandt vor dem Denkmal im ehemaligen Warschauer Ghetto niedergekniet: »Er hat mit zeremoniellem Griff die beiden Enden der Kranzschleife zurechtgebogen, obwohl sie kerzengerade waren. Er hat einen Schritt zurück getan auf dem nassen Granit. Er hat einen Augenblick verharrt in der protokollarischen Pose des kranzniederlegenden Staatsmannes. Und ist auf die Knie gefallen, ungestützt, die Hände übereinander, den Kopf geneigt.« (Hermann Schreiber im *Spiegel*)[84] Brandts Kniefall war von großer, ergreifender Bedeutung. Während allenthalben bundesrepublikanisches Bewußtsein auf neue Weltgeltung pochte und konservative Kreise, vor allem die Vertriebenenverbände und die von ihnen beeinflußten Parteikreise, dem Osten gegenüber revisionistische Ansprüche anmeldeten, wurde damit deutlich gemacht, daß die Deutschen eine große moralische Schuld trugen und in Trauerarbeit um Verzeihung zu bitten hätten.

Nach Brandts zweiter Wahl traten jedoch auch seine Schwächen, verstärkt durch Krankheit und die Widersprüche seines Charakters, stärker hervor. Außenpolitisch hoch angesehen – 1971 hatte er den Friedens-Nobelpreis erhalten –, gab es innenpolitische Rückschläge, zumal die Reformabsichten vielfach nicht finanzierbar waren. Es fanden zwar intensive Reform-Diskussionen statt, doch wurden deren Ergebnisse nicht vom Kopf auf die Füße gestellt. »Die parteipolitische Polarisierung und Ideologisierung fand zum größten Teil ›nur‹ in der politischen Rhetorik statt. Hier spielte sich ein erbitterter Kulturkampf ab, ging es vielfach um die Frage einer ›anderen Republik‹. Insgesamt sind die kulturellen Auswirkungen der Such- und Experimentierphase der sozial-liberalen Koalition nur schwer abzuschätzen. Auf lange Sicht könnten sie sich aber als einschneidender herausstellen, als die tatsächlichen Reformen es waren.«[85]

Mit Herbert Wehner, dem taktisch-versierten, kühlen Rechner und scharfen Kritiker, verstand sich Brandt nicht. Dazu kam sein »Hang zum Schweigen und Grübeln, zur Niedergeschlagenheit, zum Selbsthader, zum Nachsinnen über die Vergänglichkeit allen Lebens, den eigenen Tod. Der Alkohol. Das ›melancholisch-liebevolle‹ Verhältnis eines Sechzigjährigen zu Frauen.«[86] Für Arnulf Baring war Brandt ein Politiker auf der Suche nach Heimat – »eigentlich überall nur als Gast, immer nur wie auf der Durchreise«; tiefer wissend, daß man nirgends bleibt; lebenslang ein Außenseiter, überall ein Fremder.[87] Das Ende der Ära Brandt kam unerwartet rasch im Mai 1974: im Zusammenhang mit der Guillaume-Affäre (sein persönlicher Referent war als DDR-Spion enttarnt und festgenommen worden) erklärte Brandt seinen Rücktritt. Helmut Schmidt trat seine Nachfolge an. Walter Scheel löste als vierter Bundespräsident Gustav Heinemann ab.

»Gustav Heinemann konnte nie verbergen, daß er der ersten Phase der Geschichte der Bundesrepublik reserviert gegenüberstand. Er hatte ›die einzige nennenswerte Gegenposition zur Politik Konrad Adenauers formuliert‹ ... Heinemanns Nachfolger Scheel dagegen symbolisierte mit seinem Lebensweg als ›Mister Bundesrepublik‹ die ›Erfolgsgeschichte‹ dieses Staates. Scheel war zwar neben Brandt tragender Pfeiler der sozial-liberalen Koalition gewesen; er folgte jedoch der historischen Überhöhung des Bündnisses von Liberalismus und Sozialdemokratie, wie sie von seinen Parteifreunden Flach und Maihofer betrieben wurde, eher zurückhaltend. Ohne die Leistungen der Adenauer-Ära zu schmälern, an denen die FDP schließlich beteiligt war, setzte er den Akzent auf die zeitgemäße Anpassung und Fortentwicklung der Politik der Bundesrepublik und nicht auf eine ›neue Stunde Null‹.« (Wolfgang Jäger)[88]

ANPASSUNGSWIDERSTAND IM OSTEN

Leben in der Erziehungsdiktatur

Der Schriftsteller Reiner Kunze, im August 1933 als Sohn eines Bergarbeiters im Erzgebirge geboren, trat mit 16 Jahren in die SED ein. Er studierte Musik und Kunstgeschichte; vor der Promotion wurde er konterrevolutionärer Umtriebe bezichtigt; nach der Besetzung der ČSSR durch die Truppen des Warschauer Pakts – seine Frau war Tschechin – gab er sein Parteibuch zurück, »Ausgesperrt aus büchern/ausgesperrt aus zeitungen/ausgesperrt aus sälen,/eingesperrt in dieses Land.« Doch gab er die Hoffnung auf einen »Sozialismus mit menschlichem Antlitz« nicht auf. Nach der Publikation der *Wunderbaren Jahre* (1976) – Vignetten gegen »all den selbstgerechten FDJ-Schmus, die Lügen von der geborgenen Kindheit, der schönen Jugend, gegen den Übermut der Ämter« – und dem Ausschluß aus dem Schriftstellerverband der DDR wechselte der Dichter jedoch in den Westen. (»Er ging/die zeitungen meldeten/keinen verlust«.) Reiner Kunze hat in der Gedichtsammlung *Sensible Wege* in einem Vierzeiler (»Dialektik«) das Wesen der DDR-Erziehungsdiktatur treffend charakterisiert.

»Unwissende,/damit ihr unwissend bleibt/werden wir euch/schulen.«[89]

Erziehung, die darauf angelegt sein sollte, Erhellung und Orientierung zu vermitteln, schlug ins Gegenteil um: Sie fungierte als Verdummungsstrategie. Der Staat beschäftigte Legionen von Lehrern, Aufpassern und Propagandisten, um eine pädagogische Diktatur zu etablieren, in der die Menschen nach dem Willen weniger zu parieren und zu funktionieren hatten. Äußerer Druck verband sich mit innerer Beeinflussung. Mit Hilfe des Staatssicherheitsdienstes (Stasi) versetzte man die Untertanen in Angst – wohl selbst von Angst besetzt (worauf die Bespitzelung der eigenen Mitarbeiter hinweist).[90]

Hand in Hand mit der Repression ging das Werben um engagierte Zuneigung. Mit Imponiergehabe pries man Einzigartigkeit und Erhabenheit des Sozialismus; die Menschen wurden ständig animiert, sich – im Dienste dieser großen Idee – mit patriotischem Pflichtbewußtsein gegen einen imaginären Feind zum Schutze von Heimat und Vaterland einzusetzen. Den Heldinnen und Helden der Arbeit, der Wirtschaft, von Bildung und Kultur attestierte man ungeheure Leistungen fürs Volksganze. Individualität, Ichstärke und Kritikfähigkeit erstickten im pseudoreligiösen Kult der Führerverehrung bei Massenauftritten und kollektiven Gelöbnissen. Engmaschig war das Netz der Organisationen, mit dem man den einzelnen einfing: Neben der SED als Massenpartei hatte das größte Gewicht der Freie Deutsche Gewerkschaftsbund (FDGB), für die junge Generation die FDJ (und für die Kinder als Pendant dazu die Jungen Pioniere); dazu kamen der Demokratische Frauenbund Deutschlands, die Gesellschaft der deutsch-sowjetischen Freundschaft, die Gesellschaft für Sport und Technik, der Deutsche Turn- und Sportbund, der Kulturbund und viele andere Institutionen. Die Mitgliedschaft diente freilich der Bevölkerung auch dazu, nur formell Engagement unter Beweis zu stellen, um sich dadurch weiterreichenden Ansprüchen zu entziehen. Auch wenn es dem Staat gelang, Idealismus in den Dienst von Ideologie zu stellen, hielten viele Menschen zum Parteirummel Distanz; man machte zwar oberflächlich mit, versuchte aber, so rasch wie möglich in der privaten Nische zu verschwinden. Die offizielle Propaganda witterte darin den Einfluß des Klassenfeindes; er lauerte auch auf dem Tanzboden, wenn Halbstarke ihre Boogie-Woogie-Tänze vorführten und man diesen »blödsinnigsten Verrenkungen Beifall klatschte«.[91]

Jeder Staat, vor allem der totalitäre, braucht zu seiner Stabilisierung die Zustimmung der Jugend. In der DDR-Erziehungsdiktatur begriffen die »Zuchtmeister der Nation« Bildung als Reglement; dafür wollten sie auch noch geliebt werden. Die DDR übernahm als pädagogisches Ideal das Sekundärtugendsystem, wie es seit Jahrzehnten die deutsche kollektive Mentalität geprägt hatte; es ging um Einordnung in eine strenge Hierarchie, um Disziplin bei der Erfüllung der Aufgaben, um selbstlose Anstrengung und Leistung für höhere Ziele (z. B. den Staat, das Volk, die Heimat). Verpackt war die Forderung auf Autoritätsgläubigkeit in die frohe Botschaft vom neuen sozialistischen Menschen, der siegreich in die Zukunft hinausschreite. Jeder Jugendliche in der DDR solle zu hoher Leistungsbe-

reitschaft, unerschütterlichem Klassenbewußtsein und kämpferischem Einsatz für die Sache des Kommunismus geführt werden – so Erich Honecker im Bericht des ZK der SED auf dem X. Parteitag, Berlin 1981.

Dem einheitlichen sozialistischen Bildungssystem, von der Kinderkrippe bis zur Hochschule bzw. kontinuierlicher Weiterbildung, konnte sich kaum jemand entziehen. Das in der Verfassung der DDR in seinen Grundprinzipien festgelegte Bildungswesen – gleiches Recht auf Bildung für alle Bürger, zehnjährige Schulpflicht, Möglichkeiten des Übergangs zur jeweils nächsthöheren Bildungsstufe, das Recht und die Pflicht, einen Beruf zu erlernen – enthielt viele fortschrittliche Elemente, z. B. die zehnklassige allgemeinbildende polytechnische Oberschule. Der Versuch jedoch, im Wechselspiel von Schule und Jugendorganisation die Kinder und Jugendlichen in einen »ganztägigen pädagogischen Prozeß« einzubinden, bedeutete nicht nur eine Überpädagogisierung, sondern wurde zur ständigen ideologischen Beeinflussung mißbraucht (am wenigsten konnten sich dabei die Jüngeren von der pädagogischen Aufsicht befreien; weil die meisten Mütter berufstätig waren, besuchten über 80 Prozent aller Schüler der Klassen eins bis vier den Schulhort). Im Unterschied zur »bürgerlich-imperialistischen« Jugendpolitik, in der die Jugend Objekt der gesellschaftlichen Manipulation und Ausbeutung sei, sollten die Kinder und Jugendlichen der DDR in den revolutionären Kampf der Arbeiterklasse einbezogen werden. Das Gegenteil war richtig: Im SED-Schulsystem war die Jugend Objekt politischer Indoktrination, eingezwängt in ein Ordnungsgefüge, das ein Ausscheiden kaum erlaubte. (Von sechs Uhr früh: Ankunft der Kinder, bis 18 Uhr: Aufenthalt im Freien.) Das Ziel staatlicher Erziehung war es, die Entfaltung der Individualität zu hemmen und keinen eigenen Willen zuzulassen. Aufschlußreich ist der Stoßseufzer der Leiterin eines Berliner Kindergartens: »Die ewigen Zustimmer und Jasager beunruhigen mich.«[92]

Den Heranwachsenden gelang es jedoch, Immunisierungsstrategien unterschiedlichster Art zu entwickeln, die es über Jahrzehnte verhinderten, daß die Staatsmacht für sich einen durchschlagenden Erfolg bei ihrer Jugendpolitik verbuchen konnte. Die Zweigleisigkeit im Denken schadete den »Erziehungsopfern« nur wenig. Neben offener Resistenz, die mit großer Schärfe geahndet wurde, gab es bis zum Bau der Mauer viele Republikflüchtige (allein zwischen Januar und September 1960 verließen

43 648 Personen zwischen 15 und 25 Jahren die DDR). Musik verstärkte den Widerstand. »Die Beat-Demonstration Oktober 1965 [in der Leipziger Innenstadt] war nur der spektakulärste Ausdruck einer Auseinandersetzung, die in allen Teilen der DDR seit Jahren stattfand und seit dem Sommer 1965 endgültig zum eigentlichen Kern der Jugendkonflikte geworden war. Von Beginn an waren die englischen Beatgruppen wie *Beatles* und *Rolling Stones* unter der DDR-Jugend genauso populär wie im Westen. Über westliche Radiosender wurde die Musik gehört, auf Tonbandgeräten gespeichert, aufs selbstgebastelten Anlagen nachgespielt.« (Dorothee Wierling)[93] Der Konsum westlicher Musik, »unordentliche« lange Haare, »lockere« Verhaltensweisen, vor allem auch der Jargon (»Lieber rückwärts aus dem Intershop als vorwärts zum nächsten Parteitag«) verband die Jugend des Ostens mit der des Westens und verstärkte die Angst der Staatsmacht – während die Lehrerschaft, sowohl die Generation der Antifaschisten als auch die der HJ-Generation (bestimmt durch romantisch-pathetische Erinnerungen), den jugendlichen Bedürfnissen und kulturellen Ausdrucksformen fremd und verständnislos gegenüberstand. Besonders der Jugendjargon der DDR – »tierisch«, »geil« – war den Staatswächtern verdächtig, weil er sich durch Spontaneität und Phantasie auszeichnete, sich in seiner Kreativität dem sterilen Funktionärsdeutsch entzog. Die Sprache der Teenager und Twens wurde mit dem Verdikt belegt, sie sei Ausdruck der kommerziell bestimmten Mentalität der bundesrepublikanischen Bourgeoisie. Doch hatte diese bereits eine solche Kraft entwickelt, daß man sie nicht einfach verbieten konnte – zumal sie auch eine herausragende literarische »Verarbeitung« fand. 1973 erschien das Buch *Die neuen Leiden des jungen W.*, die Geschichte vom Leben und Sterben eines individualistischen Aussteigers, von Ulrich Plenzdorf (1934 in Berlin geboren, seit 1963 im Defa-Studio tätig) – ein Buch, das auch als Theaterstück wie in der Film- und Fernsehfassung zu einem großen Erfolg wurde.

Die Hauptperson von Ulrich Plenzdorfs Geschichte, Edgar Wibeau, wurde als kollektives Porträt der DDR-Jugend verstanden, weil er so sprach, »wie sich eben Siebzehnjährige hierzulande äußern, und dabei Probleme angesprochen hat, die sie unmittelbar bewegen«.[94] »Kann sich einer ein Leben ohne Jeans vorstellen? Jeans sind die edelsten Hosen der Welt. Dafür verzichte ich doch auf die ganzen synthetischen Lappen aus der Jumo, die ewig tiffig aussehen. Für Jeans konnte ich überhaupt auf alles verzichten, außer der *schönsten Sache* vielleicht. Und außer Musik. Ich meine jetzt nicht irgendeinen Händelsohn-Bacholdy, sondern echte Musik, Leute. Ich hatte nichts gegen Bacholdy oder einen, aber sie rissen mich nicht gerade vom Hocker. Ich meine natürlich echte Jeans. Es gibt ja auch einen Haufen Plunder, der bloß so tut wie echte Jeans. Dafür lieber gar keine Hosen. Echte Jeans dürfen zum Beispiel keinen Reißverschluß haben vorn. Es gibt ja überhaupt nur eine Sorte echte Jeans.«[95]

»Kasernierung« als erziehungsdiktatorischer Topos bestimmte das allgemeine Wohnmilieu. Der Verfall der Städte, vor allem von Häusern und Wohnungen, die »bürgerlichen« Ursprungs waren (Altbaugebiete), hing nicht nur damit zusammen, daß Baustoffe und Geldmittel für die Sanierung fehlten; die Mietskasernenform von Neubauvierteln (in Plattenbauweise und in »Blocks« gegliedert) ermöglichte eine wesentlich bessere politische Überwachung als in organisch gewachsenen Wohnvierteln. Bei einem Vergleich der Wohnungsbauleistungen in den beiden deutschen Staaten ergibt sich, daß in der DDR in den Jahren 1949 bis 1970 pro Kopf der DDR-Bevölkerung jährlich lediglich zwischen 16,5 und maximal 57,7 Prozent der pro Kopf der Bevölkerung in der Bundesrepublik errichteten Wohnungen gebaut wurden. Zudem waren die Neubauwohnungen in der DDR wesentlich kleiner - mit einem Drittel der auf den Bundesbürger entfallenden jährlich erstellten Wohnfläche.

Das Reglement der Erziehungsdiktatur und Planwirtschaft - beide standen in enger Wechselbeziehung (geprägt vom Dogma des Menschen als Kollektivwesen) - machte vor keinem Lebensbereich halt, zeitigte freilich auch ambivalente Wirkungen.

Die umfassende Integration der Frau in den Arbeitsprozeß war eine ökonomische Notwendigkeit; sie entzog diese zudem der Familie und ermöglichte den Zugriff des Staates auf die Kinder, die staatlich betreut und erzogen wurden. Zugleich ermöglichte sie jedoch eine stärkere Emanzipation der Frau, die an Selbständigkeit und Unabhängigkeit gewann. Es gelang aber nicht, die Rolle der Familie als wichtige Schutz- und Abwehrfunktion gegenüber den politischen Ansprüchen zu zerstören. Allerdings, so Hans-Joachim Maaz, sei der familiäre Erziehungsstil in der DDR vorwiegend autoritär gewesen, da die meisten Eltern selbst Opfer repressiver Pädagogik gewesen seien, gezwungen, in einer Gesellschaft zu leben, die nur Anpassung und Unterwerfung belohnte. »Zu dem unheilvollen Ineinander von gesellschaftlicher und familiärer Repression gehörte auch, daß den Kindern in der Regel der Rhythmus der Eltern und der sozialen Zwänge rigoros aufgenötigt wurde: von vorgeschriebenen Stillzeiten, Schlafenszeiten, ›Topf‹zeiten bis zu den Rhythmen, die eine berufstätige Frau einzuhalten genötigt war.«

Angesichts des Mangels an materiellen Anreizen war die Identifikation mit dem Beruf bzw. das Interesse am beruflichen Fortkommen relativ gering; die Arbeitsenergie konzentrierte sich darauf, einen bescheidenen Wohlstand zu erreichen – eine eigene kleine Wohnung, eine Schrankwand, eine Waschmaschine, einen Fernseher, einen Trabbi,[96] eine Datsche ... Nach einer längeren Zeit der Rationierung war die Lebensmittelversorgung, wenn auch mit einer gewissen Einseitigkeit, gesichert; dazu kamen, vor allem in der Zeit des Mangels, die vielen Pakete von Verwandten und Bekannten aus dem Westen.

»Essen und Trinken galt in der DDR als besonderes Freizeitvergnügen, weshalb die DDR-Beleibtheit der westlichen nicht nachstand. Die ›orale Fixation‹ der DDR-Bürger zeigte sich in der weitverbreiteten Tendenz, Saufen, Rauchen und Fressen zu den großen Seelentröstern zu machen. Die Ernährungsweise war ausgesprochen ungesund: zu viel Fettes und Süßes auf der einen Seite und eklatanter Mangel an Frischobst und Gemüse auf der anderen Seite. Vollwertkost war fast unbekannt und vegetarische Ernährung nicht nur weitgehend verpönt, sondern auch kaum möglich. Nach dem statistischen Jahrbuch der DDR wurden 1987 18,6 kg Butter, 54 kg Zucker, 99,4 kg Fleisch und Fleischerzeugnisse pro Kopf der Bevölkerung und Jahr verbraucht. Vor allem durch die Überernährung waren die Männer bis 35 Prozent und die Frauen bis 45 Prozent deutlich übergewichtig. Die Krankheiten, die mit einer falschen Ernährung zusammenhingen, hatten nach vorsichtigen Schätzungen auf mehr als die Hälfte der Todesfälle wesentlichen Einfluß. Unter Fachleuten wird mit ca. 650 000 Alkoholikern gerechnet und daß etwa 15 Prozent der Bevölkerung Alkoholmißbrauch betreiben, so daß immerhin 2,5 Millionen Bürger der DDR als ›starke Trinker‹ einzuschätzen sind.«[97]

Die mangelnde Arbeitsmoral führte zu einem »permanenten Bummelstreik«. Die Präambel des *Gesetzbuches der Arbeit:* »Aus der Last der unfreien Arbeit für schmarotzende Ausbeuter wurde die freie Arbeit der

Adolf Hennecke (1905–1975), Begründer der DDR-Aktivistenbewegung (Grubenarbeiter und Politiker, Mitglied des ZK der SED) im Steinkohlenbergwerk Oelsnitz/Erzgebirge.

Werktätigen für sich selbst und die Gesellschaft« nehme man wörtlich, so Irene Böhme in einer scharfsichtigen Analyse *Die da drüben* (1982). Wenn der Wirt, der Koch oder der Kellner nicht wollten, bliebe eben das Restaurant geschlossen, oder werde das Einlassen der Gäste – »Bitte warten Sie, Sie werden plaziert« – trotz leeren Lokals verzögert. »Das Kellner-Beispiel ist exemplarisch. Es gilt für das ganze Land. Am Gemüse-Konsum hängt das Schild: ›Wegen Warenannahme geschlossen‹ – die Verkäuferinnen sind unterwegs, um Salamanderstiefel zu ergattern. An der Kasse des Supermarkts wächst die Schlange – die Verkäuferin bespricht mit einer Freundin ihr Liebesleid. Auf dem Wohnungsamt sind zur offiziellen Besuchszeit alle Bürotüren zugesperrt, hinter einer erschallt Gelächter, man feiert den Geburtstag eines

Kollegen. Allerorts gilt die Devise: Privat geht vor Katastrophe. Beschwert sich ein Kunde, hat das kaum Folgen für die Kritisierten. Dem aufgebrachten Bürger wird versichert, man habe ›seine Kritik im Kollektiv ausgewertet‹.«[98]

Die fehlende Arbeitsmoral wurde mit großem propagandistischen Aufwand kaschiert: Die Erziehungsdiktatur, ansonsten stets mit Tadel, Ermahnungen und Sanktionen arbeitend, verteilte überschwengliche Lobsprüche für die Erfüllung der Norm und besonders herausragende individuelle wie kollektive Leistungen. Zudem gaukelten »Pläne« – etwa der erste »Fünfjahresplan für die Schwerindustrie« Ende der fünfziger Jahre und der »Plan zum Ausbau der chemischen Industrie« (»Chemie gibt Brot, Wohlstand und Schönheit«) – Leistungen vor, die nicht erbracht wurden (anders das Handwerk mit seinen Dienstleistungen; es war bis zum Ende der DDR noch zu mehr als der Hälfte, 1981 zu 59%, in privater Hand).

Die rhapsodische »Industriepropaganda« führte – auch wenn die DDR-Produktivkraft immer noch höher lag als in manch anderem Ostblockland – zu einer fehlerhaften Einschätzung der Lage durch den Westen; bei der Vereinigung war man vom desolaten Zustand der ostdeutschen Wirtschaft überrascht.

Der SED-Optimismus verdrängte zudem die Tatsache, daß in der DDR zwischen Arbeitern und dem politischen »Vortrupp des Proletariats« stets eine groteske Kluft bestand. Schon in den Anfängen der DDR wurde immer wieder erkennbar, daß der oktroyierte Repräsentationsanspruch einer leninistischen Kaderpartei auf Ablehnung stieß. Die Durchsetzung von Betriebskollektivverträgen und die damit verbundene Funktionalisierung der Gewerkschaften zu Trägern der Planerfüllung, die extrem harten Arbeitsbedingungen der für die sowjetische Atomwirtschaft arbeitenden Kumpel der Wismut-AG, die Beibehaltung der Normerhöhung im Vorfeld des 17. Juni 1953, aber auch die kurzzeitige Entstalinisierung 1956 und der Mauerbau 1961 riefen offene und verdeckte Formen des Protests unter Teilen der Arbeiterschaft hervor. Die von Erich Honecker 1971 zur unantastbaren politischen Leitlinie erhobene Einheit von Wirtschafts- und Sozialpolitik garantierte zwar soziale Sicherheit, ruinierte aber langfristig die ohnehin rückständige Industrie der DDR endgültig, verschlechterte die Arbeitsmoral und diskreditierte den Glauben an den Sozialismus.[99]

Die real existierende Situation des real nicht existierenden Sozialismus trat erst eklatant mit der friedlichen Revolution des Jahres 1989 zutage. Mit überwältigender Mehrheit plädierte dann 1990 gerade die Arbeiterschaft für den »Anschluß« an die Bundesrepublik, ein besseres und schöneres Leben erhoffend. Teile der Bürgerbewegung, die von einer erneuerten DDR, einem Sozialismus mit menschlichem Antlitz, träumten, täuschten sich hinsichtlich der wahren Volksmeinung; sie brachte zum Beispiel Mirko, 23 Jahre alt, Reichsbahner, zum Ausdruck. »Wenn ick det schon höre, von Beruf Dramaturg, Lyriker, Malerin, denn weeß ick doch: Die können nich' arbeiten und die wolln och nich' arbeiten. Die wolln, det wir ihnen den Sozialismus mit menschlichem Gesicht uffbauen. Noch mal zehn Jahre lang. Ohne mich, det sag' ick dir.«

Kritisch blieb auch die Kollektivierung der Agrarwirtschaft, wobei das System immerhin so gut funktionierte, daß eine zufriedenstellende Versorgung mit Lebensmitteln möglich war und die Landbevölkerung ein beträchtliches Maß an sozialer Absicherung erhielt. Dies und die Tatsache, daß ein Teil des Mittelstandes erhalten blieb und gewisse Teile der Intelligenz (wie Ärzte, Techniker, Ingenieure) besonders hofiert wurden, ganz zu schweigen von der breiten Schicht der politischen Funktionäre und den ihr nahestehenden Kreisen, sorgten dafür, daß die sozialen Konflikte über Jahrzehnte latent blieben.

Reglementiert sollte in der DDR natürlich auch die Freizeit sein; denn eine solche in Freiheit hätte generell Selbstbestimmungsbestrebungen fördern können. Ein enges Netz von Gesellschaften und Bünden sicherte die flächendeckende Erfassung der Bevölkerung; um nicht »privatistischen« Neigungen nachgehen zu können, wurde sie aufs gesellschaftliche Engagement verpflichtet. Autoritativ festgelegte Rituale (wie zum Beispiel die Jugendweihe) sorgten für die pseudoidealistische Verbrämung möglichst totaler »Indienstnahme«.

Was »Freundschaft und Geselligkeit im Sozialismus« betraf, so hieß es in ideologischer Sprachregelung, daß der Arbeiter im Sozialismus, im Gegensatz zu seinem ausgebeuteten Kollegen im Westen, auf dem Fundament sozialer Sicherheit und geordneter Arbeitszeit noch genügend Kraftreserven für die Freizeit erübrigen könne. Die sozialistische Freizeit böte, da sie sich gesetzmäßig mit der Steigerung der Arbeitsproduktivität vergrößert habe, nicht nur die Möglichkeit der Entspannung und Unterhaltung, sondern auch der Persönlichkeitsentfaltung durch vielgestaltige kulturelle und wissenschaftliche Kontakte.[100]

Auf dem VI. Parteitag der SED (1963) entwickelte Walter Ulbricht die Konturen des Freizeitprogramms in der Erziehungsdiktatur: Die Werktätigen würden mehr als bisher auf die Schönheit ihrer Wohnungen, ihrer Städte und ihrer Dörfer, ihrer Betriebe, ihrer Klubs und Kulturhäuser Einfluß nehmen. In den Kulturhäusern, in denen ständig ein buntes und vielfältiges Leben herrsche, bestünde die Möglichkeit, in Zirkeln, Bibliotheken und Arbeitsgemeinschaften das Wissen allseitig zu bereichern und zu vertiefen. Die schreibenden Arbeiter fänden in den Redaktionen der Betriebs- und Kreiszeitungen, in den Gruppen und Zirkeln, den Klubs und Kulturhäusern, in den Laienkabaretts und Theatern gute Arbeits- und Publikumsmöglichkeiten. In den Chören wachse die Bereitschaft und die Fähigkeit, neue Lieder aufzunehmen; die Jugend zeige ihre Tanzfreudigkeit, die Theaterorchester, Tanzgruppen, Chöre und jungen Talente der Werktätigen seien prädestiniert, mit neuen Werken und mit der Pflege guter, alter Traditionen eigene Wege bei der Gestaltung abwechslungsreicher Veranstaltungen zu suchen und zu finden; Film- und Fotozirkel sollten bei der Gestaltung eines allseitig schönen Lebens mitwirken und ihre Arbeiten in Vorführungen und Ausstellungen der Öffentlichkeit zugänglich machen.
Freunde der Literatur könnten sich um die Bibliotheken, Freunde der Geschichte um die Museen gruppieren.[101]

Aus Enttäuschung über das Scheitern der sozialistischen Utopie vom neuen Menschen gewannen Mitläufermentalität und Opportunismus die Oberhand. »Die Mitläufer waren die gequälten und geschundenen Seelen, die endlich in der Anpassung an den Willen der einst Mächtigen (Eltern, Lehrer, Pastoren) ihre relative Ruhe und Entspannung fanden. Sie waren zwar in ihrer Würde verletzt und in ihrem Stolz gebrochen, doch war der Lohn für die Aufgabe ihres Selbstwertes, daß sie jetzt ungestört und manchmal sogar mit Wohlwollen bescheiden ihre Arbeit machen konnten und ihren Frieden gefunden hatten. Was von ihnen verlangt wurde, taten sie: Keine Widerrede! Jeder tut ja nur seine Pflicht! Alles andere hat sowieso keinen Zweck. Allein kann ich sowieso nichts ändern! Sie traten nie groß hervor, hielten sich immer zurück; wurden sie öffentlich etwas gefragt, gaben sie einsilbige und brave Antworten. ›Nur nicht auffallen!‹

war die Devise. Sie lebten sich in gewisser Weise im verordneten Kleinbürgertum aus, in den kleinen privaten Nischen, wie es Datsche, Schrebergarten und Hobbys ermöglichten. Da entwickelte sich durchaus noch etwas Ehrgeiz, sie waren stolz auf einen kleinen Wohlstand und auch auf Wohlanständigkeit bedacht. ›Was soll der Nachbar denken!‹ war eine Antriebskraft für Kleingartenkultur und Biedermann-Idylle.«[102] Sarah Kirsch hat liebevoll die DDR-Rückzugskultur mit ihren anachronistischen Zügen beschrieben: »Die alten Frauen vor roten Häusern/roten Hortensien, verkrüppelten Bäumen/brachten mir Tee. Würdevoll/trugen sie die Tabletts zurück, bezogen/Horch- und Beobachtungsposten/hinter Schnickschnackschnörkel-Gardinen.«[103]

Die Flucht ins Idyll schwächte die gesellschaftspolitischen Widerstandskräfte so, daß man sich nach der Wende westdeutscher »Energie« ziemlich hilflos ausgeliefert sah, zumal diese das DDR-Territorium mit kaltschnäuziger Kalkulation, ohne Beachtung der Prinzipien *sozialer* Marktwirtschaft, als Investitionsobjekt, aus dem man viel »herausholen« konnte, benützte. Mit den Folgen von 45 Jahren sozialistischer Erziehungsdiktatur konfrontiert, ließ der Westen Empathie für die psychologisch schwierige »Umstellung« vermissen; andererseits war die DDR-Mentalität illusionistisch von einem weitgehend über das West-Fernsehen vermittelten Bild der Bundesrepublik bestimmt. Die Enttäuschung (die »Mauer im Kopf«) griff bald nach der Wende um sich. 1990 hatten noch 77 Prozent der Ostdeutschen Vertrauen in die Marktwirtschaft, bereits zwei Jahre später waren es nur noch knapp 50 Prozent; dann fiel die Zahl auf etwa ein Drittel. 1990 sprach sich eine Mehrheit für die Übernahme des westdeutschen Institutionensystems aus, fünf Jahre später wurde dieses, angefangen vom Bundestag und den Parteien über die Organisation der Berufs- und Schulbildung bis hin zum Gesundheitswesen, mit Skepsis betrachtet. Gleichzeitig erhöhte sich in den letzten Jahren die Akzeptanz sozialistischer Ideen. Die Sympathie für den Kommunismus ist von 1990 bis 1995 von 7 auf 27 Prozent gestiegen; den Sozialismus als Idee akzeptiert heute eine Mehrheit, im Frühjahr 1990 war es eine Minderheit.

Christa Wolfs Aufruf *Für unser Land* nach dem Zerfall der Erziehungsdiktatur wollte die sozialistische Idee retten; diese hatte aber damals bei der Mehrheit keinerlei Chance mehr. Die Wahl im März 1990 zeigte, daß man sein Heil im Westen suchte, freilich wenig vorbereitet auf diese

Veränderung. »Ni mehr minderwertsch sein«, so charakterisierte Thomas Rosenlöcher auf sächsische Weise in seinem Wende-Tagebuch *Die verkauften Pflastersteine* die mit dem »Anschluß« verbundenen Hoffnungen. Heute fragt man, ob der Preis, der da gezahlt wurde, auf lange Sicht zu rechtfertigen ist. »Es hätte ja auch anders kommen können: z. B. Entschädigung statt Rückgabe. Dann wären nämlich nicht fatale 90 Prozent des alten DDR-Eigentums heute in Westhand, was die Sieger-These für immer zementiert. Oder man hätte den selbstkritisch gewordenen ostdeutschen Medien aus politischem Willen ein paar Jahre Selbständigkeit gewährt und sie nicht umgehend – böses Wort – ›gemühlfenzelt‹; dann wäre vielleicht Vergangenheitsbewältigung nicht so wirklichkeitsfremd auf die Stasi-Frage reduziert worden, was wieder einmal in Deutschland von aller individuellen Trauerarbeit entlastet. Solche Differenzierungen waren aber offenbar nicht gewollt und der Sprung in die Marktwirtschaft wurde zur ökonomischen und ideellen Radikalkur.« (Hans Peter Lühr)[104]

Alternative Strömungen

In der DDR waren Erziehung und Kunst dazu bestimmt, den SED-Staatssozialismus zu preisen und die vor allem aus dem Westen drohenden Gefahren der Amerikanisierung und Dekadenz zu bekämpfen. Angesichts des gigantischen Überwachungsapparats (Staatssicherheitsdienst), der in jedem Bürger der DDR einen potentiellen Klassenfeind vermutete, mußte Kultur zudem die Fassade der Solidarität im Arbeiter- und Bauern-Staat stabilisieren und die »Untertanenbereitschaft« ideell abstützen; freilich wurde Kultur auch als »Ventilsitte« akzeptiert: private Innerlichkeit, die ungeschoren blieb, ermöglichte Rückzug und Flucht ins Ästhetische.

Nachdem die traditionellen bürgerlichen Eliten zum Schweigen gebracht oder aus dem Lande vertrieben worden waren, konnten sich die Kultur- und Geschmacksmuster vorwiegend proletarischer und kleinbürgerlich-idealistischer Tradition durchsetzen, die sich nicht wesentlich von denen eines früher ins Nationalistische pervertierten Bürgertums unterschieden. »Die Kultur- und Bildungspolitik der DDR sorgte dafür, daß die Ideale der epigonal rezipierten deutschen Klassik und des bürgerlichen Realismus in Literatur, Theater und Musik aus der politischen Umerziehung nach 1945 und der Sozialisation der nachfolgenden Generation nicht herausfielen.«[105] Im Gefolge der völkischen und nationalistischen Instrumentalisierung von Weimar als exemplarischem Topos seit dem Ende des 19. Jahrhunderts wurde nun die Weimarer Klassik als Ausdruck sozialistischer Nationalkultur von der SED in Dienst genommen, mit dem Anspruch, damit deren eigentliches Wesen entdeckt zu haben.

Von ideologischer Verstrickung »war nach DDR-Verständnis nicht die Weimarer Klassik selbst betroffen, wohl aber ihre Rezeption. Dieser galt es einen neuen Zugang gegenüberzustellen, der utopische Gehalte betonte, welche sich mit sozialistischer Demokratie in Verbindung bringen ließen. Dabei konnte die DDR zum Teil auf interpretatorische Ansätze zurückgreifen, die von exilierten marxistischen Intellektuellen entwickelt worden waren. Durch die Institutionalisierung einer offiziellen, ausschließlich geltenden Sichtweise auf die Weimarer Klassik und deren Inszenierung im Theater, in den Klassikerstätten und auf Dichterfeiern sollten diejenigen Einstellungen eliminiert werden, die als geistige Wurzel des Faschismus galten. Mit anderen Worten: Der unter Faschismusverdacht geratenen ›Weimarer Klassik‹ des Vorkriegsbürgertums sollte eine neue, sozialismuskompatible ›Weimarer Klassik‹ entgegengesetzt werden, die ebenfalls ein Konstrukt aus weltanschaulichen Versatzstücken, aus Dichterwerken, aus Lebensstil, musealisierter Sachkultur und städtischem Ambiente war.«[106]

Alternative Kulturströmungen hatten in der DDR nur eine geringe Chance. Wenn es in einem Lehrbuch für den Literaturunterricht (der Klassen acht bis zehn) hieß, daß Goethes *Prometheus* dafür stehe, daß sich alle menschlichen Kräfte auf die humanistische Gestaltung des gesellschaftlichen Lebens richten müßten,[107] so war das eine euphemistische Umschreibung dafür, daß das DDR-Bildungsideal in Schule und Jugendpolitik vor allem darauf ausgerichtet war, jedes Aufbegehren zu unterbinden – weshalb natürlich auch revolutionäre künstlerische Formen (also solche individueller, eigenwilliger Artikulation wie etwa Jazz, Musik der Beatles, Rock) verpönt waren. Bei aller Anpassung und der geringen Bereitschaft zu politischer Opposition (die sehr riskant war) zeigte sich jedoch in den siebziger und achtziger Jahren, daß die Jugendlichen in der DDR immer mehr auf Distanz gingen, also nicht so »artig« und »ordentlich« waren, wie die offiziellen jugendpolitischen Vorstellungen es wollten. Den Zielen und Wertvorstellungen der offiziellen Jugendpolitik und auch der älteren Generation begegneten sie mit zunehmender Gleichgültigkeit. »Soziale Sicherheit ist für viele eine Selbstverständlichkeit. Das Angebot an Chancen zur Lebensgestaltung in Schule, Ausbildung und Beruf wird zwar nicht unbedingt negativ beurteilt, kritisiert wird jedoch die damit verbundene Gängelung.«[108] Die zunehmend individuelle Bereitschaft, sich von den durch staatliche Institutionen definierten normativen Reglements zu lösen, bewirkte einen Loyalitätsverfall unter der jungen Generation, der am Anfang langsam und unauffällig verlief, dann aber, seit Mitte der achtziger Jahre, zum Beispiel die Zahl der Ausreisewilligen stark ansteigen ließ. Die Vereinigung machte evident, daß sich seit langem eine doppelte Identität herausgebildet hatte; verhältnismäßig mühelos gelang es diesen Jugendlichen, die Schizophrenie zwischen offiziellen Normen, reproduzierbaren Wissenbeständen und ihren eigenen authentischen Alltagserfahrungen zu »bewältigen«, relativ mühelos mit der »Schranke im Kopf« umzugehen.[109]

Die Distanz gegenüber den staatlichen Jugendorganisationen und Institutionen des öffentlichen Lebens war der im Westen vergleichbar, wobei freilich die Spielräume für die Einübung von Opposition fehlten. Auch waren die Jugendlichen in West und Ost durch »Gängelung« geprägt: zum einen durch Konsum, zum anderen durch »Klassenauftrag«.[110] Zudem reduzierte die durch den SED-Staat gewährleistete materielle Sicherheit, etwa bei Ausbildung und Beruf, sowie das vorgegebene soziokulturelle Milieu die Lust, »Wagnisse der Modernisierung« einzugehen; Aussteigertum als Voraussetzung für innovatorische Findig- und Fündigkeit fand unter den ostdeutschen Jugendlichen wenig Resonanz.

Allerdings schlossen sich in den siebziger Jahren alternative, vorwiegend junge Künstler und Autoren in kleinen, sehr heterogenen Freundeskreisen und Zirkeln zusammen und edierten Publikationen, die sowohl auf dem westlichen Kunst- und Zeitschriftenmarkt wie in »privilegierten Kojen der gelenkten Kultur der DDR« reüssierten. Die »Mappenbewegung« verstand sich keineswegs dezidiert politisch, war dies aber insofern, als gerade das Unpolitisch-Künstlerische die staatlich gelenkte Kultur konterkarierte. Die Verhaltensweise der zensierenden Behörden war ambivalent; auf der einen Seite spürte man, daß die in geringer Auflagenhöhe erscheinenden Zeitschriften bzw. Mappen (wie *und)* zwar von der Parteilinie abwichen, aber sich nicht grundsätzlich von den Erzeugnissen

der gelenkten Kultur unterschieden. Denn beide Gruppen - die subkulturell arbeitenden Autodidakten und die akademisch gebildeten, in die Staatskultur eingebundenen Künstler - »hatten die gleiche Schulbildung und vom Kindergarten bis zur Promotion die gleiche ideologische Indoktrination erfahren. Diese, wenngleich auch widerwillig beschrittenen Pfade führten entweder zu einem nebulösen marxistischen Grundkonsens oder zu völliger politischer Abstinenz. Grundsätzlich anders eingestellte Aktivisten anarchistischer oder konservativer Provenienz hatten, sofern es sie überhaupt gab, zu den Herausgebern der subkulturellen Zeitungen keinen Kontakt.« (Andreas Kühne)[111]

Für die Entwicklung selbstverlegter Zeitschriften und »Künstlerbücher« (Mappen) – bis 1989 erschienen insgesamt dreißig literarische sowie zehn politische Zeitschriften und über 100 originalgraphische Künstlerbücher – war das Verbot der *Akademie-Anthologie* 1981 ein entscheidender Anstoß. »1980/81 war Franz Fühmann, Redaktionsmitglied der Zeitschrift *Sinn und Form* und Mitglied der Akademie der Künste, auf eine Reihe jüngerer Autoren aufmerksam geworden, die sich immer wieder hilfesuchend an ihn wandten. Fühmann war nach seinem Engagement für die Dichter Uwe Kolbe und Frank-Wolf Matthies eine Anlaufstelle für Autoren geworden, die in der DDR nicht veröffentlichten. Als er feststellen mußte, daß dies keine Ausnahmeerscheinung, sondern – als Folge der Biermann-Affäre – nunmehr die Regel war, beauftragte er Uwe Kolbe und Sascha Anderson mit der Sammlung von Texten jener Dichter. Gedacht war an eine Anthologie als internes Studienmaterial für die Akademie der Künste. Die Sammlung enthielt Texte von Peter Brasch, Wolfgang Hilbig, Katja Lange, Monika Maron, Bert Papenfuß-Gorek, Lothar Trolle u. a. Die Manuskripte wurden im Herbst 1981 an Konrad Wolf, den Präsidenten der Akademie der Künste, übergeben.« (Klaus Michael)[112]
Das Zentralkomitee der SED untersagte die Herausgabe der Anthologie. Die Stasi setzte nunmehr inoffizielle Mitarbeiter auf abweichende Autoren an; zur Eindämmung literarischer Aufmüpfigkeit gab man zudem die Weisung, mit Hilfe von Literaturzentren in den einzelnen Bezirksstädten der DDR den Kontakt mit den Nachwuchsautoren zu verstärken und diese zu »entpolitisieren«. Ein Gesetz zum Schutz der Berufsbezeichnung Schriftsteller wurde initiiert. Von einem direkten Einschreiten bei privaten Lesungen oder Ausstellungen nahm man jedoch Abstand. Im Frühjahr 1984 hatten sich über dreißig jüngere Autoren aus allen Teilen der DDR in einem Ostberliner Hinterhofatelier

zusammengefunden, um einen unabhängigen Schriftstellerverband zu gründen; sein Anliegen sollte es sein, bei DDR-Verlagen längst versprochene Publikationen zu ermöglichen (Autoren wie Bert Papenfuß-Gorek oder Wolfgang Hilbig waren im Westen bereits bekannte Dichter; ihre Arbeiten wurden aber in der DDR noch immer nicht gedruckt). Die Vereinigung scheiterte letztlich, da »die Konflikte zwischen den politisch engagierten und den weniger aktiven Autoren durch eine IM-gesteuerte Personalpolitik der Staatssicherheit geschickt verschärft wurden«; auch trug sich eine größere Zahl von Beteiligten mit dem Gedanken, die DDR zu verlassen.[113]

Trotz aller kultureller Repressionen, gegen die sich nur eine schwache Opposition erhob, waren die siebziger Jahre für viele junge Intellektuelle in der DDR »Jahre des Aufbruchs und des Suchens nach neuen eigenen Wegen«. Aus dem Westen drangen die politischen Impulse des Jahres 1968 herüber; schon vorher kam es zu einem »Beben im Untergrund«: Die Rockmusik verbreitete sich immer lauter und heftiger; man kleidete sich anders, herausfordernder (die Haare wurden länger). Enorm stark war jedoch der staatliche Gegendruck; es fanden regelrechte Jagden auf Jugendliche mit langen Haaren statt; unbequeme Rockgruppen wurden rücksichtslos aufgelöst; in den Schulen herrschte immer noch inquisitorische Strenge.[114]

Von besonderer »alternativer« Gefährlichkeit waren Rudolf Bahro und Wolf Biermann, zumal deren Gesellschafts- wie Staatskritik – beim einen theoretisch, beim anderen künstlerisch artikuliert – aus marxistischen Denkstrukturen erwuchs, also den erstarrten DDR-Verhältnissen die eigene Melodie vorspielte, um sie zum Tanzen zu zwingen.

Der 1935 geborene, zunächst in verschiedenen publizistischen Funktionen, dann in der Industrie tätige Bahro, überzeugter Marxist und langjähriges SED-Mitglied, ging in seinem Buch *Die Alternative. Zur Kritik des real existierenden Sozialismus* (1977 im Westen erschienen – der Autor wurde zu 8 Jahren Gefängnis verurteilt, nach 16 Monaten in die Bundesrepublik abgeschoben) davon aus, daß das sozialistische Weltsystem und die kommunistische Weltbewegung von grundlegenden inneren Widersprüchen zerrissen sei, die hauptsächlich in der unbewältigten Geschichte der Sowjetunion wurzelten, jedenfalls von dort her angepackt werden müßten. Die regierenden kommunistischen Parteien Osteuropas gehörten heute zu den Mächten der Beharrung. Die ideelle Substanz sei ausgehöhlt, in der Konsequenz zeichne sich überall, zuletzt auch in der Sowjetunion selbst, jener für die bestehende Machtstruktur katastrophale ideologische Bankrott ab, der 1968 in der ČSSR sichtbar geworden sei. Die polnischen Ereignisse seit Dezember 1970 hätten nur noch den I-Punkt auf die Erkenntnisse gesetzt, daß der schwelenden Krise des Systems nicht bloß temporäre Ursachen, sondern tiefe sozioökonomische Widersprüche zugrunde lägen. Politisch gesehen seien mit Ulbricht, Rákosi, Novotný, Gomułka (also osteuropäischen Spitzenfunktionären) die eigentlichen Organisatoren der Konterrevolution (mit und ohne Anführungszeichen) an die Macht gekommen. Die »Alternative« trage dem Charakter jener umfassenden Kulturrevolution, jener Umwälzung der ganzen bisherigen Arbeitsteilung, Lebensweise und Mentalität, die Marx und Engels vorausgesehen hätten, Rechnung. Die allgemeine Emanzipation des Menschen werde immer dringlicher, aber die Bedingungen dafür müßten neu studiert, ihre Inhalte zeitgemäß definiert werden.[115]

Bahros Entwurf zielte auf eine erneuerte kommunistische Partei, unter deren Führung eine Gesellschaft, in der die kapitalistischen Antriebs- und Disziplinierungsmechanismen fehlten, eine hohe ökonomische Leistungsfähigkeit entwickeln könne, in der die werktätigen Massen tatsächlich an den Entscheidungsprozessen beteiligt seien – über die Proportion zwischen Akkumulation und Konsumtion, zwischen Kriegs- und Friedensproduktion, zwischen Wohnungsbau und Monumentalbau, zwischen dem Aufwand für Bildung und dem Aufwand für die propagandistische Selbstdarstellung der Macht, zwischen den Kosten für die Befreiung der Frau von der hauswirtschaftlichen Sklaverei und den Kosten für die Sicherheit der »Beauftragten der Gesellschaft«. Die freie Entwicklung eines jeden sei die Bedingung für die freie Entwicklung aller.

Als Wolf Biermann 1976 auf einer Tournee in Westdeutschland unterwegs war, wurde ihm von den zuständigen Behörden der DDR wegen grober Verletzung der staatsbürgerlichen Pflichten die Staatsbürgerschaft aberkannt. Der Lyriker und Liedermacher, der 1953 aus Hamburg in die DDR übergesiedelt war, da ihm die DDR als der bessere deutsche Staat erschien – er blieb ihm in »kritischer Solidarität« verbunden –, erfuhr das »Schicksal der Heimatvertreibung« (wie es Heinrich Böll nannte, der Biermann in sein Haus aufnahm). »Als ich ein paar Jahre im Arbeiter- und Bauern-Staat gelebt hatte«, schrieb Biermann in einem *Nachruf auf die DDR,* »merkte ich, daß der Kommunismus krankt. Ich schrieb Lieder und Gedichte, die ihn gesund machen sollten. Aber die Bonzen bedankten sich nicht für meine bitteren Pillen.«[116]

»Und als wir ans Ufer kamen
Und saßen noch lang im Kahn
Da war es, daß wir den Himmel
Am schönsten im Wasser sahn
Und durch den Birnbaum flogen
Paar Fischlein. Das Flugzeug schwamm
Quer durch den See und zerschellte
Sachte am Weidenstamm
– am Weidenstamm

Was wird bloß aus unsern Träumen
In diesem zerrissnen Land
Die Wunden wollen nicht zugehn
Unter dem Dreckverband
Und was wird mit unsern Freunden
Und was noch aus dir, aus mir –
Ich möchte am liebsten weg sein
Und bleibe am liebsten hier
– am liebsten hier«[117]

Die Ausweisung Biermanns führte, was kulturpolitisch im SED-Staat ein völlig unerwartetes Novum war, zum Protest der dort lebenden namhaftesten Schriftsteller, darunter acht SED-Mitglieder (auch der hochangesehene Bildhauer Fritz Cremer und Dutzende weiterer Personen schlossen sich ihnen an), mit der Aufforderung an die DDR-Führung, die Maßnahme gegen Biermann zu überdenken, also zu widerrufen. Die meisten der Protestierenden, wie etwa Stephan Hermlin, Günter Kunert, Stefan Heym, Christa Wolf, waren selbst schon wegen Abweichung von der Parteilinie gemaßregelt worden.

»Der Schlag gegen Wolf Biermann wurde als Schlag gegen den schöpferischen und kritischen Teil der Gesellschaft gesehen, den noch nicht korrumpierten, der die wenigen, mehr zugestandenen als erkämpften Freiräume bedroht sah; als Schlag gegen die eigenen Möglichkeiten.« (Bernd Wagner, Schriftsteller, der 1985 die DDR verließ.)[118]

Wolf Biermann.

Das Jahrzehnt nach Biermanns Ausbürgerung habe den Tod der ostdeutschen Intelligenz besiegelt; wenn sie nicht außer Landes ging, sei ihr jeder Boden entzogen worden; der Vertrag gegenseitiger Toleranz wurde endgültig aufgekündigt. Außerhalb der öffentlichen Organisationen sei die Mitarbeit unmöglich gewesen; die Presse blieb verschlossen, die Möglichkeiten der Verlage waren begrenzt; was blieb, wenn man nicht als Staatsautor enden wollte, war der Rückzug. »Oder präziser ausgedrückt: ›Der ganze ideelle Überbau war zusammengestürzt, und der Künstler stand allein inmitten seiner Trümmer.‹«[119] Bei genauerer Betrachtung habe sich jedoch der Biermann-Protest – ein »Bukett aus stachligen Pflanzen, roten Nelken und papiernen Girlanden, das die DDR-Regierung so wütend werden ließ« – als ziemlich demütig, als ein loyalkritisches Angebinde erwiesen. »Heute schon erscheint es sehr schwierig, einer jüngeren Generation zu erklären, worin die halsbrecherische, aufmüpfige Substanz des Textes eigentlich gelegen habe. Das einzigartige Attribut, das

Biermann zuteil wird, heißt ›unbequem‹. Was zu geschehen hätte, ist, diese Unbequemlichkeit gelassen nachdenkend zu ertragen. Sehr enthusiastisch klingt das nicht, und der folgende Satz geht noch mehr auf Distanz: ›Wir identifizieren uns nicht mit jedem Wort und jeder Handlung Wolf Biermanns.‹ Drum herum ranken sich staatstreue Bekundungen. ›Unser sozialistischer Staat‹ wird in einen ›Gegensatz zu anachronistischen Gesellschaftsformen‹ gestellt. Das Feindbild Bundesrepublik bleibt so, dem parteilichen Klischee gemäß, erhalten.« (Manfred Jäger)[120]

Wenig beliebt waren bei den SED-Machthabern Ironie und Satire; das Kabarett konnte nur zu Tauwetterzeiten bzw. mit großem Risiko mehr wagen als ein aufbauendes »Nachvornlachen«. »Das sozialistische Kabarett – soweit es sich nicht mit dem Klassenfeind direkt beschäftigt – hat es mit dem Fehlverhalten von potentiellen Freunden und Verbündeten zu tun, mit dem unproduktiven, den Fortschritt hemmenden Verhalten von Leuten, die auch den Sozialismus mit aufbauen.« (Gisela Oechelhaeuser).

Einer der erfolgreichsten DDR-Kabarettisten – sein Programm *Bürger, schützt Eure Anlagen* lief Mitte der achtziger Jahre an fünfzehn großen Häusern –, zugleich einer der meistgespielten Bühnenautoren, Peter Ensikat, spricht von einer Kabarettisten-»Familie«, die gegen Zensur von außen in Geschlossenheit zusammenhielt. »In Wahrheit stand kaum eine Künstlergruppe in der ehemaligen DDR in einem intimeren Verhältnis mit den Zensoren als die Kabarettisten. ›Wie immer mußten wir die erste Fassung des Textes bei Partei und Regierung zur Begutachtung vorlegen‹, erinnert sich Ensikat. Dem folgte scheinbar für gewöhnlich eine Audienz bei den Zensoren, wobei ›bereitwillig das eine oder andere antikommunistische Komma zum Wohle der Partei‹ gestrichen wurde. ›Das nächste Gespräch fand in den Räumen des Kabaretts statt‹, fährt Ensikat fort. Kaum läßt sich etwas Entwürdigenderes denken als solche Voraufführungen im intimen Kreis einer Handvoll Funktionäre. So entstanden Kabarettprogramme in der DDR, die dann vor ständig ausverkauftem Haus zur Zivilcourage herausforderten.« (Siegfried Stadler)[121]

Die literarische Satire in der DDR erwies sich als »Pillengemisch« aus Placebos und süßsauren Bonbons mit bitterem Kern. Genehm, aber nicht immer angenehm, war dem Regime und seiner Zensur die angepaßte Satire, die das System dadurch unterstützte, daß sie für Mißmut und

Frustration Ventile öffnete; die angesprochenen Probleme wurden als Oberflächenphänomene in einer ansonsten gesunden und zu bejahenden Gesellschaftsordnung angesprochen. So konnte Hermann Kant als Vorsitzender des DDR-Schriftstellerverbandes (in der Nachfolge von Anna Seghers) in seinen Romanen *Die Aula* (1965) und *Das Impressum* (1972) ironische Töne anschlagen, weil eben das Optimistisch-Konstruktive dominant blieb; in der Rolle des loyalen Hofnarren erregte er wenig Anstoß. Schwerer hatten es Autoren, die, wie Günter de Bruyn, Stefan Heym, Günter Kunert, Irmtraut Morgner, Ulrich Plenzdorf, Hans Joachim Schädlich, Lutz Rathenow, Texte verfaßten, deren satirischer Angriff sich nicht bei einzelnen Mängeln und Schwächen des real existierenden Sozialismus aufhielt, »sondern die politische Kreativität kritisch hinterfragt und sie an der Utopie der marxistischen Ideologie mißt. Diese Schriftsteller hatten schöpferisch produktiv auf die im Gefolge des VIII. Parteitages 1971 unter Erich Honecker sich zeigenden Ansätze kulturpolitischer Liberalisierung reagiert.«[122] Aber indem sie diese einigermaßen ernst nahmen, hatten sie auf die falsche Karte gesetzt.

Literatur als Opposition

War die DDR-Literatur - abgesehen von satirischen Werken - eine Bastion des Widerstands, des Protestes, vorsichtig zwar, aber doch in ihrer Tendenz oppositionell?[123] Da die Kunst des Zwischen-den-Zeilen-Lesens im Westen stark ausgeprägt war, kam es vielfach zu einer sehr positiven Beurteilung von DDR-Werken. Nach der Wende erfolgte eine Gegenreaktion; man bezweifelte die Widerstandsbereitschaft der DDR-Literatur und wertete sie ab.

Hans Joachim Schädlich, Mitunterzeichner der Biermann-Petition von 1976 (weshalb er die DDR verlassen mußte), verwies auf die Tatsache, daß über sechzig wichtige Autoren der DDR in den Westen hätten emigrieren müssen; dies verdeutliche e contrario, wie sehr die DDR-Literatur eine Literatur nach Dienstvorschrift gewesen sei. »Zur Zensur gehörte schließlich die Selbstzensur. Manche meinten, die Selbstzensur, zu der sich Autoren aus Gründen der Selbsterhaltung genötigt sahen, sei regelrechte Quelle subtilen poetischen Gewinns gewesen: Etwas sagen und es doch nicht sagen, den sprachlichen Ausdruck bis zur Unkenntlichkeit verfeinern, so daß am Ende das dunkle Schöne oder das schöne Dunkel vor uns stand – Nietzsche sagte: ›In Ketten tanzen ist höchste Kunst‹.« Es war ein Tanz nach der Pfeife der Staatsideologie.[124]

Die DDR-Literaten hätten weitgehend versagt, meinte Walter Janka, der in seinem Schauprozeß 1956 deren Charakterlosigkeit und Opportunismus besonders intensiv erlebt hatte. Demgegenüber antwortete Günter de Bruyn auf die Frage, ob die friedliche Revolution, die das Ende der DDR mit sich brachte, auch ohne Schriftsteller stattgefunden hätte, daß die Literatur jahrelang auf ihrem geistigen Feld Vorarbeit für die Wende geleistet habe. Auch die französischen Schriftsteller des 18. Jahrhunderts hätten nicht die Bastille gestürmt, aber daß sie den Sturm mit anblasen halfen, sei nicht zu bestreiten. Der Vergleich könnte freilich etwas zu hoch gegriffen sein. De Bruyn, der in *Vierzig Jahre,* dem zweiten Band seines Lebensberichts, als taktisch vorsichtiger Mitläufer, als Beinahe-Dissident erscheint – mit einer »aus Harmoniebedürfnis entstandenen Kompromißbereitschaft, die mich zeitweise bis an die Grenze des mir Erlaubten brachte« –, hat sehr ehrlich die vorherrschende »Stimmungslage« der DDR-Literaten beschrieben: »Wahrscheinlich wäre der Spielraum größer gewesen, als wir meinten. Andererseits muß man sich in die Lage zurückversetzen, in der wir tatsächlich waren. Auch wenn es wie eine Ausrede klingt, hat es was Wahres. Immer dann, wenn einer zu weit ging, wurde er entfernt.«

Ein Prozeß der Gewöhnung habe stattgefunden; man sei meistens aus kleinen Verhältnissen gekommen und ins Privilegiertendasein hineingewachsen. »Und der herrschenden Ideologie widersprach das durchaus nicht, sie besagte jedoch, daß der, der für den Staat, für die Partei am meisten eintrat, es am besten haben soll. Viele haben davon profitiert, es wurde offen gesagt. Es ging nicht um Gerechtigkeit, um Mitleid, um Barmherzigkeit. Der Staat behielt sich vor zu strafen oder zu belohnen. Wer sich verdient machte, kriegte eine Wohnung, eine Prämie ... Und die führenden Leute waren natürlich davon überzeugt, sie hätten sich am meisten verdient gemacht. Also nahmen sie sich das Recht, besser zu leben.«[125]

Das Schweigen sei aus größter Hilflosigkeit gekommen, meinte der 1957 geborene DDR-Autor Uwe Kolbe. Auf vierundsiebzig Prozent seiner Lebenszeit sei der Schatten der Berliner Mauer gefallen. »Uns fehlte die

Alternative. Und uns fehlte der Mut. Wir standen auf versehrtem Boden und wollten das durchaus nicht vergessen. Wir verachteten die Rituale der Macht, aber wir schraken vor dieser unserer Verachtung zurück.«[126]

Angesichts einer solchen, vielfach durch Egoismus und Angst bestimmten Mentalität war es von herausragender Bedeutung, wenn Schriftsteller, Künstler und Intellektuelle der Repression durch die SED-Regierung entgegentraten. So warnte Christa Wolf auf der 11. Tagung des SED-Zentralkomitees vom 15.–18. Dezember 1965 – sie war dort von 1963 bis 1967 Kandidatin – vor einem kulturellen Kahlschlag und betonte, sie könne bestimmte Angriffe auf Kollegen mit ihrem Gewissen nicht vereinbaren. Der Partei- und Staatschef Walter Ulbricht und sein späterer Nachfolger Erich Honecker waren als Wortführer zum Sturm auf die Künstler angetreten und hatten u. a. Wolf Biermann, Stefan Heym und Heiner Müller attackiert.

Mit Wolfs Erzählung *Nachdenken über Christa T.* (1968), der Geschichte einer unpolitischen, nur ihrer Privatheit lebenden Frau, begann ein »Wetterleuchten in der Kunst- und Literaturlandschaft der DDR«.[127] Man berief sich auf die Erklärung, die Erich Honecker im Dezember 1971 abgegeben hatte: daß es angesichts der festen Position des Sozialismus auf dem Gebiet von Kunst und Literatur keine Tabus gäbe. Man müsse, meinte im Januar 1976 Rolf Michaelis bei der Besprechung von neuen Werken der Schriftsteller Volker Braun, Gerdi Tetzner, Brigitte Reimann, in der Literatur der DDR nun nicht mehr zwischen den Zeilen lesen; es gehe um Klartext. Der neue Ton in der Lyrik der DDR, Elegien statt Hymnen, so Fritz J. Raddatz im selben Monat, kündige eine Tendenzwende an. Die Kühnheit, Kunst als selbständig und der Geschichte gleichberechtigt gegenüberzustellen, sei ein explosives Novum in der Literaturdebatte der DDR, und es werde nicht mehr beiseite geschoben werden können.[128]

Vor allem Heiner Müller – mit Dramen wie *Germania Tod in Berlin* (1956/1971), *Leben Gundlings Friedrich von Preussen, Lessings Schlaf Traum Schrei* (1977) oder *Hamletmaschine* (1977) – erwies sich als ein Autor ästhetischer Entgrenzung. Das Experimentieren mit der Form bedeutete eine Absage an das kleinbürgerliche Kulturverständnis der SED und ihre »verordnete Geschichtsinterpretation«; es erfolgte der Anschluß an die westliche Avantgarde.

Auf dem Schriftstellerkongreß am 30. Mai 1978 hielt Stephan Hermlin eine

Rede, in der er sich u. a. mit der Äußerung eines hohen DDR-Funktionärs, Schriftsteller seien als Mannschaft zu betrachten, auseinandersetzte. Diese hätten jedoch nichts mit Schafen gemein, sie wären kaum unter einen Hut zu bringen. Ein kommunistischer Schriftsteller – Hermlin erwähnte seine Freunde Günter Kunert, Stefan Heym, Franz Fühmann, Christa Wolf – erweise sich als Sohn oder Tochter aller nach vorn und nach rückwärts gewandter Utopien, von Ketzern und heiliggesprochenen Märtyrern (sie stammten von Spartakus oder Franz von Assisi ab).[129]

In den achtziger Jahren erreichte die Aufspaltung in der Literaturszene einen Höhepunkt; die Autoren der jüngeren und jüngsten Generation stießen die Türen zur Zukunft auf, indem sie an eine tabuisierte Vergangenheit, an die Traditionen der Moderne (Expressionismus, Surrealismus, Dadaismus) anknüpften.

Einer der jungen »Protestanten« (Christoph Hein) wagte auf dem 10. Schriftstellerkongreß der DDR (1987) die Feststellung, daß die Zensur überlebt, nutzlos, menschen- und volksfeindlich, zudem ungesetzlich, verfassungswidrig und damit strafbar sei. Die DDR-Literatur habe einiges bewirkt, man habe aber noch viel zu bewirken - mit Kraft und Mut und Rückgrat.[130] Solche Äußerungen signalisierten den Wunsch nach einer »anderen DDR«, nach einer Wende und der Ablösung der sozialistischen Nomenklatura.

Bei der Diskussion über die Rolle der Literatur in der SED-Erziehungsdiktatur ist es wichtig, die Rolle der Zensur zu berücksichtigen: Sie war das hervorragendste Mittel der staatlichen Literaturpolitik »und einer ihrer hervorragendsten Chefs war der ehemalige Stellvertretende Minister für Kultur der DDR, Klaus Höpcke«.[131] Die staatliche Personalpolitik sorgte dafür, daß in den Kulturinstituten, den Massenmedien, den Verlagen, im Filmwesen und in den Künstlerverbänden linientreue Funktionäre Kontrolle ausübten; alle Publikationen unterlagen der Genehmigungspflicht; die Einfuhr von Zeitungen und Büchern aus dem Westen war weitgehend unterbunden. Ein politisches Strafrecht legalisierte die Eingriffe in die Freiheit des Geistes. Der Staatssicherheitsdienst infiltrierte vorwiegend mit »inoffiziellen Mitarbeitern« (IM) die Privatsphäre der Autoren und Künstler, wobei schließlich die Überwachungsprotokolle ein solches Ausmaß annahmen, daß die Stasi teilweise selbst die Übersicht verlor.

Inmitten einer solchen Situation existentieller Angst, die auch immer wieder Selbstzensur bewirkte, ist der direkte oder indirekte Widerstand der DDR-Literatur bewundernswert, gerade dann, wenn man sie mit dem in der westlichen intellektuellen Szene grassierenden vorauseilenden Gehorsam und Opportunismus vergleicht.

Der Übergang zwischen Zensur und Selbstzensur war fließend. Ein eigentliches Zensurgesetz gab es in der DDR nicht, so daß Walter Ulbricht behaupten konnte, in der DDR habe es nie eine Pressezensur gegeben. Auch Erich Honecker rühmte sich, daß in seinem Machtbereich Zensur nur in den Köpfen der Betroffenen stattgefunden habe, wobei er selbstentlarvend hinzufügte: »Wir hatten keine Zensur ... Bei uns gab es sie nur kraft des Bewußtseins ... Wir waren das einzige sozialistische Land, das die Dinge laufen ließ.«[132] Was »sich bewegte«, mußte eben in vorgegebenen, streng fixierten Bahnen verlaufen und jede Abweichung vermeiden.

Volker Brauns umstrittener Lyrikband *Langsamer knirschender Morgen* kann exemplarisch deutlich machen, wie Zensur »über Bewußtseinsbildung« vonstatten ging: »Die Druckgenehmigung wurde dem Verfasser nach vierundvierzig Monaten intensiver literaturpolitischer Geheimdiplomatie zwischen Verlagsleiter Eberhard Günther, Abteilungsleiter Wolfgang Höpcke, Kulturminister Hans-Jürgen Hoffmann und ZK-Sekretär Kurt Hager erteilt; die Zensoren hatten sich schließlich doch darauf geeinigt, daß das Buch ›von der Parteilichkeit Brauns für den Sozialismus durchdrungen ist‹.« Die »lange zähe Arbeit mit dem Autor« habe sich gelohnt; der Erziehungsauftrag sei erreicht. »Der Autor fühlt sich mitverantwortlich für die Verwirklichung unserer sozialistisch-humanistischen Ziele und will mit seinen Gedichten einen Beitrag zu ihrer Verwirklichung leisten«, konstatierte Günther zufrieden. Volker Braun dankte seinem Verleger, der seinem »Klassenauftrag« gerecht geworden war, mit einer Widmung, die dem Gegenspieler Courage attestiert. »Meinem mutigen und also erfolgreichen Verleger von seinem dankbaren Autor.«[133]

Die »Resozialisierungsmaßnahmen« der »Zensoren« waren jedoch keineswegs immer so erfolgreich; vor allem in den achtziger Jahren hatten die kulturpolitischen Oberlehrer gegenüber alternativen Publikationen oft das Nachsehen; auch wagten Ostautoren die Veröffentlichung ihrer Werke in Westverlagen.

Im Wechselspiel von Selbstzensur und Literaturlenkung hatten, so Manfred Jäger, die Künstler die schlechteren Karten, weil sie sich auf Partnerschaft einlassen mußten, solange sie im offiziellen Kulturbetrieb wirksam bleiben und sich nicht aus dem Lande drängen lassen wollten. Die Zensur habe die Zustimmung zu ihren Eingriffen verlangt und formal das Urheberrecht bewahrt.

In solchem Kleinkrieg der Schriftsteller um Freiräume gegenüber den Instanzen und um der Versuchung der Selbstzensur zu entgehen, wandten die Schriftsteller unterschiedliche Methoden an – zur gelenkten Literatur gehörte auch die abgelenkte Zensur bei einem hohen Maß von sprachlicher und inhaltlicher »Verschleierungskreativität«. Uwe Kolbe zum Beispiel lieferte für eine Anthologie »einen in fünf Abschnitte gegliederten und nur aus aneinandergereihten Substantiven bestehenden Text mit dem Titel *Kern meines Romans.* Niemand im Mitteldeutschen Verlag und im Berliner Literaturamt konnte ahnen, daß die Anfangsbuchstaben, hintereinander gelesen, eine äußerst unangenehme konterrevolutionäre Losung ergaben:

›Eure Maße sind elend./Euren Forderungen genügen Schleimer./Eure ehemals blutige Fahne bläht sich träge zum Bauch./Eurem Heldentum den Opfern widme ich einen Orgasmus./Euch mächtige Greise zerfetze die tägliche Revolution.‹

Sinn machte die Unternehmung freilich nur, wenn der Autor unter der Hand eine Anleitung zur Auflösung des Rätsels unter die Leute brachte. Der heimliche Triumph in der einsamen Poetenstube konnte nicht genügen. Damit freilich erfuhr auch die Staatsmacht von der unwissend verbreiteten Konterbande.«[134]

Die Ende der achtziger Jahre immer deutlicher werdenden öffentlichen Proteste gegen die Zensur zeigten indirekt, daß der ideologische und machtpolitische Verfall der DDR schon viel weiter fortgeschritten war, als viele ahnten. Wer sich nicht mit der immer widerrufbaren liberaleren Handhabung der institutionellen Aufsicht begnügte oder abfand, erkannte, daß die staatlich sanktionierte Zensur erst mit dem Staat verschwinden würde, der sie praktizierte.

Kirche und Krake Stasi

In der Einleitung zu einem Forum der *Zeit* über die Rolle der Protestanten unter der SED-Diktatur formulierte Robert Leicht »in äußerster Zuspitzung« die Frage, ob die DDR als Staat nur deshalb so lange existieren konnte, weil er die Stasi und die protestantische Kirche gehabt habe.[135] Das für das Luthertum charakteristische ambivalente Verhältnis zur Obrigkeit, bei dem die »Freiheit eines Christenmenschen« geringer als der Staat geachtet wurde, erlebte nach 1945 im Osten Deutschlands (mit den Kerngebieten des Protestantismus) eine signifikante Neuausprägung.

Auf kommunistischer Seite war nach dem Zusammenbruch des Dritten Reiches die Ansicht vorherrschend, daß Religion und Kirche als Überbleibsel vergangener Jahrhunderte nun endgültig zum Untergang verurteilt seien. Da die Kirche aber gestärkt und gefestigt wiedererstand, begann das SED-Regime diesen Tatbestand hinzunehmen; umgekehrt akzeptierte die Kirche die neue Obrigkeit und richtete sich im »unchristlichen Staat«, bald opportunistisch, bald abgrenzend, ein. Der spätere Bürgerrechtler Rolf Henrich schrieb in seinem Buch *Der vormundschaftliche Staat:* »Anstelle der Kirche für andere erleben die Menschen im deutschen Staatssozialismus tagtäglich ein real existierendes Christentum, welches immer besser lernt, aus dem strukturellen Sondersein der Kirche im Sozialismus konkreten Nutzen zu ziehen.« Es sei naturgemäß keine andere bürokratische Organisation besser geeignet, den radikalen Humanismus der Werktätigen als Orientierungsgröße praktischen Handelns zu relativieren als die Kirche selbst. Und genau das mache die Kirche im Sozialismus als Bündnispartner für die Partei und Staatsmacht unersetzlich.[136] Dem Wesen des Protestantismus entsprach es nicht, sich in den sakralen Raum zurückzuziehen; das Einlassen auf die Obrigkeit bedeutete aber auch die Bereitschaft zu fragwürdigen Kompromissen. Indem man eine »Kirche *im* Sozialismus«, weder gegen noch für ihn, anstrebte – die Formulierung stammte von Bischof Albrecht Schönherr, dem ersten Vorsitzenden des »Bundes der evangelischen Kirchen in der DDR« –, waren Zugeständnisse an die Regierenden unvermeidlich. Der Wille, gefährdeten Personen zu helfen, war genauso vorhanden wie das opportunistische Bemühen, durch Staatstreue amtliche wie persönliche Vorteile nutzen zu können oder staatliche Belobigung zu erfahren. Über 3000 »inoffizielle Mitarbeiter« aus der Kirche sollen Zuträger der Stasi gewesen sein.

Bei einer totalen Verweigerung, so Lothar de Maizière, zuletzt Vizepräsident des DDR-Kirchenbundes, hätte man das gesamtgesellschaftliche Feld dem Staat überlassen und nichts gehabt, was seinem Totalanspruch hätte entgegengesetzt werden können. Nach Schönherr war es zudem falsch, zu glauben, daß ein atheistisches und totalitäres Regime überall und immer nur Falsches hervorbringen könne. Die Kirche, die ihren »Ort« brauche, habe die Christen auf ihrem beschwerlichen und bisher unbekannten Weg in einer sich sozialistisch-atheistisch verstehenden Gesellschaft begleiten, aber auch den Nichtchristen helfen wollen, ihr Recht und ihre Würde zu bewahren.[137]

Die Tatsache, daß eine größere Anzahl von Geistlichen unter großem persönlichen Risiko Widerstand gegenüber staatlicher Repression leistete und ihre Häuser Heimat für Oppositionelle und Opposition waren – von den Kirchenbehörden meist mit Mißtrauen und Besorgnis beobachtet –, läßt nicht den Rückschluß zu, daß der deutsche Protestantismus zum ersten Mal in seiner Geschichte auf der richtigen Seite gestanden habe, bei den Unterdrückten und nicht bei den Unterdrückern, beim Volk und nicht bei den Mächtigen.[138] Vielmehr war es so, daß das feingestufte System von Privilegierung und Repression die Kirche ins politische System bis zur Kumpanei einband, während das Kirchenvolk die Unterdrückung der Religiosität zu spüren bekam. Auch war das außenpolitische Klima, bei zunehmender Anerkennung der DDR als eigenem Staat, mit dafür verantwortlich, daß die Bereitschaft der Amtskirche zur Kritik an den Verhältnissen in der DDR zwischen 1961 und 1989 spürbar zurückging.[139]

Das Spannungsverhältnis zwischen der Amtskirche und den kirchlichen Basisgruppen (»Mit Pflugscharen gegen Schwerter«) trat auch dadurch zutage, »daß bestimmte Leute Pfarrstellen oder andere Stellen, auf die sie sich beworben hatten, nicht bekamen. Aber man wird nie sagen können: Es liegt daran, weil sie bei der Solidarischen Kirche waren … Wenn kirchenleitende Leute in der Öffentlichkeit Gespräche mit Vertretern von Basisgruppen hatten, haben sie auf diplomatische Weise dem Problem, den Fragen die Spitze so abgebrochen, daß im Prinzip zum Schluß kaum etwas dabei herauskam.« (Dorothea Höck, Begründerin der Solidarischen Kirche, 1986, und »Demokratie jetzt«, 1989)[140]

Unabhängig davon, ob man die Rolle der Kirche in der DDR positiv oder negativ beurteilt: Ihre kulturelle, theologische und spirituelle Kraft

war weitgehend gelähmt durch die Allmacht und Allgegenwart der Stasi. »Wir haben den Stasi-Kraken erlitten und uns nicht getraut, ihn öffentlich zum Thema zu machen.« (Friedrich Schorlemmer)[141]

Die totalitären Staaten des 20. Jahrhunderts haben viel grausamere Menschenverfolgungsapparate geschaffen, als es der Sicherheitsdienst der DDR darstellte. Die Stasi war jedoch von Wahnideen bestimmt, denen man eine gewisse Einzigartigkeit zusprechen muß: wie von kafkaesker Phantasie erfunden, surreal, absurd, letztlich aber Ausdruck der Banalität des Bösen. Die marxistische Feststellung, daß Quantität in Qualität umzuschlagen vermöge, erfüllte sich bei der Stasi insofern, als der größere oder größte Teil der vorwiegend männlichen Mitarbeiter von ihrem Psychogramm her gesehen als dumm, dreist, autoritär einzustufen war; der Apparat jedoch auf eine äußerst raffinierte Weise perfekt funktionierte. Seine größte psycho-politische Leistung bestand darin, daß er – wie beim »Modellfall Kirche« – eine große Anzahl von Menschen an sich zu binden und zu instrumentalisieren vermochte. Offensichtlich erwies sich die Obsession, daß der Mensch nach minuziöser Beobachtung mit Hilfe der erfaßten Daten und deren Manipulation veränderbar sei, gerade für die ostdeutschen Intellektuellen von besonderer Faszination. Auf der einen Seite ging es immer wieder darum, abspenstige Menschen in ihrer Existenz zu vernichten oder zu vertreiben (da sie als »Volksschädlinge« nicht umerziehbar schienen); auf der anderen Seite sollte die zu Beginn dieses Jahrhunderts entwickelte Vision vom machbaren neuen Menschen vom Kopf auf die Füße gestellt werden.

»Sicherungsbereich« Kultur

Günter de Bruyns Bericht über den Verlust seiner politischen Unschuld ist, was die Gewichtigkeit der Vereinnahmung betrifft, ein »leichter Fall«; in Hinblick auf die einzelnen Schachzüge des Beziehungsspieles mit der Stasi jedoch äußerst aufschlußreich: Zwei unangemeldete Besucher, die sich als Staatssicherheitsbedienstete vorstellen, ersuchen höflich um eine Unterredung. Man plane im Westen, den Dichter für DDR-feindliche Aktivitäten einzuspannen, halte ihn aber durchaus für einen loyalen Bürger. De Bruyn ist bereit zuzuhören und erfährt Näheres über die behaupteten westlichen Intentionen. Er hält die Geschichte für eine Finte, bekommt aber dann vom Freien Deutschen Autorenverband in München einen Brief mit der Bitte um ein Treffen und die Druckgenehmigung für eine unveröffentlichte Erzählung, die eigentlich niemand im Westen hat kennen können. Da der Dichter vermutet, daß die Stasi von dem Brief weiß, gibt er seinen Erhalt von vornherein zu. »Sie kamen wieder in meine Wohnung, faßten den Brief vorsichtig mit spitzen Fingern, prüften den Poststempel mit einer Lupe und legten Umschlag und Brief für die Laboruntersuchung in eine durchsichtige Hülle.« De Bruyn wird weiter ausgehorcht. Bald erscheint er in den Akten als IM-Vorlauf mit dem Decknamen »Roman«; im Laufe der Zeit entsteht ein Konvolut aus Spitzelberichten, Abhörprotokollen, Briefkopien und Gesprächsnotizen.

Im Rückblick empfindet de Bruyn Scham darüber, daß er sich so gedemütigt habe; nie mehr würde er glaubhaft von Würde und Anständigkeit reden, nie mehr über andere urteilen können. Er sei viel stärker auf die Stasi-Gesprächspartner eingegangen, als er es in Erinnerung gehabt hätte. Entsetzen erfaßte ihn darüber, daß er eigenen Maßstäben zeitweilig nicht entsprochen habe. »Mit dem angstschlotternden Wesen, das sich aus reiner Feigheit, nicht aus einer die Sache veredelnden Überzeugung, vor fast zwanzig Jahren Informationen abreißen ließ, muß ich fortan leben.«[142]

Die »Akte« von Franz Fühmann (»Filou«) bei der Stasi – abgeschlossen mit seinem Tod am 8. 7. 1984 – zeigt, daß er »durch koordinierte Differenzierungs- und Durchsetzungsmaßnahmen ständig diszipliniert und immer wieder zu gesellschaftsmäßigem Verhalten« veranlaßt werden sollte. Der 1922 im Erzgebirge als Sohn eines nationalsozialistischen Apothekers geborene Dichter empfand die DDR zunächst als die bessere deutsche Gesellschaft; durch dogmatischen Antifaschismus versuchte er seine jugendliche Fehlentwicklung zu kompensieren, durchschaute freilich immer mehr die Verlogenheit des SED-Staates. Dessen Vertreter wiederum waren eifrig bemüht, über »zielgerichtete Beeinflussung« von IMs Fühmann und dessen Ehefrau »von seinem verhärteten Standpunkt« abzubringen. Da der Dichter sich jedoch zunehmend für eine Demokratisierung einsetzte und sich auch mit sogenannten Randgruppen in der DDR solidarisierte, also der Versuch, sein Psychogramm »umzumodellieren«, mißlang, kam Kurt Löffler, Staatssekretär im Kulturministerium, der zahlreiche private Gespräche mit Fühmann führte und sie dann an die Stasi weitergab, zu dem Schluß, daß eine Einweisung in eine psychiatrische Klinik nicht zu umgehen sei (was allerdings feindliche Kräfte politisch ausnutzen würden). Ein anderer Vertrauter Fühmanns berichtete der Stasi, der Dichter sei von einer krankhaften Besessenheit erfaßt, die ihn in den Wahn versetze, den Kampf gegen alle Andersdenkenden führen zu müssen. Die geistige Abnormität habe einen solchen Stand erreicht, daß er vernünftigen, überzeugenden Argumenten nicht mehr zugänglich sei.

Während Fühmann den Höhepunkt seines Ruhms im Westen erreichte, wurde im Osten versucht, ihn zu pathologisieren – Ausdruck des real existierenden sozialistischen Polit-Irrsinns, der mit Methode gegen jedes künstlerische Abweichlertum teils raffiniert-verhindernd, teils offen-brutal vorging.[143]

Bekannte und Verwandte agierten als Spitzel, wodurch die Stasi auch in die Intimbereiche der Überwachten eindrang. Die Friedensaktivistin Vera Wollenberger, später Mitglied des Bundestages (zunächst Bündnis 90, 1996 in die CDU übergetreten) wurde von ihrem eigenen Mann denunziert; Reiner Kunze, 1977 ausgebürgert, wurde von Manfred Böhme, einem der servilsten und gefährlichsten Informanten des Sicherheitsapparates, beschattet (später fungierte dieser – er nannte sich Ibrahim Böhme – als Spitzenfunktionär der in der DDR neugegründeten SPD).[144]

Die »Künstlerkolonie« Prenzlauer Berg schien ein der Stasi sich entziehendes Dorado zu sein. Der Ostberliner Teil galt als das Schwabing der DDR: Topos für eine blühende Alternativkultur.

Der Tscheche Jan Faktor erlebte den Ostberliner Stadtteil Prenzlauer Berg als relativ freien Lebensbereich, der viele jüngere Menschen aus dem »Rest« des Landes anzog – unabhängig davon, ob sie künstlerisch arbeiten wollten oder nicht. »Der Prenzlauer Berg war ein für DDR-Verhältnisse extrem chaotischer Bezirk, in dem nicht unbedingt die Künstler die Hauptrolle spielten. Dementsprechend war auch die sogenannte Szene vom Prenzlauer Berg alles andere als homogen – man sollte hier eher von einem ›Individualistengeflecht‹ sprechen.«[145] Gemeinsam war ihr der subkulturelle Widerstand gegen den real existierenden Sozialismus, wobei die roten Bohemiens zum Teil, wie sich später herausstellte, zugleich Mitarbeiter der Stasi waren, mit einer entsprechend hohen Anzahl von konspirativen Wohnungen. Sascha Anderson und Bert Papenfuß-Gorek – um zwei herausragende Autoren des Prenzlauer Berges zu erwähnen – waren in ihren von Ernst Jandl, Johann Fischart und Arno Holz inspirierten Gedichten in der westlichen Literaturszene beliebt, da sie manchen spektakulären Auftritt im Westen (für den Osten Devisen bringend) inszenierten. Wolf Biermann nannte sie »spätdadaistische Gartenzwerge mit Bleistift und Pinsel. Die angestrengt unpolitische Posse am Prenzlberg war eine Flucht vor der Wirklichkeit, sie war eine Stasizüchtung aus den Gewächshäusern der Hauptabteilungen HA-XX/9 und HA-XX/7.«[146]

Als 1991 Wolf Biermann in seiner Dankrede anläßlich der Entgegennahme des Büchner-Preises den »unbegabten Schwätzer« Sascha Anderson »Arschloch« nannte und ihn als »inoffiziellen Mitarbeiter« der Stasi entlarvte – zunächst von Gerüchten ausgehend, die dann verifiziert wurden –, stellte sich die Frage, ob nun die Literatur- und Kulturgeschichte der DDR in einem wesentlichen Kapitel umgeschrieben werden müsse: War doch der »Prenzlauer Berg« bislang als ein Zentrum der auch in der DDR möglichen Avantgarde eingeschätzt worden. In Wirklichkeit handelte es sich um einen kulturellen Bluff, arrangiert und inszeniert von der Stasi, die sich hier – im Gegensatz zu ihrer sonstigen dumpfen Kunstauffassung – eine Enklave urbaner Geistigkeit leistete.[147]

Er habe alles, was er vermochte, gegen den Staat getan, gegen das ideologische System, sagte Anderson selbst; mit seiner Rock-Band habe er auf der Bühne gestanden und die Lieder Wolf Biermanns gesungen. »Dafür bin ich verboten worden, deshalb haben ganze Brigaden der Staatssicherheit versucht, die Konzerte zu zerklirren.«[148]

»Ich bin kein Sophist. Aber wenn ein Spitzel einer ist, von dem die Stasi Informationen abgezogen hat, dann bin ich ein Spitzel. Wenn die Stasi alle Mittel genutzt hat, alle Zusammentreffen, alle Verhöre, die wir hatten, alle Telefongespräche, die sie abgehört hat, wenn sie das alles zu Berichten gemacht hat über andere Menschen, dann bin ich ein Spitzel gewesen. Ich habe der Stasi nie eine Information gegeben, damit sie damit arbeiten kann. Wenn ich etwas getan habe, dann bin ich vielleicht, nein sogar ganz sicher, zu offen gewesen. Inzwischen weiß ich ziemlich viel über dieses ganze System und bin mir sicher, daß die Informationen, die ich gegeben habe, verwertbar waren.« (Sascha Anderson)[149]

Der riesige Apparat des Staatssicherheitsdienstes war bestimmt durch »Papierwahn«: Alle »Erkenntnisse« - das Ministerium für Staatssicherheit hatte Ende der sechziger Jahre schätzungsweise 13 000, 1989 etwa 69 000 hauptamtliche und möglicherweise über eine halbe Million inoffizielle Mitarbeiter - wurden akribisch zu Papier gebracht; trotz eines erheblichen Verlustes an Akten (durch Zerstörung oder Unachtsamkeit) ermöglichte dies nach der Wende, die Aufarbeitung der DDR-Vergangenheit auf eine »einsehbare« Basis zu stellen. Ein fürsorgliches Beschweigen der moralischen Korruption in der DDR würde im krassen Widerspruch zur politischen Moral einer Demokratie, mit der Würde des Menschen als oberstem Gebot, stehen - so der Rostocker Bürgerrechtler und Pfarrer Joachim Gauck, Bundesbeauftragter für die Stasi-Unterlagen, Leiter der aufgrund des 1991 verabschiedeten »Gesetzes über die Unterlagen des Staatssicherheitsdienstes der ehemaligen Deutschen Demokratischen Republik« (Stasi-Unterlagengesetz - STUG) geschaffenen Behörde, die über zweihundert Kilometer Akten verwaltet.[150] Zu »kartieren« sind riesige Landschaften der Lüge; die literarischen »Gegenden« zeigen dabei besonders intensive ethische Kahlschläge. Joachim Walther, der bis zuletzt als Schriftsteller in der DDR lebte, hat das Werk der »operativen Genossen« - »Sicherheitsposten, Wachsame, Spezialisten, Vernehmer und Fahnder« (wie es in einer Hommage für die Stasi von Helmut Baierl heißt[151]) - in einem voluminösen Werk nüchtern und faktenreich beschrieben. Man kann annehmen, daß Dokumentationen der »Sicherungsbereiche« Musik, Bildende Kunst, Theater, Film (natürlich auch der Technik und Naturwissenschaften und im ganz besonderen Maße der Jurisprudenz) zu ähnlichen Ergebnissen führen.[152] Die Intelligenzija, als Sammelbegriff für Schriftsteller, Künstler, Philosophen, Ingenieure, Naturwissenschaftler, Ärzte, Juristen etc., habe sich einer Lebenslüge hingegeben, wenn sie ihre fragwürdige Rolle im SED-Staat verdrängte; sie war zwar einerseits benachteiligt, entmündigt und marginalisiert, leistete auch Widerstand - unterstützte aber auch in erheblichem Maße das System; sie stand der Nomenklatura wesentlich näher als die Arbeiter.

»Die merkwürdige gegenseitige Mimikry zwischen Intelligenz und Parteibürokratie ging bis in die Lebensweise hinein. Gehobenes Kleinbürgertum.« (Jens Reich)[153]

ZWISCHEN PACKEIS UND WÄRMESTROM

Erfahrungshunger

In jenem Heft des *Kursbuches* (20/1970), in dem Hans Magnus Enzensberger seinen auf freiheitliche Kommunikation zielenden Aufsatz *Baukasten zu einer Theorie der Medien* veröffentlichte – ein herausragender Text zu einer »Kultur der Emanzipation« –, publizierte auch der damals links engagierte Schriftsteller Martin Walser einen Beitrag *Über die neueste Stimmung im Westen,* in dem er zwar die gesellschaftskritische »Linie« der APO nicht aufgab (den manipulativen Charakter der Bewußtseinsindustrie anprangernd), aber zugleich eine neue Trendwende registrierte: mit Hilfe von Drogen und Musik etwa suche man einen von keiner Meinung besetzten Erlebnisbereich. Walser zitiert Leslie A. Fiedler als theoretischen Propheten solchen Aussteigertums: »Die Jungen huldigen der Bindungslosigkeit und akzeptieren sie als eine der unumgänglichen Folgen des industriellen Systems, das die von Arbeit und Pflicht erlöst hat, als Konsequenz des Wohlfahrtstaates, der – ob er sich kapitalistisch, sozialistisch oder kommunistisch nennt – Desengagement zur letzten noch möglichen Tugend macht.«[154]

Walser glaubte nicht an die Stabilität der derart diagnostizierten Abkehr von der Gesellschaft. 1971 beendete er seinen Roman *Die Gallistl'sche Krankheit* (erschienen 1972): die Geschichte eines Melancholikers, der sein Leiden an der Diskrepanz von Anspruch und Wirklichkeit, Utopie und Alltagsleben zu analysieren und durch den Anschluß an eine oppositionelle Gruppierung zu heilen versucht. »Gallistl sieht sich nach Heilung um. Das Aufschreiben seiner Krankengeschichte war schon ein Anfang. Mit den alten Freunden käme er jetzt nicht weiter. Er sucht andere. Seine neuen Freunde erklären ihm die

Praktiken des Kapitalismus, sie gaben ihm eine neue Sprache, sie verhelfen ihm zu einem anderen Bewußtsein. Mit ihnen übt er neue Verhaltensweisen, soziale. Er ist süchtig nach Positivem. Immer wieder drohen Rückfälle in die alte Konkurrenz-Mentalität. Es bleibt ein Kampf, d. h. Gallistls Lage bleibt kritisch, aber er ist nicht mehr allein, er arbeitet mit anderen zusammen.«[155] Walsers wenn auch gedämpfter Optimismus hinsichtlich der Relevanz eines die Konkurrenzmentalität des Spätkapitalismus überwindenden, auf eine neue solidarische Gemeinschaft aufbauenden aufklärerischen Denkens und Handelns erfüllte sich jedoch nicht; so beschrieb er in seinen weiteren Romanen und Erzählungen (*Jenseits der Liebe*, 1976; *Ein fliehendes Pferd*, 1978; *Seelenarbeit*, 1979; *Brief an Lord Liszt*, 1982; *Brandung*, 1985) die Misere »kleinbürgerlicher Helden«, die – auf ihr Innenleben zurückgeworfen – soziale Identität verlieren.

Soziale Notwendigkeiten würden - dies zeige sich auch in der Literatur (von Helmut Heißenbüttel bis Peter Handke) - als überholt gelten. Man »friere«, wenn man zunehmend erlebe, wie die »neueste Stimmung« - bei regelmäßigen Anrufungen Krishnamurtis, Bodhisattvas und anderer Heiliger der schönen und reinen Innerlichkeit, natürlich auch Hermann Hesses - in der Selbstöffnung statt in der Öffnung zur Welt aufgehe. Mit besonderer Kritik an Handke, der sich wie R. D. Brinkmann gegen die »totgeborenen SDS-Sätze« und die Unverbindlichkeit revolutionären Geredes gewandt und eine intensive künstlerische Verarbeitung von Lebens- und Welterfahrung gefordert hatte, kommt Walser zu dem Ergebnis, daß in diesen »neuesten Stimmungen« möglicherweise die Bewußtseinspräparate für die neueste Form des Faschismus fabriziert würden.

Die Protestbewegung ging über in einen narzißtisch orientierten Selbstverwirklichungskult, der schließlich in postmoderner Beliebigkeit endete. Die Stadien solcher Entwicklung haben Volker Ludwig und Detlef Michel in ihrem »Theaterstück mit Kabarett« *Eine linke Geschichte* festgehalten - ein witzig-souveräner Rückblick auch auf die eigene Vergangenheit (das von beiden geprägte und von Ludwig geleitete, aus dem Berliner Reichskabarett in den sechziger Jahren entstandene Grips-Theater in Berlin konnte den Anspruch eines »fortschrittlichen« Kinder- und Jugendtheaters, jenseits affirmativer Ästhetik im Geiste antiautoritärer Pädagogik, »sinnlich« realisieren und über die Jahrzehnte hinweg ungeschmälert erhalten). Am Ende der Polit-Revue ist aus dem ehedem revolutionären Studenten Johannes ein etablierter Universitätsdozent mit Bauspar-Vertrag und gutsortiertem Weinkeller geworden. Im Garten, umgeben von Studenten und Studentinnen der neuen Generation (»Schlaffis auf dem Ego-Trip« - darunter Ulla, die ständig am Telefon hängt, um Beziehungskisten-Probleme zu lösen -), kommentiert die ausgeflippte Ronnie das »totale Vakuum«, in dem die Revolutionäre von einst steckten, auf positive Weise.

»Man kann wieder miteinander reden! Das ist doch was. Wir haben doch was dazugelernt! Sogar icke in meinem Knast. Guckt euch doch mal um, wer hier alles sitzt! Der olle MLer, du als SPD-Wichser, ich als alter Anarcho, die Spontis, diese Superfrauen da, die bunten grünen Roten und die Nullbockeinbringer. Die Kopftypen und die Bauchtypen.«[156]

Die Jugend begann sich von der Erbschaft der Protestbewegung, ihrer sterilen »Ableitungslogik« mit hohem Abstraktionsgrad zu lösen und wandte sich »neuer Sinnlichkeit« zu. Hatte die nun »alt« gewordene Linke sich auf unumstößliche Vorbilder wie Marx, Engels, Lenin, Trotzki, Mao, auch Stalin berufen und im Sinne verabsolutierter Dogmatik die Veränderung der Gesellschaft zu bewirken versucht, so artikulierte sich nun spontaneistischer Widerstand gegenüber jeder »Deutungsdressur«. Der Widerstand den APO-Opas gegenüber bestand nicht darin, daß man nun nicht mehr revoltieren wollte, doch wehrte man sich dagegen, daß politische Aktionen in Formeln und Schemata gezwängt wurden. Die Jungen empfanden die Theorie als soziale Kontrolle (als »Deutungsmaschinerie«).[157]

Die aphoristische Kürze, mit der man sein Unbehagen und Aufbegehren artikulierte - z. B. in Form von Graffiti mit Hilfe von Spraydosen -, wandte sich sowohl gegen die medienvermittelte Geschwätzigkeit der offiziellen Kultur wie gegen die theoretische Langatmigkeit linker Ideologie: »Legal, illegal, scheißegal« - »Nonsens statt Konsens« - »Lieber lebendig als normal« - »Heute schon gekotzt?« - »Life is Xerox, you are only a copy«. Die Verstärkung der anarchischen Komponente, etwa bei der Tunix-Bewegung und den Hausbesetzern, korrespondierte mit einer gewissen Entpolitisierung. Es ging nicht mehr um die Analyse gesellschaftlicher und politischer Systeme, ihrer Zwänge und um deren langfristige Beseitigung, sondern um unmittelbare Einwirkung - um eine »okkasionelle« Protesthaltung. Zum einen wollte man mehr aus dem Bauch heraus denken (im Wärmestrom der Gefühle und Emotionen, auch Aggressionen, sich bewegen), zum anderen nicht eschatologisch auf die Gesellschaft von morgen vertröstet werden, sondern im augenblicklichen Erfolg Befriedigung erfahren: »After action satisfaction.« Die Absage ans strukturelle und prinzipielle Denken unterscheidet dabei kaum zwischen regressiven und emanzipatorischen Inhalten; als entscheidendes Kriterium für die Überwindung des »Unbehagens in der Kultur« erweist sich die Zugehörigkeit zur Ingroup, die nicht nur durch die umgebende Leistungsgesellschaft ausgegrenzt wird, sondern die sich auch selbst libidinös isoliert; beides stabilisierte den Zusammenhalt.

In allen größeren Städten der Bundesrepublik und in West-Berlin, so schilderten Tilman Fichter und Sigward Lönnendonker die Situation der »Ausgeflippten«, lebten Tausende »apolitisierter Jugendlicher« in einem freiwilligen Ghetto: »Der Durchschnitts-Stadtteilindianer wacht in der Wohngemeinschaft auf, kauft sich die Brötchen in der Stadtteilbäckerei um die Ecke, dazu sein Müsli aus dem makrobiotischen Tante-Emma-Laden, liest zum Frühstück Pflasterstrand, Info-BUG, Zitty, geht – falls er nicht Zerowork-Anhänger ist – zur Arbeit in einen selbstorganisierten Kleinbetrieb oder in ein ›Alternativprojekt‹, alle fünf Tage hat er Aufsicht in einem Kinderladen, seine Ente läßt er in einer linken Autoreparaturwerkstatt zusammenflicken, abends sieht er sich *Casablanca* im off-Kino an, danach ist er in der Teestube, einer linken Kneipe oder im Musikschuppen zu finden, seine Bettlektüre stammt aus dem Buchladenkollektiv. Ärzte- und Rechtsanwaltskollektive, Beratungsstellen für Frauen, Frauen- und Männergruppen gibt es im Ghetto. Der gesamte Lebensbereich ist weitgehend abgedeckt ... Dabei ist die Kommunikation intensiv, verglichen mit der, die durchschnittliche Bundesbürger untereinander pflegen. Mit diesen unterhalten sich die Stadtteilindianer, antiautoritäre Studenten und Spontis nur, wenn sie müssen, bei einer Razzia z. B. mit Polizisten. In West-Berlin und in Frankfurt gibt es Angehörige der Szene, die stolz darauf sind, seit zweieinhalb Jahren kein Wort mit einem von denen, die draußen sind, gewechselt zu haben.«[158]

Ein zentraler Ort für soziale Wärme ist die Kneipe; sie gibt die Chance, sich Repressionen zu entziehen und »locker« mit anderen – auch ohne den »Leistungsdruck« von Kommunikation »ganz Mensch« zu sein.[159] Kneipenkultur ist inspiriert von Künstlern wie Franz Josef Degenhardt,

Hannes Wader und Dieter Süverkrüp; als Gruppen treten »Lok Kreuzberg«, »Ton Steine Scherben«, »Floh de Cologne« in Erscheinung; die »Elefanten Press Galerie« wird gegründet; die Kinder- bzw. Jugendtheater, z. B. »Rote Grütze« und »Grips«, reüssieren. Alternative Kommunikationszentren wie die Hamburger »Fabrik«, das Berliner »Tempodrom«, das »Komm« in Nürnberg wie auch alternative Stadtzeitungen *(Tip* und *Zitty* in Berlin, *Plärrer* in Nürnberg, *Pflasterstrand* in Frankfurt) setzen sich durch. Mit »Hammer, Sichel und Gitarre« wird die Nostalgie nach dem großen sozialistischen Aufbruch in Kleinkunst verwandelt.[160] Wolf Biermann war ein besonders beliebter Liedermacher – das Laute und Leise, Aggressive und Gefühlvolle, Historische und Aktuelle souverän intonierend.

Thomas Ziehe entdeckte »Narziß« als neuen Sozialisationstyp (NST).[161] Dieser sei charakterisiert durch eine geschwächte Funktion des Ichs. Solche Reduzierung und ein vom Ich »abgekoppeltes« Ich-Ideal erzeugten einen Mangel an psychostruktureller lebenslanger Konsistenz, die gerade den »Charakter« ausmache. Die beim neuen Sozialisationstypus »Narziß« stark ausgeprägte emotional-affektive, vielfach als Eigenliebe auftretende Komponente verwies auf den insgesamt anzutreffenden Neopietismus der siebziger Jahre. Innerlichkeit war Fluchtort für die neu-alte romantische Sehnsucht nach heiler Welt. Der Bürde, wie sie Rationalität und Intellektualismus darstellen, wollte man enthoben sein; es lockten das Grüne, Alternative, die Drogen-Szene, unzählige psychotherapeutische Zirkel, Sekten. Standhalten: der Begriff war gealtert; Regression en vogue. Fluchthelfer, die aus der Welt des globalen Männlichkeitswahns und zwanghaften Fortschrittsoptimismus herausführten, wurden zu Gurus: nicht die Veteranen der Kulturrevolution, sondern Stürmer und Dränger mit einem Irrationalismus, der die ganze Skala zwischen Pietismus und Romantik durchspielte; Spontaneität erwies sich als ein neuer Glanz von innen. Die neuen Signalworte hießen: Natur, Nähe, Geborgenheit, Gefühl, Glück, Spiel, Festlichkeit, Phantasie, musisch, sensibel, still, einfach. Der Rückzug ins Private vollzog sich nicht naiv; er konterkarierte Politik und Gesellschaft. Man war nicht apolitisch, sondern anti-politisch; man verachtete die Politik, empfand es aber als selbstverständlich, daß sie die individuelle Selbstverwirklichung garantierte. Der Code der neuen Innerlichkeit – leicht erkennbar an warenästhetisch angehauchten Heiratsanzeigen – lautete etwa: gemeinsam, freundlich, nett, heiter, naturliebend, feminin, unabhängig, verstreichelt, charmant, glücksfähig, sensitiv, zierlich, zärtlich, sinnlich, emanzipiert. »Mit Dir möchte ich leben, lieben, lachen, unseren Weg zukünftig mit Dir gehen, Geselligkeit pflegen, Kinder haben, zu Hause sein, eine Familie haben. So sehen wir die Welt und ihre Menschen um uns herum mit verschiedenen, sehenden Augen, teilen unser Sehen mit, reden uns an, wachsen aneinander, gehen den Berg hinauf.«[162]

Progressive Innerlichkeit lokalisierte sich in der Wohngemeinschaft. In ihr fanden vielfach Menschen zusammen, die in ihrer Erziehung den krankmachenden Materialismus mitbekommen hatten und nun nach den beständigeren Werten des Lebens suchten. Das gemeinsame Wohnen hatte vorwiegend ideelle Gründe; man wünschte sich ein Nest mit Gleichgesinnten. Nachbarschaft wurde begriffen als identische Überzeugung und gleiche Einstellung zum Leben. Die romantische Unstetheit des Lebens, dem smarten Effizienzdenken der Industriegesellschaft entgegengesetzt, hoffte gleichzeitig auf Geborgenheit. Freilich stieß solche Sozialisationsromantik oft genug auf eine ganz andere Wirklichkeit; die Folge war dann das WG-Syndrom: Ein größerer Teil der »Wohnzeit« wurde ausgefüllt mit psychodramatischen Auseinandersetzungen, die jedoch meist nicht die Klimax von Ehekrächen erreichten, da es gewissermaßen zu den Voraussetzungen einer WG-Mitgliedschaft gehörte, die introspektiven pietistischen Kommunikationstechniken zu beherrschen. Ein wesentliches Bindeglied war der Jargon, der, zusammen mit der Nonchalance der Lebensart, dafür sorgte, daß »das Leben als Therapie« einigermaßen soziabel ablief; und außerdem war der WG-Insasse mobil; er konnte sich der Last, die zur Kehrseite multiplen Zusammenlebens gehörte, verhältnismäßig rasch entledigen.

Neue soziokulturelle Bewegungen

Alternatives Leben verhieß eine Existenz jenseits des Leistungsdrucks. Die »Alternative«, eine schöne große Frau, von üppigen Körperformen (in einer von Helmut Heißenbüttels »einfachen Geschichten«[163]), war zwar als umfassende Utopie entschwunden, aber »irgendwie« auch zurückgekehrt: im kleinen und konkreten sich ausprägend. Angesichts der Grenzen des Wachstums wurden Formen der Kreativität entwickelt, die ihre Unabhängigkeit vom »Think-big«, von immer perfekter werdenden Großsystemen, betonten. Es galt: »Small is beautiful«, ein Bescheiden im Überschaubaren; statt rücksichtsloser Expansion eine neue Freude an der Nische – als eines Ortes des Gleichgewichts, des Ausgleichs, freundlicher Symbiosen. Freilich zeigte alternative Kultur auch kulturpessimistisch unterlegten Egoismus, der nur an sich und die eigene Gruppe dachte; nicht begriffen wurde, daß erst die Industriegesellschaft soziale Gerechtigkeit ermöglichte: ohne die Massenproduktion von Gütern lassen sich diese nicht an die Massen verteilen. Der Ostberliner Autor Rolf Schneider sah sogar in der härenen Vision vom einfachen Leben, als grüner Alternative zum geilen und parasitären Überfluß, einen leise tickenden Faschismus am Werke. Vom Wassertreten über das Sonnenanbeten bis zur Lichtgestalt Adolf Hitlers führe geistesgeschichtlich ein kurzer Weg; »er war der nämliche wie von der vegetarischen Siedlungsgemeinschaft zum Kostverächter auf dem Obersalzberg«.[164]

Alternativ sein hieß: gegen die »Fertigkeit« und »Maßlosigkeit« dieser Welt rebellieren. Man ist gegen den Bau von Kernkraftwerken, gegen das Fällen von Bäumen, gegen den Abbruch von Häusern, gegen den Bau von Autobahnen, gegen den Bau von Fabriken ... Man will Luft zum Atmen, Freiraum, Autonomie und schlägt gegen das los, was anscheinend oder scheinbar diese Freiräume beeinträchtigt. »Eine neue Weltanschauung entsteht: Die Erde ist freigebig und gütig; die Geschichte aber ist undurchdringlich, unberechenbar und grausam; der Fortschritt fordert nur Opfer; die Erde dagegen ist eindeutig, verstehbar, beruhigend und fürsorglich; sie gibt rascher; da weiß jeder, was er hat; sie kommt dem ›wir machen es jetzt‹ entgegen; auf die Gaben der Geschichte muß man lange warten, und wer Pech hat, geht leer aus.« (Jörg Bopp)[165]

Bei einer Umfrage 1982 verbanden zwar noch 91 Prozent mit dem Begriff »Technik« den Gedanken an Fortschritt; gleichzeitig nannten aber 67 Prozent »Zerstörung der Umwelt« und 56 Prozent »Angst« in diesem Zusammenhang. Der Gedanke an Arbeitslosigkeit wurde in Verbindung mit Technik von 51 Prozent bejaht und von nur 18 Prozent zurückgewiesen. Freiheit im Zusammenhang mit Technik konnten sich nur 22 Prozent vorstellen, 51 Prozent dagegen nicht.[166] Der sozialistischen Ideologie wurde das grüne Idol und der Traum vom Rückzug auf »natürliche« Lebensbedingungen, der Fortschrittseuphorie das »Nein danke«, aber auch die Suche nach neuen Bindungen, nach Nestwärme in der Gruppe entgegengesetzt. Von Staat und Gesellschaft erwartete man eine Art Entwicklungshilfe »zur Rückentwicklung«.

Es gilt nicht mehr als Schande, keinen festen Job zu haben, aber auch nicht als Dummheit, auf sozialen Aufstieg und Berufskarriere zu verzichten. Das bürgerliche Ideal der Selbstverwirklichung durch Arbeit verliert seine Anziehungskraft. »Tätigkeit« verspricht mehr Befriedigung: Reisen, Musizieren, Freundschaften pflegen, miteinander reden. Im Vergleich mit den Älteren zeige sich eine größere Bereitschaft und Fähigkeit zu »ungepanzerter Begegnung« und offenem Austausch. Die Bedürfnisse nach Verständnis, Wärme und Geborgenheit würden direkter und selbstverständlicher angemeldet. Man versuche, zärtlich miteinander umzugehen; man sei toleranter gegenüber Schwächen und Abweichungen. Menschliche Beziehungen sollen nicht auf Konkurrenz, sondern auf verständnisvolle Gleichheit gegründet werden. Die Liebesbeziehungen und die Formen ihrer sexuellen Befriedigungen werden selbstverständlicher und vielfältiger. Die Jugendlichen gewinnen ein aufmerksameres und freundlicheres Verhältnis zu ihrem Körper und seinen Ausdrucksmöglichkeiten. Thomas Ziehe spricht von »kultureller Freisetzung«. Diese bewirke eine Erweiterung dessen, was man für sich erwartet, erträumt, ersehnt; auch wenn es dann im tatsächlichen Leben gar nicht erreicht werden kann. Früher, bis in die Zeit des Zweiten Weltkrieges, war das, was der einzelne von seinem Leben erwarteten, in hohem Maße gesellschaftlich vorgedacht, bis in die innere Bildwelt hinein. Der Spielraum für Abweichungen war klein. Die Tradition, die soziokulturelle Aura »dekretierte« im weitesten Umfang die Entwicklung des einzelnen wie der Gruppen, Stände und Schichten. Aufgrund der Entwicklung in den letzten drei Jahrzehnten erfolgte eine Ausweitung jugendlicher Wahlmöglichkeiten; zumindest im Kopf könne man ungehindert - ungehindert von Tabus, Normen, Traditionen - alles »durchspielen«.[167]

Innerhalb der neuen sozialen Bewegungen, die sich in den Nischen des Alternativ-Privaten bzw. Privat-Alternativen entwickelten - 1983, in dem Jahr, da der konservative Regierungswechsel durch die Bundestagswahl bestätigt wurde, erreichten sie die größte Mobilisierung -, ergaben sich inhaltlich drei Schwerpunkte: Ökologie, Frauen, Frieden.

Bei der Entstehung der Ökologie-Bewegung spielten im Vorfeld lokale

Bürgerinitiativen eine Rolle, die sich Themen wie Energie, Verkehr, Stadtplanung zuwandten. Die Ölkrise von 1973 machte die Grenzen des Wachstums, wie sie vom Club of Rome bereits aufgezeigt worden waren, einer breiten Öffentlichkeit bewußt.[168] Die ökologischen Folgeprobleme des industriellen Wachstums und die fortschreitende Zerstörung natürlicher und sozialer Lebensräume, die wachsenden Risiken neuer Großtechnologien und die Verdichtung technokratischer Kontroll- und Systemzwänge, die von der Protestbewegung kaum erkannt bzw. wenig beachtet worden waren, wurden mit großer kritischer Aufmerksamkeit diskutiert und führten zur Gründung der Partei Die Grünen.[169] Ausgeprägt war die außerparlamentarische, vielfach antiparlamentarische Komponente, da die etablierten Parteien CDU/CSU, SPD, FDP lange Zeit wenig Verständnis für die neue Problemlage zeigten – obwohl der CDU-Politiker Herbert Gruhl mit seinem Buch *Ein Planet wird geplündert – Schreckensbilder unserer Politik*[170] bereits 1975 als entschiedener Mahner aufgetreten war und in der SPD Erhard Eppler die ökologischen Versäumnisse der eigenen Partei angeprangert hatte.[171]

Die Emanzipation der Frau war innerhalb der studentischen Protest-Bewegung als theoretisches Postulat nie in die Praxis umgesetzt worden, was gerade bei den Studentinnen, die sich an den Aktionen gegen den Autoritarismus und Patriarchalismus der bürgerlichen Gesellschaft beteiligten, große Enttäuschung hervorrief. Die Identitätssuche der Frauen – »die meisten Frauen sind unpolitisch, weil Politik bisher immer einseitig definiert worden ist und ihre Bedürfnisse nie erfaßt wurden«[172] – entwickelte sich somit als neue Bewegung erst Anfang der siebziger Jahre, ausgelöst durch die Selbstbezichtigung »Ich habe abgetrieben« im *Stern* (Juni 1971); 374 zum Teil prominente Frauen bekannten sich öffentlich zur Illegalität ihrer Handlung und forderten die ersatzlose Streichung des § 218. »Mein Bauch gehört mir!« wurde zum Motto vieler Demonstrationen. »Es war eine wahre Explosion. Frauen im ganzen Land schlossen sich zusammen«, berichtet Alice Schwarzer, die 1977 die feministische Zeitschrift *Emma* gründete.[173]

Die nächste Phase war bestimmt durch die Entwicklung einer feministischen Gegenkultur, die bei ihren Projekten in allen Lebensbereichen ohne Männer auskommen wollte. »Frauenprojekte, Frauenkneipen, Frauenbands, Frauenchöre, Frauencafés, Frauentheater, Frauenhäuser – alle organisiert nach dem Motto: Männer, nein danke – schossen wie Pilze aus dem Boden. Frauenbewegte Frauen waren in euphorischer Aufbruchs-

Friedenskette vor der Bismarck-Kaserne der Bundeswehr in Schwäbisch-Gmünd; v. l. der Filmregisseur Volker Schlöndorff, der Autor Günter Grass und der Friedensforscher Alfred Mechtersheimer; September 1983.

stimmung. Ein zentrales Handlungsfeld der Frauenbewegung war die Enttabuisierung weiblicher Sexualität. In Selbsterfahrungs- und Selbsthilfegruppen erkundete die Frau ihren eigenen Körper, die eigene Sinnlichkeit: Ein eigenes weibliches Körperbewußtsein entwickelte sich. Die Anti-Baby-Pille tat das Ihre zur sexuellen Befreiung eines Großteils der Frauen. Lesbierinnen fanden im Rahmen der Frauenbewegung den Mut, mit ihren Forderungen an die Öffentlichkeit zu treten und erprobten neue Formen des Zusammenlebens.« (Marie-Luise Weinberger)[174] Gesellschaftspolitisch ging es der Frau um die Gleichberechtigung am Arbeitsplatz, in der Politik und in der Familie.

In der dritten Phase erfuhr die Frauenbewegung zunehmend Unterstützung im öffentlichen Bereich, etwa bei den Parteien (besonders bei den Grünen); doch kam es auch – in Reaktion auf Einseitigkeit und Übersteigerung – zu Rückschlägen. Die Männerfeindlichkeit feministischer Organisationen, die auf absoluter Autonomie beharrten, führte in die Isolation; Initiativen und Anstöße, die gesellschaftliche Situation von Frauen zu ändern, gingen deshalb eher von traditionellen Frauenverbänden und etablierten Parteien aus als von feministischen Gruppierungen. Die Dialektik der weiblichen Emanzipation führte jedoch auch dazu, daß die Befreiung aus dem Zustand der Abhängigkeit in eine neue Form von Unselbständigkeit umschlug. Die »Beziehungskisten« der siebziger und achtziger Jahre zeigten Züge einer »Tyrannei der Intimität« (Richard Sennett)[175]; die kommunikativen, sozialen kreativen Kräfte sublimierten sich nicht aufs Ganze von Gesellschaft hin, sondern regredierten auf pietistisch ausgekostete Zweisamkeit.

Was in besonderem Maße ein Thema der Belletristik in den siebziger und achtziger Jahren war (zum Beispiel in Nicolas Borns Roman *Die erdabgewandte Seite der Geschichte,* Gerhard Roths Roman *Winterreise,* Hannelies Taschaus Roman *Landfriede,* Karin Strucks Erzählung *Trennung,* Peter Handkes Erzählung *Die linkshändige Frau,* in Büchern der Gabriele Wohmann und Martin Walsers,[176]), das allgemeine »Beziehungselend« nämlich (»verfluchte Lügenwelt der Beziehungen«[177]), wird durch die Statistik bestätigt. Zwischen 1971 und 1980 wurden 854 000 Ehen geschieden, in 492 000 dieser Ehen gab es rund 800 000 minderjährige Kinder. Wie viele Familien in dieser Zeit in mehr oder weniger dauerhafter Trennung lebten, ist unbekannt; viele Paare zogen aus finanziellen Gründen die Trennung einer Scheidung vor.[178]

Mit dem Aufkommen von Aids veränderte sich die Situation gravierend. Die »Ventilsitten« der Wohlstandsgesellschaft, vorwiegend Permissivität und Promiskuität, wurden, zumindest eine Zeitlang, blockiert; der Pegel der Frustrationsaggressivität zeigt eine rapid aufsteigende Tendenz. Die von Herbert Marcuse erhoffte libidinöse Moral, eine die Sinnlichkeit integrierende und nicht ausschließende Sublimierungsfähigkeit, entwickelte sich nicht; statt dessen entstanden sozialpathologische Turbulenzen. Mit Aids greife Thanatos voller Häme in den Austausch von Eros bewegter Körper ein und schlage der Todesangst eine Schneise. »Die wie über Nacht sich ausbreitende neue Krankheit beherrscht die Schlagzeilen, nicht etwa, was früher Sensation gewesen wäre, die Ankündigung der ›Pille danach‹. Auf dem Diskursfeld über die Sexualität macht die Hoffnung auf ein unbeschwertes Liebesleben der Angst vor dem ›acquired immune deficiency syndrome‹ Platz.« (Heinz-Günter Vester)[179]

Hubert Fichtes auf achtzehn Bände angelegte, postum erscheinende große *Geschichte der Empfindlichkeit* zieht Bilanz eines leidenschaftlich zerrissenen Lebens. »Als Homosexueller, als Halbjude, als vaterlos aufgewachsenes Kind, als Autodidakt, als Bisexueller, als Gesprächspartner von Nutten und Sadomasochisten, von Schwulen und afroamerikanischen Priestern« (Volker Hage) ist der »verborgene Selbstentblößer« um die halbe Welt gefahren. Fichtes Expeditionen erschließen die Dunkelzonen der Süchte und Sehnsüchte, des Masochismus und Sadismus. Die risikoreiche Neugierde des Autors, der in die Milieus seiner Entdeckungsreisen selbst verflochten war – er starb, 51jährig, nach furchtbarem Leiden 1986 in Hamburg –, seine existentielle Versenkung in ethnologische, mystagogische und sozialpathologische Phänomene wie Probleme ließen ein Gesamtwerk entstehen, das dem »schwarzen Pläsier« der Zeit gewidmet ist.[180]

Nicht sowjetische oder antiamerikanische Agenten hätten die Friedensbewegung erfunden, ihre Motive, so Carl Friedrich von Weizsäcker, seien ganz einfach die Angst ums Überleben, und zwar die begründete Angst.[181] Zu den Vorläufern der Friedensbewegung der achtziger Jahre gehörte die Opposition gegen die Wiederbewaffnung der Bundesrepublik während der fünfziger Jahre, die Opposition gegen die Atombewaffnung der Bundeswehr sowie die Außerparlamentarische Opposition während der sechziger Jahre. Nach der bedingungslosen Kapitulation 1945 hatten sich immer wieder Gruppierungen pazifistischer Art, darunter auch Teile der Arbeiterjugend, unter dem Motto »Nie wieder Krieg« zusammengefunden – bitter enttäuscht von den Parteien, die die Wiederbewaffnung der Bundesrepublik und deren Integration in das westliche Verteidigungsbündnis bejaht hatten. Bereits seit 1960 gab es die Ostermärsche, eine gegen Atomwaffen gerichtete Aktion. Hier wie bei der Kampagne gegen die Notstandsgesetze und den Demonstrationen gegen den Vietnam-Krieg engagierten sich vor allem die Studenten.

Die Friedensbewegung der achtziger Jahre war eine Reaktion auf die Verschärfung der internationalen Probleme, der Unfähigkeit der Politiker, den Rüstungswettlauf zwischen Ost und West zu stoppen. Das Spektrum der Friedensbewegung war dabei weit gespannt; es umfaßte Parteien, Gewerkschaften, kirchliche Organisationen, vor allem die neuen sozialen Bewegungen; der Mangel an Konsens, die Gefahr von Fraktionierungen und widersprüchliche Strategiekonzeptionen wurden immer wieder durch phantasievolle Aktionen ausgeglichen.

Als unerwarteter Verbündeter der Pazifisten erwies sich schließlich Michail Gorbatschow; seine Reform- und Abrüstungspolitik, die den missionarischen antikommunistischen Kurs des amerikanischen Präsidenten Ronald Reagan verunsicherte, führte schließlich das Ende der atomaren Eskalation herbei.

Unter dem Motto »Si non vis bellum para pacem« (eine Formulierung des Theologen Karl Barth: »Wenn du den Krieg nicht willst, gestalte den Frieden«) hat Robert Jungk sich um den »Werkzeugkasten« alternativer Realutopien bemüht: Phantasie wie antizipatorische Vernunft seien innerhalb der politischen Dimension fruchtbar zu machen, damit der homo humanus eine bessere Zukunft habe. Seit den fünfziger Jahren als Korrespondent, Journalist und Publizist der Zukunft, die schon begonnen hatte, auf der Spur, beteiligte er sich aktiv an der Anti-Atom- und Friedens-Bewegung; als Wissenschaftler vertrat er eine Futurologie, die durch weltweite Recherchen das Wissen um zu erwartende Entwicklungen mit dem Willen zu einer Zukunft zu verbinden suchte, die nicht in der Extrapolation von Gegenwart bestehen darf. Jungk hat sich stets gegen Pessimismus, Resignation, Lethargie gewandt, Tunix und »No Future« waren für ihn, der 1933 in die Emigration gegangen und im Widerstand aktiv gewesen war, Parolen, die er mit visionärem Optimismus zur Seite schob; mit Hilfe »kollektiven Phantasierens« (»Zukunftswerkstätten«) sei eine bessere Welt möglich. Jungk vertraute dabei vor allem auf die neuen sozialen Bewegungen, die großen Bürgeraktionen, denen er sein Buch *Menschenbeben. Der Aufstand gegen das Unerträgliche* (1983) widmete.[182]

New Age und Theologie

Die den Psychoboom vor allem seit den achtziger Jahren bedienenden und fördernden »Bewußtseinserweiterungsprogramme« griffen synkretistisch auf, was zwischen Erdstrahlen und Astralwelt, Körpersprache und Magnetismus, Telepathie und Astrologie, Karma und Reinkarnation eine ganzheitliche Welt suggerierte. Die esoterischen Exerzitien, die sich zu antimodernen (bzw. postmodernen) Kultformen ausweiteten, gipfelten in der Vision vom Anbruch eines neuen Zeitalters (New Age). Für die aus religiösen, kulturkritischen, ökologischen Ideen und Heilslehren zusam-

Gruppenmeditation in den 60er Jahren.

mengesetzte Weltanschauung hat alles seinen angemessenen Platz: das Sinnliche wie Übersinnliche, das Mystische wie Spirituelle, das Dunkle wie Helle, das Böse wie Gute. Nach Fritjof Capra stehen wir heute an der Wende der Gezeiten; dies sei einer Bewegung zu danken, deren Suche nach der verlorenen Ganzheit eine Rekosmisierung der Welt zu bewirken vermag; und das heiße – unter Bezug auf chinesische Weisheit – das Yang-Prinzip (männlich-fordernd, aggressiv, wettbewerbsorientiert, rational, analytisch) zugunsten des Yin-Prinzips (weiblich-bewahrend, empfänglich, kooperativ, intuitiv, nach Synthese strebend) zurückzudrängen. Das Öko-Handeln steht gegen das Ego-Handeln.[183]

Für Günther Schiwy, als Philosoph und Theologe maßgebend von Teilhard de Chardin beeinflußt, gibt es auf der Suche nach der verlorenen Einheit mit der Natur zwischen New-Age-Spiritualität und neu reflektiertem Christentum keine unüberwindlichen Gegensätze. Der »Häresie« des Pantheismus (alles ist Gott) könnte durch die schon klassische Formel Pan-en-theismus (Alles ist in Gott, bzw. Gott ist in allem) begegnet werden. Angeregt durch die Meditation vor allem östlicher Prägung, wie sie von New-Age-Anhängern propagiert und praktiziert wird, würden auch die Christen ihre eigene Tradition von Meditation und Mystik entdecken und mit östlichen Erfahrungen verbinden. Zumindest auf der Meta-Ebene erfolge so eine Wiederverzauberung der Welt.[184]

Tief sitzt in der hyperrationalisierten technischen Gesellschaft das Verlangen, zumindest in der Freizeit den Geist als Widersacher der Seele zu exorzieren und so vom unglücklichen Bewußtsein geheilt zu werden. Innerhalb eines magischen Szenariums tummeln sich Sekten, Kulte, Ideologien und Gurus, die das Untheoretische, das Vitale, den Willen oder Trieb, das »Dämonische« in den Mittelpunkt ihrer Proselytenmacherei stellen. Die emotionale Kraft – Antriebsmotor für die antirationale Fluchtbewegung – ist dabei auf Aktion, ausgerichtet. Die neue Erweckungsbewegung hält von der Lebensform Pessimismus nichts; sie praktiziert einen fröhlichen Therapeutokratismus, der in einem unkritischen Eklektizismus wurzelt.[185]

In der »Wassermannzeit«, so Adolf Holl, seien die Pfarrer nicht zu beneiden; wollten sie vom New Age nicht ganz an den Rand gedrängt werden, müßten sie wohl oder übel ein paar Yoga-Kurse besuchen, das tibetanische Totenbuch lesen, über Vollwertkost, Meditation, Esoterik und Biodynamik Bescheid wissen.[186] Wenn Karma vorwaltet, ist Entmythologisierung nicht mehr gefragt. Eine Theologie, die für den »Kopfmenschen« plädierte und sich gesellschaftlich engagierte, sieht sich mit einer politischen Theologie konfrontiert, die ein neues Benediktinertum, eine »Stadt auf dem Berge« (wie es im Evangelium heißt), anstrebt; so Rudolf Bahro, ehemaliger Marxist aus der DDR, zeitweilig Grüner, vom Kaderfunktionär zum Gottsucher sich wandelnd.[187]

Die konservative Theologie begriff »Umbruch« als Rückkehr zur bewährten »Glaubensfestigkeit«. Innerhalb hierarchischer und sakramentaler Strukturen soll der einfache Gläubige vor Verunsicherung bewahrt bleiben. Als Hans Küng das Dogma von der Unfehlbarkeit des Papstes bestritt und dessen Revision forderte, verlor er den Lehrauftrag als Professor der katholischen Theologie (in Tübingen).[188] Die alte Inquisition sei tot, doch entwickle sich eine neue, meinte Küng; verbrannt werde niemand mehr, aber psychisch und beruflich vernichtet. Kardinal Joseph Ratzinger, der Präfekt der römischen Glaubenskongregation, erwies sich in besonderem Maße als Propagator der neuen Antimodernisten-Kampagne, als Vollstrecker der katholischen Restauration. »Neu-alte Töne aus Rom: bei Ratzinger erscheint kurialer Machtanspruch wieder als göttliches Privileg; Kritik, gar Widerstand: nicht vorgesehen; ›hartnäckiger Zweifel‹ an einer Glaubenswahrheit: ein ›Verbrechen gegen die Religion und die Einheit der Kirche‹, das gemäß Kanon 751 des ›neuen‹ vatikanischen Kirchenrechts (1983) mit Exkommunikation bestraft wird.« (Hans Küng)[189]

Die katholischen Kirchentage, vor allem diejenigen der achtziger Jahre, machten die Kluft zwischen den »zwei Kulturen«, den Anschauungen der Amtskirche und den religiösen Gefühlen der vorwiegend jugendlichen Basis, unübersehbar. »Auf der einen Seite die traditionelle der Heiligtümer, Wallfahrten und offiziellen Kundgebungen, auf der anderen Seite die alternative, bunte, ›politische‹ Kultur der Jugend.« (So die *Süddeutsche Zeitung* über den Katholikentag in Aachen 1986.)[190]
Die evangelischen Kirchentage waren bis in die sechziger Jahre hinein »amtskirchlich« ausgerichtet. In der dann einsetzenden zweiten Periode bezog man die Losungen meist nicht aus der Bibel, sondern aus der Soziologie; diese »Wende zum Pluralismus« war geprägt von der zunehmenden Bereitschaft, »sich der Welt und ihren Problemen ebenso wie den Fragen nach den Grundlagen des eigenen Glaubens immer offener und kritischer zu stellen«.[191] Dem diente auch der bei den Kirchentagen eingeführte »Markt der Möglichkeiten«, auf dem viele hundert Gruppen und Verbände aus dem kirchlichen und nichtkirchlichen Bereich über ihre Aktivitäten informierten und für diese warben. Kritiker bemerkten, daß die faszinierende Buntheit, die sich quantitativ in der Fülle der Veranstaltungen spiegelte, eine Offenheit bekunde, die nicht mehr protestantisch-evangelisch, sondern religiös-synkretistisch bestimmt sei.

Fantasy

Phantasie an die Macht – die Literatur entwickelt eine Vorliebe, die Grenzen zwischen Imagination und Meditation, Unterhaltung und Entrückung zu verwischen. Kultbücher der Fantasy-Literatur befriedigen auch religiöse Bedürfnisse; die lustvolle Erbauung des Lesenden bestand häufig darin, daß er Einblick in eine Welt gewann, die als Gegenmodell zu der als unvollkommen empfundenen Realität dargestellt wurde.

Auf den Vorwurf, der Fantasy-Boom sei Ausdruck eines neuen Eskapismus, zitierte Carl Amery den Altmeister der »Literatur des Entrinnens«, John Ronald Reuel Tolkien (Verfasser u. a. der höchst beliebten Trilogie *Herr der Ringe):* »Wer hat eigentlich was gegen Entrinnen? Doch nur die Gefängniswärter!«[192] Der Fantasy-Leser gleiche einem Schamanen, der sich, in seinen Träumen spielend, in andere, unendlich freie Weltgegenden versetzen könne; neben ihm im kotigen Stroh lägen die Zeitgenossen, die davon nichts hätten.

Fantasy mischt Archaik und High-Tech. Die psychedelische Enthebung beruht auf abergläubisch-einfachen wie technisch-raffinierten Rauschmitteln; im Pandämonium aufklärungsüberdrüssiger Gemütszustände haben sowohl Hexen und Gespenster wie audiovisuelle Phantasmagorien ihren Platz. Der Film *Krieg der Sterne (Star Wars),* kosmisches Überlebens-Epos, wurde auch in der Bundesrepublik zu einem Kult-Ereignis.[193] In den Büchern Michael Endes (des »deutschen Tolkien«) kulminierte die literarische Neoromantik: *Momo,* 1973, von Johannes Schaaf, *Die unendliche Geschichte,* 1979, von Wolfgang Petersen verfilmt.

Der kleine Bastian in Michael Endes *Unendlicher Geschichte,* der sich vor der Schule drückt, macht sich auf, das bedrohte Reich »Phantásien« zu retten. Dort lernt man, die eigene Welt und die Mitmenschen mit anderen Augen zu sehen. »So wie unsere beiden Welten sich gegenseitig zerstören, so können sie sich auch gegenseitig gesund machen.«[194] Zwei heilsgeschichtliche Traditionen werden von Michael Ende in der *Unendlichen Geschichte* verbunden: der Glaube an die messianische Kraft des Kindes und die Überzeugung von der salvatorischen Macht der Poesie. Die zerstörerische Zivilisation kann entmachtet werden, wenn schöpferische Phantasie die Träume wieder »beglaubigt«. Bastian, der in seiner Doppelrolle als Kind und Künstler sowohl über ungebändigte Ursprünglichkeit wie schöpferische Einbildungskraft verfügt, lebt mit der gleichen Intensität in den zwei Welten: in der kaputten Realität, deren Schilderung im Buch kupferrot gedruckt ist, und im Kosmos seiner Wünsche und Träume, in hoffnungsgrünen Lettern gesetzt. »Er findet das Zauberwort, das Phantásien rettet, und er verkörpert die Botschaft von der Erlösung der Welt durch den ›Weg nach innen‹.« (Marieluise Christadler)[195]

In den *Stichworten zur »Geistigen Situation der Zeit«* wurden von Jürgen Habermas zur Charakterisierung des damaligen Kulturbetriebs Momente benannt, die auch eine Erklärung für Endes Massenwirkung zu geben

Der Glücksdrache Fuchur mit dem Indianerjungen Atréju; Film nach Michael Endes *Die unendliche Geschichte,* 1983.

vermögen: »Der Zweifel an den Avantgardebewegungen der Moderne, der Abschied von Funktionalismus und Neuer Sachlichkeit, die Abwertung der großen Theorien, die Abkehr vom Universalismus der Aufklärung. Dagegen nun die Wendung zu traditionellen Formen und zum Subjektiven in Erzählung und Roman, die Wendung zum Historismus in Städtebau und Architektur, zum Alltag in der Soziologie, zum Spätexpressionismus im Film, zu neuer Frömmigkeit und Pietismus in der Kirche, zum Narrativen in der Geschichtswissenschaft und zu existentiellen Themen in der Philosophie. Kult der Unmittelbarkeit, Deflationierung der Hochformen, Seelenanarchismus, Feier des Konkreten auf ganzer Linie, Relativismus sogar in der Wissenschaftstheorie und ein Wechsel der Symbolfiguren von Ödipus zu Narziß in der Kulturkritik.«[196]

ERSATZVERZAUBERUNG

Kultur für alle

Gegen die dem traditionellen Kulturbetrieb immanente restaurativ-affirmative Ästhetik wandten sich kulturpolitische Bemühungen, die sich parallel zur oder im Gefolge der 68er Bewegung entwickelten. Die Kommunen spielten dabei eine wichtige Rolle; schon 1965 hatte ein Arbeitskreis auf der Hauptversammlung des Deutschen Städtetages in Nürnberg ein Konzept zur Kulturpolitik vorgestellt – mit dem Ziel, die Lebensqualität angesichts mentaler Verelendung wesentlich zu verbessern. Das Bewußtsein, daß der Wiederaufbau der Städte sich in eine neue Stadtzerstörung verkehre, verstärkte sich.

Die 16. Hauptversammlung des Deutschen Städtetages 1971 stand unter dem Motto *Rettet unsere Städte jetzt!* Der amerikanische Soziologe John Kenneth Galbraith hielt eine Rede, in der er die fatale Lage der Großstädte anprangerte und als Lösung die »organische Stadt« propagierte. Mit Recht verwies Galbraith auf die Tatsache, daß man in den Vereinigten Staaten Entwicklungen beobachten könne, die meist wenige Jahre später in anderen Teilen der Welt aufträten. Die Stadt wurde zur Arena der industriellen Entfaltung. Maximaler Profit galt als Maßstab aller Dinge. »In der ökonomischen Stadt finden wir somit die Ursprünge nahezu aller Probleme, die die moderne urbane Existenz heute kennzeichnen.« (Profitopolis – über Megalopolis in Nekropolis endend.)[197]

Angesichts solcher Entwicklungen forderten die Autoren in dem von Olaf Schwencke, Klaus H. Revermann und Alfons Spielhoff 1974 herausgegebenen Band *Plädoyers für eine neue Kulturpolitik*, daß es die Pflichtaufgabe des Staates sein müsse, die Bürger für den Gebrauch der Freizeit in Freiheit zu »begaben«. Frieden und Wohlstand seien gefährdet, wenn ein Volk nicht genügend Muße habe, vor allem aber, wenn es nicht wisse, was es mit seiner Muße anfangen könne. Hatte zu Beginn der sechziger Jahre Kulturpolitik dazu gedient, dem affirmativen Kulturverständnis wie der Festivalkultur die besten Entfaltungsmöglichkeiten zu gewähren, so überwanden progressive Kulturpolitiker seit Beginn der siebziger Jahre ihre kulinarisch bestimmte Indolenz; sie stellten einen theoretischen Reisevorrat zusammen, mit dem sie den langen Marsch durch die Institutionen zu bestehen hofften.[198] Vor allem städtische Kulturdezernenten wagten die Dreckarbeit der Reform; sie wollten nicht warten, bis die globale Gesellschaftsveränderung, an die sowieso nicht mehr viele glaubten, stattgefunden habe. Nach langen Jahren der Diskussion um Schule und Bildung, vor allem des Streites um die Bildungsreform, begann man das »Bürgerrecht Kultur« einzuklagen. Die Evangelische Akademie Loccum mit Olaf Schwencke als Studienleiter wurde seit 1970 zu einem Zentrum der Diskussionen. 1974 entstand bei einer Klausurtagung in einem Forsthaus bei Frankfurt am Main, zu der auf Initiative von Olaf Schwencke Hilmar Hoffmann, Robert Jungk, Peter Palitzsch, Lothar Romain, Dieter Sauberzweig, Alfons Spielhoff und Hermann Glaser zusammengekommen waren, das Konzept einer Kulturpolitischen Gesellschaft, die im Juni 1976 im Rathaus von Hamburg-Altona gegründet wurde und seitdem als Koordinierungsgremium, Informationsstätte und Diskussionsforum für Kulturpolitik dient.[199]

Ästhetik, Kultur- und Geisteswissenschaften würden sich, so Odo Marquard, den kulturpolitischen Aufbruch (einseitig) deutend, als Therapeutikum erweisen: Sie ließen die lebensweltlichen Verluste, wie sie durch Modernisierung bewirkt seien, vergessen; sie deckten in einer farblos werdenden Welt den lebensweltlichen Farbigkeitsbedarf ab. Modernisierung wirke als »Entzauberung« (Max Weber); diese werde durch die Ersatzverzauberung des Ästhetischen kompensiert. Die Entnatürlichung der Wirklichkeit evoziere das Sentimentalische, zum Beispiel als Sensibilität für Natur und Geschichte. In einer undurchschaubar und kalt gewordenen Welt erbaue man sich, um dem lebensweltlichen Sinnbedarf zu entsprechen, an frei und hoch schwebenden Kulturgebilden, die Metaphysik ersetzten.[200]

Jugendkulturelle Bricolage

»Erfahrungshunger«, »Farbigkeit«, »Abschied vom Prinzipiellen« kennzeichneten die neuen jugendkulturellen Interessen. Die siebziger Jahre hätten sich – so Michael Rutschky – als eine Zeit des Nebels, nicht eines kalten, eher eines warmen, erwiesen; man hoffte, ihn dadurch vertreiben zu können, daß sich »etwas« ereigne. Es ging weniger darum, die Wahrheit zu sagen und den Irrtum zu vermeiden; eher ging es darum, die Wirklichkeit zu berühren, die sich im Nebel zu verlieren drohte. Endlich wollte man »Erfahrungen« machen – dabei ist die Frage nach der Wahrheit ebenso suspendiert wie die nach der Moral.[201]

Leistungsdruck, Mühe, Entbehrung, Selbsteinschränkung und Aufschub wurden als Requisiten aus dem Arsenal des bürgerlichen Wohlverhaltens empfunden; Entspanntheit, Lebensfreude, Spontaneität, Ungezwungenheit, Genuß traten an ihre Stelle. »Leben« sollte nicht von den Erwachsenen vorgeprägt sein; deren Röntgenaugen war man in der Discothek mit ihren unausgeleuchteten Winkeln entronnen. Sie wurde zum Ort, da man Kontakte aufnehmen, sich wieder zurückziehen, vor sich hin träumen, sich zur Schau stellen, aus geschützter Entfernung alles beobachten konnte – ein Ort des Geheimnisses; es fehlten der helle Tag und das kalte Neonlicht, die alles beobachtbar und kontrollierbar machen. Man fühlte sich dem pädagogischen Imperialismus der Erwachsenen entzogen, wenn die Songs von »Pink Floyd« aufgelegt wurden: »Teachers leave the kids alone, hay teacher, leave us kids alone.«[202]

Die 1965 gegründete Rockmusikgruppe »Pink Floyd« gehörte zusammen mit den »Rolling Stones« (seit 1962) zu den wichtigsten Bands der siebziger Jahre – freilich ohne daß diese die »Beatlemania« der vorangegangenen Jahre erreichten. Die »Beatles«, das erfolgreichste Quartett der Popmusik (seit Beginn der sechziger Jahre) gaben seit 1966 keine Konzerte mehr; 1970 trennten sie sich. Paradoxerweise gaben die »Beatles« gerade in einer Zeit, da sie gar nicht mehr bestanden, »den Ton an«: Ihre aufreizende Vitalität und Lebenslust, das lautstarke Vergnügen an jugendlicher Selbsterfahrung, die emotionale Verausgabung von Kraft und Energie *(Yeah, Yeah, Yeah ...)* entsprachen dem Lebensgefühl einer Jugend, die sich von Abstraktion, Stringenz, Disziplin und Ideologie abwandte. *Let it be* (Song, Film, Album) war als ihr Abschied zugleich unprogrammatisches Programm für das neue Jugend-

Punk-Rocker auf einem Straßenfest in Hamburg, 70er Jahre.

milieu, das seinen Wegbereitern treu blieb; bis in die neunziger Jahre wurden von den »Beatles« über 500 Millionen Platten verkauft; darunter die Alben *Sergeant Pepper's Lonely Hearts Club Band* und *Yellow Submarine*. Die epochale kulturelle Bedeutung der Gruppe zeigte sich noch einmal bei der Hommage, die John Lennon bei seinem Tod, 1980, erfuhr; der intellektuelle Kopf der Musiker, der im besonderen das revolutionäre Aufbegehren der Jugend in seinen (Musik-)Stil verwandelt hatte, wurde vierzigjährig von einem »Exzentriker« in New York erschossen.[203]

Michael Rutschkys Sittenbild der achtziger Jahre, *Wartezeit,* spricht nicht mehr von »Erfahrungshunger«, sondern von Völlegefühl. »Wartezeit« könne dabei sowohl das Auslaufen einer Bewegung als auch die Inkubationszeit einer neuen bedeuten. »Diese Sehnsucht; diese Langeweile; diese leeren Zeiten, die irgendwann in andere leere Zeiten übergehen …« Wer habe noch Power, die Wartezeit durchzustehen? Wem solle man vertrauen, wem Gefolgschaft leisten? Werde die Apokalypse jetzt eintreten oder noch auf sich warten lassen? Das Schauen, wie es nur während des Wartens möglich sei, könne, wenn das Angeschaute das Warten vollkommen formuliere, das Warten selbst beenden; eines Ayatollahs bedürfe es nicht.[204]

Wartezeit wird mit »Bricolage« ausgefüllt.[205] Der von Lévi-Strauss entwickelte Begriff (wörtlich »Bastelei«) meint eine Verhaltensweise, die aus vorhandenen Systemen Einzelelemente herauszieht und umwidmet. Stil wird durch Mode ersetzt bzw. mit ihr identisch. »Verbindlichkeiten« werden nicht eingegangen; der Wechsel ist Prinzip. Man kann eigentlich alles »tragen«, wenn es »kleidet«. Das, was den Menschen ausmache, so Dieter Baacke über das Erscheinungsbild der Jugendkulturen nach der Protestbewegung, liege nicht »tief innen«, in seiner Gesinnung; vielmehr: das »Tiefste« am Menschen sei seine Kleidung.

Sie sei »eigentlicher« als die einer sonstwie artikulierten Gesinnung. »Die Botschaft bin ich, sie liegt in meiner leibgebundenen Expression und den dafür gewählten Accessoires.«[206]

Die Deutungsmuster für eine solche Selbstinszenierung seien schnell zur Hand: unreifer Narzißmus, jugendlicher Ethnozentrismus, Provokation mit jugendlicher Triebstärke, Kompensation von Minderwertigkeitskomplexen, Protest gegen Geschlechtsrollenstereotype. Das Selbstverständnis dieser manierierten Jugendlichen – und vieler anderer – würde man damit überhaupt nicht treffen. Bricolage bedeutet Duldsamkeit gegenüber der Welt, Akzeptanz ihrer »Bestände«; Entlastung von theoretisch begründeten Entscheidungen; Reduktion von Komplexität nicht dadurch, daß man sie in Systemen organisiert und strukturiert, sondern indem man das Beobachtbare und Erlebbare in der Schwebe hält und je nach seinen individuellen Bedürfnissen auswählt. In der Wartezeit findet kein anstrengendes Suchen nach Wahrheit statt; Oberflächenreize dienen der Ablenkung, sie werden beliebig (nach Belieben) herangezogen und adaptiert.

Bei aller Uneinheitlichkeit im Erscheinungsbild der »Puzzle-Generation« ergab sich als bemerkenswertestes Phänomen der Aufstieg der Yuppies (Young, urban, professional), die, als »Gegenbild« zur Protestgeneration, auf feine Lebensart, Geld und Erfolg »abfuhren«. »Yuppies lieben die Ausstattung, das Inszenierte: den Circus Roncalli, die Zimmerpalme, ein Feuerwerk von André

Heller, den Freischwingersessel, den wildgemusterten Pullover aus dem italienischen Designerhaus. ›Wir wollen das Hemd von Laprotz und die Uhr von Swotz‹, höhnte Udo Lindenberg.«[207] Am Beispiel von Berlin-Kreuzberg hat Marie-Luise Weinberger den Verfall der Müsli-Kultur und den Aufstieg der Yuppie-Kultur beschrieben. Ehedem: Grobgestricktes aus reiner Schurwolle, lila Latzhosen für *sie*, facharbeiterblaue für *ihn*, Gesundheitslatschen, wallende Haare; das Ambiente: abgebeizte Dielen, Kiefernregale, Oma-Sofas und Trödel; die Kneipen waren ungepflegt, manchmal etwas schmuddelig, mit Sperrmüll eingerichtet; ganze Heerscharen von Sozialarbeitern, Städteplanern, Seminarmarxisten, APO-Opas, professionellen und halbprofessionellen Mieterberatern kümmerten sich um den Kiez; diese Therapeutokratie übte sich in einer neuen Form der Beglückungspolitik von oben: Randständige Jugendliche sollten integriert, sozial Auffällige gebessert, Punks domestiziert und Häuser kleinräumig saniert werden.
Neuer Mann und neue Frau dagegen leben meistens als Singles, verdienen überdurchschnittlich gut; sie präferieren postindustrielle und hedonistische Werte, gehen einer Arbeit im White-collar-Bereich des neuen Dienstleistungssektors nach, zu dem sie Zugang aufgrund ihres hohen Bildungsniveaus finden. Yuppies sind Ingenieure, Journalisten, Informatiker, neue Selbständige, Rechtsanwälte, Soft- und Hardware-Spezialisten, Ärzte, Lehrer; sie arbeiten in den neuen Informationsberufen der Dienstleistungs- und Industriegesellschaft. Die neue Sicht der Dinge: Coolness, High-Tech, Lässigkeit, Eleganz, Individualität, Konsum, Ästhetik. Nicht Konsumverzicht ist das Motto, sondern Edelkonsum auf individueller Basis.[208] Ausbildungsort der Yuppies ist die deutsche Universität der achtziger Jahre, sie ist längst zum Fächer-Puzzle (zur Bricolage, jenseits einer integralen Idee) zurückgekehrt.[209]

Das Ende der Emanzipationspädagogik

Anfang der siebziger Jahre hatte die Emanzipationspädagogik in den hessischen »Rahmenrichtlinien« einen – fragwürdigen – Höhepunkt erreicht.[210] Die Lernziele dieser Bildungspläne waren darauf ausgerichtet, die Befähigung zur Selbst- und Mitbestimmung zu fördern; dabei kokettierte man mit dem Trend zu außerparlamentarischen Verhaltensweisen. Ralf Dahrendorf meinte damals, daß die Rahmenrichtlinien technisch und gedanklich miserabel gearbeitet seien; daß ein Kultusminister die Schlamperei ihrer Publikation mit seinem Namen decke, erweise sich als ein trauriges Zeugnis für den Stand deutscher Bildung. Im Landtagswahlkampf 1974 war die curriculare Bildungsreform ein Hauptthema; die CDU wurde mit 47,3 Prozent die stärkste Partei; die beiden Koalitionspartner SPD und FDP mußten empfindliche Verluste hinnehmen.

Die Emanzipationspädagogik wurde insgesamt Opfer konservativer Diffamierung. Der Kampf gegen den Terrorismus war ein willkommenes Instrument, um kritisches Denken grundsätzlich auszuhebeln.[211] Das Mißtrauen gegenüber »gesellschaftsrelevanter« Pädagogik stieg auch auf linker Seite; gerade dort verbreitete sich unter dem Einfluß spontaneistisch-kreativen Denkens die Einsicht, daß ein stringentes emanzipatorisches Schulsystem die Individualität einenge. Das Kind werde sortiert weitergereicht, entfremdet; Kindheit innerhalb eines sogenannten progressiven Sozialisationsrasters ausgegrenzt.[212]

Nina, Berliner Arbeiterkind, beide Eltern im Schichtdienst: Ihr langer Marsch durch die pädagogischen Institutionen beginnt im Alter von acht Wochen in der Liegekrippe einer Kindertagesstätte. Um 6.30 Uhr wird sie gebracht, um 16.30 Uhr wieder abgeholt. Nach dem Kindergarten besucht Nina mit sechs die Grundschule. Nach sechs Jahren Berliner Grundschulzeit kommt Nina auf ein Mittelstufenzentrum. Jede der vier aus 300 Schülern bestehenden Jahrgangsstufen ist in zehn Züge unterteilt. Von der zweiten Hälfte der siebten Jahrgangsstufe an wird nach Leistungsgruppen differenziert. In der neunten Jahrgangsstufe ist das Differenzierungssystem auf vier Niveaustufen voll entfaltet. Alle 50 Minuten wechselt Nina zusammen mit 1200 Schülern und 100 Lehrern zwischen Kurs-, Kern- und Fachräumen aller Art und findet sich an einem Tag oft in fünf verschiedenen Lerngruppen mit fünf unterschiedlichen Zusammensetzungen von Schülern wieder.

»Mit dem elften Jahrgang verläßt Nina diese Schule und geht auf die gymnasiale Oberstufe. Ein halbes Jahr lang erlebt sie mit neuen Jugendlichen ein Relikt vergangener Zeiten: die Klasse. Aber dann beginnt das Kurssystem und damit der Abschied von gerade vertraut werdenden Schülern und Lehrern. Nina absolviert in jeweils anderen Gruppierungen die Grund- und Leistungskurse. Nina ist von Lehrern gefördert, über die Klippen gehievt, weitergereicht, zum Abitur gebracht worden. Ihr Studium ist nach ähnlichen

Mustern angelegt wie ihre Schulzeit: der Anderthalb-Stunden-Takt der Seminare, die Unverbundenheit der Inhalte, die nur gelegentliche Verknüpfung mit ›Praxis‹.«[213]

Der »missionarischen Pädagogik«, die die Demokratisierung von Gesellschaft, die intensive Auseinandersetzung mit der NS-Vergangenheit, den Abbau autoritärer Traditionen und Strukturen anstrebte, die das Kind und den Jugendlichen mit Hilfe der Vergesellschaftung von Erziehung »begaben« zu können glaubte, folgten die Bildungsskeptiker, die sich zu einer »Anti-Pädagogik« bekannten. 1975 sprach Ekkehard von Braunmühl von der Versklavung des Kindes und nannte das Erziehungsgeschäft ein »gigantisches, mit wissenschaftlicher Akribie aufgebautes und organisiertes Bordell«, in dem man Kinder prostituiere.[214]

Die Antipädagogik definierte sich als »Freundschaft mit Kindern« in Absage an konservative oder progressive Vereinnahmung; es gehe um Unterstützung und nicht um Erziehung; Kinder seien nicht als defizitäre Wesen zu betrachten, die erst durch Erziehung zu vollwertigen Menschen sich entwickelten; sie seien vielmehr von Geburt an als selbständige, also spontan-autonome Individuen anzuerkennen. Eine gewisse Konvergenz mit dem konservativen Slogan »Mut zur Erziehung« war unverkennbar: Der Glaube an die Machbarkeit des Menschen, der Versuch der Steuerung seines Verhaltens, die Instrumentalisierung der Pädagogik für gesellschaftliche Zwecke hätten den humanen Kern von Bildung, ihre Zweckfreiheit, völlig vernachlässigt.[215]

Manifestationen des Ja

Der Versuch, wichtige Erscheinungsformen künstlerischer Artikulation in den siebziger und achtziger Jahren an exemplarischen Beispielen aufzuzeigen, ergibt eine »Fließ-Struktur«. Verallgemeinernd kann man sagen, daß die Manifestationen des Ja (oft auch des Jein) als Negation der Negation in Erscheinung traten, sich z. B. von der »emanzipatorischen Verpflichtung« der Protestbewegung lösten und sie durch eine »narrative Freude«, auch »narrative Obsession« ersetzten. Nun dichteten, tanzten, filmten, spielten, malten sie wieder …, entlastet von theoretischer Durchdringung, auf »Inszenierung« bedacht. Die Inhalte traten hinter die Form zurück; Redseligkeit, Phantasie und Mythologie erschienen wichtiger als Gedankengang, Analyse und Erhellung. Sensationelle »Aufladung« steht neben dekorativer Banalität; der Farbigkeitsbedarf wird aus einem reichen künstlerischen Repertoire bedient; Erfahrungshunger sucht sich gefällige wie übersteigerte Stoffe, die man extensiv durchspielt – bis man am Ende das Interesse an ihnen verliert. Spielerisches Parlando wechselt mit gravitätischem Ernst; man mäandert von der Enttäuschung über die Moderne zu den Verheißungen der Postmoderne, an vielerlei Windungen und Schleifen einhaltend, rückblickend, abschweifend.

»Laßt uns den Lobgesang schüren ...« – die Lyrikerin Ulla Hahn, von dem »Großkritiker« Marcel Reich-Ranicki entdeckt, reüssierte seit Beginn der achtziger Jahre zu einer der meistgeehrten, meistverkauften Autorinnen der letzten Jahrzehnte (*Herz über Kopf*, 1981; *Spielende*, 1983; *Freudenfeuer*, 1985; *Unerhörte Nähe*, 1988). Die schönen Gedichte der charmanten Autorin, die sich erfolgreich in der lyrischen Marktlücke neuer Subjektivität und Innerlichkeit einnistete, setzte das »Ja« in zeitgemäßes, leicht ironisches Parlando um.[216]

Die »Tanztheatergeschichten« der Pina Bausch (»Komm tanz mit mir«) – nicht kleine, sondern »große« Sujets, nicht gefällige Gefühl-Shows, sondern aufgewühlte Seelendramatik – verdanken ihren beispiellosen Erfolg der perfekten Improvisationsfähigkeit der Primaballerina; mit ihrer anti-ritualistischen Körpersprache artikuliert sie eigene Idiosynkrasien und Obsessionen; die Ergebnisse der narzißhaften Introspektion werden so präsentiert, daß inszenatorische Raffinesse neopietistischen Trost zu spenden weiß. Zur Charakterisierung des seelischen Erfahrungshungers der Pina Bausch erinnert Raimund Hoghe an ein Gedicht der Else Lasker-Schüler, das die Themen und Menschen der Stücke – darunter *Fritz* (1974), *Frühlingsopfer* (1975), *Komm tanz mit mir* (1977), *Kontakthof* (1978), *Arien und Keuschheitslegende* (1979), *Walzer und Nelken* (1982), *Viktor* (1986) – in poetisch-psychogrammatischer Verdichtung anzusprechen vermag: »Weltflucht«.

»Ich will in das Grenzenlose/Zu mir zurück,/Schon blüht die Herbstzeitlose/Meiner Seele,/Vielleicht ists schon zu spät zurück,/O, ich sterbe unter euch!/Da ihr mich erstickt mit euch./Fäden möchte ich um mich ziehen/Wirrwarr endend! Beirrend/Euch verwirrend,/Zu entfliehn/Meinwärts.«[217]

Pina Bausch in der Tanzszene *Songs of encounter Begegnungen,* Akademie der Künste, Berlin, 1971.

Das Tanztheater mit starkem Frauenanteil – neben Johann Kresnik und John Neumeier traten vor allem Rosamund Gilmore, Reinhild Hoffmann und Vivienne Newport hervor – gewann besondere Resonanz bei der Jugend. »Es ist fortschrittlich und ungeheuer kreativ, gibt sich gesellschaftskritisch und rüttelt an morsch gewordenen Konventionen, engagiert sich für Minderheiten, bekennt sich zur Häßlichkeit und zum Unschönen und tritt mit Vorliebe an Orten auf, die nicht primär als Theater gebaut worden sind; es ist stolz auf seine Schmuddeligkeit und mokiert sich über technisch-handwerkliche Standards; in unserem politischen Spektrum steht es links – da, wo das Herz ist.«[218] Zugleich aber ist es in seiner Art artistisch-virtuos; es vermittelt gewissermaßen esoterisches Pläsier; das Publikum fühlt sich in den tänzerischen Kult-Akt einbezogen – auf dem Egotrip.

Die rhapsodische Begeisterung, die Wim Wenders' Film *Paris, Texas* (1985) fand, markiert einen Höhepunkt cineastischer Ersatzverzauberung. In der

Zeit hieß es, daß *Paris, Texas* der vollkommenste Film von Wim Wenders und einer der schönsten überhaupt sei, ein modernes Märchen, erzählt von einem, der sich seine Träume für uns aufgehoben habe.[219] Publikum und rezensierende Intellektuelle griffen begierig nach dem Märchen vom Schneewittchen hinter den amerikanischen Bergen: Ein kaputter Typ, der das Sprechen aufgegeben hat und seinen Namen verschweigt, stapft unbeirrt durch die Wüste zurück ins Leben; zusammen mit dem Sohn, der in der Familie seines Bruders aufgewachsen ist, macht er sich auf die Suche nach seiner Frau, die kein bürgerliches Leben führen wollte und mittlerweile in einer Peep-Show arbeitet; dort kommuniziert das Ehepaar durch Spiegelglas und Sprechanlage. »Ein geniales Bild für zwei Menschen, die nicht mehr zueinander kommen können, obwohl sie sich lieben.«[220]

Offensichtlich übersättigt vom Leistungsdruck aufklärerischen Bewußtseins, also müde der Anstrengung des Begriffs, genoß man die sentimental narrative Kolportage, die keine Anforderungen ans Verständnis stellt, sondern konsumiert werden kann und dabei »irgendwie« Trost spendet – den Trost vor allem, daß die Welt so ist, wie sie ist, und auch nicht anders wäre, wenn sie anders wäre. Nur letzte Mohikaner der Aufklärung, wie etwa Dieter Wellershoff, zeigten Bedenken bei diesem, allerdings technisch hervorragend gefilmten Trivialmythos, dessen sinistre Moral eines Groschenheftes würdig wäre (»Bin ich denn verrückt? Oder seid ihr vorübergehend verrückt geworden? Oder war ich in einem anderen Film?«).[221]

Wim Wenders, der 1970 seinen ersten Spielfilm als Absolvent der Hochschule für Fernsehen und Film drehte (es folgten unter anderem *Die Angst des Tormanns beim Elfmeter,* 1971; *Alice in den Städten,* 1973; *Falsche Bewegung,* 1975; *Im Lauf der Zeit,* 1976; *Der amerikanische Freund,* 1977; *Der Stand der Dinge,* 1982), hat den Weg neudeutscher Mystik konsequent weiter verfolgt. *Der Himmel über Berlin* (1987) weise ihn, so das zweischneidige Lob von *Newsweek,* als den lyrischsten und melancholischsten unter den deutschen Regisseuren aus, als einen Poeten der Entfremdung und Entwurzelung, von überreifer Gespreiztheit.[222] In einem Gespräch mit dem *Spiegel* meinte Wenders, daß das Kino wieder versuchen müsse, dem Menschen dienlich zu sein; »das Kino könnte der Engel sein«.[223] Dementsprechend werden im Film die Engel Daniel und Cassiel (Bruno Ganz und Otto Sander) »eingesetzt«; sie fliegen durch Berlin, lauschen den Gedanken der Menschen und notieren, inspiriert von Ko-Autor Peter Handke, die Augenblicke wahrer Empfindung:

Harry Dean Stanton in Wim Wenders' Film *Paris, Texas.*

»Nicht gleich ein Kind zeugen. Oder einen Baum pflanzen. Nur Fieber haben. Oder schwarze Finger vom Zeitunglesen. Sich an einer Mahlzeit begeistern. An einer Nackenlinie. An einem Ohr. Lügen, wie gedruckt. Und endlich spüren, wie es sei, unter dem Tisch die Schuhe auszuziehen und die Zehen auszustrecken ... Dinge werden erlebt, voll und ganz, Handlungen sinnlich erkannt: So wird das Unwichtige wichtig, bemerkenswert, wahr.«[224]

Als der junge Dresdner Ralf Winkler, der viermal von der Kunstakademie abgelehnt worden war, unmittelbar vor dem Mauerbau den Maler Georg Kern (Baselitz), der inzwischen aus der DDR in den Westteil Berlins übergesiedelt war, besuchte, ging er in den Westen mit dem Gefühl, daß diese Geschäftemacher zum baldigen Untergang bestimmt seien und daß ihr Lack und Chrom in Kürze von Wäldern überwuchert würden, »in denen nur Wildpferde hausen, aber keine Menschen«. Später, als die »Rolling Stones« kamen, habe er erkannt, daß der neue Mensch nicht im

Osten, sondern im Westen geboren werde. »Das neue Leben beginnt im Westen. Ich war von dieser Erkenntnis ziemlich schockiert.«[225] Seit 1980 lebte Winkler dann selbst im Westen, vorzugsweise in London - vom »Osten ausgespuckt, vom Westen noch nicht gefressen«. Als A. R. Penck avancierte er zu einem der erfolgreichsten zeitgenössischen Künstler. Mit dem Künstlernamen griff er, mit seiner Vorliebe für die Strichfiguren der glazialen Höhlenkunst, auf den Leipziger Geographen und Geomorphologen Albrecht Penck (1858 bis 1945) zurück, der durch bedeutende Forschungsarbeiten zur Eiszeit bekannt geworden war und den Penck bereits als Schüler eifrig gelesen hatte.

Die Erfahrungen mit dem DDR-System haben Pencks Individualismus, der sich in leidenschaftlich bewegten Chiffren-Tafeln (einem Geflecht von Figuren, Symbolen und Signalen) ausdrückt, bestimmt. In Abkehr von der Aufklärung, die im Osten zur Erziehungsdiktatur verkümmerte, greift er auf den erratisch-archaischen »Block« des Ich zurück, der rätselhaft-zeichenhaft Da-Sein setzt. Die Hieroglyphik seines Werks kompensiert den Geheimnisverlust, den instrumentelle Vernunft zur Folge hat. Die Sehnsucht nach »Übergang« (Titel auch eines der wichtigsten Penck-Bilder, 1988) zielt auf die ganzheitliche Überwindung des Dualismus von Gefühl und Verstand, Archaik und Modernität. Die Negation der Negation wird zur Affirmation der Affirmation.

Die Manifestationen des Ja kompensierten die Grauwelten der rationell-vereinseitigten Moderne; sie transzendierten auf die Farbigkeit von Vielfachwahrheit, auf die Polymythie der Postmoderne.

Hochdruck für die Presse

Der Siegeszug des Fernsehens in den siebziger und achtziger Jahren konnte das gedruckte Wort nicht verdrängen, das Ende der »Gutenberg-Galaxis« (Marshall McLuhan) blieb aus. So geriet die Presse in eine Phase des »Hochdrucks«, in der sie bunt, oft auch grell florierte.

Der Sensationsjournalismus, der sich während der Wirtschaftswunderzeit von »Sex and Crime« nährte und mit der *Bildzeitung* ein besonders erfolgreiches Organ hervorbrachte, verstärkte sich (auch als Folge des durch die Kommerzialisierung von Funk und Fernsehen bewirkten Konkurrenzdrucks). Heinrich Bölls Erzählung *Die verlorene Ehre der Katharina Blum oder: Wie Gewalt entstehen und wohin sie führen kann*[226] – über die Skrupellosigkeit einer bestimmten Presse und die Publikumsgeilheit, die keine menschlichen und geschmacklichen Grenzen mehr kenne – war schon zur Zeit ihrer Veröffentlichung, 1974, eine realistische Schilderung des journalistischen Niedergangs. Der vorläufige Tiefpunkt dieser Entwicklung war das Geiseldrama von Gladbeck (1988), als zwei Kidnapper auf ihrer Flucht durch die Bundesrepublik, bei der sie zwei Menschen umbrachten, ständig von einem Pulk von Presse-, Hörfunk- und Fernsehreportern umgeben waren. Die Statements und Interviews der Schwerverbrecher wurden, unter Behinderung der Polizei, als makabres Medienspektakel inszeniert.[227]

Die von den westlichen Alliierten nach Kriegsende geschaffene Presse- und Medienstruktur verlor trotz solcher Fehlentwicklungen insgesamt ihre republikanische Solidität nicht; sie garantierte qualitativ wie quantitativ pluralistische Vielfachwahrheit. 1984 gaben in der Bundesrepublik Deutschland 386 Zeitungsverlage 1267 »redaktionelle Ausgaben« von Tageszeitungen – betreut von 125 Vollredaktionen (»Kopfblätter«) – mit einer verkauften Auflage von 21 083 100 Exemplaren heraus. 1954, als das Fernsehen bundesweit eingeführt wurde, lag die Auflage der Tagespresse bei 13,4 Millionen Exemplaren; 1982 wurden 21 Millionen Exemplare erreicht; bei den überregionalen Abonnementszeitungen betrug im Jahr 1984 die Auflage der *Süddeutschen Zeitung* 343 600, der *Frankfurter Allgemeinen Zeitung* 355 500, der *Welt* 205 000, der *Frankfurter Rundschau* 189 000 Exemplare.[228]

Die politische Polarisierung durch die Protestbewegung führte zu Neugründungen und Umorientierungen im Zeitschriftenwesen. Neben einer anarchistischen, linken Minipresse entwickelten sich zu publizistischen Zentren der Kapitalismuskritik und Emanzipationstheorie die Zeitschriften *Alternative, Das Argument, Kürbiskern, Kursbuch, Ästhetik* und *Kommunikation.*[229] Diese überstanden freilich nur dann die Tendenzwende, wenn sie – wie etwa das von Karl Markus Michel und Harald Wieser (später Tilmann Spengler) unter Mitarbeit von Hans Magnus Enzensberger herausgegebene *Kursbuch* – thematisch flexibel blieben. Die Theoriemüdigkeit der Alternativbewegung entzog zudem Zeitschriften mit dezidiertem Überbaudenken einen Teil ihrer Wirkungsmöglichkeiten. Als die von Hildegard Brenner herausgegebene Zeitschrift *Alternative* 1982 ihr

Erscheinen einstellte, hieß es im Editorial: »Die sich innerhalb der sozialen Protestbewegung zur Wehr setzen, machen keinen Gebrauch von dem, was wir produzieren. Damit verliert eine Zeitschrift wie *Alternative* nicht nur ihr Publikum, sondern auch ihre Funktion.«[230]

Die Alternativszene schuf sich vor allem in den Stadtmagazinen (z. B. *Pflasterstand, Plärrer, Schädelspalter, Zitty, Tip)* ein eigenes Sprachrohr – mit teilweise hohen Auflagen. Sie suchten ihre Themen im direkten Umfeld ihrer Leser, weshalb sie sich als zuverlässige Barometer der jeweiligen politischen und gesellschaftlichen Stimmungslage junger Leute erwiesen.
Durchsetzen konnte sich auch die *taz* als alternative Tageszeitung (seit 1979); sie sei – so wurde ihr selbst von konservativer Seite bescheinigt – als maßgebliches Meinungsorgan der Linken im Vergleich zu orthodoxen Blättern geradezu erfrischend, realitätsnah, sachlich und umfassend.[231] So lobte die *Frankfurter Allgemeine Zeitung* den Mut und die Kraft der *taz,* ideologisch unbequemen Wahrheiten ins Gesicht zu sehen und aus ihnen Konsequenzen zu ziehen. Trotz Geldmangel und vielfachen Schwierigkeiten mit ihren Lesern (z. B. Feministinnen, Autonomen, Hausbesetzern, die verschiedentlich die Redaktionsräume verwüsteten) sowie ständigen Querelen in der eigenen Redaktion habe sie die Fähigkeit zur Veränderung bewiesen.

Während die Regenbogenpresse die in der Wohlstandsgesellschaft grassierende Langeweile durch eine Mischung von *Heim und Welt* zu vertreiben suchte – während also das Unterhaltungsbedürfnis vor allem vieler Frauen in der nivellierten Mittelstandsgesellschaft auf »Bewegung ohne Anstrengung« ausgerichtet war –, gelang es den feministischen Zeitschriften seit Mitte der siebziger Jahre, Frauenproblemen öffentliche Aufmerksamkeit zu sichern. 1970 erschien in Berlin die erste Frauenzeitung *Pelagea* (nach Brechts *Die Mutter. Leben der Pelagea Wlassowa),* herausgegeben vom »Aktionskreis zur Befreiung der Frau«. 1976 erfolgte der große Durchbruch mit *Courage,* die schon ein Jahr später eine Auflage von 55 000 Exemplaren monatlich aufwies. Die im Februar 1977 von Alice Schwarzer gegründete Zeitschrift *Emma* wurde mit 200 000 Exemplaren zur zweitgrößten feministischen Zeitschrift der Welt. Nach einem Höhepunkt mit 59 periodisch erscheinenden Publikationen im Jahr 1983 fiel die feministische Frauenpresse kurz danach auf den Stand von 1977 zurück. *Courage* mußte 1984 ihr

Erscheinen einstellen, *Emma* lieferte 1986 nur noch 60 000 Exemplare aus.

Der anwachsende »Erfahrungshunger« spiegelte sich auch in der Zunahme der Publikumszeitschriften, die seit Anfang der siebziger Jahre die Zahl ihrer Titel verdreifachen und die Auflagenhöhe vervierfachen konnten (mit über 1300 Titeln und 40 Millionen Exemplaren pro Woche)[232] und auf unterschiedlichem Niveau die verschiedensten Interessen (z. B. Gesundheit, Sport, Umwelt, Hobbys, Emanzipation, Ökologie, Esoterik, Mode, Lifestyle) bedienten. Die aktivsten unter den großen Zeitschriften-Verlagen - zwischen 1974 und 1984 zu einem Fünftel an neuen Titeln über 100 000 Exemplaren Auflage beteiligt - waren seit 1975 Gruner & Jahr sowie die Verlagsgruppe Bauer mit 12, Springer mit 5 und Burda mit 4 Neugründungen.[233]

»Dauerhaftigkeit der Kurzlebigen« bestimmte die Lage der Kultur- und Literaturzeitschriften (»Eine geht, eine kommt«).[234] Über eine längere Zeit erstreckte sich der Niedergang des 1978 wiederbelebten *Monat* (zuletzt in Form von Themenheften im Beltz-Verlag herausgebracht). *TransAtlantik*, von Hans Magnus Enzensberger mit ins Leben gerufen, scheiterte ebenso wie der Versuch von *Westermann's Monatsheften*, ein »Magazin für Intelligenzler« zu werden (eingestellt 1987).[235] Dagegen konnte sich der *Merkur*, dessen Redaktion von Hans Paeschke 1979 auf Hans Schwab-Felisch und 1983 auf Karl Heinz Bohrer überging, unter Fortführung der bisherigen Linie, bei verhältnismäßig geringer Auflage (5000) halten; *L'80*, als *L'76* von Heinrich Böll, Günter Grass und Johano Strasser ins Leben gerufen, erreichte bis zu seiner Einstellung eine Auflage von etwa 6000 Exemplaren. Die *Frankfurter Hefte* verschmolzen 1985 mit der sozialdemokratisch orientierten *Neuen Gesellschaft*. Mit dem Tod von Eugen Kogon 1987 verlor die deutsche Publizistik einen ihrer bedeutendsten Vertreter; als »kongenialer Partner seines Freundes Walter Dirks, als Mentor von zwei Generationen bürgerlicher, christlicher Intellektueller, die diese zwei bedeutenden Republikaner mit der Arbeiterbewegung zusammenbringen und vom Bourgeois zum Citoyen erziehen wollten«, hatte Kogon seit April 1946 die *Frankfurter Hefte* mitherausgegeben.[236]

Nach der Protestbewegung mit ihrer antiliterarischen Grundstimmung entstanden wieder viele literarische Blätter, darunter auch sehr kleine (wie *Geflechte, Flaschenpost, Park, Dschungelblätter, Flugasche, Flattersatz, Hessi-*

scher Literaturbote, Passauer Pegasus); am bekanntesten wurden *Schreibheft, Litfaß und Tintenfaß.* Für die Kontinuität literarischer Geschmacksbildung sorgten die *Akzente* (nach Walter Höllerer und Hans Bender von Michael Krüger herausgegeben), die *Neuen Deutschen Hefte, Sprache im technischen Zeitalter, Theater heute, Tintenfisch* (in den Wagenbachschen »Quartheften«). Eine Reihe von Zeitschriften wurde in Form von Themenheften in Taschenbuchreihen integriert: *Litfaß* der Serie Piper, *Tintenfaß* der Reihe detebe (Diogenes), das *Literaturmagazin* den Rowohlt- und die *Neue Rundschau* den Fischer-Taschenbüchern. Die sich dabei ergebende Präferenz für thematische Schwerpunkte war auch eine Folge des Ausbaus der Kulturteile bei den Tageszeitungen, die vor allem mit ihren Wochenendbeilagen eine starke Konkurrenz zur Zeitschrift alter Prägung (mit »Mischinhalt«) darstellen.

Die jahrzehntelange Konkurrenz zwischen dem von Henri Nannen geleiteten *Stern* und dem von Rudolf Augstein herausgegebenen *Spiegel* wurde 1983 mit dem Niedergang des *Stern* zugunsten des *Spiegel* entschieden. In der Ausgabe vom 28. April 1983 behauptete der *Stern,* Hitlers Tagebücher entdeckt zu haben. »Für Historiker und Laien kündigen sich Wochen, Monate und Jahre spannender Lektüre, erregter Diskussionen an.« Das Ganze erwies sich als ein Betrug des Stern-Reporters Gerd Heidemann, der mit Hilfe des Nazi-Devotionalien sammelnden Fälschers Konrad Kujau einer sträflich leichtsinnigen Chefredaktion die Hitler-Kladden für 9,3 Millionen DM angedreht hatte. Das klägliche Ende der »größten historischen Sensation des Jahrhunderts« – ausführlich dokumentiert durch den Prozeß gegen die Hauptakteure 1984 – ließ die Auflage des *Stern* um etwa 150 000 Exemplare sinken; das Anzeigengeschäft zeigte Einbußen von 12 bis 15 Prozent. Vor allem aber war der *Stern* publizistisch entmythologisiert. Erich Kuby, bis 1980 beim *Stern* tätig, charakterisierte den Stern-Gründer Henri Nannen (»Hans Albers des Journalismus«) als opportunistischen Chaotiker, der in seiner Gewissenlosigkeit wahrscheinlich auch ein pornographisches Magazin herausgegeben hätte.[237]

Der *Spiegel,* »die Magazinmaschine«, beging 1987 seinen vierzigsten Geburtstag in ungebrochener Bedeutsamkeit – in Hinblick auf die Brisanz seiner Enthüllungen, die Gründlichkeit seiner Recherchen und die Solidität seiner Informationen. Ein Jahr vorher waren über 900 000 Exemplare im Wochendurchschnitt, davon knapp 130 000 im Ausland, verkauft worden. Der *Spiegel,* so Martin Walser, sei nie eine dauernde Verbindung mit irgendeiner gesellschaftlichen Macht eingegangen; er war »schnell Opposition der Regierung und genauso Opposition der Opposition. Er hat sich mit keiner Seite, keiner Partei, keiner Machtclique dauerhaft befreundet«. Der *Spiegel* habe uns oft genug vor den Anmaßungen des Offiziellen, vor dem Falschgeld der Autorität und vor den Peinlichkeiten des Personenkults geschützt. »Dafür kann man dem Blatt ruhig dankbar sein.«[238]

POSTMODERNE

Aufklärungskritik und Triumph der zynischen Vernunft

Ein Wintertag läge auf uns, und am hohen Gebirge wohnten wir, gefährlich und in Dürftigkeit. Kurz sei jede Freude und bleich jeder Sonnenglanz, der auf den weißen Bergen zu uns herabschleiche. »Da ertönt Musik, ein alter Mann dreht einen Leierkasten, die Tänzer drehen sich – es erschüttert den Wanderer, dies zu sehen: so wild, so verschlossen, so farblos, so hoffnungslos ist alles. Und jetzt darin ein Ton der Freude, der gedankenlosen, lauten Freude.«[239]

Das melancholische Bild, das Friedrich Nietzsche in den *Unzeitgemäßen Betrachtungen* entwirft, wirkt wie eine Ansicht der postmodernen Kulturlandschaft (deren Panorama freilich auch wesentlich optimistischere Anblicke kennt).[240] Nietzsche gilt als Ahnherr der Postmoderne[241], da er, als erster, die »Dialektik der Aufklärung« als Schicksal der Neuzeit erkannt habe, den Untergang der Vernunft gleichermaßen beklagend wie begrüßend. Für ihn läßt das »rasend-unbedachte Zersplittern und Zerfasern aller Fundamente, ihre Auflösung in ein immer fließendes und zerfließendes Werden, das unermüdliche Zerspinnen und Historisieren alles Gewordenen durch den modernen Menschen«[242] die Sehnsucht nach der Ganzheit von Leben erstehen, die nur emotional, intuitiv, ästhetisch, mythisch zu erfassen und zu begreifen sei; aber auch mit Ironie.

»Die postmoderne Antwort auf die Moderne besteht in der Einsicht, daß die Vergangenheit, nachdem sie nun einmal nicht zerstört werden kann, auf neue Weise ins Auge gefaßt werden muß: mit Ironie, ohne Unschuld. Die postmoderne Haltung erscheint mir wie die eines Mannes, der eine belesene Frau liebt und daher weiß, daß er ihr nicht sagen kann: ›Ich liebe dich inniglich‹, weil er weiß, daß sie weiß (und daß sie weiß, daß er weiß), daß genau diese Worte schon, sagen wir, von Liala [im deutschen Bezug etwa Hedwig Courths-Mahler] geschrieben worden sind. Es gibt jedoch eine Lösung. Er kann ihr sagen: ›Wie jetzt Liala sagen würde. Ich liebe dich inniglich.‹ In diesem Moment, nachdem er die falsche Unschuld vermieden hat, nachdem er klar zum Ausdruck gebracht hat, daß man nicht mehr unschuldig reden kann, hat er der Frau gesagt, was er ihr sagen wollte, nämlich, daß er sie liebe, aber daß er sie in einer Zeit der verlorenen Unschuld liebe.« (Umberto Eco)[243]

Die pessimistische Postmoderne hat den Glauben an die »Vernünftigkeit« und »Sinnhaftigkeit« von Welt verloren. Das besondere Mißtrauen wendet sich gegen die Errungenschaften der instrumentellen Vernunft (Technologie), gegen den Fortschrittsglauben als Geschichtsauffassung (wie er von Hegel und Marx vertreten wurde). Das gestaltende, als Vernunftwesen definierte Subjekt sei gescheitert; seine noch weiterwirkende Macht müsse destruiert, dereguliert werden, um der Phantasie an die Macht zu verhelfen. »Totale Romantik« kämpft gegen die Totalität der Gedankensysteme, die mit Hilfe »großer Erzählungen« die Botschaft der Ideen (zum Beispiel Freiheit, Gleichheit, Brüderlichkeit) vermitteln wollen. Der Verlust der Vernunft, mit Trauer vom Aufklärer empfunden, erheitert diejenigen, die das »Ende einer Illusion« begrüßen; ein »Ton der Freude, der gedankenlosen, lauten Freude« erklingt.

Im 19. und 20. Jahrhundert, so Jean-François Lyotard – einer der wichtigsten neuen neokonservativen französischen Denker –, hätten wir die Sehnsucht nach dem Ganzen und dem Einen, nach der Versöhnung von Begriff und Sinnlichkeit, nach transparenter und kommunzierbarer Erfahrung teuer bezahlt. Die Antwort darauf laute: »Der Krieg dem Ganzen, zeugen wir für das Nicht-Darstellbare, aktivieren wir die Widerstreite.«[244] (Indem sich schon die Protestbewegung gegen die monolithische, institutionalisierte, etablierte und traditionelle bürgerliche Kultur wie Politik wandte, kann man deren Aufbegehren als frühe Postmoderne bezeichnen.) Für Jürgen Habermas zeigt sich im Denken Lyotards und anderer Poststrukturalisten ein Neokonservativismus, der Verrat am Projekt der Moderne, am aufgeklärten, emanzipierten Denken begeht.

Sei die Moderne auch ein »unvollendetes Projekt« – Titel einer Rede, die Jürgen Habermas im September 1980 bei der Entgegennahme des Frankfurter Adorno-Preises gehalten hat[245] –, sie könne durchaus voll-

Staatsgalerie in Stuttgart, erbaut von James Sterling, 1984.

endet werden, wenn Aufklärung ihren ursprünglichen Elan zurückgewinne und, unter Berücksichtigung der geschichtlichen Entwicklung, ihre Prämissen, Konzepte, Methoden, Ziele überprüfe. Wenn die Moderne sich aus sich selbst heraus modernisiere (etwa sich nicht mehr am ökonomischen Aufbau, sondern am sozialökologischen Umbau orientierte), fände sie zur Kompetenz, Unübersichtlichkeit zu überwinden, zurück.

Dem Pessimismus angesichts des »Scheiterns der Aufklärung« tritt Wolfgang Welsch entgegen: Der eigentliche Wesenskern der Postmoderne sei die nachrationalistische Einsicht in die Notwendigkeit eines auch anthropologisch begründeten umfassenden Vernunftbegriffs, der von der Moderne des 20. Jahrhunderts selbst schon propagiert worden sei. In der Postmoderne werde dieses Desiderat der Moderne nun in der Breite der Wirklichkeit eingelöst. Welsch wählt den Begriff der »transversalen Vernunft«, um Vernunft inmitten ihrer Kritik neu zu konzipieren und zu verteidigen.

Traditionelle Vernunftkonzeptionen, denen die Tendenz innewohne, zum Apparat von Herrschaft und Uniformität zu werden, sind abzulehnen; generelle Vernunftskepsis ist jedoch allein schon deshalb nicht angebracht, weil sinnvolle Einsprüche gegen die Vernunft nur mittels Vernunft eingelegt werden können. Es geht darum, die in eine Vielzahl von Rationalitätstypen auseinandergefallene Vernunft (z. B. analytische, moralische, ästhetische, historische, okkasionelle, antizipatorische) wieder zu integrieren.[246]

»Keine Weltorientierung und Lebensführung ist rationaler als die andere – höchstens interessanter. An die Stelle rationalistischer Unterscheidungen treten ästhetische Unterschiede. Auch wenn nichts besser, sondern einfach alles anders ist, darf davon etwas vorgezogen werden. Aber die Vorzugswürdigkeit des Vernünftigen weicht dem ästhetischen Interesse am ›Interessanten‹.« (Helmut F. Spinner)[247]

Es sei an der Zeit, meint Ulrich Beck, die binären Codes aufzuknacken und nach Code-Synthesen zu fragen, danach zu fahnden, wo diese heute schon erprobt werden. »Die Frage lautet (klassisch gesprochen): Wie kann Wahrheit mit Schönheit, Technik mit Kunst, Wirtschaft mit Politik usw. kombiniert werden? Welche Realitäten, Rationalitäten werden möglich, entstehen, wenn die kommunikativen Codes aufeinander angewendet, miteinander verschmolzen werden und dabei ein Weder-Noch, ein Drittes, Neues entsteht, das Neues ermöglicht und auf Dauer stellt?«[248]

Bei dem Versuch, sich mit der Schwäche des früher als »stark« empfundenen aufgeklärten Denkens geistig abzufinden, erweist sich Zynismus als hilfreiche »Bewältigungsstrategie«. Der Erfolg von Peter Sloterdijks *Kritik der zynischen Vernunft* (1983) verweist auf das Psychogramm einer Schicht von Intellektuellen, die der durchschlagenden Erfolglosigkeit von Vernunft nachtrauern, aber nicht bereit sind, sie insgesamt über Bord zu werfen, doch auch nicht Kraft genug besitzen, die »Arbeit« am unvollendeten Projekt der Aufklärung wiederaufzunehmen. Man habe seine Aufklärungs-Lektion gelernt, aber diese nicht vollzogen und wohl nicht vollziehen können. »Gutsituiert und miserabel zugleich fühlt sich dieses Bewußtsein von keiner Ideologiekritik mehr betroffen; seine Falschheit ist bereits reflexiv gefedert.« Handeln wider besseres Wissen stelle heute das globale Überbauverhältnis dar; es wisse sich illusionslos und doch von der Macht der Dinge herabgezogen. Ohne Sarkasmus könne es kein gesundes Verhältnis heutiger Aufklärung zu ihrer eigenen Geschichte geben. Wir hätten nur die Wahl zwischen einem den Anfängen »loyal« verpflichteten Pessimismus, der an Dekadenz erinnere, und einer heiteren Respektlosigkeit bei der Fortführung der ursprünglichen Aufgaben.

»Psychologisch läßt sich der Zyniker der Gegenwart als Grenzfall-Melancholiker verstehen, der seine depressiven Symptome unter Kontrolle halten und einigermaßen arbeitstüchtig bleiben kann. Ja, hierauf kommt es beim modernen Zynismus wesentlich an: auf die Arbeitsfähigkeit seiner Träger – trotz allem, nach allem, erst recht. Dem diffusen Zynismus gehören längst die Schlüsselstellungen der Gesellschaft in Vorständen, Parlamenten, Aufsichtsräten, Betriebsführungen, Lektoraten, Praxen, Fakultäten, Kanzleien und Redaktionen. Eine gewisse schicke Bitterkeit untermalt sein Handeln. Denn Zyniker sind nicht dumm, und sie sehen durchaus hin und wieder das Nichts, zu dem alles führt. Ihr seelischer Apparat ist inzwischen elastisch genug, um den Dauerzweifel am eigenen Treiben als Überlebensfaktor in sich einzubauen. Sie wissen, was sie tun, aber sie tun es, weil Sachzwänge und Selbsterhaltungstriebe auf kurze Sicht dieselbe Sprache sprechen und ihnen sagen, es müsse sein. Andere würden es ohnehin tun, vielleicht schlechtere. So hat der neue integrierte Zynismus von sich selbst oft sogar das verständliche Gefühl, Opfer zu sein und Opfer zu bringen.«[249]

Mit der These »Alles ist möglich, alles ist erlaubt« (»anything goes«) hatte Paul Feyerabend auch die bundesrepublikanische Wissenschaftstheorie zum Tanzen gebracht. Vernunft und Wissenschaft werden soweit dekonstruiert, bis sie am dadaistischen Indifferenzpunkt mit allen anderen Traditionen al pari stünden: eingeebnet durch blasierte Skepsis, gelähmt durch ästhetischen Schock.

Form komme vor Inhalt, Ästhetik verdränge Ethik; Popkultur und Wissenschaft sind gleich-gültig, Sprache regiert das Denken, der Stil ist aufschlußreicher als das Argument. Ironische Indifferenz bestimmt die »Haltung« des »Künstlers« zur Gemengelage der modernen, fragmentierten Welt, die mit dem geordneten Kosmos der Regelvernunft und Theoriewissenschaft nichts mehr gemein hat.

Die Stichworte, die Feyerabend lieferte, wurden um so begieriger aufgegriffen, als in den achtziger Jahren die Theoriemüdigkeit aus dem Zirkel der Frustration über die »Anstrengung des Begriffs« auszubrechen begann. An die Stelle von Progression tritt extra-moralische Transgression. Die in Absage an kopernikanische Erschütterungen propagierte ptolemäische Abrüstung ermöglicht nach Sloterdijk ein Zurück zu den Sinnen der Wahrnehmung, unter der Perspektive des befriedeten Subjektglücks. Warhols Devise »All is pretty« garantiere das Recht der Phänomene auf Eigenwert und respektierte den Ernst des Buchstäblichen.[250]

Pläsier, Passanten, Heilsbringer

Modernes Pläsier, eingefügt in die alles beherrschende Telekratie, gewissermaßen verkabeltes Rokoko, kümmert sich nicht um Aufklärung, sondern zielt auf »Abklärung«. Wer sich »abgeklärt« gebe, habe von den immer neuen Enthüllungsfeldzügen kritischer Aufklärer die Nase voll, er möchte cool leben, ohne dabei zu frieren. »Nachdem der Zustand bewußtloser Unschuld für immer verloren, jener der Unschuld des totalen Bewußtseins für immer unerreichbar bleiben wird, inszeniert man die ›unheimliche Unschuld der dritten Art‹: die Simulation jener ›unerträglichen Leichtigkeit des Seins‹ (Milan Kundera) als einer durchaus erträglichen.« (Bernd Guggenberger)[251]

Liebe etwa erfüllt sich nicht als »wirkliche« Liebe, sondern als »Codierung von Intimität«; man entgeht der Schwerkraft des Daseins dadurch, daß man die Angst vor der Angst mit Hilfe von »Nonstop Nonsens« hinwegprojiziert. Da im »ganzen« kein Sinn mehr zu entdecken ist, man aber andererseits entschlossen ist, sich durch Sinnlosigkeit nicht vom Lebensgenuß abhalten zu lassen, entsteht selbstreferentielles Pläsier. »Plaisir ist plaisir. Wenn jemand plaisir zu empfinden behauptet, hat es keinen Sinn, ihm das zu bestreiten. Im plaisir braucht das Subjekt also keine Kriterien, um sich seines plaisirs zu vergewissern; hier kann es in einer Art kriterienloser Selbstreferenz seiner selbst gewiß sein. Hier fehlt also jene verhängnisvolle Dualität des echten und des nur vorgetäuschten Liebens, die im sozialen Verkehr angesichts des Verhaltens anderer die Gemüter beschäftigt.« (Niklas Luhmann)[252]

Die Entsubstantialisierung von Liebe vollzieht und lokalisiert sich im Psychodrom der Beziehungskisten. »Die Akteure zeigen eingeübte Bewegungen und äußern sich in einer einstudierten Sprache, beides in einem festgelegten Programm. Es vollzieht sich ein profaner Kult, nach dem Rhythmus einer

Die Bühnenstücke von Botho Strauß porträtieren die postmoderne Gesellschaft der Bundesrepublik (Plakat der Berliner Schaubühne, 1973).

ausgearbeiteten Liturgie. Hoffnungen und Ängste, Kräfte und Bedürfnisse, Leidenschaften und Phantasie können sich nicht frei äußern, sondern werden durch eine Regie domestiziert. Die Dressur der Seelen ist zugleich eine Dressur der Libido, freiwillig und in einem.« Jörg Bopp sieht in solchem Beziehungsritual eine sexualfeindliche Moral am Werk: Deren Vertreter stehen freilich nicht mehr auf Kanzeln und Kathedern, sondern sitzen auf Matratzen, tragen hautenge Jeans und lange Haare, lesen Castaneda und hören Pink Floyd: vor allem reden sie über psychische Probleme. »Wie auf einer endlosen Wendeltreppe jagen sie im Gebäude der eigenen und fremden Konflikte hinauf und hinunter.« Sinnliche Lustlosigkeit wird kompensiert durch die Lust des Palavers; Gefühle werden nicht gelebt, sondern gespielt.[253]
Hedonistische Lebensfreude will nicht »Farbe bekennen«, sondern Farbigkeit genießen – ironisiert mit *Don't worry be happy* des amerikanischen Liedermachers, Musikers und Dirigenten Robert (Bobby) McFerrin; »handfester« kommentiert von seinem deutschen Kollegen Udo Lindenberg: »... Und die Puppen tanzen:/Kein Horror in Sodom und Gomorrha./Immer lustig und vergnügt/bis der Arsch im Sarge liegt.«[254]

Die unaufhaltsame Ausbreitung des von der Ressource Sinn abgeschnittenen »Heutigen« steht im Mittelpunkt des Werkes von Botho Strauß. Sprachlos, gesellschaftslos, geschichtslos, ahnungslos, gesichtslos, hoffnungslos und haltlos[255] – aus Persönlichkeiten werden Passanten, die nur beiläufig etwas aufnehmen und selbst nur en passant wahrgenommen werden. Die Medien- und Konsumgesellschaft sieht sich im Glanz ihrer Produktionen erschöpfend gespiegelt. »Abgeschnitten von der Geschichte, die Zukunft trotz Öko-Schock und Atomdebatten, trotz Völkervernichtung und Hungerepidemien wie einen fahrbaren Prospekt täglich hinausschiebend, hat sich eine Gesellschaft gebildet, die sich mit einer Fertigteilsprache einredet, daß es immer so weitergeht.«[256] Die Botschaften des wahren, unmittelbaren Lebens werden mit Hilfe der Apparaturen und Mechanismen der Kulturindustrie abgeblockt. Für Strauß hat die zielstrebige Realitätsbewältigung durch analytische Vernunft versagt, die Herrschaft des aufklärerischen, dialektischen, geistsoziologischen Denkens wird abgetan, beerdigt.[257]

»Da hörte er Mann und Frau reden hinter sich. Zwei Junge, die sich kaum kannten. Es schienen nur zwei zu sein, aber wie viele waren es wirklich? So wie sie redeten, hörte man den ganzen Markt tönen. Sie sprachen eigentlich nicht, sie schalteten sich ein in die laufende Sprache. Sie sprachen nicht, sie tauschten Schibbolethe der Befindlichkeit. Panikfloskeln und fastfeel-Emphase.«[258]

In *Kalldewey Farce* (1981), ein Stück, das als Spiegelung der aufgelösten Realität sich gar nicht mehr um Sinn bemüht – eine Apokalypse auf der Beliebigkeitsebene des Boulevards –, sagt »der Mann«: »Was ich dir noch sagen wollte, nicht wahr .../Ich bin jetzt sehr zufrieden, tätärätä/Wir haben alles in die Sinnproduktion gesteckt,/tätärätä. Es hat sich gelohnt. Wir haben einen/neuen Harmonierekord zu verzeichnen, tätärätä/ ...«[259]

Schärfer noch als bei Botho Strauß reagierte ein Teil der Literaturkritik auf Peter Handkes Wandlung zu einem Dichter neuer Innerlichkeit. Seit Ende der siebziger Jahre *(Langsame Heimkehr,* 1979) sind Handkes Texte zunehmend von dem »Bedürfnis nach Heil« bestimmt; dies korrespondiert mit antiaufklärerischem Gestus. Dekorativer Unverbindlichkeit widersetzt sich Handke freilich; sein Anspruch greift weit und tief; er betrachtet sich als legitimer Nachfolger der deutschen, griechischen und lateinischen Klassiker, die »seine Brüder« geworden seien. Alles, was er in den letzten vier oder fünf Jahren geschrieben habe, gehe eben dreitausend Jahre zurück, sagte er 1981 in einem Gespräch.[260] Das Schlüsselerlebnis, das Handke dem Helden seines Romans *Die Stunde der wahren Empfindung* (1975), Gregor Keuschnig, Pressereferent der Österreichischen Botschaft in Paris, zuordnet, signalisiert den Anfang der »Wendezeit« des Dichters, der sich als »Götterbote« begreift *(Phantasien der*

Wiederholung, 1983). »Dann hatte er ein Erlebnis – und noch während er es aufnahm, wünschte er, daß er es nie vergessen werde. Im Sand zu seinen Füßen erblickte er drei Dinge: ein Kastanienblatt; ein Stück von einem Taschenspiegel; eine Kinderzopfspange; sie hatten schon die ganze Zeit so dagelegen, doch auf einmal rückten diese Gegenstände zusammen zu Wunderdingen. ›Wer sagt denn, daß die Welt schon entdeckt ist?‹«[261]

Peter Handkes »Offenbarungsliteratur« – von dem »Drama« *Über die Dörfer* (1984) bis zum autobiographisch geprägten »Roman« *Mein Jahr in der Niemandsbucht. Ein Märchen aus den neuen Zeiten* (1994) – zeige den vornehm-noblen Ton der neuen Betroffenheit, die sich an der Gegenwart nicht schmutzig machen, sondern in sublimere Gefilde abschweifen will (Joachim Kaiser); das dürfe nicht als etwas Überflüssiges oder Konservatives oder gar Kitschiges empfunden werden; er sei schwer zu treffen, weil in unserer von Werbung durchzogenen Welt die meisten affirmativen, positiven, lobenden Adjektive so fürchterlich abgenutzt, phrasenhaft, verlogen wirkten. Michael Krüger nannte in einer Debatte über Handke Vernunft und Aufklärung die hageren Schwestern des gesunden Menschenverstandes, was deutlich macht, wie tief die Verärgerung der früheren Avantgarde sitzt – angesichts eines Aufklärungsfetischismus, der vom Leben sich immer mehr entfernt hat. »Richtet euch auf. Abmessend-wissend, seid himmelwärts. Seht den Pulstanz der Sonne und traut euerm kochenden Herz. Das Zittern eurer Lider ist das Zittern der Wahrheit. Laßt die Farben erblühen. Haltet euch an dieses dramatische Gedicht. Geht ewig entgegen. Geht über die Dörfer.«[262]

Anästhetisierung und Aufstand der Zeichen

Innerhalb des ästhetischen Bereichs bedeutet postmoderner Relativismus und die damit verbundene beliebte Beliebigkeit, daß der Künstler als »Überzeugungstäter« ausgedient hat. In den achtziger und neunziger Jahren wurde die Trias von Kunst als das »Schöne, Gute und Wahre«, also ihre ästhetisch-ethische und auch gesellschaftliche Kontextualität abgewertet. Der Bannstrahl des neuen Ästhetizismus traf gleichermaßen engagierte Kunst und deren »Gesinnungsästhetik« wie utopisches Denken, mit der Kunst als Vorschein der Idee. Wer ganz im Now-here aufgeht, möchte sich mit der Vision eines schwer erreichbaren No-where nicht belasten; die Herausforderung künstlerischen Mehr-Wertes würde beunruhigen.

Der Kunsthistoriker Max Imdahl »vermutete«, daß die Postmoderne, »indem sie das je Verschiedene vergangener Epochen sozusagen ästhetisierend vereinnahmt und simultaneisiert, tatsächlich ein Ausdruck spezifischer moderner Konsummöglichkeiten« sei; sie erwecke »eher ein bloßes, das heißt ein auf abstraktes Wohlgefallen oder auf unverbindlichen intellektuellen Reiz orientiertes Umgehen mit Zitaten ohne den Ernst einer wirklichen Überzeugung.«[263]

Die »Aktualität des Ästhetischen«[264] erwies sich als Oberflächenästhetisierung, Verhübschung, Erlebnisraumgestaltung; selbst die Bahnhöfe wurden zu »Erlebniswelten mit Gleisanschluß« umgebaut. Der Kunstbetrieb (etwa die 9. documenta 1992 – »Rummelplatz der Beliebigkeiten«[265]) fungierte als »Erlebnismaschinerie«.

Wolfgang Welsch diagnostizierte die »Verschönerungswellen« der neunziger Jahre insgesamt als Anästhetisierung durch Ästhetik (Warenästhetik, Medienästhetik, Stadtvermarktung). Anästhetik meine jenen Zustand, wo die Elementarbedingung des Ästhetischen – die Empfindungsfähigkeit – aufgehoben sei. Während die Ästhetik das Empfinden stark mache, thematisiere Anästhetik die Empfindungslosigkeit – im Sinn eines Verlusts, einer Unterbindung oder der Unmöglichkeit von Sensibilität, und auch dies auf allen Niveaus: von der physischen Stumpfheit bis zur geistigen Blindheit.

»Die Enttäuschung über die Erlebnisse, die in Wahrheit keine sind, treibt die Menschen immer schneller von einem Erlebnis zum nächsten ... Der alte Traum, das Leben und die Wirklichkeit durch Einbringung von Ästhetik zu verbessern, scheint sich einzulösen. Aber unübersehbar ist, daß hier von der Kunst nur die vordergründigsten Momente übernommen und in verflachter Form realisiert werden.«[266]

Welsch macht aber zugleich den philosophischen Versuch, den homo aestheticus als Leitfigur für eine demokratische Gesellschaft vor seiner Selbstzerstörung (der Auflösung in Nichtigkeit) zu retten. Eine »postmoderne Ästhetik des Widerstands« erweise sich als Teil transversaler Vernunft. Ästhetisches Denken sei das eigentlich realistische, denn es vermöge einer vorwiegend ästhetisch konstituierten Wirklichkeit noch einigermaßen beizukommen. Toleranz zum Beispiel, ein wesentliches Element politischer Kultur, wäre ohne Sensibilität für Differenzen ein leeres Prinzip; durch ihre Sensibilisierungseffekte kann Ästhetisierung in gesellschaftliche Prozesse eingreifen.[267]

Bei den postmodernen »Virtuosen theoretischer Unschärfe« (ausgerichtet auf die »Verstimmung der Köpfe zur Schwärmerei«) ist Semantik durch Semiotik abgelöst; Inhalte und Gehalte spielen eine untergeordnete Rolle. Nicht länger – so Andreas Huyssen – stünden wir einem Modernismus des »Zeitalters der Angst« gegenüber, dem asketischen und quälenden Modernismus eines Kafka oder Schönberg, einem Modernismus der Negativität, des Wertezerfalls und der Entfremdung, der Ambiguität und Abstraktion, einem Modernismus des trotz allem eher geschlossenen und vollendeten Werks; statt dessen biete uns die poststrukturalistische Lektüre einen Modernismus spielerischer Transgressionen und eines nicht endenden Webens von Textualität, einen Modernismus, der sich legitimiert in seiner rigoros ironischen Ablehnung von Repräsentation und Realität, von Subjektivität und Geschichte, einen Modernismus, der sich freilich recht dogmatisch gibt in seiner Verurteilung von »presence« und dem damit einhergehenden Loblied auf Abwesenheiten und Entropien jeglicher Art, die in Roland Barthes' Sicht nicht Angst, sondern »jouissance«, ekstatisches Glück, hervorbringen.[268]

Über Zeichen kann man sich verständigen, wenn sie Inhalte transportieren und ein Konsens über Bedeutungsgehalte innerhalb eines allgemein akzeptierten Begründungszusammenhangs hergestellt wird. Die postmodernen Freiheitseruptionen gegenüber dem »Terrorismus der Aufklärung« beziehen ihren Schwung aus der Farbigkeit des unbefragten So-Seins; es kommt nicht darauf an, was warum geschieht, sondern daß etwas und wie es geschieht. Das philosophische L'art-pour-l'art-Prinzip, die Isolierung des Geschehens, des Vorkommnisses, des Reizes, »entwaffnet« forciertes integrierendes Denken.

Das Unbestimmte, das Frage-Zeichen, wird zum Faszinosum; die Suche nach Antwort ist nicht nur suspendiert, sondern eskamotiert. Es geht um Genuß und nicht um Suche nach Wahrheit. Die großen »Erzählungen«, die »wissenslegitimierenden Rahmenerzählungen« von der Fortschrittsgeschichte einerseits, vom spekulativen Geist und dem zugeordneten Ziel der »Bildung« andererseits, haben ihre Glaubwürdigkeit verloren. Die idealistischen wie ideologischen, systematischen wie transzendierenden »Entwürfe« erweisen sich als Fiktionen. Diffusion und Entropie haben die universalen Weltbilder, vor allem auch das marxistische, erfaßt und zerstört.[269] Der »neue Humanismus«, so André Glucksmann, gehe aus dem Zerfall, der als solcher erkannt und gefeiert werde, hervor: dem Zerfall der sogenannten humanistischen, weltentrückt bigotten oder weltlich erbaulichen Illusionen, die uns das vergangene Jahrhundert hinterlassen habe. Dieser gleichsam »negative Humanismus« enttäusche jene, die nach Gewißheit lechzen.[270]

Die pluralistische, polyvalente Postmoderne durchkreuzt Totalität und damit die zum Totalitarismus neigenden Globalmodelle; sie beschränkt sich auf die »kleinen Erzählungen«, die nicht in eine Hierarchie, geschweige denn in ein System gebracht werden müssen. Solche Entzauberung systematischen Denkens als Folge der Entzauberung der Welt durch systematisches Denken (Bankrott des mechanistisch-rationalistischen Weltbildes), verbunden mit einer radikalen Subjektkritik, begreift sich als postmoderne Moral.[271]

Neue Unübersichtlichkeit

Auch wenn eine Reihe von Geisteswissenschaftlern (wie Wolfgang Welsch) der Diskussion über den Begriff Postmoderne zur definitorischen Seriosität verhalfen – das »Gerede« über den Terminus ließ diesen weitgehend konturlos erscheinen; seine Vagheit und Konfusion war jedoch zugleich erhellend: Denn Nebel machte vor allem das Klima der postmodernen Befindlichkeit aus. Jürgen Habermas sprach von der »neuen Unübersichtlichkeit«, die allein durch kommunikative Vernunft überwunden werden könne.

Der über die subjektzentrierte Vernunft hinausweisende, die postmoderne Vernunftkritik »aufhebende« Begriff der »kommunikativen Vernunft« will Vernunft dadurch rehabilitieren, daß sie diese frei hält »sowohl von den totalitären Zügen einer instrumentellen Vernunft, die alles ringsum und auch sich selbst zum Gegenstand macht, wie auch von den totalisierenden Zügen einer inklusiven Vernunft, die sich alles einverleibt und am Ende als Einheit über sämtliche Unterschiede triumphiert.«[272]

Mit »kommunikativer Vernunft« (und, daraus folgend, »kommunikativem Handeln«) umschreibt Habermas die Chance, die sich einer gefährdeten Welt dann auftut, wenn diese integraler wie antizipatorischer Vernunft wieder zur Wirksamkeit verhilft. Sowohl die globalen als auch regionalen Probleme (Krieg und Aufrüstung, Hunger und Verelendung, Arbeitslosigkeit und Frustrationsaggressivität, ökologische Ausbeutung und ökonomische Krisen) können durch eine in Subsysteme aufgespaltene Gesellschaft und Politik nicht mehr bewältigt werden; vernetztes Denken und Handeln sind notwendig.

Die Unübersichtlichkeit in der Sache wurde dadurch erheblich verstärkt, daß die »Sprachspiele«, mit deren Hilfe postmoderne Befindlichkeit sich vornehmlich vermittelte, in Ablehnung von Aufklärung, Logik und Argumentation auf mystifizierende »Dunkelheit« angelegt waren. Würde man Vernunft vernünftig kritisieren, trüge man zu ihrer Stabilisierung bei. Attraktiv erschien statt dessen »ein frei flottierendes, imaginierendes, erfindendes, listiges oder auch poetisches Denken«, das weder streng noch systematisch, weder der Wahrheit noch in irgendeiner Weise der Allgemeingültigkeit verpflichtet, jedenfalls unter keine Regel zu bringen war und sogar dem Anspruch auf einen regelgeleiteten Diskurs widerstritt.[273]

Odo Marquard bezeichnete dementsprechend den Philosophen als »Stuntman des Experten«; das bedeute, daß er kein Hauptdarsteller mehr auf der Bühne des Wissens sei, sondern einer, der mit viel Geschick und Raffinesse, aber auch mit Bluff, Sinn bzw. Unsinn vorspiele. Am Beispiel des »Modephilosophen« Dietmar Kamper[274] sprach Klaus Laermann vom »Gefasel der Gegenaufklärung«. Die Verstiegenheit und Verquastheit gegenwärtiger Moden in den Sozial- und Geisteswissenschaften – flankiert von Zeitschriften wie *Tumult* (»Zeitschrift für Verkehrswissenschaft«) und *Konkursbuch* (»Zeitschrift für Vernunftkritik«) – beruhe auf der Entrückungsstrategie einer Sprache, die ihren Inhalt nicht mehr bis zur Kenntlichkeit entwickeln will, sondern ihn lieber im schiefen Irgendwie belasse.[275]

Die postmodernen Antidenker und ihre Vertreter wie Schüler an den Universitäten und in den Redaktionen entwickelten ein Ritual der Unverständlichkeit und damit Unzugänglichkeit, das die Karriere insofern förderte, als Unklarheit nicht überprüft und beurteilt werden konnte. Die neuen Unklaren verstanden es, statt Beweismittel vorzulegen, leeres Verpackungsmaterial zu auratisieren und Verständlichkeit als Zumutung abzuqualifizieren.[276]

Die »Unklarheit« des postmodernen Sprechens kann auch Ergebnis einer verfeinerten Abstraktion sein; die hochgesteigerte scholastische Präzision schlägt dann in ihr Gegenteil um. Der Leser verklettert sich hoffnungslos im Gestänge lebensferner, jede Konkretheit meidender Begrifflichkeit. (Theodor W. Adorno gehörte zu den Bahnbrechern eines derartig konstruktivistischen Sprechens.)

Ob es sich um scharfsinnige Analysen oder subtil formulierte, begrifflich aufgeladene Trivialitäten handelt, bleibt bei Niklas Luhmann vielfach offen. Seiner Systemtheorie liegt ein Bild vom Menschen zugrunde, das diesen »digitalisiert«, von Sinn »entmischt«; er ist durch Okkasionen, nicht durch Ideen geprägt. Für Luhmanns »kalten Blick« gibt es keine übergeordnete Vernunft, an der die menschlichen Subjekte teilhaben und in der sie sich miteinander zu einer Gemeinschaft der Freien und Gleichen verbinden. »Es gibt nur Ratten im Labyrinth, die einander beobachten und eben deshalb zu Systemstrukturen, nie aber zu einem Konsens kommen können.« Die Systeme beobachten sich gegenseitig, indem sie ihre eigenen Systemzustände beobachten. Systeme, auch menschliche Individuen, sind füreinander stets Umwelt, die sich ausdifferenziere, indem sich jedes einzelne System selbstreferentiell verfeinere.[277]

Hans Blumenberg, nach Ansicht Odo Marquards der Verfasser lauter »Problem-Krimis«, die als gelehrte Wälzer getarnt seien[278], erschien vielen Lesern als philosophischer Gegentypus zu Niklas Luhmann, wobei als postmoderner gemeinsamer Nenner die für beide charakteristische Distanzierungsfähigkeit von »herzergreifender Wirklichkeit« angesehen werden kann – beim Systemtheoretiker in Form eines völlig abhebenden »Strukturalismus«, beim sprach- und sprechkundigen Philosophen in Form benevolenter Hermeneutik.

Das Wandern in den »Gärten der Erkenntnis« werde angesichts der großen Diskrepanz von Lebenszeit und Weltzeit zu einem höchst unvollkommenen, mehr zufälligen denn systematischen Herumstreifen. Vieles müsse liegenbleiben; Unerledigtes verwittere dabei, manches werde vorenthalten; die Welt gehe darüber hinweg.[279] Die narrative »kleine Form« – »zerstreute Gedanken«, die in Geschichten gebündelt werden, deren Pointen anstelle des »Verweischarakters« Farbigkeit ausstrahlen – spiegelt ein »Denken, das an der Zeit ist«. Die Transzendentalbelletristen, die ihre Begegnungen mit dem Irdischen auskosten und den Abschied vom Prinzipiellen ausrufen, die ihre Lebensbejahung nicht abhängig machen vom absoluten Sinnbeweis (den wir, da wir zu früh sterben, sowieso nicht führen können), die philosophischen Abbés der fröhlichen Endzeit erzählen Geschichten, bei denen man (wie bei den Abbés des französischen Rokoko) nicht genau weiß, ob sie nun Religio bekunden oder nicht. Der Prophetenton der missionarischen Denker ist »out«; die vielen Emotionsgemeinden der siebziger und achtziger Jahre wollen jedoch auf die quicke Schar von Weltanschauungs-Äquilibristen, Seins-Akrobaten und Deutungs-Entertainern nicht verzichten.

Posthistoire, Historikerstreit und Alltagsgeschichte

1960 sprach Arnold Gehlen von der Zeit der Posthistoire, bezogen auf den Zustand der bildenden Künste. Die Entwicklung sei abgewickelt, was nun komme, sei bereits vorhanden, der Synkretismus des Durcheinanders aller Stile und Möglichkeiten.[280] Die Zeit nach dem »Ende der Geschichte« wird seitdem pessimistisch dahingehend interpretiert, daß es sich um eine Erschöpfung der geschichtemachenden Ideen handle (Theodor Lessing nannte vor Jahrzehnten Geschichte »Sinngebung des Sinnlosen«).

Einen Höhepunkt erreichte die Diskussion über die Posthistoire mit Francis Fukuyamas Essay (dann Buch) vom *Ende der Geschichte* (1989/1992). Der Zusammenbruch des sozialistischen Systems wird in eine geschichtsphilosophische Apotheose des westlichen Systems uminterpretiert. Mit dem Sieg der liberalen Demokratie über die linken wie die rechten Systeme von Totalitarismus sei der Zustand der Fast-Glückseligkeit der Menschheit erreicht, habe die Suche nach dem »human government« einen erfolgreichen Schlußpunkt erreicht; in politischer, ökonomischer und sozialer Hinsicht gäbe es keine vernünftige Alternative mehr, und das bedeute, daß auch die ideologische Evolution ihren Abschluß gefunden hätte; die vom Westen durchgesetzten Werte und Maßstäbe könnten als universal gelten.[281]

Die These vom »Ende der Geschichte« entsprach postmoderner Befindlichkeit, da sie das Post zum Punctum macht. An das Nachher will man nicht denken, sondern im Gegenwärtigen aufgehen. Freilich fehlt die in der Postmoderne ebenfalls anzutreffende Tugend der Skepsis – Anschauungen und Feststellungen relativierend; das Erreichte wird dogmatisch, als das nicht mehr Veränderbare, fixiert.

Dadurch ergab sich eine Konvergenz mit dem bis zum Zusammenbruch vorherrschenden Geschichtsbild der DDR: Durch den Sieg des Kommunismus sollte dort das Ende der Geschichte herbeigeführt werden; weitere Entwicklungen waren weder notwendig noch wünschenswert, denn der Zugang zum Paradies auf Erden war bereits eröffnet. Geschichte war nur so lange notwendig, bis der Kapitalismus untergegangen sei. Ansonsten hatte im SED-Staat die Postmoderne keine Chance, denn all das, was sie kennzeichnete, war verpönt: ihre Antisystematik, ihr Relativismus, ihre spielerische Ästhetik. Versteht man die Postmoderne als Charakteristikum für die Zeit nach dem Ende der Protestbewegung, so fehlte in Ostdeutschland diese Erfahrung - also zwei Jahrzehnte abwechslungsreichen, durch animierende Widersprüche geprägten Kulturlebens; statt dessen Bitterfelder Ödnis und bleicher Sonnenglanz. Und keine Musik ertönte; selbst gedankenlose Freude war untersagt.

Es überraschte dann allerdings, daß kurz nach der Wende aus der früheren DDR mit Durs Grünbein ein postmoderner Dichter par excellence hervorging und rasch gesamtdeutsch reüssierte – worüber die Kritik mit Recht baß erstaunt war. Schon die Titel – *Schädelbasislektion,* 1991; *Falten und Fallen,* 1994, mußten entzücken, da sie etwas versprachen, was sie dann durchaus einlösten: kein DDR-Grübeln über bewältigte oder unbewältigte Vergangenheit, kein DDR-Oszillieren zwischen selbstmitleidiger Schwermut und trotzigem, antikapitalistischem Aufbegehren – insgesamt also keine DDR-Gesinnungsästhetik, sondern virtuose Handhabung des postmodernen »international style« mit einem hohen Anteil von Dunkelzeilen. »Komm zu dir Gedicht. Berlins Mauer ist offen jetzt./Wehleid des Wartens, Langweile in Hegels Schmalland/Vorbei wie das stählerne Schweigen.«[282]
1962 in Dresden geboren, mit 33 Jahren Büchner-Preisträger, zeigte Grünbein kein Wehleid des Wartens: Hurtig gelang es ihm, die vom Osten erwartete hegelianische Oberlehrer-Langeweile durch witzige, geistreiche Mixturen vergessen zu machen; äquilibristisch ging er mit gelehrten Anspielungen und biographischen Mystifikationen um; und er leistete zusätzlich, der literarischen »political correctness« genügend, Trauerarbeit (*Den teuren Toten. 33 Epitaphe,* 1994).
Es könnte sich bei Grünbeins Lyrik, meinte Fritz J. Raddatz nach anfänglicher Begeisterung, freilich nicht um einen Entwurf der Moderne, sondern um einen Faltenwurf der Mode handeln – »geschminkte Aktualität, die ›Handy‹ sagt, statt

zeitgenössisch zu sein«. Der Starkritiker und Mitherausgeber der FAZ, Frank Schirrmacher, ein rascher, erfolgreicher Aufsteiger im Zeitungsgeschäft, dekretierte: »Grünbein ist eine Hoffnung, aber eine, die ihr Versprechen schon eingelöst hat.«[283] So wurde der postmoderne Dichter, der als lyrisches Ich das DDR-Jammertal mit kosmopolitischer Verve hinter sich gelassen hatte, erstaunlich schnell in die literarische Posthistoire versetzt.

Beim »Historikerstreit« – einem Kulturkampf in den späten achtziger Jahren – bestand der Stein des Anstoßes im Versuch eines rechtskonservativen »Geschichtsrelativismus«: Im Stil einer Schadensabwicklung sollten die NS-Verbrechen aus dem Raum öffentlicher Wirksamkeit verdrängt werden, um dadurch den Platz frei zu machen für den Aufbau nationaler Identität. Dies, so Jürgen Habermas in seinem im Juli 1987 veröffentlichten Aufsatz »Eine Art Schadensabwicklung. Apologetische Tendenzen in der deutschen Zeitgeschichtsschreibung«, widerspräche dem Verfassungspatriotismus. Mit besonderem Nachdruck wandte sich Habermas gegen den Historiker Ernst Nolte, der die »Singularität der Judenvernichtung« auf den »technischen Vorgang der Vergasung« zu reduzieren versuche und den GULAG in heideggerisierendem Sprachstil für »ursprünglicher« als Auschwitz erkläre.[284]

In einer Zwischenbilanz des »Historikerstreits«, dessen publizistische Resonanz alle bisherigen bundesrepublikanischen Kontroversen überbot, meinte Hans-Ulrich Wehler, daß die Verteidigung des kritischen Selbstverständnisses der Bundesrepublik gegenüber revisionistischer Umwertungsabsicht insgesamt erfolgreich gewesen sei. Da die Wachsamkeit und das kritische Urteil der liberalen Öffentlichkeit wie der engagierten Historiker den Erfolg erstritten hätten, habe sich zugleich eben jene vielzitierte politische Kultur bewährt, deren Gefährdung so oft prophezeit worden sei. Das berechtige zu der Hoffnung, daß auch künftig die besseren Argumente derjenigen, die im »Historikerstreit« die Kritik am Revisionismus verfochten, die Oberhand behielten.[285] Ein solch republikanischer Optimismus konnte sich darin bestätigt sehen, daß der von 1984 bis 1994 amtierende Bundespräsident Richard von Weizsäcker seine unbestrittene moralische und politische Integrität vor allem auch der Eindeutigkeit verdankte, mit der er, als höchster Repräsentant der Bundesrepublik, der Historisierung des Dritten Reiches und der damit verbundenen Schuldminderung, Schuldabwälzung oder Schuldverdrängung entgegentrat.

In den neunziger Jahren kam es zu einem erneuten »Historikerstreit«, bei dem die meisten deutschen Beteiligten Front gegenüber einem amerikanischen Wissenschaftler machten. Stein des Anstoßes war Daniel Jonah Goldhagens Buch *Hitlers willige Vollstrecker* (1996), in dessen Zentrum die These steht, daß der Massenmord an den Juden im deutschen »eliminatorischen« Antisemitismus seinen Grund gehabt habe. Das große Echo des Buches war tiefenpsychologisch darin begründet, daß Fragen aufgeworfen wurden, die von der deutschen Geschichtswissenschaft vielfach verdrängt bzw. nicht aufgearbeitet waren; sie betrafen die individuelle wie kollektive moralische Schuld der Deutschen und deren Verantwortung für den Vernichtungsantisemitismus.[286] Er wolle den »Meinungssoldaten«, die »mit vorgehaltener Moralpistole« den Schriftsteller in den Meinungsdienst nötigten, entgegentreten, meinte Martin Walser in seiner Dankrede anläßlich der Verleihung des Friedenspreises des Deutschen Buchhandels 1998; er zielte damit auf diejenigen, die unter Bezug auf Auschwitz »jeden Tag in den Medien ... die Dauerpräsentation unserer Schande« betrieben. Als daraufhin Ignatz Bubis, Vorsitzender des Zentralrates der Juden in Deutschland, dem Dichter »geistige Brandstiftung« vorwarf, denn er plädiere eindeutig für »eine Kultur des Wegschauens und des Wegdenkens«, kam es zu einer, weite Kreise der Bundesrepublik erfassenden intensiven kontroversen Debatte. Gegenüber weitreichender populistischer Zustimmung wurde Walser in der Publizistik zunehmend kritisiert, da er auf unverantwortliche Weise die deutschen Stammtische aktiviert habe. Beanstandet wurde seine reaktionäre Geschwätzigkeit, deren Vagheit leicht antisemitisch und aufklärungsfeindlich instrumentalisiert werden könne. (Redseligkeit charakterisierte auch Walsers autobiographischen, von der Kritik freilich hochgelobten Roman »Ein springender Brunnen«, 1998.)

Die Sensibilisierung für Zeitgeschichte stand im Kontrast zur historischen Refeudalisierung, die Minderwertigkeitsgefühle durch Rückprojektion zu kompensieren trachtete. Im Westen wurde die Sehnsucht nach dem Erhebenden und Erhabenen[287] durch raffiniert inszenierte Großausstellungen und die Neugründungen von Museen befriedigt. 1980 meinte Lenz Kriss-Rettenbeck, daß die Großausstellungen nicht von Fachleuten, sei es in der Idee, sei es im Konzept, entwickelt, sondern von interessierten Kreisen, vor allem von Politikern und von Staatsmännern, gefordert würden; sie sollen offensichtlich nicht so sehr der Information dienen als Ideologien aufbauen oder Meinungsbilder entwickeln helfen. »Es sind pure mimae pompae, es sind die modernen Triumphzüge der großen politischen Gladiatoren.«[288]

Im Osten entdeckte man, nach einer langen Zeit klassenkämpferisch interpretierter deutscher Geschichte – die progressiven Tendenzen wurden bis zum Bauernkrieg zurückgeführt und kulminierten in der Arbeiterbewegung –, den Wert allgemeiner nationaler Stoffe und Personen, zu denen bürgerlich-emanzipatorische (Freiherr vom Stein mit seiner Gemeindereform) wie heldisch-militärische (Marschall Blücher und die Feldzüge der Befreiungskriege) gehörten. Der Versuch, ein sozialistisches Nationalbewußtsein vorrangig aus den »sozialistischen Produktionsverhältnissen« als »Einheit von sozialistischem Patriotismus und proletarischem Internationalismus« zu begründen, erschien unter dem Eindruck zunehmender gesamtdeutscher Kommunikation vielen DDR-Bürgern als absurde Verdrängung des deutschen Herkunftsbewußtseins; im Spannungsfeld zwischen einer nationalen Identitätssuche und der Orientierung auf die »sozialistische Staatengemeinschaft« schwang das Pendel in den siebziger Jahren zur anderen Seite aus.

»Nur wenige Jahre, nachdem die SED den Namen ›Deutschland‹ außer Kurs setzen wollte, versuchte die DDR, die deutsche Geschichte für ihre eigene historische Legitimation umfassend in Anspruch zu nehmen, indem sie ein integrales Geschichtsbild konturierte, das sich von Sachsen und Preußen, als Stammländern der DDR ausgehend, schließlich auf die gesamte deutsche Geschichte bezog. Damit war insbesondere einer Neueinschätzung Preußens der Weg gebahnt, und auch historische Persönlichkeiten wie Martin Luther, Friedrich II. und selbst Bismarck bildeten kein Tabu mehr. Die ganze deutsche Geschichte gelangte in den Blick der DDR-Historiographie, die sich jetzt bemühte, durch eine differenzierte Sichtweise ein neues Traditionsverständnis für die DDR zu entwickeln. Dieser Wandel zeigte sich zuerst in dem viel beachteten Aufsatz ›Die zwei Gesichter Preußens‹ (1978) von Ingrid Mittenzwei, ... darin heißt es: ›Preußen ist Teil unserer Vergangenheit.‹« (Rüdiger Thomas)[289]

Alltagsgeschichte hatte in der DDR eine lange und, neben ihrem ideologischen Mißbrauch, auch eine gute wissenschaftliche Tradition (repräsentiert durch Kulturwissenschaftler wie Jürgen Kuczynski und Dietrich Mühlberg). Im Westen vollzog sich mit den siebziger Jahren ein historiographischer Perspektivenwechsel (»Grabe, wo du stehst«). »Man denkt sich nicht mehr so leicht in die Pupille Gottes oder des Weltgeistes hinein ... Wir beginnen uns vielmehr für uns selbst und für die Herkunft der eigenen Lebensbedingungen, Verhaltensweisen, Deutungsmuster und Handlungsmöglichkeiten zu interessieren.« Gefragt war eine konkrete »Sozialgeschichtsschreibung von unten«.[290]

Freilich vernachlässigte die Alltagsgeschichts-Bewegung, lokalisiert in basisorientierten »Geschichtswerkstätten«, vielfach vor lauter Konkretheit die Strukturgeschichte; das an sich »progressive« Geschichtsverständnis verlor in der Fixierung an purer Stofflichkeit und in der Freude an narrativer Vielfalt seine emanzipatorische Dimension. So bestehe, meinte Hans-Ulrich Wehler, häufig die Neigung, das Alltagsleben zu beschönigen, eine angeblich heile Welt gegen die kalte Zweckrationalität und Anonymität der von Großbetrieben und Großbürokratien beherrschten modernen Welt auszuspielen.[291]

Architektur als Mehrfachkodierung

Der Losung Paul Feyerabends, daß allgemeine Regeln nicht zur Kunst führten, die »idées générales« abgewirtschaftet hätten, statt dessen alles erlaubt sei, machte die postmodernen Kulturtopoi zu Bauplätzen für Vielfachwahrheit. Das Potential des ästhetischen und methodischen »Anarchismus« befreite damit auch Architektur und Stadtplanung aus den Fesseln des funktionalistischen Purismus.

Die ideologisch unbelastete Auseinandersetzung mit dem Funktionalismus fand erst in den achtziger Jahren unter postmodernem Vorzeichen statt. Ob sozialer oder kapitalistischer Wohnungsbau, ob Gebäude der öffentlichen Hand oder privater, kommerzieller Unternehmungen: Betonburgen hatten in West wie Ost die Innenstädte »zermalmt«; Lebensqualität konnte in den Trabantenstädten nicht aufkommen.

Die Moderne, so Heinrich Klotz, längere Zeit Direktor des Frankfurter Architekturmuseums, habe sich im Brutalismus der sechziger Jahre totgelaufen. Sinnlichkeit, Phantasie und Geschichtsbewußtsein suchten nun wieder nach ihrem Recht. Die Postmoderne dürfe allerdings kein bloßes Ausstattungs- und Dekorationsunternehmen sein, das eine im Wesen unveränderte funktionale Kahlheit nur äußerlich verziere.[292]

Die Postmoderne, in den achtziger Jahren beherrschendes Thema der Architekturdiskussion, hatte einen vorwiegend amerikanischen Ursprung. In den USA war der Funktionalismus auf einem ganz besonderen Höhepunkt angelangt – nicht zuletzt mit Hilfe der eingewanderten, von den Nationalsozialisten vertriebenen Bauhaus-Architekten. Das Unbehagen an gerasteter Betonarchitektur war entsprechend hoch (von Saul Steinberg zeichnerisch immer wieder karikiert). Die Liberalität des amerikanischen Baurechts ermöglichte jedoch nicht nur funktionalistische Exzesse, sondern erlaubte auch eine gegenläufige stilistische Melange, die auf keinerlei normative Ästhetik Rücksicht nehmen mußte. In seinem Buch *Komplexität und Widerspruch in der Architektur* (1966) postulierte Robert Venturi, daß selbst eine mißlungene Lebendigkeit der Einheitlichkeit vorzuziehen sei.[293]
Postmodern sind die spektakulären Frankfurter Museumsbauten: u. a. das Deutsche Architekturmuseum (O. M. Ungers), das Museum für Kunsthandwerk (Richard Meier), das Museum für Vor- und Frühgeschichte (Josef Paul Kleihues). Frankfurt, so Dieter Bartetzko, ohne gezackte Glaserker, ohne grellfarbene Fenster- und Türrahmen, ohne Terrassen, gekurvte Treppen- und Balkongeländer und verbindende Arkadengänge, also ein undekoriertes Frankfurt wäre trostlos. Was bliebe, wären im Großteil der Fälle grobschlächtige, archaisch wirkende Bauten, so anonym und erschlagend wie die ornamentlosen Kistenarchitekturen und falsch verstandener Funktionalismus, zu deren Ablösung postmodernes Bauen angetreten sei.[294]

Der Bau der Neuen Staatsgalerie Stuttgart (James Sterling) erwies sich als die wesentlichste Architektur-Inszenierung im Kultursektor. Mit ausufernder Phantasie wurde hier die Postmoderne auf die Spitze getrieben. Der englische Architekt arbeitete mit traditionellen wie modernen, mit darstellenden wie abstrakten, mit elitären wie populären Codes. Seine Palette reichte von der Würdeform der Rotunde bis zu Handläufen in den Popfarben ice-blue und pink. Als »James Joyce der Architektur« agierte Stirling mit architektonischer Elitär- und Trivialsprache, mit Universalzeichen und Dialekt, mit Pathosformeln der Identifikation und Zwischenrufen der Irritation.[295] Die eklektische Unbekümmertheit, mit der er Zitate aus der abendländischen Baukultur vereinigt, spiegeln einen naiven Historismus, dem Ursprung und Kontext gleichgültig sind.

»Stirlings Einfälle können witzig, vulgär und laut, treffend und abstrus sein. Sein englischer Geschmack schlägt in den vielen Pop-Reminiszenzen immer wieder durch. Wiedergewonnen ist eine unterhaltende und erzählende, eine vielfach überraschende, ja spannende Architektur, die manchmal auch von den Effekten von Jahrmarkt und Disneyland nicht zurückscheute.« (Eduard Beaucamp)[296]

Die anthropologische Sehnsucht nach Ausgewogenheit und Ausgeglichenheit provozierte Ende der neunziger Jahre angesichts überbordender farbig-unruhiger Mehrfachcodierung die Forderung nach Rehabilitierung des Einfachen – als einer »Modernität des Dauerhaften«. Von kosmopolitischer Position aus wieder das Regionale in seinem Wert entdecken, Komplexität reduzieren, aber nicht simplifizieren, Genauigkeit ohne Kälte »beherzigen«, Überschwang zügeln, den humanen und urbanen Bedürfnissen anmutende Gehäuse schaffen – die Post-Postmoderne, kulturökologisch sensibilisiert, setzte auf den Wert der Schlichtheit. Diese Einfachheit werde eine ganz andere sein als jene, welche die Abstraktion der Avantgarde anvisiert hatte: nicht durch ein ehrgeiziges Kunstwollen herausgebildet, sondern durch die Tradition des Gebrauchs, nicht von einer vorgefaßten Vorstellung von Form hervorgebracht, sondern von der Kondensierung der Antworten auf zahllose Bedürfnisse und Wünsche.

»Es wird eine lebendige, schwierige, bisweilen schroffe Einfachheit sein. Vielleicht wird sie sogar beunruhigend sein. Aber für den zeitgenössischen Entwurf ist sie so unverzichtbar wie die Moderne, der wir unausweichlich angehören.« (Vittorio Magnago Lampugnani)[297]

Die feinen Unterschiede

Die Entwicklung von der modernen zur postmodernen Kunst bedeutet, aus der Perspektive aufgeklärter Ästhetik, Regression. »All is pretty« signalisierte den Verlust von Standort wie Standpunkt und überantwortete visuelle Gestaltung der Beliebigkeit; ein auf Pläsier ausgerichtetes Kunstpublikum genoß nicht nur das »Spiel der Reize«, sondern auch den Reiz des Markt-Spiels, für das Kunst zur Aktie wird – je nach Notierung aufgekauft oder abgestoßen. Vor allem die wirtschaftlich reüssierenden »gebildeten Schichten« demonstrierten mit ihrem Kunstinteresse, von postmodernen Künstlern bedient, die »feinen Unterschiede«, die sie von der nivellierten Mittelstandsgesellschaft abhoben. Man distanzierte sich ironisch von der trivialen Welt des Massengeschmacks, an dem man freilich auch – allerdings mit dem Wissen, daß Kitsch Kitsch sei – teilhatte. Die ästhetische Wahrnehmungsweise in ihrer zeitgenössischen Form als »reine« entspreche, so Pierre Bourdieu, einem bestimmten Stand der künstlerischen Produktionsweise, der durch das »absolute Primat der Form über die Funktion«, der Darstellungsweise über das Dargestellte charakterisiert sei.[298]

Den postmodernen Künstler bewegen in seinem »Formalismus« keine »Träume nach vorwärts«; er fühlt sich nicht durch geschichtliche wie existentielle Sinnfragen bewegt. Versteht man unter »Phantasie« eine durch den Vor-Schein von Ideen bewirkten Gestaltungswillen, dann ist postmoderne Kunst meist phantasielos. Keiner wisse, welche »Sprache« das Sein verstehe, welche es spreche oder in welcher man sich darauf beziehen könne. »Ja, keiner weiß, ob es überhaupt nur ein Sein gibt und nicht vielmehr mehrere, nur eine Sprache des Seins oder mehrere.« (Jean-François Lyotard)[299] Noch vor einigen Jahren, in einer Zeit der Überproduktion von Ideen und Theorien, die freilich kraus, bunt und widersprüchlich waren und sich von der konkreten Gesellschaftskritik bis zu utopischen Heilsentwürfen spannten, hätten auch die Kritiker und Ästhetiker gewußt, was sie wollten; sie hingen den einen oder anderen Kunstparteien eine Glaubenslehre an und versuchten, zwischen den Schulen zu vermitteln; sie wußten noch, was wahrhaft, zeitgenössisch und fortschrittlich war und wohin der Weg führte. Heute dominiert ästhetische Grundlosigkeit bzw. Beliebigkeit.

Das schließt keineswegs aus, daß – je nach Marktbedürfnis – ideelle Begründungselemente herangezogen und propagiert werden. Mit ihrer Hilfe kann man, was eigentlich »out« ist, derart »stylen«, daß es für eine gewisse Zeit »in« ist, sogar Gedankenlosigkeit in »kritisches Engagement« verpacken. So pries zum Beispiel Manfred Schneckenburger, ein versierter und durchaus gebildeter Marktstratege – ein »allzeit einsatzbereiter Libero«[300] –, als Leiter und Ausrichter der documenta 8 den Kasseler Kunstzirkus 1987, der zunehmend seine Berechtigung in rascher »Nummernfolge« suchte, als »Rückkehr der Kunst in die soziale Dimension«. Der avisierte kritische Geist erwies sich jedoch als »Schnickschnack«, bestenfalls als »bunte Stimmungspalette«. In der *Zeit* sprach Petra Kipphoff von einem »hohen Fest der Beliebigkeit«; unter dem Motto »Alles ist möglich« erlebe man ein »Kaleidoskop von Inszenierungen«.[301]

Die künstlerische Involution förderte das Nebeneinander verschiedener Kunstrichtungen, also die Umstrukturierung der bislang relativ linear verlaufenen Entwicklung in Richtung eines »Patchworks von Möglichkeiten« - so Wolfgang Max Faust und Gerd de Vries in ihrem 1982 erschienenen Buch *Hunger nach Bildern*.[302] Diese Metapher brachte jene buntgescheckte Reaktion auf den Begriff, »die eine junge, radikal subjektivistische Künstlerschar seit 1978 mit ungestümen, teils emphatisch-expressiven, teils punkhaft frechen, grellfarbigen oder auch düster-aggressiven Bildern gegen die am Ende blutleer gewordene, objektivitätssüchtige Konzeptkunst betrieb. Bilder, die noch farbfeucht, so rasch wie nie eine Kunstproduktion zuvor, auf den Markt und in die öffentliche Diskussion gelangten und dabei bereits unmittelbar nach ihrer Entstehung ebensoviel Begeisterung wie auch heftige Anfechtungen auf sich vereinigen konnten.« (Karin Thomas)[303] Zur »neuen Wildheit« und der Destruktion der Dimension des Bedeutsamen (etwa durch Gerhard Richter und Sigmar Polke) kam das, gerade für eine internationale Kunst-Schickeria »interessante« und deshalb hoch notierte »Deutsche« - mit dem Hautgout des Chaotisch-Anarchischen oder mystisch-mythisch Altfränkischen. Schwerblütig und leidenschaftlich in den Anfängen von Georg Baselitz und Eugen Schönebeck, von emphatischer Gestimmtheit in den Dithyramben von Markus Lüpertz und von pathetischer Geschichtsträchtigkeit bei Anselm Kiefer.[304]

Als Virtuose der neuen Unverbindlichkeit erwies sich Gerhard Richter. Die von ihm akzentuiert vertretene »Theorie der Theorielosigkeit« (»Ich mag das Unbestimmbare«) variiert er künstlerisch durch einen steten Wechsel von Stilen, die er perfekt adaptiert oder kreiert. Er flieht jeder Festlegung, betont, daß er nicht wisse, was er wolle; er sei inkonsequent, gleichgültig, passiv, verfolge keine Absichten, kein System, keine Richtung. Er habe kein Programm, keinen Stil, kein Anliegen. Weltanschauungslose Malerei, Kunst um ihrer selbst willen, gewollte Stilbrüche, ein »Durcheinander« von Motiven – von der Kuh mit dem Schriftzug »Kuh« (1964) bis zur weinenden Jackie Kennedy – machten ihn zum Protagonisten des »kapitalistischen Realismus« – eine Aktion unter Beteiligung von Sigmar Polke im Mai 1963, mit der er sich von seinen sozialistischen Anfängen löste. (Der 1932 in Dresden geborene Maler war 1961 aus der DDR nach Düsseldorf übergesiedelt.)

Anselm Kiefers Erfolg widerspricht scheinbar dem postmodernen Beliebigkeitskult – fehlt seinem Werk doch die bunte Oberfläche, die reizvolle Vielfachcodierung; es ist »manisch« deutsch, aufgeladen mit dunklen, geheimnisvollen Mythen. In den frühen siebziger Jahren war er ein Spezialist für bäuerliche Dielen und Heuböden. Die an sich schon dumpf wirkenden Interieurs erhielten ihre besondere, wenn auch verfremdete Blut-und-Boden-Aura durch Inserts – so wenn etwa das Schwert Wotans, in den Boden einer Holzhütte als Stele eingerammt, noch mit »Notung« in typisch deutscher, ins Bild eingravierter Kinderschrift benannt wird. Zu den hölzernen Mysterienräumen kamen Backstein- und Marmorbauten; ferner Acker- und Flurbilder – mit Vorliebe für die märkische Landschaft (»Märkischer Sand«, »Märkische Heide«, »Wege: märkischer Sand«, wobei verschiedentlich die Leinwand mit wirklichem Sand bestreut ist; auch Stroh wird in die Collage-Technik einbezogen).[305]

New York, mit seinen rund siebenhundert Galerien, wurde das Dorado für Kunst-Kommerz und damit für eine Reihe deutscher Postmoderner (wie Markus Lüpertz, Jörg Immendorff, Gerhard Richter, Anselm Kiefer) zu einem Hauptumschlagsort für Geld, Ruhm und artistischem Profil. Eine Kunst, die auf »Avantgarde« verzichtet, also ohne »Zeitpfeil« auszukommen glaubt – sich nach dem postmodernen Motto verhält: »Hier stehe ich! Ich kann auch anders«[306] –, eine solche, in der Stil-Losigkeit ihren Stil findende Kunst dient vor allem dem Ausgleich von Mangellagen, ist im Sinne von Odo Marquard »kompensatorisch«. Die Aporie und Heteronomie der modernen Welt wird »farbig« erträglich gemacht, von Sinndefiziten reizvoll abgelenkt. Surrogat und Provisorium ermöglichen Verschonung; Kunst soll inszeniert, gespielt und genossen werden, nicht belasten und nicht belästigen.

»Monochromatik, Leinwandschlitz, Nagelobjekt, Fotolack, Filz und Fett, neue Wilde, lahme Alte – alles Kunst, alles verkäuflich, alles pretty. All is pretty: die Kunst der Postmoderne in der Rolle des Handlangers bei der affirmativen Zurschaustellung dessen, was ohnehin so und nicht anders ist. Kunst als PR-Agentur des Bestehenden, zuständig für dessen Putz, Reklame, Zierat, Kosmetik.« (Peter Niebaum)[307]

Als großer Gegenpol zur postmodernen Beliebigkeit galt Joseph Beuys – zwar kein Aufklärer, aber ein bedeutender Guru kreativen Engagements. (Einen Meister des Bluffs, ein Genie des Kundenleimens, nannte ihn freilich Peter Rühmkorf.) Kein Künstler der Nachkriegszeit stand so

Hochkonjunktur der Kunst in den achtziger Jahren: Besucher der Art Cologne (Köln).

wie Beuys im Mittelpunkt der Aufmerksamkeit; die Aura dieses »charismatischen Materialisten« speiste gleichermaßen die Verehrung seiner »Gemeinde« wie die Aggressivität seiner Gegner und Feinde.[308] Die Ausstrahlung des Mannes mit dem Filzhut wirkte nicht über den Umweg spiritueller Kommunikation, sondern erfolgte sozusagen direkt-dinglich: Er war ein Künstler zum Anfassen. *Was* er wie gestaltete, war weniger wichtig, als *wie* er sich darstellte; mehr als das Profil von Beuys' Kunst beeinflußte die Physiognomie des Künstlers; dies machte ihn zum kongenialen Protagonisten der Medienwelt. Wenn er in Erscheinung trat, waren stets Rundfunk und Fernsehen präsent.

Die Vermarktung des Bürgerschrecks Beuys, mit Filzhut und Fliegerweste, wie ein Wanderprediger der Kunst durch den Jahrmarkt der Eitelkeiten schreitend, Eulenspiegel, »soziale Skulptur«, ließ oft den biographisch-ethischen Kern dieser Persönlichkeit vergessen. Im Zweiten Weltkrieg war Beuys als Stuka-Flieger über der Krim abgestürzt; seine wundersame Errettung verdankte er zwischen den Fronten nomadisierenden Tataren, die den Halberfrorenen aus den Trümmern gruben und den tagelang Bewußtlosen mit Talg salbten und mit Filz wärmten.[309] Die nach einer Operation eingesetzte silberne Schädelplatte bedeckte seitdem fast immer ein Hut. Dazu kam das religiöse Klima seiner Herkunft; christliches Erbe katholischer Prägung erwies sich als Gärstoff für die Entfaltung seiner Kunst. Messen, Prozessionen, Mysterien, Reliquien, Kreuze, Monstranzen, Kelche, Kerzen, Blumen, Weihrauch prägten Beuys' künstlerisches Zeichensystem, das, wie etwa die »Kreuzigung« 1962/63, von ergreifender Überzeugungskraft ist, weil es das Pomphaft-Katholische vermeidet und »heilige Einfalt« bekundet.[310] Die verwendeten »armseligen« Materialien wie Filz, Fett, Honig, Wachs, Eisen, Holz und andere »Elementarstoffe« erwiesen sich, unabhängig von individuell-mythischen Konnotationen, von reichem »Assoziationsüberschuß«: Sie wurden von Beuys intuitiv, ja häufig in geradezu provozierender Absurdität verwendet zur Verdeutlichung höchst einfacher polarer Gegensätze wie Wärme und Kälte, Empfänger und Sender, Geburt und Tod, weiblich und männlich, organisch und kristallin.[311] »In einer Zeit technokratischer Hybris lenkte Beuys den Blick auf sanfte Kräfte der Natur, weckte er Verantwortung für den Umgang mit den Gaben der Erde. Lichtphänomene und der rinnende Sand; Frieden und Früchte. Manchmal agierte er als Prophet, schrieb Lebensmaximen auf große Tafeln, wie in der Nationalgalerie in Berlin. Er predigte Einfachheit und die Achtung der Naturgesetze. So weckte er Verantwortung des einzelnen, und so entstand auch seine politische Bewegung der *direkten Demokratie:* realisierbar vermutlich nur in einer friedenswilligen Welt.« (Doris Schmidt) [312]

Der Stachel des Todes drang tief in Joseph Beuys' künstlerische Existenz ein; in magischen Installationen verdinglichte sich seine traumatische Verletzbarkeit. Auf der Kunstbiennale in Venedig 1976 war »Tram Stop« – Zitat eines Kriegerdenkmals aus dem Kindheitsort Kleve – Mahnmal des Erinnerns, zugleich Vollzug und Analyse des Erinnerns. »Kanonenrohr und klobige Bomben, obenauf die Plastik eines Menschenkopfs, ein archaisches Gesicht, stolz und angstvoll, klein über dem Kriegsgerät. Links davon eine abbrechende Eisenbahnschiene, Gedächtnisschiene, auf welcher Erinnerung dem Vergangenen nachfährt.«[313] »Zeige deine Wunde« (im Münchner Lenbachhaus) ist ein vielteiliges Arrangement mit zwei realen Totenbahren, wie sie in Krankenhäusern benutzt werden, im Mittelpunkt; dazu Schiefertafeln mit ein paar magischen

Worten; zwei Distellanzen, wie sie Hirten verwenden. Die merkwürdige, geradezu beklemmende Aura dieser ganzen Objektassemblage geht von den beiden Totenbahren aus, »deren zerbeultem Blech und abgestoßenem Gestänge man ansieht, wie viele Tote auf ihnen zu ›ihrem letzten Weg‹ gefahren wurden. Objekte, die deutlich machen, wie im Tode der Mensch wieder zum ›Objekt‹ wird«.[314] Bei der Raumplastik »Blitzschlag mit Lichtschein auf Hirsch«, postum - ein Lehmhaufen aus Bronze, ein flacher Wagen, als »Ziege« deklariert, fünfunddreißig »Urtiere«, die eine silbrig glänzende Konstruktion auf vier Klötzen, den Hirsch, umgeben -, bei diesem »naturmythischen Raum, der sich zur Kälte neigt«, ein »Urzeit-Raum ohne Erinnerung«, werden mit wenigen kreatürlichen Formen die Zeichen einer drohenden Endzeit heraufbeschworen; Mahnung an die Fähigkeit zur Einsicht und zur Besinnung.[315]

Künstlerisch tief beeindruckt von der auf kosmische Harmonie zielenden Bildhauerei Ewald Matarés, dessen Meisterschüler Beuys an der Düsseldorfer Akademie gewesen war, kommt er in seinen Zeichnungen, seine »stillsten«, wohl aber bedeutendsten Arbeiten, dem Ganzheitlichen, das er unermüdlich theoretisch propagierte, am nächsten. Aus philosophisch-anthropologischer Überzeugung heraus vertrat er den Grundsatz, daß jeder Mensch ein Künstler sei, Kreativität also den Grund menschlicher Existenz ausmache, so wie Pico della Mirandola den Menschen als seinen eigenen Schöpfer, als »plastes et fictor« (als Bildner und Gestalter seiner selbst) bezeichnet hatte.[316] In den USA empfand man dementsprechend Beuys weniger als Prophet der Zukunft denn als Magier aus dem Mittelalter, dessen Weltverbesserungsglaube der eines »politischen Luftmenschen«, eines Parsifal aus Düsseldorf, war.

Joseph Beuys - und dies macht ihn nicht zum Gegenpol, sondern zum eigentlichen Inbegriff der Postmoderne - konnte Bezugsperson oder besser Projektionsfeld für all jene werden, denen Kunst als Kompensation willkommen war. Die ästhetisch vermittelten Mythen werden »geglaubt« (von Verächtern dieser Kunst als »Bluff« bezeichnet). Man fühlt sich »irgendwie« einer Ganzheit inkorporiert, die für Fragwürdigkeiten keinen Raum läßt. Die Beuys-Gemeinde empfand das Zur-Schau-Gestellte als Generator eines übersinnlich-seelischen Wärme- und Energiestroms.

»Der Begriff Kunst und Leben fand in Dir den höchsten Ausdruck und ist nun verbunden mit Leben und Tod. Es lebe die Kunst«[317] (G. Uecker).

Rückkehr zur mittleren Musik

In den sechziger und siebziger Jahren schlug die revolutionäre Sringenz der Avantgarde in postmoderne Richtungslosigkeit um – entweder als Verkehrung des originären Ansatzes in sein Gegenteil oder als Vollendung der bereits in diesem Ansatz enthaltenen »Unschärfe«.

In einem Bericht über den 33. Internationalen Ferienkurs für neue Musik in Darmstadt (1986), eine Einrichtung, die für die Entwicklung der modernen Musik seit dem Ende des Zweiten Weltkrieges von größter Bedeutung war, spricht Wolf-Eberhard von Lewinski von dem Darmstädter Pluralismus als Signal für die neueste Musik.[318] Das Komponieren sei heute leichter geworden denn je; es gebe keine stilistischen Grenzen, wenig Materialbeschränkungen. Kaum einer der jungen Komponisten wisse die gegebene Freiheit in der Wahl der Mittel und der Einfälle zu überzeugenden kompositorischen Resultaten zu nutzen. Lewinski zitiert den Komponisten Helmut Lachenmann: »Als ich zum erstenmal nach Darmstadt kam – 1957 –, war ich vor allem fasziniert von der Konsequenz, mit welcher dort im engeren Kreise musikalisches Denken revolutioniert und neue adäquate Kompositionstechniken erarbeitet und diskutiert wurden, nicht nur ohne Rücksicht auf die Konflikte, die sich notwendig beim Publikum ergaben, sondern mit dem festen Willen, diesen Konflikt auszutragen, ohne von der Provokation bürgerlicher Tabus durch irgendwelche Tricks abzulenken.« Heute, kommentiert Lewinski, hätten es die jungen Komponisten fast zu leicht; sie erhielten zumeist viel zu früh und zu oft lukrative Aufträge, obwohl sie weitgehend auf sich selbst angewiesen seien, nicht mitgetragen von einer Art Schule oder Gruppe. Als symptomatisch mag da gelten, daß Lachenmann ein 1984 entstandenes Werk *Mouvement (vor der Erstarrung)* nannte und es selbst als eine »Musik aus toten Bewegungen« charakterisierte – »quasi letzte Zuckungen«. Die innere Erstarrung, die der äußeren vorangehe, sei hier angezeigt.

Was in den sechziger Jahren noch Sendungsanspruch war, nämlich die bürgerlich-musikalischen Normen und Stereotypen zu zerschlagen, löst sich in atonale Konsumware auf, die freilich nicht wirklich konsumiert wurde. Mäzenatentum, vor allem der öffentlichen Hand, ermöglichte meist die erste Aufführung, der keine zweite folgte.

Mehr Erfolg hatten diejenigen, die sich für eine »mittlere Musik« entschieden. Hermann Danuser unterscheidet neben der »Moderne« (als

Zeitraum von etwa 1890 bis zum Ersten Weltkrieg, mit Arnold Schönberg und Alban Berg) drei »Kulturen der Musik« als grundsätzliche Paradigmen der Musik im 20. Jahrhundert: die Tradition, die Avantgarde als Teil der Moderne, die »mittlere Musik«.[319]

»Mittlere Musik« sei zu definieren in Hinblick auf ihren Kunstanspruch als ein Stilhöhenbereich zwischen dem »Oben« der absoluten Kunstmusik und dem »Unten« schierer Trivialmusik, zum anderen in Hinblick auf den Stand des musikalischen Materials durch eine Position zwischen dem »Vorn« einer strikten (freien oder dodekaphonen) Atonalität und dem »Hinten« einer traditionellen funktionsharmonischen Tonalität. »›Mittlere Musik‹ als die Funktionsmusik einer Zeit, die durch die Kluft zwischen Avantgarde und Kulturindustrie gekennzeichnet ist, enthält ein Neben- und Nacheinander vielfältigster Ansätze innerhalb eines stilistisch und gattungsmäßig weitgespannten Bereichs von Musik. Die Liturgie (im Rahmen der Kirchenmusikbewegung), die neuen Medien (Radio, Film), aber auch Pädagogik und Politik, richten an die Musik je bestimmte Funktionsansprüche. Damit gehört die ›mittlere Musik‹, die Idee einer Musik, in welcher ein (nicht autonomer) Kunstgehalt mit einer bestimmten Funktionserfüllung zur Deckung gebracht werden könnte, zu den charakteristischen Paradigmen im 20. Jahrhundert.«

Die postmoderne Jugend bekenne sich weniger zu Alban Berg als zu Richard Strauß. Spielerisch-gelöste Unbefangenheit, leidenschaftliche Innigkeit, auch rasende Turbulenz würden mehr gelten als anarchische Atonalität und strukturelle Revolution. In diesem Sinne konnte auch ein Altmeister wie Rolf Liebermann mit seinem Spätwerk *Der Wald* reüssieren, da in ihm eben eine Musik erklingt, die verschiedene tonale Stile synkretistisch zu gegenseitiger Durchdringung bringt. Die bürgerliche Oper habe, so hieß es nach der Uraufführung in Genf (1987), eine neue Komödie mit Musik für ihr Repertoire gewonnen, das wie Straußens *Capriccio* bei geschmackserpichten Kennern große Resonanz finden werde.

Karlheinz Stockhausen, der 1955 gefordert hatte, Anton von Webern zum Maßstab zu nehmen, zog sich schrittweise aufs »Kompositorische« zurück. Deshalb werde er wieder, hieß es in einer Besprechung der Uraufführung seines »gelösten, stellenweise geradezu grazilen Werkes« *Evas Zauber* (beim Metzer Musikfest 1986) von Smokingherren dezent umschwärmt.[320] Vor allem hat sich Stockhausen mit seinem Riesenopus *Licht* (dessen Fertigstellung er für das Jahr 2000 verspricht und bei dem *Evas Zauber* das Teilstück eines Teilstückes darstellt) ganz der New-Age-Welle mit Anspruch auf Idyllik überantwortet. Auf sieben Abende, korrespondierend mit den Wochentagen, hat der Komponist eine Weltdarstellung allumfassender Art, vergleichbar Goethes *Faust* und dem Wagnerschen *Ring*, angelegt.

Mit der Versenkung in New-Age-Mystik zog sich Stockhausen von der Position der Avantgarde auf die Position der Arrièregarde zurück, die jedoch beim postmodernen Richtungswechsel vornelag – als ein Inwärts und Rückwärts. Der »begabte und clevere, alle Praktiken ästhetischer, technischer, organisatorischer und propagandistischer Art perfekt beherrschend Musiker«[321] schlüpft in die modische Rolle des Mystagogen und Gurus, der Ganzheitsbedürfnisse kompensatorisch abstillt.

Die Klassiker der Avantgarde, wie György Ligeti, Gieselher Klebe, Milko Kelemen, Isan Yun, Klaus Huber, Mauricio Kagel, Dieter Schnebel, Aribert Reimann, Bernd Alois Zimmermann, wirkten kaum schulbildend. Immerhin konnte 1986 Zimmermanns *Requiem für einen jungen Dichter* sechzehn Jahre nach dem Freitod des Komponisten, in der neu erbauten Kölner Philharmonie zum dritten Mal vorgestellt, einen Achtungserfolg erzielen.

Als einer der letzten Vertreter der kompromißlosen Avantgarde erwies sich John Cage, der dementsprechend bei all denjenigen, die den spiritualistischen bzw. pseudospiritualistischen (spirituell-dekorativen) Rückvorwärtsweg der Postmoderne zum beliebigen Gesamtkunstwerk nicht mitzugehen bereit sind, hoch geschätzt blieb. Die Ehrfurchtlosigkeit gegenüber der Tradition inspirierte Cage zu völlig neuen Klangbildern und Musikformen, die er zum Teil mit Computerhilfe und auf selbst erfundenen Instrumenten spielen ließ (Water Music, 1952, war für einen Pianisten komponiert, der laut Spielanweisung außerdem ein Radiogerät, Pfeifen, Wasserbehälter, ein Kartenspiel, einen hölzernen Stock und Materialien zur Präparation des Klaviers braucht). Die Befreiung der Musik von »klassischen Fesseln«, verbunden mit der Emanzipation des Geräuschs, ließen Cage zu einer Vaterfigur der avantgardistischen Musik werden – mit starkem Einfluß auf die bundesrepublikanische Musikszene. Dies führte auch dazu, daß der WDR zu seinem 75. Geburtstag (1987) eine 24stündige Radio-Hommage darbot.

Eine gewisse Akzeptanz fand trotz des auf tonale Harmonie hinauslaufenden Gesamttrends avantgardistische Musik dann, wenn sie es verstand, sich nicht nur als »begriffliche Konstellation«, sondern »sinnlich« zu legitimieren. Bei der 1986 uraufgeführten *Troades*-Oper von Aribert Reimann (der schon seit 1978 mit seinem *Lear* einen festen Platz im modernen Musiktheater einnimmt) war es wohl weniger die Qualität der Orchestersprache, die den Erfolg brachte, sondern vielmehr die synästhetische Bombastik der Inszenierung: »ein gewaltiges abendländisch aufgedonnertes Staatsopern-Spektakel, eine bildungstheatralische full-power-Antike zum besseren Zweck«.[322]

Wolfgang Rihm – der Komponist wurde erstmals 1974, damals 22jährig, bei den Donaueschinger Musiktagen mit *Morphonie* für Streichquartett und großes Orchester einer größeren Öffentlichkeit bekannt – versucht, Dissonanzen durch »Jovialität« (Umgänglichkeit) auszugleichen. Reibung schaffe zwar schöpferische Energie, aber um Härten, Widrigkeiten, das Anstößige zu dokumentieren, brauche man nicht mit Steinen zu werfen; durch Freundlichkeit seien die Freiräume zu schaffen, in denen Träume in Wirklichkeit umgesetzt werden könnten.

Vom neuen Musiktheater brauchte Hans Werner Henze nicht zu träumen; er ist dessen herausragender Protagonist, freilich nicht als Vertreter der Avantgarde, sondern als Pfadfinder und Bahnbrecher »mittlerer Musik«. Henze komponierte seine ersten Werke im Geiste Strawinskys und Hindemiths, näherte sich der Zwölf-Ton-Technik Schönbergs und wandte sich dann, vor allem unter dem Einfluß italienischer »Sinnlichkeit« – seit Ende der sechziger Jahre lebt er in Marino bei Rom –, von der seriellen Musik ab. Seine kompositorische Arbeit, darunter Symphonien, Klavier- und Violinkonzerte, Werke für Kammerorchester und zahlreiche Ballettmusiken, vor allem Opern; wie *König Hirsch* (1952/1955), *Der Prinz von Homburg* (1958, mit einem Libretto von Ingeborg Bachmann), *Elegie für junge Liebende* (1959/61), *Der junge Lord* (1964), *Die Bassariden* (1965), die Kinderoper *Pollicino* (1980), verbindet in raffinierten Arrangements Tonalität und Atonalität. Nachdem er 1968 mit dem Che Guevara gewidmeten Oratorium *Das Floß der Medusa* seine Zuwendung zur politischen Linken demonstriert hatte – als Musiker wollte er am »größten Kunstwerk der Menschheit, der Weltrevolution«, mitwirken – und im *Spiegel* der Nerz- und Smoking-Society bekanntgab, daß er sich nun nicht länger mehr von ihr an die Brust nehmen lasse, setzte er sich im Laufe der

Tendenzwende in den siebziger und achtziger Jahren von der Weltrevolutionsidee schrittweise wieder ab, ohne deshalb das Festivalpublikum, das ihm stets treu geblieben war, unreflektiert zu bedienen.

Der Grund für Henzes generationenübergreifenden Erfolg bei der aufs Höhere hin transzendierenden nivellierten Mittelstandsgesellschaft mit ihrer neuerdings postmodernen Befindlichkeit dürfte in seiner Maxime liegen, daß eine Musik nicht scheußlich klingen muß, um modern zu sein.

Vom Standpunkt der rigorosen Avantgarde aus wurde Henze, auch wenn er etwa in seiner Oper *Wir erreichen den Fluß* (1974–76, nach einem Libretto von Edward Bond) der atonalen Aleatorik seinen Tribut leistete, als Gegner oder zumindest Abtrünniger der musikalischen Avantgarde bewertet, zumal er stets neuromantische und neoklassizistische Anklänge zeigte. Dies alles, so Hans-Klaus Jungheinrich in einer Würdigung des Schaffens von Henze, anläßlich seiner Oper *Die englische Katze* (1983), sei kein hilfloses Herumtasten oder auch leeres, klapperndes Klingeln in und mit abgenutzten Mustern, hohl gewordenen Ausdrücken, zu Floskeln erstarrten konventionellen Gesten. Vielmehr belade sich diese Musik mit Geschichte, mit Erinnertem und Erfahrenem, mit vulgärem, populärem Ton und esoterischen, äquilibristischen Gestalten, um das alles zu verwandeln und zu verschmelzen in lebendigster, theaterhafter, spielerisch maskenseliger und kontrastreich realistischer Üppigkeit, Pracht, Sinnlichkeit und Luzidität. Der fanatischen Dürre des vom Gesetz diktierten eindimensionalen (formalisierbaren) Diskurses setze Henze den Wildwuchs und die Unberechenbarkeit seines musikalischen »Lebens« entgegen.[323]

VIERTER TEIL

Die deutsche Vereinigung

Während seines Besuchs in der Sowjetunion im Juli 1990 kam Helmut Kohl
mit Michail Gorbatschow auch zu einem informellen Treffen
in dessen kaukasischer Heimat zusammen (Archiz, 15. 7.).

EUPHORIE UND IDENTITÄTSKRISE

Perestroika und Wende

Das abendländisch-europäische, besonders aber das deutsche Geschichtsbewußtsein sieht die historischen Abläufe bzw. Entwicklungen meist von »Helden« bestimmt; im Denkmalskult ist die Überzeugung, daß Männer Geschichte machen, auf bombastische Weise verdinglicht.

Hans Magnus Enzensberger hat demgegenüber als große Chance für das ausgehende 20. Jahrhundert Helden einer neuen Art »entdeckt« und mit Recht gepriesen - solche, die nicht den Sieg, die Eroberung, den Triumph, sondern den Verzicht, den Abbau, die Demontage repräsentieren. »Wir haben allen Anlaß, uns mit diesen Spezialisten der Negation zu befassen, denn auf sie ist unser Kontinent angewiesen, wenn er überleben soll.« So haben in der UdSSR Nikita Chruschtschow, in Ungarn János Kádár, in Polen Wojciech Jaruzelski die schrittweise Abwendung vom stalinistischen, in Spanien Adolfo Suárez vom faschistischen Totalitarismus betrieben. Die Beendigung des Kalten Krieges, die Beseitigung des russischen Imperialismus wie des kommunistischen Gewaltregimes (ohne daß deshalb schon die Demokratie gewonnen werden konnte), damit auch die Vereinigung Deutschlands, ist dem größten »Helden des Rückzugs«, einer säkularen geschichtlichen Persönlichkeit, Michail Gorbatschow, zu danken. Daß ins »europäische Haus« eine neue politische Kultur wieder einziehen und wirksam werden konnte, ist entscheidend ihm zu danken.[1]

Als pragmatischer Utopist hat Gorbatschow – seit 11. März 1985 Generalsekretär der KPdSU – vom gesellschaftlichen Unter- wie Überbau her die erstarrte Weltpolitik in Bewegung gebracht. Er erkannte, daß das Sowjetimperium wirtschaftlich immer weiter hinter den freien Teil der Welt zurückfiel und die Bereitstellung der Mittel für die Aufrechterhaltung seiner militärischen Macht diesen Prozeß beschleunigte. Der Verzicht auf den kommunistischen Weltherrschaftsanspruch ermöglichte ein gemeinsames Abrüstungsprogramm der USA und UdSSR, als Voraussetzung für ein friedliches Zusammenleben der bislang in zwei Machtblöcke aufgespaltenen Völker. Davon überzeugt, daß die Diktatur, die sich auf Gewalt stütze, nicht überleben könne und eine menschenwürdige Gesellschaft mit Hilfe von Zwang nicht zu schaffen sei, gelang ihm die revolutionäre Umgestaltung der sozialistischen Idee. »Das neue Antlitz des Sozialismus, das ist sein menschliches Antlitz, was voll und ganz der Idee von Marx entspricht, für den die Gesellschaft der Zukunft ein realer und praktisch verwirklichter Humanismus ist.«[2] Mit Perestroika (Umgestaltung des politischen und gesellschaftlichen Systems) und Glasnost (Offenheit und Transparenz im öffentlichen Leben) wurde die Wende eingeleitet: Die Idee des Sozialismus sei vor allem die Idee der Freiheit. Daß es einem Mann wie Gorbatschow gelang, die Welt zu verändern, war mit darauf zurückzuführen, daß das kommunistische Regime in allen Bereichen so korrumpiert und morsch war, daß selbst kleine Anstöße große Wirkungen hervorriefen.

1989 begann der Zusammenbruch der DDR.[3] Einige »SED-Helden des Rückzuges« – eher Karikaturen denn Protagonisten der Demontage – entmachteten am 17. Oktober Erich Honecker. Im Bund mit Egon Krenz (Mitglied des ZK, Stellvertretender Vorsitzender des Staatsrates) und Günter Schabowski (Sekretär des ZK) stellte Willi Stoph (Vorsitzender des Ministerrates) den Antrag, den SED-Generalsekretär von seinen Funktionen zu entbinden.[4] »Der Verurteilte findet keinen Satz der Verteidigung, versteinert sitzt er da, unbeteiligt wie eine Leninbüste ... Der Mann, der über achtzehn Jahre lang die DDR kommandiert hat, geht klanglos. Das Politbüro läuft auseinander, die Genossen verziehen sich in ihre Zimmer. Schabowski: ›Das war keine Euphorie. Alle waren bemüht, es so wie üblich aussehen zu lassen. Das war eine Quälerei, das Ganze. Wir haben das ja als eine Unlauterkeit empfunden. Ich kam mir vor wie ein kaltblütiger Kerl, der skrupellos den Mann, von dem er bis dahin sein Geld gekriegt hat, über den Jordan schickt.‹«[5]

»Über den Jordan« war die DDR zu diesem Zeitpunkt längst gegangen; seit Beginn des Jahres hatten die Demonstrationen für die Gewährung bürgerlicher Freiheiten und gegen die Repressionen des Staates immer mehr zugenommen (in den geheimen Berichten des Ministers für Staatssicherheit, Erich Mielke, hieß es, daß vom 16.–22. Oktober 24 nicht genehmigte Demonstrationen mit insgesamt über 140 000 Personen, vom 23.–29. Oktober 145 Demonstrationen mit 540 000 Teilnehmern, vom 30. Oktober bis 5. November 210 Aktionen mit 1,35 Millionen Demonstranten stattgefunden hätten).[6] Vor allem auf den »Montagsdemonstrationen« in Leipzig wurde über den Erfolg der DDR-Revolution entschieden, was man später mit dem Titel »Heldenstadt Leipzig« würdigte. Daß gerade diese Stadt soviel Widerstand entwickelte, hatte auch darin seinen Grund, daß ihre Region zu den düstersten und dreckigsten Industriezonen in ganz Europa gehörte, unter einem katastrophalen Verfall der Altbausubstanz, einer deprimierenden Versorgungslage und einem kollabierenden Gesundheits- wie Sozialwesen litt. Hier konnte man die Tristesse des sozialistischen Alltags besonders drastisch erfahren. Die Leipziger Messen stellten demgegenüber eine verlogene Fassade dar, brachten aber auch internationale Kontakte, welche die kulturelle Orientierung verstärkten.[7]

Die Zahl der Ausreisewilligen schwoll lawinenartig an, zumal Ungarn und dann auch die Tschechoslowakei ihre Grenzen für DDR-Bürger zum Westen hin öffneten. 1988 erreichte die Zahl der Ausreisenden den Rekord von 39 000 im Vergleich zu durchschnittlich 22 000 in den drei vorausgegangenen Jahren. 1989 benutzten über 25 000 DDR-Bürger die Fluchtroute Ungarn, im Oktober wurden 14 000 Ausreisende von Polen und der Tschechoslowakei in versiegelten Sonderzügen über die DDR nach Westdeutschland gebracht (SED-Verlautbarung: »Wir weinen denjenigen, die weggehen, keine Träne nach«).

Noch am 7. Oktober 1989 fanden die Jubelfeiern zum 40. Jahrestag der Staatsgründung statt. Immerhin weigerte sich der FDJ-Chor, der gegenüber der Tribune mit Honecker und den Ehrengästen (von Gorbatschow abwärts alle Großen der kommunistischen Weltbewegung) postiert war, beim Fackelzug von 100 000 Jugendlichen die gängigen Kampflieder (u. a. *Die Partei, die Partei, die hat immer recht ...)* anzustimmen; statt dessen intonierte sie die deutsch-russische Weise *Drushba* (Freundschaft).[8] Die offizielle Freundschaft mit der Sowjetunion bestand freilich zu diesem Zeitpunkt nicht mehr, denn Gorbatschow war überzeugt, daß die Altherren-Funktionärsriege der SED bei der im Osten einsetzenden Westernization zu spät kommen würde. »Wenn wir zurückbleiben, bestraft uns das Leben sofort.«[9]

Oppositions- bzw. Dissidentengruppen (wie das *Neue Forum*) beantragten ihre Zulassung als politische Vereinigungen. Nachdem die DDR-Regierung unter Willi Stoph am 7. November und einen Tag später das Politbüro zurückgetreten waren, gab am 9. November das Politbüromitglied Günter Schabowski, offensichtlich in irrtümlicher Auslegung eines zuvor verfaßten Bulletins über die Liberalisierung des Reiseverkehrs, die Öffnung der Mauer nach Westberlin bekannt. Zum ersten Mal war eine deutsche (friedliche) Volksrevolution gelungen; die Euphorie – »Wir sind das Volk« (immer mehr in ein, allerdings von Nationalismen sich weitgehend freihaltendes »Wir sind *ein* Volk« übergehend) – kannte keine Grenzen mehr.[10]

Die »Kulturrevolution« in der DDR war die Folge des unbewältigten Gegensatzes zwischen einer dogmatisch-erstarrten Ideologie und verstärkt aufkommenden Modernisierungsbestrebungen. Das Ende der DDR, so Detlef Pollack (von der Karl-Marx-Universität Leipzig), sei mehr oder weniger zwangsläufig gewesen, weil zwei gegenläufige Prozesse nicht mehr zum Ausgleich gebracht werden konnten: die Prozesse von Zentralisierung einerseits und von Dezentralisierung und Differenzierung andererseits. Wie in allen hochindustrialisierten Gesellschaften, freilich in der DDR verspätet, hätten Wirtschaft, Recht, Kunst und Religion Eigendynamik und Autonomie entwickelt. Urbanisierungs-, Mobilisierungs-, Technisierungs- und Rationalisierungsprozesse bewirkten ein Anwachsen sozialer Spannungen. Der Versuch der SED-Führung, solche Dezentralisierungen, Autonomisierungen, Individualisierungen und Pluralisierungen der Gesellschaftsstrukturen mit noch mehr Zentralismus zu beantworten – diese Form »sozialistischer Gleichschaltung« mußte scheitern. Die Hebung des Lebensstandards und die fast beliebige Verfügbarkeit audio-visueller Medien lösten Schübe sozialer Differenzierungen und Individualisierungen aus, von denen die Theoretiker des Sozialismus nichts ahnen konnten; und als solche Entwicklungen offenkundig wurden, haben sie sich als unfähig erwiesen, diese in ihr verknöchertes System von Kadern und Kombinaten, von autokratischem Zentralismus und der »Einheit von Lenkung und Produktion« zu integrieren oder durch institutionellen Wandel den neuen kulturellen und individuellen Bedingungen und Erfordernissen Rechnung zu tragen.[11]

»Der Firnis ist so dünn gewesen, daß ein paar Wochen gereicht haben, das alles wegzufegen. Wenn die DDR so zerschellt und sich in ihre

Bestandteile auflöst, dann zeigt das eben nur, daß dieses System nicht belastungsfähig war.« (Günter Schabowski)[12]

Die »Kulturrevolution« in der DDR wurde möglich, als von den Menschen die Angst wich. Zensur und Unterdrückung freier Meinungsäußerung durch die SED waren nicht mehr der Ausdruck missionarischer Überzeugung, sondern von Unsicherheit und Ratlosigkeit. Die alte Führungselite war zunehmend vergreist[13] - unfähig, die sich wandelnde Welt und damit auch die Veränderungen im eigenen Land zu verstehen, zumal das politische Hofgesinde rückgratlos die Staatsspitze nur mit genehmen Informationen versorgte. »Abschaffung der Wirklichkeit« nannte Hartmut Zwahr die Verdrängung all dessen, was nicht ins Wunschdenken der SED-Führung paßte.[14]

In der Bundesrepublik waren die sozial- und kulturpsychologischen Veränderungen im anderen Deutschland, abgesehen von Ausnahmen[15], kaum oder nur oberflächlich zur Kenntnis genommen worden. Dieser Mangel führte dazu, daß zum Zeitpunkt der Vereinigung keine Planungen für Integration vorlagen. Von allen, die überhaupt über Deutschlands Vereinigung nachgedacht hätten, sei vor Jahrzehnten Kurt Schumacher dem Ablauf der Ereignisse am nächsten gekommen, meinte Peter Bender (»von niemandem geplant, von keinem erwartet: Die deutsche Einheit kommt - nicht als Tat, sondern als Ereignis«). »Man muß soziale und ökonomische Tatsachen schaffen, die das Übergewicht der drei Westzonen über die Ostzone deklarieren ... Es ist kein anderer Weg zur Erringung der deutschen Einheit möglich, als diese ökonomische Magnetisierung des Westens, die ihre Anziehungskraft auf den Osten so stark ausüben muß, daß auf die Dauer die bloße Innehabung des Machtapparats dagegen kein sicheres Mittel ist.«[16]

Daß die bereits untergehende DDR zunächst noch einmal stabilisiert werden konnte, war vor allem westdeutscher Aufwertung zu danken. Erich Honecker wurde 1987 höchst ehrenvoll und mit militärischen Ehren in Bonn von Bundeskanzler Helmut Kohl empfangen – was einer Anerkennung der DDR als selbständigem Staat gleichkam; der bayerische Ministerpräsident Franz Josef Strauß vermittelte der ausgepowerten Ost-Wirtschaft durch einen Milliarden-Kredit eine zeitweilige Erholung.[17]
Die westdeutsche Öffentlichkeit ließ sich zudem konstant von den »zwanghaften Selbstbeweihräucherungsorgien eines gewalttätigen Systems« täuschen;

man entwickelte eine »befremdliche Lust, noch den spärlichsten Leistungen dieses rückständigen Regimes Respekt zu zollen und bloße Verheißungen einer längst über Bord gegangenen Ideologie auf seine Haben-Seite zu setzen«. (Hartmut Jäckel)[18]

Die Bundesrepublik hat freilich allein schon durch ihre Existenz – als nach wie vor in ungetrübtem Glanz erscheinendes Wirtschaftswunderland – die Wende in der DDR mit befördert. In einer streng vertraulichen Analyse im November 1988 informierte der Leipziger Jugendforscher Walter Friedrich den Honecker-Kronprinzen Egon Krenz über den stetig wachsenden Einfluß der BRD in Fragen der Kultur, Wirtschaft und Mode. Die gravierenden Schwächen und Mängel im eigenen Land (z. B. Versorgungs- und Ersatzteilprobleme, fehlende Informationspolitik, Schönfärberei, Mangel an demokratischer Mitgestaltung etc. würden immer deutlicher wahrgenommen und immer kritischer bewertet. An der Überlegenheit des Sozialismus bestünden zunehmend Zweifel. »Die Nichtöffnung in Richtung der Perestroika-Strategie spitzt alles noch zu.«[19] Der eigentliche Umsturz war jedoch allein das Werk der ostdeutschen Bevölkerung. Zum Jubel erwachten die Westdeutschen erst, als am 9. November 1989 die Mauer fiel. Gestern nacht sei das deutsche Volk das glücklichste Volk auf der Welt gewesen, sagte einen Tag später Berlins Regierender Bürgermeister Walter Momper, neuer Präsident des Bundesrates, vor der Länderkammer.[20]

Bundeskanzler Helmut Kohl erkannte die Zeichen der Zeit; er begriff am raschesten, daß die Menschen der DDR sich unter Zeitdruck fühlten – waren sie doch um Jahrzehnte ihres Lebens betrogen worden. Er nutzte die Chance der Exekutive in einer Stunde der Exekutive.[21] Er sprang auf den bereits fahrenden Zug, brachte ihn aber dann, zusammen mit Außenminister Hans-Dietrich Genscher,[22] mit Hilfe der Deutschlandverträge auf das richtige Gleis – begünstigt vom guten außenpolitischen Klima.

Der sogenannte Zwei-plus-vier-Vertrag, der am 12. September 1990 in Moskau von den Außenministern der USA, der UdSSR, Großbritanniens, Frankreichs und dem ersten demokratisch gewählten Ministerpräsidenten der DDR, Lothar de Maizière, sowie dem Außenminister der Bundesrepublik unterzeichnet wurde, brachte dem vereinten Deutschland volle Souveränität; er rechtfertigte Kohls Dank an die früheren Siegermächte,

Das Brandenburger Tor, Berlin, in der Nacht der Maueröffnung (9. 11. 1989).

die nun in internationaler Zusammenarbeit Deutschland als Staatsnation wieder anerkannt hatten.

»Wann je hatte ein Volk die Chance, Jahrzehnte der schmerzlichen Trennung auf so friedliche Weise zu überwinden? In vollem Einvernehmen mit unseren Nachbarn stellen wir die Einheit Deutschlands in Freiheit wieder her.«[23]

Die Jahre nach der deutschen Euphorie zeigten jedoch, daß Leszek Kołakowskis »Gefühl der Unruhe« – gewonnen in philosophischer Reflexion über die Wendezeit[24] – berechtigt war. Es wuchs keineswegs zusammen, wie Willy Brandt hoffte, was zusammengehörte; das »neue Deutschland« stürzte aus der Höhe augenblicklicher triumphaler Selbstgewißheit in die Tiefe einer kulturellen Identitätskrise, deren Überwindung noch nicht abzusehen ist.

Gemischte Gefühle bei bekannten Gesichtern

Trotz Wende werde der Traum vom demokratischen Sozialismus zwar noch weiterhin manchen Schlafwandler bewegen; aber das Erwachen lasse sich nur hinausschieben. Eine solche Prognose von Günter Kunert[25] war nur halb richtig: Die zunehmende deutsch-deutsche Entfremdung nach der Vereinigung führte zur DDR-Nostalgie; die PDS unter Gregor Gysi (Partei des demokratischen Sozialismus, in Nachfolge der SED sich neu konstituierend) profitierte davon und zog 1990 in den Bundestag ein.[26]

Nach der Befreiung litten die Ostdeutschen unter dem Verlust ihres Selbstgefühls. Relativ groß war die Zahl der »Ehrlich-Bemühten«, die sich mit der SED identifiziert hatten, sich aber von ihr nicht korrumpieren ließen. »Am Sonntag sind wir mit dem Personenzug nach Salzungen zurück. Im Abteil sitzen ein paar junge Männer, die nölen ›Scheiß-SED‹. Ingrid, meine Frau, sagt: ›Steck doch dein Parteiabzeichen ins Portemonnaie.‹ Ich habe es am Jackett gelassen ... Weißt du, ich bin damals nicht wie manche anderen in die SED gegangen, weil es gut war für die Karriere, und ich trete heute nicht aus – weil das nun gut wäre für die künftige Karriere.« Eine Alltagsszene nach der Wende: wie sie Hans Dieter Fritschler, früher 1. Sekretär der SED-Kreisleitung im Landkreis Bad Salzungen 1990 erlebte und Landolf Scherzer berichtete.[27] Der hatte 1986 in einer vielbeachteten Reportage Leben und Arbeit des Funktionärs *(Der Erste)* beschrieben; sechs Jahre mußte er auf die Genehmigung für sein Buchprojekt, das einen desillusionierenden Blick hinter die Kulissen der Parteiarbeit warf, warten; die Veröffentlichung galt als ein Zeichen für Glasnost in der DDR. Der fleißige und genügsame, in seinem Achtzehn-Stunden-Arbeitstag ständig mit den Schwierigkeiten des DDR-Alltags kämpfende »Held« verkörperte den Widerspruch zwischen Idee und Wirklichkeit. Er glaubte zwar an die Partei, aber der »alltägliche Wahnsinn« (Mangel und Mißwirtschaft, Frust und Lustlosigkeit) versetzten ihn in ständige Zweifel.[28]

Vorausgegangen war die letzte Phase des »schrittweisen Scheiterns marxistischer Ideen beim Übergang in die Praxis«, eine Zeit der Enthüllungen und »Abrechnungen«, die Mißmut und Trotz hervorriefen. »Ermittlungsverfahren«, denen teilweise Prozesse folgten, brachten Licht »in das düstere SED-Dickicht von Korruption, Amtsmißbrauch und persönlicher

Bereicherung«[30], weckten aber auch Mitleid mit denjenigen, die ohne besondere Prüfung den »verdorbenen Greisen« (Wolf Biermann) zugerechnet wurden.

Gegen Erich Honecker wurde am 8. 9. 1990 von der DDR-Staatsanwaltschaft Anklage wegen »Hochverrats in Tateinheit mit Amtsmißbrauch, schwerer Untreue und Korruption« erhoben, dann aber wegen einer Krebsoperation Haftunfähigkeit verfügt; doch konnte für den abgehalfterten Staatschef keine angemessene Unterkunft gefunden werden. Nach einem Aufenthalt im Militärkrankenhaus der Roten Armee in Beelitz bei Potsdam – die Auslieferung an die deutschen Behörden aufgrund eines neuen Haftbefehls wegen ›gemeinschaftlichen Totschlags in mehreren Fällen‹ wurde verweigert – ging er mit seiner Frau Margot, die als Ministerin für Volksbildung (1963 bis 1989) durch besonderen ideologischen Dogmatismus hervorgetreten war, nach Moskau. Im Juli 1991 wurde er nach Berlin zurückgebracht, in Untersuchungshaft genommen und vor der 27. Großen Strafkammer des Berliner Landgerichts angeklagt. Anfang 1993 erfolgte die Aufhebung des Haftbefehls; die Honeckers gingen zu ihrer Tochter nach Santiago de Chile, wo der frühere SED-Generalsekretär und Staatsratsvorsitzende ein Jahr später starb.
Er habe, so Honecker vor dem Berliner Landgericht, am Ende seines Lebens die Gewißheit, daß die DDR nicht umsonst gegründet worden sei. »Sie hat ein Zeichen gesetzt, daß Sozialismus möglich und besser sein kann als Kapitalismus. Sie war ein Experiment, das gescheitert ist.«[31]

Kritiker des Verfahrens gegen Honecker empfanden dies als einen Verstoß gegen das Völkerrecht und auch strafrechtlich als dubios.[32] Man könne in ihm die Reste eines Helden entdecken, »Ruinen von Heroismus«, meinte die deutsch-amerikanische Schriftstellerin Irene Dische, die als Assistentin und Ehefrau des Honecker-Anwalts Nicolas Becker den Prozeß besonders genau verfolgen konnte. In einem ursprünglich im *New Yorker* veröffentlichten Essay sprach die Autorin mit einer gewissen Sympathie von dem todkranken Achtzigjährigen, dessen Begeisterung für die Arbeiterklasse immer noch ungebrochen, gleichsam jungenhaft sei. »Honecker strahlt noch eine strenge Intensität aus. Groß ist er nicht, doch sitzt er gerade, ein Symbol deutscher Unbeugsamkeit.«[33]

Unter denjenigen, die in der DDR von der DDR gelebt hatten – die Pfeifen im Politbüro, die Esel im Zentralkomitee, die grauen Mäuse in den Ministerien, die Nassauer in den Außenhandelsbüros, die Büttel in den Untersuchungsanstalten an Intelligenz weit überragend –[33], erwies sich der SED-Devisenbeschaffer Alexander Schalck-Golodkowski als besonders begabter Wendehals; er war insofern repräsentativ für die Generation der Modernitätsgewinnler der DDR, als er rasch Zugang zur internationalen kapitalistischen Skrupellosigkeit fand. Nach einer Karriere als SED-Funktionär hatte der frühere Staatssekretär im Ministerium für Außenwirtschaft bzw. Außenhandel, ab 1977 Mitglied des neu gebildeten Wirtschaftskomitees beim Politbüro des ZK der SED, vor allem als Leiter des Bereichs »Kommerzielle Koordinierung« (KoKo) 1983 bei den Verhandlungen der DDR mit der Bundesrepublik über den Milliardenkredit, vermittelt von Franz Josef Strauß, mit dem ihn dann eine »wahre Freundschaft« verband, lernen können, wie man erfolgreiche Geschäfte mit erfolgreicher Politik verbinden konnte. Dem Strauß-Imperium, basierend auf einem engen Netz persönlicher Beziehungen, korrespondierte das Schalck-Imperium, das sich der DDR-Dunkelmann trickreich aufgebaut hatte.[35]

Hans Modrow, früher 1. Sekretär der SED in Dresden, Chef der mit Vertretern des »Runden Tisches« Anfang Februar 1990 gebildeten Regierung der nationalen Verantwortung – »ein letztes Friedensangebot der SED ans unruhige Volk«[36] – knüpfte enge Verbindungen zur Bundesrepublik und bereitete damit den Boden für die erste demokratisch gewählte Regierung unter Ministerpräsident Lothar de Maizière (Vorsitzender der Ost-CDU). Unter dessen Ägide entstand der Einigungsvertrag (9 Kapitel mit 45 Artikeln), der den Beitritt der DDR zur Bundesrepublik (2. 10. 1990, 24^{h}) regelte – gebilligt von der Volkskammer, die aus den ersten freien, allgemeinen, gleichen, direkten und geheimen Wahlen nach 12 Jahren nationalsozialistischer und 45 Jahren kommunistischer Diktatur am 18. März 1990 hervorgegangen war (CDU: 40,8 Prozent, SPD: 21,9 Prozent; Bündnis 90: 2,9 Prozent; PDS: 16,4 Prozent).[37]

Bei Lothar de Maizière, »Preuße, Christ und Konservativer«, handelte es sich um einen herausragenden Politiker des Übergangs, der mit großer Integrität einen staatsrechtlichen Rahmen für die Vereinigung zu schaffen suchte, um so den Eigenwert Ostdeutschlands im neuen gesamtdeutschen Verbund erhalten zu können.[38] Später geriet er – nicht zuletzt wegen unbewiesener Vorwürfe, inoffizieller Mitarbeiter der Stasi gewesen zu sein – auf die Verliererseite; drei

Berufe habe er gehabt: Musiker, dann Anwalt und nun Politiker, »ein stetiger Abstieg«. Nach seinem Rückzug aus der Politik – er gehörte zu den 144 Abgeordneten der Volkskammer, die nach der Vereinigung in den Bundestag einzogen, war Minister für besondere Aufgaben und Stellvertretender Vorsitzender der CDU – dominierte wieder eine Politik, die de Maizières Feststellung, daß die Teilung nur durch Teilen überwunden werden könne, durch ein Wer-zahlt-schafft-an relativierten, und den Ostdeutschen den aufrechten Gang in die Einheit nicht zugestehen wollte.

Die Vereinigung Deutschlands hatte eine, freilich nur periphere, ergebnislos verlaufende Verfassungsdiskussion in Gang gesetzt. Die meisten Politiker in den alten und neuen Bundesländern wollten keine Experimente; sie nutzten die Chancen für konstitutionelle Verbesserungen und die Möglichkeit, das Volk über die Verfassung abstimmen zu lassen, nicht. Der Artikel 146 des Grundgesetzes, wonach dieses seine Gültigkeit an dem Tag verliere, an dem eine Verfassung in Kraft trete, die vom deutschen Volk in freier Entscheidung beschlossen worden sei, wurde verändert: »Dieses Grundgesetz, das nach der Vollendung der Einheit und Freiheit Deutschlands für das gesamte deutsche Volk gilt, verliert seine Gültigkeit an dem Tag, an dem eine Verfassung in Kraft tritt, die von dem deutschen Volk in freier Entscheidung beschlossen worden ist.« Eine solche Fassung aber, so der Verfassungsrechtler Gerd Roellecke, sei unsinnig; man könne in einer geltenden Verfassung nicht gleichzeitig sagen, die Freiheit Deutschlands sei vollendet und das Volk habe über die Verfassung noch nicht frei entschieden. »Ein solcher Widerspruch entlarvt die verfassungspolitische Volksfreundlichkeit als Heuchelei.«[39] Versäumt wurde dadurch auch, den für die Stabilität der Demokratie so notwendigen Verfassungspatriotismus neu zu stärken. Die Euphorie, die die Menschen bei der Einigung erfaßt hatte, wurde nicht in »steten Diskurs« verwandelt. Ein großer Teil der Intelligenz stand beim Einigungsprozeß mißmutig oder teilnahmslos beiseite.

Der Streit um die Staatsnation

Bei der konstituierenden Sitzung des ersten gesamtdeutschen Bundestages (im Berliner Reichstag) – die Wahlen hatten am 2. Dezember 1990 stattgefunden und der CDU/CSU wie FDP eine deutliche Mehrheit (auch im Osten) verschafft – forderte Willy Brandt in seiner Rede, daß das vereinte Deutschland sich von Beginn an als Teil des werdenden Europas verstehen solle; Nationalismus sei der großen Mehrheit der Deutschen fremd geworden und zuwider. »Deutsch und europäisch gehören jetzt zusammen, jetzt und für alle Zukunft.«[40]

Das war auch eine indirekte Antwort an den einstigen Weggefährten Günter Grass, der seit der friedlichen Revolution in der DDR für den Erhalt der deutschen Mehrstaatlichkeit eingetreten war (nach Schelling seien die Deutschen am besten ein Volk von Völkern). Eine lebensfähige, leistungsfähige, selbstbewußte DDR als Teil einer gemeinsamen Kulturnation, aber nicht Staatsnation, könne verhindern, daß der Nationalismus wieder um sich greife. Komplexgesättigter Größenwahn habe die Deutschen dazu verleitet, ihre Möglichkeit, sich als Kulturnation in einem Bundesstaat zu finden, nicht zu verwirklichen und statt dessen mit aller Gewalt den Einheitsstaat als Reich zu erzwingen. »Er war die früh geschaffene Voraussetzung für Auschwitz. Er wurde latentem, auch anderswo üblichem Antisemitismus zur Machtbasis. Der deutsche Einheitsstaat verhalf der nationalsozialistischen Rassenideologie zu einer entsetzlich tauglichen Grundlage.«[41]

Mit dem Roman *Ein weites Feld* (von der Kritik, allen voran Marcel Reich-Ranicki, als langweiliges Buch verrissen) gelang es Günter Grass, einen Roman der Wende zu schreiben, der vor allem in Ostdeutschland als Verteidigung des Lebens in der DDR empfunden wurde. Er adoptiere – resümierte der ostdeutsche Journalist Christoph Dieckmann mit leichter Ironie[42] – die DDR zur deutschen Geschichte, die Bundesrepublik zur DDR; gegen die Ideologien der Verdrängung setze er historische Kompatibilität; seine Ausgeglichenheit und Offenheit erweise sich als Geschenk an den ängstlich verhuschten geschichtsberaubten Osten. Bei Grass werden die westlichen Ausbeuter beim Namen genannt, so die Treuhand-Anstalt. »Ihr Schatten fiel auf vieltausend einst volkseigene Betriebe, Liegenschaften, Parteibesitztümer, reformbelastetes Junkerland in unermeßlicher Hektargröße, auf siebentausend geplante Privatisie-

Günter Grass, Selbstporträt II, 1972.

rungen und zweieinhalb Millionen gefährdete Arbeitsplätze.« Das mute wie ein Totenhaus an – meint Fonty (eigentlich Theo Wuttke), wegen seiner Fontane-Begeisterung und -Kenntnisse so genannt –, ehemaliger Vortragsreisender des Kulturbundes, nun Aktenbote im Haus der Ministerien, stets begleitet von seinem »Tagundnachtschatten« Hoftaller, Agent und Nothelfer in wechselnden Diensten, Urtyp des Spitzels, dem 1986 erschienenen Roman *Tallhofer* von Hans-Joachim Schädlich, der 1977 die DDR verlassen hatte, entliehen.[43]

»Zu meinen Lebzeiten«, so Jurek Becker bei einem Treffen ost- und westdeutscher Intellektueller im Juli 1990, »hat der Sozialismus keine Chance, sich zu erholen - das macht mich krank.«[44] Diese Feststellung (wie die Biographie und das Werk des Dichters) illustriert das ambivalente Verhältnis eines wichtigen Teils der ostdeutschen Intelligenz zur Vereinigung und ihren Folgen. Weil diese nicht eindeutig-positiv Stellung bezögen, bezichtigte Richard Herzinger sie eines neuen Anti-Westlertums mit fataler zivilisationskritischer Einfärbung. Ungeteilt sei etwa Heiner Müllers Übereinstimmung mit der Rechten, wenn es um die intellektuelle und moralische Verschanzung vor den kritischen Fragen der westlichen »Sieger« gehe. Er habe seit dem Ende der DDR noch nichts wirklich dazu gelernt; für ihn gelte alles noch, was er schon vorher über den realen Sozialismus und über den Westen »sowieso« gewußt habe. Neue Rechte und kritisch-loyale DDR-Sozialisten träfen sich in ihrer Weigerung, die demokratische Zivilisation des Westens anders wahrzunehmen denn als Bedrohung für ihr Projektionsbild von einer identitären Gemeinschaft. Die Rechte mache Ernst mit der These, die Bundesrepublik sei vom amerikanischen Kulturimperialismus überfremdet und kolonisiere als Agent der Amerikanisierung ihrerseits die DDR, was Christoph Hein noch zu Wendezeiten in ein kulinarisches Warnbild gefaßt habe: »Wenn wir scheitern, frißt uns McDonald.«[45]

Der Streit der beiden deutschen PEN-Zentren über die Modalitäten einer Wieder-Vereinigung zeigte exemplarisch die aufgespaltene Intelligenzija nach der Wende.[46] West: Die den Nationalstaat Bejahenden, den ostdeutschen Autoren ablehnend gegenüberstehend; die den Kulturstaat Bejahenden, mit den ostdeutschen Schriftstellern sympathisierend. Ost: Die der westlichen Literatur, ob ihrer Unverbindlichkeit, skeptisch Gegenüberstehenden, ihre zumindest kollektive Verstrickung in das SED-Machtgefüge exkulpierend oder durch Kritik an der Bundesrepublik kompensierend.

Das Vereinsdrama des PEN begann mit dem Jahreskongreß in Kiel im Mai 1990, der die Erfahrungen und Visionen deutscher Schriftsteller behandeln sollte und in einem deutsch-deutschen Eklat endete. Der Grund war die von Hans Joachim Schädlich vorgetragene Kritik am DDR-PEN wegen der Mitgliedschaft von Klaus Höpcke (von 1973 bis 1989 Stellvertretender Minister für Kultur und verantwortlich für Verlagswesen, Buchhandel und Bibliotheken; die Hetzkampagne gegen Wolf Biermann war von ihm eingeleitet worden). Die DDR-Literatur solle zunächst einmal ihre stalinistische Vergangenheit bewältigen, meinte Yaak Karsunke (Mitbegründer und von 1965 bis 1968 Chefredakteur der kommunistisch-sozialistischen Tendenzen wohlwollend gegenüberstehenden Zeitschrift *Kürbiskern,* 1968 Sprecher der Ostermarsch-Kampagne für

Demokratie und Abrüstung). Rigoros lehnten die in den Westen übergesiedelten oder geflohenen Renegaten, die freilich ihre zu unterschiedlichen Zeiten vollzogene Abkehr vom kommunistischen (Irr-)Glauben mit »Emigration« hatten bezahlen müssen, eine Zusammenführung der beiden Verbände ab. Der DDR-PEN, unter bösen Voraussetzungen entstanden, solle aufgelöst werden. (Sarah Kirsch)[47]

In Übereinstimmung vor allem mit den im Westen lebenden DDR-Autoren erklärte der damalige PEN-Präsident Carl Amery, daß man nicht als »Waschanlage« für belastete DDR-Autoren fungieren werde; er trat wie die ihm folgenden Präsidenten Gert Heidenreich und Ingrid Bacher zurück.

Um die festgefahrenen Verhandlungen wieder in Gang zu bringen, ließen sich 1995 über sechzig Autoren des West-PEN auch in den Ost-PEN aufnehmen, unter ihnen Marion Gräfin Dönhoff, Max von der Grün, Walter Jens, Peter Rühmkorf, Johannes Mario Simmel, Klaus Staeck und, als prominentester, Günter Grass: »Ich werde dem West-PEN nicht mehr angehören können, wenn er den Ost-PEN weiterhin vor der Tür läßt.« Mit der Besserwisserei müsse Schluß sein; ihn nerve die Betonfraktion. Mit einer solchen, meistens aus DKP-Leuten und deren Sympathisanten, habe man vor 1989 im Schriftstellerverband und teilweise auch im PEN zu tun gehabt. Nun bilde sich eine neue Betonfraktion, absurderweise aus Personen, die in der DDR gelitten hatten, die in den Westen gehen mußten und die zu der Situation, wie sie sich nach 89 ergeben hat, noch kein Verhältnis gefunden haben und sich deshalb verhärten.[48] 1998 gelang dann den Autoren die Vereinigung.

Ostdeutsche Autoren, skeptisch der DDR, aber noch mehr dem Westen gegenüber, haben in eilig bemühter dichterischer Metaphorik der Identitätskrise, wie sie nach der Vereinigungseuphorie weite Teile der Bevölkerung erfaßte, Ausdruck gegeben. So hat Volker Braun in Form einer literarischen Parodie *Iphigenie in Freiheit* (1992) ein kurzes Requiem auf den utopischen Sozialismus und ein höhnisches Pamphlet auf das vereinte Deutschland geschrieben. Der Dichter zeigt keine Sympathie für Menschen, die sich dem Westen zuwenden, dort werde Krieg den Hütten und Friede den Palästen gebracht. Das Volke (»… ich bin Volker«) gehöre zu den Besiegten.[49] »Da bin ich noch: mein Land geht in den Westen./KRIEG DEN HÜTTEN/FRIEDE DEN PALÄSTEN …«[50]

Als Presseoffizier der amerikanischen Armee gehörte Stefan Heym

1945 zu den Siegern. Nun erlebte er als DDR-Bürger den Niedergang und das Ende der DDR, die »trotz allem« *sein* Staat war. »Ich kann nicht mein ganzes Leben wegwerfen, das wäre doch Unsinn, bloß weil hier Leute schlecht und schlimm und verbrecherisch gehandelt haben. Und trotzdem glaube ich, die Grundidee ist gut und richtig«, sagte er in einem Gespräch mit Fritz J. Raddatz. Heym, der kritische Romane über die Ereignisse vom 17. Juni 1953 *(Fünf Tage im Juni,* 1974) und den Stalinismus in der DDR *(Collin,* 1979) geschrieben hatte, gehörte 1976 zu den Unterzeichnern des Protests gegen die Ausbürgerung Wolf Biermanns und wurde deshalb aus dem Schriftstellerverband der DDR ausgeschlossen.[51]

Das Verhalten von Teilen der Ost-Bevölkerung, die ihre Identität am besten im Westen aufgehoben sahen, veranlaßte den Autor zu wütenden Ausfällen: Aschermittwoch in der DDR. Aus dem Volk, das nach Jahrzehnten von Unterwürfigkeit und Flucht sich aufgerafft und sein Schicksal in die eigenen Hände genommen hatte, sei eine Herde von Wütigen geworden, die, Rücken an Bauch gedrängt, Hertie und Bilka zustrebten, auf der Jagd nach dem glitzernden Tinnef.[52] Der einundachtzigjährige Schriftsteller ging dann selbst, auf seine Art, »in den Westen«. Als in Berlin-Mitte/Prenzlauer Berg bei den zweiten Bundestagswahlen des vereinten Deutschlands (Oktober 1994) direkt gewählter Abgeordneter der PDS gehörte er einige Zeit dem Deutschen Bundestag an und hatte als Alterspräsident die Eröffnungsrede zu halten.

Der Dramatiker Heiner Müller nannte das westdeutsche Wirtschaftswunder ein Ergebnis von Auschwitz. »Alle großen deutschen Konzerne haben in Auschwitz arbeiten lassen, auch in anderen Lagern, in Allianz mit der amerikanischen und britischen Industrie.«[53] Das hinderte aber den Hausautor des Berliner Ensembles keineswegs, vom kapitalistischen Westen zu profitieren. Daß man »links schreiben und rechts dinieren« könne – mit der DDR als Material für Literatur (»ich bin da unberührt durchgegangen«[54]) –, war seit der 68er Bewegung ein gesamtdeutsches Phänomen.

Christa Wolfs *Medea,* 1996 (mit dem Untertitel *Stimmen:* in sechs Monologen wird der griechische Mythos kommentiert, die Zauberin und Mörderin ihrer eigenen Kinder in eine humane Heldin uminterpretiert), ist zwar nicht als geschichtlicher Schlüsselroman zu begreifen, doch zielt die Essenz des Werkes auf die der Vereinigung folgende ostdeutsche Identitätskrise. Kolchis, die Heimat Medeas, war einst von gerechten

Königinnen und Königen regiert, bewohnt von Menschen, die in Eintracht miteinander lebten und unter denen der Besitz so gleichmäßig verteilt war, daß keiner den anderen beneidete. Der starrsinnige, verknöcherte König Aites zerstörte das sozialistische Idyll; Medea geht nach Korinth, kommt aber vom Regen in die Traufe: denn dort herrscht ein noch weit höheres Maß an Ungleichheit. »Wohin mit mir. Ist eine Welt zu denken, eine Zeit, in die ich passen würde. Niemand da, den ich fragen könnte. Das ist die Antwort.« Ein Ende der Resignation.[55]

Frust statt Lust

Der Bundespräsident solle, so Helmut Kohl im August 1993, aus dem Osten kommen (die zweite und damit letzte Amtsperiode Richard von Weizsäckers lief 1994 ab). Er schlug den sächsischen Justizminister Steffen Heitmann (CDU) vor, der die Kandidatur annahm, aber sie einige Wochen später zurückgab – sein Konservativismus hatte die öffentliche Meinung erregt. Jens Reich, von einem Honoratiorenkreis (»Frankfurter Einmischung«) vorgeschlagen, fand keine politische Unterstützung bei den maßgeblichen Parteien. Die große Chance, durch die Wahl eines souveränen links-liberalen Wissenschaftlers und Publizisten der deutschen Einheit einen wichtigen, angesichts der Freiräume des Bundespräsidentenamtes keineswegs nur symbolischen Impuls zu geben, blieb ungenutzt – auch wenn der dann gewählte, aus der »alten« Bundesrepublik stammende Roman Herzog rasch große Popularität errang.

Das Zusammenwachsen der beiden Deutschlands wurde durch westliche Dominanz behindert; »Distanz, Enttäuschung, Haß-Frust statt Lust im wiedervereinten Deutschland« titelte der *Spiegel* in Heft 34/1992. Ein *ZEIT-Punkte*-Heft (September 1995) erschien unter der Überschrift »Vereint, doch nicht eins«.
Wolfgang Thierse, Stellvertretender Vorsitzender der SPD (einer der wenigen ostdeutschen Politiker, die in Bonn Bedeutung und Einfluß gewannen), warnte davor, daß die deutsche Einigung sich unter der Dominanz des Westens vollziehe und damit, selbst wenn sie ökonomisch gelinge, menschlich scheitere.[56]

1996 hat der Soziologe Bernhard Schäfers auf die Gleichzeitigkeit des Ungleichzeitigen im deutschen Vereinigungsprozeß hingewiesen[57]: daß etwa das gesamte Institutionen- und Rechtssystem schlagartig ausgetauscht worden sei, aber eingeschliffene Verhaltensweisen und Mentalitäten ziemlich unberührt geblieben seien. So wichtig und richtig es auch gewesen ist, daß bei dem radikalen staatlichen und gesellschaftlichen Umbau der DDR viele westdeutsche »Helfer« mitwirkten, die sich oft genug – wie etwa der frühere hannoveranische Oberstadtdirektor Hinrich Lehmann-Grube als Oberbürgermeister der Stadt Leipzig[58] oder der nordrhein-westfälische CDU-Politiker Kurt Biedenkopf als Ministerpräsident von Sachsen – mit ihrem neuen Aufgabenbereich und der Bevölkerung identifizierten, so war insgesamt der Eindruck einer Kolonialisierung der DDR durch den Westen nicht zu verhindern (trotz westlicher Transferleistungen von etwa einer Billion DM bis 1995). Schäfers stellt fest, daß bestimmte Grundlagen der Wertorientierung völlig verschieden seien, zum Beispiel das Eingebundensein in Religion und Kirche. Es dürfte in Europa keine Region und kein Land geben, in dem der Prozeß der Säkularisierung weiter fortgeschritten gewesen sei als in der DDR; andererseits zeige sich die im Christentum so besonders hervorgehobene Wertschätzung der Eltern und der Familie wesentlich ausgeprägter im Osten als im Westen Deutschlands.

Was die politische Orientierung beträfe, so betrage der Anteil derjenigen, die den Kommunismus bzw. Sozialismus für eine im Prinzip gute, aber schlecht ausgeführte Idee halten, deutlich über fünfzig Prozent. Wirtschaftlich hatten die Westdeutschen über Jahrzehnte von der *sozialen* Marktwirtschaft profitiert; dementsprechend stark waren die Widerstandskräfte gegenüber den Versuchen, den Sozialstaat abzubauen. Im Osten jedoch brach die sogenannte *freie* Marktwirtschaft ziemlich rücksichtslos auf die Bevölkerung herein; diese hatte zwar noch 1990 zu 77 Prozent das Wirtschaftssystem der Bundesrepublik positiv eingeschätzt; nach Jahren persönlicher Erfahrung mit dem neuen Staats- und Gesellschaftssystem waren es 1995 nur noch 34 Prozent.

Einer Umfrage des Emnid-Instituts vom Juli 1995 zufolge wurden von der ostdeutschen Bevölkerung 16 Bereiche genannt, in denen die DDR angeblich überlegen war (1990 waren es von 16 Bereichen nur drei). Bei diesen drei Bereichen sind die Zustimmungswerte gegenüber 1990 deutlich gestiegen: Gleichberechtigung der Frau von 67 auf 87 Prozent; soziale Sicherheit von 65 auf 92 Prozent und Schutz vor Verbrechen von 62 auf 88

Prozent. Die neu hinzugekommenen Bereiche, in denen eine Überlegenheit der DDR konstatiert wird, sind: Berufsausbildung von 33 auf 70 Prozent; Schulbildung von 28 auf 64 Prozent und Versorgung mit Wohnungen von 27 auf 53 Prozent. »Diese und bereits zitierte wie viele andere Daten und Indikatoren, letztlich der einfache Menschenverstand sagen, daß die Mentalitätsgeschichte der DDR für den weiteren Prozeß der Integration, aber auch für die gesamtgesellschaftlich anstehenden Reformen ernster zu nehmen ist als bisher.« Über diese Mentalitätsgeschichte meinte Rüdiger Thomas 1995, daß sie nur verstanden werden könne, wenn der Unterschied zwischen dem, was man heute wisse (z. B. aus Stasi-Akten), und dem Horizont, aus dem die Menschen in der DDR handelten, deutlicher gemacht werde.

Als nach der Vereinigung der imaginierte, vor allem warenästhetisch faszinierende westdeutsche Wohlstand für viele Menschen zur Schimäre wurde, gewannen die SED-Warnungen vor den Gefahren des Kapitalismus im nachhinein Glaubwürdigkeit. Bei einer Umfrage antworteten auf die Frage, ob die Demokratie die beste Staatsform sei, im Mai 1990 in der damaligen DDR 79 Prozent und ein Jahr später in den neuen Bundesländern 70 Prozent mit einem »Ja«; als man den Fragetext geringfügig änderte – »Glauben Sie, die Demokratie, die wir in der Bundesrepublik haben, ist die beste Staatsform?« –, kamen nur 42 Prozent und im Juli 1991 32 Prozent zu einem positiven Ergebnis.[59]

Die in der DDR populäre Liedermacherin Barbara Thalheim erinnert sich, wie sehr Menschen sich vom September 1989 bis März 1990 engagiert haben: »›Ich will nicht glauben, daß die jetzt alle in Hamburg wohnen oder sich alle total angepaßt haben, lebende Leichen sind.‹ Nein, nach der alten DDR sehnt sie sich nicht zurück. Sie trauert aber dem nach, was die DDR hätte sein können. Weil sie herausfinden wollte, warum sie nach Auslandsauftritten in der Schweiz oder der Bundesrepublik immer wieder zurückkehrte, an der DDR festhielt, bettelte sie vor zwei Jahren so lange, bis man sie nach Frankreich ließ. Dort arbeitete sie auf einem Bauernhof, fand zunächst heraus, daß sie nicht schwer körperlich arbeiten kann und daß sie es kaum erträgt, sich in einen durchorganisierten Arbeitsprozeß einzugliedern. Sie sah Zypressen und wunderschöne Sonnenuntergänge. Und wußte auf einmal, wonach sie Sehnsucht hatte, ›nämlich nicht nach Hiddensee, nicht nach den Freunden, sondern nach dem Kaputten, nach den häßlichen Kneipen, nach dreigeteilten Hotelbetten, nach Menschen in Rundstrickanzügen. Ich weiß, daß das pathologisch ist.‹ – ›Im

Osten geht die Freiheit auf, im Westen geht sie schlafen‹, singt sie jetzt – und was Freiheit meinen kann: ›Jeder kann siegen, und jeder kann untergehn.‹«[60]

Daß die Stimmung im Osten so schlecht wurde, war vor allem Folge des wirtschaftlichen Umbaus, der nicht evolutionär, sondern rigoros vorgenommen wurde – in Form einer Konkursverwaltung, bestimmt durch die auch im Westen zunehmende Skepsis gegenüber dem Sozialstaat (gebremst von der Macht der Gewerkschaften). Zudem erfolgte die westliche Einmischung bei der »politischen Abwicklung« häufig ohne Einfühlungsvermögen in die Schwierigkeiten des Lebens in einer Diktatur.[61]

»Die westdeutschen Parteien brachen über das Land herein und begruben unter sich alles, was sich eben geregt hatte. Mit maßloser Arroganz verkauften sie uns ihre Demokratie. Wenige haben sich gewehrt; die klägliche Schar der Dissidenten focht auf verlorenem Posten. Schon am Runden Tisch, wo wir Demokratie ganz elementar lebten, waren wir in Wirklichkeit abgeschlagen. Wir wußten es nur noch nicht.
Meinen Landsleuten im Osten kann ich verzeihen, daß sie mutlos waren und geblendet von der westdeutschen Wohlstandsdemokratie. Aber den Parteistrategen im Westen, die für sich das einzig Richtige, für uns aber das genau Falsche getan haben, denen verzeihe ich ihren Raubzug nicht. Denn sie unterbrachen nicht nur das Mündigwerden, sie bedienten sich auch auf unerträgliche Weise der christdemokratischen und liberalen und nationalen Genossen, die eine DDR lang mit der SED kollaboriert hatten. Sie bedienten sich der Stasi-Knechte und Wirtschaftshöflinge, die für den Ruin des Landes jenseits der Elbe verantwortlich sind.
Machtpolitisch betrachtet mag das ein genialer Streich gewesen sein; auf die Moral in Deutschland aber wirkte es verheerend. Ganz sicher wäre anderes möglich gewesen, kein *dritter* Weg, aber die geduldige Annäherung, Respekt vor dem, was auch im Osten gewachsen war und wofür die Bürgerbewegungen standen.
Politisch können wir die Wiedervereinigung abhaken, politisch ist sie vollzogen – die Machtpolitiker, scheint es, haben recht behalten. Bis aber die Gräben zwischen den Menschen von hier und dort geschlossen, bis die geistigen und kulturellen Mauern niedergerissen, die mentalen Unterschiede beseitigt werden, wird es noch eine Generation brauchen.« (Konrad Weiß, ostdeutscher Filmemacher)[62]

Als sich wenige Tage vor der Einheit die Sozialdemokraten aus beiden Teilen Deutschlands wieder zu einer gemeinsamen SPD zusammenschlossen, hoffte der SPD-Vorsitzende Ost, Wolfgang Thierse, daß die Westdeutschen sich jetzt nicht wie Sieger aufführen würden; »ihr habt keinen Sieg errungen, aber wir haben eine Niederlage erlitten«. Die ehemalige DDR dürfe nicht deutsche Kolonie sein, sondern müsse Teil der deutschen Bundesrepublik werden.

»Wir werden neue Bürgerinnen und Bürger dieses neuen Landes Deutschland sein, mit einer Menge alter und auch neuer Probleme, mit einer Menge auf uns lastender Geschichte, aber wir werden gleichberechtigte Bürgerinnen und Bürger sein, wie ich hoffe, mit viel Mut, mit Hoffnung und innovativen Kräften, mit viel Wissensdurst, viel Nachholbedarf, vielen neuen Vorschlägen und Ideen. Wenn wir dieses gemeinsam als befruchtend erleben, können wir neue Chancen schaffen und nutzen.«[63]

Die Entwicklung der neunziger Jahre zeigte jedoch, daß das Zusammenwachsen des Zusammengehörenden in so vernünftiger Weise nicht stattfand. »Einheit ist der Wunsch, aber Teilung bleibt die Realität: wirtschaftlich, sozial und psychologisch.« (Klaus von Dohnanyi)[64] Die politische Kultur, auf die Thierse baute (als »Mischung« eines umfassenden Geschichtsverständnisses, sensibler Wahrnehmungsfähigkeit, kritischer Selbsterkenntnis, insgesamt also dem Prinzip Aufklärung verpflichtet), war nur die Sache einer Minderheit, die zwar ihre Stimme fundiert und unüberhörbar erhob, aber bei den Machern der deutschen Einheit nicht genügend gehört, geschweige denn beachtet wurde.

Emnid-Umfrage 1995. »Wünschen Sie sich heute, es hätte am besten keine Wiedervereinigung gegeben?«: ja 15 Prozent, nein 83 Prozent. »Wie ist aus Ihrer Sicht die Entwicklung seit der Wiedervereinigung verlaufen?« Besser als erwartet: Ost 13 Prozent, West 25 Prozent, schlechter als erwartet: Ost 53 Prozent, West 43 Prozent. »Wenn Sie im Osten für sich persönlich die Bilanz nach der Wiedervereinigung ziehen, wozu zählen Sie sich?« Zu den Gewinnern: 25 Prozent, zu den Verlierern 17 Prozent, weder noch 58 Prozent. »Sind die früheren DDR-Bürger im vereinten Deutschland Bürger 2. Klasse?« Ost ja 72 Prozent, nein 27 Prozent; West ja 22 Prozent, nein 77 Prozent.[65]

Was bleibt

»Hitler stahl mir meine Kindheit – Stalin und Ulbricht meine Jugend – Honecker meine besten Jahre – Kohls Konsorten wollen den Rest!« Der »Jahrgang 1935«, der sich so auf einem von der Westberliner Tageszeitung *(taz)* veröffentlichten Plakat zu Wort meldete, befinde sich demnach im Osten vollständig auf der Verliererseite (soweit er sich nicht dem DDR-Machtapparat integriert hatte).

Doch ist das Phänomen zerbrochener bzw. lädierter Identität, etwa bei den älteren Arbeitslosen, den »Überflüssigen«, den Hoffnungslosen, eine gesamtdeutsche Erscheinung. Die Politik- und Modernitätsverlierer in Ost wie West bilden eine gemeinsame, quantitativ immer mehr zunehmende Kohorte reduzierten Lebens. Freilich gibt es unterschiedliche Schuldzuweisungen. Die objektiv hohen Beträge, die der Westen für den deutschdeutschen Lastenausgleich beisteuert, mit entsprechenden positiven infrastrukturellen Folgen, verstärkt den Eindruck in den »alten Bundesländern«, daß die Vereinigung ein Verlustgeschäft gewesen ist; andererseits wächst in den neuen Bundesländern die positive Beurteilung des Status quo ante. Dem Nach-Urteil der Älteren entspricht das Vor-Urteil der Jungen; so zeigte sich, daß 1992, bei einer Vergleichsstudie von Schulaufsätzen zum Thema »Deutsche Einheit« in den Partnerländern Thüringen und Rheinland-Pfalz, nur etwa ein Drittel der Schüler die Einheit positiv bewertete. »Am besten, sie würden gleich wieder dahin zurückgeschickt, wo sie herkommen.« ... »Die blöden Wessis können sich überhaupt nicht vorstellen, wie es in der DDR zugegangen ist; man sollte es nun umgekehrt machen und die Wessis einschließen.«[66] (Seit 1989 wurden 1 568 070 Umzüge von Ost- nach Westdeutschland, 488 430 Umzüge von West- nach Ostdeutschland gezählt; Bilanz: 1 079 640 »gingen in den Westen«).

Mit Sorge beobachtet der Bürgerrechtler Friedrich Schorlemmer die Abrieb- und Zerreibungsprozesse bei denen, die sich ins politische Geschäft begeben hätten. »Ich weiß um alte Probleme im neuen Gewand, auch um die Abgründe, die sich auftaten, nachdem der Aufbruch gelungen schien. Mich beunruhigt der Unfrieden in der Freiheit nach dem Zwangsfrieden in der Diktatur. Auch die wütende Fremdentlastungs- wie die schale Selbstgerechtigkeitspose. Die alten Beschädigungen reichen tief, neue sind hinzugekommen. Den Demütigungen in der Diktatur folgten alsbald die Demütigungen in der Freiheit.«[67]

Von der Folgenlosigkeit der Vereinigung beider deutschen Staaten spricht Wolf Lepenies. Die politische Klasse der alten Bundesrepublik habe, mit wenigen Ausnahmen, aus der Vereinigung und ihren Folgen ein Festival der Selbstbestätigung gemacht. Die staatliche Einheit Deutschlands wiederherzustellen sei in der Bundesrepublik ein Verfassungsgebot und ein Pflichttopos der politischen Rhetorik, aber keinesfalls eine Orientierungsmarke der praktischen Politik gewesen. »Eine Selbstprüfung deutscher Politiker hat nicht stattgefunden. Verhindert hat sie auch der Politikverzicht der ostdeutschen Dissidenten. Perfider noch als in den Anpassungsorgien der alten Kader und in den Täuschungsmanövern eingespielter Seilschaften der SED und der PDS wirkt in diesem Verzicht auf das Herausarbeiten einer alternativen Politik das totalitäre Regime der DDR über seinen Untergang hinaus fort.«
In der früheren DDR habe sich – gestützt vom Amtsverständnis der protestantischen Kirche und in jener Tradition deutscher Innerlichkeit, der stets mehr an selbstbestätigter Melancholie als an Macht oder Mehrheitsgewinn liege – eine jeder Politik gegenüber skeptische Dissidentengesinnung auf Kosten einer wirksamen Oppositionspolitik verbreitet. Diese Gesinnung sei zwar zunehmend und oft unter hohen persönlichen Opfern öffentlichkeitswirksam bekundet worden; zur politischen Strategie aber sei sie nicht geworden. »Die Überpolitisierung der DDR-Gesellschaft hatte den Begriff der Politik, so schien es, auf immer entweiht. Auch als die Dissidenten die Freiheit des politischen Ausdrucks gewonnen hatten, änderte sich dadurch an ihrer Verachtung der Politik nichts.« Daß die Bürgerbewegung sich in den Schmollwinkel zurückzog, hat freilich einen wichtigen Grund darin, daß das Wahlvolk die unabhängigen moralischen Standpunkte jener nicht honorierte, die Sand im Getriebe pseudo-moralischer politischer Betriebsamkeit sein wollten.[68]

Was in den neuen Bundesländern oft irritiert, beunruhigt schon viel länger in den alten Bundesländern: nämlich die dem »angewandten Materialismus« gegenüber doch recht schwache Position des Verfassungspatriotismus. Ist »angenehmes Leben« wirklich nur eine Sache konsumtiven Wohlstandes und nicht gleichermaßen eine solche staatsbürgerlichen Wohlbefindens? »›Man wirft den Ostdeutschen Undankbarkeit vor, Undankbarkeit für Meinungsfreiheit, freie Wahlen, Reisefreiheit, konvertible Währung. In der Tat ist Freiheit kaum ein Thema mehr im Osten. Vielleicht deshalb, weil im Westen Freiheit etwas Selbstverständliches ist und das Gefühl des Selbstverständlichen sich schneller überträgt als vieles andere‹, vermutet der Historiker Lothar Gall. Richard Schröder fügt hinzu: ›Es wäre auch deplaziert, wenn man einem Arbeitslosen sagte: Du kannst doch jetzt frei reisen, oder einem, der um sein Haus bangt: Du kannst doch jetzt öffentlich darüber schimpfen.‹«[69]

Der Verlust von Eigeninitiative und der Mangel an Bereitschaft, Verantwortung zu übernehmen, wirkte sich in der ersten Phase der Vereinigung negativ aus; immer wieder war zu beobachten, daß Risiko- und Innovationsbereitschaft, Flexibilität und Mobilität gelähmt waren. Demgegenüber zeigt sich freilich auch, daß in kurzer Zeit das zivilgesellschaftliche Tugendsystem sich sowohl aus der Verschüttung durch die SED-Ideologie wie aus der westdeutschen Umklammerung zu befreien und auf eine Weise zu entwickeln vermochte, die das westliche Niveau allein schon deshalb übertrifft, weil ihm eine gewisse Frische und Neugier zu eigen ist. Utopie und Vision sind in den neuen Bundesländern noch etwas wert und werden nicht mit postmoderner Blasiertheit abgewertet. Was tun? Die Frage wird nicht mehr auf leninistische, aber auch nicht auf spätkapitalistische Weise beantwortet. Gerade die rasche Ausbildung einer so lang vom SED-Zentralismus unterdrückten föderativen Identität erinnert an die Hoch-Zeit westlicher kommunaler Geltung: Laßt viele Blumen blühen! Vielfalt ist besser als Einfalt.

Drei Haupttypen der »Frei-Setzung« hat Heiner Keupp, mit »gesellschaftlichem Tatsachenblick« auf Ostdeutschland, aufgezeigt. Diese kategorialen Beschreibungen dürfen für die gesamte Bundesrepublik gelten:

- Die *Kreativ-Freigesetzten* kommen zum größten Teil aus den bildungsprivilegierten Schichten; sie sehen sich selbst bei aller Kritik am kolonialisierenden Vereinheitlichungsprozeß eher als Gewinner der Wende, weil diese ihnen die Zukunft geöffnet hat. Sie erwarten für sich vielfältige Optionen und probieren ihre Ideen und Möglichkeiten aus. Pluralität von Lebensstilen und -werten ist für sie keine Bedrohung. »Ihre sozialen Netze sind heterogen und weitgefächert. Sie vermitteln vielfältige Beziehungschancen und zurren sie normativ nicht fest.«
- Die *Normativ-Festgesetzten* kommen mehrheitlich aus der unteren Mittel- und der oberen Unterschicht. Sie sind ohne große Manövriermöglichkeiten in ein Lebensmodell integriert, das im wesentlichen durch relativ autoritäre Normen der eigenen familiären Lebenswelt reguliert wird. Das Gefühl, daß dieses Modell ein Auslaufmodell sein

könnte, wird durch projektive Feindbildkonstruktion abgewertet. Offene Zukunftsoptionen werden ebenso als eher bedrohlich erlebt wie plurale Lebensalternativen. Das soziale Netzwerk ist familienzentriert und schottet sich hinter Kontaktmauern ab.

- Beim Typus der *Ausgesetzten* verschärft sich die Situation reduzierter Chancen weiter; sie stammen mehrheitlich aus der Unterschicht, und die Familien sind oft zerrüttet. Die Welt außerhalb der eigenen Lebenswelt wird als feindlich und bedrohlich erlebt; vor ihr versucht man sich mit massiven Feindbildern zu schützen. Oft ist der Einsatz von Gewalt die einzige Chance, sich selbst wirksam zu erleben. Das eigene Netz liefert keine Modelle produktiver Lebensgestaltung, enthält relativ wenige Beziehungen und läßt sich als »Gemeinschaft der Ausgeschlossenen« bezeichnen. Hier könnten die regressiven Zugehörigkeitsangebote der rechten Szene eine besondere Attraktivität erlangen. Sie vermitteln Zugehörigkeit, Anerkennung und das Gefühl der Handlungswirksamkeit.[70]

Am Ende von Christa Wolfs autobiographischer Erzählung *Was bleibt* geht die Erzählerin durch alle Zimmer ihrer Wohnung und dreht alle Lichtschalter aus, bis nur noch die Schreibtischlampe brennt: »Diesmal hätten sie mich aber beinahe gehabt. Diesmal haben sie, ob sie es nun darauf angelegt hatten oder nicht, den Punkt getroffen. Den ich eines Tages, in meiner neuen Sprache, benennen würde. Eines Tages, dachte ich, werde ich sprechen können, ganz leicht und frei. Es ist noch zu früh, aber ist es nicht immer zu früh? Sollte ich mich nicht einfach hinsetzen an diesen Tisch, unter diese Lampe, das Papier zurechtrücken, den Stift nehmen und anfangen. Was bleibt. Was meiner Stadt zugrunde liegt und woran sie zugrunde geht. Daß es kein Unglück gibt außer dem, nicht zu leben. Und am Ende keine Verzweiflung außer der, nicht gelebt zu haben.«[71]

Das Dasein der Autorin spiegelt die Lage vieler Intellektueller im autoritären bzw. totalitären Staat. Wagnisse und Zugeständnisse halten sich die Waage; man bemühte sich, nicht zu sehr aufzufallen, sich einigermaßen herauszuhalten; läßt sich aber auch »halb« ein. Äquilibristik ist gefragt. Die Hoffnung, daß Wahrheit eines Tages möglich sein werde, kompensiert das Gefühl der geistig-seelischen Erstickung an der Lüge. »Eines Tages werde ich sprechen können.« Die Not aktueller

dichterischer Existenz wird auf Zukunft projiziert. Der Auftrag heißt: die Wahrheit schreiben; die Daseinsangst gebietet jedoch Verzicht auf Widerstand.

Veröffentlicht wurde Christa Wolfs Erzählung, von der angegeben ist, daß sie vor dem Juni/Juli 1979 entstand, im Jahr der Wende, im November 1989. Der dadurch ausgelöste Literaturstreit, teilweise mit sehr persönlichen Angriffen verbunden, griff »Prinzipielles« auf: Ist die künstlerische Gestaltung moralischen Prinzipien verpflichtet, muß sie »gesinnungsästhetisch« auf der richtigen Seite stehen; oder genügt die selbstreferentielle Qualität, also Kunst um der Kunst willen? Gerade diejenigen, die gesinnungsästhetische Kategorien als fragwürdig empfinden (Kunst werde dadurch »in Dienst genommen« – prinzipiell verwerflich, auch wenn es sich um eine gute Sache handle), kritisierten Christa Wolfs Erzählung nicht nur wegen des Mangels an literarischer Qualität, sondern ihre Person wegen des Mangels an politischer Widerstandskraft bzw. wegen opportunistischen Verhaltens; aufgeschlagen werde ein weiteres Kapitel in dem sehr deutschen Traktat von Gedanke und Tat, eine trübselige Fallstudie in der Schule des verführten Denkens. (Frank Schirrmacher)[72]
»Was hinter uns liegt/Wissen wir. Was vor uns liegt/Wird uns unbekannt bleiben/Bis wir es/Hinter uns haben.« (Heinz Czechowski)[73]

APORIEN DER KULTUR

Theatralische Sendung

Als nach der deutschen Vereinigung die Euphorie der Ernüchterung wich, konnte der Rückblick auf die Theaterlandschaft der DDR »kulturelle Identitätsbeschädigung« ausgleichen helfen. Denn die Leistungen im Bereich der Darstellenden Kunst waren denjenigen im Westen ebenbürtig (trotz erschwerender Bedingungen durch staatliche Kontrolle und Zensur); zudem hatte die Tätigkeit bedeutender Ost-Regisseure auch im Westen ihre Spuren hinterlassen.

Eine Art »theatralischer Osmose« band die Entwicklungen in beiden Teilen Deutschlands, trotz unvermeidlicher Divergenzen, enger zusammen als auf anderen Gebieten.[74] Die Schwierigkeiten der Theatermacher im SED-Staat - als Folge des Konflikts zwischen dem künstlerisch Gewollten und dem politisch Oktroyierten - förderte Allianzen über die Mauer hinweg mit den in der Bundesrepublik von »repressiver Toleranz« betroffenen Künstlern; und umgekehrt glaubten westdeutsche Theatermacher von den künstlerischen Leistungen in der DDR profitieren zu können; vor allem das Berliner Ensemble galt als wichtige Orientierungsmarke.

Schon beim Aufbau des Theaterwesens in den Besatzungszonen zeigte die Theaterarbeit in der SBZ und in der späteren DDR große Experimentierfreudigkeit. Bezeichnend, daß Wolfgang Langhoff, der während des Dritten Reiches im Exil am Zürcher Schauspielhaus gewirkt hatte und 1945 als Intendant nach Düsseldorf berufen wurde, 1946 nach Ostberlin ging, um dort die Leitung des Deutschen Theaters zu übernehmen. In einer Zeit, in der viele Künstler unter dem Eindruck der furchtbaren Verbrechen des Nationalsozialismus einen

unverbindlichen Ästhetizismus ablehnten und die gesellschaftspolitische Aufgabe des Theaters – das Theater als moralische Anstalt – sehr ernst nahmen, erschien der Sozialismus für die Verwirklichung der übernommenen »theatralischen Sendung« ein überzeugender Garant. Die für die DDR geltende Staatstheaterstruktur bot zudem gute wirtschaftliche Arbeitsbedingungen. »Die Peitsche des Erfolgszwangs wird dort nicht geschwungen, die Antinomie Erfolg oder Untergang existiert nicht, die Produktionsbedingungen sind unvergleichlich komfortabler, die soziale Absicherung der Künstler ist, soweit sie sich im vorgegebenen Rahmen halten, perfekt.« (Urs Bircher/Martin Kreutzberg, 1984)[75]
Ostberlin galt selbst im Kalten Krieg als gesamtdeutsche Theaterhauptstadt; aber auch die Provinz mit ihrem dichten Netz von Mehrspartentheatern (vor allem in Thüringen und Sachsen) bot hohes Niveau. Regisseure an mittleren und kleineren Theatern konnten Produktionen vorweisen, welche die Leistungen in der Metropole Berlin übertrafen (z. B. Wolfgang Engel in Dresden, Frank Castorf in Karl-Marx-Stadt, Wolf Winkelgrund in Potsdam.)[76] Unter Hans-Anselm Perthen spielten die Rostocker Bühnen mehr als alle anderen DDR-Theater Dramatik aus dem Westen. Das größte Jungtalent der deutschen Regisseure in den neunziger Jahren, Leander Haußmann – erste Westarbeit in Frankfurt 1991, dann spektakuläre Inszenierungen an vielen großen Bühnen, Intendant in Bochum ab 1995 –, entwickelte sein künstlerisches Potential in der Kreisstadt Parchim (Mecklenburg) und stieg in Weimar zum Regie-Star auf.

In der DDR machte kaum jemand nur Theater, um Theater zu machen – diese Feststellung von Irene Böhme, lange Jahre Dramaturgin in Ostdeutschland (1980 ging sie in die Bundesrepublik), zeigt deutlich, warum gesellschaftlich engagierte Künstler sich in der DDR ermutigt fühlten, zumal herausragende Intendanten wie Helene Weigel, Wolfgang Langhoff, Walter Felsenstein, Wolfgang Heinz oder Benno Besson mit ihren Häusern für eigenwillige Inszenierungen gute »Spielräume« boten.

»Den Theaterautoren, Regisseuren und Schauspielern der DDR, ob sie nun aus der Tradition Brechts oder Friedrich Wolfs, ob vom epischen oder vom Einfühlungstheater her kamen, war der Nur-Kunststandpunkt immer verdächtig. Sie machten Theater mit der Absicht, in die schlechten Verhältnisse verändernd einzugreifen, in den meisten Fällen mit dem

Fluchtpunkt der Utopie eines besseren Sozialismus.« (Wolfgang Emmerich)[77]

Genau dies aber zog die Kontrollen und Sanktionen der Kulturfunktionäre, die vielfach in die Leitungsfunktionen der Theater einrückten, auf sich – verwahrten sich diese doch vor einem Theater, das Heiner Müller als »Revolution auf dem Marsch« charakterisierte.

Die von westdeutschen, vor allem linksorientierten Theatermachern gepriesenen Produktionsbedingungen schlossen viel Obstruktion ein; gerade weil die Partei dem Theater einen hohen Rang einräumte, wirkte sich »die unselige Herrschaft der Oberlehrer« (so nach der Wende die ostdeutsche Zeitschrift *Theater der Zeit* in einer rückblickenden *Bilanz der Behinderungen,* 1990) im Verbund mit einer angepaßten bzw. opportunistischen Theaterkritik höchst negativ aus.

Die Qualität des ostdeutschen Theaters war insgesamt kein Produkt kollektiver Solidarität bzw. eines gesellschaftlichen ästhetischen Konsenses, sondern Ergebnis einer »beeindruckenden Serie von Einzelleistungen, die im Zusammenwirken bedeutender Theaterleute bei Einvernehmen mit Existenz und revolutionärem Weg ihres Staates entstanden«.[78] Da aber dieses »Einvernehmen« kritisch, dialektisch, innovatorisch war, die Führungsschicht der SED engstirnig, borniert, kleinbürgerlich und dann auch noch zu einem Teil vergreist, entzogen sich viele ostdeutsche Regisseure, der politischen Camouflage und Äquilibristik müde, der frustrierenden Arbeit im eigenen Land. Sie wirkten als Gäste im Westen oder verließen die DDR überhaupt – von der Kritik in der Bundesrepublik wegen ihrer »provokatorischen Solidität« und ihres von Brecht und Konstantin Stanislawski geprägten Theaterverständnisses hoch gepriesen.

Den bundesrepublikanischen Theatern, in ihren Spielplänen und Regiekonzeptionen sehr von der jeweils »neuesten Stimmung im Westen« bzw. den Zeitgeist-Moden abhängig, vom verführerischen Show-Charakter des Fernsehens bedrängt, verhalf das ostdeutsche Fluidum zur Resistenz gegenüber zu großer Beliebigkeit; die westdeutsche Theateravantgarde bzw. das westdeutsche Regietheater – lange Zeit auf herausragende Weise durch die Berliner Schaubühne, aber auch die Schauspielhäuser in Bochum[79], Frankfurt, Hamburg und die Kammerspiele München, ferner die Oper Frankfurt repräsentiert – ging gern mit den Sendboten aus Ostdeutschland eine künstlerische Wahlverwandtschaft ein.

Inzwischen, hieß es in *Theater heute,* 1981, gebe es drei Kategorien von

Regisseuren in der DDR: solche, die nur zu Hause in der DDR inszenierten; solche, die nur nicht zu Hause, die im Westen inszenierten; und solche, die in beiden Teilen Deutschlands inszenierten. (1982 hatten 69 Inszenierungen von DDR-Regisseuren im Ausland Premiere.) Thomas Langhoff stimmte es als DDR-Bürger sehr traurig, »daß viele unserer besten Leute nicht mehr zu Hause arbeiten können«. Angesichts der fast blinden Anfälligkeit der DDR-Regisseure für die Verlockungen aus dem Westen gelte: »Wer nicht im Westen inszeniert, der gilt bei uns zu Hause nichts, der ist out!«[80]

Meist im Besitz des Reiseprivilegs, machten prominente Regisseure davon immer mehr Gebrauch und nahmen zunächst als Gastregisseure, dann oft auf Dauer ihren Wohnsitz im Westen.

Unter denjenigen, die als Gastregisseure im Westen arbeiteten (Fritz Marquardt, Klaus Erforth, Wolfgang Engel), war Ruth Berghaus vor allem wegen ihrer Opern-Inszenierungen von besonderer Bedeutung. Mit dem Komponisten Paul Dessau verheiratet, wurde sie 1971 in Nachfolge von Helene Weigel Intendantin des Berliner Ensembles; ein Jahr vorher hatte sie sich mit der Inszenierung von Webers *Freischütz* an der Staatsoper Berlin besondere Kritik zugezogen. Sie habe eine Spießeridylle gezeigt und keine für die »sozialistische Menschengemeinschaft« tauglichen Vorbildfiguren oder Volksgestalten. Ihr Nachfolger Manfred Wekwerth, seit 1982 auch Präsident der Akademie der Künste der DDR, opportunistisch, linientreu, warnte bei den Inszenierungen der Berghaus vor der Preisgabe weltanschaulicher Verbindlichkeit. Aber gerade ihre ungewöhnliche Phantasie ermöglichte ihr eindrucksvolle Neuentdeckungen auf dem Gebiet des Musiktheaters. »Sie war wie Heiner Müller eine Erbin Brechts und mehr als dies: eine faszinierende und wahrhaftige Zeugin der zweiten Hälfte unseres Jahrhunderts. Sie hat manchmal resignierende Bühnenkunst stets aufs neue produziert und ihre Sichtweisen – so widerspruchsvoll sie waren – gehören in philosophischem und künstlerischem Sinn zum bedeutendsten, was unser Theater wachgehalten hat.« (Udo Zimmermann, DDR-Opernkomponist, u. a. *Weiße Rose,* Intendant der Leipziger Oper)[81]

Die DDR verließen zum Beispiel:[82]

- Benno Besson. Das »glückliche Gefühl«, das durch das Erleben der Solidarität mit vielen entstünde, wollte er stärken; mit den talentiertesten Autoren der DDR, wie Hartmut Lange und Peter Hacks (der für das Theater

»Artistik, Glanz, Phantasie« forderte), arbeitete er zusammen. Im Deutschen Theater waren seine Inszenierungen Glanzpunkte. Gerügt wurde der Mangel »klassenmäßiger Konfliktbehandlung«.

- Adolf Dresen. Seine Inszenierung von Faust I am Deutschen Theater 1968, zusammen mit Wolfgang Heinz, löste heftige Attacken bis zur Ebene des Staatsrates aus. Die Aufführung, so der damalige Kulturminister Klaus Gysi, verweigere sich der ideologischen Prämisse, daß die Entwicklung in der DDR *Faust* vollendet habe, wonach nun, laut Walter Ulbricht, ein dritter Teil geschrieben werden müsse. Die Partei, meinte Alexander Abusch, wolle in *Faust* eine starke Persönlichkeit sehen, eine Renaissance-Gestalt. »Als sozialistische Humanisten sind wir auch gegen jede versteckte oder offene, unbewußte oder bewußte Tendenz, die Grundideen des *Faust* . . . durch Unterkühlen, Ironisieren und andere spätbürgerliche Kunstmittel zurückzunehmen.«
- Heinar Kipphardt (Chefdramaturg des Deutschen Theaters). Er, der 1949 als DDR-Bekenner nach Ost-Berlin übergesiedelt war, beantragte die Ausreisegenehmigung 1959, da er unter den gegenwärtigen Bedingungen, besonders auf dem Gebiet der Kulturpolitik, keine Möglichkeiten mehr sah, »als Schriftsteller und Theaterfachmann nutzbringend zu arbeiten«.
- Alexander Lang. Seine tiefgreifende Wirksamkeit für das Theater der DDR in den achtziger Jahren begann mit der Inszenierung von Shakespeares *Ein Sommernachtstraum* am Deutschen Theater (1980).
- Matthias Langhoff und Manfred Karge. 1971 hatten sie in ihrer Inszenierung von Schillers *Die Räuber* die Frage nach der Substanz und den Perspektiven revolutionärer Bewegungen gestellt.
- Thomas Langhoff. Die zeitweise entwürdigende Behandlung seines Vaters Wolfgang Langhoff hatte ihm traumatisch zugesetzt.
- Peter Palitzsch (ursprünglich aus dem Westen gekommen). Zusammen mit Manfred Wekwerth hatte er 1959 am Berliner Ensemble Brechts Stück *Der aufhaltsame Aufstieg des Arturo Ui* mit großer internationaler Resonanz inszeniert.
- B. K. Tragelehn. Schon seine Inszenierung von Heiner Müllers *Die Umsiedlerin oder Das Leben auf dem Lande* an der Studentenbühne der Hochschule für Ökonomie, Berlin-Karlshorst 1961, war als »reaktionäres Machwerk« abgesetzt worden. Seine Inszenierung von Strindbergs *Fräulein Julie*, zusammen mit Einar Schleef, 1985, wiederum abgesetzt, führte dazu, daß der Regisseur bis Mitte der achtziger Jahre nur außerhalb der DDR

inszenieren durfte. Auch Schleef verließ, nach mißglücktem Fluchtversuch und einer Gefängnishaft, die DDR.[83]

Als die Grenze zwischen den beiden Theaterlandschaften aufgehoben war und freier Austausch möglich war, erfolgte eine rasch fortschreitende Erosion. Was in der Bundesrepublik bereits in den achtziger Jahren einsetzte, wiederholte sich nach der Wende aus anderen Gründen im Osten: Es kam zu einer Legitimationskrise des Theaters, die Joachim Fest in den siebziger Jahren als die Misere »seiner verlorenen sozialen Funktion« bezeichnet hatte. Dem Theater fehlten die Autoren, das Publikum, der Nachwuchs; die unentwegten Intendanten- und Dramaturgenkrisen, mit all der lächerlichen Wichtigtuerei in ihrem Gefolge, sei noch der vernehmlichste Existenzbeweis, dessen es fähig sei.[84]

Die neue Unübersichtlichkeit führte im Westen zu künstlerischer Unsicherheit. Das Publikum konnte kaum noch schockiert werden. Dem Regietheater wurde der Vorwurf gemacht, daß es zur Masche verkomme, einschließlich eines »puren Exhibitionismus, die Zurschaustellung unerheblichster infantiler Kreativität als Theaterereignis«. (Hartmut Lange) [85] Bilder fungierten als Ersatz für einen Sinn, den man nicht mehr verstünde oder annehmen wolle; Konzeptionswut und Stilisierungskrampf griffen um sich. Robert Wilson stieg zum Guru des esoterischen »Kritikertheaters« auf. »Die Folgen sind im deutschen nichtliterarischen Theater von Klaus Michael Grüber bis Pina Bausch zu studieren«, bemerkte Georg Hensel in der Besprechung von Wilsons Stück *Death Destruction & Detroit* in der Berliner Schaubühne 1979; er stellte seiner Besprechung ein Wort von Oscar Wilde voran, das generell die Konturlosigkeit des Theatergeschehens in den achtziger Jahren zu charakterisieren vermochte. »Kein Kunstwerk vertritt Ansichten. Die Ansichten haben nur die Leute.«[86]

Als Heilmittel gegen den Mangel an konzeptioneller Stringenz und Authentizität – »Entlarvungsathleten der Regie« wie Hans Hollmann und Hansgünther Heyme gerieten ins Abseits –, vor allem um der »Gelangweiltheit« des postmodernen, coolen Publikums abzuhelfen, entwickelte sich ein Sensationalismus, der bei Hans Neuenfels und George Tabori noch den Abglanz eines inhaltlich engagierten Theaters zeigte, bei Peter Zadek jedoch immer mehr Grand-Guignol-Attituden annahm. In Ulrich Wildgruber fand er einen kongenialen Protagonisten seines aufgesetzten Anarchismus. Wildgrubers *Othello* beschrieb Peter Iden als ein »verwahrlostes, augenrollendes, fuchtelndes, meist halbnacktes, immer schweißtriefendes Ungeheuer, ein Wesen außerhalb jeder Ordnung, maßlos in jeder Reaktion. Minutenlang füllt er die große Bühne mit Explosionen einer wahnsinnigen Raserei«.[87]

Das Altern der Avantgarde und die Juvenalisierung des Kulturbewußtseins überrollte manchen, ehedem durch die Qualität der Provokation bekannt gewordenen Theatermacher. Andere, die mit der Zeit gingen, verwandelten die von ihnen geleiteten Häuser in Zentren hochqualifizierter Farbigkeitsbedarfsdeckung.[88] Auf diese Weise konnten zum Beispiel die Münchner Kammerspiele (unter Dieter Dorn), das Hamburger Thalia-Theater (Jürgen Flimm), das Mülheimer Theater an der Ruhr (Roberto Ciulli) der ansonsten ubiquitären Theaterkrise lustvoll Paroli bieten. In Wien sorgte Claus Peymann als Burgtheater-Direktor dafür, daß das Haus meist gefüllt blieb: nicht zuletzt dadurch, daß er, der bei seiner Theaterkarriere stets das Gebot der political correctness phantasiereich mißachtet hatte, an »schönen Feindschaften« keinen Mangel hatte. Von den jüngeren westdeutschen Regisseuren blieb das nationale wie internationale Renommee des 1948 geborenen Luc Bondy unangetastet, zumal er Neugier mit hermeneutischer Kompetenz und geschmackssicherer »Handwerklichkeit« zu verbinden wußte.

»Da ich jemand bin, der sich sehr gern amüsiert, habe ich weniger ein Pflichtbewußtsein als immer wieder Lust, etwas Bestimmtes in Angriff zu nehmen.«[89]

Die für die DDR maßgebende und maßsetzende Idee eines sozialistischen Nationaltheaters fand in ihrer affirmativen Form – »das Ideal der schönen Menschengemeinschaft, das besonders in den Werken der Klassik künstlerisch vorgezeichnet sei, werde in der sozialistischen Gesellschaft Wirklichkeit« (Schauspieltheater-Konferenz, Leipzig 1960[90]) – den Widerspruch der Theatermacher, die sich trotz ideologischen Drucks ihre skeptische Sensibilität für Realität erhalten hatten. Als Vision war die Verbindung des Humanen mit dem Nationalen jedoch von identitätsstiftender Bedeutung. In diesem Sinne wollte schon 1951 Wolfgang Langhoff mit seiner *Egmont*-Inszenierung am Deutschen Theater den Zuschauer, wie es Goethe selbst formuliert hatte, »durch ein großes Beispiel« anregen, »alle seine Kräfte zur Vereinigung unseres eigenen Vaterlandes«

einzusetzen. Langhoffs Inszenierung, die der nüchterne Brecht »idealistisch und undialektisch« genannt hatte, gipfelte in einem pathetisch-opernhaften Schluß: Beethovens Siegessymphonie begleitet die Öffnung der Kerkerwand, hinter der »in strahlendem Licht als lebendiges Bild das befreite Volk, in seiner Mitte Klärchen in roter Bluse, mit der niederländischen Fahne im Arm« erschien und Egmont den Lorbeer des Sieges reichte.[91]

Hatte im Januar 1954 der Leiter des neu gegründeten Ministeriums für Kultur, Johannes R. Becher, noch erklärt, daß Ausdruck deutscher Nationalkultur nicht ein west- oder ostdeutsches, sondern nur ein deutsches Nationaltheater, wie es Lessing und Schiller erstrebt hätten, sein könne[92], so sah in den nachfolgenden Jahrzehnten die SED-Kulturpolitik im Theater die besondere Möglichkeit, angesichts des westdeutschen Internationalismus und Amerikanismus die Eigenständigkeit und das Selbstbewußtsein der DDR als eigentlichen Ort und Garanten des deutschen Kulturerbes herauszustellen – mit Weimar als zentralem Topos. Das sozialistische Nationaltheater sollte auf zwei Säulen, der Vergegenwärtigung von Tradition durch die Pflege der Klassik und der Hervorbringung von Zeit- bzw. Gegenwartsstücken, beruhen. In einem Interview stellte Peter Hacks 1964 fest, daß man inzwischen gelernt habe, gesellschaftliche Vorgänge auf der Bühne darzustellen; nun könne man darüber hinausgehen: nämlich große Geschichten von Leuten erzählen, ohne die Tatsache zu vernachlässigen, daß diese Leute in einer Gesellschaft angesiedelt seien. Man habe mit Stücken begonnen, die vollkommen damit zufrieden waren, daß sie die neue Klassik überhaupt auf die Bühnen brachten; das entspräche der frühbürgerlichen Dramatik. Die nächsthöhere Stufe sei, analog zum »Sturm und Drang«, diejenige, da die Klasse, selbstbewußter geworden, anfange, die überkommenen Formen der Gesellschaft wie der Kunst zu »beleidigen« (Hacks erwähnt hier sein eigenes Stück *Schlacht bei Lobositz* und Heiner Müllers *Lohndrücker).* Nun stehe die Klassik an, »wo man die großen Produktionen der Vergangenheit nicht erledigte, indem man sie ignorierte, sondern indem man sie verbesserte. Ich vermute, daß wir auch dorthin kommen wollen.«[93]

Dorthin kam man aber nicht; die DDR-Kultur war nicht nur durch das Melancholie-, sondern auch durch das »Verbesserungs«-Verbot eingeengt. Da die SED alles als bestens geregelt dekretierte, was im Personenkult ständig bekräftigt wurde, unterstellte man dem Möglichkeitssinn und dem Wunschdenken eines »unruhigen« Theaters durchaus mit Recht »Staatsgefährdung«.

Dennoch wagten Theaterautoren und Regisseure immer wieder, auf der Bühne Verbesserungen des sozialistischen Alltags, Alternativen zur politischen Doktrin, Fragwürdigkeiten der sozialistischen Lebensansicht »vorzuführen«. Erwin Strittmatters Komödie *Katzgraben,* von Bert Brecht 1953 inszeniert – das einzige Mal, daß dieser sich mit einem Zeitstück beschäftigte –, wollte Hoffnungen auf eine »neue Dorfjugend« erwecken. Ulrich Plenzdorfs *Die neuen Leiden des jungen W.*, 1972 in Halle uraufgeführt, endet mit dem Selbstmord des jugendlichen Helden, der fern aller kollektiven Zwänge Selbstverwirklichung anstrebt. Volker Brauns *Die Übergangsgesellschaft* (1989) mißfiel, da die Figuren auf der Szene sich stellvertretend für die Zuschauer auf ihre alltägliche Misere einließen und dabei ehrlicher, als diese sein durften, in Erscheinung traten.[94]

»Eine Revolution, die nicht überzeugen kann, ist keine Bewußtseinsfrage. Sie soll sich in aller Bescheidenheit an die Lokomotive hängen, die das Kapital auf die Reise schickt. Die Herrschaft der Armut ist nur eine universalere Unterdrückung und eine unnötige Grausamkeit der Geschichte, die die Gäule wechselt: statt eines blinden einen lahmen Gaul. Aber privat geht vor Katastrophe. Wenn das Neue nicht fliegen kann, muß das Alte seine Krücke leihn und so weiter und so weiter gehe ich einen Schritt aus dem Werkstor, der große Chef, der wertvolle Kader, der Kandidat aller Ehren, und frage mich, warum ich meine Kraft hergebe meinen Namen für das Neue, das nicht das Bessere ist, jedenfalls nicht solange ich lebe, das mich das Leben kostet den Schlaf die Hoffnung, die ich einatme röchelnd aus der Zeitung, Olga, was ist das für ein Sack der zur Stange hält, der seine Pflicht erfüllt, für ein höheres Wesen, für ein Idiot, für ein Neuer Mensch.«[95]

Herausragende Autoren wie Heiner Müller, Volker Braun, Peter Hacks, Thomas Brasch (er wurde 1968 wegen »staatsfeindlicher Hetze« zu mehr als zwei Jahren Gefängnis verurteilt und siedelte 1977 nach Westberlin über) versuchten zwar, »die Höhen der Kultur zu erstürmen«, indem sie sich auf die parterre gesellschaftliche Situation realistisch einließen, aber da sie dabei nicht den Bitterfelder Weg einhielten, blieben sie im reglementierten Terrain bald stecken. Heiner Müllers »reaktionäres Machwerk« *Die Umsiedlerin oder Das Leben auf dem Lande* (1961) wollte zeigen, daß der objektive Fortschritt von der Bodenreform zur Kollektivierung die Mißachtung des Individuums zur Kehrseite hatte. *Hamletmaschine* und *Germania Tod in Berlin* durfte bis Ende der achtziger Jahre weder veröffentlicht noch inszeniert werden; immerhin gelang Fritz Marquardt die Uraufführung von *Der Bau* an der Volksbühne 1980, obwohl in diesem Stück, so der Regisseur, »ungeheuer viel Utopie brandaktuell, immer schon mit dem Schmerz« präsent sei. »Utopie mit schreiendem Schmerz«: da sie auf solche Widersprüche, die Traumata des Sozialismus, nicht verzichten wollten, erwies sich das Bemühen zeitgenössischer DDR-Bühnenautoren als Sisyphusarbeit, die, wenn die Ermüdung zu stark wurde, zu dramaturgischen Fluchtbewegungen führte, indem man zum Beispiel auf antike Stoffe – *Amphitryon* und *Omphale* von Hacks, *Philoklet, Ödipus Tyrann, Herakles 5, Prometheus* von Müller – auswich.

»Heiner Müller schreibt für ein Publikum der DDR: optimistische Marxisten, pragmatische Genossen, zuversichtliche Technokraten der Macht und gläubige Moralisten. Und er schreibt vom Deutschland unter dem asphaltierten Boden des Fortschritts der DDR: Textproduktion wird Maulwurfsarbeit. Hier trifft man den ›Schädelverkäufer‹ aus Germania *Tod in Berlin* wieder, der in ›Nachtschicht‹ die Toten unter der Erde ›umbettet‹, ein ehemaliger Historiker, der nach dem Versagen der marxistischen Analyse vor dem ›Tausendjährigen Reich‹ gegen das ›Leichengift der zeitlichen Verheißung‹ immun geworden ist und das ›Memento mori‹ gegen den Geschichtsoptimismus hält. Ebenso wird die Legende vom fortschrittsgläubigen Aufklärer Lessing ›verdorben‹ in Lessings *Schlaf Traum Schrei,* wo in einem dunklen Zeitalter der psychischen Qualen und grausamen Kriege der Dichter der Aufklärung und des bürgerlichen Trauerspiels mit einer traumlosen Schlafsucht gesegnet ist. Die ständige Enttäuschung über die nicht erfüllten Tagträume macht das Wachsein langsam zur Last. Und so hat er – ähnlich wie Müller wohl – einen ›Traum vom Theater in Deutschland geträumt‹ – zu früh: ›30 Jahre lang habe ich versucht, mit Worten mich aus dem Abgrund zu halten, brustkrank vom Staub der Archive und von der Asche, die aus den Büchern weht, gewürgt von meinem wachsenden Ekel an der Literatur, verbrannt von meiner immer heftigeren Sehnsucht nach Schweigen. Ich fange an, meinen Text zu vergessen. Ich bin ein Sieb. Immer mehr Worte fallen hindurch. Bald werde ich keine andre Stimme mehr hören als meine Stimme, die nach vergessenen Worten fragt.‹« (Genia Schulz)[97]

Nach der Vereinigung wurde deutlich: Die deutsche »theatralische Sendung« war nicht mehr ein Thema des geistigen Diskurses, sondern finanzpolitischer Kalkulation. Im Osten führte die schlechte Finanzlage, bewirkt durch die wirtschaftliche Abbruchpolitik der DDR-Staatsführung, zur öffentlichen Armut, die auch die Theater traf. Mit Hilfe der vom Westen geleisteten kulturellen Übergangshilfe konnte jedoch deren Struktur und Infrastruktur weitgehend erhalten werden; daß dies möglich wurde, war im besonderen auch der Solidarität des künstlerischen und technischen Personals zu danken, das für die Erhaltung der Theater schwere persönliche Opfer in Kauf nahm. Ohne die Reibefläche jedoch, wie sie die SED-Zensur und die staatliche Bürokratie darstellte, und ohne ein für oppositionelle Andeutungen sehr aufgeschlossenes Publikum löste sich bald die ästhetische Konsistenz auf; zudem konnte das Theater der »Dramatik des wirklichen Lebens« in der Umbruchszeit nicht gerecht werden. Die Chance, die in der »umfassenden und verheerenden Ratlosigkeit«, nämlich als Herausforderung zu einem Neuanfang, lag (Thomas Langhoff)[98], wurde kaum wahrgenommen.

Der Mythos des Berliner Ensembles verblaßte; der mit ihm eng verbundene Heiner Müller (mit Abstand der »sprachmächtigste und verstörendste Autor der gesamten DDR-Literatur«), am 30. Dezember 1995 verstorben, meinte in seiner 1992 erschienenen Autobiographie, das Haus sei bereits seit Brechts Tod nur noch eine Grabstätte gewesen.[99]

Demgegenüber macht die Berliner Schaubühne im vierten Jahrzehnt ihres Bestehens als kultureller Dienstleistungsbetrieb einen smarten Eindruck; ihre Entmythologisierung setzte jedoch schon 1981 mit dem Umzug vom Halleschen Ufer an den Leniner Platz in das von Erich Mendelsohn errichtete ehemalige Universum-Kino ein. Vier Jahre später verließ Peter Stein das Direktorium, dessen Spiritus rector er war. Als »Luxusdampfer des deutschen Theaters« fährt die Schaubühne weiterhin, mit gutem Erfolg, in der Flotte der westdeutschen Großtheater; diese erlebten freilich in den neunziger Jahren einen rapiden künstlerischen und wirtschaftlichen Niedergang. Die ohnehin unter Sparzwang leidende Kulturpolitik war geschockt durch die Tatsache, daß die Schere zwischen den Kosten und den Einnahmen immer weiter auseinanderging – bedingt nicht nur durch die disproportional steigenden Ausgaben, sondern auch durch ein weiteres Absinken der Besucherzahlen. Der nicht durch Einnahmen gedeckte Anteil der Ausgaben für die Theater stieg von 60 Prozent (1957) über 82 Prozent

(1974) auf 87 Prozent (1991); der Betriebszuschuß pro Besucher von 12,70 DM (1957) über 84,60 DM (1974) auf 185,80 DM (1991).[100]

Das Theater, das – wenn es moralische Anstalt ist – durch die sinnliche Erschließung von Gedankenräumen fröhliche Aufklärung betreibt, wird sein Terrain erst wieder zurückgewinnen müssen.

Der Theaterkritiker Gerhard Stadelmaier faßte die Strukturkrise des deutschen Theaters der neunziger Jahre mit der generalistischen, aber durchaus zutreffenden Feststellung zusammen: Geblähter Apparat, magere Kunst. Immer mehr Theaterleute, vor allem immer mehr Intendanten und Direktoren machten ein »mageres Theater« (insofern sei es mit dem Hybridschwein, »einer der schönsten Ideen abendländischen Zuchtgeistes«, zu vergleichen): Es stehe auf wackeligen Beinen, sei labil, neige zu Psychosen und Infarkten, verfüge aber über eine äußerst komplizierte Seelenlage.[101] Naheliegender ist die andere Bedeutung von »hybrid«: hochmütig, überheblich, übersteigert, vermessen. Die finanzielle Maßlosigkeit – mehr bei den Staats- als bei den Kommunaltheatern, mehr bei der Oper als beim Schauspiel, mehr bei den Intendanten und Regisseuren als bei den Protagonisten –, mit der die Theater oft genug auf Kosten anderer kultureller Einrichtungen ihre Ziele verfolgten, erschwerte oder verhinderte die Reflexion über die künstlerische Gegenwart und Zukunft des Theaters. Der Beitrag der Politik zu dem an sich notwendigen Nach- und Vorausdenken bestand vor allem darin, daß Schließungen angedroht und, wie im Fall des Berliner Schiller-Theaters 1993, gelegentlich auch vollzogen wurden. Gefördert wurde statt dessen die Musical-Vergnügungsindustrie, der man Subventionen aus dem Wirtschaftssektor zukommen ließ; mit Hilfe relativ vieler neuer Einrichtungen sollte sich die Spaß-Kultur im ganzen Land, mit guter populistischer Rendite, weiter ausbreiten können.

Altlast Auftragskunst

Während im Westen die dominanten, vielfach kommerziell manipulierten Kunststile den Eindruck sich gegenseitig überholender Avantgarden hervorriefen, erwies sich die Entwicklung der bildenden Kunst in der DDR als ein in sich geschlossener Kreislauf – mit dem Mittelpunkt des Staates als lenkendem, zensierendem, auch ermutigendem und belohnendem Machtfaktor.

Die ideologisch bestimmte, fast immer im Stil des sozialistischen Realismus[102] angefertigte Historienmalerei entsprach am deutlichsten dem Geschmack der Herrschenden. Diese Form der Auftragskunst zeigte über die Jahrzehnte hinweg kaum Veränderungen. Um einige Beispiele zu nennen: »Arbeit für den Frieden« (Heinrich Ehmsen) 1950; »Aufbau der Stalinallee« (Heinz Löffler) 1953; »Rosa Luxemburg im Gefängnis« (Jutta Damme) 1957; »Junge Bauarbeiter« (Axel Schulz) 1963; »Der Weg der roten Fahne« (Gerhard Bondzin) 1969; »Lebensfreude« (Paul Michaelis) 1977; »Bilder zur Geschichte der Sowjetunion« (Norbert Wagenbrett) 1990.[103]

Immer gab es freilich auch jenseits des staatlich organisierten Betriebs Nischen und Winkel, in denen sich eigenständige Kreativität entfalten konnte; diese Kunst zirkulierte allerdings meist unter Ausschluß einer größeren Öffentlichkeit; die Vertreter der nicht genehmen Kunst gehörten zur inneren Emigration oder verließen die DDR (600 Künstler zwischen 1949 und 1989).

Schließlich gelang einigen herausragenden Künstlern der äquilibristische Akt, hohes künstlerisches Niveau mit Staatsnähe zu verbinden bzw. staatliche Mißbilligung zu umgehen.[104] »Die Grenze zwischen offizieller und inoffizieller Kunst läßt sich nicht geradlinig ziehen, wie einige westdeutsche Zensoren mit ihren zweimalklugen Rundumschlägen glauben machen wollen. Seit der Biermann-Affäre 1976 war der Gleichschritt der Kunstschaffenden mit den realsozialistischen Zielen der Partei zumindest ideell empfindlich gestört. Es setzte ein komplexer Entwicklungsprozeß ein, innerhalb dessen nur eine Differenzierung relativ eindeutig auszumachen ist, nämlich die zwischen den Künstlern und den bloßen Illustratoren gewünschter, ideologischer Positionen.« (Karin Thomas)[105]

Auch die alternative Kunstszene der achtziger Jahre sei kein in sich hermetisch abgeschlossenes Underground-Milieu, sondern ein breit aufgefächerter Raum mit einem Sympathisantenumfeld, das von der stillschweigenden Tolerierung einzelner Aktivitäten durch parteizweiflerisch gewordene Kulturfunktionäre bis zur engagierten Solidarität von etablierten Verbandsmitgliedern und Hochschulprofessoren reichte, gewesen. Fest stehe aber auch: Mit dem doppelten Wohlwollen – dem des hauseigenen Kulturapparats und dem des westlichen Kulturbetriebs – im Rücken, waren die gehätschelten Protagonisten des DDR-Realismus zu Hause ohne Zweifel Verhinderer ästhetischer Neuansätze, denn andernfalls hätten sie ihre Reiseprivilegien und den fetten Kuchen des Handels von Kunst gegen Devisen mit jenen aufmüpfigen Newcomern teilen müssen, denen die Realismus-Schablonen in den achtziger Jahren gleichgültig geworden waren.

Als einigermaßen eigenständig erwies sich die sogenannte Leipziger »Viererbande« (Wolfgang Mattheuer, Willy Sitte, Bernhard Heisig und Werner Tübke), die ihren ersten spektakulären internationalen Auftritt bei der 6. documenta in Kassel 1977 hatte. Zur gleichen Zeit fanden auch im Westen »neue Formen des Realismus« wieder Interesse.[106] Die Ostkünstler unterschieden sich jedoch wesentlich von dem durch Pop-Art geadelten trivialen Realismus, der die Bildwelt der Werbung und Comics salonfähig machte: Mit ihren Anleihen bei der klassischen Moderne erwies sich ihr Verhältnis zur Wirklichkeit als wertkonservativ, geschichtsbewußt und zivilisationskritisch.

Mit wenigen Ausnahmen (etwa Josef Hegenbarth, Hans Theo Richter, Gerhard Altenbourg) war die DDR-Kunst im Westen weitgehend unbekannt gewesen; nun tauchten aus dem ideologischen Feindesland Maler auf, die sich »erkennbar deutsch, traditionsbewußt, inhaltsreich und moralisch erbauend« artikulierten. Die vier Meister und ihr Schülerkreis sprachen ein gesamtdeutsches Publikum an, das einen gewissen Überdruß an dem vom Kunsthandel inszenierten, der Profitmaximierung dienenden Wechsel der Moden und Stile empfand; ob expressiv, surreal, neusachlich, veristisch, manieristisch, altmeisterlich lasierend – bei der Kunst aus der DDR war für jeden Geschmack etwas dabei.

»Das thematische Spektrum reichte von Kreuzigung, Pieta über Vanitas-Motive, Intensivstation, Verkehrsstau, Beischlaf, Wohnungsbauelend, Fußgängerzone, Umweltverschmutzung bis zu Feierabend, Brigadefeier, überfüllte Strände, Entfremdung am Arbeitsplatz, Ehekrise usw.«[107]

Die Jahrhunderttragödie der beiden konkurrierenden totalitären Systeme Stalinismus und Faschismus reflektierte Wolfgang Mattheuer in seiner überlebensgroßen Figur des »Jahrhundertschritts« (Eisen bemalt) 1984. »Eine monströs deformierte Gestalt entflieht wie ein Amokläufer der Geschichte, den Kopf weit in den Rumpf eingezogen, ein Auge blind, das andere weit aufgerissen. Während sie die Linke zum Hitlergruß ausstreckt, ballt sie zugleich die Rechte zur Faust. Das rechte ›rückschrittliche‹ Bein in Stiefel, schwarzer Uniformhose und Generalsstreifen (Militarismus) korrespondiert mit dem ›fortschrittlichen‹ (unschuldigen?) weiß getünchten Bein.«[108] Symbolisch war damit eine richtige Komponente der

Sighard Gille: Brigade Heinrich Rau, 1970/71.

ostdeutschen Kunstpolitik angesprochen: Seit dem Zusammenbruch des Nationalsozialismus war in der SBZ und dann in der DDR die Überzeugung vorherrschend, daß der Antifaschismus, der den Sieg über die braune Diktatur errungen hatte, sein sozialistisches Menschenbild vor allem durch die Künste zu vermitteln hätte.

Der in Halle lebende und arbeitende Willy Sitte war stets bemüht, sich auf der Höhe der jeweiligen Parteitagslosungen zu bewegen. Seiner Zuneigung zu Picasso, Léger und Guttuso, die an sich als Kommunisten politisch untadelig waren, schwor er 1963 in einer »Selbstkritik« ab, was ihm den Weg zur Präsidentschaft des Verbandes Bildender Künstler der DDR erleichterte. Sein »Chemiearbeiter am Schaltpult« (1968) charakterisierte den neuen Typus des »Planers und Leiters, der den muskulösen Arbeiterhelden ablösen sollte, um den Erfordernissen der ›technisch-wissenschaftlichen Revolution‹ besser gerecht werden zu können. Der Blick durch die transparent gemalte Schaltwand zeigt den Arbeiter in der Pose eines Schöpfergottes, der in höchster Konzentration mit seinen Fingerspitzen am Schaltpult ungeheure Energien steuern kann.«[109]

Im staatlich gelenkten Kunstbetrieb ging es nicht um Fingerspitzengefühl, sondern um eine klare Auftragslage: Honoriert wurden die Bekämpfung des Faschismus und die Lobpreisung der sozialistischen Gesellschaft. Die des Formalismus Verdächtigten hatten kaum eine Chance, Aufträge zu bekommen; immerhin gab es in den Auftragskommissionen Künstler, die, da sie »im Banne individualistischer, subjektiver Kunstauffassung und dekadenter Kunsttheorien standen«, der SED-Ideologie und -bürokratie entgegenwirkten. So hieß es in einem Bericht der Kommission für Fragen der Kultur beim Politbüro über die Lage in der Malerei (November 1959), daß mit dem Jahr 1953 in der Kunst der DDR eine Abkehr von der realistischen Schaffensmethode und von Gegenwartsstoffen eingesetzt habe. »Im Atelier nebeneinandergestellt, ließen die vorhandenen Werke der untersuchten Künstler eine Art ›Fieberkurve‹ erkennen, ein unsicheres Suchen bei der künstlerischen Ausdrucksweise nach allen Seiten und die direkt bis zur groben Nachahmung reichenden Einflüsse dekadenter Vorbilder.« Darunter waren Toulouse-Lautrec, Matisse, Picasso und die deutschen expressionistischen Maler Beckmann, Nolde und Hofer. In dieser Periode hätten sich ebenso schlagartig die Gegenstände der Darstellung gewandelt: Zirkusclowns, Kellner, Trinker, Prostituierte, Krüppel, Katzen und Hunde bevölkerten die Leinwand.[110]

Neben überzeugten Befürwortern der volkspädagogischen Aufgabe des Antifaschismus fanden sich bedeutende Künstler, die jeden inhaltlichen oder formalen Zwang ablehnten, was das SED-Regime, das möglichst viele »Kulturschaffende« für sich gewinnen wollte, in den Anfangsjahren zunächst hinnahm. Diese Offenheit beendete der Kalte Krieg.
Doch gab es auch immer wieder Phasen des Tauwetters; so wurde 1954 die Stelle des Chefredakteurs der Zeitschrift *Bildende Kunst* mit einem Künstler besetzt, der sich die ganze Formalismus-Debatte hindurch geweigert hatte, den kunstideologischen Vorstellungen der SED nachzugeben: mit dem ehemaligen KZ-Häftling Herbert Sandberg. »Dieser holte in den folgenden zwei Jahren über diese Zeitschrift einen Teil der Kunst des Westens in die DDR.«[111]
Das »Fenster in die Welt« wurde aber nach der Niederschlagung des ungarischen Aufstandes im November 1956 geschlossen und Sandberg kaltgestellt.

Die erste Bitterfelder Konferenz 1959 verengte die Kriterien für das, was als Kunst dem Werktätigen Kraft zu spenden hatte; künstlerische Freizügigkeit wurde im wahrsten Sinne des Wortes »überpinselt«. So wurde das Wandbild »Bahnhof Friedrichstraße« von Horst Strempel – der Künstler war 1933 emigriert, dann nach Deutschland ausgeliefert worden – wegen formalistischer Abweichung beseitigt. Es gab auch Fälle, bei denen das »Zupinseln« von Kunstwerken aus späterer Sicht durchaus genehm und eine Restaurierung nach der Wende keineswegs willkommen war. So hat der in den Westen emigrierte Maler Gerhard Richter, eine Koryphäe im Beziehungsgeflecht des International Style, die Wiederherstellung eines seiner Wandbilder im Foyer des Deutschen Hygienemuseums (Dresden), eine sozialistische »Friede-Freude-Eierkuchen-Idylle«, nicht gern gesehen.

In seinem Bild »Beharrlichkeit des Vergessens« erinnert Bernhard Heisig mit einem Zitat aus der Mitteltafel des Kriegstriptychons von Otto Dix an den Ersten Weltkrieg, an dem die Generation seines Vaters teilgenommen hatte. Er selbst meldete sich 1941 freiwillig zur Wehrmacht, wurde Panzerfahrer und Mitglied der Waffen-SS. Aus sowjetrussischer Gefangenschaft zurückgekehrt, trat er der KPD bzw. SED bei; die Chance des Neuanfangs war für ihn vor allem in der antifaschistischen DDR gegeben. Die Erinnerungsarbeit seiner Kunst war den sozialistischen Auftraggebern vielfach zu defätistisch und geschichtspessimistisch; vehement kritisierte die DDR-Kunstkritik, daß bei dem Bild »Kommunarden. Pariser Märztage« (die dritte Version eines vom Maler immer wieder aufgegriffenen Themas, 1971) die Arbeiter nicht als heroische Kämpfer erscheinen, sondern mit Bangen die Regierungstruppen erwarten.[112] Heisig verlor in den sechziger Jahren seine Stellung als Rektor und Professor an der Hochschule für Graphik und Buchkunst in Leipzig, kehrte aber Mitte der siebziger Jahre in seine Ämter zurück.

Angesichts des Renommees des Künstlers wurde ihm zugestanden, daß er seine gesellschaftliche Funktion im Sozialismus als »Dialog über Fragen der Zeit« ausübe; sein pessimistischer Aufklärungsbegriff (daß Kunst nie blutigen Wahnsinn verhindern, aber die Menschen zur Vernunft ermahnen und zur Einsicht aufrufen könne) unterlief den DDR-Fortschrittsoptimismus. Als Vorzeigerebell wurde er vielfach mit Preisen und Medaillen ausgezeichnet.

Auch Werner Tübke versagte sich – vor allem mit seinem, vom Ministerium für Kultur in Auftrag gegebenen Panoramabild in Bad Frankenhausen (auf 123 Metern Länge wird die Vernichtung des aufständischen Bauernheeres unter Thomas Müntzer durch ein Söldnerheer der Fürsten 1525 dargestellt) – dem von der Partei erwarteten Geschichtsoptimismus. Der Staatsauftrag, an dem er zwölf Jahre arbeitete, hätte gern gesehen, daß in die historische Niederlage ein perspektivischer Sieg hineinprojiziert werde; bei Tübke wird die frühbürgerliche Revolution jedoch zur Apokalypse.[113]

Ein Vergleich der künstlerischen Entwicklungen in beiden Teilen Deutschlands zeigt, daß sowohl die inhaltlichen Schwerpunkte und Motive als auch die Gestaltungsprinzipien weit auseinander lagen. Ein Riß ging durch das »Café Deutschland« – eine Metapher von Jörg Immendorf, der in gleichnamiger Bildserie »Leitmotive wie Stacheldraht, Daumenschrauben, Eisschollen, Wachtürme und Wölfe zu immer anderen, so noch niemals zuvor benutzten Bildmotiven verbindet«.[114] Über Jahrzehnte – als Fortsetzung des »Streits um die Moderne«, wie er seit dem 19. Jahrhundert besteht – gab es einen schwelenden Bilderstreit, wobei die kontroversen Positionen keineswegs nur innerhalb des Spannungsfeldes West-Ost bzw. Ost-West, sondern auch innerhalb der beiden Teile Deutschlands anzutreffen sind.

Die sozialistische Kunstdoktrin sah in der Abstraktion modernistische Unverbindlichkeit, Ausdruck eines dekadenten Kapitalismus, der das eigentlich Humane versäume – übrigens in Übereinstimmung mit einer westlich-konservativen Kunstkritik (Max Picard, Arnold Gehlen, Hans Sedlmayr), die eine »bildlose« Kunst als Verlust menschlicher Mitte interpretierte. Beim Kommunismus kam der Glaube an die Machbarkeit des neuen Menschen hinzu. Die Elegie auf den Verlust des Essentiellen wurde abgelöst durch den Hymnus auf das irdische Paradies, das im rosaroten Schein der kommunistischen Welterlösungsreligion aufleuchtete.

Das Problem der DDR-Kunst sei, so Siegfried Gohr, ein soziologisches gewesen; Kunst kehrte als Inhaltlichkeit auf die kleinbürgerliche Ebene zurück, von wo aus die Avantgarde in ihrem Kampf gegen den Salon sie befreit hatte. Die Verstehbarkeit von Kunst konnte nur eingelöst werden, indem die Bilder wieder täuschten, statt Bewußtsein aufzuklären. »Die DDR-Künstler schlüpften in die Rolle eines Subjektes der Geschichte, die sich jedoch nicht mehr bewegen wollte, da sie sich mit einer todesgefährdenden Mauer umgeben hatte.« Eingesperrtsein wurde in Tugend verkehrt: Innerlichkeit spendete dem Kleinbürger über den Verlust seiner Handlungsfähigkeit Trost.

»Realistische Kunst, gemalt von inneren Dissidenten mit Professorentitel, basierend auf der verfemten Kunst des Expressionismus mit ihrem humanistischen Pathos: dies mußte die wahre nationale Kunst der Deutschen sein.«[115]

Gohr macht, freilich polemisch, deutlich: Der DDR-Realismus führte in erzwungener oder gewollter Abkapselung von der Hektik westlicher Stilpluralität eine spezifisch deutsche Kunsttradition weiter, wobei es sich um einen Realismus handelte, der mit expressionistischen und surrealistischen Elementen durchdrungen war. Daß Künstler wie Karl Hofer, Gerhard Altenbourg, Oskar Nerlinger und andere dann doch erfolglos blieben, lag daran, daß sie »in das Kreuzfeuer eines parteiorganisierten dogmatischen sozialistischen Realismus gerieten«, vor allem dann, wenn sie Mischformen von figurativer und abstrakter Formgebung wagten.

Trotz aller politischen Vereinnahmungstendenzen konnte in der DDR »deutsche Kunst« (sit venia verbo) in ihrer keineswegs nur negativ zu deutenden Provinzialität überwintern. Nach der Wende provozierte sie allein schon durch ihre »Stille« den von Sensation zu Sensation springenden westlichen Kunstbetrieb. Das Abseits vergrübelter Künstler trat dem Innovationsdruck des Kunstmarktes entgegen, der in der Suche nach dem stets Neuen handwerkliche Solidität wenig beachtet.

In der DDR werde »deutscher« gemalt, so Günter Grass im Ausstellungskatalog des Kunstvereins Hamburg, als dieser 1982 unter dem Titel *Zeitvergleich* Malerei und Graphik aus der DDR vorstellte.[116] »Deutsch malen« bedeutete für die DDR-Kunst freilich auch den Anspruch, deutsche Nationalkultur zu tradieren. Gegenüber dem Internationalismus des Westens, als »Kulturverrat« gebrandmarkt, könne der sozialistische Realismus – so Johannes R. Becher schon auf der II. Parteikonferenz der SED im Juli 1952 – als die einzige schöpferische Methode gelten, welche zum Aufstieg einer großen deutschen nationalen Kunst führe. Trotz überlagernder SED-Propaganda sollte man nicht verkennen, daß sich in der DDR Innerlichkeitskunst, durch kein modisches Verfallsdatum gefährdet, erhalten hat.

Heisig oder Mattheuer seien keine Künstler, keine Maler, sondern Arschlöcher, polterte demgegenüber Georg Baselitz 1975; keiner von denen habe je ein Bild gemalt, sie seien zu Propagandisten der Ideologie verkommen; sie hätten sich in den Dienst der schlechten »guten Sache« gestellt. (Baselitz war 1957 an der Kunsthochschule Berlin-Weißensee zwangsexmatrikuliert worden. Als man ihn zur gesellschaftlichen Bewährung für eine Weile zum Strafeinsatz in den Braunkohletagebau schicken wollte, wechselte er an die Charlottenburger Kunsthochschule über.)[117]

In der Nische verlernten freilich DDR-Künstler, harsche Kritik in der Diskussion über künstlerische Positionen »auszuhalten«. Als die Mauer gefallen war, meinte Wolfgang Mattheuer in verletzter Empfindsamkeit: »Der Kunststreit im vereinten Deutschland wird ekelhaft. Es scheint heute so, als seien alle Haltungsunterschiede während der Existenz der DDR, in dieser und zu dieser, und in den entscheidenden Monaten 1989 nicht gewesen. Im geschürten Streit werden alle namhaft gewordenen Realisten und Figurativen unter den Bildermachern gleichermaßen mit Schmutz beworfen, die hier im Land geblieben sind und gearbeitet haben, ohne daß nach ihren Gründen und eben ihrer Haltung, ihrem Tun gefragt würde.« Im »Gegenangriff« fragte sich der Künstler dann »verwundert«, warum trotz der staatlich garantierten Freiheit der Künste in den vierzig Jahren Bundesrepublik so wenig gute, originale Bilder und so viel Konfektion und Berge monumentalisierter Leere gepinselt und gebastelt worden seien.[118]

Geriet die Westkunst im Zeichen der Postmoderne – auf dem Weg vom *Zeitgeist* zu *Zeitlos* (Titel zweier Berliner Ausstellungen 1982 und 1988) – zunehmend in die »Globalisierungsfalle« des »international style«, als elitäre »Aktie« dem Volksvermögen entzogen, der ästhetischen Erziehung des Menschen gegenüber indifferent, so wurde sich nach 1989 die Ostkunst abrupt ihrer ideologischen Verstrickung gewahr, diese und den bislang identitätsstabilisierenden Provinzialismus durch Stolz auf handwerkliche Qualität kompensierend. Die mit feuilletonistischer Chuzpe kaschierte Substanzlosigkeit westlicher Kunst traf verständnislos auf bieder-trotzige altmeisterliche Beharrlichkeit im anderen Deutschland, und diese entsetzte sich über die Oberflächen-Ästhetik der bundesrepublikanischen »Installateure«, die eine »Tafelbild-Seriosität« kaum mehr kennen würden (sah man von den vielen, aber vom Kunsthandel weitgehend isolierten »Provinzkünstlern« ab). Fern von schicken Galerien und Boutiquen, auch wenn diese sich in den neuen Bundesländern rasch etablierten, liegen die Atelier-Klausen der ehemaligen DDR-Staatskünstler (nur wenige waren solche nicht), mit der Altlast der Auftragskunst im Grundbuch, brach.

Was tun? Die beidseitigen Aporien könnten künstlerische Transversalität zeitigen; unruhige und neugierige Ratlosigkeit würde dann zu wichtigen Entdeckungen beim jeweils anderen führen und verbände wertvolle Residuen von Erfahrung zur Synthese: zu einer Urbanität, die sich regional konkretisierte (global denkend und fühlend, die Formensprache aus lokalen und regionalen Bezügen entwickelnd). Eigenständige deutsche Kunst sollte dabei die Öffnung zu bislang wenig rezipierten anderen zeitgenössischen Kulturen wagen. Das »erlösende Wort« für Orientierung inmitten des Identitäten-Pluralismus hieße Interkulturalität - nicht als Konturlosigkeit, sondern als spannungsreicher, aber friedlicher Austausch oft auch divergierender, im Bewußtsein wie Unterbewußtsein verankerter Lebenserfahrungen und Weltanschauungen.[119]

Langsam erstarke, so Eduard Beaucamp, das Selbstbewußtsein der Künstler im Osten wieder. Gerade die Jüngeren und Inoffiziellen, die am wenigsten verstrickt waren, litten nach der Wende unter einer Deklassierung, welche der westliche Kunstbetrieb mit seinen dröhnenden Überheblichkeits- und Fortschrittsbekundungen recht brutal über sie verhängte. Inzwischen dämmere den Ostkünstlern, daß die anmaßende Kunst des Westens selber mit großen Schwierigkeiten und Ratlosigkeiten zu kämpfen habe und nicht in bester Verfassung sei. Der vielgerühmte Kunstfortschritt der Nachkriegszeit stelle kein unerläßliches Pflichtpensum dar, das nachgeholt und bis hinein in alle Sackgassen verfolgt werden müsse. Dagegen werde immer deutlicher, daß die defensiven Nischen in der DDR starke und unverwechselbare Charaktere und Werke gefördert haben. Die besten Künstler des Ostens bräuchten keinen Leistungsvergleich zu scheuen; fürchten müßten sie die Intrigen und Seilschaften des westlichen Kunstbetriebs. Die Malerei aus der verflossenen DDR, voran die Leipziger, bedeute in ihrer kontroversen Vielfalt einen Paradefall posttotalitärer, aber auch postavantgardistischer Kunst – »eine kritische, dennoch gesellschaftlich integrierte Kunst, die bereits seit langem den Rückzug aus der Doktrin, aus der Parteilichkeit, aus der Zukunft und Utopie angetreten hatte. Sie war in die Geschichte zurückgekehrt und hatte zu skeptischer Zeitgenossenschaft gefunden.«[120]
(Die *documenta* 1997 »verbannte« das Tafelbild fast völlig aus ihrer Schau.)

Die magischen Kanäle

Was im telekratischen Zeitalter aus »magischen Kanälen« auf den Medienkonsumenten einströmt, gleicht einer Droge, die diesem einflößt, Subjekt zu sein, während seine Bewußtheit ausgeschaltet wird. Die Euphorie des Publikums angesichts der eigenen Entmündigung durch Wirklichkeitsentfremdung ist freilich Ergebnis der harten Arbeit von Medienimperatoren, die sich keineswegs spielerisch-postmodern, sondern sehr zielgerichtet verhalten: auf Profitmaximierung innerhalb des Kommunikationsmarktes ausgerichtet. Über das Massenpublikum senkt sich der Nebel lustvoller Orientierungslosigkeit.

Die Entwicklung der westdeutschen Fernsehlandschaft seit den sechziger Jahren stimmt hinsichtlich der Hoffnung auf eine durch Aufklärung bestimmte multimediale Zukunft nicht optimistisch; eine populistisch ausgerichtete Politik hat die vornehmlich durch die Entscheidung der Westalliierten gegebene Chance, Rundfunk und Fernsehen als »kulturellen Auftrag« zu verstehen, vertan – mit Zustimmung eines Publikums, das in seiner Mehrheit die emanzipatorischen Möglichkeiten der Medien nicht wahrnehmen wollte oder konnte. Ein Zeitungsbericht (FAZ) über die »Mainzer Tage der Fernsehkritik« 1992 – als eines der wenigen Foren der Fernsehkritik konnten sie damals auf eine fünfundzwanzigjährige Tradition zurückblicken – traf den Kern der Misere, wenn er feststellte, daß die zu einem Ritual der Nachdenklichkeit zusammengekommenen Hierarchen und Macher, Kritiker und Freunde des Fernsehens sich in »tiefer Gläubigkeit an die Heilkraft der Aufklärung« in ihrem Wahrheitsdrang jeweils jährlich aufs neue schonungslos den Stachel der Erkenntnis von der Nutzlosigkeit ihres Denkens und Tuns ins Fleisch trieben.

»Mutig und folgenlos appellieren sie an ›das Fernsehen‹ und die Gesellschaft, dem Tugendpfad vom Verblendungs- und Verblödungszusammenhang massenmedialer Berieselung zur Utopie des ›anderen‹ Fernsehens, also zu einer anderen Welt zu folgen, in der das Echte keine Ware, sondern das Wahre sei.«[121]

Die Fernsehkritik, lange Zeit in den Feuilletons bzw. Kulturredaktionen ein Stiefkind (bei eindrucksvollen Gegenbeispielen[122]), war meist nichts mehr als eine »stabile Klagemauer«, da sie nicht mit einer curricular verankerten Medienerziehung korrespondierte, obwohl doch – so

Gerhard Schulze, Autor des Buches *Die Erlebnisgesellschaft* – in den Kindergärten, Schulen und Hochschulen sich alles entscheiden werde.[123]

Der amerikanische Medienwissenschaftler Neil Postman wurde mit seinen Büchern[124] für die mehr dem Kulturpessimismus zuneigende deutsche Medienkritik zur wichtigen Autorität. Die USA zeigten das gefährliche Anwachsen telematischer Gleichschaltung (verbunden mit sekundärem Analphabetismus); sie seien dabei, sich total mit der technologischen Zerstreuung zu identifizieren, die der elektrische Stecker möglich mache. Im Durchschnittshaushalt laufe der Fernseher ungefähr sieben Stunden pro Tag; das amerikanische Durchschnittskind sehe 5000 Stunden fern, bevor es in die Schule komme; rund 16 000 Stunden bis zum Schulabschluß. Mit vierzig hätten die Amerikaner mehr als eine Million Werbespots gesehen und würden vermutlich eine weitere Million genießen, bis sie die erste Rentenzahlung erhielten.

Im Fernsehen gehe es nicht mehr um die Suche nach Wahrheit (nach objektiver Information), sondern um die Unterhaltungs-Show – eine künstliche Welt, sorgfältig inszeniert, um eine bestimmte Reihe von Effekten zu erzielen, so daß das Publikum entweder lachend, weinend oder verstört zurückgelassen werde. Wie das Fernsehen die Welt inszeniere, werde zum Vorbild dafür, wie die Welt »in Wirklichkeit« aussehen solle. Die neuen Medien würden dafür sorgen, daß man sich zu Tode vergnüge (Postman denkt dabei vor allem an die Kinder, die ihre eigene Kultur, die doch vor allem eine solche der Phantasie ist, verlören, noch dazu hilflos Sex and Crime ausgeliefert).

Seit den sechziger Jahren fand jedoch auch Medienoptimismus eine wichtige theoretisch-philosophische Abstützung. Wenn man die Welt nicht durch den Rückspiegel sehe, nicht rückwärts in die Zukunft marschiere, könne man dem Ende des Buchzeitalters durchaus fortschrittliche Aspekte abgewinnen, so Marshall McLuhan; die neuen Medien ermöglichten »das Pfingstwunder weltweiter Verständigung und Einheit«.[125] »Elektrizität«, eine totale Wandlung unserer Welterfahrungen, ermögliche es, ein weitumspannendes Netz wechselseitiger Kommunikation aufzubauen. Das visuelle Zeitalter, das man nicht mit Hilfe der alten Medien begreifen könne (Fernsehen sei kein Radio mit Bildern), mache die Welt, was die Wahrnehmungs- und Erfahrungsmöglichkeiten beträfe, zum »globalen Dorf«, sie erscheine dem Fernsehzuschauer als eine »brand-new-all-at-onceness«. Das Medium sei die Botschaft – was auch

immer der Inhalt; die Form der Übermittlung führe zu Veränderungen in dieser oder jener Richtung.
Die unkonventionellen, wissenschaftliche Exaktheit wie Systematik entbehrenden Emanationen des kanadischen Professors brachten ihm nicht zu Unrecht den Vorwurf ein, ein Apologet der »Gesellschaft des Spektakels« zu sein und die Medienwelt nach dem Grundsatz, es gehe nicht darum, was läuft, sondern daß es läuft, zu fetischisieren.

Das System des deutschen öffentlich-rechtlichen Rundfunks schloß zunächst die Privatisierung bzw. Kommerzialisierung der Medien aus. Auch das Zweite Deutsche Fernsehen (ZDF) war durch ein Urteil des Bundesverfassungsgerichts so strukturiert worden, daß das Konkurrenzverhältnis zur »Arbeitsgemeinschaft der öffentlich-rechtlichen Rundfunkanstalten der Bundesrepublik Deutschland« (ARD) nicht zu einem Absinken der Programmqualität führte. Der Auftrag von Rundfunk wie Fernsehen war bestimmt durch einen kulturpädagogischen und kulturmoralischen Impetus, der sich in den einzelnen Landesrundfunkgesetzen niederschlug. Zu garantieren war die Grundversorgung der Bevölkerung mit geistigen Gütern – wobei die Umsetzung solcher Intention von manchen Kritikern als spannungslos-biedermeierlich bezeichnet wurde. Die Fernsehprogramme erwiesen sich jedoch als durchaus attraktiv; 1955 gab es 13,5 Millionen Radioapparate und 0,3 Millionen Fernsehgeräte; 1975 21,1 Millionen Radioapparate und 19,2 Millionen Fernsehgeräte. 1984 saßen die Bundesdeutschen pro Tag 1 Stunde und 10 Minuten vor dem Fernseher, 1990 waren es in nahezu allen Haushalten 2¼ Stunden.

Genug war nicht genug. Mit der Schaffung des dualen Systems (das öffentlich-rechtliche mit Bildungsauftrag, das kommerzielle marktorientiert – Meinungsforum und Supermarkt) ergab sich eine kulturelle Wende großen Ausmaßes und tiefgreifender Wirkung. Nach einem Kabelpilotprojekt in Ludwigshafen und der Ausstrahlung von RTL plus durch Radio Luxemburg 1984 ging ein Jahr später mit SAT 1 das erste Privatfernsehen auf Sendung. An seinem Ausbau waren große Verlage (wie Bertelsmann, Burda, Bauer, Springer, Holtzbrinck) und neu gegründete Mediengesellschaften beteiligt. Die Voraussetzung für die Zulassung privater Anbieter wurde in den CDU/CSU-regierten Ländern zügig vorangetrieben; zögerlicher ging man in den SPD-regierten Ländern vor, doch gab man auch hier die Bedenken, die noch den SPD-Medienparteitag von 1971 bestimmt hatten (»Gesellschaftliche Meinungsvielfalt und kultureller Standard der Programmgestaltung dürfen nicht den Profitinteressen kommerzieller Veranstalter geopfert werden«[126]), bald auf - wesentlich beeinflußt von dem Kommunikationswissenschaftler und Bundestagsabgeordneten Peter Glotz, der nicht nur als einflußreicher Funktionär der Partei, sondern auch als herausragender Intellektueller im Bundestag hervortrat. Glotz, erst gegen, dann für das Privatfernsehen - auch bei anderen Fragen war seine geistige Wendigkeit notorisch - schrieb rückblickend (»Nachtgedanken zum zehnjährigen Geburtstag des privaten Fernsehens«), daß der erhoffte Qualitätswettbewerb durch einen Preiskampf um Billigprodukte ersetzt worden sei. Auf die selbstgestellte Frage, ob die Liberalisierung nicht Simplifizierung, Narkotisierung, Euphorisierung, Brutalisierung bewirkt habe, antwortete er: »Zum Teil. Aber das reiche, große, mächtige Deutschland war nicht als medienökologische Insel in einem Meer kapitalistischer Modernisierung haltbar. Dieselben Konzerne und Konsortien, die heute Bayern und Nordrhein-Westfalen zu wirksamen Medienstandorten gemacht haben, säßen bei Fortsetzung einer blockierenden Medienpolitik in Deutschland heute in Luxemburg und saugten mit deutschsprachigen Programmen den Werbemarkt der Bundesrepublik ab.«[127]

Die meisten Privatsender reüssierten. 1989 entfielen im Bundesdurchschnitt auf die öffentlich-rechtlichen Programme etwa 75 Prozent (1987 94 Prozent), auf die Privaten 25 Prozent (1987 6 Prozent) der Fernsehzeit. Danach – nun aufs vereinte Deutschland bezogen – nahm »der besinnungslose Wettkampf um den Zuschauer« noch weiter zu, er veränderte das deutsche Fernsehen binnen dreier Jahre mehr als in den dreißig Jahren zuvor.[128] Die privaten Sender erkannten, daß durch Absenken des Niveaus die Einschaltquoten und damit auch der Eingang von Werbegeldern (1995 etwa 2,6 Milliarden, beim ZDF 400 Millionen) zu steigern seien. Ihrem Auftrag gemäß müßten die öffentlich-rechtlichen Anstalten durch Qualitätssteigerung dem gegensteuern – vornehmlich finanziert von Gebühren; die Absicht, diese zu erhöhen, rief jedoch immer wieder die Attacken einer kurzsichtig populistisch agierenden Politik hervor.

Fernsehunterhaltung – Hörkultur im Kommen?

Familienserien gehörten seit Beginn des deutschen Fernsehens zu den erfolgreichsten Sendungen; sie wurden, wie *Die Schöllermanns* (erstmals September 1954) und die nachfolgende *Familie Hesselbach*, nach amerikanischem Vorbild entwickelt, aber auf deutsche Verhältnisse zugeschnitten.

Mit der Übernahme des USA-Knüllers *Dallas* [129] (mit vielen schwarzen Seelen, 1981 bis 1991 337 Folgen), dann der Familiensagas *Denver-Clan* und *Falcon Crest* wurde die melodramatische »Seifenoper« ein Publikumsliebling. Deutsche Produktionen, sentimental die positiven Grundmuster der Gesellschaft hervorhebend, folgten mit spektakulärem Erfolg; die *Schwarzwaldklinik* ab 1985 erreichte Einschaltquoten bis zu 60 Prozent. Mit der von Hans W. Geißendörfer konzipierten und produzierten *Lindenstraße* (seit Dezember 1985) gelang die »Endlos-Serie« – »Ich habe Stoff für 1000 Folgen, sie kann noch 25 Jahre weiterlaufen«;[130] von einer großen Kult-Gemeinde regelmäßig gesehen, kommentiert bzw. »erfindet« sie – auf narrative Weise, in Form der Montage von Short cuts – bundesrepublikanische Wirklichkeit. Die raffinierte Künstlichkeit simulierter Realität wird e contrario besonders deutlich, wenn man ihr die wenigen Ausnahmen, da Kunst zur Wirklichkeit wurde, entgegenhält. Die deutsche Chronik *Heimat,* ein elfteiliger Film von Edgar Reitz, unter der Mitarbeit von Peter Steinbach, produziert mit Hilfe des Westdeutschen Rundfunks und des Senders Freies Berlin, zeigte, welche Ausdruckskraft, ethische Konsequenz und Erzählkunst im Genre der »Familienserie« stecken können.

Die von den Einschaltquoten her besonders beliebte Gewalt im Fernsehen zeigt im wesentlichen drei Aspekte:

- Sie erscheint im »Krimi« nach literarischem Vorbild als spannungsreich in Szene gesetztes Spiel, das sublimierende Scharfsinnigkeit anregt – etwa in der Serie *Der Kommissar* mit Erik Ode (ZDF); der Tatort-Reihe (ARD, seit 1970), mit Dutzenden von TV-Kommissaren, darunter Hansjörg Felmy und Götz George; in mehrteiligen Filmen wie Dieter Wedels *Schattenmann* (1996), mit Mario Adorf und Stefan Kurt.
- Gewalt im Fernsehen als detektivisches Spiel befriedigt jedoch immer weniger ein Publikum, das durch zunehmende Frustrationsaggressivi-

tät und Sensationsgier (bewirkt durch das allgemeine zivilisatorische Reizklima) bestimmt ist. Man will sich nicht in Fiktionen bewegen, sondern erwartet die Reality-Show: als Show ebenfalls simuliert, aber in ihrer brutalen Direktheit ohne jeden Anspruch von Kunstfertigkeit.[131]

- Gewalt, der Realität entnommen und zur Show verarbeitet, führt dazu, daß reale Gewalt nicht mehr oder nur noch reduziert wahrgenommen wird. Hier liegt der, besonders auch für Kinder und Jugendliche, gefährlichste Aspekt des TV- bzw. des mit ihm korrespondierenden Video-Terrorismus. (Der Video-Markt wird seit den achtziger Jahren von Scheußlichkeiten geradezu überschwemmt. Über die Hälfte aller im Handel erhältlichen Videofilme ist nicht nur schwer jugend-, sondern auch menschheitsgefährdend).[132] Bei den kommerziellen wie zunehmend auch bei den öffentlich-rechtlichen Fernsehanstalten ist der »Mord-Stellenwert« – in entsprechenden Variationen (Verstümmeln, Erstechen, Erschlagen, Köpfen, Verbrennen) – sehr hoch. Täglich werden im deutschen Unterhaltungsprogramm etwa siebzig bis hundert Menschen umgebracht. Die Hälfte aller Sendungen bringt aggressive Ereignissequenzen. Der Zynismus, mit dem Inhumanität verbreitet wird – »Ballern, Bumsen, Brüllen« –, führt zu einer Pornographie des Todes, die, anders als beim Obszönen, jeder heilsamen Provokation (Katharsis) entbehrt; »das ist Zerstörungsarbeit an den Grundlagen eines halbwegs solidarischen Zusammenlebens« (Walter Jens).[133]

Aber auch eine ganz andere Form von Virtualität, nämlich ein jede Stofflichkeit von Gewalt meidender »Konstruktivismus«, kann zur moralischen Indifferenz führen. So kam es z. B. beim Golfkrieg 1991 (»Krieg ohne Bilder«) aufgrund der Kontroll- und Zensurmaßnahmen der amerikanischen Armeeführung zu einer TV-Berichterstattung, die diesen als »sauberen Waffengang«, als eine Art Tele-Spiel, verkaufte – eine »Schlacht der Lügen«, die den Krieg insgesamt wieder hoffähig machte.[134]

Die Berichterstattung über außen- und innenpolitische Geschehnisse sowie deren Kommentierung, die politischen und kulturellen Magazinsendungen, die Fernsehspiele und Dokumentarsendungen (mit Eberhard Fechner als größtem »Künstler« der Sozial- bzw. Kulturreportage) zeichnen sich noch durch »engagierte Objektivität« und »aufklärerisches republikanisches Niveau« aus – sind aber gleichermaßen, aufgrund des kommerziellen Sogs, gefährdet; ermutigend Heinrich Breloers zweiteilige Produktion »Todesspiel« (1997) über die Schleyer-Ermordung.

Das Kabarett blieb auf den Fernsehschirmen präsent und brisant; Dieter Hildebrandt, Werner Schneyder, Gerhard Polt erwiesen sich weiterhin, trotz oder wegen gelegentlicher redaktioneller Eingriffe, als Fernsehlieblinge der Nation. Das galt auch für Friedrich Nowottny, der, ehe er Intendant des Westdeutschen Rundfunks wurde, den *Bericht aus Bonn* moderierte und hier, wie bei anderen politischen Sendungen, mit feiner Ironie journalistische Souveränität bewies und Politik selbst für diejenigen interessant machte, die vom Bildschirm eigentlich nichts als Unterhaltung wünschten.

Talkshows sind, was schon ihre inflationär sich vermehrende Häufigkeit beweist, ein besonders quotenfördernder Sektor des Unterhaltungsbereichs. Ihr Spektrum befriedigt einerseits das beim Fernsehpublikum immer noch nicht erloschene Informations- und Aufklärungsbedürfnis *(Talk im Turm* mit Erich Böhme, *Willemsens Woche* mit Roger Willemsen, beide inzwischen eingestellt); andererseits – bei entsprechenden Zwischenformen *(Boulevard Bio* mit Alfred Biolek) – die seelischen Striptease erwartende Tele-Geilheit (lange Zeit mit »biederer Perfidie« bedient von Margarethe Schreinemakers und der bei ihrer pornographischen Peep-Show keiner Peinlichkeit aus dem Weg gehenden Verona Feldbusch).

Bei der Palaver-Kultur, zu der auch immer mehr das im März 1988 gestartete *Literarische Quartett* (ZDF) mit Marcel Reich-Ranicki, Sigrid Löffler und Hellmuth Karasek herabsank, überrascht, wie leicht ein großes Publikum durch nichtssagende Geschwätzigkeit bei der Stange gehalten werden kann. Der in Vereinsamung versinkende Fernsehzuschauer, auch familiär in Wortlosigkeit isoliert[135], erlebt die Talkshow als »Bühne«, auf der die sonst fehlenden Gespräche simuliert werden. Neben der eher harmlosen Form der Talkshow, wie sie Thomas Gottschalk in vielerlei Variationen perfektioniert hat, steht die dreist-schamlose Talkshow, die sich aus dem offensichtlich unerschöpflichen, aber auch mit vielen Fälschungen vermischten Sumpf der Abnormitäten bedient.

»Die Betroffenheitsverwerter und -verwerterinnen ... kurven durch die Welt des sozialen Exhibitionismus. Hier ein Beladener, dort ein Zorniger, hier ein Perverser, dort ein Opfer – das Leben vor der Kamera ist ja so schön schrecklich bunt«.[136]

Die Stars der Showmaster bzw. Entertainer – Thomas Gottschalk, Harald Schmidt, Jürgen von der Lippe, Rudi Carrell, Linda de Mol, abgeschlagen Günther Jauch, Joachim Fuchsberger, Frank Elstner, Dieter Thomas Heck - zeichnen sich freilich allesamt durch politische Ungefährlichkeit aus. Als erfolgreiche Absahner, die sich bald noch an dem Umsatz von Erdnüssen und Salzstangen beteiligen werden, die das Publikum während der Sendungen verzehrt (so der Blödelbarde Karl Dall)[137], wissen sie, daß nichts so sehr den Erfolg der durch ihre Sendungen promovierten TV-Verblödungsstrategie beeinträchtigen würde wie die Andeutung eines inhaltsbezogenen Diskurses.

»Es ist bekanntlich eine der peinlichsten Alltagssituationen, wenn man einen Witz zu hören bekommt, den man nicht versteht. Das erspart uns gnädig die Comedy des Fernsehens. Hier wird man nicht durch Witze auf die Folter gespannt, um dann auf die scharfe Pointe mit befreiendem Gelächter zu reagieren. Eher könnte man sagen: Comedy habitualisiert ein Grinsen, ein Kichern. Ihr Medium ist der Witz mit verschliffener Pointe oder, um es positiv auszudrücken: Die Blödelei ist der von Pointen verschonte Witz; hier gibt es nichts zu verstehen.«[138]

»Verpflichtung zu umfassender Information« - »was wir über unsere Gesellschaft, ja über die Welt, in der wir leben, wissen, wissen wir durch die Massenmedien« (Niklas Luhmann)[139] - gehörte zusammen mit »Kultur-« und »Bildungsauftrag« zu den geradezu magischen Leitbegriffen beim Aufbau von ARD und ZDF. Karl Holzamer etwa, Gründungsintendant des ZDF, hat »mit heiterer Miene, prophetischer Strenge und aquinatischer Klarheit die programmatische Aufgabe seiner Anstalt als obligatorischen Dienst am Guten, Wahren und Schönen« definiert. Nichts anderes habe damit gesagt werden sollen, als daß den Medien - wie jedem Seienden - nur insoweit Sein zuströme, wie sie diese Qualitäten besäßen, und hinwieder nur insoweit, wie sie diese Qualitäten besäßen, ihnen Sein zuströme. Die in diesem Sinne philosophische Grundlegung der öffentlich-rechtlichen Programmpolitik und -gestaltung, in dem Zitat von Rüdiger Kinsky ironisiert,[140] bewirkte immerhin, daß den deutschen Sendern trotz jahrzehntelanger Versuche parteipolitischer Beeinflussung hervorragende Journalisten, Redakteure, Abteilungsleiter und Intendanten zur Verfügung standen. Als »Fernsehmacher« - notorisch fehlten die Frauen in Führungspositionen - traten zum Beispiel hervor: Franz Alt, Klaus Bednarz, Claus von Bismarck, Claus Hinrich Casdorff, Hanns Joachim Friedrichs, Günter Gaus, Klaus Harpprecht, Ingo Hermann, Werner Höfer, Luc Jochimsen, Karl-Heinz Köpcke, Dagobert Lindlau, Jürgen Lodemann, Egon Monk, Friedrich Nowottny, Friedhelm Ost, Hansjürgen Rosenbauer, Gerd Ruge, Alois Schardt, Peter Schwarzenau, Georg Stefan Troller.[141]

Die Einführung des dualen Systems bedeutete auch für den öffentlich-rechtlichen Rundfunk einen tiefen Niveaueinbruch, der freilich schon vorher schleichend eingesetzt hatte – hervorgerufen durch den Versuch, die zum Fernsehen abwandernden Publikumsmassen wenigstens teilweise durch stärkere Trivialisierung der Programme (»Entwortung«, Musikberieselung, Moderatorengeschwätz) zurückzugewinnen. Doch konnten durch die Aufteilung der Kanäle in Kultur, Wort und Musik ziemlich quotenunabhängige Reservate für Minderheiten geschaffen werden: gewissermaßen kulturökologische Nischen, von denen aus innovatorische Impulse für die telematisch frustrierten, resignierenden oder asketischen, aber weiterhin bildungsbürgerlich aufgeschlossenen Kleingruppen kamen.

Unter Radio verstand der Bürger ein austariertes, ausgewogenes Gesamtangebot: Information und Unterhaltung, Bildung und Beratung umfassend; Rundfunk war als Kulturgut definiert. Mit dem dualen System bekam der Hörfunk ein anderes Image: als Musikwelle, als Relax-Station, als Rendite-Bringer. »Radio gilt mehr als je zuvor als Berieselungsinstrument« und damit als Nebenbei-Medium, selbst dann, wenn es auf populistische Programme setzt.[142] Doch zeigte sich auch, daß der einförmige, von Werbung dominierte Stil der Kommerzsender – von der Kritik als totale Verflachung (»Dudelfunk mit hirnlosem Moderatorengequassel«) charakterisiert – Widerstand bei denjenigen hervorrief, die vom Radio ein »Einschaltprogramm«, nicht nur ein Begleitprogramm erwarten. Dementsprechend begann man Mitte der neunziger Jahre, zumindest bei einigen Rundfunkanstalten, die Anpassung an die Low-Level-Produktionen der Kommerzsender (»eine Spirale nach unten«) aufzugeben und im Gegensatz zur »gedankenlosen Massenabspeisung«[143] des Fernsehens um eine Renaissance der Hörkultur sich zu bemühen.

Der Hörfunk wird dann sein kulturelles Profil, seine geistige Physiognomie zurückgewinnen können, wenn er bei seinen Programmen das »Rund-um-die-Welt-Flair-Mischmasch« (Albert Scharf, Intendant des Bayerischen Rundfunks und lange Zeit Präsident der Union der Europäischen Rundfunkanstalten) vermeidet und statt dessen die jeweiligen »Programmfraktale« in einen aufklärenden, durchaus auch unterhaltsamen Kontext bringt - etwa mit Hilfe »serieller Vertiefung« (Sendefolgen, Themenabende).[144] In den neunziger Jahren befindet sich der Rundfunk am Wendepunkt; gerade jüngere Menschen hören wieder mehr, aber es ist noch nicht deutlich erkennbar, ob es sich bei solcher »Renaissance« um ein Ergebnis des »kommerziellen Zerstreunungsfunks« oder um eine positive Folge der bei den öffentlich-rechtlichen Anstalten wichtiger genommenen »Radiokultur« handelt.

Der Rundfunk war für die Generation der Nachkriegszeit ein prägendes Bildungserlebnis gewesen (Volks-Hochschule bzw. Volks-Universität); aber auch die Unterhaltungsbedürfnisse waren auf sublime Weise befriedigt worden. Jurek Becker hat recht, wenn er vermutet, daß »zu Beginn so etwas wie ein Sendeauftrag gestanden haben muß. Und dabei dürfte es eine Rolle gespielt haben, der Bevölkerung eine gewisse Dienstleistung zu erweisen: sie über wesentliche Vorgänge auf dem laufenden zu halten, sie auf eine Weise zu unterhalten, die nicht unbedingt die billigste sein muß und womöglich ihren Sinn für Demokratie und Gerechtigkeit zu stärken oder zu wecken. Falls ich mich mit dieser Vermutung nicht täusche, läßt sich sagen, daß die Sender sich der ihnen zugewiesenen Arbeit zunehmend verweigern, ob nun aus Unfähigkeit oder aus Faulheit.«[145] Bertolt Brechts Einschätzung des Mediums Radio (von 1927) ist von »futurischer Aktualität«: »Die Resultate des Radios sind beschämend, seine Möglichkeiten ›unbegrenzt‹. Also ist das Radio eine gute Sache.«[146]

Urs Widmer kommt das Radio wie ein »warmes Medium« vor, das Fernsehen wie ein »kaltes, ein eisiges« (obwohl nach Claude Lévi-Strauss »kalte Kulturen« diejenigen seien, die immer gleich blieben, während die heißen sich rasend veränderten). Das Radio könne man lieben, beim Anhören und beim Machen. Das Fernsehen zu lieben, sei schon schwerer.[147] »Lieb mal ein Bild, das alle zwei Sekunden im Nichts verschwindet – Schnitt! – und einem anderen Platz macht, das ebenso schnell vom Orkus des Vergessens angesaugt wird.« »Die nostalgisch verklärten radio-days, die freilich auch eine schwarze Dimension haben (Rundfunk als Instrument totalitärer Propaganda), die guten alten Zeiten des Hörfunks, der so viel für die Sozialisation und Enkulturation der Bürger und Bürgerinnen in der Demokratie getan hat, wird man freilich nicht mehr herbeizaubern können. Auch damals waren keine Götter am Werk. Uns

Menschen gelingt nie etwas ganz. Wir sollten also ein relativ gutes Radio wollen, kein absolut ideales. Wir sollen keine Fundamentalisten sein. Die Probleme unseres Rundfunks können nur politisch gelöst werden. Nur ein veränderter politischer Wille kann eine Veränderung in den Inhalten bringen. Eine Politik, die *will,* daß wir autonom denken und Ansprüche an uns selbst stellen, statt in kindlichen Versorgungsansprüchen zu verharren. Eine Politik also auch, die die Mittel, die ihr zur Verfügung stehen und die sie da oder dort ausgeben kann, anders gewichtet.«

Ätherkrieg, Film und Presse Ost

Die Westmedien hätten den Sozialismus besiegt – war der Kernsatz in einem der letzten Kommentare, den Karl-Eduard von Schnitzler in der von ihm erfundenen und moderierten regelmäßigen DDR-Fernsehsendung *Der schwarze Kanal* sprach. Schnitzler, aus einer reichen Bürgerfamilie stammend, Jungkommunist, ging nach der Kriegsgefangenschaft in England (dort im Umerziehungslager Ascot) sowie Tätigkeit im deutschsprachigen Dienst der BBC, beim NWDR Hamburg und als amtierender Intendant des NWDR Köln (den er 1946 mitbegründete) 1947 in die DDR, wo er sich zum führenden Agitator entwickelte.[148]

Die durch Eisernen Vorhang und Mauer nicht zu verhindernde Ausstrahlung der ARD- und ZDF-Sendungen, technisch unterstützt von Sendern, die von der Bundespost auf Bergen oder Türmen entlang der Zonengrenze installiert wurden, drang tief ins individuelle und kollektive Bewußtsein der DDR-Bevölkerung ein; nur einige kleinere Gebiete, darunter Dresden und das Elbtal (»Tal der Ahnungslosen«), konnten die westdeutschen Programme nicht empfangen. Kampagnen der SED gegen die »Rundfunkverbrecher« in der Bevölkerung, mit ihren nach Westen gerichteten Antennen, scheiterten, weil man dann fast das ganze Volk hätte sekkieren müssen. 1966 zeigten Umfragen des nach dem VI. SED-Parteitag gegründeten Instituts für Meinungsforschung beim ZK der SED, daß etwa 80 Prozent der Jugendlichen Westsender hörten und sahen. In diesem Zusammenhang verwiesen die Befragten darauf, daß die Westfilme spannender, die Unterhaltungssendungen interessanter und die Musik moderner sei.[149]

Der westliche Medieneinfluß bestand nicht nur darin, den Pluralismus der Bundesrepublik zu demonstrieren; man unternahm es auch, die Bevölkerung im Osten mit propagandistischen Sendungen zu beeinflussen, etwa über Rias Berlin, der von der SED als Feindsender empfunden wurde. Parallel zum Kalten Krieg entwickelte sich ein Krieg der Ideologien über den Äther, an dem in der SBZ/DDR vor allem der Deutschlandsender (1948 wieder in Betrieb genommen) mit Sendungen für Westdeutschland beteiligt war.

Dazu kam (seit 1956) der Deutsche Freiheitssender 904, der vorgab, ein Sprachrohr der illegalen westdeutschen KPD zu sein (diese war durch das Bundesverfassungsgerichtsurteil vom 17. August 1956 verboten worden) und ein auf die Bundeswehr ausgerichteter Deutscher Soldatensender. Beide wurden zu Beginn der siebziger Jahre mit der von Erich Honecker betriebenen Entspannungspolitik wieder eingestellt.[150]

In den nach dem Westen gerichteten DDR-Spezialprogrammen, die bis 1952 durch entsprechende Sendungen der Regionalsender ergänzt wurden, »dominierten vor allem die Themen Ausbeutung der Arbeiter und Bauern durch die wieder erstarkenden Imperialisten, Remilitarisierung, deutsche Teilung, die Verfolgungen von Kommunisten und ihnen nahestehenden Gruppen sowie die Wiedereinstellung ehemaliger Nationalsozialisten in hohe Ämter. Schließlich reagierte man auf die verschiedensten Angriffe aus dem Westen und würdigte die eigenen Fortschritte beim Aufbau der neuen Gesellschaft. Dieses inhaltliche Spektrum verdeutlicht das Dilemma, in dem sich die DDR-Medienpolitiker immer, vor allem aber bis Anfang der sechziger Jahre, befanden. Erstens mußten sie sich vom Westen abgrenzen, um die eigene Legitimation zu unterstreichen, zweitens lag ihnen daran, auch die kleinsten Erfolge hervorzuheben, um der Bevölkerung das Gefühl zu vermitteln, daß ihr Lebensstandard in Kürze weiter steigen würde und es sich nicht lohne, das Land zu verlassen, und drittens meinten sie, auf die Meldungen des Westens über das eigene Land reagieren zu müssen.« (Wolfgang Mühl-Benninghaus)[151]

Der größte Erfolg der westdeutschen Medienpräsenz in der DDR war von indirekter Art: DDR-Rundfunk und -Fernsehen mußten zunehmend, um überhaupt noch ihr Publikum zu erreichen, ihre dogmatische Enge und Starrheit aufgeben und ein liberaleres Programmangebot machen.

Die Rundfunkleute der ersten Stunde – im Gegensatz zu den Westalliierten war von der sowjetischen Armeeverwaltung die Leitung des Rundfunks sehr rasch in deutsche Hände gelegt worden – hatten in Ausführung der Weisungen des Zentralsekretariats der KPD/SED den zentralistisch organisierten SBZ/DDR-Rundfunk als Erziehungsinstrument zur »klassenmäßigen Bewertung der Ereignisse«, zur »Auseinandersetzung mit dem Gegner«, zur »Schulung der Bevölkerung« und zur Herstellung eines »positiven Verhältnisses zur Sowjetunion« begriffen.[152] Widerspruchskultur wurde auch später nicht gebilligt; die Partei bestimmte die Themen und die einheitlich-einseitige, dem sozialistischen Realismus verpflichtete Ästhetik.

Die politische Lenkung des Hörfunks wie auch des Fernsehens erfolgte durch die Abteilung Agitation und Progaganda beim Zentralkomitee der SED, die die politischen Direktiven von Politbüro und Zentralkomitee umsetzte, also die »einheitliche Lenkung aller Medien durch ein umfassendes System von langfristigen Globalrichtlinien und kurzfristigen Argumentationsanweisungen gewährleistete«. Die Informationen und Nachrichten wurden ausschließlich unter dem Gesichtspunkt der Herrschaftsstabilisierung ausgewählt, der Aktualität geringere Bedeutung zugemessen. Die unterschiedlichen Formen der Unterhaltung verhinderten meist ein zweckfreies und spielerisches Erleben, sie sollten »Höherem« dienen und auch der gesellschaftlichen Schulung der Bevölkerung, die man als ichschwaches, unmündiges Publikum einstufte. Dieses war aber nicht so dumm, wie man annahm, und wandte sich der ARD wie dem ZDF, später auch den westlichen kommerziellen Sendern zu. Zwar brauchten die Medien des DDR-Staatskapitalismus keine Konkurrenz zu fürchten; die einzelnen Kanäle waren strikt koordiniert; doch konnte man nur dann bei der Bevölkerung mithalten, wenn man sich wenigstens in gewisser Weise an den westdeutschen Medien orientierte – indem man etwa mit *Ein Kessel Buntes* westliche Showelemente adaptierte. Die Maxime, daß der Kampf gegen das Erbe der kapitalistischen Epoche, den Kitsch, allgemeine Forderung sein müsse, war dann in einigermaßen gute Praxis umzusetzen, wenn es jeweils fachlich kompetenten Journalisten, Redakteuren, Protagonisten, Produzenten gelang, die ideologische Zensur, die zum roten Kitsch neigte, zu umgehen bzw. auszutricksen (bei den Jugendprogrammen konnte man sich besonders weit vorwagen).

Der Mangel an Standvermögen der bei Rundfunk und Fernsehen leitenden Kräfte führte jedoch dazu, daß, bei guten Ausbildungsbedingungen, die reichlich vorhandenen Talente meist nur geringe Entfaltungsmöglichkeiten bekamen; oft genug wurden sie kaltgestellt oder vertrieben; wenn sie reüssieren wollten, mußten sie häufig zwielichtige Verpflichtungen (etwa Mitarbeit bei der Stasi) eingehen.

Nach der Wende sorgte wiederum die Überheblichkeit der westdeutschen »Abwickler« dafür, daß die unter schwierigen Bedingungen erworbene Qualifikation vieler ostdeutscher Rundfunk- und Fernsehmacher nicht auf angemessene Weise, vor allem was neue Führungspositionen betraf, zur Geltung kam. Nachdem die Volkskammer mit der Gewährleistung der Meinungs-, Informations- und Medienfreiheit (5. Februar 1990) auch die rechtliche Grundlage für die geistig-kulturelle Selbständigkeit der Medien geschaffen hatte – vom Dezember 1989 bis 1990 fungierte Hans Bentzien (1961–1966 DDR-Minister für Kultur, dann im Fernsehen der DDR tätig) als Leiter des Deutschen Fernsehfunks (DFF) –, nach dieser, wie sich bald herausstellte, nur provisorischen Regelung (ein Mediengesetz der DDR konnte nicht mehr geschaffen werden), führte Artikel 36 des Einigungsvertrags zur Auflösung des DDR-Rundfunks und des DFF. Bis zum 31. 12. 1991 waren die DDR-Einrichtungen »nach Maßgabe der föderalen Struktur des Rundfunks durch gemeinsamen Staatsvertrag der in Artikel 1 genannten Länder aufzulösen oder in Anstalten des öffentlichen Rechts einzelner oder mehrerer Länder zu überführen«.[153] Als Rundfunkbeauftragter – »das Ganze ist erstaunlich ruhig abgelaufen und fristgerecht«[154] – übernahm Rudolf Mühlfenzl, vorher Führungskraft des Bayerischen Rundfunks, die »Abwicklung«.

Für eine kurze Phase – ein paar Monate nach vierzig Jahren – hatte sich für die nun emanzipierten und die neue Freiheit mit Engagement nutzenden DDR-Medienleute die Chance zu selbstbestimmter Tätigkeit geboten.

»Diese paar Monate, die waren der beste Fernsehjournalismus und Hörfunkjournalismus, den ich im besetzten, im geteilten und dann wieder zusammengefügten Deutschland gehört habe. In der Tat hatte ich die Illusion nicht sehr lange, daß vom Osten in den Westen etwas hineinwirken könnte, partiell.« (Günter Gaus)[155]

Eine paradoxe Situation: Das mit der Einführung des dualen Systems einen tiefgreifenden Niveauverlust erleidende westdeutsche Mediensystem erweist sich bei der ostdeutschen Bevölkerung angesichts der noch viel größeren, durch Ideologie bewirkten Korruption des DDR-

Rundfunk- wie Fernsehsystems als sehnsuchtsvoll herbeigesehntes Medium. Kleinbürgerliche Erziehungsdiktatur läßt die bundesrepublikanische Tele-Farbigkeit glanzvoll erscheinen (in Wirklichkeit ein verlogener Talmiglanz). Am Ende erstreckt sich jedoch in alle Himmelsrichtungen eine platte Medienlandschaft.

Im Filmbereich zeigte sich, daß nach der Vereinigung die Produktionen der einst auch im Westen sehr renommierten und nun aufgelösten Defa kaum mehr aufgeführt wurden – obwohl eine Umfrage der Deutschen Kinemathek in Berlin ergeben hatte, daß Filmemacher und Filmwissenschaftler 14 Defa-Filme zu den 100 wichtigsten deutschen Filmen zählten. Die Defa-Streifen verschwanden im Archiv, verwaltet von einer Treuhandnachfolge-Gesellschaft (750 Spiel-, 2300 Dokumentar- und 750 Zeichentrickfilme, dazu 3000 synchronisierte Filme aus Osteuropa).[156]

Frank Beyers Film *Spur der Steine* – 1966 in der DDR uraufgeführt und wenig später, nach organisierten Protesten, aus dem Verkehr gezogen – erfuhr jedoch die verdiente Anerkennung.[157] Hauptdarsteller war Manfred Krug, populärster Unterhaltungskünster in der DDR, der im Juli 1977 sein Land verlassen hatte und bald darauf im Westen erfolgreich, vor allem für das Fernsehen (als Tatort-Kommissar und in der Serie *Liebling Kreuzberg)* weiterarbeiten konnte.[158]

Egon Günther, der zusammen mit Beyer und Konrad Wolf zu den bedeutenden Filmregisseuren der DDR zählte *(Wenn du groß bist lieber Adam,* 1965, der Zensur zum Opfer gefallen, desgleichen *Der Abschied,* 1968; *Der Dritte,* 1972, erhielt Exportverbot, Hauptdarsteller Armin Mueller-Stahl verließ 1980 die DDR; *Ursula,* 1978, durfte nicht rezensiert werden) – Günther, der deutsch-deutsch Zerrissene, 1978 in die Bundesrepublik übergesiedelt, nennt in seiner persönlichen Film-Bestenliste: Frank Beyers *Fünf Patronenhülsen, Aufenthalt, Jakob der Lügner* und *Nackt unter Wölfen;* Siegfried Kühns *Das zweite Leben des Friedrich Wilhelm Georg Platow, Wahlverwandtschaften* und *Schauspielerin;* Roland Gräfs *Märkische Forschungen, Fallada, Das Bernsteinzimmer;* Heiner Carows *Die Russen kommen* und *Ikarus;* Konrad Wolfs *Goya, Sterne, Lissy, Professor Mamlock, Der nackte Mann auf dem Sportplatz;* Günther Rückers *Die Verlobte.* Herausragend auch der Kultfilm *Die Legende von Paul & Paula* (Buch: Ulrich Plenzdorf, Regie: Heiner Carow, Hauptdarstellerin: Angelica Domröse).

Das »unbemerkte Verschwinden der DDR-Filmgeschichte«[159] ist um so mehr zu bedauern, als der westdeutsche Film in den neunziger Jahren nur noch selten Spitzenniveau erreichte (etwa mit Romuald Karmakars *Der Totmacher* (1995, Hauptrolle Götz George) und Caroline Links *Jenseits der Stille* (1996). Preisträger des Filmbands in Gold bzw. Silber der Filmförderung des Bundes waren u. a. Klaus Maria Brandauer mit *Georg Elser – Einer aus Deutschland,* Bernhard Wicki mit *Spinnennetz,* Werner Schroeter mit *Malina,* Peter Sehr mit *Kaspar Hauser* und Helmut Dietl mit *Schtonk.*[160] Trotz eines neuen Kinobooms, der zur Gründung relativ vieler Multiplex-Zentren führte, zeigte sich, daß kaum ein westdeutscher Film internationales Echo erreichen konnte. Die »Marktbewegung« wurde vor allem durch Filmkomödien – »das Lachen macht's«[161] – hervorgerufen, die von der Kritikerin Christiane Peitz als Beziehungs-Allotria, »kraftlose Kost von Spätpubertierenden, ohne den leisesten Anflug von Lebensgier oder Leidenschaft« charakterisiert wurden (Publikumserfolge waren z. B. *Männerpension, Stadtgespräch, Keiner liebt mich, Der bewegte Mann).*

Was das »alte Medium Zeitung« in Ostdeutschland[162] nach der Wende betraf, so ging ein Teil der Presse in die Hand westlicher Verleger über. Beim Zusammenbruch der DDR zeigte sich das Bild technisch veralteter Betriebe und in ihrem Informationsstand zurückgebliebener Redaktionen. Das Zeitungswesen war gekennzeichnet gewesen von einer strikten Reglementierung und Instrumentalisierung durch Partei und Staat.

»Alle Zeitungen unterstanden der Lizenzierung durch das Presseamt beim Vorsitzenden des Ministerrats. Die Parteispitze gab Anweisungen zur redaktionellen Linie wie auch zur Auswahl der Themen ... Die Bezirkszeitungen waren dem ZK und der jeweiligen Bezirksleitung der SED unterstellt. Zeitungen der Blockparteien unterstanden formal den jeweiligen Parteivorständen. Auch die Journalistenausbildung unterlag staatlichen Reglementierungen. Zwei Drittel der Journalisten durchliefen in ihrem Berufsweg die als ›Rotes Kloster‹ bekannte Sektion Journalistik an der Karl-Marx-Universität in Leipzig. Die Zulassung zum Studium erhielt jedoch nur, wer sich durch gesellschaftliche Aktivitäten im Sinne der SED ausgezeichnet hatte. Als ein wichtiges ›Informationsregulativ‹ ist schließlich die staatliche Nachrichtenagentur ADN einzustufen, die das Monopol für die Auslandsberichterstattung besaß. Lediglich das *Neue Deutschland* beschäftigte einige Korrespondenten. Gedruckt wurde viel in der DDR:

Mit einer Auflagenhöhe von 9,7 Millionen Exemplaren der 39 Tageszeitungen betrug der Pro-Kopf-Bezug 583 Exemplare je tausend Einwohner. Insgesamt erschienen 1988 1812 unterschiedliche Presseerzeugnisse, davon 39 Tageszeitungen, 667 Betriebszeitungen der SED, 508 Zeitschriften, 176 Mitteilungsblätter, 4 Kreiszeitungen, 354 regionale Mitteilungsblätter sowie 34 Wochenzeitschriften.«[163]

Der DDR-Journalismus hätte sich möglicherweise mit eigener Kraft in einem längeren Prozeß »reinigen« und emanzipieren können, doch waren die versierten Westdeutschen überall rasch dabei, redaktionelle Führungspositionen zu besetzen.

Die publizistische Dominanz der ehemaligen SED-Bezirkszeitungen auch unter den Bedingungen des freien Wettbewerbs (bei unterschiedlichen, stark von westlichen Verlagshäusern bestimmten Besitzverhältnissen) ist mit 67 Prozent der redaktionellen Ausgaben und 90 Prozent der Gesamtauflage der lokalen und regionalen Abonnentenpresse ein Hemmnis für eine auf lokaler Ebene erhoffte Pressevielfalt; 60 Prozent des Gebiets der neuen Bundesländer sind »Ein-Zeitungs-Kreise« (es werden etwa zwei Drittel weniger Tageszeitungen verkauft als in Westdeutschland). »Die westdeutschen Großverlage konnten durch den Erwerb von ostdeutschen Zeitungen ihre Marktpositionen weiter ausbauen. Gleichzeitig sind die Marktgewichte des westdeutschen Pressesystems in Bewegung geraten, nachdem beispielsweise Großverlage in den ostdeutschen Zeitungsmarkt einsteigen konnten, die bislang ausschließlich im Zeitschriftensektor tätig waren. Eine Neuauflage der Debatte über die Pressekonzentration erscheint unausweichlich.« (Manuela Glaab)[164]

Schule und Universität in Gesamtdeutschland

Bei der Wende, zu Beginn des Jahres 1990, entstand eine Arbeitsgruppe »Bildung, Erziehung und Jugend« des »Zentralen runden Tisches«. Im Rückblick auf das ostdeutsche autoritäre Erziehungssystem forderte sie in einem Positionspapier eine Entstalinisierung der gesamten Volksbildung und entwickelte Vorschläge für deren Humanisierung.[165] Historisch gesehen ergab sich dabei eine weitreichende Konvergenz mit den idealtypischen Vorstellungen von Schule, wie sie nach 1945 im Westen, in Abkehr von der politischen Instrumentalisierung der Erziehung durch die Nationalsozialisten, entwickelt worden waren.[166]

In den ostdeutschen Curricula war die Gesellschaft undifferenziert-harmonisch dargestellt gewesen; eine »konfliktfreie Gesellschaft« galt als Leitbild. Die Lebenswirklichkeit war aus dem Unterrichtsstoff weitgehend ausgeblendet; Dankbarkeit gegenüber der Partei und den Werktätigen als abstrakte Wertungskategorie verhinderten die Auseinandersetzung mit der erfahrbaren Wirklichkeit. Ökologisches wurde als ökonomisch Machbares und als Folge der Technologie, Geschichte als notwendige Entwicklung zum Sozialismus hin verstanden; der Kampf der unterdrückten Klassen um soziale Gerechtigkeit war die Linie, entlang derer Daten und Fakten einseitig ausgewählt wurden; die DDR erschien als die einzig mögliche Konsequenz und als Endpunkt der Nationalgeschichte.

Nach der Wende sollte das DDR-Erziehungssystem, das Lehrer, Schüler und Eltern über Jahrzehnte geprägt hatte[167], radikal verändert und in Orientierung an demokratische Vorstellungen neu aufgebaut werden. Es ginge nun, hieß es im Positionspapier des »Runden Tisches«, um die Chancengleichheit für die Entwicklung jedes Menschen entsprechend seinen individuellen Voraussetzungen; um die Sicherung des Rechts jedes Menschen auf lebenslange Bildung; die Achtung der Integrität und Unantastbarkeit der Persönlichkeit aller Kinder und Jugendlicher; um Bildungseinrichtungen, die nicht nur Institutionen der Wissensvermittlung oder Mittel zum Zweck der beruflichen Qualifikation seien, sondern dem inhaltlichen Anspruch einer ganzheitlichen Erziehung gerecht würden; um die Achtung vor der Würde eines jeden Menschen, unabhängig von Alter, Geschlecht, sexueller Orientierung, Nationalität, sozialer oder familiärer Herkunft, kultureller, politischer und religiöser Identität; um demokratische Mitbestimmungen in allen Bereichen der Bildung und Erziehung sowie um die Entwicklung vielfältiger Möglichkeiten der Freizeitgestaltung; um die Sicherung des Rechts auf berufliche Bildung, Berufsausbildung, Fach- und Hochschulbildung.[168]

Die schulische Wirklichkeit im vereinten Deutschland erfüllte solche Hoffnungen nicht. Die neunziger Jahre brachten für den Osten eine völlige strukturelle Umorganisation, d. h. die Angleichung ans westliche

Schul- und Erziehungssystem. Die für die DDR-Schule charakteristische »Harmonieverpflichtung«, die sich dann im gesellschaftlichen Rahmen als prinzipielle Unfähigkeit auswirkte, Konflikte als aushandelbare und auszuhandelnde Interessensunterschiede wahrzunehmen, wirkte sich weiterhin negativ aus. Die Befürworter einer inneren Schulreform konnten sich gegen die fixen Pragmatiker nicht durchsetzen. Dazu kam, daß, wie es der Minister für Bildung und Wissenschaft im Kabinett Lothar de Maizière, Hans Joachim Meyer, formulierte, »die Lehrer ein großes Maß an Verunsicherung ergriff«. Sie hätten zwar den Freiraum gewollt; es ergehe ihnen aber wie der gesamten Gesellschaft: Sie erführen zunächst einmal die Gefährdung, die ein Freiraum mit sich bringe. Das überbeanspruche sie; sie hätten keine Erfahrung, die Möglichkeiten eigenverantwortlichen Handelns zu nutzen.[169] Und da zudem die Lehrerschaft aufgrund weitverbreiteten »ideologischen Fehlverhaltens« der »Abwicklung« besonders ausgesetzt war (vergleichbar der Entnazifizierung von Lehrkräften nach 1945), blieb der pädagogische Eros, der das Ringen um eine innere Schulreform hätte beflügeln müssen, unterentwickelt. Damit ergab sich freilich, psychologisch gesehen, eine Konvergenz mit dem pädagogischen Mentalitätsmuster in Westdeutschland: war doch auch dort der Reform-Elan weitgehend der Routine erlegen – allerdings nicht völlig, denn in den neunziger Jahren regte sich wieder ein Erneuerungswille, oft gespeist aus den Erfahrungen mit schulischen Modellen und pädagogischen Projekten, die »überwintert« hatten.[170]

Mit seinem Buch *Die Schule neu denken* (1993)[171] hat Hartmut von Hentig, der jahrzehntelang die pädagogische Diskussion theoretisch und praktisch (er begründete und leitete eine Zeitlang die Laborschule in Bielefeld) anregte und kommentierte, eine auf Gesamtdeutschland bezogene »Übung in praktischer Vernunft«, als »zornige, aber nicht eifernde, radikale, aber nicht utopische Antwort auf Hoyerswerda und Mölln, Rostock und Solingen« vorgelegt. Erfahrungen und Gedanken, die ihn schon vor zwanzig Jahren bewegt hätten, stimmten auf erschreckende Weise noch immer.

Für Hentig ist unsere Schule kein Lebens- und Erfahrungsraum, nicht »a place for kids to grow up in«, nicht die Polis, an deren Idealen, Aufgaben und Problemen die jungen Menschen lernen und sich bewähren könnten, »sondern Bewahranstalt oder Treibhaus oder Schonraum oder cooling out institu-

tion oder Sortieranstalt oder Startmaschine oder Nachwuchsproduzent oder Sozialstation oder alles auf einmal. Und sie sind dies heute unter härteren Bedingungen und mit geringerem ›Erfolg‹ als einst.«
Schlechte Nachrichten lägen vor: Gewalt unter Jugendlichen, die Ausschreitungen gegen Minderheiten, Lähmung der Bürgerschaft, Versäumnisse in den neuen Bundesländern, Selbstzweifel der Pädagogen, Lebenslügen, die Verwahrlosung der Städte; schwierige Veränderungen seien hervorgerufen worden: durch das Fernsehen und den Computer, durch die Flucht aus dem Denken ins Wissen, durch Irrationalismus und Fundamentalismus, durch Arbeitslosigkeit und durch die zunehmende Überalterung der Gesellschaft. Die Gefahr, daß die Barbarei nach Deutschland zurückkehre, könne nicht monokausal gedeutet werden. Der Versuch etwa, Frustration und Frustrationsaggressivität auf die antiautoritäre Bewegung (»die 68er sind schuld«) zurückzuführen, da Regelverletzung und Anarchie und Permissivität einen Wertezerfall bewirkt hätten, sei abwegig. Zudem habe die DDR gezeigt, daß hierarchisch-autoritäre Ordnung viel stärker die Neigung zur Gewalt fördere.

Hartmut von Hentigs »Denkergebnisse« für eine »Schule von morgen« wiederholen, was jahrzehntelange Reformbemühungen im Westen unter bald optimistischem, bald pessimistischem Vorzeichen immer gefordert hatten: eine Schule, die mit Unterschieden zu leben vermag (pluralistisch und interkulturell), in der man ein friedliches, gerechtes, geregeltes und verantwortungsvolles Zusammenleben lernt und die den ganzen Menschen im Blick hat (etwa nicht seinen sinnlichen Erfahrungshunger wegen Theorie vernachlässigt). Die Schule müsse civilitas sein – Vertrauen, Verantwortung, Verständigung ermöglichend und befördernd.

In den achtziger Jahren hatte sich die Reform-Diskussion, soweit sie nicht überhaupt verstummt war, von der schulischen Praxis entfernt. Die Kultusministerien, die sich noch nie als richtungweisende Denkfabriken ausgezeichnet hatten, ließen ihre Abteilungen für Grundsatz- und Planungsfragen verkümmern. Die KMK, die Ständige Konferenz der Kultusminister, war für Theorieabstinenz und Theoriefeindlichkeit bekannt. Mitte der neunziger Jahre kam es zum ersten Mal wieder zu integrierten pädagogischen Konzepten, die nicht durch okkasionelle, sondern durch antizipatorische Vernunft, nicht durch die pragmatischen Notwendigkeiten des Augenblicks, sondern durch weiterdenkende realutopische Gesamtvorstellungen bestimmt waren. Die von einer Bildungskommission in Nordrhein-Westfalen vorgelegte Denkschrift *Zukunft der Bildung. Schule der Zukunft* (1995) zeigte, daß die durch die deutsche Vereinigung und die revolutionären Veränderungen im Arbeits- und Freizeitbereich bedingte Herausforderung pädagogisch angenommen wurden. Der Topos »Schule als Haus des Lernens« ist auf idealistischer Ebene angesiedelt (erfreulich, daß Ideale und Ideen wieder in die Diskussion einziehen), impliziert aber auch ganz bestimmte strukturelle und organisatorische Vorschläge, die das hochgemut-formulierte Bildungsideal der Zukunft auf ebener Erde lokalisieren: vor allem dadurch, daß der einzelnen Schule im Rahmen des steten Diskurses, der verbindende Wirkung hat, größtmögliche Selbstverwaltung bzw. Selbständigkeit gegeben wird.[172]

Die Gefährdung unserer Hochschulen, so Peter Glotz 1988 (seit 1996 Gründungsrektor der Universität Erfurt), liege nicht in einem Niveauverlust der Forschung, sondern im Verlust ihrer Reflexionsfähigkeit, ihrer Neugierde, ihres Selbstbewußtseins. Die anregenden Fragestellungen kämen selten mehr aus Universitäten; versagt hätten diese auch bei der Aufgabe, der jungen Generation Orientierung zu bieten – nicht durch die Vermittlung einer wie auch immer gearteten gemeinsamen Weltanschauung, die beim Abtreten eines einheitlichen Akademikerstandes mit versunken sei, sondern durch die Einübung einer aufs Praktische gerichteten Fragefähigkeit, ohne die weder der Arzt noch der Jurist, weder der Lehrer noch der Volkswirt seine Arbeit vernünftig (das heißt vernunftgemäß) ausüben könne.[173]

Quantitativ ergab sich seit der Mitte der sechziger Jahre ein Gründungsboom bei neuen Hochschulen. Neben Fach-, Musik- und Kunsthochschulen nahmen seit 1964 (Bochum) siebzehn Universitäten, sechs Gesamthochschulen und acht weitere Hochschulen ihren Lehrbetrieb auf; seit 1960 ergab sich eine Versechsfachung der Zahl der Studenten. Eine allgemein verbindliche Idee, eine Vorstellung vom Bild der Hochschule, lag diesen Gründungen freilich nicht zugrunde; teilweise handelte es sich um den Versuch, die sozioökonomische Struktur einer Region zu verbessern. »Weil es an Konsens fehlte, konnten die unterschiedlichsten Ziele verfolgt werden und waren gewaltige Enttäuschungen vorprogrammiert.« (Thomas Ellwein)[174]

Die neunziger Jahre bringen die Trostlosigkeit der deutschen Universität auf einen neuen Tiefpunkt: als Zerfall in wissenschaftliche Subsysteme, die indifferent nebeneinander stehen und sich in Auseinandersetzung um die knapper werdenden Ressourcen bekämpfen; als Inanspruchnahme überlanger Studienzeiten und Verwahrlosung akademischer Verantwortung (der Professoren gegenüber den Studenten, der Studenten gegenüber der Institution); als Versagen der politischen Gremien, die sich mit Hochschulfragen nicht mehr inhaltlich, sondern nur noch fiskalisch auseinandersetzen.

Bernd Henningsen, Professor für Skandinavistik und Kulturwissenschaften an der Humboldt-Universität in Berlin, sieht in der Vereinsamung des Wissenschaftlers und in seiner nicht mehr bewältigten »Freiheit« die Wurzel des Übels.[175] Die deutsche Diskussion um die Wissenschaft im allgemeinen und die Universität im besonderen habe kein Forum; sie verlasse die Unverbindlichkeit des privaten Sprechens in abgezirkelten Kreisen selten und wenn, dann nur in Zeiten der staatlichen Etatkrisen. Die studentische Revolte der 68er Jahre haben neben einer mißglückenden Bildungsreform rasch eine allenfalls sprachlos machende Reaktion (bis in die sozialdemokratischen Kreise hinein) provoziert, anstatt eine dauerhafte Öffentlichkeit über den politisch-gesellschaftlichen Sinn von universitärer-staatlicher Wissenschaft, Forschung und Lehre herzustellen. Der öffentlichen Sprachlosigkeit entspräche die universitäre, die historisch (wie das Beispiel der »braunen« und dann der »roten« Universität verdeutliche) im Versagen des Bildungsbürgertums gegenüber der Politik ihren Grund habe. Lehrfreiheit und Lernfreiheit – seinen Lohn erhalte der Professor zwar vom Staat, sein »Auftraggeber« aber sei die Wahrheit – seien zunehmend mißbraucht worden. Zuwenig habe die deutsche Wissenschaft vollzogen, was sie in Kenntnis des klassischen Wissenschaftsrepertoires hätte wissen müssen.

»Daß nämlich Wissenschaft eine *öffentliche* Angelegenheit ist, die verantwortliches Denken und Handeln im *öffentlichen* Raum verlangte – eines Raumes, der mehr darstellt als die Summe beliebiger Privatleute, *idiotes* im Heraklitischen Sinne. Die Humboldtsche Forderung nach Einsamkeit und Freiheit als die für die Wissenschaft konstituierende Bedingung von Leistung macht nur Sinn, wenn sie getragen wird von der Einsicht in die zivile Verantwortung des Wissenschaftlers, die ›Privatheit‹ also überwindet.«

Nach der deutschen Vereinigung wurde die Korruption der »roten Universität« in allen Bereichen (vor allem in den Geistes- und Gesellschaftswissenschaften[176]) evident, was eine Herausforderung für ostdeutsche »Selbstreinigung« hätte werden können; es betrieben jedoch vor allem westdeutsche Hochschulkreise in sogenannter kollegialer Amtshilfe die Säuberung (»Abwicklung«) des DDR-Hochschulsystems, wobei sie bei den Neubesetzungen großzügig Rekrutierungen aus den eigenen Reihen vornahmen.[177] In den Jahren 1989 bis 1994 wurden an den ostdeutschen Hochschulen etwa 20 000 Wissenschaftler entlassen; das war knapp die Hälfte der 38 900 zu DDR-Zeiten beschäftigten Professoren und wissenschaftlichen Mitarbeiter. Über 60 Prozent des akademischen Mittelbaus verloren ihren Arbeitsplatz; ungefähr die Hälfte der verbliebenen Professorenstellen wurde mit Westdeutschen besetzt.[178]

In der DDR studierten nur rund 133 000 Studenten – gegenüber 1,5 Millionen in der Bundesrepublik. Das war im Verhältnis zur Gesamtbevölkerung äußerst günstig. Im Jahre 1987 wurden nur 12,6 Prozent der Jugendlichen zum Studium zugelassen, in der Bundesrepublik waren es circa 27 Prozent. Auch die Anzahl der Professoren und Dozenten war im Verhältnis zu den Studenten ungewöhnlich hoch. In der Sektion für Philosophie an der Humboldt-Universität kamen rund 50 Institutsmitarbeiter auf 150 Studenten. Zum Vergleich: Der mit Dozenten etwa gleich gut ausgestattete Fachbereich Philosophie an der Münchner Ludwig-Maximilians-Universität muß mit 3700 eingeschriebenen Hauptfachstudenten zurechtkommen. (Jesko Schulze-Reimpell)[179]

Herausgehobene kulturelle und wissenschaftliche Leistungen in der ehemaligen DDR anzuerkennen heiße nicht, eine neue Legende der inneren Emigration oder des verdeckten Widerstands zu pflegen. (Wolf Lepenies) Es gehe vielmehr um eine Entmoralisierung der Debatte. Die Bundesrepublik sei nicht das bessere, sondern nur das glücklichere Deutschland gewesen, und die Gnade der Geographie gäbe westlich der Elbe niemandem das Recht, sich als Moralapostel aufzuspielen. »Es ist auch nicht einzusehen, warum Künstler und Wissenschaftler sich einer peinlichen Umerziehung unterwerfen sollen, wenn zugleich die ehemaligen Blockparteien der DDR wie selbstverständlich in das gesamtdeutsche Parteiensystem integriert werden und Führungspositionen besetzen dürfen. Im Augenblick werden in Deutschland der politische Komplize und der kulturelle Mitläufer mit zweierlei Maß gemessen. Auf der anderen Seite kann eine Entmoralisierung der kultur- und wissenschaftspolitischen

Debatte fatale Folgen haben: Profitieren werden davon die bisher bereits Privilegierten. Daher muß – nicht im Vergleich zur alten Bundesrepublik, sondern im Vergleich zu den neuen Reformstaaten in Mittel- und Osteuropa – die Rolle, die die Kultur- und Wissenschaftsintelligenz der DDR in den vergangenen vierzig Jahren oder in den Monaten der Wende gespielt hat, kritisch betrachtet werden.«[180]

In der DDR wurden rund 10 000 Promotionsschriften aus unterschiedlichen Gründen geheimgehalten. Das Promotionsrecht in der DDR stand nicht nur Universitäten, Technischen Universitäten und Hochschulen zu, sondern auch verschiedenen Akademien, namentlich der Akademie der Wissenschaften mit ihren Dutzenden von Instituten, ferner sechs Akademien und Hochschulen der Armee, der Polizei und der Staatssicherheit, schließlich verfügte auch die SED über fünf eigene Hochschulen und Forschungseinrichtungen. So kamen unter der Ägide der SED etwa 123 000 Promotionen A (Erwerb eines Doktorgrades) und 20 000 Promotionen B (Habilitationen) zustande.[181]

Die Analyse der Wissenschaftsentwicklung in der DDR dürfe man selbstredend auf gar keinen Fall allein ostdeutschen Historikern überlassen – forderte Hans-Ulrich Wehler, unter Bezug auf das von ihm vertretene Fach (Geschichtswissenschaft); manchmal werde das mit der Begründung gefordert, man müsse – modisch gesprochen – selbst betroffen sein, um angemessen urteilen zu können. Habe je ein ehemals nationalsozialistischer Historiker die braunen Jahre überzeugend untersucht? Oder waren das nicht vielmehr die zahllosen, kritischen Zeithistoriker, die den Nationalsozialismus aufs schärfste ablehnten? »Nein, man braucht eine gute Mischung von kompetenten ost- und westdeutschen Historikern. Die westdeutschen bringen kühle Distanz und die Fähigkeit zum Vergleich mit anderen totalitären Systemen, aber auch mit den westlichen Staaten mit, die ostdeutschen die Kenntnis der Interna und Stimmungslagen, die man so schwer rekonstruieren kann.«[182] Eine Bilanz des Umbruchs in der ostdeutschen Universitätslandschaft Mitte der neunziger Jahre ergibt ein zwiespältiges Bild:

- Lehre und Forschung in den neuen Bundesländern erhielten den seit langem vermißten öffentlichen Freiraum. Ideologische und künstlerische Gängelung entfielen ebenso wie manche Ausstattungsdefizite; es gelang, ein regional, fachlich und institutionell differenziertes Angebot von 16 Universitäten, 22 Fachhochschulen und 12 Kunsthochschulen an 27 Standorten aufzubauen. Dies wurde ergänzt durch nichtstaatliche Hochschulgründungen, durch jahrelange Übergangsregelungen, dem Hochschulsonderprogramm und dem Wissenschaftlerintegrationsprogramm sowie durch besonders geförderte Graduierten- und Innovationskollegs, durch Sonderforschungsbereiche und neue Ansätze im Fernstudium. Doch gingen auch 80 Prozent der Industrieforschung, circa 50 Prozent der außeruniversitären Forschung und mehr als ein Drittel der Stellen an den Hochschulen verloren. Statt Integration der freilich vielfach korrumpierten ostdeutschen Wissenschaftler kam es zu einer fast vollständigen strukturellen und personellen Anpassung der DDR-Hochschulen an den Westen.

- Die Dominanz westdeutscher akademischer Kräfte hat sicherlich die Modernisierung und Entideologisierung des DDR-Hochschulsystems befördert, zugleich aber tiefe und langfristig nachwirkende antiwestliche Ressentiments hervorgerufen. Dazu kommt, daß »westliche Fachbereiche« ost-geprägten Bereichen gegenüberstehen. Die Konfliktlinie wird dabei häufig überlagert: Sie verläuft nicht mehr zwischen »Ossis« und »Wessis«, sondern »zwischen dem am Hochschulort engagierten und der immer noch vorhandenen Minderheit von westdeutschen Heimreiseprofessoren, die sich um Selbstverwaltung, Präsenz und regionale Ausstattung der Hochschule wenig kümmern.«

Für Klaus-Jürgen Scherer, Geschäftsführer des SPD-Wissenschaftsforums beim Parteivorstand in Berlin, ergeben sich zwischen Abbau, Umbau und Aufbau neue Chancen für die Hochschule Ost, von der auch die häufig in Privatismus und Beamtenmentalität erstarrte Hochschule West profitieren könnte: Praktische Berufsvorbereitung sei stärker verankert, die Anwendungsorientierung der Forschung habe größeren Stellenwert, die Studiengänge würden stärker geregelt und strukturiert, die Kooperation der Universitäten mit Wirtschaft und Kommune nähmen zu; erprobt würden effektiveres Management, größere Flexibilität, kreative Wege der Mittelbeschaffung.[183]

POLITISCHE HORIZONTEINTRÜBUNG

Demokratie und Skandal

Die Chronique scandaleuse der Bundesrepublik ist äußerst umfangreich.[184] Was Thomas Mann kurz nach Kriegsende erhoffte – »deutsch war es einmal und mag es wieder werden, der Macht Bewunderung abzugewinnen, durch den menschlichen Beitrag, den freien Geist«[185] –, trat nicht ein.

Es spricht freilich für den Stand politischer Bildung und politischer Kultur, daß relativ viele Menschen in allen gesellschaftlichen Bereichen trotz der Kluft zwischen öffentlich-moralischem Anspruch und der Wirklichkeit täglicher Machtausübung nicht resignierten. Tröstlich mag auch die Einsicht sein, daß Skandale nur in der Demokratie möglich sind, was sie (wenn aufgedeckt und geahndet) sogar zum Indikator für das Funktionieren des freiheitlichen Rechtsstaates macht. »Die Medien bringen ihn auf, die Justiz bringt ihn zu Ende.« (Christian Schütze) Der Skandal ziele auf Sauberkeit im System, er erweise sich als der letzte Trumpf des Volkes gegen seine Vertreter; er zeige, daß die Demokratie gesund sei.[186]

Im letzten Satz seines Romans *Frauen vor Flußlandschaft* spricht Heinrich Böll, der das Buch kurz vor seinem Tod abschloß – posthum erschienen 1985 –, vom »bleiernen Dasein«. In Dialogen und Selbstgesprächen werden Szenen aus dem Leben der politischen Prominenz der Bundeshauptstadt dargestellt, gesehen von Ehefrauen, Lebensgefährtinnen, Freundinnen. In einem kompositorisch wie sprachlich wenig gelungenen, aber politphilosophisch gewichtigen Werk führt der Autor ein auf verschiedene Rollen verteiltes »Selbstgespräch am Ultimo«. »Woher kommen wir, wohin sind wir gekommen? Der Kampf des Gedächtnisses richtet sich gegen das Vergessen: Böll transplantiert solch eigensinniges Erinnerungsvermögen wunschphantasierend in seine Figuren: ihr könnt doch nicht vergessen haben, wer und was ihr einmal gewesen seid!« »Wanderers Gemütsruhe«, ein Gedicht aus Goethes *West-östlichem Divan* ist – auf die Romanpartitur mit verzweiflungsvoll-gelassener Ironie einstimmend – dem Buch vorangestellt: »Übers Niederträchtige/Niemand sich beklage;/Denn es ist das Mächtige,/Was man dir auch sage./In dem Schlechten waltet es/Sich zu Hochgewinne,/Und mit Rechtem schaltet es/Ganz nach seinem Sinne.«[187]

Einzelne Publikationsorgane wie der *Spiegel* oder der *Stern* (ehe er selbst mit der Veröffentlichung der gefälschten Hitler-Tagebücher zum Skandal wurde[188]) taten sich bei »demokratischer Selbstreinigung« besonders hervor. Allerdings zeigt die Chronik der Skandale in der Bundesrepublik auch, daß die Aufdeckung der Korruption oft höchst unzulänglich blieb und die Ahndung der Verursacher halbherzig oder überhaupt nicht erfolgte.

Beim bayerischen Spielbanken-Prozeß 1959, zum Beispiel, bei dem führende Bayernpartei-Politiker zu hohen Gefängnisstrafen verurteilt wurden, fungierte als Hauptbelastungszeuge der Generalsekretär der CSU, Friedrich Zimmermann; unter Eid sagte er die Unwahrheit; 1960 wurde er wegen fahrlässigen Falscheids zu vier Monaten Gefängnis verurteilt, bei der Revision jedoch freigesprochen, da er zur Zeit der Aussage gegen die Bayernpartei unter einer Überfunktion der Schilddrüse mit »Unterzuckerung des Blutes und deshalb verminderter geistiger Leistungsfähigkeit« gelitten habe.
Franz Josef Strauß starb im Oktober 1988 als hochangesehener Ministerpräsident des Freistaates Bayern. Der Weg des Franz Josef Strauß – im vierten Kabinett Adenauer Verteidigungsminister, in der Großen Koalition unter Kurt Kiesinger Finanzminister – war jedoch mit Affären und Skandalen gepflastert; diese taten der Popularität und dem Erfolg des »streitlustigen, polternden, großspurigen, hemdsärmligen, angeblich pathologisch machtbesessenen Oberbayern«[189] keinen Abbruch.
Strauß war der Urheber der *Spiegel*-Affäre, einem der wichtigsten politischen Skandale der Bundesrepublik. Veranlaßt durch eine Anzeige des Würzburger Professors und Bundeswehrbrigadegenerals der Reserve Dr. Friedrich August von der Heydte, hatte die Bundesanwaltschaft wegen einer militärpolitischen Analyse im *Spiegel (Bedingt abwehrbereit)* ein Ermittlungsverfahren eingelei-

tet und beim Verteidigungsministerium ein Gutachten eingeholt. Daraufhin wurden Haft und Durchsuchungsbefehle wegen des Verdachts des Landesverrats, der landesverräterischen Fälschung und der Aktivbestechung erlassen, die Redaktions- und Verlagsräume des Nachrichtenmagazins in Hamburg und Bonn polizeilich besetzt, der Herausgeber Rudolf Augstein, der Verlagsdirektor Hans Detlef Becker und mehrere leitende Redakteure verhaftet. In Spanien, wo er sich im Urlaub befand, wurde der stellvertretende Chefredakteur und Militärexperte Conrad Ahlers auf direkte Intervention des Verteidigungsministers Franz Josef Strauß festgenommen. Konrad Adenauer sprach im Bundestag von einem »Abgrund von Landesverrat im Lande«; der *Spiegel* betreibe ihn systematisch, um Geld zu verdienen. Das Hauptverfahren gegen Augstein und Ahlers wurde vom Bundesgerichtshof mangels Beweises nicht eröffnet. Die fünf FDP-Bundesminister traten zurück; die FDP, unter Vorsitz von Erich Mende, machte den Fortbestand der Koalition davon abhängig, daß Strauß, der nun nicht mehr tragbar sei, als Minister ausscheide. Dieser verzichtete auf ein Ministeramt und machte so eine erneute CDU/CSU- und FDP-Koalition (fünftes Kabinett Adenauer) im Dezember 1962 möglich. Die Auflage des *Spiegel* stieg sprunghaft von 500 000 auf 600 000 Exemplare; allerdings hatte das Verfahren die Herausgeber rund zwei Millionen DM gekostet. Theodor Eschenburg schrieb: »Wir sollten die Dinge nicht ad acta legen, sondern sollten tief in unser Gedächtnis hineinschreiben: Wiedervorlage.«[190]

Ein großes Medienereignis war der Barschel-Skandal (»Waterkant-Affäre«); die öffentliche Wirkung blieb jedoch – abgesehen von voyeuristischem Interesse – gering; immerhin konnte die SPD bei den Neuwahlen in Schleswig-Holstein am 8. Mai 1988 die absolute Mehrheit im Landtag erringen. Im September 1987 hatte der *Spiegel* enthüllt, daß der CDU-Ministerpräsident Dr. Uwe Barschel seinen Gegenkandidaten Björn Engholm, vor allem auch dessen private Sphäre, bespitzeln lasse. Als Zeuge trat der damalige Mitarbeiter Barschels, Reiner Pfeiffer, auf.

Mit Ehrenwort wies der CDU-Politiker alle Vorwürfe zurück, übernahm jedoch die politische Verantwortung und trat zurück. Am 11. Oktober fand man ihn tot in der Badewanne eines Genfer Hotelzimmers; man vermutete Selbstmord, doch verstärkte sich 1994 der Verdacht auf Mord; auch der parlamentarische Untersuchungsausschuß, der als der erfolgreichste in der deutschen Parlamentsgeschichte gepriesen wurde, konnte keine überzeugende Aufhellung bringen.

Für das Anwachsen der öffentlichen Skandalbereitschaft nennt Sighard Neckel vier Gründe:

- Mit der Ausweitung des Wirkungsbereichs staatlichen Handelns steige auch der Druck gut organisierter Interessen auf die Politik, was zur Verfilzung führe; die Möglichkeiten für »alltägliche Korruption« (die Verführung zur Bereicherung) lasse »bürokratische Moralität« wanken.
- Die öffentliche Sensibilisierung für die Inhalte und Formen politischer Machtausübung sind erheblich gestiegen, damit die Aufdeckungsquote von Skandalen, die früher als solche nicht empfunden wurden.
- Mit der Vervielfältigung politisch kontroverser Machtlager in der Gesellschaft habe auch die Teilnehmerzahl am Definitionskampf, was ein Skandal zu nennen ist, zugenommen. Neue politische Akteure, wie die Grünen, seien in den Institutionen präsent und, da unbelastet, im Krisen- und Konfliktfall schwer auf Staatsräson (oft nur ein vornehmer Ausdruck für Vertuschung) zu verpflichten.
- Die offizielle politische Rhetorik lege die moralische Meßlatte selbst nach oben, weil man sich davon populistische Wirkungen verspreche; damit steige aber die Diskrepanz zwischen Anspruch und Wirklichkeit. »Eine Atmosphäre gespannter Erwartungen und ehrlicher Freude breitet sich dadurch im Publikum aus, wenn wieder einmal die Inszenierung moralischer Vorbildlichkeit mißlingt.«[194]

Die selbstbewusste Nation

Die in Zeiten der »neuen Unübersichtlichkeit« populären neokonservativen Strömungen »mythologisierten« Politik insofern, als sie eine eindimensionale Weltdeutung und daraus abgeleitete Handlungsanweisungen vorlegten. Im Gegensatz zu früherer rechter Zivilisationsfeindschaft wurde Technologie zum Credo. Der Linken unterstellte man antifortschrittliche »Zersetzungsarbeit«; kritische Vernunft erschien als Minderung von Lebensqualität. Doch etablierten sich auch konservative »Denkfabriken«, die hohes intellektuelles Niveau zeigten.[192]

Neokonservativer Fortschrittsoptimismus erfreute sich vor allem auch deshalb umfangreicher Sympathie, da er sich – wie es Johannes Gross formulierte – von der Misere der öffentlichen Gefühle fernhielt und sich den Genuß des Wohlstandes nicht durch Trübsinn versalzen lassen wollte.[193] Die im linken Lager vorherrschende Larmoyanz möge für manche die Wirkung eines pietistischen Aphrodisiakums haben; die vielfach manisch anmutende Fixierung auf Hoffnungslosigkeit könne aber Mehrheiten nicht mehr mobilisieren. Demgegenüber habe der modernisierte Konservativismus in der Bundesrepublik gelernt, mit seinen »Verlegenheiten« umzugehen und ideologische Defizite durch Strategien für gegenwärtige Praxis auszugleichen.

»Die Konservativen lauschen ihren Ideen nicht mehr auf einsamen Feldwegen dem Raunen der Natur ab, sondern lassen ihre Produkte zeitgemäß in Denkfabriken fertigen. Sie begreifen sich nicht als Hüter des Seins, sondern als Manager der Macht. Sie formulieren nicht für die Ewigkeit, sondern für den nächsten Wahlkampf. Sie kalkulieren den Effekt ihrer Formeln wie Unternehmer die Absatzchancen eines neuen Produkts. Nicht um Wahrheit geht es ihnen, sondern um Wirkung, nicht um Kultur, sondern ums Spektakel, nicht um Werte, sondern um Berechnung der Interessen und Machtchancen. Unversehens sind die Konservativen damit aus Experten für Prämodernes zu Experten der postmodernen Beliebigkeit geworden. Der ›Abschied vom Prinzipiellen‹ ist ihnen nicht schwergefallen.« (Helmut König)[194]

Nach der deutschen Vereinigung regredierte freilich der Neokonservativismus auf scheinbar überwundene Positionen, bei denen Denkarbeit durch irrationales »Raunen« ersetzt war. Das Gespenst der Nationalismus-Nostalgie durchzog die alten und die neuen deutschen Lande – und wurde als ein solches auch von führenden demokratischen Politikern, die sich fest auf dem Boden des Grundgesetzes vermuteten, nicht in seiner Gefährlichkeit erkannt. Angesichts der emphatischen Artikulation der Massen bei der friedlichen Revolution, daß man *ein* Volk sei, wurde »Nation« wieder zu einem wichtigen Begriff der politischen Debatte. Die bürgerlich-aufklärerische Definition von Nation: ein Verband von Menschen, die unter dem gleichen gemeinsamen Recht lebten und von einer gesetzgebenden Körperschaft vertreten würden, wurde als unzulänglich empfunden; auch eine vor der Massenneurose des Nationalismus warnende, weiträumige Ordnungen fordernde Geschichtswissenschaft sah nationalstaatliche Identität wieder als Notwendigkeit an. Wenn es eine Lehre gäbe, so Hagen Schulze, die sich aus den zahlreichen Fehlschlägen der europäischen Einigungsbemühungen herauskristallisiere, so die, daß die europäische Einigung nicht gegen die Nationen und ihre legitimen Eigenheiten vor sich gehen könne.[195]

Gegenüber der optimistischen Überzeugung, daß die pragmatischen Deutschen sich auch eines pragmatischen, also gemäßigten Nationalbewußtseins befleißigen würden – von einem Teil der Intellektuellen, wie von Günter Grass, als unberechtigte Beschwichtigung attackiert –, war die Warnung vor einem neu erwachenden »Mythos Deutschland« allerdings gleichermaßen berechtigt. In der früheren DDR, in deren Spätstadium die SED-Führung auf nationale Mythen zurückgegriff und diese rehabilitiert hatte (Luther, Friedrich II., Bismarck), kam es zuerst zu nationalistischen Gewaltaktionen. Hoyerswerda wurde zum Begriff: 1991 ereigneten sich dort tagelange Ausschreitungen Jugendlicher gegen Ausländer, akklamiert von den Älteren.

Im August 1992 wurde Rostock zum Fanal für den nach der Wiedervereinigung in den neuen Bundesländern ausgebrochenen Rassismus; die Brandanschläge der Jugendlichen, neben Skinheads auch viele bislang unauffällige Teenies und Kids, richteten sich gegen ein Asylbewerberheim. Am Ort des Geschehens unterstützte die Bevölkerung genüßlich die Ausschreitungen; die Polizei erwies sich als überfordert und hilflos.

»Die vorherrschende Affektlage dieser Täter ist das Ressentiment, und was sie als ›Haß auf Ausländer‹ deklarieren, ist bereits die Auflösung einer inneren Spannung, die Formierung und Ausdrucksgestaltung eines unbestimmten, schwer an objektiver Benachteiligung festzumachenden Gefühls des Zukurzgekommenseins und der Ohnmacht.«[196]

Der Bürgerkrieg in Jugoslawien, der die Hoffnung auf das Walten des Vernunftprinzips in der Geschichte völlig in Frage stellte und die politische Schwäche Europas offenlegte, zeigte, daß ein Rückfall auf irrational-aggressive Verhaltensweisen (mit der Wahnidee ethnischer Säuberung) weiterhin möglich ist. Demgegenüber bewährte sich freilich bei der deutschen Vereinigung die auf dem Grundgesetz basierende, im Westen seit Jahrzehnten erfolgreich praktizierte, im kollektiven Bewußtsein verinnerlichte föderative Struktur; rasch entwickelte sich auch in den neuen Bundesländern, allen voran in Sachsen, Brandenburg und Thüringen, ein Gefühl für regionale, geschichtlich und kulturell begründete Identität. Geopolitische Hybris fand bei den staatstragenden Parteien (sieht man von gelegentlichen Sonntagsreden und publizistischen Äußerungen ab) kaum Resonanz, zumal der Einheitskanzler Helmut Kohl sein starkes europäisches Engagement, gestützt auf die enge deutsch-französische Freundschaft, nicht durch deutschtümelndes Tremolo gestört sehen wollte. Der westdeutsche Kulturbegriff, insgesamt durch Modernität – und das heißt auch Identitätspluralität – geprägt, sorgte dafür, daß das »deutschnationale Geschwätz« kupiert blieb. Gegenüber der »Wacht am Rhein« erwies sich die »Wacht am Nein« (Odo Marquard)[197] als stärker. Der Althistoriker Christian Meier, einer der wenigen Vertreter seines Faches, deren Werke nicht nur in wissenschaftlichen Kreisen gelesen werden, gab zu bedenken, daß reflektiertes Nationalgefühl die Demokratie beleben und stärken könne.[198]

Ausländerfeindlichkeit war in der DDR seit langem latent. Der Staatssozialismus hatte den Zulauf zu neofaschistischen Gruppen eher begünstigt als verhindert. Nach einer Analyse von Frank Schumann, Redakteur bei der ehemaligen FDJ-Zeitung *Junge Welt,* wurde Ausländerfeindlichkeit durch die Provinzialität und geistige Enge der DDR begünstigt; der zur Staatsräson erhobene Antifaschismus erschöpfte sich in Ritualen; eine wirkliche Auseinandersetzung mit dem Nationalsozialisinus fehlte. Zudem konnten die ihrer Bevormundung überdrüssigen Jugendlichen ihre Ablehnung des SED-Staates dadurch demonstrieren, daß sie sich faschistisch gebärdeten.[199] Die erste Ausländerbeauftragte der DDR, Almuth Berger, verwies darauf, daß in der DDR hinter einer Fassade der Völkerfreundschaft und Verbrüderung die wirkliche Verständigungsbereitschaft völlig unterentwickelt blieb. Die Tausende von Arbeitern und Studenten aus Lateinamerika, Asien und Afrika, die in die DDR gekommen waren, (etwa 160 000), blieben ghettoartig von der Bevölkerung abgeschottet.[200] Die der Vereinigung folgende ostdeutsche Misere führte der rechtsradikalen Szene weiterhin junge Menschen zu.

Die folgende Entwicklung zeigte, daß die rechtsradikale Gewalt nicht nur ein ostdeutsches Problem war; nun kennzeichneten westdeutsche Ortsnamen die Topographie des neuen rechten Terrors.[201] Am 23. November 1992 wurden bei einem Brandanschlag auf zwei von türkischen Familien bewohnte Häuser in Mölln zwei Menschen getötet; am 29. Mai 1993 starben bei einem Brandanschlag auf ein Haus in Solingen vier Mitglieder der dort wohnenden türkischen Familien. Zugleich aber nahm die demokratische Sensibilisierung gegenüber rechtsradikaler Gefährdung erheblich zu; vom November 1992 bis Januar 1993 demonstrierten in der Bundesrepublik über drei Millionen Menschen gegen Fremdenfeindlichkeit, Antisemitismus und Gewaltanschläge.

Beruhigende demoskopische Befunde, wonach das bekennende Rechtspotential nach den Ausschreitungen erheblich zurückgegangen sei, haben zum Pendant die Zunahme subtil agierender neokonservativer Strömungen. Diese stützen sich auf einen einflußreichen Kreis von »Privatgelehrten und Hochschulprofessoren (aus Philosophie, Geschichte und Politik), Journalisten, Publizisten und Schriftstellern, Staatsbediensteten, Juristen und Pädagogen«. Ihr Ziel ist die Umerziehung der Deutschen zur »selbstbewußten Nation«. Das gleichnamige, von Heimo Schwilk und Ulrich Schacht 1994 herausgegebene Buch – eine »erste Gesamtbilanz der deutschen Erfahrungen seit 1989« – fordert Selbstvertrauen und Selbstbewußtsein.

Die neuen Wohltäter der Nation evozieren die Trance der Vagheit; man schwelgt in Mythen und Mystizismen, deren Vieldeutigkeit stets einen Fluchtweg vor dem Festgelegtwerden offenläßt. »Irgendwie« gilt das Gute, Schöne und Wahre; aber heroisch-elitär soll es sein; die Massen sind aus ihrer Enge zu befreien – drunten in der Tiefe wütet heillos der Konsum-Moloch – und zu lichten Höhen hinanzuführen.

Das den Patrioten des 20. Juli 1944 und des 17. Juni 1953 gewidmete Buch ist um den Essay *Anschwellender Bocksgesang* von Botho Strauß zentriert; dieser klagt spirituelle Umkehr, mit der Phantasie des Dichters, ein; dessen Sprache stärke das notwendige Hören, Wünschen, Denken und Erinnern des Menschen. »Darin bleibt sein Denken solitär und letztlich unübersetzbar ins Gesellschaftlich-Moralische. Daß dies aber so gesagt werden kann, in ein erhofftes Verstehen hinein, trotz des Wissens um das fast alles überlagernde ›Verstehensgeräusch‹, ist schließlich wohl doch nur möglich, weil sich damit genaues Erinnern an nationell Eigenes verbindet.« Gesagt ist damit eigentlich nichts; doch es ist gesagt im Jargon der Eigentlichkeit; die Gegenaufklärung kommt gewichtig, mit Aura und großem Faltenwurf daher.

Der Essay *Anschwellender Bocksgesang* wurde erstmals, in seiner ursprünglichen Fassung, in *Der Pfahl. Jahrbuch aus dem Niemandsland zwischen Kunst und Wissenschaft* und dann verändert, am 8. Februar 1993, im *Spiegel* veröffentlicht, wo er Furore machte. Daß gerade Strauß – ein analytisch-geist-

Skinheads und andere Neonazis beschimpfen von der Polizei geschützte demonstrierende Punks (»Chaos-Tag« in Hannover, August 1984).

reicher, subtil ironischer Autor dramatischer Sozialstudien, die vielfach im Milieu der Halbintellektuellen spielen – sich zum Protagonisten einer neuen, bei ihm freilich nicht genau definierten Rechten entwickelte, überraschte; offensichtlich wollte er, in Suche nach dem Wesentlichen und in Absetzung vom Trivialen, eine Landschaft heroischer Erhabenheit inszenieren. »Dabei handelt es sich um Verwerfungen, die aus dem schwer verständlichen Rumoren des Angerichteten, aus dem Erdinneren alles dessen, was wir mit viel Erfolg betrieben haben, beinahe zwangsläufig hervorgehen. Die Blindheit des Unseren: daß es nicht sehen wollte, wieviel Erlöschen es brachte. Das Angerichtete, es ganz allein bringt seinen Kraftschwund hervor.«[202]

Die Epigonen der mystisch-mythischen Zivilisationskritik von Botho Strauß – darunter die um konservatives Ansehen eifrig bemühte Witwe Willy Brandts, Brigitte Seebacher-Brandt, der Altlinke Klaus Rainer Röhl, der Filmemacher Hans Jürgen Syberberg, der jüdisch-konservative Historiker Michael Wolffsohn, der frühere Cheflektor Rainer Zitelmann[203] –, all diese Vertreter einer neuen »konservativen Revolution« folgen freilich keineswegs dichterischem Höhenflug; ihre weinerlich-aggressiven Emanationen sind Ausdruck des Leidens an einer »verweichlichten Bundesrepublik«, deren kulturelle Toleranz, liberale Politik und soziale Gerechtigkeit ihnen ein Stein des Anstoßes ist. Es geht zudem um die historische Relativierung des NS-Massenmordes an den Juden – Dauerthema bei Ernst Nolte[204] –, um eine zur Abwehr des Fremden und zur Wahrung ethnischer und kultureller Homogenität aufgerufene deutsche Nation, ja selbst um Sympathien für einen Anschluß Deutschlands an Österreich als einer wahrhaft vormodernen Nation. Die Ästhetik des Erhabenen, die Lobpreisung deutscher Tiefe und Tragik, wird zur Beute politischer Betrüger, die nach der Vereinigung Deutschlands die Chance gekommen sahen, kritischem Bewußtsein den Todesstoß zu versetzen. Dazu aber fehlt den bramarbasierenden Verkündern einer »selbstbewußten Nation« die Strahlkraft, auch bei den zunehmend durch Arbeitslosigkeit und den Abbau des Sozialstaates betroffenen Massen. Die deutsche Politik- und Kulturgeschichte zeigt jedoch, daß ein als anschwellender Bocksgesang stilisiertes »abklingendes Ziegengemecker«[205] durchaus fatale Wirkungen haben kann.

Krise des Parlamentarismus

Politische Kultur war in der Bundesrepublik über Jahrzehnte mit der festen Überzeugung verknüpft, daß das Fundament der demokratischen Gesellschaft die politischen Parteien seien. Daran konnte weder die »Kontinuität der Skandale« noch die der repräsentativen Demokratie mißtrauende und das parlamentarische System bekämpfende Protestbewegung Wesentliches ändern. Das Wechselspiel zwischen den Gemeinden, den Ländern und dem Bund bot vielerlei Profilierungsmöglichkeiten für Politiker, wobei freilich eine Zeitlang die Jugend und die Frauen es schwer hatten, innerhalb der Parteihierarchien und -oligarchien voranzukommen.

Die Stabilität des Parteienstaates zeigte sich auch darin, daß, im Gegensatz zur Weimarer Republik, eine Zersplitterung der politischen Lager vermieden wurde; von 1961 an saßen über zwanzig Jahre nur drei Parteien im Bundestag, nämlich CDU/CSU, SPD und FDP.[206] Extreme Rechts- oder Linksparteien konnten sich auf Dauer nicht durchsetzen. Der BHE, die Anfang 1950 entstandene Vertriebenenpartei, und die rechtskonservative DP (Deutsche Partei) konnten sich hie und da bis 1967 behaupten; die rechtsradikale NPD zog zwar zwischen 1966 bis 1968 in die meisten Landtage ein, konnte aber dort ihre Position nirgends erneuern. Die 1983 von Franz Schönhuber mitbegründete Partei »Die Republikaner« vermochte gewisse Erfolge zu erzielen, war aber nach einem Jahrzehnt als politische Kraft erledigt. »Die Grünen« errangen 1979 in Bremen, 1980 in Baden-Württemberg, 1982 in Hamburg, Niedersachsen und Hessen, 1986 in Bayern und 1987 in Rheinland-Pfalz ihre ersten Mandate; bei den vorgezogenen Wahlen zum 10. Deutschen Bundestag 1983 gelang ihnen mit 5,6 Prozent erstmals der Einzug in den Bundestag. Mit der PDS, ab Dezember 1990, waren dann im Bundestag fünf Parteien vertreten.

Seit den achtziger Jahren zeigte sich ein wesentlicher Wandel im Politikverständnis der Bevölkerung, der nach der Vereinigung Deutschlands durch die vorherrschende Mentalität in den neuen Bundesländern sich noch verstärkte.[207] Viele Bürger gingen zu den Parteien auf Distanz; die Wahlmüdigkeit und die Zahl der Wechselwähler stieg; der Stammwähleranteil sank von 60 Prozent 1980 auf 48 Prozent 1986 und 21 Prozent 1992. Manche Kommentatoren sahen bereits das Ende des Parteienstaates gekommen. Der Trend, den Parteien zu mißtrauen und den Wahlen fernzubleiben, so der Politologe Joseph Huber in einer Analyse 1988, lasse sich auf zweierlei Weise auslegen: als Indiz für einen neocäsaristischen Protest, als Aufschrei enttäuschter »Brot-und-Spiele«-Erwartungen, aber auch als Indiz für einen gewachsenen Selbständigkeitsanspruch der Bürger gegenüber den Partei-Apparaten.[208]

Evident wurde, daß anstelle von politischen Persönlichkeiten Expertokratie und Bürokratie immer mehr um sich griffen. Es war signifikant, daß 1986 von rund 500 Abgeordneten 200 aus dem öffentlichen Dienst kamen, von Hause aus Beamte oder Angestellte waren. Die berufliche Zusammensetzung – 70 Professoren oder Lehrer, 80 aus der Verwaltung im engeren Sinne, 55

Angestellte von Parteien und Gewerkschaften oder anderen politiknahen Organisationen, 30 praktizierende Rechtsanwälte, 25 Ingenieure (insgesamt zwei Drittel der Angeordneten mit abgeschlossenem Hochschulstudium) – kommentierte der damalige Bundestagspräsident Philipp Jenninger, der die entsprechende Untersuchung in Auftrag gegeben hatte, mit der Bemerkung, daß der Bundestag nicht nur ein Beamten- oder Funktionärsparlament, sondern auch noch ein Akademikerparlament sei.[209]

Das sogenannte Ende des ideologischen Zeitalters als Grund für den Verlust programmatischer Utopien heranzuziehen und dafür den gegenwartsbezogenen Realitätssinn der Macher zu loben, verkennt die Bedeutung der Zukunftsorientierung für Politik, die zu einem wesentlichen Teil nicht in der Verwaltung des Gegebenen, sondern im Erspüren des Kommenden sich bewähren muß. Werden aber von den Parteien auf die Fragen der Wählerschaft nach der Gestaltung der Zukunft nur noch phraseologische Antworten gegeben und keine Lösungsvorschläge zur Diskussion gestellt, insgesamt das Fehlen des Möglichkeitssinns durch redundante Geschwätzigkeit kaschiert, dann ist es nicht verwunderlich, wenn diese Wählerschaft sich von den Parteien abkehrt.[210]

»Gute junge Leute gehen, wenn sie links sind, eher zu Amnesty International als zur SPD, wenn sie rechts sind, eher zu BMW als zur CDU.« (Peter Glotz)[211]

Die CDU, so Konrad Adam 1987 in der FAZ, gebe sich seit dreißig Jahren programmatisch mit zwei Aussagen zufrieden: Außenpolitisch setze sie auf Westbindung, wirtschaftspolitisch auf den Markt. Sie habe damit Beträchtliches erreicht: den Wiederaufbau des kriegszerstörten Landes, viele Wahlsiege im Bund und in den Ländern. Nichts spreche jedoch für die Vermutung, daß sie mit diesem Schrumpfprogramm für alle Zeiten werde bestehen können. Es fehlten Aussagen über das, was gegen Ende des Jahrhunderts anders sein sollte als in seiner Mitte.[212]

Der Aufstieg von Helmut Kohl, der die Partei als Vehikel der Macht begriff, fiel zusammen mit dem zeitweiligen Niedergang der SPD und dem Wandel des Zeitgeistes hin zur Theoriefeindlichkeit; seine intellektuelle »Harmlosigkeit« überzeugte durch die Aura des Erfolgs. Kohls Gefolgsleute scherte weder die Ausschaltung Kurt Biedenkopfs (der dann als Ministerpräsident von Sachsen ein triumphales Comeback schaffte) noch die »Verbannung« Heiner Geißlers, der mit neuen Ideen und zukunftsträchtigen Vorstellungen für »Zugluft« sorgen wollte.[213] Die Prognose, daß die CDU/CSU mit ihrer Ausrichtung an der Person des omnipotenten Bundeskanzlers Kohl, ohne Programm und klare Zukunftsziele, politischen Schaden erleiden würde, wurde 1998 verifiziert: Die »alte« Koalition von CDU/CSU/FDP verlor die Mehrheit an eine rot-grüne Koalition unter Gerhard Schröder.

Warnfried Dettling, Ideengeber für Heiner Geißler im Konrad-Adenauer-Haus, für Rita Süssmuth im Familienministerium, schätzt Helmut Kohl als einen Mann der Mitte, als bürgerliche Integrationsfigur und außenpolitisch erfolgreichen Vermittler, macht ihn aber für den Niedergang der Partei aufgrund des Mangels an gesellschaftspolitischen Visionen verantwortlich. Er habe die Substanz der von ihm mitgeschaffenen modernen Volkspartei verzehrt; im Abgehen werde er die Partei mitreißen, die als Kanzlerwahlverein noch die »Toga des ›Großen Vorsitzenden‹« sei.[214]

Die »Freien Demokraten« der neunziger Jahre verloren den »diskreten Charme des Liberalismus« (Hartmut von Hentig)[215]; mit Ellbogen-Energie wandelten sie sich zu einer Partei der Besserverdienenden, in Abkehr von dem, was der FDP in der Nachkriegszeit – besonders geprägt durch den ersten Bundespräsidenten Theodor Heuss[216] – zu großer kultureller Bedeutung verholfen hatte: nämlich ihr aufgeklärter Humanismus und ihr sozial verantwortungsvoller Liberalismus. Unter dem Vorsitz des farblosen Wolfgang Gerhardt – er war Klaus Kinkel (1993–1995) gefolgt – ist der FDP die Bindung an soziale Milieus und politische Prinzipien verlorengegangen (»niemand vermißt die nostalgische Resttruppe des Freiburger Linksliberalismus«[217]); die jungliberale Justizministerin Sabine Leutheusser-Schnarrenberger ist abgetreten, der streitbare Altliberale Burkhardt Hirsch Auslaufmodell. Der neue Generalsekretär, Guido Westerwelle, jung, drahtig, agil, läßt zwar die Freidemokraten in schickem Glanz erstrahlen – mit Hilfe griffiger Slogans, frecher Metaphern, provokativer Sprüche; doch ist der Yuppie-Liberalismus Verpackung ohne Botschaft. Die inszenierte politische Postmoderne wird die den Parteien sich insgesamt entfremdende technologische Jeunesse dorée kaum binden können (auch wenn sie manchem attraktiver als die provinzielle APO-Opa-Kultur der »Grünen« erscheinen mag). Was Glotz hinsichtlich der Unfähigkeit von CDU und SPD, vor allem auch junge Bürger aus dem Schmollwinkel der Politikverdrossenheit herauszuholen, feststellte, gilt gleichermaßen für die FDP.

Vom »Elend der Sozialdemokratie« sprach Ralf Dahrendorf 1987. Mit elitärem Hochmut verneinte der frühere FDP-Politiker die Existenzberechtigung der Sozialdemokraten: Eine säkulare politische Kraft habe sich erschöpft; wichtige Teile des Programms seien realisiert; die sozialen Gruppen, die es trugen, fänden sich in neuen Interessenlagen. »Es bleibt ihnen nur, auf verbleibende Unvollkommenheiten der von ihnen geschaffenen Welt hinzuweisen und im übrigen das Erreichte zu verteidigen. Beides ruft nicht gerade Begeisterungsstürme hervor; es reicht noch nicht einmal, um regierungsfähige Wählermehrheiten zu gewinnen. Das ist das Elend der Sozialdemokratie.«

Das Dilemma der Partei, die mit Anstand die erfolgreichste Version der bürgerlichen Gesellschaft geschaffen hätte, bestehe darin, daß sie mit rührender Treue an den Kategorien einer Welt festhalte, deren Überwindung sie mit großem Erfolg betrieben habe; sie sei neuer wegweisender Ideen nicht mehr fähig; radikales Denken komme heute aus anderen Ecken. Nach der Ära Brandt und Schmidt trat deutlich zutage, daß die politische Aufbruchsstimmung der siebziger Jahre verflogen, der Veränderungsschub steckengeblieben, die neue Gesellschaft ausgeblieben war. Der Wind hatte sich gedreht.[218]

»Die Mehrheit der Wähler wollte nichts mehr von Reformen wissen. Vieles hatte sich allem ungestümen emanzipatorischen und partizipatorischen Drang zum Trotz als Dirigismus des Staates entpuppt, der über die Bedürfnisse der betroffenen Bürger hinweg seine technokratischen Ziele verfolgte. Anderes zerstob in Illusion, als Politiker und Bürokraten an die Grenzen menschlichen Handelns stießen. Erschöpfung und Ernüchterung griffen um sich. Vor allem aber versiegten die Finanzquellen. Der Beginn der größten Wirtschaftskrise in der Geschichte der Bundesrepublik Deutschland setzte der zumeist kostenintensiven Reformpolitik ein Ende – ob man sie in ihren Gehalten nun fortsetzen wollte oder nicht.« (Wolfgang Jäger)[219] Die zunehmend ratlos werdende SPD konnte keine überzeugenden Lösungen für die zentralen Fragen der deutschen Politik vorschlagen: wie nämlich die deutsche Volkswirtschaft zu Innovation und zu Investitionen zu ermuntern wäre; wie die öffentlichen Haushalte in Ordnung zu bringen wären; wie die soziale Marktwirtschaft von ihren gängelnden Fesseln zu befreien wäre; wie Ökonomie und Ökologie zu versöhnen wären.[220]

Der Willy Brandt 1987 als Parteivorsitzender folgende Hans-Jochen Vogel,

1983 bis 1991 Fraktionsvorsitzender der SPD im Bundestag, hielt als entsagungsvoller Kärrner die von Wahlniederlagen geschüttelte und deprimierte Partei zusammen, war aber nicht in der Lage, die Wählerschaft, die vor allem in den Großstädten den Sozialdemokraten davonlief, zurückzugewinnen.

Die Revision des »Godesberger Programms«: der *Irseer Entwurf für ein neues Grundsatzprogramm der Sozialdemokratischen Partei Deutschlands*, 1986, war geschwätzig, eklektisch und ohne zukunftsweisende inspirierende Ideen.

In den neunziger Jahren ging die Enkel-Generation daran, für die SPD das »Gesicht der Zukunft« zu formen: zunächst angeleitet von dem wenig charismatischen, sachlich freilich kompetenten Rudolf Scharping, dann geführt von Oskar Lafontaine, der Scharping 1995 entmachtete – ein intellektuell wendiger Partei-Napoleon, der mit den Versatzstücken linker Aufklärung geschickt zu hantieren vermochte, der provinziellen Denkfeindlichkeit des CDU-Milieus weit überlegen (1999 allen Ämtern entsagend);[221] akkompagniert von dem postmodern jeweils zwischen als günstig erkannten Positionen undogmatisch changierenden Gerhard Schröder, den mit Lafontaine nicht nur geistige Beweglichkeit, sondern auch eine ausgeprägte Lebenslust verbindet (im Gegensatz zum asketischen Parteisoldaten Scharping); schließlich großväterlich betreut von Johannes Rau, den alle Menschen mögen und der alle Menschen mag; er brachte es aufgrund des Politik-Wechsels 1999 zum Bundespräsidenten.[222]

Bedeutet der Aufstieg der »Grünen«, die eine ungewöhnlich große publizistische Beachtung fanden,[223] daß diese Partei die Fehler und Defizite der bundesrepublikanischen »Altparteien« von vornherein vermeiden konnte – nicht zuletzt deshalb, weil sie sich nicht als Macher, nur auf die augenblickliche Gegebenheiten fixiert, verstand, sondern eine Sensibilität für die Fragen der Zukunft und für wegweisende Visionen entwickelte? Oder war ihr Erfolg vorrangig Ausdruck einer »Ventilsitte«, mit deren Hilfe sich diejenigen, die über die Arbeit der Parteien frustriert waren, abreagieren – in ihrem Trotz dem Reiz des Alternativen verfallend? Dann würde mit der Ermüdung des polit-avantgardistischen Elans, zum Beispiel aufgrund des Zwangs zu enervierender Praxis oder der Erfahrung mehrheitsbedingten Erfolgs, die Krise der »Grünen« nur zeitversetzt einsetzen. »Die Grünen« könnten einerseits eine Renaissance des parlamentarischen Systems bewirken, durch ihren Erfolg die anderen Parteien in einen »Reformsog« ziehen, andererseits im Falle des Mißerfolgs aber die Kluft zwischen Parteien und Bevölkerung weiter vertiefen.

Der Erfolg der »Grünen« ist nach Peter Gluchowski zunächst das Ergebnis eines immer mehr um sich greifenden Wertewandels gewesen; sie fanden ihr Wählerpotential in den Gruppen linksalternativer und linksliberaler Postmaterialisten. Das Auftreten und der Aufstieg der »Grünen« gehörte, nach der Interpretation von Claus Offe, zu jenen neuartigen »Überschwemmungsphänomenen« in der Politik, die – wie die Bewegungen der Hausbesetzer und Baumbeschützer, der Frauen- und Friedensbesorgten, des AKW-Protests und der Alternativprojekte, der Bürgerinitiativen und des biologischen Landbaus – »Inhalte ohne Formen« verkörperten.[224] »Natur«, die Einheit von Leben und Politik (die Privatisierung des Politischen, die Politisierung des Privaten) seien gefragt. Der Anspruch der Grünen auf rigide Gesinnungsethik gerate dabei immer wieder in Kollision mit politischer Verantwortungsethik, die gerade dann, wenn es um Kompromiß und Koalition gehe, das grüne Selbstverständnis bis an den Rand des Zerbrechens (Realos contra Fundis) fraktioniere; der Kosovo-Konflikt zeigte dies besonders stark.[225]

Als stabilisierender Faktor erweist sich Joschka Fischer, ein Politiker, der in der ersten rot-grünen Landesregierung (Hessen 1985) als Umweltminister Verantwortung übernahm und dann als Mitglied des Bundestages sich als eigensinniger, analytisch wie rhetorisch hochbegabter politischer Kopf bewährte; (Bundesaußenminister 1998). Der Rebell, Macher und Parteipatriarch – die Turnschuhe hat er abgelegt, Krawatte ist für ihn kein Tabu mehr, wenn sie der Vernunft dient – personifiziert sowohl grünen Sensualismus wie grüne Intelligenz und, nach leninistischen und anarcho-syndikalistischen Irr- wie Umwegen, »Maß und Mitte«.[226]

Kommunitarismus

Das während der neunziger Jahre wachsende Unbehagen an der (politischen) Kultur war im Westen Folge eines längeren demokratischen Erosionsprozesses, für den die Parteien – der Staat als deren Beute, verbunden mit der Entmachtung der Bürger – in ganz besonderem Maße verantwortlich gemacht wurden. Die Demokratie käme in die Krise, weil sie in Wahrheit zu wenig Demokratie sei. (Hans Herbert von Arnim)[227]

Bundespräsident Richard von Weizsäcker besucht jugendliche Strafgefangene im Berliner Gefängnis Plötzensee (Mai 1986).

Im Osten kam zu der Dekuvrierung des SED-Staatsapparats, dessen Korruption und Verlogenheit zu Zeiten seiner Herrschaft nur wenige voll durchschaut hatten, die Enttäuschung über die vorher bewunderte westliche Demokratie.

Nach der Vereinigung ergab sich ein gesamtdeutsches Klima – verstärkt durch die Ohnmacht gegenüber struktureller Arbeitslosigkeit –, das für Prognosen, die das Ende der Demokratie ankündigten, besonders aufnahmefähig war. Es verstärkte sich das Gefühl persönlicher wie gesellschaftlicher Unsicherheit, was auf der einen Seite zum Ruf nach dem starken Staat mit hartem Strafrecht, auf der anderen Seite zur Forderung auf größeres ziviles Engagement führte. Geballte Staatsgewalt widersprach jedoch jahrzehntelanger liberaler Tradition in der BRD. Deren Gefährdung wäre zwar nicht mehr auf so viel Widerstand gestoßen wie bei der Notstandsgesetzgebung 1962 (zumal die FDP inzwischen nach rechts gerutscht war), doch gehörte sie weiterhin zum unantastbaren Bestand politischer Kultur (freilich vielfach nur noch in Form von political correctness).

»Political correctness« - ein eingeschliffenes, jedoch nicht mehr durch Überzeugung bestimmtes Tugendsystem (einschließlich repressiver, vor allem Abweichungen vom gängigen Moralkodex ahndender Mechanismen)[228] - konnte der Zivilgesellschaft nicht jene Substanz geben, die sie für eine Renaissance politischer Kultur benötigt hätte. Nicht die Skandale der politischen Kaste seien das eigentliche Problem - im Vergleich zu dem, was in Japan und in Italien eingerissen sei, wirkten die deutschen Affären wie Bagatellfälle -, die eigentliche Gefahr bestünde darin, daß die ganze Gesellschaft von einer schamlosen Selbstbedienungsmentalität durchdrungen sei. (Theo Sommer)[229] Man habe es satt, in einer Raffgesellschaft zu leben, in der Korruption nicht mehr die Ausnahme sei und in der sich all zu vieles nur ums Geldverdienen drehe; es gäbe Wichtigeres im Leben des einzelnen wie auch im Leben der Nation - hieß es in einem Manifest, das im Sommer 1992, u. a. unterzeichnet von Marion Gräfin Dönhoff, Helmut Schmidt und Wolfgang Thierse, Aufsehen erregte (paradoxerweise war mit von der Partie Edzard Reuter, damals Vorstandsvorsitzender der Daimler-Benz AG, eines Konzerns, der sich durch besonderen Expansionstrieb auszeichnete). Die Bürger seien frustriert, Regierung wie Opposition ohne Elan und ohne Vision; das meiste werde dem Zufall überlassen; das Ende der DDR habe nicht die allgemein erwartete Aufbruchsstimmung gezeitigt, sondern resignierende Unlust hervorgerufen.

»Es ist, als rase die Geschichte wie ein ungesteuerter reißender Fluß an uns vorüber, während wir, die am Ufer stehen, die bange Frage stellen, wohin er wohl führt.«[230]

Anknüpfend an eine Feststellung von Hans Magnus Enzensberger, schrieb Jürgen Habermas, daß die Bundesrepublik nach der Vereinigung Deutschlands von einer »zweiten Lebenslüge« - nach der von oben lancierten Lebenslüge der Adenauer-Zeit: »Wir alle sind Demokraten« - heimgesucht werde: nämlich, daß die Bundesrepublik endlich wieder »normal« geworden sei.[231] Der Abschied vom alten Staat wecke das Gefühl, daß man sich nicht mehr als moralischer Musterschüler überanstrengen müsse und ohne besondere Skrupel mit gesundem Nationalgefühl eine europäische Führungsrolle übernehmen könne. Die politische Szene formiere sich in negativer Weise neu, nicht, weil eine Linke zerfalle, die rückblickend stolz darauf ist, die Mentalität der alten Bundesrepublik durch ihren erfolgreichen Alarmismus mitgeprägt zu haben, sondern weil sich die Liberalkonservativen spalteten.

Während im wirtschaftlichen Bereich Globalisierung zum Idol eines schrankenlosen, durch die Ethik des Sozialstaates nicht mehr gebändigten Pragmatismus wurde, auch zum Alibi für die Vernichtung von Arbeitsplätzen im Inland, die in Billiglohnländer verlagert wurden, entwickelte sich im privaten Bereich ein Individualismus, der mit seinem Egoismus (verpackt in Lifestyle) dem »Prinzip Verantwortung« keine besondere Bedeutung mehr zumaß. Die Spaltung der Gesellschaft vollzog sich vor allem dadurch, daß gegenüber einer weiterhin zivilgesellschaftlich engagierten Minderheit eine sich schleichend-formierende Mehrheit der Aufklärung als politischer Lebensform eine Absage erteilte. Die Spannung von Individuum und Gemeinschaft (und damit auch die Begrenzung von Eigennutz durch Solidarität) wich einem ganz auf die Gegenwart bezogenen, also utopisches Denken denunzierenden Hedonismus. Äußere Phänomene, zum Beispiel die Veränderung der Arbeitsplatzstruktur (Computerisierung als kommunikative Isolierung) oder der Rückgang der familiären Lebensweise (in den Großstädten besteht die Hälfte der Haushalte bereits aus Alleinlebenden[232]) begünstigten den Zerfall einer verbindlichen Wertordnung, wie sie bislang als wesentliches Element sozialer Demokratie begriffen worden war. Jede Gesellschaft brauche Bindungen: Ohne Tradition und Spielregeln, ohne einen gewissen Konsens über Verhaltensnormen gäbe es keine Stabilität im Gemeinwesen, sei ein Zusammenleben in Harmonie nicht möglich, meinte die Altliberale Marion Gräfin Dönhoff in einem Plädoyer, den Eigennutz und die ihm eigene Brutalität zu zügeln. Wenn der bisherige Prozeß sich ungehemmt fortsetze, dann ende der solcher Art entfesselte Mensch zwangsläufig in Hedonismus und Nihilismus.[233]

Ein derartiger, gegen das Erlahmen der Bindekräfte der liberalen Gesellschaft gerichteter, wertkonservativer Moralismus fand sich in den neunziger Jahren zu alt-neuen Gruppierungen zusammen – meist überparteilich bzw. gegen die Parteien gerichtet (da diese ihre moralische Substanz weitgehend verloren hätten). Unter dem Vorzeichen von Begriffen wie »Zivilgesellschaft« und »Kommunitarismus« erfolgte der Versuch, den Individualismus aus den Fesseln des puren Subjektivismus zu befreien und gegenüber emanzipatorischer Enthemmung Lebensformen und Verhaltensweisen wie Verzicht, Askese, Opfer, Dienst und Solidarität zu rehabilitieren.

Die kommunitaristischen Bemühungen, die nach Timothy Garton Ash mit Stichworten wie »regional«, »lokal«, »berufsbezogen«, »freiwillig«, »demokratisch«, »höflich«, »tolerant«, »gewaltlos« zu bezeichnen wären,[234] erfuhren mit der friedlichen Revolution im Osten eine wesentliche Verstärkung und kehrten von dort wieder in den Westen zurück, wo die in den siebziger und achtziger Jahren entstandenen neuen sozialen Bewegungen (Friedensbewegung, Frauenbewegung, Ökologiebewegung). Ermüdungserscheinungen zeigten. Während westdeutsche Politologen und Soziologen im universitären Elfenbeinturm die Unschärfe des Begriffs »civil society« beklagten, entwickelte sich während der Endphase der DDR und danach eine Vielfalt von Formen des sozialen Handelns, die durch ihre Praxis – ohne sich durch den Vorwurf des Theoriedefizits irritieren zu lassen – die Hoffnung auf eine Reanimation politischer Moral bzw. auf die Wiedergewinnung eines sich der Gemeinschaft verpflichteten Verantwortungsgefühls wesentlich bestärkten.[235] Das »Staatsversagen« – die politische Klasse schien in erster Linie für sich selbst zu sorgen, aber auch die Bürger begannen diese selbstbezogene Einstellung zu teilen[236] – stieß auf eine Gegenkraft, welche sich die (Wieder-)Erfindung des Politischen zum Ziel setzte, um das Sich-treiben-Lassen in der »Risikogesellschaft« als Selbstlauf verselbständigter, folgenblinder, gefahrentauber Modernisierungsprozesse mit der Aufforderung zum eigenständigen Handeln zu beantworten.

So sehr Theorien, mit hohem ethischen Anspruch, meist in Form appellativer Moral, gelegentlich auch in einem neuen »Jargon der Eigentlichkeit« vorgetragen, die Vernunft erfreuen – die gemeinschaftsbildenden Faktoren der Gesellschaft sind weniger Ergebnis eines gutgemeinten Überbaus als vielmehr Folge der sozio-ökonomischen Verhältnisse im Unterbau. Die Ansprüche des Kommunitarismus werden nur dann erfüllt werden können, wenn die deutsche Politik unbeirrbar am Sozialstaat (an der sozialen Marktwirtschaft) festhält und verhindert, daß ein neuer Sozialdarwinismus um sich greift. Um die Raffgesellschaft in die Schranken zu weisen, bedarf es des »Alarmismus« sensibilisierter Minderheiten, welche die schwerfälligen Parteiapparate wieder in Bewegung setzen.

»Kommunitaristisch« in diesem Sinne wirkte mit Erfolg der Bundespräsident Richard von Weizsäcker (1984–1994)[237] und sein Nachfolger

Roman Herzog. Sie spielten die »Melodie des Amtes«, die nur dann erstarrte Verhältnisse zum Tanzen bringen kann, wenn sie von überzeugenden Persönlichkeiten intoniert wird,[238] auf hervorragende, aber durchaus unterschiedliche Weise – damit an die Bedeutung von Theodor Heuss für die demokratische und kulturelle Entwicklung der Bundesrepublik anknüpfend.

Die Entfremdung zwischen Bevölkerung und Parteien konnte dadurch zwar nicht überwunden werden, wohl aber wurde bei den Menschen ein neues Vertrauen für eine Politik geweckt, die, um auf Thomas Manns Rede vom 10. Mai 1945 zurückzukommen, der Macht Achtung und Bewunderung abzugewinnen vermag »durch den menschlichen Beitrag, den freien Geist«.

Die Chip-Revolution

Die wohl größte Revolution der Technikgeschichte begann und entwickelte sich in unserem Jahrhundert: Nicht nur Handarbeit, auch Kopfarbeit kann nun Maschinen übertragen werden.

»Jedes vom Menschen entwickelte Gerät kann mit einem winzigen Rechner ausgerüstet werden.« (A. King)[239]

Das Elektronengehirn kann äußere Eindrücke mittels künstlicher Sinnesorgane, wie Photozellen, Mikrophone, Thermofühler, aufnehmen; es kann sich »erinnern«, auch »lernen«, das heißt, das eingefügte Programm in zweckdienlicher Weise verändern, wenn die Ergebnisse der Verarbeitung nicht befriedigen oder der Denkvorgang zu lange dauert; es kann »handeln«, das heißt das Verhältnis des Automaten zur Umwelt durch Eingriffe in diese verändern. Dazu benötigt die Denkmaschine »Gliedmaßen«, Servomechanismen genannt, die aufgrund der im Elektronengehirn getroffenen Entscheidung mechanische Bewegungen vornehmen. Kombiniert man das Wahrnehmen mit dem Erinnern, Lernen und Handeln, so lassen sich Verhaltensweisen erzielen, die an solche von Lebewesen erinnern.

In den fünfziger Jahren wurden die halbleitenden Eigenschaften von Germanium und Silizium zur Herstellung einzelner Transistoren genutzt.

Sie lösten die bis dahin gebräuchlichen, relativ großen Elektronenröhren ab. Forschungsarbeiten erschlossen Möglichkeiten, mehrere solcher Transistoren durch physikalisch-chemische Prozesse auf einem gemeinsamen Basismaterial, dem überwiegend aus Silizium bestehenden »Chip«, zu erzeugen. Sie ließen den integrierten Aufbau von Verknüpfungsschaltungen zu, die zwei Eingangssignalen ein logisch folgerichtiges Ausgangssignal zuordnen. »Damit gelang ein weiterer wichtiger Schritt zur Verkleinerung der Bausteine für elektronische Steuerungen und Rechner. Gleichzeitig ergaben sich infolge verkürzter Leitungslängen höhere Signalübertragungs-Geschwindigkeiten sowie eine verringerte Ausfallrate. Die ständige Verfeinerung der Prozesse und die Entdeckung neuer Effekte führte seit den sechziger Jahren zu einer exponentiellen Steigerung der Integrationsdichte, weil die logischen Zellen (Verknüpfungsschaltungen) in immer dichteren Strukturen erzeugt werden konnten.« (Christian Mollenhauer)[240]

Der Weg von der Makro- zur Mikroelektronik war kurz: Der 1946 von den Amerikanern gebaute Röhrengroßrechner ENIAC bestand aus 18 000 Röhren; er wog 30 Tonnen, kostete umgerechnet 1,5 Millionen DM und verbrauchte 150 Kilowatt. Seit 1958, da der Amerikaner Kilby die erste »integrierte Schaltung« in Form mehrerer miteinander verbundener Transistoren auf einem Stückchen Silizium bewerkstelligte, erfolgte eine ständige Verfeinerung der Prozesse. Heute können 1,5 Millionen elektronische Schaltzustände (Bits) auf einem Siliziumkristall untergebracht werden.

Was die digitale Übermittlungstechnik betrifft, so bringt die Glasfaser gegenüber dem Kupfernetz eine wesentliche Beschleunigung. Vor ca. 20 Jahren wurden über Kabel Telefongespräche mit einer Übertragungsrate von einigen tausend Zeichen pro Sekunde befördert; Mikroelektronik und optische Technologien ermöglichen es heute, über Glasfaser 1 Milliarde Zeichen pro Sekunde zu übermitteln. Auf einer CD-Rom können ebensoviel Daten gespeichert werden wie auf über 200 000 Standard-Schreibmaschinenseiten.

Die nach Norbert Wiener »Kybernetik« (griechisch: kybernetes = Steuermann) genannte neue technische Wissenschaft widmet sich vor allem dem Einsatz der Elektronengehirne bei der Leitung und Steuerung des industriellen Produktionsprozesses. Rilkes »in stillen Fabrik ölend sich selber gehörender Automat« scheint Wirklichkeit zu werden; die vollautomatisierte Fabrik rückt in den Bereich der Möglichkeit.

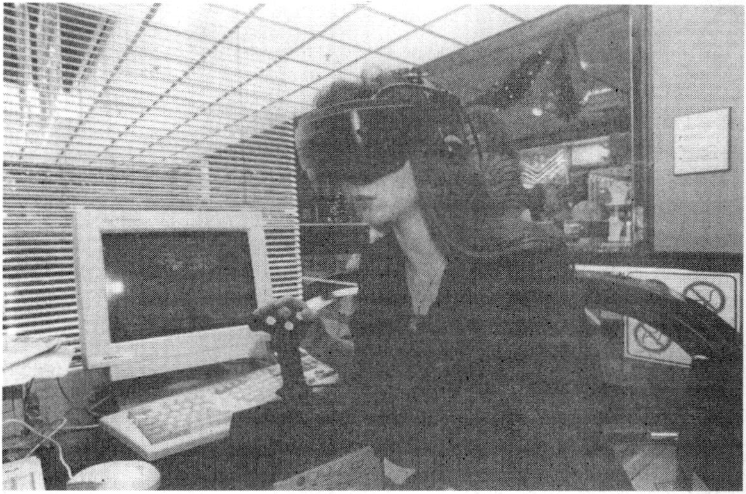

»TvT-CyberMaxx Helm«: Das Tor zur virtuellen Realität.

»Die Hallen sind menschenleer. Nur ein paar Ingenieure, Techniker, Monteure gehen auf den Galerien vor einer ungeheuren Wand von Kontroll- und Schautafeln auf und ab; sie beobachten die Instrumente, die in Batterien angeordnet sind, und korrigieren Fehler durch Betätigung eines Hebels oder Drehen eines Knopfes. Alles andere geht automatisch vor sich. Ein laufendes Band bringt das Rohmaterial, das an selbsttätigen Inspektionsgeräten vorbeigeführt wird, in die Verarbeitungsmaschinen, auf die Teilmontage- und Montagebänder – alles von den zentralen Schalttafeln aus kontrolliert –, bis die automatischen Packmaschinen das fertige Produkt übernehmen: Radiogeräte, Kühlschränke, Traktoren, Füllfederhalter, Vergaser, Schrauben, Flugzeuge, was das Herz begehrt.«[241] Die dergestalt von Eric W. Leaver/J. J. Braun bereits 1947 beschriebene »neue Fabrik« ist mit der Fortentwicklung der Computertechnik keine Vision mehr.

Die Komplexität und Kompliziertheit der für die moderne Produktion (CAM - Computer aided manufacturing) notwendigen »Cockpit-Steuerung« verlangt Teams, die über ein hohes Maß von »beweglicher Intelligenz« verfügen. Der Leitsatz der tayloristischen Rationalisierungsfachleute, »we try to reduce skill to its minimum«, wird abgelöst durch den Gegen-Satz: »Wir wollen qualifizierte Menschen qualifiziert einsetzen – Geistkapital soll benützt werden.«[242]

Die Ordnungsvorstellungen der früheren Industriegesellschaft belegten aleatorische Verhaltensweisen, die Maschinerie wie Apparatur störten, mit Sanktionen. Drill und Dressur ermöglichten das Funktionieren der Produktivität. Enteignung von kreativer Individualität wie individueller Kreativität war das Schicksal des in der Massenproduktion arbeitenden Menschen.

In der Homuter-(= human computerisierten)-Gesellschaft braucht man jedoch nicht den zweckrationalisierten Menschenroboter, sondern den geschickten, diagnosefähigen, verhaltenssouveränen (Fach-)Arbeiter, der sich zudem in ganz besonderem Maße mit dem Betrieb identifiziert.

Nach Peter Brödner stehen wir heute vor der Frage, ob wir den technozentrischen Entwicklungspfad weiter beschreiten – in Richtung eines versteinerten Taylorismus, der mit Hilfe künstlicher Intelligenz den Eigen-Sinn »lebendiger Arbeit« auszuschalten trachtet – oder ob wir uns für den anthropozentrischen Entwicklungspfad entscheiden, auf dem die Wiedergewinnung humaner Identität möglich ist. »Statt die Möglichkeiten der Technik und die Grenzen des Menschen auszuloten, sucht das anthropozentrische Produktionskonzept die produktiven und kreativen Potenzen des Menschen dadurch stärker zur Entfaltung zu bringen, daß er Maschinen als Arbeitsmittel benutzt, die dann aber seinem Handeln gemäß und damit gänzlich anders gestaltet sein müssen, als sie der technozentrische Entwicklungspfad hervorgebracht hat. Statt menschliche Fähigkeiten nachzuahmen und ihn selbst auf die Funktionsweise von Maschinen zu reduzieren oder ganz aus der Produktion zu verdrängen, will es die gegensätzlichen Eigenschaften von Mensch und Maschine produktiv vereinigen.«[243]

Die Chip-Revolution wirft die Frage auf: Wird menschliche Intelligenz immer mehr durch künstliche Intelligenz verdrängt? Begreift man den Menschen als Produkt der sich selbst organisierenden Materie, so kann – im Vergleich – dem Computer Intelligenz nicht abgesprochen werden. Sieht man im Menschen ein geistig-seelisches Wesen, so ist die nur ihm eigene Komplexität von Wahrnehmen, Verstehen, Lernen, Denken und Fühlen, die schon den alltäglichsten Erkenntnisleistungen zugrunde liegt, durch Computer prinzipiell nicht herstellbar. Die AI-Forschung (Artificial Intelligence) geht jedoch davon aus, daß Mensch und Maschine eine essentielle Gemeinsamkeit hätten, nämlich informationsverarbeitende Systeme darstellten. Die Definition: »Maschine ist jedes Gerät, jede Vorrichtung, jedes materielle System, das seinen bestimmten Input (bzw. bestimmte Typen von Inputs) in einen bestimmten Output (bzw. bestimmte Typen von Outputs) verarbeitet«, gelte auch für das Gehirn, das damit »nachkonstruierbar« sei.[244]

Der Informationskult, so Theodor Roszak in *Der Verlust des Denkens. Über die Mythen des Computer-Zeitalters,* impliziere die rationalistisch-philosophische Annahme, daß der menschliche Geist in allen seinen Aspekten vollständig und richtig durch das Modell der Informationsverarbeitung beschrieben werde; menschliche und künstliche Intelligenz gehörten zur Gattung informationsverarbeitender Systeme. Dies sei ein reduktionistisches Modell – aber von großer Wirksamkeit. Die fast mit Lichtgeschwindigkeit übermittelten Informationen seien nichts anderes als einzelne kleine Tatsachenbündel, die (manchmal nützlich, manchmal trivial) niemals die Substanz des Denkens ersetzen könnten. Die Datenhändler und mit ihnen eine kultgleiche Gefolgschaft hätten eine grundlegende Wahrheit aus dem Auge verloren: Der Geist denke in Ideen, nicht in Informationen. Informationen könnten zwar eine Idee veranschaulichen oder ausschmücken, brächten aber von sich aus keine Ideen hervor. Eine menschliche Kultur überlebe nicht mit Hilfe von Informationen, die sie sammle und verarbeite, sondern kraft der Macht, der Beweglichkeit und der Fruchtbarkeit ihrer Ideen. Große Ideen, etwa die Ideen der Gerechtigkeit, kamen völlig ohne Informationen aus. Noch so viele Informationen – der Datenumfang verdopple sich neuerdings alle zwanzig Monate – brächten keine noch so dürftige Idee hervor, im Gegenteil. Der Computer »denke« eben nur prozedural, und das sei auch das Äußerste, was er vermöge; folglich müßten auch die Menschen, die Computer programmieren, so denken: einlinig, effizienzsüchtig, informationsgierig, ideenlos.[245]

Sieht man davon ab, daß jede Einsparung von Zeit durch Hardware eine Aufstockung der Software notwendig macht (der Operationsgeschwindigkeit steht die Umständlichkeit des Lösungsweges entgegen), dann stößt auch die Informationsverarbeitung auf physikalische Grenzen. Ein Computer von der Größe der Erde könnte in einer Zeit, die dem Erdalter entspricht, nicht mehr als 10^{93} Bits verarbeiten. Doch allein das Schachspiel erlaubt 10^{120} Zugsequenzen. Dazu kommt, daß all das, was Erfahrung, Kultur, Gesellschaft, Sinn ausmacht, maschinell nicht zu speichern ist. »Ein Computer hat so wenig Kultur wie eine Dampfmaschine.«[246] Die Bedrohung liegt somit nicht darin, daß Maschinen zu Menschen, wohl aber darin, daß Menschen zu Maschinen werden.

»Die Gefahr besteht für uns nicht so sehr in dem Aufkommen superintelligenter Maschinen wie vielmehr in dem subintelligenter Menschen«. (Hubert L. Dreyfus)[247]

Dazu kommt, daß durch die enorme Zunahme im Informations- und Datenbereich der Spezialqualifizierte von immer weniger immer mehr weiß. Der Horizont des Fachmanns wird zunehmend enger – man denke etwa an die Spezialisierung im Medizinbereich. Es ist nicht übertrieben, von »Scheuklappenwissen« und Fachidiotie zu sprechen. Dies kann man ausgleichen – zumal die elektronische Datenverarbeitung »Gedächtnis« entlastet –, indem man die Fähigkeit zur Orientierung verstärkt, also Schlüsselqualifikation fördert. Der Spezialist muß sich von seinem Subsystem lösen und »Ganzheit« ins Auge fassen können. Natürlich kann er dabei nur »Wesentliches« erfassen; er darf sich nicht erneut ins Detail verlieren. Schlüsselqualifikation zielt auf Orientierungswissen. Man kann dies auch Allgemeinbildung, »philosophische« Bildung, axiomatische Bildung nennen. Aus solchen Überlegungen heraus stellt der baden-württembergische Landesforschungsbericht von 1987 fest: »Da, wo die mechanistische Industriegesellschaft ihr Heil suchte im Zerlegen, Reduzieren, Analysieren und Spezialistentum, wird die kommende Informationsgesellschaft, stimuliert und unterstützt durch die neuen Informations- und Kommunikationstechnologien, der ganzheitlichen, systemgerichteten, generalistischen Vorgehensweise den Vorrang geben. Der Spezialist wird mehr Platz machen müssen für den Generalisten.«[248]

Als fatalste Folge der Chip-Revolution erweist sich die zunehmende Entbehrlichkeit menschlicher Arbeitskraft. Was Horst Kern und Michael Schumann in Hinblick auf die Automobilindustrie feststellen – daß den dort getätigten oder in Gang gekommenen riesigen Investitionsprogrammen ein »immenses Freisetzungspotential« innewohne –, trifft allgemein zu.[249] Der durch die Mikroelektronik ausgelöste Rationalisierungsschub ist in seinem Ausmaß noch nicht übersehbar. Die Hoffnung, daß mehr

Wachstum mehr Arbeitsplätze bewirken würde, dürfte sich insgesamt als irrig erweisen. Wachstum bedeutet im Rahmen der mehr freien als sozialen Marktwirtschaft, daß die erzielten Zuwachsraten vor allem für Rationalisierung verwendet werden - nicht zuletzt aus weltmarktwirtschaftlichen Gründen: Da in der Bundesrepublik die Löhne nicht auf das in vielen Industrie- und Schwellenländern anzutreffende tiefe Niveau zurückgeschraubt werden können, wird man - neben der Verlagerung von Arbeitsplätzen in Billiglohnländer - zunehmend den dadurch gegebenen Konkurrenznachteil über intensive Rationalisierung wettzumachen suchen. Mikroprozessoren unterliegen nicht tarifrechtlichen Vereinbarungen; sie sind zu jeder Tages- und Nachtzeit produktionsbereit.

Gefährdung des Sozialstaates

Der größte »strukturelle Skandal« - bei unbewältigter Problemlage das sozialstaatliche Fundament der Bundesrepublik in Richtung auf das Jahr 2000 und darüber hinaus gefährdend - besteht in der politischen Phantasielosigkeit, mit der man die Arbeitslosigkeit, bewirkt durch den Wandel der Produktionsverhältnisse und die welt- wie binnenwirtschaftlichen Veränderungen (Globalisierung), hinnimmt. Zu Anfang des Jahres 1997 betrug die Zahl der Arbeitslosen über 4,6 Millionen, das waren 12,2 Prozent (in den alten Bundesländern 10,6 Prozent, in den neuen 18,7 Prozent).

In der modernen Industriegesellschaft entstünde ein Heer von »Substituierbaren«, so Klaus Haefner, die keine Chance mehr hätten, in den »Besitz« von Arbeit zu gelangen.[250] Will man die Zweidrittelgesellschaft - zwei Drittel arbeitend, ein Drittel arbeitslos - und damit die tiefgreifende Gefährdung des demokratischen Sozialstaates verhindern, muß man sich zu radikalen Gegenmaßnahmen entschließen.

»Der Kapitalismus schafft die Arbeit ab. Das Volumen der Erwerbsarbeit schwindet rapide. Wir laufen auf einen Kapitalismus ohne Arbeit zu – und zwar in allen nachindustriellen Ländern der Welt.« (Ulrich Beck)[251] Jeremy Rifkin, der Vorsitzende der Foundation on Economic Trends in Washington, Autor des Buches *Das Ende der Arbeit und ihre Zukunft,* spricht davon, daß das Informationszeitalter die Arbeit ausrotte. Neue sinnvolle Jobs werde es nur noch jenseits der herkömmlichen Beschäftigungsfelder geben. Früher ersetzten industrielle Technologien die körperliche Arbeit: Maschinen statt Muskelkraft. Die neuen computerisierten Technologien ermöglichten einen Ersatz für den menschlichen Geist. In allen Bereichen des wirtschaftlichen Lebens würden Menschen durch denkende Maschinen verdrängt. In den Vereinigten Staaten etwa sank der Anteil der Fabrikarbeiter an den Erwerbstätigen in den vergangenen dreißig Jahren von 33 Prozent auf unter 17 Prozent, obwohl die Industrieproduktion kräftig stieg. In zehn Jahren werden weniger als 12 Prozent der arbeitenden Bevölkerung Amerikas in Fabriken beschäftigt sein, im Jahre 2020 dürften es weniger als 2 Prozent der arbeitenden Weltbevölkerung sein. Im Lauf des nächsten Vierteljahrhunderts werden wir die praktische Abschaffung des Fließbandarbeiters im Produktionsprozeß erleben. Auch in den klassischen Dienstleistungsbranchen, in denen man neue Jobs erhoffte, hat die Automatisierung und damit der Stellenabbau längst begonnen. Rifkin sieht als dritte Säule zwischen Markt und Staat den gemeinnützigen Bereich; man könnte ganz allgemein vom »Humanmarkt« sprechen; er hat einen großen Bedarf an menschlicher Arbeit. Neue Jobs im gemeinnützigen Bereich würden natürlich, betriebswirtschaftlich gesehen, große unrentable Ausgaben verursachen – groß aber seien die volkswirtschaftlichen Vorteile. Man müßte daher auf den Wohlstand, der in der neuen Cyberspace-Ökonomie erwirtschaftet wird, eine Steuer erheben und die so gewonnenen Mittel in den gemeinnützigen Bereich (ins soziale Gemeinwesen) umleiten. Das gäbe uns eine neue Agenda und eine kraftvolle Vision von der Gesellschaft des 21. Jahrhunderts.[252]

Zur Lösung des Arbeitslosen-Problems gibt es keinen Königsweg. Doch verweist Hermann Sallinger mit Recht darauf, daß die Bewältigung der Arbeitslosigkeit nicht nur eine rein ökonomische, sondern vor allem auch eine gesamtgesellschaftliche und moralische Aufgabe sei. Deshalb dürfen die Lasten der Arbeitslosigkeit nicht der kleinen Gruppe der jeweils aktuell Nichtbeschäftigten aufgebürdet werden, sondern müssen von der Gesamtgesellschaft in gerechter Weise getragen werden. Der Begriff der Gerechtigkeit stellt dabei ab auf die Notwendigkeit der Solidarität für die am härtesten Betroffenen, er schließt jedoch auch Unterschiede in der jeweils notwendigen Teilhabe an der gesamtgesellschaftlichen Belastung aufgrund erheblicher Unterschiede der Belastbarkeit und des bisherigen Solidarbeitrags mit ein.[253]

Beseitigung der Massenarbeitslosigkeit durch soziale Innovation: In einer umfassenden Studie hat Axel Bust-Bartels Alternativen zur bisherigen Arbeitsmarktpolitik aufgezeigt – wobei pessimistisch zu konstatieren ist, daß Politik solche und andere durchdachte Lösungskonzepte meist nicht einmal zur Kenntnis nimmt, geschweige denn gründlich diskutiert. Zwar bestünde ein breiter gesellschaftlicher Konsens, daß die Bekämpfung der Arbeitslosigkeit ein vorrangiges wirtschaftspolitisches Ziel sei, die Wege zu diesem Ziel unterschieden sich jedoch. Grob ließen sich zwei Positionen festmachen: Die eine Position vertraue mehr auf die Kräfte des freien Marktes und versuche Vollbeschäftigung durch verschiedene Maßnahmen der Wachstumsförderung zu erreichen, vor allem durch Kostenentlastungen der Unternehmen, die zu höheren Gewinnen und damit angeblich zu mehr Investitionen führe; die andere Position fordere, die Arbeitslosigkeit vor allem über Beschäftigungsprogramme und Arbeitszeitverkürzungen zu bekämpfen. Bei Konjunktur- und Beschäftigungsprogrammen sei der zentrale Streitpunkt die Frage der Finanzierung. »Will die eine Position die Finanzierung über eine erhöhte Staatsverschuldung und eine Belastung der oberen Einkommensschichten ermöglichen, so hält die andere Position gerade dies für schädlich.« Ein Konsens müßte zunächst dahingehend erreicht werden, daß man statt Arbeitslosigkeit Arbeit finanzieren sollte, wozu eine gesamtgesellschaftlich wie sozial-psychologisch denkende Ökonomie rät.[254]

Gut die Hälfte der Gesamtkosten bei Arbeitslosigkeit besteht aus Mindereinnahmen, knapp die Hälfte aus Mehrausgaben. Stellt man diesen Kosten der Arbeitslosigkeit die Kosten einer Beschäftigung, etwa in einer tariflich bezahlten Arbeitsbeschaffungsmaßnahme (ABM), gegenüber, so ergibt sich nur eine geringe Differenz. Bezieht man lediglich die unmittelbaren Entlastungswirkungen ein, so finanzieren sich die ABM bereits zu 65 Prozent selbst; berücksichtigt man zusätzlich mittelbare fiskalische Wirkungen, so erhöht sich die Selbstfinanzierungsquote auf 91–95 Prozent.

Der Problemkreis »Arbeit« im Sinne von Erwerbsarbeit und der Problemkreis »Demographische Entwicklung« konvergieren mit dem Problembereich »Freizeit«, wird doch Freizeit die Arbeitszeit »überholen«. Auch hier ist größte gesellschaftliche Besorgtheit angebracht.

Für Horst W. Opaschowsky wird spätestens im Jahre 2010 der Wandel von der Arbeits- zur Freizeit-Arbeitsgesellschaft vollzogen sein. Am Donnerstagabend geht die Arbeitswoche zu Ende, gleichzeitig fängt der Arbeitsstreß für die wachsende Zahl der Freizeitberufe an. 200 freien Tagen stehen nurmehr 165 Arbeitstage gegenüber. Und dennoch wird es die Freizeitgesellschaft nicht geben. Denn trotz deutlicher Reduzierung der Arbeitszeiten werden 400 Jahre Arbeitsethos an den Menschen, den Strukturen und Institutionen der Gesellschaft nicht spurlos vorübergegangen sein. Arbeit als Symbol für sinnvolle menschliche Tätigkeit wird auch inmitten wachsender Freizeit ihren Wert behalten. Dies gilt ganz besonders für freiwillige Arbeiten und Eigenleistungen in der Freizeit.[255] Der traditionelle Begriff der Arbeit müßte überführt werden in ein Verständnis sinnvoller Tätigkeit, das die Trennung zwischen Erwerbsarbeit und gesellschaftlicher Arbeit, zwischen privatem und öffentlichem Leben überwindet. Selbstbestimmte Tätigkeiten im Bereich der Freizeit, der Eigenarbeit und bestimmter Ehrenämter, der Nachbarschaftshilfe, Familienarbeit und genossenschaftlichen Kooperation hätten als gleichwertig neben die Erwerbsarbeit zu treten. In einem Gespräch wies André Gorz darauf hin, daß der Erfolg und die emanzipatorische Wirkung von Arbeitszeitverkürzung (ohne Lohnausfall) davon abhingen, ob die Gewerkschaften und Kommunen, die politischen Verbände und Kirchen usw. den Menschen in ihrer freigesetzten Zeit Möglichkeiten und Rahmenbedingungen zur Selbstgestaltung ihres Lebens und ihrer Lebenswelt, ihrer Umwelt und ihrer individuellen wie kollektiven Bedürfnisse und Bedürfnisbefriedigung zu bieten wüßten.[256]

In den neunziger Jahren verstärkte sich die Diskussion über die Probleme des Sozialstaates: Dieser könne in der seit Jahrzehnten bestehenden Form nicht mehr finanziert werden. Die Zunahme der Arbeitslosigkeit lasse die Leistungen für Arbeitslosenunterstützung bzw. Sozialhilfe sprunghaft ansteigen; die demographische Entwicklung, d. h. die Überalterung (»Vergreisung«) der Gesellschaft, werfe die Frage auf, in welchem Umfang die Arbeitenden für die Finanzierung der Renten herangezogen werden könnten; die Kostenlawine im Gesundheitswesen hätte den kritischen Punkt überschritten. Dazu kam der mehr oder weniger verifizierbare Eindruck, daß das »Anspruchsdenken« immer stärker zunehme und der Staat für Leistungen herangezogen werde, die eigentlich private »Sorge-Pflicht« sein müßten. Eine Verbesserung der wirtschaftlichen Lage wiederum könne angesichts der durch Globalisierung schärfer werdenden Welt-Konkurrenz, bei hohem Lohnniveau in Deutschland (vorwiegend bedingt durch erhebliche, dem Sozialstaat anzulastenden Lohnnebenkosten), nicht erwartet werden, damit aber auch nicht die Schaffung neuer Arbeitsplätze. All dies erfordere einen Paradigmenwechsel: Abbau des Sozialstaates und Verbesserung der Bedingungen für den Wirtschaftsstandort Deutschland.

Der Wohlstandsstaat manövriere sich - nach Konrad Adam - in eine ausweglose Lage. Um den Hunger der wohlorganisierten Lobby zu stillen, müsse er die Ansprüche verletzen, die sich auf nichts als ihre Evidenz und auf den Grundsatz der Gerechtigkeit verlassen. Zu solchen Ansprüchen gehöre all das, was generellen, über das allerpersönlichste und rein materiell definierte Wohlergehen hinausreichenden Zielen diene. Ernst Forsthoff habe das Dilemma zu einer Zeit beschrieben, als die Entwicklung noch am Anfang stand. »Er sprach von dem bedauerlichen, durch die Erfahrung allerdings bestätigten Gesetz, daß ein Interesse, je allgemeiner es ist, mit immer mehr Interessen unweigerlich in Widerspruch tritt und schließlich keinen organisierten ›gesellschaftlichen Patron mehr findet‹.«[257]

Der Sozialstaat habe - nach Meinhard Miegel - die Menschen deformiert; Tabus und Illusionen verschleierten sein historisches Versagen. Die Bevölkerung könne nicht genug Sozialleistungen bekommen, vor den Soziallasten schrecke sie jedoch zurück. Solle der soziale Gehalt der Gesellschaft bewahrt bleiben, müßten dieser zunächst die Augen geöffnet werden. Die Zerstörung von Sozialstaatsillusionen, das Brechen der vielen Sozialstaatstabus sei Dreh- und Angelpunkt zur Überwindung einer um sich greifenden Stagnation und Lähmung. »Will eine so aufgeklärte Gesellschaft dann alles belassen, wie es heute ist, ist dies von einem demokratisch verfaßten Gemeinwesen zu respektieren. Aber es ist höchst unwahrscheinlich, daß eine so aufgeklärte Gesellschaft sich so verhalten wird. Die Demoskopie gibt hier wertvolle Fingerzeige. Zwar stellen auch diejenigen, die die Mechanismen des Sozialstaates heutiger Prägung durchschauen, diesen nicht grundsätzlich in Frage. Er ist auch und vielleicht sogar gerade für sie ein Korrektiv einer individualistischen Gesellschaft. Aber sie wollen ihn deutlich zurückgeschnitten wissen und ihre eigenen Gestaltungsräume erweitern. Sie haben erkannt, daß der Sozialstaat in seiner heutigen Gestalt zu einem Hemmschuh weiterer gesellschaftlicher Entwicklungen geworden ist. Wird dieser Hemmschuh nicht evolutionär gelockert, wird er früher oder später revolutionär weggesprengt werden. Das wäre für niemanden wünschenswert.«[258]

Demgegenüber stellte Franz Müntefering, ehemaliger Bundesgeschäftsführer der SPD, fest, daß der Staat Strukturen zu schaffen und Rahmenbedingungen zu garantieren habe, die allen Menschen Lebenschancen eröffneten. »Das Soziale ist der Kern, nicht der Rand der Gesellschaft, schon gar nicht der untere.« Der Sozialstaat - das soziale Handeln des Staates - mache nicht die eigene, individuelle Anstrengung jedes einzelnen entbehrlich und sei auch kein Ersatz für die solidarische Gesellschaft, für zwischenmenschliche Solidarität, für Nächstenliebe.

»Die Gegner des Sozialstaates maskieren ihn, sie versuchen ihn darzustellen als den Gegensatz zu Eigenverantwortung, auch als Gegensatz zu Individualität. Sie wollen das Wort Sozialstaat zum Synonym von Mißbrauch, von Unfähigkeit machen. Es geht aber nicht um ein Entweder-Oder, es geht um die richtige Balance von Verantwortung des einzelnen, Zusammenhalt in der Gesellschaft und sozial-staatlichem Handeln.«[259]

Wenn der globale Kapitalismus in den hochentwickelten Ländern den Wertekern der Arbeitsgesellschaft auflöse – und dieses »Gespenst« geht in der Bundesrepublik der neunziger Jahre um –, würde das historische Bündnis zwischen Kapitalismus, Sozialstaat und Demokratie zerbrechen. Die Demokratie sei in Europa und den USA als »Arbeits-Demokratie« auf die Welt gekommen – in dem Sinne, daß die Demokratie auf der Beteiligung an Erwerbsarbeit beruhe. Erwerbsarbeit hat stets nicht nur die private, sondern auch die politische Existenz begründet. »Es geht also gar nicht ›nur‹ um Millionen Arbeitslose. Es geht auch nicht nur um den Sozialstaat. Oder um die Verhinderung von Armut. Oder um die Ermöglichung von Gerechtigkeit. Es geht um uns alle. Es geht um die politische Freiheit und Demokratie in Europa. Die westliche Verbindung von Kapitalismus mit politischen, sozialen und ökonomischen Grundrechten ist nicht etwa eine ›soziale Wohltat‹, die man, wenn es knapp wird, einsparen kann. Der sozial abgepufferte Kapitalismus ist vielmehr als Antwort auf die Erfahrung des Faschismus und die Herausforderung des Kommunismus erkämpft worden. Er ist eine Tat angewandter Aufklärung. Diese beruht auf der Einsicht, nur Menschen, die eine Wohnung und einen sicheren Arbeitsplatz und damit eine materielle Zukunft haben, sind oder werden Bürger, die sich die Demokratie zu eigen und sie lebendig machen. Die einfache Wahrheit lautet: Ohne materielle Sicherheit keine politische Freiheit. Also keine Demokratie, also Bedrohung aller durch neue und alte totalitäre Regime und Ideologien.« (Ulrich Beck)[260]

In Erwartung des 21. Jahrhunderts

Die »Risikogesellschaft« zu Ende dieses Jahrhunderts hat sich (nach Ulrich Beck) als Folge des Selbstlaufs folgenblinder, gefahrentauber Modernisierungsprozesse ergeben; ihre Konstellationen seien erzeugt worden, weil im Denken und Handeln der Menschen und der Institutionen die Selbstverständlichkeiten der Industriegesellschaft (der Fortschrittskonsens, die Abstraktion von ökologischen Folgen und Gefahren, der Kontrolloptimismus) nach längerer Dominanz brüchig geworden seien.[261] Die rasante Wandlungsgeschwindigkeit, durch immer neue Modernitätsschübe hervorgerufen, gefährdet das für die Entfaltung von Humanität notwendige Beharrungsvermögen; sie steht zudem im Gegensatz zu evolutionärer Fortentwicklung. Wenn dem Such- bzw. Ausleseprozeß aus einer jeweils unendlichen Fülle von Möglichkeiten die Zeit fehle, vermindere sich auch die Chance, etwas »Besseres« zu finden.

»Dann bleibt beim Tasten und Bewerten nicht genügend Zeit, es werden gefährliche Fehler gemacht, und die dringend notwendigen Reparaturversuche ziehen wegen der wachsenden Eile immer mehr neue Fehler nach sich, denen Folgen sich immer schneller ausbreiten. Eine globale Beschleunigungskrise setzt ein.« (Peter Kafka)[262]

Statt das Geschehen – inspiriert von Visionen und Utopien – selbst zu bestimmen, überläßt man sich »reflexiver Modernisierung« (Ulrich Beck): Die durch das Nichtsehen, das Wegsehen bewirkte Dynamik der Weltrisikogesellschaft wird nicht durch Eingriff korrigiert, sondern dadurch, daß sie sich selbst in einen Zustand bringt, der den dialektischen Umschlag zur Folge hat (nicht durch »Revolution« also, sondern aufgrund der Folgen immanenter Entwicklung). Mit und in der Risikogesellschaft gerate die lineare Steigerung von Rationalität an ihre Grenze – verstanden als Technisierung, Bürokratisierung, Ökonomisierung, Verrechtlichung usw.; sie schlage in Stillstand (Stau) um. Mit Stau sei nicht nur der Verkehrsstau, sondern ganz allgemein der Modernisierungsinfarkt in allen möglichen Erscheinungsformen und Bereichen der Gesellschaft gemeint. Überall drohe eine allgemeine Verstopfung und Überflutung, beispielsweise auch in den Massenmedien, wo mit tausend Kanälen dem öffentlichrechtlichen System das Ende bereitet und der Beliebigkeit Tor und Tür geöffnet werden soll.[263]

Die am Ende dieses Jahrhunderts heranrollende Problemlawine – ausgelöst durch die sich ständig steigernde Innovationsfähigkeit des modernen Menschen (etwa in den Bereichen Gentechnik und Künstliche Intelligenz) –, wird nur zu stoppen sein, wenn die Industriegesellschaft sich zu einem schöpferischen antizipatorischen Denken »begabt«. Joseph Huber spricht von der »Selbstmodernisierung der Moderne«. Es gehe um den »Übergang vom ökonomischen Aufbau zum sozialökologischen Umbau«.

Man müsse klären, was fortschrittlich und was konservativ sei. Neben der »Konservativismusfalle« befände sich die »Romantizismusfalle«, die darin bestehe, daß unter Berufung auf mythisch überhöhte Begriffe wie »Leben«, »Gemeinschaft« oder »Natur« Errungenschaften der Technik und mühsame Terraingewinne beim Aufbau demokratischer und sozialstaatlicher Institutionen leichtfertig preisgegeben würden.

Mit dem Systemaufbau so wie bisher weiterzumachen sei faktisch unhaltbar geworden. Mit der weltweiten Bevölkerungsexplosion, mit der Atomenergie und der Erkenntnis, daß man bei einer industrietraditionalistischen Gangart an die Grenzen des Wachstums stoße und nicht mehr kontrollierbare Risiken schaffe, stehe die ökologische Frage von nun an auf der Tagesordnung. »Was die soziale Frage für die Epoche der traditionellen Modernisierung gewesen ist, ist die ökologische Frage für die Epoche des selbstmodernisierenden Umbaus.«[264]

In Erwartung des 21. Jahrhunderts wird das Schicksal der modernen Industriegesellschaft und damit auch der Bundesrepublik Deutschland davon abhängen, ob Antworten auf die vielen Fragen, die den einzelnen wie die Gesamtheit der Menschen in dieser Zeit des Umbruchs existentiell betreffen, gefunden werden können.

- Kann die wachsende Beschleunigung »entschleunigt«, ein neuer Lebensrhythmus der Gleichgewichtigkeit erreicht werden, damit kulturellen wie anthropologischen Bedürfnissen entsprechend?

Computersimulation des neuen Stadtzentrums von Berlin:
Im Vordergrund der Potsdamer Platz, rechts hinten der Alexanderplatz.

- Läßt sich die Spezialisierung »auffangen«, damit die in philosophischer Dimension so wichtigen W-Fragen wieder in ihrer Bedeutung erkannt werden? (Warum tun wir was wie? Woher kommen wir, wohin gehen wir?) Dem würden im Bildungsbereich die Ausbildungsziele Spezialkenntnis, Schlüsselqualifikation und Prinzip Verantwortung entsprechen.
- Wie kann die dialektische Aufteilung der Gesellschaft in Arbeits- und

Freizeitgesellschaft durch eine »Mischform« (Tätigkeitsgesellschaft) überwunden und ein solches »Drittes« konkretisiert wie finanziert werden?

- Wie steht es um die Zukunft der Arbeit? Wird strukturelle Arbeitslosigkeit zum Dauerzustand werden und die Zweidrittelgesellschaft oder gar Vierfünftelgesellschaft zur Folge haben?
- Läßt sich der Sozialstaat so transformieren, daß seine Essentials unangefochten bleiben?
- Wird Verständigung im Sinne des steten Diskurses in einer weitgehend »fraktal« organisierten, durch Machtstrukturen unterschiedlicher Legitimation zusammengehaltenen Gesellschaft (Markt, Verbände, parlamentarische Demokratie), trotz solcher »Zergliederungen«, eine Chance haben? Dies wird u. a. davon abhängen, ob Wissenstransfer stattfindet, wie die einzelnen und Gruppen, mit »Neugier« und »Erkenntnisdrang« begabt, also lebenslang zum Lernen motiviert bzw. dafür mit Gratifikationen bedacht werden können.
- Wird es gelingen, die verschiedenen Möglichkeiten von Erkenntnisgewinn auf gemeinsame Schwerpunkte zu beziehen, also ein »Curriculum für Orientierungswissen« zu schaffen, und welche Rolle können dabei die Medien wie die Kultur insgesamt spielen?
- Hat eine aufgeklärte »Monadologie« eine Chance, bei der einerseits der Eigenwert der kleinen Einheit (auch raumplanerisch und ökonomisch verstanden) erhalten werden kann, zugleich aber die ebenso notwendige Vernetzung ohne nivellierende Globalisierung stattzufinden vermag?
- Wird das (Trug-)Bild »geschlossener« Identität in einem Plural von Identitäten »aufzulösen« sein, wobei Gleich-Gültigkeit vor Gleichgültigkeit zu bewahren ist und die Identität des Nichtidentischen sowie die von Empathie geleitete Bemühung um Aneignung jeweils neuer Identitäten maßgebend sind?
- Ist die Zerstörung gemeinsamer, vom einzelnen zu verinnerlichenden, ethischer und moralischer Prinzipien durch verantwortungslose Sensationsmedien und einen freien Markt (unter Mißachtung der *sozialen* Marktgesellschaft) aufzuhalten – zugunsten eines ethischen Utilitarismus (das größtmögliche Glück für die größtmögliche Zahl), in Verbindung mit einem den einzelnen in seiner Gemeinschaftsverantwortung und Solidarität herausfordernden Kommunitarismus? Wird aufkläreri-

sches Bewußtsein zu »libidinöser« Moral fortschreiten, also *gern* das »Gute, Schöne und Wahre« tun wollen?

- Wird der in allen Denk-, Lebens- und Tätigkeitsbereichen, vor allem auch ökologisch (im Beziehungsfeld von Mensch – Technik – Natur) feststellbare Gleichgewichtsverlust durch eine »Philosophie der Äquilibristik« ausgeglichen werden können?
- Wird die Demokratisierung des Schönen in einer tiefgreifenden »ästhetischen Erziehung des Menschen« fundiert werden können, oder wird es Schicksal der Zivilisation sein, in einer Anästhetisierung durch Ästhetisierung zu enden?

Die DDR ist gescheitert, weil der dort propagierte Sozialismus ein solcher nicht war; die BRD könnte scheitern, wenn ungezügelter Kapitalismus zur Wirklichkeit würde. Der »dritte Weg«, mit dem »ethischen Utilitarismus« als Orientierungsmarke, wäre geeignet, aus der Misere der »neuen Unübersichtlichkeit« herauszuführen. Per aspera ad astra: Rauh werden die Pfade sein, die zu den Sternen führen. Die politische Kultur, die sich im Westen während fünf Dezennien dialektisch herausgebildet hat, könnte bei den Mühen des Fortschreitens Kraft geben. Die Überwindung der Leidenserfahrungen von vier Dezennien im Osten – mit der »friedlichen Revolution« als herausragendem Akt der Befreiung – könnte die Bewußtheit für die Notwendigkeit ziviler Beharrlichkeit stärken, ohne die der Bestand der Republik nicht zu sichern ist.

»Beschäftigung, die nie ermattet,
Die langsam schafft, doch nie zerstört,
Die zu dem Bau der Ewigkeiten
Zwar Sandkorn nur für Sandkorn reicht,
Doch von der großen Schuld der Zeiten
Minuten, Tage, Jahre streicht.«
(Friedrich Schiller)[265]

ANHANG

ANMERKUNGEN

Erster Teil: Die Trümmerzeit

1 Daniel Jonah Goldhagen: Hitlers bereitwillige Vollstrecker. Ganz gewöhnliche Deutsche und der Holocaust. Berlin 1996.

2 Richard Matthias Müller: Über Deutschland. Olten und Freiburg i. Br. 1965, S. 10.

3 Robert Musil: Der Mann ohne Eigenschaften. Hamburg 1992, S. 16 f.

4 Hermann Glaser (Hg.): Was bleibt - was wird. Der kulturelle Umbruch in den neuen Bundesländern. Bonn 1994.

5 Ders.: 1945. Frankfurt am Main 1995. Ders.: Kulturgeschichte der Bundesrepublik Deutschland. 3 Bde. München, Wien 1985–1989.

6 Nürnberger Nachrichten, 8. 5. 1946.

7 Die Wehrmachtsberichte 1939–1945. Bd. 3: 1. Januar 1944 bis 9. Mai 1945. München 1985, S. 569.

8 Max Domarus (Hg.): Hitler. Reden und Proklamationen 1932–1945. Bd. II: Untergang (1939–1945). Würzburg 1963, S. 2188.

9 Erich Kästner: Notabene 45. Ein Tagebuch. Gesammelte Schriften für Erwachsene. Bd. 6. München, Zürich o. J., S. 83.

10 Sir Arthur T. Harris: Despatch on War Operations. 23rd February, 1942 to 8th May, 1945. London 1995.

11 Rolf-Dieter Müller/Gerd R. Ueberschär: Kriegsende 1945. Die Zerstörung des Deutschen Reiches. Frankfurt am Main 1994, S. 41.

12 Ursula von Kardorff: Berliner Aufzeichnungen 1942 bis 1945. München 1994, S. 293 f.

13 Martin Broszat/Hans-Adolf Jacobsen/Helmut Krausnick: Anatomie des SS-Staates. Bd. II: Konzentrationslager, Kommissarbefehl, Judenverfolgung. Olten und Freiburg i. Br. 1965, S. 159 f.

14 Walther Hofer (Hg.): Der Nationalsozialismus. Dokumente 1933–1945. Frankfurt am Main 1982, S. 254. F. Wüllner: Die NS-Militärjustiz. Baden-Baden 1991.

15 Hartmut von Hentig: Aufgeräumte Erfahrung. Texte zur eigenen Person. München, Wien 1983, S. 250.

16 Rolf-Dieter Müller/Gerd R. Ueberschär: Kriegsende 1945; a. a. O., S. 112.

17 Thomas Schuler: Wenn Menschen zum Vieh werden. Süddeutsche Zeitung, 29. 1. 1994.
18 Rolf-Dieter Müller/Gerd R. Ueberschär: Kriegsende 1945; a. a. O., S. 116 f.
19 Ebd., S. 44 f.
20 Hans-Ulrich Thamer: Verführung und Gewalt. Deutschland 1933–1945. Berlin 1986, S. 756.
21 Manfred Zeidler: Kriegsende im Osten. Die Rote Armee und die Besetzung Deutschlands östlich von Oder und Neiße 1944/45. München 1996.
22 Margaret Bourke-White: Deutschland. April 1945. München 1979, S. 51.
23 Ernst Niekisch: Das Reich der niederen Dämonen. Hamburg 1953.
24 Joachim C. Fest: Hitler. Eine Biographie. Frankfurt am Main, Berlin, Wien 1973, S. 1016.
25 Rolf-Dieter Müller/Gerd R. Ueberschär: Kriegsende 1945; a. a. O., S. 105.
26 Elefanten Press (Hg.): Trümmer. Träume. Truman. Die Welt 1945–49. Berlin 1985, S. 21.
27 Bundeszentrale für politische Bildung (Hg.): Die Entstehung der Bundesrepublik Deutschland. Informationen zur politischen Bildung, Nr. 224/1989, S. 2.
28 Erich Kästner: Notabene 45; a. a. O., S. 83.
29 Die Neue Zeitung, 10. 12. 1945.
30 Arnulf Baring: 8. Mai 1945 In: Merkur, Heft 5/1975, S. 449.
31 Thomas Mann: Deutsche Hörer! Fünfundfünfzig Radiosendungen nach Deutschland. Werke. Das essayistische Werk. Taschenbuchausgabe in 8 Bdn. Hg. von Hans Bürgin. Bd. 3: Politische Schriften und Reden, Frankfurt am Main, Hamburg 1968, S. 290.
32 Günter Eich: Inventur. Gesammelte Werke. Bd. 1. Frankfurt am Main 1973, S. 35.
33 Joachim Kaiser: Wieviel gelogen wird. Auch eine Erinnerung an die Stunde Null. Süddeutsche Zeitung, 28./29. 4. 1979.
34 Friedrich Meinecke: Die deutsche Katastrophe. Betrachtungen und Erinnerungen. Wiesbaden 1946, S. 7 f., 174 ff.
35 Wolfgang Langhoff: Ein Deutschland-Brief. Die Neue Zeitung, 18. 2. 1946.
36 Friedrich Wolf: Auch wir können nicht schweigen. Aufbau, Heft 3/1945, S. 204.
37 Johannes Hohlfeld (Hg.): Dokumente der Deutschen Politik und Geschichte von 1848 bis zur Gegenwart. Bd. VI: Deutschland nach dem Zusammenbruch 1945. Berlin, München o. J., S. 2 ff.
38 Friedrich Dieckmann: Deutschland in der Stunde Null. Merkur, Heft 5/1995, S. 456 ff.
39 Johannes Hohlfeld (Hg.): Dokumente der Deutschen Politik und Geschichte von 1848 bis zur Gegenwart. Bd. VI.; a. a. O., S. 29.
40 Wolfgang Benz/Hermann Graml (Hg.): Europa nach dem Zweiten Weltkrieg 1945–1982. Das Zwanzigste Jahrhundert II. Frankfurt am Main 1983, S. 13
41 Hans Magnus Enzensberger: Europa in Trümmern. Augenzeugenberichte aus den Jahren 1944–1948. Frankfurt am Main 1995.
42 Helga Grebing: Demokratie ohne Demokraten? Politisches Denken, Einstellungen und Mentalitäten in der Nachkriegszeit. Erlanger Forschungen. Bd. 50: Wie neu war der Neubeginn? Hg. von Everhard Holtmann. Erlangen 1989, S. 15.

43 Eugen Kogon: Der SS-Staat. Das System der deutschen Konzentrationslager. Frankfurt am Main 1946, S. 404 f.

44 Jörg Wollenberg: »Stunde Null« oder Kontinuität? Eine szenische Dokumentation zum 40. Jahrestag des 8. Mai 1945. Unveröffentlichtes Manuskript. Mai 1985.

45 Jürgen Kocka: Zerstörung und Befreiung. Das Jahr 1945 als Wendepunkt deutscher Geschichte. Politik und Kultur, Heft 5/1986, S. 47.

46 Heinrich Böll: Brief an meine Söhne oder: Vier Fahrräder. Die Zeit, 15. 3. 1985.

47 Martin Broszat/Klaus-Dietmar Henke/Hans Woller (Hg.): Von Stalingrad zur Währungsreform. Zur Sozialgeschichte des Umbruchs in Deutschland. München 1989. Ferner Hans-Erich Volkmann (Hg.): Ende des Dritten Reiches - Ende des Zweiten Weltkrieges. Eine perspektivische Rückschau. München 1995.

48 Norbert Seitz: Die kalte Revision. Zur Aktualität der 8.-Mai-Rede Weizsäckers. Die Neue Gesellschaft/Frankfurter Hefte, Nr. 5/1995, S. 389 ff. Ferner Peter Bender: Ganz und gar am Ende. Über die Notwendigkeit der deutschen Niederlage 1945. Merkur, Heft 5/1995, S. 451 f.

49 Richard von Weizsäcker: Zum 40. Jahrestag der Beendigung des Krieges in Europa und der nationalsozialistischen Gewaltherrschaft. Bonn 1985, S. 1 ff.

50 Wolfgang Benz: Potsdam 1945. Besatzungsherrschaft und Neuaufbau im Vier-Zonen-Deutschland. München 1986.

51 Ludolf Herbst (Hg.): Westdeutschland 1945–1955. Unterwerfung, Kontrolle, Integration. (Schriftenreihe der Vierteljahreshefte für Zeitgeschichte, Sondernummer) München 1984.

52 Christoph Frei: Hans J. Morgenthau. Eine intellektuelle Biographie. Stuttgart, Wien 1994. Bernd Greiner: Die Morgenthau-Legende. Zur Geschichte eines umstrittenen Plans. Hamburg 1995.

53 Matthias Etzel: Die Aufhebung von nationalsozialistischen Gesetzen durch den Alliierten Kontrollrat (1945–1948). Tübingen 1992.

54 Peter Intelmann: Zur Biographie von Franz L. Neumann. 1999 - Zeitschrift für Sozialgeschichte des 20. und 21. Jahrhunderts, Heft 1/1990.

55 Alfons Söllner (Hg.): Zur Archäologie der Demokratie in Deutschland. Bd. 1: Analysen von politischen Emigranten im amerikanischen Geheimdienst 1943–1945. Frankfurt am Main 1986, S. 7 f.

56 Wolfgang Malanowski: 1945: Absturz ins Bodenlose. Der Spiegel, Nr. 16/1985, S. 195.

57 Bayerischer Tag, 11. 8. 1945.

58 Heute, Nr. 31/1. 3. 1947.

59 Karl Dietrich Bracher u. a. (Hg.): Geschichte der Bundesrepublik Deutschland in fünf Bänden. Bd. 1. Theodor Eschenburg: Jahre der Besatzung 1945–1949. Stuttgart, Wiesbaden 1983, S. 337.

60 Stefan Heym: Nachruf. München 1988, S. 373.

61 Der Ruf, 15. 2. 1947.

62 Der Ruf, 15. 8./1. 9./1. 10. 1946.

63 Ursula von Kardorff: Berliner Aufzeichnungen 1942 bis 1945. München 1994, S. 317.

64 Stadt Köln (Hg.): »... vergessen kann man die Zeit nicht, das ist nicht möglich ...« Kölner erinnern sich an die Jahre 1929–1945. Köln 1985, S. 303
65 Klaus-Dietmar Henke: Die amerikanische Besetzung Deutschlands. München 1995, S. 32.
66 Die Neue Zeitung, 18. 11. 1946.
67 Antje Dertinger: Die süße Waffe des US-Imperialismus. Im November 1945 wurde in New York »Care« gegründet. Frankfurter Rundschau, 16. 12. 1995.
68 Oliver Hassencamp: Der Sieg nach dem Krieg. Die gute schlechte Zeit. München, Berlin o. J.
69 Anselm Doering-Manteuffel: Westernization. Forschungen zur politisch-ideellen Entwicklung der westdeutschen Gesellschaft in den 50er und 60er Jahren. (Konzeptpapier, ungedruckt, Tübingen 1991)
70 John H. Backer: Die deutschen Jahre des Generals Clay. Der Weg zur Bundesrepublik 1945–1949. München 1983. Wolfgang Krieger: General Lucius D. Clay und die amerikanische Deutschlandpolitik 1945–1949. (Forschungen und Quellen zur Zeitgeschichte, Bd. 10) Stuttgart 1987.
71 Karl Dietrich Bracher u. a. (Hg.): Geschichte der Bundesrepublik Deutschland in fünf Bänden; a. a. O., S. 446.
72 Norman M. Naimark: Die Russen in Deutschland. Berlin 1997. Volker Koop: Zwischen Recht und Willkür. Die Rote Armee in Deutschland. Bonn 1996.
73 Hans Rauschning (Hg.): Das Jahr '45. Dichtung, Bericht, Protokoll deutscher Autoren. München 1985, S. 113.
74 Thomas Mann: Tagebücher 1944–1. 4. 1946. Hg. von Inge Jens. Frankfurt am Main 1986, S. 210.
75 Sibylle Meyer/Eva Schulze: Von Liebe sprach damals keiner. Familienalltag in der Nachkriegszeit. München 1985, S. 26 f.
76 Wolfgang Leonhard: Die Revolution entläßt ihre Kinder. Frankfurt am Main, Berlin 1961, S. 285 f.
77 Erich Kuby: Die Russen in Berlin 1945. München, Bern, Wien 1965, S. 314 f., 297 f., 299.
78 Helke Sander/Barbara Johr (Hg.): BeFreier und Befreite. Krieg, Vergewaltigungen, Kinder. Frankfurt am Main 1995, S. 54 ff.
79 Hartwig Bögeholz: Die Deutschen nach dem Krieg. Eine Chronik. Reinbek bei Hamburg 1995, S. 15. Ferner Peter Erler/Horst Laude/Manfred Wilke (Hg.): »Nach Hitler kommen wir.« Dokumente zur Programmatik der Moskauer KPD-Führung 1944/45 für Nachkriegsdeutschland. Berlin 1994.
80 Johannes Hohlfeld (Hg.): Dokument der Deutschen. Politik und Geschichte von 1848 bis zur Gegenwart. Bd. VI: Deutschland nach dem Zusammenbruch 1945. Berlin, München o. J., S. 13.
81 Karl Dietrich Bracher u. a. (Hg.): Geschichte der Bundesrepublik Deutschland in fünf Bänden; a. a. O., S. 207.
82 Johannes Hohlfeld (Hg.): Dokumente der Deutschen; a. a. O., S. 24 ff.
83 Jürgen Danyel (Hg.): Die geteilte Vergangenheit. Zum Umgang mit Nationalsozialismus und Widerstand in beiden deutschen Staaten. Berlin 1995. Hans

Fenske: Kein radikaler Elitenwechsel. Die französische Entnazifizierungspolitik. Frankfurter Allgemeine Zeitung, 1. 6. 1993. Rainer Möhler: Entnazifizierung in Rheinland-Pfalz und im Saarland unter französischer Besatzung von 1945 bis 1952. Veröffentlichungen des Landtages für die Geschichte von Rheinland-Pfalz, Bd. 17. Mainz 1992.

84 Adalbert Rückerl: Die Strafverfolgung von NS-Verbrechen 1945–1978. Heidelberg, Karlsruhe 1979, S. 25 ff.

85 Bayerischer Tag, 29. 9. 1945.

86 Volker Dotterweich: Die Entnazifizierung. Josef Becker/Theo Stammen/Peter Waldmann (Hg.): Vorgeschichte der Bundesrepublik Deutschland. Zwischen Kapitulation und Grundgesetz. München 1979, S. 144.

87 Ernst von Salomon: Der Fragebogen. Reinbek bei Hamburg 1988, S. 6 f.

88 Ursula von Kardorff: Berliner Aufzeichnungen 1942 bis 1945; a. a. O., S. 339.

89 Karl Dietrich Bracher u. a. (Hg.): Geschichte der Bundesrepublik Deutschland in fünf Bänden; a. a. O., S. 114.

90 Lutz Niethammer: Die Mitläuferfabrik. Die Entnazifizierung am Beispiel Bayern. Berlin, Bonn 1982.

91 Peter Kritzer: Wilhelm Hoegner. Politische Biographie eines bayerischen Sozialdemokraten. München 1979, S. 245.

92 Telford Taylor: Die Nürnberger Prozesse. Zürich 1950. Martin Hirsch/Norman Paech/Gerhard Stuby (Hg.): Politik als Verbrechen. 40 Jahre Nürnberger Prozesse. Hamburg 1986. Jörg Friedrich/Jörg Wollenberg (Hg.): Licht in den Schatten der Vergangenheit. Zur Enttabuisierung der Nürnberger Kriegsverbrecherprozesse. Frankfurt am Main 1987.

93 Ansgar Diller: Abrechnung und Sühne. Nürnberg und die Entnazifizierung. Jürgen Weber: Auf dem Wege zur Republik 1945–1947. München 1985, S. 47, 63 f.

94 Die Neue Zeitung, 23. 11. 1945.

95 Erik Reger: Kleine Schriften. Bd. 2. Hg. von Erhard Schütz. Berlin 1993, S. 117.

96 Adalbert Rückerl: Die Strafverfolgung von NS-Verbrechen 1945–1978. Heidelberg, Karlsruhe 1979, S. 25 ff.

97 Uwe Wesel: Den Mächtigen den Krieg vergällen. ZEIT-Dokument, Nr. 1/1995, S. 42. Gerd Hankel/Gerhard Stuby (Hg.): Strafgerichte gegen Menschheitsverbrechen – Zum Völkerstrafrecht 50 Jahre nach den Nürnberger Prozessen. Hamburg 1995.

98 Tausend Jahre Schuld. Der Spiegel, Nr. 50/1995, S. 63.

99 Willy Brandt: Erinnerungen. Frankfurt am Main 1989, S. 145.

100 Christopher Simpson: Die internationalen Wirtschaftseliten und das Wiedererstarken des deutschen Kapitalismus 1945–1948. 1999 – Zeitschrift für Sozialgeschichte des 20. und 21. Jahrhunderts, Heft 2/1990, S. 17, 24 f.

101 Robert Wistrich: Wer war wer im Dritten Reich. Ein biographisches Lexikon. Frankfurt am Main 1987, S. 11 f.

102 Tom Bower: Verschwörung Paperclip. NS-Wissenschaftler im Dienst der Siegermächte. München 1988.

103 Rena Giefer/Thomas Giefer: Die Rattenlinie. Fluchtwege der Nazis. Weinheim 1995.
104 Max Frisch: Frühe Stücke. Santa Cruz. Nun singen sie wieder. Frankfurt am Main 1966, S. 135 f.
105 Sigrid Undset: Die Umerziehung der Deutschen. Die Neue Zeitung, 25. 10. 1945.
106 Karl Jaspers: Antwort an Sigrid Undset. Die Neue Zeitung, 4. 11. 1945.
107 Die Neue Zeitung, 25. 3. 1948.
108 J. F. G. Grosser: Die große Kontroverse. Ein Briefwechsel um Deutschland. Hamburg, Genf, Paris 1963, S. 19.
109 Ebd., S. 24 f.
110 Thomas Mann: Warum ich nicht nach Deutschland zurückgehe. Werke. Das essayistische Werk; a. a. O., S. 180.
111 Hermann Hesse: Brief nach Deutschland. Die Neue Zeitung, 2. 8. 1946.
112 Joachim Vahland: Warum Richard Hönigswald in der deutschen Nachkriegsphilosophie nicht vorkommt. Merkur, Heft 12/1995, S. 1147 ff.
113 Hannah Arendt: Besuch in Deutschland. Berlin 1993, S. 27.
114 Eugen Kogon: Das Recht auf den politischen Irrtum. Frankfurter Hefte, Heft 7/1947, S. 655. Der Monat, Nr. 8/9/1949, S. 58 ff.
115 Michael Zimmermann: Der antifaschistische Mythos der DDR. Kulturamt Prenzlauer Berg/Aktives Museum Faschismus und Widerstand in Berlin e. V. (Hg.): Mythos Antifaschismus. Ein Traditionskabinett wird kommentiert. Berlin 1992, S. 137.
116 Ruth-Kristin Rößler (Hg.): Entnazifizierungspolitik der KPD/SED 1945–1948. Dokumente und Materialien. Goldbach 1994.
117 Ilse Spittmann/Gisela Helwig (Hg.): DDR-Lesebuch. Von der SBZ zur DDR 1945–1949. Köln 1989, S. 144 f.
118 Ernst Lemmer: Demokratischer Block. Aufbau, Heft 2/1946, S. 121.
119 Wolfgang Leonhard: Die Revolution entläßt ihre Kinder; a. a. O., S. 314.
120 Brigitte Kaff (Hg.): Gefährliche politische Gegner. Widerstand und Verfolgung in der sowjetischen Zone/DDR. Düsseldorf 1995.
121 Manfred Henningsen: Der Buchenwald-Komplex. Merkur, Heft 1/1996, S. 83.
122 Lutz Niethammer (Hg.): Der »gesäuberte« Antifaschismus. Die SED und die roten Kapos von Buchenwald. Berlin 1994. Siegfried Stadler: Legende der Selbstbefreiung. Frankfurter Allgemeine Zeitung, 5. 4. 1995. Manfred Overesch: Buchenwald und die DDR oder Die Suche nach der Selbstlegitimation. Göttingen 1995.
123 Friedrich-Christian Schroeder: Zur weiteren Festigung unserer Macht. Dokumente zur Entnazifizierung in der sowjetischen Besatzungszone. Frankfurter Allgemeine Zeitung, 12. 4. 1995.
124 Freunde der kleinen Nazis. Der Spiegel, Nr. 12/1992, S. 101.
125 Klaus Wiegrefe: Sicherheit für Verbrecher. Die DDR als angeblicher Hort des »Antifaschismus«. Frankfurter Allgemeine Zeitung, 22. 6. 1995.
126 Marie Luise Kaschnitz: Große Wanderschaft (Auszug). Überallnie. Düsseldorf 1965.

127 Hans Werner Richter: Unterhaltungen am Schienenstrang. Der Ruf, 1. 10. 1946, S. 6 ff. Ferner Klaus R. Scherpe: Erzwungener Alltag. Wahrgenommene und gedachte Wirklichkeit in der Reportageliteratur der Nachkriegszeit. Jost Hermand/Helmut Peitsch/Klaus R. Scherpe (Hg.): Nachkriegsliteratur in Westdeutschland 1945–49. Schreibweisen, Gattungen, Institutionen. Literatur im historischen Prozeß. Neue Folge 3. Argument-Sonderband. Berlin 1982.

128 Jürgen Weber: Auf dem Wege zur Republik 1945–1947. München 1985, S. 189.

129 Angelika Königseder/Juliane Wetzel: Lebensmut im Wartesaal. Die jüdischen DPs im Nachkriegsdeutschland. Frankfurt am Main 1994.

130 Juliane Wetzel: »Mir szeinen doh«. München und Umgebung als Zuflucht von Überlebenden des Holocaust 1945–1948. Martin Broszat/Klaus-Dietmar Henke/Hans Woller (Hg.): Von Stalingrad zur Währungsreform. Zur Sozialgeschichte des Umbruchs in Deutschland. München 1989, S. 329.

131 Claus Larass: Der Zug der Kinder. KLV – Die Evakuierung von 5 Millionen deutscher Kinder im 2. Weltkrieg. München 1983.

132 Richard Thilenius: Die Teilung Deutschlands. Eine zeitgeschichtliche Analyse. Reinbek bei Hamburg 1957, S. 72.

133 Johannes Hohlfeld (Hg.): Dokumente der Deutschen Politik und Geschichte von 1848 bis zur Gegenwart. Bd. VI: Deutschland nach dem Zusammenbruch 1945. Berlin, München o. J., S. 58 f.

134 Rolf Grix/Wilhelm Knöll (Hg.): Die Rede zum 8. Mai 1945. Oldenburg 1987, S. 138. Heinz Nawralit: Die deutschen Nachkriegsverluste unter Vertriebenen, Gefangenen und Verschleppten. München, Berlin 1986. Ferner Wolfgang Benz (Hg.): Die Vertreibung der Deutschen aus dem Osten. Ursachen, Ereignisse, Folgen. Frankfurt am Main 1985. Louis Ferdinand Helbig: Der ungeheure Verlust. Flucht und Vertreibung in der deutschsprachigen Belletristik der Nachkriegszeit. Wiesbaden 1988. Ekkehard Kuhn: Nicht Rache, nicht Vergeltung. Die deutschen Vertriebenen. München, Wien o. J. Albrecht Lehmann: Im Fremden ungewollt zuhaus. Flüchtlinge und Vertriebene in Westdeutschland 1945–1990. München 1991. Rainer Schulze/Doris von der Brelie-Lewien/Helga Grebing: Flüchtlinge und Vertriebene in der westdeutschen Nachkriegsgeschichte. Hildesheim 1987.

135 Dieter Franck: Jahre unseres Lebens 1945–1949. München, Zürich 1980, S. 50.

136 Johann Georg Reißmüller: Das Massaker von Aussig. Frankfurter Allgemeine Zeitung, 17. 7. 1993. Heinz Nawralit: Vertreibungsverbrechen an Deutschen. München 1982.

137 Dieter Franck: Jahre unseres Lebens 1945–1949; a. a. O., S. 52.

138 Susan Boenke/Konrad von Zwehl (Hg.): »Angesichts des Trümmerfeldes«. München 1983, S. 165 f.

139 Peter Bender: Über die Notwendigkeit der Niederlage. Merkur, Heft 5/1995, S. 453 f.

140 Brief Jürgen Kuczynskis an Anna Seghers, Ende August 1945 (unveröffentlicht).

141 Heute, Heft 2/1945, S. 39 ff.

142 Stadtarchiv Dortmund (Hg.): Dortmund im Wiederaufbau 1945–1960. Eine Dokumentation. Dortmund 1985, S. 53.

143 Rainer Gries: Die Rationen-Gesellschaft. Versorgungskampf und Vergleichsmentalität: Leipzig, München und Köln nach dem Kriege. Münster 1991.
144 Walter Kempowski: Uns geht's ja noch gold. Roman einer Familie. Hamburg 1978, S. 108.
145 Hans Erich Nossack: Dieser andere. (Brief an Hermann Kasack, 30. 11. 1945) Frankfurt am Main 1976.
146 Karl Dietrich Bracher u. a. (Hg.): Geschichte der Bundesrepublik Deutschland in fünf Bänden. Bd. 1. Theodor Eschenburg; a. a. O., S. 267.
147 Ebd., S. 64.
148 Georg Hensel: Glück gehabt. Szenen aus einem Leben. Frankfurt am Main, Leipzig 1994, S. 116.
149 Die Neue Zeitung, 7. 5. 1946.
150 Christoph Kleßmann: Die doppelte Staatsgründung. Deutsche Geschichte 1945–1955. Bonn 1982, S. 46 f.
151 Willy Brandt: Erinnerungen; a. a. O., S. 142.
152 Gerhard Rabeler: Wiederaufbau und Expansion westdeutscher Städte 1945–1960 im Spannungssfeld von Reformideen und Wirklichkeit. Schriftenreihe des Deutschen Nationalkomitees für Denkmalschutz, Bd. 39. Bonn o. J., S. 10.
153 Dieter Franck: Jahre unseres Lebens 1945–1949; a. a. O., S. 27 f.
154 Berliner Tagesspiegel, 27. 9. 1945.
155 Karl Dietrich Bracher u. a. (Hg.): Geschichte der Bundesrepublik Deutschland in fünf Bänden; a. a. O., S. 73.
156 Jürgen John. Die Ära Paul in Thüringen (1945–1947). Köln 1996.
157 Stefan Schnell: Der deutsche Städtetag. Bonn 1970, S. 17. Ferner Otto Ziebill: Geschichte des Deutschen Städtetages. Stuttgart 1955.
158 Die Neue Zeitung, 28. 10. 1945.
159 Haus der Geschichte der Bundesrepublik Deutschland (Hg.): Nach-Denken. Über Kurt Schumacher und seine Politik. Berlin 1996.
160 Christoph Kleßmann: Die doppelte Staatsgründung; a. a. O., S. 143.
161 Franz Josef Strauß: Die Erinnerungen. Berlin 1989, S. 70. Ferner A. R. L. Gurland: Die CDU/CSU. Ursprünge und Entwicklung bis 1953. Frankfurt am Main 1980.
162 Walter Roller: Geduldet oder gefördert? Die Entwicklung der politischen Parteien. Jürgen Weber: Auf dem Wege zur Republik 1945–1947. München 1985, S. 162.
163 Helga Grebing: Die Parteien. Wolfgang Benz (Hg.): Die Geschichte der Bundesrepublik Deutschland. Bd. 1: Politik. Frankfurt am Main 1989, S. 81.
164 Karl Dietrich Bracher u. a. (Hg.): Geschichte der Bundesrepublik Deutschland in fünf Bänden; a. a. O., S. 207.
165 Walter Roller: Geduldet oder gefördert? a. a. O., S. 153 f.
166 Beatrix Bouvier: Ausgeschaltet! Sozialdemokraten in der Sowjetischen Besatzungszone und in der DDR 1945–1953. Bonn 1996. Harold Hurwitz u. a.: Die Stalinisierung der SED. Wiesbaden 1997. Andreas Malycha: Partei von Stalins Gnaden? Die Entwicklung der SED zur Partei neuen Typus in den Jahren 1946 bis 1950. Berlin 1996. Ders.: Auf dem Weg zur SED. Die Sozialdemokratie und

die Bildung einer Einheitspartei in den Ländern der SBZ. Beihefte zum Archiv für Sozialgeschichte, Bd. 17. Bonn 1995. Norbert Podewin/Manfred Teresiak: »Brüder, in eins nun die Hände ...« Das Für und Wider um die Einheitspartei in Berlin. Berlin 1996.

167 Rolf Badstübner/Wilfried Loth (Hg.): Wilhelm Pieck. Aufzeichnungen zur Deutschland-Politik 1945–1953. Berlin 1994.

168 Gloria Müller: Mitbestimmung in der Nachkriegszeit. Britische Besatzungsmacht – Unternehmer – Gewerkschaften. (Düsseldorfer Schriften zur Neueren Landesgeschichte und zur Geschichte Nordrhein-Westfalens, Bd. 21) Düsseldorf 1987.

169 Jörg Wollenberg: 8. Mai 1945. Fachbereich Erwachsenenbildung der Universität Bremen. Bremen 1985, S. 101.

170 Christoph Kleßmann: Die doppelte Staatsgründung; a. a. O., S. 128.

171 Dieter Grosser/Thomas Lange/Andreas Müller-Armack/Beate Neuß: Soziale Marktwirtschaft. Geschichte – Konzept – Leistung. Stuttgart 1990. A. J. Nicholls: Freedom with responsibility. The Social Market Economy in Germany. Oxford 1994.

172 Wolfgang Preß: Geniale Leerformel. Von den Ideen des Erfinders der Sozialen Marktwirtschaft. Die Zeit, 28. 6. 1991.

173 Werner Plumpe: Vom Plan zum Markt. Wirtschaftsverwaltung und Unternehmerverbände in der britischen Zone. Düsseldorf 1987.

174 Jörg Fisch: Reparationen nach dem Zweiten Weltkrieg. München 1992.

175 Othmar Nikola Haberl/Lutz Niethammer: Der Marshall-Plan und die europäische Linke. Frankfurt am Main 1986. Hans-Jürgen Schröder: Marshallplan, amerikanische Deutschlandpolitik und europäische Integration 1947–1950. Aus Politik und Zeitgeschichte. Beilage zur Wochenzeitung »Das Parlament«, 2. 5. 1987. Gerd Hardach: Der Marshallplan. Auslandshilfe und Wiederaufbau in Westdeutschland 1948–1952. München 1994.

176 Ulrich Herbert: Ungerechte Lastenverteilung. Die Zeit, 8. 1. 1993.

177 John Gimbel: Die Bedeutung der Besatzungszeit 1945–1949. Aus Politik und Zeitgeschichte. Beilage zur Wochenzeitung »Das Parlament«, 5. 5. 1965, S. 48.

178 Kurt Koszyk: »Umerziehung« der Deutschen aus britischer Sicht. Aus Politik und Zeitgeschichte. Beilage zur Wochenzeitung »Das Parlament«, 22. 7. 1978, S. 5.

179 Wolfgang R. Langenbucher/Ralf Rytlewski/Bernd Weyergraf (Hg.): Kulturpolitisches Wörterbuch Bundesrepublik Deutschland/Deutsche Demokratische Republik im Vergleich. Stuttgart 1983, S. 163.

180 Manfred Heinemann (Hg.): Umerziehung und Wiederaufbau. Die Bildungspolitik der Besatzungsmächte in Deutschland und Österreich. Stuttgart 1981. Karl-Heinz Füssl: Die Umerziehung der Deutschen. Jugend und Schule unter den Siegermächten des Zweiten Weltkriegs 1945–1955. Paderborn 1995.

181 Herman Nohl: Die geistige Lage im gegenwärtigen Deutschland. Die Sammlung, November 1947

182 Siegfried Unseld: Begegnungen mit Hermann Hesse. Frankfurt am Main 1975, S. 37.

183 Ludwig Kerstiens: Die höhere Schule in den Reformplänen der Nachkriegszeit. Zeitschrift für Pädagogik, Heft 6/1965, S. 538 ff.
184 Ulrich Chaussy: Jugend. Wolfgang Benz (Hg.): Die Bundesrepublik Deutschland. Bd. 3: Gesellschaft. Frankfurt am Main 1983, S. 40. Karl Dietrich Erdmann: Überblick über die Entwicklung der Schule in Deutschland 1945–1949. Neue Sammlung, Heft 3/1976, S. 215 ff.
185 Die Sammlung, Heft 4/1946, S. 197 ff.
186 Dietrich Goldschmidt: Hochschulpolitik. Wolfgang Benz (Hg.): Die Geschichte der Bundesrepublik Deutschland Bd. 1: Politik. Frankfurt am Main 1989, S. 362.
187 Ludwig von Friedeburg: Die Universität nach 1945. Eberhard Holtmann (Hg.): Wie neu war der Neubeginn? Zum deutschen Kontinuitätsproblem nach 1945. Erlangen 1989, S. 71.
188 Wilfried Barner/Christoph König (Hg.): Zeitenwechsel. Germanistische Literaturwissenschaft vor und nach 1945. Frankfurt am Main 1996.
189 Christoph Kleßmann: Die doppelte Staatsgründung; a. a. O., S. 97 f.
190 Die Neue Zeitung, 4. 11. 1945.
191 Nürnberger Nachrichten. Trümmerzeit 1945–1950. Sonderausgabe 1985.
192 Alfred Wendehorst: Geschichte der Friedrich-Alexander-Universität Erlangen-Nürnberg. 1743–1993. München 1993, S. 224.
193 Josef Foschepoth: Im Schatten der Vergangenheit. Die Anfänge der Gesellschaften für christlich-jüdische Zusammenarbeit. Göttingen 1993.
194 Hochland, Heft 8/1947, 8. 576 ff. Ferner Hermann Boventer (Hg.): Evangelische und Katholische Akademien. Gründerzeit und Auftrag heute. Paderborn 1983.
195 Jörg Wollenberg: Schule der Demokraten. Hermann Glaser/Lutz von Pufendorf/Michael Schöneich (Hg.): So viel Anfang war nie. Deutsche Städte 1945–1949. Berlin 1989, S. 303 f.
196 Alexander Abusch: Die deutsche Katastrophe. Aufbau, Heft 1/1947, S. 8.
197 Siegfried Baske/Martha Engelbert (Hg.): Zwei Jahrzehnte Bildungspolitik in der Sowjetzone Deutschlands. Dokumente. 1. Teil: 1945–1958. Berlin 1966, S. 25.
198 Ebd., S. 91.
199 Thomas Ammer: Die Arbeiter- und Bauern-Fakultäten. Ilse Spittmann/Gisela Helwig (Hg.): DDR-Lesebuch; a. a. O., S. 200.
200 Ingeborg Bachmann: An die Sonne. Merkur, Heft 6/1956, S. 534.
201 Josef Müller-Marein: Es war eine Kleiderfrage. Die Zeit, 9. 5. 1975.
202 Joachim Fest: Erziehung zur Skepsis. Gedanken aus Anlaß einer Selbstvorstellung. Neue Sammlung, Heft 4/1983, S. 335.
203 Helmut Schelsky: Die skeptische Generation. Eine Soziologie der deutschen Jugend (1958). Düsseldorf, Köln 1963, S. 74 ff.
204 Martin Greiffenhagen: Die Flakhelfer werden sechzig. Anmerkungen zum Jahrgang 1928. Stuttgarter Zeitung, 22. 10. 1988.
205 Wolfgang Borchert: Draußen vor der Tür und ausgewählte Erzählungen. Hamburg 1956, S. 8, 23.

206 Erich Kästner: Gesammelte Schriften für Erwachsene. Bd. 7: Vermischte Beiträge II. Zürich 1969, S. 101.
207 Martin Broszat/Klaus-Dietmar Henke/Hans Woller (Hg.): Von Stalingrad zur Währungsreform. Zur Sozialgeschichte des Umbruchs in Deutschland. München 1989, S. 683 ff.
208 Helmut Gollwitzer: »... und führen, wohin du nicht willst.« Bericht einer Gefangenschaft. Frankfurt am Main, Hamburg 1954.
209 Rüdiger Overmans: Ein untergeordneter Eintrag im Leidensbuch der jüngeren Geschichte? Die Rheinwiesenlager 1945. Hans-Erich Volkmann: Ende des Dritten Reiches - Ende des Zweiten Weltkriegs. Eine perspektivische Rückschau. München, Zürich 1995. Haus der Geschichte der Bundesrepublik Deutschland (Hg.): Kriegsgefangene. Sowjetische Kriegsgefangene in Deutschland. Deutsche Kriegsgefangene in der Sowjetunion. Düsseldorf 1995. James Bacque: Der geplante Tod. Deutsche Kriegsgefangene in amerikanischen und französischen Lagern 1945 bis 1946. Berlin 1989. Arthur L. Smith: Heimkehr aus dem Zweiten Weltkrieg. Die Entlassung der deutschen Kriegsgefangenen. (Schriftenreihe der Vierteljahreshefte für Zeitgeschichte 51) Stuttgart 1985.
210 Der Ruf. Zeitung der deutschen Kriegsgefangenen in den USA. Faksimile-Ausgabe. München o. J.
211 Christian Ferber: H. W. Richter war gegen Kollektivschuld. Die Welt, 28. 3. 1987.
212 Hartmut Mehringer: Waldemar von Knoeringen. Eine politische Biographie. München, London, New York, Paris 1989, S. 249, 251.
213 Hannes Heer (Hg.): Als ich 9 Jahre alt war, kam der Krieg. Ein Lesebuch gegen den Krieg. Reinbek bei Hamburg 1983. Rosemarie Winter: [Schüleraufsätze in Nordrhein-Westfalen 1948] Die Sammlung, Heft 10/1949, S. 639.
214 Archiv Hermann Glaser, Roßtal.
215 Ulrich Chaussy: Jugend. Wolfgang Benz (Hg.): Die Bundesrepublik Deutschland. Bd. 3: Gesellschaft; a. a. O., Frankfurt am Main 1983, S. 37.
216 Jugend zwischen gestern und morgen. Verwahrlosung und Kriminalität der Jugendlichen - Gefahr oder Zeiterscheinung. Die Neue Zeitung, 8. 2. 1948.
217 Junge Menschen über ihre Not. Briefe an »Die Neue Zeitung« erörtern ein Generationsproblem. (Brief von Heinz Piontek) Die Neue Zeitung, 1. 4. 1946.
218 Walter Rosenwald/Bernd Theis: Enttäuschung und Zuversicht. Zur Geschichte der Jugendarbeit in Hessen 1945-1950. München 1984.
219 Ulrich Mählert: Die Freie Deutsche Jugend 1945-1949. Von den antifaschistischen Jugendausschüssen zur SED. Paderborn, München, Wien, Zürich 1995.
220 Dieter Franck: Jahre unseres Lebens 1945-1949; a. a. O., S. 38.
221 Ina Merkel: Leitbilder und Lebensweisen von Frauen in der DDR. Hartmut Kaelble/Jürgen Kocka/Hartmut Zwahr (Hg.): Sozialgeschichte der DDR. Stuttgart 1994, S. 362.
222 Marianne Feuersenger: Die garantierte Gleichberechtigung - ein umstrittener Sieg für Frauen. Freiburg 1980. Ute Gerhard: Die staatlich institutionalisierte »Lösung« der Frauenfrage. Hartmut Kaelble/Jürgen Kocka/Hartmut Zwahr: So-

zialgeschichte der DDR; a. a. O., S. 383 ff. Marieluise Janssen-Jurreit: Sexismus. Über die Abtreibung der Frauenfrage. München 1976.

223 Wolfgang R. Langenbucher/Ralf Rytlewski/Bernd Weyergraf (Hg.): Kulturpolitisches Wörterbuch; a. a. O., S. 211.

224 Barbara Willenbacher: Zerrüttung und Bewährung der Nachkriegsfamilie. Martin Broszat/Klaus-Dietmar Henke/Hans Woller (Hg.): Von Stalingrad zur Währungsreform; a. a. O., S. 599.

225 Angela Vogel: Familie. Wolfgang Benz (Hg.): Die Bundesrepublik Deutschland. Geschichte in 3 Bde. Bd. 2: Gesellschaft. Frankfurt am Main 1983, S. 103 ff.

226 Jost Hermand: Kultur im Wiederaufbau. Die Bundesrepublik Deutschland 1945–1969. München 1986, S. 79.

227 Cordelia Edvardson: Gebranntes Kind sucht das Feuer. München 1986.

228 Thomas Mann: Doktor Faustus. Das Leben des deutschen Tonsetzers Adrian Leverkühn, erzählt von einem Freunde. Frankfurt am Main 1981.

229 Georg Denzler/Volker Fabricius: Christen und Nationalsozialisten. Darstellung und Dokumente. Frankfurt am Main 1993, S. 228. Ferner Martin Greschat: Im Zeichen der Schuld. 40 Jahre Stuttgarter Schuldbekenntnis. Eine Dokumentation. Neukirchen-Vluyn 1985.

230 Ebd., S. 348.

231 Georg Denzler/Volker Fabricius: Christen und Nationalsozialisten; a. a. O., S. 347.

232 Karl Barth: Offene Briefe 1945–1968. Zürich 1984.

233 Julius Ebbinghaus: Was ist Existentialphilosophie? Die Neue Zeitung, 28. 7. 1947.

234 Hans Daiber: Deutsches Theater seit 1945. Bundesrepublik Deutschland, Deutsche Demokratische Republik, Österreich, Schweiz. Stuttgart 1976, S. 33.

235 Jean-Paul Sartre: Die Fliegen. Die schmutzigen Hände. Zwei Dramen. Reinbek bei Hamburg 1961, S. 59, 70 f.

236 Kurt Rossmann: Martin Heideggers Holzwege. Der Monat, Heft 21/1950, S. 236 ff.

237 Albert Camus: Der Mythos von Sisyphos. Ein Versuch über das Absurde. Hamburg 1959, S. 101.

238 Jost Hermand: Kultur im Wiederaufbau; a. a. O., S. 103.

239 Alfred Döblin: Schicksalsreise. Bericht und Bekenntnis. Ausgewählte Werke in Einzelbänden. In Verbindung mit den Söhnen des Dichters hg. von Riley, Anthony W. Solothurn, Düsseldorf 1993.

240 F. C. Weiskopf: Denk ich an Deutschland in der Nacht … Die Themenkreise der deutschen Literatur im Exil. Die Neue Zeitung, 7. 2. 1947.

241 Hans-Albert Walter: Deutsche Exilliteratur 1933–1950. Darmstadt und Neuwied 1972 ff.

242 Hans Daiber: Deutsches Theater seit 1945; a. a. O., S. 8.

243 Ebd., S. 54 ff.

244 Jost Hermand: Kultur im Wiederaufbau; a. a. O., S. 94.

245 Das vernachlässigte Exil. Hans-Albert Walter im Gespräch mit Lerke von Saalfeld. Rundfunkmanuskript/Deutschlandfunk, 24. 9. 1989, S. 3.

246 Horst Möller: Exodus der Kultur. München 1984, S. 51 ff.
247. Wolfgang R. Langenbucher/Ralt Rytlewski/Bernd Weyergraf (Hg.): Kulturpolitisches Wörterbuch.; a. a. O, S. 173.
248 Maritta Hein-Kremer: Die amerikanische Kulturoffensive. Gründung und Entwicklung der »Information Centers« in Westdeutschland und West-Berlin (1945–1955). Beiträge zur Kulturpolitik, Bd. 5. Köln 1966.
249 Erich Kästner: Notabene 45; a. a. O., S. 83.
250 Die »Weiße Liste« deutscher Kultur. Die Neue Zeitung, 25. 10. 1945. Henric L. Wuermeling: Die weiße Liste. Umbruch der politischen Kultur in Deutschland. Berlin 1981.
251 Hans Daiber: Deutsches Theater seit 1945; a. a. O., S. 42.
252 Jost Hermand: Kultur im Wiederaufbau; a. a. O., S. 89 f. Ferner Franz Knipping/Jacques Le Rider/Karl Mayer (Hg.): Frankreichs Kulturpolitik in Deutschland 1945–1950. Ein Tübinger Symposium am 19./20. 9. 1985. Tübingen 1987.
253 Ilse Spittmann/Gisela Helwig (Hg.): DDR-Lesebuch; a. a. O., S. 208.
254 »Zeit des Neubeginns«. Gespräch mit Sergej Tulpanow. Neue Deutsche Literatur, Nr. 9/1979, S. 42 f.
255 Kulturbund zur demokratischen Erneuerung Deutschlands. Ilse Spittmann/Gisela Helwig (Hg.): DDR-Lesebuch; a. a. O., S. 212.
256 Manfred Jäger: Kultur und Politik in der DDR 1945–1990 Köln. 1994, S. 7.
257 Magdalena Heider: Politik – Kultur – Kulturbund. Zur Gründungs- und Frühgeschichte des Kulturbundes zur demokratischen Erneuerung Deutschlands 1945–1954 in der SBZ/DDR. Köln 1993, S. 33 ff.
258 Hans Mayer: Die umerzogene Literatur. Deutsche Schriftsteller und Bücher 1945–1967. Berlin 1988, S. 45.
259 Bernhard Zeller (Hg.): »Als der Krieg zu Ende war.« Literarisch-politische Publizistik 1945–1950. Eine Ausstellung des Deutschen Literaturarchivs im Schiller-Nationalmuseum, Marbach a. N., Katalog Nr. 23. Stuttgart 1973, S. 50.
260 Hans Mayer: Die umerzogene Literatur; a. a. O., S. 45.
261 Frank Trommler: Sozialistische Literatur in Deutschland. Ein historischer Überblick. Stuttgart 1976, S. 681 f.
262 David Pike: The Kulturbundbau: Causes, Context and Consequences. Bernard Genton/Cyril Buffet: Die vier Besatzungsmächte und die Kultur in Berlin 1945–1949. Berlin 1997.
263 Gerd Dietrich: Programm zur Erneuerung der deutschen Kultur: Zur Ersten Zentralen Kulturtagung der KPD 1946. Zeitschrift für Geschichtswissenschaft, Jg. 34/1986, S. 483 ff.
264 Joachim Streisand: Kulturgeschichte der DDR. Studien zu ihren historischen Grundlagen und ihren Entwicklungsetappen. Köln 1981, S. 79 f.
265 Joachim-Rüdiger Groth/Karin Groth: Materialien zu Literatur im Widerspruch. Gedichte und Prosa aus 40 Jahren DDR. Kulturpolitischer Überblick und Interpretationen. Köln 1993, S. 5 f.
266 Matthias Herrmann: »Nicht, daß wir die Tradition gerettet hätten.« Musik, Oper und Theater im Jahre 1945 in Dresden. Dresdner Hefte, Heft 1/1995, S. 99 ff.

267 Albrecht Goes: Goethegedichte in dieser Zeit. Die Neue Zeitung, 28. 2. 1947
268 Thomas Mann: Ansprache im Goethejahr. Gehalten am 25. Juli 1949 in der Paulskirche zu Frankfurt am Main. Bernhard Zeller (Hg.): »Als der Krieg zu Ende war«; a. a. O., S. 492 f.
269 Friedrich Sieburg: Frieden mit Thomas Mann. Die Gegenwart, Heft 14/1949, S. 16.
270 Frankfurter Rundschau, 28. 7. 1949.
271 Frankfurter Neue Presse, 30. 7. 1949.
272 Wolfgang Harich: Das demokratische Deutschland grüßt Thomas Mann. Tägliche Rundschau, 31. 7. 1949.
273 Karl Jaspers: Unsere Zukunft und Goethe. Die Wandlung, Heft 7/8/1949, S. 584 ff.
274 Die Zeit, 28. 4. 1949.
275 Jochen G. Leithäuser: Das Goethejahr ist überstanden. Rückblick und Bilanz. Der Monat, Nr. 15/1949, S. 286 ff.
276 Erich Kuby: Die Russen in Berlin 1945. München, Bern, Wien 1965, S. 70.
277 Jürgen Reiche: Zukunft nach dem Ende. Hermann Glaser/Lutz von Pufendorf/Michael Schöneich (Hg.): So viel Anfang war nie. Deutsche Städte 1945–1949. Berlin 1989, S. 40 f.
278 Wolfgang Schivelbusch: Vor dem Vorhang. Das geistige Berlin 1945–1948. München 1995, S. 39 ff. Ferner Melanie Kanzler: Die Einflußnahme der amerikanischen Besatzungsmacht auf die Berliner Kulturpolitik in den Nachkriegsjahren 1945–1947, Berlin 1990.
279 Hans Borgelt: Das war der Frühling von Berlin. München 1980.
280 Bertolt Brecht: Arbeitsjournal. Frankfurt am Main 1973, S. 850.
281 Michael Semirjaga: Sowjetische Okkupation und das kulturelle Leben in Berlin. Bernard Genton/Cyril Buffet: Die vier Besatzungsmächte und die Kultur in Berlin 1945–1949. Berlin 1997.
282 Wolfgang Schivelbusch: Vor dem Vorhang; a. a. O., S. 55 f.
283 Budapester Kulturforum. Diskussionsbeiträge von Mitgliedern der DDR-Delegation. Berlin 1986, S. 21.
284 Franz Fühmann: Vor Feuerschlünden. Erfahrung mit Georg Trakls Gedicht. Rostock 1984, S. 84 f.
285 Manfred Riedel: Die Sage vom guten Anfang. Sinn und Form, Nr. 4/1992. Hans Mayer: Der Turm von Babel. Erinnerung an eine Deutsche Demokratische Republik. Frankfurt am Main 1991.
286 Otto Flake: Die geistige Hauptstadt. Badener Tagblatt, 20. 4. 1946.
287 Ludwig Eberlein: Kultur ohne Metropole. Der Tagesspiegel, 25. 11. 1948.
288 Peter Roos: Genius loci. Gespräche über Literatur und Tübingen. Pfullingen 1978, S. 33 f., 55, 81 f.
289 Günther Rühle: Die Wiederherstellung des Theaters. Hilmar Hoffmann/Heinrich Klotz (Hg.): Die Kultur unseres Jahrhunderts 1945–1960. Düsseldorf, Wien, New York 1991, S. 73.
290 Wolfgang Pöschl: Aida ohne Dekorationen. Ein gelungenes Experiment in Kassel. Die Neue Zeitung, 15. 11. 1946.

291 Gertrud Becker: Frankfurter Brief. Die Neue Zeitung, 1. 11. 1945.
292 Hans Daiber: Deutsches Theater seit 1945; a. a. O., S. 27.
293 Günther Rühle: Die Wiederherstellung des Theaters; a. a. O., S. 73 f.
294 Hans Daiber: Deutsches Theater seit 1945; a. a. O., S. 77 ff.
295 Jürgen Reiche: Zukunft nach dem Ende. Hermann Glaser/Lutz von Pufendorf/Michael Schöneich (Hg.): So viel Anfang war nie; a. a. O., S. 36.
296 Hans Daiber: Deutsches Theater seit 1945; a. a. O., S. 11 ff.
297 Bruno E. Werner: Kritik der Theaterkritik. Die Neue Zeitung, 30. 5. 1948.
298 Walther Schmieding: Kunst gab ich für Kohl. Die Entstehung der Ruhrfestspiele. Legende und Wirklichkeit. Frankfurter Allgemeine Zeitung, 26. 5. 1977.
299 Hans Daiber: Deutsches Theater seit 1945; a. a. O., S. 33.
300 Bruno E. Werner: Drei Aufführungen »Mord im Dom«. Die Neue Zeitung, 27. 10. 1947.
301 Hans Daiber: Deutsches Theater seit 1945; a. a. O., S. 67.
302 Heinz Pauck. »Draußen vor der Tür«. Uraufführung in den Hamburger Kammerspielen. Die Neue Zeitung, 24. 11. 1947.
303 Rhein-Neckar-Zeitung, 13. 12. 1947.
304 Fritz Erpenbeck: Lebendiges Theater. Berlin 1949, S. 287 f.
305 Hans Weigel: Die Komödie [Wien], Nr. 6/1947/48, S. 194 f.
306 Heinz Pauck: »Des Teufels General«. Deutsche Erstaufführung in Hamburg. Die Neue Zeitung, 21. 11. 1947.
307 Werner Schulze-Reimpell: Man spielte, was gefiel. Die Theater im Rheinland. Klaus Honnef/Hans M. Schmidt (Hg.): Aus den Trümmern. Kunst und Kultur im Rheinland und Westfalen 1945–1952. Köln 1985, S. 451 f.
308 Heimkehrer? Texte von Berthold Viertel, Fritz Kortner, Erwin Piscator. Theater heute, Heft 10/1970, S. 26.
309 Der letzte der Löwen. Peter Zadek 1959 über Fritz Kortner. Theater heute, Heft 11/1979, S. 18.
310 Henning Rischbieter: Berlin, Hebbel-Theater 1950. Im Gefängnis der Diktatur. Fritz Kortner inszeniert Schillers »Don Carlos«. Theater heute, Heft 2/1984, S. 43 ff.
311 Michael Walter: Hitler in der Oper. Deutsches Musikleben 1919–1945. Stuttgart, Weimar 1995.
312 Hans Daiber: Deutsches Theater seit 1945; a. a. O., S. 113.
313 Ottofritz Gaillard: Der Fall Hindemith. Aufbau, Heft 1/1947, S. 38.
314 Klaus Mann: Der Wendepunkt. Ein Lebensbericht. Frankfurt am Main und Hamburg 1963, S. 439 f.
315 Ulrich Dibelius: Musik. Wolfgang Benz (Hg.): Die Bundesrepublik Deutschland. Geschichte in 3 Bde. Bd. 3: Kultur. Frankfurt am Main 1983, S. 110 f.
316 Ernst Bloch: Das Prinzip Hoffnung. Dritter Band. Frankfurt am Main 1973, S. 1249 ff.
317 Ulrich Dibelius: Musik. Wolfgang Benz (Hg.): Die Geschichte der Bundesrepublik Deutschland. Bd. 4: Kultur. Frankfurt am Main 1989, S. 131 f.
318 Edmund Nick: Carl Orffs »Bernauerin«. Die Neue Zeitung, 11. 7. 1947.

319 Hans Heinz Stuckenschmidt: Luft vom anderen Planeten. Notizen über Arnold Schönberg. Frankfurter Allgemeine Zeitung, 12. 12. 1964.
320 Ulrich Dibelius: Musik. Wolfgang Benz (Hg.): Die Bundesrepublik Deutschland; a. a. O., S. 114.
321 Hans Heinz Stuckenschmidt: Kranichstein, das Schloß der Neutöner. Die Neue Zeitung, 8. 8. 1947.
322 Friedrich Herzfeld: Deutsches Musikleben auf neuen Bahnen. Aufbau, Heft 2/1946, S. 177 ff.
323 Hans Heinz Stuckenschmidt: Arnold Schönberg. Aufbau, Heft 12/1946, S. 1240 f.
324 Fritz Brust: »Abraxas« von Egk. Die Neue Zeitung, 12. 12. 1947.
325 Werner Suhr: Werner Egks »Abraxas«. Die Neue Zeitung, 10. 6. 1948.
326 Werner Egk: Die Zeit wartet nicht. Künstlerisches, Zeitgeschichtliches, Privates aus meinem Leben. München 1981, S. 398 ff.
327 Günter Neumann: Schwarzer Jahrmarkt. Eine Revue der Stunde Null. Berlin 1975, S. 5.
328 Erich Kästner: Der tägliche Kram. Gesammelte Schriften für Erwachsene. Bd. 7: Vermischte Beiträge II. München, Zürich 1969, S. 14
329 Ursula Herking: Danke für die Blumen – damals, gestern, heute. München 1973.
330 Robert Lucas: Die Briefe des Gefreiten Hirnschal. BBC-Radio-Satiren 1940–1945. Wien 1994, S. 263.
331 Klaus Budzinski: Wer lacht denn da? Kabarett von 1945 bis heute. Braunschweig 1989, S. 25 f.
332 Ebd., S. 25.
333 Friedrich Luft: Die gepolsterte Bank der Spötter. Zur Situation des politischen Cabarets in Deutschland. Der Monat, Heft 105/1957, S. 33.
334 Werner Finck: Silvesterrede 1945. Die Neue Zeitung, 31. 12. 1945.
335 Klaus Budzinski: Wer lacht denn da? a. a. O., S. 16.
336 Jürgen Pelzer: Kritik durch Spott. Satirische Praxis und Wirkungsprobleme im westdeutschen Kabarett. Frankfurt am Main, 1985, S. 63–84.
337 Klaus Budzinski: Satire mit Musik: Das Düsseldorfer »Kom(m)ödchen«. Das Schönste, Heft 10/1961, S. 360.
338 Wigand Lange: Antiamerikanismus und Zensur im Kabarett der Besatzungszeit 1945–1949. Frankfurter Hefte, Heft 2/1984, S. 56.
339 Volker Bohn: Deutsche Literatur seit 1945. Texte und Bilder. Frankfurt am Main 1993, S. 25.
340 Hans Mayer: Die umerzogene Literatur; a. a. O., S. 17.
341 Volker Bohn: Deutsche Literatur seit 1945; a. a. O., S. 29.
342 Wolfgang Borchert: Generation ohne Abschied. Da gibt es nur eins! Draußen vor der Tür und ausgewählte Erzählungen. Hamburg 1956, S. 125, 126.
343 Hans Mayer: Die umerzogene Literatur; a. a. O., S. 33.
344 Wolfgang Emmerich: Kleine Literaturgeschichte der DDR. Leipzig 1966, S. 91 f.
345 Ebd., S. 106.
346 Stephan Hermlin: Abendlicht. Berlin 1979. Karl Corino: Außen Marmor, innen Gips. Die Legenden des Stephan Hermlin. Düsseldorf 1996.

347 Joachim-Rüdiger Groth/Karin Groth: Materialien zu Literatur im Widerspruch. Gedichte und Prosa aus 40 Jahren DDR. Kulturpolitischer Überblick und Interpretationen. Köln 1993, S. 62 f.
348 Wolfgang Emmerich: Kleine Literaturgeschichte der DDR; a. a. O., S. 43.
349 Volker Bohn: Deutsche Literatur seit 1945; a. a. O., S. 14.
350 Klaus Völker: Bertolt Brecht. Eine Biographie. München, 1978, S. 363, 373.
351 Hans Mayer: Die umerzogene Literatur; a. a. O., S. 39.
352 Peter de Mendelssohn: Die verhinderten Hochverräter. Der Fall Becher. Der Monat, Heft 29/1951, S. 487.
353 Christoph Meckel: Suchbild. Über meinen Vater. Düsseldorf 1980, S. 167 ff.
354 Hans Egon Holthusen/Friedhelm Kemp: Ergriffenes Dasein. Deutsche Lyrik 1900–1950. Ebenhausen bei München 1953, S. 64.
355 Hans Mayer: Ein Deutscher auf Widerruf. Erinnerungen (I). Frankfurt am Main 1982, S. 320 f.
356 Heinrich Vormweg: Literatur. Wolfgang Benz (Hg.): Die Bundesrepublik Deutschland. Geschichte in 3 Bde. Bd. 3: Kultur. Frankfurt am Main 1983, S. 50 f.
357 Peter Rühmkorf: Die Jahre, die Ihr kennt. Anfälle und Erinnerungen. Reinbek bei Hamburg 1972, S. 88 f.
358 Nikolaus Born/Jürgen Manthey (Hg.): Literaturmagazin 7: Nachkriegsliteratur. Reinbek bei Hamburg 1977, S. 195. Ferner Christiane Deußen: Erinnerung als Rechtfertigung. Autobiographien nach 1945: Gottfried Benn – Hans Carossa – Arnolt Bronnen. Tübingen 1987.
359 Wolfgang Emmerich: Zwischen »Nullpunkt« und Nonkonformismus. Hilmar Hoffmann/Heinrich Klotz (Hg.): Die Kultur unseres Jahrhunderts 1945–1960. Düsseldorf, Wien, New York 1991, S. 64.
360 Günter Eich: Latrine. Gesammelte Werke. Bd. 1. Frankfurt am Main 1973, S. 36.
361 Hans Dieter Schäfer: Das gespaltene Bewußtsein. Über deutsche Kultur und Lebenswirklichkeit. 1944–1945. München 1981, S. 9 ff. Ferner Axel Vieregg: »Der eigenen Fehlbarkeit begegnet«. Günter Eichs Realitäten 1933–1945. Eggingen 1993.
362 Gottfried Benn: Ithaka. Gesammelte Werke in 8 Bdn. Hg. von Dieter Wellershoff. Bd. 6: Stücke aus dem Nachlaß. Szenen. Wiesbaden 1968, S. 1475 f.
363 Ders.: Reisen. Ebd., Bd. 1: Gedichte, S. 327.
364 Ders.: Probleme der Lyrik. Ebd., Bd. 4: Reden und Vorträge, S. 1087 f.
365 Hellmuth von Cube: Wir kennen die Melodie ... Die Neue Zeitung, 1. 2. 1948.
366 Hugo Steger: Sprache im Wandel. Wolfgang Benz (Hg.): Die Bundesrepublik Deutschland. Geschichte in 3 Bde. Bd. 3: Kultur. Frankfurt am Main 1983, S. 15 ff.
367 Dolf Sternberger/Gerhard Storz/W. E. Süskind: Aus dem Wörterbuch des Unmenschen. Hamburg 1957, S. 9.
368 Hans Habe: Im Jahre Null. Ein Beitrag zur Geschichte der deutschen Presse. München 1966, S. 123.
369 Gruppe 47. Zusammenschluß junger Autoren. Die Neue Zeitung, 7. 11. 1947.
370 Rainer Schauer: Von Hechten und Literaten. Vor fünfzig Jahren wurde in einem einsamen Haus die Gruppe 47 gegründet. Die Zeit, 16. 5. 1997.

371 Hans Werner Richter: Wie entstand und was war die Gruppe 47. Hans A. Neunzig (Hg.): Hans Werner Richter und die Gruppe 47. Frankfurt am Main, Berlin, Wien 1981, S. 52 ff.
372 Friedhelm Kröll: Literaturpreise nach 1945. Wegweiser in die Restauration. Jost Hermand/Helmut Peitsch/Klaus R. Scherpe (Hg.): Nachkriegsliteratur in Westdeutschland 1945–1949. Berlin 1982, S. 143 ff.
373 Günter Eich: Gesammelte Werke. Bd. I: Die Gedichte. Die Maulwürfe. Frankfurt am Main 1973, S. 247 f.
374 Hugo Steger: Sprache im Wandel; a. a. O., S. 23.
375 Manuel Gasser: Fragwürdigkeiten der deutschen Buchproduktion. Die Neue Zeitung, 4. 8. 1947.
376 Volker Bohn: Deutsche Literatur seit 1945; a. a. O., S. 62.
377 Gottfried Bermann Fischer: Bedroht – bewahrt. Der Weg eines Verlegers. Frankfurt am Main 1967, S. 225.
378 Bernhard Zeller (Hg.): »Als der Krieg zu Ende war«; a. a. O., S. 51.
379 Ebd., S. 51 f.
380 Wolfgang Emmerich: Kleine Literaturgeschichte der DDR; a. a. O., S. 48.
381 Ursula Heukenkamp: Haben wir uns richtig verstanden? Die Literatur der Bundesrepublik Erinnerungen aus der DDR. Aus Politik und Zeitgeschichte. Beilage zur Wochenzeitung »Das Parlament«, 22. 3. 1996, S. 6 ff.
382 Erich Kästner: Notabene 45; a. a. O., S. 134.
383 Rüdiger Bolz: Von Radio München zum Bayerischen Rundfunk. Friedrich Prinz (Hg.): Trümmerzeit in München. Kultur und Gesellschaft einer deutschen Großstadt im Aufbruch 1945–1949. München 1984, S. 241.
384 Hanna Brunhöber: Unterhaltungsmusik. Wolfgang Benz (Hg.): Die Geschichte der Bundesrepublik Deutschland. Bd. 4: Kultur. Frankfurt am Main 1989, S. 173 f.
385 Paul Höffer: Schlager oder Volkslied. Aufbau, Heft 2/1947, S. 150 f.
386 kleeblatt radio, Ausgabe 14/Juli 1995 und 15/Okt. 1995.
387 Werner Burkhardt: Musik der Stunde Null. ZEIT-Magazin, Nr. 46/47/1983, S. 37 f.
388 Oliver Hassencamp: Der Sieg nach dem Krieg. Die gute schlechte Zeit. München, Berlin o. J., S. 109 ff., 31 f.
389 Werner Burckhardt: Musik der Stunde Null; a. a. O., S. 44.
390 Paul Höffer: Jazz-Musik. Aufbau, Heft 5/1946, S. 541 f.
391 W. Hagen: Jazz. Wolfgang R. Langenbucher/Ralf Rytlewski/Bernd Weyergraf (Hg.): Kulturpolitisches Wörterbuch; a. a. O., S. 288 f.
392 Karl Dietrich Bracher u. a. (Hg.): Geschichte der Bundesrepublik Deutschland in fünf Bänden. Bd. 1. Theodor Eschenburg: Jahre der Besatzung 1945–1949. Stuttgart, Wiesbaden 1983, S. 137.
393 Peter von Zahn: Der zweite Anfang des deutschen Rundfunks. Vortrag. Rundfunkmanuskript des Bayerischen Rundfunks, 27. 6. 1987, S. 3, 1 f. Ferner ders.: Stimme der ersten Stunde. Erinnerungen 1913–1951. Stuttgart 1991.
394 Axel Eggebrecht: Der halbe Weg. Zwischenbilanz einer Epoche. Reinbek bei Hamburg 1975, S. 339 f.

395 Sabine Friedrich: Rundfunk und Besatzungsmacht. Organisation, Programm und Hörer des Südwestfunks 1945 bis 1949. Baden-Baden 1991.
396 Hans Bausch: Rundfunkpolitik nach 1945. Erster Teil: 1945–1962. München 1980, S. 149.
397 Susan Boenke/Konrad von Zwehl (Hg.): »Angesichts des Trümmerfeldes ...«; a. a. O., S. 78 f.
398 Edgar Lersch: Auf neuer Welle. Der Rundfunk in den Westzonen. Hermann Glaser/Lutz von Pufendorf/Michael Schöneich (Hg.): So viel Anfang war nie. Deutsche Städte 1945–1949. Berlin 1989, S. 282.
399 Karl Dietrich Bracher u. a. (Hg.): Geschichte der Bundesrepublik Deutschland in fünf Bänden; a. a. O., S. 138. Ferner Michael Tracey: Sir Hugh Greene. Eine Biographie. Berlin 1984.
400 Wolfgang Mühl-Benninghaus: Medienpolitische Probleme in Deutschland zwischen 1945 und 1989. Heide Riedel (Hg.): »Mit uns zieht die neue Zeit ...« Eine Ausstellung des Deutschen Rundfunk-Museums. Berlin 1994, S. 10.
401 Norbert Frei: Die Presse. Wolfgang Benz (Hg.): Die Geschichte der Bundesrepublik Deutschland. Bd. 4: Kultur. Frankfurt am Main 1989, S. 370 ff. Ferner Kurt Koszyk: Pressepolitik für Deutsche 1945–1949. Geschichte der deutschen Presse. Teil IV. Berlin 1986. Wolf-Dietrich Nahr: Die befohlene Pressefreiheit. Deutsche und amerikanische Medienpolitik 1946–1953. Berlin 1991. Dietrich Oppenberg (Hg.): Handbuch Deutsche Presse 1947. Reprint des Zeitungsteils. Düsseldorf 1996.
402 Stefan Heym: Nachruf. München 1988. Michael Söllner: Presse – Verordnete Vielfalt. Hermann Glaser/Lutz von Pufendorf/Michael Schöneich (Hg.): So viel Anfang war nie; a. a. O., S. 271.
403 Heinz-Dietrich Fischer: Reeducations- und Pressepolitik unter britischem Besatzungsstatus. Die Zonenzeitung »Die Welt« 1946–1950. Konzeption, Artikulation und Rezeption. Düsseldorf 1978.
404 Rudolf Reinhardt: Zeitungen und Zeiten. Köln 1988, S. 32 ff.
405 Hans-Jörg Heims: Erinnerung an ein Zentralorgan. Seit 50 Jahren gibt es die Tageszeitung »Neues Deutschland«. Süddeutsche Zeitung, 23. 4. 1996.
406 Karl-Heinz Janßen: Die Zeit in der ZEIT. 50 Jahre einer Wochenzeitung. Berlin 1995.
407 Gerd Bucerius: Vom Wesen der Demokratie. Die Qualen des Neuanfangs 1945, gespiegelt in den Artikeln eines großen Journalisten: Ernst Friedlaender. Die Zeit, 25. 3. 1983. Norbert Frei/Franziska Friedlaender (Hg.): Ernst Friedlaender zur Zeit. Leitartikel aus den Jahren 1946–1949. München 1982.
408 Marion Gräfin Dönhoff: Namen, die keiner mehr nennt. Ostpreußen – Menschen und Geschichte. München 1964.
409 Hans Dieter Jaene: Der Spiegel. Ein deutsches Nachrichten-Magazin. Frankfurt am Main, Hamburg 1968.
410 Deutsches Allgemeines Sonntagsblatt, 1. 10. 1967.
411 Ursula von Kardorff: Berliner Aufzeichnungen 1942 bis 1945; a. a. O., S. 342.
412 Karl Dietrich Bracher u. a. (Hg.): Geschichte der Bundesrepublik Deutschland in fünf Bänden; a. a. O., S. 157.

413 Die Neue Zeitung, 13. 1. 1947.
414 Rudolf Pechel: Mutter aller Kultur. Aufbau, Heft 3/1945, S. 298.
415 »Sinn und Form«. Reprintausgabe der ersten zehn Jahrgänge (1949–1958). Nördlingen 1988.
416 Heinrich Vormweg: Literatur im Asyl. Nicolas Born/Jürgen Manthey (Hg.): Nachkriegsliteratur. Literaturmagazin 7. Reinbek bei Hamburg 1977, S. 203.
417 Ingrid Laurien: Politisch-kulturelle Zeitschriften in den Westzonen von 1945–1949. Helga Grebing (Hg.): Zur Politischen Kultur im Nachkriegsdeutschland. Politische und kulturelle Zeitschriften in Deutschland 1945–1949. Projektantrag Göttingen 1980 (unveröffentlicht).
418 Heinrich Vormweg: Literatur im Asyl; a. a. O., S. 203.
419 Der Monat, Heft 1/1948, S. 3.
420 Friedrich P. Kahlenberg: Film. Wolfgang Benz (Hg.): Die Bundesrepublik Deutschland. Geschichte in 3 Bdn. Bd. 3: Kultur. Frankfurt am Main 1983, S. 359 f.
421 Hermann Kadow: Kino von innen und außen. Frankfurter Hefte, Heft 5/1946, S. 7.
422 Hilmar Hoffmann/Heinrich Klotz (Hg.): Die Kultur unseres Jahrhunderts 1945–1960. Düsseldorf, Wien, New York 1991, S. 137 f.
423 Friedrich Luft: »Und über uns der Himmel«. Filmuraufführung mit Hans Albers. Die Neue Zeitung, 12. 12. 1947.
424 Harald Braun: Die Bedeutung der »Filmpause«. Zwang und Ziel einer Fastenzeit. Die Neue Zeitung, 12. 11. 1945.
425 Dieter Krusche: Reclams Filmführer. Stuttgart 1973, S. 157 f.
426 Erich Kästner: Treffpunkt Zürich. Die Neue Zeitung, 21. 11. 1947.
427 Bruno E. Werner: Kunst in der Katakombe. Nordwestdeutsche Hefte, Heft 3/1946. Charles Schüddekopf: Vor den Toren der Wirklichkeit. Deutschland 1946–1947 im Spiegel der Nordwestdeutschen Hefte. Berlin, Bonn 1980, S. 343.
428 Georg Meistermann: Die Legende von der Stunde Null. Über die Umwege bei der Vergangenheitsbewältigung. Süddeutsche Zeitung, 14./15. 2. 1981.
429 Doris Schmidt: Bildende Kunst. Wolfgang Benz (Hg.): Die Bundesrepublik Deutschland. Geschichte in 3 Bdn; a. a. O., S. 183.
430 Markus Krause: Galerie Gerd Rosen. Die Avantgarde in Berlin 1945–1950. Berlin 1995.
431 Doris Schmidt: Briefe an Günther Franke. Portrait eines deutschen Kunsthändlers. Köln 1970, S. 179.
432 Akademie der Künste Berlin: Als der Krieg zu Ende war. Kunst in Deutschland 1945–1950. Katalog. Berlin 1975, S. 9.
433 Ernst Wiechert: Über Kunst und Künstler. Das Gedicht. Blätter für Dichtung, Hamburg 1946. Berndt Schmidt/Hannes Schwenger: Die Stunde Eins. Erzählungen, Reportagen, Essays aus der Nachkriegszeit. München 1982, S. 47 ff.
434 Hans Sedlmayr: Verlust der Mitte. Die bildende Kunst des 19. und 20. Jahrhunderts als Symptom und Symbol der Zeit. Frankfurt am Main 1955, S. 88, 133.

435 H. G. Evers (Hg.): Darmstädter Gespräch. Das Menschenbild unserer Zeit. Darmstadt 1950, S. 150 f.

436 Gerhard Finckh: Die Suche nach dem »richtigen« Stil - Kunstdiskussion in München 1945–1949. Friedrich Prinz (Hg.): Trümmerzeit in München; a. a. O., S. 113.

437 Friedrich Adama von Scheltema: Ist der Expressionismus noch junge Kunst? Prisma, Heft 2/1946, S. 17 f. H. Lüdecke: Die Tragödie des Expressionismus. Notizen zu seiner Soziologie. Bildende Kunst, Heft 3/1949, S. 109 ff.

438 Heinz Trökes: Der Surrealismus. Das Kunstwerk, Heft 8/1947, S. 30 ff.

439 Barbara Klie: Übergangszeit. Drei Phasen der Kunst nach dem Krieg. Der Monat, Heft 200/1965, S. 100.

440 Bernhard Schulz (Hg.): Grauzonen Farbwelten. Kunst und Zeitbilder 1945–1955. Katalog zur Ausstellung der Neuen Gesellschaft für Bildende Kunst. Berlin, Wien 1983, S. 189, 220.

441 Wilhelm Uhde: Abstrakte Malerei. Die Umschau, Heft 2/1946, S. 187 f.

442 Wieland Schmied: Zeitgenössische Kunst: Entwicklungen der deutschen Malerei von 1945 bis zu den siebziger Jahren. Universitas, Heft 12/1979, S. 1253 f.

443 Gerhard Finckh: ZEN 49. Friedrich Prinz (Hg.): Trümmerzeit in München; a. a. O., S. 120.

444 Eberhard Hempel: Ruinenschönheit. Zeitschrift für Kunst, 2. Jg./1948, S. 76 f.

445 Karin Thomas: Zweimal deutsche Kunst nach 1945. 40 Jahre Nähe und Ferne. Köln 1985, S. 10 f.

446 Eckhart Gillen: Kunst in der Sowjetischen Besatzungszone und in der DDR 1945–1990. Text zur Dia-Serie. Inter Nationes Bonn.

447 Hermann Henselmann: Zielbewußte Kunstausstellung. Aufbau, Heft 4/1946, S. 428.

448 Gabriele Muschter/Klaus Honnef (Hg.): Westchor Ostportal. 12 Positionen zeitgenössischer Kunst in Deutschland. Berlin 1995, S. 19.

449 Rainer Zimmermann: Expressiver Realismus. Malerei der verschollenen Generation. München 1994, S. 201, 191 ff. Ferner Karin Thomas: Zweimal deutsche Kunst nach 1945; a. a. O., S. 26 ff.

450 Klaus Honnef/Hans M. Schmidt (Hg.): Aus den Trümmern. Kunst und Kultur im Rheinland und Westfalen 1945–1952. Köln 1985, S. 325.

451 Weser-Kurier, 5. 12. 1945.

452 Walter Gropius reist im Auftrag der amerikanischen Militärregierung durch Deutschland. Der Spiegel, Jan. 1948.

453 Otto Bartning: Ketzerische Gedanken am Rande der Trümmerhaufen. Frankfurter Hefte, Heft 1/1946, S. 64.

454 Hans Schwippert: Theorie und Praxis (1944; mit einem Nachwort versehen Ende 1946). Baukunst und Werkform, Nr. 2/1947.

455 50 Jahre Deutscher Werkbund. Im Auftrage des Deutschen Werkbundes hg. von der Landesgruppe Hessen, bearb. von Hans Eckstein. Frankfurt am Main, Berlin 1958, S. 36.

456 Philipp Rappaport: Der Wiederaufbau der deutschen Städte. Essen 1945. J. C. Rossaint: Vom Neuaufbau unserer Heimat, Düsseldorf 1945, S. 4.

457 Magistrat der Stadt Kiel (Hg.): Bürger bauen eine neue Stadt. Kiel 1956, S. 33 f.
458 Martin Wagner: Baumeister von Deutschland. Aufbau, Heft 9/1946, S. 881.
459 Alfons Leitl: Erwägungen und Tatsachen zum deutschen Städte-Aufbau. Frankfurter Hefte, Heft 4/1946, S. 64.
460 Großstadt der Zukunft. Pläne zum Wiederaufbau Berlins. Die Neue Zeitung, 23. 8. 1946. Hans Scharoun: Zur Ausstellung »Berlin plant«. Neue Bauwelt, Heft 10/1946, S. 3.
461 Vittorio M. Lampugnani: Wiederaufbau? Unmöglich. Deutsche Stadtplanung nach 1945. Keine »Stunde Null«. Frankfurter Allgemeine Zeitung, 24. 8. 1983. Wieder-Aufbau oder Neubeginn? Die Legende von der »Stunde Null«. Bauwelt, Nr. 48/1981, Nr. 48/1984.
462 Werner Durth/Niels Gutschow: Träume in Trümmern. Stadtplanung 1940–1950. München 1993, S. 156 ff.
463 Lothar Bolz: Von deutschem Bauen. (Ost-)Berlin 1951, S. 32 ff.
464 Bruno E. Werner: Romantik oder Wirklichkeit? Gedanken über den Wiederaufbau. Die Neue Zeitung, 25. 7. 1947.
465 Werner Durth u. a. (Hg.): 1945. Krieg – Zerstörung – Aufbau. Architektur und Stadtplanung 1940–1960. Schriftenreihe der Akademie der Künste, Bd. 23. Berlin 1995, S. 278 f.
466 Ebd., S. 272 ff.
467 Ebd., S. 275.

Zweiter Teil: Das geteilte Deutschland

1 Hans-Christian Huf (Hg.): Das Land der großen Mitte. Gespräche über die Kultur der Bundesrepublik. Düsseldorf, Wien, New York 1989.
2 Hans Riehl: Die Mark. Die aufregende Geschichte einer Weltwährung. Hannover 1978.
3 Karl Schnog: Wann wird das sein? Ulenspiegel Nr. 5/1948, S. 2.
4 Dieter Bänsch (Hg.): Die fünfziger Jahre. Beiträge zu Politik und Kultur. Tübingen 1985, S. 225 f. Ferner F. Ehmke: Schlechte Noten. Werk und Zeit, Nr. 6/1952.
5 Lambert Schneider: Neubeginn 1945–1950. Rechenschaft über vierzig Jahre Verlagsarbeit 1925–1965. Ein Almanach. Heidelberg 1965, S. 90 f.
6 Deutscher Bundestag/Bundesarchiv (Hg.): Der Parlamentarische Rat 1948–1949. Akten und Protokolle. Bd. 8: Die Beziehungen des Parlamentarischen Rates zu den Militärregierungen. Boppard am Rhein 1995.
7 Grundgesetz für die Bundesrepublik Deutschland von 23. 5. 1949. Textausgabe mit Erläuterungen von Prof. Dr. Friedrich Giese. Frankfurt am Main 1949. Karlheinz Niclauß: »Restauration« oder Renaissance der Demokratie? Die Entstehung der Bundesrepublik Deutschland 1945–1949. Beiträge zur Zeitgeschichte. Hg. von Peter Haungs und Eckhard Jesse. Bd. 10. Berlin 1982.

8 Wolfgang Benz (Hg.): »Bewegt von der Hoffnung aller Deutschen«. Zur Geschichte des Grundgesetzes. Entwürfe und Diskussionen 1941–1949. München 1979.
9 Gerhard Hirscher: Carlo Schmid und die Gründung der Bundesrepublik. Eine politische Biographie. Bochum 1986. Dieter Gosewinkel: Adolf Arndt. Die Wiederbegründung des Rechtsstaats aus dem Geist der Sozialdemokratie (1945–1961). Bonn 1991.
10 Wolfgang Benz (Hg.): »Bewegt von der Hoffnung aller Deutschen«. Zur Geschichte des Grundgesetzes. Entwürfe und Diskussionen 1941–1949; a. a. O., S. 492 ff.
11 Karl Dietrich Bracher u. a. (Hg.): Geschichte der Bundesrepublik Deutschland in 5 Bdn. Bd. 2. Hans-Peter Schwarz: Die Ära Adenauer. Gründerjahre der Republik. 1949–1957. Stuttgart, Wiesbaden 1981, S. 27.
12 Klaus Hohlfeld: Dokumente der Deutschen. Politik und Geschichte von 1848 bis zur Gegenwart. VI. Band: Deutschland nach dem Zusammenbruch 1945. Berlin – München, o. J., S. 390 ff.
13 Rudolf Mittendorfer: Robert Schuman – Architekt des neuen Europa. Hildesheim 1983.
14 Peter Koch: Konrad Adenauer. Eine politische Biographie. Reinbek bei Hamburg 1985, S. 432 ff.
15 Konrad Adenauer: Erinnerungen 1945–1953. Stuttgart 1965, S. 45.
16 Walter Müller-Bringmann: Das Buch von Friedland. Göttingen 1956.
17 Thomas Allan Schwartz: America's Germany. John J. McCloy and the Federal Republic of Germany. Cambridge, London 1991. Kai Bird: The Chairman. John J. McCloy: The Making of the American Establishment. New York 1992.
18 Die Kabinettsprotokolle der Bundesregierung. Hg. von Hans Booms. Bearb. von Ulrich Enders und Konrad Reiser. Boppard 1982 ff.
19 Hans Maier: Die Deutschen und die Freiheit. Perspektiven der Nachkriegszeit. Stuttgart 1985, S. 29. Ferner Konrad Adenauer: Teegespräche 1950–1954. Rhöndorfer Ausgabe. Hg. von Rudolf Morsey und Hans Peter Schwarz im Auftrag der Stiftung Bundeskanzler-Adenauer-Haus, bearb. von Hanns Jürgen Küsters. Berlin 1984.
20 Golo Mann: Konrad Adenauer, Staatsmann aus Sorge. Frankfurter Allgemeine Zeitung, 14. 2. 1976.
21 Norbert Frei: Vergangenheitspolitik. Die Anfänge der Bundesrepublik und die NS-Vergangenheit. München 1996. Manfred Kittel: Die Legende von der »Zweiten Schuld«. Vergangenheitsbewältigung in der Ära Adenauer. Berlin, Frankfurt am Main 1993.
22 Stephan Reinhardt: Der Fall Globke. Die Neue Gesellschaft/Frankfurter Hefte, Heft 5/1995, S. 437.
23 Hans Schwab-Felisch: Die Affäre Harlan. Der Monat, Heft 28/1951, S. 414 ff.
24 Norbert Frei: Amnestiepolitik der Bonner Anfangsjahre. Die Westdeutschen und die NS-Vergangenheit. Universitas, Heft 12/1996, S. 1155 f.
25 Theodor W. Adorno: Auferstehung der Kultur in Deutschland? Frankfurter Hefte, Heft 5/1950, S. 169 ff. Ferner Eugen Kogon: Die restaurative Republik. Zur Geschichte der Bundesrepublik Deutschland. Weinheim 1996.

26 Konrad Adenauer: Erinnerungen; a. a. O., S. 173. Ferner Reiner Pommerin: Von Berlin nach Bonn. Die Alliierten, die Deutschen und die Hauptstadtfrage nach 1945. Köln, Wien 1989.
27 Hermann Proebst: Adenauer. Vierzehn Jahre mit Adenauer. Sonderbeilage der Süddeutschen Zeitung, 15. 10. 1963.
28 Wolfgang Koeppen: Das Treibhaus (1953). Berlin-Grunewald, o. J., S. 29.
29 Konrad Adenauer – Theodor Heuss. Unter vier Augen. Gespräche aus den Gründerjahren 1949–1959. Bearb. von Hans Peter Mensing. Berlin 1997.
30 Hermann Rudolph: Papa wider Willen. Zeit-Magazin, Jg. 1984. Ferner Hildegard Hamm-Brücher/Hermann Rudolph: Theodor Heuss. Eine Bildbiographie. Stuttgart 1983. Ingelore M. Winter: Theodor Heuss. Ein Porträt. Tübingen 1983.
31 Erich Mende: Theodor Heuss in Bayern. Zum 100. Geburtstag des ersten Bundespräsidenten. Bayerischer Rundfunk. Sendemanuskript, 29. 1. 1984, S. 2.
32 Friedrich Henning (Hg.): Theodor Heuss; Lieber Dehler! Mit einem Geleitwort Hildegard Hamm-Brüchers. München 1983.
33 Erich Mende: Das verdammte Gewissen. Zeuge der Zeit 1921–1945. München-Berlin 1982.
34 Ders.: Theodor Heuss in Bayern; a. a. O., S. 9. Ferner Theodor Eschenburg: Heuss als Schriftsteller. Merkur, Nr. 151/1960, S. 868 ff.
35 Theodor Heuss zum 10. Jahrestag der Erklärung der Menschenrechte. Aus Politik und Zeitgeschichte. Beilage zur Wochenzeitung »Das Parlament«, 24. 12. 1958, S. 679.
36 Theodor Heuss: Dank und Bekenntnis. Gedenkrede zum 20. Juli 1944. Tübingen 1954.
37 Konrad Adenauer – Theodor Heuss. Ein Briefwechsel. Das Parlament, April 1977.
38 Symbole für das neue Deutschland. Welcher Name? Welche Hymne? Welcher Feiertag? Die Zeit, 15. 6. 1990.
39 Friedrich Thomas: Aspekte der Verfassungsentwicklung und der individuellen (Grund)Rechtsposition in der DDR. Hartmut Kaelble/Jürgen Kocka/Hartmut Zwahr (Hg.): Sozialgeschichte der DDR. Stuttgart 1994, S. 487
40 Hans Georg Lehmann: Deutschland-Chronik. 1945 bis 1995. Bonn 1995, S. 75.
41 Arnulf Baring: Auskunft über Ulbricht. Merkur, Heft 10/11/1964, S. 1090. Carola Stern: Walter Ulbricht. Köln 1964.
42 Joachim-Rüdiger Groth: Literatur im Widerspruch. Gedichte und Prosa aus 40 Jahren DDR. Köln 1993, S. 22.
43 Friedrich Dieckmann: Konspiration mit der Vormacht. ZEIT-Punkte: Vom Reich zur Republik, Nr. 2/1992, S. 92.
44 Richard Crossman: The God that failed. Paris 1950.
45 Hermann Weber: Mit Zwang und Betrug. ZEIT-Punkte: Vom Reich zur Republik, Nr. 2/1992, S. 70.
46 Klaus Schröder: Wilhelm Pieck, sei unser Gast. Eine Untersuchung über Arbeiterinteressen und Sozialpolitik in der DDR. Frankfurter Allgemeine Zeitung, 29. 11. 1995. Ferner Peter Hübner: Konsens, Konflikt und Kompromiß. Soziale Arbeiterinteressen und Sozialpolitik in der SBZ/DDR 1945 bis 1970. Berlin 1995.

47 Wilfried Loth: Stalins ungeliebtes Kind. Warum Moskau die DDR nicht wollte. Berlin 1994. Heinrich Potthoff: Bonn und Ost-Berlin 1969–1982. Dialog auf höchster Ebene und vertrauliche Kanäle. Darstellung und Dokumente. Bonn 1997.

48 Friedrich Dieckmann: Konspiration mit der Vormacht; a. a. O., S. 92.

49 Peter Bender: Im Gegensatz verbunden. Westdeutsche und ostdeutsche Staatschefs. Merkur, Heft 7/1996, S. 596.

50 Monika Maron: Stille Zeile Sechs. Roman. Frankfurt am Main 1991, S. 200, 30, 156.

51 Gabriele Baumgartner/Dieter Hebig (Hg.): Biographisches Handbuch der SBZ/DDR 1945–1990. München 1996 ff. Bernd-Rainer Barth/Christoph Links u. a.: Wer war Wer in der DDR? Ein biographisches Handbuch. Frankfurt am Main 1995.

52 Peter Bender: Im Gegensatz verbunden; a. a. O., S. 592 ff. Ders.: Episode oder Epoche? Zur Geschichte des geteilten Deutschland. München 1996.

53 Wilhelm Hennis: Der deutsche Bundestag 1949–1965. Der Monat, 215/1966, S. 27 ff.

54 Theodor Eschenburg: Herrschaft der Verbände. Stuttgart 1955, u. a. S. 28 ff., 87.

55 Heinrich G. Ritzel: Kurt Schumacher in Selbstzeugnissen und Bilddokumenten. Reinbek bei Hamburg 1972. Willi Albrecht: Kurt Schumacher – Reden, Schriften, Korrespondenzen 1945–1952. Bonn 1985. Arno Scholz/Walter G. Oschilewski: Turmwächter der Demokratie. Ein Lebensbild von Kurt Schumacher. Bd. I: Sein Weg durch die Zeit. Bd. II: Reden und Schriften. Bd. III: Als er von uns ging. Berlin 1953.

56 Hans-Jochen Vogel: Schumachers Werk ist nicht davor gefeit, mißbraucht zu werden. Sein Erbe wirkt in der SPD weiter. Vorwärts, 12. 10. 1985.

57 Brigitte Seebacher-Brandt: Ollenhauer. Biedermann und Patriot. Berlin 1984. Ferner Volker Ulrich: Der Typus eines SPD-Funktionärs alter Schule. Frankfurter Rundschau, 17. 11. 1984. Arnulf Baring: Ausersehen, vergessen zu werden. Ollenhauers Weg in die Nachkriegspolitik. Frankfurter Allgemeine Zeitung, 6. 12. 1984.

58 Petra Weber: Carlo Schmid 1896–1979. Eine Biographie. München 1996.

59 Wilhelm Mommsen: Deutsche Parteiprogramme. Berlin-München 1961, S. 114 ff. Klaus Lompe: Zwanzig Jahre Godesberger Programm der SPD. Aus Politik und Zeitgeschichte. Beilage zur Wochenzeitung »Das Parlament«, 17. 11. 1979, S. 3 ff. Kurt Kotzbach: Der Weg zur Staatspartei. Programmatik, praktische Politik und Organisation der deutschen Sozialdemokratie 1945 und 1965. Berlin-Bonn 1982.

60 F. R. Allemann: Bonn ist nicht Weimar. Köln 1956.

61 Wolf-Dieter Narr: CDU–SPD. Programm und Praxis seit 1945. Berlin, Köln, Mainz 1966, S. 209 ff.

62 Daniel Koerfer: Kampf ums Kanzleramt. Erhard und Adenauer. Stuttgart 1987.

63 Hans Maier: Die Deutschen und die Freiheit; a. a. O., S. 19.

64 Hans-Christian Huf (Hg.): Das Land der großen Mitte; a. a. O., S. 67. Ferner

Volker Hentschel: Ludwig Erhard. Ein Politikerleben. München/Landsberg 1996. Christoph Heusgen: Ludwig Erhards Lehre von der Sozialen Marktwirtschaft. Ursprünge, Kerngehalt, Wandlungen. Stuttgart 1981. Volkhard Laitenberger: Ludwig Erhard. Der Nationalökonom als Politiker. Göttingen 1986.

65 A. J. Nicholls: Freedom with Responsibility. The Social Market Economy in Germany 1918–1963. Oxford 1994.

66 Nikolaus Piper: Was würde Erhard heute tun? Die Zeit, 24. 5. 1996.

67 Ludwig Erhard: Wohlstand für alle. Düsseldorf 1990, S. 23.

68 Hans Georg Lehmann: Chronik der Bundesrepublik Deutschland. 1945/49 bis heute. München 1989, S. 51.

69 Hermann Schreiber: Der gute Mensch vom Tegernsee. Der Spiegel, 37/1965, S. 27 ff.

70 Der Spiegel, 21. 7. 1965, S. 18.

71 Johannes Gross: Erhards Regentschaft. Die zweite Kanzlerdemokratie. Der Monat, 192/1964, S. 8. Ferner Rüdiger Altmann: Das Erbe Adenauers. Stuttgart 1960. Karl Hermann Flach: Erhards schwerer Weg. Stuttgart 1963.

72 Sigrid Mayer: Friedrich Dürrenmatt. Der Besuch der alten Dame. Grundlagen und Gedanken zum Verständnis des Dramas. Frankfurt am Main, Berlin, München 1983. Friedrich Dürrenmatt: Der Besuch der alten Dame. Komödien I. Zürich 1957, S. 355 f.

73 Alexander und Margarete Mitscherlich: Die Unfähigkeit zu trauern. Grundlagen kollektiven Verhaltens. München 1967, S. 24 ff., 19.

74 Gerd Gaiser: Schlußball. Aus den schönen Tagen der Stadt Neu-Spuhl. München 1958, S. 133.

75 Werner Helwig: Humor aus Verzweiflung. Martin Walsers »Ehen in Philippsburg«. Süddeutsche Zeitung, Jg. 1957.

76 Bernhard Schäfers: Sozialstruktur und Wandel der Bundesrepublik Deutschland. Ein Studienbuch zu ihrer Soziologie und Sozialgeschichte. Stuttgart 1981, S. 153.

77 Anton Kehl: Die Arbeitswelt. Wolfgang Benz (Hg.): Die Bundesrepublik Deutschland; a. a. O., S. 162.

78 Heinrich Popitz/Hans Paul Bahrdt u. a.: Das Gesellschaftsbild des Arbeiters. Tübingen 1957.

79 Sibylle Meyer und Eva Schulze: Von Liebe sprach damals keiner. Familienalltag in der Nachkriegszeit. München 1985, S. 172. Ferner Gerhard Wurzbacher: Leitbilder gegenwärtigen deutschen Familienlebens (1951). Stuttgart 1969. Angela Vogel: Familie. Wolfgang Benz (Hg.): Die Bundesrepublik Deutschland. Geschichte in 3 Bdn; a. a. O., S. 107 ff.

80 Joachim Bodamer: Der Mann von heute. Seine Gestalt und Psychologie (1956). Freiburg, Basel, Wien 1964.

81 Heinrich Böll: Haus ohne Hüter (1954). München 1981.

82 Siegfried Lenz: Heinrich Bölls Personal. Die Zeit, 15. 12. 1967. Ferner Günther Schloz: Der gute Mensch von Köln. Heinrich Böll: Poeta laureatus wider Willen. Deutsche Zeitung/Christ und Welt, 27. 10. 1972.

83 Paul Moor (Hg.): Das Selbstporträt von Jürgen Bartsch. Frankfurt am Main 1972.

84 Jürgen Neven-duMont und Karl Schütz: Kleinstadtmörder. Spur 1081. Hintergründe zum Fall Lebach. Hamburg 1971.
85 Bundeszentrale für Politische Bildung (Hg.): Ausländer. Informationen zur Politischen Bildung, Heft 201/1984, S. 3 ff.
86 Valentin Siebrecht: Die ausländischen Arbeiter in der Bundesrepublik. Frankfurter Hefte, Heft 8/1964, S. 557 f.
87 Elefanten Press (Hg.): Che, Schah, Shit. Die Sechziger Jahre zwischen Cocktail und Molotow. Berlin 1984, S. 25.
88 Hans Paul Bahrdt: Marxistisches Denken in der deutschen Arbeiterschaft? Die Neue Gesellschaft, Nr. 6/1955. Heinz Kluth, Ulrich Lohmar, Rudolf Tartler: Arbeiterjugend gestern und heute. Heidelberg 1955.
89 Gerd Hardach: Die Wirtschaftsentwicklung der fünfziger Jahre. Restauration und Wirtschaftswunder. Dieter Bänsch (Hg.): Die fünfziger Jahre. Beiträge zu Politik und Kultur. Tübingen 1985, S. 57 f.
90 Michael Ben: Die Gewerkschaften der 50er Jahre. Elefanten Press (Hg.): Bikini. Die Fünfziger Jahre. Kalter Krieg und Capri-Sonne. Berlin 1981, S. 130.
91 Hans Willi Weinzen (Hg.): Viktor Agartz. Partei, Gewerkschaft und Genossenschaft – Wirtschaftspolitische und andere Schriften von Viktor Agartz. Frankfurt am Main 1985.
92 Theo Pirker: Die blinde Macht. Die Gewerkschaftsbewegung in Westdeutschland. Teil 1: 1945–1952. Vom »Ende des Kapitalismus« zur »Zähmung der Gewerkschaften«. München 1960.
93 Walter Dirks: Der lange Streik. Frankfurter Hefte, 4/1957, S. 234 f.
94 Gerd Hardach: Die Wirtschaftsentwicklung der fünfziger Jahre; a. a. O. Werner Abelshauser: Die langen fünfziger Jahre. Wirtschaft und Gesellschaft der Bundesrepublik Deutschland 1949–1966. Düsseldorf 1987. Michael Wildt: Vom kleinen Wohlstand. Eine Konsumgeschichte der fünfziger Jahre. Frankfurt am Main 1994.
95 Günter Grass: Hundejahre. Neuwied-Berlin 1963, S. 513.
96 Max Kruk: Die hundert größten Unternehmen. Frankfurter Allgemeine Zeitung, 7. 11. 1959.
97 William Manchester: Krupp. Zwölf Generationen. München 1968.
98 Karl Unger: Neue Aufgaben für Flick, Krupp & Co. Ober die Kontinuität kapitalistischer Industriepolitik. Vorwärts, 17. 8. 1985.
99 Roger Gloor: Nachkriegswagen. Personenautos 1945–1960. Bern, Stuttgart 1985, S. 86 ff.
100 Dieter Franck: Die fünfziger Jahre. Als das Leben wieder anfing. München, Zürich 1981, S. 36.
101 Sabine Weißler: Fahnen des Neubeginns. Perlonstrümpfe. Elefanten Press (Hg): Perlon-Zeit. Berlin 1985, S. 150.
102 Heinz Blüthmann: Der letzte Auftritt eines Alleinunterhalters. Die Zeit, 16. 11. 1982.
103 Peter Amstutz/Roland Bunzenthal: Der Aufstieg begann mit dem »Linzer Stüberl«. Frankfurter Rundschau, 31. 8. 1982.

104 Kurt Pitzkoleit: Gott erhält die Mächtigen. Rückblick und Rundblick auf den deutschen Wohlstand. Düsseldorf 1963. Ders.: Wem gehört Deutschland? Eine Chronik von Besitz und Macht. München, Wien, Basel 1957. Ders.: Das gebändigte Chaos. Die deutschen Wirtschaftslandschaften. München, Wien, Basel 1965.
105 James Burnham: Das Regime der Manager. Stuttgart 1949.
106 Otto Graf: Die Krankheit der Verantwortlichen und der Gesundheitsschutz des geistigen Arbeiters. Universitas, 10/1953, S. 1009 ff.
107 Ernest Zahn: Soziologie der Prosperität. Köln 1960.
108 Jürgen Eick: Jahrhundert des kleinen Mannes. Frankfurter Allgemeine Zeitung, 14. 11. 1959.
109 Kurt Blauhorn: Alles soll jetzt besser werden. Dieter Franck (Hg.): Die fünfziger Jahre; a. a. O., S. 56 f.
110 Hans Magnus Enzensberger: Das Plebiszit der Verbraucher (1960). Einzelheiten I. Bewußtseins-Industrie. Frankfurt am Main 1964, S. 168 ff.
111 Sibylle Zehle: Josef Neckermann. Ein dressierter Mann. Die Zeit, 4. 6. 1982.
112 Ernest Dichter: Strategie im Reich der Wünsche. Düsseldorf 1961.
113 Werbung. Ein bißchen irre. Der Spiegel, Nr. 4/1966, S. 41.
114 Ingeborg Bachmann: Reklame. Karl Otto Conrady (Hg.): Das große deutsche Gedichtbuch. Kronberg/Ts. 1977, S. 1002.
115 Hans Egon Holthusen: Die Schönheitskönigin. Süddeutsche Zeitung, Jg. 1955.
116 Sabine Weißler: Sexy Sixties. Elefanten Press (Hg.): Che, Schah, Shit; a. a. O., S. 96 ff.
117 Angela Delille/Andrea Grohn: Blick zurück aufs Glück. Frauenleben und Familienpolitik in den 50er Jahren. Berlin 1985, S. 67 f. Franz-Josef Wuermeling: Familie – Gabe und Aufgabe. Baden-Baden 1959.
118 Heimweh nach den falschen Fünfzigern. Der Spiegel, Nr. 14/1978, S. 99 f.
119 Hildegard Knef: Der geschenkte Gaul. Frankfurt am Main, Berlin 1981, S. 232.
120 Die gefallene Natur. Der Spiegel, Nr. 19/1966, S. 50 f. Ferner R. Dörner: Das Bild der Frau in der Illustrierten. Das Argument, Nr. 3/1962. E. Becker: Das Bild der Frau in der Illustrierten. Zeugnisse – Th. W. Adorno zum 60. Geburtstag. Frankfurt am Main 1963.
121 Helmut Schelsky: Soziologie der Sexualität. Hamburg 1955. Ferner Hans Bürger-Prinz/Hans Giese (Hg.): Schriftenreihe zur Sexualforschung. Stuttgart 1952 ff. Hans Giese (Hg.): Die Sexualität des Menschen. Handbuch der modernen Sexualforschung. Stuttgart 1955. Ludwig Marcuse: Obszön. Geschichte einer Entrüstung. München 1962. Karl Saller: Sexualität heute. München 1967.
122 Hans-Joachim Schoeps: Soll Homosexualität strafbar bleiben? Der Monat, 171/1962, S. 19 ff. Peter Bratt: Ober einen zweifelhaften Strafrechtsparagraphen. Ein Streitgespräch. Merkur, Nr. 188/1963, S. 943 ff. Dieter Giese: Die Strafwürdigkeit der Erwachsenen-Homosexualität. Frankfurter Hefte, Heft 9/1967, S. 631.
123 Fritz Bauer: Sexualität, Sitte und ein neues Recht. Die Zeit, 11. 2. 1966.
124 Peter Demetz: B. B. Geschichte einer Legende. Frankfurter Allgemeine Zeitung, 13. 4. 1985.
125 Vladimir Nabokov: Lolita. Hamburg 1959.

126 Friedrich Sieburg: Nichts da, Leute. Frankfurter Allgemeine Zeitung, 3. 10. 1959. Ferner ders.: Zur Literatur. Hg. von Fritz J. Raddatz. 1957–1963. Stuttgart 1981.
127 Oswalt Kolle: Dein Mann, das unbekannte Wesen. München 1967. Ders.: Deine Frau, das unbekannte Wesen. München 1967.
128 Helmut Thielicke: Sex. Ethik der Geschlechtlichkeit. Tübingen 1966. Der Sexus ist kein Sündenpfuhl. Spiegel-Gespräch mit Professor Dr. Dr. Helmut Thielicke über Moral und Kirche. Der Spiegel, Nr. 49/1985, S. 68 ff., 75.
129 Mädchen überholen die Jungen. Der Spiegel, Nr. 10/1985, S. 89.
130 Otto Brüggemann: Sexuelle Konflikte in Gymnasien. Heidelberg 1967. Ferner Thilo und Hartmut Castner: Sexualrevolution und Schule. Neuwied-Berlin 1970.
131 Sexualkunde-Atlas. Biologische Informationen zur Sexualität des Menschen. Opladen 1969.
132 Helene Rahms: Wer mag da noch lieben? Sexualkunde in der Klempner-Sprache. Frankfurter Allgemeine Zeitung, Jg. 1969. Sexualkunde – heute neu? Informationen der Fachgruppe Gymnasien der Gewerkschaft Erziehung und Wissenschaft im DGB, Nr. 1/1970.
133 Dieter Krusche: Reclams Filmführer. Stuttgart 1977, S. 309.
134 René König: Menschheit auf dem Laufsteg. Die Mode im Zivilisationsprozeß. München 1985. Marietta Riederer: Rückblick auf die Fünfziger Jahre. Süddeutsche Zeitung, 19./20. Mai 1984. Mit Pepita voll im Trend. Der neue Kult um die 50er Jahre. Der Spiegel, Nr.14/1984, S. 230 ff.
135 »Stern« vom 6. 8. 1954. Elefanten Press (Hg.): Perlon-Zeit. Berlin 1985, S. 108.
136 Angela Delille/Andrea Grohn: Blick zurück aufs Glück; a. a. O., S. 112 ff.
137 Karlheinz Graudenz/Erica Pappritz: Etikette neu (1956). 11. völlig neu bearb. Auflage 1969. Ferner Horst-Volker Krumrey: Entwicklungsstrukturen von Verhaltensstandarden. Eine soziologische Prozeßanalyse auf der Grundlage deutscher Anstands- und Manierbücher von 1870 bis 1970. Frankfurt am Main 1984.
138 Angelika Mechtel: Wir sind arm, wir sind reich. Stuttgart 1977, S. 35 f.
139 Alice Schwarzer: Das andere Geschlecht. Die Zeit, 13. 5. 1983. Simone de Beauvoir: Das andere Geschlecht (1949). Reinbek bei Hamburg 1968.
140 Jean-Paul Sartre: Die Fliegen. Reinbek bei Hamburg 1961, S. 70 f. Ferner Michael Th. Greven: Der Einzelne als historisches Subjekt? Kritische Theorie und Sartrescher Existentialismus. Dieter Bänsch (Hg.): Die fünfziger Jahre. Beiträge zu Politik und Kultur. Tübingen 1985, S. 184 ff.
141 Albert Camus: Ziele der Kunst. Das Schönste, Heft 11/1960, S. 20. Zum Tod des Dichters Albert Camus: Eine Hoffnung ging verloren. Das Schönste, Heft 1/1960, S. 37 f.
142 Wystan Hugh Auden: Das Zeitalter der Angst. Ein dramatisches Gedicht. München 1958, S. 5.
143 Helmuth de Haas: Der Einzelne und die Nachtbar. Das geteilte Atelier. Essays. Düsseldorf 1955, S. 197 f.
144 Françoise Sagan: Bonjour tristesse (1954). Berlin 1957, S. 9, 15, 152.
145 Elefanten Press (Hg.): Perlon-Zeit; a. a. O., S. 41.

146 Werner Bökenkamp: Ein Zwangsarbeiter der Elendmalerei. Das Leben des Bernard Buffet. Frankfurter Allgemeine Zeitung, 15. 3. 1958.

147 Ingrid Schmidt-Harzbach: Rock 'n' Roll in Hanau. Elefanten Press (Hg.): Perlon-Zeit. Berlin 1985, S. 37 ff.

148 Raymond Loewy: Häßlichkeit verkauft sich schlecht. Düsseldorf 1953. Ferner Odd Brochmann: Über Häßliches und Schönes. Berlin 1956. Christian Borngräber: »Stil novo«. Design in den 50er Jahren. Phantasie und Phantastik. Frankfurt am Main 1979. Andreas Schwarz: Design, Grafik Design, Werbung. Wolfgang Benz (Hg.): Die Bundesrepublik Deutschland. Geschichte in 3 Bdn; a. a. O., S. 222 ff.

149 Waren und Wohnen. Elefanten Press (Hg.): Bikini; a. a. O., S. 196. Rainer Raestrup: Alles Plastik. Die schöne Welt der 50er Jahre. Wechselwirkung, Nr. 19/1983, S. 31. W. Glenz: Kunststoffe – ein Werkstoff macht Karriere. München, Wien 1985.

150 Gert Selle: Die Geschichte des Design in Deutschland von 1870 bis heute. Entwicklungen der industriellen Produktkultur. Köln 1978, S. 169.

151 Paul Maenz: Die 50er Jahre. Formen des Jahrzehnts. Stuttgart 1978, S. 134 ff.

152 Kurt Pawek: Das Leben nach 45. magnum, Nr. 24/1959.

153 Irene Zander: Im Märchenwald der modernen Form. Die Mailänder Triennale 1954. Süddeutsche Zeitung, Jg. 1954.

154 Dies.: Tendenzen eines Zeitstils: das understatement. Beobachtungen auf der Mailänder Triennale 1957. Süddeutsche Zeitung, 24./25. 10. 1957. Ferner Gerhard Schön: Mehr als ein Warenhaus. Mailand eröffnet die XI. Triennale. Stuttgarter Zeitung, 10. 10. 1957. Giselher Wirsing: Platz an der Sonne für jedermann. Erkenntnisse und Gedanken auf der Triennale in Mailand. Christ und Welt, Nr. 39/1957.

155 Hans Wichmann: Gerät in der Wohnung. Die Wohnung. Bayerischer Werkbund, Heft 3. München 1962, S. 8.

156 Paul Maenz: Die 50er Jahre; a. a. O., S. 174.

157 Andreas Schwarz: Design, Grafik Design, Werbung; a. a. O., S. 228 ff.

158 Otl Aicher: innenseiten des kriegs. Frankfurt am Main 1985.

159 Andreas Schwarz: Design, Grafik Design, Werbung; a. a. O., S. 232.

160 Glas verdrängt die Mauern. Das Schönste, Heft 3/1958, S. 29 ff.

161 Hannelies Taschau: Landfriede. Zürich, Köln 1978, S. 77 f.

162 Der Bungalow. Wohn- und Empfangsgebäude für den Bundeskanzler in Bonn. Pfullingen o. J.

163 Erich Kühn: Die blühende Stadt. Geborgenheit im umschließenden Raum und Nähe zur Natur. Christ und Welt, 14. 3. 1957. Ferner Hans Paul Bahrdt: Humaner Städtebau. Hamburg 1968.

164 Anton Henze: Ronchamp. Le Corbusiers erster Kirchenbau. Recklinghausen 1956.

165 Richard Neutra: Wenn wir weiterleben wollen. Erfahrungen und Forderungen eines Architekten. Hamburg 1956.

166 Irene Zander: Nicht Form – sondern Rhythmus. Die Neue Zeitung, Jg. 1951.

167 Ders.: Das Gespenst der Wohnmaschinen. Süddeutsche Zeitung, 13./14./15. 8. 1955.

168 Vittorio M. Lampugnani: Architektur und Stadtplanung. Wolfgang Benz (Hg.): Die Bundesrepublik Deutschland. Geschichte in 4 Bde. Bd. 4: Kultur. Frankfurt am Main 1989, S. 212 f. Ferner Alfred Simon (Hg.): Bauen in Deutschland 1945–1962. Hamburg 1963. Wolfgang Pehnt: Neue deutsche Architektur. Stuttgart 1970. Alexander Mitscherlich: Thesen zur Stadt der Zukunft. Frankfurt am Main 1971. Jürgen Joedicke: Architektur im Umbruch. Geschichte, Entwicklung, Ausblick. Stuttgart 1980.

169 Eberhard Schulz: Der Niedergang der Städte. Frankfurter Allgemeine Zeitung, 29. 10. 1977. Ders.: Zwischen Glashaus und Wohnfabrik. Bremen 1959. Ders.: Die Prediger mit dem Reißbrett. Stuttgart 1964.

170 Gerhard Zwerenz: Bericht aus dem Landesinneren. City Strecke Siedlung. Frankfurt am Main 1972, S. 10 f.

171 Camilla Blechen: Zwischen Bauhaus und Zuckerbäcker-Stil. Der Ost-Berliner Architekt Hermann Henselmann wird achtzig. Frankfurter Allgemeine Zeitung, 2. 2. 1985. Hermann Henselmann: »Ich habe Vorschläge gemacht«. Hg. von Wolfgang Schäche. Berlin 1995.

172 Jörn Düwel: Frankfurt an der Oder. Grenzstadt nach Osten. Werner Durth u. a. (Hg.): 1945. Krieg – Zerstörung – Aufbau. Architektur und Stadtplanung 1940–1960. Schriftenreihe der Akademie der Künste. Bd. 23. Berlin 1995. S. 339, 344, 353.

173 Wolfgang Sachs: Die Liebe zum Automobil. Ein Rückblick in die Geschichte unserer Wünsche. Reinbek bei Hamburg 1984, S. 82. f. Ferner Hans Dollinger: Die totale Autogesellschaft. München 1972. Hermann Glaser: Das Automobil. Eine Kulturgeschichte in Bildern. München 1986.

174 Ulrich Kubisch/Volker Janssen: Borgward – Ein Blick zurück auf Wirtschaftswunder, Werkalltag und einen Automythos. Berlin 1984.

175 Ulrich Kubisch: Motor-Roller mobil. Vom zivilisierten Zweirad zum Fast-Automobil. Eine Geschichte der Massenmotorisierung. Berlin 1985.

176 Thomas Weymar: Ein Volk auf Achse. Wechselwirkung, Nr. 19/1983, S. 25.

177 Monika Sperr: Schlager. Das Große Schlager-Buch. Deutsche Schlager 1800–Heute. München 1978.

178 Karl Dietrich Bracher u. a. (Hg.): Geschichte der Bundesrepublik Deutschland in 5 Bdn. Bd. 2. Hans-Peter Schwarz: Die Ära Adenauer. Gründerjahre der Republik. 1949–1957. Stuttgart, Wiesbaden 1981, S. 380 f. Ferner Kaspar Maase: Freizeit. In: Wolfgang Benz (Hg.): Die Bundesrepublik Deutschland. Geschichte in 3 Bde. Bd. 2: Gesellschaft. Frankfurt am Main 1983, S. 214 ff. Stiftung Haus der Geschichte der Bundesrepublik Deutschland (Hg.): Endlich Urlaub – Die Deutschen reisen. Köln 1996.

179 Hans Magnus Enzensberger: Vergebliche Brandung der Ferne. Eine Theorie des Tourismus. Merkur, Nr. 126/1958, S. 719 f.

180 Horst Krüger: Camping – ein Sommermärchen. Deutsche Augenblicke. Bilder aus meinem Vaterland. München 1969, S. 266 ff.

181 Stephan Krawczyk: Das irdische Kind. Berlin 1996, S. 37.

182 Erich Dombrowski: Ausflüge – Ausflüchte? Frankfurter Allgemeine Zeitung, 24. 8. 1957.

183 Carl Diem: Der Sport im heutigen Leben. Gefahren und Aufgaben. Universitas, Heft 5/1955, S. 487 ff.
184 Frank Thieß: Olympia als moralische Idee. Neue Literarische Welt, Jg. 1953.
185 Friedhelm Baukloh: Massensport Fußball. Frankfurter Hefte, Heft 11/1952, S. 859 ff.
186 Elefanten Press (Hg.): Bikini. Die fünfziger Jahre; a. a. O., S. 295.
187 Alfred Georg Frei: Finale Grande. Die Rückkehr des Fußballweltmeisters 1954. Berlin 1994.
188 Heinz Maegerlein: Als der Sport ein Spaß war. Dieter Franck (Hg.): Die fünfziger Jahre; a. a. O., S. 170 ff.
189 Günter Gaus: Wo Deutschland liegt. Eine Ortsbestimmung. Hamburg 1983, S. 8, 37 ff., 45.
190 Jens Daniel: Ein Lebewohl den Brüdern im Osten. Der Spiegel, Nr. 1/1952, S. 3 ff.
191 Erich Kuby: Das ist des Deutschen Vaterland. 70 Millionen in zwei Wartesälen (1957); o. O. 1959, S. 194 f., 205. Friedrich Sieburg: Donnerkeil des Plauderers. Frankfurter Allgemeine Zeitung, 17. 8. 1957.
192 Norbert Muhlen: Das Land der großen Mitte. Notizen aus dem Neon-Biedermeier. Der Monat, Nr. 63/1953, S. 237 ff.
193 Gerhard Zwerenz: Ärgernisse – Von der Maas bis an die Memel. Köln 1961. Günther Busch: Gesamtdeutsche Ärgernisse. Merkur, Nr. 165/1961, S. 1093 f.
194 Gerhard Zwerenz: Aus dem Tagebuch eines Geflohenen. Reflexion und Kritik. Der Monat, Nr. 135/1959, S. 45.
195 Peter-Jochen Winters: Er glaubte an das Gute und Humane im Kommunismus. Frankfurter Allgemeine Zeitung, 14. 4. 1982. Hartmut Jäckel (Hg.): Ein Marxist in der DDR – Für Robert Havemann. München 1980. Silvia Müller/Bernd Florath (Hg.): Die Entlassung. Robert Havemann und die Akademie der Wissenschaften 1965/66. Berlin 1996.
196 Eva Müthel: Für dich blüht kein Baum. Frankfurt am Main 1959.
197 Erika von Hornstein: Flüchtlingsgeschichten. 43 Berichte aus den frühen Jahren der DDR. (Neuauflage) Nördlingen 1985.
198 Walter Kempowski: Im Block. Ein Haftbericht. Reinbek bei Hamburg 1969.
199 Bertolt Brecht: Gesammelte Werke. Bd. 9: Gedichte 2. Frankfurt am Main 1967, S. 678.
200 Manfred Hagen: DDR – Juni '53. Die erste Volkserhebung im Stalinismus. Stuttgart 1992. Ilko-Sascha Kowalczuk/Armin Mitter/Stefan Wolle (Hg.): Der Tag X – 17. Juni 1953. Die »innere Staatsgründung« der DDR als Ergebnis der Krise 1952/54. Berlin 1995.
201 Curtis Cate: Riß durch Berlin. Der 13. August 1961. Hamburg 1980. Jürgen Rühle/Gunter Holzweißig: 13. August 1961. Ilse Spittmann (Hg.): Die Mauer von Berlin. Köln 1981. Werner Müller: Die DDR und der Bau der Berliner Mauer im August 1961. Aus Politik und Zeitgeschichte. Beilage zur Wochenzeitung »Das Parlament«, 16. 8. 1986. Hans Georg Lehmann: Mit der Mauer leben? Die Einstellung zur Berliner Mauer im Wandel. Aus Politik und Zeitgeschichte. Beilage zur Wochenzeitung »Das Parlament«, 16. 8. 1986. Michael Lemke: Die

Berlinkrise 1958 bis 1963. Interessen und Handlungsspielräume der SED im Ost-West-Konflikt. Berlin 1995.

202 »Hoffnung kann enttäuscht werden«. Ernst Bloch in Leipzig. Dokumentiert und kommentiert von Volker Caysa/Petra Caysa/K. D. Eichler/Elke Uhl. Frankfurt am Main 1992.

203 Winfried Stephan/Michael Krüger (Hg.): Vaterland, Muttersprache. Deutsche Schriftsteller und ihr Staat seit 1945. Berlin 1979, S. 183 ff.

204 Friedrich Torberg: Soll man Brecht im Westen spielen? Monat, Nr. 161/1961, S. 59 f.

205 Kurt Fassmann: Bert Brecht. Drama im Zwielicht. Das Schönste, Heft 11/1959, S. 54 ff.

206 Das Schönste, Heft 9/1965, S. 20.

207 Uwe Johnson: Ingrid Babendererde. Reifeprüfung (1953). Frankfurt am Main 1985.

208 Heinz Ludwig Arnold (Hg.): Uwe Johnson. Text & Kritik, Nr. 65/66/1980, S. 22.

209 Uwe Johnson: Mutmaßungen über Jakob. Frankfurt am Main, Hamburg 1962, S. 178 f.

210 Kuno Raeber: Bei Uwe Johnson in Rom. Das Schönste, Heft 5/1962, S. 27 ff.

211 Gerhard Zwerenz: Das gespaltene Wort. Ein Pamphlet. Der Monat, Nr. 143/1960, S. 88.

212 Martin Ahrends: Allseitig gefestigt. Stichwörter zum Sprachgebrauch der DDR. München 1989.

213 Fritz J. Raddatz: Die gespaltene Sprache. Ein deutsch-deutscher Vergleich. Süddeutsche Zeitung, 5./6. 4. 1975.

214 Hartmut von Hentig: Berliner Gespräche. Beobachtungen aus Anlaß einer Studienfahrt im März 1961. Merkur, Nr. 165/1961, S. 1063.

215 Bertolt Brecht: Gesammelte Werke. Bd. 5: Stücke 5. Frankfurt am Main 1967, S. 2203.

216 Ders.: Der Tui-Roman. Ebd., Bd. 12: Prosa 2. Frankfurt am Main 1967, S. 611, 626.

217 Klaus Völker: Bertolt Brecht. Eine Biographie. München, 1978, S. 405.

218 Gottfried Benn: Probleme der Lyrik. Gesammelte Werke in 8 Bdn. Hg. von Dieter Wellershoff. Bd. 8: Autobiographische Schriften. Wiesbaden 1968, S. 2031.

219 Elisabeth Endres: Die Literatur der Adenauerzeit. München 1980, S. 91.

220 Gottfried Benn: Rilke; a. a. O., Bd. 7: Vermischte Schriften. Wiesbaden 1968, S. 1735.

221 H. G. Evers: Darmstädter Gespräch. Das Menschenbild unserer Zeit. Darmstadt 1950.

222 Eduard Beaucamp: Das programmierte Bewußtsein. Max Bense wird sechzig. Frankfurter Allgemeine Zeitung, Februar 1970. Max Bense: Ausgewählte Schriften in 4 Bdn. Hg. von Elisabeth Walther-Bense. Stuttgart 1997 f.

223 Hans Magnus Enzensberger: blindenschrift. Frankfurt am Main 1964, S. 58 f. Ders.: verteidigung der wölfe. Frankfurt am Main 1957, S. 70.

224 Hermann Glaser: Der erfolgreiche Sisyphos. Neues Forum, Nr. 284/285/1977, S. 36 ff. Reinhold Grimm: Hans Magnus Enzensberger. Materialien. Frankfurt am

Main 1984. Joachim Schickel: Über Hans Magnus Enzensberger. Frankfurt am Main 1970.
225 Hans Magnus Enzensberger: option auf ein grundstück. verteidigung der wölfe. Frankfurt am Main 1957, S. 68.
226 Ders.: landessprache. Frankfurt am Main 1960. S. 7.
227 Ders.: Die Sprache des »Spiegel« (1957). Einzelheiten I: Bewußtseins-Industrie. Frankfurt am Main 1964. Ferner ders.: Einzelheiten II: Poesie und Politik. Frankfurt am Main 1964. Ders.: Deutschland, Deutschland unter anderm. Äußerungen zur Politik. Frankfurt am Main 1967.
228 Ders.: Mausoleum. Siebenunddreißig Balladen aus der Geschichte des Fortschritts. Frankfurt am Main (1975)1994, S. 61.
229 Arnold Gehlen: Über die gegenwärtigen Kulturverhältnisse. Merkur, Nr. 100/1956, S. 530.
230 Ders.: Die Seele im technischen Zeitalter. Hamburg 1957.
231 Ders.: Moral und Hypermoral. Wiesbaden 1986, S. 96.
232 Friedrich Sieburg: Die Lust am Untergang – Selbstgespräch auf Bundesebene. Hamburg 1954.
233 Heinrich Böll: Angst vor der Gruppe 47. Merkur, Nr. 209/1965, S. 776.
234 Gunther Groll: Die Gruppe, die keine Gruppe ist. Süddeutsche Zeitung, 10. 4. 1948. Reinhard Lettau: Die Gruppe 47. Bericht. Kritik. Polemik. Ein Handbuch. Neuwied, Berlin 1967, S. 56 f.
235 Jürgen von Hollander: Wer und was ist die Gruppe 47? Die Neue Zeitung, 16. 5. 1950.
236 Ilse Aichinger: Spiegelgeschichte (1954). Wo ich wohne. Erzählungen, Dialoge, Gedichte. Frankfurt am Main 1963, S. 18.
237 Hans Georg Brenner: Ilse Aichinger – Preisträgerin der Gruppe 47. Die Literatur, 1. 6. 1952. Reinhard Lettau: Die Gruppe 47; a. a. O., S. 77.
238 Reinhard Lettau: Die Gruppe 47; a. a. O., S. 89.
239 Hermann Glaser: Bölls Aufsätze. Kritiken, Reden – Schnappschußprosa mit Überblende. Hanno Beth (Hg.): Heinrich Böll. Eine Einführung in das Gesamtwerk in Einzelinterpretationen. Kronberg/Ts. 1975, S. 103 ff.
240 Joachim Kaiser: Die Gruppe 47 und ich. Süddeutsche Zeitung, 5. 11. 1958.
241 Günter Grass: Rückblick auf die Blechtrommel. Oder: Der Autor als fragwürdiger Zeuge. Süddeutsche Zeitung, 12./13. 1. 1974. Ders.: Die Blechtrommel (1959). Darmstadt-Neuwied 1984. Franz Josef Görtz: Die Blechtrommel. Attraktion und Ärgernis. Ein Kapitel deutscher Literaturkritik. Darmstadt-Neuwied 1984.
242 Hans Egon Holthusen: Die literarische Opposition. Süddeutsche Zeitung, 26. 11. 1960.
243 Reinhard Lettau: Die Gruppe 47; a. a. O., S. 504.
244 Ebd., S. 222 f.
245 Peter Handke: Publikumsbeschimpfung und andere Sprechstücke. Frankfurt am Main 1966, S. 46 f. Ferner Rolf Günter Renner: Peter Handke. Stuttgart 1985.
246 Hans Werner Richter und die Gruppe 47. Frankfurt am Main, Berlin, Wien 1981, S. 106 ff. Ferner ders.: Briefe. Hg. von Sabine Cofalla. München 1997.

247 Harold Hurwitz: Die Pressepolitik der Alliierten. Harry Pross (Hg.): Deutsche Presse seit 1945. Bern, München, Wien 1965, S. 55.

248 Dieter Schröder: Der Anspruch einer Zeitung. Beilage der Süddeutschen Zeitung anläßlich der Ausstellung »40 Jahre Zeitgeschichte - 40 Jahre SZ«. München, 15. 11. 1985.

249 Frankfurter Allgemeine Zeitung, 1. 11. 1949. Ferner Frankfurter Allgemeine Zeitung für Deutschland. Das politische Weltgeschehen auf der Titelseite der FAZ vom 1. 11. 1949 bis zum 17. 11. 1980. Mit einem Vorwort von Bruno Dechamps. 2 Bde. Frankfurt am Main, Stuttgart 1980.

250 Hans Magnus Enzensberger: Journalismus als Eiertanz. Beschreibung einer Allgemeinen Zeitung für Deutschland (1962). Einzelheiten I: Bewußtseins-Industrie. Frankfurt am Main 1964, S. 18 ff.

251 Klaus Heinrich Meyer: Zeit und Zeitung. Zeitung für Deutschland. Der Monat, Nr. 252/1969, S. 104.

252 Hans Magnus Enzensberger: Die Sprache des »Spiegel«. (1957) Einzelheiten I; a. a. O., S. 75, 90 f. Ferner Paul Sacharnst: Der Spiegel - Entzaubert. Analyse eines deutschen Nachrichtenmagazins. Essen 1961. Dieter Just: Der Spiegel. Arbeitsweise, Inhalt, Wirkung. Hannover 1967. Hans Dieter Jaene: Der Spiegel. Ein deutsches Nachrichten-Magazin. Frankfurt am Main 1968. Franz-Hubert Tobling: Personendarstellung im »Spiegel«. Erläutert an Titel-Stories aus der Zeit der Großen Koalition. Tübingen 1983.

253 Theodor Eschenburg: Ein realistischer Träumer. Gerd Bucerius zum 75. Geburtstag. Die Zeit, 15. 5. 1981. Marion Dönhoff wird 75 Jahre alt. Widersprüche aushalten, Spannungen leben. Die Zeit, 30. 11. 1984.

254 Otto B. Roegele: Widerstehen zur rechten Zeit. Abschied von einem Journalisten, der die Gründerzeit verkörperte. Rheinischer Merkur, 9. 12. 1983.

255 Christian Schütze/Peter Diehl-Thiele: Ein leidenschaftlicher Erklärer. Zum Tod von Klaus Mehnert. Süddeutsche Zeitung, 6. 1. 1984. Christian Schütze: Mehr »Welt« als »Christ«. Zustandsbericht über eine Wochenzeitung. Der Monat, Nr. 244/1969, S. 95 ff.

256 Wilmont Haacke/Günter Pötter: Die politische Zeitschrift. Bd. II: 1900–1980. Stuttgart 1982. Janet K. King: Literarische Zeitschriften. 1945–1970. Stuttgart 1974.

257 Hans Magnus Enzensberger: Dokument aus der Finsternis des »Wirtschaftswunders«: »Texte und Zeichen«. Die Zeit, 2. 2. 1979. Hans Christian Kosler: Meisterschaft des anonymen Geistes. Zur Kabinetts-Ausstellung »Texte und Zeichen« in Marbach. Süddeutsche Zeitung, 17./18. 1. 1981.

258 Hans Magnus Enzensberger: verteidigung der wölfe. Frankfurt am Main 1957, S. 85.

259 Hans Jürgen Usko/Günter Schlichting: Kampf am Kiosk. Macht und Ohnmacht der deutschen Illustrierten. Hamburg 1961. Ferner Hans Albert Walter: Die Illustrierten - Schizophrenie als journalistisches Prinzip. I, II, III. Frankfurter Hefte, Heft 3/4/5/1965. Horst Holzer: Illustrierte und Gesellschaft. Zum politischen Gehalt von »Quick«, »Revue« und »Stern«. Freiburg i. Br. 1967. Otto

Walter Haseloff: »Stern«. Strategie und Krise einer Publikumszeitschrift. Mainz 1977.

260 Christian Schütze: Satire verkauft sich gut. Der Monat, Nr. 246/1969, S. 105 ff.

261 Ingrid Langer/El Sayed: Frauenzeitschriften. Frankfurter Hefte, Heft 7/1965, S. 473 f. Ferner Anglika Delille/Andrea Grohn: Blick zurück aufs Glück; a. a. O., S. 100 ff.

262 Eberhard Stammler: Traumwelt als Konsumware. Konkurrenzkampf unter der Diktatur des Publikumsgeschmacks. Christ und Welt, 18. 12. 1964.

263 Hans Magnus Enzensberger: Der Triumph der Bild-Zeitung oder Die Katastophe der Pressefreiheit. Merkur, Nr. 420/1983, S. 653. Ekkehart Mittelberg: Wortschatz und Syntax der Bildzeitung. Marburg 1967.

264 Kurt Becker: Axel Caesar Springer. Vom Verleger zum politischen Missionar. Die Zeit, 27. 9. 1985. Hans Dieter Müller: Der Springer-Konzern. Eine kritische Studie. München 1968.

265 Michael Koetzle (Hg.): twen. Revision einer Legende. München, Berlin 1995.

266 Werner Ross: Mit der linken Hand geschrieben. Der deutsche Literaturbetrieb. Zürich 1984, S. 46.

267 Günter Eich: Träume (1950). Träume. Vier Spiele. Berlin, Frankfurt am Main 1959, S. 189.

268 Heinz Schwitzke: Sprich, damit ich dich sehe. Sechs Hörspiele und ein Bericht über eine junge Kunstform. München 1960, S. 19.

269 Helma Sanders-Brahms: Frieden, Freiheit, gute Butter. Elefanten Press (Hg.): Perlon-Zeit. Berlin 1985, S. 9.

270 Heinz Werner Hübner: Wandel durch Anordnung. Hörfunk und Fernsehen in vier Jahrzehnten. Die Zeit, 2. 8. 1985.

271 Rolf Steiniger: Rundfunkpolitik im ersten Kabinett Adenauer. Winfried B. Lerg/Rolf Steiniger (Hg.): Rundfunk und Politik 1923–1973. Berlin 1975, S. 342.

272 Hans Bausch (Hg.): Rundfunk in Deutschland. Bd. 3. München 1980, S. 477.

273 Alexander Mitscherlich: Auf dem Weg zur vaterlosen Gesellschaft. Ideen zur Sozialpsychologie. München 1963, S. 423.

274 W. E. Süskind: Literatur – Rundfunk – Fernsehen. Die Deutsche Akademie für Sprache und Dichtung tagt. Süddeutsche Zeitung, Jg. 1955.

275 Elefanten Press (Hg.): Bikini; a. a. O., S. 265 f.

276 Peter Grubbe: Freiheit, die ich meine. Der Monat, Nr. 199/1976, S. 88.

277 Jürgen Pelzer: Kritik durch Spott. Satirische Praxis und Wirkungsprobleme im westdeutschen Kabarett (1945–1974). Frankfurt am Main 1985.

278 Der Berliner Kaputt-Kabarettist Wolfgang Neuss wird sechzig. Nürnberger Zeitung, 2. 12. 1983. Wolfgang Neuss: Wir Kellerkinder. Serenade für Angsthasen. Frankfurt am Main 1983.

279 Wolfgang R. Langenbucher/Ralf Rytlewski/Bernd Weyergraf (Hg.): Kulturpolitisches Wörterbuch; a. a. O., S. 298 f.

280 György Dalos: Proletarier aller Länder, entschuldigt mich. Das Ende des Ostblockwitzes. Frankfurter Rundschau, 31. 12. 1993.

281 Victor Klemperer: Ich will Zeugnis ablegen bis zum letzten. Tagebücher 1933–1945. Hg. von Walter Nowojski unter Mitarbeit von Hadwig Klemperer. Berlin 1995.

282 Victor Klemperer: Der Intellektuelle in der Gesellschaft. Aufbau, Heft 7/1946, S. 686.
283 Jens Reich: Vettern im Verrat. Eine Abrechnung mit der DDR-Intelligenz. Frankfurter Rundschau, 21. 3. 1992. Ders.: Abschied von den Lebenslügen. Die Intelligenz und die Macht. Berlin 1992, S. 173, 51, 174.
284 Wolfgang Engler: Jenseits des Machtprinzips. Die Zeit, 9. 4. 1993. Ders.: Die ungewollte Moderne. Ost-West Passagen. Frankfurt am Main 1995.
285 Günter Wirth: Gegenkultur aus bildungsbürgerlichem Geist. Frankfurter Allgemeine Zeitung, 1. 4. 1995.
286 »Ich bin kein Held, das ist nicht mein Job.« Ein Gespräch mit Heiner Müller über die Rolle der Intellektuellen im SED-Staat. Süddeutsche Zeitung, 14./15. 9. 1991.
287 Sarah Kirsch: Rückenwind. Gedichte. Ebenhausen bei München 1977, S. 51.
288 Jens Reich: Abschied von den Lebenslügen; a. a. O.
289 Günther Rüther: Die deutsche Literatur – ein Bindeglied der geteilten Nation? Günther Rüther (Hg.): Kulturbetrieb und Literatur in der DDR. Köln 1987, S. 11.
290 Manfred Jäger: Kultur und Politik in der DDR. 1945–1990. Köln 1994, S. 34.
291 Joachim-Rüdiger Groth: Partei, Staat und Literatur in der DDR – Grundlagen, Interpretationen und Hinweise für den Unterricht. Günther Rüther (Hg.): Kulturbetrieb und Literatur in der DDR; a. a. O., S. 59.
292 Manfred Jäger: Kultur und Politik in der DDR; a. a. O., S. 71.
293 Joachim-Rüdiger Groth: Partei, Staat und Literatur in der DDR; a. a. O., S. 64 f.
294 Walter Janka: Schwierigkeiten mit der Wahrheit. Reinbek bei Hamburg 1989, S. 105, 91, 128. Walter Janka: ... bis zur Verhaftung. Erinnerungen eines deutschen Verlegers. Berlin 1993. Ferner Elmar Faber/Carsten Wurm (Hg.): Autoren- und Verlegerbriefe des Aufbau-Verlages 1945–1969. Berlin 1995.
295 Literatur und Kommunismus. Ein Gespräch zwischen François Bondy und Hans Mayer. Der Monat, Nr. 185/1964, S. 56.
296 Joachim-Rüdiger Groth: Partei, Staat und Literatur in der DDR; a. a. O., S. 327.
297 Ebd., S. 69 f.
298 Wolfgang Emmerich: Kleine Literaturgeschichte der DDR. Leipzig 1996, S. 200 ff.
299 Volker Bohn: Deutsche Literatur seit 1945. Texte und Bilder. Frankfurt am Main 1993, S. 207. Ferner Günter Kunert: Erwachsenenspiele. Erinnerungen. München 1997.
300 Hans-Joachim Maaz: Der Gefühlsstau. Ein Psychogramm der DDR. Berlin 1990, S. 15.
301 Jan Faktor: Von Irrtum umklammert. Die Sonderrolle kritischer DDR-Intellektueller im Ostblock. Frankfurter Allgemeine Zeitung, 6. 9. 1993.
302 Theodor W. Adorno: Negative Dialektik (1966). Frankfurt am Main 1970, S. 241.
303 Rolf Wiggershaus: Die Frankfurter Schule. Geschichte. Theoretische Entwicklung. Politische Bedeutung. München, Wien 1986, S. 450, 492.
304 Max Horkheimer: Notizen von 1950 bis 1969. Dämmerung – Notizen in Deutschland. Hg. von Werner Brede. Frankfurt am Main 1974. Ferner Helmut Gummior/Rudolf Ringguth: Max Horkheimer in Selbstzeugnissen und Bilddokumenten. Reinbek bei Hamburg 1973.

305 Hans Magnus Enzensberger: schwierige arbeit. In: blindenschrift. Frankfurt am Main 1964, S. 58 f.
306 Max Horkheimer/Theodor W. Adorno: Dialektik der Aufklärung. Philosophische Fragmente (1947, 1969). Frankfurt am Main 1971, S. 3 ff. Ferner Max Horkheimer: Gesammelte Schriften in 18 Bdn. Hg. von Alfred Schmidt und Gunzelin Schmid Noerr. Frankfurt am Main 1985 ff. Günter Rohrmoser: Das Elend der kritischen Theorie. Theodor W. Adorno. Herbert Marcuse. Jürgen Habermas. Freiburg im Breisgau 1970. Alfred Schmidt: Zur Idee der Kritischen Theorie. Elemente der Philosophie Max Horkheimers. München 1974. Gerhard R. Knapp: Theodor W. Adorno. Berlin 1980.
307 Max Horkheimer/Theodor W. Adorno: Dialektik der Aufklärung; a. a. O., S. 35.
308 Georg Picht: Atonale Philosophie. Theodor W. Adorno zum Gedächtnis. Merkur, Nr. 258/1969, S. 892.
309 Rolf Wiggershaus: Die Frankfurter Schule; a. a. O., S. 667 f.
310 Karl R. Popper: Ein Plädoyer für die intellektuelle Redlichkeit. Claus Grossner: Verfall der Philosophie. Hamburg 1971, S. 287.
311 Theodor W. Adorno: Was ist deutsch? Frankfurter Allgemeine Zeitung, 2. 4. 1966.
312 Alfred Schmidt: Übergang zur verwalteten Welt. Max Horkheimer und Theodor W. Adorno: »Dialektik der Aufklärung« (1947). Günther Rühle: Bücher, die das Jahrhundert bewegten. München, Zürich 1978, S. 150.
313 Friedrich P. Kahlenberg: Film. Wolfgang Benz (Hg.): Die Bundesrepublik Deutschland. Geschichte in 3 Bdn. Bd. 3: Kultur. Frankfurt am Main 1983, S. 367.
314 Heinz Ungureit: Filmpolitik in der Bundesrepublik. Filmkritik, Heft 1/1964, S. 13.
315 Paul Heimann: Das deutsche Filmwesen der Gegenwart. Universitas, Heft 4/1959. Martin Osterland: Gesellschaftsbilder in Filmen. Eine soziologische Untersuchung des Filmangebots der Jahre 1949 bis 1964. Stuttgart 1970.
316 Monika Sperr (Hg.): Schlager. Das Große Schlager-Buch; a. a. O.; Siegfried Schmidt-Joos: Geschäfte mit Schlagern. Bremen 1960.
317 Paul Sethe/Ferdinand Fried/Haris Schwab-Felisch: Das Fundament unserer Zukunft. Bilanz der Ära Adenauer: politisch - wirtschaftlich - kulturell. Düsseldorf, Wien 1964, S. 219 ff.
318 Zehn Jahre deutscher Nachkriegsfilm. Das Schönste, Heft 5/1956, S. 47 ff.
319 Nicola Chiaromonte: Bild und Wort. Anmerkungen zum intellektuellen Film. Merkur, Heft 11/1963, S. 1036 ff. Rolf Dörrlamm: Junger Film - alte Filmhilfe. Der Monat, Nr. 226/1967, S. 49 ff.
320 Peter W. Jansen: Anatomie einer Provokation. Der Modellfall Oberhausen. Merkur, Nr. 243/1968, S. 671.
321 Alexander Kluge: Lebensläufe. Anwesenheitsliste für eine Beerdigung (1962). Frankfurt am Main 1974.
322 Dieter Krusche: Reclams Filmführer. Stuttgart 1977, S. 193 f., 217.
323 Urs Jenny: Nach einem Jahr. Der junge deutsche Film. Merkur, Nr. 230/1967, S. 475, 478.
324 Peter W. Jansen: Ein Jahr Kinorebellion. Merkur, Nr. 248/1968, S. 1135 ff.
325 Zuschauer, Intendanten, Subventionen. Der Monat, Nr. 80/1955, S. 180, 169.

326 Joachim Kaiser: Schauspiel in der Bundesrepublik. Frankfurter Hefte, Heft 5/1952, S. 333 ff.
327 Henning Rischbieter: Theater. Wolfgang Benz (Hg.): Die Bundesrepublik Deutschland. Geschichte in 3 Bde. Bd. 3: Kultur. Frankfurt am Main 1983, S. 89.
328 Theodor W. Adorno: Theater - Oper - Bürgertum. Der Monat, Nr. 84/1955, S. 532 ff.
329 Hans-Klaus Jungheinrich: Mehr als die Demontage eines Denkmals. Enthüllendes über die Karriere Herbert von Karajans. Frankfurter Rundschau, Jg. 1983. Robert C. Bachmann: Karajan - Anmerkungen zu seiner Karriere. Düsseldorf 1983.
330 Walter Panofsky: Ein »Commonwealth« der Opernhäuser? Bericht über ein Gespräch mit Herbert von Karajan. Das Schönste, Heft 3/1962, S. 15.
331 Bayreuth: Die Götter dämmern. Der Spiegel, Nr. 10/1976, S. 150. Hans Daiber: Deutsches Theater seit 1945. Stuttgart 1976, S. 154 f.
332 Hartmut Zelinsky: Das erschreckende »Erwachen«, und wie man Wagner von Hitler befreit. Neue Zeitschrift für Musik, Heft 9/1983, S. 9.
333 Horst Koegler: Manager der Musik. Eine Reise durch das deutsche Konzertleben. Der Monat, Nr. 104/1957, S. 56. Beethoven, Mozart, Brahms beherrschen Europas Konzertsäle. Das Schönste, Heft 9/1958, S. 16 f.
334 Vision eines Lebens - vertont. Die Deutsche Oper am Rhein brachte die Neufassung der Oper »Karl V.« von Krenek. Das Schönste, Heft 5/1958, S. 19.
335 Hans Daiber: Deutsches Theater seit 1945. Stuttgart 1976, S. 144 f. Ferner Joseph Müller-Blattau: Der Weg der zeitgenössischen Oper - von Strawinsky bis Henze. Universitas, Heft 10/1964, S. 1044 f.
336 Wulf Kunold: Bernd Alois Zimmermann: Deutscher Musikrat. Zeitgenössische Musik in der Bundesrepublik Deutschland. Heft 3 (1950–1960) zur Schallplattendokumentation. Bonn 1982, S. 11 f.
337 Ulrich Dibelius: Musik; a. a. O., S. 116.
338 Hans Oesch: Einführung in die elektronische Musik. Universitas, Heft 2/1956, S. 170.
339 Karl H. Wörner: Der Komponist Karlheinz Stockhausen und sein Werk für moderne Musik. Universitas, Heft 7/1969, S. 726.
340 Ulrich Dibelius: Musik. Wolfgang Benz (Hg.): Die Bundesrepublik Deutschland. Geschichte in 3 Bde.; a. a. O., S. 125.
341 Martin Warnke: Von der Gegenständlichkeit und der Ausbreitung der Abstrakten. Dieter Bänsch (Hg.): Die fünfziger Jahre. Beiträge zu Politik und Kultur. Tübingen 1985, S. 425 ff.
342 Karin Thomas: Zweimal deutsche Kunst nach 1945; a. a. O., S. 28 f.
343 Ebd., S. 21 f.
344 Ebd., S. 106.
345 Doris Schmidt: Bildende Kunst. Wolfgang Benz (Hg.): Bundesrepublik Deutschland. Geschichte in 3 Bde.; a. a. O., S. 195.
346 Martin G. Buttig: Das große Treffen der Abstrakten. Der Monat, Nr. 131/1959, S. 78 f. Ferner documenta. 15. Juli bis 18. September 1955. Reprint der Katalogausgabe. München o. J.

347 Paul Sethe/Ferdinand Fried/Hans Schwab-Felisch: Das Fundament unserer Zukunft; a. a. O., S. 226.
348 Nationalgalerie/Staatliche Museen/Preußischer Kulturbesitz (Hg.): 1945–1985. Kunst in der Bundesrepublik Deutschland. Ausstellungskatalog. Berlin 1985, S. 686.
349 Hat sich die Avant-Garde ergeben? 400 Studenten wurden nach ihren Lieblingsautoren befragt und jeder fünfte entschied sich für Thomas Mann. Das Schönste, Heft 6/1959, S. 8.
350 Karl Otto Conrady: Das große deutsch Gedichtbuch. Kronberg/Ts. 1977, S. 948.
351 Hermann Burger: Paul Celans Bilder wissen mehr. Seine »Gesammelten Werke« in 5 Bdn. Frankfurter Allgemeine Zeitung, 10. 12. 1983.
352 Wolfgang Ignée: Nihilismus als Luxusartikel. Emil Staigers Rede über »Literatur und Öffentlichkeit« und die Folgen. Christ und Welt, 13. 1. 1967. Ferner Christoph Siegrist: Nationalliterarische Aspekte bei Schweizer Autoren. Rolf Grimminger (Hg.): Hansers Sozialgeschichte der deutschen Literatur. Bd. 10: Literatur in der Bundesrepublik Deutschland bis 1967. Hg. von Ludwig Fischer. München 1986, S. 670 f. William S. Schlamm: Vom Elend der Literatur. Pornographie und Gesinnung. Stuttgart 1966.
353 Karlheinz Deschner: Kitsch, Konvention und Kunst. Eine literarische Streitschrift. München 1957.
354 Alfred Oberlack: Schulbücher unter dem Dreschflegel. Bad Godesberg 1965.
355 Jürgen Habermas: Wozu noch Philosophie? Philosophisch-politische Profile. Frankfurt am Main 1981, S. 15 ff.
356 Hermann Glaser: Martin Heidegger und die Politik. Ein Dossier. Bundesrepublikanisches Lesebuch. München 1978, S. 120 ff.
357 Karl Jaspers: Notizen zu Martin Heidegger. Hg. von Hans Saner. München, Zürich 1978, S. 75, 77.
358 Rolf Hochhuth: Karl Jaspers oder Die Lebensfreundlichkeit. Eine Erinnerung, die an der Zeit ist. Frankfurter Allgemeine Zeitung, 20. 2. 1974.
359 Hermann Rudolph: Das Buch als Gewittervogel. Wiedergelesen: Karl Jaspers' »Wohin treibt die Bundesrepublik?« (1966). Frankfurter Allgemeine Zeitung, 7. 9. 1977.
360 Hans Fischer-Barnicol: Der Glaube als Befreiung. Rudolf Bultmann zum achtzigsten Geburtstag. Christ und Welt, 21. 8. 1964.
361 Friedrich Gogarten: Verhängnis und Hoffnung der Neuzeit. Stuttgart 1953. Ders.: Der Mensch zwischen Gott und Welt. Heidelberg 1952. Ders.: Jesus Christus, Wende der Welt. Grundfragen der Christologie. Tübingen 1966.
362 Paul Tillich: Gesammelte Werke. Stuttgart 1964.
363 Dorothee Sölle: Das Gespräch zwischen Christen und Marxisten. Merkur, Nr. 238/1968, S. 140. Dies.: Atheistisch am Gott glauben. Beiträge zur Theologie. Olten, Freiburg 1968. Dies.: Phantasie und Gehorsam. Überlegungen zu einer künftigen christlichen Ethik. Stuttgart 1968.
364 Carl Amery: Die Kapitulation oder Katholizismus heute. Reinbek bei Hamburg 1963, S. 23, 32, 27, 10. Ferner ders.: Fragen an Welt und Kirche. 12 Essays. Reinbek bei Hamburg 1967.

365 Franz Sonnenberger: Die Rekonfessionalisierung der bayerischen Volksschule 1945–1950. Zeitschrift für Bayerische Landesgeschichte, Jg. 1982.
366 Christian Geissler: Anfrage. Hamburg 1960. Dieter Lattmann: Die Antwort auf die »Anfrage«. Das Schönste, Heft 10/1960, S. 8.
367 Günter Hollenstein: Die Katholische Kirche. Wolfgang Benz (Hg.): Die Bundesrepublik Deutschland. Geschichte in 3 Bdn. Bd. 2: Gesellschaft. Frankfurt am Main 1983, S. 245 f.
368 Rolf Hochhuth: Der Stellvertreter. Reinbek bei Hamburg 1963. Bernd Balzer: Rolf Hochhuth. Der Stellvertreter. Grundlagen und Gedanken zum Verständnis des Dramas. Frankfurt am Main, Berlin, München 1986, S. 15, 47 f., 50 f.
369 Theodor Pfizer: Erklärung des Ausschusses zum Abschluß seiner Tätigkeit. Aus Politik und Zeitgeschichte. Beilage zur Wochenzeitung »Das Parlament«, 8. 9. 1965.
370 Georg Picht: Die deutsche Bildungskatastrophe. Analyse und Dokumentation. Olten, Freiburg i. Br. 1964.
371 Ders.: Die deutsche Bildungskatastrophe. Dunkel über der pädagogischen Provinz. Christ und Welt. Sonderdruck. Juni 1965, S. 1.
372 Jürgen Habermas: Vom sozialen Wandel akademischer Bildung. Merkur, Nr. 183/1963, S. 413 ff.
373 Helmuth Dolff (Hg.): 25 Jahre Deutscher Volkshochschulverband. Braunschweig 1978.
374 Horst Krüger: Das zerbrochene Haus. Eine Jugend in Deutschland. München 1966, S. 260.
375 Rudolf Wassermann: Justiz und Nationalsozialismus. Zur Aufarbeitung der NS-Vergangenheit durch die Justiz. Neuwied – Darmstadt o. J. Martin Hirsch/Diemut Majer/Jürgen Meinck (Hg.): Recht, Verwaltung und Justiz im Nationalsozialismus. Ausgewählte Schriften, Gesetze und Gerichtsentscheidungen von 1933–1945. Köln 1985.
376 Wulf Reimer: NS-Verbrechen: Bilanz nach 26jähriger Ermittlung. Süddeutsche Zeitung, 1. 3. 1984. Adalbert Rückerl (Hg.): NS-Prozesse. Nach 25 Jahren Strafverfolgung: Möglichkeiten – Grenzen – Ergebnisse. Karlsruhe 1972. Ferner Jörg Friedrich: Die kalte Amnestie. NS-Täter in der Bundesrepublik. Frankfurt am Main 1984.
377 Hans Gresmann: Das Münchener Spektakel um die »Deutschland-Stiftung e. V.« und ihr »Konrad-Adenauer-Preis«. Die Zeit, 10. 3. 1967.
378 Peter Weiss: Die Ermittlung. Oratorium im 11 Gesängen (1965). Reinbek bei Hamburg 1969, S. 185 f.
379 Jean Améry: Jenseits von Schuld und Sühne. Bewältigungsversuche eines Überwältigten. München 1966, S. 127.
380 Ralph Giordano: Die zweite Schuld oder Von der Last Deutscher zu sein. Hamburg 1987, S. 11 f.
381 Zygmunt Bauman: Dialektik der Ordnung. Die Moderne und der Holocaust. Hamburg 1992, S. 20.
382 Detlev Claussen: Nach Auschwitz. Ein Essay über die Aktualität Adornos. Dan Diner (Hg.): Zivilisationsbruch. Denken nach Auschwitz. Frankfurt am Main 1988, S. 57.

Dritter Teil: Zeiten des Umbruchs

1 Hans-Peter Schwarz: Geschichtsschreibung und politisches Selbstverständnis. Aus Politik und Zeitgeschichte. Beilage zur Wochenzeitung »Das Parlament«, B. 36/1982, S. 3 ff.

2 Hans Maier: Die Deutschen und die Freiheit. Perspektiven der Nachkriegszeit. Stuttgart 1985, S. 19.

3 Axel Schildt: Moderne Zeiten. Freizeit, Massenmedien und »Zeitgeist« in der Bundesrepublik der 50er Jahre. Hamburg 1995, S. 20, 416 ff. Ferner Kaspar Maase: Bravo Amerika. Erkundungen zur Jugendkultur der Bundesrepublik in den fünfziger Jahren. Hamburg 1993. Bernd Polster (Hg.): West Wind. Die Amerikanisierung Europas. Köln 1995. Alf Lüdtke/Inge Marßolek/Adelheid von Saldern (Hg.): Amerikanisierung. Traum und Alptraum im Deutschland des 20. Jahrhunderts. Stuttgart 1996. Hellmuth Karasek. »Go West!« Eine Biographie der fünfziger Jahre. Hamburg 1996.

4 Karl Markus Michel: Rückkehr zur Fassade. Kursbuch, Nr. 89/1987, S. 127.

5 Peter Merseburger: Grenzgänger. Innenansichten der anderen deutschen Republik. München 1988, S. 87 f.

6 Ebd., S. 84.

7 Egon Bahr: Zu meiner Zeit. München 1996. Ferner Heinrich Potthoff: Bonn und Ost-Berlin 1969–1982. Dialog auf höchster Ebene und vertrauliche Kanäle. Darstellung und Dokumente. Bonn 1997.

8 Hans Georg Lehmann: Chronik der Bundesrepublik Deutschland 1945/49 bis heute. München 1989, S. 107 f.

9 Peter Bender: Sind wir unschuldig an dem Monstrum? Schandmauer oder Schutzwall – auf jeden Fall das Ergebnis verfehlter Politik hüben wie drüben. Die Zeit, 8. 8. 1986.

10 Johannes Wendt: Zwischen Selbstprüfung und witzigen Anekdoten. Die SDS-Veteranen besinnen sich auf ihre Geschichte. Frankfurter Rundschau, 4. 7. 1985. Ferner Peter Mosler (Hg.): Was wir wollten, was wir wurden. Zeugnisse der Studentenrevolte. Reinbek 1988. Rainer Bieling: Die Tränen der Revolution. Die 68er zwanzig Jahre danach. Berlin 1988. Oskar Negt: Achtundsechzig. Politische Intellektuelle und die Macht. Göttingen 1995. Hans Magnus Enzensberger: Der Papier-Truthahn. Gedichte 1955–1970. Frankfurt am Main 1971, S. 153.

11 Peter Schneider: Lenz. Eine Erzählung. Berlin 1982 (1973), S. 37 ff.

12 Herbert Marcuse: Ober den affirmativen Charakter der Kultur. Kultur und Gesellschaft I. Frankfurt am Main 1965.

13 R. D. Brinkmann/R. R. Rygulla (Hg.): ACID. Neue amerikanische Szene. Darmstadt 1969, S. 11.

14 Hermann Glaser (Hg.): Jugend-Stil. Stil der Jugend. Thesen und Aspekte. München 1971. Uwe Schmitt: Die Blumenkinder sind lange verblüht. Woodstock – die Suche nach einer Legende. Frankfurter Allgemeine Zeitung, 7. 5. 1986.

15 Robert Jungk: Die Zukunft hat schon begonnen. Stuttgart (1952) o. J.

16 Emil-Peter Müller: Antiamerikanismus in Deutschland. Zwischen Care-Paket und

Cruise Missile. Köln 1986. Dan Diner: »Verkehrte Welten«. Antiamerikanismus in Deutschland. Frankfurt am Main 1993.
17 Spiegel-Spezial: Die wilden 68er. Die Spiegel-Serie über die Studentenrevolution. Hamburg 1988, S. 29 f.
18 Dieter Baacke: Untergrund. Einblick und Ausblick. Merkur, Heft 6/1970, S. 526 ff.
19 Bernward Vesper: Die Reise. Frankfurt am Main 1977, S. 10.
20 Genia Schulz: Brandblasen der Seele. Zur frühen Prosa und späten Lyrik Rolf Dieter Brinkmanns. Merkur, Heft 11/1985, S. 1015 ff. Rolf Dieter Brinkmann: Erkundungen für die Präzisierung des Gefühls für einen Aufstand: Träume. Aufstände/Gewalt/Morde. Reinbek bei Hamburg 1987. Ferner Gert Ueding: Schrille Stimme. Rolf Dieter Brinkmanns Erzählungen. Frankfurter Allgemeine Zeitung, 29. 6. 1985. Frank Schirrmacher: Blick in ein Gehirnalbum. Nachgelassene Tagebücher Rolf Dieter Brinkmanns. Frankfurter Allgemeine Zeitung, 25. 7. 1987.
21 Karl Dietrich Bracher u. a. (Hg.): Geschichte der Bundesrepublik Deutschland in 5 Bdn. Bd. 4: Klaus Hildebrand: Von Erhard zur großen Koalition. Geschichte und politisches Klima einer Republik 1963–1969. München 1984, S. 260 f.
22 Hermann Korte: Eine Gesellschaft im Aufbruch. Die Bundesrepublik Deutschland in den sechziger Jahren. Frankfurt am Main 1987, S. 41.
23 Hildegard Weiss: Die Ideologieentwicklung in der deutschen Studentenbewegung. München 1985. Willy Albrecht: Der Sozialistische Deutsche Studentenbund (SDS). Vom parteikonformen Studentenverband zum Repräsentanten der Neuen Linken. Bonn 1994.
24 Michael Schneider: Demokratie in Gefahr. Der Konflikt um die Notstandsgesetze: Sozialdemokratie, Gewerkschaften und intellektueller Protest (1958–1968). Bonn 1986.
25 Reinhold Oberlercher: Zweitausend Studenten als harter Kern wollten 1968 das System aushebeln. Rheinischer Merkur/Christ und Welt, 8. 4. 1988.
26 Hartmut von Hentig: Die große Beschwichtigung. Zum Aufstand der Studenten und Schüler. Merkur, Heft 5/1968, S. 385 ff.
27 Wilfried Röhrich: Geschichte und politisches Klima einer Republik. München 1988, S. 83 f. Ferner Jürgen Habermas: Protestbewegung und Hochschulreform. Frankfurt am Main 1969.
28 Herbert Marcuse: Triebstruktur und Gesellschaft. Ein philosophischer Beitrag zu Sigmund Freud. Frankfurt am Main 1965, S. 186.
29 Theodor W. Adorno: Die gegängelte Musik. Der Monat, Heft 56/1953, S. 182.
30 Peter Weiss: Hölderlin. Stück in zwei Akten. Frankfurt am Main 1971, S. 70, 191.
31 Hans Schwerte: Herakles und der Kentaur. Anmerkungen zu Peter Weiss. Hans Höller (Hg.): Hinter jedem Wort die Gefahr des Verstummens. Sprachproblematik und literarische Tradition in der »Ästhetik des Widerstands« von Peter Weiss. Stuttgarter Arbeiten zur Germanistik, Nr. 201. Stuttgart 1988, S. 2.
32 Hartmut von Hentig: Die große Beschwichtigung. Das Nürnberger Gespräch 1968: Opposition in der Bundesrepublik. Freiburg im Breisgau 1968, S. 167 f.

33 Spiegel-Spezial: Die wilden 68er; a. a. O., S. 50.
34 Christian Enzensberger: Versuch über den Schmutz. München 1968.
35 Reimut Reiche: Sexualität und Klassenkampf. Zur Abwehr repressiver Entsublimierung. Frankfurt am Main 1968.
36 Keine Angst vor dem Elfenbeinturm. Spiegel-Gespräch mit Theodor W. Adorno. Der Spiegel, Nr. 19/1969, S. 204.
37 Max Horkheimer: Notizen 1950 bis 1969 und Dämmerung. Notizen in Deutschland. Hg. von Werner Brede. Frankfurt am Main 1974, S. 210. Ferner Alfred Schmidt (Hg.): Max Horkheimer heute: Werk und Wirkung. Frankfurt am Main 1986.
38 Theodor W. Adorno: Jargon der Eigentlichkeit. Zur deutschen Ideologie. Frankfurt am Main 1964.
39 Jean Améry: Jargon der Dialektik. Merkur, Heft 11/1967, S. 1058.
40 Gretchen Dutschke: Rudi Dutschke. Ein deutscher Revolutionär. Köln 1996.
41 Harald Wieser: Rudi, ein deutsches Märchen. Der Spiegel, Nr. 16/1988, S. 101.
42 Karl Heinz Bohrer: Die Kinder Hitlers? Frankfurter Allgemeine Zeitung, 6. 9. 1977. Jillian Becker: Hitlers Kinder? Der Baader-Meinhof-Terrorismus. Frankfurt am Main 1978.
43 Dieter E. Zimmer: Der lange Marsch durch die eigenen Wesenheiten. Die Zeit, 17. 6. 1977.
44 Gerhard Mauz: Ein Phänomen der Verzweiflung. Der Spiegel, Nr. 33/1977.
45 Karl-Heinz Janßen: Die schrecklichen entlaufenen Wohlstandskinder. Die Zeit, 9. 9. 1977.
46 W. Guthermut: Warum Frauen jetzt die Terrorszene beherrschen. Abendzeitung, 5. 8. 1977.
47 Heinrich Böll: Will Ulrike Meinhof Gnade oder freies Geleit? Gabriele Dietz u. a. (Hg.): Klamm, Heimlich & Freunde. Die Siebziger Jahre. Berlin 1987, S. 119.
48 Ulrike Marie Meinhof: Deutschland Deutschland unter anderm. Aufsätze und Polemiken. Berlin 1995.
49 Stefan Aust: Der Baader-Meinhof-Komplex. Hamburg 1985, S. 592. Ferner Dorothea Hauser: Baader und Herold. Beschreibung eines Kampfes. Berlin 1997.
50 Ralf Schnell: Die Literatur der Bundesrepublik. Autoren, Geschichte, Literaturbetrieb. Stuttgart 1986, S. 343.
51 Ebd., S. 33 f.
52 Karl Marx: Das Kapital. Dritter Band. In: Karl Marx/Friedrich Engels: Werke. Bd. 23. Berlin-Ost 1970, S. 828.
53 Ders.: Auswahl und Einleitung von Franz Borkenau, Frankfurt am Main, Hamburg 1956, S. 56 f.
54 Irene Lusk: Che lebt. Eckhard Siepmann: Heiß und kalt. Die Jahre 1945–69. Berlin 1986, S. 575.
55 Frantz Fanon: Die Verdammten dieser Erde. Frankfurt am Main 1966. Ferner ders.: Aspekte der Algerischen Revolution. Frankfurt am Main 1969. Ders.: Schwarze Haut, weiße Masken. Frankfurt am Main 1980. Renate Zahar: Kolonialismus und Entfremdung. Zur politischen Theorie Frantz Fanons. Frank-

furt am Main 1969. David Daute: Frantz Fanon. München 1970. Detlev Claussen: List der Gewalt. Soziale Revolutionen und ihre Theorien. Frankfurt am Main 1982.

56 Worte des Vorsitzenden Mao Tse-tung. Peking 1967, S. 341 f.

57 Eckhard Siepmann: Heiß und kalt; a. a. O., S. 516.

58 Ebd., S. 628.

59 Jürgen Habermas: Strukturwandel der Öffentlichkeit. Untersuchungen von einer Kategorie der bürgerlichen Gesellschaft. Neuwied 1962.

60 Wolfgang Fritz Haug: Zur Kritik der Warenästhetik. Kursbuch, Nr. 20/1970, S. 140. Ders.: Kritik der Warenästhetik. Frankfurt am Main 1971. Ferner Roland Barthes: Mythen des Alltags. Frankfurt am Main 1964.

61 Karin Thomas: Zweimal deutsche Kunst nach 1945. 40 Jahre Nähe und Ferne. Köln 1985, S. 159 ff. Ferner Doris Schmidt: Bildende Kunst. Wolfgang Benz (Hg.): Die Bundesrepublik Deutschland. Geschichte in 3 Bdn. Bd. 3: Kultur. Frankfurt am Main 1983, S. 198 f.

62 Karin Thomas: Zweimal deutsche Kunst nach 1945; a. a. O., S. 114 f. Ferner Werner Haftmann: Malerei im 20. Jahrhundert. Eine Entwicklungsgeschichte. München 1979. Karl Ruhrberg: Die Gleichzeitigkeit des Gegensätzlichen. Hilmar Hoffmann/Heinrich Klotz: Die Sechziger. Die Kultur unseres Jahrhunderts. Düsseldorf/Wien/New York 1987.

63 Werner Hofmann u. a. (Hg.): Kunst in Deutschland 1898–1973. Hamburg 1973. Blatt 1963.

64 Karin Thomas: Zweimal deutsche Kunst nach 1945; a. a. O., S. 130.

65 Ebd., S. 137 f.

66 Karl Ruhrberg: Die Gleichzeitigkeit des Gegensätzlichen; a. a. O., S. 178.

67 Gabriel Laub: Siebzig Stunden Filmstrapazen. Die 15. Westdeutschen Kurzfilmtage in Oberhausen. Die Zeit, Nr. 14/1969.

68 Hilmar Hoffmann: Papas Kino stirbt. Hilmar Hoffmann/Heinrich Klotz: Die Sechziger. Die Kultur unseres Jahrhunderts. Düsseldorf/Wien/New York 1987, S. 189 f., 201.

69 Dieter Krusche: Reclams Filmführer; a. a. O., S. 645.

70 Rainer Werner Fassbinder: Die Anarchie der Phantasie. Gespräche und Interviews. Hg. von Michael Töteberg. Frankfurt am Main 1986. Ders. Die Kinofilme 1. und 2. Hg. von Michael Töteberg. München 1987.

71 Dieter Krusche: Reclams Filmführer; a. a. O., S. 627.

72 Rainer Werner Fassbinder: Die Anarchie der Phantasie; a. a. O., S. 9 f.

73 Georg Hensel: Spielplan. Schauspielführer von der Antike bis zur Gegenwart. Berlin 1986, S. 1524.

74 Hans Daiber: Deutsches Theater seit 1945. Bundesrepublik Deutschland, Deutsche Demokratische Republik, Österreich, Schweiz. Stuttgart 1976, S. 255 f.

75 Michael Buselmeier: Festspiele für integrierte Arbeiter. Recklinghausen, eine Fiktion in ihrem 23. Jahr. Die Zeit, 23. 5. 1969.

76 Jerzy Grotowski: Nacktheit auf dem Theater - sittlich oder obszön? Theater heute, Heft 8/1971, S. 1 ff. Ders.: Für ein armes Theater. Zürich 1986.

77 Hans Daiber: Deutsches Theater seit 1945; a. a. O., S. 257.
78 Erich Wendt über die Vierte Experimenta. Pfingsten, Fest der Rezipienten. Theater heute, Heft 7/1971, S. 32 f.
79 Günther Rühle: Theater in unserer Zeit. Frankfurt am Main 1976, S. 189 f.
80 Horst-Eberhard Richter: Die Chance des Gewissens. Erinnerungen und Assoziationen. Hamburg 1986, S. 194.
81 Hermann Vinke: Gustav Heinemann. Bornheim 1986. Rudolf Morsey: Heinrich Lübke. Eine politische Biographie. München, Wien, Zürich 1997.
82 Karl Dietrich Bracher u. a. (Hg.): Geschichte der Bundesrepublik Deutschland in 5 Bdn. Bd. 5/I. Wolfgang Jäger: Die Innenpolitik der sozialliberalen Koalition 1969–1974. Stuttgart, Mannheim 1986, S. 24 f.
83 Günter Grass über Willy Brandt. »Draußen – Schriften während der Emigration«. Der Spiegel, Jhg. 1966.
84 Gabriele Dietz u. a. (Hg.): Klamm, Heimlich & Freunde; a. a. O., S. 18.
85 Wolfgang Jäger: Die Innenpolitik der sozialliberalen Koalition 1969–1974; a. a. O., S. 154.
86 Arnulf Baring: Ein Politiker auf der Suche nach seiner Heimat. Kritische Anmerkungen zu drei Biographien über Willy Brandt. Die Zeit, 5. 3. 1976. Ferner Carola Stern (in Zusammenarbeit mit Manfred Görtemaker): Willy Brandt. Reinbek bei Hamburg 1976.
87 Arnulf Baring: Machtwechsel. Die Ära Brandt-Scheel. Stuttgart 1982.
88 Wolfgang Jäger: Die Innenpolitik der sozialliberalen Koalition 1969–1974; a. a. O., S. 160.
89 Reiner Kunze: Die wunderbaren Jahre. Lyrik. Prosa. Dokumente. Hg. von Karl Corino. Frankfurt am Main, Wien, Zürich 1978, S. 24, 26, 86.
90 Hans-Joachim Maaz: Der Gefühlsstau; a. a. O., S. 20.
91 Dorothee Wierling: Die Jugend als innerer Feind. Konflikte in der Erziehungsdiktatur der sechziger Jahre. Hartmut Kaelble/Jürgen Kocka/Hartmut Zwahr (Hg.): Sozialgeschichte der DDR. Stuttgart 1994, S. 404 ff.
92 Wilma Grossmann: Kindererziehung in der DDR. »Die ewigen Jasager beunruhigen mich!« Erziehung und Wissenschaft, Nr. 12/1991, S. 6 ff.
93 Dorothee Wierling: Die Jugend als innerer Feind; a. a. O., S. 408 f. Ferner Wolf Oschlies: »Lieber rückwärts aus dem Intershop als vorwärts zum nächsten Parteitag!« Bemerkungen zum DDR-Jugendjargon. Aus Politik und Zeitgeschichte, Beilage zur Wochenzeitung »Das Parlament«, 4. 10. 1986.
94 Wolf Oschlies: »Lieber rückwärts aus dem Intershop als vorwärts zum nächsten Parteitag«; a. a. O., S. 43.
95 Ulrich Plenzdorf: Die neuen Leiden des jungen W. Frankfurt am Main 1976, S. 26 f.
96 Trabi ... find' ich gut. Mit Beiträgen von Heribert Hofner, Harald Kaiser und Willi Mertens. Hamburg 1990.
97 Hans-Joachim Maaz: Der Gefühlsstau; a. a. O., S. 31 f., 87. Ferner Heike Trappe: Emanzipation oder Zwang? Frauen in der DDR zwischen Beruf, Familie und Sozialpolitik. Berlin 1996.

98 Irene Böhme: Die da drüben. Sieben Kapitel DDR. Berlin 1982.

99 Peter Hübner: Die Zukunft war gestern. Soziale und mentale Trends in der DDR-Industriearbeiterschaft. Hartmut Kaelble/Jürgen Kocka/Hartmut Zwahr (Hg): Sozialgeschichte der DDR; a. a. O., S. 171 ff.

100 Frank Böckelmann/Bernhard Ziegler: Freizeit. Wolfgang R. Langenbucher/Ralf Rytlewski/Bernd Weyergraf (Hg.): Kulturpolitisches Wörterbuch; a. a. O., S. 215 ff.

101 Simone Hain/Stephan Stroux/Michael Schroedter: Die Salons der Sozialisten. Kulturhäuser in der DDR. Berlin 1996. Ulrich Hartung: Arbeiter- und Bauerntempel. DDR-Kulturhäuser der fünfziger Jahre – ein architekturhistorisches Kompendium. Berlin 1997.

102 Hans-Joachim Maaz: Der Gefühlsstau; a. a. O., S. 72 ff., 119.

103 Sarah Kirsch: Rückenwind. Ebenhausen bei München 1977, S. 18, 51.

104 Hans-Peter Lühr: Pluralismus von Identität. Das deutsch-deutsche Kulturbewußtsein. Problemkreise Angewandter Kulturwissenschaft. Hg. von Caroline Y. Robertson Wensauer. Heft 1/1997, Karlsruhe 1997, S. 42.

105 Ralf Rytlewski: Ein neues Deutschland? Der Bürger im Staat. Hg. von der Landeszentrale für politische Bildung Baden-Württemberg, Heft 3/1989, S. 153.

106 Gunther Mai: Weimarer Klassik und Nationalkultur in der Deutschen Demokratischen Republik 1949–1968. Erfurt 1994 (Manuskript), S. 14.

107 Jürgen Scharfschwerdt: Klassikrezeption in Schulbüchern der Bundesrepublik Deutschland und der DDR. Politik und Kultur, Nr. 2/1989, S. 65.

108 Iris Häuser: Wir wollen immer artig sein, denn nur so hat man uns gern. Jugendpolitik und das Verhältnis Jugendlicher zu Politik und Gesellschaft. Der Bürger im Staat. Hg. von der Landeszentrale für politische Bildung Baden-Württemberg, Heft 3/1989, S. 195. Ferner Barbara Hille/Walter Jaide (Hg.): DDR-Jugend. Opladen 1991.

109 Wolfgang Kühnel: »Doppelte Identität« zwischen offizieller Norm und eigener Erfahrung. DDR-Jugendliche mit ambivalenten Werten und pragmatischer Orientierung im Prozeß der deutsch-deutschen Einheit. Frankfurter Rundschau, 7. 10. 1991.

110 Freya Klier: Lüg Vaterland. Erziehung in der DDR. München 1990.

111 Andreas Kühne: Nonkonform in kleinster Auflage. Autonome Zeitschriften in der DDR. Süddeutsche Zeitung, April 1992.

112 Klaus Michael: Feindbild Literatur. Die Biermann-Affäre, Staatssicherheit und die Herausbildung einer literarischen Alternativkultur in der DDR. Aus Politik und Zeitgeschichte. Beilage zur Wochenzeitung »Das Parlament«, 28. 5. 1993, S. 30. Ferner Franz Fühmann: Schneewittchen. Ein paar Gedanken zu zwei jungen Dichtern. Sinn und Form, Nr. 28/1976, S. 1259 ff.

113 Peter Böthig/Klaus Michael (Hg.): MachtSpiele. Literatur und Staatssicherheit. Leipzig 1993, S. 202 ff.

114 Korruption, wohin man blickt. Das Manifest der ersten organisierten Opposition in der DDR. Der Spiegel, Nr. 1/2/1978. Detlef Pollack: Politischer Protest – Politisch alternative Gruppen in der DDR. Opladen 1996. Ulrike Poppe/Rainer

Eckert/Ilko-Sascha Kowalczuk (Hg.): Zwischen Selbstbehauptung und Anpassung. Formen des Widerstandes und der Opposition in der DDR. Berlin 1996.

115 Rudolf Bahro: Die Alternative. Zur Kritik des real existierenden Sozialismus. Köln, Frankfurt am Main 1977, S. 14 f., 178. Ders.: Eine Dokumentation. Köln 1977. Heinz Brandt: Die Alternative, die aus dem Kerker kam. Die Arbeiten Rudolf Bahros: erst damit verläßt Stalin den Raum. Frankfurter Rundschau, 18. 2. 1978.

116 Wolf Biermann: Das war's. Klappe zu. Affe lebt. Ein Nachruf auf die DDR. Die Zeit, 2. 3. 1990.

117 Ders.: Und als wir ans Ufer kamen. Alle Lieder. Köln 1991, S. 280.

118 Bernd Wagner: Tod der Intelligenz. Das Jahrzehnt nach der Biermann-Ausbürgerung. Frankfurter Rundschau, 20. 12. 1986.

119 Bernd Wagner: Tod der Intelligenz; a. a. O.

120 Manfred Jäger: Weggegangen, dageblieben, ausgestiegen, mitgelaufen. Verdrängte Konflikte unter Schriftstellern aus der ehemaligen DDR. Frankfurter Rundschau, 30. 9. 1992.

121 Siegfried Stadler über Peter Ensikat. »Ab jetzt geb ich nichts mehr zu.« Nachrichten aus den Ostprovinzen. (München 1993). Frankfurter Allgemeine Zeitung, 5. 2. 1994.

122 Barbara Meyer: Die literarische Satire in der DDR. Neue Zürcher Zeitung, 19./20. 4. 1986.

123 Antonia Grunenberg: Entgrenzung und Selbstbeschränkung. Zur Literatur der DDR in den achtziger Jahren. Alexander von Bormann: Kulturelle Affinität oder Diskulturalität? Wechselwirkungen in der Literaturentwicklung beider deutscher Staaten. Aus Politik und Zeitgeschichte. Beilage zur Wochenzeitung »Das Parlament«, 3. 10. 1987. Heinrich Mohr: Mein Blick auf die Literatur in der DDR. Aus Politik und Zeitgeschichte. Beilage zur Wochenzeitung »Das Parlament«, 11. 3. 1994.

124 Hans Joachim Schädlich: Tanz in Ketten. Zum Mythos der DDR-Literatur. Frankfurter Allgemeine Zeitung, 28. 6. 1990.

125 Regina General: Stimme einer Stimmung. Ein Gespräch mit Günter de Bruyn. Die Zeit, 9. 3. 1990. Günter de Bruyn: Vierzig Jahre. Ein Lebensbericht. Frankfurt am Main 1996.

126 Uwe Kolbe: Mauerschatten, ins Wort verlängert. Schreiben und Schweigen in der DDR. Neue Zürcher Zeitung, 10./11. 9. 1996.

127 Angela Drescher (Hg.): Dokumentation zu Christa Wolf: Nachdenken über Christa T. Hamburg 1991.

128 Rolf Michaelis: Zwei Welten in einem Land. Neue Strömungen und Tendenzen in der DDR-Prosa. Die Zeit, 16. 1. 1976. Fritz J. Raddatz: Ein neuer Ton in der Lyrik der DDR: Elegien statt Hymnen. Die Zeit, 23. 1. 1976.

129 Stephan Hermlin: ... das Vorrecht der Dichter, vernunftlos zu träumen. Rede auf dem DDR-Schriftstellerkongreß 30. 5. 1978. Frankfurter Rundschau, 3. 10. 1978. Ferner Karl Corino: Außen Marmor, innen Gips. Die Legenden des Stephan Hermlin. Düsseldorf 1997.

130 Christoph Hein: Die Zensur ist überlebt, nutzlos, paradox, menschen- und volksfeindlich, ungesetzlich und strafbar. X. DDR-Schriftstellerkongreß. Die Zeit, 4. 12. 1987.

131 Hans Joachim Schädlich: Tanz in Ketten; a. a. O.

132 Klaus Hensel: Lauter kleine Kriminalgeschichten ... in der Ausstellung über das Literatur-Zensurland DDR. Frankfurter Rundschau, 18. 5. 1991.

133 Heimo Schwilk: Mutige Verleger, dankbare Autoren. Rheinischer Merkur/Christ und Welt, 19. 4. 1991.

134 Manfred Jäger: Das Wechselspiel von Selbstzensur und Literaturlenkung in der DDR. Aus Politik und Zeitgeschichte. Beilage zur Wochenzeitung »Das Parlament«, 4. 10. 1991, S. 16, 24.

135 Die Kirche im Sozialismus: Ein ZEIT-Forum über die Rolle der Protestanten unter der SED-Diktatur. Die Zeit, 22. 3. 1991.

136 Rolf Henrich: Der vormundschaftliche Staat. Reinbek bei Hamburg 1990.

137 Die Kirche im Sozialismus; a. a. O. Albrecht Schönherr: Kirche im Sozialismus – der beschwerliche Weg der Protestanten in der DDR. Die Zeit, 7. 2. 1992.

138 Robert E. Goeckel: Die evangelische Kirche und die DDR. Konflikte, Gespräche, Vereinbarungen unter Ulbricht und Honecker. Leipzig 1995.

139 Horst Dähn (Hg.): Die Rolle der Kirchen in der DDR. Eine erste Bilanz. München 1993. Gerhard Besier: Der SED-Staat und die Kirche. 1969–1990. Die Vision vom »Dritten Weg«. Berlin, Frankfurt am Main 1995.

140 Vom Unverständnis der Amtskirche zur »Kirche von unten«. Frankfurter Rundschau, 21. 2. 1992. Ferner Manfred Richter/Elsbeth Zylla (Hg.): Mit Pflugscharen gegen Schwerter. Bremen o. J.

141 Die Kirche im Sozialismus; a. a. O.

142 Günter de Bruyn: Dieses Mißtrauen gegen mich selbst. Ein Beitrag zum Umgang mit den Stasi-Akten. Frankfurter Allgemeine Zeitung, 18. 2. 1993.

143 Hans-Jürgen Schmitt: Fast nichts ist wahr, fast alles ist Lüge. Ober die Gefahr, sich auf Stasi-Akten zu verlassen: das Dossier des Schriftstellers Franz Fühmann. Süddeutsche Zeitung, 11./12. 12. 1993. Franz Fühmann: »Im Berg«. Texte aus dem Nachlaß. Hg. von Ingrid Prignietz. Rostock 1991. Hans Richter: Franz Fühmann – Ein deutsches Dichterleben. Berlin 1992. Barbara Heinze: Franz Fühmann. Eine Biographie in Bildern, Dokumenten und Briefen. Rostock 1998.

144 Birgit Lahann: Genosse Judas. Die zwei Leben des Ibrahim Böhme. Berlin 1992.

145 Jan Faktor: Intellektuelle Opposition und alternative Kultur in der DDR. Aus Politik und Zeitgeschichte. Beilage zur Wochenzeitung »Das Parlament«, 11. 3. 1994, S. 32.

146 Hajo Steinert: Die Szene und die Stasi. Die Zeit, 29. 11. 1991.

147 Uwe Wittstock: Von der Stalinallee zum Prenzlauer Berg. Wege der DDR-Literatur 1949–1989. München 1989. Alexander Haeder/Ulrich Wüst: Prenzlauer Berg. Besichtigung einer Legende. Berlin 1994.

148 Sascha Anderson: Ein hoffentlich schöner und lang anhaltender Amoklauf. Zum Thema AIM 7423/91. Frankfurter Allgemeine Zeitung, 30. 10. 1991.

149 Iris Radisch: Ein ZEIT-Gespräch mit Sascha Anderson. Die Zeit, 1. 11. 1991.

150 Joachim Gauck über den Umgang der Deutschen mit ihrer Vergangenheit. Frankfurter Rundschau, 28. 1. 1995. Ferner Walter Süß: DDR-Staatssicherheit gegen Bürgerrechtler. Das Parlament, 4. 1. 1991. Lienhard Wawrzyn: Der Blaue. Das Spitzelsystem der DDR. Berlin 1991.
151 Joachim Walther: Wider die eilfertigen Rechercheure. Ein paar Beispiele und einige Grundsätze zur gegenwärtigen Debatte um Schriftsteller, Literatur und Staatssicherheit. Frankfurter Allgemeine Zeitung, 27. 1. 1993.
152 Ders.: Sicherungsbereich Literatur. Berlin 1996. Ferner Jürgen Fuchs: Landschafter der Lüge. Schriftsteller im Stasi-Netz. 5 Teile; a. a. O., Der Spiegel Nr. 47–51/1991.
153 Jens Reich: Abschied von den Lebenslügen: a. a. O., S. 43.
154 Hans Magnus Enzensberger: Baukasten zu einer Theorie der Medien. Kursbuch, Nr. 20/1970, S. 159 ff. Martin Walser: Über die neueste Stimmung im Westen. Kursbuch, Nr. 20/1970, S. 19 ff.
155 Fritz J. Raddatz: Zur deutschen Literatur der Zeit. 2. Die Nachgeborenen. Leseerfahrungen mit zeitgenössischer Literatur. Reinbek bei Hamburg 1987, S. 146.
156 Volker Ludwig/Detlef Michel: Eine linke Geschichte. Theaterstück mit Kabarett. Berlin 1980, S. 107 f.
157 Jörg Bopp: Trauer-Power. Zur Jugendrevolte 1981. Kursbuch, Nr. 65/1981, S. 155.
158 W. D. Narr: Die Generation der Ausgeschlossenen. Die Zeit, 20. 1. 1978.
159 Klaus Laermann: Kneipengerede. Zu einigen Verkehrsformen der Berliner »linken« Subkultur. Kursbuch, Nr. 37/1974. Franz Dröge/Thomas Krämer-Badoni: Die Kneipe. Zur Soziologie einer Kulturform. Frankfurt am Main 1987.
160 Andi Bauer: Mit Hammer, Sichel und Gitarre. Linke Off-Kultur der Siebziger. Gabriele Dietz u. a. (Hg.): Klamm, Heimlich & Freunde; a. a. O.
161 Thomas Ziehe: Pubertät und Narzißmus. Sind Jugendliche entpolitisiert? Frankfurt am Main-Köln 1975. Ders.: Worum geht es in der Narzißmus-Diskussion? Neue Sammlung, Heft 2/1981.
162 Heiratsanzeige. Die Zeit, 18. 7. 1980.
163 Helmut Heißenbüttel: Das Ende der Alternative. Einfache Geschichten. Stuttgart 1980, S. 16.
164 Rolf Schneider: Die Grünen – ein Unglück. Der Spiegel, Nr. 13/1980, S. 38 f.
165 Jörg Bopp: Wir machen es jetzt. Zur Moral der Jugendlichen. Kursbuch, Nr. 60/1980, S. 30 ff.
166 Peter Henkel: Nur noch 30 Prozent halten die Technik für einen Segen. Frankfurter Rundschau, 6. 3. 1982.
167 Jörg Bopp: Wir machen es jetzt; a. a. O., S. 42.
168 Denis Meadows: Die Grenzen des Wachstums. Bericht des Club of Rome zur Lage der Menschheit. Stuttgart 1972.
169 Karl-Werner Brand: Kontinuität und Diskontinuität in den neuen sozialen Bewegungen. Roland Roth/Dieter Rucht (Hg.): Neue soziale Bewegungen in der Bundesrepublik Deutschland. Bonn 1987, S. 31.
170 Herbert Gruhl: Ein Planet wird geplündert. Schreckensbilder unserer Politik. Frankfurt am Main 1975.

171 Erhard Eppler: Ende oder Wende? Von der Machbarkeit des Notwendigen. Stuttgart, Berlin, Köln, Mainz 1975.

172 Helke Sander vor der Delegiertenkonferenz des Sozialistischen Deutschen Studentenbundes 1968. Roland Roth/Dieter Rucht (Hg.): Neue soziale Bewegungen; a. a. O., S. 91.

173 Alice Schwarzer: So fing es an! Die neue Frauenbewegung. München 1983, S. 24.

174 Marie-Luise Weinberger: Aufbruch zu neuen Ufern? Grün-Alternative zwischen Anspruch und Wirklichkeit. Bonn 1984, S. 45. f. Ferner Marielouise Janssen-Jurreit: Sexismus. Über die Abtreibung der Frauenfrage. München 1976.

175 Richard Sennett: Die Tyrannei der Intimität. Entstehung und Verfall der öffentlichen Kultur. Frankfurt am Main 1982.

176 Nicolas Born: Die erdabgewandte Seite der Geschichte. Reinbek bei Hamburg 1979. Gerhard Roth: Winterreise. Frankfurt am Main 1978. Hannelies Taschau: Landfriede. Zürich, Köln 1978. Karin Struck: Trennung. Frankfurt am Main 1978. Peter Handke: Die linkshändige Frau. Frankfurt am Main 1976. Gabriele Wohmann: Abschied für länger. Neuwied, Darmstadt 1965. Dies.: Ernste Absicht. Neuwied, Darmstadt 1970. Martin Walser: Ein fliehendes Pferd. Frankfurt am Main 1978. Ders.: Jenseits der Liebe. Frankfurt am Main 1976. Ders.: Seelenarbeit. Frankfurt am Main 1979. Ferner Edgar Wilhelm: Das Ende von Beziehungen. Trennungsproblematik in der gegenwärtigen Literatur. Buch & Bibliothek, Nr. 4/1984, S. 321 ff.

177 Botho Strauß: Rumor. München 1980, S. 47.

178 Martin Koschorke: Zweitfamilien und Zweitpartnerschaften. Zur Struktur und Dynamik zusammengesetzter Beziehungssysteme. Referat (Manuskript) zur Tagung der IUFO, Kommission für Ehe und Eheberatung. Stein bei Nürnberg, Juni 1983, S. 16.

179 Heinz-Günter Vester: Thanatos' Wiederkehr - AIDS. Universitas, Heft 4/1986, S. 371 ff.

180 Hubert Fichte: Geschichte der Empfindlichkeit. 17 Bde. Frankfurt am Main 1987 ff. Volker Hage: Die Geschichte der Empfindlichkeit. Hubert Fichte und sein monumentaler Romanzyklus: Der verborgene Selbstentblößer. Die Zeit, 9. 10. 1987. Hubert Fichte: Hotel Garni. Frankfurt am Main 1987. Ders.: Homosexualität und Literatur 1. Frankfurt am Main 1987.

181 Carl Friedrich von Weizsäcker: Die Zeit drängt. Eine Weltversammlung der Christen für Gerechtigkeit, Frieden und die Bewahrung der Schöpfung. München 1986, S. 115.

182 Robert Jungk: Der Jahrtausendmensch. München, Gütersloh, Wien 1973. Ders.: Der Atomstaat. Vom Fortschritt in die Unmenschlichkeit, München 1977. Ders.: Zukunftswerkstätten. Hamburg 1981. Ders.: Ermutigung. Streitschrift wider die Resignation. Berlin 1987.

183 Fritjof Capra: Wendezeit. Bausteine für ein neues Weltbild. Bern, München, Wien 1986. Ferner Carlos Castaneda: Der Ring der Kraft. Der zweite Ring der Kraft. Das Feuer von innen. Die Kraft der Stille. Frankfurt am Main 1979–1986. Franz-Xaver Kaufmann: Religion und Modernität. Johannes Berger (Hg.): Die

Moderne - Kontinuitäten und Zäsuren. Göttingen 1986. Peter Jenrich: Die Okkupation des Willens. Macht und Methoden der neuen Kultbewegungen. Hamburg 1985. Sekten. Kursbuch, Nr. 55/1979. Willy Hochkeppel: Nebelwerfer als Aufklärer. Merkur, Heft 9/10/1985.

184 Günther Schiwy: Auf der Suche nach der verlorenen Einheit. New-Age-Spiritualität und Christentum. Buch & Bibliothek, Heft 40/1988, S. 186 ff. Johann Baptist Metz: Theologie angesichts der späten Moderne. Kursbuch, Nr. 422/1983, S. 904 f.

185 Jörg Bopp: Psycho-Kult - kleine Fluchten in die großen Worte. Kursbuch, Nr. 82/1985.

186 Adolf Holl: Wassermannzeit. Kursbuch, Nr. 86/1986, S. 17.

187 Rudolf Bahro: Logik der Rettung. Wer kann die Apokalypse aufhalten? Stuttgart 1987.

188 Hans Küng: Unfehlbar? Eine Anfrage. Köln 1975.

189 Ders.: Die alte Inquisition ist tot, es lebe die neue. Die Zeit, 4. 10. 1985.

190 Hans-Ulrich Jörges: Aachen - ein Katholikentag der zwei Kulturen. Verhinderte Reise in die Innerlichkeit. Süddeutsche Zeitung, 13./14. 9. 1986.

191 Robert-Julius Nüsse: Zeitansage oder Markt. Ein Überblick über die Evangelischen Kirchentage. Frankfurter Rundschau, Beilage zum 22. Deutschen Evangelischen Kirchentag in Frankfurt am Main vom 17.–21. 6. 1987.

192 Carl Amery: Bitte keine Panik an den Notausgängen. Über den Glanz und die Gefahren des laufenden Fantasy-Booms. Titel, Heft 1/1985, S. 50.

193 Gundolf S. Freyermuth: Software Fantasy. Frankfurter Rundschau, 3. 3. 1984.

194 Michael Ende: Die unendliche Geschichte. Stuttgart 1979, S. 168.

195 Marieluise Christadler: Opfer oder Retter der Gesellschaft? Die Rolle des Kindes in der Jugendliteratur. Horst Rabe (Hg.): Jugend. Beiträge zum Verständnis und zur Bewertung der Jugendrevolten. Konstanz 1984, S. 125.

196 Jürgen Habermas: Stichworte zur »Geistigen Situation der Zeit«. Frankfurt am Main 1979, S. 30 f.

197 John Kenneth Galbraith: Die Zukunft der Städte im modernen Industriesystem – Konzept der organischen Stadt. Rettet unsere Städte jetzt! Vorträge, Aussprachen und Ergebnisse der 16. Hauptversammlung des Deutschen Städtetages vom 25.–27. 5. 1971 in München. Stuttgart 1971, S. 16.

198 Olaf Schwencke/Klaus H. Revermann/Alfons Spielhoff: Plädoyers für eine neue Kulturpolitik. München 1974. Ferner Hermann Glaser/Karl Heinz Stahl: Die Wiedergewinnung des Ästhetischen. München 1974 (aktualisiert und erweitert: Bürgerrecht Kultur. Frankfurt am Main, Berlin, Wien 1983). Städtische Kulturpolitik. Empfehlungen, Richtlinien und Hinweise des Deutschen Städtetages zur Praxis städtischer Kulturpolitik 1946 bis 1970. Stuttgart 1971. Kultur in den Städten. Eine Bestandsaufnahme. Bearb. von Gerald Kreißig/Heidemarie Tressler/Jochen von Uslar. Stuttgart 1979. Hilmar Hoffmann: Kultur für alle. Perspektiven und Modelle. Frankfurt am Main 1979. Stadt und Kultur. Arbeitshilfen des Deutschen Städtetages zur städtischen Kulturpolitik. Bearb. von Jürgen Grabbe. Stuttgart 1986. Kultur vor Ort. Hinweise und Materialien zur Förderung der offenen Kulturarbeit in den Städten. Von Gerald Kreißig und Jürgen Grabbe.

Stuttgart 1987. Manfred Abelein, Die Kulturpolitik des Deutschen Reiches und der Bundesrepublik Deutschland. Köln, Opladen 1968. Wolfgang R. Langenbucher/Ralf Rytlewski/Bernd Weyergraf (Hg): Kulturpolitisches Wörterbuch; a. a. O. Hilmar Hoffmann: Kultur für morgen. Frankfurt am Main 1985. Erna Hekkel/Horst Keßler/Dieter Ulle/Klaus Ziermann u. a. (Hg.): Kulturpolitik in der Bundesrepublik von 1949 bis zur Gegenwart. Köln 1987.

199 Norbert Sievers: »Neue Kulturpolitik«. Programmatik und Verbandseinfluß am Beispiel der Kulturpolitischen Gesellschaft. Hagen 1988.

200 Odo Marquard: Die Unvermeidlichkeit der Geisteswissenschaften. Universitas, Heft 1/1987, S. 21 ff.

201 Michael Rutschky: Erfahrungshunger. Ein Essay über die siebziger Jahre. Köln 1980, S. 263.

202 Jörg Bopp: Wir machen es jetzt. Zur Moral der Jugendlichen. Kursbuch, Nr. 60/1980, S. 29. Hans Rombeck/Frank König: Pink Floyd. Bergisch Gladbach 1981.

203 Mark Hertsgaard: The Beatles. Die Geschichte ihrer Musik. München 1995.

204 Michael Rutschky: Wartezeit. Ein Sittenbild. Köln 1983, S. 227 ff.

205 Dieter Baacke: Jugend und Jugendkulturen. Darstellung und Deutung. Weinheim, München 1987, S. 151 ff.

206 Dieter Baacke: Bewegung beweglich machen Oder: Plädoyer für mehr Ironie. Dieter Baacke u. a. (Hg.): Am Ende – postmodern? Next Wave in der Pädagogik. Weinheim, München 1985, S. 197.

207 Helmut Fritz: Das Gegenbild der Protestgeneration. Yuppies in Deutschland. Frankfurter Rundschau, 27. 12. 1986. Ferner Matthias Horx: Aufstand im Schlaraffenland. Selbsterkenntnisse einer rebellischen Generation. München 1989.

208 Marie-Luise Weinberger: Von der Müsli-Kultur zur Yuppie-Kultur. Über den sozialen Wandel in innerstädtischen Revieren von Ballungsgebieten. Die Neue Gesellschaft/Frankfurter Hefte, Heft 4/1987, S. 353 ff.

209 Claus Leggewie: Jeder sei mutig auf seinem Platz. Nicht Superstars und große Programme, nur ein neues akademisches Milieu kann die Universitäten noch beleben. Die Zeit, 20. 5. 1986.

210 Bernd Erich Heptner: Als Hochsprache und Literatur verpönt waren. Geschichte eines Kulturkampfes. Frankfurter Allgemeine Zeitung, 9. 10. 1987.

211 »... der jugendfrohe Anfang der Tyrannis«. Schule & wir, Heft 6/1977.

212 Klaus Mollenhauer: Vergessene Zusammenhänge. Über Kultur und Erziehung. München 1983. Konrad Wünsche: Ideologiekritik und Emanzipation sind passé. Kultur erzieht sich selbst. Klaus Mollenhauer bricht mit seiner pädagogischen Vergangenheit. Die Zeit, 27. 1. 1984.

213 Jürgen Zimmer: Eine (fiktive) Berliner Kindheit. Pychosozial, Nr. 17/1983, S. 7 ff. Ders.: Der lange Marsch. Die Zeit, 2./3. 1984. Ders.: Die vermauerte Kindheit. Weinheim, Basel 1986.

214 Ekkehart von Braunmühl: Antipädagogik. Studien zur Abschaffung der Erziehung. Weinheim, Basel 1976. Ders.: Zeit für Kinder. Frankfurt am Main 1978. J. Oelkers/T. Lehmann: Antipädagogik. Herausforderung und Kritik. Braunschweig

1983. Michael Winkler: Stichworte zur Antipädagogik. Elemente einer historisch-systematischen Kritik. Stuttgart 1982.

215 Michael Winkler: Über das Pädagogische an der Antipädagogik. Zeitschrift für Pädagogik, Heft 1/1985, S. 75. Schule & Reform. Bestandsaufnahme und Perspektiven. Die Horen, Heft 121/1981, S. 3. Hartmut von Hentig: »Die Menschen stärken, die Sachen klären.« Ein Plädoyer für die Wiederherstellung der Aufklärung. Stuttgart 1985.

216 Andreas Kilb: Gesang von Amseln und alten Meistern. Über die Lyrikerin Ulla Hahn und den Zustand des deutschen Gedichts. Die Zeit, 25. 3. 1988.

217 Pina Bausch. Theatertanzgeschichten von Raimund Hoghe. Mit Fotos von Ulli Weiss. Frankfurt am Main 1986, S. 7. Norbert Servos: Pina Bausch – Wuppertaler Tanztheater oder Die Kunst, einen Goldfisch zu dressieren. Seelze 1997.

218 Horst Koegler: Tanztheater. Ballett-Jahrbuch 1986. Petra Schaeber: Flirten, Kokettieren, Anmachen, Aufreißen. Statt »Schwanensee« Geschlechterkampf. Vorwärts, 19. 1. 1985.

219 Wim Wenders/Sam Shepard: Paris, Texas. Drehbuch. Nördlingen 1985.

220 Peter Buchka: Wim Wenders triumphiert in Cannes. Sein Film »Paris, Texas« erschließt eine neue Dimension des Kinos. Süddeutsche Zeitung, 22. 5. 1984. Ders.: Augen kann man nicht kaufen. Wim Wenders und seine Filme. Frankfurt am Main 1985.

221 Dieter Wellershoff: Fromme Lügen. Zur Diskussion: Wim Wenders' »Paris, Texas«. Die Zeit, 15. 2. 1985.

222 Jörg von Uthmann: Zweischneidiges Lob. Wim Wenders im Spiegel amerikanischer Kritik. Frankfurter Allgemeine Zeitung, Jg. 1987. Gerhard Bechtold: Der »Fall Wenders« oder: die Kolonialisierung der Gehirne? Filmfaust, Nr. 37/1984, S. 32 ff.

223 André Müller spricht mit Wim Wenders über seinen Film »Der Himmel über Berlin«. Der Spiegel, Nr. 43/1987, S. 230 ff.

224 Norbert Grob: Alle Helden sind Engel. »Der Himmel über Berlin« und das Kino des Wim Wenders: neue Räume, Erfahrungen und Geschichten – Stimmen und Bilder einer Stadt. Die Zeit, 30. 10. 1987. Wim Wenders/Peter Handke: Der Himmel über Berlin – ein Filmbuch. Frankfurt am Main 1987.

225 Nationalgalerie/Staatliche Museen/Preußischer Kulturbesitz: a.r.penck. Ausstellung und Katalog: Lucius Grisebach in Zusammenarbeit mit Thomas Kirchner und Toni Stooss. München 1988, S. 16.

226 Heinrich Böll: Die verlorene Ehre der Katharina Blum oder: Wie Gewalt entsteht und wohin sie führen kann. Köln 1974.

227 Georg Alexander Heussen: Medientaktik. Nach dem Geiseldrama. Über das Abwägen von Zielen. Frankfurter Allgemeine Zeitung, 22. 8. 1988.

228 Reinhold Krämer: Nachliterarische Zeiten? Schreiben und Lesen in der Computer- und Mediengesellschaft. Bertelsmann Briefe; 121/1987, S. 14 ff. Otto B. Roegele (Hg.): Die Presse in der deutschen Medienlandschaft. Themenheft 6. Bundeszentrale für Politische Bildung. Bonn 1985.

229 Janet K. King: Literarische Zeitschriften 1945–1970. Stuttgart 1974.

230 Jürgen Busche: Das Ende eines Anfangs. »Alternative« – Zur Einstellung einer Zeitschrift. Frankfurter Allgemeine Zeitung, 16. 12. 1982.
231 Andreas Proksa: taz. Criticon, Heft 107/1988, S. 120.
232 Lutz Kuche: Strukturwandel auf dem Zeitschriftenmarkt. Harter Kampf um die Leser. Rheinischer Merkur/Christ und Welt, 3. 7. 1987.
233 Bernd-Jürgen Martini: Tendenzwende auf dem Zeitschriftenmarkt. Die Titelflut ebbt langsam ab. Rheinischer Merkur/Christ und Welt, 15. 7. 1988.
234 Hermann Kurzke: Die Dauerhaftigkeit der Kurzlebigen. Eine geht, eine kommt: Zur Lage der Kultur und Literaturzeitschriften. Frankfurter Allgemeine Zeitung, 21. 3. 1988. Josef Quack: Ein notwendiger Luxus. Zur Situation der Kulturzeitschriften. Frankfurter Allgemeine Zeitung, 6. 1. 1984.
235 Frank Schirrmacher: Ein Ende. »Westermann's«, die Yuppies und die Kulturzeitschriften. Frankfurter Allgemeine Zeitung, 24. 1. 1987.
236 Peter Glotz: Der streitbare Linkskatholik. Zum Tode des politischen Publizisten Eugen Kogon. Frankfurter Allgemeine Zeitung, 30. 12. 1987.
237 Erich Kuby: Der Fall »Stern« und die Folgen. Hamburg 1983.
238 ZEIT-Dossier: Die Magazin-Maschine. Der »Spiegel« von innen. Die Zeit, 25. 9. 1987. Erich Kuby: »Der Spiegel« im Spiegel. Das deutsche Nachrichten-Magazin – kritisch analysiert. München 1987. Martin Walser über Rudolf Augstein und den »Spiegel«. Mit keiner Seite dauerhaft befreundet. Der Spiegel, Nr. 8/1987, S. 248.
239 Reinhard Baumgart: Postmoderne – Fröhliche Wissenschaft? Die Zeit, 16. 10. 1987.
240 Michael Köhler: Postmodernismus. Ein begriffsgeschichtlicher Überblick. Amerikastudien, Nr. 22/1977. Charles Jencks: Die Sprache der postmodernen Architektur. Stuttgart 1980. Albrecht Wellmer: Zur Dialektik von Moderne und Postmoderne. Vernunftkritik nach Adorno. Frankfurt 1985. Burghart Schmidt: Postmoderne – Strategien des Vergessens. Ein kritischer Bericht. Darmstadt 1986. Christa Bürger/Peter Bürger (Hg.): Postmoderne: Alltag, Allegorie und Avantgarde. Frankfurt am Main 1987. Jacques Le Rider/Gérard Raulet (Hg.): Verabschiedung der (Post-)Moderne? Eine interdisziplinäre Debatte. Tübingen 1987. Rolf Günter Renner: Die postmoderne Konstellation. Theorie. Wolfgang Welsch (Hg.): Wege aus der Moderne. Schlüsseltexte der Postmoderne-Diskussion. Weinheim 1988. Text und Kunst im Ausgang der Moderne. Freiburg 1988. Heinrich Klotz: Kunst im 20. Jahrhundert – Moderne, Postmoderne, Zweite Moderne. München 1994.
241 Jürgen Habermas: Der Eintritt in die Postmoderne. Merkur, Nr. 421, Heft 7/1983, S. 752.
242 Friedrich Nietzsche: Vom Nutzen und Nachteil der Historie. Karl Schlechta (Hg.): Friedrich Nietzsche. Werke I. Frankfurt am Main, Berlin, Wien 1969, S. 267.
243 Umberto Eco: Nachschrift zum »Namen der Rose«. München, Wien 1984, S. 78 f.
244 Jean-François Lyotard: Beantwortung der Frage: Was ist postmodern? Ders.: Das postmoderne Wissen. Ein Bericht. Wien 1986.
245 Jürgen Habermas: Die Moderne – ein unvollendetes Projekt. Kleine Politische Schriften (I–IV). Frankfurt am Main 1981.

246 Wolfgang Welsch: Unsere postmoderne Moderne. Weinheim 1987. Ders.: Vernunft. Die zeitgenössische Vernunftkritik und das Konzept der transversalen Vernunft. Frankfurt am Main 1995. Christoph Menke/Martin Seel (Hg.): Zur Verteidigung der Vernunft gegen ihre Liebhaber und Verächter. Frankfurt am Main 1993. Peter Koslowski: Die postmoderne Kultur. Gesellschaftlich-kulturelle Konsequenzen der technischen Entwicklung. München 1988.
247 Helmut F. Spinner: Wissenschaft kommt nicht von Wissen, und Kunst kommt nicht von Können, aber Wissenschaft ist trotzdem keine Kunst. Merkur, Heft 9/10/1985, S. 861 ff.
248 Ulrich Beck: Die Erfindung des Politischen. Zu einer Theorie reflexiver Modernisierung. Frankfurt am Main 1993, S. 194. Ders.: Risikogesellschaft. Frankfurt am Main 1986.
249 Peter Sloterdijk: Kritik der zynischen Vernunft. Bd. 1. Frankfurt am Main 1983, S. 36 f.
250 Michael Rutschky: Über die Postmoderne. München und die Lebenskunst. Unterordnung der Wahrheit unter den Reiz. Frankfurter Rundschau, 28. 2. 1987.
251 Bernd Guggenberger: Sein oder Design. Die Dialektik der Abklärung. Berlin 1987, S. 29.
252 Niklas Luhmann: Liebe als Passion. Zur Codierung von Intimität. Frankfurt am Main 1982, S. 110.
253 Jörg Bopp: Wir wollen keine neuen Herren. Streitschriften zur Jugend- und Psycho-Szene. Frankfurt am Main 1982, S. 106 f., 101 ff.
254 Nürnberger Neue Lehrerzeitung, Heft 1/1986, S. 7.
255 Reinhard Baumgart: Verfluchte Passanten-Welt. Erotik des Trauerns: »Paare, Passanten«. Die Zeit, 25. 9. 1981.
256 Botho Strauß: Paare, Passanten. München, Wien 1981, Einbandtext.
257 Joachim Kaiser: Botho Strauß geht aufs Ganze. Wie sich der Autor vom dialektischen Denken freimacht. Süddeutsche Zeitung, 14. 10. 1981.
258 Botho Strauß: Niemand anderes. München, Wien 1987, S. 152.
259 Ders.: Kalldewey Farce. München, Wien 1981, S. 50 f.
260 Thomas Anz: Die neue Überheblichkeit. Der Dichter als Priester und Prophet. Anmerkungen zu Botho Strauß und Peter Handke. Frankfurter Allgemeine Zeitung, 17. 4. 1982.
261 Peter Handke: Die Stunde der wahren Empfindung. Frankfurt am Main 1975, S. 81.
262 Ders.: Über die Dörfer. Frankfurt am Main 1981, S. 120 f.
263 Werner Hofmann: Sehendes Sehen. Versuch über Max Imdahl. Merkur, Heft 12/1996.
264 Walter Grasskamp: Die unbewältigte Moderne. Kunst und Öffentlichkeit. München 1989. Rüdiger Bubner: Ästhetische Erfahrung. Frankfurt am Main 1989.
265 Peter Iden: Die 9. »documenta« gleicht der Erklärung eines Bankrotts. Frankfurter Rundschau, 13. 6. 1992.
266 Wolfgang Welsch (Hg.): Die Aktualität des Ästhetischen. München 1993, S. 15.
267 Ders.: Ästhetisches Denken. Stuttgart 1991, S. 10, 57.

268 Andreas Huyssen: Postmoderne - eine amerikanische Internationale? Andreas Huyssen/Klaus R. Scherpe (Hg.): Postmoderne. Zeichen eines kulturellen Wandels. Reinbek bei Hamburg 1986, S. 33 f.
269 Helmut Holzhey: Technologisches Zeitalter oder Postmoderne? Eine philosophische Tagung in Braunschweig. Neue Zürcher Zeitung, 2. 10. 1986.
270 André Glucksmann: Der negative Humanismus. Eine neue Protestkultur in Frankreich. Frankfurter Allgemeine Zeitung, 11. 2. 1987.
271 Mathias Schreiber: Gibt es eine postmoderne Moral? Die Aufklärung, der Todes-Schock und die Umkehrung des Denkens. Frankfurter Allgemeine Zeitung, 22. 3. 1984.
272 Jürgen Habermas: Der philosophische Diskurs der Moderne. Zwölf Vorlesungen. Frankfurt am Main 1985, S. 395.
273 Florian Rötzer (Hg.): Denken, das an der Zeit ist. Frankfurt am Main 1987, S. 14. f.
274 Dietmar Kamper. Hieroglyphen der Zeit. Texte vom Fremdwerden der Welt. München 1988.
275 Klaus Laermann: Das rasende Gefasel der Gegenaufklärung. Dietmar Kamper als Symptom. Merkur, Heft 3/1985, S. 211 ff. Dietmar Kamper: Zur Soziologie des Imaginären. München 1986. Ders.: Macht und Ohnmacht der Phantasie. Darmstadt, Neuwied 1986.
276 Klaus Laermann: Fiat nox! Ein Essay. Die Zeit, 2. 8. 1991.
277 Stephan Wehnowski: Wie Ratten im Labyrinth. Perspektiven der Soziologie: Die Provokationen im Werk von Niklas Luhmann. Süddeutsche Zeitung, 4./5. 6. 1988.
278 Eckhard Nordhofen: In den Gärten der Erkenntnis. Über den Philosophen Hans Blumenberg. Die Zeit, 8. 8. 1986.
279 Hans Blumenberg: Lebenszeit und Weltzeit. Frankfurt am Main 1986.
280 Reinhard Baumgart: Postmoderne - Fröhliche Wissenschaft? Über eine lange verschleppte, leergedroschene Frage. Die Zeit, 16. 10. 1987.
281 Francis Fukuyama: Das Ende der Geschichte. Wo stehen wir? München 1992. Ferner Martin Meyer: Ende der Geschichte. München 1993. Perry Anderson: Zum Ende der Geschichte. Berlin 1993.
282 Durs Grünbein: Schädelbasislektion. Gedichte. Frankfurt am Main 1991, S. 61.
283 Fritz J. Raddatz: Nicht Entwurf der Moderne, sondern Faltenwurf der Mode. Ein kritischer Blick auf den Lyriker Durs Grünbein. Die Zeit, 22. 9. 1995.
284 Jürgen Habermas: Eine Art Schadensabwicklung. Apologetische Tendenzen in der deutschen Zeitgeschichtsschreibung. Die Zeit, 11. 7. 1986.
285 Hans-Ulrich Wehler: Entsorgung der deutschen Vergangenheit? München 1988, S. 211. »Historikerstreit«. Die Dokumentation der Kontroverse um die Einzigartigkeit der nationalsozialistischen Judenvernichtung. München, Zürich 1987. Hilmar Hoffmann (Hg.): Gegen den Versuch, Vergangenheit zu verbiegen. Eine Diskussion um politische Kultur in der Bundesrepublik aus Anlaß der Frankfurter Römerberggespräche 1986. Frankfurt am Main 1987. Eike Hennig: Zum Historikerstreit. Was heißt und zu welchem Ende studiert man Faschismus? Frankfurt am Main 1988.

286 Daniel Jonah Goldhagen: Hitlers bereitwillige Vollstrecker; a. a. O. Volker Ullrich: Hitlers willige Mordgesellen. Ein Buch provoziert einen neuen Historikerstreit: Waren die Deutschen doch alle schuldig? Die Zeit, 12. 4. 1996.

287 Die Sprache des Erhabenen/Das Bild des Erhabenen/Die erhabene Tat. Merkur, Nr. 487/488/1989.

288 Museumskunde, Heft 2/1984, S. 98.

289 Rüdiger Thomas: Staatskultur und Kulturnation. Anspruch und Illusion einer »sozialistischen deutschen Nationalkultur.« Günter Feist/Eckhart Gillen u. a. (Hg.): Kunstdokumentation SBZ/DDR 1945–1990. Aufsätze. Berichte. Materialien. Berlin 1996, S. 33 f.

290 Lutz Niethammer unter Mitarbeit von Werner Trapp (Hg.): Lebenserfahrung und kollektives Gedächtnis. Die Praxis der »Oral History«. Frankfurt am Main 1980, S. 9 f. Detlev Puls (Hg.): Wahrnehmungsformen und Protestverhalten. Studien zur Lage der Unterschichten im 18. und 19. Jahrhundert. Frankfurt am Main 1979.

291 Hans-Ulrich Wehler: Wider eine frischfröhlich erzählende Geschichtswissenschaft. Frankfurter Rundschau, 22. 8. 1988. Ders.: Aus der Geschichte lernen? München 1988. Ferner Ursula A. J. Becher/Klaus Bergmann (Hg.): Geschichte – Nutzen oder Nachteil für das Leben. Sammelband zum 10jährigen Bestehen der Zeitschrift »Geschichtsdidaktik«. Düsseldorf 1986. Gerhard Paul/Bernhard Schoßig (Hg.): Die andere Geschichte. Geschichte von unten. Spurensicherung – Ökologische Geschichte – Geschichtswerkstätten. Köln 1986.

292 Gespräch mit Heinrich Klotz. Kunst und Kirche, Heft 2/1986. Ferner Jahrbuch für Architektur 1985/1986. Braunschweig, Wiesbaden 1986. Städte bauen. Kursbuch, Nr. 112/1993.

293 Robert Venturi: Komplexität und Widerspruch in der Architektur. Braunschweig, Wiesbaden 1978. Robert Venturi/Denise Scott Brown/Steven Izenour: Lernen von Las Vegas. Zur Ikonographie und Architektursymbolik der Geschäftsstadt. Braunschweig, Wiesbaden 1979. Stanislaus von Moos: Venturi, Rauch & Scott Brown. Bauten und Projekte. München 1987. Ferner Kenneth Frampton: Kritischer Regionalismus. Andreas Huyssen/Klaus R. Scherpe (Hg.): Postmoderne. Zeichen eines kulturellen Wandels. Reinbek bei Hamburg 1986, S. 151 ff. Charles Moore: Bauten und Projekte 1949–1986. Stuttgart 1987.

294 Dieter Bartetzko: Zwischen Bauwerk und Kulissenbau angesiedelt. Das Neue Frankfurt und seine Postmoderne. Gedanken zur Architektur am Main. Frankfurter Rundschau, 1. 6. 1984.

295 Manfred Sack: Das Zitatenmuseum. Von Schmäh- und Bravorufen hitzig untermalt, wurde in Stuttgart die neue Staatsgalerie gebaut. Die Zeit, 9. 3. 1984. Ferner Wolfgang Welsch: Nach welcher Moderne? Klärungsversuche im Feld von Architektur und Philosophie. Peter Koslowski/Robert Spaemann/Reinhard Löw (Hg.): Moderne oder Postmoderne? Zur Signatur des gegenwärtigen Zeitalters. Heppenheim 1986, S. 248. Hanno-Walter Kruft: Das Kunstmuseum als Kunstwerk? Beobachtungen zum Museumsbau der letzten Jahre. Neue Zürcher Zeitung, 4./5. 4. 1987.

296 Eduard Beaucamp: Konstruktiver Pop. Die Eröffnung der Neuen Staatsgalerie in Stuttgart. Frankfurter Allgemeine Zeitung, 10. 3. 1984.
297 Vittorio Magnago Lampugnani: Die Modernität des Dauerhaften. Essays zu Stadt, Architektur und Design. Berlin 1995, S. 38.
298 Pierre Bourdieu: Die feinen Unterschiede. Kritik der gesellschaftlichen Urteilskraft. Frankfurt am Main 1987, S. 59 ff.
299 Jean-François Lyotard: Philosophie und Malerei im Zeitalter ihres Experientierens. Berlin 1986, S. 69 ff.
300 Karlheinz Schmid: Manfred Schneckenburger. ZEIT-Magazin, Jg. 1987.
301 Ulrich Wanner: Die 8. documenta in Kassel huldigt der Postmoderne: Kunst in schicken Räumen kitzelt und kalauert. Der Geist ist Schnickschnack. Nürnberger Zeitung, 15. 6. 1987. Laszlo Glozer: Bedeutungsschwanger bis unterhaltsam. Die documenta 8 präsentiert sich als bunte Stimmungspalette. Süddeutsche Zeitung, 13./14. 6. 1987. Petra Kipphoff: Das hohe Fest der Beliebigkeit. Die Zeit, 19. 6. 1987.
302 Wolfgang Max Faust/Gerd de Vries: Hunger nach Bildern. Deutsche Malerei der Gegenwart. Köln 1982
303 Karin Thomas: Zweimal deutsche Kunst nach 1945; a. a. O., S. 225.
304 Günther Gercken: Figurative Malerei nach 1960. Christos M. Joachimides/Norman Rosenthal/Wieland Schmied (Hg.): Deutsche Kunst im 20. Jahrhundert. Malerei und Plastik 1905–1985. München 1986, S. 468.
305 Eduard Beaucamp: Die verbrannte Geschichte. Anselm Kiefer und die deutschen Mythen. Frankfurter Allgemeine Zeitung, 11. 4. 1984. Petra Kipphoff: Verbrannte Erde und gestürzte Trommler. Zwei Künstler des deutschen Dilemmas. Die Zeit, 13. 4. 1984.
306 Georg Hensel: Bluff dich durch die Postmoderne. Schnellkurs als Party-Service: Brauchbare Sätze, Zitate, Namen, Redensarten. Frankfurter Allgemeine Zeitung, 6. 6. 1987.
307 Peter Niebaum: »All is pretty« – Vom Schwindel zwischen modern(d)en Einbahnstraßen und postmodernen Sackgassen. Nebst Bemerkungen über Aufklärungskrisen und Krisenaufklärung. Anschläge, Jg. 1987.
308 Heiner Stachelhaus: Joseph Beuys. Köln 1987. Klaus Staeck (Hg.): Ohne die Rose tun wir's nicht. Für Joseph Beuys. Heidelberg 1986. Armin Zweite (Hg.): Beuys zu Ehren. München 1986. Götz Adriani/Winfried Konnertz/Karin Thomas: Joseph Beuys. Leben und Werk. Köln 1994.
309 Hanno Reuther: Die Fraktion der Bewunderer und die Bank der Spotter. Ein Versuch über Joseph Beuys und seine Gemeinde(n). Frankfurter Rundschau, 17. 8. 1985.
310 Wouter Kotte/Ursula Mildner: Das Kreuz als Universalzeichen bei Joseph Beuys. o. O. 1986.
311 Peter-Klaus Schuster: Der Mensch als sein eigener Schöpfer. Dürer und Beuys – oder das Bekenntnis zur Kreativität. Süddeutsche Zeitung, 22./23. 6. 1985.
312 Doris Schmidt: Missionar der Gewaltlosigkeit. Joseph Beuys starb 64jährig an Herzversagen. Süddeutsche Zeitung, 25./26. 1. 1986.

313 Peter Iden: Schönheit ist der Glanz des Wahren. Zum Tod von Joseph Beuys. Frankfurter Rundschau, 27. 1. 1986.
314 Walter Fenn: Der Künstler als Schamane. Zum Tode von Joseph Beuys. Nürnberger Nachrichten, 25./26. 1. 1986.
315 Heiner Bastian: Joseph Beuys. Blitzschlag mit Lichtschein auf Hirsch. Bern 1988.
316 Walter Fenn: Der Künstler als Schamane; a. a. O.
317 Peter-Klaus Schuster: Der Mensch als sein eigener Schöpfer; a. a. O.
318 Wolf-Eberhard von Lewinski: Die Kompositionslehrer und die Avantgarde. Der »Darmstädter Pluralismus« als Signal für die neueste Musik. Neue Zürcher Zeitung, 22./23. 11. 1986.
319 Hermann Danuser: Vier Kulturen der Musik. Paradigmen der Musikgeschichte des 20. Jahrhunderts. Neue Zürcher Zeitung, 19./20. 7. 1986.
320 Hans-Klaus Jungheinrich: Von Smokingherren dezent umschwärmt. Ein neues Stockhausen-Werk beim Metzer Musikfest. Frankfurter Rundschau, 2. 12. 1986.
321 Gerhard R. Koch: Das Neue und die Heilsherrschaft. Karlheinz Stockhausen zum Sechzigsten. Frankfurter Allgemeine Zeitung, 22. 8. 1988.
322 Ders.: Schrecken auf Entsetzen getürmt. Aribert Reimanns »Troades«. Uraufführung zur Eröffnung der Münchner Opernfestspiele. Frankfurter Allgemeine Zeitung, 9. 7. 1986.
323 Hans-Klaus Jungheinrich: Wie wir Tiere uns ansehen. Hans Werner Henzes neue Oper »Die englische Katze«. Frankfurter Rundschau, 4. 6. 1983.

Vierter Teil: Die deutsche Vereinigung

1 Hans Magnus Enzensberger: Die Helden des Rückzugs. Frankfurter Allgemeine Zeitung, 9. 12. 1989. Ders.: Zickzack. Frankfurt am Main 1997.
2 Michail Gorbatschow: Die sozialistische Idee und die revolutionäre Umgestaltung. Der Spiegel. Dokument Januar 1990, S. 7. Konrad Löw: Das Prinzip Gorbatschow. Anspruch und Wirklichkeit. Köln 1989.
3 Thomas Blanke/Rainer Erd (Hg.): DDR – Ein Staat vergeht. Frankfurt am Main 1990. Hannes Bahrmann/Christoph Links: Wir sind das Volk. Die DDR zwischen 7. Oktober und 17. Dezember 1989. Eine Chronik. Berlin, Weimar, Wuppertal 1990. Horst Hensel: Hyänengelächter. Lesestücke auf einen deutschen Herbst. Köln 1990.
4 Peter Przybylski: Tatort Politbüro. Die Akte Honecker. Berlin 1991. Günter Schabowski: Das Politbüro – Ende eines Mythos. Reinbek bei Hamburg 1990. Egon Krenz: Wenn Mauern fallen. Die friedliche Revolution: Vorgeschichte – Ablauf – Auswirkungen. Wien 1990. Hans Modrow (Hg.): Das Große Haus. Insider berichten aus dem ZK der SED. Berlin 1994.
5 Cordt Schnibben: »Genosse, schlagen die uns tot?« Wie Erich Honecker und sein Politbüro die Konterrevolution erlebten. Der Spiegel, Nr. 18/1990, S. 199.

6 Ewald Lang (Hg.): Wendehals und Stasi-Laus. Demo-Sprüche aus der DDR. München 1990. Hans Uske: Die Sprache der Wende. Bonn 1986.
7 Wolfgang Schneider (Hg.): LEIPZIGER DEMOntagebuch. Leipzig, Weimar 1990. Neues Forum Leipzig: »Jetzt oder nie – Demokratie«. Leipziger Herbst '89. München 1990. Erich Loest: Nikolaikirche. Leipzig 1995.
8 Cordt Schnibben: »Makkaroni mit Schinken, bitte«. Wie Erich Honecker und sein Politbüro die Konterrevolution erlebten. Spiegel, Nr. 17/1990, S. 90.
9 Daniel Küchenmeister (Hg.): Honecker – Gorbatschow, Vieraugengespräche. Berlin 1995.
10 Robert Darnton: Der letzte Tanz auf der Mauer. Berlin-Journal 1989–1990. München 1991. Hans-Hermann Hertle: Der Fall der Mauer. Opladen 1996.
11 Bernhard Schäfers: Der Vereinigungsprozeß in sozialwissenschaftlichen Deutungsversuchen. Gegenwartskunde, Nr. 3/1991, S. 283. Ferner Abriß der DDR. Kursbuch, Nr. 101/1990. Christiane Lemke: Die Ursachen des Umbruchs 1989. Politische Sozialisation in der ehemaligen DDR. Opladen 1991. Bernd Faulenbach/Markus Meckel/Hermann Weber (Hg.): Die Partei hat immer recht. Aufarbeitung von Geschichte und Folgen der SED-Diktatur. Essen 1994. Getrennte Vergangenheit, gemeinsame Zukunft. Ausgewählte Dokumente, Zeitzeugenberichte und Diskussionen der Enquête-Kommission »Aufarbeitung von Geschichte und Folgen der SED-Diktatur in Deutschland« des Deutschen Bundestages 1992–1994. 4 Bde. München 1997.
12 Cordt Schnibben: »Genosse, schlagen die uns tot?«; a. a. O., S. 206.
13 Enger Radius. DDR-Ärzte untersuchten ihre ehemaligen Staats- und Parteiführer. Der Spiegel, Nr. 31/1990.
14 Hartmut Zwahr: Ende einer Selbstzerstörung. Leipzig und die Revolution in der DDR. Göttingen 1993.
15 Ilse Spittmann: Die DDR unter Honecker. Köln 1990.
16 Peter Bender: Ein Magnet, stärker als die Macht. Was in den alten Deutschlandplänen reine Utopie blieb, wird jetzt von der Wirklichkeit überholt. Die Zeit, 9. 2. 1990.
17 Detlef Nakath/Gerd-Rüdiger Stephan: Von Hubertusstock nach Bonn. Eine dokumentierte Geschichte der deutsch-deutschen Beziehungen auf höchster Ebene 1980–1987. Berlin 1995.
18 Hartmut Jäckel: Schiefe Bilder und der getrübte Blick aufs Ganze. Die DDR-Berichterstattung: Anmerkungen zu einem publizistischen Sündenfall. Frankfurter Rundschau, 11. 8. 1990.
19 Gerd-Rüdiger Stephan (Hg.): »Vorwärts immer, rückwärts nimmer!« Interne Dokumente zum Zerfall von SED und DDR 1988/89. Berlin 1995.
20 Süddeutsche Zeitung, 11./12. 11. 1989
21 Rudolf Augstein: Aufs Weltpodest geschleudert. Über Helmut Kohls Weg zum Staatskanzler. Der Spiegel, Nr. 40/1996. Ferner Karl Hartung: Neunzehnhundertneunundachtzig. Ortsbesichtigungen nach einer Epochenwende. Hg. von Freimut Duve. Frankfurt am Main 1990. Patricia Clough: Helmut Kohl. Ein Portrait der Macht. München 1997.

22 Hans-Dietrich Genscher: Erinnerungen. Berlin 1995, S. 813 f. Ferner Philip Zelikow/Condoleezza Rice: Sternstunde der Diplomatie – Die deutsche Einheit und das Ende der Spaltung. Berlin 1997.
23 Helmut Kohl: »Aus eigener Kraft allein hätten wir es nicht geschafft«. Fernsehansprache des Bundeskanzlers am 2. 10. 1990. Der Spiegel-Dokument, Dezember 1990, S. 10.
24 Leszek Kołakowski: Wir fürchten etwas Unbestimmtes. Was bedeutet der Zusammenbruch des Kommunismus philosophisch? Frankfurter Allgemeine Zeitung, 5. 2. 1994.
25 Günter Kunert: Traumverloren. Die Idee des Sozialismus scheitert. Frankfurter Allgemeine Zeitung, 30. 11. 1989.
26 Gregor Gysi: Das war's. Noch lange nicht! Autobiographie. Düsseldorf 1994.
27 Landolf Scherzer: Das letzte Gefecht. Wie der SED-Sekretär Hans-Dieter Fritschler die Wende in der DDR erlebt. Die Zeit, 5. 1. 1990.
28 Ders.: Der Erste. Köln 1986.
29 Thomas Neumann: Die Maßnahme. Eine Herrschaftsgeschichte der SED. Reinbek bei Hamburg 1991.
30 Der Spiegel, Nr. 50/1989, S. 30 ff.
31 Erich Honecker: »Die Strafe wird mich nicht mehr erreichen«. Frankfurter Rundschau, 4. 12. 1992.
32 Reinhard Merkel: Erich Honecker gehört nicht vor das Berliner Landgericht. Die Zeit, 28. 8. 1992. Jens Reich: Durch den Export wird der Rechtsstaat zum Esel. Bemerkungen zum Prozeß gegen Erich Honecker. Frankfurter Allgemeine Zeitung, 12. 1. 1993.
33 Irene Dische: Der zehnte Tag. Berlin 1993. Kursbogen zu Kursbuch, Nr. 111/1993.
34 Jens Reich: A la lanterne? Über den Strafanspruch des Volkes. Kursbuch, Nr. 111/1993, S. 11.
35 Peter-Ferdinand Koch: Das Schalck-Imperium lebt. Deutschland wird gekauft. München 1992.
36 Der Spiegel, Nr. 47/1989, S. 14. Autorenkollektiv Hans Modrow u. a.: Geächtet oder geachtet? Die DDR in der internationalen Staatengemeinschaft; Geschichte – Standpunkte – Dokumente. Berlin 1994. Uwe Thaysen: Der Runde Tisch oder: Wo blieb das Volk? Der Weg der DDR in die Demokratie. Opladen 1990.
37 Matthias Jung: Parteiensystem und Wahlen in der DDR. Aus Politik und Zeitgeschichte. Beilage zur Wochenzeitung »Das Parlament«, 29. 6. 1990.
38 Hans-Joachim Meyer: Mit Augenmaß und Festigkeit. Erinnerung an die Rolle von Lothar de Maizière im Prozeß der deutschen Einigung. Frankfurter Allgemeine Zeitung, 25. 5. 1991. Lothar de Maizère: Anwalt der Einheit. Berlin 1996.
39 Gerd Roellecke: Abgründe der Verfassungsdiskussion. Universitas, Heft 8/1996, S. 774.
40 Frankfurter Allgemeine Zeitung, 21. 12. 1990.
41 Günter Grass: Kurze Rede eines vaterlandslosen Gesellen. Die Zeit, 9. 2. 1990. Gespräch mit Günter Grass über »Eiertänze«, verpaßte Chancen der Sozialdemokratie und Fremdheiten beim Thema Deutschland. Frankfurter Rundschau, 27. 7. 1990.

42 Christoph Dieckmann: Das letzte Westpaket. Günter Grass' deutsches Geschichtsbuch »Ein weites Feld« wird im Osten geliebt als Verteidigung des Lebens in der DDR. Die Zeit, 1. 12. 1995.

43 Günter Grass: Ein weites Feld. Göttingen 1995, S. 558.

44 Roland H. Wiegenstein: Bilanzen & Kosten. Frankfurter Rundschau, 16. 6. 1990.

45 Richard Herzinger: Die obskuren Inseln der kultivierten Gemeinschaft. Heiner Müller, Christa Wolf, Volker Braun – deutsche Zivilisationskritik und das neue Antiwestlertum. Die Zeit, 4. 6. 1993. Ferner ders.: Masken der Lebensrevolution – Vitalistische Zivilisations- und Humanismuskritik in Texten Heiner Müllers. Berlin 1993.

46 Brigitte Seebacher-Brandt: Die Linke und die Einheit. Berlin 1991. Joschka Fischer: Die Linke nach dem Sozialismus. Hamburg 1992. Peter Glotz: Die Linke nach dem Sieg des Westens. Stuttgart 1992. Wolfgang Kowalsky/Wolfgang Schroeder (Hg.): Linke, was nun? Berlin 1993. Peter Glotz: Die Jahre der Verdrossenheit. Ein Tagebuch ohne Rücksichten 1993/94. Stuttgart 1996.

47 Sarah Kirsch: Schwarzer Peter. Frankfurter Allgemeine Zeitung, 28. 7. 1990.

48 Die Woche, 24. 11. 1995, 2. 6. 1995. (Günter Grass: Im deutschen Muspott. Gespräch über den Beschluß des West-PEN, sich nicht mit dem Ost-PEN zu vereinigen.) Rundbrief PEN, 16. 5. 1997.

49 Rolf Michaelis: Dein Wort in Goethes Ohr! Die Zeit, 10. 4. 1992.

50 Karl Otto Conrady (Hg.): Das große deutsche Gedichtbuch. München, Zürich 1992, S. 857.

51 Fritz J. Raddatz: Ein ZEIT-Gespräch mit Stefan Heym. Die Zeit, 6. 12. 1991.

52 Stefan Heym: Aschermittwoch in der DDR. Der Spiegel, Nr. 49/1989, S. 55.

53 Heiner Müller: Auschwitz kein Ende. Ein Gespräch mit jungen französischen Regisseuren. Berlin, September 1992. Drucksache 16 des Berliner Ensemble, S. 607.

54 Ders.: Krieg ohne Schlacht. Leben in zwei Diktaturen. Köln 1992.

55 Christa Wolf: Medea. Stimmen. München 1996.

56 Spiegel-Streitgespräch: Wolfgang Schäuble und Wolfgang Thierse über Fehler und Probleme im Umgang zwischen Ost und West. Der Spiegel, Nr. 34/1993, S. 24. Wolfgang Thierse: Mit eigener Stimme sprechen. München 1992. Ferner Johannes M. Becker: Ein Land geht in den Westen. Die Abwicklung der DDR. Bonn 1991. Bernd Giesen/Claus Leggewie (Hg.): Experiment Vereinigung. Ein sozialer Großversuch. Berlin 1991. Friedrich Schorlemmer: Bis alle Mauern fallen. Texte aus einem verschwundenen Land. Berlin 1991. Konrad Löw: ... bis zum Verrat der Freiheit. Die Gesellschaft der Bundesrepublik und die »DDR«. München 1993. Robert Hettlage/Karl Lenz (Hg.): Deutschland nach der Wende. Eine Bilanz. München 1995. Ursula Langkau-Alex/Thomas M. Ruprecht (Hg): Was soll aus Deutschland werden? Frankfurt am Main, New York 1995. Daniela Dahn: Westwärts und nicht vergessen. Vom Unbehagen in der Einheit. Berlin 1996.

57 Bernhard Schäfers: Ambivalenzen des Einigungsprozesses: Integration und Differenzierung. Gegenwartskunde, Nr. 1/1996, S. 113 ff., 121.

58 Christiane Kohl: »Andere nehmen den Strick«. Über Leipzigs neuen Oberbürgermeister Hinrich Lehmann-Grube. Der Spiegel, Nr. 31/1990, S. 38 ff.
59 Elisabeth Noelle-Neumann: Die Vorzüge der Freiheit stehen noch nicht im Mittelpunkt. Die neuen Bundesbürger und die Demokratie. Frankfurter Allgemeine Zeitung, 30. 9. 1991.
60 Marlies Menge: Sehnsucht nach dem Kaputten. Die Zeit, 12. 9. 1991.
61 Tina Rosenberg: Die Rache der Geschichte. Erkundungen im neuen Europa. München 1997.
62 Konrad Weiß: Verlorene Hoffnung der Einheit. Der Spiegel, Nr. 46/1993, S. 41. Ferner Hans Mayer: Der Turm von Babel. Erinnerungen an eine Deutsche Demokratische Republik. Frankfurt am Main 1991. Thomas Meyer: Was bleibt vom Sozialismus. Reinbek bei Hamburg 1991. Peter Bender: Unsere Erbschaft. Was war die DDR – was bleibt von ihr? Hamburg, Zürich 1992. Heinz Ludwig Arnold/Frauke Meyer-Gosau (Hg.): Die Abwicklung der DDR. Göttingen 1992. Eberhard Kuhrt/Gunter Holzweißig/Hannsjörg F. Buck u. a.: Am Ende des realen Sozialismus. Beiträge zu einer Bestandsaufnahme der DDR-Wirklichkeit in den 80er Jahren. Opladen 1996.
63 Wolfgang Thierse: Spielt euch jetzt nicht auf wie Sieger, ihr Westdeutschen. Frankfurter Rundschau, 8. 10. 1990. Ferner Manfred Stolpe: Demokratie wagen. Aufbruch in Brandenburg. Reden, Beiträge, Interviews 1990–1993. Marburg 1994. Ders.: Sieben Jahre. Sieben Brücken. Ein Rückblick in die Zukunft. Berlin 1997.
64 Klaus von Dohnanyi: Das deutsche Wagnis. München 1991. Ferner Klaus Hansen: Nichts trennt uns mehr als die gemeinsame Sprache. Deutsche Verständigungsprobleme. Universitas, Heft 3/1996.
65 Stolz aufs eigene Leben. Der Spiegel, Nr. 27/1995, S. 40 ff.
66 Joachim Brune u. a.: … aber die Mauern bauen die Menschen sich selbst … Speyer 1991.
67 Friedrich Schorlemmer: Ich sehe und säe unverdrossen das Senfkorn Hoffnung. Frankfurter Rundschau, 11. 10. 1993. Ferner Ruth Reiher/Rüdiger Läzer (Hg.): Von »Buschzulage« und »Ossinachweis«. Ost-West-Deutsch in der Diskussion. Berlin 1996.
68 Wolf Lepenies: Ressentiment und Überheblichkeit. Die Intellektuellen im deutschen Einigungsprozeß. Frankfurter Allgemeine Zeitung, 7. 3. 1992. Ders.: Folgen einer unerhörten Begebenheit. Die Deutschen nach der Vereinigung. Berlin 1992.
69 Elke Libbert: Wie auseinanderwächst, was zusammengehört. Frankfurter Allgemeine Zeitung, 7. 1. 1993.
70 Heiner Keupp: Phantasma »Deutsche Identität«. Süddeutsche Zeitung, 10. 11. 1994.
71 Christa Wolf: Was bleibt. Frankfurt am Main 1990, S. 107.
72 Frank Schirrmacher: Dem Druck des härteren, strengeren Lebens standhalten. Frankfurter Allgemeine Zeitung, 2. 6. 1990. Ferner Thomas Anz (Hg.): Es geht nicht um Christa Wolf. Der Literaturstreit im vereinten Deutschland. München 1991. Michael Braun: Jenseits der »Gesinnungsästhetik«. Was bleibt von der

Literatur aus der DDR? Aus Politik und Zeitgeschichte. Beilage zur Wochenzeitung »Das Parlament«, 4. 10. 1986.

73 Karl Otto Conrady (Hg.): Das große deutsche Gedichtbuch. München, Zürich 1992, S. 778.

74 Günther Rühle: »Was sollen wir tun?« Zur deutschen Dramatik nach 1945 - bis heute. Theater heute. Sondernummer 1996, S. 114 ff.

75 Urs Bircher/Martin Kreutzberg: Das Sprechtheater der achtziger Jahre in West und Ost. Politik und Kultur, Heft 3/1984, S. 49.

76 Wolfgang Emmerich: Kleine Literaturgeschichte der DDR; a. a. O., S. 350 f.

77 Ebd., S. 347 f.

78 Otto F. Riewoldt: Theaterarbeit. Über den Wirkungszusammenhang von Bühne, Dramatik, Kulturpolitik und Publikum. Hans-Jürgen Schmitt (Hg.): Die Literatur der DDR. Bd. 11 der Hanser Sozialgeschichte der deutschen Literatur vom 16. Jahrhundert bis zur Gegenwart. München, Wien 1983, S. 133.

79 Schauspielhaus Bochum (Hg.): Das Bochumer Ensemble. Ein deutsches Stadttheater 1979–1986. Königstein 1986.

80 Einfühlung und Analyse. Der Regisseur Thomas Langhoff im Gespräch. Theater heute, Heft 6/1981, S. 14.

81 Ruth Berghaus: Faszinierende Zeugin unseres Jahrhunderts. Leipziger Volkszeitung, Jg. 1996.

82 Christa Hasche/Traute Schölling/Joachim Fiebach: Theater in der DDR. Chronik und Positionen. Berlin 1994, S. 38, 76, 70, 43, 91, 77.

83 Elmar Schleef: Droge Faust Parsifal. Frankfurt am Main 1997.

84 Joachim Fest: Wozu das Theater? Der Spiegel, 20. 12. 1971.

85 Theater heute, Heft 1/79, S. 2.

86 Georg Hensel: Einladung zu Tagträumen. Frankfurter Allgemeine Zeitung, 14. 2. 1979.

87 Frankfurter Rundschau, 17. 5. 1976. Ferner Diedrich Diederichsen: Das babylonische Theater. Regie als Amoklauf. Nonkonformismus als Norm. Buch und Bibliothek, Heft 7/8/1983, S. 590 ff.

88 Claudia Balk (Hg.): Regie im Theater. Frankfurt am Main 1988/1989. Uwe B. Carstensen: Klaus Michael Grüber. Frankfurt am Main 1988. Günther Erken: Hansgünther Heyme. Frankfurt am Main 1989. Mechthild Lange: Peter Zadek. Frankfurt am Main 1989. Hannelene Limpach: Dieter Dorn. Frankfurt am Main 1989. Hans Joachim Ruckhäberle: Alexander Lang. Frankfurt am Main 1988. C. Bernd Sucher: Theaterzauberer 2. Von Bondy bis Zadek. 10 Regisseure des deutschen Gegenwartstheaters. München 1988. Jörg W. Gronius/Wend Kässens: Theater Macher. Gespräche. Bodenheim 1990.

89 Ein Gespräch mit dem Theaterregisseur Luc Bondy. Neue Zürcher Zeitung, 29./30. 10. 1994.

90 Christa Hasche/Traute Schölling/Joachim Fiebach: Theater in der DDR; a. a. O., S. 39.

91 Ebd., S. 21.

92 Ebd., S. 27.

93 Peter Hacks: Die Maßgaben der Kunst. Düsseldorf 1977, S. 111 f.
94 Christa Hasche/Traute Schölling/Joachim Fiebach: Theater in der DDR; a. a. O., S. 213.
95 Volker Braun: Die Übergangsgesellschaft. Volker Bohn: Deutsche Literatur seit 1945; a. a. O., S. 434.
96 Christa Hasche/Traute Schölling/Joachim Fiebach: Theater in der DDR; a. a. O., S. 111.
97 Genia Schulz: Something is Rotten in this Age of Hope. Heiner Müllers Blick auf die (deutsche) Geschichte. Merkur, Heft 5/1979, S. 479 f.
98 Eine kurze goldene Zeit beinahe der Gerechtigkeit. Gespräch mit dem Regisseur Thomas Langhoff. Süddeutsche Zeitung, 4. 1. 1990.
99 Heiner Müller: Krieg ohne Schlacht. Leben in zwei Diktaturen. Köln 1992.
100 Sebastian Popp/Bernd Wagner (Hg.): Das Theater und sein Preis. Beiträge zur Theaterreform. Hagen 1994, S. 81.
101 Gerhard Stadelmaier: Das Hybridtheater. Geblähter Apparat – magere Kunst. Frankfurter Allgemeine Zeitung, 3. 2. 1992.
102 Erich Pracht u. a.: Einführung in den sozialistischen Realismus. Berlin 1975.
103 Monika Flacke (Hg.): Auftragskunst der DDR 1949–1990. München 1995.
104 Günter Feist/Eckhart Gillen/Beatrice Vierneisel (Hg.): Kunstdokumentation SBZ/DDR 1945–1990. Aufsätze. Berichte. Materialien. Berlin 1996. Eckhart Gillen/Rainer Haarmann (Hg.): Kunst in der DDR. Köln 1990. Karin Thomas: Zweimal deutsche Kunst nach 1945; a. a. O.
105 Karin Thomas: Utopie und Menetekel des bildnerischen Eigensinns. Gabriele Muschter/Rüdiger Thomas (Hg.): Jenseits der Staatskultur. Traditionen autonomer Kunst in der DDR. München 1992, S. 108 f.
106 Peter Sager: Neue Formen des Realismus. Kunst zwischen Illusion und Wirklichkeit. Köln 1973. Rainer Zimmermann: Expressiver Realismus. Malerei der verschollenen Generationen. München 1994.
107 Eckhardt Gillen/Rainer Haarmann (Hg.): Kunst in der DDR. Köln 1990, S. 16.
108 Ders.: Kunst in der Sowjetzone und in der DDR. 1945–1990. Dia-Reihe. Inter Nationes Bonn.
109 Ebd.
110 Jörn Schütrumpf: Auftragspolitik in der DDR. Monika Flacke (Hg.): Auftragskunst der DDR; a. a. O., S. 21.
111 Ebd.
112 Günter Engelhard: Ein Grübler liebt den Kampf. art, Nr. 10/1989, S. 42.
113 Werner Tübke: Reformation – Revolution. Panorama Frankenhausen. Dresden 1988.
114 Antje von Graevenitz: Der Weg ist nicht zweigeteilt, sondern rund. Überlegungen zum Bilderstreit in (West-) Deutschland nach 1945. Siegfried Gohr/Johannes Gachnang (Hg.): Bilderstreit. Widerspruch, Einheit und Fragment in der Kunst seit 1960. Köln 1989, S. 228.
115 Siegfried Gohr: Humanismus oder Humanität? – Anmerkungen zur neueren deutschen Kunst. Gabriele Muschter/Klaus Honnef (Hg.): Westchor Ostportal. 12 Positionen zeitgenössischer Kunst in Deutschland. Berlin 1995, S. 14.

116 Art. Das Kunstmagazin (Hg.): Zeitvergleich. Malerei und Grafik aus der DDR. Hamburg 1982, S. 12.
117 Interview Johannes Gachnang mit Georg Baselitz 6. 11. 1975. Katalog Georg Baselitz: Zeichnungen. Groninger Museum. Groningen 1979.
118 Wolfgang Mattheuer: Die Schlacht der Vorurteile. Zum Streit zwischen deutsch-deutschen Künstlern. Frankfurter Allgemeine Zeitung, 17. 10. 1990. Ders.: Äußerungen. Leipzig 1990.
119 Landeshauptstadt Erfurt/Freistaat Thüringen (Hg.): Configura 2 – Dialog der Kulturen. Texte und Bilder zur Ausstellung. Erfurt 1995.
120 Eduard Beaucamp: Streit der Schneckenhäuser. Frankfurter Allgemeine Zeitung, 24. 7. 1991.
121 Verena Lueken: Metastasen des Nichts. Zum fünfundzwanzigsten Mal: Die Mainzer Tage der Fernsehkritik. Frankfurter Allgemeine Zeitung, 21. 5. 1992. Ferner Kurt Hickethier: Geschichte des deutschen Fernsehens. Stuttgart 1997.
122 Karl-Otto Saur/Rüdiger Steinmetz (Hg.): Fernsehkritik. Kritiker und Kritisierte. München 1988. Manfred Delling: Engagement für ein neues Medium. Ausgewählte Fernsehkritiken von 1964 bis 1993. Frankfurt am Main, Berlin, Bern, New York, Paris, Wien 1995.
123 Gerhard Schulze: Vernunft im nachtechnischen Zeitalter. Was tun, wenn alles getan ist? Neue Zürcher Zeitung, 30./31. 12. 1995. Ders.: Die Erlebnisgesellschaft. Kultursoziologie der Gegenwart. Frankfurt am Main, New York 1993.
124 Neil Postman: Das Verschwinden der Kindheit. Frankfurt am Main 1983. Ders.: Wir amüsieren uns zu Tode. Urteilsbildung im Zeitalter der Unterhaltungsindustrie. Frankfurt am Main 1985. Ders.: Die Verweigerung der Hörigkeit. Lauter Einsprüche. Frankfurt am Main 1988. Ders.: Das Technopol. Die Macht der Technologien und die Entmündigung der Gesellschaft. Frankfurt am Main 1992.
125 Marshall McLuhan: Die magischen Kanäle. Understanding media. Düsseldorf 1968, S. 90 Ders.: Die Gutenberg-Galaxis. Das Ende des Buchzeitalters. Düsseldorf, Wien 1968. Thomas Heinze: Medienanalyse als Kultur- und Gesellschaftskritik. Kurseinheit 1–3: Medientheorien. Fernuniversität/Gesamthochschule Hagen 1987.
126 Hannes Bahrmann: Der Siegeszug des neuen Mediums. Der Staatsbürger. Beilage der Bayerischen Staatszeitung, Nr. 2/1994, S. 2.
127 Peter Glotz: Die Attacke – Nachtgedanken zum zehnjährigen Geburtstag des privaten Fernsehens. Vorwärts, Dez. 1995, S. 10.
128 Freddie Röckenhaus: Wie viele Programme erträgt 1 Mensch? Die Zeit, 26. 11. 1993. Ferner Petru Dumitriu: ABC der neuen Medien. Heidelberg 1985. Eckart Gottwald/Regina Hibbeln/Jürgen Lauffer (Hg.): Alte Gesellschaft – Neue Medien. Opladen 1989. Die Medien. Kursbuch, Nr. 90/1987. Hilmar Hoffmann (Hg.): Gestern begann die Zukunft. Entwicklung und gesellschaftliche Bedeutung der Medienvielfalt. Darmstadt 1994.
129 Ien Ang: Das Gefühl Dallas. Zur Produktion des Trivialen. Bielefeld 1986.
130 Frank-Dieter Freiling: Die endlose Alltags-Story. 150mal »Lindenstraße«: Populär wie die Wetterkarte. Rheinischer Merkur/Christ und Welt, 9. 9. 1988.

131 Claudia Wegener: Reality-TV. Opladen 1994.

132 Jo Groebel/Uli Gleich: Gewaltprofile der deutschen Fernsehprogramme. Opladen 1993. Michael Kunczik: Gewalt im Fernsehen. Köln, Wien 1975. Ders.: Gewalt und Medien. Köln, Wien 1987. Helga Theunert: Gewalt in den Medien – Gewalt in der Realität. Gesellschaftliche Zusammenhänge und pädagogisches Handeln. Opladen 1987. Hans Robert Eisenhauer/Heinz-Werner Hübner (Hg.): Fernseh-Kritik. Gewalt in der Welt – Gewalt im Fernsehen. Mainz 1988. H. B. Brosius/T. Hartmann: Erfahrungen mit Horror-Videos bei Schülern unterschiedlicher Schultypen. Communications, Nr. 14/1988. B. H. Kniveton: Angst statt Aggression. Eine Wirkung brutaler Filme. Fernsehen und Bildung, Nr. 12/1978. Werner Glogauer: Kriminalisierung von Kindern und Jugendlichen durch Medien. Wirkungen gewalttätiger, sexueller, pornographischer und satanischer Darstellungen. Baden-Baden 1991.

133 Die Zeit, 5. 3. 1993.

134 Klaus Bresser: Was nun? – Über Fernsehen, Moral und Journalisten. Neuwied 1992. Paul Virilio: Krieg und Fernsehen. München 1993. John R. MacArthur: Die Schlacht der Lügen – Wie die USA den Golfkrieg verkauften. München 1993.

135 Bettina Hurrelmann: Fernsehen in der Familie. Auswirkungen der Programmerweiterung auf den Mediengebrauch. Weinheim 1989. Jan-Uwe Rogge/Klaus-Jensen: Über den Umgang mit Medien in Familien. Aus Politik und Zeitgeschichte. Beilage zur Wochenzeitung »Das Parlament«, 18. 1. 1986.

136 Nikolaus von Festenberg: Talk und Teufel. Über das Geschwätz im TV. Der Spiegel, Nr. 13/1996, S. 238. Jan Bielicki: Es plappert Über die Talkshow-Flut. Die Neue Gesellschaft/Frankfurter Hefte, Heft 9/1995, S. 817 f.

137 Hermann J. Huber: Die Absahner. Wie die populären TV-Stars mit eigenen Unternehmen Profit machen. Rheinischer Merkur/Christ und Welt, 18. 5. 1990.

138 Norbert Bolz: Der Sinn des Unsinns. Comedy im Fernsehen – die Lust am bedeutungsfreien Ritual. Die Zeit, 30. 5. 1997.

139 Niklas Luhmann: Die Realität der Massenmedien. Opladen 1996.

140 Rüdiger Kinsky: Über Medien-Wirklichkeit. Die Neue Gesellschaft/Frankfurter Hefte, Heft 1/1995, S. 44.

141 Heinz-Dietrich Fischer: Fernsehmoderatoren in der Bundesrepublik Deutschland. München 1983.

142 Michael Wolf Thomas: Umbau des Radios. Publizistik und Kunst, Jg. 1989.

143 Mathias Greffrath: Die Anpassung an imaginäre Konkurrenz ist eine Spirale nach unten. Frankfurter Rundschau, 9. 6. 1986.

144 Florian H. Fleck (Hg.): Zukunftsaspekte des Rundfunks. Stuttgart 1986. Ferner Otfried Jarren/Peter Widlok (Hg.): Lokalradio für die Bundesrepublik Deutschland. Berlin 1985.

145 Jurek Becker: Die Worte verschwinden. Der Spiegel, Nr. 2/1995, S. 160.

146 Harro Zimmermann: Wider die zweite Unmündigkeit. Einige Gedanken zur Radiokultur in Deutschland. Frankfurter Rundschau, 4. 5. 1994.

147 Urs Widmer: Auch der Rundfunk kann vom Kopf her stinken. du, Heft 6/1994, S. 79, 81.

148 Medien. Zwischen Ohnmacht und Faszination. PZ, Nr. 75/1993, S. 3. Karl-Eduard von Schnitzler: Meine Schlösser oder Wie ich mein Vaterland fand. Berlin 1989.
149 Wolfgang Mühl-Benninghaus: Medienpolitische Probleme in Deutschland zwischen 1945 und 1989. Heide Riedel (Hg.): Mit uns zieht die neue Zeit ... 40 Jahre DDR-Medien. Berlin 1994, S. 14.
150 K. Hickethier: Hörfunk. Wolfgang R. Langenbucher/Ralf Rytlewski/Bernd Weyergraf (Hg.): Kulturpolitisches Wörterbuch; a. a. O., S. 263.
151 Wolfgang Mühl-Benninghaus: Medienpolitische Probleme in Deutschland, S. 12 f.
152 Ebd., S. 11.
153 Manuela Glaab: Medien. Werner Weidenfeld/Karl-Rudolf Korte (Hg.): Handbuch zur deutschen Einheit. Frankfurt am Main, New York 1993, S. 464.
154 Workshop 11. 1. 1993. Einrichtung und Abwicklung. Heide Riedel (Hg.): Mit uns zieht die neue Zeit; a. a. O., S. 287.
155 Ebd., S. 289.
156 Thomas Schuler: Die Mörder sind unter uns. Die Zukunft der Defa-Filme liegt beim Fernsehen ... Süddeutsche Zeitung, 1./2. 6. 1996.
157 Frank Beyer im Gespräch mit Hans Müncheberg. In Heide Riedel (Hg.): Mit uns zieht die neue Zeit; a. a. O., S. 228.
158 Manfred Krug: Abgehauen. Düsseldorf 1997.
159 Harry Blunk/Dirk Jungnickel (Hg.): Filmland DDR. Ein Reader zu Geschichte, Funktion und Wirkung der Defa. Köln 1991.
160 Hans-Dieter Seidel: Der bewegte Markt. Komödien und sonst nichts? Zur Lage des deutschen Films. Frankfurter Allgemeine Zeitung, 28. 6. 1996.
161 Das Lachen macht's. Der Spiegel, Nr. 38/1996, S. 214 ff.
162 Rolf Geserick/Arnulf Kutsch (Hg.): Publizistik und Journalismus in der DDR. München, New York, London, Paris 1989.
163 Manuela Glaab: Medien; a. a. O., S. 467 f. J. Grubitzsch: Presselandschaft der DDR im Umbruch. Ausgangspunkte, erste Ergebnisse und Perspektiven. Media Perspektiven, Nr. 3/1990, S. 140 ff.
164 Manuela Glaab: Medien; a. a. O., S. 471 f.
165 Jan Hofmann: Einführungsreferat auf dem Treffen der bildungspolitischen Initiativgruppen in Ost-Berlin. Erziehung und Wissenschaft, Heft 5/1990, S. 6 ff.
166 Christoph Führ/Carl-Ludwig Furck: Handbuch der deutschen Bildungsgeschichte. Bd. VI und VII: 1945 bis zur Gegenwart. Bundesrepublik Deutschland. Deutsche Demokratische Republik. München 1997 f.
167 Gisela Helwig (Hg.): Schule in der DDR. Köln 1988. Ferner Heinrich Kanz: Deutsche Erziehungsgeschichte 1945–1985 in Quellen und Dokumenten. Frankfurt am Main 1987. Bernd-Reiner Fischer/Norbert Schmidt: Das zweifache Scheitern der DDR-Schule. Aus Politik und Zeitgeschichte. Beilage zur Wochenzeitung »Das Parlament«, 6. 9. 1991. Oskar Anweiler/Hans-Jürgen Fuchs u. a. (Hg.): Bildungspolitik in Deutschland 1945–1990. Bonn 1992. Sonja Häder/Heinz-Elmar Tenorth (Hg.): Bildungsgeschichte einer Diktatur. Bildung und Erziehung in der SBZ und DDR im historischgesellschaftlichen Kontext. Weinheim 1997.

168 Jan Hofmann: Einführungsreferat; a. a. O., S. 8.
169 Hans Joachim Meyer: Man hat den Lehrern eigenes Handeln systematisch abgewöhnt. Frankfurter Rundschau, 10. 5. 1990. Uwe Göbel/Winfried Schlaffke (Hg.): Bildungssituation und Bildungsaufgaben in den neuen Bundesländern. Köln 1991.
170 Ilka Gropengießer/Gunter Otto/Klaus-Jürgen Tillmann (Hg.): Schule Friedrich Jahresheft XII/1994.
171 Hartmut von Hentig: Die Schule neu denken. München 1993, S. 9, 113, 205 ff. Ferner ders.: Bildung. München 1996.
172 Bildungskommission NRW (Hg.): Zukunft der Bildung. Schule der Zukunft. Denkschrift der Kommission beim Ministerpräsidenten des Landes Nordrhein-Westfalen. Neuwied, Kriftel, Berlin 1995, S. 86.
173 Peter Glotz: Keine Fragen mehr? Spekulationen über das Elend der deutschen Universität. Die Zeit, 15. 4. 1988.
174 Axel Hacke: Aus der großen Reform ist nichts geworden. Bilanz der Gründerzeit. Süddeutsche Zeitung, 30. 4./1. 5. 1988.
175 Bernd Henningsen: Von der Einsamkeit und Freiheit des Wissenschaftlers. Die Humboldtsche Universität und die Politik. Frankfurter Hefte, Nr. 12/1996, S. 1105 ff, 1110.
176 Alexander Fischer/Günther Heydemann: Geschichtswissenschaft in der DDR. Bd. I: Historische Entwicklung, Theoriediskussion und Geschichtsdidaktik. Bd. II: Vor- und Frühgeschichte bis Neueste Geschichte. Berlin 1988/1990. Ralph Jessen: Professoren im Sozialismus. Aspekte des Strukturwandels der Hochschullehrerschaft in der Ulbricht-Ära. Hartmut Kaelble/Jürgen Kocka/Hartmut Zwahr (Hg.): Sozialgeschichte der DDR; a. a. O., S. 217 f.
177 Mechthild Küpper: Die Humboldt-Universität. Abwicklung und Selbstreform. Berlin 1993.
178 Hans-Karl Klettenberg: Im Westen reformunfähig, im Osten reformunwillig. Frankfurter Rundschau, 30. 6. 1994.
179 Jesko Schulze-Reimpell: Auf den Marxisten klebt ein neues Etikett. Rheinischer Merkur/Christ und Welt, 18. 5. 1990.
180 Wolf Lepenies: Wir sind kein besiegtes Land. Gibt es Dinge und Strukturen der DDR-Wissenschaft, die in eine neue Zeit zu retten sind? Die Zeit, 23. 11. 1990.
181 Wilhelm Bleek/Lothar Mertens: DDR-Dissertationen. Promotionspraxis und Geheimhaltung von Doktorarbeiten im SED-Staat. Opladen 1994. Dies. (Hg.): Bibliographie der geheimen DDR-Dissertationen. Bd. 1: Bibliographie. Bd. 2 Register. München 1994.
182 Hans-Ulrich Wehler: Hart widersprechen und mit dem Unfug stets konfrontieren. Ein Gespräch. Frankfurter Rundschau, 24. 9. 1992.
183 Klaus-Jürgen Scherer: Hochschule Ost. Einige Aspekte und Eindrücke. Frankfurter Hefte, Nr. 12/1996, S. 1120 ff.
184 Rüdiger Liedtke: Die neue Skandal-Chronik. 40 Jahre Affären und Skandale in der Bundesrepublik. Frankfurt am Main 1989. Fritz Lietsch/Bernhard Micha-

lowski (Hg): Die Bananenrepublik. Skandale und Affären in der Bundesrepublik. Eine Chronik. München 1997.

185 Thomas Mann: Deutsche Hörer! Fünfundfünfzig Radiosendungen nach Deutschland. Werke. Das essayistische Werk. Taschenbuchausgabe in 8 Bdn. Hg. von Hans Bürgin. Bd. 3: Politische Schriften und Reden. Frankfurt am Main, Hamburg 1968, S. 290.

186 Christian Schütze: Des Volkes letzter Trumpf. Für Skandale gelten Gesetze, die jeder kennen sollte - vor allem der Politiker. Süddeutsche Zeitung, 11./12. 2. 1984. Ders.: Die Kunst des Skandals. München, Bern 1967.

187 Wolfram Schütte: Treue und Liebe, nicht Glauben. Selbstgespräch am Ultimo. Heinrich Bölls posthumer Roman »Frauen vor Flußlandschaft«. Frankfurter Rundschau, Jg. 1985. Heinrich Böll: Frauen vor Flußlandschaft. Roman in Dialogen und Selbstgesprächen. Köln 1985, S. 7.

188 Peter-Ferdinand Koch: Der Fund. Hamburg 1990.

189 Paul Pucher: Der Pfälzer und der Bayer. Über die Gegenspieler Helmut Kohl und Franz Josef Strauß. Der Spiegel, Nr. 35/1985, S. 64.

190 Daniel Koefer/Karl-Heinz Janßen: Sie kamen bei Nacht und Nebel. Vor zwanzig Jahren erschütterte die Spiegel-Affäre die Republik. Neues über die Rolle von Strauß und der FDP. Die Zeit, 22. 10. 1982.

191 Sighard Neckel: Die Wirkungen politischer Skandale. Aus Politik und Zeitgeschichte. Beilage zur Wochenzeitung »Das Parlament«, 9. 2. 1990, S. 6 ff. Rolf Ebbinghausen/Sighard Neckel (Hg.): Anatomie des politischen Skandals. Frankfurt am Main 1989.

192 Claus Leggewie: Der Geist denkt rechts. Wo Politik vorgedacht wird: Ein Streifzug durch die konservativen Denkfabriken der Bundesrepublik. Die Zeit, 16. 10. 1987. Ders.: Der Geist steht rechts. Ausflüge in die Denkfabriken der Wende. Berlin 1987.

193 Johannes Gross: Die Misere der öffentlichen Gefühle. Oder Trübsinn würzt den Genuß des Wohlstands. Frankfurter Allgemeine Zeitung, 1. 3. 1980.

194 Hagen Schulze: In manchem überholt, aber nicht überwunden. Über Geschichte und Zukunft des Nationalstaates. Frankfurter Allgemeine Zeitung, 27. 4. 1991. Ders.: Staat und Nation in der europäischen Geschichte. München 1994.

195 Helmut König: Von der Masse zur Individualisierung. Die Modernisierung des Konservatismus in der Bundesrepublik. Leviathan, Heft 2/1988, S. 269.

196 Jörg Bergmann/Claus Leggewie: Die Täter sind unter uns. Beobachtungen aus der Mitte Deutschlands. Kursbuch, Nr. 113/1993, S. 17.

197 Peter Ködderitzsch/Leo A. Müller: Rechtsextremismus in der DDR. Göttingen 1990. Frank Schumann: Glatzen am Alex. Rechtsextremismus in der DDR. Berlin 1990.

198 Thomas Nipperdey: Die Deutschen wollen und dürfen eine Nation sein. Wider die Arroganz der Post-Nationalen. Frankfurter Allgemeine Zeitung, 13. 7. 1990.

199 Christian Meier: Wir brauchen Vertrauen. Über die Notwendigkeit eines nationalen Selbstbewußtseins. Der Spiegel, Nr. 5/1995, S. 154.

200 Spiegel-Gespräch mit Almuth Berger: Nie zur Toleranz erzogen. Der Spiegel, Nr. 14/1990, S. 108 f.

201 Hans-Uwe Otto/Roland Merten (Hg.): Rechtsradikale Gewalt im vereinten Deutschland. Opladen 1994.
202 Heimo Schwilk/Ulrich Schacht (Hg.): Die selbstbewußte Nation. »Anschwellender Bocksgesang.« Berlin 1994, S. 20.
203 Rainer Zitelmann: Wohin treibt unsere Republik? Berlin 1995.
204 Ernst Nolte: Streitpunkte. Heutige und künftige Kontroversen um den Nationalsozialismus. Berlin, Frankfurt am Main 1993.
205 Thomas E. Schmidt: Die Demokratie als Seinsverfehlung. »Die selbstbewußte Nation« - Ein »konservatives Manifest« aus dem UllsteinVerlag. Frankfurter Rundschau, 5. 10. 1994.
206 Gerhard A. Ritter/Merith Niehuss: Wahlen in der Bundesrepublik Deutschland. Bundestags- und Landtagswahlen 1946–1987. München 1987.
207 Christian Graf von Krockow/Peter Lösche (Hg.): Parteien in der Krise? Das Parteiensystem der Bundesrepublik und der Aufstand des Bürgerwillens. München 1986. Demokratie auf dem Prüfstand. Eine Veranstaltungsreihe des Bertelsmann Forums 1988–1989. Bertelsmann Briefe, Heft 124, Juni 1989. Hans Apel: Die deformierte Demokratie - Parteienherrschaft in Deutschland. Stuttgart 1991. Erwin und Ute Scheuch: Cliquen, Klüngel und Karrieren. Über den Verfall der politischen Parteien - eine Studie. Reinbek bei Hamburg 1992. Hans-Peter Bartels/Trutz Graf Kerssenbrock: Abgewählt. Wie den Parteien das Volk abhanden kam. Düsseldorf 1994. Hans-Georg Betz: Krise oder Wandel? Zur Zukunft der Politik in der postindustriellen Moderne. Hans Herbert von Arnim: Ist Kritik an den politischen Parteien berechtigt? Hans Rattinger: Abkehr von den Parteien? Dimensionen der Parteiverdrossenheit. Jürgen W. Falter/Siegfried Schumann: Nichtwahl und Protestwahl. Zwei Seiten einer Medaille. Aus Politik und Zeitgeschichte. Beilage zur Wochenzeitung »Das Parlament«, 12. 3. 1993. Hildegard Hamm-Brücher: Wege in die und Wege aus der Politik(er)verdrossenheit. Claus Leggewie: Die Kritik der Politischen Klasse und die Bürgergesellschaft. Aus Politik und Zeitgeschichte. Beilage zur Wochenzeitung »Das Parlament«, 30. 7. 1993.
208 Joseph Huber: Abschied vom Parteienstaat. Die Zeit, 11. 11. 1988.
209 Hans Heigert: Abgeordneter - eine Karriere. Süddeutsche Zeitung, 25./26. 10. 1986.
210 Die liberale Demokratie braucht die Parteien. Aber der Machtanspruch der Parteien gefährdet die Demokratie. Bundespräsident Richard von Weizsäcker im Gespräch mit Gunter Hofmann und Werner A. Perger. Die Zeit, 19. 6. 1992. Gunter Hofmann/Werner A. Perger (Hg.): Weizsäckers Parteienkritik in der Diskussion. Frankfurt am Main 1992. Aufstand in den Parteien. Positionspapier von Rebellen aus CDU, SPD und Grünen. Der Spiegel. Dokument, Heft 3/1993.
211 Thomas Darnstädt/Gerhard Spörl: Streunende Hunde im Staat. Der Spiegel, Nr. 13/1993, S. 147.
212 Konrad Adam: Sehnsucht nach Programm. Frankfurter Allgemeine Zeitung, 4. 3. 1987.

213 Heiner Geißler: Zugluft. Politik in stürmischer Zeit. München 1990.
214 Warnfried Dettling: Das Erbe Kohls. Frankfurt am Main 1994.
215 Hartmut von Hentig: Alles tun können, was anderen nicht schadet - oder: Der diskrete Charme des Liberalismus. Merkur, Heft 400/1981, S. 960 ff.
216 Theo Rütten: Der deutsche Liberalismus 1945 bis 1955. Baden-Baden 1984.
217 Peter Lösche/Franz Walter: Man glaubt der Partei kein Wort mehr. Die Freien Demokraten haben ihre Bindung an soziale Milieus und an politische Prinzipien verloren. Frankfurter Allgemeine Zeitung, 7. 12. 1995. Franz Walter: Wie modern ist die FDP? Die Zeit, 7. 6. 1996.
218 Ralf Dahrendorf: Das Elend der Sozialdemokratie. Merkur, Nr. 12/1987, S. 1024, 1034, 1037. Jonathan Carr: Helmut Schmidt. Düsseldorf 1993.
219 Karl Dietrich Bracher u. a. (Hg.): Geschichte der Bundesrepublik Deutschland in 5 Bdn. Bd. 2: Wolfgang Jäger: Die Innenpolitik der sozial-liberalen Koalition. 1974–1982. Stuttgart 1987, S. 263.
220 Ralf Dahrendorf: Das Bündnis der Selbstbewußten. Die Zeit, 24. 9. 1982.
221 Oskar Lafontaine: Das Gesicht der Zukunft. Reformpolitik in einer veränderten Welt. Hamburg 1988.
222 Jürgen Leinemann: Junge, das mußt du durchhalten. Über Johannes Rau und das Anekdotische. Der Spiegel, Nr. 5/1986, S. 43 ff.
223 Manon Maren-Grisebach: Philosophie der Grünen. München 1982. Gerd Langguth: Der grüne Faktor - Von der Bewegung zur Partei? Zürich 1984. Klaus Gotto/Hans-Joachim Veen (Hg.): Die Grünen - Partei wider Willen. Mainz 1984. Emil-Peter Müller: Die Grünen und das Parteiensystem. Köln 1984. Anna Hallersleben: Von der Grünen Liste zur Grünen Partei. Göttingen 1984. Thomas Kluge (Hg.): Grüne Politik. Frankfurt am Main 1984. Sabine Stamer (Hg.): Von der Machbarkeit des Unmöglichen. Hamburg 1985. Wolfram Bickerich (Hg.): SPD und Grüne - das neue Bündnis. Hamburg 1985. Brigitte Jäger/Claudia Pinl: Zwischen Rotation und Routine. Die Grünen im Bundestag. Köln 1985. K.-J. Scherer/F. Vilmar: Ökosozialismus? Rotgrüne Bündnispolitik. Berlin 1985. Thomas Ebermann/Rainer Trampert: Die Zukunft der Grünen. Hamburg 1985. Oliver Tolmein (Hg.): Ökorepublik Deutschland - Erfahrungen und Perspektiven rotgrüner Zusammenarbeit. Hamburg 1986. Manfred Langner (Hg.): Die Grünen auf dem Prüfstand. Analyse einer Partei. Bergisch-Gladbach 1987. Rudolf van Hüllen: Ideologie und Machtkampf bei den Grünen. Bonn 1990. Michael Schroeren (Hg.): Die Grünen. Zehn bewegte Jahre. Wien 1990. Verena Krieger: Was bleibt von den Grünen. Hamburg 1991. Joachim Raschke: Bilanz und Neubeginn. Marburg 1991. Udo Knapp: Das Wagnis. Ökologische Realpolitik; pragmatisch, staatsfern, mehrheitsbewußt, grün. Frankfurt am Main 1991. Hubert Kleinert: Aufstieg und Fall der Grünen. Analyse einer alternativen Partei. Bonn 1992. Ders.: Vom Protest zur Regierungspartei. Die Geschichte der Grünen. Frankfurt am Main 1992. Joachim Raschke: Die Grünen. Wie sie wurden, was sie sind. Bund Verlag 1993. Peter Gatter: Die Aufsteiger. Ein politisches Porträt der Grünen. Hamburg 1987.
224 Bernd Guggenberger: Zwischen Feldküche und Familientreffen. Die Umweltpartei im Umbruch: Rigide Gesinnungsethik muß der Verantwortungsethik weichen.

Die Zeit, 21. 6. 1985. Carl Offe: Zwischen Protest- und Parteipolitik. Die Zeit, 10. 10. 1986.

225 Helmut Fogt: Die Mandatsträger der Grünen. Zur sozialen und politischen Herkunft der alternativen Parteielite. Aus Politik und Zeitgeschichte. Beilage zur Wochenzeitung »Das Parlament«, 15. 3. 1986.

226 Jürgen Leinemann: Rebell und Macher. Der Spiegel, Nr. 22/1995, S. 40 ff. Joschka Fischer: Von grüner Kraft und Herrlichkeit. Reinbek bei Hamburg 1984.

227 Hans Herbert von Arnim: Das Münchhausenproblem der politischen Klasse. Der Staat – Beute der Parteien? Frankfurter Rundschau, 19. 2. 1993. Ferner Jean-Marie Guéhenno: Das Ende der Demokratie. München, Zürich 1994.

228 Robert Hughes: Nachrichten aus dem Jammertal. Wie sich die Amerikaner in political correctness verstrickt haben. München 1994.

229 Theo Sommer: Ein Abgrund von Doppelmoral. Die Zeit, 21. 5. 1993.

230 Ein Manifest: Weil das Land sich ändern muß. Die Zeit, 13. 11. 1992. Herbert Riehl-Heyse: Jedem das Seine, mir das meiste. Süddeutsche Zeitung, 20./21. 2. 1993.

231 Jürgen Habermas: Die zweite Lebenslüge der Bundesrepublik: Wir sind wieder »normal« geworden. Die Zeit, 11. 12. 1992.

232 K. Schwarz: Demographische Randbedingungen neuer Stadtstrukturen. Zeitschrift für Bevölkerungswissenschaft, Heft 4/1987. E. Spiegel: Neue Haushaltstypen. Entstehungsbedingungen, Lebenssituation, Wohn- und Stadtortverhältnisse. Hamburg 1985.

233 Marion Gräfin Dönhoff: Auch die Freiheit hat ihre Grenzen. Die Zeit, 1 4. 1994.

234 Ralf Dahrendorf: Die Zukunft der Bürgergesellschaft. Frankfurter Rundschau, 24. 1. 1992. Ferner Wilhelm Heitmeyer (Hg.): Bundesrepublik Deutschland: Auf dem Weg von der Konsens- zur Konfliktgesellschaft. 2 Bde. Frankfurt am Main 1997.

235 Hans-J. Misselwitz: Nicht länger mit dem Gesicht nach Westen. Das neue Selbstbewußtsein der Ostdeutschen. Bonn 1996.

236 Klaus von Beyme: Zivilgesellschaft contra Staatsversagen. Frankfurter Rundschau, 23. 1. 1993.

237 Friedbert Pflüger: Richard von Weizsäcker. Ein Porträt aus der Nähe. Stuttgart 1990. Werner Filmer/Heribert Schwan (Hg.): Richard von Weizsäcker. Düsseldorf 1989. Ferner Richard von Weizsäcker: Vier Zeiten. Erinnerungen. Berlin 1997.

238 Günter Scholz: Die Bundespräsidenten. Biographien eines Amtes. Heidelberg 1992.

239 Volker Gransow: Mikroelektronik und »Freizeit«. Politisch-kulturelle Folgen einer technischen Revolution. Berlin 1982, S. 7.

240 Christian Mollenhauer: Mikroperipherik. Mitteilungen der Fachhochschule für Technik, Nürnberg, Jg. 1986.

241 Eric W. Leaver/J. J. Brown: Die Fabrik der Zukunft; o. O. 1947.

242 Klaus Kemper: Der Tod des klassischen Industriearbeiters. Die Mikroelektronik schafft eine ganz neue Arbeitswelt. Frankfurter Allgemeine Zeitung, 15. 3. 1986.

243 Peter Brödner: Fabrik 2000. Berlin 1985, S. 118.

244 Georg Klaus (Hg.): Wörterbuch der Kybernetik. Bd. 1. Frankfurt am Main 1969, S. 380. David Ritschie: Gehirn und Computer. Die Evolution einer neuen Intelligenz. Stuttgart 1987. Computerkultur. Kursbuch, Nr. 75/1984.
245 Theodore Roszak: Der Verlust des Denkens. Über die Mythen des Computer-Zeitalters. München 1986. Willi Köhler: Der Verlust des Denkens. Frankfurter Hefte, 5/1987, S. 475 ff.
246 Jochen Köhler: Die unwünschbare Maschine. Warum Computer existentiell dumm sind. Frankfurter Rundschau, 11. 1. 1986.
247 Hubert L. Dreyfus: Künstliche Intelligenz. Von den Grenzen der Denkmaschine und dem Wert der Intuition. Reinbek bei Hamburg 1987, S. 99 ff.
248 Peter Zec: Informationsdesign. Die organisierte Kommunikation. Zürich 1988, S. 107 f. Ferner Hermann Glaser: Das Verschwinden der Arbeit. Die Chancen der neuen Tätigkeitsgesellschaft. Düsseldorf, Wien, New York 1988.
249 Horst Kern/Michael Schumann: Das Ende der Arbeitsteilung? Rationalisierung in der industriellen Produktion. München 1984, S. 44 ff.
250 Klaus Haefner: Mensch und Computer im Jahre 2000. Ökonomie und Politik für eine human computerisierte Gesellschaft. Basel/Boston/Stuttgart 1984.
251 Ulrich Beck: Kapitalismus ohne Arbeit. Über Mythen der Politik, globale Wirtschaft und die Zukunft der Demokratie. Der Spiegel, Nr. 20/1996, S. 140 ff.
252 Jeremy Rifkin: Die dritte Säule der neuen Gesellschaft. Die Zeit, 2. 5. 1997. Ferner: Für eine Zukunft in Solidarität und Gerechtigkeit. Die Hauptgedanken des Wortes der Kirchen zur wirtschaftlichen und sozialen Lage in Deutschland. Frankfurter Allgemeine Zeitung, 1. 3. 1997.
253 Hermann Sallinger: Handikap-Punkte. Neue Wege aus der Arbeitslosigkeit. Universitas, Heft 10/1987, S. 1065 f.
254 Axel Bust-Bartels: Beseitigung der Massenarbeitslosigkeit durch soziale Innovation? Alternativen zur Arbeitsmarktpolitik. Aus Politik und Zeitgeschichte. Beilage zur Wochenzeitung »Das Parlament«, B. 43/1987, S. 3 ff. Ders. Vollbeschäftigung ohne Niedriglohn. Opladen 1999. Ferner Gerhard Schröder: Es gibt Arbeit für alle. Living. Das Kulturmagazin, Nr. 2/3, 1994, S. 47.
255 Horst W. Opaschowski: Wie leben wir nach dem Jahr 2000? Szenarien über die Zukunft von Arbeit und Freizeit. BAT Freizeit-Institut. Hamburg 1987.
256 Streitgespräch zwischen André Gorz, Peter Glotz und Tilman Fichter: Kapitalistisches Konsummodell und Emanzipation. Die neue Gesellschaft/Frankfurter Hefte, Heft 5/1986, S. 393.
257 Konrad Adam: Mit dem sozialen Netz im Trüben fischen. Der Wohlfahrtsstaat schafft die Risiken, vor denen er schützen will. Frankfurter Allgemeine Zeitung, 7. 3. 1992.
258 Meinhard Miegel: Es hat die Menschen deformiert. Tabus und Illusion verschleiern das historische Versagen des Sozialstaates. Frankfurter Allgemeine Zeitung, 2. 4. 1996.
259 Franz Müntefering: Der Sozialstaat ist nötig. Wider die verführerische Philosophie seiner Zerstörung. Frankfurter Allgemeine Zeitung, 15. 4. 1996.
260 Ulrich Beck: Kapitalismus ohne Arbeit; a. a. O., S. 142.

261 Ders.: Risikogesellschaft – Auf dem Weg in eine andere Moderne. Frankfurt am Main 1986. Ferner J. Brüggemeier: Tschernobyl, 26. April 1986. München 1997.

262 Peter Kafka: Gegen den Untergang. Schöpfungsprinzip und globale Beschleunigungskrise. München, Wien 1994, S. 110 ff. Ders.: Das Grundgesetz vom Aufstieg. Wege zum wirklichen Fortschritt. München, Wien 1989.

263 Ulrich Beck: Die Erfindung des Politischen. Zu einer Theorie reflexiver Modernisierung. Frankfurt am Main 1993, S. 169.

264 Joseph Huber: Zukunftsfragen der Sozialdemokratie. Frankfurter Hefte, Heft 8/1987, S. 676 ff. Ders.: Die Regenbogengesellschaft. Ökologie und Sozialpolitik. Frankfurt am Main 1985.

265 Friedrich Schiller: Die Ideale. Karl Otto Conrady (Hg.): Das große deutsche Gedichtbuch. Kronberg (Ts.) 1977, S. 294 f.

PERSONENREGISTER

SACHREGISTER

BILDNACHWEIS

Archiv Dr. Karkosch, Gilching S. 483
Archiv für Kunst und Geschichte, Berlin S. 319, 451 (Foto: Binder)
Berlinische Galerie, Landesmuseum für moderne Kunst, Photogr. Sammlung, Berlin (Herbert Hensky) S. 439
Bickel, Moidele, Berlin S. 508
Bildarchiv Hermann Glaser, Roßtal S. 31, 44, 49, 71, 260, 301
Bildarchiv Preußischer Kulturbesitz, Berlin S. 90 (Foto: Hanns Hubmann), S. 176 (Foto: Friedrich Seidenstücker), S. 205 (Foto: Hanns Hubmann) S. 289
Bundesarchiv, Koblenz S. 237
Fotoagentur Voller Ernst, Berlin S. 37, 232 (Fotos: Jewgeni Chaldej)
Galerie Alex Lachmann, Köln S. 47 (Foto: Jewgeni Chaldej)
Grass, Günter, Berlin/Verlag Gerhard Steidl, Göttingen S. 549
Kartografie Achim Norweg, München S. 39
Keystone, Hamburg S. 103, 487 (Foto: Peez)
Kneidl, Helga, Hamburg S. 427
Köln Messe/Art Cologne S. 527
Landesbildstelle Berlin S. 109, 228
Märkisches Museum, Berlin S. 281 (Foto: Volker Kreidler, Dresden)
Münchner Stadtmuseum S. 87, 209, 357, 365
Neue Staatsgalerie Stuttgart S. 504 (Foto: Peter Walser, Stuttgart)
Sächsische Landesbibliothek Dresden, Abt. Deutsche Fotothek S. 22, 217 (Fotos: Richard Petersen.)
Schaarschuch, Kurt S. 63, 69
Schauspielhaus Zürich S. 121
Schiller-Nationalmuseum, Marbach a. N. S. 135
Schürer, Hans, München S. 155, 189
Stiftung Deutsche Kinemathek, Berlin S. 297
Süddeutscher Verlag, Bilderdienst, München S. 55, 81, 144 (Foto: S. M.), S. 161 (Foto: Fosch), S. 253, 308, 337, 388 (Franz Hug), S. 401, 405, 411 495, 536 (Fotos: AP), S. 423, 479 (Foto: Franz Huber-Winter), S. 617 (Foto: Udo Thomas)
Technische Universität Berlin S. 223
Ullstein Bilderdienst, Berlin S. 20, 199 (Fotos: Fritz Eschen), S. 232, 245 (Foto: Ullstein – ADN – Bildarchiv), S. 257 (Foto: L. Kindermann), S. 269, 275, 325 (Foto: dpa), S. 397 (Foto: Hans Dieter Sallein), S. 475 (Foto: BAR), S. 493 (Foto: Binder/Thiele), S. 543 (Foto: PEEWEE), S. 625 (Foto: Stark-Otto), S. 631 (Foto: Buddy Bartelsen), S. 643 (Luftbild: Ullstein Bilderdienst, Computer-Visualisierung: J. Brockmann u. Dalecki & Partner, Hamburg),
VG Bildkunst, Bonn 344, 577

Trotz aller Bemühungen ist es dem Verlag nicht gelungen, sämtliche Rechteinhaber der Abbildungen ausfindig zu machen. Wir bitten darum, sich mit dem Verlag in Verbindung zu setzen, damit wir eventuelle Korrekturen bzw. übliche Vergütungen vornehmen können.